郧阳藩镇研究

第三部·郧阳古城大观

黄忠富 著

WUHAN UNIVERSITY PRESS
武汉大学出版社

图书在版编目(CIP)数据

郧阳藩镇研究.第三部·郧阳古城大观/黄忠富著.—武汉：武汉大学出版社,2019.11
ISBN 978-7-307-21204-6

Ⅰ.郧…　Ⅱ.黄…　Ⅲ.①郧阳府—地方史—研究　②十堰—地方史—明清时代　Ⅳ.K296.33

中国版本图书馆 CIP 数据核字(2019)第 217827 号

责任编辑:聂勇军　　责任校对:汪欣怡　　整体设计:韩闻锦

出版发行：**武汉大学出版社**　（430072　武昌　珞珈山）
（电子邮箱：cbs22@ whu.edu.cn　网址：www.wdp.whu.edu.cn）
印刷：武汉中远印务有限公司
开本:720×1000　1/16　印张：30.75　字数:516 千字　插页:3　插图:1
版次:2019 年 11 月第 1 版　2019 年 11 月第 1 次印刷
ISBN 978-7-307-21204-6　定价:180.00 元(全三册)

作者简介

黄忠富，湖北省十堰市郧阳区人，1975年参加教育工作，中学高级教师，中国地域文化研究会委员。长期致力于郧阳地域文化和汉水文化的考察和研究，在潜心于钻研古籍的同时，更注重田野调查，足迹遍及汉水中上游。

自2006年以来，先后参与编写《潮起郧阳》《辉煌三十年》《汉江儿女》《郧阳雄风起长岭》《郧阳文化论纲》《汉水大移民》《浴水重生》《跨世纪改革》《十堰民俗》等书，以及郧阳区政协编纂的《移民专辑》《郧阳民俗》《郧阳地名源流》《郧阳府纪事》《郧阳非物质文化遗产》《郧阳物质文化遗产》等文史资料。

2009年，先后出席“‘郧县人’头骨化石发现20周年国际学术研讨会”和“中国·郧阳文化高峰论坛”。2014年和2017年，两次出席中国屈原学会举办的“屈原与郧阳”学术研讨会。曾经担任《郧阳文库》编纂委员会委员，参与编纂工作。

序

黄忠富先生的鸿篇巨制《郧阳藩镇研究》是探究汉江文化与汉江文明的重要篇章。

汉江，在中国大河序列中有其重要的位次，古人将其与长江、黄河、淮河并提，称之为“江河淮汉”。

汉江大河位次确立的依据，不仅仅是自然的、地理的，还是社会的、文化的。黄先生的这部《郧阳藩镇研究》，就是从社会的和文化的范畴，展现了汉江的一个鲜为人知而且值得大书特书的历史时期。

公元 1476 年的明成化十二年，明朝在汉江中游的郧阳设立提督行台，实行抚治，历时 204 年，共有 120 位巡抚在这里施行抚治，为明朝也为整个中国，写下了辉煌的具有特殊史学意义的历史篇章。

设立郧阳提督行台，是被逼出来的创举，其中心旨意是处置荆襄山区的流民问题。

荆襄山区一般指的是大巴山和秦岭的东段山区。这里山高林密，地广人稀。荆襄山区的流民问题，既是当朝现实问题，也是历史问题。说是现实问题，是 1449 年的“土木堡之变”导致数十万流民进入荆襄山区，此后的 1464 年因王室、宗藩和门阀强占土地，成化年间土地兼并，接连造成大量流民，先后有两百万之众流民进入荆襄山区；说是历史问题，是因为自西晋“八王之乱”到唐朝“安史之乱”，再到宋元交战，持续不断地有数以十万计的流民进入荆襄山区。朝廷担心流民居山为匪，多次封禁和驱赶甚至剿灭，结果引起流民广泛起义。在万般无奈的情况下，划疆而理，分民而治，设立郧阳提督行台，专事处置流民问题。

这段历史，由于种种历史的、人为的原因，渐渐淡出人们的视野，甚至连郧阳的志书也无详尽记载。然而，设立郧阳提督行台是具有理域安邦的社会学意义的大事件，是不囿于国家制度的特事特办的特例，可谓中国史上设立的第

一个特区，郧阳藩镇可谓中国史上的第一个创建性行政体制。特别是120位巡抚，几乎都是进士出身，绝大多数是德才兼备叱咤风云的朝廷栋梁之材，第一个特区，第一群特首，在这里建功立业，谱写了可歌可泣与日月争辉的绚丽篇章。第一任巡抚原杰，至今深深地留在民间记忆中，陕西省城固县的原公祠，屡倒屡建，屡旧屡修，至今熠熠生辉。这段历史的重大意义不可在中国史上缺位。

这段被尘封历史能够重新展现在人们眼前，颇富偶然性。20世纪末，十堰市的退休教师冷遇春老先生在清理古籍资料时，偶尔发现了线索，遂编著《郧阳抚治两百年》一书；2003年十堰地方志办公室通过台湾友人收集到明万历十八年(1590年)《郧台志》刻板印行的影印本，主任潘彦文亲自担纲校注，完成《郧台志·校注本》。由此而论，黄先生的《郧阳藩镇研究》是再现郧阳藩镇历史三部曲的第三部了。这三部书，在十堰史志上，应留下浓墨重彩的一笔。

如果说《郧阳抚治两百年》和《郧台志·校注本》是志书体例的专著，那么黄先生的《郧阳藩镇研究》则是以更宏阔的视野更灵活的记述文体写郧阳抚治，写郧阳抚治辖境的整个汉江，写整个汉江流域在204年的郧阳抚治时期的社会形态，写两百多年的抚治时期的郧阳文化。在他心里，郧阳藩镇是郧阳史上的大篇章，于是，洋洋洒洒，鸿篇巨制《郧阳藩镇研究》赫然问世。

驾驭这部鸿篇巨制需要勇气和胆识，需要包括史学在内的多学科知识的积累，需要多维度写作的技巧和能力。时代的变迁、历史的尘封、文献的贫乏、记录的缺环，使黄先生的写作举步维艰。他费尽气力，收集到了明清两朝历代皇帝《实录》，明代的《卢忠肃集》《卢象升疏牍》，清代的《明史纪事本末》《明史》《守郧纪略》和《绥寇纪略》，北洋政府时期的《清史稿》等典籍，苦苦研读，细细揣摩。依据训诂学的理论和方法，力求语句和词义的准确性。这些古籍不全是正史，还有野史，这考验着他的鉴别能力。正史由于当朝的政治与好恶，对历史的记录、对事件和人物的记载，常作人为的取舍，扭曲了历史的本来面貌，当有的则无，当无的则有；当直的则曲，当曲的则直，还有些指鹿为马的东西，也有些非鹿非马的东西。野史通常是对正史的补遗和矫枉，但不乏民间化的道听途说，或娱乐及刺讽层面的杜撰。

正因为如此，还得有至关重要的一点，就是田野作业，包括考古发现、习俗采风和文物搜集。国家南水北调工程开始后，对库区遗址进行抢救性发掘，郧县最多时有28个考古队同时发掘，这为黄先生田野作业提供了很好的机会，

他几乎跑遍了全县境内所有的遗址发掘现场。对县城里尚存的大丰仓、府学宫等明代旧址，他反反复复地实地考察；他还去衙门遗址和庙堂等处寻找碑文，实地考察明代的武阳堰和盛水堰，以及山寨等地。而图上作业则是以整个汉江流域为主体的郧阳藩镇全部辖境，他以大视野、长焦距、大纵深的攫取方式，纵横捭阖，恣意涉猎，为大郧阳文化写作，砥砺大手笔。

这部鸿篇巨制各卷有各卷的写作主旨，各卷有各卷的行文方式，或是规范的体例，或是遴选的荟萃，编撰风格不一，内容异彩纷呈。本次首先推出前三部。

第一部以204年郧阳抚台体制，揭示郧阳抚台的内在机制。其时郧阳城内抚台、下荆南道、府、县四级官府同城，所属几十个衙门。本卷分别从抚台的政体、军防、户籍、赋税、刑狱、贡事，以及各地的王府、郧阳藩镇与周边的关系、郧阳藩镇几次裁革与复设的历史背景等诸多方面，揭示郧阳藩镇的运行机理。

第二部以史籍、疏文、碑记等文献资料记录郧阳抚治时期辖境内所发生的大事件，如自然方面的万历十一年(1583年)特大洪水，社会方面的丁亥兵变、房县流民起义等，通过这些自然的和社会的大事件，探究郧阳藩镇风云变幻的内在动因。

第三部以郧阳古城的外在面貌和内在格局，揭示郧阳藩镇的文化内涵。本卷分别从古城概观、衙署、教育、祭祀、诗文等5个方面着笔，逐一展开。

本书的史志学价值是不言而喻的，然而与《郧阳抚治两百年》和《郧台志·校注本》相比，其特色更在于地域文化学方面，其可贵之处在于从文化学的多个维度，还原了那个时期的历史面貌。

关于“藩”，黄先生在本书中有专门章节的论述，从源与流上论述中国的宗藩制度，最后落脚于明代，定格于郧阳，论述了明代宗藩制度的利与弊，论述了郧阳藩镇内的十二宗藩，并以六个亲王府剖析明朝宗藩机制。这些资料对于地方的方志建设，具有非同寻常的意义。

藩的概念出现得很早，藩是分封制度的产物。西周的“以藩屏周”的王朝战略，表明藩的概念已经非常成熟了。藩作为王朝之下的诸侯国，有了仅次于王朝政体的国家政体，有了仅次于王朝制度的国家制度。所以藩通常与国的概念相通，有时直接将分封的国家称作藩国，其首领像王朝首领一样称作“王”。在现实中通常将藩泛用，将大的地方政权和行政机构也称作“藩”。在明朝，在口语的称谓中，常常将行省称作大藩。镇的概念出现得也比较早，原义指的是边

境上的戍守。这种驻边戍守的建制大者称为军，小者称为镇，后来军镇并用。所以，藩镇通常是以军事为主体的政权。然而当时的郧阳却不是，而是一个以安抚辖境内流民的政权实体。所以，称郧阳藩镇也正是提督行台政权性质的另一种表达。

黄先生是刚设立的十堰郧阳区前身的郧县人，家住县城西北角，房屋面积不算小，但是没有专门的书房，除厨房和卫生间外，到处堆垒着书籍和收集来的古玩或是具有文史价值的器物，整个屋子既像图书馆又像博物馆。他的夫人是个善良而谦和的人，一切顺从他的习惯、趣味和喜好。

做学问当是严谨的。是古人做学问过于严谨，学究一经，因而呆板吗？所以时常将学究作为贬称。现代许多人做学问不再讲求学究一经的精神了，似乎多了些许灵活性和变通法，貌似以噱头对冲学究的呆板，实则以戏说取悦受众，毁坏学术的严谨。此行虽为受众市场所推崇，然实在不可取。黄先生本书的写作似乎要在去学究、去戏说之间探索一条更适合普通大众阅读的道路。文章合为时而著，这种尝试值得肯定。

最后，想借机发一个口头倡议：关注汉江文化与汉江文明研究。从发生学意义上讲，汉江文化不亚于黄河文化与长江文化，汉江文明不亚于黄河文明与长江文明。在公元186年之前，汉江没有被阻断，汉江从陇南嶓冢山发源，携嘉陵江、堵河、丹江和唐白河等数条大河，一路到汉口与长江并流入东海。在夏商周时期，汉江流域文明是中华文明的主体构成部分，可以划分为陇南、汉中、郧阳、商洛、南阳、荆襄、随枣、云梦8个文明区系，可以建立起由汉江文化本体与黄河文化、长江文化、黄河—长江文化融合而成的汉江文化结构模型，进而对汉江文化进行全面、深入的研究，确立汉江文化与汉江文明在中华文化与中华文明中的主体地位，以独立、独特的身份，进入中华文化与中华文明谱系。

由此而言，黄忠富先生的这部巨制对于汉江文化与汉江文明的研究，是有重要贡献的，其付出是值得称道的，其成就是值得称颂的。

傅广典

2019年2月18日于武昌东湖

（作者系中国地域文化研究会主任、湖北省民间文艺家协会主席）

目　　录

三、古郧城学育文化大观

四、古郧城祭祀文化大观

五、古郧风雅文化大观

绪　论

1967年南水北调中线一期工程竣工。11月5日，丹江口水利枢纽工程开始下闸蓄水。1968年10月2日，库水漫入郧阳城，由此郧阳古城沉入泽国。

由于没有来得及对郧阳古城进行地下发掘，这个处于汉江北岸叫“郧阳”的地方，地底下究竟埋藏着几座古城人们已经无法得知。但一些文献和考古的资料可以为人们的想象插上推测的翅膀：春秋时期，郧阳曾经是古郧国的都城，虽然郧国后来迁至云梦，后又被楚所灭，但曾经的城址应该在地下留有痕迹；近些年的南水北调中线工程抢救性考古发掘，在郧阳古城周边发现了大面积汉代高等级贵族墓地，但他们的住址不见踪迹，想来也应该在郧阳古城之下；唐太宗李世民之子濮王李泰及其子女的家族墓地位于郧阳古城背后的马檀山，但王宫的位置至今成谜。从首任国王郧伯到濮王李泰，他们都曾经长期居住在郧阳，难道其驻地就不需要城墙的呵护？依据史书的记载，郧阳城曾经几次被洪水冲毁又重建。……然而，我们毕竟无法拿出实物来佐证以上的猜想，只能把这些想象局限在脑海之中让其漂浮了。

郧阳(今指小沧浪山周边这个小地名)有记载的建置始于西晋太康五年(284年)，当时朝廷在荆州魏兴郡设郧乡县，治所郧阳。南朝宋时，郧乡县改属梁州魏兴郡。南齐时，把魏兴郡三分，在东置上庸郡，在北置齐兴郡，郧乡县属梁州齐兴郡。南梁时，太清一年(547年)于梁州齐兴郡置兴州，改齐兴郡为南始平郡(因雍州始平郡移民而侨置)，后又恢复为齐兴郡。当时，郧阳为郧乡县、兴州、齐兴郡三级官府同城的治所。北朝西魏时，郧乡县属豫州淅阳郡(治所今淅川)。唐时，武德一年(618年)置南丰州，郧阳为郧乡县和南丰州的治所；武德八年(625年)废南丰州，郧乡县属襄阳路均州；贞观二年(628年)废均州，郧乡县属淅州；贞观八年(634年)废淅州复置均州，郧乡县仍属襄阳路均州；天宝一年(742年)改均州为武当郡，乾元元年(758年)复为均州，郧乡县始终属之。元代至元十四年(1277年)，改襄阳路均州郧乡县为郧县，属均州。明成化十二年(1476年)，郧阳从襄阳府分离，成为独立的郧阳府，之后设郧阳藩镇，郧阳成为郧阳藩镇、下荆南道、郧阳府、郧县四级官府同城的治所。

南宋末，元军曾经把郧阳城夷为了平地，战后所恢复的民居和县衙都极其简陋，整个元代都没有城墙。明初，勉强筑起土城，城墙又矮又小。大规模扩建郧阳城是在明代中期，成化十二年首任巡抚原杰以原城址为基础所重建的郧阳城，距今已经有540余年，在被淹没时为492年。500年里，在高大砖城围裹着的郧阳古城内，有着分别以藩镇、道台、府台、知县衙门为核心的4大官署建筑群所承载的官署文化；有着纵横交错、网格布局的大街小巷所承载的市井文化；有着众多等级森严的官署、肃穆阴森的庙宇、高大雄伟的会馆、质朴深邃的民居等所承载的建筑文化；有着绕城半周的江岸和码头，优雅的自然风光里裹挟着熙熙攘攘的交易一直延伸到了全城的角角落落所承载的商埠文化。不去说曾经有多少县官、府官、道官在郧阳城里待过，光是有120多位二三品封疆大吏的巡抚坐镇过的郧城，所承载的那份官品文化就有一种沉甸甸的重量……

50余年了，水下的古城永远是郧阳人心中的痛。凡60岁以上的郧阳人每望汉江，大脑里就会马上浮现一幅清晰的古城图，设计精致的亭台楼阁，熙熙攘攘的街巷都历历在目。年轻人对郧阳古城的概念可能是空泛的，只停留在过来人的“传说”之中，飘渺而无法找到根基，史志中的描述似乎离他们很远，也无白话文书籍的完整描述供他们参考，所以他们头脑中所想象的郧阳古城一直就无法落地生根。

作者翻阅故纸堆，在尽力打捞那些落入在水底的郧阳古城文化构件，想用白话的、散文式的语言重新搭建起一座郧阳古城来，让世世代代的郧阳人都能够魂有所依。

作者

二〇一八年正月

一、郧阳古城概观

郧阳城的千年起落

一

公元 1968 年 10 月 2 日，对郧阳人来说是一个刻骨铭心的日子。这一天，汉江出平湖，丹江口水利枢纽工程所蓄的库水淹没了郧阳城，古城在一夜之间永远沉入了水底。最可惜的是，由于历史上的郧阳屡遭战火，行政辖治不断变更，所处之地又不为中华历史上任何一个中央王朝之都，所以有关郧阳的历史资料本来就极少，明清以前的古城沿革史十分模糊。本来，是可以依赖地下考古理清出郧阳城建脉络的，但随着那一夜的被淹，从来不经发掘的郧阳古城的早期身世就成为了一种永远的秘密。

郧阳，汉江穿境，丹江北延，堵河南伸，是牵手长江与黄河，是北方草原文明、中原华夏文明与江南古文明、巴蜀文明交融的一个枢纽，因而成为任何一个地方都无法替代的一处人类发源、扩散中心，中华文明的整合中心。

最令郧阳人骄傲、外地人羡慕的当属郧阳的地理位置和自然环境。汉江中游、秦巴之尾、中原之侧、江汉首府、气候温润、雨量充沛、物种繁多、土壤肥沃、矿产丰富，极适应人类的生存、生息和繁衍。

郧阳古城处在汉江北岸杨溪冲积原野西头的台地上，南临汉江，西、北紧靠丘山，东侧一片千亩沃野，西岭之后又是一片武阳千亩沃土，对岸的柳陂三川更是万亩肥田沃地，因此成为古人建城的理想之所。有山水之天然屏障，粮食还能够自足自给，下河可捞鱼虾，上山能打美味，这样的宝地岂会被古人白白浪费？

虽然郧阳古城初始的源头已经无可追溯，但从历史的缝隙之中我们还是能够管窥出一些端倪。古代的郧国国君姬姓，子爵，历经尧舜禹夏商至西周末，国都初在今河南新郑一带，后升为伯爵迁移到郧阳，再升为公爵迁移到云梦，在公元前675—前590年左右被楚国所灭，前后存在一千多年。古郧国在郧阳活动的时间，应早于公元前675年之前，因为《左传》记载的齐桓公十一年之后的郧国，已经活动在了云梦一带。我们有理由相信，至少在公元前675年之前，郧阳就已经有城存在，因为我们不可想象一个无城的郧国能够屹立于郧阳并存在于诸侯之林。

自郧国迁入汉江平原后至秦，郧阳古城的历史面貌目前为一片空白，是城被毁还是有人继承？或是被毁之后有人再建？我们均已经无法知晓。不过，20世纪末考古工作者在古城北侧山麓发掘出了大批的汉代高级贵族墓葬，证实了起码在汉代这里居住有高级贵族，再次引起了人们对汉代郧阳古城的想象。

古书里所提及的郧阳，总说古为麇国，都城锡穴，战国属楚，秦为汉中郡锡县。其实锡穴并不在郧阳(仅指地名)，而在上游百里的今郧县五峰乡。东周时的麇国也不仅指今郧阳区，而是包括今郧阳区、郧西县、白河县的广大区域。据《明史稿·地理志》记载：汉初沿袭秦制，在汉武帝时置全国为13个州，改梁州曰益州。益州汉中郡在郧阳周边隶有房陵、锡、长利、上庸四县。汉代郧阳城为锡县辖地，《后汉书·郡国志》说："汉中郡，凡城有锡、上庸、房陵。"似乎当时郧阳无城。

东汉废长利入锡，析锡置郧乡。汉末，锡、上庸、房陵三县都升格为了郡。其中锡县升为了魏兴郡，隶西城、锡县、安康、兴晋、郧乡、洵阳六县；上庸县升为了上庸郡，隶北巫、安乐、武陵、安富、微阳五县；房陵县升为了新城郡，隶房陵、沶乡、昌魏、绥阳四县。

《明史稿·地理志》中说："郧县西有废长利县，今故址不可考。"其实长利县城遗址应该有两个，一个在今郧西县境内，迁址以后在今五峰乡的锡穴。

《水经注·卷二十八》记载："汉水又东，径郧乡县南之西山，上有石虾(蛤)蟆，仓卒(促)看之与真不别。汉水又东径郧乡县故城南，谓之郧乡滩，县故黎(指前朝留下沧桑)也，即长利之郧乡矣。"《地理志》曰："有郧关，李奇以为郧子国。晋太康五年立以为县。"然而，长利是县，郧乡也是县，没有发生过隶属关系，更不属同一个时期，因此"长利之郧乡"就不应该理解为"长利所属的郧乡"，而应当理解为"长利即郧乡"，即废长利为锡，后来又废锡入郧乡。

再考虑《水经注》为北魏晚期的郦道元所作，离那个年代比我们更近，看问题应该更客观一些。

二

汉以后，郧阳一带的行政隶属关系不断发生变化，郧阳城更是跟着起起落落。

三国时，汉中为蜀地，刘备派张鲁据守，郧阳及其周边都归属之。建安二十年(215年)曹操打败张鲁，把钖县归为曹魏的上庸郡，以申耽为上庸都尉。建安二十四年，刘备派遣孟达征房陵，平定魏兴、上庸、新城三郡，杀死房陵郡守蒯祺，仍以申耽为上庸郡守，把他封为“郧乡侯”，驻郧阳，这是“郧乡”一词的真正来历。这里的“乡”，不是乡村的意思，而是一种爵位，为公侯伯子男五种爵位中的第二等，而侯爵之中又分县侯、乡侯、亭侯三种。

建安二十五年，曹丕继位之后改元“黄初”。黄初元年(220年)孟达降魏，曹魏合并房陵、上庸、西城(郡治在今安康)三郡统一为新城郡，孟达为太守，驻新城(房陵)。申仪为魏兴太守，封“郧乡侯”，驻郧阳。

太和元年(227年)，孟达归蜀，司马懿率兵攻破新城，分新城的上庸、武陵、巫县三县为上庸郡，升钖县为钖郡。太和四年，废上庸归入钖郡。景初元年(237年)，又把魏兴郡的魏阳、钖郡的安富、上庸等县合并为上庸郡。撤销钖郡，把钖县归属魏兴郡，脱离梁州入荆州。

晋太康四年(283年)，再析钖县复置长利。五年，又废长利为钖(迁县城至钖穴)，改钖为郧乡(迁县城至郧阳)。元康六年(296年)，还郧乡县属梁州。

南北朝时，南朝宋之梁州魏兴郡领有13个县，其中有郧乡、钖，可见当时郧乡、钖二县并存。南齐时，郧乡、钖改属齐兴郡(今均州)，仍隶于梁州。此后，郧乡县一直延存，周边则继续演变，南梁在房陵置岐州，在今竹山设安成县，改上庸为新丰县，废钖县设南上洛郡(治所钖穴)，分郧乡置堵阳县(城址在堵河口汉江中的孤山上，即今韩家洲顶)，东部仍归郧乡。西魏改南上洛郡为丰利郡，同时置丰利县附郭。北魏永平四年(511年)，上庸郡领商、丰阳(今山阳县)。西魏时，改房陵为光迁国，改南上洛郡曰丰利，改安成曰竹山，改新丰仍曰上庸。北周时，废光迁国为迁州，改上庸曰孔阳，废丰利郡，改丰利县入上津郡，再废熊川(今白河县东)、阳川(今郧西景阳一带)二县入丰利县。《隋书·地理志》记载：“丰利县，梁置南上洛郡，西魏改曰丰利，后周省入上津郡，以熊川、阳川二县入丰利县。”《兴安志》载：“熊川故城在平利县东。”

隋时，丰利县隶于西城郡。改迁州为房州，统辖光迁、永清、竹山、上庸四县，隶属于房陵郡，属梁州。把郧乡县隶属于淅阳郡，属豫州。据《明史稿·地理志》载：“西城即汉之魏兴，领县七，有丰利，丰利即郧(钖县)。”据《唐书·地理志》载：“均州丰利县有钖义山，一名天心山，在郧治西北二百里，旁有东丰、西丰两保，或因丰利得名。”需要说明的是，这里的200里为当时的距离单位，比现在的里小。《明史稿》又载：“房县县治东百二十里有废永清县。据《隋书·地理志》，淅阳郡领县七，有郧乡。”

唐时，郧乡县隶属于山南道(襄阳)均州，当时的郧阳境汉江段内，同时存在着郧乡、堵阳、丰利三县。郧乡县城在郧阳，堵阳县城在大孤山岛上(韩家洲)，丰利县城在今五峰。《唐书·地理志》载：“均州，隋义宁二年(618年)析淅阳郡置，唐贞观元年(627年)废，八年复置，领县三：武当、郧乡、丰利。郧乡县，本隶淅阳郡，武德元年(618年)，在郧阳置南丰州，以郧乡、安富二县并入，又置堵阳、黄沙、白沙、固城四县统属之。武德八年裁黄沙、白沙、固城。当年又废州，仍以郧乡、安富、堵阳隶于淅州。贞观元年裁安富、堵阳入郧乡、丰利。”《广舆记》载：“唐南丰州、淅州，皆郧乡。”唐代的房陵郡沿隋制，与淅阳郡同属山南东道。据《唐书·地理志》记载，太宗元年(627年)分天下为十道，道的最高长官为采访使，山南东道采访使的治所在襄州(襄阳)。隋以前，郧乡隶于魏兴郡，而房、竹各为郡城；隋时郧乡属豫州；自唐至元，竹山属房州，郧乡隶均州。

五代时，均、房二州仍沿唐制。

宋时，改均州为武当军(军为政府机构，长官称“军节度使”，比知县的级别略高)，仍隶有郧县，《宋史》称：“均州领县二：武当、郧。升房州为保康军，领县二：撤永清县入房，撤上庸县入竹。”《宋史·地理志》又说：“开宝中，废永清、上庸，雍熙三年(986年)并为军。均、房二州俱隶于京西南路。绍兴元年(1131年)，高宗置金(金州即今安康)均房镇抚使驻郧，房与郧仍隶于京西南路。十年，又置金房开达安抚使，改房隶属于利州路。”

元时，郧县仍隶于均州；废保康军为房州，领房陵、竹山二县，俱隶属于襄阳路。《元史·地理志》载：“均州，至元十二年(1275年)隶于湖北道宣慰司；十九年属襄阳，领县二：武当、郧县；房州领县二：房陵、竹山，属襄阳路。”

三

明改全国为13个行省，郧县被湖广省下荆南道襄阳府均州所隶。不过，宋末、元末的战争几乎使郧阳城毁坏殆尽，一直都没有来得及修复，自洪武元年(1368年)至天顺八年(1464年)一直将就了96年。

据《郧阳府志》记载：郧阳“旧为县，无城，明天顺八年(1464年)知县戴琰筑土城。”于是现在有许多人认为明代以前的郧阳无城，只是一个小村，有城自1464年始。这实在是个误会，是由于不知道古人所说的“城”是仅指城墙而已，并不是指有没有房屋、居民、街市和官府。如果按古代人的标准，现在的绝大多数都市都不能算作城，因为按古人理解，无论圈地再大，居住人口再多，有围墙则有城，无围墙则无城，围墙内是城，围墙外就是村。因此，郧阳旧无城，不是指没有街道、房屋、官衙，而是指没有城墙。这在古人的眼里就是无城，然而在今人的眼里，应该还是不失为一个县城。再说，郧阳并不是压根就没有城墙，只是在元初被蒙古人所毁，而蒙古这个草原民族厌恶城墙就没有恢复，在明初的近百年里也一直没有精力恢复而已。

郧阳城定型于明成化十二年(1476年)，朝廷派都御史原杰作为巡抚来此设立藩镇，管辖湖广、河南、陕西、四川四省之交的郧阳、襄阳、荆州、安陆(承天)、德安、南阳、商州、汉中等府。其军事管辖权还包括了夔州、忠州。同时从襄阳府分离郧、房、竹山、上津和从陕西洵阳县分出白河县，独立设置郧阳府，再分郧县单设郧西县，分竹山县单设竹溪县，使郧阳府的管辖范围包括郧县、房县、竹山、上津、竹溪、郧县、白河7县。建置敲定后，原杰就在元代原郧县城的基础上扩建了郧阳城。这个郧阳城不再仅仅是个县城，还是个府城，更是一个封疆大吏所在的镇城，集中了巡抚、道台、知府、知县四级的大大小小几十个衙门。

现在的人们所叹息的，就是这座明清郧阳古城，它一直延存了500多年，直到在我们这一代人的眼皮子底下消失。

明清郧阳城的建设与这几级官府的设置关系密切，一切规划都是按四级官府的规制来安排的。因此，读一篇《创置郧阳府记》，对于我们了解郧阳古城很有帮助。

《创置郧阳府记》是明成化年间的国子监祭酒周洪谟所撰，全文为：

创置郧阳府记

成化七年，荆襄流民百余万，有司逐之，渴疫死者过半。予闻之恻然，乃著《说》曰："昔同修《天下地理志》，见东晋时庐江松滋之民流至荆州，乃侨设松滋；陕西雍州之民流聚襄阳，乃侨设南雍州。其后松滋遂隶于荆州，南雍遂隶于襄阳。垂今千余载，靖谧如故。前代处置流民者，甚得其道。今若听其近诸县者附籍，远诸县者附籍设州县以抚之，置官吏、编里甲、宽徭役、使安生理，则流民皆齐民，何以逐为?"大理丞王公轼得余之说，以示监察御史薛君学，以献于左都御史李廷用。用谓予曰："斯说甚善，惜未之行。"

时流民即逐复聚，用乃撮其大意以疏于朝。天子可其议，以都御史原子英往莅其事。英乃大会镇守，同太监韦公贵、湖、陕、河南中外诸大臣合谋佥议，籍流民一十二万三千余户，因割竹山之地置竹溪，割郧津之地置郧西，使流寓土著参错以居。于是，即郧县城置郧阳府，以统房竹六县。荐邓州知州吴远以知府事。又荐巡按河南监察御史吴文博以留守其地。又置湖广行都司、郧阳卫，以为保障之计，都指挥柴政城而堑之。处置既毕，诏子英为都御史，寻进南京兵部尚书，未之任，卒于南阳。文博继之，抚治有方，军民忻戴。及代，奔走京师，交章恳留。朝廷从之，特进大理寺少卿，抚治如旧。

文博与远自被荐以来，益并力协心，抚新集如慈母之保赤子。民既安业，远乃当府治前为厅、为堂、为经历司、为照磨所，东西为诸吏案房，为重门以及廨廊舍、仓廒、囹圄，靡不备具。文博乃为行都司，为郧阳卫、所，为大理公署、布政分司、按察分司，为儒学，为城隍庙，为原公祠以祠子英。

百废既举，乃寓书属《记》。余惟流民若流水也，在顺其性而导之耳；使或逆之，则泛滥而壅溃矣。往岁，刘千斤啸聚襄西，固尝剿之，虑有效尤者，乃又逐之。然剿之者未免剿及无辜，而逐之者岂遂杜其不再至?是皆失之于初而逆其性者也。原公、吴公为保厘之政，顺其性而导之，昔逃逋者今为编氓矣，昔之反侧者今为良善矣。余故为次之，以为后世处置流民者法。

《创置郧阳府记》的大意是：成化七年(1471年)，荆襄流民达到了百余万，被官府驱逐在路途中渴死、病死的人过半。我听说后十分哀怜不忍，就著了《流民图说》："往日我在与同事修《天下地理志》时看到：东晋之时安徽庐江松滋县的人民流移到了荆州，朝廷就在荆州侨设了一个西松滋县；陕西雍州的人民流移在了襄阳，朝廷就在襄阳侨设了一个南雍州。后来，西松滋县成为了隶属于荆州的一个县，南雍州成为了隶属于襄阳的一个州，到今天已经千余年了，安宁得就像过了一天一样。前朝前代的官员们处置流民，一直都从其中悟得过一些道理。现在处置荆襄流民，若能够听凭流民在当地附籍，成为本地户口。在各县城附近的，就让他们直接附籍；远离各县城的，就在他们附籍之后就近设置一些州县以抚慰他们，再添置各级官吏，把他们编入里甲，宽松他们的徭役，使他们能够安心生活。这样，流民就不再是流民，而都是良民了，为什么还要驱逐他们呢?"大理丞王轼看了我的这篇文章，把它推荐给了监察御史薛君学。薛君学看了，又献给左都御史李廷用。李廷用看了对我说："你说得很好，可惜我们没有按这样施行。"

当时，流民被驱逐后又马上再聚，李廷用就把我的观点择其大意上疏给了朝廷。皇帝认为可以廷议，结果就派左副都御史原杰(字子英)前往莅其事。原杰到郧阳后，大会各地镇守，与武当山提督太监韦贵和湖广、陕西、河南各省的大臣们合谋商议，共附籍流民123000余户，又分割竹山县之地置竹溪县，分割郧县、上津县之地置郧西县，让流民和土著居民参差相错以杂居。于是，在郧县城增置郧阳府，以统辖房、竹等六县。

原杰推荐邓州知州吴远为郧阳知府，又推荐巡按河南的监察御史吴道宏(字文博)为郧阳监察御史，将来留任郧阳巡抚，再设置湖广行都司、郧阳卫等作为郧阳的军事保障，让柴政任行都司都指挥使，以构筑工事守护郧阳。处置完毕，皇帝诏令原杰为都御史，晋升为南京兵部尚书，但他还未来得及到任，就病逝于南阳。吴道宏继任后，抚治有方，为军民所欣喜感戴。他第一次卸任，郧阳人奔走于京师，上交奏章恳留他，朝廷听从了郧阳方面的请求，特别晋升他为大理寺少卿，郧阳藩镇就这样被沿袭了下来。

吴道宏和吴远自被推荐以来，一起齐心协力治理着郧阳这个新的城市，就如同慈母保护自己的赤子一样。在流民都安置后，他们就修建各自的衙门。吴远的府衙，前为厅、后为堂，还有经历司、照磨所，东西厢房是诸吏员的案房，一层层院门内，官署、廊舍、仓库、监牢无不齐备。吴道宏筑建了行都司、郧阳卫、郧阳千户所、监察御史衙门(大理公署)、布政司、按察司、儒学、城隍庙、原公祠。原公祠是专门祭祠原杰的祠堂。

百废兴举后，他们投书让我写一个《记》。我认为，流民就像流水一样，要顺其性而引导之；如果逆其性，就会因堵塞泛滥而溃堤。往年，刘通啸聚在襄西，虽然被剿除，但朝廷又怕有人效尤，就反复驱逐流民。然而剿杀的时候难免剿及无辜，驱逐的时候怎么就能够保证他们不会去而复返呢？这都是当初逆其性的失误所为。原杰和吴道宏做的是保厘之政，是顺其性而导之，所以才能够使昔日的逃逋者成为今天有户口的编民，昔日的反叛侧目者能够成今天的良民。我以为，这些都不是最重要的，最重要的是他们为后世处置流民提供了一种可以借鉴的好方法。

四

原杰是很看好郧阳城地望的，这从他所写的《南坪佳地》诗里就可以看得出来：“平田沃壤远环山，聚气藏风不等闲。秀脉遥盘千里外，清流合泻两峰间。无征旧县基犹在，有益新城筑弗悭。敷政更需贤令尹，成周治化可追攀。”

这首诗是原杰临赴南京上任兵部尚书前写给吴道宏的，是借诗称赞郧阳地望，以勉励吴道宏应该在郧阳干一番大事业。郧阳城建在汉江北岸的杨溪原野西端，西、北两面环山，站在山巅能够一览无余20余里的原野、江流和“南坪”之上的城郭。“平田沃壤远环山”的郧阳城，是一块“聚气藏风不等闲”的宝地。“秀脉遥盘千里外”一句，既是实写郧阳的山脉自甘肃而来盘亘千里，也是暗指郧阳藩镇的辖地无论长宽都超过了千里。原杰是在告诉吴道宏：不需要新征城建的土地，旧县的根基还矗在那里，虽然直接在上面建新城比较容易，但也不要吝啬而只按原规模来建，而应该扩大规模而且要建得更坚固。最后一句的意思是：我把郧阳托付给你了，布政和施行教化就都拜托你了，在这个无旧制羁绊的新建制里，你的功绩将来肯定能够追攀周公辅佐成王时的治化。这里的“令尹”指的就是吴道宏，是借用春秋战国时楚国的官衔，相当于楚国宰相。

500年以来，这座古城的建筑、完善、修缮脉络都十分清晰。

成化十二年(1476年)以后，原杰、吴道宏在原县城土墙的基础上拓展修筑了砖石城墙，周长为800余丈，高1.5丈，留有6门，东门曰“宣和”，南门曰“迎薰”，西门曰“平理”，北门曰“拱辰”，另有小西门和小南门。

嘉靖三十六年(1557年)，章焕任巡抚时又在东北一带扩城，新筑城墙200

余丈，使城墙长度达到了6里多长，并在新增处加设一“时雨门”，即府学宫的大门。

嘉靖四十五年(1566年)秋汉江大水，冲毁了东南一带的城墙，巡抚刘秉仁补筑后的城墙高2.1丈，厚1.8丈，并在城墙之上新筑窝铺、瓮城、门楼。此时的城墙建筑有：驻兵的窝铺20处，门楼7座，瓮城楼3座，南角楼1座。

万历初年王世贞任巡抚时，改拱辰门楼为春雪楼，并在其上题诗。他还修筑了城下之池，使郧阳城一面枕山，三面环水：“北枕山，自城西北、西南折而东皆临汉江，为天然城池，惟在东门外浚池50余丈，阔2.2丈，深九尺。”

万历十一年(1583年)，连续5天大雨，汉水泛涨一两丈，自东门而入，由县卫大街直冲府衙，眨眼间城内外东、西、南三门均平地水深约三丈，把抚衙、道衙及府、卫、县等衙门尽数冲毁，所有册卷档案和府仓积粮漂没无存，城墙倒塌大半，城内外的居民房屋与积蓄一洗而罄，只剩城西北一角高阜之地的人家得以幸免。虽然各衙门官员都携带着官印逃了出来，但民众溺死者无数。巡抚张国彦、下荆南道冯时雨、知府叶逢春、郧阳府通判沈兼等动用军饷银重修。

明末清初，李自成、张献忠反复围困、攻打郧阳，郧阳与之对抗达13年之久，城虽从来未破，但城内所有官衙和城墙之上的所有城楼、窝铺都被拆除，木料、砖瓦被当做武器，城墙从此破烂不堪。

清顺治十四年(1657年)，巡抚张尚委托郧阳府通判张四维重修城墙。自此，郧阳城墙分包给了所属6县随时修补。北门自明末封筑后，在康熙二十四年(1685年)四月才再次打开。

乾隆六十年(1795年)，郧阳知府王正常、郧县知县叶治及各县官员均捐出自己的养廉银补葺郧阳城墙，重建窝铺4间。

嘉庆九年(1804年)，两广总督吴熊光在郧阳指挥清剿白莲教，曾经饬令郧县知县高赐禧与士民修葺城墙，并重建南门楼和北门春雪楼。

道光十一年(1831年)，郧阳知府崇善、郧县知县熊象麟修筑火星庙炮台。十二年八月，汉江大水，冲塌东南城墙数十丈，又由崇、熊二人共同督促域内绅士修筑。十六年，知府李嘉祥、知县黄照再督修24丈。二十年，知府陈天泽、知县姜国祺督修南城20丈。二十一年，知府佀明伦督饬知县段干恂重修大南门城洞并建城楼。二十八年，知县陈子饬修筑小南门外的江边驳岸。

咸丰二年(1852年)，知县江士玉所补筑的城墙，在秋七月时被汉水冲塌城垣达40余丈。随后，知府侯廷樾、知县梁光钊等人次第修补未完，再由嗣后的知府靳知汇、艾浚美、陈寿图，知县方兆科、奎联等人继续修筑。

同治元年(1862年)，郧阳城池严重淤塞，安襄郧金道金国琛饬令知府艾浚美、知县奎联率城乡绅民分段开浚，自大南门至西北的伏龙关，长730丈，阔3丈，并在石佛嘴筑炮台一座，使城上的炮台达60座。六年八月汉水暴涨，再次冲裂城墙49.3丈，坍塌88.9丈。七年，知府金达、知县余思训督工修筑，并筑捍江大堤以卫城。九年，知府吴葆仪偕同郧县知县章樾，继续完成了城东北隅和南堤的尾余工程，并修东、南两城门的闸板。

五

郧阳城外的捍江大堤自古就有，源头已不可考，明成化初曾被江水暴涨冲毁，由巡抚吴道宏重修，高八尺，长300余丈，郧人为纪念其功德，当时称此堤为“吴公堤”，此后无论明清均屡毁屡修。清同治八年(1869年)，知府金达在修捍江大堤时，把堤规划为三段，由西向南再东，折以相错，堤外以巨石层累，高度和广度各为三仞，下宽而上簿，洪水从此不再摧。

金达曾撰《重修郧阳府城堤记》纪念此事：

重修郧阳府城堤记

皇帝嗣位六年，达以戎曹出典郧郡。抵任两月，霪雨浃辰，汉水骤涨，溢城而入，城几溃，时八月望后三日也。溢之夕，城中人匍匐骇奔，阒衢塞巷，喧号鼎沸，奸宄交讧。余冒雨策马，周巡而呼曰：“人无相暴，货无相夺，马牛鸡犬无相攘，不者治如法。”质明，鞫惩一二人，而乱以靖。水既去，饥者粥之，病者药之，室完者遣之，坏者资之，官修其职，工复其事，商理其业，民鸠其居。询之：此邦水患，数十年来父老所及见者并此而三，患之大莫此为甚，乱之定亦莫此为速也。

余惟古称江淮河济为四渎，汉不与焉。自济流泛隘，伏见无恒，后乃以汉当之。盖嶓冢而下，陇氐相直，陵谷转缠数千里，经流于决而出，非可与江河竞容纳者。又况郧处秦楚之交，去沧浪犹二百里，地瘠民寡，水利不修，无旷野大原以纡其势，无平湖巨浸以杀其支，无沼沚陂塘以浅其委，蹄涔行潦胥入洪流，沙石漫淤，聚散靡定，其患之数十年而一作也，盖亦幸矣。

神禹不作，世无夷患之人，然必求所以备患之道。往者溯汉入郡，道出襄樊，见夫两城之外，垒石为堤，高越寻丈。樊则近始有之，襄之堤已数百年矣，屹然凝然历劫莫坏。水患猝至，负郭者恃而无恐。郧嘉庆中亦少师其制，顷荡于水，存者就隳，则财啬而工未固耳。余悯斯民之灾，而重恤后患，爰请诸大吏，谋诸耇长，经营措注，寓赈于工。首城垣，次宫庙、官廨、仓廒、学校、书院，名宦、忠义、节烈之祠，后先具举，而一肆其力于堤。城以外由西而南而少东，规其地，划为三，长可二里，广三仞，高如之。巨石栉比，下博而上杀，差以等，折以相错。炼石为屑，熔以膏，涂其罅，坚不能入。自肇役以逮蒇事，为岁再期，为钱三万贯，而其为效或亦可数百年焉。

城西北隅有伏龙关者，当旋溜之冲，水啮其足，群怪隧之，行贾率覆舟于此，久且寖为城患。余汰其腐坏，沉以石而新筑，其上铸剑以为镇。年余，贾舟无更覆者。堤完而东南巩，关峻而西北奠矣。

始，余之议为是役也，众或相与訾之，甚有从而重抑者。余独勃兴淬砺，力任其艰，尤具征徒，朝夕督视，虽盛暑严寒莫之间也。今且士无异心，民无隐力，日积月累而幸底于成。今夫富民之谋其室家也，门闾、场圃，囷廪、窦窖，沟涂、堰涸之属纷纷然，谋及子孙，谋及曾元，谋及子孙之曾元。云祈彼诚，视后祀之，所有皆其有也。

三代时，裂地建侯，小邦下国，蕞尔弹丸，有更历虞夏殷周千七八百年，而用以自存者，世不能乱，天不能灾，夫固代擅土宇，筹及后人，虑之周而备之密也。后世罢侯置郡，士大夫之官其地者，曰：“吾寄焉。”已耳，稍议兴作，辄借口于劳民伤财以自护。又其巧者，往往托能事之名，自私自利，补苴隙漏，涂泽耳目，小夫诵之，大府褒之，劳未半而功已倍，事不烦而橐已牣矣。然必世百年之后，有不如拙者之所为。嗟乎！天下之事，其不败于畏难竞巧，吝目前之费，急一身之谋者，盖亦鲜矣，而可胜道哉？子夏宰莒父，孔子语之曰：‘无欲速，无见小利。欲速则不达，见小利则大事不成。’旨哉圣言，有国者所当念也。余故于役之成，重发此义，后之君子可以观览焉。

同治八年秋九月。

其大意为：同治六年，我以戎曹的身份执掌郧阳府，到任刚两个月，就遇大雨透浇，汉水骤涨，洪水冲入城内，城墙几乎全部溃塌，这是在八月十五之后第3天的事。当日，江水溢涨在黄昏时刻，城中之人惊骇奔走，许多人匍匐在了地上。人群充满了大街，堵塞了小巷，喧号之声沸沸腾腾，违法作乱之人相互抢夺财物骚扰不断。我冒雨策马，四周巡视着向人们高呼："不得相互施暴，不得抢夺货物，不得偷窃马牛鸡犬，违者依法严治。"天刚亮，我就验明事实惩处了一两个人，混乱得以平定。水退后，官府熬粥济饥，施药济病，遣送那些房屋完好的人回家，资助那些房屋已经毁坏了的人家修建，官员恢复上班，工匠恢复开工，商贾恢复理业，让民众安居家中。我询问当地历史上的水患，父老们都说几十年来所见到这样的大洪水一共有三次，以这次的灾患最大，也是这次的骚乱平息得最快。

我知道，古人称江淮河济为四渎，汉江不在其中。但自从济水之流泛滥狭窄之后，就没有了固定的河道，而且时隐时现，古人就以汉江替代，遂成为四渎之一。汉江自嶓冢而下，由甘肃陇氏相对的陵谷间一路转缠数千里，流经一个叫于决的地方而出，流量不是能与长江、黄河相比的。郧阳处在秦楚之交，在沧浪下游200里，土地贫瘠，民众不多，水利一直得不到维修，也没有旷野大原可以减缓洪水之势，更没有平湖大海能够抑制洪水之凶，还没有沼泽陂塘得以稍减洪水之力，所有小山沟里的蹄印之水都汇集成为沟渠，全部聚入洪流之中，裹挟的沙石漫淤河床，滩涂聚散不定，其祸患数十年发作一次，已是有幸的了。

如果夏禹不出现，世上就没有会治理水患之人，所以必须求得防患之道。来往于汉江上的人要想溯汉江进入郧阳，在经过襄樊时，都曾见过两城之外均垒有石堤，高度达丈余。樊城的堤是近来才有的，而襄阳的堤已存在数百年了，历经无数次劫难还屹然而不坏，每当水患突然而至，城内的人都恃此而无恐。郧阳在嘉庆年间也采用了这种办法，但大堤不久就完全顷荡在了水中。刚修完的大堤就被毁坏，是因为当时吝惜财力导致工程不坚固的原因。我既怜悯当地民众之灾，也重视忧虑后患，于是请教各位大吏，求谋于各位耇长（高寿之人），然后策划方案，筹措资金，以工代赈，先修城垣，次修宫庙、官廨、仓廒、学校、书院，再修名宦、忠义、节烈之祠，等以上工程都完工后，再集全部之力修堤。堤从城外由西而南而稍东，规划其地为三段，长二里余，宽三仞，高三仞，以巨石层累，下宽而上窄，差以等次，折以相错。炼石屑，熔米膏涂以缝隙，坚固无比。自开工到竣工，历时两年，花钱三万贯，而所发挥的效益或许可达数百年。

郧城西北隅是伏龙关，为江水漩流之要冲，激流时时刻刻都在啮咬堤脚，传说是有群怪居住在此水之下的隧洞中，来往行贾有很多都覆舟于此，久浸成为了城患。我于是在此淘汰堤岸腐坏之处，再沉以石块新筑岸堤，又铸剑悬挂在崖壁之上以镇水降妖。一年多来，再无商贾之舟倾覆。捍江大堤完工而城东南稳巩，伏龙关峻而城西北安定。

我刚开始提议这项工程时，曾经遭到众人的指责，大家相互串联着诋毁我，很多人相约欲抵制我的修堤计划。我力排众议，独自蓬勃兴起激励磨淬，尽力承担艰难，盯紧钱物征派与物资采买，朝夕都在工地督视，无论盛暑严寒从不间断。现在，士吏无一异心，民间无一隐力，日积月累而有幸完成。如今，人们都说这是一项富民之谋，富裕人家在修建家室时，门闾、场圃，谷仓、地窖，沟渠、道路，茅厕、猪圈等等俱备，惠及子孙，惠及曾孙玄孙，惠及子孙的曾孙玄孙等。所说的这些祈祝之语都非常诚恳，更有人说要以后永远祀拜的话。

夏商周三代分地建侯，出现了一大批小邦下国，小到成为弹丸之地，这才有历经虞夏、殷周一千七八百年的更替。那些能够自存的小国，无论世道多乱，无论天有多灾，都一心坚固自己的国土和屋宇，筹谋惠及后人，考虑都非常周详、严备、缜密。然而，后世罢除诸侯而置州设郡，由士大夫们管理这块地盘时，他们往往会说："我是暂时寄住在这里的。"以致只要一议到修建工程，动辄就拿劳民伤财作为借口以自护。又有一些善于投机取巧的人，往往托自己能干事之名而自谋私利，只搞一点补苴隙漏、修饰容貌的事而掩人耳目，就以小事而放大来歌颂自己，让别人褒扬自己，劳动不及一半而功劳已获得数倍，事情本来不重而自己的口袋已经装满了。但是，凡事都必然要经过百年之后再看，到那时他们还不如那些笨拙的人所做的事对人们有益呢。唉！天下之事，就败在这些畏难竞巧，吝啬目前一点小钱，急于自身之利的一帮人手里。虽然这样的人不多，然而难道可以效法吗？子夏做了鲁国的宰相，孔子告诉他："做事不要只图快，不要只见眼前小利。只图快，结果反而达不到目的；只图小利，就办不成大事。"这是圣人的圣言，为掌握有国家权力的人所应当牢记的。所以，我在这项工程竣工之后，发了这一通感慨，让后世的君子可以观览。

同治八年(1869 年)秋九月。

六

然而，郧阳城恢复工程并没有完全竣工，金达就积劳成疾死在了任上，实在令人痛惜。

吴葆仪，安徽全椒人，廪生出身，为金达之后的郧阳知府，莅任于同治九年(1870年)，是他接着完成了金达所没有来得及完全竣工的城防工程，之后又写了《郧郡工役落成记》以纪念此事。全文为：

郧郡工役落成记

天下之事，为之而不必成，成之而不必其无变。其作始也，多惜力畏难，曰："非吾一人之任。"及身受其成者，则又以谓："吾直寄焉，复何暇循他人之旧而虑周久远？"此古人往往多惜于兴作之役，谋之非难，而任之实艰，亦任之非艰，而终之惟难也。

郧介秦、陇、豫、蜀之交，枕山而襟汉。余亡友金君铁杉，以同治丁卯夏来守斯郡，秋潮涨溢，城垣圮毁，廨舍倾颓。君嗷然勃然，蚤夜淬砺，起衰兴废，百务具举，两历寒暑，工甫竣而疾已痼。大府知与余为夙好，乃就而属之。余履任之初，周巡遍历，与宾僚、士民等相见，具询颠末，未始不壮其气之果，而悲其志之固也。下车以来，遗为之治，阙为之完，并力兼营，不逾时而竟其绪。乃悉状以上诸大府，大府嘉余之无隳夙命，而善与有成焉。

昔周之兴也，元公治洛邑为东都，历三纪而后定。毕公保厘康王，口申之曰："惟周公克慎厥始，惟公克成厥终。"盖自昔仁人君子、豪杰之士，将有所图于天下，甚非一手一足之烈也。郧自置郡以来，朴陋相沿，风气未辟，铁杉以离俗之才奋发于积惫之后，教化之兴，风俗之振，具有可观，顾戒役维勤，殚精敝形，竟以身殉。余乃数月而躬睹其成，岂天之薄吾铁杉而私于吾与毋？亦始之难而终之易与抑！

余观近世士大夫官其地者，率以偶焉，承乏之心寄如传舍，日坐视其俗之敝、民之顽、政之弛、田野之荒芜、城郭宫庙之朽坏，漠然无所动于中，谋以兴作。惟旦夕可奏效者，或殷然而就之。不则，动色相戒，非必其人之尽甘颓废也，深惧己之莫克终，而继之者无以善其后也。如斯役者，余安，必铁杉为之前；而铁杉更安，必余为之后哉。余故始悲铁杉而自幸，继复不专自幸而重为铁杉幸也。是役也，余与铁杉实终始之，而襄事之勤，则群有司、都人士之力。

有未可没者，楚南余君思训，以丁卯冬令郧，实兴是役，己巳春役未终而去，而规土量物，措注为多。至蜀人冯贰尹嘉麟、大梁萧参军树勋、皖人张少尉翼、戴少尉莲芳、邑人云骑尉汪以庭、孙祖安，戎部黄泽沛，董役者也。运同衔徐清来、二品封典孟春华、盐提举衔博士胡淑经、崔诰、理问衔饶丙南、应城博士王德芳、石首博士翁尚德、司马黄兆昌、学博姚光娫、何四像、都阃衔杨文彩、卫守备衔张儒林、六品军功郭琼林，皆邑绅之选，司薄书谨出入者也。落成之日，胥厚劳焉。其他土木之用，既禀之资，经始蒇事之年月，悉列于前碑，今不复具，特著明此义。俾后之同志者，怵然于终事之艰，而相保于无穷也。郧大令章君樾与余先后莅此，勇义敢为，民望所寄，群役之毕，君实佐之，其造福于郧者，又岂区区小补之为哉。

其大意为：天下之事，该做就不必追求在自己任内一定完工，完工后也不必讲究永远不变。那些应该规划的工程，大多人却畏惧艰难而惜自己力气，往往借口："又不是我一个人担任过这个官职。"而那些坐享其成的人，则又往往借口："我暂时呆在这地方，又为什么有点空闲就沿袭他人之旧而要考虑那么周详和长远呢?"这就是古人为什么大多往往吝啬干利民工程的原因，因为规划谋略不难，而做起来太艰难；即使做起来没有畏惧艰难，而要把它独自做完也很艰难。

郧阳位于陕西、甘肃、河南、四川之交，枕着崇山峻岭而连着一江汉水。我的亡友金达(字铁杉)，在同治丁卯(六年，1867年)夏来郧阳任郡守(知府)，当年秋汉江涨溢，城垣垮毁，官署倾颓。他叫喊着，奋发着，日夜操劳着重建郧阳城，起衰兴废，把百务都担当了起来，历经两个寒暑，还没有等到工程完全竣工就积劳成疾而逝。上级官府知道金达与我是旧交老友，就命我接替他的职务就任郧阳知府。我履任之初，到处巡访，与宾客、幕僚、士人、平民等各色人等相见，向他们详细询问工程的始末，没有一个人不赞誉金达的气势果敢，而悲惜他英年早逝。我到任以来，继续治理他遗留下的工程，与大家合力兼营，没有超过预计的日期，一切都按部就班一一就绪。这才把完成情况全部汇报给了各上级官府，上级官府嘉奖我没有懈怠金达的夙愿，很好地完成了他留下的郧阳城恢复工程。

昔日周朝之兴，周公旦摄政，以洛阳为东都，颁行《康诰》《酒诰》《梓材》三纪安定了殷民。后来，毕公辅佐康王，康王命毕公接替君陈任镇守时，在壬申那天当着民众的面说："只有周公，才敢大胆迁都洛阳，防止了殷民的叛乱，能慎其始；也只有周公的儿子君陈，才弘扬了周公的遗训，能和于其中；现在，也只有毕公才能继承周公、君陈的功业，成就其终。"所以，自古以来的仁人君子和豪杰之士，都想有作为于天下，都不是图一时的轰轰烈烈。郧阳自建府以来，朴素简陋的风俗相沿袭，教化风气却没有得到开辟，是金达到任以后，以自己的不俗之才，激发了当地人身上所积蓄而疲惫的风气，教化才兴，风俗才振，效果非常可观，人们这才意识到了自己的责任，去勤奋地做好修建城池的准备工作。他也受激励，殚精竭虑地不顾身体疲惫，全身心地投入到了城建工程之中，竟然以身殉职。我来之后才几个月，就躬身亲睹了大功告成，这不是上天对金达太薄而对我太厚吗？这就是开始之难而最后之易呀！

我看近世的士大夫官员们所管理的地盘，都很轻率地以迎合为乐，都以暂时之心、寄住旅馆之身来这里做官，每天坐视民俗凋敝，放任民众刁顽，放纵政务废弛，任其田野荒芜、城郭宫庙朽坏，对一切都漠然而无动于衷，不肯谋任何兴作，只做一些旦夕可以奏效的小事，装作情深义重的样子。即使不这样，也是动辄以色相戒，不愿人尽其才，而甘愿颓废，生怕自己不能等到大功告成就离开了。而继任的人，也往往因是前任留下的事而不拿工程当回事，不去把它善终。像郧阳的这项工程，我就很心安，因为这是金达修之在前；而现在金达的在天之灵让我心更安。一开始，我是替金达悲伤而为自己庆幸，之后就不再只为自己庆幸，而着重为金达庆幸了。这项工程，是我和金达共同始终的，更是所有帮助办事的人都勤勤恳恳，借助了这样一大批官吏和当地人士之力才达到目的的。

还有一个人的功绩不能被淹没，就是楚南人余思训。他在丁卯年冬任郧县知县，是与金达一起谋划兴起这项工程的人，在己巳(同治八年，1869 年)春工程还没有完成时就离去的。他为规划土方、测量物体、处置很多繁杂的事务尽了全力。至于蜀人佐贰官冯嘉麟、大梁人参军官萧树勋、皖人少尉张翼、少尉戴莲芳、郧阳人云骑尉汪以庭、孙祖安，戎部黄泽沛，他们都是监督管理工程的人。盐政运同官徐清来，二品封典孟春华，盐提举官博士胡淑经、崔诰，布政司理问官饶丙南，应城人博士王德芳，石首人博士翁尚德，府同知司马黄兆昌，学博姚光炟、何四像，都阃官杨文彩，卫守备官张儒林，六品军功郭琼林，他们都是由地方绅士选上来的人才，主管着记录财物进出的账簿工作。在工程落成之日，我全都应该厚重地慰劳他们。其他土木工程所用的钱财，已经在该项工程完成之日就全部刻列在了前碑之上，现在就不再赘述，特此说明此义。我撰写此文的用意是要告诫此后的同仁们，不要畏惧于完成事务的艰难而无穷无尽地自保。

郧县县令章樾和我几乎同时莅郧，他是一个勇于作为，为民望所归的人。这些工程能够完工，实在是他辅佐的结果。造福于郧阳，又岂是我这样一个区区小官一人所能作为的？

风水宝地布巧局

郧阳古城是一块风水宝地，它三面环水，两面靠山，说它在汉江的北岸，也可说在汉江的东岸。汉江东流，在接近郧阳城时的10里之外的大寺处折而向南，一路流淌抵达城西南角，涤荡着西山之脚，再折而向东检阅南城。在城东，北山而来的棒槌河从大东门外缓缓注入汉江。古城北高南低，西高东低，半城在原，半城在山。城内有山三座：沧浪山在城中靠西南，很短，西起于汉江岸，往城东蔓延伏于城中止，山上有泉，下有圣水寺和仙女洞，西头的汉江岸边曾有一千佛洞，安置佛像千尊，洞外有着千佛楼，不过后来毁于大火；龙门山在沧浪山后，西起于江岸，从城北横过，伏于棒槌河边，山之西头临汉水之崖上有避暑洞，蜿蜒小径可达，巡抚徐学谟曾有《避暑石洞》五言诗一首歌咏之；狼子山在龙门山后，与龙门山同论短长，北段城墙就建在此山之顶，北门春雪楼位于山巅中部，山之西头临汉水之崖上，凿有一尺见方的大字6个，只有4字清晰可辨，分别为“元、田、中、邱”，之下有狼子冢，为环水小洲。

古郧之城，南部繁华，弥漫着官署和商贾的权钱氛围；北部静雅，散发着书院与官学里的书卷之气和仓廒里的粮香。这种半原半山的城市布局，是几千年以来居城经验的积累。早年的郧城都在江滩，屡次被洪水涤荡，在重建时就一步步往高处移，其中把人们视之为最宝贵的知识储蓄和粮食储蓄都转移到了万无一失的高岗之上。

整个郧阳城基本是以东西大街和南北大街为“十”字组成主轴，再由次要街巷为骨架所形成，并以东西大街和南北大街相交汇的十字街把郧城分为了4块，并依次为中心向四周延展，蔓延至城墙。

城墙以外的风景决不输于城内，东西大街在向两端延伸穿过大东门和大西门这两座瓮城城楼之后，又连接着东关和西关。

西关热闹，街道延伸到了江边的西河蓝家码头，这里有数不清的停港船舶，有扛不完的上下货物，有听不烦的鼎沸人声，有躲不赢的男男女女和骡马驴牛拉载的车。江面上，百舸千帆，号声嘹亮，仿佛又是一条流动的街道。一水之隔，连着南岸的是河口店，也因当街竖有一列四柱三门的石牌坊又称“三门店子”。站在西关，三门码头上泊船的摇曳倩姿和小镇上的人影憧憧都能清晰看见。

东关平静，一出大东门，一条与汉江平行的街道延伸到了十里之外的杨溪铺，两边均是一排排的农舍，绿树成荫，鸡飞狗吠，鸟语花香，渠水纵横。农舍背后是成片成片的农田，从江边连至北山，宽度达10余里。从东门到遥望的东山，长度达20余里，修建在由北山而出棒槌河上的盛水堰，把河水引入渠道，又像无数根血管输送血液那样，缓缓地滋润着这块杨溪小平原，城里的蔬菜和口粮半数依赖于此。

城南乏味，出城门就是驳岸，驳岸之下才是汉水。不过，要看看江景和对岸的赤壁，这里倒不失为一个好去处。

城北苍茫，站在北门春雪楼上放眼眺望，层层北山惟余莽莽，一浪高过一浪，苍色满眼，翠屏叠嶂。

城之西北，城墙外有伏龙关，关下有伏龙潭，为传说之中的汉江之神阳华缚龙的地方。从伏龙关口，伏龙潭之上，有阶梯大道斜延至江岸，道旁的山崖上不时有洞，洞里均供奉着一些佛像。在阶梯斜道的中部，伏龙潭的正上方，有一个小亭立于路中央，可以供行人歇息，更利于欣赏汉江风光。小亭里侧的崖壁上，有一个较大的洞窟，里面供奉着一尊观音菩萨，所以这个小亭就叫“观音台”。顺观音台下到江岸，向北为10里武阳沃野，同样是农舍连成了街道，而且一直贯穿到了大寺之处，同样绿树婆娑，沃土千亩。修建在堰河之上的武阳堰千百年来一直浇灌着这块沃野，成为滋养郧城的又一个粮仓。

盛水、武阳二堰，又叫东、西伍子胥堰，传说是战国伍子胥驻郧阳时为屯兵所修，已经灌溉杨溪和武阳这两块小平原几千年了。当然，养活着郧阳城百姓的还不止杨溪和武阳，往远的不说，与武阳店子对江的柳陂三川，肥田沃土不知是杨溪和武阳的几倍。郧阳城的幸福，就幸福在了柴方水便，粮菜自足，城池坚固，商贾云集之上。

幸福的郧阳城，街巷井然。如果从城门外的两关算起，东西大街全长4里半(2248米)，并不连贯，而是在城中的中卡子处有一个转折，成为“Z”字形，自东往西分为东关街、东大街、十字街、中卡子、西大街、西关街、西河街几段。

东西大街之南，自东往西数，与之垂直的街巷依次为庞家巷，周家南巷、小新街、南门街、鼓楼南巷、大新街、察院巷、中卡子折南一段(与西大街垂直相交)及与中卡子相连的小南街、布袋巷、金家巷、黄道街等。

东西大街之北，自东往西数，有城外的东寺巷、何家巷，城内的柴巷子、周家北巷、总兵巷、卫星巷、北门街(青年路)、北鼓楼巷、财神楼巷、椿树巷(与中卡子、小南街成一条直线)、警厅巷、三眼井巷、柴家巷，城外的盐店巷、水巷、横街等。

与东大街平行的街巷，其南依次是察院街、学道坡、手帕巷等；其北依次是观音街、朝阳街、小井巷、康家巷、徐家巷、下井沟等。

与西大街平行的街巷，其南只有西寺巷；其北依次有柴家巷的折延、朝阳街的延贯、上井沟等。

在东关，与主街相交的有何家巷、东寺巷、水井巷等；西关与主街相交的有盐店巷、横街坎、税关坎、小西关街等。

郧阳古城的街巷路面，多为出自汉江的油光青块石铺就，接近城墙的极偏僻处也有土路。郧城的房屋多为传统的明清本地样式，青砖瓦屋，上出檐，下起阶，临街为二层小楼，楼下廊房用于商铺；官署房屋的样式与全国一样，是完全按照规制修建的。只有各商会会馆的房屋是按照各自家乡的习俗而兴建的，徽式建筑为多，数江西馆最为气派。

1931 年，民国郧阳专署把东西大街铺上了石条。1940 年又和青年路一起改为三合土路。1943 年，郧阳专署又令全部拆掉主要街道两旁的商用廊房以拓宽路面。中华人民共和国成立后，郧城的油青石路被普遍改造，仅剩小西门外一条。

郧阳自古就是一个人情味很重的城市，如在主要街口都建有过风楼。过风楼，即二层亭楼，是供行人稍事歇息的地方，其台阶之上的一层四柱之间为石条坐凳，二楼则在木条凳外加了栏杆，无论晴暑还是雨寒，无论你是达官商贾还是樵夫走卒，随时都可以在里面歇一歇脚，补充一下体力。郧阳古城内，著名的过风楼有总兵巷与东西大街口、北门街与徐家巷口、财神楼巷与东西大街口、察院巷与学道坡口、金家巷与西寺巷口、三眼井巷与东西大街口、西河码头与新街南小鼓楼处等 8 座。

与其他古城一样，郧阳古城也是以木架木顶结构的房屋为主，而且连片连块，一旦发生火灾，会殃及整街整巷，所以官府和市民对防火安全都十分重视，除采用防火墙设施外，太平池更是布局在古城大街小巷。太平池，即蓄水灭火的水池，多为方形，便于多人同时从四周打水灭火。郧阳古城的太平池有明池和暗池之分：明池大多设在开阔处，有矮栏杆相围，池深四五尺，一般在里面种养有荷花和红鱼，作为城市风景的点缀；暗池则大多设在道路上或近旁，为保人身安全加盖了石板。古郧人屈指能数的太平池布局在东关头、柴家巷口、柴家巷内、南周家巷、大巷子口、总兵巷口、徐家巷东口、南门街口、北门街口、新街口、考棚街、小鼓楼、王家井、西寺巷内、西寺外、小南门、椿树巷、察院巷、黄家桥、小西门、横街口、盐店巷、南鼓楼巷、东关帝庙外等处。

在郧阳人的心中，郧阳古城钟灵毓秀，人杰地灵。

郧城古井与文化

一

郧阳城靠江、临河、半原、半山，人们自古取得饮用水的方式有两种：一是担于江河，二是打井提取。

郧阳城里到底有过多少古井？现在没有人能够说得清楚。因为上古、中古的井已经在一次次汉江洪水和战争毁城中被淤塞而踪迹全无。古人的财力有限，每次的城市恢复都会拖得旷日持久，首选建设的一定是居住的房屋而不是水井，如果时间一长前辈过世，后世大多已经不记得曾经还有水井的存在，只有在基本解决温饱以后，由某个官员偶尔想起了井的重要，才会安排手下之人去请堪舆先生相地而重新挖井。

明初的郧阳正是这样。郧阳城在宋末战争中被夷为了平地，整个元代都不景气，明朝的郧县官府是在勉强草建了县衙门之后，竟然在此后的近百年时间里连一圈土城墙都无力再垒起，哪里还顾得上水井的问题。不急于打井还有一个重要原因就是郧阳城离江水、河水都很近，挑水饮用并不是一个大问题，所以饮用水的问题并不会成为郧阳人的燃眉之急。

郧阳城里的人挑水，城南、城西之人多在汉江，而城东之人则在棒槌河里提取，虽说不算太远，但毕竟还是不太方便，尤其水质不能时刻保证，一遇洪水，江河之水的浑浊不可言状。所以，但凡官府在财力缓过气来之时，掘井自是必然的，毕竟可以免去挑水的劳苦，还不用担心战争期间被敌人利用江河而投毒。

因为元代的蒙古政权没有给郧阳留下任何的文字资料，所以此前的郧阳城是个什么样子现在没有人清楚，更别说是水井了。明代以后的郧阳城里，水井倒是都有记载。

从资料来看，明清郧阳城里的水井基本都是官建，而且大多都在官衙之内，主要服务于官府，能够提供给市民使用的很少。也有富家或者商贾集资打井的事，但都为谁投资谁得益，除自己饮用以外，还可以出售井水。明代郧阳城里的水价为三四文钱一二斛（5～10斗）水，但清代和民国的水价不详，“文革”前郧阳城里的一担水大约要5分钱。就因为要钱，所以许多贫寒人家依然要去江河里挑水饮用。

二

沈晖任郧阳巡抚时，明朝建立已有126年了，郧阳藩镇建立也有18年，而当时的郧阳城里却只有4口井，1口在府衙内，3口在行都司衙内，百姓用水依然十分不便。于是，他下令在全城新打了6眼井，使郧阳城里水井的数量达到了10眼，基本解决了市民用水的问题。在6口新井完工之日，沈晖很高兴，亲自撰写了一篇《十井记》刻石立碑纪念。

沈晖，字时旸，南直隶宜兴人，天顺四年(1460年)庚辰科进士，于弘治七年(1494年)春任郧阳巡抚。他在任内允许无耕地的农民领种那些被废弃的土地并免租税3年，使藩镇内所增加的成熟土地达数千顷；他还把郧阳城内的唐德观改为迎恩观，作为官府专门迎接皇谕和祈祷国家长治久安的场所；又批准在襄阳与樊城之间架设汉江浮桥和修缮均州儒学。弘治九年十月，沈晖改任湖广巡抚。

沈晖所撰的《十井记》全文如下：

十井记

郧在襄汉万山中，古无井，民惟饮江水，然江水去郭一里许，男女出汲往返甚劳，况饮之者多生瘿疾，民深以为患。国朝成化中，添设行都司、府衙，知府吴远始于府中建一井。既而，都指挥佥事吕钟辈各就司衙近地建三井，城中人乃得井饮，至今赖之。自是，又设抚治行台总镇三省之地，三省官僚之往来，四方客商之辏集，视昔加数倍，食口日众，汲者日多，井不足以供饮用。又井在司府官廨，江在城外，门禁早晚启闭，有时军民不得擅出入，往往缺水或用钱三四文始得一二斛，甚至争汲斗殴者有之。则今日之患，不特所谓往来之劳，瘿疾之苦而已。予惟天下之至足而民生日用所急者，莫如水。古者八家同一井，或家有一井，或大家至四五井。今城中数千家而仰给四井，其不足用固宜。圣人治天下，将使菽粟入水火，焉有水之至足而反缺用者乎？此虽细故，亦为政者所宜究心也。因檄有司浚治旧井，使源泉清洌，不至污泥。仍于各坊里通衢相地之宜，增建六井，以便汲饮，使居民皆得井饮，无复不足，且免江汲之劳，瘿疾之忧，亦养生恤患之一端云尔！井既成，爰题其岁月，刻诸石，庶后之人有考，相继浚治焉。

其大意为：

郧阳处在襄阳与汉中之间的万山之中，城里过去没有井，人民只能饮用江水，然而江水离城郭一里许，男女出城往返汲取很是劳累。况且饮用江水的人有许多生了大脖子瘿包病，民众深以此为患。成化年间，郧阳城内添设行都司、府、卫，知府吴远才在府衙之中修建了一口水井。接着，行都司都指挥佥事吕钟等人各在就近司衙里建了三口井，城中之人才能够饮用上井水，而且至今依赖。此后，郧阳又设巡抚行台，总镇三省之地，三省官僚从此往来频繁，四方客商从此辐辏聚集，人数比过去增加了数倍，食用人口日增一日。随着汲取井水的人口日多，现有的井就不足以供所有人饮用了。况且，井又在司、府官廨之中，市民汲取十分不便；江又在城外，城门有门禁把守，早晚启闭，有时军民不得擅自出入。所以人们往往在缺水的情况下或用三四文钱才能得到一二斛水，甚至为争着汲取井水而有打架斗殴的事件发生。看来，今日之患，已不再只是往来之劳和瘿疾之苦那么简单了。

我认为，普天之下非常充足，而民生日用却又非常急需的东西，莫不过为水。古时候，人们还八家同一口井，或一家就有一口井，或大户之家有四五口井。而现在的郧阳城中，却数千家而只有四口井，其不足以饮用是自然的。圣人治理天下，是要人人都能有足够的粮食在水火中成为熟食，哪里会发生水源非常充足，却反而饮用缺乏的道理？这虽然看起来是一件小事，也应当成为当政者所要考虑的问题。因此，我发文给各级官府，让他们疏治旧井，使里面的泉源清冽，不至残存污泥。再在各坊、里通衢之地，相宜增建了六口井，以便市民汲取，使居民人人可得井水饮用，并充分满足，以免去他们的江汲之劳、瘿疾之忧，这也算是养生恤患的一个举措吧。井既然已经掘成，于是我题其所修建的年月，并刻之于石碑之上，使后人能有所考证，自愿相继疏治。

文中所提到的吕钟，襄阳人，于成化十二年(1476年)任都指挥佥事。

三

从明初到清末，郧阳城有明确记载的水井共21眼，分别为：

品字井在府衙前街，为县令戴琰所建。戴琰，于天顺八年(1464年)任郧县知县，始垒土建筑郧阳城墙。

皇华井在郧阳总驿东，为驿丞高谅所建。

中街井在县衙西街北，为郧县知县伍夔所建。伍夔，四川合州人，举人出身，于成化年间至弘治五年(1492年)为郧县知县，其间修学宫，建谯楼，政声益著，郧阳巡抚沈晖深爱其才。伍夔于弘治五年至八年改任竹溪知县。

大丰井在大丰仓东街北，为郧县知县伍夔所建。

都司井在行都司二门之东，为都指挥佥事徐祥所建。徐祥，郧阳人，于弘治七年(1494年)任郧阳行都司署指挥(代理都指挥使)。

东关井在东门外大街南，为行都司指挥同知冯景于弘治七年所建。

宧泉井在城东，为行都司指挥同知冯景所建。

廨公井在府衙吏舍之旁，为知府王傅捐建。王傅，陕西盩厔(周至)人，进士出身，于弘治八年(1495年)任郧阳知府，十三年离任。

灵源井在府学宫明伦堂之东，为教授林典所建。林典，福建莆田人，在成化、弘治年间任郧阳府学宫教授(校长、正七品)，学问广博，所举之人多成为知名人士。

胡公井在府衙内，为知府胡伦所建。胡伦，四川汉州人，进士出身，于弘治十三年(1500年)由户部郎中转任郧阳知府，十七年离任。为政四载，曾经主持重修盛水、武阳二堰，被郧阳巡抚王鉴之撰文称其“明敏练达，刚方惠和，其于民事，搜罗抉剔，无废不举”。

元武井在北门内，大街之西，为正德年间(1505—1521年)郧阳行都司指挥佥事张凤所建。

兴善井在城东南角，为正德年间郧阳行都司指挥佥事张凤所建。

惠民井在县衙旧署内，为知县刘源所建，后衙废，井亦不存。刘源，邛州人，举人出身，于正德三年(1508年)任郧县知县，离任时间不详。

通益井在城东角，为都指挥蔡洪所建。蔡洪，安陆人，正德十一年(1516年)任郧阳行都司都指挥佥事。

阜民井在大南门内，为明代中期郧阳卫指挥使张广所建，后年久淤塞，在嘉庆二年(1568年)有士民段其质、张钦若、罗增寿等人捐资浚修。

使院井在巡抚衙门内，为巡抚王世贞所建，并自撰铭文和序，井在清代已废。

穆公井在清代总镇衙门东辕门外，为总兵穆生辉所建。穆生辉，山西天镇人，于清顺治十一年(1654 年)任郧阳总兵，史书说他骁勇而有智略，屡以战功膺世袭，曾经智擒李自成军的经略官李企晟，以征西山一役功绩最多。后来他殁于阵前。

察院井在察院东辕门外，为康熙十六年(1677 年)任郧阳巡抚左标营副将的吉略重浚(满人)所建，由郧阳贡生李经贤撰《记》，在清中期井废碑毁，《记》亦不存。

供佛井在兴福寺东街之北，为都纲(佛庙主持)性淳所建。

元公井在迎恩观西街北，为千户黄政所建。

蒙泉井在府衙庖橱之室内，为知府金达所建，并自撰铭文并序。

民国后，郧阳城的井只剩下了 11 口，分别为东关井、庞家巷井、南门街井、察院街井、三眼井、府衙前井、体育场东井、小井巷井、上井沟井、下井沟井、小东门井。抗战期间，郧阳城内的所有水井都加盖上锁，由饮水之户分别昼夜守护，以防汉奸投毒。

四

郧阳城的每一眼水井都可以说是一道风景，有着浓厚的井台文化。郧城的水井普遍的结构为：有井台，井口加盖以防污秽和恶意投毒；井口之上有辘轳以便打开井盖后能方便提水；井台周边，有两样东西必不可少，一是龙王庙，二是井铭文碑，龙王庙是供人们上香感谢龙王提供甘洌之水的场所，石碑则是要人们永记凿井官员大名和事迹的。古时女人的地位低下，按郧阳旧俗，女人概不得登上井台，更不许打水。

到清末，郧阳城里的井碑只剩下了两块，所以传世碑文除《十井记》外也就只剩下了这两篇，一篇是王世贞的《使院井铭及序》，还有一篇是金达的《府衙蒙泉井铭并序》。

王世贞任郧阳巡抚时，建树颇丰，为郧人所爱戴，所以他的《使院井铭及序》被郧人牢记。使院，即藩镇衙门，也叫巡抚衙门、都察院、抚治行台等。

王世贞所作的《使院井铭及序》全文如下：

序曰：使院故无井，晨取汲于一里外棒槌河。运甓者踰十人而犹不给。予莅事之三日，进群吏而诘之："即无问劳力役者之肩与踵，一夕东门钥而牙城钤阁，之间缓急何所恃哉?”行相地于帅厨之后隙艮隅而凿之，凡四十尺得石，去石又五尺而甘泉见。初，沫起若瑟瑟，俄奮沸腾溢，其洌冰齿，可以佐茗色，益茗味，因为之《铭》，以示后人。

辞曰：天之一，地之六，涌神瀵，泻明玉。汝茗汝粥，汝盥汝沐，蓍而布椟，得易九三之繇，曰：“可用汲，王明，并受其福。”

其序大意为：使院过去没有井，每天清晨都在东门之外1里的棒槌河中汲取，运水充缸的人超过了10个，却仍然不能够满足使用。我到任的第三天，就召集群吏问他们：“怎么能够不关心这些服役劳力之人的劳苦呢，如果哪一天东门关闭而被困在了衙门之内，这段时间的缓急将依赖什么?”于是我出去相地，在帅厨之后东北角的空隙之地上凿井，深40尺时遇石，去石后又五尺见甘泉。刚开始，一股水沫瑟瑟而起，继而喷涌腾溢，捧一口尝尝甘洌冰齿，取回去煮沸后沏茶茗色气极佳，品一口茗味甚益。因此我作了这篇《铭》，以示后人。

其铭大意为：天一生水，地得六成。我得的此泉赛过了壶岭的神瀵泉，所涌出的水似透明的玉。你可以拿它煮茗，也可以用它熬粥；你可以拿它洗盥，也可以用它沐浴。我把蓍草装进布匣子里占卜，所得到的是《易经》里的九三之繇，上面说：可用以汲取，天子圣明，并受其福。

五

以前郧阳府衙，并没有建在一块风水好的地盘上，而是建在了郧阳城最低的洼地里，离城墙和江边都不远，但凡汉江发大水，衙署必淹，造成了很多困扰。

远的不说，光说清后期，汉江大洪水就三番五次地冲毁府衙。道光十二年(1832年)、咸丰二年(1852年)叠经水患，先后由知府崇善、侯廷樾相继修葺。同治六年(1867年)府衙尽毁于水，七年起知府金达就在原来的基础上一一抬高地基而重建，竟把自己累死在了任上。

府衙被毁后，衙内旧井已完全不能再使用，金达就在新建的庖橱“又新斋”之北室内，重新凿了一口井，命名为“蒙泉”，并自撰《府衙蒙泉井铭并序》。其全文如下：

序曰：郡署旧无井。同治丁卯，达来守，汉水灌城，公私庐舍坏且尽。

明年，鸠工兴之，爰凿井于东偏，掘地四丈有奇，得泉甘洌，不深不涸，旋汲旋涌，是殆有行渐之义欤？因题曰“蒙泉”，并系以铭。

铭曰：山下出泉，其象为蒙。行渐处巽，厥养不穷。以饮以濯，不竭不盈。为贪为廉，存乎其人。

其序大意为：府衙里过去没有井。同治丁卯(六年)，我来此任郡守(知府)不久，遇汉水暴涨而灌城，公私庐舍全部被冲毁殆尽。第二年，我聚集工匠重建府衙，于是凿井于衙东偏北，掘地四丈有余，涌出甘洌泉水。此泉不往外溢也不干涸，从井里打出水后，泉水马上就会立即涌补到原来的位置，这不是有抑制危情发生的意义吗？因此我给它题名为“蒙泉”，并刻以铭石之上。

其铭大意为：沧浪山下出了一口泉，其征兆为“坎下艮上”的蒙卦之象。逐渐又处于巽卦以阴顺阳的风象，其源养不竭，无穷无尽，不管是拿来饮用还是用来洗濯，都不会因使用过度而枯竭，也不会盈满而流溢。它究竟是一口贪泉还是廉泉，这在乎人的品质，而不能责怪泉水。

二、古郧衙署文化大观

郧阳藩镇巡抚衙门

一、藩镇衙门的建筑布局

成化十三年(1477年)春，首任郧阳巡抚原杰在安排营建湖广行都司衙门之后，就在为巡抚办公的藩镇衙门占卜选址，然后经过几个月的修建才完工，顿时，郧阳城内出现了一座前所未有的高等级衙门，矗立于郧阳而雄镇于四方。藩镇衙门也叫总镇署(不同于清代的总镇署)，还叫使院、都察院或者都察署，这是因为天下巡抚都是皇帝的特使，而且皆出自朝廷都察院，有着都御史的头衔。藩镇衙门还叫“行台衙门”，是因为郧阳巡抚兼有提督军务的身份，是境内军队的实际掌控者。

郧阳藩镇衙门在城东南，府衙以东百步之距，坐北朝南向，为中轴线上五进厅堂的建筑群。在它的北面有典史署衙，东北有县衙、湖广行都司衙、郧襄守备衙和郧阳卫衙，南面有游击将军衙门，西面除府衙外，还有经历衙门和郧城守备衙门等，它们共同组成了郧阳城内最大的一块官署区。每当人们的脚步一踏进这块区域，自然会感受到一种肃穆的氛围，一种威武庄严之象扑面而来。

接近藩镇衙门时，大门外一东一西的两块牌坊首先映入眼帘，上方巨大的长方形汉白玉板额上各书有两个斗大的漆字，东曰“抚安”，西曰“肃清”，均是嘉靖十七年(1538年)的巡抚王以旂所建。嘉靖四十四年(1565年)，巡抚陈志改题了牌坊题字，东曰“控制上游”，西曰“抚镇三省”。万历八年(1580年)，巡抚杨俊民再次改题牌坊，东曰“抚绥辽旷”，西曰“三藩风纪”。

牌坊之后是藩镇衙门的院墙，正中大门的门额上方挂有巨幅牌匾，上书“文武总宪”，为隆庆初年(1567年)巡抚孙应鳌所题写。

进入藩镇衙门的大门，东有土地祠，西为抄案房，中间有“Y”形甬道通向两道仪门，仪门的上方各有匾额题书：左门悬“三藩总镇署”，是文官进出之门；右门挂“提督军务署”，为武官进出之门。这两个仪门和两块匾额上的题书，意在告诉人们：巡抚大人身兼文、武两重职务，文功和武治是并重、并用的。

穿过仪门，迎面就是正堂，也叫仪堂，是巡抚大人升堂处理军政大事或者断案的地方。正堂前有一棵古柏，干直而枝虬，参天而蔽日，为当初修建衙门时原杰亲手所栽。正堂之上，照例悬有匾额，曰“帅正”，所以这大堂就被人们称之为“帅正堂”了。在古代，各地的封疆大吏都喜欢用“帅正堂”来命名自己处理军机大事的场所，目的是要显示自己以身作则的表率作用。嘉靖十年(1531年)，巡抚潘旦在修缮帅正堂时，改“帅正”匾额为自书的“保厘”，遂被人们又改称此堂为“保厘堂”。保厘之意，为治理、保护、扶持使之安定的意思，人们似乎可以从中窥探出潘旦治理郧阳的信心。保厘堂前，左右各有一块刻记堂名的石碑：一块是嘉靖十一年胡东皋接任郧阳巡抚后，请国内大儒湛若水撰写的《保厘堂题名碑记》，另一块是万历二年(1574年)王世贞继任巡抚后所亲自撰写的《保厘堂续记》。碑之侧还各有一块题名石碑：东为嘉靖巡抚胡东皋所立，碑文为湛若水所写的《郧阳总镇署碑题》，西为万历巡抚王世贞所立并亲自撰文的《更抚治为提督行台记》。《更抚治为提督行台记》一文，反映的是万历之初巡抚孙应鳌上疏奏请皇帝更改了对郧阳巡抚的敕谕，添加了“提督军务”的职权，以掌控境内的所有兵权。保厘堂东南为贴书房，即门房，是下属官员专门处理地方事务的地方。西南为京书房，是另一批下属官员专门处理京师文书的地方。

隆庆四年(1570年)冬，郧阳藩镇衙门毁于大火。次年，汪道昆任郧阳巡抚后重建了总镇署，里面的匾额全为新设。万历十一年(1583年)，巡抚张国彦再次修缮保厘堂时，又换新的匾额，曰“绥靖”，之后大堂就又被称为“绥靖堂”了。“绥靖”是慰抚之意，“绥”为安抚，“靖”为安定，即以“绥”的手段达到使局势“靖”的目的，说白了就是不希望通过战争的手段治理郧阳。郧阳巡抚办公的大堂被三次改名，人们能够从中看出这三任巡抚不同的处世观和不同的治理理念。

正堂之后为后堂，堂前有七棵盘虬参天的古柏，同样是原杰所种。后堂是副职们平日办公的场所，堂中挂的两块匾额一曰“集思广益”，一曰“步思”，内容似乎是在强调两种处事的方法，即集中众人的智慧和自己的深思熟虑二者皆不可偏废。

后堂之后为内堂，堂中同样挂有两块匾额，一曰“持廉秉公”，一曰“正大光明”，为隆庆五年(1571年)巡抚凌云翼所题写，所以人们也称此堂为“正大光明殿”。这里是巡抚大人平日办公的地方，这两块匾额的内容似乎在向人们表露着凌云翼的心迹，或者是在表明他的一种心境。堂的前侧有一碑亭，亭中石碑上刻着万历四年(1576年)巡抚徐学谟的三首诗，诗名为《丁丑长至后一日郧台生旦自寿》和《除夕大雪感怀二首》。殿的左右各有一斋房：东斋房为“勤政轩”，再东连接迎宾馆；西斋房为“仕学斋”，连着武库与官厨。从“勤政”和“仕学”的字间，我们同样可以窥测出当初建筑设计者的品位。仕学斋前亦有一碑亭，碑文为徐学谟撰写的《仕学斋记》。迎宾馆是巡抚接待贵宾的场所，因为在大门上方悬挂着“清美堂”匾额的缘故，所以人们也把这里叫做“清美堂”。清美堂前，一左一右矗立着两座碑亭，左碑上刻着王世贞赠给张九一的《三月晦日助甫见甫于使院清美堂联句因赠》诗，右碑上刻着万历五年(1577年)巡抚徐学谟的《清美堂宴绍稷诗并序》。

内堂之后是中厅寝室，为巡抚和家眷居住的地方。两旁的厢房东为内书房，室前有园亭馆，均是巡抚办公之余看书和写字作画的地方；西厢房为内厨房。这个院落的建筑很特别，均为两道屋脊的卷蓬式建筑，是正德十二年(1517年)巡抚陈雍和嘉靖四年(1525年)巡抚蒋曙两次建筑而成。内厨后的院墙旁有一口水井，为王世贞在任时带人所开凿，并在井旁竖有两块他亲自题写碑文的石碑，一块为《使院井铭及序》，一块为《重建提督行台记》。《重建提督行台记》记载了与郧阳藩镇衙门有关的一件大事：隆庆四年(1570年)二月，一场大火把藩镇衙门烧了个精光，同时也烧掉了巡抚武金的乌纱帽，郧阳巡抚一职遂由都察院右佥都御史汪道昆继任。汪道昆，字伯玉，在治理郧阳时有善于奖励人才和盛治的声誉，而且在文学上也多有建树，被后任巡抚王世贞赞誉其“文繁而有法者于鳞，文简而有法者伯玉”。当年夏天，汪道昆责令湖广行都司都指挥同知韩孜重建巡抚衙门时，由于成化十二年(1476年)原杰在仓促间所建的衙门规模过小，因而这次重建就严格按照了朝廷所规定的省级最高衙门的标准进行了拓展扩建。

二、湛若水的《保厘堂题名碑记》

在郧阳藩镇衙门内，有许多湛若水的墨宝，这是因为湛若水是当时的权贵，也是国内的大儒，每当各省、各镇遇大事，或者无事各地也借各种理由纷纷向他求字，求各类题刻的墨宝，郧阳也不例外。

湛若水，字元明，号甘泉，广东增城人，居官30多年，历任吏部侍郎(副部长)，礼部侍郎，礼、吏、兵三部尚书(部长)，政绩卓著，深得嘉靖帝的倚重与信任，也是我国历史上有影响力的哲学家之一。他主张“天下民庶实为邦本”，反对当时的宦官专权，在晚年退休时，曾经3次被皇帝挽留，可见皇帝对他的倚重。他也被称为当时的大儒，是因为他在教育学上有突出贡献，曾经亲自修订《大科训规》，对教育管理的体制问题进行过详细的阐述。他一生热心捐款赞助书院，得其“馆谷”的书院竟达28所之多，从他的家乡增城到广州、南海、扬州、池州、徽州、武夷遍布半个中国。在哲学上，他对“白沙学说”进行扬弃，成为与王阳明分庭抗礼的理学大宗，其学说在当时与王阳明并称为“王湛之学”。当时天下士子争入其门，门徒达4000人之多。他一生以孝道事母，以忠恕事君，无阿谀奉承之言，无取巧钻营之私，师道尊严，关心爱护自己的学生，被天下人所称道。

目前所知道的，湛若水写给郧阳藩镇衙门的文字有《郧阳总镇署碑题》和《保厘堂题名碑记》两篇。其中《郧阳总镇署碑题》因碑毁而不知详细内容，只有《保厘堂题名碑记》的内容留传至今：

保厘堂题名碑记

惟郧跨于四省，其东则自永济、尖岩以达于河南嵩卢、淅川；其南则自沄洲、远河、均州以达于襄荆、武昌；其西则由房、竹以达陕西平利之境；其北则由武阳、盛水、马昌、上津以达山阳、白河之境。

稽古宪皇廷臣集议，若曰：“惟郧实四省之冲，厥隶湖省，其程月余，政令难及。荆襄、安沔、南阳、汉中诸府流民啸聚深峒穷谷，古称悍剽建斗，喜则人，怒则兽，厥患惟据。如人之身长大臃肿，血气难周，手足爬骚所不及，易生虮虱疮疡，惟身之困。徂兹刘、石、王、李作难，杀掠我民人，虔刘我官军，如兔之有三穴，此捕之则彼出，虽有智勇莫克济。其议立抚治，都御史居中以制四方，承以府衙州县为久安图制。”曰：“可。”于是凡所割隶悉属抚治，凡诸狱讼斯理、钱谷斯计、兵甲斯饬、土宇斯戢、乱略斯遏、边防斯备、城郭斯修、流民斯安悉听抚治，毋夺于诸路之诸侯。

越自原公杰肇始于兹，继者凡三十二公。爰及方刚胡公东皋，士民戴之。胥与造于府廷而告曰："惟我胡公，爰甫下车，不遑朝食，安我士民，厉我廉能，作我德业，兴我水利，完我城池，足我兵食，阅我武艺，宽我逋负。虽毕公保厘东郊，彰善瘅恶，申郊圻，固封守，何逾焉？"

然自原以及戴、王诸公迄今未有题名，则何以扬前烈懋、励于无疆乎？太守陈君云松以告甘泉子于京师，请纪诸保厘堂之石以垂远。甘泉子曰："保厘之旨，册命不云乎'道有升降，政有俗章'。故周公君陈，毕公相继治。惟其时，周公毖殷，克慎厥始，其原公之时乎？君陈有容，克和厥中，其戴、王诸公之时乎？毕公保厘，刚柔合德，克称厥终，其胡公之时乎？时之用大亦！故继诸公者，与时上下，虽百世可行也。《书》曰："三后协心，同底于道。道恰政治，泽润生民。"此固圣天子今日南顾之望也。后之君子，将列于石者，得无问此心乎？

其大意是：

唯独郧阳跨四省，向东经永济、尖岩可以到达河南嵩、卢、淅川，向南经沄洲、远河、均州可以到达襄、荆、武昌，向西经房县、二竹可以到达陕西平利，向北经武阳、盛水、马昌、上津可以到达山阳、白河。

当年成化皇帝召集大臣廷议时说，郧阳是四省之冲，隶属于湖广省，而到省府的路程要一个多月的时间，政令难以到达。其汉江沿岸的荆、襄、安、沔、南阳、汉中等府有流民啸聚在深山峡谷之中，他们自古就悍剽易斗，高兴时是人，发怒时犹如野兽，是祸患的根源，就像是人身上长大了的脓疮，血气不能到达，手和脚也够不着抓挠，容易生出虮虱而溃烂。何况有刘通、石龙、王洪、李原造反于此，杀掠我人民，袭击我官军，犹如狡兔有三窟，从这里捕捉，他们就从那里冒出，虽有智勇也难以把他们完全消灭。只能设立藩镇实行抚治，以巡抚居中以制四方，统领府、州、县才能达到长治久安的目的。于是明确：凡自四省割来的土地悉归属郧阳巡抚管辖，凡发生在境内的狱讼断理、钱谷税收、兵甲粮饷、境内戢乱、谋略策划、边防守备、城郭修建、流民安置都得听从郧阳巡抚的政令，不再受各省巡抚的相互牵制。

自原杰建郧阳藩镇起到今天，已经历过32位巡抚，延续到现在的胡东皋为止，普遍受到人们的爱戴。有一个知府小官告诉我说："惟独胡东皋下车伊始，还来不及吃早饭就去安抚郧阳的读书人和百姓，鼓励廉能，奖励德政，兴修水利，完善城池，蓄足兵食，检阅武艺，宽限赋税，可与古代的毕公治理东郊时扬善惩恶相比。”

然而，自原杰以及戴珊、王鉴之等人，至今都没有人为他们扬名，这怎样能够显示前辈先烈开创的疆土呢？郧阳知府陈云松到京师告诉我说：“请把这些都记录在保厘堂的石碑上让人们永远记住流传吧。”我说：“保厘是皇帝御赐，册命上不是说‘道有升降，政有俗章’吗？所以周平公姬陈、毕公姬高相继治理。当时，周公谨慎操劳治理，才使国家富裕，周的强大就从此开始，郧阳不也是自原杰开始吗？周公能容，以和谐作为准则，戴珊、王鉴之不也是这样吗？毕公治理，刚柔相济，合乎道德规范，而且自始至终，不正像胡东皋治理郧阳吗？合乎天时，作用就非常大，所以以上诸公，上合天时，下合民意，能够流芳百世。”《书经》说：“三后协心，同底于道。道恰政治，泽润生民。”所以当今皇帝非常重视郧阳。后来的人将他们的功绩刻凿在石碑之上，问心无愧。

这篇碑记交代得非常清楚：这是郧阳知府陈云松进京向湛若水索求来的碑文，内容是为巡抚胡东皋歌功颂德的，顺便也把前任几个有作为的巡抚美化了一番。当时的湛若水是朝廷的礼部尚书，按理说一个巡抚的地位距离一个尚书的距离应该更近一些，为什么胡东皋自己不向湛若水求文，而要派一个知府去？难道一个封疆大吏会相信一个官阶低于自己一大截的知府就能与一个尚书更贴近一些？在几百年后的今天，我们虽然已经无法弄清其中的真实原因，但依然能够猜测这无非只有两个理由：一是胡东皋毕竟不好意思自我吹嘘，用一个知府去为自己求得歌功颂德的文字就会显得自然一些；二是封建社会的读书人最讲究师承关系，如果陈云松是湛若水门生的话，一切也就顺理成章了。

正因为是郧阳的官员进京去求来的碑文，所以作者湛若水显然并没有亲自到过郧阳，对郧阳的情况也并不完全熟悉，从道听途说的转述中就难免会在文中出现差池。如文章开头就是“惟郧跨于四省”似乎气势磅礴，但紧接下来只提及了湖广、河南、陕西，似乎忘记了四川。还有“其西则由房、竹以达”之后的笔锋应该很自然地指向四川，却令人失望地折回了陕西。再如，盛水在城东，与武阳、马昌、上津、山阳、白河是南辕北辙。出现这种情况的原因大约要归为当时的地图还没有被普遍使用，更没有得到人们重视的原因所致。要知道，直到 6 年之后的嘉靖十七年(1538 年)朝廷准备裁撤郧阳藩镇时，当时的郧阳巡抚王以旂紧急绘制了《郧阳等处地方图》并详细注明了郧阳的紧要之处呈给皇帝，建议万万不可裁撤。到这时，皇帝的头脑中才有了一个完整的大郧阳形象，才真的意识到了郧阳藩镇存在的必要性。

三、王世贞的《保厘堂续记》

王世贞为保厘堂写续记在万历二年(1574年)秋，他到郧阳赴任时，先拜谒原公祠，退至大堂后与郧阳的儒生、官吏和民众代表相见。在与大家论及郧阳藩镇的历史和官宦事迹时，在座之人竟然知之不多。于是王世贞心生感叹，就撰写了《保厘堂续记》评论此事：

保厘堂续记

万历甲戌，不佞贞履郧行台，谒故抚臣原公祠，退而以间延见儒生吏民，叙台所以永故，慨然有余思焉。上书请予原公，下礼部议，具如书指。报罢，乃又以间考诸掌故，而得诸中丞之氏若名。而大宗伯湛文庄公为之文曰《保厘堂记》。湛公之《记》犹未刓，可读。堂之额废久矣。窃以为自原公而下至不佞已六十五人，大者握衡枢，陪坐论次亦疏附后，先以勤诚立节，章明于世。而考所以治郧之迹，即父老不能举其凡，第以为贤长者而已。毋以原公之法定，其民相庆，幸其脱险而就夷，归于醇庬无竞之故。而诸公诚贤长者，不欲以狱市扰困之，大抵出于盖公清静之意欤！夫是以治者不见迹，而受治者不言功，藉令一二喜事之臣欲出其见，以求胜其前人，而父老亦遂有所撰称者要之，续颈添足之为耳。非吾所以与知也。

顾其地，东邻梁，西北邻秦，南邻楚，而割其三陲以为镇，其庆赏、兴革、军赋、吏治皆与其镇之抚臣共之。其民既安于淳庬，不复知有上至尊。而黠者乘以为间，吏狃恬熙之故，而藉口于兼牧之苦，而交相匿。军不知兴法，一切玩愒自便，不能无虞于意外，而孙公提督军务之请下矣。盖玺书凡再易，比于节钺帅。所谓兵政，孙公亦以次第举，而台亦再益新。顾诸中丞题名其所至官位、赠谥与字俱不载，余乃为备识之，而复次其说于湛公《记》之左。

盖先原公而讨流贼者：成化之丙戌，则少傅白恭敏公圭以工部尚书来；庚寅，则太子太保项襄毅公忠以右都御史来；而当项公时，太师王端毅公恕以右副都御史抚治南阳、荆襄诸郡。白公宽，多所纵舍；而项公主讨卤杀，功最多；端毅时持之榜谕，逋逃使归业，又为疏具言郧、房增邑戍事。

是三公者，皆社稷臣也。以非专治郧，故弗敢志。而志其事，使知郧之有兹镇，而隐然为原公先者，乃更有是三公也。

其大意为：

万历二年，不才王世贞到郧阳任巡抚，在原公祠里拜谒了首任巡抚原杰的灵位后，退至大堂会见儒生、官吏和民众代表，同他们讨论郧阳藩镇之所以能够长期存在的原因时，心中感慨而有所思虑。当时，我们提及成化帝提请原杰出任郧阳巡抚交礼部商议之事，大家都说就如书中所记载的内容无异。我又请教在我之前诸位巡抚的掌故时，得到了不少前任巡抚的姓氏和字。礼部尚书湛若水撰写的保厘堂记碑就在门外，碑文并没有磨损，还可读，而保厘堂的匾额已经腐烂很长时间了。自原杰到我，已历 98 年 65 任巡抚，之中的权重者后来曾经掌握过朝廷枢要部门，论座次前后，均在各位前任的奏疏中有以勤、诚、立、节向世人公布过。而遗憾的是，在座之人竟然都不能一一列举，都以为他们不过是一些贤者或长者而已。更把原杰制定法度，安定了郧阳后的民众相互庆祝，说成是因为从此有了户籍，自己脱离险情的原因，也有说成是民风淳朴与世无争的缘故。更有人还把多位巡抚在任期间只惩办首恶而宽待胁从，不大兴牢狱，说成是他们喜欢清静。我认为，造成这种现象的原因，是因为过去的治理者不太注重记载，而受治理者又不谈他们的功劳，只有个别那些以求得胜过前人的、喜欢表现自己的大臣因为有了记载才从中凸显了出来，而乡亲父老就以有所记载的吹嘘为准。这实在是画蛇添足而已，都不是我所要真正了解的内容。

环顾郧阳，东邻梁(巴蜀)，西北邻秦，南邻楚，而割其三省边陲之地设镇，其刑罚奖赏、创兴革除、军事赋贡、吏治政绩都是该镇与各省的抚臣共同协作。这个地方的民众安于淳厚的风气，不复知道还有皇帝至尊。那些聪明而又狡猾的人往往利用这个原因，加上官吏们拘泥于安乐，借口于兼事之苦，就使得他们交相隐匿在其间。当时的军人已不知道兴法，一味贪图安逸，旷废时日，各自其便，不思防患于意外，因此孙应鳌才请求皇帝下旨，赐郧阳巡抚为“提督军务”职衔。由此，皇帝颁发给郧阳巡抚的玺书再次更易，让郧阳巡抚的权力与持符节和斧钺的总督相齐，即所谓的兵权、政权集聚一身，而孙公却因升迁还没有享受到这个待遇，郧阳巡抚就换人了。看以前的巡抚，题名碑上只字都没有记载他们应该留下的官位和赠谥。我就为他们一一考证，再次刻碑记载于湛大人的《碑记》之左。

先于原杰讨伐流贼的大臣有：成化之丙戌（二年，1466年），是少傅白圭（字恭敏），他以工部尚书的身份来这里围剿；庚寅（成化六年，1470年），有太子太保项忠（字襄毅）以右都御史前来围剿；项忠在郧阳时，太师王恕（字端毅）以右副都御史抚治南阳、荆襄诸郡。白圭宽厚，对流民多宽纵舍释；而项忠则力主讨伐虐杀，获功最多；王恕则不时张贴榜谕，督促逃亡之人和流民各归其业，又上疏请求在郧、房增设官府，加强戍事。这三位大臣，都是社稷重臣，却因为他们都不是专门治理郧阳的巡抚，所以郧阳藩镇的志书里就没有他们的记载。郧阳的志书应该记载他们，使人们知道有郧阳这个藩镇，不仅知道原杰是第一任巡抚，更有以上三公的铺垫。

四、吴省钦的《保厘堂题记》和《保厘堂诗》

保厘堂毕竟是藩镇巡抚衙门的大堂，从明至清都有许多人为它作《记》。康熙十九年（1680年），郧阳藩镇衙门在忠实履行了204年职责后，因藩镇被裁撤而废。康熙四十九年（1710年），郭维祯任郧阳知府时，曾经把废旧的藩镇衙门改设为书院，后来又改为学院行署。乾隆二十年（1755年），此院落经修缮之后被作为了郧阳试院，成为湖北省在郧阳选拔人才的考场。乾隆时期的编修、左都御史吴省钦还为郧阳试院作《保厘堂题记》和《保厘堂诗》。

保厘堂题记

郧岁科试院特宏整，故抚治宪副署也。原公子英创大堂，曰“帅正”。余姚胡汝登东皋改曰“保厘”，湛文庄碑而记之。万历甲寅，仁和陈孟文禹谟以右佥治此，于后堂重标其额“保训养厘”，训理训治，养士气，厘文体，莅学者亦有责焉。

大意是说：郧阳的岁科试院规模特别宏大，形制特别规整，因为这是过去的副都御史的巡抚衙门。当年原杰创建的大堂叫“帅正堂”，在余姚人胡东皋（字汝登）当巡抚时改为“保厘堂”，并让湛若水撰写碑文记载了这件事。万历甲寅（四十二年，1614年），仁和人陈禹谟（字孟文）以右佥都御史任巡抚治理郧阳，在后堂上添了一块“保训养厘”匾额，用意是要求官吏护育民众，教导人民，整顿民风，以达到养士气、厘文体、郧阳大治的目的，还要求此后莅临郧阳的学者，也要有此担当和责任。

保厘堂诗

画辕清角拥牙旗，郑重尚书记保厘。岂有千金烦荡扫，似教七子见敷施。中丞忧国倾杯细，太史观民驻辔迟。曾是百年前战地，勉循绿野下缁帷。

意思为：雕梁画栋的辕门外缭绕着仙乐，飘荡着只有手握重兵的人才能使用的牙旗，门额上方，郑重地悬挂着礼部尚书书写的“保厘堂”匾额。哪里有许多的金钱频繁对贼寇进行扫荡，我们应该教化人民，使他们都能领略到罗敷和西施的美。当年的巡抚们忧国忧民连酒都难以下咽，作为翰林的我，因观察这里的民情一次次驻马停顿。这里曾经是百年前的旧战场，我勉强循着路径在繁茂的林木中前行。

五、王世贞的《更抚治为提督行台记》

保厘堂前西侧碑亭的石碑上，刻着王世贞的《更抚治为提督行台记》。他的前任孙应鳌向皇帝上奏疏，请求给郧阳巡抚以完全的兵权。可是孙巡抚并没有在郧阳巡抚任上享受到这一殊荣，而是在他调离之后由接任的巡抚王世贞首先得到了“提督军务”的敕书。以巡抚之职享有总督的军权，王世贞当然大喜过望，他在感谢皇帝和朝廷的同时，自然也得感谢孙应鳌，就把这件事叙述下来刻石铭记：

更抚治为提督行台记

明万历之二载，都御史臣应鳌言：“臣幸得奉玺书领大藩，以时布天子威德。吏民貌共寝，事事小闲，然实不胜卒逖之虑。臣所领郧镇，北抵华阳，南跨江汉，西逾嶓冢，东尽滍水之遥。实割秦楚梁三藩之陲而又间错蜀，以不时縻属，兵事罢则已。所领名为提督抚治，而不恒受符节，不得从军兴法以便宜从事。虽亦用考功计吏，顾三方之抚臣实共之。其黠桀者阳柬而阴挠，以左支右吾，甚或借驱椎埋奸铸亡命之徒，出一探丸而繁丑縻至蚋附。距弘治于今未百年，而叛者十三，一杀倅，二杀令，三杀尉，而祸未已竟也。则岂其先臣之咸弗事事，毋亦县官之所以委任之者未尽欤？臣不胜过计，窃以当武宗朝，赣实据江闽岭海要害，数因贼。而都御史守仁以提督军务请，诏许之'一切便宜从事'。守仁用是得募卒蒐伍、缮甲庀寨，三载而夷环赣之险，以千里计，诸盗穴若洗，至以兵余劲扫窃号之强王，而国家无镞之费。臣不佞，不敢望守仁，请郧一切得比赣制。"布尚书兵部议："如都御史言，请更玺书为提督军务兼抚治者，请给军令，为旗，为牌，若节钺者十制。"曰："可。"

于是都御史拜受命，乃为檄，檄诸道。曰荆、襄：汝以楚之被甲组练，左右广六卒若长来；曰南阳：汝以韩之少府，谿子、龙渊、革抉其劲士若长来；曰金、商：若以秦之厹予、淦錞、虎帐、镂膺、绲縢之骑步若长来；曰汉中：汝以巴賨叟兵、白发黄头若长来。既集，则为之饬前茅，虑无中权后劲，为之置鱼丽鹳鹅阵而亲鼓之。又三令五申之，俾各受约束，以归勒部士。乃感叹曰："吾郧自是有帅哉！"

盖前事孙公以抚治之节来镇郧，率励文武士，西刈巨憝，欲申是请，曾念其二尊疾去。去而使院有不儆于灾者，属新之，凡更二使者，告院而公复至，始拜命，名之曰"提督行台"。有司砻石以《记》请，而公用治行第一入卿大理。顾谓其代者世贞，曰："志之，毋忘所由更也。"世贞谢不敏，不可。

退而思之，当成化时，国家尽西南之兵力，以仅胜，诸流人而始服崇郡。侨邑居之，而犹不足为置阃，阃不足而置台。然其指乃在抚而不在督，何也？今天下方治平，荒服解辫。郧四履之地皆大镇，其民逮曾、玄，以至尔孙，不复知所由创。固抚不足，而以督请，又何也？当成化时，其人犹困兽饥鸟然，思一就栖食之地而无其道，苟有以籍之，则笠耳。是谓无治形有治端，其用不得不抚。今天下号为平，而文恬武熙，孽牙之萌，盖日夜其间。是谓无乱形有乱端，其用不得不改而督。是故晋武之销兵，巨源进而陈讽，颖考退而媮食，有以也。孙公不以且得代，谆谆言地方大策于成事，而受之不佞，乃犹徇治人治法之说云。即不佞焉能是使官重。《书》曰："治之非艰，行之惟难。"以俟后之君子相与悚然，顾名图践哉。

其大意为：

万历二年(1574年)，郧阳巡抚孙应鳌向天子奏疏说：“我很荣幸能够奉您的玺书去统领一个大藩，以贯彻和布施您的威德。郧阳当地的官员和百姓之间，貌似和平共处，事事都很悠闲，然而实际上还是有很多可忧虑之处。我所领导的郧阳藩镇，北抵华山脚下，南跨江汉平原，西逾汉江源头嶓冢，东到伏牛山滍水，实际管辖范围为鄂豫陕三藩之边陲，而又不时捆绑四川属地的兵事，所领受的敕书上名为‘提督抚治’，但却没有授予我符节，不能使用军法便宜从事。虽然授予了我对属下官吏考核评功的权力，但这需要与三省的巡抚共同操作，这就给了那些凶悍狡黠之人阳奉阴违、左支右吾的机会，甚至会有人借机杀人越货、为非作歹，豢养出一批亡命之徒来。每出一个杀人越货者，周围就会繁衍出一批丑类，就像苍蝇一样群聚而至。弘治朝至今不过百年，郧阳境内的叛乱就高达13起，一次杀死副帅，一次杀死县令，一次杀死县尉，而祸端至今还没有完全根除。这难道是先前的巡抚都无所事事，或者所有县令以上的官吏都没有尽到责任？都不是。我仅以正德年间举例，赣州把守江闽岭海的要害之地，数度招致贼人叛乱。然而赣州巡抚王守仁向朝廷请求‘提督军务’的诏书，正德皇帝就允许他一切便宜从事。王守仁采取招募兵士，扩大队伍，整治武备，发展地方经济增加财源的办法，只用了三年时间就稳定了赣州。环顾赣州据险均在千里以上，那些强盗的巢穴均被他荡平，兵到之处，那些自封的强王纷纷举手投降，而没有费国家一分一厘的钱财。我不才，不敢自比王守仁，但请求给郧阳与赣州相同的待遇。”于是皇帝颁诏给兵部让他们商议，尚书们都认可孙应鳌所说，请求皇帝为郧阳巡抚更改玺书为“提督军务兼抚治”，并颁给军令、旗、牌、节、钺等十件权柄。皇帝御旨：“可。”

于是我跪拜而受命，领受了皇帝颁发给我的敕书，和给途中和郧阳各道、府的敕谕。敕书上说：“在荆襄，你要依靠楚地的兵力凝聚其他地方的力量，广泛团结起六府(郧阳、襄阳、承天、德安、荆州、沔阳直隶州)之力，这样才能达到长治久安的目的；在南阳，你要依靠韩地的那些持少府、豁子、龙渊、革抉兵器的勇士，这样才能治理得长久；在金、商二州，假若你能够紧紧依靠秦地的那些厹予、塗镎、虎帐、镂膺、绲滕之骑兵和步兵，这样就能够长期平安；在汉中，你若依靠巴蜀的那些白发黄头叟兵，这样就能保长久稳定。团结起了全部人马，就要整顿他们的纪律，考虑他们的生活，布鱼丽、鹳鹅阵法训练他们，亲自为他们击鼓。”皇帝又对我三令五申，要我约束部士，使他们各受约束。

我于是感叹："我们郧阳从此有总督了！"

这是孙应鳌第二次持巡抚之节统领郧阳藩镇了，他是为了表率和激励文武之士，以及铲除顽敌才上这道疏书的。他第一次任郧阳巡抚时，曾经因为想念父母而以病申请回乡。去后不久，衙门里有人不小心而导致火灾发生，重新建筑衙门经历了两任巡抚。新衙门建成时，孙应鳌再次回郧阳当了巡抚，这就萌发他让皇帝升格衙门为"提督行台"之心，于是我让官吏立碑刻石记载这一重大事件。孙应鳌是用自己的治理能力从郧阳巡抚直接成为大理寺卿的第一人，所以接替他巡抚职务的我就对大家说："记下来吧，不能忘了郧阳巡抚的权力和衙门名称是从这里开始的。"我王世贞没有什么才能，这荣誉于我本人是很不相称的。

在平日有闲暇时我在慢慢地思考：成化时，国家倾西南的兵力勉强弹压住了各地流民，才使得处于崇山峻岭之中的郧阳各州府都归于安宁。当年，让流民侨居下来后，为了加强管理就增加领兵打仗的将军，有将军之后还不足以管理地方就设置了藩镇。然而，为什么当时要指定巡抚的职责在抚而不在督呢？今日的天下已经治理得非常太平了，边远的地方也已经归附朝廷。郧阳在四省之边是大城市，而这里的民众由当年之人已经繁衍到了曾孙、玄孙一代，竟然不知道藩镇由谁所创。本来有巡抚，为什么又添总督？在成化时，这里的人民是一副被困笼兽、饥饿群鸟的样子，只考虑有一块栖息就食之地就满足了，没有其他的道路可走，只要能够求得一个户籍能安居乐业就心满意足，正所谓还没有治理的形态就有了治理的开端，这时治理的方法就不得不抚。现在，天下号称太平，然而文官们贪图安逸，武官们贪图玩乐，各种矛盾日夜萌发，正所谓还没有乱形就已经有了乱端，这时治理的方法就不得不改为督。西晋时，武帝司马炎听取了山涛裁军并免除兵役的进谏；春秋时，郑庄公听进了颖考的奉劝之后与母亲和好如初，他们都是有所作为的人呀。孙应鳌没有获得的荣耀而我得以代替，皇帝谆谆的话语，句句都是授予我成就大事的地方大策，是遵循治人治法之说。但是，我哪里能承担"使官"这么重的责任？《尚书》上说："懂得道理并不难，实际做起来就难了。"这以后，在等待与君子相处时就要有所顾忌，要想有点名声就得认真去做事。

六、徐学谟刻在碑亭里的诗

在巡抚办公的正大光明殿前，有一个碑亭。亭里的石碑上刻着万历四年

(1576年)时的郧阳巡抚徐学谟所写的三首诗。

第一首写于万历五年夏至的第二天，那天是徐学谟的生日，没有什么亲朋好友前来相聚，他只能自己给自己做寿，于是有感而发作了《丁丑长至后一日郧台生旦自寿》：

缇室氤氲散曙光，函关紫气接扶桑。斑衣总隔吴云远，彩线重添楚日长。绕树神鸦争鼓噪，凌崖天马欲腾骧。襜帷不似苏卿节，江汉驰驱十九霜。

大意为：丁丑年夏至的第二天是我的生日，关闭着门窗的房间内烟雾弥漫，屋外的曙光透过缝隙照射进来，吉祥的紫气连接着遥远的东方。虽然我身着华贵的衣服，但离我在吴地家乡的双亲实在是太远了，连接起一根接一根的彩线，也比不过这楚地白天的日长。许许多多的乌鸦在围绕着使院里的古柏鸣叫，江对岸天马崖上的骏马正在腾空而起。我至今一事无成，所坐车上的帷帐和手持的符节，哪能和当年的苏武相比，空在江汉一带驰驱了十九年。

石碑上的第二、第三首诗是同题诗，为《除夕大雪感怀二首》：

衣马何缘恋楚游，看来无处不并州。同云漫送千山雪，曳练虚疑百尺楼。老拥旌旄开钖穴，愁来日月感菟裘。最怜葱岭班司马，赢得朝中比列侯。

辕门鼓角暖寒宵，似水臣心对夕瀌。柏叶深杯沾醉易，梅花小苑忆归遥。天涯儿女仍歌笑，海上音书故寂寥。满院炉香催晓动，梦回凄切紫宸朝。

大意为：在这除夕之夜的大雪天里，我在想：我为什么要骑着肥马，穿着轻裘，留恋着在楚地游历？其实，中华大地上到处都是可以建功立业的地方。同一片云头把漫天大雪送给了千山，大山又铺展着白色的绢布搭建了百尺高楼。我在王旗的簇拥之下治理着古钖穴，但发起愁来又感叹日月太长，想尽快还乡归老。我最羡慕班超在葱岭的功劳，他以此赢得了在朝廷中列侯的地位。

辕门外的鼓角温暖着漫漫寒宵，我以心静如水的心情来面对这漫天大雪之夜。窗外柏树的枝叶映在了我的酒杯里，让我更加朦胧带着醉意，这开着梅花的小院，更加使我想起归期的遥远。今天，天下的儿女们都处在欢声笑语之中，而我却在等待着家书，所以显得特别寂寞。满院之中，只有炉里的香烟催动了黎明的到来，我在梦里凄凄切切地回到了天子所居的朝廷。

七、徐学谟的《仕学斋记》和诗

正大光明殿西侧的“仕学斋”，是巡抚办公之余赏花的小憩之处，房屋5间，过去并没有命名。徐学谟任巡抚之后常常来此读书，忽发读书与做官关系之感思，就把这里命名为“仕学斋”，并撰《仕学斋记》刻石竖碑于前：

仕学斋记

循使院左偏殿清美堂，而屋者五楹，其前稍列花竹亭树，旦暮禽鸟乐之，差具少致，为故使者燕寝凝香之处。而余来读书于此，以未有名，名之曰“仕学”。昔者，孔子尝使漆雕开(孔子的学生)仕，说其未信，谓其不以仕先乎学也。学也者，学乎为仕也。若既仕矣，亦既信矣，将安所事学为哉？夫仕也有涯，而学也无涯，人皆徇其有涯，以间其无涯，学至仕而止矣。夫苟以其无涯济其有涯，仕可止也，学可止乎？故《记》曰：“学然后知不足，知不足然后能自反。”不足者，无涯之谓也，夫虽其不能自反，而漫然以其所不足者施于人之国家，即发虑宪，求善良，就贤体远，君子犹以为此谀闻动众之具也。而况举人之家国，而卤莽之，灭裂之乎？故子夏发为仕学之论著曰：“学者也，仕在其中矣；仕也，学在其中矣。”中者，相循环于无穷，此所以成其信也。盖与孔子说，漆雕开之意互以相发，而解之者以为仕与学两重焉，非也。所重在学，不在仕也。予固今之所谓不学而仕者。而仕也，东西南北率当忧虞艰剧之任，已无暇学。即学焉，而作辍乘之，二十年间其所施于人之家国者，故毋论化民成俗，而能自免于卤莽灭裂矣乎？即不卤莽，不灭裂，而能不为谀闻动众矣乎？盖未尝不悔其学之晚。

比岁镇郧，以加累悉遣索，处万山中。镇务故简，而其地左僻，非冠盖舟车之会，酬应绝少，始得以其仕之余力，寻绎旧闻，优游而厌饫之，以穷期所未信。若天假其隙，以竟其始仕之志也者，而间出其绪，以和抚其民。雍、豫、汉、沔之间，亦谓为晏然。因念杜元凯往镇襄阳，日唯耽思经籍，卧阁著书而已。夷考其时，盖当平吴功成之后。予赖主上威德，在镇余二年，属岁屡登，疆场无骇，虽欲出一事以自见，亦不可得。乃今复藉口于仕学之名，以弥缝其拙，而施施漫漫偷安于牢骚寂寞之境，虽可幸，亦可愧也。若夫德被江汉，化行万里，史之所以颂元凯者烈矣，则余何能为彼哉？姑记其说，置之壁间，以俟来者。

其大意为：

顺着使院的左偏殿清美堂向西绕，有一座五间的建筑，屋前花、竹、亭、树布列有序，清晨和黄昏都有音乐般的鸟鸣，略有景致可赏，是以往的巡抚燕寝凝香之处，并没有名称。而我常常来此读书，就把它命名为“仕学斋”。古代，孔子曾经叫漆雕开去做官，漆雕开不愿意，说自己读书不是为了做官。在大多数人看来，读书就是为了做官，假若既能做官，又愿意做官，那不就是读书的目的吗？唉，岂不知做官有到顶的时候，而学习却没有止境，人们都追求可到顶的东西，而隔离无止境的追求，那么读书到了做官之后就会停止了。暂且以无止境的读书去帮助有止境的做官，做官可以到顶，读书有到头的时候吗？所以《礼记》上说：“学然后知不足，知不足然后能自反。”不足者，就是无止境呀，即使你不能自反，也应该慢慢地把自己的不足之处求助于别人和国家来修正，即遵守法律，追求善良，接近贤人。君子都知道这是达到小有声名而让民众感动的方法，况且去做家国之栋梁？鲁莽粗俗草率之人岂能成事？古代卜子夏(孔子的学生)论述为仕、为学之说，认为仕在学中，学在仕中。是说坚持学习就自然能找到做官之道，有了做官之道就自然能领悟出读书之道。所谓“中”，就是相互无穷循环，这是人之所以能够立信的原因。所以孔子听了漆雕开的话很高兴，说他已经懂得了互以相发的道理。而后世之人把孔子的这句话解释为“仕与学同等重要”就是不对的，孔子的意思是人重在读书，不在做官。这就足够反驳今天有人所谓的不认真读书而能做官，或者做官之人率先承受着来自东西南北的骚扰困苦，已无暇读书的谬论。经常间断读书的人，只把人生前20年交给读书的人，无论是否能够把所学的道理用于教化民众，而能保证自己免于鲁莽、粗俗、草率吗？不鲁莽粗俗草率，不至于办坏事的人，就能保证自己不为小有声名让民众感动而沾沾自喜吗？他们未尝不悔恨自己书读得太少了。

连年以来，郧阳巡抚愈加频繁变更，郧阳又处在万山之中，所以藩镇的事务就自然被简化。这里地理偏僻，没有很多的达官显贵冠盖舟车来访问，应酬很少，我才有时间查阅堪问当地历史上所出任的官宦之姓名，寻绎他们的旧闻，优游于文史之中饱餐历史的美食，以尽量搜集我所不知道的内容。希望老天给我足够的空闲时间，让我完成我开始做官时的志向，参与到前人未完成的事业之中，以达到安抚郧阳人民，让关中、南阳、江汉、荆州的人民也都安定而舒适的目的。我羡慕西晋时的镇南大将军杜预，他前往镇抚襄阳之后，每天只埋头于经籍，睡卧在书阁里著《春秋左传》，等待时机成熟时一举灭掉了吴，取得赫赫之功而被封侯。我依赖皇上威德，在郧阳镇抚了两年多，每天都能够一次次来到这里读书，就是因为疆场平静。我希望能出一件大事以显示自己的本领却不可得，所以今天借口于“仕与学”的名义来弥补这个缺憾，只能在时间流逝中偷安于牢骚寂寞的境地，这是可庆幸的，也是可惭愧的。假若德行能够被江汉化行万里，那么历史之所以这么热烈地颂扬杜预的原因就可以找到，而我有何德何能与他相比？姑且记下这些想法，并把它凿在石上，以等待后来之人的评说。

徐学谟觉得一篇《仕学斋记》还不能尽兴，又借雪咏梅以抒发自己对仕学斋的感怀，遂作《斋雪枯咏十二韵并序》：

序曰：“斋为前开府王公读书处。”是说仕学斋是弘治十四年(1501年)上任的郧阳巡抚王鉴之读书的地方。他之所以单提王鉴之，是因为王鉴之的名声大，他抚郧期间功勋卓著，为郧阳人所称颂。诗曰：

> 岁宴少公事，官闲多静缘。三冬初现白，万念坐成玄。岚栗先迎腊，檐零已兆年。窥帘回淅沥，点幕倏橙鲜。乡路稀鸿迹，关山涩马鞯。云同天柱晓，燧远塞垣烟。逼戟光逾皎，摊书净可怜。据床堪庾并，载笔欲枚延。晃入无垠界，辉涵不夜天。黄垆依旧在，粉蝶飒高悬。雅调仍思郢，清斋颇类禅。自公渐退食，聊续素丝篇。

大意为：年末，少了许多公事，我好不容易闲了下来与安静结缘。今年郧阳少雪，到深冬才出现一点白色，打坐下来后，万般的杂念此时都幻化为了虚玄。阿谀逢迎的雾气率先迎来了开放的腊梅，虽然只伸出檐头几枝，也已经预示着新年的来临。窥探窗帘之外，雪花飘落的淅沥之声传入耳廓，在腊梅的点缀之下，雪幕上瞬间有了橘橙的鲜艳。远望汉江南岸，乡间的小路上连鸟兽都没有了踪迹，平时车马喧嚣的山岭也消失了马鞯之影。低垂的云与山结为了天柱，塞亭上的烟火似乎远得遥不可及。雪色映照在屋内的戟剑之上，寒光更加皎洁，能够供我摊开书卷阅览。我坐在椅子上忍受着寒冷，想要握笔描摹出腊梅的倩姿。大脑在恍然间就进入了一个广阔的境界，辉煌就蕴涵在这不夜天之中。大地依然存在着，只是粉蝶似的雪片飒爽地高悬在画面上。雅趣之中我想起了荆州，那里的清斋颇有禅定的意境。王鉴之自然是归隐了，我聊且续上清廉的篇章。

八、清美堂前的碑亭诗

清美堂是藩镇衙门的迎宾馆，位于中轴线上第三座厅堂巡抚办公的正大光明殿东侧。每当有客人造访，或者由门房引至清美堂等待巡抚或其他官员接待，或者由巡抚和官员迎接至清美堂款待。因此，清美堂就成为了文人多描摹歌咏的对象。

写郧阳清美堂最有名的文字，莫过于王世贞赠给张九一的《三月晦日助甫见甫于使院清美堂联句因赠》诗：

铃阁初开兴不孤，醉来时复对乌乌。山低送绿看时去，叶密欺红数欲无。雅为恋春期秉烛，哪知代月有联珠。明朝更是清和候，潇洒齐纨佐玉壶。

大意是：清晨，巡抚衙门被打开时我兴致很好，昨晚乘着酒意与你对诗吟歌的情景还历历在目。满山的绿色在观看时似乎什么都没有，茂密的叶片遮住了花红，数来数去仿佛它们躲藏了起来。我们的雅兴是在迷恋春天，期待着秉烛夜游，但不管几月都有随口而出的妙语连珠。明天更是风和日丽的日子，我们不妨身穿白丝绸，端着玉壶再去潇洒一回。

徐学谟，是王世贞之后的巡抚，曾经于万历四年(1576年)重阳节在清美堂里招待襄王府的纪书周绍稷。万历五年的重阳节，徐学谟作《清美堂宴绍稷诗并序》寄给周绍稷，以表达他们相互间的友谊。

序曰：九日雨，去年是日亦雨，小史自襄州来，酌之清美堂，聊为嗣音，用纪岁月。

诗云：九日年年风雨边，今年风雨更连绵。与君重醉山中酒，隔岁同听树杪泉。忽忆吴萸乡音杳，愿归洱海宦情悬。军城岂乏登高处，寂寞垂帘说太岳。

大意是：今年重阳节下雨，去年的重阳节也是烦人的雨天，周绍稷自襄阳来与我对酌在清美堂。我们之间聊成了之后相互不断联系的知己，我现在用一首诗记载我们的友谊：

重阳节年年下雨，今年更是秋雨连绵。想起去年我与你醉游山间，隔了一年仿佛依然能够听到林间泉水的声音。没有你的今天，我忽然忆起家乡的茱萸，然而乡音杳然。记得你曾说过宦途实在是太艰难，愿弃官回云南。郧阳城不乏登高之处，但寂寞的我只能在低垂的房帘里羡慕武当仙山。

清人朱世安也有一首描写郧阳清美堂的《清美堂过暑》诗：

避暑何处去，无如清美堂。岭焦迎日碎，檐竹送风凉。苔藓封幽径，藤萝绣石床。所思无个事，滴漏点文长。

这首诗浅显易懂，却意境深远。诗中把酷暑里远山上的枯焦和清美堂中茂密的檐竹相对比，一股清凉之意自然就沁透在了读者的心房。接下来的苔藓、幽径、藤萝、石床无不透出盛夏中的凉气，也点明了清美堂环境的优雅。作者在这里的所思，都无非是一些个人之事，却并不都是朱世安自我标榜类的夸张，在滴漏计时之中，他想要写一点东西，当然得在聚精会神之后才会出神来之笔的好文章。

九、咏衙门古柏的诗

500多年前，藩镇衙门初建之时，首任巡抚原杰亲手在院内种下一片柏树，至清代时有八棵长成了参天大树，其中七棵在后堂前连成一线，一棵长于前庭而铺展盘虬，成为郧阳一景，也是地标之一。由于这些柏树为抚台原杰所种，于是被称为“原台古柏”，为郧阳一景。

吴省钦在清乾隆年间做湖北学政时多来郧阳，描摹郧阳的景物颇多，其中就包括《八柏歌》：

郧阳郡自胜朝置，七县编裁不毛地。剔出伏莽植嘉禾，此柏栽从柏台使。台空院改吾按行，桃僵李苦春无声。老鸦争窠饿鸱叫，柏所招致纷摩撑。我本恶鸱非恶柏，古干捎云二千尺。我虽誉树实誉人，溪蘋祔庙三百春。草莱终见辟成宇，栋梁幸免摧为薪。论材数溢七柏古，标望堂开八桂新。当时手种岂徒八，阵势盘弩影交戛。即今后室阴连株，颇惜前庭存独活。东偏五者出多奇，左扭百折根倾攲。劈开雷火惨倒挂，蟹爪下攫龙脊垂。苍云直堕冻狐鼠，白日不动升蛟螭。解带量围较牛大，荆贡如君能几个。我欲封移大别颠，一川绿扫葡萄破。

大意是说：郧阳府成立于国强之时，所辖七县都是不毛之地。当时的人们在挖去地上的杂树野草之后，又栽上美丽的花草树木，其中就包括这些御史台里的柏树。如今，我巡按到这里时，御史台已经空空如也，抚院的名称也被改掉，桃树枯死，李味变苦，春天在这里变得了无声息，只看见老鸦在争窠，猫头鹰在饥饿中鸣叫，院中的古柏在它们的纷争之中枝叶相互之间抚摩着勉力支撑。我原本讨厌饥叫的猫头鹰，而不是讨厌古柏，它们的树干已经伸展到了二千尺之上的云稍。我赞誉古柏，实际是在赞誉棒槌河边原公庙里所供奉的那个古人，他已经在那里享受了三百年的香火。我终于在杂草之中看见了屋宇，栋梁还在，幸未成为市民的柴禾。要说栋梁之材，应该还数院中的古柏，声望高过了堂前的八棵新桂。当时，原公亲手种下的柏树岂止八株，形成的阵势如盘弩交影戛然做声，所以才有今天的后室遮荫连株，可惜的是前庭只有一棵独活。尤其偏东的五棵古柏最出奇，枝条左扭百折，树根相互斜靠，有的惨遭雷火劈开粗茎倒挂，有的如蟹爪下伸欲抓取东西，有的似低垂的龙脊蓄势跃升，有的像苍云飘落，有的像凝冻了的狐鼠，有的是一动不动的螭龙。我解开腰带量这些柏树的围粗，一棵棵都比牛大。在荆襄，这样的柏树能有几个？我真想把它们移栽到大别山顶，让满山川的绿色都来瞻仰它们，让葡萄也羞破脸皮。

清代的郧县知县段干恂也曾写过《原台古柏》：

树老亦凋残，惟名长不朽。兹柏以公名，死犹挂人口。

大意为：这些柏树老而凋残，而它们的名字却历久不朽。因为柏树以原杰的名字命名，他人虽死了，但名字还挂在人们的口中。

十、藩镇衙门二百年的风花雪月

郧阳藩镇衙门里的文化元素远不止这些，发生在200余年间的风花雪月之事是大量的，埋藏着的故事需要人们好好去深入开发。

郧阳地处北纬32度左右，四季分明，常年花开。因此，光是院内的四季花卉，就是巡抚和同僚们吟咏不完的好题材。

春天的花卉以牡丹为最，有国色之美誉，每年藩镇衙门院内牡丹盛开时，官员、文人和他们的家眷都争相观赏，留下的诗赋无数。现择几首郧阳巡抚的咏牡丹诗与读者共飨。

徐学谟的《补栽牡丹二首并序》：

序曰：别院故有牡丹三株，偶枯其一，腊日补栽，漫兴二首。

诗曰：(一)庭中花榭准三台，补缺名花傍晚栽。为历冰霜凌腊至，漫夸黄紫待春开。

(二)间桃色借玄都观，参柏寒回御史台。绣幕从教分烂漫，赏心牢落万山隈。

序大意为：藩镇衙门宅园里的三株牡丹中，有一棵枯死了。腊八这天我补栽牡丹时雅兴大发，遂吟诗二首。

诗大意为：

其一：傍晚时分，我在抚台偏院的花榭中补栽名花。那冒着凌厉冰霜的腊八节如期而至，我们都期待着黄色、紫色的牡丹在春天里绽开。

其二：我仿佛看见花园里的牡丹借来了玄都观的桃色，参天的古柏盘绕在御史台上空。我似乎看见了牡丹盛开的样子，那是绣在天幕上的、一片烂漫的景色，我心旷神怡，它们的姿容让山和水都寥落孤寂得失去了芳容。

第二年，徐学谟终于等来了牡丹盛开。他在牡丹前摆案，边读书，边饮酒，边赏花，边作诗，一首《使院牡丹盛开独酌书感》横空出世：

一春花事万山中，对酒看花帐远空。想到故园频岁异，醉秋名萼竟谁同。丛开倒映牙旗日，铃起遥闻午阁风。漫向洛阳矜富贵，青萝分映自墙东。

其大意为：一春的花事都绽放在了万山之中，我对酒把盏欣赏着牡丹花开，大帐周围也似乎空旷宁静了许多。一想到我老家花园里每一年的花色都不相同，赏花时能从春天醉到深秋，也评不出哪一种花更加名贵。眼前绽开的牡丹花丛和映在日光中的牙旗倒影在池水里，我远远地听见了楼阁上的风铃声传播在了午色之中。弥漫着香色的牡丹花矜持着自己的富贵，与旁边的松萝一同把身影投射在了墙东。

之后的巡抚裴应章，也有一首《抚署牡丹》，别有一番情趣：

序曰：园中牡丹，往时开不过数朵，今岁予叨转将行，花独盛开，因为赋此。

诗曰：老干寻常三五花，独于今岁兢春奢。芳菲晓带胭脂雨，烂漫晴分锦绣霞。菊苑谩教夸隐逸，桃源应自让繁华。花神亦解怜予别，故放新葩胜旧葩。

大意为：园中的牡丹往年只开几朵，却在我今年即将离任之时恣意盛开，因此我就赋诗一首赞誉她：枯老的枝干平常只开三五朵花，唯独在今年兢兢业业地绽放出春天的奢华。你在清晨里尽显略带着胭脂雨的芳菲，烂漫之中犹如晴天里的锦绣彩霞。高傲的陶渊明再不要夸自己的隐逸，桃花源也应该略逊这里的繁华。花神可能是理解和怜惜我的即将告别，所以才肯绽放出这新葩胜旧葩的奇葩。

春赏牡丹夏赏荷，徐学谟自然不会放过欣赏藩镇衙门院内荷花盛开的机会。《咏使院盆荷》就是他赏荷时偶然的收获：

西来太华藕如舡，小作江湖种井莲。习习迎风分蕙远，凄凄承露溅金盘。擎枝不得金鳞转，隔叶遥疑翠羽翩。翛然对酒澄玄思，太乙真人何处边。

其大意为：韩愈有“太华峰头玉井莲，开花十丈藕如船”的诗句，我在这里也小作一首“江湖种井莲”的诗。习习的凉风把荷花发出的蕙香送出很远，荷叶承载着的一颗颗晶莹露珠溅洒在了金盘之中。我欲手擎花枝又不忍心下手，只得围着金色的花鳞转悠。隔着荷叶遥看，里面好像有翠鸟伸展着羽翼在起舞。

无拘无束间，我对着酒杯陷入了深思，太乙真人是否就在那里边？

秋天赏菊同样是人生的一大雅事。诸多郧阳吟菊诗中，就数巡抚叶照作于嘉靖二十五年(1546年)的《九月十日对菊》最为郧人称道：

昨日花初放，今宵已觉芳。一尊聊共对，殊俗且相望。自乐非弦管，端居耻庙堂。滔滔汉江上，行坐白云望。

其大意为：昨天重阳节观菊时花儿才微微绽放，今天再看已经大吐芬芳。菊花旁摆酒与她共对，她的高雅与我的世俗两两相望。我自饮自赏自乐不需要任何乐器，更羞愧自己平日端坐在庙堂之上。在那滔滔汉江之中，行船上的游客们纷纷举头，把鱼鳞般的白云仰望。

在冬天里，踏雪赏梅更不失为人生一大快事，王鉴之写在郧阳藩镇衙门里的《冬梅花复开》就让人耳目一新：

去年赏咏八梅诗，今岁梅开正及时。对面相看如旧识，洗心闲坐有余思。未须策蹇桥东去，还拟携壶月下期。分付江城倚楼者，莫将羌笛向风吹。

其大意为：去年赏梅时我写了一首《八梅诗》，今年梅花又开得非常及时。我与她对面相看似曾是过去的老朋友，她净化了我的心灵，让我能够安坐静静地思考问题。我无须追随葛洪骑驴到桥东去，只打算携带一壶老酒与梅花相邀在明月之下，告诉那些倚靠在阁楼上赏梅的人，不要将羌笛对着朔风吹奏而惊动了腊梅。

除赏花外，逢年过节也是文人们容易感怀的一个时间节点，所以自古以来的“节日感怀诗”就特别的多，在郧阳藩镇衙门内也不例外。例如，在前面提到的藩镇衙门正大光明殿前碑亭里刻着的徐学谟的《除夕大雪感怀二首》。

我们不妨再特选几首徐学谟任郧阳巡抚时，在衙门里所写的节日诗。

正月初一是新年，徐学谟著有《元日大雪试笔》：

拱北玄云俨陛旋，崇朝集霰满山川。农祥已喜占王会，颢景初疑象帝先。紫盖瑞浮香案外，青郊花散玉台边。嵩呼华祝俱邻并，卉赋何由媚远天。

其大意为：浓云卷着雪片飞旋在衙门的台阶之上，一个清晨集蓄的雪霰就铺满了整个山川。这吉祥的征兆让农家喜不自禁地进行着占卜，这白色的景致也让我疑以为是主宰万物的天帝降临到了人间。他车驾紫盖上的瑞气飘浮在我的香案之外，郊外的梅花散绽在玉台边。家家户户高呼“皇帝万岁！”的声音合并在了一起，门联上的内容为什么都是在献媚虚无的远天。

正月初七是传统的人日。传说当初女娲创建世上生灵，一日造鸡，二日造狗，三日造猪，四日造羊，五日造牛，六日造马，七日造人，八日造谷，所以正月初七是人类的生日。在古代，民间一直就有人日头戴“人胜”的习俗，为剪出人形的彩色花塑，或者以镂金箔剪成人像，贴在屏风上或者戴在头上，然后登高而赋诗。徐学谟的一首《人日府僚献春作》就描写了郧阳人日的盛况：

严城邃谷总宜春，迎旭千门霁景新。随俗辛盘偏媚客，阗城彩胜政逢人。苍灵布霭辉金钖，玄武留漉净甲兵。百戏纷呈齐致语，知余原是岁星臣。

其大意为：坐落在深邃河谷里的郧阳城，虽然戒备森严，但却关不住春天美不胜收的景色，迎着朝阳的千家万户里，都有一片晴亮的崭新气象。人们纷纷拿着用大蒜、小蒜、韭菜、芸苔、胡荽这五种辛辣菜蔬做成的食物装在盘中，献给过往的客人。喧闹声中，到处都飘荡着彩旗，人们的头上和树的花枝上，也都插满了纸绸剪出的花，显示出一派政通人和的气氛。青帝(古代神话中的五天帝之一)所布下的云气，在照耀着金色的钖穴；玄武神洒下的大雪，洗净了刀兵留下的痕迹。各种民间戏剧在各个角落里上演，内容都是一些祝福吉祥的语句，在说我原本就是能够驱灾辟邪的岁星大臣。

郧阳按察院衙门

在郧阳古城里，曾经同时有三座察院，一座为巡抚衙门的“都察院”，一座为监察御史衙门的按察院(简称为“察院”)，还有一座是按察司使衙门的“按察司”。这其中的郧阳按察院，还被人们称之为“大理公署”。

郧阳按察院和按察司相挨，位于大南门之内南大街的西侧，再从东往西依照“天下衙门朝南开”的布局，这里一字排列着按察司、按察院、布政司、都察院，它们的门前形成了一条东西走向的察院街，直抵小南门内的小南门街，并于小南门街垂直。当然，都察院和布政司之间并不相连，中间还隔着一条小巷，被人们称为“察院巷”。所以，在过去的郧阳古城里，除了有一条察院大街外，还有一条与察院大街垂直相交的察院小巷，如果是初到郧阳城的人，是很容易把二者搞混淆的。

习惯上，当时的郧阳人爱把按察司与布政司合称为“二分司”，因按察司在东所以又称“东分司”，布政司在西所以又称为“西分司”。

监察御史一职，最早设于隋开皇二年(582 年)。当时，隋文帝诏令，改朝廷御史台里负责弹劾与建言的检校御史为监察御史。到唐代，御史台被分为三院，监察御史隶属于察院，品秩不高，但权力广大。《新唐书·百官志三》称：“监察御史十五人，正八品，下掌分察百僚，巡按州县，狱讼、军戎、祭祀、营作、太府出纳皆莅焉，知朝堂左右厢及百司纲目。”

当时的监察御史虽然身处朝堂之上，但正八品的品级比一个县官的级别都低，他们是没有资格出入朝堂正门的，只能由侧门进出，而且不奏事时不得登入殿廷，直到开元初年时才取消了这些限制。但是，千万别以为唐代监察御史的级别低，就认为他们的地位也低，恰恰相反，就连朝堂上的一二品大员也对他们非常忌惮，就因为他们的权力极大且广，凡朝廷内外的官吏均受到他们的监察。

宋时，朝廷里的监察御史有所缩编，由唐代的 15 人减为 6 人，品级却由正八品升为了从七品，依然负责对六部和百司的监察。

元代监察御史的员额很多，除朝廷内台设 32 员外，还有江南行台 28 员、陕西行台 20 员，共 80 人。

明代废除御史台，改置都察院，由都察院全权负责对百官的弹劾和对皇帝的建言。都察院内又设御史和监察御史两套系统：御史系统设左、右都御史，左、右副都御史，左、右佥都御史等，他们的品级较高，一般左、右都御史为正、从二品，左、右副都御史为正、从三品，左、右佥都御史为正、从四品，如果以都御史身份外派任总督或者巡抚的则加品级。

监察御史系统设13道(一省一道)监察御史，共110人，均为正七品官员。他们有的在都察院内任京官，分道监察。值得提醒的是，监察御史的“道”，与省之下的分守道、分巡道、守备道均不同，省下之道是由省里的官员兼任，而监察道则是朝廷都察院内分区域监察的机构，如湖广道监察御史的办公地在京城，而不在湖广。清乾隆时，又把监察御史由13道扩为15道，品级由正七品升为从五品，置于佥都御史之下，定其职责为“弹举官邪，敷陈治道，审核刑名，纠察典礼”等。至清末，监察御史增至20道。

也有监察御史被派驻地方，被称为“巡按御史”，他们的级别虽然比巡抚低，但不受总督或者巡抚的辖制，而是直接向皇帝负责，其职责是“代天子巡狩”，任务是监察百官、巡视郡县、纠正刑狱、肃整朝仪等，遇事则大事奏裁，小事主断，官位不高，权势颇重。

监察御史的设置，原本就是为制衡中央和地方上行政、司法、军事等机构主官权力而设的，他们不仅能对违法官吏进行弹劾，还有在皇帝赋权后直接对违法官员进行审判的权力。当时的监察系统，无时无刻不在对朝堂、省、道、府、州、县等衙门实施着监督，并随时对监察过程中所看到的弊端不停上奏。

既然监察御史的权力如此之重，所以在对其选授时也就极其慎重。《明会要·职官五》记载：“永乐七年，召御史张循理等二十八人至，问其出身，皆由进士及监生，惟洪秉等四人由吏。帝曰：‘用人虽不专一途，然御史为朝廷耳目之寄，宜用有学识、通达治体者。’黜秉等为序班。诏：‘自今勿复用吏。吏部著为令。’”于是有了永乐八年(1410年)的规定：御史必须从进士及监生中有学识并通达治体者选任。当然，监察御史的权力也不是不受制约，如果他们办事一旦出现了差池，所受到的惩处也就格外严厉，史书记载中就不乏其例。可见对监察御史的选授和督察均是甚为严格的。

根据《明史》、明成化帝《实录》和《郧台志》的记载，郧阳按察院的首任监察(巡按)御史为吴道宏，是原杰所推荐的。

郧阳按察院衙门又叫“大理公署”，乃吴道宏是以大理寺右少卿的职衔担任郧阳监察御史的原因。明白了这个原因后，那么清同治版《郧阳府志·卷一·舆地志·古迹·郧县》中所说："大理公署，布、按分司二署，推官，照磨，司狱，主簿，仓大使，行都司指挥，郧阳卫俱有废署，然自明迄今二百余年，遗迹多不可考矣。"由此"大理公署"的含义就非常明显了。

据成化帝《实录》记载："成化十三年闰二月丁巳，皇帝谕命监察御史吴道宏往郧阳府抚安人民。敕曰：'湖广之荆、襄、郧阳，河南之南阳，陕西之汉中、西安六府，所属州县四十余处，土地广阔，山川深险，各处流移之民，已经都御史等官公同审勘、附籍、发遣，切虑典牧之官失于抚禁，顽梗之民聚散不常，虽有三处巡按御史，缓急难于遍历。今特命尔驻于新设郧阳府，往来六府地方巡察奸贪，抚安人民，修理城池，禁防盗贼，作兴学校，清理狱讼，使新旧居民各安生业。仍时常省谕之，不许收藏应禁之书，及捏造妖言冒干刑宪，罪及身家。尔为宪臣，受兹委任，尤须持廉秉公，正已率下，务使军民得所，地方宁静，不许偏执己见，乖方误事。如违，罪有所归，尔其勉之慎之。'"

值得注意的是，这道由皇帝亲自颁发给吴道宏的敕书(任命书)，其内容与之前颁发给原杰的敕书几乎一模一样，可见当时皇帝所倚重的是原、吴二人，并非原杰一人。同时，也证实了郧阳藩镇时期200余年间，郧阳城内有着都察院、按察院的并列两院，而非此前人们所理解的都察院一院独大。此两院都是朝廷的分院，代表着朝廷抚治、监察郧阳，而真正的郧阳藩镇机构则是布政司、按察司和行都司，俗称"三司"。

郧阳布政司衙门

明成化十二年(1476年)，明廷宣布在郧阳设立一个省级建制——藩镇，按照当时的省级政权建制，除了要有巡抚和巡抚办公的都察院衙门外，还必须要有监察御史办公的按察院，更得有省级的三司衙门。设没设有“三司”，就是鉴别是不是一个省级政权的最重要标志。

在明初，朱元璋为了防止地方上形成割据势力，就废除了元朝所设的“行中书省”机构，改由三个平行的、互不统属的、各自对皇帝负责的机构来分担原“行中书省”的权力。这三个机构就是承宣布政使司(布政司)、提刑按察使司(按察司)和都指挥使司(都司)，被并称为省级“三司”，分别掌管一省的行政、司法和军事大权。按照今人的理解，可以把布政司当成是省政府，按察司当成是省检察院兼省高级法院再兼省监察局，都司当成是省军区。

很明显，都察院、按察院、布政司、按察司、都司是明清两代里一个省级政权的五大衙门，缺一不可。

目前，人们已经普遍熟知当时的郧阳城里有都察院和行都司，那么还有没有按察院、布政司和按察司呢？答案是肯定的。

在清同治版《郧阳府志·卷一·舆地志·古迹·郧县》里说：“大理公署，布、按分司二署，推官，照磨，司狱，主簿，仓大使，行都司指挥，郧阳卫俱有废署，然自明迄今二百余年，遗迹多不可考矣。”

这段话里点到了9座衙门，其中的大理公署就是按察院，布、按分司二署就是布政司和按察司，虽然文中称“遗迹多不可考”，但我们依然还是能从其他古籍中找出一些蛛丝马迹。

首先，我们来确定郧阳布政司遗迹的确切位置，在查阅明万历版《郧阳府志》后，终于有了答案。在《卷一·图经·郧阳府》的图上，赫然标着“西分司”和“东分司”两座衙门。其中在都察院的东侧，隔着一条察院巷与都察院并排的，就是俗称的“西分司”，即郧阳布政司衙门。

不过，郧阳布政司与其他正式省份里的布政司在形式上的确有所不同：在正式省份的布政司里，均设有左、右布政使各一人，之下是参政、参议，还让部分参政、参议到下面去兼任分守道；而郧阳布政司的官员却是从三省派来兼职的，级别均为参政或参议，而且全部兼任分守道，其设官为5人：湖广2人，河南1人，陕西2人，按《郧台志 · 文职》里的记载分别为："湖广布政司：一分守下荆南道参政，或参议，提督太岳，监管抚民；一分守上荆南道参政，或参议，抚治荆襄兼九永等处兵备。河南布政司：分守汝南道参政，或参议抚民。陕西布政司：一分守关南道参议，或参政兼抚民；一分守商洛道参议，或参政兼抚民。"

明成化年间的国子监祭酒周洪谟曾经撰写《创置郧阳府记》，称："文博与远自被荐以来，益并力协心，抚新集如慈母之保赤子。民既安业，远乃当府治前为厅、为堂、为经历司、为照磨所，东西为诸吏案房，为重门以及廨廊舍、仓廒、囹圄，靡不备具。文博乃为行都司，为郧阳卫、所，为大理公署、布政分司、按察分司，为儒学，为城隍庙，为原公祠以祠子英。"

文博是郧阳首任监察御史吴道宏的字，远是指郧阳首任知府吴远，以上内容是说他们齐心协力修筑了各机构衙门，其中就有布政分司和按察分司。

明代布政司的职权与元代的行省有很大差异，元代行中书省是一省内的最高衙门，有行政、执法、防卫的三大职能，而明代布政司就只有行政权，只掌管一省的民政、田赋、户籍，它与按察司和都司是互不相隶的平行机构。但从行政区划上来看，其实布政司与行省并无本质上的不同，所以当时的人们仍然习惯称布政司为省衙，或俗称为"藩司"。

在明代，全国有两京、13个省，共15个布政司，分别为北京、南京、山东、山西、河南、陕西、四川、江西、湖广、浙江、福建、广东、广西、云南、贵州。加上后来的郧阳，布政司数应为16个。

布政司使，简称"布政使"，是省里的最高行政长官，俗称"方伯"。"方伯"一词，原指商周时代的一方诸侯。汉以后被地方刺史、唐代采访使和观察使、明清布政使所沿用。

在正常省份里，左布政使为从二品官衔。而郧阳布政使的级别较低，为正三品官衔，受巡抚的直接领导，所以又称"郧阳布政分司"。

郧阳按察司衙门

郧阳按察司衙门，位于郧阳古城大南门之内的南大街与察院街交汇处的北侧，在南大街之西，察院街东头。因当时的郧阳人习惯上把按察司与布政司合称为“二分司”，又因为按察司在东，所以又称其为“东分司”。

郧阳按察司的西邻是郧阳按察院。按察司是省级机构，在郧阳的就是郧阳藩镇所属的按察司，受郧阳巡抚和郧阳监察御史的双重管辖。郧阳按察司与郧阳按察院是上下级隶属关系，郧阳按察院与郧阳巡抚办公的都察院一样，都是中央都察院的两个不同分支下派机构，均分别代表朝廷行使着不同的权力。

按察司，全名为“提刑按察使司”，是在元朝“肃政廉访司”的基础上改名而成的机构，是省一级的司法兼监察机关，主管着一省的刑名、诉讼等事务，同时对地方官员行使监察权，其主官为提刑按察司使，简称“按察使”，是与布政使、都指挥使并列的正省级“三大员”，先是各自直接对朝廷和皇帝负责，后来又各自对巡抚或者总督负责。

在宋初，朝廷里就设有转运使，其手下置有一个提点刑狱司，简称“提刑司”，在宋真宗时期又把提刑司从转运使手中分出，成为与转运使平级而独立的“提点刑狱使”。在地方上，当时的“路”就相当于明清以后的省，在各路均分设了转运司、提点刑狱司、提举常平司等机构，其转运司使、提点刑狱公事(提刑官)、提举常平公事，均是由朝廷选派文臣到各路去担任。这是三个“监司”机构，都负有监察州县地方官员的职能，但又有不同的分工。其中“提刑官”只负责地方刑狱和诉讼，每年定期到所辖的州县里去巡查，在巡查时均要查看监狱里的囚犯人数和各自的囚禁时间，对那些判案不明、故意拖延审判时日、不能如期捕获盗犯的地方官渎职行为进行弹劾，还负责审理那些疑难案件和为冤案平反，以及接受民众的上诉，这就是明清两代提刑按察使的源头。

在金朝，改在路设置“提刑按察司”，主官称“按察司使”，其功能与宋的提刑司类似。元代沿袭了金代的提刑按察司，并在“道”一级官府里设置“肃政廉访司”，主官称“廉访司使”。到了明代，在省级设置提刑按察使司，由朝廷派人担任提刑按察使。清代则去掉了“提刑”二字，直接称“按察司”和“按察使”，但其功能没变。

明清时的省级提刑按察司里，设置有按察使一名，正三品，与布政使、都指挥使同为总督或巡抚的属员；按察副使一名，正四品；按察佥事若干，均为正五品。其中副使、佥事均到下面去领管分巡道，各自巡察道内的执法和官员廉洁情况。在按察佥事之下，还分别设有兵备、提学、巡海、清军、驿传、屯田等专职道员，负责专事专办。无论职位高低、品级大小，所有按察官员的职责均为振扬风纪，澄清吏治，审核刑狱，兼领本省的驿站传递。

不过，郧阳按察司与其他正式省份里的按察司在形式上的确有所不同：在正式省份的按察司里，均设有按察使、按察副使各一人，之下是按察佥事，还让部分按察佥事到下面去兼任分巡道；而郧阳按察司的官员却是从三省派来兼职的，级别均为按察副使，在个别时段为佥事，而且全部兼任分巡道，其设官为4人：湖广2人，河南1人，陕西1人，按《郧台志·文职》里的记载分别为："湖广按察司：分巡下荆南道副使或佥事，抚民兼郧襄兵备；分巡上荆南道副使或佥事，抚民兼施归（施州、归州）兵备。河南按察司：分巡汝南道副使或佥事，兼兵备。陕西按察司：分巡关南道佥事或副使，整饬汉羌（汉中、宁羌）兵备，兼抚民、盐法。"

郧阳行都司衙门

郧阳行都司，正式名称为“湖广行都指挥使司”，是明代设立在郧阳的军事管理机构，级别相当于现在的省军区机关，任务是在郧阳巡抚的领导下构筑郧阳藩镇境内的防务体系。都司，是设在正常省份里的军事机构；行都司，则是设在临时省级行政单位“藩镇”里的军事机构。

明代曾经两次在郧阳设立行都司。第一次在建文元年(1399年)，《明史·志第六十六·兵二·卫所·班军》里明确记载：“建文帝嗣位，置河北都司、湖广行都司。”朱棣夺权之后，郧阳行都司被裁。第二次在成化十二年(1476年)，在郧阳建藩镇时再设。

湖广行都司衙门设在郧阳城内，于明成化十二年(1476年)得到朝廷设立的批文，在成化十三年由首任郧阳巡抚原杰在郧阳城内占卜选址后，责令首任湖广行都司都指挥使柴政督建而成。

湖广行都司衙门在城东，距藩镇衙门西南约50步，左与鼓楼为邻，右接郧县衙门，是一个独立的小四合院建筑。

湖广行都司大门前有一块石碑。碑的正面刻着“湖广行都指挥司衙”八个大字，背面刻有《湖广行都司题名记》。这个碑和碑上的记文在衙门建成之时就有，但到嘉靖末年时已经被时光磨损而字迹不清了，所以那个记文现在已不知详细。万历初年，在管龠掌管湖广行都司时，曾请京城的吏部左侍郎兼侍读学士丁世美重新撰写了《湖广行都司题名记》刻于石上，并被录入志书，这个记文内容才得以让后人知晓。

碑之后是行都司的大门。大门上方悬挂有一块巨大的匾额，匾额上面刻写着两个大字：“控制”。在“省军区”的大门正上方悬挂“控制”两个大字的匾额，这在今天看来多少有点让人莫名其妙。但在当时这不仅正常，而且还透出一种威严。朝廷之所以要设立郧阳藩镇和湖广行都司，就是为了要平息当时汉江流域内的流民骚乱，控制这里的局面，以保障汉江航运的畅通。

进入大门，小院的布局一眼洞穿。迎面的后堂大门上方也悬挂着一块匾额，额题为“忠爱”，所要表达的意义也非常明显——上要忠于皇帝，下要爱护子民。后堂西北隅有一个小亭，亭楣上的“留鹤亭”三个大字是弘治二年(1489年)

巡抚戴珊所题。

在地方上，行都司可是一个大衙门。然而湖广行都司衙门的规模在最初几十年里却显得非常的寒酸。一个平平常常的小院，几间普通的瓦房，主要官员只有掌印都指挥使一员、分管屯捕的佥书一员、分管操练的佥书一员，常在院内办公的只有经历司和断事司两个“科室”里的经历、断事各一员和几个衙役而已。由于房屋紧张，掌印都指挥使和佥书一般不在衙门内，都指挥使把家安在了旧守备司院内，两个佥书则在城内租房居住，平常的事务他们在家处理，只有大事才到衙门里来或者到藩镇衙门和巡抚一起处理。面对这种局面，对卫戍部队的警卫布防来说是一个不小的压力。

当时不重视行都司衙门的规模是有几个原因的：一是郧阳藩镇初设，百废待兴，地方又贫瘠，建好藩镇衙门已属不易，实在没有精力和财力去建设豪华的行都司衙门；二是行都司的实际掌权者是巡抚，军务的决策往往在藩镇衙门里形成，行都司衙门就是一个执行机构而已，寒酸一点无碍大局；三是行都司离藩镇衙门仅 50 步，两个衙门实际上就是一体，在当时财力不济的情况下就没有必要大兴土木建两个豪华官署了。

但行都司毕竟是大衙门，没有大楼门总是让历任的武官都觉得很憋气。于是，在湖广行都司设立 67 年后的嘉靖二十二年(1543 年)，王言在担任掌印都指挥使后，开始扩大行都司衙门的规模。他在行都司左边的一块空地上盖了几间房屋作为自己办公的场所，称之为印衙；又在稍东处修建了佥书操衙；再把操衙之南、东门内的秀才韩纯的旧宅基地收买过来，盖了佥书捕衙。自此，湖广行都司的规制齐备，其知印、承差和吏、户、礼、兵、刑、工六房吏全部按规制建全。

值得一提的是：万历九年(1581 年)朝廷裁革天下巡抚时，罢郧阳藩镇并裁撤了湖广行都司，只置参将署管理郧阳军事。万历十一年朝廷恢复郧阳藩镇时，并没有连同行都司一起恢复，而是仍以低级别的参将署管理郧阳的军事事务。这种乱象导致了巡抚与参将之间经常发生矛盾，最终引发了万历十五年郧阳城内“丁亥兵变”的发生。万历十六年，巡抚裴应章上疏请求，朝廷才裁撤了郧阳参将署，恢复了湖广行都司。郧阳的行都司至清顺治二年(1645 年)清军接管郧阳后撤销，改为了总镇署，成为总兵办公的场所。

丁世美的《湖广行都司题名记》，是目前研究湖广行都司最重要的资料之一。丁世美，字邦彦，号后溪，淮安清河人，史书说他“为人缜密、端重，以道义自持”。据《中国历代状元传略》记载：嘉靖三十八年(1559年)丁世美39岁时进京赶考。三月初五参加殿试，试题为撰写一篇时务策论。考后评卷官选出了10篇上乘佳作送交给皇帝裁决。嘉靖帝在御览到丁世美的卷子时，见开卷“帝王之致治也，必君臣交儆，而后可以底德业之成；必人臣自靖，而后可以尽代理之责”的内容就大为欣赏，遂用朱笔圈在了“君臣交儆”，“人臣自靖”八个字上，再在卷首朱笔批上“第一甲第一名”六个字，丁世美遂成为明朝第61位状元。丁世美中状元后，京师有个贵族请人说合，想把女儿许配给他，但被丁世美婉言谢绝，一时传为美谈，名声也更加大噪。丁世美先入翰林院为修撰，掌修国史，后官至吏部左侍郎兼侍读学士。他在一次与皇后下棋时，因急于捡拾被风吹落在地的棋子而误触了娘娘的三寸金莲，在诚惶诚恐之下畏罪吞金而死。他死后不仅没有受到任何处罚，而且受到了皇帝的礼遇，被追赠为礼部尚书，敕谥号“文恪”。

丁世美在写《湖广行都司题名记》之前，他到没到过郧阳已经无从知晓。但从文中只字没提自己到过郧阳这点来看，他应该无缘踏上郧阳的土地，所以文中都是一些宏论博理。请看全文：

湖广行都司题名记

明兴，兵制肇定。高皇帝营边阃，各有成规。而列省要害之地，又建行都司以控制焉。夫粮储纠察，已属布、按司矣，而兵政无统，则外夷内寇，将谁屏翰已乎？故列圣垂拱，必于文武兼资；而名德元臣，画硕吐奇，亦惟章顺黎慝率循夫永宁之术耳。今天子乾纲御宇，将士戮力，北边伺关之寇，旋突旋逐，勇敢死敌之臣，间尝有之。

若郧阳行都司者，西连川、陕，东下荆、襄，当西北戎马之冲，膺遴选以充斯任者。自柴君政之后，历有可稽，但记石虽存，而岁久渐磨。适新安管君龠，承命视篆司事，彰往昭来，重立题名。凡职之崇卑，时之先后，行之淑慝，人之劝惩，与石俱永，可以概观而洞识矣。虽然，名以实彰，而武以卫国，古今称名将者，必归谋勇，而究极本源，惟忠义乎！夫统制三军，攻坚陷锐，进如山移，解如风灭，是之为勇；倏阳忽阴，出入幽明，动于天上，行于地中，是之为谋；以身殉国，尽瘁无贰，踰贞金石，争光日星，是之为忠；感激奋昂，惟所当为，前无顾意，后无却虑，是之为义。谋勇在人，忠义在我，人有不及，我可自尽。矧兹茂膺，简拔垂光，翊藩卫之责，吉甫、方叔，固所宜尚，而抑有庶几郭、李、岳诸雄者乎！《诗》称“兔罝”、“武夫”、“干城”、“腹心”。夫干城，则殚力矣；腹心，则竭忠矣。斯忠义以成谋勇，非徒武焉已也。用并《记》之，以诏来者。

其大意为：

明朝建立之初，就已经确立了军队的体制。高皇洪武帝经营边塞和国都均各有成规，还在各处要害之地建行都司以控制局势。这些行都司所控制地区的粮食储备等政务，属于布政司和按察司的职责，但是如果军政不统一的话，在发生内忧外患时谁将是屏障辅翼？历代帝王之所以有垂衣拱手般的悠闲，必在文治武功上有所统筹，任用了那些有名气和德行的元老重臣，由他们谋划宏大的治国方略，献出定国安邦的奇谋，然后按照章程去顺应天道、隐藏邪念，率领国人追寻永久安宁之道。现在的皇帝是在按照天道统治国家，天下将士也齐心协力，北边窥伺我大明领土的贼寇只要进犯就被立即赶逐，勇敢不怕死的武将不断出现。

比如郧阳行都司，西连川陕，东下荆襄，为西北戎马要道，历来都审慎地选拔那些能够承受天命的大臣来此担当这个重任，自首任都指挥使柴政之后，历任都有资料可查。记载他们名字的碑石虽然还在，但已经因为年代久远被磨损得模糊不清了。恰好，新近有一个叫管龠的人承皇帝之命掌管郧阳行都司印事，要重新竖立题名碑，以便彰显过去而启发未来，凡是担任过这个职务的人，无论高尚卑贱，任职先后，行为端邪，人品优劣都能够与石永存，让人们有一个大概的了解之后，再去求得透彻的知晓。虽然名都是以取得功劳而后彰显，但是古今能够称名将的人均是以武卫国，必定有谋有勇，究其本源在于要有忠义的秉性。大将军统制三军在攻坚执锐时，能够做到进攻时如排山倒海，撤退时如风平浪静，这就是勇；能够做到时隐时现，时形时遁，动于天上，行于地中，这就是谋；能够以身殉国，尽瘁无二心，更加忠贞如金石，争得承受日星光辉的沐浴，这就是忠；能够懂得感恩，干正义之事，进退无顾虑，这就是义。谋勇在人为，忠义在我心，我还有别人办不到的绝招：那就是时刻准备在必要的时候以身殉职。况且这盛美的荣耀如果真的能够降临到我的头上，一定是皇帝的恩泽普施在了人间，我只是尽到了辅佐捍卫的职责而已。尹吉甫、方叔辅助西周宣王中兴，本来就是应当尊崇的，难道他们的名声压抑住了郭子仪、李广、岳飞这些后辈诸雄、贤人的辈出了吗？他们都是《诗经》中所称的“兔罝”、“武夫”、“干城”、“腹心”。所谓干城，是能够殚心竭力的人；所谓腹心，是能够竭尽忠诚的人。这忠义能够成就谋勇，绝不是只用武力就能够达到目的的。我把我的这些想法写下来并刻在石头上，以告诉后来的人。

郧阳行都司下设有火药局，地点在北门内会仙楼附近的坡上，明设清废，具体情况不详。

明代的火药局并非制造火药和一般兵器的地方。据《日下旧闻考》记载：“火药局，即兵仗局之军器库也。”应该是从兵部到地方都司都设。明时，内府设有十二监、四司、八局。兵仗局为八局之一。据《酌中志》记载：“兵仗局有掌印太监一名，主要掌管造刀枪、剑戟、鞭斧、盔甲、弓矢等各种神器，以及宫中乞巧小针并御前铁锁、针剪之类。”旧时，每逢日食和月食，人们都要敲打铜铁器以救日月。宫中救日月所用的锣鼓响器、做法事的钟鼓等，也属兵仗局制造。

郧阳藩镇直属的同城官署

朝廷既然在郧阳设置藩镇，必然要设置一些直属的省级衙署形成办事网络。然而，郧阳藩镇已经撤销300多年了，连郧藩本身都几乎被人们彻底遗忘，因此除巡抚的藩镇衙门、按察院衙门、布政司衙门、按察司衙门、行都司衙门之外，到底还有哪些是藩镇的直属机构，现在想知道已经比较困难。

明代的国子监祭酒周洪谟在他的《创置郧阳府记》里有这样一段话：

> 文博与远自被荐以来，益并力协心，抚新集如慈母之保赤子。民既安业，远乃当府治前为厅、为堂、为经历司、为照磨所，东西为诸吏案房，为重门以及廨廊舍、仓廒、囹圄，靡不备具。文博乃为行都司，为郧阳卫、所，为大理公署、布政分司、按察分司，为儒学，为城隍庙，为原公祠以祠子英。

意思是说：吴道宏和吴远自被原杰推荐到郧阳任职以来，一起齐心协力，抚治着郧阳这个新的城市，就如同慈母保护自己的赤子一样。在流民都安业之后，他们就修建各自的衙门，吴远的郧阳府衙前为厅、后为堂，还有经历司、照磨所，东西厢房是诸吏员的案房，一层层院门内，官署、廊舍、仓库、监牢无不齐备。吴道宏筑建了行都司、郧阳卫、郧阳千户所、藩镇公署、布政司、按察司、儒学、城隍庙、原公祠等。

这里所说的吴道宏，字文博，是被首任郧阳巡抚原杰所推荐的第二任郧阳实职巡抚（吴道宏之前由湖广巡抚和河南巡抚先后代理郧阳巡抚），而吴远则是原杰所推荐的第一任郧阳知府。文中交代得非常清楚，吴远所创建的是府衙和府属机构，而吴道宏所创建的是藩镇机构，有军事单位，有祭祀单位，还有大理公署、布政司、按察司这三个正省级衙门。

清同治《郧阳府志·卷一·舆地志·古迹·郧县》里也说：

> 大理公署，布、按分司二署，推官，照磨，司狱，主簿，仓大使，行都司指挥，郧阳卫俱有废署，然自明迄今二百余年，遗迹多不可考矣。

意思是说郧阳城内原有大理公署、布政司署、按察司署、推官署、照磨署、司狱署、主簿署、仓大使署、行都司指挥署、郧阳卫署，均随着时间的推移在以前而废，在经过200余年的时间后，遗迹已经多不可考。

遗迹虽然多不可考，但这里却明显告诉了我们：郧阳古城里过去有过的藩镇直属单位为大理公署、布政司署、按察司署、推官署、照磨署、司狱署、主簿署、仓大使署、行都司指挥署等。

关于大理公署、布政司署、按察司署和行都司指挥使衙门，前面已经有专文介绍，就不再赘述。这里只对其他衙署的功能作些简述。

郧阳镇推官署

推官，为主官的属官，这里指郧阳巡抚属下的僚官，六品衔，可以独立设衙门，为推官署。

推官最初设于唐代，普遍在节度使、观察使、团练使、防御使、采访处置使等之下皆设一员，位置仅次于判官和掌书记，掌管着推勾狱讼之事。

宋代在朝廷三司之下的各部都设推官一员，主管各案公事。如在开封府就设有左、右厅，每厅各有推官一员，分日轮流审判案件；在临安府也设有节度使推官、观察使推官各一员；在诸州幕职中亦设节度使推官、观察使推官。

金时，推官才成为地方正式职官，品秩为从六品或正七品。

元时，各路的总管府及各府都沿袭金代，置推官掌治刑狱。

明朝的推官，为主官的佐贰僚官，各省的推官为正六品。各府也设推官，顺天、应天两府的推官为从六品，其他府的推官为正七品，均掌理刑名、赞计典。在当时，出现了一些很能干的推官，如万历十九年(1591年)，就发生过应天巡抚李涞，迫害知府石昆玉的冤案，遭苏州府推官袁可立弹劾并审断而丢官的故事，一时震动朝野。

清初沿袭明制，在顺治三年(1646年)罢挂职的推官，康熙六年(1667年)彻底废除推官。

郧阳镇照磨署

照磨署相当于今天的审计署。照磨是“照刷磨勘”的意思，郧阳镇照磨是郧阳巡抚属下的僚官，可以独立设衙门，为照磨署。

照磨一职，初设于元朝，当时在朝廷中书省之下设立照磨一员，为正八品，掌管磨勘和审计工作。另外，在肃政廉访司里也设照磨，负责对官员的监察，可以“纠弹百官非违，刷磨诸司文案”。此外，元朝上自朝廷六部、御史台、枢密院、光禄寺、太府监、大司农府及诸卫、诸亲军，下至行中书省、肃政廉访司、宣慰使司、安抚司、都漕运使司、都转运使司、诸总管府等皆置照磨，负责对本部门的收支进行审计。

郧阳镇司狱署

郧阳镇司狱署，相当于今天的监狱管理所，这里指的是郧阳巡抚掌控下的藩镇监狱管理所。司狱相当于今天的典狱长，办公的衙门就在监狱大院内。

司狱自古就有，是在明清两代才称为“司狱”，是专门提拿控管狱囚的职官。一般来说，在中央、京城、留守节镇的司狱，如刑部司狱、按察使司狱等的司狱为正八品衔。而地方知府司狱、县司狱等则为正九品衔。

郧阳镇主簿署

主簿署，相当于今天的秘书处，这里指掌管郧阳巡抚衙门文书的机构，独立设有衙署。主簿相当于今天的秘书长，为各级主官属下掌管文书的佐吏。《文献通考》描述主簿：“盖古者官府皆有主簿一官，上自三公及御史府，下至九寺五监以至郡县，皆有之。”

汉以前，主簿是长官的亲吏，权势颇重。

魏、晋以后，在统兵开府大臣的幕府中，主簿常参与机要，总领府事。东晋时，有一个叫习凿齿的人曾经是桓温的主簿，时人说他“三十年看儒书不如一诣习主簿”，此时为主簿权势最盛之时。

隋、唐以后，主簿是部分官署与地方政府的事务官。当时，在朝廷三省六部不设主簿，只在御史台、诸寺等衙署设置。唐代在诸州以录事参军一职取代主簿。

南宋中叶后，御史台不再设主簿。

元代，诸寺、监、院里的有关文书人员或称主簿，或改称典簿，县主簿简称为簿。

明清两代，在太仆、鸿胪二寺、钦天监和各行省均设主簿，在太常、光禄二寺及国子监所设则称典簿，县署则仍称主簿。以上均系低级别之事务官。

郧阳镇仓大使署

仓大使署即主管仓房的衙门，这里是指郧阳藩镇的仓衙。古代的仓房分粮仓和银库等，在各级官府都有。仓大使为官府里的仓官，衙门一般设在库房院内。明清时，各省的布政使司、道及一些府、州、县都设仓大使一人，主掌仓储。布政使司、道及各府的仓大使一般为从九品衔，而州县仓大使的秩品则未入流(没有品级)。当然，各地的仓储均要因地、因物而建置，并非都得要设置。

郧阳镇铸钱局

郧阳铸钱局在明成化年间所设，在万历前已废，具体地址、规模和所历均不详。

中国铜币的使用历史十分悠久，早在战国后期，周、秦、晋、宋以至燕、赵等国，已经铸有铜质“圆钱”；秦始皇统一全国后，始铸方孔圆钱，发行于全国，直至清末改制铜圆，铜币一直延续了两千多年。在这两千多年的封建社会里，中央始终将铸钱作为国之大事，铸钱局多设于省这一级。

郧阳总镇衙门及其所属同城军署

一

在清末编纂的《郧阳府志》里，有一张《郧阳府城布局图》，图里标注，在都察院西邻，朝阳庙前，县城隍庙之后，有一个总镇署。然而，大多喜爱郧阳史的人都没有关注到这个点，这是因为他们不知道这是一个什么样的衙门。也有人曾经留意，但却按照现代人的思维，认为这是一个相当于现在城关镇的县属机构，因此不去重视。还有个别人以为这就是巡抚的藩镇衙门。

其实，上述的观点都不对。总镇是清代的重要军事机构，相当于明代的都司或行都司，是总兵官办公的衙门。

总兵一职在明代就有，但当时为临时军职。明初，把派往镇守边地的统兵官称为“总兵”或“副总兵”，为临时差遣，无定员，无品级，遇有战事，皇帝拜总兵让他佩将印出战，事毕缴还将印，取消总兵之职。后来，总兵才渐渐成为常驻一地的武官，接受巡抚、总督的指挥，其所统兵士的编制定员、他个人的位阶都无一定之规，通常为公侯大员兼任。

清朝掌握政权后，撤销各地都司、行都司，以及军卫，改设总镇、游击署而代之，听从巡抚、提督的指挥，掌理地方军务。总镇设总兵，为武职正二品衔，所统辖兵员的多寡则视驻地而定，相差悬殊甚大，大约以 1.5 万名为最多。清朝在全国设有 83 名总兵，其中，陆路总兵 70 名，水路总兵 13 名，统辖着中国 18 个省 614 个防营，约 63 万兵力。除分别驻于各省会城市和重要地区外，还有京师步兵营的左、右翼总兵。清初台湾镇总兵受台湾道节制，领兵人数在一万人左右。到清末，北洋水师也设有左、右翼总兵等。

协镇，为次于总镇的军事机构，接受总兵的领导，但并不是总兵的总镇衙门里的常官，而是朝廷根据需要在那些战略要地所设的位阶仅次于总镇的军衙。协镇设副总兵，也称副将，为武职从二品。辛亥革命时，清军驻武昌的最高统帅黎元洪的军衔就是协统，即副总兵。

二

清同治《郧阳府志》记载：

总镇署，在府治东，即前协镇署。乾隆十二年副将傅洪烈重建；咸丰二年大堂外圮于水，同治四年总兵杨朝林修之；六年大水，七年杨朝林重缮。

这里告诉了我们：郧阳总镇署在府衙之东，其前身为协镇署，曾经有过三次重建或修缮经历。第一次在乾隆十二年(1747年)，为副将傅洪烈重建；第二次是因为咸丰二年(1852年)的汉江洪水冲毁了大堂以外的建筑，直到同治四年(1865年)才被总兵杨朝林恢复修建；第三次是因为同治六年(1867年)的大水破坏，七年被杨朝林再次重修。

傅洪烈，山西阳曲人，武进士出身，于乾隆十一年任郧阳协镇副将，十四年离任。

杨朝林，四川人，行伍出身，于同治四年任郧阳总镇总兵，七年离任。

其实，清廷曾经在郧阳两次设立总镇。

顺治二年(1645年)，明廷所任的郧阳巡抚徐起元率众归降清廷后，按清制把郧阳行都司改为了总镇，把行都司指挥使改为了总兵，把总兵以下改为了参将、游击、守备等官。

康熙三年(1664年)，朝廷裁革郧阳藩镇，郧阳总镇随即也被撤销。

康熙八年(1669年)，残明势力和明末农民军联合起来，与清军在四川反复拉锯作战，战场扩大到了郧阳山区。清廷为了防止影响波及湖北，就在郧阳设立了协镇，以堵截反清力量。

康熙十二年(1673年)，吴三桂在云南叛清，影响波及郧阳，襄阳总兵杨来嘉和郧阳副将洪福分别响应吴三桂，于康熙十三年叛清。清廷马上设立郧阳提督，派佟国瑶紧急带兵赶赴郧阳平叛，并在房县设立总镇，归佟国瑶节制。提督一职，相当于总督，佟国瑶在郧阳统率着所有境内清军，包括他带领的旗兵，襄阳总镇、房县总镇和郧阳协镇的军士。

康熙十五年(1676年)，清廷恢复郧阳藩镇，任杨懋勋为郧阳巡抚，让他与提督佟国瑶协力平叛。

康熙十九年(1680年)，清廷控制了四川全境，郧阳藩镇最终被撤销，郧阳提督和房县总镇同时被裁革，郧阳协镇被保留。

《郧阳府志》里这样交代这段历史：

顺治间，郧阳武秩官尚仍明制，虽增设总兵、参、游等官，旋亦奉裁。迨康熙八年，改协镇，兼辖二竹。二十年，增设均房营，官制乃定。中间复设提督，再建抚治。房县开总镇，为洪福、谭洪之叛也。

嘉庆初年(1796年)，郧襄爆发白莲教起义，教徒纷纷拿起武器对抗清军，影响面达湖北、四川、陕西三省，占据或攻破以郧阳为中心的州县达204个。清廷从16个省征调大批军队镇压白莲教，死去副将以下将领400余名，提镇以上的一二品大员20余名，消耗军费二亿两白银，相当于当时的4年财政总收入。嘉庆七年(1802年)是清军围剿白莲教的关键之年，清廷把郧阳协镇升级为了总镇，直到清末。关于这段历史，《郧阳府志》里这样交代：

嘉庆七年，郧阳添设总镇，各属要害远近相维，棋布星罗，塘汛严整，屹然全楚藩屏。

道光元年(1821年)，清廷曾经议论恢复设郧阳巡抚，但终未实行。

清同治《郧阳府志》里这样描述明清郧阳的藩镇、总镇、协镇三者关系：

郧之为郡也，设抚治以镇之。我朝绥奠荒陬，流民安集，罢抚治，设提督。继且罢提督，置协戎。教匪之乱，乃更设总镇。道光元年，大吏仍请设巡抚，以资控驭。议虽未行，而丞、倅分防要隘，悉更定有差。国家之区画，吾郧者至矣！……今之守、令、总戎，卿大夫职也。丞、倅、簿、尉、守戎以下，则亦士之列也。官斯职者，其急思自免于辱，而纾庙堂之远虑也哉！

其大意为：郧阳是一个府，又设藩镇派巡抚镇守。到了我大清，谋划抚治，流民安居乐业，于是裁撤藩镇。不久又设提督，继而又裁撤提督，改设协镇。白莲教之乱时，才改设总镇。道光元年，大臣请设郧阳巡抚，以统驭郧阳及周边，虽然没有施行，但所派副职分别镇守郧阳的各处关隘，全部安排妥当。由国家层面的顶层规划，是我们郧阳的荣幸。现在的郧阳知府、知县、总兵，均是卿大夫之职，而丞、倅、簿、尉、守戎以下则跻身士大夫之列。

另外，在清初，郧阳曾经与陕西联合设过秦楚总镇，定期聚会研究联合行动。秦楚总镇的会哨行馆设在郧阳城西四十里的莲花寺，该寺曾经在乾隆十八年(1753年)重修。

三

关于郧阳总镇所直辖的官署，《郧阳府志》里交代得很清晰：

> 嘉庆八年，改设郧阳总镇，辖中、前、左、右四营及城守、竹山协二营。中、前、城守在城。城守兼汛郧西；左营驻房县，兼汛保康；右营驻竹溪县；竹山协驻竹山县。

非常清楚，在郧阳城内的总镇直辖官署有：中营游击署、前营都司署、城守游击署。此外，郧阳城内还有中营守备署、前营守备署、城守守备署，虽然为城防部队接受知府的领导，但同时接受游击或者都司的管辖。

郧阳中营游击署：在总镇署之东，曾经在同治六年(1867年)的水灾中被毁，由中营游击赫成额重修。赫成额，荆州人，于同治五年任郧阳中营游击将军，八年离任。

郧阳中营守备署：在中营游击署之西，曾经在同治七年被都司闻定清和守备孟喧等人重新修葺。闻定清，竹山人，行伍出身，于咸丰三年(1853年)任郧阳中营守备，改年又升任为中营游击将军兼中营守备，七年离任；咸丰十一年，闻定清任郧阳总兵，次年离任。孟暄，郧县人，行伍出身，于同治七年(1868年)任郧阳中营守备，十六年离任。

郧阳前营都司署：在总镇署之东，曾经在同治七年被都司谭子达重修。谭子达，房县人，武秀才出身，于咸丰五年(1855年)任郧阳前营都司署都司，次年离任。

郧阳前营守备署：曾经在都司署之南，在同治六年毁于水，七年被守备熊富廷所废，改建到了雷祖庙。熊富廷，谷城人，行伍出身，于同治七年任郧阳前营守备，九年离任。

郧阳城守游击署：在总镇署之南，曾经在同治七年被参将任懋龄重修。任懋龄，江夏(武昌)人，行伍出身，于同治七年任郧阳城守营游击，离任时间不详。

郧阳城守守备署：曾经在大南门内，于道光十二年(1832年)毁于水，在同治七年被都司王希德移建至经历署之西，即经历署旧衙。王希德，郧县人，行伍出身，于咸丰十年(1860年)任郧阳城守守备，为城守营游击佛尔国春(满人)的属官，同治七年离任。

郧阳武库司：为军械储藏之所。郧阳武库在小南门内，军器悉贮于此。武库设仓大使，官阶从九品。武库是古代掌管兵器的官署。汉代置武库署，设令丞，掌管储藏兵器。晋以后属卫尉统辖，历代沿袭，到宋代才废。明置武库司，属兵部，一直沿袭到清末。

郧阳大校场：大校场即今天的军事训练基地，里面最主要的设施为操场和演武厅。郧阳有两个大校场：一个在东关外，俗称"校场坝"，为明成化年间所建的行都司大校场，毁于明末战火，顺治十五年(1658年)由总镇穆生辉重建。雍正二年(1724年)被汉水暴涨淹塌，乾隆十年(1745年)由副将高瀚重建。道光十二年(1832年)再毁于水，由知县陈子饬重修。另一个在中营游击署之后，为当年郧阳卫练兵的场所。

穆生辉，山西天镇人，于顺治十一年任郧阳总兵，骁勇而有智略，屡以战功膺世袭，曾经智擒李自成军的经略官李企晟，以征西山一役功绩最多。后殁于阵前。

高瀚，山西朔州人，武进士出身，于乾隆四年任郧协副将，十一年离任。其间讲武于明伦堂，重葺演武厅，会商修府学，又以南门城址逼近汉水，偕同知府陈纬修理泊岸，受到郧阳军民的感颂。

陈子饬，山东潍县人，举人出身，于道光二十七年(1847年)任郧县知县，咸丰元年(1851年)离任。

清同治年间，东关外校场所保持训练使用的军事装备器械的数量如下：

步兵弓126张、战箭3710枚、弓插172副、撒带头76个、铁饰件腰刀152把、鸟枪279杆、长矛15杆、藤牌21面、牌刀27口、海螺5个、大刀4口、菊花顶号帽44顶、青衣44套、虎纹衣帽11套、劈山炮1位、抬炮1尊、抬枪7杆、喷筒10杆、账房5架、锣锅8口、铁锹5把、铁锄6把、铁镰刀5把、铁斧686把、大纛旗4面、什长旗45面、督阵红旗7面、先锋旗6面、行营炮3台(1台重192斤，其余两台各重190斤)、炮车3辆、头号铁子29斤、二号铁子25斤、三号铁子22斤、四号铁子18斤、蓝布花铁盔甲16套、青布有袖裙铁盔甲20套、青布无袖裙铁盔甲19套、把箭4000枚。

从这些装备器械的名称和数量里，虽然不能让今人尽知100多年之前的军队训练和作战细节，但还是能够从中了解一点眉目，当时应该处于一个从冷兵器到热兵器的转换期，但依然以冷兵器为主要作战方式，依靠大刀、长矛、弓箭、旗阵才能显出军威。同时，散子炮、散子枪加入了军列，数量虽不多，但为军器发展的方向。

四

在明成化年间设立郧阳卫之后，守城驻军起初并无固定的营房，军民处于混居状态，经常引起纠纷。万历四年(1576年)，傅崑任郧阳掌印都司后，在城内选址修建营房60间，供守城军士居住，才结束了军民杂居的局面。明末时，这些营房都被拆掉拿建材当做了武器抵抗农民军的攻城，所以具体地址已经无可考。

傅崑，江南人，武进士出身，于万历四年任郧阳都指挥使掌印，资料说他通文艺，尤娴韬略，在郧期间除创建营房60间让军民胥安外，还修葺武庙，聘请本卫武举人、百户李兰为师，以训练卫官生和武生的技艺，并亲自考校。

到清朝，改郧阳行都司为总镇、协镇之后，又重修营房，明确记载戍守郧阳城的军营有11所，分别为：北楼保(保甲之保)卫门口军营、儒林保中卡军营、东关保军营、西关保军营、宣和门(东门)月城内军营、时雨门(小东门)内军营、平理门(大西门)内军营、小西门内军营、迎薰门(大南门)内军营、小南门内军营、拱宸门(北门)内军营。

郧阳城里的下荆南道衙门

一

道，是存在于明清两代的、省衙门所派出的机构，由省级衙门官员前往辖区内某一地方所建立的衙门，一般管理相邻的几个府。

明初，朱元璋规定的地方行政机构在省为布政使司（又称藩台、藩司）管理民政，按察使司（又称臬台、臬司）管理刑狱和法律，都指挥使司（又称军台、都司）管理军事防务，三者互不隶属，都直接对朝廷负责，实行“三权分立制”，“三司”都要派人下去建立道衙。

当时，布政使的主官是左布政使，副职是右布政使，之下有左、右参政和左、右参议，部分参政或者参议就要驻守到某一地方，他们所建立的道被称为“分守道”，在省里他们是布政司的参谋官，而在分守道里则为主官，被称为“分守道员”；按察司的主官是按察使，副职是按察副使，之下有佥事，副使和佥事也要驻守到某一地方，他们所建立的道被称为“分巡道”，同样在省里他们是僚属，而在分巡道里则为主官，叫“分巡道员”；都司的主官是都指挥使，副职有同知，之下有佥事，部分佥事要驻守到某一地方，他们所建立的道被称为“兵备道”，同样在省里他们是僚属，而在兵备道里则为主官，叫“兵备道员”。与另外二司不同的是，都司里的都指挥同知和都指挥佥事都是领兵的将帅，有的管操练，有的管军屯粮草，只有那些亲自领兵打仗的佥事才会派去各守一方充当兵备道员。

三者中，最早设立的是“分巡道”，明初即设（1368 年）。当初，朱元璋担心知府、知县们不遵守法律，就在所有的府、州里试设一名佥事来监督他们。后来，这些佥事都纷纷设立自己的“按察分司”衙门，后来又慢慢收缩规模，在几个府里共设一名佥事，此时就称为“分巡道”。“分守道”则设于永乐元年（1403 年），规定由布政司右参政、右参议去担任分守。“兵备道”设于洪熙元年（1425 年），是因为朱高炽想以文臣控制武将，就以武臣不善于舞文弄墨为由，派布政司参政或者按察司副使到各总兵处去整理文书，商榷机密，但不曾享有军衔。到了弘治年间，朱祐樘看到全国军备松懈，武职得不到整顿，经商议之后就在各兵之中正式增添副佥事一员以纠察军纪，被称为“兵备道”。

很明显，道是设在省与府之间的、管辖府州县的一级机构。然而，在朝廷所划定的同一个道的地盘内，那些分守道、分巡道、兵备道可以建在同一个城市，也可以分开建在不同的城市。也有分守、分巡在一座建筑内一起办公的，还有省都司干脆不派专门的兵备来，而让分守或者分巡兼挂兵备衔的。在一般情况下，分守道员是负责抚民、河务、赋税、粮饷等事务的，而分巡道员是负责监察和法律执行的。那些把分守、分巡分开建在不同城市里的地方，大多是为了让分守、分巡能在不同区域里跨职权全面负责，免去相互之间的长距离、大面积奔波之苦。

明代只有13个省，那时还没有湖北、湖南的概念，当时湖广省的管辖范围包括现在的整个湖北、湖南和江西少部分地区。在湖广省里，有一个上荆南道，还有一个下荆南道。明初，上荆南道驻澧州，下荆南道驻襄阳。永乐二十二年(1424年)，移下荆南道于郧阳，当时的道员是诸葛平。

成化十二年(1476年)，朝廷在郧阳设藩镇后，割让湖广、河南、陕西、四川四省之周边的府县给郧阳管辖，所割的湖广之地为整个下荆南道包括郧阳、襄阳、安陆3府和部分上荆南道即荆州、德安2府。所以在此后的200余年里，中国有两个上荆南道，一个是湖广省的上荆南道，一个是郧阳藩镇的上荆南道。湖广上荆南道依然驻澧州，而郧阳上荆南道则驻荆州。那时的荆州府特别大，管辖江陵、公安、石首、监利、松滋、枝江、夷陵(今宜昌)、长阳、宜都、远安、归州、巴东、兴山等13个县，从监利直至三峡。还有管辖范围更大的是驻荆州的荆瞿兵备道，不仅管辖荆州、施南(今恩施)兵事，还统驭着四川夔州、忠州的防务。

下荆南道自永乐二十二年(1424年)起至雍正六年(1728年)改驻襄阳止，在郧阳共历304年，经149位道员。其中有3位驻郧阳的下荆南道分守后来还出任过郧阳巡抚，他们分别是：徐学谟，于隆庆二年(1568年)曾经任下荆南道分守，在万历四年(1576年)任郧阳巡抚；袁继咸，于崇祯十一年(1638年)任下荆南道分守，在崇祯十三年任郧阳巡抚；徐起元，于崇祯五年(1632年)任保康知县，十二年任郧阳府同知，十四年在襄阳失守后分守张克俭带兵收复时战死和巡抚王永祚被朝廷逮捕充军的情况下，由他出任下荆南道分守兼郧阳知府，十六年升为郧阳巡抚。

清同治《郧阳府志》对驻郧阳时的下荆南道有这样几段记载：

下荆南道废署，府治北，迎恩观西，原吴二公祠之左，明季毁，抚治移驻襄阳，守道移驻抚治署。今为安襄郧荆兵备道，驻襄阳。

大意为：郧阳城内的下荆南道废署，在府衙之北，迎恩观之西，原、吴二公祠之左，毁于明末。崇祯十四年(1641 年)巡抚王永祚移驻襄阳后，分守道高斗枢没有进驻道署，而是移驻进了巡抚署。清末时的安(陆)襄(阳)郧(阳)荆(州)兵备道，即是原来的下荆南道兵备道，驻襄阳。

明……下荆南道一员，驻郧阳府。国朝……下荆南道一员，驻郧阳，康熙六年裁，九年复设，雍正六年移驻襄阳。

大意为：明代设下荆南道分守一员，驻郧阳；清代设下荆南道分守一员，驻郧阳，康熙六年(1667 年)曾经裁撤，九年复设，于雍正六年(1728 年)移驻襄阳。

《郧阳府志》载：明下荆南道自邵正至万年策，仅七十五人。《襄阳府志》载：分守八十人，分巡三十四人。《道志》不分守、巡，载诸葛平至袁继咸一百一十三人，彼此差互。《明史·职官志》载："布政司有参政、参议分司诸道，内《分守》载：上荆南道驻澧州，下荆南道驻郧阳；按察司副使、佥事分司诸道，内《分巡》亦载有下荆南道，未详驻处。"盖明初制，恐守令不法，于直隶府、州设巡按御史，各布政所属设试佥事，已罢佥事改按察分司，此分巡之始；分守起于永乐，有右参政、右参议；兵道之设，访自洪熙间，以武臣疏于文墨，遣参政、副使往各总兵处整理文书，商榷机密，未尝领军务也。至弘治中，虑武职不修，议增副佥一员纠之，始有兵备。国初，仍为下荆南道。雍正六年改襄阳道，辖襄、郧二府，驻襄阳。雍正十二年，兼辖安陆府。乾隆三十二年，加兵备衔。

大意为：明末崇祯年间的《郧阳府志》记载：明代的下荆南道分守自邵正起，到万年策止，仅有 75 人。而《襄阳府志》记载有分守 80 人，分巡 34 人。《下荆南道志》的记载不分分守、分巡，自诸葛平起，到袁继咸止为 113 人。三者之间互有一些差别。按《明史·职官志》：一是由各省布政司的参政、参议分别掌管诸分守道，里面的《分守》篇记载：上荆南道驻澧州，下荆南道驻郧阳；二是各省按察司的副使、佥事分别掌管诸分巡道，里面的《分巡》篇里也有记载，但下荆南道的驻地未详。分巡道为明初所设，是皇帝唯恐知府、知县们不守法律，就在朝廷直隶的府、州设置巡按御史，又在各省所属的府、州试设佥事，后来罢佥事改为按察分司，这就是“分巡道”的源头。“分守道”设于永乐年间，由布政司的右参政、右参议担任。“兵道”设于洪熙那年，初因武臣不善于舞文弄墨，就派遣参政、副使到各总兵之处整理文书，商榷机密，但不曾领军务职衔。到了弘治年间，朝廷考虑武职得不到整顿，经商议就在各兵中增添副佥事一员纠察军纪，这才正式有“兵备道”。清初，驻郧阳的仍为下荆南道。雍正六年(1728 年)改驻襄阳，称“襄阳道”，辖襄、郧二府。雍正十二年兼辖安陆府。乾隆三十二年(1767 年)，清廷为襄阳分守道加兵备衔，成为军政合一的道员。

文中所提的诸葛平，于永乐二十二年(1424 年)任下荆南道分守，宣德十年(1435 年)离任；袁继咸，于崇祯十一年(1638 年)任下荆南道分守，十二年改任郧阳巡抚；邵正，于正统元年(1436 年)任下荆南道分守，七年离任；万年策于崇祯十二年(1639 年)任下荆南道分守，十三年离任。

二

下荆南道衙门自雍正年间被裁减后，到如今已经好几百年了，其衙门的规模和样式现在已经弄不清楚了。但曾经发生在这个衙门里的一些事情如今却依然十分清晰，比如请求朝廷颁发关防，比如分守与分巡争权比大，比如下荆南道曾经被太监长期把守以致引起许多民怨与弹劾等。

下荆南道曾经在很长一段时间内没有关防。关防是公章的一种，按中国古代的制度规定，像朝廷各部、省三司、府、州、县这些正式的官府衙门，要使用圆形公章，叫“官印”。而像巡抚、道这些临时的派出衙门，则使用的是一种长方形公章，称“关防”。下荆南道的关防在郧阳藩镇成立时被湖广省收走了，在此后的 102 年里竟然没有人过问此事。直到万历六年(1578 年)杨俊民任郧阳巡抚之后，他发现了一个奇怪的现象，由下荆南道所上报的各种文书中，均没有钤盖过关防。他就发文给下荆南分守道进行责问，得到的答复是：郧阳藩镇设立后，下荆南道从来就没有得到过朝廷颁发的关防，所以文书往来只能空印。

副省级道员也算朝廷大员，有着向皇帝上奏折的权力，而文书往来不钤盖关防，谁能保证途中不被篡改？如何让收件人辨别真伪？杨俊民觉得事关重大，就向皇帝上了一道《请给关防以重责任疏》，请求朝廷为下荆南分守道颁发了关防。

按常理，布政司为省级政府机构，所下设的分守道应该也是代表政府管理地方政务的，而按察司下属的分巡道则是监察和法律机构，不应该过多插手政务。但自从实行省级巡抚制后，就因为巡抚全是朝廷都察院所派，有着都御史的头衔。而都察院在省级的下属单位恰恰是提刑按察使司。因此，当巡抚成为省级最高军政长官后，按察司的地位也得到了相应抬升，随之由按察司副使在各地设立的分巡道的地位也水涨船高，往往插手稽查钱粮、督捕盗贼、编审差徭等应该是分守道应该负责的事务。

不仅如此，在万历以后，郧阳藩镇内各分巡道还握有了兵权，事情起源于孙应鳌。万历元年(1573 年)，孙应鳌二度出任郧阳巡抚后，想提请朝廷赋予自己在藩镇内绝对的兵权，成为一个享有总督特权的特殊巡抚。但因为国内此前并无这个先例，他怕过于唐突会引火烧身，就采用了一个试探性的迂回战术，先请求朝廷为属下的分巡道添加“兵备”衔。如果成功，可以借口自己属下已经有了兵权，再请求为自己增加兵权就有了正当的理由。即使不成功，自己也有一个并不是为了谋私利的开脱理由。于是，他向皇帝上了《议加兵备职衔疏》，请求为治下各分巡道加兵备衔。想不到皇帝还真答应了，于是封郧襄下荆南分巡道和汉中关南分巡道各为“兵备兼抚民及分巡道”，让这些分巡成为集军政纠察大权于一身的小“总督”。这为孙应鳌次年请求给郧阳巡抚添加“军务”职衔，成为郧阳督抚奠定了基础。可惜孙应鳌因调走并没有享受到这个荣耀，而是让继任他的王世贞捡了个便宜，此为另话。

当然，郧阳的分巡们再牛，还是牛不过驻郧阳的太监们。郧阳城里的太监来自武当山。武当山是大明皇室的家庙，山上山下分布着大量的宫观，每天都是香客、游客如织，从永乐年间起就从宫廷里派有太监在山上和均州城里监督修山、管理香火，其头领被封为提督，级别高于道员。

在中国历史上，太监被派往各地监军、监政的不少，但担任官府主官的比较稀罕，却在郧阳有了这个特例，下荆南道分守之职曾经长期被太监占据，他们长期掌控着下荆南道衙门，徇私舞弊、贪污受贿，甚至干预整个藩镇的事务，经常惹起民怨沸腾而屡屡遭监察御史们的弹劾。

永乐皇帝大建武当山，最初只派一员太常寺寺丞提督修山。宣德三年(1428

年)改为派宦官提督。成化十二年(1476年)初，因为郧阳一带的流民问题越来越严重，官员应付不过来，朝廷就让武当山提督太监韦贵兼任湖广行都司同知兼下荆南道分守，有权处理周边三省军民事务，但他还是以管理仙山为主，并没有过多地干预地方事务。直到正德二年(1507年)龚莑提督武当山后，他所领的敕谕中规定给他的权力简直如同巡抚，引发地方不满。正德五年朝廷遣回龚莑，再派太监吕宪替补，仍让他享有同龚莑相同的权力。直到嘉靖即位之初颁布明诏，命令内地和各边各关，凡是正德年间新设的分守、守备内臣，在接到诏书后立即回京，才让人们莫不称庆。但是，不几天郧阳又接到新的圣旨，调太监赵荣任武当山提督兼下荆南道分守。

正德二年(1507年)六月二十日皇帝颁发给龚莑的敕谕里是这样说的：

> 今命尔提督大岳太和山宫观，虔奉祀事。尔与湖广布政司右参议华山率同玉虚宫提点、均州千户所千户，督令军余时常洒扫洁净。但遇宫观殿宇损坏及桥梁道路坍塌淤塞，即便修理完整。无事之日，操练正伍官军，守备城池，防御贼盗……尔仍不妨本务兼分守、湖广行都司，并荆州、襄阳、郧阳三处府、州、县、卫、所，及附近淅川、内乡、商州、洛南、山阳、白河各处山场哨堡，巡司督令，操练官军民壮，修理城堡器械，禁防流逋，缉捕盗贼，保障地方……

正德十四年(1519年)王缜任郧阳巡抚时，皇帝下诏说要南巡，武当山太监传出风声，说皇帝可能驾临武当，于是郧藩境内各府各县都活动起来准备接待，预备要动用的金钱以万数计，甚至有的官府要求猎户去捕获活虎活豹作为贡品，使民众不堪承受，更不胜其扰。当时的武当山提督太监兼下荆南道分守吕震，以向皇帝进奉为名，大肆索取奇珍异宝，甚至连他的手下太监李文也借机纵使下属随意欺压商人。王缜获悉，迅速下令各府、州、县禁止向民众索取，要求各地以民生为重。他还特别限制武当山宦官到各地走动以从中敛财，并把李文等人绳之以法，压制住了吕震的气焰。

嘉靖元年(1522年)徐蕃任郧阳巡抚后，曾经上《开读疏》请求裁革武当山提督太监所兼任的分守职务。

嘉靖十年(1531年)胡东皋任郧阳巡抚时，曾经上《乞复旧制疏》弹劾武当山少监。他说：祖宗敕建武当山是为了崇奉香火，敬神祈灵，以福群生的。永乐年间，内臣太监住在山下玉虚宫，专门负责修理宫观。宣德十年派左监丞陈喜督山，才开始颁发给他敕谕，也只是让他焚香和维修。成化十二年郧阳刚建藩时，考虑到荆、襄二府山深地广，流民啸聚，难以普遍安抚，这才让营修武当山的少监韦贵暂且分守地方。到成化十三年，郧阳巡抚、分守、都司、郧阳府、郧阳卫等衙门齐全之后，这里的人民上有巡抚统治，中被参议所监察，下有府、卫、州、县所分治，太监所兼的分守就应该被裁革除名了。在成化二十三年九月，皇帝在一道诏书内有“提督太岳太和山潘记、浙江市舶提举司林槐，俱不许分守地方”的圣旨。先帝的诏书已经布告于天下，明明白白的诏命赫然都在，所以也不敢不裁革。查得太和山少监王敏，天赋于他的本性就很贪婪残暴，专横跋扈，占田夺地，残虐小民，侵占香钱，剥削道众，一方百姓都被他所害，州官也不敢拿他去责问。尤其应当尽快夺了他的权，重治他的罪。我们恭候着皇上能够把恩惠的阳光普照于四方，振奋起乾刚马上独断……或者把他取回别用，或者就地捉拿问罪，以示惩戒。

嘉靖四十四年(1565年)陈省任湖广巡按御史时，曾经弹劾武当山提督太监兼下荆南道分守吕祥，历数吕祥的“七害”：

一为假借皇上给他的敕书欺压官府、残害百姓，滥受百姓的词讼扰乱政体……

二为均州的地盘只有20个里(行政单位)，田地大多瘠薄，人员混杂，来自五方，是一个极其贫困的小州，即使用尽全部摊派的丁粮以应付赋役，还不足以支撑吕祥的供需……

三为每年向朝廷所贡的笋尖、榔梅之类，都远采于房县、竹山的大山之中，然后编一个特别的神话说是取之于本山。吕祥纳了所派官员的贿赂，就听凭他们买空卖空，不直接派人去采摘，而是分派给乡民去无偿责办……

四为从均州进京进贡，一路上的州、县驿递均很残破贫困，而吕祥每年假借进贡物品为名，而行自己走私转运之实……

五为绵亘八百里环武当山所居之民，每一家都要向宫观供奉柴草。吕祥每一季都派一班官军巡山，挨家挨户按人头用箕筐装征“税粮”，甚至这些巡军为取得补偿而私自加倍索要……

六为官府每年编给吕祥名下使用的差役有：各宫观洒扫夫200余名，

分守衙门皂隶30余名，修理、看护襄阳提督行衙的皂隶27名，但吕祥均不要现役，每年都要求折成银两，共有3000两全部归入自己的腰包……

七为近年来武当山所余的香火钱比以前少了很多，每年大约只有12000余两……

有意思的是，皇帝在见到陈省的奏疏后还真动了气，下旨将太监吕祥遣回，要求另选一端庄品正的内臣前去代任，而且只许他提督道观众士、收掌香钱、供奉香火、修理宫观。其分守地方的一切责任全部裁革。然而事有反复，在新派去武当山任职的太监刘进的敕谕里，依旧写着“太岳太和山提督兼分守”的文字。这时，兵部有人站出来抗争，兵科都给事中欧阳一进就上疏弹劾刘进，历数他的不法之事，请求皇帝不要让他去提督武当山兼地方分守。皇帝见奏，就说：刘进不合适就让司礼监再选一个人派去，不让他管分守的事务好了。然而，所派的御马监典簿柳朝，却依然为武当山提督兼分守。兵部再次抗争，上疏请求皇帝解释，语言十分犀利。最终，皇帝终于同意柳朝不再兼任分守职务。

至此，太监干扰郧阳巡抚事务的历史才算结束，这段历史自成化十二年(1476年)开始，到嘉靖四十四年(1565年)吕祥离开郧阳时，整整延续了89年。

此后，每遇大灾时，郧阳巡抚都要动议使用武当山香火钱救灾，这表明郧阳巡抚已经能够对武当山实行有效的控制。如万历二十年(1592年)董裕任郧阳巡抚时，正遇楚地饥荒，百姓饿殍遍野，他奏请拨国库银40万两，粮食20万石予以赈济郧阳灾民，并向皇帝上《议处香税疏》，请求动用武当山香火钱赈灾，并痛斥了太监们的腐败。

当然，也不是所有太监在任下荆南道分守时都没有做过好事，还是有个别分守太监心存善良。如弘治十四年(1501年)所任郧阳巡抚的王鉴之，在他所写的《重修武阳、盛水二堰记》一文中有“适有分守提督太岳太和内官太监李麟、参议华山，皆以民为心，因撤可缓之财，以资其费”的记载。

三

下荆南道衙门在郧阳的149位道员中，只有37位在《郧阳府志》里有政绩记录，其中明代24位，清代13位。其明代驻郧的24位下荆南道员的政绩分别为：

聂贤，字承之，重庆长寿人，进士出身，于正统十年(1445年)任下荆南道分守，景泰元年(1450年)离任，其间筑堤修祠，百废俱举，历刑部尚书致仕(退休)，去世后被皇帝赠谥号“荣襄”。

陈璧，字德儒，山西太谷人，进士出身，于景泰初任郧阳按察司副使兼任下荆南道分巡，五年(1454年)离任，其间疾恶如仇，有犯法者他严惩不贷，而对善良者则爱之如子，刑不妄加。

王豫，字用诚，河南祥符人，于成化八年(1472年)任郧阳布政司参议兼任下荆南道分守，十年时离任，郧阳士民纷纷向巡抚请愿挽留，巡抚上报朝廷同意留郧，并赐三品俸禄，后从郧阳致仕归乡时，囊中空空，无积蓄可带。

韩文，字贯道，山西洪洞人，进士出身，宋代相国韩琦后裔，于成化十五年(1479年)由礼部礼科给事中转任郧阳布政司右参议兼任下荆南道分守，其间韦贵提督太和山(武当山)，大量侵吞公费而被韩文极力遏止。韩文稳重敦厚，和蔼纯朴，平时十分谦谨。而每临大事则刚断不屈，因弹劾大太监刘谨而被削籍，去世后谥号“忠定”。

王镕，字时化，浙江慈溪人，进士出身，于成化十六年(1480年)以郧阳按察司副使兼任下荆南道员，二十三年(1487年)离任。其间非常重视教育，曾经撤宦官私第改建为了“正学书院”，并亲自撰《记》记载此事。后来王镕以病回乡。

恽巍，字功甫，江苏武进人，进士出身，于成化二十三年(1487年)以郧阳按察司副使兼任下荆南道员，弘治二年(1489年)离任，其才情挥洒，不挥舞法律的大棒就能政治严明，每遇境内有盗贼发生，他就设计方略，定能擒获，人民赖此安宁。

马铨，字秉衡，河南南和人，进士出身，于弘治二年(1489年)以郧阳布政司参议提督太和山兼下荆南道分守，次年离任。其风采刚毅，不为权贵所扰乱，只要是有利于百姓之事无所不为。当时太和山各宫观道士倚仗权势暴虐佃户，被马铨驱逐，佃民才得以安宁。

江汇，字东之，江西进贤人，进士出身，于弘治三年(1490年)以郧阳按察司副使兼任下荆南道员，五年(1492年)离任，其间勤于探求民间疾苦，善于培养人才，喜在政务之暇登临名胜，题咏甚多，每次考试诸生，他都以八股兼诗赋作为考试内容，一时促郧阳的文学之风蔚然兴起，之后升任四川参政。

王玹，字邦器，河北盐山人，进士出身，于弘治十年(1497年)任下荆南道员，其政尚严厉，官吏都不敢懈怠骄横，境内盗贼也销声匿迹，使军民乐享安居乐业之福。他向皇帝上封藩立储之事，虽未允行，但受到当时舆论的赞许。

华山，字仁甫，江苏无锡人，进士出身，于弘治十三年(1500年)任下荆南道员，次年离任，上任就遇饥荒发生，他不待请命就开仓发放赈济粮，又与知府胡伦共同重修武阳、盛水二堰，被时任郧阳巡抚王鉴之所记载。

陆杰，字元望，浙江平湖人，光禄寺卿陆淞之子，正德甲戌科进士，于嘉靖二年(1523年)任郧阳布政司参议兼下荆南道员，五年(1526年)升任湖广巡抚，再后来晋升为工部右侍郎。《平湖县志》称陆杰："负气刚直，侃侃不阿，入仕四十年，历五省十三任，皆积劳序迁，所至有声。"

钟云端，广东东莞人，进士出身，于嘉靖二十一年(1542年)任下荆南道员，次年离任，其尚气节，凡有武官触法，必让属下官员依法处理。宦官以金贿赂，不受。

李日强，字元庄，山西曲沃人，进士出身，于万历二年(1574年)由礼科给事中任下荆南道员，五年离任，其间着力清理剔除郧阳政坛所积之弊，使豪猾之徒纷纷躲避，奸邪之风不得行。

章甫端，河北任丘人，进士出身，于万历五年(1577年)任下荆南道员，七年离任，其间清里甲，均田赋，减屯税，修城垣，励精图治，事靡不举。

鲍希颜，河南长平人，进士出身，于万历十三年(1585年)任下荆南道员，次年离任，其间发生郧阳兵变，有卫军梅林作乱被巡抚诛杀，但依然还有军士当街横行凌侮学子，鲍希颜予以严惩，才让郧阳士气稍振。

陆长庚，字元白，浙江平湖人，进士出身，任刑部员外郎时，勘察刑狱非常敏锐，执法不徇私情，后改任南京吏部，又于万历二十年(1592年)任下荆南道分守，二十二年离任，其间革弊剔奸，政令明肃，曾经审察长沙侵蚀屯粮案，使朝廷每年得三千六百余金以补军需。在后来的矿乱中，宦官陈奉荼毒湖广，陆长庚察考出陈奉手下的沈自关等十三人的罪行之后将他们绳之以法。后来，陆长庚升任兵部右侍郎。

谭自省，安徽建德人，进士出身，于万历四十五年(1617年)任下荆南道员，其为政以实，不尚浮华，尤其重视学校，檄文给府、县要求月试季考，久而不辍。

程策，安徽休宁人，进士出身，于崇祯三年(1630年)任下荆南道员，五年离任，其间陕西、河南遭明末农民军之乱，民皆逃窜，他悉心安抚莅郧的难民。

崇祯五年，侄儿程世培由进士身份来郧阳接任下荆南道分守，正遇寇盗窃发，程世培按照叔叔的叮嘱增戍设守，严防疆域，郧阳得以无患。

徐景麟，浙江上虞人，进士出身，于崇祯六年(1633年)任下荆南道员，当时农民军犯郧，徐景麟率士民登城固守。农民军刚去，明总兵左良玉、监纪陈太监率官军突然而至，搜掠更甚于农民军，众人都以为农民军复至，徐景麟登上城墙命以炮击之。太监密奏朝廷后，朝廷立即派锦衣卫在唐德观里捉拿了徐景麟，郧阳士民听闻后哭声震地，纷纷捐金助费请求免其罪，锦衣卫在收到好处后，详细向皇帝奏报了当时的状况，但皇帝依然还是判徐景麟充军戍边。

周梦尹，浙江萧山人，进士出身，于崇祯九年(1636年)任下荆南道员，十年离任，当时李自成军反复攻打郧阳，四郊多壁垒，民物两凋残，周梦尹在郧阳外战御侮，内抚遗黎，保全了地方安全数年。

万年策，贵州五开卫人，举人出身，于崇祯十二年(1639年)任下荆南道员，次年离任。当时闯、献等十三家农民军降而复叛，纷纷攻占了郧阳各属的城垣杀掠官民，朝廷派遣邓玘、陈洪范、猛如虎等人所带领的官军和四川石砫宣抚司的土兵、湖南的箪营，以及滇兵、象兵等，在郧阳一带或驻防，或养马防范流寇。当年粮食歉收，斗米数贯之钱，万年策不遗余力地催办保障军粮，使兵不告匮，民不惊扰。

张克俭，字禹型，山西屯留人，崇祯四年(1631年)辛未科进士，于崇祯十三年(1640年)由兵部主事升郧阳按察司佥事兼任下荆南道分巡、监军，十四年离任。当时的郧阳巡抚袁继咸亲率郧襄诸军随总督杨嗣昌入蜀作战，委任张克俭留守郧阳，并加他郧阳布政司右参议之职，依然监军。十四年，张献忠盗取军符骗开了襄阳城门，夜半之时杀死了襄王朱翊铭等皇室贵胄，张克俭听闻后仓促奔救，在战斗中被敌俘获，大骂赴死。

高斗枢，字象先，浙江鄞县人，崇祯元年(1628年)戊辰科进士，于崇祯十四年(1641年)由湖广按察司副使、长沙兵备道的身份平定了叛乱，被晋升为郧阳按察使兼任下荆南道分守。当时，郧阳巡抚王永祚以襄阳告急为由移镇襄阳。高斗枢刚到达郧阳，张献忠就自陕西向东而来，他急忙与郧阳知府徐起元商议，决定派遣游击将军王光恩及其弟王光兴分头扼守，战报频捷，使张献忠不敢再犯。王光恩虽然原是农民军中的一家，为降将，但他善用手下，手下也乐于为他卖命，高斗枢考察他非常诚实，就把他招入城内守城。崇祯十六年(1643年)春，李自成再来攻郧而不克，高斗枢再招游击将军刘调元入城，十余日杀敌三千，迫使李自成离去。他再乘势恢复均州、光化、谷城。此时接到朝廷敕谕，擢徐起元为郧阳巡抚，加高斗枢太仆寺少卿衔。高斗枢闻命，即将军事指挥权交付给了徐起元，但仍协助他谋守城防。不久，朝廷议设汉中巡抚，擢拔高斗枢为右副都御史前往任巡抚，但朝廷的任命却因为路途被农民军切断而不能到达。七个月之后，明朝灭亡，汉中之地也早已失守，敕命虽然辗转送达了郧阳，但高斗枢却无法前往。后来，南明福王立，要高斗枢任湖广巡抚，但南京到郧阳的道路依然不通，高斗枢根本就不知道有这回事。之后他回到家乡，数年之后去世。

朱翊辫，山东东昌府宗室，于崇祯十六年(1643 年)由郧阳府推官升为下荆南道分守，接替高斗枢升任汉中巡抚后所留下的郧阳空缺。其尽心边务，不避艰险，尤善驾驭将士，当时正值李自成手下的路应标、冯养珠等人围郧城半年，朱翊辫借郧阳府学宫的生员刘源泗所实行的反间计，使路、冯二人自相攻杀，郧城之围遂解，城池得以保全。

四

《郧阳府志》所载的清代驻郧的 13 位下荆南道员的政绩分别为：

刘开文，字九符，山东邹平人，进士出身，于顺治三年(1646 年)任下荆南道员。当时为兵燹之后，郧阳民物凋瘵，刘开文以廉洁自持，勤劳抚恤。不久，王光泰反叛，刘开文以身殉职。

田文煃，号大别，江西丰城人，贡士出身，于顺治三年(1646 年)任郧阳按察司副使，其间简军实，均役赋，设兵勇于郧阳城外，不令市民与四周之民杂处。不数月，王光泰反叛，险些被骗开城门，都是田文煃的预防措施得当才得以免祸。在刘开文殉职后，由他兼任下荆南道员。

萧时彦，河北邯郸人，举人出身，于顺治五年(1648 年)任郧阳布政司参议兼任下荆南道分守，八年离任。当时王光泰之乱还没有平定，又有夔东十三家犯房竹、郧阳一带。当时郧阳驻有大量朝廷派来的满兵，萧时彦负责粮饷调度，无一贻误；招抚流亡，悉得其所。

张濩，河北邯郸人，进士出身，于顺治八年(1651 年)任郧阳布政司参议兼下荆南道分守，十年离任。当时，朝廷裁撤郧阳卫，把编制并入到了襄阳，张濩则腾出书院抚留了 200 余名失业军士，免去他们的差役，让他们专司守城抗敌之事，其职一直沿袭到了清末。

赵焘，山东胶州人，进士出身，于顺治十一年(1654年)任郧阳布政司参议兼下荆南道分守，次年离任。期间他编辑流民，为有功于郧阳的人立生祠，考核士子的学业，使郧阳民众的生活渐有起色。当时，李自成余部郝永忠盘踞在房竹一带四出侵暴，赵焘与总兵穆生辉共同带兵击败之。

曹申吉，山东安丘人，进士出身，于顺治十六年(1659年)任郧阳布政司参政兼下荆南道分守，次年离任。其人言短语迟，话不流畅，然而胸藏大计，凛然不可犯，振扬风纪，吏民均敬畏之。

郎永清，广东广宁人，拔贡出身，于顺治十七年(1660年)任下荆南道员，不久别任。其治狱断决如神，当时郧阳派兵进剿叛军，郎永清负责督理粮饷，他设塘一站一站转运，各负其责，很少出现路途中的差错。他自己则亲赴房县发放粮饷，使那些闹惯了事的散兵不敢再哗变。

吴健，宁夏人，举人出身，于顺治十八年(1661年)任郧阳布政司参政兼下荆南道分守，次年(康熙元年)辞分守专任布政司职。当时，郝永忠盘踞房竹，郧之西山不安，吴健负责督理粮饷，前后往来于磐口、堵河二载有余。康熙三年(1664年)平定叛乱后，因朝廷裁撤郧阳藩镇而去。

金朝用，满洲人，因朝廷在康熙六年(1667年)裁撤下荆南道，于九年(1670年)复设时他为首任布政司参议兼下荆南道分守，直到康熙十三年他因丁忧去职。当时地方还算安宁，而郧阳城内有百十余家兵、民的房屋因灾毁坏，金朝用就捐钱进行安抚。

石琳，旗人，于康熙十三年(1674年)任下荆南道员，十六年离任。其间正值吴三桂反叛，襄阳、郧阳总兵先后响应叛军，朝廷于十五年恢复郧阳藩镇，派巡抚进驻郧阳。石琳想尽了千方百计外筹供应，内计抚绥，均安排得宜。

杨素蕴，字筠湄，陕西宜君人，进士出身，于康熙十七年(1678年)任郧阳布政司参议兼下荆南道分守，二十年离任。其间，他农桑、学校次第举行，让郧阳士民很怀念。史料说他在任东明县令时，朝廷考核的政绩最好(课最)，被拔入朝为侍御。当廷议欲拟用吴三桂为朝官时，他抗章论之，请求对其防微杜渐。后来吴三桂果然反叛，人们服他有先见之明。

沈志礼，满洲人，荫生出身，于康熙二十年(1681年)任下荆南道员，二十八年离任。按照往例，官府日用之需均取自行商之税，商贾为此连年叫苦不迭。沈志礼下车伊始，就严禁向行商课税。当时，有和尚妖言惑民，沈志礼惩其魁首，释放那些无辜的胁从者，让大多反侧之人能自安。

赵宏恩，镶红旗汉军出身，于康熙五十八年(1719年)任郧襄副使兼下荆南道分巡，次年离任。其间，他勇于任事，当时有本地商人在汉江上栽木牌横塞码头，使往来舟船没有停泊之处，赵宏恩就下令移空所栽之木。由此，地方商贾们到省城巡抚衙门去控告赵宏恩，赵宏恩历陈其害，反被褒奖，巡抚令将此事载入志书。

郧襄守备司行衙

守备，为都司或行都司下设的机构，兼任几府防务，统帅防区所有卫所。

郧襄守备驻扎在襄阳，守备司仅设守备一员。郧阳城内的郧襄守备司，为郧襄守备的行馆，因为郧襄守备经常要到郧阳向行都司汇报工作，接受指令，就在郧阳城内设了一个办公地点。由于郧阳不是朝廷指定给郧襄守备设衙门之地，所以只能称其为“行衙”。

郧阳的守备司行衙在城东北，大门、二门之后有正厅三间，题匾曰“郧襄保障”。正厅之后有后堂三间，燕居(闲居之所)三间，有左右厢房，所建的具体年代不详。

守备一职，最早设于永乐十九年(1421年)，朱棣迁都北京后，在南京设置守备，以节制南京诸卫所及南京留守、防护事务。守备以公、侯、伯爵充任，兼管南京中军都督府。

洪熙元年(1425年)，朱高炽以宦官为守备同知。

景泰三年(1452年)，朝廷又增协同守备一人，以侯、伯、都督充任，兼管前、后、左、右、中五军都督府事务，以中府为治所，节制其他各府。另有参赞机务一人，以南京兵部尚书兼任。此后，各省都司(含行都司)都模仿布政、按察二司派副职设道的做法，也设立守备道统辖几府军务，为正五品武职外官，协办守备则为从五品。

清朝的守备与明朝不同，是指管理军队总务、军饷、军粮的正五品武官，受总督、巡抚、总兵的管辖。清朝绿营军(汉人地方野战军)各官的军阶由高至低分别为：提督、总兵、副将、参将、游击、都司、守备、千总、把总。

郧阳府衙

郧阳府衙的身世历程

郧阳府衙在城之西，偏南，为首任知府吴远于明成化十三年(1477 年)所建，在明清几百年间又不断被毁、重修与完善。

府衙坐北面南，背依沧浪山，面临小南门，自衙前大街起，有一条中轴线贯通府衙直通沧浪山顶的烟雨亭，院墙之内的房屋左右布局，但并不对称。院墙之外，西有执掌出纳文书的经历署和掌管磨勘、审计、肃政、廉访的照磨所，以及其他府属各官吏们办公的案牍房。东南隔街有巡抚办公的都察院，在康熙年间裁撤藩镇后改为了考试院。

府衙大门外的对街有府衙的照墙，照墙东西两侧竖排着列栅。大门洞两侧的房屋，东为关押临时囚犯的号舍，西为军轿所。军轿所是停放官轿的地方。

穿过前院迎面是仪门。仪门外东侧，竖有三块题名石碑，上面刻着郧阳建府以来历任郡守(知府)、府丞(同知)、府倅(佐贰)的姓名和政绩，一块为嘉靖年间的知府陈云松所刻立，一块为万历元年(1573 年)的知府杨愈茂续刊所立，一块为万历四十二年(1614 年)的知府仝梧再次续刊而立。西侧为一石坊，题名《古郧名郡》，为杨愈茂重修后所书。仪门两旁的房屋，均为班役值宿的场所。院中通道的两侧为高树矮草，按节令依次绽放着花朵。东西两头各有一列房屋，为执行处罚的刑杖房。

二院之后是大堂，为知府断狱的地方，是府衙的中心，也是威严所在，门上悬挂“帅正”匾额。大堂前有一戒石亭，亭中之碑上镌刻着为官之道所应该慎戒的文字。大堂之东为官厅，是知府平日办公和接待僚属的地方；大堂之西为福德祠。福德祠即土地爷庙，是传统农业社会土地崇拜的见证。几千年来，官府一直都把土地爷作为福德正神来敬奉，宣扬着亲密土地、护佑人民生活、牵系人们幸福的执政理念。东西两廊的庑房为吏员们办公的科房。

大堂之后为川堂，只为过道，而无实际用途。

川堂之后为三堂，是贴身官吏的办公之处。左有库房，右为物资出库入库的佥押处，两翼有回廊，是府丁们的栖身之所。因为库房多有杂人出入，所以这里以墙为界开辟为了三个小院，院门朝着不同的方向，被人称之为“外三宅”。西宅院门外有“申明”、“旌善”二亭，可通土地祠。东宅院外有幕舍和书室。

三堂之后为碧梧轩，之后为双荫堂，再后倚山为楼，左右通列厢房，为“内三宅”，是知府全家的宅邸。

清朝以后，郧阳府衙得到多次大修和添建。

乾隆二十三年(1758年)，知府王文裕增修福德、萧曹两祠各3间，刑杖房6间，号房2间，迎宾房2间，科房20间，内宅门7间，署东“绿荫亭”1座。绿荫亭后来被更名为“古柏亭”，是因为亭后有一棵两围合抱的古柏，树龄达数百年。

乾隆四十三年(1778年)，知府刑玙增修东亭3间，榜题“思补堂”。

乾隆六十年(1795年)，知府王正常认为衙内各门堂之间过于分散而不相缀属，就收缩府衙的规模，把照墙从街对面移至街北，题名“古郧坊”，把列栅改为雨楔，一边书“控制三边”，一边书“表帅六属”，在仪门处重建大门，又缩后而另置仪门，再把左右两处班房与科房连接起来，把四堂的旧榜“春泽”，改为了“碧梧”。

郧阳府衙处于郧城一凹地，离城墙又不远，道光以后屡坏于江洪，几任知府都害怕艰辛而不肯彻底整修，一直采取补罅堵漏的方法而不能杜绝水患。直到同治六年(1867年)夏，汉水灌城三日，郧阳城几乎全毁，府衙堂室荡然无存，是知府金达力排众议，在原来的基础上抬高全部建筑地基而重建，历经三年完成，并写《记》勒刻在几座石碑上以示纪念。

道光以后，郧阳府衙的变迁有：

道光十二年(1832年)水患，府衙遭到劫难，知府崇善修葺。

咸丰二年(1852年)的大水再次洗劫府衙，知府侯廷樾再次修缮。

咸丰九年(1859年)，知府李宗焘在府衙内建“观我亭”。

同治六年(1867年)，府衙尽毁于水。七年，知府金达重建，对许多地方有所改动。大门外的照墙被缩近了十余步，在东西两楔上书题“整纲”、“饬纪”，把原来“表帅六属”、“控制三边”的雨楔放在了照墙之外。照墙后是大门，前院一左一右有萧曹祠和福德祠以及班役房。萧曹祠是供奉汉代开国功臣萧何和曹参的庙宇。其后为仪门，走进后所面对的是“垂化门”。垂化门内，中间为大堂，匾额仍为“帅正”，左右的庑房为官厅和科房。大堂背后为二堂，两翼为室，两庑一为库，一为仆从房。二堂之后东西各有偏室。再后为内宅二重，门户相向。东为厢房，西为仓廒。仓廒是存贮从郧县所收缴来的矿米(矿税)的地方。二堂东有安节园，园内有二厅，为平日议事的场所。二厅南纵北横，纵者曰“稳舟”，横者曰“又新斋”。稳舟厅南有文卷楼，与科房并列，原来有一些距离，金达认为太散就缩近了一些。再东为宾馆。二厅之北为庖室，室院中有井曰“蒙泉”。又北别置客轩，再北侧东为大仙楼。二堂西有射圃，在旧址之上有所培高。其实，水灾之后所有重建的建筑都有所抬高，大门为一尺，仪门为二尺，大堂为三尺，二堂为六尺，宅各以丈计，是为防备此后水患的需要。

同治九年(1870年)，郧阳历经了四个知府：金达突然被累死，由通判定熙兼理知府。不久吴葆仪来任知府，年底吴葆仪升任他职，又由满人庆裕接任。吴葆仪莅任后重缮了仓房廒舍，仓下铺用木板以御潮湿，上列百叶窗以宣泄空气，保证仓内粮食的干燥。吴葆仪重修了“观我亭”，并改名为“镜心亭”。他还再刊题名碑，续记了清代以来所有知府的名氏。此时，府衙内的旧题名碑仅存明嘉靖陈云松所刊的一块，而且字迹已模糊，甚至有不少剥落和纹裂，吴葆仪就让人一一疏刻剔清。他担心年长月久后，题名碑或者被人为毁坏，或者被自然磨损，就准备把这些碑嵌在大门东侧的射圃东壁之上，以利于后人有所考证。可不及完成知府就易人，刻成后的题名碑被后任知府庆裕建在了大门之内的西侧。

民国以后到中华人民共和国成立，再至古郧阳城被南水北调中线工程所彻底淹没，郧阳府衙一直是郧阳专署的办公场所。

湛若水的《郧阳府题名碑记》

在几百年里，郧阳府衙内究竟发生过多少的风韵雅事，没有人能够说得清楚。但有一件事情好像很有趣，那就是历代官员似乎都特别关注题名碑。随着郧阳府衙里的题名碑增加了一块又一块，朝廷重臣所写的《郧阳府题名碑记》也就续了一篇又一篇，成为郧阳府衙里的一道风景。

明嘉靖十一年(1532年)，陈云松来郧阳任知府。他首次在仪门外东侧竖石，题刻此前所有莅郧上任的知府、同知、佐贰各官员的籍贯姓名和政绩。因为是郧阳的第一块题名碑，陈云松非常重视，就请当时的礼部尚书湛若水写了《郧阳府题名碑记》。

陈云松，江苏盱眙人，官生出身，于嘉靖十一年(1532年)任郧阳知府，十五年(1536年)离郧。

湛若水的《郧阳府题名碑记》全文如下：

郧阳府题名碑记

郧阳，古麇子国，昔为韩属，为钖县，为郧乡县，为南丰州，寻复以为郧县。地居万山之丛，路当三省之冲。诸逆啸聚稍作梗，乃劳王师，乃剿乃捕，平已复作。及都宪原公杰建厥议，乃命开设郧阳府治，肇自成化丁酉，迄于辛丑，五载落成。内领郧县，外辖上津、竹山、竹溪、郧西、房县、保康六县之治，外内联络，以控诸路。于是，向之梗化百万之徒悉化为良民。嘉靖乙未，盱眙陈君云松来守之，三年厥有成绩。乃叹曰："郡无题名，名氏无所考，文献罔有所征，何以为劝惩？岂非郡之缺典欤？"乃寓书于南都，曰："郧阳自开郡设官，五十有八载，自知府吴远以下十有六人，同知石海以下十有二人，通判陈信以下十五人，推官刘芳以下八人，未有名姓，罔所考征，以为劝惩。惟先生是图，将文诸石，以垂示于后焉。"甘泉子曰："夫所谓五十有八载者，可考而知也。曰某也贤，某也不贤，可考而知也。某也廉，子盍益法其廉？谋也能，子盍益法其能？某也为公正以表俗，子盍益法其公正？某也恺悌为民父母，子盍益法其恺悌？某也为贪懦，子则贪儒之惩？某也为私、为邪、为酷、为刻，子则是惩是戒？又将以是惩是法乎后之人？"陈子耸然曰："吾若为不贤，后之人又将惩我矣！吾呜呼不自惩？吾若为贤，后之人又将法我矣！吾呜呼不自励？"甘泉子复之曰："吾子昔尝讲于新泉，领恶全好也，旧矣。其益修诸其身，因贻乎后之人，仁人之惠远矣。"请归镵诸石，以告夫后之君子。

其大意为：郧阳古为麇子国，战国时曾为韩国属地，汉为钖县，隋为郧乡县，唐为南丰州，不久又为郧县。郧阳地处万山丛中，路当三省之枢纽，只要有逆贼在此啸聚稍微作梗，就要兴师而动用朝廷军队，又是围剿又是捕捉，但每次刚刚平息就再次发作。是都御史原杰建议，朝廷才命他开设郧阳府治。府衙起建于成化丁酉(十三年，1477年)，竣工于辛丑(十七年，1481年)，前后五年落成。郧阳府内领郧县，外辖上津、竹山、竹溪、郧西、房县、保康六县之治，内外联络，以控扼诸路。于是，那些一向顽固而不服从教化的百万之徒全部转化为了良民。嘉靖乙未(十四年，1535年)，江苏盱眙人陈云松来郧阳当郡守(知府)，三年大有成绩。他感叹："郧阳府没有题名碑，官员的名氏就无从考证，文献也没有记载，何以对后来之人能有所劝惩？这岂不是说郧阳府缺少体制典范吗？"于是他写信寄到南京，对我说："郧阳开郡设官已经58年了，自首任知府吴远以下有16人，首任同知石海以下有12人，首任通判陈信以下有15人，首任推官刘芳以下有8人，他们都没有名姓，无所考证就不能形成对后来人的劝惩。只有请先生画一张图谱，我们将你的文字刻诸在石上，用以垂示后人。"我说："所谓58年不算太远，还是可以考证而能够得知的。其中哪个人贤，哪个人不贤，也是可以考证而得知的。但要说谁清廉，你怎么能够有好的办法证明他的清廉？要说谁有智谋有才能，你怎么能够有好的办法证明他的才能？要说谁公正以表率脱俗，你怎么能够有好的办法证明他的公正？要说谁和乐而平易近人为民众之父母，你怎么能够有好的办法证明他是个和乐而平易的人？又说谁贪婪庸懦，你拿什么标尺来证明他是一个贪婪庸懦之人？又说谁自私、邪恶、残暴、苛刻，你以怎样的规范惩戒量出他的标准？又以怎样的手段来进行惩戒让后来之人能够效法呢？"陈云松耸然说："假若我不贤，后人又将怎样惩罚我，我怎么能够不自惩呢？假若我是贤臣，后人又将怎样效法我，我怎么可以不自励呢？"我再对他说："我的老师过去常常讲学于新泉，要求我们去除恶行而多做善事，保全美好的人生。这是一种古老的方法，有益于人的修身养性，一直遗留传给后人，后人受仁人之惠非常深远。"于是陈云松请我归纳记录，说要刻之于石，以告诉后来之君子。

刘存义的《续刊郧阳府题名碑记》

万历元年(1573年)，知府杨愈茂重修仪门西侧，竖续刊题名碑一块，并请当时的郧阳监察御史刘存义写了《续刊郧阳府题名碑记》。

杨愈茂，字伯荣，号育轩，陕西安化人，嘉靖四十一年(1562年)壬戌科进士，于隆庆五年(1571年)任郧阳知府，万历二年(1574年)离郧。

刘存义，字质卿，号汉楼，襄阳人，明嘉靖三十二年(1553年)癸丑科进士，初为知县，最高做到大理寺丞。监察御史为朝廷都察院所属的官员，用现代的官职硬套应该为正省级干部。明清两代的监察御史，在地方称巡按御史。

其《续刊郧阳府题名碑记》全文如下：

续刊郧阳府题名碑记

郧阳处江汉上游，水陆四达，土瘠民贫，军民杂处，古隶襄阳郡。嗣后，流民弗靖，当事者忧之。遂请于上，乃命抚臣割襄属地而建府治，迄今来九十七祼(年)，缘草创，百务简略。且军门开府、都司卫所，咸在楚郡之邈邃(深远)，而难治者，莫是过也。

旧题名记，自嘉靖二十九年缺略无所戢。顷者，关西杨公莅政将二年矣，政成化洽，怀古卑今，乃与同寅韩君、邹君、牛君、龙君佥谋伐石题名。而问《记》于汉楼子，将垂久远，昭劝惩也。汉楼子曰："题哉，杨公之见乎？夫一方之治乱，系于郡守；百年之公论，系于民心。"余承杨公命，遂远稽古典，博访耆旧，自郡守而下得若干人，分衔别类各附名下，俾人入一览而贤否昭然。

余窃思之：作事在谋，始居官，贵尽职。语云："守令，民之师帅。"又云："公卿缺则选诸所表"，信斯言也。其经治之纲维欤！况一己之性情可纵，而百姓之耳目不可欺；暂时之闻见可饰，而万世之是非不可掩；此心之暧昧可藏，而上帝之昭鉴不可逃；偶然之作为可忽，而名教之攸司不可混。将来登斯堂睹斯石者，历指其名而议之曰："某也宽，某也猛，某也清，某也浊，不必观诸郡乘而贤系肖刊矣。"吁！可畏也哉！虽然循名者责实，顾名者思义。昔者周公克慎厥始，君陈克和厥中，而毕公以老成典型俾厘东土，政敦德义，辞尚体要，故曰公其维时，亦有无穷之。闻兹杨公之题名于石也，俾宦兹土者见贤而思焉，不同其秩也而同其心，不一其位也而一其守，则由汉、唐、宋之循良而进之，于唐虞三代之纯臣可也。虽以之为政，天下无难者，况区区一郧哉？虚左方以俟未艾。万历元年中秋日记。

刘存义的这篇《续刊郧阳府题名碑记》的开头一段，有三处需要提醒给读者：一是"郧阳处江汉上游"多被今人所误解，多年来不断有人据此而说"郧阳是汉江上游"。其实，刘存义的本意是说郧阳原本隶属于湖广省下荆南道襄阳府，在湖广省其处于汉江的最上游，而实际上郧阳处在整个汉江的正中游。二是"军民杂处"，如果不了解当时的背景也很容易被误解，士兵怎么和老百姓夹杂着居住呢？其实，明代的户籍制度分民户、军户、匠户等。这些"户"都是世代的、职业的，一般不得随意转换，除非有功劳而被皇帝赐转。在当时，官爵和书香门第之户的地位很高，民户次之，而军户、匠户的地位很低。三是“军门开府”一句也需要提醒一下，“军门”是明代对巡抚的一种别称，而“开府”是从古代官僚制度中所衍生出来的一种特别待遇，只有二品以上的封疆大吏才有资格被称为“开府”，意思是有权建立自己的府署并自选僚属，但这只是一种权势的象征，并不是非得要去自己建立一个府署不可，更不是一般人们望文生义所理解的“开始建府”的意思。如我们可以把原杰尊称为“原开府”，也可以把100多年后的王世贞尊称为“王开府”一样。

这篇《续刊郧阳府题名碑记》的大意为：

郧阳处在湖广省的江汉最上游，过去隶属于襄阳府，水陆交通四达，但土地瘠薄，民众贫穷，又是军户和民户杂处，流民集聚一直得不到安宁，让朝廷非常忧心。于是奏请皇帝同意，派巡抚割襄阳所属之地建了郧阳府进行单独治理，至今有97年了。因为是从无到有的草创，一切事务都办得很简略。此前这里之所以难以治理，原因是开府大员和都、司、卫、所都在武昌，很是遥远。

郧阳旧《题名碑记》自嘉靖二十九年(1500年)以后就缺略而无所记载。近来，陕西人杨愈茂莅政郧阳府将近2年了，政务有所成绩，治化有所融洽。他站在现在的高度追思过去，就与同知韩孜、通判邹启元、通判牛璇、推官龙养性等同僚商量，之后采买来了巨石要新刻一块题名碑，并请求我写一篇《记》，以流传久远，昭示后人，劝其惩戒。我说：“题名啊，是杨公你的意思吗？治一方之乱，职责在郡守(知府)；而百年之公论，只装在民众心里。”于是，我秉承杨公之命，就开始考稽古典，博访德高望重之人，自郡守以下得到若干人，按官衔分类剔别，各附在其下，能够使人一览，贤与否就分得明明白白。

我暗自思量：做事在于谋划，居官贵在尽职。《汉书》里说，郡守和县令，是老百姓的表率。又说，公卿的职位出现了空缺时，就应该从受到奖励的官员中间选拔，按顺序重用他们，这是国家的信誉，更是治理国家的纲领啊！如果以一己之性而纵情胡为，是逃不过老百姓耳朵和眼睛的；即使暂时可以掩饰，但万世之是非却不可能遮掩；个人的暧昧之心可以藏匿，但依然逃不过上帝的昭鉴；偶然的作为可以被人忽略，但职责所留下的名声和教化无法长远混淆。当将来之人登上这个大堂时目睹到这块石碑后，一定会一个一个指着上面的名字议论，说这个人宽宏大量，这个人勇猛无比，这个人清正廉洁，这个人贪婪浊污，不必查看历代的《府志》，是贤能还是不肖，都刊刻在了这块碑上。哎呀！这很可怕啊！虽然是先循其名再求其实，但碑刻之事确实名实相符，顾其名就能够思其义了。古时，周公从一开始就非常谨慎，从而保全了周朝的基业；他的儿子君陈弘扬了父亲的遗训，让周朝走向了政通人和的道路；而毕公以老成守护着东都和国土，为政很勤勉，道德很规范，处事很有范，辞令很简要，所以后人都说他维护国家时所创立的体系，是一笔无穷的财富。听说杨公在郧阳题官员名氏于石后，当地的官宦人士都见贤思齐，不同俸禄的人也同心协力，不同官位的人也同操节守，那么由汉、唐、宋以来循序渐进的良好风气就会恢复，从唐尧、虞舜、大禹三代以来的纯贤良臣就唾手可得了。以这两条作为执政的基础，天下都不再有什么难事，何况区区一郧阳。碑石将空着背面，以等待填补未尽的未来之人。

万历元年(1573年)中秋日记。

郑继之的《又续刊郧阳府题名碑记》

万历四十二年(1614年)，知府仝梧于仪门之内又续刊一块题名碑，并请吏部尚书郑继之作《又续刊郧阳府题名碑记》。

仝梧，字生杨，号凤巢，郑鄗人，万历二十三年(1595年)乙未科进士，于万历四十二年(1614年)任郧阳知府，四十四年(1616年)离郧。

郑继之，字伯孝，襄阳人，嘉靖四十四年(1565年)乙丑科进士，授余干知县。后迁户部主事，历郎中、宁国知府、四川副使，之后以奉养父母归乡。万历十九年，经给事中陈尚象推荐出任江西右参政，之后召为太仆寺少卿，累迁大理寺卿、南京户部尚书、北京吏部尚书。万历四十二年回乡养老，不数年卒于家中，终年92岁，被赠太子少保。

《又续刊郧阳府题名碑记》作于郑继之致仕(退休)之前，其全文为：

又续刊郧阳府题名碑记

郑鄗仝侯治郧，阅岁，诸废以次修举，其著者则葺芹宫，堤泊岸，植南城雉堞，盖不遗余力云已，复惺然曰："不穀与二三僚寀拮据兹土，将轶轨遐哲而风示来彦，适题名之碑久阙弗树，其谓之何？"遂伐贞石疏之，而问《记》于余。余曰："斯懿举也，敢无说而处此？"

今夫牧守与令长异，令职尽民，守职率属。我实帅之而，或者以颜德竖衮表，即诸令长贤如密中牟，鲜不从风而靡。故人主所兴其国家者，繄良二千石是毗。而况郧踞溪山险阻，总陇、蜀、秦、韩之边壤，以扼其要害，则冲甚也。制府建牙，监司弭节而行，阃卫戍星罗棋布。石田不耕，供亿时匮，则疲甚也。流徙麇集，以土著为鱼肉，而民不敢牾。戎伍错居，以庾帑为窟穴，而官不能诘。兼嚣嚣群肆其雀角，而攻剽频急于狼烽，则剧甚也。冲则难于控辔，疲则难于调剂，剧则难于栉薙，必使龚少卿御左，黄次公骖右，差克纲纪，其封内而无虞泛逸。即佐郡诸君，傥非岑公孝、庞士元、钱若水之伦也者，亦呜能胜其任而愉快乎？数君子忧哉邈矣！

试屈指兹郡绾符绶者，若而入司储饷，董干掫，理狴犴者，若而入不有其棠可荫，其羽可仪，其姓可以名子孙，若挹馨香而注之肺腑，唯恐不向迩也，一不类而启途也，冥发间也。腥最则四凶再世，次亦八伯共号，士曹掩鼻去之，莫欲闻其姓氏。然则，两者奚择焉？侯今者治行旁魄方内外矣，蕲益懋丕绩，弥标策。其僚若属，其襄上理以与古玮硕并驱。毋徒曰："斯郡实难，无动为大，吾斤斤三尺，得弗为禹鼎之罔两足矣，斯大有造于郧哉!"夫岘首之石，以羊公重，安知异日兹石不复因使君而重？若高阳池，虽在铜鞮，接䍦非不翩翩竞爽，相提而较，孰得孰失？故余不愿为政者效山翁，以一日醉易千秋名也。

其大意为：郑鄗人仝梧（"侯"即古代诸侯，后来成为对知府的一种尊称）治理郧阳已经一年了，把诸多政务都依次修举了起来，最显著的成绩有修葺府学宫、筑堤岸和南城墙上的雉堞（城墙上墙垛）。有一天，他非常吃惊地说："我与二三个僚属辛劳地操持这块土地，希望能超越以往的人而晓谕未来的贤士，但这里的题名碑已经倒垮很久了，这怎么行呢？"于是，他们采来坚美的石头，并在上面刻上历代官员的名字，再向我求一篇《记》。我说："这是一种美好的行为，怎么能够不答应你呢？"

现在的地方官员，牧守（知府）与县令（知县）经常更换，县令的职责在于贴近人民，郡守的职责在于为部属作出表率。只要他实实在在为人之表率，或者将过去的德行刻立在高大的石碑之上，这些如孔子的弟子密中牟般贤良的县令，将不会被历史所淹没或者随风吹散，因此帝王所建立的国家，要依靠贤良的二千石官员（知府）来辅佐。况且郧阳雄踞溪山险阻之间，总控着甘肃、四川、陕西、河南之边壤，扼制其要害，而且交通十分发达，朝廷在此置藩镇、建兵司，以按察使、布政使驻节，又布局着行都司、军卫，星罗棋布地戍守。然而，这里的许多石田得不到耕种，供给经常匮乏，这让官府很疲惫。这里又为流民迁徙麇集之地，流民拿当地的土著居民当鱼肉宰割，而土民还不敢违逆。这里的军民错而杂居，常拿官府粮仓和钱库为窟穴，而官府还不能追究。这里的人爱大声喧哗而不受约束，爱兴起狱讼而相互争吵，爱经常侵扰劫掠而频频制造狼烽，而且非常激烈。正是因为这里交通发达，局面就特别难以控制；钱财疲匮，就特别难以调剂；性格激烈，就特别难以理治。所以，必须使用像西汉龚少卿这样的人御于左，黄次公这样的人制于右，才能够治理好郧阳，才能控制住境内无序的放纵和泛滥，确保江山无虞。除此之外，还要有贤能的辅佐官员才行，无非是像东汉的岑公孝、庞士元、钱若水这样的人才才能够胜其任。有了这样的人才，不是很愉快的事吗？看天下君子，有忧患意识才能够长远。

试着屈指计算，朝廷此前派往郧阳府做官的人，他们要么或许干了一些储备粮饷，监督管理防务，处理狱讼之类的平常事；或许并没有干出一番轰轰烈烈可歌可泣的惠民政绩，而最终没有成为一名位高德重、受人尊重、堪为楷模的人，所以其姓名无法让子孙炫耀；或许干出了些功绩，随意舀一瓢所发出的馨香都会沁入人的肺腑，美好的名声使人唯恐不能接近，使不善之人能够在很短的时间内醒悟而走向善途。不善之人要么成为尧舜时腥秽不堪的四凶，要么成为晋代的八伯，都令士兵和官吏们一见到就掩鼻离开，都不愿问他们的姓氏。那么，在这两类人之间该怎样选择呢？你的治理要想德行宏大到内外皆知，那就得祈求勤奋努力，这样才能建立大的功业，才能够标入史册而流芳百世。作为僚属，其辅佐皇帝的功绩也可以达到与古人玮硕并驾齐驱的程度，千万不要说："这个地方实在难以治理，还是不要有大动作的好，我仅仅靠三尺法典管住自己，只要不去做夏禹所铸之鼎上那样的坏人就行了，这样就算对得起郧阳了。"襄阳岘山上的石碑，是以晋代羊祜才重，怎么知道今后郧阳的这块石碑不会因你而重？高阳池也在襄阳，晋代的山简却在这里喝得酩酊大醉，与人争斗而留下了骂名。两相比较，孰得孰失？所以我不愿看到为政的官员们去效仿山简，以一日之醉而丢掉了千秋功名。

王正常的《重修郧阳府衙记》

明末，郧阳与李自成、张献忠的农民军对峙了10余年，城虽不曾被攻破，但城墙之上所有的建筑物和城内所有的官署都被拆毁拿木料和砖瓦当做武器。

清初到乾隆年间，府衙的恢复工作才陆续进行，分别在二十三年(1758年)和四十三年(1778年)由知府王文裕、刑玙修建了一些办公和生活用房。

乾隆六十年(1795年)，王正常来郧阳做知府，见府衙建筑散乱，门堂之间不相缀属，就缩小了府衙范围，把大门缩到仪门处，仪门再向内挪，使左右两个班房与科房之间相连属。再把大门外的照墙从街对面移至街北，改名为"古郧坊"，在两旁树雨栅，一边书"控制三边"，一边书"表帅六属"。还把四堂的旧额"春泽"改为"碧梧"。工程完工后，他亲撰了一篇《重修郧阳府衙记》。

王正常，字澈，号方山，泸州举人，乾隆六十年是以道员身份留用郧阳，兼摄府事，于嘉庆六年(1801年)离郧。其《重修郧阳府衙记》全文如下：

重修郧阳府衙记

府署在城西偏。《志》载："明成化太守吴公远创建，万历初杨公愈茂续修。"其名犹见于栋间。国朝以来无可考，乾隆戊寅、戊戌间，王公文裕、刑公玙先后增建，唯内署颇完整。厥后，治事退食与仆从皆聚于是，而门堂孤悬于外，不相缀属。

乙卯夏，余莅郧，入其门如无门焉者，登其堂如无堂焉者，且剥落弗揞，非所以端治体也，爰捐俸修之。中为大堂，堂之东为官厅，堂之西为福德祠，左右庑为科房。近中道二楹为刑杖房，其南曰仪门，东西为班役值宿所。又南为大门，东西为号舍，为军轿所。出门数十武(半步)为照墙、列栅，东西树楔焉。其大堂之北为川堂，又北为三堂，左为库，右为金押处，翼以回廊，栖随丁。因内与外之不同向也，墙以界之，为外三宅，此皆新为布置者。由是西入为土地祠，东入为幕舍，为书室。由东而西入，转北为碧梧轩，又北为双荫堂，又北倚山为楼，左右通列厢，为内三宅，皆葺之，仍其旧。凡庖、湢、厩、厕，靡不具备。是役也，始七月，至九月乃考。砖木、夫役给时值，故材乐于取，而工亦乐为用。凡人之情，庀家事或不遗余力，而于公廨(办公场所)往往因循而惮改，作即作矣，又聊焉补苴，以涂饰耳目，彼盖谓瓜期无定，身直侨焉，而不复为之计长久。古人视国如家，其义谓何夫？修废举坠，官司责也。

郧之学宫、城池以及《郡志》皆所宜亟，既约僚属次第举之，而此则治体所在，先为经营，用《志》其改作之意，以论来者。

其大意为：府署在城西偏南，《郧阳府志》记载，是明成化太守(知府)吴远创建，万历初年太守杨愈茂续修。他们的名字还能在栋梁间的刻字上见到。清朝以来，知府的名字无可考，在乾隆戊寅(二十三年，1758年)和戊戌(四十三年，1778年)间，知府王文裕、刑玙先后增建房屋，但也只有内署还算完整。此后，知府休息、进食就与仆从一起聚集在这里，而大门和大堂还是孤悬于外，没有院墙连接而不相连贯。

乙卯(六十年，1795年)夏，我莅任郧阳，进入府衙大门就好像没有门一样，登上府衙大堂就好像没有堂一样，而且墙体已经剥落得摇摇欲坠，都不好意思对属下说要端正治理体系的话，于是我捐出自己的俸禄进行修整。修建顺序为：中间的大堂、堂之东的官厅、堂之西的福德祠、左右庑的科房、近中道二楹的刑杖房、大堂前的仪门、东西的班役值宿所、再前面的大门、东西的号舍、军轿所、出门外数十步的照墙、列栅、东西树楔、大堂后的川堂、再后的三堂、左边的库房，右边的佥押处、两边供随丁住宿的回廊。三堂的院门与大堂的方向不同，有界墙所隔，为外三宅，都全部重新布置。由三堂西入是土地祠，东入是幕舍和书室。由东向西进入，转北是碧梧轩，又北是双荫堂，再北倚山为楼，左右通往列厢内三宅，都重新修葺一遍，一应庖、湢、厩、厕无不具备。修建府衙的工程，开始于七月，到九月完工。砖木和夫役付给的是当时合理的价格，所以人们乐于供应材料，工匠也乐于为我所用。按照凡夫俗子正常的情感，都是干自己的家事时不遗余力，而干公事则往往疏懒懈怠，也害怕上面朝令夕改，所以就算是做了，也只是弥补一些缺陷，以涂饰而掩人耳目，认为自己的任期不定，不过是侨居于此而已，不会考虑长久之计。古人就不这样，往往视国如家，他们这样的大义是为什么呀？兴复废业，托举起摇摇欲坠的基业，是官府的职责所在。

郧阳府学宫、城池以及《郡志》都是很急切要修的事情，我就约僚属次第进行修举，因为这些都为府治职责所在，应该先为经营，再用《志》记录改修的事项，以告诉后来之人。

金达的《郧阳府又新斋铭并序》

郧阳府衙处于郧阳城最低处的洼地里，离城墙和江边均不远，但凡汉江发大水，衙署必淹，造成很多困扰。

金达，字铁杉，安徽桐城人，廪贡生出身，于同治六年(1867年)由兵部员外郎转任郧阳知府，九年死于任上。由于此次府衙几乎全部重建，建筑规模大，建筑物多，金达又是一个喜好舞文弄墨的人，喜欢建一处写一篇记述的文章，所以就在府衙里留下了许多他的笔墨。又因他是在工程还没有完全竣工时就累死的，所以人们就非常注重保存他的文章，才得以流传至今。

金达的这次重修也是从中间的大堂(帅正堂)开始的，然后是左右庑的官厅、科房、垂化门、仪门、门外左右的萧曹和福德二祠、班役房、大门、外照墙；大堂后的二堂、左右翼室、两庑库房、仆从房；二堂后东西偏室；再后的二重内宅、东厢房、西仓廒、堂东的安节园、园内的稳舟和又新斋二厅、之南的文卷楼、科房等。

《郧阳府又新斋铭并序》为金达所撰，并刻碑立于又新斋厅之前。

郧阳府又新斋铭并序

序曰：郧枕汉江，每秋霖水辄涨，涨甚必灌城，坏公私庐舍。郡署地特洼，其坏益甚。数十年间大水凡三：道光十二年大水，沈阳崇公善新之；咸丰二年大水，平阳侯公廷樾新之；同治六年秋大水，署廨倾圮，余谋诸邦人，又从而新之堂皇。东有厅事焉，旧名“古柏亭”，嗣改“秀挹红岩”，嗣改“绿荫红岩”之馆。客有嫌其无意义者，达因更署曰“又新”，并缀以铭。

铭曰：粤昔成汤，以此铭盘。臣何人斯，敢窃其端。自新新民，理原一贯。克私去欲，兴道无畔。退食此斋，熟复旦昼。洒濯身心，庶自别于禽兽。

其《序》大意为：郧阳城头枕汉江，到每年秋天，久下不停的大雨动辄使江水暴涨，凡涨就必灌入城内，冲毁公私庐舍。府署所在之地特别低洼，所以毁坏得最严重，几十年间就发大水三次：道光十二年(1832年)的大水后，由沈阳人崇善知府重新修建；咸丰二年(1852年)的大水后，由平阳人侯廷樾知府重新修建；同治六年(1867年)秋的大水，府衙内的房屋全部倾废，我与各同僚共同谋划，又重新使其堂皇起来。府衙东有一间议事的厅房，旧名为“古柏亭”，后来改为“秀挹红岩”，再后来改为了“绿荫红岩馆”。有客人嫌这个名字无什么意义，我就借着重修之机更名为“又新斋”，并缀《铭》以记述。

其《铭》大意为：昔日商之成汤，以铭文铸在铜盘上记述伐桀立国之事。我是何等的人呀，怎么敢窃取这样的名誉。我只是自强不息日有所得，使治下之民思想更新向善，而且这个理念始终坚持。做官就要克服私念，去掉贪欲，兴正道而不要背叛国家。我每天下班就食或休息时到达此斋，看到此碑上熟悉的内容，心境就清静宁远。人在洗涤了身心之后，就自然有别于禽兽之类。

金达的《重修郧阳府大仙楼记》

府衙的东北有一座大仙楼，金达重修之后撰写了《重修郧阳府大仙楼记》，并刻石保存。《重修郧阳府大仙楼记》全文为：

重修郧阳府大仙楼记

署后有楼三楹，中奉龛位，旧额曰“大仙楼”，相传有祷辄应。丁卯夏，达来守郡，时旱熯之余，疫疠大作，民颇患之。因检古方，得神术，散以疗疾者，并斋沐为文祷于神。夜梦一古衣冠，长髯苍白，谓达曰：“君方良善，再加神曲，则疴起矣。”觉而语众宾僚，佥异之。遵用其方，效果速施，药不三百剂而疠以定，是殆神力为之欤？正思率僚属效馨香以答神贶，适汉溢成灾，中止。郡署兴工，案形家言：“坎方不宜立庙，艮方吉用。”改建于东北隅，门廊悉备，奉神位以妥焉，追惟往岁扙疫之功。爰题识以告来者。

其大意为：府署之后有楼三栋，中间那座供奉着龛位的一栋，过去的匾额上为“大仙楼”，相传人们只要祈祷就有求必应。丁卯年夏，我来郧阳任郡守，正值天旱干热，瘟疫大作，老百姓中患病的人很多。因此我翻检书中的古方，求得一些验方神术，散布给百姓以疗疾病，并在斋戒沐浴之后写了一篇祭文祷告于神。一天夜里，我梦见一位身着古衣冠、苍白长须的老人对我说：“你所用的药方很好，如果再加一味药方，瘟疫就能够退去。”醒来我说给众宾僚听，大家都觉得奇异。遂遵照梦中所得的药方让百姓们用，效果果然迅速，发药不到300剂，瘟疫就被平定，这完全是借助了神力才有的效果？我正思量着要率领僚属以虔诚之心答谢神的恩赐时，谁知道又遇上了汉水泛滥成灾，谢神之事就耽搁了下来。水后，我重修府衙，就按照堪虞先生所说的：“坎(北)方不宜立庙，艮(东)方吉用。”于是把大仙楼改建到了府衙的东北隅，门和廊都很齐备，妥当地供奉了神位，以追祭神仙往年怜悯苍生的灭疫之功。于是我以此文题识，以告诉后来的人。

金达的《重修郧阳府衙记》

为防止洪水再次毁坏府衙，金达在重修府衙时，把所有建筑都在原来的基础上做了不同程度的加高，分别为大门一尺，仪门二尺，大堂三尺，二堂六尺，寝宅各以丈计。在完工之后，他又撰写了《重修郧阳府衙记》，全文如下：

重修郧阳府衙记

事固有劳诸一日，而逸可百年者。浅识之士狃于目前，室家堂构之谋，且夷然有所不屑，矧其为他人是保、他人是愉者，而谓必身亲其事以遗无穷，盖鲜不斥为迂阔矣。

三代以降，地不分封，官不世守。州郡典牧膺民社之任者，率数岁而辄迁，或一岁而迁，甚者不狭岁、不逾时而已迁。席未及暖，突未及黔，蹑履而来，膺履而去，其于朝夕之所寓次，旬月之所羁托，遂往往寄如逆旅，弃若传舍，无复就而图焉，亦固其所然。

曩者，公刘之荒豳也，馆焉而已耳。然且相阴阳，观流泉，涉渭取材，于基于理。亶父之胥宇岐下，更重以戎马之逼矣，而直绳缩版，百堵皆兴；皋门应门，宫制大备。此岂肆然侈耳目之观，为不急之务者？其亦康社稷而莅人民，甚未容以苟焉已也。矧今承天子命出典千数百里之域，而宣政听狱，发征期会之所，因仍陋简，厕身湫隘，斯何以肃齐民之瞻瞩，而执朝廷之体也哉？

郧介秦陇豫蜀之交，为全楚藩篱，中原屏翰，明故设巡抚以镇之。国朝乃降为郡，然控制之重自若也。余以同治丁卯夏奉命来守，见夫廨舍倾颓，堂皇攲侧，心窃诧之。越二月，汉水溢城，信宿而后退，向之攲者、圮颓者荡矣。达乃闻诸大吏，诹诸郡人，度地庀材，鸠工量物，敛其旷，培其卑，比其疏，增其阙，堂室亢爽，斋厨修洁，宾从有馆，吏胥有栖，与台臧获之属各有所止。经始于丁卯之冬，落成于己巳之夏，为时者七，为月二十有一，为费六千贯有奇。达故于役之成，不自劳而悯吾民之劳，特重发此义，使夫后之深识者谅达之拙，恤民之艰，求所以察吏安良，无负抚摩表率之厚寄。庶区区之私终有合焉，勿徒为迂阔我也。

其大意为：做事情，固然有辛劳一天就可安逸享受百年的例子。于是，就有浅识之士只拘泥于目前，对家室宅院怎样布局漠视不理，且有所不屑。他们只喜欢依赖他人的成果，以躺在他人成绩之上为愉快，说凡事必躬亲将会遗患无穷，然而很少有人斥责他们是不切合实际的人。

自夏商周三代以来，不再分土地封诸侯，官位也不再世袭，而靠那些主管州、郡的典、牧去承担为人民和社会造福的重任。但是，典牧不几年就调任迁往别处，或者一年而迁，更有甚者不到一年就迁，不超过一个季度就离开的也有。他们席子都还没有来得及焐暖，做饭的烟囱都还没有熏黑，就穿着鞋子而来，脱掉鞋子而去，把官衙当做朝来夕走的临时旅馆，最多也只是10天半月的寄身寓所。于是官员往往称心如意地寄住，走时就像弃舍驿馆一样不带丝毫情感，也不想再回到这里，所以他们才不想在自己的任上有所作为。

古时，周部落首领公刘迁徙到了荒凉的豳地，把那里当做旅馆了吗？不仅没有，而且他看风水，观流泉，涉过渭河取材料，一边规划一边治理。还有，周太王亶父在岐山之下察看房屋基地和方向，更注重的是防备戎马之祸所造成的战争威胁，就用绳索捆扎墙板筑城，然后把众多的建筑群都兴建起来，王宫的外门、正门都按照宫制建造齐备。他们难道不会为了安然自在而无所事事，或者只是搞一些浪费钱财而不实际的虚景吗？不，他们做的都是非常紧要的实事，都是当时的一些能使国家安宁而有利于管理人民的事情，所以容不得一丝一毫的马马虎虎、蝇营狗苟。何况现在的官员，他们都是承天子之命而出典于千几百里方圆的地域，在那里宣布朝廷政令，审断人民的狱讼，发布征收赋税的期限和地点。因此，官衙如果太简陋，让官员置身于低矮的房屋，何以能让属下之民肃然起敬，万目瞻瞩？又拿什么来支撑朝廷的体制？

郧阳介于秦、陇(甘肃)、豫、蜀之交，为湖北的藩篱，中原的屏障，所以明代才设巡抚镇守。清朝以后，郧阳降为郡(府)，依然是朝廷所控制的重镇。我在同治丁卯(六年，1867年)之夏奉命来此任郡守，见到府衙的房舍倒塌，大堂歪斜，心里暗暗惊诧。刚过了两个月，汉水冲入城内，第三天水退之后，不管是歪斜或者倒塌的房屋都已经荡然无存了。我在征求诸上司的意见，又询问了许多当地人后，就开始量地备材，集聚工匠，测量规划，把原来太分散的建筑进行归集，增高原来低矮的房屋基址，紧密原来的稀疏之处，增加大门的尺度，把各堂、室筑高，把各斋、厨弄干净，让外来的宾客和随从都有宿住馆，让本府的胥吏有房舍，奴仆下人各有住所。工程开始于丁卯之冬，落成于己巳(八年)之夏，经历 7 个季节，21 个月，花费钱财 6000 多贯。所以，我在府衙工程竣工之日，没有感到自己的劳累，而是怜悯属下之民的辛劳，于是特重重地发出此篇感慨，以使后来的人深深地意识和体谅到我的笨拙，能够体恤民之艰辛，求得以后能有明察的官吏来此安抚善良的人民时，不要辜负此前安抚人民的表率者所寄予的厚望。府衙建成，我一个小小的心愿终于达到，请不要徒然笑我太过迂腐。

吴葆仪的《郧阳府题名碑记》

同治九年(1870 年)，金达因劳累过度而死在了任上。三年前，郧阳城几乎完全被水所毁，他仅仅用两年多的时间就使得大部分建筑得以恢复。但毕竟还是时间太短，有许多工程还在进行中。朝廷知道吴葆仪是金达的朋友，就派他来郧阳接替知府一职，完成金达未竟的工程。

自清朝以后，郧阳府就没有再刊刻过题名碑，明代的题名碑也仅剩明嘉靖陈云松所刊刻的一块，而且字迹也有不少剥落。吴葆仪莅郧后，重缮了廒舍(粮仓)和江堤等工程，还整修了陈云松所刊刻之碑，并续刊了新题名碑，记载清代以来的府官姓名和政绩，立在了府衙门东。吴葆仪所撰《郧阳府题名碑记》全文为：

郧阳府题名碑记

郧自建郡于明成化之十有二年，臬万历之三十三年，守、丞、佐、倅名氏凡三题焉。嘉靖乙未，盱眙陈云松肇题，为之《记》者司成湛若水也。万历癸酉，关右杨愈茂续题，为之《记》者侍御刘存义也。己巳，郏鄏仝梧续题，为之《记》者冢宰郑继之也。今惟若水《记》独存，而万历丙午后终明之季，犹三十有九年；入国朝二祖五宗，逮今上纪元之九，为年者又二百二十七矣；而题名之碑旷而莫举，其何以诏来世而垂鉴戒也哉？

余以是岁春暮权守是邦，考风问俗，质献稽文，乃纂修《郡志》。《志》既成，蹶然起曰："郧有守以来，余既表而列之，以登诸册矣；荐绅先生、文人学士可考而知矣。而欲公诸齐民之耳目，昭然共伸其是非，不揭诸石其何以著？”乃取若水所《记》者，新而植诸署门之东，举《志》乘所得顺治戊子至同治庚午郡守七十有八人，分代递书，丞倅而下则姑阙焉，非敢概从其略，负朝廷分职之义也。

《记》曰：“大臣法，小臣廉。”由郡而言之，守其表焉者耳。表正则影无或斜，表直则影无或曲，诚俟后之君子悚然于表率之寄，仁恕公明，正己率属，饬簠簋，绝苞苴，风采以峻，仪型以端，而丞倅群尹与夫六邑令尉，贪者知所警，而廉者不必有善事上官之虑，手足自宽，神明自暇，皆将竭思毕虑，以尽其职而牧其民，而六邑之民蒙泽而安，亦群知所归美。反是，则怨詈所集，有莫得而分其谤者。噫！可不惧哉？

其大意为：郧阳自明成化十二年（1476年）建府，截止到万历三十三年（1605年），各守、丞、佐、倅的名氏被三次题记：嘉靖乙未（十四年，1535年），盱眙人陈云松第一次题刻，为之作《记》的人是南京礼部尚书湛若水；万历癸酉（元年，1573年），关右人杨愈茂续题，为之作《记》的人是郧阳监察御史刘存义；万历已巳（三十三年，1605年），郏鄏人仝梧再续题，为之作《记》的人是吏部尚书郑继之。现在，只有湛若水所作的《记》独存。而自万历丙午（三十四年）以后到明朝终结有39年，自清朝的二祖五宗，历经九个纪元，至今年的同治九年又过去了227年。然而，郧阳府的题名之碑一直荒废，没有谁再刻《记》，这怎么能够以诏来世之人而作为鉴戒呢？

我是在当年暮春时节来这里权且任郡守的。到任后，我考察当地风气，询问当地民俗，查核文献资料，主持纂修了《郧阳府志》。在《郧阳府志》完成之日，我突然站起来对僚属说：“我要把郧阳自有郡守以来的官员姓名和政绩，列表登记在册，让后来的官员、先生、文人、学士可考可知，还要公开在人民的耳目之下，让人们能够评论他们的是与非，不刊刻在碑石上怎么能行？”于是，我就把湛若水所《记》的石碑，新植在了署门之东。再把修《志》时所得到的顺治戊子（五年，1648年）至同治庚午（九年，1870年）的郡守78人，分年代依次记载，只遗憾府丞、佐贰以下的官员姓名暂且缺失。不是我胆敢只搞一个大概而从其略，有负朝廷分职之大义的，而实在是因为年代太久远了，查阅起来太困难。

《礼记》里说：“大臣法，小臣廉。”对一个郡府来说，郡守就是官员的表率，表正则影不斜，表直则影不曲。诚然，此后之君子应该肃然起敬的表率形象为：仁义、宽恕、公正、廉明、正己，应当为属僚表率，为整顿礼仪秩序，杜绝丁点贿赂，树立高大正气，端庄仪态形象，让属下的丞、倅、群尹和六个县令、县尉中的贪者有所警觉的人；是让廉者不必有做善事后会有被弹劾之虑，手脚能自然放宽，能够看到自己的缺点，都将殚精竭虑地尽职尽责管理好人民的人。这样，六县之民都会因他而蒙受恩泽，安宁生活，老百姓也都知道这种安宁生活从何而来，就会赞美这个郡守的。反之，则怨恨咒骂之声就会云集，不仅得不到奖赏，还会被历代人所谤毁，这不是很可怕的事吗？

吴葆仪的《镜心亭记》

吴葆仪来郧阳任知府后，重修了府衙内的一个亭子，并重新命名为“镜心亭”。过去，这个亭子叫“观我亭”，是咸丰九年(1859年)知府李宗焘所建。之所以叫观我亭，是因为亭下有一池清水，能够清晰印出蓝天白云和山树之姿，当然也能照清站在池边之人。“观我”之名自然有深意，是在提醒自己要时刻反省人生。

同治九年(1870年)，吴葆仪更其名为“镜心亭”，寓意似乎更深了一层。我们还是来看看他在《镜心亭记》里是怎么说的。其全文如下：

镜心亭记

郧郡署东旧有亭，曰“观我”。咸丰己未，陕右李午山宗焘建。垒石凿池，植短竹数竿，参互有致。余以庚午春来守，见署廨内外涣然，而亭独敝，非称也。秋末，葺以茅，涂以丹雘。池久涸，甃以石，注水尺余，莹澈可鉴，爰颜曰“镜心”，而徙其旧额于左。公退之暇，临池濯虑，摄照内观，愐如也。老子有言：“圣人之心如止水。”是渟渟者，澄不加清，淆不加浊，其止水之象乎？抑又闻之，民犹水也。《书》曰：“人无于水监，当于民监。”后之君子以民心为心，亦证吾心于民心。则环郧千里，皆其借镜者矣。

其大意为：郧阳府署之东，过去有一个亭，名字叫“观我”，是咸丰己未年(九年，1859年)陕右人李宗焘(字午山)所建。他垒石凿池，栽植短竹数竿，高低参差，相互有致。我在庚午年(同治九年，1870年)春来郧阳做郡守时，看见府署内外都焕然一新，却只有这个亭子独自败坏，与其他建筑很不相称。当年秋末，我重修了这个亭子，顶上覆盖以茅草，檐柱涂以红色颜料。池子也已经干涸很久了，就砌以石，注入尺余清水，晶莹透亮光可鉴人，于是我根据当时映照在水中自己的颜面改名为“镜心”，把亭上旧匾额迁在了原来的左面。每天在办完公事退堂之后的空暇里，我都临池洗濯一番，然后坐在池边思虑问题。而对摄入水中之照，我都内观于心，每次都能得到一份欣喜。老子曾经说过：“圣人之心如止水。”这个池里水平貌静，清澄得不能再清澈，想浑浊也不可能，这不就是有止水之象吗？我还听说：“民心犹如水，能载舟覆舟。”《尚书》里也说：“人不要把水当做镜子，要把民众之心当做镜子。”后来的君子们，请能以民心为自己的心，也请你们见证我的心是不是有着民心。这环绕郧阳的千里山河，都是我可以借鉴的镜子啊。

王诤的《郧阳驯致堂碑记》

驯致堂，在府署内，原名“顺治堂”，于嘉靖四十四年(1565年)被知府范以作改名为“驯致”，并请贵州巡抚王诤作《记》。因驯致堂在清代府衙被毁时没有得到重建，因此具体位置不详。

范以作，字望淇，四川富顺人，嘉靖三十五年(1556年)丙辰科进士，于嘉靖四十四年任郧阳知府，次年离任。

王诤，字子孝，号竹岩，温州人，明嘉靖二十九年(1550年)庚戌科进士，初授溧阳县令时，为政严明；升山东道御史巡盐河东时，刚直不阿；后按察云南时，按法律捕捉黔国公沐朝弼的家属，朝廷升他为大理寺少卿，不久又晋升为佥都御史抚治贵州。隆庆四年(1570年)，广西宣慰司使安国亨造反，他请旨发兵讨伐失败，遂上书自劾，皇帝下旨让他回籍听调。王诤在其父做竹山县教谕时生于竹山，所以一生以竹山人自居，并把自己的书斋取名“竹岩”。他不畏权势，不贪金钱，敢斗皇亲国戚的故事广为流传。其在温州的家宅和坟墓至今保存完好。

王诤的《郧阳驯致堂碑记》全文如下：

郧阳驯致堂碑记

驯致堂，昔郧太守望淇范公名其郡治之堂者也。郧始为郡，自成化辛卯，以刘千斤窃发，故更太守二十余君，中间赵燧诸寇时发时捕，顷少定焉。范公睹往者，采风谣，审内外，计久长，且将顺郧之情咎俗，庶几于理。夫郧交于荆襄川陕豫间，自古风尘起为必争之地。前之传记者勿论，论起近事，寇盗不难发，而流民易匿两省，负猾而潜伺，缘间而悬摇。自非中土之良民，被圣人之遗化者，与之朝夕而久为狎，未必不动而之他顾。郧人老户，父祖传育其地者才一二数，宜不胜其众，转为染化，而本其始俗，故秦人之旧而楚声也。彼其淆杂，所从来远矣。遽欲以高论责之，择民而后使，此谓服不终变，而俗难更化也。

会有自汉中来者，谈其郡上年用兵事，某县居民与熟回两不相下，长民者持偏心，暴摧折之，其种惧而激祻，上官闻于朝，剿之。然以不能谙地形，未即擒一生为效。已，乃用抚，得竣事。当是时，如公博大通方，坐镇其间，则居民且籍为重，回纵桀，宁有他志哉？今第观郧人，远近各就，其民情土俗而相与安之，虽流民附者，无异土著，此顺而拊循，寝伏异志之上猷也。

余惟少读书诵古，昔不一过杂家。比长谈事、依理道，不一齿侪，俗意有所属之也，独奈何居官中道而违之？今所云治者，无呰窳偷惰之行，犷悍椎埋置奸，谓愈他时则可，未有驯服其心，俾教化大行，而一之于礼仪者也。夫一之于礼仪，所谓顺治也，吾于郧将期之哉。余以公役，便省乡国，得觏公并详所施履，且睹厥堂名，怵而叹曰："近世君子之治行，差有强人意即已者。递视前人，去古已远，其心常自分不敢当前人也。或无意希慕，即希慕不力，邈然视古人去，愈远愈不可及，遂不思及焉者，前后一也。夫范公始读书谈事，此其属意不近，岂与他吏沾沾足已，而不求进者同日道哉？"

比有郡节刘君从野实同公论治，刘君傅古谊，决狱刑，以不冤名者，盖其成之。余因仰其事，缘别驾唐君二溪、文君东瀛，暨代刘君之、张君福村请，遂连上方事次第之，而为之《记》。

案：堂原名顺治。

其大意为：驯致堂，是以前的郧阳太守范望淇所命名的一个府衙之堂。郧阳开郡，自成化辛卯(七年，1471年)以刘千斤造反开始，已经更替太守20余人了，中间经历了赵燧等贼寇的不时爆发，朝廷不时发兵捕剿，现在才稍微安定了一些。范太守查考以往的经验，采集民间风谣，审察域内域外，计虑治理的久长，使得治理手段顺乎郧阳之情，符合郧阳民俗，接近郧阳民理。郧阳交于荆、襄、川、陕、豫之间，自古就为兵家必争之地。之前的事不说，仅论近来之事，寇盗随时爆发，而流民很容易藏匿于两省之间，他们负隅而狡猾，潜窥而伺机，乘隙就出来作乱。他们不是中土被圣人所教化过的良民，所以与他们朝夕相处久了就会染上恶习，未必不动心而效仿他们。郧阳人中的土著老户，目前不过十分之一二，已经不再是大众，转而又被外来习俗染化，转变了本来的习俗，所以他们以秦人之身而口吐楚声。而那些口音混杂的人，则都是远来之人。所以在仓猝之间以高宏大论来责备他们，就得具体分清民众的来源之地才可以，这就是人们所说的“服饰最终不发生变化，而习俗就难以转变”的原因了。

有一个自汉中来的人，谈到他们那里上一年用兵的事，说某县的回民已经汉化程度很高了，与当地的汉民已经没有什么区别，而地方官吏仍持有偏心，残酷地摧残他们，使得这里的回民因惧怕地方官的威吓，性格发生激变，夹杂在官府与盗贼之间。上面有不知情的官员听说了这件事，就盲目奏报给了朝廷，结果朝廷出兵剿伐，反而因不熟悉当地地形而没有擒获到一个人，完全没有达到想要的效果。最后，朝廷还是用安抚的办法才了事。当时，如果有像范公这样知识渊博，又通晓为政之道的人坐镇在那里，能以居民的户籍为重，纵使回民再桀骜不驯，怎么会产生造反的愿望呢？观察现在的郧阳人，无论是远来的还是土著人都已经安居乐业，其民情土俗都相对安宁，虽然大多的农户都是所附籍的流民，但现在已经与土著没有区别，如果此时顺着民情进行安抚，就是消除潜伏在民众之中产生异志者的上策。

我从小读书诵古，过去不过是一个杂家而已。虽说与那些善于谈事、依仗理道的同类不能相比，但俗意也有所属，怎么敢独自安居于官道之中而违背民情呢？今天我所说的治理，就是所管辖之地没有苟且懒惰的行为，没有粗野强悍敢于抢劫杀人的奸人。不是说勉强挨过了这段任职的时间就可以了，如果没有驯服当地民众的心，使教化在当地大行其道，让礼仪普遍存在于百姓之中，那就不算完成任务。一切统一于礼仪，就是所谓的“顺治”，我对于郧阳就有这样的期待。我以公事走遍了郧阳乡间，目睹了范公所施的政策和他的履历，并且目睹了他取的堂名，遂惊悚地感叹道：“近世君子的治理德行，差强人意的有很多。一代一代传视前人的所作所为，虽然我们离古人已远，但常常自量其心，分明不敢与前人相比。如果我们或许无意仰慕，或许仰慕力度不够，在茫然间就离古人远去，且愈远愈不可及，于是就不想再追及他们，无论前人后人都是这样。我聆听范公谈论读书之事，他的意境已经不近，岂能与其他那些沾沾自喜的官吏相比？又怎么能与那些不求上进者同日而语呢？”

曾经有一个邻郡的知府叫刘从野，真心实意想来郧阳同范公论治理。刘从野通晓古代典籍之义理，他所决断的刑狱，以不出现冤狱而闻名，所以名声很大。我因为仰慕他的事迹，就和通判唐二溪、文东瀛，以及推官刘之、张福村等一起邀请他来郧阳，遂连上几封书信，方才促成事情圆满。因此为之《记》。

按：驯致堂原名“顺治堂”。

郧阳府同知署衙

明清两代，我国的行政体系分为中央、行省、道、府、县。府的最高长官为知府，从四品衔，下设同知、通判、经历等官员，分管着行政、司法、财政等事务。

同知，为协助主官理政的次官，也叫佐贰官，或称府丞、司马。明清时的府同知，分掌一府的督粮、捕盗、海防、江防、水利等事务，为正五品衔。

同知署，即同知办公的衙门。郧阳同知署在府衙之东侧，为明成化年间设府时所建，毁于明末战火，在清康熙三年(1664 年)由同知商永杰重建。后来，郧阳府同知一职被裁革，其所管的事务并入府署。

郧阳同知衙门的建筑规模不详，因现存有仇昌祚所作的《郧阳同知署东轩记》碑，因而仅知道同知署内有一所叫“东轩”的建筑，但也因久废而无存。

仇昌祚，字振先，号漪园，山西曲沃人，贡生出身，于康熙元年(1662 年)任郧阳府通判，九年离任。康熙三年时与商永杰同为府僚，在商永杰重建同知署后受其邀请作了《郧阳府同知署东轩记》。其全文如下：

郧阳府同知署东轩记

郧司马厅事堂之左有东轩焉，或曰仿苏文定在筠州辟东轩而名之也。顾湫隘甚，阶以下不容旋马，无甬无墀，无花竹禽鱼之娱。轩后有窗，窗外有地，地仅十笏，生竹二十个。地尽有楼，楼西向，无顾盼亲附之意。入其内，黝然洞黑，故客亦少至。竹头木屑，据为逆旅，其势然也。

洛阳商公佐郡之明年，始广是轩而拓之，南展二丈，围以墙，中甃台，种牡丹一本，左右芭蕉二本，前石榴二株，砌石为路，掘地作畹，尺木小草移植其间。楼内又旁通一窗，以窍其明。其前后栏槛。榱桷之属腐黑者易之，赤白漶漫不鲜者新之，轩于是乎涣然改观。日与宾朋僚友酣饮其中，旷如也。

古者司马之官，所以贰郡，权典兵机。凡州郡之甲卒什伍，司马得以教诫之；郡赋甸屯，司马得以编籍之；其长夫亚旅之不克供乃事者，司马得以易置之，司马之权綦重矣。自明季庶官以便宜制事，大摄小，重侵轻，郡守之职总于诸侯帅，郡佐之职移于部从事，而司马之权尽去。又位高而逼，例以嫌不亲细务，凡执役事，上与给事于省寺军府者，第遥署其衔而已。狱有讼，司马不必讯其囚；野有警，司马不必献其馘。无言责，无事忧，故常绰绰然，得从容肆意于花鸟诗酒间。

昔柳子厚在永州，辟愚谷，葺愚亭，与永之人士廖有方、萧纂辇笑游嬉赏，历暑寒不辍；白乐天在江州，左匡庐，右鄱阳，及湓亭、百花亭诸名胜，皆有车辙马迹焉。今读二公之诗，未尝不想见其为人。然其牢骚不平之气，遑遑形于楮墨中，为有道者所不取。今郧之残陋，百倍江、永；司马署之冷落，百倍二公。而公处之晏然，历二年，所颐加丰，而体加厚，若不知其为冷落残陋者。欧阳公谓“不以物喜，不以己悲”者，非与余与公有神交？凡大风雨雪，未尝不过其所谓东轩者，至则相视而笑，莫逆于心云。

其大意为：

郧阳同知署的厅事堂之左，有一所叫东轩的建筑，或许是仿照苏辙在江西筠州所辟的东轩之名吧。顾看四周，郧阳的这所东轩特别低洼狭小，台阶以下容不得马匹转身，没有甬道和门廊，没有花、竹、禽、鱼之娱乐。轩后有窗，窗外有地，地仅十笏(古代大臣上朝时拿的手板)宽窄，长有竹20竿。地的尽头有楼，朝西向，简陋得让人全无顾盼亲附之意。入得楼内，黝然洞黑，所以很少有客人到这里来，以致成为竹头木屑们的“旅馆”则是必然。

在洛阳人商永杰做郧阳佐贰的第二年，他开始重修同知署，并拓展东轩。他把东轩的范围向南拓展二丈，砌以围墙，在院中间修一井台，种牡丹一簇，左右栽芭蕉二株，前种石榴二棵，砌石为路，掘地作畹，把一些小草移植其间，又在楼内旁开一窗，以增加室内的透明度，还在楼之前后做了栏槛。凡屋椽梁栋腐黑了的，全部换新；凡红白模糊不清的，全部涂新。于是，东轩涣然改观，每天与宾朋僚友酣饮其中，心情特别宽敞。

古代的司马官(同知的别称)，虽说是府郡的佐贰，但掌管着法律和兵机：凡府郡所辖的所有军人，司马都可以教诫他们；凡府郡里的赋税和粮食储存，司马都要亲自编籍入册；凡征用民夫、衙役等克供之事，司马都得亲自调派。司马的事权极其重要。但自从商永杰到任的第二年开始，朝廷要求百官便宜制事，大官摄小事，重任担轻责，郡守(知府)之职统帅一切，郡佐(同知)成为朝廷直派的监官，其原管之责分散给了各官从事，司马就成为了没有权的空架子。但司马位高，又近在府郡咫尺，照例还得过问事务，凡有劳役和征派服役之人的事，他都要上报给省、寺、军府，成为了一个遥控官署、传声的官员而已。自此，地方凡有狱讼，司马不必再亲自侦讯囚犯；山野凡有匪警，司马也不必再亲自去捕剿以献上敌人的左耳。因为没有了谏言之责，没有了烦事之忧，所以就时常精神舒缓，能够从容肆意地陶醉在花鸟诗酒之间。

昔日，柳子厚(宗元)在永州开辟愚谷，修葺愚亭，与永州人士廖有方、萧纂荦笑游嬉赏于其间，历经几个暑寒都不嫌够；白乐天(居易)在江州，左游庐山，右玩鄱阳，在湓亭、百花亭等名胜之地都留有车辙马迹。今天读他们两人的诗，常常能想得出他们的为人。但他们诗中的牢骚不平之气，都流露在了纸墨之端，为那些自诩有德性的人所不取。如今的郧阳，残破和简陋均超过了江、永二州百倍；司马署的冷落，同样超过了柳、白二公官署的百倍。然而，商永杰却处之晏然，历任两年，他面容变胖，体态加厚，如果不知道他的处境，还真不知道他是一个被冷落了的残陋者。欧阳修所说的“不以物喜，不以己悲”，这不是和我、和商公有神交吗？凡遇大风雨雪，我都来到这个所谓的东轩来，一到就与商公相视而笑，莫逆之交喜在心头。

此文中所提到的柳子厚，即柳宗元，字子厚，唐代河东人(今山西)，世称“柳河东”，为“唐宋八大家”之一。曾经参与王叔文的政治革新而任礼部员外郎，革新失败后被贬为邵州刺史，后又贬为永州司马。在永州期间写有《永州八记》等名篇。再后出任永州刺史，政绩卓著，人称“柳永州”。

此文中所提到的白乐天，即白居易，字乐天，河南新郑人，贞元十六年(800年)庚辰科进士，唐代著名诗人，先后任翰林院学士、左拾遗等，因卷入政争被贬为江州司马，从此文风大变，著有《琵琶行》等名篇。

此文中所提到的“不以物喜，不以己悲”之句，似乎是范仲淹《岳阳楼记》中的句子，但不排除欧阳修也说过。毕竟我们是千年之后辈，知之不详，不敢妄加评论。

郧阳府道纪、僧纲二司

一

郧阳府道纪司，设在郧阳迎恩观内，为明弘治九年(1496年)由郧阳巡抚沈晖批准设立。

郧阳府开设于明成化十二年(1476年)，前20年境内的道教事务由武当山代管。弘治九年，郧阳巡抚沈晖、下荆南道分守兼武当山提督太监潘记等人认为，郧阳应该有一个专门迎接皇帝圣旨，以及郧阳在任大臣为人民祈福的专门场所，于是就在会商之后，把建于唐代专门祀奉尉迟敬德(恭)的"唐德观"改为了"迎恩观"，并题请皇帝赐了圣旨和观名匾额。同时，在迎恩观内添置了郧阳府道纪司，专门管辖郧阳府境内的所有道观和从教人员，还把圣旨刻碑立在了道纪司门前。

以上史实，于万历元年(1573年)记录在了刚由郧阳巡抚转任江西巡抚的凌云翼所撰写的《增修郧阳迎恩观记》里，此《记》也被刻碑立于迎恩观中。

明万历版《郧阳府志·卷二十三·寺观》记载：

> 迎恩观，故道纪司，旧名唐德观，基址即府前总铺。成化中知府吴远迁本观于府治山后，弘治中都御史沈晖因祝厘(祈求福佑)于开福寺狭隘，遂徙于本观，增饬之，奏请今名。制度恢弘，殿宇轩豁，峨然玄都胜概也。后复为堂五间，以便游观燕会。匾曰："瀛洲深处"。都御史凌云翼有《记》，见艺文。

清同治版《郧阳府志·卷三·祠祀》和《郧县志·卷四·寺观》里有如下相同的记载：

> 迎恩观，在府治后，旧名"唐德观"。弘治九年，抚治沈晖、分守太监潘记等以为祝厘，会议题请敕赐今名，并置道纪司于内，碑在观中。嘉靖甲午重修，郡人韩谟有《记》碑在观中。万历元年，抚治汪道昆饬知府杨愈

茂等增修，碑在观中。

道纪司，是明清时期设在府一级的掌管道教事务的机构，受礼部“祠祭清吏司”(简称“祠祭司”)的管辖，衙署一般设在官府所管理的道观之中，置有都纪、副都纪各一人。在《红楼梦·第一〇二回》里就有：“道纪司派定四十九位道众的执事，净了一天坛”的描写。

在古代，各州、县里也都有道教事务管理机构：州里的称“道正司”，设有道正一人；县里的称“道会司”，设有道会一人。府州县的道官，都必须在持有度牒的道士里面推选，俗人不得入选。

《清史稿·职官志三》中记载：“府道纪司都纪、副都纪，州道正司道正，县道会，各一人。遴通晓经义，恪守清规者，给予度牒。”大意是说：府道纪司的都记、副都记，州道正司的道正，县道会司的道会，各设一人，均遴选那些通晓经义的、恪守清规的道士任其职，由朝廷发给他们度牒。

度牒，是朝廷颁发给佛、道二教从业人士的资格凭证，持有度牒者为合法从教，无度牒者为邪教。

二

郧阳僧纲司，设在城内之西南隅的兴福寺中，为成化十二年(1476年)由郧阳首任巡抚原杰批准设立。《明统志》记载：“郧阳兴福寺，成化中重修，置僧纲司于寺。”

郧阳兴福寺，俗名西寺，始建于唐代，明以前状况无资料可考，大约毁于宋末战火。明天顺初年(1457年)，郧县知县谭铨循在故址之上拆旧重建。成化初(1465年)，知县戴琰重修。成化十二年，原杰奏立在郧阳设府、卫，遂在该寺设僧纲司。万历十一年(1583年)春，汉江洪水冲决郧阳城，兴福寺尽被淤没，之后由居士(在家信道的人)韦大经捐资重建，不仅恢复得壮丽如初，而且又新创毗卢(大日如来)大殿藏经书于内，当时有竹溪籍进士欧阳照撰写了《重建郧阳兴福寺记》，可惜其文字内容已经无存。清顺治十二年(1655年)，兴福寺又毁于大火，在康熙二十八年(1689年)得以重修，由曾经任下荆南道分守、时任湖北巡抚的杨素蕴作了《重修郧阳兴福寺记》。乾隆十九年(1754年)，郧人曾经增修兴福寺。同治八年(1869年)，寺内藏经楼毁于火。

杨素蕴的《重修郧阳兴福寺记》对兴福寺的来历和经历描述得十分清楚：

郡西南隅有寺曰“兴福”，创自唐代，历宋、元、明初，废兴皆无所考。神宗癸未，汉水溢入城，殿宇佛像淤没无存。居士韦大经倡修前后佛殿，悉庄严壮丽。复创毗卢殿，请藏经于其内，竹溪欧太华为《记》，片碣犹存。国朝顺治乙未，祝融（火神）肆虐，灾及毗卢殿，藏经俱灰飞矣！噫，既厄于坎，又厄于离，岂所谓泥佛不度水，木佛不度火耶？诸檀那及主持僧元清约众倡募，已有成数，于是鸠工庀材，易殿为楼，复请经藏之，而天王、祖师、珈蓝诸殿、山门均一律修饰，至今仰栋宇之崇隆，睹檐阿之彩丽，于以护国佑民，允称福田善地。

明清郧阳地方志均对僧纲司有明确记载。

明万历版《郧阳府志·卷二十三·寺观》记载：

兴福寺，郡内西，天顺初知县谭铨循故址拆建。成化初，知县戴琰重修，十二年因都御史原杰奏立府、卫，改本寺为僧纲司。

清同治版《郧阳府志·卷三·祠祀》和《郧县志·卷四·寺观》里有如下相同的记载：

兴福寺，在城内西南隅，俗名西寺，建自唐代。《明统志》：成化中重修，置僧纲司于寺，今仍置此。万历癸未春，水溢冲决城垣，寺尽沦没，居士韦大经捐金修建，壮丽如初。又创毗卢大殿，藏经于内。竹溪进士欧阳照为《记》，碑已剥落。国朝顺治十二年毁于火，康熙间重修。乾隆十九年增修。

明太祖朱元璋曾经当过和尚，对佛教有一定的感情，对佛教事务也比较熟悉，因此在明初就建立了一套严密而纲目齐备的僧官制度，明确厘定了各级僧官的品阶和俸禄，将僧官完全划入政府官员的体系之中。

洪武元年（1368年），他在南京天界寺设置“善世院”，以统管全国的僧尼寺院。洪武四年，他又把统理天下僧尼寺院的职权并归给了礼部，由礼部属下的祠部管辖。

洪武十五年，他又另行制定了一套新的僧官制度：全国佛教由礼部管理，祠部统辖。在京都，设置僧录司以统理天下僧尼，设官左、右善世，正六品；左、右阐教，从六品；左、右讲经，正八品；左、右觉义，从八品。在地方，府设僧纲司，设官都纲、副都纲各一员；州设僧正司，设官僧正一员；县设僧会司，设官僧会一员。

洪武二十九年，他又把礼部所辖的祠部改为“祠祭清吏司”（简称“祠祭司”），总揽全国宗教的政令大纲，设官郎中、员外郎、主事各一人，分别掌管全国僧道的试经给牒、僧籍名册、僧官及道官的选补、寺观额定的赐给等的政令大权，原先的僧录司只处理具体的佛教事务，包括实际调查全国僧侣总数，制作资料详备的名册，包括姓名、年籍、出家受戒的时间、地点、受业师、历年行止等；编制天下寺院总册，详载启建年代、住持、住众人数、僧舍数目等资料，向祠祭司申报；推荐住持人选，以供任用时作为参考；主持经试，在祠祭司核可之下，填发度牒；约束天下僧众，严守戒律，阐扬教法；对违反戒律者，经调查后，申报祠祭司加以处置。

明朝还有一套统理僧官的独特办法，即对于僧官衣饰的规定，严格依照讲、教、禅三类区别僧服颜色：讲僧穿玉色常服或绿条浅红色袈裟，教僧穿黑色常服或黑条浅红色袈裟，禅僧穿茶褐色常服或青条玉色袈裟。唯有僧录司的高品阶僧官，才可以在袈裟上绣饰金边花纹。

明清时的各级僧官均不置衙署，而是直接设在寺院之内。但僧官就是政府官员，所以在朝的要参加朝会，在地方的要参与商政议政，均得接受朝廷对官员的考铨。

三

对宗教事务管理的机构，在我国古已有之，均是为了维护社会秩序，规范宗教活动，它是中国古代行政管理制度的有机组成部分，也是历代中央王朝所设置的政治制度之一。

自远古开始，中国各民族都有自己的原始宗教信仰，在当时诸教并存。在后来的发展历程中，中国宗教所呈现的特色为：原始宗教与所创宗教长期共存，本地的道教与外来的佛教、伊斯兰教和基督教共存。

汉族的原始宗教信仰，主要是对天帝、祖宗神以及各种鬼神的崇拜，相信男觋女巫能替人祈祷神灵，能沟通神与人之间的意志。周秦以来，历代帝王都宣称自己为“受命而王”，是受天帝之命来统治人民的。所以他们“建国受命，兴动事业”，都必先求助于卜筮，甚至把“决定诸疑，参以卜巫，断以蓍龟”视为千古不易之道。

古代“蛮夷氐羌”等少数民族也相信卜筮。《史记·龟策列传》称：他们“亦有决疑之卜，或以金石，或以草木，国不同俗，然皆可以战伐攻击，推兵求胜，各信其神，以知来事”。

约在两汉之际，道教形成。从东汉末年起，佛教(释教)在内地流行。从元代起，伊斯兰教在一些少数民族中盛行。元、明以后，基督教也被一部分中国人所信奉。至此，在中国大地上形成了以道、佛、回、天主四教并存的宗教信仰局面，相互虽时有争执，但基本能互容。

虽然历代统治者均视政权神授，都以天子自居，称自己受命于天，但又均视“王权高于神权”。政策上，既利用宗教的“教化”作用让人民服从自己的统治，可又与宗教保持一定距离，对各宗教采取兼容并蓄的政策，又设置官吏和机构管理和规范宗教事务。因此，除在西北、西南的少数民族聚居地区，因宗教与本民族文化有着紧密的联系，而曾经有过较长时间的政教合一时期外，在全国还没有哪一种宗教能占据“国教”的地位而高于政权之上。

在周朝，设有太卜和占人，既为职官名，亦为所在的机构之名，由他们负责卜筮吉凶。他们之间又有具体的分工：太卜掌管玉兆、瓦兆、原兆三种卜兆之法；而占人掌管占龟。周朝还设有龟人专事养龟，以供应占卜所用的龟甲。朝廷每遇祭祀和重要国事，都要由他们向天神和祖先占卜吉凶。春秋以后，各诸侯国也设专人主管卜筮。

秦沿袭周制：设太卜官，掌占卜；设奉常，掌宗庙礼仪；设太祝，掌郊祀。

汉承秦制，设奉常。景帝时，更奉常名为“太常”，属官有太乐、太祝、太宰、太史、太卜、太医六令丞。

据《大宗谱史学·管属僧尼》以及《佛祖统纪》等文献载：自东汉永平十年(67年)佛教传入我国，就一直都存在着僧官制度，由朝廷任命僧官管理佛教僧尼事务。初期，由朝廷的鸿胪寺兼管僧尼。

南北朝时，后秦始设独立的僧官，称僧正、僧灵、僧主、僧录等职位。宋、齐、陈时的佛教管理机构为太常，掌其职的官职为太常卿。到梁时，将太常官署改称为太常寺，掌其职者为太常寺卿，北齐沿袭之。北魏立监福曹，统辖全国僧尼，后改称昭玄寺(昭玄曹)，置官大统、统各一人，都维那三人，下置功曹主簿员。当时，把大统称沙门大统或昭玄大统，把统称沙门统、昭玄统。

隋代的太常，“掌陵庙群祀、礼乐仪制，天文术数衣冠之属”。其属官中的太祝，专掌郊庙赞祝、祭社衣服等事；其太卜，专掌诸卜筮；专管佛教事务的，称崇玄署。

唐代宗教，由礼部尚书所属之祠部郎中、员外郎掌管。当时，天下佛寺有定数，每寺立上座、寺主、都维那各一人，统称“三纲”，以德行知识高者充任之，其僧人簿籍，三年一造。唐高宗时，曾设翻经院，专事编译佛教经典。

五代及宋代大体沿唐，宗教事务先由太常寺掌管，后归鸿胪寺。《宋史·职官志》称：“中太一宫、建隆观等各置提点所，掌殿宇斋宫、器用仪物、陈设钱币之事。在京：寺务司及提点所，掌诸寺葺治之事；传法院，掌译经润文；左、右僧录司，掌寺院僧尼账籍及僧官补授之事。”

元代设宣政院，掌佛教僧徒及吐蕃事务，正使以下，必以僧侣为副使。

明清两代由礼部掌管全国宗教：在京城，设立僧录司和道录司，掌全国佛、道二教；在地方，府设僧纲司、道纪司，州设僧正司、道正司，县设僧会司、道会司，管地方宗教事务。

民国以后，孙中山宣布“政教分立”，取消僧官制度，还宗教于民间，遂成立“中华民国道教总会”和“中华佛教总会”。至此，存在了一千六百年之久的僧官制度宣告结束。

郧阳府直属的其他同城官署

前面已经介绍过郧阳府衙以及所属的同知署衙，其直属的官衙还有通判署、经历署、大丰仓、监署、税课司、水驿等。

郧阳府通判署

郧阳府通判署在府衙之西，建于明成化十三年(1477年)，毁于明末战火，在清乾隆六十年(1795年)由通判福成重修。嘉庆元年(1796年)，郧阳府通判署移驻上津，又在上津建新署，郧阳城里的衙署被闲置。道光三年(1823年)，郧城里的废通判署被改为了郧山书院。同治六年(1867年)郧城毁于洪水，次年由知府金达迁郧山书院于北城之山麓，其原址又重建了郧阳府经历署。

福成，镶蓝旗人，监生出身，在乾隆年间任郧阳府通判，于嘉庆二年(1797年)任郧县知县，嘉庆四年离郧。

通判是“知事通判”的简称，是在知府(州)之下掌管粮运、屯田、水利和诉讼等事项，并监督知府言行的副职。通判一职，为宋太祖赵匡胤为了加强对地方官的监察和控制，防止他们职权过重而创设的职务。通判设在地方州、府，由皇帝直接委派，职责为辅佐郡政，可以视为知府副职，但他有直接向皇帝打报告的权力。凡知府向下属所发布的政令，都必须要和通判一起署名方能生效。所以，通判之名，是因无论上行、下行的公文均得与知府联署的缘故而得。通判官的差选，最初由朝廷在京官中选派，后又改为由转运使、制置使或提举司等监司奏举。通判所掌之事，除监察知府外，凡兵民、钱谷、户口、赋役、狱讼听断之事皆可裁决，但须与知府合签文书才能生效施行。所以，通判既是地方官，更是兼行政与监察于一身的中央委官。

郧阳府经历署

郧阳府经历署始建于嘉庆初年，因为此前不见记载，当时建在通判署之西，由时任经历史积厚于嘉庆二年(1797年)捐建。同治六年(1867年)署衙毁于水，由时任经历冯嘉麟和继任经历萧树勋相继接力，在郧山书院搬走之后所留下的通判署旧址上重建，而把经历署旧址留给军方建了城守守备署。新的经历署里有一座小亭，称“环亭”，后毁于洪水。

史积厚，字载狱，号如舟，北京大兴人，吏员出身，于嘉庆元年(1796年)任郧阳府经历，六年离任。

冯嘉麟，北京大兴人，军功出身，于同治六年(1867年)任郧阳府经历，七年离任。

萧树勋，山东光州人，监生出身，于同治七年任郧阳府经历，八年离任。

经历一职，相当于现在的秘书，从中央到地方均设，为主官的属官，始设于金元，当时是为了掌管案牍及其他日常事务，后来被一直沿袭到清末。明清时的府经历为正八品官员，位次排在通判、同知、推官、教授、训导之后，品级虽低，但可以单独设署。

郧阳府大丰仓

郧阳大丰仓先建在府衙之西80步之地，明万历四十一年(1613年)大水入城，仓物漂没，遂改建到了小西门内的高岗之上。清朝同治元年(1862年)太平军攻打郧阳，守城军民在弹尽粮绝的情况下毁大丰仓拿建材当武器御敌。光绪七年(1881年)秋，知府李督楚发檄文筹款重建了大丰仓(详情见本书《郧阳仓大使署衙》一文)。

郧阳府监署

郧阳府监狱原在大丰仓前，为明万历五年(1577年)知府宋豸所建，后移至府衙之西的通判署(后来的经历署)前。乾隆六十年(1795年)，知府王正常补葺。同治六年(1867年)毁于水，八年，知府金达修葺。府监署设司狱一名，官阶为从九品。

宋豸，万历六年任郧阳知府，八年离任。

王正常，字澈，号方山，四川泸州人，举人出身，于乾隆六十年以道员身份兼郧阳知府，嘉庆六年(1801年)离任。

郧阳府税课司

郧阳府税课司在西关外1里的西河码头上，明成化十二年(1476年)设，清康熙后降格为了税课所。

税课司，为掌管征收商贾、侩屠、杂市捐税以及田宅买卖税契的机构，在各级政权中都有，为户部所属。明初，朝廷在京师设宣课司，在府、州、县设通课司管理赋税。后来又把府、州的通课司改为了税课司，把县通课司改为了税课局。明在全国设13个省以及若干藩镇，在各省、各镇内都设有税课司。于此相对应的，是在户部里设有13个清吏司，分管着各省的赋税。至于藩镇，其治所所在地原属哪个省，其赋税就归哪个清吏司分管。郧阳原属湖广省，其郧阳税课司自然就要接受户部里的湖广清吏司的领导。户部的每个清吏司之下都设民、度、金、仓四科。金科即是主管工商税收的机构，全国的税课司都归此科统属。

府税课司设大使一名，官阶从九品。

郧阳府水驿

郧阳府水驿在城东1里，为明成化十二年(1476年)所设，清康熙后废。其设官称“驿丞”，品级未入流。

水驿即水路驿站，管理着水上驿路。古时过江十分不便，凡遇紧急文书需要传递过江，一般不能指望民船，水驿的作用就显现了出来。

古人有许多描写水驿的诗句：唐人朱庆余有“水驿近船水，山城候骑尘”之句；李白也有“扬帆借天风，水驿苦不缓”之句；宋人周邦彦有“今宵正对初弦月，傍水驿，深舣蒹葭”之句；清人纳兰性德有“水驿灯昏，关城月落，不算凄凉处”之句；苏曼殊有“水驿山城尽可哀，梦中衰草凤凰台”之句；谢英伯有“驴背风刀蓬背雨，赚人水驿又山程”之句等。

郧阳仓大使署衙

粮仓古称“仓廒”，“仓”是粮储建筑的总称，“廒”为储粮的库房。粮仓是以廒为基本单位，专门用于储藏粮食的建筑。

古郧阳有许多粮仓，除商人为了从事粮食生意自建的商仓外，由国家所修建的官仓和国家提倡由民众所兴建的民仓还有很多。如官仓就有府库大丰仓和常平仓、县库富丰仓，以及军卫储存屯田收获的营仓等；民仓除商仓外，还有国家所鼓励的、分散修建在各地的、带有一定公益性质的义仓和社仓。但随着时光的流逝，郧阳现存的古粮仓就只剩下大丰仓一座，它以500余年的身份，400年不改的基本容貌，屹立在汉江北岸的山岗上。

郧阳大丰仓

现存的大丰仓位于郧阳新城的西南侧，按郧阳古城的方位是在城西北小西门内高岗之上。

元代以前的郧阳史非常模糊，自元代改郧乡县为郧县以后才逐渐清晰起来。明成化以前，郧阳的官仓只有县属富丰仓。明成化十二年(1476年)，朝廷在郧阳设藩镇管辖整个汉江流域和长江中游，同时批准设郧阳府治理周围七县，于是在次年又修建了府属的大丰仓和常平仓。

据史料记载，大丰仓最初建在府衙之西80步之地。万历四十一年(1613年)夏汉江发洪水，江水入城漂没了大丰仓里的所有仓储，仓廪也被冲毁严重，房木浸泡之后一时难以彻底干燥，于是就将大丰仓迁建到了现在的江岸高岗上。但现在的大丰仓并不是万历年间的原建筑，而是清光绪年间的新建筑。

清同治元年十月初九(1862年11月30日)，太平天国扶王陈得才率军由河南淅川到达汉江琵琶滩，直逼郧阳城。由于长久没有经历战事，当时郧阳城的护城河已经填淤，时任襄郧道台的金国琛紧急命令郧阳知府艾浚美、郧县知县奎联，立即率领城内乡绅民众，分段开浚了宽3丈、长730丈的护城河，并在石佛嘴处修筑炮台1座和城墙上的炮台60座。在太平军到达的前两天，城内官军就作好了充分的准备，在城墙上严阵以待，各道城门分兵把守。郧阳总兵讷钦和知府艾浚美，亲临把守北门这个地势较高的战略要冲；知县奎联，率众守护在太平军所来的东门。太平军抵郧后，沿汉江来到城西，在城下攻势甚猛。他们利用小西门外的江岸崖壁作掩护，沿码头石阶拾级而上，处在官军弹矢无法射入的死角。情急之下，讷钦和艾浚美商量后，将大丰仓、迎恩观等一批官方建筑上的椽木、檩柱、栋梁、砖瓦全部拆下，堆码在城墙上作为滚木以抵御太平军攀墙。他们把大丰仓里的所储之粮分散存放，严格控制配发，以解围城之急。由于城内组织严谨，防守严密，使得太平军久攻不下，不得不于腊月七日分三路渡过汉江退入房县、两竹。郧阳大丰仓由此废毁，消失在人们眼前达19年。

光绪七年(1881年)秋，知府李督楚发檄文筹款重建大丰仓，然后亲自督办，在原址上原样恢复了大丰仓。九年底，新的大丰仓竣工落成，耗费了商业税银4600两，被朝廷誉为"节俭兴事"之典范。随后，李督楚再耗库银12600多两，亲率郧阳水师驾驱军船，采办来大斗谷10000石分储于大丰仓廒之内。

大丰仓虽是光绪年间的新建，却是在原来的基础之上原样重建，所以有许多人说它依然是明代建筑应该不为大错。其整个布局为坐北朝南，有仓房四列三院，院前设有照壁门屏，四周修有围墙，院内配有防火水池，每栋仓廒面阔五间，共有粮仓二十间，其墙壁均为砖石结构，屋面为陶制灰瓦，房顶为九脊歇山重檐式，仓廒内立柱列列，梁柱相扣，四周夹壁，仓底悬空，檐下设通风纳日窗，结构精细而特殊，总占地面积3500平方米，整体气势恢弘。除储粮功能外，大丰仓还是郧阳府仓官的办公衙门，设有仓大使和仓副使各一员，率领着一班仓役，还住着看守粮仓的军士。其建筑中有官厅、科房和看守值警军士使用的警钟楼和营房，以及祭祀所使用的仓神庙、关帝庙等，并有进出仓房的车道和直通山下汉江的石阶和码头。

大丰仓的廒房制式统一。从外面看，屋高15米，墙壁为青砖砌筑，四面飞檐。从屋内看，每栋廒房空间相连，中间只以木柱区隔，屋顶以"人"字形列架与地面上的立柱铆为一体，柱顶着梁，梁立起柱，柱架着檩，檩钉上椽，均以卯榫结合套制成为了一个整体。框架之间相互的牵制力、木材本身所具有的弹力以及榫卯之间严而不死的结合力，共同作用着增强了梁架的承重力和连接性，使整个建筑始终处于稳定而富有弹性的状态，对房屋的整体性和稳定性起到了十分重要的作用，能有效地抵御地震等因素对房屋所造成的损坏。在两层屋顶之间，有通风小阁，四面的木质百叶窗起着排风纳日的作用，每扇窗上垂直布列的5条窗棂，均呈45°角向外倾斜，窗棂之间的间隙为2厘米，既通风，又隔雨，还能阻挡住雀鸟的进入。廒房四周最边缘的一排立柱，距青砖墙体 20 厘米，有大铁抓把木柱和砖墙连为了一起，增强了立柱的牢固性。每根立柱上都开有纵槽，在柱与柱之间插入木板，粮仓与墙壁之间就形成了一个 20 厘米宽的通风夹壁层。地面为青砖铺就，在青砖之上纵横布局石础，石础之上立有一排排、一列列高 1 米、直径 20~30 厘米的木柱，立柱之上榫卯横梁，横梁之上铺设厚木板，使仓底与地面之间形成了 1 米高的地阁。地阁四周的砖墙上，每隔一定距离就开设有 15 厘米见方的通气孔，通气孔的两面都有铁丝网相罩，既能使空气流通又可以防止老鼠的进入。整个大丰仓，常年都始终处于空气循环流通之中，墙壁底部的通气孔与地阁、夹壁、百叶天窗所形成的空气循环通道，既阻隔了地面的潮气，又带走了空气中的水汽。仓内储存的粮食，始终与地面、墙壁和屋顶隔开了一定距离，不仅能够使粮食始终保持干燥，即使粮食入仓时带有一定的水分，也会慢慢被排干。如果还不放心，还有一个绝招能够派上用场，即在粮食入仓时，拿竹篾编成的圆篓置放于仓廒粮堆之中作为粮食的出气筒。

郧阳大丰仓每间廒房的净容量为面阔 21 米，进深 17 米，高约 5.5 米。廒间采用了较为密集的立柱布局，进深方向的柱距为 1 米多，柱上均有槽，以供安插闸板随意分隔出独立的小空间。如果在大批进仓同一种粮食时，仓役可以收起一些闸板以形成一个大的空间，在门口搭木板梯直达廒顶的木架，从顶部向下倒粮，储满一廒再装下一廒，然后关门上锁贴封条。在出粮时，人们不必登上廒顶舀粮灌包，只要把留在地阁木板上的出仓口开关打开，粮食就会从一个个木溜斗中流出自动进入麻袋内。每当灌满一包，仓役就关上开关，粮食就会断流，在灌下一包时再打开开关，就又能够继续灌包了。

郧阳大丰仓设计精巧，坚固实用，这是古人智慧的结晶，它巧妙地利用了空气动力学原理让空气从下部进入，在热压作用下形成向上的气流通过夹壁从顶部百叶窗中排出，达到通风散潮、泻汗透气的效果，使得整个粮仓内部始终保持对所存储粮食有益的冬暖夏凉的恒温状态，具有防潮性、降湿性、控温性、通风性和随意区隔空间的便利性等特征，同时具备了防潮、防霉变、防鼠、防虫、防雀鸟的功能，是充分利用自然物理性的原生态古建筑。

民国时期，郧阳大丰仓历经战乱而严重失修。中华人民共和国成立后，大丰仓被确定为郧阳专署直属国有粮库，曾经拨专款对其加以修缮，重新恢复了晚清时代的气势和作用。2004 年 7 月，郧县人民政府确定大丰仓为重点县级文物保护单位。2008 年 3 月 27 日，郧阳大丰仓被湖北省人民政府公布为省级文物保护单位。2009 年，湖北省人民政府推荐申报郧阳大丰仓为第七批全国重点文物保护单位，目前已公布在国务院印发的《关于核定并公布第七批全国重点文物保护单位的通知》目录之中。

郧阳粮仓及其传承

大丰仓只是郧阳古代的粮仓之一，只不过其他粮仓都没有被保留下来而已。据历代《郧阳府志》和《郧县志》记载，至少自明代开始，郧阳城内还有府属的常平仓、县属的富丰仓和预备仓，以及分散在城乡各地的社仓。

郧阳常平仓是府属粮仓，设在县衙之东南侧，其建筑年代、具体规模和建筑式样已经无从考证。在古代，常平仓是国家法律规定必设的粮仓，是古代政府为了供应官需民食、调节粮价、储粮备荒而设置的粮仓，主要功能是储粮之后以价值规律来调剂粮食供应，充分发挥稳定粮食市场价格的作用。每当市场粮价低的时候，常平仓就会适当提高粮价进行大量收购，使常平仓的仓廪充盈；每当市场粮价高的时候，官府就会适当降低价格出售常平仓的粮食。采取这一措施，既能够避免丰年发生“谷贱伤农”，又可以防止歉收年份发生“谷贵伤民”，对平抑粮食市场价格，巩固封建政权稳定起着积极的作用，这在一定程度上起到了维护人民群众的利益和愿望的作用，是一种利国利民的举措。

郧阳富丰仓是郧县所属的正式官仓，设在县衙西侧，为洪武十四年(1381 年)知县吕仲彬所建，曾经在成化四年(1468 年)由知县戴琰重建。

郧阳预备仓也是郧县所属的粮仓，也设在县衙门之西，为成化四年知县戴琰创建，是国家应对粮荒所设的、专门用于备荒赈济的仓储体系中的一个。预备仓起源于明代初期。洪武二十一年(1388 年)六月，朱元璋下令由中央政府推动创立预备仓。到洪武二十四年时，预备仓就在全国各省、府、州、县由政府出资大规模普设开来。到正统初年(1436 年)以后，各地都司、卫、所等军队系统也开始广泛设立了预备仓。明朝有明文规定：各县四乡要“分立预备四仓”，“常存两年之蓄”，“以蓄缓急”，“以备饥荒”，并且担负 50 岁以上的孤老、60 岁以上的耆老和“年高笃实民人”的赡养和管理。如郧阳预备仓属下，就有一所养济院，是专门收养孤寡老人的。据资料记载，郧阳养济院为洪武七年(1374 年)由知县马伯庸所建，最初在县衙西，收有“孤贫七十名”。成化七年(1471 年)时，知县戴琰迁移养济院于县衙之西南。后来，养济院又被移至东门外，改名为普济堂。清道光二十八年(1848 年)，知县陈子饬重修养济院时，有“孤贫二十名”。

社仓是一种民间储粮的方式，在古代郧阳境内遍及城乡。据清同治五年(1866 年)统计，郧县共有社仓 84 座，分散于各保，散贮着民户的余粮。社仓是民办粮仓的一种，最初由南宋朱熹首创。据载：宋孝宗乾道四年(1168 年)，福建建宁府发生了大饥荒。当时身在崇安开耀乡的朱熹，同乡绅刘如愚向建宁知府借出常平仓米 600 石赈贷饥民。当年秋天建宁一带丰收，冬闲时朱熹按照 20%利息收回本息，归还了官府。由此，朱熹开始劝乡绅们建社仓，把此作为一项慈善事业，大规模开展民间余粮的存储和借贷，让农民把家里的余粮都拿出来集中存储赚小利，等到灾荒时再来借贷粮食救命，并商定了乡规民约：在小歉之年利息减半，大饥之年利息全免，待息米相当于原本的 10 倍时就停止加息，每石只收损耗米 3 升。至淳熙八年(1181 年)，开耀乡已积有社仓米 3100 石，朱熹就向孝宗帝上《社仓事目疏》。孝宗采纳其法，“颁其法于四方”，社仓遂成为一种国家法令强制推行的制度在全国推广。社仓，不仅仅是指同类的所有粮仓，而且特指这种储粮制度。在民间，社仓不一定有专门的仓廒，大多是在祠堂、庙宇甚至大户之家里储藏粮食，粮食的来源一般为劝捐或募捐而来，在丰时存储，到歉时借贷，平常年景也开展春放秋还。

在古代，国家还提倡和鼓励各地广泛建立义仓，但史料中不见郧阳义仓的记载。义仓是一种得到政府鼓励和指导的，由地方百姓特别是豪绅捐助兴建后，动员农民自觉积储余粮，以备灾年自赈的一种储粮方式。农民在义仓借粮，归还时只允许稍加损耗，不允许靠借贷盈利，是一种纯慈善形式的灾年自救方法，所设计的初衷是极好的，但问题是极易被人为控制而改变性质。这也许是古代郧阳没有义仓的主要原因吧。

我国粮仓的发源和发展

郧阳粮仓是中国仓储体系的一个部分，是中华文化传承的一个因子，我们研究郧阳粮仓，就得熟悉中国粮仓的起源和发展。

我国的粮食仓储起源很早，在古文献里就常有仓的记载，在田野考古中也有不少仓的遗迹陆续被发现，这为今人研究中国仓储历史提供了比较方便的条件。仓的起源与发展，与历史上的农业生产、政治制度、经济政策、军事活动、交通路线以及科学技术等都有着密切的关系。在旧石器时代，人类使用粗糙的打制石器，依赖采集野生植物的根、茎、果实和渔猎生活，生活物资基本没有剩余，因此在田野考古中还没有发现有远古仓的遗迹存在。新石器时代时，人们的生产力水平已有所提高，农业和畜牧业已经比较发达，生活资料有了比较可靠的来源，人们开始了定居生活，仓也就随之出现。因此，不管是在仰韶文化遗址，还是龙山文化遗址中，都发现了在房屋遗址周围有储存东西的窖穴遗迹存在，而且有相当一部分窖穴是专为贮藏粮食而挖的。如在西安半坡7000年前的原始氏族公社聚落遗址内，就发现了很多这样的窖穴，密集地分布在居住区内，和房屋交错在一起，里面有腐朽了的粮食。有些窖穴表面有一层红烧土，说明事先用火烧烤过，证明当时的人们已经开始注意到了粮仓的防潮问题。再如在4000多年以前的龙山文化村落遗址中，储粮的窖穴出现更多，窖穴式样也有了一些改进，表明这一时期的粮食产量比以前有所提高，窖穴也就得适应更多更好地保藏谷物的要求。新石器时期储粮窖穴的发现，说明了我国粮仓起源于六七千年以前的原始社会，是伴随着农业生产过程所产生而发展出来的一种储粮设施。特别是在一些遗址里，有些窖穴的壁上发现有一个小龛，里面放着带有盖子的小陶罐，是专门储存种子用的。它说明当时的人们已经把保存种子看得比保存粮食更为重要。

当国家成形之后，官仓和仓官随之出现。在周代，设有官仓人掌管国家的粟入之藏，设有遗人掌管国家的囤积，后世就一直沿袭了这一制度。汉代，耿寿昌效仿东周时魏国宰相李悝的平籴法令，令各边郡均筑仓储粮。隋代，长孙平给各州下令，要求广造义仓，在秋天收获时劝百姓出其所得粟或麦之一二，委托社司每年收集后在当地储藏，一旦遇有饥荒，即以此粮赈济给灾民。这种办法对抵御天灾兵祸有极大作用，给了百姓自己掌握粮仓出入，以控制灾情缓急的权力，所以叫义仓。唐时，戴胄效隋法，下令王公以下凡有田地者，每亩拿出3升，在地块便利的地区通过协商卖给无田地的人家，并划出9个等级来分别出卖。如果某年歉收，就拿出这些粮食来赈济灾民，或者作为种子使用，在秋收后偿还。宋代乾德、元圣年间，全国各地先后广建社仓，并由朱熹始创社仓之名。到淳化年间，各路、道、府皆设常平仓。

至此，我国的各类粮仓管理成熟，并延续到了清末。

郧阳粮仓存在的意义

郧阳粮仓有发放当地官员俸禄和军队粮饷，以及赈济当地灾民的作用，但这并不是它的全部功能。在特殊情况下，国家是可以紧急调拨郧阳的仓粮救急的。

郧阳处于秦巴山之间，汉江中游，气温和年降雨量均适中，具有气候的多样性，水资源又十分丰富，农作物南北兼收，水旱兼有，加之汉江谷地又有大量连片沃土，是粮食的重要产区之一。郧阳处于中原、关中平原、成都平原、江汉平原之间，境内的汉江、堵河、丹江等河流连贯长江，接近黄河，伸及陕甘，逼近巴蜀，自古就是国家漕粮和供应西北军粮的重要通道。因此，处于这个节点上的郧阳粮仓的意义就不可小觑。

郧阳历来就是国家征收税粮和军粮的地区之一。历史上，我国政权多次建在西北，只要发生粮荒，或者西北有战事，汉江马上就会进入紧急状态，繁忙景象就会加倍，沿线都会动员起来紧急调运江南的漕粮快速进入西北。首先，朝廷会下令调集郧阳、襄阳一带的仓粮急输西北，再从江南运粮补充郧襄，这时的郧阳粮仓就成为国家救急粮食的中转站。在古代郧阳，囤积粮食为官仓提供粮源，或掌握船只从汉口纷至沓来地运粮，就成为了一些精明商人瞄准的商机。

在紧急情况下，从郧阳一次能够调集多少粮食？看清代《郧阳府志》中的一组数据就会有一个大概的了解：

郧阳府大丰仓：旧存贮南抵漕米一千零一十石二斗二升四勺，又额贮漕谷一千二百六十石。嘉庆初，拨用无存。同治元年粤逆之乱，仓亦寻废。今署内建置仓廒，存贮历年郧县岁解裁减兵额截旷米千四百余石。

郧县：每年存贮额征秋米一千六百一十二石八斗九升二合一勺，岁充兵饷。常平仓，贮谷一万八千石，叠经汉水漂没，并拨充兵食无存。各保仓，旧贮本息谷七千一百三十一石四斗七升二合。嘉庆初，北贼焚掠谷九百四十四石五斗四升九合一勺，实存谷六千一百八十七石九斗二升二合九勺，各保社长经管。

房县：每年存贮额征秋米一千八百九十一石六斗四升九合九勺，岁充兵饷。常平仓，额贮一万石，咸丰乙卯、丙辰年，拨济兵饷七千六百四十四石有奇，余悉被贼焚掠。城乡社仓，旧贮本息谷八千六百二十六石一斗一合一勺，嘉庆初经贼焚掠无存。

竹山县：每年存贮额征秋米七百八十石八斗六升一勺，岁充兵饷。常平仓，额贮六千二百一十一石四斗一升二合，咸丰壬子、癸丑年拨济本营兵食，无存。城乡社仓，旧贮本息谷六千七百一十九石五斗五升七合三勺，嘉庆年毁于贼。

竹溪县：每年存贮额征秋米三百九十石三斗七升二合二勺，岁充兵饷。常平仓，额贮谷五千三百八十四石二斗四升三合一勺，咸丰癸丑、甲寅年拨济兵食，无存。城乡社仓，旧贮本息谷一万四千九百六十六石一斗九升九合八勺，嘉庆初被贼焚掠，并拨济勇粮、借给民食，计谷一万一千七百四石一斗六升八合四勺，实存谷三千二百六十二石三升一合四勺。

保康县：无秋米，兵饷拨于郧县。常平仓，额存谷四千石，又逆产租息谷二百五十四石五升，咸丰初叠济兵食，六年全毁于贼。城乡社仓，旧贮本息谷三千一百九十五石四斗二升五合，嘉庆初焚毁无存。同治九年，知县史致谟筹备社谷二千余石。

郧西县：每年存贮额征秋米五百六十石三斗六升一合二勺，岁充兵饷。常平仓，额贮五千石，道光间叠济南粮，存谷四十一石二斗六升二勺，同治元年与仓俱毁。城乡社仓，旧贮本息谷八千四百七十三石四斗九升九合七勺，粤匪焚掠无存。

从以上文字中能够得到几个信息：一是如果无特殊情况，郧阳使尽全力能够同时调集官粮56352石，民粮49104石，这10万余石粮食即使在今天也不是一个小数目，在当时应该能够解决朝廷的燃眉之急；二是大丰仓虽然是郧阳的府仓，但一直被朝廷所控制，是存储国家漕粮的国仓；三是郧阳的粮仓和所储粮食会经常毁于洪水和兵荒，有时候恐怕是自顾不暇，更别说给朝廷救急了。

皇帝颁发给郧阳的《仓粮敕》

在古代，凡封疆大吏到地方任职，皇帝都要颁发给他和地方官府一道敕书，其中就包括《仓粮敕》，这是朝廷控制地方粮仓的手段之一。自明到清200余年间，朝廷在郧阳设藩镇，121任二、三品的巡抚重臣轮番在郧阳登陆，管理着整个汉江流域和长江中游，应该接受过许多道《仓粮敕》。在此，特选嘉靖三年(1524年)寇天叙上任时带回的《仓粮敕》(不坐名)，对了解朝廷怎样控制郧阳粮仓会有很大帮助。其文如下：

仓粮敕(不坐名)

敕提督抚治郧阳等处都御史：近该户部题称，各处预备仓专为救荒而设，比年所司怠玩废弛，未见修举。甚至仓廒尽废，蓄积全无，一遇饥荒，赈济无策。欲行申严法例，以期成效。今特命尔严督所属司、府、州、县、卫、所等衙门掌印正官及管屯粮官，依照先年奏行事例，逐一查处。仓廒坍塌者，即行起盖；损坏者，量加修葺。自嘉靖三年为始，务要多方区画，设法措置。凡上司及本衙门赃罚、纸价并税契、给引等项一应无碍官钱，俱令尽数籴谷或杂粮上仓收贮。仍照弘治三年事例，以里分多寡为率，务足原数。其管粮官监收殷实户领籴，佥拨斗级看守，选委官员查盘俱要着实举行，不许仍前怠缓误事。遇有水旱，度支造册备照，待丰年抵斗还官。不许借名赈发，虚数开除，姑待还官，以掩无积之罪。有将例内粮米挪移罔费，及纵容下人侵渔者，问赃罪，照例发落。府、州、县掌印官及管粮官，未及三年查盘遇升，除事故，俱要达合干上司委官查盘无碍，方许离任。如违，听尔参奏治罪。各该官吏仓攒人等，敢有不行用心，虚应故事，通同作弊，及将籍册数目捏写虚填等项，即便究问如律。应奏请者，奏闻区处。尔仍往来提督，时常稽考，务使储蓄充盈，足为缓急之备。如遇连年丰稔，所积仓粮亦须易新，勿令腐烂。每岁终，将措置粮数据实奏报，毋或稽违。

这是嘉靖三年(1524年)皇帝颁发给郧阳巡抚的有关粮仓的敕谕。当时，郧阳巡抚章拯改任河道总督，由寇天叙接任郧阳巡抚。寇天叙上任时，皇帝在向他个人颁发巡抚郧阳敕谕的同时，还颁发了这道《仓粮敕》(不坐名)。按照古代的行文规矩，凡颁发给官员本人的敕书都要写清楚接受敕书人的官职和姓名，称“坐名”也叫“具名”，凡因事而颁发给官员的敕书都被认为是颁发给地方官府的，即使这个官员离任，只要不把敕书交还给皇帝，后任的官员就有继续履行这道敕书所规定的义务和责任，因此都不坐名。

通过这道《仓粮敕》，我们可以了解到当时国家的粮储制度，以及当时郧阳仓粮的情况。敕书大意是说：最近户部奏报，说各地为救荒专设的一些预备粮仓，近些年因官府懈怠玩忽而废弛，不见他们修举。更有甚者，正式的官仓也尽被废弃，蓄积全无，一遇饥荒就赈济无策。从现在起申严法例，以期成效。

今特命你严格督查所属的司、府、州、县、卫、所等衙门掌印正官，以及管屯粮官，依照先年所奏行的规定，逐一查处。粮仓坍塌了的，即行起盖；损坏了的，量加修葺。自今年开始，务必要多方筹划，设法措置。凡上司及本衙门罚没的赃款、官印契约的纸价、税契、经商给引等所有收入的官钱，都要勒令他们全部用于买稻谷或者杂粮，上仓收贮。仍然按照弘治三年(1490年)的规定，以里分(县下行政组织，相当于现在的乡)多寡为标准，切实补充储粮。各管粮官要监督收取殷实户的领籴，每日派人看守。选委官员时，查盘程序都要着实进行，不许仍然按照前面的怠缓样子而误事。如果遇有水旱灾情，支出的仓粮要造册备案，等待丰收年景之后按数还官。不许假借赈灾名义发放、虚列开支、拖欠还粮时间，以掩盖粮仓没有积蓄之罪。如有将仓内粮米挪移，欺瞒上下，或者纵容手下之人侵吞渔利者，一律问以贪赃罪，照例发落。凡府、州、县掌印官以及管粮官，没有等到三年查盘就遇到升职机会的，为排除事故，都要经上司委官查盘无碍之后方许离任。如有违背，听凭你参奏治罪。各官、吏、仓使人等敢有不用心、虚应职事、共同作弊以及将籍册数目造假虚填等项者，立即以律追究。应该奏请的事项，你在奏闻时必须奏明筹划安排情况和处理意见。你仍然要往来提督，时常稽考，务使粮仓储蓄充盈，足够缓急之备。如遇连年丰收，所积的仓粮也要更新，不得令其腐烂。每年年终，要将该年所措置的粮数据实奏报，不得有违。

万历《郧台志》在录入这篇《仓粮敕》之后加了按语：

嘉靖二十六年起至隆庆元年止，抚治事权视旧，各院历奉敕谕，前《志》不具载，计与后录刘院所奉相同。

这是说在嘉靖三年(1524年)颁发这道《仓粮敕》之后到嘉靖二十六年间，应该还颁发给了郧阳新的《仓粮敕》，但内容与嘉靖三年颁发的这道《仓粮敕》相同。嘉靖二十六年以后到隆庆元年(1567年)，皇帝索性不再每次颁发，所以嘉靖三年的这道《仓粮敕》管了嘉靖、隆庆、万历三朝共57年的46位巡抚。

万历九年(1581年)郧阳罢镇，巡抚杨俊民向皇帝交回了仓粮敕书。万历十一年二月(1583年正月)，朝廷恢复郧阳藩镇，但在派张国彦赴郧阳任巡抚时并没有向他颁发新的《仓粮敕》。当年十一月，张国彦改任为顺天巡抚，由太仆寺卿毛钢继任郧阳巡抚，这时皇帝才向他颁发了新的《仓粮敕》。这道《仓粮敕》非常短，只有两句话24个字：

嘉靖三年，原奉者交讫。万历十二年，复奉与前相同，转交收掌。

敕书这么短，不能说明它不重要，而是有这24个字就足够了。第一句9个字是说，原来在嘉靖三年所颁发的《仓粮敕》已经交回了朝廷，隐含的意思是说郧阳已经没有了仓粮敕书，意在表明颁发这道新敕书的必要性。第二句15个字是说，这次重新颁发给郧阳的《仓粮敕》内容与嘉靖三年的相同。这短短的一道敕书恰好说明了它本身的重要性，即使内容相同，皇帝也要郑重其事地重新颁发。

郧阳巡抚为粮食所上的奏疏

粮食历来就是国之根本，地方上每遇有关粮食、土地的大事，官员都要上疏朝廷请求颁发谕旨。了解历代郧阳巡抚有关粮食的奏疏，对研究郧阳古代粮仓的历史多有裨益。

嘉靖七年(1528年)，郧阳巡抚林富上《兵荒钱粮疏》：

兵荒钱粮疏

都御史林富题：为兵荒急缺钱粮事。臣自嘉靖七年九月到任，值地方重灾，公私匮竭。除将前钱粮查发赈济及处补禄粮，一面将饥民情状、缺粮数目具本谨奏，伏候明旨外，本年十一月以后月日不等，即据抚属南漳、山阳、郧西等县及均州、邓州各申报，强贼百十余人张打旗号劫杀居民，各报到臣。当选委官兵将贼首陆续擒获，其胁从之徒抚散复业。又据均州称报，本州人民多在地名莫家山打取石粉，掺和麦面做饼食用，多坠肠而死，又盗割饿死人肉煮食等。因臣又督委该州，设法煮粥赈救及将骸骼掩埋，近颇安息。又据荆州府申报称，本府城内宗室及三卫军士，因缺禄粮大半乞丐，宗室不时拥入府堂，军士聚而不散，相为偶遇，诚恐祸成不测。等因。到臣，又经行府，将在库银三千两挪移给散，暂安人心外，窃照前此盗贼抢掠不过数人，今乃百十成群矣；前此饥民缺食尚茹草本，今乃相食矣；前此宗藩军士禄粮不过文移告急，今乃行乞道路矣！事势威迫如此，可坐视而莫之救耶？况民穷盗起，理势必然，师行粮从，用兵急务。臣早夜忧思，为计已穷，前疏请乞。显陵大工余银，未奉明旨，诚恐前银难动。伏乞请发拿内帑一十万两前来，半贮郧、襄，以备赈济、俸禄之用，半贮荆州，以应宗室官军之急。容臣会同各该抚、按官查发赈济，若有警，调兵合用粮饷听臣督发支给，事完造册奏缴。庶几宗室、饥民均荷生死骨肉之恩，而缓急有备，地方可保无虞矣。等因。

奉圣旨："该部知道。"

这篇奏疏浅显易懂，所禀报和请求解决的内容为"兵荒钱粮"之事。首句"都御史林富题：为兵荒急缺钱粮事"是古代奏疏的一种格式，先自述上疏之人的身份，再表明所要上疏之事，意思是郧阳巡抚林富为郧阳发生兵荒，急缺钱粮而奏报。接下来是他所奏报的内容，大意为：

我自嘉靖七年(1528年)九月到任时，正值郧阳发生重灾，无论公粮和民间的钱粮都已经消耗匮竭。我除了一面将前任留下的钱粮查实后发放赈济灾民，以及补发给境内王室成员和官员们的禄粮外，一面将饥民情状和缺粮数目写成奏章呈上，等待陛下的明旨。在本年十一月以后，我陆续接到所属的南漳、山阳、郧西等县及均州、邓州等地各自的申报，都说有强贼百十余人公开打着旗号劫杀居民。我当时选委了官兵将贼首陆续擒获，其胁从之人均在安抚之后遣散，让他们回家复业。接着均州又报称：本州人民多在一个叫莫家山的地方打取石粉，将石粉掺和于麦面里做成饼子食用，结果许多人坠肠而死，再有人盗割饿死之人的肉煮食等。因此，我又督委该州，设法煮粥赈救灾民，再将死人的骨骸掩埋，近来已平安不少。继而，荆州府又申报称：城内的皇家宗室，以及三个军卫的军士都因长期得不到禄粮和军饷而大半在外讨饭，宗室成员不时拥入府衙大堂内讨要粮食；军士之间相互偶遇时，也都因谈论粮食聚而不散，诚恐祸成不测等等。因此，我又通过行都司将在库的银子挪移了三千两发放给他们，暂且安抚了人心。另外，我思量以前发生盗贼抢掠之时，人数不过数人，今日怎么就有上百成群了？以前发生饥民缺食时，还只是吃树皮草根，今日怎么就相食同类了？以前拖欠宗藩、军士的禄粮、军饷时，他们不过以文书告急，今日怎么就讨饭于道路了？事势如此威迫，怎能坐视而不救呢？况且民穷就会盗起，这是事态发展的必然趋势。军队要行动，军粮必须紧随，这是用兵的急务。我白天夜晚的忧思，能用的计策都用尽了，这才上疏请求朝廷的帮助。安陆显陵大工所剩余的银两，未奉陛下的明旨我不敢擅动。我跪地请求陛下能发拨内帑 10 万两前来，一半银两贮存在郧阳和襄阳以备赈济、俸禄之用，一半贮存在荆州以应付宗室和官军之急。如能拨来，容我会同各抚、按官们审查情况，发放赈济，若有警情发生就作为调兵使用，听凭我督发，以支给粮饷，事完后再造册奏缴。只有这样，才能够使宗室和饥民都萌发生死骨肉之恩；缓急有备，地方就可以永保无虞了。

皇帝在这道奏疏上的御批为："该部知道。"(这里指户部和兵部)

透过这道奏疏上的文字我们了解到：在嘉靖七年(1528 年)，郧阳藩镇所管辖的汉江中下游，商州、郧阳、南阳、襄阳、安陆、德安、荆州七府都发生了大饥荒，饿死了许多人，活着的人甚至食用饿死同胞的肉来维持生存。在均州，有不少人是吃食了观音土坠肠而死的；在荆州，就连皇家宗亲和军队的粮食也无法供应，使得皇亲和军士们上街乞讨，宗亲连连大闹府衙；在各地，都有灾民动辄集聚上百人打着公开旗号抢掠。我们不禁要问，嘉靖三年(1524 年)皇帝才颁发给郧阳藩镇《仓粮敕》，要求修整粮仓存储库粮以备灾荒，时间只过去了四年，应该是一个库粮充盈的最好时期，何以会出现如此局面？还应该注意的是，七府所辖的县何其多，为什么单单荆州、南漳、均州、邓州、山阳、郧西等地的灾情如此之重？难道上天眷顾其他县了吗？应该不是，出现差别的原因应该是各地在执行《仓粮敕》上有差距。可以想象，被贪官、庸官、懒官把持之县，一遇大灾必然会有大难。再查看史料分析郧阳府在那几年里的行动，就能够理解为什么当时郧县、房县、二竹、保康都没有发生饿死人之情状。嘉靖三年，寇天叙领回了《仓粮敕》，可他在嘉靖四年正月就改任甘肃巡抚，由湖广左布政使蒋曙接任郧阳巡抚。当年六月，蒋曙开始清查税粮，并要求各府、州、县与地方豪绅协商达成了平均摊派赋税的协议，让里、甲长们便于征收。他又颁布《禁约十九事》，规定了各种不得向农户转嫁税粮的措施。这些举措数郧阳府执行得最好，不几年仓储就逐渐充盈了起来，但唯独郧西县是个例外，这大概就是郧阳藩镇境内大多数县在大灾之年没有出现大荒的原因吧。

郧阳土地与郧阳税粮

解决粮食问题的根本，在于解决土地和税收问题。实现耕者有其田是一个方面，合理赋税也是农民是否有耕种积极性的主要原因之一。为土地，为赋税，郧阳的巡抚们也没少上奏折，采取了各种办法整顿郧阳的土地和赋税，都是希望郧阳国库充盈，人民乐业。如嘉靖十一年(1532 年)，郧阳巡抚胡东皋所上的《丈地均粮疏》：

丈地均粮疏

都御史胡东皋题，为钦奉明旨丈地均粮事。据参议陈良谟、副使万云鹏会呈，据委官呈，勘过谷城县田地税粮缘由到道。为照。该县税粮先因王庄相杂，军民转佃，奸豪之家兼并混占，今计查出之数倍于原额，则各官任事已为尽心，但称桑丝、官粮另要拨田抵补，使民田山课又作一则，恐法久生弊，数十年后又焉保其不以官作民，以重作轻，复如今日之患哉？莫若以该县原额官民粮数，通派该县田地，均匀扣算每田，一亩折夏税若干，秋粮若干，及将带征原额桑丝亦计亩均派，随粮带征，着为定规，庶可经久。但未丈量，恐有遗情。合无仍行各委官，重将踏勘出田地细加丈量，的确熟识，派粮则数停当，再审定夺为便。至于王庄影射，非惟各官不敢尽法，职等亦难遽议。等因。

到臣看得：该县田粮既官民不同，则数又多寡不一，里书缘此为奸，买主收轻遗重，贫乏不能告理，因循既久，遂成痼弊。今各官议，要通将该县官民田地均定一则，桑丝、山课随粮带征，划绝弊根，深为有见。但恐不经丈量，则余利之在民者不能尽于官，反起争讼之扰。近查的邸报户部一本，为乞恩禁治豪官偏粮，苦害贫民不得安生事。题奉圣旨："这所奏均田则例，便行本处抚、按官差委二司官就行，与他从公相勘。如果有奸弊，即将郭良臣从重问拟。近年，各处田土多有赋税不均，遗累小民，被人告发。还要与他清查丈量，不许因而扰害，及额外增税小民。便通行天下抚、按官遵行。钦此。"

臣仰见皇上洞察民隐，明见万里之外矣。此正谷城今日之弊，臣愚拯救所当先者。臣急欲遵奉前旨，通将该县田地除在王庄者，请发该府红绫册籍，查定先年钦赐顷亩数目、坐落、叚(段)至。其在军屯者，吊查原拨屯种处所四至，如有混占，悉令退还。及将水冲沙压尽与开豁，山坡地亩倍加折算，委选公正官员，沿丘履亩丈量通县原额田地若干，今量出若干，然后以税粮、桑丝一如陈良谟、万云鹏所议通融均派，造定新册，每户各给由帖。待后大造，照今定则数攒造，永为遵守。如此，庶民有恒产而赋税不累，官有定制而足国裕民之道，易为力矣。

这道奏疏同样浅显易懂，是郧阳巡抚胡东皋为丈量土地、均派税粮请求圣旨的奏折，所以称之为《丈地均粮疏》。其大意为：

据下荆南道分守参议陈良谟、分巡副使万云鹏共同呈报，还据所委派的其他官员报告：查过谷城县田地税粮的情况，并在下荆南道衙门备案。该县税粮先是因为王府田地与民庄田地相互混杂，军队与百姓田地相互转租，奸豪之家借机兼并混占了大量田地，今计查出的应缴税粮之数是原定额的数倍，可见各级任事的官员们已经尽了心。但是，当地又要求农户在桑丝和官粮之外，另拨付田地抵补因王府侵占不交多出来的赋税，使得民田山课又多了一项内容。这样的做法恐怕日久会生出弊端，又怎么能够保证在数十年之后不以官田作为民田，以重税变为轻税，就像今日之忧患这样？不如按照该县原来额定官民的粮数，通派到该县的田地里，均匀扣算到每块田里，按一亩折夏税若干，秋粮若干，以及将带征的原额桑丝也计算到亩，均派随粮带征，在成为定规之后或许能够长久执行。但在未丈量土地之前就执行恐怕仍有遗情，何不仍然责令各委派官员，重新将踏勘出的田地再细加丈量，在的确无误之后把所派粮之数计算停当，再审查定夺。至于王府庄园蒙混田地，不只是各级官员不敢按照法律尽职，就连我等封疆大吏也难以随便拿出解决方案。

因此在我看来，该县田粮既有官民之不同，又有数量多寡之不一，抄写土地由帖(证书)的文书们往往借此相互勾结，那些由帖的买主只要赋税轻的田地，不要赋税重的田地，得到贫乏田地的贫民还无处申告，这样的状况因循既久，就成为了长期养成的弊病。现在各官商议，要将该县所有官民田地的赋税，按一个标准平等制定，把桑丝、山课随税粮一起征收，以杜绝弊端的根源。我以为这是深有远见的，但就怕不经丈量土地，盈余之利虽然在民，但官府不能全部囊括，反而会引起争讼之扰。我近日查得一条来自户部的邸报，是外地为乞求恩准查禁治理豪门大户和官员转嫁税粮，祸害贫民不得安生之事的奏疏。得到的圣旨为：“这所奏的均田之事，可以依据法令或成案作为定例，下发到本处的抚、按官指派二司官执行，让他们公正地勘查。如果里面真有奸弊，就立即将郭良臣从重问法。近年，各处田土多有赋税不均遗累小民，被人告发。还是要给他们清查丈量的权力，但不许因此扰害及额外增税给小民。顺便将此通行天下抚、按官们遵照执行。钦此。”

我仰望陛下能洞察民隐，明见于万里之外，这正是谷城县今日的弊端，愚钝的我想要拯救民众，甘愿当一个先行者。我急切地想要遵奉你前面的旨意，将该县除王府庄园以外的所有田地，与该府发放的所有红绫册籍相对照，查定先年钦赐的大致数目、坐落位置、段落边止。假若这块土地归属在军屯的，调查其原来拨付屯种时所处的四至边界，如有混占，悉令退还。再将洪水冲沙压埋的土地赋税全部宽免，山坡上的地亩赋税则加倍折算，委选那些公正的官员沿着丘坡实地观察丈量，通盘掌握全县原来田地的数额到底有多少。现在已经量出部分田地，正按照陈良谟、万云鹏所议的通融均派方法，以税粮、桑丝各自造定新册，每户分别发给土地由帖。稍后我们会大造新册，按照今日之办法集中办理，并以此规定为需要永远遵守的法规。只有这样，老百姓有了恒产才不被赋税所累，官府有了定制再敞开富国裕民之道就不费吹灰之力了。

在这道《丈地均粮疏》中，胡东皋反复称自己为“到臣”，意思是“刚刚上任的我”。这是古代官员为求自保所采取的一种方法。地方官员反映当地的情况，特别是不好的情况，往往怕皇帝一怒之下把治理不力的责任一股脑怪罪给自己，所以新到任的官员就称自己为到臣，是提醒皇帝自己刚刚上任，造成这种情况的原因不在自己。官员这样的担心也不无道理，并不是每一位皇帝都精明，也并不是皇帝每一个时刻都保持着清醒，全国之大，官员之多，何况并不是所有官员的任命都是皇帝亲自办理的，有时候他不知道你刚刚上任，就极有可能在他见到不好的消息时一怒之下张嘴就摘掉了你的乌纱帽，那时再喊冤就来不及了。

这道《丈地均粮疏》是借谷城县王府、官府、军队和奸豪之家借相互转租田地之机侵占大量田地，再把赋税转嫁给租地的农民，让百姓苦不堪言的事实，请求皇帝批准在全藩镇境内丈量土地，理清归属，平均税粮，重新分配，以达到既平息社会矛盾，又增加国库税粮的目的。当时的土地所有权归国有，但分别属于各地的王府、官府、军队，他们把每一块土地的面积、四至边界、等级，以及所要收缴的粮食等赋税填写在一张纸上分发给农民，让他们耕种之后按时完税。这张纸就是“由帖”，也叫“归户由帖”，是政府收税、王府和军队收租的凭证。问题是官府管土地税收和军队管屯田的官员可以在填写由帖时做文章，还私自买卖由帖从中赚取利益。有些奸豪大户与官员们串通一气，把由帖一次性买进，再卖给需要耕种的农民，从中赚取差额钱粮。有些农民在拿到土地时已是几易其主，层层转包，每年收获后交完租已经所剩无几。长此以往，大量农民就逃离土地，致使大量土地撂荒，官府就收不上税粮，国库粮仓就会空虚。长期撂荒的土地就成为了无主之地，一些王府和奸豪大户就以开垦荒地的名义把土地据为己有，甚至相互买卖，长此以往就如一团乱丝无法厘清，官府如不花大力气就无法治理这些土地，进而无法治理地方。这就是胡东皋要求丈地均粮的初衷。

郧阳卫衙及其所属的同城军署

一

这里所说的“卫”，是明代的军事机构。朱元璋建立政权后，为了加强国家的武装力量，创立了都司、卫、所制度，即在省级建立“都司”，省下建立“卫、所”以管理地方军事，这是明代最主要的军事制度。这种制度是模仿北魏、隋、唐的府兵制，又吸收了元朝军制的某些内容而形成的，属于自给自足的军屯类型。

明代的军事制度一改中国的传统，为了防止军权的过分集中，在兵部之外设五军都督府统辖全国军队，但五军都督府统全国之兵，却无调兵之权，兵部可奉旨调兵，而无统兵之权，兵权被实际操于皇帝一人之手。在省级，朱元璋则施行“三权分立制”，设布政使司、按察使司和都指挥使司分掌地方民政、刑狱和军事。都指挥使司简称“都司”，归五军都督府直接管辖，与布政使司和按察使司之间不发生相互的横向统属关系。

洪武八年(1375年)所完成的明代军事改造，共在全国13个省和南、北两京以及辽东(非省)共设了16个都司，又在北方边远之地设了5个藩镇，藩镇内各设一个行都指挥使司，简称“行都司”，使“都司”(含行都司，下同)的总数达到了21个。都司的长官为都指挥使，乃地方上的最高军事长官，与布政使、按察使并称三司统帅。都司在京师和各省内皆下设若干个卫、所，外统于都司，内统于五军都督府。京卫有上直卫、南京卫和北京卫。上直卫归朝廷直属，北京有26个，南京有17个。南京卫和北京卫则为京师地方部队，北京48个，南京49个。地方各省则在省城和各军事要地设立卫，在次要地则设千户所或百户所，大抵5600人为1卫，1120人为1个千户所，112人为1个百户所。卫设有指挥使一名，千户所设有千户一名，百户所设有百户一名，再下还有总旗、小旗等军官。当时的军士及家属都别立户籍，称“军户“，世代沿袭，一旦入籍成为军户就不能随意脱籍。军户皆由国家分配给土地，令其屯田自养。平时，军士由卫、所军官负责管理操练、屯田；战时，则拨归兵部派遣的总兵官统领作战。一旦战事结束，总兵就要回朝交还将印，军士则哪来哪去复还卫所。在元末，反元农民军规定：每个军士受田 15 亩以维持生活。元至正二十五年(1365年)，长江中游一带惨遭战火洗劫的地区被开辟为军屯区，每个军士受田 50 亩，给耕牛和农具，并免其田租徭役。这种制度被朱元璋所延续，在明初的 25 年中，使各地卫所军士每年都能生产出大约 3 亿公斤的粮食，足以供养 100 万人的军队，从而使朝廷无须从国库按月拨发粮饷，便能维持一支庞大的国防力量。在明朝中后期，屯田多被军官侵蚀，军户破产逃亡者不在少数，军队自给就成为一句空话。

卫所军队都是固定驻屯戍守的部队，视各地战略位置大小而设。卫，一般设在府城，但也有几个府为一个防区，设一个卫的；千户所一般设在县，但不是普遍每县必设，而是设在中心县统御周边几县；百户所大多设在那些没有千户所的县份，也有不少是设在重要的关隘处。卫和所所辖的军士，平时小部分驻防，大部分屯田以供军饷。

都指挥使司、卫指挥使司、千户所、百户所所设官员及品级为：

都指挥使司设有都指挥使(正二品)、都指挥同知(从二品)和都指挥佥事(正三品)，他们为同僚高级军官，不世袭，由朝廷从世袭军官中升任或从武举人中直接任命。其下属有经历司经历(正六品)、都事(正七品)，断事司断事(正六品)、副断事(正七品)、吏目等，均世袭。

卫设有卫指挥使(正三品)、卫指挥同知(从三品)、卫指挥佥事(正四品)，他们为同僚中级军官，均世袭。其下属有卫镇抚(从五品)、卫经历(从七品)、卫知事(正八品)、卫吏目(从九品)、卫仓大使、卫仓副使等，均世袭。

千户所设有正千户(正五品)、副千户(从五品)、所镇抚(从六品)，其下属为所吏目，均世袭。

百户所设有百户(正六品)、副百户(从六品)、总旗、小旗，均世袭。

以上品级均为武职，同品级相比，武职官品比文职官品低一级。

二

郧阳卫，隶属于设在郧阳的湖广行都司，在成化十二年(1476 年)与行都司同步设立。

郧阳卫衙门坐落在郧阳府衙之东，距离 1 里许，由卫指挥使康勇在成化十三年(1477 年)所建。有围墙，正面有大门 3 间，大门之后为仪门 3 间，再内依次有正堂 5 间、川堂 3 间、后厅 5 间、公廨 1 所 12 间。郧阳卫设卫指挥使 1 员，卫指挥使同知3员分担掌印、管屯、管操巡捕之职，佥事7员。按明朝选官制度规定，每5年考选军政(对武官考核)，由巡抚、按察使、都指挥使三人联合对属下进行考察。在卫里，就在以上11人中举荐一名任卫指挥使，“能干者充之”，其余的仍然差操所属。另外，郧阳卫还设有卫经历1员，卫镇抚2员。

卫经历和卫镇抚各有自己的办公门厅，经历厅在院左，镇抚厅在院右，各3间，另有公廨各1所。另外，经历厅还有4栋房共12间，作为吏、户、礼、兵、刑、工六房典史的办公场所和架阁库。“架阁库”即档案室，里面的档案分类摆放，受经历的管理，但不属于六房。镇抚厅也有4房12间作为“承发房”。承发房即军事审判厅，又分审判、关押、刑讯等不同功能。

经历司是明廷在卫所中设置的一个重要的文职机构，相当于卫的秘书处。与武职官员由兵部选任不同，卫经历是文职官员，为吏部选任，其职权非常广泛，“机务之缓急，钱谷之出纳，戎务之除治，一切文书之往来”均由其掌管，“凡朝廷有事于诸卫而遣人往临之，必责成于经历；其所统辖之大臣与夫郎官御史以事而来者，亦于经历乎是问。其职至重，事至繁也”。由于经历是卫里的最高文官，凡是武官不擅长的文书工作都由其负责，所以又被称为武官的幕僚首领官。由于明朝军卫的文官制度设计得不合理，经历一职的品级低下，不能吸引人才，加之吏部在选卫经历时又不太重视，致使明朝的卫经历大多不称职，因工作失误或者被充当失职武官替罪羊的不在少数。永乐十二年(1414年)，给事中何海奏言：“各都司、卫、所官寡谙文理，悉听首领官参赞行事。比者首领官又多不得人，往往行事差谬。乞命吏部今后宜选通晓文理、识达政事者经历、都事、吏目。”

明初，“内外诸卫设经历一人，从七品；知事一人，从八品”。后来又一度废置经历，每卫只保留一个知事，但仍称经历司，掌经历司印。洪武三十一年(1398年)，天策卫知事周俊建言：“宜罢知事而复经历，庶使官制有常，名实不庚。”明廷采纳了这一建议，于当年四月将各卫知事就地升一级，改称经历，与所在衙门的名称相匹配。在卫经历司之下，设有吏、户、礼、兵、刑、工六房领史、典史，主要由吏部选拔的吏员充任。由于各卫所的事务繁简有别，很多卫所的六房往往合并，或吏、户、礼并为一房，或兵、刑、工并为一房，或兵、刑并为一房等等。在房之下又设有若干科，但由于官职太低不被史志所记载，往往为后人所不知。

卫经历作为六房的主管上司，有约束部下的职责，但朝廷没有赋予他考核六房人员的权力，而这个权力握在了掌印武官的手中，因此六房对经历的指令经常当耳旁风。这是经历工作往往出错的原因之一。

卫镇抚掌管军事审判，有从事侦察、逮捕、审问的权力，且不受地方司法部门约束。

郧阳卫在册的官军 3000 人，其中正式军人 1500 人，另 1500 人为舍余军人。舍余，是预备役军人，按明朝规定，每一个军户登记一名青壮男子为正式军人，其余青壮男子为“舍余”，平时军垦，战时奉调参战。所登记的那名正式军人阵亡，就把舍余补充为正式军人。

郧阳卫还有几个直属的千户所，共有在册军人 3960 余人。

在明代，在册军人不等于实有军人，实际上明朝的军士逃亡严重，往往半数不到，又不能随意把农户、匠户等强改为军户，其兵源的补充只有俘获敌军和法庭判决把犯罪之后的官户、农户、匠户充军这两个渠道，所以军队缺额补充不及时，但还得保障城市安全和外派驻扎堡寨等，这些都要实实在在的兵力才行。如郧阳卫右千户所，就得每年调拨军人 50 名去戍守郧县与商南县交界的庙川堡，年终更换。

郧阳卫的屯田，在成化十四年（1478 年）就奉例将郧阳府所属的二郧、房县、二竹、保康、上津七县的民间余地，在丈量之后拨出 897 倾 9 亩 7 分 1 厘 6 毫分给了各所的官军领种，每年分夏秋两季征收籽粒米麦 3590 石 3 斗 8 升 8 合 4 抄的本色粮，均运赴郧阳大丰仓，再按指标分配给本卫的官军作为月粮。又每征粮 1 石，带征军需银 8 分 2 厘 7 毫，共银 288 两 5 钱 6 分 1 厘，作为卫所各项公费支用。

万历三年（1575 年）十月，经郧阳巡抚王世贞批准，郧阳行都司行文，委托郧阳府推官吴誉闻、郧县知县李应辰二人，会同郧阳卫指挥使冯高、管屯指挥张相，共同清丈出郧阳卫军户所隐瞒的屯田地，共 61 倾 58 亩 6 分 8 厘 3 毫，新增夏、秋米麦粮 768 石 2 斗 8 升 1 合 7 勺 3 抄，按每石 5 钱折银，共征银 384 两 1 钱 4 分 8 厘 6 丝 2 忽，其中的三分之二为 256 两 9 分 9 厘上缴藩镇作为军饷，剩下的一份为 128 两 4 分 9 厘 5 毫 4 丝留给卫所自行开支。

万历五年（1577 年）五月，郧阳知府宋豸再查郧阳卫的屯田，要求把新增土地应征的籽粒不分米麦每石折银 5 钱。奏本由下荆南道分守参议章甫端转呈给了郧阳巡抚徐学谟，徐学谟认为这样征银对军士似属偏累，批允比照襄阳卫，分开麦米相兼折征银两的办法收取。一半折麦，每年 384 石 1 斗 9 升 8 勺 6 抄 2

撮，按每石3钱5分折银；一半折米，每年384石1斗9升8勺6抄2撮，按每石4钱5分折银。二项共征银307两3钱5分2厘3毫，仍以三分，二份作为军饷，为204两9钱1分5毫；1份存留卫所，为102两4钱5分7毫。

郧阳卫还负有操练地方民壮的责任。当时，郧县、房县、郧西、竹山、上津各县都各附操民壮60名。每年都从这300名民壮中抽调60名到郧阳城里参加定期的操练，谓之精兵。

此外，竹溪县有官定的弩手200名，是在席、庹、张、刘四姓猎户之中各选50名所组成的。最早组成竹溪弩军的是当地猎人席纲。在正德年间，为平定蓝鄢之乱，郧阳巡抚汪舜民于仓猝之际让席纲号召竹溪猎户参战，自此之后就开始把他们编为弩手，免去他们的丁役，遇警随时听调，平时让他们自耕自食，无须官府出任何养兵之费。

三

郧阳卫除本衙门外，在郧阳城内还有不少下属机构的分立衙署，其中有郧阳卫左千户所、郧阳卫右千户所、郧阳卫前千户所、预备仓、卫监、军器局、武学、旗纛庙、教军场等。

郧阳卫管理的千户所有三个，分别为左、右、前千户所，均有各自的公署。这三个千户所除负责守护郧阳城外，还负责郧西和上津两县的防务。至于二竹、房县、保康四县的防务，则由竹山、房县两个守御千户所负责，归行都司直管。

郧阳卫左千户所设有正千户2员，副千户1员，分隶郧阳城以东达南阳边境的10个百户所。

郧阳卫右千户所设有正千户1员，副千户2员，分隶郧阳城以西达陕南边境的10个百户所。

郧阳卫前千户所的正千户长期空缺，由卫指挥使兼任，副千户2员，分隶汉江以南达房县、竹山边境的10个百户所。

预备仓1所，共12间。预备仓是为储藏赈济粮而设的粮仓。郧阳卫的预备仓是为天灾或战祸储藏军粮的，用于赈济和抚恤军士家庭的战备粮仓。

卫监1所，房12间，是用于关押战俘和犯罪军士的监狱。

军器局，房16间，为万历五年(1577年)行都司掌印都指挥使傅昆批准所建，是制作郧阳卫武场旗帜和制造弓箭的器械工厂，每年制造军器2910件(副)。

武学，在行都司衙门之后，为两进院。步入大门，院内有前、后正厅6间，左右厢房12间，嘉靖四十三年(1564年)由都指挥使游继暹所创办，后来破败。万历四年(1576年)，由都指挥使傅昆修缮，又聘请郧阳武举人、百户李兰为教师，以训练所有的卫官生和民间武生，他本人还每月赴武学中亲自考核学员。

旗纛庙，在行都司衙门之后，是行都司祭祀军牙六纛之神的军庙，但被行都司委托给了郧阳卫管理，每年从郧阳卫公费里动用六两白银用于购买鹿兔猪羊等祭品，在霜降日致祭。每遇战事，出兵时都要在旗纛庙里祭旗，由开拔者自己预备供品。

教军场，又称"校场"、"校场坝"，在东门之外东关街之南，是定期操练军官和军士的场所，也兼操民壮。民壮即民兵，对他们进行的操练称"团练"。早先，校场并无固定的团练任务，嘉靖四十二年(1563年)，巡抚吴桂芳决定每年从郧阳府各县共抽调60名民壮赴郧阳城参加统一的团练，从此团练成为校场额定的训练任务。校场原有操马50匹，万历五年(1577年)，行都司指挥使傅昆请求巡抚徐学谟批准，让上、下荆南道行文各府商议后，增加了操马50匹。

早先，郧阳校场处于军兵、市民杂居之中，每次演练都被百姓竞相围观。当时的校场里没有营房，接受训练的军士不住在这里，往往三五成群地逛街，军容和军纪无法保证。万历五年(1577年)，傅昆请求巡抚徐学谟批准，在府议之后于校场内建营房60间，并以围墙把民众隔开。还由管操都司袁日章制定了《条陈操务六章》，内容如下：

条陈操务六章

一曰严防范，以安地方。盖往时军民杂居，难以约束，今既建营房，须责令官哨队长钤束军兵在营居住。该操着伍走阵空日，宴席武艺，不许三五成群入市游荡、赌博、饮酒。

二曰严稽查，以清夙弊。卫所等官不许占役军兵，亦不许将头拨操军差使，仍立卯簿开写所拨操军年貌、暗记。又每人置签一根，亦暗写年貌与卯簿合，悬挂在身，走阵以签衔枚，点名掣签查考，以防替代。

三曰严教习，以精技艺。盖五兵之中有长兵，如火器弓弩；有短兵，如枪牌刀镋。长以卫短，短以卫长，长短相维，乃为一队。必选略知武艺二三十人亲自训练，令其空闲之日以一教十，以十教百。久久成熟，一军皆精。

四曰严器械，以饬军备。务令器械锋利，旗帜精明，件件堪为实用，不惟军容壮观，亦且缓急有备。

五曰严体统，以振军容。禁约操练之中一应使费，其体统不容假借。千总、中军、武生见管操官行两跪一揖，武生见千总一揖旁坐，哨队长教师见千总、中军俱行跪礼叩头，哨队长见武生两揖一跪，军兵见哨队长一揖行师弟礼。该操之日，千总及以下皆着戎服，入操领哨武生大帽一顶，下营走阵操毕，各具大帽听比，不许冠带儒服以乘(欺凌、违背)体统。

六曰明赏罚，以作士气。欲于二、三、四日专于操练，逢五点军马，逢六比箭，逢七比枪与牌，逢八比铳与鸟铳，其各艺教师，亦挨日随比随教。逢九比试卫所官弓马。三比已完须闻优劣赏罚，蒙都察院批，着实举行。

郧县衙门及其县属衙署

现在确切了解的最早郧县县衙为元末至正四年(1344年)所修建，但毁于元末战火。洪武二年(1369年)所修的明代县衙，被保留到了20世纪70年代初。说来可怜，在明代郧阳城内，县衙只是一个小衙门而已，所以几乎所有与郧阳有关的地方志书都对县衙着墨不多，就连历代《郧县志》也只是草草略过。

对待县衙这样，那么对县属衙署便可想而知。所知道的县属衙署有郧县巡检署、郧县教谕署、郧县训导署、郧县典史署、郧县千总署、郧县常平仓署、郧县养济院、郧县监狱等。郧县训导署和郧县典史署将在本书《郧县学宫》里重点介绍，这里只对其他几个官署作简要介绍。

元末郧县衙门

在郧阳(仅指小地名)设县，始于晋太康五年(284年)。然而，元末之前的县衙均不见任何记载。有记载自元末始。至正四年(1344年)，郧县监侯赤鳞真、主簿贺伯颜、幕僚汪从龙重修县衙，包括谯楼、后厅、左右厢、西厅、耳房、幕厅、西房、庖厨、湢(bì)浴、监房、公室房、书楼、棂星门、圆通阁等，并且添置了计时和祭祀物品。由于整个事件被贺伯颜记载在他的《鼎建郧县公廨记》里，这才让今天的我们有所了解。其《鼎建郧县公廨记》全文如下：

鼎建郧县公廨记

郧城枕汉江之阴，旧时廨宇风雨弗支，监侯赤鳞真，字显乡，巩昌人也。下车之初，励精图治，六事者著能声之美，一廉律洁己之清。初，监侯勤政之余，与判簿贺伯颜、幕官汪从龙劝率士民助以金谷，即县治之门创谯楼，翼两厢置铜壶、滴漏、钹角，金像观音湧壁于其上。复思所以不费官烦民，计从长规划，仍割已俸，鼎建后厅、左右厢、西厅、耳房、幕厅、西房、庖厨、湢浴各有次，迁囹圄监房。于两隙之地别起公室十间居见任官，新县堂两庑绘以从祀，春秋配享。增起书楼、棂星门，置祭器、书籍，示尚文也。严学制、广生员，铸造钟、鼓、祭器，昭明祀也。公用则铺陈什物，白金、酒器无所不具。城之南，辟通衢，达江浒，往来便之。建圆通阁于市中，竖钟楼于西寺，新唐德观正殿圣像，所以崇道释、求天命、明报本也。其造始于甲申至正四年春，越明年秋有成，柱石之雄，栋梁之美，实郧乡千古之盛事也。幕官汪云叔，名从龙，将勒诸石以图不朽，遂为之记。

其大意为：郧县城枕汉江之阴，旧时的官廨屋宇已经不堪风雨飘摇。县里掌管时间、历法的监侯官叫赤鳞真，字显乡，甘肃巩昌人。他一到郧阳，即励精图治，凡田野之辟、户口之增、赋役之平、盗贼之息、军民之和、词讼之简，六事显著，美声传得很远，他本人也是廉洁自律，洁身自好。当初，赤鳞真在勤政之余，与我和幕官汪从龙一起，劝导士民捐献钱、谷，然后在县衙门外创建谯楼，在两翼的厢房里放置了铜壶、滴漏、钹(一种针)角，还把一尊金像观音安置在墙壁的佛龛里。又思虑怎样想一个既不费官帑，又不烦民力的办法，就计从长规划，仍拿出自己的薪俸，营建了县衙后厅、左右厢、西厅、耳房、幕厅、西房、庖厨、湢(bì)浴等，并且迁移了关押犯人的监房。另外，还在两隙之间建起办公用房十间让现任县官居住。新县堂两侧的庑房，都施以彩绘，把从祀的神位摆放整齐，让他们春秋配享。又增修书楼、棂星门，在里面放置祭器、书籍，以示崇尚文化。再严格学制、广招生员，铸造钟、鼓、祭器，以昭明祭祀的隆重。每当祭祀时，就铺陈什物，白金、酒器无所不有。郧城之南，开辟有通衢大道，可以抵达江浒，往来非常方便。另建圆通阁于集市中，竖钟楼于西寺院内，为唐德观正殿里的圣像复新，彰显崇道礼释、寻求天命、报答和不忘本之意。这些工程开始于甲申至正四年(1344 年)春，在第二年秋全部竣工，其柱石之雄，栋梁之美，实在为郧县千古之盛事。幕官汪云叔，名从龙，将勒刻于石，以图功德不朽。于是我为之《记》。

明清郧县衙门

元代的郧县衙门完全毁于战火。明洪武二年(1369 年)，郧县县丞臧晋草建了新县衙。十年(1377 年)，知县马伯庸重修。成化三年(1467 年)，知县戴琰再次缮葺。说来可怜，明代前期的郧县官府却一直无力恢复郧阳城墙，是戴琰率众筑土为墙，才使郧阳城里的人有了一点安全感。

自明成化十二年(1476 年)起，郧阳城一下子就热闹了许多，巡抚、道台、知府，哪一个衙门都比县衙大。可能就是这个原因，由此至明末，不见有任何县衙规模的记载。

明末，郧县县衙再次毁于战火，县府只得移驻到了龙门书院里办公，至此，郧阳停办龙门书院，而县衙在此贯穿了整个清代、民国和“文革”中期之前的中华人民共和国。

清同治《郧县志》载：“郧县署……厥后相继经营，规制称备，乾隆年知县叶治修，内房一院。同治六年后堂圮于水，知县余思训新之。”是说移驻龙门书院后的郧县衙门被后来的知县一届一届相继经营，到乾隆年间的知县叶治修缮后，规制才算完备，其内只有一院房屋。同治六年(1867 年)，县衙后堂毁于洪水，由知县余思训重修。

叶治，字平阶，号复斋，河北南皮人，进士出身，于乾隆五十九年(1794年)任郧县知县，嘉庆四年(1799 年)离任。

余思训，长沙人，解元出身，于同治六年(1867 年)任郧县知县，八年离任。

郧县巡检署

巡检署为县府的派出机构。明代的巡检衙门称“巡检司”，设官为正九品，称“巡检使”，简称“巡检”。巡检司始设于五代时期的后唐庄宗李存勖时期。宋时的巡检司，一设于京师的府界东、西两路，各设置都同巡检 2 人；二设于京城四门，各设巡检一人；三设于沿边、沿江、沿海，掌管训练甲兵、巡逻州邑。当时的巡检职权颇大。后来，朝廷把所有巡检都归为所在地的县令节制。明清时，凡镇市、关隘等要害之处都设巡检司，统归县令管辖，有的地方还有文、武巡检之分。个别巡检司里设有副巡检，官阶为从九品。

明代，郧县有两个巡检署，一在东北雷峰垭，一在西北青桐关。具体规模均不详。

清初的郧县巡检署在城内，只是定期下乡巡视而已。乾隆三十五年(1770年)，郧县巡检署移驻至郧阳城西 120 里的黄龙镇。咸丰五年(1855 年)，巡检钱定显曾经修葺过黄龙的巡检衙署。

郧县典史署

典史，为知县属下未入流的小官，掌管一县缉捕、监狱，如果该县没有设县丞和主簿，则由典史兼领这些职责。典史始于元，明清沿置。

郧县典史署过去建在县衙之内，清初因县衙移驻龙门书院后房屋紧张，典史官就租借在民居里办公。同治八年(1869 年)，典史戴莲芳建典史署于县衙之东。

戴莲芳，郧县人，于同治元年(1862 年)任郧县典史，同治九年任郧阳府经历，十年离任。

郧县典史署内附设有监狱，为关押郧县收监犯人的场所，具体情况不详。

郧县千总署

千总为军职，受军方管辖，不过地方州县为守护地方而召募的保土安民武装里，也设千总，但这些民兵千总归知州、知县统辖。

千总始设于明代，当时只在驻守京师的京营兵三大营中设千总、把总等职，但职位都十分低下。

清代在绿营兵(地方汉军)营以下设汛，汛长称“营千总”，千总之下又设“把总”；在漕运总督辖下的各卫和各守御所，也都分设千总、把总领运漕粮，称为“卫千总”、“守御千总”或“卫把总”、“守御把总”；在京师的内九门和外七门，各门分设千总、把总，称为“门千总”、“门把总”；在湖北、湖南、四川、云南等省的土司官所属之下也设千总、把总，称“土千总”、“土把总”。千总为正六品武官，把总为正七品武官。

郧县千总一向没有固定的衙署，都是寓居在民房内，既是家也是办公场所。

郧县常平仓

常平仓，是官府为了在丰年购进粮食储存于仓内，以免谷贱伤农，而在歉年以平价卖出所储粮食，以稳定粮价的官府粮仓。

郧县常平仓在县衙东南，同治六年(1867 年)毁于水后没有再重建，具体情况已经不可考。

郧县养济院

养济院，为我国古代官府所办的慈善机构，是专门用于收养贫穷的鳏寡孤独老人和乞丐的场所，与育婴堂、安济坊、居养院、福田院、漏泽园等为同等性质的机构，而且遍及全国各地。

养济院一般由官府出资修建，也允许以私人名义捐修，但要接受官府管理。如《宋史·赵汝愚传》中的《附子崇宪传》载：“初，汝愚捐私钱百余万创养济院，俾四方宾旅之疾病者得药与食。”

明人沈榜所撰写的《宛署杂记》中，记载有北京宛平县养济院的规模：“万历纪元，收萧俊等一千八百名，七年又收刘真等五百名，十年又收李聪等五百八十五名。”当时，一个县养济院，在10年间所收容的人数竟达2000余人之多，可见当时该地的执政者是花了很大的代价来安置鳏、寡、孤、独、残的。

明时的郧县养济院曾经设在城西南。清代后，把郧县养济院移至东门外，改名为“普济堂”，在道光年间曾经由知县陈子饬重修。明代的旧志记载，郧县养济院收有孤贫者70名。按清同治《郧县志》所载，仅收有孤贫者20名。

中华人民共和国成立后，全国的养济院由社会福利院、养老院、护理院等现代福利机构所取代。

郧阳邮传总铺及其塘汛

一

明代以前的郧阳邮传状况已无资料可考。资料显示，在明代，郧阳有东、西、南、北四条邮路，共有18所铺舍传递官府文书。到了清代嘉庆年间设郧阳总镇，县管的邮路和铺舍均减半数，而增加了一条由总镇所管的军递驿路，并在郧县境内设东关、界山、远河三个驿站延伸到了均州。

铺舍，是中国古代邮递制度的一种，为府、县所管理的最基层的急递铺。所谓总铺，是主管一县或者一府邮传的衙门，相当于现在的邮政局，即具有管理分布在乡下各线路上所有铺舍的功能，又具有处理邮递业务的功能。

邮传又称驿传、驿递、邮驿、邮递，是我国历代王朝为了政治和军事需要而建立的一种公文、公物传递制度。由于最初其与军事关系密切，因而各代王朝均由中央直属军机部门管辖，起初的功能仅限于走递公文，借以通达边情、布置号令。后来，驿传的功能不断扩大，不仅用于传递公文、公物，而且成为公务人员歇脚的客栈，起着运送使客、接待官员、押解犯人、转运军需或者贡物的路政设施的作用，其职责颇多。关于站点的布局，“大率十里一亭，五里一邮，邮人居间，相去二里半”。

元代之前，还没有铺舍一说，那时统称为驿站。邮传制度“肇始于周，兴于秦汉，备于大唐，极盛于宋元”。在汉代，规定每30里置驿，“有驿卒、驿马，供传输人以交通工具”。

到了唐代，邮传制度发生了重大变化，除着重为政治和军事上“以备军速”之外，还兼馆舍功能，故有“馆驿之称”，发驿遣使，皆经驿传，“川流不息，络驿于途”。在每个驿站里，马匹的数量有几匹至几十匹不等，均视驿站等级而定。其每驿之间的距离，有白居易的诗提到“风光四百里，车马十三程”。十三程即十三站，平均驿程为33里。诗人岑参曾经对驿传有过形象的描写：“一驿过一驿，驿骑如流星，平明发咸阳，暮及陇山头。”

宋代的驿传组织分步递、马递、急脚递三种，每10里或20里设一邮铺。

元代的驿传，分为汉地驿站和蒙古驿赤。元世祖忽必烈时，令各州、县均要设立“急递铺”，每10里、15里或20里设一铺，“以达四方文书之往来”，每10铺设一邮长，铺卒为五人。此即铺舍的起始。

明代的驿传，在京者曰“会同馆”，在外者曰“水马驿”，有专为运送使客和供给出使官员的驿马和驿船。而急递铺则是10里设一铺，每铺设铺司一名，要路布铺兵10名，僻路五名或四名，均用铺兵走递公文。

清代时，驿传组织更加完备，分出驿、所、铺、站、塘、台等不同名称，分别归属文、武两大系统，大抵为：驿、所、铺为文备系统，走递官府文书和文职官员；台、塘、站属武备系统，走递军事情报和武职人员。平时分工严明，在紧急情况下可以相互使用。

关于各级别各功能的驿递：文备系统一般为，在各省腹地所设为驿，边远所设为所，各州、县所设为急递铺，每10里、15里或20里设一铺；而为军报所设的为站，设在关墙之外的为塘，西北各地所设的为台，这些都不仅光为传递军情，而且兼有防守和剿匪的任务。

二

由于无任何资料，元代以前的郧阳邮传总铺，以及设在乡间的铺舍具体情况均不详。

明初(1368年)，郧县知县马伯庸把郧阳城内的唐德观改做了邮传总铺，又迁唐德观于城内的沧浪山上。成化十二年(1476年)设郧阳府，首任知府吴远改县邮传总铺为府邮传总铺。后来，又放邮传总铺归县管。

唐德观始建于唐代，是祀奉尉迟敬德(恭)的庙宇。据说尉迟敬德曾经奉唐太宗李世民之命驻扎郧阳护卫李泰，在郧阳期间曾经筑宫殿、寺院，兴水利、耕田，让郧阳人感怀其德，于是建了唐德观奉祀他。

关于郧阳邮传总铺的信息，最早记载于隆庆年间的郧阳巡抚凌云翼所撰的《增修郧阳迎恩观记》的碑文中，其写道：

> 隆庆五年八月十三日，余奉命来抚郧阳。十七日，恭遇今上千秋。令节先一日习仪迎恩观，文武官属，冠佩铿锵；耄士耆老，布列林立；旌旗剑戟，环卫于阶墀者，翼如也。岂非宛然一大省会哉？观，岁久倾圮，前都御史汪公议下所司葺理，未迄功。
>
> 余因稽观所由来，观碑露立，仅载其本末。观初名曰“唐德”，其旧址

改府总铺，折移后山……

其大意为：隆庆五年(1571 年)八月十三日，我奉命来抚治郧阳。十七日，正遇上当今皇上的生日——“千秋节”。节前一日，我带领百官在迎恩观里预习礼仪，所属的文武各官均冠佩整齐，不管是年耄之士还是位高之绅都布列林立，旌旗剑戟环列于台阶之上，姿态威武端庄，就如同俊鸟展翅一般。这不宛然就是一座大省会里应有的盛况吗？但再看，迎恩观已经年久失修，墙壁倾斜，虽然前巡抚汪道昆曾经商议饬令有关官员进行葺理，但刚刚开工，远没有竣工的迹象。我因此考察迎恩观的由来，观里的碑都竖立在露天里，上面仅简略记载其始末。此观初名“唐德观”，它的旧址就是现在的府邮传总铺，是被迁建在了现在这后山之上的……

在此之前，首任郧阳巡抚原杰，于成化十三年(1477 年)客死于由郧阳赴南京任兵部尚书的途中。消息传回郧阳，郧人无不哀号，纷纷捐资为其建祠祭拜，并请当时的国子监祭酒吴节撰写了《郧阳原公祠记并诗》，刻石立碑于原公祠内。其碑文中提及郧阳藩镇的邮传：

郧阳原公祠记并诗

祠堂之设，所以表功德而存民思也，于时足以征。惟宪台右都御史进兵部尚书原公，公讳杰，字子英，阳城人，由进士任绣衣，进方伯，位亚卿，改左副都御史。

成化初，河、陕、荆、襄流逋藏聚为梗，屡动大兵征剿，莫或止息，致劳我圣虑，以公足办大事，遣巡抚疆理以筹之。公承命，按行三省八郡之地，延问逋民父老去留，皆愿附籍为良。公曰：“民有恒产，斯有恒心，岂容无羁束乎?”有籍可归者归之，余悉令附籍，给以田亩，以供赋役。先后于均州、襄阳、德安、郧阳四府，共得丁口四十三万八千有奇，为都邑以统之。

遂经营量勘，以郧邑外宽内敞，山水环抱，且地通江汉，舟楫往来，商贾时至，乃浚筑城池，升为府，号曰“郧阳”，统治七邑。又立行都司一、卫一、所三，其学校、巡司、邮传，亦各有制。然民新附，非贤守令以驭之不可。乃大会巡抚、三司，公议荐举，凡文武守长、佐贰通二十余员，皆才识出众，足以任其责者，布列内外，分理群务。区别定，即具本上陈。诏皆谕允。

……

其大意为：设立祠堂，是为了表彰功德，寄民所思，在时过境迁后足于证明。宪台右都御史晋升兵部尚书的原公，名讳杰，字子英，阳城人，由进士任御史(绣衣)，进布政使(方伯)，位(太常寺少卿)亚卿，改左副都御史。

成化初年，流民藏聚河南、陕西、荆襄，阻梗汉江运道，朝廷屡动大兵征剿，都不能把他们彻底驱除，以致劳我陛下圣虑，认为原公才足以办成这等大事，于是派遣他任巡抚治理郧疆，以运筹之。原公奉命，考察三省八府之地，一路询问流民父老去留意向，流民皆称愿附籍为良民。原公说："流民有了恒产，才有守护恒产的恒心，怎么能够让他们长期没有财产的羁束呢?"于是他让在原籍有产业的人仍回原籍，其余全部令他们就地附籍，给以田亩，以供朝廷赋役。先后在均州、襄阳、德安、郧阳四府共得丁口438000余人，设藩镇、府、县来管理他们。

又经过商议和勘量，原杰认为郧县城外宽内敞，山环水抱，而且地通江汉，舟楫往来十分方便，不时有大量商贾蜂拥而至，就决定在此地浚筑城池，升格为府，府名"郧阳"，以统御周边7个县。他又在郧阳城内设立行都司、郧阳卫和三个千户所，其他学校、巡司、邮传等机构也一一成立。然而流民新附，非得贤良的郡守、县令以驾驭他们不可。于是他召集周边三省的巡抚、三司公议，荐举出来的文、武、知府、僚属共20余人，个个才识出众，足堪担当他们的职责，布列他们于内外，分理各种事务。计划既定，立即具本上奏。皇帝下诏皆允许。

三

关于郧阳邮传，明清多个《郧阳府志》和《郧县志》都有提及。

明万历版《郧阳府志·卷二十·铺舍》序云：

事有似轻而实重者，铺舍是一。盖天下犹一人之身，命令犹气脉之运。气脉不通，则身必痿痺；命令不行，则事多湮滞。故理国之法，有似理身，常宜导其气，勿使壅阏而已。昔刘晏募善走者，觇知四方之情，诚亦有见于此。然以四方之情，而藉一人之身知之，孰与传命之卒均其道里，节其劳逸，继继绳绳，不疾而速之愈乎？是固不可以为轻而忽之也，志铺舍。

其大意是说：世上，有看起来很轻，而实际上非常重要的事情，铺舍就是其中之一。它就好比是一个人的身体，由中枢神经在指挥气脉运行。如果气脉不通，则身体必然会四肢萎弱而麻木；如果中枢神经不灵，则气脉就多被湮灭而淤滞。所以，治理国家的方法，犹如治理身体，宜常常理顺气脉，不要使它发生堆积，以造成梗塞。唐时，宰相刘晏招募善于行走的人，以窥探四方之情，铺舍的重要性可见一斑。然而，以四方之情都集中于一人之身而得知，谁能与这些传命的士兵那样，每天都奔走在道里之间，自已调整劳逸，连续不断地传递公文，他们不加速疾走行吗？所以，不能把铺舍看成可有可无的东西而忽视它，这就是之所以要把它入《志》的原因。

接着，志文中分别开列了当时郧阳六县的所有铺舍，其中各县均设有总铺，之后是开列设在乡下的分铺。当时，郧县共有18铺，分别为：

总铺，在县前。旧八铺，洪武初知县马伯庸建。成化十二年添设府卫，又增置十铺，共一十八铺。**神定铺**，二十里。**界山铺**，二十五里。**燎石铺**，四十里。**远河铺**，六十里。以上俱在县东，至均州路。**杨溪铺**，二十里。**于家铺**，四十里。**白桑铺**，八十里。**官亭铺**，九十里。**梅家铺**，百三十里。以上俱在县东北，去淅川县路。**马昌铺**，二十里。**红门铺**，四十里。**青铜铺**，七十里。以上俱在县西北，至郧西县路。**白鹤铺**，二十里。**小岭铺**，四十里。**花园铺**，七十里。**西沟铺**，百里。**岳家铺**，百二十里。以上俱在县西南，去竹山、房县路。

在该卷结尾时，还加有编纂者的一篇评论：

论曰：铺舍之设，始于宋元，因于国朝，所谓急递铺者也。而其意即《诗》之所谓“候人”，《孟子》之所谓“置邮”，《周官》之所谓“庐市以达命令，待宾旅所从来久矣”。然在旁岐僻道，犹或可泄泄者？若郧则地连四省，路属通衢，而又有抚治开府于兹，其文檄之交络，使命之往来，固靡旦夕宁也。邮亭之废，讵可不时而修乎！吾独怪夫不以急递视之，而以传舍视之者众也。

其大意为：铺舍，始设于元代，明代沿袭，即所谓的“急递铺”。而其意义，即《诗经》里所说的“候人”，《孟子》里所说的“置邮”，《周官》里所说的“庐市以达命令，待宾旅所从来久矣”。然而，在那些偏僻而又多分岔的小道上，这些传递书信的铺卒们可以和谁去喋喋不休呢？比如郧阳，地连四省，大路通衢，又有巡抚开府于此，其文书、檄令就更加交织络绎，铺卒们辛苦承担邮寄使命，没有一日是轻松度过的。因此，只要有邮亭损坏，岂可不及时修理？我瞧不起那些不把铺舍当急递看，而只以旅舍看的大众们。

四

据清康熙版《续补郧县志·卷十九·铺舍》记载，当时郧县共有17铺，分别为：**“总铺、神定铺、界山铺、燎石铺、远河铺、杨溪铺、白桑铺、白鹤铺、梅家铺、洪门铺、青铜铺、官亭铺、小岭铺、花果铺、岳家铺、于家铺、马昌铺。”**

上文的介绍太过简略，不仅没有标明各铺距离郧阳城的远近，而且还不按线路顺序排列各铺。另外，我们注意到，这里把红门改为了“洪门”，把花园改为了“花果”，如果不看万历版《郧阳府志》，任谁都会摸不着头脑。再与万历《郧阳府志》两相对比还可以看出，此时已经裁撤的一所铺舍，是郧阳西南离郧阳城百里的西沟铺。

清同治版《郧阳府志·卷之二·建置·铺递》，同样分别记载了郧阳府六县的所有铺舍，同样其中各县均有总铺。根据该《志》得知，郧县以前共有18铺，66名铺卒。咸丰六年(1856年)裁撤东、北两条线路共九铺，改为每日派邮差从郧阳城出发递送邮件，仅存需要过江的西、南两路，共九铺，33名铺卒。请看记载内容：

县前曰**总铺**。东曰**神定铺**、曰**界山铺**、曰**蓼池铺**、曰**远河铺**达均州。南曰**白鹤铺**、曰**小岭铺**、曰**花园铺**、曰**西沟铺**、曰**岳家铺**达房县。西曰**马昌铺**、曰**洪门铺**、曰**青铜铺**达郧西县。北曰**杨溪铺**、曰**余家铺**、曰**白桑铺**、曰**梅家铺**、曰**官亭铺**达河南淅川。以上旧设铺司六十六名，岁计工食银四百二两六钱。咸丰六年，裁东、北九铺，改为差递，存者惟总铺洎西、南两路，共九铺，铺司三十三名，岁计工食银二百一两三钱。

以上文字，把各条线路上的各铺理顺得非常清楚，而且把铺卒、工资都作了交代，唯一不足的是没有标明距离。

五

同治年间刻板印刷的《郧县志·舆地卷二·邮传》，是把兵塘和官铺一起介绍的，不仅能让我们看清古代郧阳的整个邮传面貌，而且还能使我们分清楚兵塘和官铺的不同功能。其文记载如下：

邮传(塘汛附)

塘汛：

中营西北陆路：**左家河塘**，四十里，兵四名。**蝴蝶塘**，一百里，兵七名。**观音堂**，五里，兵七名。**马场关塘**，二十五里，兵七名。**曲远塘**，六十里，兵五名。**青铜塘**，八十里，兵十三名。

中营东陆路：**龙东塘**，七十里，兵八名。**白桑关塘**，七十里，兵四名。**梅家铺塘**，百五十里，兵十二名。**南化塘**，百二十里，兵八名。**江峪塘**，百八十里，兵二十五名。**羊溪塘**，百八十里，兵十五名。

中营西陆路：**金漆料塘**，百三十里，兵七名。**黄连垭塘**，百三十五里，兵十五名。**孤山塘**，百四十五里，兵八名。**木瓜塘**，二百里，兵十二名。

前营东陆路：**神定塘**，五十里，兵七名。**蓼池塘**，五十里，兵七名。**远河塘**，六十里，兵十名。

前营南陆路：**毛箭塘**，八十里，兵十名。**毛塔塘**，九十里，兵七名。**落家川塘**，百三十里，兵七名。

前营西南陆路：**堵河口塘**，四十里，兵十名。**花果园塘**，七十里，兵十四名。**黄龙滩塘**，一百里，兵二十五名。

前营西陆路：**小石塘**，八十里，兵八名。**姚家湾塘**，百三十五里，兵十名。**鲍家店塘**，百七十里，兵十六名。**将军河塘**，百七十里，兵十名。

通计设塘二十九座，兵二百九十八名，所有专司讯弁，详《营制》。

铺舍：

东路：由总铺十五里至神定铺，十五里至界山铺，十五里至蓼池铺，十五里至远河铺，十五里至均州黄洋铺止。

南路：由总铺二十里至白鹤铺，二十里至小岭铺，三十里至花园铺，二十里至西沟铺，四十里至岳家铺，四十里至房县桃林铺止。

西路：由总铺三十五里至马昌铺，二十里至红门铺，二十里至青铜铺，三十里至郧西箭流铺止。

北路：由总铺二十里至杨溪铺，二十里至余家铺，三十里至白桑铺，三十里至梅家铺，四十里至官亭铺，四十里交河南淅川界止。

以上十八铺，额设铺兵六十六名，每兵每年领银六两一钱，共领银四百零二两六钱。咸丰七年，奉文裁汰，酌提十分之四改为差递，核计提银一百六十一两四分，经前县景汇酌留县前总铺，南路酌留白鹤、小岭、花园、西沟、岳家，西路酌留马昌、红门、青铜等九铺，共铺兵三十三名，所领工食按照每名六两一钱。其不敷之银，各县自行捐廉发给。

嘉庆年间改设郧阳镇，添设东关、界山二站，递送提镇公文。东关站三十里至界山站，三十里至均州远河站止。以上二站，每站健夫四名，共八名。每名日领工食银五分，合计日支银四钱。大健月领银十二两，小健月领银十一两六钱。按月给发造报。

以上《塘汛》里所称的“中营”、“前营”，是指郧阳总镇的总兵属下的各军营，其中中营、前营和城守营是分别负责府城、郧县和郧西县防务的军队，除守护在城内外，还要分别驻守塘汛。清代把地方上的汉军绿营军分为城守弁兵和塘兵两种。城守弁兵是守卫官府、营地和城池、仓库的军人。当时，清廷把城池之外的各处关卡称为“塘汛”，把驻防在塘汛里的绿营军称“塘兵”。塘汛一般设在水陆交通要地或重点要塞上，在陆路的称为“陆塘”，位于水路上的则称为“水塘”，都具有防守和传递军情的两大任务。

清雍正帝《实录》记载：雍正六年(1728 年)十二月，刑部右侍郎周学健陈奏《捕治瓜贼各条》，在所上的五条建议中，其中的第四条内容为：“塘兵，自日入至二更、自五更至天明，上下汛轮番传旗，沿途巡查；遇行客，护送前行。如停卧，即责革，汛弁并参。”

六

为了更清楚地了解清代郧阳的塘汛情况，让我们再看看同治《郧阳府志·卷七·军制》里记载的军队驻塘状况：

嘉庆七年，改设郧阳总镇，辖中、前、左、右四营，并城守、竹山协为六营。

……

中营：游击一员，守备一员，驻府；千总二员，一驻府，一驻梅家铺；把总四员，一驻府，一驻江峪，一驻黄连垭，一驻青铜铺；外委千、把总三员，一驻杨溪，一驻木瓜沟，一驻蝴蝶保；额外外委三员，随营差防，无汛地。原设兵六百名，嘉庆八年后五次递裁，实存兵四百四十一名，内除经制外委三员、额外外委三员，实兵四百三十五名。马兵四十三名，战兵一百三十名，守兵二百六十二名。炮大小八十一位……

前营：都司一员、守备一员，驻府；千总二员，一驻府，一驻黄龙滩；把总二员，一驻府，一驻远河；外委千、把总三员，一驻神定河，一驻花果园，一驻将军河；额外外委三员，随营差防，无汛地；原设兵六百名，嘉庆八年后五次递裁，实存兵四百四十一名，内除经制外委三员、额外外委三员，实兵四百三十五名。马兵四十三名，战兵一百三十名，守兵二百六十二名。

郧阳城守营：游击一员，驻府城，兼管郧西汛，嘉庆七年设；守备二员，一驻郧县，一驻郧西；千总二员，一驻郧县，一驻上津；把总四员，二驻郧县，一驻郧西土门塘、一驻夹河关；外委千、把总六员，四驻郧县，一驻郧西黄莺铺，一驻上津堡；额外外委六员，四驻郧县，二驻郧西。原设兵八百九十名，五次递裁，实存兵六百七十八名，内马兵六十九名，战兵二百零四名，守兵四百零五名。驻郧者四百四十名，分防郧西者二百三十八名。

……

郧县塘汛，二十有九：城北九十里左家河陆塘、百五十里蝴蝶保陆塘；城西北五里的观音堂水塘、三十五里的马场关陆塘、六十五里的曲远河陆塘、七十五里的青铜铺陆塘；城东六十里的龙门陆塘；东北八十五里的白桑关陆塘、百四十里的梅家铺陆塘、一百八十里的江峪陆塘；东六十里的杨溪陆塘、百二十里的南化陆塘；城东南二十里的神定河陆塘、四十里的蓼池陆塘、六十里的远河陆塘；城南七十里的毛箭陆塘、百一十里的毛塔陆塘、百四十里的落家川陆塘；城西南七十里的花果园陆塘、百二十里的黄龙滩陆塘；城西六十里的堵河口水塘、九十里的小石沟陆塘；城西南百三十五里的姚家湾陆塘、百六十五里的鲍家店陆塘、二百一十里的将军河水塘；城西百三十五里的金漆料水塘、百五十里的黄连垭水塘、百七十里的孤山水塘、二百二十里的木瓜沟水塘。以上除中、前、城守营千、把总分驻外，各设兵丁归外委把总协防。

三、古郧城学育文化大观

郧阳试院

一

在曾经的郧阳古城里，有一所令士子们敬畏的庄严建筑——郧阳试院。

郧阳试院又被人们称作“察院”，因为它就是过去的“郧阳都察院”，即郧阳巡抚办公的抚衙。郧阳藩镇在清康熙十九年(1680年)撤销后，抚衙在康熙四十九年(1710年)被知府郭维祯改设为了书院，后来又改为了试院，里面的建筑曾经有过一些改动，但都不是太大。那威武的大堂一直沿用着巡抚时的“保厘”堂，不曾有过丝毫变动。乾隆二十年(1755年)，又在试院里添建了东、西两考场。道光七年(1827年)，有一个叫文童袁的房县人捐修添置过考场里的坐号木凳。二十九年(1849年)，郧阳知府胡允林、郧县知县陈子饬及郧县绅士卜作栋等人重修了堂舍、坐号，以石凳换掉了原来的木凳。同治七年(1868年)，郧阳知府金达、郧县知县余思训增修了栖宾的房舍。

清同治《郧县志》中这样记载郧阳试院的来历：

> 试院即旧抚治署。康熙四十九年，知府郭维祯尝为书院于此，后即为试院。乾隆二十年添修东、西文场，堂仍旧曰“保厘”。道光七年，房县文童袁因文场坐号残缺，捐钱六百千文置坚厚木凳，后渐损。二十九年，知府胡允林、郧县知县陈子饬暨邑绅卜作栋等劝捐重修前、后堂舍文场坐号木凳，栽石为足，俾免挪移各弊，至今赖之。

《郧县志》中另有一段文字介绍了郧阳试院内的布局：

抚治废署，府治东百步，今学使试院也。先是成化十三年抚治原杰建，匾其堂曰“帅正”。嘉靖癸卯，胡宗皋改曰“保厘”，题名于堂东。万历乙亥，孙应鳌请更玺书为“提督军务”，即以抚治署为提督行台。其制：前为大门，次仪门，东为土地祠，西为抄案房；大堂后为川堂，凌云翼匾曰“持廉秉正”，旁有石刻镌徐学谟诗；又东为“清美堂”，王世贞并缀以诗；西为武库，西为仕学斋，后为寝室；东西厢为厨房，为书房，陈雍、蒋曙先后建。王以旂建大门坊，东曰“抚安”，西曰“肃清”。陈志改，东曰“控制上游”，西曰“抚镇三省”。杨俊民又改，东曰“万里长城”，西曰“三藩风纪”。大门外西南为都司官厅，西北为守备官厅，东南为府官厅，南为卫、县官厅，今俱改为学使行署，人亦呼“察院”，云(院)内有古柏八株，今存其三。

乾隆朝的翰林院编修、左都御史吴省钦曾经在湖北做学政时到过郧阳，并留下不少墨迹。吴省钦，乾隆二十八年(1763年)癸未科进士，授编修之职，历任四川、湖北、浙江学政，后官至左都御史。吴省钦留郧的墨迹之一就是作《八柏歌》，题刻于石碑，植于试院古柏之下(均见本书《郧阳藩镇巡抚衙门》一文)。

郧阳试院里的古柏，曾经被郧阳人视为神树，当然被很多驻郧的达官贵人们所描写歌咏。同治《郧县志》里就记录有湖北学政杨怿曾所写的一首《郧阳试院为郧抚旧署》诗，内容为：

功资保障忆当年，镇统三藩壁垒坚。东注汉潜千里阔，西通秦蜀万山连。于门必大诒谋远，楚国多材得教延。古柏数株霜雪饱，树人树木总前缘。

在清代，杨怿曾可不是等闲人物。他是安徽六安人，嘉庆六年(1801年)辛酉恩科进士，初选为庶吉士，授翰林院编修和顺天府乡试、会试同考官，后历任江西道监察御史，湖广道监察御史，工科给事中，户科掌印给事中，内阁侍读学士，太常寺少卿，大理寺少卿，提督湖北学政，光禄寺卿，大理寺卿，左副都御史，礼部右侍郎，武会试副考官，礼部左侍郎，道光十年(1830年)任湖北巡抚兼署(代理)两湖总督。杨怿曾任湖北学政是在嘉庆晚年，这首七言诗就是他在郧阳视察时所写。诗中还有《小引》，是说明他所要讴歌的内容：

明原杰奏设郧抚，试院前“三藩镇”额尚存。明正统间于莹中大中丞抚郧建立书院，其七世孙殿撰鹤泉先生视学楚北，相距百八十年。向有古柏八株，今存其三。

二

郧阳试院里有一块石碑，上面刻有一篇《郧阳试院记》，是乾隆年间的湖北学政陈浩所撰。陈浩，字紫渊，北京昌平人，雍正二年(1724年)甲辰科进士，初授詹事。《郧阳试院记》是他在乾隆二十年(1755年)时在湖北学政任上到郧阳主持院试时所作，全文如下：

郧阳试院记

郧，故襄阳之属邑，而试院则明都御史之署，后所改提督军务之行台也。当成化初，都御史阳城原公按行三省八郡之地，籍逋民之丁口四十八万八千人，给其田亩以供赋役。因郧县之旧，改置郧阳府，而建察院于抚治之南。其后，御史孙公改为提督军务行台。终明之世，寇盗未尝少息焉。我朝定鼎，海内晏然，皆转而缘南亩，桀猾之徒无所容其奸，将帅之材无所用其武。于是彻(撤)抚治提督，而以其署为学使之试院。盖其旧址之犹存者，迄于今百余年矣。

院旧有室，有堂，而未尝有士子列坐之宇，每学使至，始编席为棚，风雨骤至，飘摇沾湿，率视为常。太守王君冲谷之莅是邦，政洽于民，教孚于士，乃始倡举郡人经营构造。梁栋耸峻，檐溜高敞，日既西入，余明不尽，诸生童应试者，无异其在房阁之间。

今年春，余奉命视学此郡，工适竣，而太守请《记》于予。予谓太守：“教士之勤，固不止是，而即此可知士人鼓舞之情也。”署之中为堂者三，为室者二十有七。堂之前为坐号，可容千人。又辟其旁之隙地为射圃，将置亭焉。署之四面皆山，庭前有古柏数株，皆数拱云。

时乾隆二十年岁次乙亥五月。

其大意为：郧阳，过去是襄阳的属邑（县），而试院则是明都御史巡抚的衙署，后来升格为提督军务的行台衙门。当年在成化初时，都御史巡抚原杰巡行着三个省的八郡（府）之地（郧阳、襄阳、安陆、德安、荆州、南阳、汉中、商州），编入户籍的流民人数达 488000 人，给他们田亩耕种，让他们给官府提供赋役。因此就在郧县城的旧址上改置了郧阳府，再建都察院于郧阳府之南。之后，都御史巡抚孙应鳌把巡抚衙门升格为了提督军务行台衙门。整个明代，寇盗们在郧阳境内一刻都没有消停过。清朝取得政权以后，海内晏然，流民都回到了农田里，那些凶残狡黠之人再也没有了容身之所，而那些会打仗的将帅们也没有了用武之地。于是巡抚提督被裁撤，巡抚衙门被拿来作为学使考试的试院。把这个巡抚衙门的旧址改为试院，迄今已经有百余年了。

试院里过去有室，有堂，但没有士子们考试时列坐的考场。每当学使从省城来郧阳考试，就搭一个临时棚席作为考场，一旦风雨骤至，不免飘摇沾湿衣服及试卷，却都视为常态。太守（知府）王文裕（字冲谷）来郧阳后，由于治理融洽，对百姓的教化让士子信服，这才开始倡议，在郧阳试院内经营构造了一个考场。这个考场梁栋耸峻，檐溜高敞，即使太阳落山也还余明未尽，让各应试的生童呆在里面，无异就是住在家里的房阁之内。

今年春天，我奉命视学郧阳时，考场工程刚刚完竣，王太守就请我写一篇《记》。我对太守说："你教化士子之勤奋，固然还不止这些事，即此可知士人所受到的鼓舞之情。"试院中有 3 个大堂，27 个室，堂之前的坐号可容千人。又在堂旁的空地上开辟设置了练习骑射的射圃，还将建一个亭子。试院四面皆山，庭前有古柏数株，都是数抱之围，枝叶拱云。

此时，为乾隆二十年（1755 年）岁次乙亥五月。

三

试院是古代科举考试时举行童生试，选拔童生和生员（秀才）的考场，因此这种考试又被称为院试。

童生试，也叫"童试"或者"入学考试"，是科举考试中最低层次的地方考试，由各省提学官或者学政主持。童生试分三个阶段进行：县试在各县举行，由知县主持，每年二月连考五场，通过之后取得府试资格；府试由知府主持，在四月举行，连考三场，通过了的不分年龄大小都称童生，取得了院试资格；院试由省学政或学道主持，考取者取得生员(秀才)资格，方能进入府、州、县里的官学学习。

分别进入府学、州学或者县学学习的生员，在学习过程中还要在试院里不断参加考试，这样的考试同样由省提学官(学政)主持，分为岁考和科考两种。岁考，即每年的例考，选拔出来的生员，被直接推荐进入京城的国子监成为监生(或称贡生)而继续深造；科考，是要把生员按成绩分为六等，一、二等者即取得参加乡试的资格，被称为“科举生员”，等待着到省城里去参加乡试考取举人。三等以后者，则留在学校里继续学习，等待下一次科考。

最早记录试院的文献是在宋代，《宋史·选举志·二》记载：“自今乡贡，前一岁，州、军(比县略高的行政建制)属县长吏，籍定合应举人以次年春，县上之州，州下之学，核实引保，赴乡饮酒，然后送试院。”是说县里为了向朝廷推举贡生和选拔举人，前一年各县都要向州、军引荐和保举童生，在举行乡饮酒典礼后，送他们入试院考试。

试院选拔秀才，一直都由省学政主持考试，故又称之为学政试院。学政试院是我国科举制度里选拔秀才、举人、进士三级人才的最低一级考试的地方。对于那些考取了的学子来说，试院就是一个印象深刻的地方；而对于那些屡试不中的人来说，对试院更有一种刻骨铭心的记忆。因此试院就成为了许多文学作品都提及的地方。刻于明嘉靖年间的小说话本《清平山堂话本·李元吴江救朱蛇》中就有“来朝吾入试院，你有何见识教我?”的句子。清人魏子安所作的小说《花月痕》，在第八回里也有“阁分三层，上层左临试院，万片鱼鳞，右接东城，一行雉堞”的描写。

说到试院，不得不提及学政。学政，又叫督学使者，始设于明正统年间，由省级提学官演变而来，是主管一省科举和教育的专门官员。学政往往官居三品，其地位仅次于巡抚。每三年，学政都要巡回到各府去主持考试，选拔秀才。然而当时并不是所有的州、府都建有试院。没有试院的府州，要么与邻近的府州合并考试，要么暂借房屋举行考试。到清代，院试得到了高度的重视，各府州都必须建有自己的试院。郧阳试院就始于清初康熙年间。

中国古代的科举考试，始于隋，确立于唐，完备于宋，延续至清末。唐朝科举取士分常科和制科两种。所谓常科、制科，是取士的两种不同途径。常科每年分科举行，制科只是由帝王临时下诏才举行，所以士子来源、所出的文章题目内容等都存在很大的差异。

常科考试的科目有明经、秀才、进士、明法、道举等种种类型。明经、进士科在唐时最为士子所重视，尤其是进士科，有“三十老明经，五十少进士”的说法。

参加制科考试的士子，可以是寒士庶人，也可以是官宦子第，统一由帝王亲自主持。制科考试虽然也是帝王亲试，亦能够得到官位，但在当时人们的心目中远远不如进士科出身荣耀。唐代有一个故事，张氏兄弟八人，除一人是制科出身外，其他均出身于进士科，以致每次在家中集会时，进士科出身的七人不允许制科出身的兄弟和自己坐在一起，称他为“杂色”。

宋代科举虽然沿袭了唐制，但改革了内容和方式，形成了州试、省试、殿试的三级考试制。

明清时，科举则变为了院试、乡试、会试及殿试的四级考试制。

四

郧阳试院为一所由四个天井院组成的建筑群落。

步入大门进入第一个院落，迎面是面阔五间，前檐斗拱，后檐重翘的庄严屋宇。屋宇正中是仪门。仪门左边为公事房，是工作人员处理日常事务的地方。仪门右边为文昌祠(巡抚衙门时的福神祠)，里面供奉着主管文运兴衰的文昌帝君，是考生在试院内祈福的地方。据说文昌帝君可以保佑在此祈求的学童们文运昌盛，科举高中。文昌帝君两旁各有一个许愿架，考生可以在上面用红线系着写有心愿的物件。

穿过仪门进入第二个天井，在这里才能够真正领略试院建筑的威仪和风采，这里是学政和同僚们办公的地方。

试院的第三个院落四周设有考棚，每个考棚都为单个间隔，门的上方按《千字文》顺序编有棚号，上书“天字号”、“地字号”、“玄字号”、“黄字号”、“宇字号”等等。考生进场要携带一个书箱，用于放置文具。除书箱之外他们还要自带灶具和食物，因为从第一天进场，到第三天出场，都要在考棚内自己做饭吃。

第四个院落为思补堂。思补堂正中的牌匾上书着“万世师表”，堂内供有孔子的塑像，以供考生们膜拜。这里也是颁簪花礼的场所，簪花礼就是学政大人在孔子像前为考取的新秀才颁发凭证的礼仪。

对试院考试的情景，有一首诗为证：“期逢岁月旧添愁，收拾书籍下泰州。

恭喜文元寓何处，先生小住玉花浮。”从这首诗里。我们可以想象出当时莘莘学子钻进考棚，赢取功名时的艰辛，用过独木桥来比喻再恰当不过了。另一首“争来试院考名流，八邑英才集此州。爆响十声看案发，几家欢乐几家愁”的诗，描写了考生与家人在考试结束之后等候发榜日子里的复杂心情。

郧阳试院的考棚高六尺，宽三尺，深四尺，无窗，考试时只容一人，里面设备简陋，环境极其恶劣，若遇雨天房屋漏雨，考生只得用自备的油布来防风雨，如果没有自备油布则只能忍受雨水浸身，因为一旦进入之后就不得再出入。考生进入考棚前要经过点名、识认、搜检等严苛的程序。搜查是为了防止夹带舞弊。为了防止考生夹带、考场作弊，或防止闲人擅自闯入，试院四周一般都栽有荆棘，因此人们又把试院称为棘院、棘围、棘闱。考生在考棚内，白天答卷，晚上睡觉，这三天里，他们只能使用自带的笔墨、灯烛、衣被、饮食。清代的章回小说《儿女英雄传·第三十四回》中对此有非常生动的描写：“那号舍立起来直不得腰，卧下去伸不开腿，吃、喝、拉、撒、睡，纸、墨、笔、砚、镫，都在这块地方。”

由于科举考试是为朝廷选拔人才的一种制度，考上了就可以荣华富贵一生，因此历代的科举考试，都有作弊行为发生。所以历朝历代为了能公平取士及保持试院的考试秩序，都对舞弊的杜绝到了防微杜渐的程度。

按照清朝的规定，郧阳府每年入文学的名额为20名、入武学为20名，享受官府生活补贴的生员称廪生，名额共40名；特别恩准增加的名额为增广生员，为40名；每年为朝廷选拔一名贡生。

五

郧阳试院里还有一块石碑，正反两面共刻了乾隆朝学政吴省钦的《郧阳怀古四首》：

一抹孤城万叠山，沔流西至曲湾湾。辨名误袭郧公号，食采纷传尹氏颁。路僻中原还据险，人辞故土易藏奸。无情最是浮云影，断送怀王入武关。

巩洛荆巫远建瓴，梁州禹域此占星。审音渐识秦声大，秩望终邀楚泽灵。帝子流移频纪史，蛮夷战伐特垂经。莫言文献无征信，遥指商颜一角青。

上堵高吟似疾呻，三分劫局为何人？军州分供名多舛，蜀魏兴衰迹尚真。若论丹心持绛节，便看赤手缚红巾。原公迁去吴公代，配食何惭荐藻苹。

画辕清角拥牙旗，郑重尚书记保厘。岂有千斤烦荡扫，似教七子见敷施。中丞忧国倾杯细，太史观民驻辔迟。曾是百年前战地，勉循绿野下缁帷。

第一首诗的大意为：郧阳一座孤城处在万叠山中，汉水西流而来，在山间曲曲弯弯流淌。我辨别这里的地名，是误袭了郧国公的号。人们又纷纷传说，这里是周王所颁给尹吉甫的采食邑地。这里的道路非常偏僻，却据守着中原之险。过去，这里又为人们辞离故土之后所流聚的地方，很容易窝藏奸人。最无情的是岁月浮云里的身影，让楚怀王从这里进入武关而断送了性命。

第二首诗的大意为：郧阳在巩县、洛阳、荆州、巫山之间，高屋建瓴，与梁州同属一域，为二十八星宿中的翼轸分野。辨别郧阳人的口音，其中占有很大成分的是秦声。但在祭祀时，这里的人拜的却是楚地的湖泊水神。古代常常把废帝和帝子流移到这里，并频频记入史册。更古时，这里所发生的蛮夷之间的战伐也不时垂于经书之中。不用跟人说文献里的记载都不可信，在这里随意遥指商山一角的青色，就能够给你以很好的证明。

第三首诗的大意为：孟达在上庸堵河边高歌的《上堵吟》音韵十分哀切，魏蜀吴三分的劫局究竟是为了何人？历史上，这里一会儿为军，一会儿为州，分分合合的建制名称有多么的错乱，蜀魏兴衰的痕迹到现在还能够真真切切地看到。若论一片丹心手持使者绛节而来的人，要数元末在这里赤手空拳捉拿红巾军头领的人。原杰升迁之后有吴道宏替代，建立原吴二公庙享受人们的祭礼有什么可惭愧的？人们进献祭品都是应该的。

第四首诗的大意为：郧阳试院里画辕清角，曾经是拥有牙旗的抚衙，湛若水很郑重书写的“保厘堂记”之碑还在。现在，哪里还有刘千斤这样的盗贼麻烦人们去荡扫，官员似乎都在忙着教化人们，一个个像王世贞那样去布施政教。作为大中丞的王世贞，那时忧国忧民得连喝酒都在思虑问题而只能小口细酌，作为太史的他在观察民情时常常驻马而倾听百姓的呼声。这里曾是百年前的战地，现在还能够勉强循着绿野之下茂密树木的空隙看到一些战场遗迹。

郧山书院

关于书院

在郧阳古代教育中，书院教育无疑是郧阳教育之宝塔顶端一枝独秀的奇葩。

书院教育最早出现于唐代，唐初贞观年间就有达官贵人把自己的书屋称为书院，但那时的书院只不过是读书人自己藏书、读书的书房而已。真正的书院出现在唐开元年间。开元六年(718 年)，唐玄宗在东都洛阳开办丽正书院。丽正书院最初的功能虽然只是为皇帝提供一个讲经场所，但实际是一项举国家之力所实施的一处藏书、教学与学术研究三位一体的育人工程，这才是我国书院教育的真正发端。

到了唐末至五代期间，由于战乱频繁，官学衰败，许多读书人纷纷在避居山林之后创立私家书院。他们模仿佛教的禅林讲经制度授徒讲学，使书院教育从宫廷走到了民间，这才形成了中国封建社会里特有的一种主要以培养高端学生参加科举考试为主的教育组织形式。

两宋书院的兴盛，始于范仲淹执掌南都(商丘)府学时期，特别是庆历新政之后，书院在北宋盛极一时。北宋初年社会开始安定，私人书院如雨后春笋般大量产生，出现了一大批像白鹿洞书院、岳麓书院、睢阳书院、嵩阳书院、石鼓书院、茅山书院、象山书院等知名书院，对我国教育产生过极大影响。其中白鹿洞书院、岳麓书院、睢阳书院、嵩阳书院并称为中国古代四大书院。但私人书院的蓬勃发展让朝廷有所紧张，开始害怕思想自由会给自己的统治带领灾乱。为了抑制书院的发展，宋仁宗开始大办各级官学，特别是以州学代替各地书院，吸引学子接受官府的正统教育。到仁宗末年，北宋前期较有影响的私人书院已经全部消失。熙宁四年(1071 年)，朝廷甚至直接向州学派出教授(校长)，以削弱书院和县学的影响。熙宁七年，朝廷把全国有教授的州立书院全部并入州学。进入南宋以后，张栻、朱熹、吕祖谦、陆九渊等学者开始恢复书院，使其成为学术派别的活动基地及讲学的场所。宋理宗以后，理学成为正统国学，书院教育遂成为朱熹等理学大师的遗产被官府所继承。从景定元年(1260 年)起，只有正式通过科举考试或从太学毕业的官员才能成为每个州的书院山长，朝廷借此控制了对全国书院的影响。

元朝的书院里普遍供祀两宋的理学家，专讲程朱理学。至元二十八年(1291年)，元世祖忽必烈首次下令广设书院，民间凡自愿出钱出粮赞助建学的，都可以成立书院。以后朝廷又多次颁布法令保护书院和庙学，并将书院等视为官学，书院山长也被定为钦派学官，这是书院官学化的开始。元代所创建的书院达296所，加上修复的唐宋旧书院，总数达到408所。书院和理学从南方推广到了北方地区，这不能不说是元朝的一大贡献，因为其缩短了我国南北之间的文化差距。但是，元代书院在受到官方保护的同时，也缺失了书院里争鸣辩论的讲学特色。

明初，书院转衰，所留存的宋元书院多被改建为了地方官学和社学。直到成化、弘治年间王阳明的出现，书院才逐渐有所兴复，但随后书院又因批评时政而屡遭朝廷之忌惮，嘉靖皇帝和万历之初的张居正都曾经大毁书院。嘉靖十六年(1537年)，嘉靖帝以书院倡导邪学为由而下令毁天下私创书院。十七年，又以书院耗费财物、影响官学教育而再次禁毁。到嘉靖末年，内阁首辅徐阶重新提倡书院讲学，书院得以稍稍恢复。万历七年(1579年)，张居正在统一思想的名义下再次下令禁毁全国书院，直到他去世之后，书院才又开始盛行。天启五年(1625年)，魏忠贤下令尽毁天下书院，造成了轰动天下的“东林书院事件”，直到崇祯皇帝即位后书院才陆续得以恢复。崇祯期间，全国书院的总数达到了2000所左右，其中新创建的有1699所。明朝的书院分为两类：一种是重视授课、考试的考课式书院，等同于官学；另一种是教学与研究相结合，各学派在此相互讲会、问难、论辩的讲会式书院，但后者多为统治者所不容而屡遭禁毁。

清入主中原后，对书院里所保存的自由气氛犹有余悸，就继续采取抑制书院的政策，直到雍正年间才改为鼓励态度致书院渐兴，但不分官立私立皆受到官府严格监督，不复存在宋元时的讲学自由。顺治九年(1652年)，朝廷明令禁止私创书院。雍正十一年(1733年)，开始在各省城设置书院，此后各府、州、县相继创建书院。到乾隆年间，官立书院剧增，绝大多数书院成为以考课为中心的科举预备学校。至光绪二十七年(1901年)，朝廷下令把全国书院一律改为学堂，书院历史在中国就此结束。清代的书院分为三类：一类以重义理和经世之学为主；一类以科举考试为主，主要学习八股文制艺；一类以扑学精神倡导考据等学术研究为主。

纵观中国的书院，最著名的莫过于宋代江西庐山的白鹿洞书院、湖南长沙的岳麓书院、湖南衡阳的石鼓书院和河南商丘的应天府书院这四大书院，而有名的书院事件当属明代发生在无锡的东林书院事件。

东林书院事件发生在明天启年间。万历三十二年(1604年)，被朝廷革职还乡的吏部文选司郎中顾宪成，与同乡高攀龙等人，在常州知府欧阳东风和无锡知县林宰的支持下，在北宋理学家杨时的讲学遗址上创建了东林书院。他们相约，每年或春或秋临期酌定举办一次大会，每月举行一次小会。大会提前半个月发帖通告。小会除正月、六月、七月、十二月祁寒盛暑不举行外，其余的八个月，以当月第二个丁日开始，三日一期，愿赴会者自愿而至，不通告发帖。每一次聚会，他们推举一个人说“四书”一章，然后有问题的提问题，需要商量的则商量，大家都要虚怀以听，不允许存在学术上的踥扈之气。在讲习之余，他们还讽议朝政，裁量人物，指陈时弊，锐意图新，主张志在世道，躬行实践，反对空发议论，脱离实际。东林书院一时倾动朝野，海内一些抱道忤时的士大夫们都仰慕应和，闻风响附，皆以东林为归，以致学舍不能容纳，成为当时江南人文荟萃的一大盛会，又是议论国事的主要舆论中心。东林书院培养了一大批像杨涟、左光斗这样的不畏阉党权势、正直刚硬、清廉自洁的人士，他们被称为“东林党”人。东林党人的讲学活动引起了以魏忠贤为首的阉党们强烈的妒忌和反对，天启五年(1625年)八月，皇帝下诏毁天下书院。十二月，魏忠贤指示阉党罗织东林党人罪名，矫旨向全国公布了一个309人的《东林党人榜》，在全国实行公开通缉追捕，致使一大批正直官员惨遭杀戮。

综上所述，书院是我国古代的高等级教育机构，萌芽于唐，完备与宋，废止于清，前后历千余年的历史，对中国封建社会教育与文化的发展，产生过极其重要的影响。

郧山书院的创建与发展

郧阳的书院创建于明嘉靖中期，正是朝廷在全国范围内禁毁书院的关键时期。不过，朝廷当时所要禁毁的只是那些思想开放的私人书院，而他们真正想要的是对书院，特别是对书院办学思想的控制权，所以在各行省建立官办的书院，他们还是很有兴趣的。

郧阳城内曾经有过多座书院。正德年间所建的五贤书院在府衙之北，祀奉着周、程、朱、张五子，后来改为了文昌宫；嘉靖年间，巡抚于湛建郧山书院，传承到清末；万历年间，巡抚黄纪贤创办龙门书院，在明末战争中县衙被毁之后移驻该书院，龙门书院停办；康熙年间，知府黄焜又在府衙之后建有黄公书院，不久被改为了神龙祠。乾隆五十五年(1790 年)，郧阳绅士李祖庚捐四百余金建龙峰书院(馆)。这五所书院中，只有郧山书院保持始终，因此后来的郧阳人就只知有郧山书院。

嘉靖二十六年(1547 年)，一个叫于湛，字莹中，号契翁的南直隶金坛人，由河道总督转任郧阳巡抚。这位正德辛未(六年，1551 年)科的进士非常注重正统的科举教育，就向朝廷请示在郧阳建立书院而得到批准，遂在郧阳西城、府署东北之旁动土修建了书院，命名“郧山”，广招郧属士子入院学习。于湛还捐出自己的养廉银作为书院的办公经费，于是来学者众，书院学额为之爆满。万历《郧台志》记载：“丁未，二十六年……冬十月，都御史于湛创郧山书院，俾诸生肄业其中。”这里的“俾”是使、把的意思；而“肄业”是指修业、学习，与今义有所不同。

郧山书院内环境幽静，面临滔滔的汉江，隔江便是青翠的南山。书院外有一牌坊，“郧山书院”四个大字格外醒目。穿过牌坊是红色的宫墙，大门之上有一块巨大的匾额，上书“富美”二字，喻百官之富，宗庙之美。大门内有影壁墙，取自《易经》第二十六卦以辟邪。绕过影壁墙后有泮池呈现眼前，泮池之名曰“涵育”，表示君子之教为有教无类功化而成，池内有清浊二流灌入，喻示人品分高下。池上有桥可以通达二门，门上匾书“恭敬”，表示教学之道须心之恭，容之敬。由恭敬门而入，是讲习轩和精一堂，各为三间，分别匾书“然者”和“谓所”，是书院训学之语。穿过讲习轩是尊经堂，面阔三间，为书院的藏书之地。书院里的藏书都是巡抚于湛从南京购得，以方便学子阅读。尊经堂之后是考旋堂，同样面阔三间，为学子下课之后的温习之所。三堂的左右各有十五间学舍，每三间为一院。除一院为厨房外，左边的房舍称“明善甲舍”，每门依次悬挂丙、戊、庚、壬匾牌；右边的房舍称“诚身乙舍”，每门依次匾书丁、己、辛、癸匾牌。

在郧山书院建成之后的一个相当长时期内，郧阳的当政者们对书院的主要功能有过徘徊，在到底是应该以天下名士来此讲学为主，还是以培养当地科举人才为主之间摇摆不定。

直到万历六年(1578 年)，知府宋豸请示当时的郧阳巡抚徐学谟，要求在郧阳府学宫和各县学宫的生员中考选，录取 50 多名文理平通、有志上进者进入郧山书院就读，得到了徐学谟的批准。此时，郧山书院以培养当地科举人才为主的发展方向得到了确认。

于是，宋豸委任郧阳府学宫教授张聘夫为督试，并决定不采取一考而定的制度，而是在每个月的朔望日都举行考试，只录取那些被认为是完全的合格者，而那些没被录取的生员可以经过修习后等待下一次考试。每次考毕，仍由张聘夫品评，定出一、二、三等，送知府履阅，由巡抚批示赏资。

考试是需要花费银两的，频频的考试就需要考虑一个稳固的经费渠道。经过磋商，宋豸决定把郧阳府旧衙的房屋出租，把每年所得的 18.4 两的房屋课银和每年 8 两的官地课银，以及郧阳府学宫旧址每年 5.6 两课银，总共 32 两白银，还有前一年就决定拨给两个学宫教官的马草费，一并作为考试的费用全部划拨给了郧山书院。每次考试大约须用银一两三钱，俱从这笔费用里支出。宋豸，籍贯不详，于万历六年(1578 年)任郧阳知府，八年离任。

万历十四年(1586 年)，知府沈铁大力压缩官府经费开支，增修了郧山书院的号舍，以扩大招生规模，并极力提倡耕读的风气。沈铁，安福人，进士，于万历十四年任郧阳知府，十六年离任。史料说他："裁无益之费，省不急之务，增修书院号舍，课士子举业。时有浮浪子弟醉舞通衢者，鞭辱之。而野老荷锄辄为慰劳。风俗为之一变。"

到清朝时，统治者们不仅继承了历代儒学的遗产，而且更加发扬光大，他们在抑制私人书院发展的同时，对官办书院的建设却极为重视。因此。郧山书院一直得到正常的发展。

雍正十年(1732 年)，下荆南道分守鲁之裕对郧山书院进行过大修。

乾隆十三年(1748 年)，郧阳知府张世芳再次大修书院；四十七年，知府曾恒德重新装修书院。

嘉庆二年(1797 年)，郧山书院泮池之上的东、西两桥都发生了倾斜，知府王正常补葺，并改书院名为"龙门书院"(非明代的郧阳龙门书院)。

道光二年(1822 年)，皇帝下旨全国书院的办学经费都由官府拨付。三年，湖广学政杨怿曾把郧阳龙门书院移至西关的旧通判署，并恢复"郧山书院"的名称，再向湖北巡抚杨懋恬奏请拨付光化县变价逆产银两，归郧阳郧山书院使用，存在典当行里产生利息，用于郧山书院的灯油、奖赏之资，开创了郧山书院有固定膏火费的历史。当年，由郧阳知府李羲文主持修理了讲堂学舍，至道光四年竣工。

道光十年(1830 年)，郧阳知府崇善倡导捐银，与原拨于光华县银两共凑齐三千两作为本银，每年所产生的利息全部用于书院，除灯火、奖赏费外，还作为主讲的束脩。

道光十六年(1836 年)，郧阳知府李祥因挪用书院本银被撤任，由后任知府逐年摊赔本利银两，继续照常课士。

咸丰二年(1852 年)，书院的本银刚刚摊足，但又被知府侯廷樾和郧县知事复祥动用，拿去办理兵役差当，被湖广总督训斥要求饬赔。但不久，侯廷樾病故，书院的 3000 两本银无存，自此停课。侯廷樾，临汾人，监生，于咸丰元年任郧阳知府。

咸丰九年(1859 年)，郧阳知府李宗焘整饬书院事宜，按月捐出自己的养廉银进行课试，并派本地绅士徐清来、崔诰、王希杰、胡淑经清理书院先年的地租，一并拿新捐的钱财置买田地和房屋，靠出租产生利息，但每年所得收入除纳税外，余钱不多。李宗焘并酌定章程，每月由郧阳府发放课试学生一次性卷价、火食、膏火奖赏，按年从利息中支取，把文案和地契存入府衙备查，每年的收租和开支，全部由府衙命令书院推举出的城内两名公正绅士轮流管理。该年，郧山书院的田地、房屋租息数目为：王大定、刘士德捐地一分，坐落于黑虎保，每年收租钱 36 千文；张良治捐地一分，坐落于伞竹保，每年收租钱 22 千文；曹俊山捐典田一分，坐落于塔峪保，每年收租钱 4 千文；丁爱明的逆产一分，坐落于瓜子保，每年收租钱 2 千文；杨文彩捐地一分，坐落于普高白保，每年收租钱 26 千文；张计氏捐典田，价钱 360 千文，每年收息钱 40 千文；吴心田捐地一分，坐落于郧西县属，每年收租钱 40 千文。刘荣德所捐典田价钱 550 千文和王光耀赔缴钱 300 千文：置买地一分，坐落于圩坪保，每年租钱 23 千文；置买瓦屋房一套，坐落于新仁保，每年租钱 16 千 400 文。

同治四年(1865 年)，郧山书院迎来了一位著名的山长贾洪诏。贾洪诏(1805—1897 年)，字金门，均州人，道光年间进士，咸丰八年(1858 年)由迤东道转任迤南道平定了陆凉州红土墙回民起义，次年擢升云南按察使留办东路军务。同治二年(1863 年)升任云南巡抚。次年因主张招募川勇镇压云南境内的苗民暴乱，与云贵总督劳崇光意见不合，在奏疏中又忤违上意，被革职。回乡后主讲郧山书院，在郧阳做过设置义仓、兴修水利、复兴书院等事宜，颇有建树。

同治六年(1867 年)，郧阳知府金达葺治郧山书院墙屋，延请主讲，立监院，每年捐出自己的养廉银200两之后，要求6个县知县各捐银50两作为主讲、监院的经费，并报请省府批准作为定令。当年夏，郧阳城遭遇特大洪水，书院被冲毁，金达移建郧山书院于北山之麓的三元宫大王庙，八年竣工，并亲自作《移建郧山书院记》。

光绪二十八年(1902年)，郧山书院被更名为“郧阳府中学堂”，至此完成了作为书院的历史使命。

马裹的《郧山书院记》

对郧山书院，明嘉靖年间的礼部侍郎马裹有过详细的描写。

嘉靖二十六年(1547年)，郧山书院建成后，曾经有过一个宏大的“剪彩”仪式，郧阳巡抚于湛还遍邀天下名士到郧山书院讲学，马裹便是受邀人之一。马裹游郧阳时，已届耳顺之年，阅历、性格和文笔已达老辣程度，他自然忍不住手痒，写下了这篇精美而意蕴深厚的《郧山书院记》。

马裹，字伯循，陕西三原人，明正德九年(1514年)甲戌科进士，曾任吏部稽勋主事、稽勋员外郎、稽考功郎中、光禄寺卿等职。他不仅有弘治年间在三原宏道书院读书的出身，而且学识和文章均闻名全国，与宋代著名哲学家、关中学派代表人物张载相提并论。当年，他的一篇《送康太史奉母还关中序》被传抄到国外，朝鲜国还将此文作为范文传诵。

马裹的《郧山书院记》全文如下：

郧山书院记

郧阳旧无书院，今有之，盖巡抚于公下教于府而创建之也。书院在府治坤隅城下，远市廛也。城开，门如灵宝，学面澄澄之汉江，及幽幽之南山。

避面墙也，前竖坊门一座，以书“郧山书院”榜马，示学者知依归也。坊门内为宫墙，门三间，匾曰“富美”，示以圣人之道也。圣人之道，犹百官之富，宗庙之美也。学者得其门而入，则见之，示学者至是期有见也。

由富美而入，有屏焉。屏，物交也，盖取诸大畜。大畜之初，外交斯励，利于己焉。故童牛之梏，存其诚也。豮豕牙吉，闭其邪也。夫然后左右逢源，而天衢之亨臻焉。故设屏于门，示学者至是所以畜也。

由屏而入，有泮池焉，命曰“涵育”，示君子之教也。盖池之所容，有清浊之流，高下之物焉。犹夫人也，君子海涵而春育之，则有教无类，而功化成矣。池有桥，以达于二门，匾曰“恭敬”，示教学之道也。夫恭者，容之敬；敬者，心之恭。盖内外合一之道也。师至乎此，将继往开来；弟子至此，将升堂入室。可不敬乎？诚敬而不替，则内外无间，始终如一，而教学之道毕矣。

由恭敬而入为讲习轩，为精一堂，各三间，匾云“然者”、“谓所”。讲习无他，在精一之道耳。精一者何？知人心之危而安于义，明道心之微而显诸仁，不杂不贰，以由乎中道云耳。是故，人之有心，虚灵、知觉，为一身之主者，一而已矣。但以发于形气言谓之，人人心惟危以情之动，临物交之害也。离乎道则堕落，陷溺而非人，以原以性命。言谓之道，道心惟微，以性之静，即上天之载也。离乎人，则玄虚空寂，而非道。人心离道，灾于其身。道心离人，害及万世。此皆不及大过者之弊，不精之咎二其心之故也。是故，先王先圣有精一执中之学，传心之道焉。示以率其道者，即诗书六艺之文，致学问思辨之力，求一本于万殊而择之，精会万殊于一本而守之约。由是吾身之主，由形气而发与即率乎降衷秉彝之理，则人不离道形之践，即性之尽也。《诗》曰：“周道如砥，君子之履。”是已危云乎哉！由性命而发，与即施诸三纲五常之间，则道不离人，性之尽即形之践也。《记》曰：“君子之道，察乎天地。”是已微乎云哉！是故君子之道，无大过，无不及，信能执中庸之道，为天下万世法矣。奈何圣王既没异端，迭兴学者，往往以经籍为糠尘，以学问为丐子，以良知为至知，为梦醒。呜呼，亦惑矣！使斯言大行，则遗患斯世不浅，可不惧哉！《孟子》所谓：“异端邪说，甚于洪水之灾，夷狄猛兽之祸。”为是故而。是堂之匾，其训学之意渊矣哉！

由是而入为尊经堂，亦三间。盖公尝购书于南都，积储于此，使讲习焉。所储多矣。曰尊经者，示大道之文在此，不在彼也。

由尊经堂而入曰考旋堂，亦三间，盖君子退居于此，所以视履而考其旋也。考旋则不倦之教，不厌之学，其在是矣。三堂之左为学舍，十有五间。凡三间为一院，厨二。右如之。左曰明善甲舍，次以丙、戊、庚、壬匾之。右曰诚身乙舍，次以丁、己、辛、癸匾之。盖以精一之学，进受于师，退而习于此，发于此也。公建学之猷远矣哉！宁有艾也？遂文诸石，用光不朽。

其大意为：

郧阳过去没有书院，现在有，是巡抚于湛下令让郧阳府创建的。书院在府衙西南的城墙之下，远离市尘喧嚣。城门一开，门前就如空灵宝地，面对澄澄的汉江和幽幽的南山。

书院的门前有一面影壁墙，影壁墙前还竖有一座坊门，上书“郧山书院”榜题，以提示学者们知道自己的归依之所。坊门之内是宫墙，门面三间，匾额书写着“富美”，以提示此地为圣人之道。所谓圣人之道，是赛过百官之富、宗庙之美的正道，学习者从其门而入见匾额所题，每次都能给自己以提示。

由富美门而入，有一屏风。所谓屏风，用于两个物体之隔，大概取之于易经第26卦大畜之卦。大畜的初意，是在与外人交往之时保持一定距离的一种屏障，以利于保护自己，所以称之为童牛之梏，是要人心存诚意，就像把小猪劁了再养就很吉祥一样，那是因为封闭住了它的邪根，然后就能左右逢源，通天之路也就畅通了。所以要设屏风于门内，是要提示学习者，到这里应该收敛自己的言行。

由屏风而入，内有泮池，名曰“涵育”，以提示此地为君子之教的重地。泮池里所容之水，有清浊两流，品级高下分得很清楚。就像人，君子海涵而春育，则有教而无类，功化垂成。池上有桥，能够通达于二门。二门之匾曰“恭敬”，以提示教学相长之道。恭者，包容在敬中；敬者，心恭之外露，内外合一才合乎其道。老师站在这里，将继往开来；弟子站在这里，将来会升堂入室。怎么能够不敬呢？诚心实意的敬是不可替代的，是内外无间的，是始终如一的。这样，教学相长之道就完毕了。

由恭敬门而入，有讲习轩和精一堂，各三间。讲习轩匾曰“然者”，精一堂匾曰“谓所”。讲习没有其他的奥妙，唯在精一之道。什么叫“精一”？懂得人心之危而安于大义，明白道心之微而彰显大仁，没有杂念，没有二心，任由中庸之道在灵魂里发展，这就是“精一”。所以，人的心，虚灵而有知觉，为一身之主，完全掌握在自己手里，但发于形气，以言语表露而示人。所有人的心都有危害的一面，每当为情所动时就有可能产生危害，会离经叛道而堕落，会深陷泥淖而失去人性，会恢复为兽类生命。这里所说的“道”，就是人要有很细微的道心，只有修身养性，才会被上天所载。道离开了人，就玄虚空寂，就不能称其为道；人心离开了道，灾祸就会上身；道心远离了人，害及的将是万世。这就是道心不及，太过于远离人心，身上会出的弊病，就是修养不精的罪过，才导致了人有二心的缘故。所以，中国的先王、先圣们都有着精一执中的学养，要传递自己的道心给天下人。现在能够展示在我们面前的，能够率其道的东西，就是诗书六艺之文、致学思辨之力。为求精一的本性真理，人就要在各不相同的事理中选择，精一就是在这各不相同的事理之中提炼而出的本性真理，产生后就有坚守之约。由此可知，自己身上的道要自己去做主。道是由形气而发，无外乎要把施善、降福持执于常道之理，那么人就不会离开道而去做坏事，更不会泯灭全部的人性。《诗经》里说："周道如砥，君子之履。"是说周朝政治清明，道路平坦而畅通无阻，君子外出就没有险地。这样的道怎么会有危情之说呢！道由性命而发，无外乎施诸三纲五常之间，那么道就不会离开人，善良的本性就会尽得彰显，就会表现在平日的实践中。《史记》里说："君子之道，察乎天地。"是说君子所坚守的道，能够明察天地之间的一切事物。这样的道怎么能够不广大而又精微呢！所以，君子之道，是一种无大过、无不及、诚信能坚守的中庸之道，是天下万世的法则。现在，有一种无奈的现实：圣王既然没有异端邪说，而后世交替兴起的学者们，又往往把圣王留下的经籍作为糠尘，把学问当做乞讨，而以良知为最高智慧，好像自己是在一场大梦中醒来。哎呀，这不是糊涂嘛！如果使这样的言论大行其道，其祸害的就不止今世，后患无穷，这不是很可怕嘛！《孟子》说："异端邪说，甚于洪水之灾，夷狄猛兽之祸"，就是这个原因。这"然者"、"谓所"的堂匾，其训学之意很深啊！

由此而入是尊经堂，也是三间。于湛曾经从南京购回一批书籍后积储在这里，以便讲课和学习使用。堂里所储的书有很多。所谓"尊经"，指的就是大道之文在这里，不在别处。

由尊经堂而入是考旋堂，还是三间，是先生下课之后歇居的地方，也能够在此察看、巡行、叫学生到身边考问学业。所谓考旋，就是要有不倦之教，不厌之学，施行就在这个地方。

三堂之左右均为学舍，各15间，每三间为一院，另厨房2间。左边的学舍叫"明善甲舍"，以丙、戊、庚、壬次递悬匾。右边的学舍叫"诚身乙舍"，以丁、己、辛、癸次递悬匾。是要求学生能以精专之学，进而受教于师，退而自习于此，发挥于此。于公建书院计虑深远，还不达完美不罢休，遂向我求文，刻诸石上，以光大而不朽。

徐桂的《郧山书院尊经堂记》

“剪彩”仪式之后，郧阳知府徐桂作为主人之一率领客人游院。在于湛的要求下，他写了《郧山书院尊经堂记》，并刻石立碑，文中对读书兴教的重要性作了阐述，算得上哲理深邃，文辞豪爽。

徐桂，字子芳，号秋亭，安徽潜山人，嘉靖十四年(1535年)乙未科进士，初任东昌府司理。

徐桂任郧阳知府为嘉靖二十五年(1546年)，二十九年离任。其《郧山书院尊经堂记》全文如下：

郧山书院尊经堂记

维天地职始，维帝王职终，维六经职天地帝王之道。是故，翊世运，扶皇极，莫大乎六经。经以致治，曰维纯王之政；经以垂教，曰维纯王之学。是道也，灿于日星，以久其明；流与江河，以绵其运；播于元气，以神其化。是故，惟博厚，惟高明，惟悠且久，莫大于唐虞三代。秦汉而下，治不逮古，道不纯王，盖经术弗尊，曷由以济我明？稽古法天，崇儒尊经，百八十年王道休明，海宇熙洽。今学校遍天下，尊教阁雄峙神京，文教超越古今，与天地并。惟郧古麇国，声教文物为全楚诸郡殿。由民窳于政，士偷于教，鼓舞无其人尔。

岁丁未，大中丞契翁于老先生膺简命抚治兹土，贞宪肃度，揆文经武，治且岳岳起。由是，明作风行，淳大春盎。乃进桂于庭曰：“惟饬治以经术，弗惟吏事；惟华国以文章，弗惟刑名。余承乏保厘汉江，当丕振文教，以仰答休命。”桂曰：“唯唯，大雅之政也，敢不拜教。”维时圭测天马，臬表金鱼，得隙地数百武，建郧山书院。鸠材伐石，数月而就，费不耗民，役不防时。院成，门曰“富美”，堂曰“尊经”。翁又进桂而诏曰：“惟孔壁藏经，铿金石之遗音；惟天禄校书，烨藜火之宵明。今兹丕构其幽，赞乎神明。”桂曰：“休哉！大雅之道也，桂何与力焉。”于是率诸生登富美门歌朴棫之雅，莅明道堂诵采芹之诗，寓尊经堂玩大圣之编帙。洋洋乎，沨沨乎，汉江之间，邹鲁同风矣。

则又酌而谓桂曰：“维天之文，云汉为章；维地之文，江汉是纪；维人之文，述作是责。子曷记之？以昭无极。”桂拜教曰：“休哉！大君子之德之功也。桂也寸梃，曷发洪钟？”然亦不敢以弗敏辞也。呜呼！六经之道，圣人之学，唐虞三代之治，胥此焉，出兹堂也。吾翁之功德，炳炳麟麟，流溢布获于天地间，宁有文耶？遂文诸石，用光不朽。

其大意为：

自连结天地开始，到连结帝王终止，只有《六经》是连结天地与帝王之间的道。所以，辅佐世间盛衰治乱更迭之变化，匡扶帝王统治天下之准则，没有比《六经》更重要的了。《六经》能够使国家在政治上安定清平，能够维持纯王之政；用《六经》来训教，能够维持纯王之学。这个“道”，能与日月星辰比灿烂而久明不灭，能与江河比源流而势运绵长，能与元气比奥妙而运化神妙。所以，道的博厚，道的高明，道的悠久，没有比唐虞三代更显现的了。秦汉以下的治理不如古代，道化也不再是纯王道，原因就在于对经术不尊，这怎么能够用道来普照天下之明呢？考察古人，他们循法于天，崇儒尊经，能连续得到百八十年的王道美好和清明，使海宇之内一片清明和乐、和睦安宁。现在，学校遍及天下，尊教阁楼昂然屹立于帝都京城，文化教育超越了古今，能与天地并齐。只有郧阳这个古麇之国，声威教化的、文之所载的物品依然散落在全楚各郡的殿堂之下，所以这里的民众败坏于政，读书人懒惰于教，鼓动人心却缺乏人才。

嘉靖丁未(二十六年，1547年)，大中丞于湛(号契翁)老先生接受任命来抚治郧阳。他坚定法令，整肃法度，施行文教，振奋武事，把郧阳治理得井井有条。由此开始，清明盛行，淳厚大兴，春意盎然。于是于大人当庭对我说：“只能以经术来整饬施治，不能只单靠整顿吏事；只能以文章繁华国运，不能只靠刑罚。我承继空缺的职位，来这里保护、扶持、安定百姓于汉江，就应当大力振兴文教，以仰答皇上对我的任命。”我回答：“是啊，这是一种大雅之政，岂敢不拜受教诲。”随即，我就立圭测量太阳，依臬表录下刻度，勘得一块几百步长宽的空地建郧山书院，聚集齐建材，采伐出石料，数月就建成，经费不耗于民众，工役不耽误农时。

郧山书院竣工，大门叫“富美”，大堂叫“尊经”。于湛大人又对我说：“只有像孔子故宅墙壁藏经那样藏一些书，才能让书院发出金石之铿锵遗音；只有像刘向在天禄阁里校对书籍那样学习经典，才能让夜读之人发出光明。现在，你已经让这里大业渊深，应该称颂神明。”我说：“不是这样啊，这是遵循了大雅之道的结果，我并没有付出多少力量。”于是，我们率领学生登入富美门诵读“朴棫之雅”，莅临明道堂诵咏“采芹之诗”，坐在尊经堂里欣赏圣人的书籍卷册。洋洋乎若江河浩大，沨沨乎于汉江之间，郧阳已与邹鲁同风。

巡抚又斟酌着对我说：“维系天的秘密，记载在银河上；维系地的秘密，记录在汉江里；维系人的秘密，就要靠人的记述才能留下符号。你为什么不写一篇《记》呢？以告诉后来无数代的人吧！”我拜受着他的教诲说：“不行呀，这是大君子你的功德啊。我一个小人物，怎么敢发如此洪钟之声？”然而，我也不敢以不恭敬而推辞。哎呀！《六经》之道，圣人之学，唐虞三代之治的经验全在里面了，如今都集聚在这个堂里。于翁的功德光彩，照耀流溢，遍布在天地之间，难道不需要记载吗？于是我撰此文，刻于石，用以光柄他的不朽业绩。

郧山书院里的圣旨碑

郧山书院里曾经有过一块圣旨碑，上面刻着同治皇帝的一道圣旨，内容为钦准拨襄阳府境内还没有变卖的叛逆遗产，酌济郧山书院经费的事情。此圣旨为当时的湖北巡抚杨懋恬上奏请求建书院而获得的。

杨懋恬，字雪飘，曾任安徽道宪、江苏布政使等职。于道光元年（1821年）七月任湖北巡抚，此后任漕运总督。其获得的圣旨全文如下：

圣旨

道光二年九月二十日奉

上谕：杨懋恬奏，查明襄阳府属未变叛产酌济书院经费一折。前据杨怿曾奏，湖北襄阳、郧阳两府书院经费缺乏，请将叛产租银作为膏火。当经降旨，令该抚详查，妥议章程。兹据该抚查明未变入官田地，请照陕西新安之例，拨充书院膏火。

加恩着照所请，襄阳县已佃未变及清出堪种田亩，每年应收租课银三百三十六两零，着拨归襄阳府鹿门、乳泉两书院。光化县原报未变，照估变价交典，每年生息银四百九十一两零，拨郧阳府书院。均由各该县按季经收解府，转发书院散给，俾资膏火而垂久远用，示朕嘉惠士林。至意该部知道。钦此。

其大意为：

道光二年(1822年)九月二十日奉圣旨。皇上诏谕：查明湖北巡抚杨懋恬所奏报的，要拿襄阳府所属还没有变卖的叛逆者的财产，酌情资助给书院作为经费一事。此前，湖北学政杨怿曾已经奏报，据他说湖北襄阳、郧阳两府的书院经费缺乏，请求将叛产出租，所收银两作为资助学生求学的灯油费。当时已经降旨批准，命令湖北巡抚杨懋恬详细查实，妥善议定章程。此后，该巡抚查明了未变卖的逆产和应该归入官府的田地，并请求参照陕西新安的做法，将逆产收官，把出租所收入的银两划拨给书院，作为书院的灯油费。

现在加恩，着令按照杨懋恬所请求的办法施行：将襄阳县已经租出而未变卖的逆产，以及清查出的能够耕种的田地，每年应收租银为336两整，着令划拨给襄阳府鹿门、乳泉两所书院；将光化县原上报还没有变卖的逆贼田产，依照新的估价出租，每年所生利息银为491两整，划拨给郧阳府书院。两处银两均由当地县衙按季收缴，分别解送襄阳、郧阳两府，由他们分散转发给各自的书院，使助学的灯火经久不灭，以显示朕对读书人的褒奖和恩惠。

知会朝廷相关的部院知道此事。钦颁此道诏书。

艾浚美的《郧山书院记》

艾浚美，济阳人，监生，于咸丰十年(1860年)任郧阳知府，同治二年(1863年)离任。同治五年(1866年)，艾浚美再任郧阳知府，六年第二次离任。

第二次莅郧之后，艾浚美撰写了《郧山书院记》，全文如下：

郧山书院记

书院之名始于唐，盛于宋，即古乡学之遗。各郡之有书院，盖举乡学之秀甄拔而递升之者也。自来教育陶成，人才辈出，莫盛于书院。如白鹿洞，朱子奏复其旧，而论学则绍述周程，参取张邵，斟酌及门诸子，同异是非。俾孔孟之指粲然明白，一归于正，其明证矣。

郧为楚西奥区，山高水险，俗尚朴醇，自明于莹中大中丞创建郧山书院，渐知向化慕学。旋因岁久倾圮，我朝雍正十一年，世宗宪皇帝特发帑金以资省会书院膏火，嘉惠士林恩至渥也。维时守道鲁观察以郧山书院坍塌重建之。嘉庆丁巳，王方山太守复加补葺，改为龙门书院。道光二年，学使杨介坪先生仍复郧山书院原名，移置通判旧署，并查明膏火无资，咨会抚军杨中丞。奏明准拨光华变价银两归郧，发典生息用资膏火。其造就乐育之心如此之厚，郡人士宜何如振励、奋兴、轩昂、鼓舞，以副此培植盛意乎。

夫书院之设，所以讲学而造道也。而贤守令崇尚风化之原，必以此为重焉。为之讲堂，以隆其规制；为之学舍，以专其藏修；为之月试，以善其观摩非第藉；为声气之资，游扬之具而已；又必慎择经明、修行者，为之山长启迪之，奖勉之，泽之，以诗书以化其凌躐浮嚣之习；规之以道义，以去其驰骛奔竞之私，务使一郡一邑其秀而文者皆砥德。而砺行其朴而愿者皆敦本而尚义，不溺志于词章，不营情于利禄，不逞才以越制，不饰智以惊愚，则庶乎今日立品读书，无惭乡里之秀，异他日分猷出治，充为国家之循良。副我介坪先生殷心造士，提倡宗风，以翊赞朝廷菁莪棫朴之化为不虚也，后之莅斯地者育德、维风、增资、加扩俾相衍于无穷，以昌其教，以达其材，岂不懿欤？今介坪先生会奏拨项因公挪移久未归款，幸地方义举捐助所置田地房屋，各租犹符按月一试之资，此亦硕果尚存之意，云尔兹因修志而综叙其始末，以为记。

其大意为：

书院这个名称始于唐，盛于宋，为古代乡学之遗留。各府有书院，是从推举乡学里的优秀学生，甄拔他们逐级递升开始的。自古以来，由于教育催化，使得人才辈出，还没有盛过书院的。如白鹿洞书院，是朱熹奏复皇帝在旧书院的基址上所兴建的。而论学问，则是朱熹继承了北宋周敦颐、程颢、程颐，参取了南北朝刘宋时期张邵的做法，斟酌其门下弟子之间的同异和是非，使得孔孟的思想都能够在里面弘扬。

郧阳处在楚西之深处，山高水险，民俗崇尚朴醇，自从明代大中丞(巡抚的别称)于湛创建郧山书院之后，民风渐知归服，开始仰慕学习。后来因为年久而书院倒塌，到我大清雍正十一年(1733年)时，世宗宪皇帝(雍正帝)特别拨发了帑金，以资助各省会书院里的膏火(灯油费)，恩惠广大学子之心非常仁厚。当时，下荆南分守道鲁观察见郧山书院坍塌，就重建了它。嘉庆丁巳(二年，1797年)，知府王正常(字方山)再加补葺，改名为“龙门书院”。道光二年(1822年)，湖北学政杨怿曾(字介坪)又恢复为“郧山书院”的原名，迁书院至通判旧署，并查明书院没有膏火之资，就咨会湖北巡抚杨懋恬，奏明准拨光华县的逆产变价银两给郧阳府典当，所生利息用于书院膏火。其造就人才之乐育之心如此之厚，令郧郡人士怎不振励、兴奋、轩昂、鼓舞，怎么能辜负此种培植人才的盛意呢？

国家之所以设书院，就是要营造一个讲学布道的场所。而贤良的知府、知县如果有崇尚风化之心，就必须以书院为重；就必须建造讲堂，以隆重书院的规制；就必须建造学舍，以专其学生们的藏修；就必须施行月试，以利于观摩学生能不能榜上有名；就必须拿出鼓动士气之资，以从事传扬之具；就必须慎重选择经典，以申明修行道理；经常给学生以启迪、奖勉、恩泽，以诗书来化解学生身上超乎寻常的浮躁之习；把他们规之以道义，以去掉他们身上趋之若鹜、竞相奔走、追求名利的私心，务使一府一县优秀又有文采的人都能够磨练出自己的德行。然而，磨练德行就要有一颗朴质而甘愿的心，要注重根本而崇尚大义，不能把志向沉溺在词章里，不能营情于利禄，不能因逞才而超越体制，不能粉饰智慧而惊世骇俗，每日要用平常心来立品读书，无愧于乡里之秀的称号，他日能够治理一方，成为国家奉公守法的官员。像杨怿曾先生这样以殷心造就人才，提倡传统之风，这样来辅佐朝廷进行教化才是不虚此生的。他为今后莅位这里的官员们做出了育德、维风、增资、加扩的榜样，使这种行为能够相延于无穷，以昌盛这里的教育，以达到人才延绵不断的目的。这岂不快哉！今日，经过杨怿曾先生会奏，拨得了一项因公挪移、久未所归之款，幸亏还有地方义举捐助，置得一些田地房屋，各自出租之后用利息资助按月一次的考试，这有硕果尚存之意。因此，我修《志》而综述其始末，以为《记》。

金达撰《移建郧山书院记》

同治六年（1867年），金达来郧阳任知府，上任不久遭遇汉江特大洪水，几乎冲毁了整座郧阳城。灾后，金达重建郧城，将郧山书院移建到了后山之麓，八年（1869年）竣工，他亲自撰写了《移建郧山书院记》。九年，在城建工程还没有完全竣工时，金达累死在了郧阳。

金达的《移建郧山书院记》全文如下：

移建郧山书院记

郡故有书院，曰“郧山”。厕守署之西偏，旁际官廨，前蹑市廛，洼湿阘茸，荒茀不治。余莅郡方新，往还者数，而深异名实之显相违也。寻圮于水，而斋厨益荡。

余惟往者：隋唐之世庠序不修，异端侵炽，岩穴积行之彦，相与挟其侪偶，招其生徒，择胜地立精舍，为群萃讲习之所。若岳麓，若丽泽，若石鼓山、白鹿洞，其著焉者也。宋兴，各就其址拓为书院，而其它之都邑郡县闻风而起，度地而营者，更历数百年。所在多有然，率皆形势岿宏，庭院幽邃，上挹清旷，下远尘嚣，学人藏修之暇，周瞩遐瞻，于以荡其胸次，抗其怀思，扩其聪明，崇其德业，此进学之大较也。郧何以异焉？

而城北之岗有所谓“三元宫”者，巍然廓然，领全郡之胜，土人杂祀古皇，释子于其中。岁正，倾国观游，士女纷沓徐来。余深病此之足以败俗，而彼之无以造士也，乃一举而迁之，广开闳增馆舍、堂序、门庑，秩然改观，就赎缁流质田产若干亩，赡群士膏火之资，而号仍以“郧山”之旧。喜名之，终有其实也。

《记》曰：“君子如欲化民成俗，其必由学乎?”欧阳子曰：“礼义者，胜佛之本也。”周子曰：“师道立，则善人多。”自是，郧之士得师为之宗，不屑屑于科举之业，朝夕切劘，以礼义相愧厉，风俗之变，贤材之盛有日矣。何佛之足惑欤？孔子系《易》至“渐”曰：“君子以居，贤德善俗。”而周公则一取象于鸿，初六曰：“渐于干，小子厉。”惧初学之安于下也。二之磐，所托峻矣。由是而陆、而水、而陵，皆其迁之善者至于逵，则其羽可用为仪焉。然则，余之为是迁也，祖宋人就恢精舍之义，登群士于康逵。而凡就学于此者，其亦渐而有序，进而不已，见善从之，闻义则徙，居则善六邑之俗，出则光四国之仪乎。是为《记》。

其大意为：

郧阳府过去有一所书院，名曰“郧山”，混杂在府衙之西偏南，紧邻官署，前面却是店铺集中的市区，为一块低洼潮湿破败不堪的劣质地块，一片荒芜而没有治理价值。我莅郧不长，就往返那里好几趟，而深深地诧异书院之名与书院之实显然相违背。不久，书院被洪水冲毁，连斋厨都荡然无存。

我思考古代之事：隋唐人不修学校，使异端思想逐渐兴盛，那些德才兼备的人士纷纷隐居岩穴之中去修行，只交往那些意味相投的同辈。他们各招学徒，选择胜地建立讲学之馆，成为一个个群英荟萃的讲习之所。像岳麓，像丽泽，像石鼓山，像白鹿洞，都是其中的著名者。宋朝兴起后，人们就在这些旧址上拓展，成为了书院。受其影响，其他的都邑郡县也都闻风而起，纷纷测量地块营建书院，风靡了数百年。现在，大多数书院都为那时所建，一所所都形势恢宏，庭院幽深，上能汲取清静旷阔的土地灵气，下能远离尘世喧嚣的尘世晦气，让人们在修学之暇能够高瞻远瞩，能够激荡胸怀，引发思怀，扩拓智力，崇敬德业。别小看环境幽雅所产生的作用，此为进步学业的大略之一，而郧阳为什么独独与别处不同呢？

北城山岗上有一座“三元宫”，高大雄伟，空旷寂静，占据着全府之胜，而当地人却在里面混杂祀奉着古代帝王和佛祖菩萨。每年正月，境内之人倾国聚此观游，男男女女纷至沓来。我深深痛恨这种败俗的行为，嫌其干扰了这里的人们，而不重视培养有识之士，就决定把书院一举而迁至此，广开宏增馆舍、堂序、门庑，使之秩序井然，面貌改观。我再从佛家道僧的手中把田产赎买了过来，以赡养广大学士，作为灯油之资。而书院的名字仍沿用“郧山”。我喜欢这个名字，现在终于是有其名而更有其实了。

《礼记》中说：“君子要想教化民众的习俗，就必须兴学。”欧阳修说：“礼义是战胜佛教的根本所在。”周敦颐说：“师道立，善人就多。”自此，郧阳学士得到了正宗师教，不再于劳瘁之中匆匆忙忙迫于科举之业，而是能够朝夕切磋，以礼义相互自勉，那么风俗大变，贤才茂盛就指日可待，怎么还会有困惑呢？孔子作《系辞》诠释《易经》，对“渐”卦的解释为：“君子应当以自己的贤德影响社会环境，逐渐使风俗朝好的方向转变。”周公旦则取“鸿雁”这种水鸟作为象征来解释“渐”卦，对《初六》篇里的“渐于干，小子厉”的理解是：“惧怕初学之人安然于下，不求上进。这两块磐石，能托举得很高，由此飞往陆地、水域、丘陵，可以迁徙到达善地，到达想去的四面八方，就能够身居高位被人尊为楷模。”所以，我这次迁郧山书院，是效法宋人选择恢宏精舍之义，帮助郧阳群士登入康庄大道。今后，凡是就学于此的人，就会大展宏图，循序渐进，进步不止，从善如流，闻义就追。他们在家能改善周围不良习俗，出仕能光耀四国之礼仪。

以上就是我作的《记》。

郧阳龙门书院

郧阳龙门书院建于万历丁未年(三十五年，1607年)，为郧阳巡抚黄纪贤所建。当时，他与郧阳按察使王嗣美协商要建一所书院，自己捐出了500金，王嗣美也当即捐出40金，共同占卜选择了城内龙门山(北门坡)下的一块地皮并于正月开工，当年十月落成，取名“龙门书院”，并请前礼部尚书郭正域赴郧讲学，并撰《郧阳龙门书院记》。

“龙门书院”的题匾悬挂于大门上方，院内有两个学堂：前堂之匾书“讲堂”，学生受艺就在其中；后堂之匾书“石室”，储书于内供师生借阅。两旁有舍房70余间，是学生的休息之所。书院置有学田、铺房，用以解决长远修葺之资。

明末，郧阳城与李自成、张献忠的农民军对垒13年，全城官衙尽被毁，县衙只得移驻龙门书院，鼓箧入学之地从此变为了鸣琴升堂之府，龙门书院至此不复存在。

黄纪贤，字叔陈，四川荣县人，万历八年(1580年)癸未科进士，于万历三十二年(1604年)十二月升右副都御史任郧阳巡抚。他在郧阳期间注重教化，开办龙门书院，凡入院学习者均提供免费住宿、伙食、文具。他亲自讲学，场场爆满，使郧阳学风大振。后来知名于全国的陕西解元罗士济、襄阳给事中汪始亨、南阳翰林马之奇及马之俊等人均出自郧阳龙门书院。

他还重治了武当山违法道官赵本深等人，压制了提督太监黄勋的嚣张气焰。

万历三十八年(1610年)夏，郧阳藩镇境内发生水灾，黄纪贤上疏获准截留荆、襄两地的税银赈灾，另向藩镇境内其他灾区拨国库银6800余两。但却在万历三十九年遭人弹劾，被遣回原籍。

郭正域，江夏人，万历十一年(1583年)癸未科进士，选为庶吉士，授编修作为皇长子的讲官，后历任南京国子监祭酒、詹事、礼部右侍郎、翰林院大学士、礼部侍郎、尚书。他与沈鲤、吕坤同被誉为“万历三大贤”。万历三十一年，郭正域因遭沈一贯等人的弹劾，罢职回籍听勘，还没有走出京城，又因妖书案发而入狱，次年五月被无罪释放，又因为数次得罪首辅沈一贯而被罢官还籍。途中，他所乘的舟船还被搜查。

《郧阳龙门书院记》是郭正域在万历三十五年受黄纪贤相邀在郧阳讲学时所作。其全文如下：

郧阳龙门书院记

郧阳据荆楚上游，控宛洛，通雍蜀，虽绾结四达，而崇岗丰草，民多啸聚，罕事诗书。大中丞建牙其中，比年号称无事，迩羽流不戢，争罨而斗，守臣以守珰为之丛，御史中丞暨南北台省交章而竟不问。

黄公抚郧之年，慨然曰："绳不可枉，泉不可挠，吾奉命来抚兹土，而黄冠逃于法之外，何以为民上？"于是，多方设关悬格，构之以闻，竟抵于法，郧之吏民欣然曰："我公真去我蠢贼也，郧民知有三尺矣。"

公又慨然曰："仓廪不殖，安知荣辱？原田不每，安知礼仪？郧崇山邃谷，羊肠鸟道，鵵飑砢垒，无一望膏绣之田，山童而水涸。吾奉命来抚兹土，岁不一登，民且枵腹，如吾民何？"于是为盛水、武阳二堰，郡民赖之，欢然诵曰："我公真长我禾黍也，我民能保此七尺矣。"

会大比，士郧襄二郡获儁者，仅一人。公又慨然曰："士无肄，则士与士不言礼仪；上无教，则士与士不知诗书。楚固称人文，而吾所辖者兼周秦。吾奉命来抚此土，而不作人，不兴贤，徒责其山栖野聚之民劲悍，决裂伦常而寡文学，何以得此誉髦而用之？"于是，捐粲钱五百金，与臬使者王公计之，王公亦捐粲钱四十金，卜风气完美，当城中为书院一区，题曰："龙门书院"，为治近龙门山也。为堂者二：前题曰"讲堂"，校艺其中；后曰"石室"，储书于内。旁列号房七十余间，以为整修之所。又置学田，建铺房，以为久远修葺之资。始于万历丁未年正月，落成于本年十月。

为檄三省之士，告之曰："楚之士能无采湘兰、佩沅芷者乎？秦之士能无诵《蒹葭》，赋《上林》者乎？周之士能无习《龙马》、咏《二南》者乎？吾拔其尤者，与之言礼乐，言诗书。于是，郧之人欢然曰：我公又兴我人文，而臣表帅一方。

文武是宪，在昔太公治齐，诛华士而兴贤能；何武行部扬州，入传舍，问垦顷亩，五谷美恶，即学宫，见诸生，试其诵论得失；薛谦光为御史中丞，劾奏缁流无所回避，而后兴教化；颜棐为京兆，整顿阡陌，树桑果，买牛车，而又劝励理学，风化大行。以黄公之政，视前数君子何如也？夫猾民不诡于法，则朝廷尊；穷民不匮于食，则妇子保；士子不跃于治，则贤才出。黄公为政，先其大者，一一可《记》也。

于是，不佞正域从泉大夫之请而为之《记》。黄公，讳纪贤，号芳楠，四川荣县人，万历癸未进士。王公，名嗣美，号含虚，陕西朝邑人，万历庚辰进士。是役也，始终经营者，都司理李君，名可芳。赞成者，郡丞周君，名国庠；别驾李君，名之实；郧县尹张君应春。督工则镇抚苗良弼、税课司大使孙希忠。例得书。

其大意为：郧阳占据荆楚上游，控制南阳和洛阳，通达陕西和四川，虽为枢纽可四达，然而境内崇山峻岭、林森草丰，流民多在此啸聚，很少有人读过诗书。巡抚把衙门建立在这里，每年都号称无事，近来却听说这里的道士们不知收敛，相互之间喧嚣争斗，而镇守一方的官员却闭门不出，甚至为他们庇护，就连执法的御史以及南北各省的巡抚在向皇帝上书奏报后，竟也不闻不问。

黄纪贤来郧阳做巡抚后，对此状况非常愤慨。他说：“法律的准绳不可弯曲，清澈的泉水不可杂混，我奉命来抚治这个地方，如果让这些黄冠羽流们逃之于法外，何以能解除人民的疾苦？”于是，他多方设置关隘，悬榜公布法律条文，只要听说谁构成犯罪就绳之以法。于是，郧阳官民欢欣鼓舞，说：“我黄公真的去掉了祸害我们的奸贼，让我们郧阳民众知道了国家是有三尺之法的。”

在打击不法道众之后，黄纪贤又感慨地说：“如果粮仓不充实，人们哪里会懂得荣辱？如果田地不耕种，人们哪里会懂得礼仪？郧阳处于崇山邃谷之中，处处是羊肠鸟道，人们时时置于累卵不安之中，没有一块一眼望去大片的丰膏绣美之田，导致山恶而水穷。我奉命来这里抚治，没有一年五谷丰登过，民多饥饿，我怎么对得起他们？”于是，他整修盛水、武阳二堰，让郡内的民众都很敬仰，再次欢欣鼓舞地歌颂他：“我黄公真的让我们的庄稼丰收了，让我们郧阳民众能保全这七尺之身了。”

该年，正值三年一次的科举会试大比，郧襄两府中进士的只有一个人。黄纪贤再次感慨，他说：“读书人如果不好好学习，那么他们之间就不会去谈礼仪；老师如果不认真教书，那么学生之间就不会知道多少诗书。楚地固然号称人文荟萃，然而我所管辖的地方兼有周地和秦地。我奉命来抚治此土，如果不能造就人才，不能选用人才，徒然责怪在这里的山野之中栖居的民众劲悍，说他们不懂伦常、不知文学有什么用？那什么时候才能在此得到国家可用的英杰之才?”于是，他捐出五百金的饭钱，与按察使王嗣美商量建一所书院。王嗣美也捐饭钱四十金，共同占卜了一块风水完美、据城之中的地块建起了书院一所。书院题名“龙门书院”，是因为此地接近龙门山的原因。龙门书院里两个堂：前堂题曰“讲堂”，学生学艺在其中；后堂题曰“石室”，书籍存储于内。旁边排列有宿舍70余间，是学生的休息之所。他又为书院置学田、建铺房，收入作为久远修葺之资。书院始建于万历丁未年正月，落成于本年十月。

于是，黄纪贤发文通告三省的学士：“楚地之士中，怎能没有高洁之人呢?秦地之士中，怎能没有诵《蒹葭》，赋《上林》之人呢?周地之士中，怎能没有习《龙马》、咏《二南》之人呢?我要选拔其中的优秀者，与他们谈礼乐，讲诗书。”于是，郧阳官民又一次欢欣鼓舞，说：“我黄公又大兴我郧阳人文，出大臣表率一方。”

我以为：文章和武艺都值得效法者：一是昔日的姜太公，他治齐之时诛杀了“不臣天子、不友诸侯”的华士，而大兴齐国贤能；二是西汉的刺史何武，他巡行扬州，必先到学宫面见诸生，试其学业，问其得失，再到供行人休息住宿的处所，问他们开垦田亩和五谷生长的情况；三是唐代御史中丞薛谦光，他劾奏胡僧不回避权贵，虽然被贬出京，却教化大兴；四是颜棐，作为京兆尹，他整顿阡陌，植桑果，买牛车，又劝读奖励理学，使风化大行。以黄纪贤在郧阳所施之政，比前面的几个君子如何?如果没有了猾民戏谑法律，那么朝廷就有了尊严；如果没有了穷民匮乏食物，那么妇女和儿童就得以保全；如果没有了富家子弟的炫耀，那么贤才必定会辈出。黄纪贤为政，先抓大事，每一件都值得记载。

于是，不才郭正域听从泉大夫(按察使的别称)之请，为郧阳龙门书院作《记》。黄纪贤，号芳楠，四川荣县人，万历癸未科进士；王嗣美，号含虚，陕西朝邑人，万历庚辰科进士。始终参与这项工程经营的人，还有郧阳行都司指挥使李可芳。帮助修建的人有：郧阳府丞周国庠、通判李之实、郧县知县张应春。督促施工的有：镇抚苗良弼、税课司大使孙希忠。照例都要把他们记录在《记》里。

郧阳龙峰书馆

郧阳龙峰书馆在郧阳城东棒槌河畔，为本地绅士李祖庚所建，由于是私人所办，不具官方背景，所以称书馆，而不称书院。正是由于私人背景，龙峰书馆后来不知所终，想来在李祖庚之后因资金链断裂而停办。好在，有一篇书馆创建之初夏尚德撰写的《郧阳龙峰书馆记》，让我们能够知道它的曾经存在。从“龙峰”之名来看，此书馆也应该在龙门山上。

夏尚德，乾隆年间郧阳府贡生，后在四川任过都司，参与了平息土司之乱，其余履历不详。其所作的《郧阳龙峰书馆记》全文如下：

郧阳龙峰书馆记

昔文正范公得善地，术者曰：“此地发祥人文之盛，簪缨之多极于无算。”公曰：“与我一家享，何如一方共。”因以其地为作育人材之所，即今吴中之泽宫是也。厥后吴中人材蔚起，科第联绵，可谓盛矣。而范氏以儒学发迹，累代簪缨相望，迄今六七百年蜚英声腾，茂实世泽犹新。

同社连溪李君祖庚，字希白，少游膠庠，踔历英发，倜傥不群，为一方所倚重，而同声赞诵者，指不胜屈。希白言：“物行恒，根道核，艺殷殷以培植人才，造就后学为心。”独力捐四百余金为龙峰书馆，营房舍兼置学田、园地，既为之缔造完善，以期其久远。又为之延名师，以明其道而解其惑，其素学问然也。同社之受业而获益者，相与劝勉于仁义忠信，沐浴于礼乐诗书，骎骎乎型方训俗，比户弦歌矣。固不独英隽秀起，源源相继已也。其为教之永，入人之深，视文正之用心一而已矣。

谁谓古今不相若耶？夫希白之乐善不倦出于自然，而哲嗣均接踵，艺林长君，器宇不凡，前程尤未可量。天之福善固如是，其不爽乎？

同社以李君之足以风励来兹也，因泐其事以寿贞珉，而垂不朽。昔乾隆五十五年庚戌黄钟月记。

其大意为：

昔日，范仲淹得到了一块善地，有堪舆家告诉他："此地是一块能让读书人发迹的旺地，能造就出无穷无尽的高官显宦。"范仲淹就说："既然这样，我一家人享用，还不如让一方人来共同享用。"因此，他把这块地作为了培育人才的场所，这就是现在吴中的泽宫。从此以后，吴中的人才蓬勃兴起，科举及第者连绵不断，可谓兴盛至极。而范氏一族也因这座儒学而发迹，一代接一代高官辈出，迄今连续有六七百年声名远播，茂盛而多实，世代恩泽犹新。

与我同社的、共同享用一条小河的一个叫李祖庚的人，字希白，年少就进入官学读书，精神振奋，议论纵横，倜傥不群，为一方所倚重的人物，被人们伸出大拇指同声赞诵。李希白说："物体贵在运行恒定，根本之道在于它的核心；文艺在于殷殷培植人才，根本之道在于造就后学的为人之心。"于是，他独自捐出四百余金修建了一所龙峰书馆，营造了房舍又兼置学田、园地，既为龙峰书馆的缔造完善，又考虑了它的久远之计。他还为书馆聘请了名师，让来这里读书的人都能明其道、解其惑，以追索学问的本真。同社之人在这里受业而获益，相互之间劝勉于仁义忠信，沐浴在礼乐诗书之中，学业进步很快，又以自己的规范教化民众，使家家户户都能听懂礼乐教化之声。所以这一带不再是独英隽秀而起，而是人才源源相继而出。他为了让教化能够永远深入人心，就学习范文正的用心专一。

谁说古今的风气不相同了？李希白的乐善好施，助人不倦完全是出于自然。他让别人的儿子接踵而来接受良好的教育，成就为器宇不凡的人才，其前程不可估量。天之福善原本就是这样，这不是很爽吗？

同社之人以李希白为榜样，受到他的鼓励来这里助学，所以我要刻《记》记其事，让石碑负载此事而永垂不朽。时为乾隆五十五年庚戌(1790 年)黄钟月(农历十一月)。

郧阳府学宫

一

郧阳府学，因其内有孔庙的原因又称“郧阳府学宫”，位于郧阳古城东北，在20世纪60年代末丹江口水库第一次蓄水时，其大部分建筑都遭到了损毁，只留下了孔庙大成殿等不多几处建筑。大成殿是一座宫殿式建筑，虽只是郧阳府学宫建筑群的一小部分，却是湖北省目前保存下来的唯一一座府学宫的原建筑，更是全国除曲阜孔庙之外保存最完整的木质结构儒家学堂的一部分。2012年，郧县拆迁重建了郧阳大成殿，恢复的将是郧阳府学宫的全貌。

郧阳府学宫，亦称“郧阳府儒学”。明成化十二年(1476年)，朝廷在郧阳设府，辖郧县、郧西、上津、房县、竹山、竹溪、白河七县，升原郧县学宫为郧阳府学宫，后几移其址最终在城东定所。

古人为什么要把学校称作“宫”？宫者，帝王之居所也。一个集中学子读书的地方，怎么就成为了帝王之所呢？这是因为古代的学校无一例外都要修孔庙供奉孔子，而且都要按照法律规定进行祭祀活动。而孔子就是被后来的统治者一直封为了帝王的人。

学宫，即古代的学校，又因为祭有孔子的神位也称为孔庙、文庙、圣庙、儒学、黉学学宫、夫子庙、先师庙、文宣庙、宣圣庙等等。中国人历来把儒学尊为国学，把孔子尊为祖师，所以设学必先立庙，供奉孔子牌位。古代中国的所有学校都是学庙合为一体，这就是古人把学校称之为孔庙的原因。

作为建筑名称，“宫”不是随随便便什么人都可以使用的字眼。只有帝、后、太子、王爷等人居住的房屋才可以被称为“宫”。“宫”也可以被部分庙宇建筑所使用，但只有被封为了帝王的神仙才可以享受住宫殿的待遇。不信查查，像碧霞宫、紫霄宫这样的庙宇，哪一个里面不是供奉着有帝王尊号的神仙？

孔子是我国春秋末期的思想家和教育家，儒家学派的创始人，集华夏上古文化之大成者，在当时就被誉为“天纵之圣”、“天之木铎”、“千古圣人”，被尊为社会上最博学者之一。在后来的两千多年里，孔子在国人心中的地位不断攀升，尊他为“至圣”、“万世师表”。在古代，小孩进学堂首先就要拜孔子，然后才拜先生，而且每逢节日或者重大活动，先生都要领着学生举行祭孔仪式，这是古时朝廷按法律给学校的定制。这样的制度起于汉朝，自董仲舒提议“罢黜百家，独尊儒术”的主张被汉武帝采纳以来，儒学一直被历代统治者视作正统学科，以至作为任贤用能的唯一标准，影响延绵数千年至今。

周敬王四十一年(公元前479年)孔子去世，他的弟子们在他的墓旁结草庐百余间，边读书边为他守丧三年，并命名这个地方为“孔里”，每人植树一棵，这就是中国学庙一体最早的起源。

其实，孔子在生前并没有大富大贵，而是死后才赢得了崇高的荣誉。历代帝王为彰显自己对孔子的尊崇，就不断对他追封加谥。西汉元始元年(公元元年)，汉平帝刘衎追封孔子为“褒成宣尼公”；魏太和十六年(492年)，孝文帝元宏称孔子为“文圣尼父”；北周大象二年(580年)，静帝宇文阐追封孔子为“邹国公”；隋开皇元年(581年)，文帝杨坚称孔子为“先师尼父”；唐乾封元年(666年)，高宗李治赠孔子为“太师”；武周天绶元年(690年)，武则天封孔子为“隆道公”；唐开元二十七年(739年)，玄宗李隆基封孔子为“文宣王”；宋至和二年(1055年)，宋仁宗改封孔子为“衍圣公”；西夏仁宗三年(1141年)三月，仁宗帝颁布诏令：“尊孔子为‘文宣帝’，令所有州郡都立庙祭祀，殿庭宏敞，并如帝制。”这是中国历史上第一次封孔子帝号，也是第一次在各地大规模为孔子修建庙宇作为学堂；元朝大德十一年(1307年)，成宗加封孔子为“大成至圣文宣王”；明嘉靖九年(1530年)，世宗尊孔子为“至圣先师”；清顺治二年(1645年)，世祖尊孔子为“大成至圣文宣先师”。中华民国二十四年(1935年)，国民政府尊孔子为“大成至圣先师”。

既然孔子有着这么多的帝王谥号，把他的庙宇称之为宫就理所当然。这就是“学宫”之称的由来。

二

查明清两代的《郧阳府志》和《郧县志》，我们可以清晰地看到郧阳府学宫的变迁和里面的布局与陈设。

郧阳府学宫原为郧县学宫，在郧阳古城东南，于元末毁于战乱。洪武年间，知县马伯庸在原址上重建了县学宫；成化二年(1466年)，知县戴琰重修；成化十二年(1476年)，朝廷在郧阳设藩和置府，升县学宫为府学宫；弘治十四年(1501年)，郧阳巡抚王鉴之认为旧学宫的建筑低矮狭窄，形制浅陋，面积不大，与府学宫的名号不相匹配，但限于当时的财力未敢贸然重建；弘治十六年时，府库有了盈余，他就责令知府胡伦重新建造，新学宫按照朝廷规定配足了乐器、祭器；嘉靖三年(1524年)，巡抚章拯把郧阳府学宫迁到了城北；嘉靖三十一年(1552年)，知府黎尧勋把郧阳府学宫迁建在了城西；嘉靖三十五年(1556年)，巡抚章焕在占卜之后，认为府学宫的风水不好，就在东门外选择了吉地重建府学宫，并拓展城墙把学宫围在了城内，这个府学宫一直被保存到了现代；嘉靖四十五年(1566年)，巡抚刘秉仁重葺府学宫，并请白河县的进士柴儒作《记》，并碑刻于府学之内；万历年间，巡抚裴应章曾经复修；清顺治十六年(1659年)，巡抚张尚曾经重修，有《记》碑立于学宫；康熙二十二年(1683年)，知府杨廷耀重修，也立有《记》碑；后来，知府张文星、黄焜、王瀚和分守道鲁之裕都相继增修；乾隆七年(1742年)，知府陈纬与副将高瀚重建，由陈纬作《记》刻碑；乾隆四十六年(1781年)，知府曾恒德与副将马定真重修过府学宫的墙垣；嘉庆元年(1796年)，知府王正常与郧县知县叶治、府教授熊堂、训导唐承中及绅士张钫等人重修过府学宫；道光二十二年(1842年)，知府胡允林与郧县知县陈子饬及邑绅朱灿章等人重修丹墀，建刻《至圣赞》于四赞亭内。

郧阳府学宫的中心为先师殿，也叫孔庙、大成殿。殿前为两间廊屋，一为戟门，一为棂星门，殿外有半圆形水池，上有拱桥连通，名曰泮池。泮池为古代学府必有的建筑，据说殿前建泮池有助于振兴学业。殿后有一列正房，分别设有启圣祠、明伦堂、四斋(志道、据德、依仁、游艺)和尊经阁。左边有杏坛亭、诸博士宅和名宦、乡贤二祠。右边有洙泗亭、五贤祠和时雨堂。生员(学生)的宿舍在南北厢房。郧阳府学宫设官员三名，一人为教授(校长)，二人为训导。

在郧阳府学宫里，有按照儒学所规定的府学模式所必备的、专门用于祭祀的乐器和服装，分别陈设在两个地方。陈列在学库里的有：琴六、瑟二、鼓二、大鼓一、柷一、敔一、舞衣三十六、龙头三十六，这些器物只在大祭时才会请出来使用，平日轻易不得动用；陈列在迎恩观里的有：排箫二、笙二、笛四、箫四、篪二、埙二，除举行祭孔大典时使用外，平日用于迎接达官贵人时也使用，还可以在闲暇时用于练习和自娱自乐。

在郧阳府学宫里，还有按照儒学所规定的府学模式所必备的、专门用于祭祀的祭器：有大香炉一、大花瓶二、红绫帐一、黄绫帐一、红绢帐一、小红绢帐一、麾旌一、酒尊一、爵四十八、铏四、簠五、簋五、玉磬十二、金钟十二、帛匣十一、豆九十五、笾九十五、龙头二等。

万历版《郧阳府志》里有特别说明：

> 本学祭器神帐等项，年久浥朽，黯焉无色。又乐舞生三十六人，向系临期唤集坊民子弟充应，举止踉跄，不闲礼度。万历五年，知府宋豸履任，秋祭亟欲更新。行县估计工料，补缺整旧，色色精彩。及查上年舞生，选取肄业儒童，令其自办青绢衣网靴袜，豫习礼仪。临祭，知事侯学道按临径送考试，若有考取入学者，照数遴补。因是，追复旧规，遵行之，钜典增重云。

以上内容是说：万历初年，学府里的祭器年久失修，大祭时所需要的36名乐舞生也是临时从街坊召唤来的，乐舞时举止踉跄，不合礼度。万历五年(1577年)，知府宋豸在秋祭之前更新了祭器，又选取在校儒童预习礼仪，恢复了旧规。

在郧阳府学宫的尊经阁里藏有图书，供生员借阅。尊经阁里的图书门类庞杂，均为明隆庆初年的郧阳巡抚孙应鳌亲自购买发放。有《易》、《书》、《礼》这些儒学必修的五经四书，有《大明律》这样的法典，有《洪武正韵》这样的音韵著作，有《贞观政要》《皇明名臣言行录》这样的思想文集，有《广舆图》这样的地理图册，有《汝南乡约》《军政条约》《抚政约》《总督军门条约》一类的国家、官府及社会的规约，有《武学经传》这样的军事书籍，有《医方选要》《救急易方》这样的医护专著，有《治河事宜》《治河通考》一类的为官治水之本，有《省心诠要》《养生大要》之类的养生文本，有《郧台志》《郧阳府志》《南阳府治》《邓州志》《商南县志》一类的郧阳藩镇属地的地方志书……

在郧阳府学宫外，有一个射圃，是供生员跑步和习箭的场所，类似于现代学校的操场。

万历四年(1576年)，郧阳知府宋豸请示当时的郧阳巡抚徐学谟，要求在郧阳府学宫和郧县学宫的生员中考选录取50多名文理平通、有志向上者进入郧山书院就读，得到了徐学谟的批准。宋豸委任郧阳府学宫教授张聘夫为督试，并决定不采取一考而定制，而是在每个朔望日都举行考试，不定录取人数，只录取那些被认为完全合格者，没被录取的再回去修习，等待下一次考试。每次考毕，仍由张聘夫品评，定出一、二、三等，送知府履阅，由巡抚批示赏资。

三

从《郧阳府志》的记载里，我们可以看出古代学校教育的模式：

古代的学校文化氛围十分浓厚，能够使学生一踏入校门就沐浴在经中国几千年来所浓缩的文化海洋之中。学校文化的成分是多元的，不仅有先师殿能够接受儒家文化的熏染，感受孔子的尊严，还有尊经阁感受儒家经典的厚重，更有诸博士宅、名宦祠、乡贤祠、五贤祠等瞻仰地方名人的专门厅堂，让圣人回到人间，变为看得见、摸得着的乡邻，以激励学生发奋读书、服务乡梓的志向。

古代的学校教育，重视对学生的环境熏陶与德艺平衡。郧阳府学宫的大门之外有泮池，两边有戟门、棂星门，在几个院子内左右布局启圣祠、明伦堂、四斋、尊经阁、杏坛亭、诸博士宅、名宦祠、乡贤祠、洙泗亭、五贤祠和时雨堂等，既优雅又庄重，还起着对学生潜移默化的熏陶作用。在学生的功课方面，不仅注重儒家经典的教学，而且通过开辟志道斋、据德斋、依仁斋、游艺斋对学生进行道德教育和艺术教育，让学生得到全面的发展。

古代学校教育所配备的教师少，堂堂府学“校长”和教师总共才三名，可见明清时的教育依然沿用着传承了两千余年的孔氏模式，是根据学生的个性差异先读背，后开讲，有别于后来的班式教学法。

古代学校注重艺术教育，这种艺术教育主要通过祭孔仪式来展现。学生平时的吹拉弹唱，不仅只是自娱身心，更多的是为了在祭孔大典上一展身手。这样的艺术学习方式，学生得益的不仅仅只是乐艺的长进，更是通过乐音让思想受到礼的熏陶。

古代学校教育注重祭祀活动。祭祀，以祭孔为主，尤其是每年的秋祭，为一年一度的大典。除祭孔以外，曾经为地方作出过巨大贡献的人士也成为学生祭拜的对象。在郧阳府学宫内，建有名宦祠、乡贤祠和五贤祠，专门供奉地方名士以便师生祭拜。名宦祠内所供奉的，是曾经为郧阳作出过重大贡献的十六位郧阳官吏，他们是张士逊、戴珊、徐蕃、王宪、章拯、王鉴之、沈晖、钟蕃、吴远、李津、俞荩、王傅、胡伦、赵全、王震、林典。乡贤祠里所供奉的，是曾经为家乡争光的郧阳籍名人，他们是尹吉甫、兮伯奇、黄香、寇韦和温如玉。五贤祠里所供奉的，是中国历史上的五位贤人，他们是周濂溪、张横渠、程明道、伊川和朱晦庵。古代学校的祭祀活动，十分讲究程序和礼仪，祭祀对象不同，所使用的器具和程序就有所不同。之所以如此注重差别，是因为被祭祀对象的地位不同，对礼仪的要求就不同，不可丝毫偏废，主要是为了通过祭祀在学生心目中建立起君臣社稷、尊卑长幼的等级秩序。

万历五年(1577 年)，宋豸任郧阳知府时，在秋祭之前视察郧阳府学宫，补缺整旧祭器，更换乐舞生。被认为是“追复旧规，遵行之，钜典增重云”，评价极高。钜典，即朝廷大法，是说这样做增加了朝廷法典的重量。可见祭祀在古代学校教育中的重要性。

古代学校也重视体育教育。在郧阳府学宫外，就有一个射圃，除供学生体操、跑步外，还是学生习武练功的场地，特别是练习射箭，为学生学习的重要科目之一。

古代学校同样注重学生课外书籍的阅读，在把儒家经典作为主要课程外，学校图书室里存放有大量的各种类的书籍以供学生阅读。在这里，学生可以接触到历代史书和地方志、各代的法律法典、各代的名人名言、各代的军政条约和乡规民约、各代的治世参考，以及历代诗词歌赋音韵等，能够增长学生的知识与本领，完善自己的人格。

古代的官府和官员重视教育和人才选拔，不仅经常亲自过问学校事务，而且不惜拿出重金办学和挑选人才。古代的官员还经常喜欢在祭孔之后泼墨作诗，既是情之所至使然，又是一种风骚卖弄，对学生也是一种现场激励。

嘉靖二十六年(1547 年)正月初一，郧阳巡抚叶照在谒文庙后现场赋诗：

星涵云气薄，春漏晓寒轻。挞武钦殷绪，斯文识孔情。二仪分上下，一德并生成。不必劳占候，箕畴在讲明。

四月，他再向郧阳府学宫发书 20 部，再置学田 50 亩用于救济贫困秀才无钱结婚者和无力安葬父母者。

四

郧阳府学宫是一个庞大的建筑群，共有 2 万多平方米，以大成殿为中心，有前殿、大殿(即大成殿)、后殿，东西有庑，西北角有儒学斋、儒学堂和餐橱堂，都有长廊与大成殿相连，后殿之中为明伦堂，左右为教谕的训导署。大殿之内设有五个神龛，中供孔子为主享，左有颜回、孔伋，右有曾参、孟子共四个配享，周围又有闵损、冉雍、端木赐、仲由、卜商、有若、冉耕、宰予、冉求、言偃、颛孙师、朱熹十二哲环绕。

清代统治者继承了明代尊重儒学的传统，不断在郧阳府学宫内增加供奉对象，东庑供奉的先贤为40人，先儒为31人，西庑供奉的先贤为39人，先儒为28人，而且还多次修缮学宫。

现存的郧阳府学宫旧址为明嘉靖三十七年(1558年)所建，距今有460多年了，历经明代两次大修和清代顺治至同治年间的十次大修(同治后不曾修志，因此无记载)。

抗战时期，郧阳府学宫先后改名为国立湖北中学(山东流亡中学)、湖北省联合中学郧阳分校、湖北省立第八高级中学等。

中华人民共和国成立后，人民政府曾经把郧阳府学宫辟为军教馆，随后又被改造为了礼堂和会议厅。

20世纪60年代末，丹江口水库蓄水淹没了郧阳古城，郧阳府学宫没有因为位置稍高而完全幸免，绝大多数建筑都成为了泽国，只有大成殿保留了下来。后来，从古城里迁移出来的人们纷纷在四周建房，大成殿遂被一群矮墙瓦屋簇拥着。郧县在建郧阳汽车改装厂时，把郧阳府学宫连同土地整体划拨给了郧阳汽车改装厂。《文物保护法》颁布后，几经协调，现在的权属归人民政府，由郧阳博物馆负责管理。1985年6月郧县人民政府公布大成殿为重点文物保护单位。2002年郧阳大成殿被确定为省级重点文物保护单位。现在则为国家重点文物保护单位。

仅存的郧阳大成殿建筑面积为642.5平方米，规模7间，面阔36.3米，进深17.7米，高12米，内部以8根4排木柱为支撑，木柱高7米，直径0.55米左右，木柱上部以横木东西相连，成“山”字形木架，南北木柱以木檩相接，为3梁9檩8列架，木檩上置宽型木椽，又置小块薄砖，属典型完整的框架结构式坐西朝东建筑，其内雕梁画栋，爽朗挺拔，巍峨庄严。外看，屋顶以半圆长型灰瓦盖面，单脊飞檐，屋脊以一层绿色琉璃瓦为装饰线，上下以青砖相压，南北脊头各饰龙凤图案，四角斜脊头部均制灰质神兽像，至今仍栩栩如生。四角飞檐气派，呈钩心斗角势，上悬钟铃，风雨之中钟声悦耳，兼有警示功用，檐木与木架结为一体，受力均衡。墙体以青砖砌成，浑然一体，每间房屋前后墙均置雕花窗棂，基墙、台阶以长条青石砌成，美观与防潮兼备。整个建筑庄重典雅，浑厚古朴，烘托出了明清学府的肃穆气氛，虽历经四百多年风侵雨蚀，和明清两代的十余次修缮，其建筑风格仍独特明显，其结构、受力、工艺、造型、创意、材质都显示出明清两代工匠高超的建筑艺术水准，令人叹为观止。

郧阳府学宫名为府学宫，实为“抚学宫”。因为弘治年间迁建的府学宫大成殿为9间，规制高于府学，为省学规模，而且从一开始，郧阳府学宫就受到了历任郧阳巡抚的高度重视，而且在明清两代，郧阳、荆襄、陕南、豫西、川东的学子们都汇集于大成殿里参加过乡试科考。只是在清代的重建中，郧阳府学宫大成殿才被改为了7间，成为府学规制。

郧阳大成殿建筑本身和殿外十余块劝捐修复学宫的《记》碑，对于研究明清两代郧阳的教育史提供了极其有力的实物佐证，对研究我国明清两代教育现状和教育史同样具有重要的学术价值。

五

郧阳府学宫里曾经有过许多《记》碑，现在还能见到碑文的只有4块了。

现存的最早一块石碑为明弘治十四年(1501年)，巡抚王鉴之在重修郧阳府学宫之后，请大学士李东阳作《记》的刻碑。从此篇《记》中可以看出，这次重建的郧阳府学宫规制应为省级学宫，其大殿9间，高4丈，进深8丈，宽度为12丈，规模何其雄伟。按照古代礼制，只有省学的大殿才为9间，府学为7间，县学为5间，一般不是圣旨御批是不可“扩容”的，就连曲阜孔庙的大殿也不过9间。

王鉴之，字明仲，浙江山阴人，成化十四年(1478年)戊戌科进士，于弘治十四年(1501年)十一月任郧阳巡抚，十八年六月离郧回朝廷任刑部尚书。

李东阳(1447—1516年)，字宾之，号西涯，谥文正，长沙茶陵人，为明朝中叶重臣，文学家、书法家、茶陵诗派的核心人物，为天顺八年(1464年)甲申科进士，初授翰林院编修，累迁侍讲学士，充东宫太子讲官，弘治八年(1495年)以礼部侍郎兼文渊阁大学士入内阁。其文章典雅流丽，工于篆隶书。

李东阳所作的《郧阳学宫记》全文如下：

郧阳学宫记

郧阳本襄之属邑，自成化十二年都察院右副都御史原公抚治荆襄，以其民多流徙，因籍而居之，始拓郧县城置府及学，而庙未改作，畀隘弗称。

弘治十四年，右副都御史王公鉴之抚其地，瞻谒之际，惕然感曰：“是何以妥圣灵，示仪式也?”顾政令未孚，财力未裕，稍宽俟之。

又二年，官有赢蓄，储有余财，庶可以不顿于民，乃上其事，知府胡君伦实承之。为殿九间，崇四丈，深加其一，广三倍之。梁栋耸峻，轮奂辉赫，廉陛轩级，层起叠见，渊乎神明之居。入而观，则象巍温厉，配位装整，申申訚訚，各极其致，俨乎圣贤之容，左右则庑舍环列，制杀而数有加，冠裳佩韨，若侍坐而拱立者，先儒哲士之遗风雅范宛乎其未泯也。庑之前为门，为棂星门，其旁为宰牲之厨、藏器之库。而金石、干翟、笾豆、缶洗之器，旧有未具者，则制于南都；乐舞之仪，节度之数，旧所为习者，则学于襄阳。于是，庙之所有事者备矣。

予闻而叹曰："孔子之道在天下，故天下祀之；在万世，故万世祀之。祀之者，非徒其道固，将为依归，视法以求尽其道也。故宫室以为居，粢盛礼币以为仪，钟鼓玉帛升降旋折以为文，皆神而祀之，庶几其神在乎上下左右也。于是，依归而视法之，以求其所谓道，庶几有得焉。数者一不备则祭之仪阙，而于道茫乎无所入矣。故能备而后能祭，能祭而后能学。古之学者必祭先圣先师，孔子之道盖兼之者也。庙之在天下，乌可阙哉！虽然圣人远矣，道之可求在乎《六经》，而实散见于民生日用之间，苟不尽其实，徒于文焉求之。则所谓经者亦糟粕耳，况于土木之间乎。《书》曰："重民五教，惟食、丧、祭。"祭固教之所有事也，苟一切废之，以为土木不足事，则所谓经者，抑将以为糟粕而废之乎？且道之在天下，无远迩之间，郧虽僻壤，而群分类聚者，大抵皆天下之民。然则学之政固不可阙，而祭之事尤不可以不备，如兹庙是已。

王公，举进士，初以御史提学南畿，兴学立教，乃其素志，尝堰武阳，城保康，修废举坠，具有成绩，而于学舍修饬尤谨，庙特其重且大者也。教授林典辈走书京师请《纪》成事，以俟后来者。是为《记》。

其大意为：郧阳本属襄阳府下的一个县，自成化十二年(1476年)都察院右副都御史原杰抚治荆襄后，以其地多有流民迁徙于此，就把他们编入户籍让他们定居，这才开始拓展郧县城，设置郧阳府及府学。然而，学庙规模没有来得及扩大，与其级别不相称。

弘治十四年(1501年)，右副都御史王鉴之任郧阳巡抚后，在瞻谒府学之际，忧虑地感慨道："这怎么能够妥善地祭祀先师的圣灵，何以展示庄严的仪式?”但顾忌到当时的政令还没有完全令人信服，官府的财力也还不够充裕，要等待钱财稍宽才能施行。

又过了2年，官库有了盈余，储备有了余财，多到可以不使百姓疲劳就可以重修学宫的地步，就上马了扩建学宫的工程，由知府胡伦实际承担这项责任。建筑规模为大殿9间，高4丈，进深8丈，宽度为12丈。殿内梁栋耸峻，美轮美奂，辉煌显赫，台阶轩昂，层起叠见，深邃得符合神明之居。进入学宫观看，则气象巍然，温和庄严，配享的神位装饰整齐，舒适而高大，个个极其尊贵，俨然合乎圣贤之容，把这些神像在大殿左右庑舍的神位上环列，一应体制完毕有加，戴冠穿裳佩饰，有侍坐的，也有拱立的，先儒哲士的遗风雅范保留完好，没有一点泯灭。庑房之前有门，是棂星门，其旁是宰牲之厨和藏器之库。祭祀所用的金石乐器、干翟礼器、笾豆祭器、缶洗洁器都陈列在这里，过去还没有完备的，就到南京去制作；祭祀所施的乐舞之仪，节度之数，过去还不会的，就派人到襄阳去学习。于是，孔庙里的所有事都完备了。

我听说之后感叹道：“孔子之道是为了天下，所以天下人都祭祀他；孔子之道能够传至万世，所以万世都祭祀他。祭祀的人，不是徒然坚守那些程序，而是要能够领会和尊奉其中的精神，正视儒家法则，以求完全按照正规来施行。所以，要在宫室里供奉他们的神位，以贡献谷物等供品为礼仪，在钟鼓升降和玉帛旋折之中诵读祭文，把所有的神都要祭祀到。或许神们也在乎摆放位置的上下左右，于是要求遵循法则，以求其所谓的道，这样才能有所得。这些祭器如果有一件还不具备，则祭祀之仪就会缺失，对道的理解就会茫茫乎乎无所领会。所以，首先要能够具备祭器而后才能够祭祀；能够具备祭祀的礼仪，而后还要能够具备学习的能力。古代的学者们必祭先圣先师，孔子之道就是集天下之大成者。孔庙普天之下都有，无论走到哪里都不可或缺。虽然圣人逝去已经离我们很远了，但他留下的道是可以在《六经》里求得的。而这些道，实际上已经散见在老百姓的民生日用生活之中，姑且说你还没有全部在生活中求得，就得徒然在文章里索求。于是有人说：《经》者就是糟粕，何况是在土木之间的学堂里?《尚书》说：“要重视对人民的父义、母慈、兄友、弟恭、子孝这五种伦理道德的教育，尤其要重视百姓的饮食、丧葬和祭祀。祭祀是凝固所有教化成果的大事，怎么能够轻率地废掉？所以，不足以土木就不足以事。那么那些凝聚圣人智慧的《经》，怎么能够以为是糟粕而要废弃呢?况且道行天下，没有远近之分，郧阳虽为僻壤，也是类聚而群分，都是天下之民。诚然学政固不可缺，而祭祀之事尤其不可以不具备，如这座孔庙的建立。

王鉴之，进士出生，开始时以御史身份提学于南京，积极兴学立教，是他素来的志向。到郧阳后，他曾经重修武阳堰和保康城，颇有成绩，而对学舍的修饬尤为谨慎，所盖的孔庙特别隆重而且宏大。郧阳府教授林典等人寄书到京师请我写《纪》，以告诉后来之人。于是我撰写了这篇《郧阳学宫记》。

六

现存的第二块石碑为嘉靖年间巡抚吴桂芳所立。

嘉靖三十五年(1556年)，巡抚章焕经过占卜之后认为郧阳府学宫所在的位置风水不好，不利于出人才，就在郧城东门外选择吉地迁建了府学宫，并拓展城墙把学宫围在了城内。这次迁建的府学宫回归为府学规制，大成殿面阔7间。

章焕，字懋宾，南直隶长洲人，嘉靖戊戌科进士，于嘉靖三十五年四月任郧阳巡抚，三十六年五月回朝廷改任大理寺卿。自章焕之后，郧阳府学宫又历经过刘学易、谷峤、张雨、汪俅、迟凤翔等几任巡抚的相继修建，到嘉靖四十一年(1562年)吴桂芳任巡抚时才完工，于是由吴桂芳作《记》并刻碑。

吴桂芳，字子实，江西新建人，嘉靖二十三年(1544年)甲辰科进士，于嘉靖四十一年九月任郧阳巡抚，四十二年四月改任河道总督离郧。其所撰《郧阳府学宫记》全文如下：

郧阳府学宫记

郧阳，古郧乡县，其升为郡，自御史大夫开府始也。郡之有学，自升郡时始也。御史大夫奉天子玺书自内台出，总三藩诸道抚事，凡提封之内，钱谷、甲兵、师田、学校盖罔不闻。其所属若荆、若襄、若汉、沔、商洛，军氓利病亦罔不注念，而于郧为独详者，其势亲其道便也。

学宫旧居府治东。嘉靖甲申，中丞兰溪卧庵章公移建于郡治之北。后郡守黎尧勋改于郡治之西，台祀弗称。越丙辰，吴郡阳华章公来抚邦，乃更卜吉于郡城东门之外，爰拓城基而入宅焉。面震址坤，左襟右带，规模形势，视昔益恢，以阙光以大，青衿之士喁喁兴奋，以为山川之盛，若有待于今日非偶然者。

郧自开府以来，诸凡经制规划，大都一遵旧章，鲜有所大厘革，而独于学宫一迁再迁，至累三四迁而始定者，首善之地不得不详且慎也。嗟夫！观于此，而诸君子计安地方之志殆汲汲矣！考古者，出师于学，受成其返也，必释奠焉；其返而克敌也，必告托告馘焉。故《泮水》之章曰："矫矫虎臣，在泮献馘，淑问如皋陶，在泮献囚。"夫菁莪泮璧，以长育人材，干盾戈矛，以威不轨，惩弗恪，文武异用，厥道犁然二矣。若之何师行武成，而必于泮哉？盖刑罚以易其面，而教化乃所以易民之心；威武以威其暂，而礼仪乃所以维民于远。故君子有勇而无义，乱矣；小人有勇而无义，盗矣。夫欲民之敦礼义，训教化，以无乱且盗，舍学校其奚以哉？

郧介在湖陕之间，据荆襄南汉上游，万山亘盘，其民刀耕火种，易动难戢，盖楚之剽轻，秦之强悍，其俗实兼有之。自御史大夫开府以来，遭逢列圣熙明，勤宣德意，仁渐义摩，风移俗美。昔时穴居野处之民，今渐成礼让衣冠之域。兹者黉序聿新，川原改色，郡诸子弟褒衣大绅，聚业其中，所诵法者，先王礼乐教化之言，圣贤仁义道德之训；所究绎者，君臣父子忠孝之规，长幼尊卑事使之节；所目接者，大夫师长揖逊之容，冠裳冕佩等威之饬；所耳聆者，钟磬管龠清越之音，琴瑟雅颂和平之奏；所游而衍者，六书五驭九薮之文，大射宾射序贤序能之等。习而久焉，久而安焉，归以告其父兄，语其长上及其乡人，以歆动其亲上，成长之良，潜消其剽悍难使之气。其士之秀且迈者，有司又将次第上之南宫，登之天府，显其身，逮其亲，以大移于宗闾党闬。彼穷岩深谷稍知礼义者，举将欣欣然嘉诗书而慕礼乐，风声所届，远迩攸同，虽强之为不善，彼且耻而不屑从矣。尼父有言："远人不服，则修文德以来之。"诸君子所以仆仆迁学之意，其在兹乎？

工始于丁巳四月，落成于是冬十月。其外为王道坊、为棂星门，其次为戟门。前为文庙，为两庑。文庙之后为启圣祠。祠之后为明伦堂、为尊经阁。最后为敬一亭，其左为杏坛亭、为博士衙、为名宦、乡贤祠。其右为洙泗亭、为五贤祠、为时雨堂。凡广若干丈，深若干丈，为间者三百六十有奇，为楹者一千六百八十有奇。协襄是役者，其先为夏守子开，为通判纪经纶、江键，为知县黄宏。若增其未备，辑其未固者，则今张守循、通判赵应丰、推官刘秉礼亦成厥劳。余纪其事于石，以诏多士，则既迄功之后六年也。

其大意为：郧阳，为古郧乡县，升为郡(府)，自御史大夫原杰开府始。郡里有府学，自升为郡时开始。御史大夫是奉天子的玺书由朝廷内御史台派出，总领三藩诸道，抚其所有之事，凡敕谕所封版图之内的钱谷、甲兵、师田、学校等事无不过问。其所属的荆州、襄阳、汉沔、商洛等军民的利益和病痛也都无不思虑。而对于郧阳的情况非常详尽，是因为他离得近和道路便利的原因。

郧阳府学宫过去在府衙之东。嘉靖甲申年(三年，1524年)御史中丞、兰溪人、号“卧庵”的章拯移建学宫于府衙之北。后来，知府黎尧勋再次改建在府衙之西，建筑规模与式样都和应该有的府级体制不相称。嘉靖丙辰年(三十五年，1556年)吴人章焕抚治郧阳，在占卜之后把学宫迁建在了府城东门之外，又拓展城基把学宫圈在城墙内。新学宫面朝东方，而建筑群延伸到了南方，建筑布局左襟右带，规模形制比过去恢宏了许多，宏伟、光亮、宽大，使青衿学子们在仰望中期待而兴奋异常，都说这里的山川势盛，能有今日绝非偶然。

郧阳自开府以来，各种经制规划大都一遵旧章，很少有大的变革，而独独学宫一迁再迁，屡至三四迁才始定。这是因为学校为首善之地，不得不详尽而且谨慎。我在此观察，各位君子均怀着计安地方之志，所以才有一副急不可耐的样子。考察古人，出师于学堂，功成名就返乡时，必设置祭品到母校祭典先圣先师；如果他们打仗凯旋，也必到学校向先圣先师报告战况。所以《泮水》之章里有：“矫健如猛虎的大臣，在学校泮水旁边祭祀神灵，献上敌人的左耳以庆祝胜利。像皋陶这样善于审问的人，也令将领们在泮宫里进献战俘。”学校是育人的，是培养人才之地，而干盾戈矛是用来威镇不轨之人的，是惩戒那些不恭之人的。文武之道要同时并用，这二者的道理是需要明察的。为什么师行武成之后，必须要在学校举行祭祀呢？这是因为要以刑罚的威仪，来教化和改变民众之心。威武只能威其暂时，而礼仪才能够维护民众的长远利益。所以，君子有勇而无义是乱民；小人有勇而无义是盗贼。如果使民众都崇尚礼仪，训教化，世上就不会发生乱和盗了。完成这样的任务，舍学校还能有谁？

郧阳在湖广和陕西之间，占据荆襄、南阳的汉江上游，万山盘亘其间，民众刀耕火种，易动而难以约束，楚人之剽悍轻捷，秦人之强悍勇猛，在其风俗里兼而有之。自御史大夫原杰开府以来，所逢的各位皇帝都仁慈清明，经常宣布恩德仁意，仁义道德逐渐深入郧阳人心，郧阳风俗越来越美。昔日穴居野处的山民，今日渐渐养成礼让之礼，衣冠之仪，并且遍布其域。如今新建的学宫，令川原改色，郡内诸子弟盛装宽带，聚集在里面用功学业。他们所称颂并效法的，都是先王的礼乐教化之言和圣贤仁义道德之训；所探究并解析的，都是君臣父子的忠孝之规和长幼尊卑的做人之节；所看到并接触的，都是大夫师长的揖让谦逊之容和衣帽穿戴佩饰威仪之理；所耳聆的，都是钟磬管龠所发出的清越之音和琴瑟所伴奏的风雅之颂；所跟着师长学习、交往所得到的丰富学识，比《六书》《五驭》《九薮》之文里要多得多，比《大射》《宾射》《序贤》《序能》里详尽得多。见习的时间久了，他们的心就会安宁，回家之后再把这些礼仪告诉自己的父兄，告诉自己的祖辈和乡亲，以触动亲朋乡党，极力培养他们的善良，在潜移默化中就消除了他们身上的剽悍难以约束之气。其中有超然脱俗的士子秀才，官府会将他们次第上报给尚书省，让他们登上朝廷，显耀其身，惠及其亲，以光宗耀祖于宗族和乡里。在这个穷岩深谷里，稍知礼仪的人，都将欣欣然模仿，嘉诗书而慕礼乐，风声所到之处远近相同。虽还是会有一些不善之人出现，但会遭到那些明白了道理之人的羞耻和不屑。孔子说过："远方的人还不归服，就修明文德教化他们，使他们自愿归来。"诸位君子之所以要风尘仆仆地迁学，本意就在于此。

此工程开始于丁巳年(嘉靖三十六年，1557 年)四月，落成于嘉靖四十一年冬十月。其外有王道坊、棂星门、戟门。前有文庙、两庑。文庙之后有启圣祠。祠之后有明伦堂、尊经阁。最后有敬一亭，其左有杏坛亭、博士宅、名宦祠、乡贤祠；其右有洙泗亭、五贤祠、时雨堂。这些建筑的宽度都是若干丈，深若干丈，共有房屋 360 多间，使用柱子 1680 多根。协助修建的人，其先有知府夏子开、通判纪经纶、江键和知县黄宏。如果增加辑录那些继续修建未备、未固工程的人，还有现在的知府张循、通判赵应丰、推官刘秉礼，他们都为修建学宫出过力。我《记》其事在石上，以诏告大众。学宫修建大功告成，已经是 6 年之后了。

七

现存的第三块石碑，过去立在郧阳府学宫棂星门前，为清嘉庆元年(1796 年)知府王正常重修府学宫之后，由易体震撰文所立，内容为《郧阳府学宫棂星门说》。

王正常，字澈，号方山，四川泸州举人，乾隆六十年(1795 年)春以襄郧道的身份兼任郧阳知府，嘉庆六年(1801 年)离任。

易体震为何许人也？已经无考。其碑文如下：

郧阳府学宫棂星门说

学宫自正殿而南有戟门、有棂星门。戟门始宋建隆年间，准仪立戟，学者类能言之。

至棂星则难解其义。按《释文》云：“棂者，楣门经格也。”班孟坚《西都赋》：“伏棂槛以俯听。”《文选》诗云：“曲棂激鲜飚。韩昌黎诗‘暑夕岷风棂’；苏东坡诗‘皎如明月照窗棂’是也。”其名星，何居？陆放翁《老学庵记》：“窗格纵横相间，名星眼。近时，蔡京省去横格，更名太师窗。”以此知窗之有格为星眼也。

今之戟门，古为楣门，制用棂窗格，拆去障板，取开门求贤之意也。其兼取星者，同于王制，尊之至也。《周礼》自皋门、应门，又有阙门，巍然中闳，上悬治象，谓之象魏。自汉以来，天子正门曰端门，后世用天子礼尊先圣，为棂星门，即所云宸居、法宫是也。按《西都赋》：“舍棂槛而却倚。”

其大意为：郧阳府学宫自正殿向南，有戟门、有棂星门。戟门始于宋代赵匡胤的建隆年间，准许立一杆大戟为帝王之所的仪礼，凡是学者都知道其源头和来历。

至于“棂星”一般人就难解其义。按《释文》所说：“棂者，楣门上的经格。”东汉史学家班固在他的《西都赋》里说过一句：“伏在棂槛(栏杆)上俯听。”南梁太子萧统所编的《文选》里有一首《许征君询自序》诗，里面说：“曲棂激鲜飚”，意思是清新的风弓着身子从窗棂上飘激而来。唐代文学家韩愈有诗：“暑夕岷风棂”，意思是说，夏日夜晚有岷江的风吹打窗棂。北宋苏东坡的诗里也有“皎如明月照窗棂”的句子。以上都是对“棂”的明确界定。

把门的名字称为“星”，何故？陆游在他的《老学庵记》里有“窗格纵横相间，名星眼。近时，蔡京省去横格，更名为太师窗”的说法，以此知道窗的格眼为星眼。

今天的戟门，在古代叫楣门。按规制，使用棂窗格，拆去障板，取的是“开门求贤”之意。把它兼取“星”名，等同于帝王之制，尊贵至极。按照《周礼》的规制，古代王宫应建皋门(外门)、应门(正门)、阙门(两座瞭望楼之间的楼门)。阙门巍然屹立，而中门关闭，上面悬挂着政教法令的文字，称之为“象魏”。自汉代以来，天子正门叫“端门”，后世用天子之礼尊先圣孔子，就叫“棂星门”，即帝王居住的“宸居”或者帝王处理政事的“法宫”。按照班固《西都赋》

里的说法是“舍棂槛而却倚”。

八

现存的第四块石碑为“重建教授、训导二署碑”。

乾隆四十一年(1776年)，知府储祕书在郧阳府学宫里的明伦堂一左一右重建了教授署和训导署，题《重建郧阳府教授、训导二署记》并刻于石。

储祕书，宜兴人，乾隆二十六年(1761年)辛巳恩科进士，选为翰林院庶吉士散馆，后改为主事。其人工于诗词，在乾隆四十一年(1776年)任郧阳知府，次年离任。所撰《重建郧阳府教授、训导二署记》全文如下：

重建郧阳府教授、训导二署记

郧地界楚、蜀、秦、豫四省交会之间，万山环拱，汉水西来绕之，实为国家西南一巨镇。而又北连商、邓，南抵均、房，幅员千里，栉比万家，其山崔嵬以嵯峨，其水泱漭而扬波，其人岂乏磊落而英多，是不可以有养而无教，有教而无地也。

审矣，教之之地，一在学宫，一在书院。学宫者，教职所以祠先圣，明人伦，宣圣谕，以董率诸生而进于道者也，其地视书院尤重。而诞敷文教，昕夕课艺，则又设书院，以补学宫之所不及焉。此圣朝乐育人才之至意，而有司所宜竭力奉行，以鸿奖风化者也。

郧学创于洪武，经明末兵燹，射圃、讲堂俱为榛莽。国朝亦屡修葺，而规制未备。余来莅兹土，仅存学宫，竟无学署，两师因寄处书院以蔽风雨，设凡席地而已。夫书院者，诸生肄业之地也，而两师处之，则无地而废业；学宫者，敬祀先圣之所也，而学博不居，则无守而废职。此职业两妨，师生并失之道也。莅兹土者，其何以安？

岁在丙申，学使胡公按试莅郧，六邑宰咸集，余议建学署，捐廉以倡，诸君胥踊跃从事，各捐廉助成之。乃于明伦堂左右建东西两署，为门二，为进者各三，为厢者各二，为间者共二十有四。经始仲夏，落成季秋，而后还师儒于学宫，即进诸生于书院。庶肄业有地，而文教可宣；祠圣有人，而官守不废。有两美而无两妨，其可督诸生，而玉汝于成矣。夫至若恪守官常，克勤秉铎，下以誉髦多士，一显山川风土之奇；上以为国储材，无负圣天子菁莪棫朴之化。此又系通经治事者之司，而余亦与有光荣者也，爰砻石而为之《记》。

其大意为：郧阳地界为楚蜀秦豫四省交会之间，被万山环拱，汉水自西而来绕之，实在是国家西南的一个巨镇。它北连商州、邓州，南抵均州、房州，幅员千里，万家齐聚，其山崔嵬嵯峨，其水汹涌扬波，其人不乏磊落而英才众多，是不可以有父母养而无先生教，有先生教而无学校可读的。

细察，郧阳教育人才之地有两处，一是在学宫，一是在书院。学宫的教育职责在于祭祀先圣，明悉人伦，宣导圣谕，以统率所有学生都进步，修成自身的伦理道德，所以被看得比书院还重。而为了广布文化教育，能够让学生有一个早晚研读诗词文章的地方，就又设了书院，以补充学宫里功能所不及的地方。这是明朝乐于培育人才的至意，也是各级官府之所以要竭力奉行、极力鼓舞、引导风化的原因。

郧阳的学校创于明洪武年间，经过明末战乱，学宫里的射圃、讲堂全部杂草丛生。清朝屡次修葺，而应有的规制一直没有齐备。我莅临这个地方时，仅存学宫，竟然没有教授、训导办公的官署，两位师儒因此而寄住在书院里遮风避雨，办公仅席地而已。书院是诸生学习之地，让两位师儒长期居住在这里，诸生就没有了学习之地而废弃了学业；学宫是敬祀先圣的场所，而两位学博不居住到里面，就等于没有履行职业操守而废弃了职务。如此，职务和学业两相妨碍，师生两方都有失道之处。我任这里的地方官，怎么能够心安呢？

乾隆丙申年(四十一年，1776年)，湖北学使胡公巡视考试莅郧，六个县的知县齐聚郧阳城，我就借机提议，应该给两位学博建学署，倡议大家捐廉修建，各位都当场踊跃从事，纷纷捐出自己的养廉银，一定要帮助建成这两座学署。于是，我在明伦堂的左右建成了东、西两学署，建筑规模为：二门，进深各3间，厢房各2间，共有房24间。学署开建于仲夏，落成于季秋，而后就迎两位师儒回学宫，迎诸生于书院。从此，诸生学习有地，师儒文教可宣，祠奉先圣有人，而官员的职守不废，有两全其美而无两相妨碍，能够督促诸生，玉成他们的学业。至于师儒，只要他们恪守官规，克勤克俭，下可以选拔少年英才，一显郧阳的山川风土之奇；上可以为国家储备人才，不辜负天子长育贤材之教化。学署，又是通晓经学治理学事的官署，而我也因能够带领大家建成而感到光荣，所以要在碑石上留《记》。

郧县学宫

郧县学宫的渊源

在汉江北岸曾经的郧阳古城里，曾经有两座古学宫，一座是府学宫，一座是县学宫。值得庆幸的是，府学宫至今还保留着一所大成殿，而悲哀的是，县学宫已经在四十多年前就被南水北调中线一期工程淹得踪迹全无，想要了解只能在文献里寻到一些它的枝节。

郧县学宫也叫郧县儒学。郧县的县立公学在元代以前已经无法考证，目前能够见到的记载已是明初。

对郧县学宫的身世，不同的史志有不同的解读，如明万历版《郧台志·宦迹·政事》记载："丁酉，(嘉靖)十六年夏五月，都御史路迎创立郧县儒学。"

万历《郧阳府志》记载得更为详细：

> 儒学，旧在县治东南。成化十三年设府，升为府学。嘉靖十七年，知府许词奏建于县治之西南。中为文庙，东西为两庑，前为戟门，又前为棂星门，而外以屏风门横之。答圣有祠，宰牲有所。庙之右为明伦堂，东西为两斋，曰进德、修业。堂后为教谕宅。斋南为训导宅，前为二门，左右为号宅，而总之以儒学门焉。设官教谕一员，训导一员。(按：郧学无名宦、乡贤祠，岂以有郡学耶？然郡学概乎一郡，邑学专乎一邑，如杨仲元、周恬之为郧令，张士逊、赤怜真之为郧簿，当入郧名宦，而一邑善士，当入郧乡贤，则此二祠似不可少也。)
>
> 祭器：大香炉一、花瓶二、铁香炉五、铏二十、簠十六、爵二百二、铜酒尊三、笾豆新旧共一百三十一、铜镫五、红绫帐三、红绢帐十七、牲匣六、帛匣八、大烛架三、木香炉十二、满堂红八、铁钟一、鼓一、大小烛架十六。典籍：无。射圃：无。

清康熙版《郧县志》里，对郧县学宫的身世有过这样的描述：

儒学旧在县治东南。成化十三年设府，升为府学。嘉靖十七年，知府许词奏建于县治之西南，中为文庙，东西为两庑，为戟门，为棂星，外以屏风门横之。启圣有祠，宰牲有所，右为明伦堂，东西为两斋，曰："进德"、"修业"。后为教谕宅，为训导宅，左右为号舍，总以儒学名焉。设：教谕一员，训导一员。无典籍。无射圃。

清同治版《郧县志》里，记述了郧县儒学的创立以及办学的初衷和应该达到的目的，认为学校办学的目的有二，一为出人才，二为教化民风。还让我们知道了：明初时(1368年)知县马伯庸创建县学于郧城东南，成化二年(1466年)知县戴炎曾经重修。成化十二年(1476年)升郧县学为郧阳府学后，郧县61年里无县学，到嘉靖十六年(1537年)才又新建郧县学宫。《郧县志》里是这样描述郧县学宫的：

县学宫旧在城东南，明成化十三年设府升为府学。嘉靖十六年，知府许词奏建于府治西。国朝顺治间，知府李灿然重修。康熙五十五年，知县卢上进复修。乾隆七年，知县狄兰谷全行撤却，悉新之。三十六年，知府王采珍展临街旧基，作棂星门、泮池，缭以桓墉。道光二十八年，知县陈子饬暨绅士徐清来等劝捐重修。明伦堂在学宫偏西。

孙继鲁的《郧县儒学迁明伦堂记》

古代学校，最重要的建筑除孔庙外就是明伦堂。明伦堂，古学宫的正殿，是读书人读书、讲学、弘道、研究的场所，被认为是有着承担传播文化与学术研究功能的殿堂。其以"明伦堂"名之，为的就是要以"明人伦"为核心的教育理念，达到形成和推广中华民族的共同价值观，凝聚中华民族灵魂核心的目的。因此，无论是乡学还是国学，对明伦堂的建筑都十分重视，因为他们共同的目的都是要通过明伦堂来阐明并教导人们懂得人与人之间的伦理道德标准。也正是因为这个原因，在郧县学宫得以恢复后，围绕明伦堂的建设曾经有过一些波折。

恢复郧县学宫是在明嘉靖十六年(1537年)王以旂任郧阳巡抚时，知府许词奏建郧县学宫于县治西南得到批准。嘉靖二十年六月，喻茂坚由陕西左布政使升右副都御史任郧阳巡抚，他到任之后即谒郧县学宫，在视察之后认为：学宫明伦堂在西，又正对着粮仓的墙壁，不仅显得拥挤堵塞，而且于风水不合，有蔽明不吉、塞贤者路之嫌，于是下文要求郧阳知府朱屏和郧县知县龙恩迁移明伦堂到东，使其面对山向，把原来明伦堂的房屋作为生员的寝舍。嘉靖二十一年初，湖广提学副使孙继鲁到郧阳出差，在官府办完了上、下荆南道的事务之后，到抚台衙门拜访喻茂坚。此时，喻茂坚已经接到朝廷任命他出任南京总督漕运兼应天巡抚的敕谕，正在等待新的郧阳巡抚詹翰到来交接。在拜访过程中，喻茂坚邀请孙继鲁为迁明伦堂写一篇《记》，陪在旁边的郧阳知府、同知、通判、知县、教授、教谕、训导和府、县两庠生员一致附和。

喻茂坚，字月梧，号心庵，重庆府荣昌县人，祖籍江西丰城，明朝法学家、著名廉吏。正德辛未科(六年、1511年)进士，授南直隶铜陵知县，历任福建道监察御史、陕西巡按御史、真定知府、河间知府、贵州左参政、福建按察使、浙江右布政使、陕西左布政使、郧阳巡抚、应天巡抚兼总督漕运、南京大理寺卿、刑部右侍郎、刑部尚书，主持编著《问刑条例》。于嘉靖二十八年(1549年)冬因遭严嵩迫害而辞官还乡，在家乡创建荣昌乐雅书院，亲自教授诗书。嘉靖四十五年病故，享年92岁，赠太子太保，御赐葬祭，祀于名宦、乡贤、忠贤三祠。著有《梧冈文集》等。

孙继鲁，字道甫，云南河阳府人，是当时的中国名士，于嘉靖二年(1523年)中进士，历任泮州知州，卫辉、黎平、淮安知府，湖广提学副使，山西参政、按察使，陕西右布政使、右副都御史兼陕西巡抚等职，一生性刚清节，死后得到皇帝所赠的“清愍”谥号。当时，在众人的要求下，孙继鲁一挥而就，当堂写下了《郧县儒学迁明伦堂记》，赢得了满堂喝彩。大家一致要求，要把此文镌刻石碑，竖于明伦堂前，告知后人这段经历。其《郧县儒学迁明伦堂记》全文如下：

郧县儒学迁明伦堂记

郧阳镇城，环山带汉，居荆、襄、宛、洛、关、沔之间，为国家要害地。诸属邑土旷，故多流寓；险重，故多草窃；奋武揆文，厥艰于并，故治体多扞格不通。维时大中丞月梧喻公，肃将明天子命重念之，于盗息民安之余，留心学校而作兴之。课其文行，奖其贤能者以风焉，故庠序多彬彬士。鲁徂署校士上、下荆南，事竣，以得人谢公。公曰："是守务也，业已檄诸郡邑次第修其倾圮，图厥终矣。唯郧县学宫草创，明伦堂在西偏，面于仓墙，仓不易改置，堂不可面墙，蔽明，塞贤者路。又业已檄其郡与县更移东偏墙山向，明道孔周焉。其西偏则舍学官矣。"其往视哉，用是如公命，申赞其成，寻落之。鲁以职当记其事，乃言曰："二三子知公更尔明伦堂意乎？无乃欲尔学不面墙乎！居必向明，贤必辟路乎！故学不面墙，则为周南召南矣。居必向明，则不自欺服暗矣，为周南召南而自欺服暗，无所容矣。不自欺服暗，而周南召南为矣，迩之事父，远之事君，作孝作忠廓如也。夫是之谓明伦矣，顾力行何如耳？不然。非公兴学作人以报朝廷盛心也。未有如此而乡人不化者也。矧公抚有江南，戒行伊迩，丞弼在即。二三子与其念公，孰若明伦力行，以答公哉？鲁不妄，若兹多告期，与二三子共勉云尔，岂图文哉？"记成，郧阳知府朱君屏、同知沈汝璋，通判周良臣，知县龙恩，教授陈万言，教谕梅乾，训导李若芳、谭诘、蔡廷贵，两庠诸生李彦、尹直之辈，请镌诸刻石，竖之明伦堂，并告后之人。

其大意为：郧阳是镇城，环山而建，汉水绕城，居于荆州、襄阳、南阳、洛阳、关中、汉中之间，为国家要害之地。所属六县土地辽阔，故而人民多属流民；因位置险重，故而频繁生出草寇。因此要振奋武事，更注重施行文教，虽然实行起来困难重重，但二者均不可偏废，也因为这里的治体墨守成规，轻易不能变通。当时，大中丞喻茂坚将天子之命肃然念重，在盗息民安之余，留心于振兴学校，课其文，奖其贤能者，以形成良好的风气，因此学校里多彬彬之士。我在酷暑里考察上、下荆南道的学校，考评每一所学校里的学生，举荐了一大批人才。事竣，我向喻公致谢，他说："这是我的职守之务啊！我已经发文给诸府县，让他们次第修葺那些歪斜的校舍，以图能尽快完成。唯有郧县学宫在草创时，把明伦堂安置在了西偏，而且面对着仓墙。仓房不便于改置，明伦堂也不可以面墙，因为面墙遮蔽光线，堵塞贤者之路。我又发文给郧阳府和郧县，让他们把明伦堂移到县学东偏墙之处，面对隔江的群山，这样就能够阐发孔子和庄周的治理之道了。其西偏的旧址，就给学官做宿舍用。"大家随喻公前往察视，然后遵照喻公之命，个个赞助其工，不久落成。我以职责应当记其事，于是对大家说："诸位知道喻公更迁明伦堂的用意吗？是不让你们在学习时面壁啊！居住必须光线明亮，贤良必须开辟道路！所有学舍都不能面墙，这是

《周南》《召南》所提倡的。居住必须阳光充足，这样就不会自欺，更不会暗中做坏事，这是《周南》《召南》所说的自欺和暗中做坏事就会无地自容。不自欺和不暗中做坏事，是《周南》《召南》的精神实质，近到侍奉自己的父母，远到侍奉国君，做孝子、做忠臣都要清清白白。这就是所谓的‘明伦’，大家去努力践行怎么样啊？不然的话，就辜负了喻公兴学做人、以报朝廷的盛心。也只有这样，那些乡野之人就没有不能够感化的了。况且，喻公要去巡抚江南，临行之前告诫你们。他去辅佐朝廷在即，诸位与其感念喻公，不如就按照明伦的道理去努力践行，以此来答谢喻公。我不才，在此留日不多，与诸位共勉而已，怎敢以图文献丑？”

《记》成，郧阳知府朱君屏，同知沈汝璋，通判周良臣，郧县知县龙恩，教授陈万言，教谕梅乾，训导李若芳、谭诰、蔡廷贵，府县两学的学生李彦、尹直之辈们，请求把《记》镌刻在石碑上，竖立在明伦堂前，以告知后来之人。

通过同治版《郧县志》，我们不仅可以知道迁建郧县学宫明伦堂的经历，而且能够获知它周围的其他建筑：

明伦堂在学宫偏西，明嘉靖二十一年迁东。国朝道光七年，教谕蔡兴让、训导陈元吉劝捐重修。教谕、训导署在明伦堂左，右名宦、乡贤、忠义、节孝祠。

郧县学宫的发展历程

明清时，一个县里的有品级的正式朝廷命官屈指可数。明代县级文官职位的排列顺序为：知县、县丞、主簿、巡检、教谕、训导、驿丞、阴阳学训术、医学训科、僧会司、道会司；清代文官职位的排列顺序则为知县、教谕、训导、巡检、典史、阴阳学训术、医学训科、僧会司、道会司。不仅明清两代府、州、县学的领导均为朝廷命官，而且教育的地位在清代有大幅度的提高。那时，府学的主官称教授，州、县学的主官称教谕。教授、教谕相当于现在的教育局长兼校长。府、州、县学的副主官一律称训导，相当于现在的教导主任。

明成化以前，郧县学宫的官员无考，成化年间县学并入府学，嘉靖十六年(1537年)后恢复县学。到万历五年(1577年)的40年间，郧县学宫历经教谕9任、训导10任。

9任教谕分别是：梅乾，四川内江人，岁贡，嘉靖十八年(1539年)任；张廷献，广东河源人，岁贡，嘉靖二十一年任；杨佐，贵州人，举人，嘉靖三十年任；邓鸣銮，广东人，岁贡，嘉靖三十三年任；旷恩，南直隶庐州人，岁贡，嘉靖三十七年任；曹驯，四川荣县人，岁贡，嘉靖四十年任；杨正和，四川丹棱人，岁贡，隆庆二年(1568年)任；成珊，安徽巢县人，岁贡，万历元年(1573年)任；唐民和，广西全州人，举人，万历二年任；官朝元，江西金溪人，岁贡，万历五年任。

10任训导分别是：蔡廷贵，四川阆中人，嘉靖十八年(1539年)任；杨相，湖广湖口人，嘉靖二十六年任；祈希美，云南人，岁贡，嘉靖三十四年任；秦贤，邓州人，岁贡，嘉靖三十六年任；杨宗元，四川西充人，岁贡，嘉靖三十八年任；李景，河南真阳人，岁贡，嘉靖四十年任；王文举，洋县人，岁贡，嘉靖四十五年任；高儒，陕西平凉人，岁贡，隆庆四年(1570年)任；赵究，裕州人，岁贡，万历二年(1574年)任；廖士贤，四川富顺人，岁贡，万历五年任。

从这19位教谕、训导的资料中，我们可以看出，明代的学官有几个特点：一是朝廷任命，二是不在本地任职，三是由举人和贡生出任，以贡生居多。

明清时期，经过初级科考而进入各级学校读书的生员名额是有限制的，参加初级科举选拔也有名额规定。这种名额是按一定的制度直接分配给学校的。同治年间郧县学宫的学额为：

> 岁试文、武学额各十五名，科试文学额十五名，廪缺二十名，增缺二十名，二年一贡。

郧县学宫的级别虽然低于郧阳府学宫，规模和设施也明显不及郧阳府学宫，但它所培养出的人才却完全能够与郧阳府学宫比肩。

明代的科举制度非常严格，各省乡试三年一次，均在秋天举行，中者为举人，在第二年春天，全国的举人均云集京城考进士。当时，衡量一所学校的优劣除了看所出的举人、进士多少外，还有一项硬性的指标，就是推荐进入国子监读书的贡生数量。

在当时，读书人只有进入学校，成为生员，才有可能入国子监学习或成为科举生员。凡经过本省各级考试进入府、州、县学读书的人，通称生员，也就是俗称的秀才。取得生员资格的入学考试叫童试，也叫童生试、小考、小试。童生试包括县试、府试和院试三个阶段。院试由各省学政主持，学政又叫提督学院，故称这一级的考试为院试。院试合格者才能称其为生员，然后分别进入府、州、县学宫里学习。生员分三等，有廪生、增生、附生。考试成绩最好，由官府供给膳食的称廪膳生员，简称“廪生”；在廪生定员之外所增加的名额称增广生员，简称“增生”；于廪生、增生之外再增的名额，附于诸生之末，称其为附学生员，简称“附生”。考取了生员，只是读书人求取功名的起点。在各府、州、县学的生员之中考试选拔，优秀者贡给国子监的，则成为监生(贡生)。明代入国子监学习的大体有四种来源：各地推荐生员入监读书的称“贡监生”，官僚子弟被皇帝恩准直接入监读书的称“荫监生”，考取举人之后又被恩准入监读书的称“举监生”，捐资入监读书的称“例监生”。一方面，监生可以直接候选做官，特别是在明初，以监生身份而出任中央和地方大员的多不胜举。另一方面，监生也可以和府、州、县学中的生员一起参加乡试成为举人，然后考取进士。

生员参加乡试，要由省里的提督学政先举行岁考、科考两级考试，按成绩分为六等。科考列为一、二等者，才能够取得参加乡试的资格，称“科举生员”。因此，培养出的贡生和科举生员的数量，就是衡量一所学校教学质量的最主要标准。

明代正式科举考试分为乡试、会试、殿试三级。乡试是由各省举行的地方考试，每三年一次，逢子、卯、午、酉年举行，又叫“乡闱”。考试的地点在贡院，考期在秋季八月，故又称“秋闱”。凡本省科举生员与监生均可报考，主持乡试的有主考二人，同考四人，提调一人，其他官员若干人。考试分三场，分别于八月九日、十二日和十五日进行。乡试考中了的，统称“举人”，俗称“孝廉”，其第一名称“解元”。乡试中举叫“乙榜”，又叫“乙科”，又因放榜之时正值桂花飘香，故又称“桂榜”。放榜后，由巡抚主持鹿鸣宴，席间唱《鹿鸣》诗，跳魁星舞。

会试是由礼部主持的全国性考试，又称“礼闱”，是在乡试的第二年即逢丑、辰、未、戌年举行。届时，全国举人均会集京师，考期在春季二月，故又称“春闱”。会试也分三场，分别在二月初九、十二、十五日举行。由于会试是较高一级的考试，考官的人数比乡试多了一倍，主考、同考以及提调等官，都由较高级的官员担任。主考官称“总裁”，又称座主或座师。举人考中了的称

“贡士”，俗称“出贡”，别称“明经”，其第一名称“会元”。

殿试在会试后的当年举行，时间最初是在三月初一日，明成化八年(1472年)起，改为三月十五日，应试者为当年录取的贡士。贡士在殿试中均不落榜，只是由皇帝重新安排名次。殿试由皇帝亲自主持，只考《时务策》一道。殿试毕，次日读卷，又次日放榜。录取分三甲：一甲取三名，赐“进士及第”，第一名称“状元”或者“鼎元”，第二名称“榜眼”，第三名称“探花”，合称为“三鼎甲”。中二甲者赐“进士出身”，中三甲者赐“同进士出身”。二、三甲之中的第一名皆称“传胪”。通常，人们把中一、二、三甲者往往通称“进士”。进士榜称“甲榜”，或称“甲科”。因进士榜用黄纸书写，所以也叫“黄甲”，也称“金榜”，中进士称“金榜题名”。

于明代成化十三年(1477年)郧阳设府学开始，到万历五年(1577年)的100年间，郧阳府、县两学共培养出1位进士、10位举人和101位岁贡。其中郧县学宫的办学时间只有从嘉靖十七年(1538年)到万历五年的39年，培养出了进士1人、举人3人、岁贡45人，可见县学的教学质量并不输于府学。

郧县学宫里有专门的藏书室，藏有清顺治以后印刷的各类书籍146部，只可惜在道光十二年(1832年)和咸丰二年(1852年)的两次汉水入城时全部淹没漂流，荡然无存，我们只能在《郧县志》中看到书目。

明万历《郧台志·宦迹·政事》记载：“(万历)丙子四年(1576年)春二月，都御史徐学谟拨官府、官地岁入课租，为两学诸生会馔(伙食费)。”其所反映的是官府对读书人的重视。

侯世忠的《募修郧县儒学小引》

几百年里，郧县学宫得到了屡次的修缮。由于这些都是文人所干的文雅之事，所以修缮的经历一次次被刻碑记录了下来，竖于学宫之内。

康熙二十年(1681年)，侯世忠任郧县县令。侯世忠，山西曲沃人，举人出身。到郧阳后，他看到明末战乱之后的郧县学宫还没有得到恢复，就动员同僚和乡绅募捐修缮，并撰写《募修郧县儒学小引》刻石记载，其文采迤逦，说理透彻，情词恳切，是一篇不可多得的好文章：

募修郧县儒学小引

粤稽辟雍，首善天子。犹崇释菜之文，郡邑承流，有司敢忽储才之。

郧乡虽属岩邑，夙号多才。往昔科第连绵联镳鹊起者，代不乏人。迩者士风凋敝，久困征徭，以致文教失宣，不闻弦诵，贤书寂寂，选举寥寥，虽苦兵寇之交加，实无景仰之无藉。人才之兴，关乎学校，良有以也。

岁在辛酉，余承之兹土，见其师环于垣，民劳于野，庚癸之呼不绝于耳，鸠鹄之惨时切于怀，目击心伤之者实难枚举。然百务未遑，首谒文庙，第见榱桷荒凉，风雨飘摇，殿堂门庑，咸委瓦砾。兵民杂处于颓垣，粪壤堆积于泮水间，所谓戟门、棂星者，无有也。问所谓启圣宫、名宦、乡贤祠者，无有也。若义路、若礼门、尊经阁邈乎其不可问矣。噫！凡在伦常之内，孰非圣人之徒，本实先拔，求其人文蔚起，戛戛乎难矣。夫荜门窦生，不足以蔽风雨，修葺不遗余力，乃根本之地，何忍全其沦落。余虽薄俸无多，敢不惟力是视，因与司铎胡君爰，竭诚拥力图恢复，奈工程浩大，绵力难支。况琳宫梵宇，慕义者尚挥铺地之金。台榭笙歌，好事者不吝缠头之锦，赫赫黉宫，人才于是乎出，风俗于是乎易，盐梅舟楫于是乎兴。言念及此，而不慷慨捐助，夫岂人情也哉？当次春暖时和之候，正运斤束版之期，敬告文武僚友、绅衿庶士，多寡任输肋崽，务积少以成多，庶众擎而易举，行见庙貌鼎新，春秋之趋跄弥肃。贤才辈出，风云之遇合；宏多世治，则为股肱之彦；戡黼皇猷时艰，则为御侮之折冲樽俎，不惟联镳鹊起者。克绳前徽，即余官斯土者，亦与有荣施矣，是为序。

其大意为：考证最早的官学称辟雍，是周天子的首善之地。尤其尊崇先圣先师的礼仪之文，府县传承，官员不敢忽视人才的储备。郧乡虽属山区之县，但夙来号称多才俊。过去，科第中举声名鹊起者，历代不乏其人。然而，近来却士风凋敝，久困于繁重的征徭，以致文教失宣，听不到读书诵经之声，贤人之书籍也很难找到，科考中榜者寥寥无几，虽然是苦于兵寇交加，而实质是缺乏了景仰文化知识的风气。人才之兴旺，关键在学校，学校优良，不愁不出人才。

辛酉年(康熙二十年、1681 年)，我承担治理此土的重任，见到的是老师环住在城墙之上，市民劳作于田野，乞求发粮的呼声不绝于耳，饥苦瘦弱之惨状时刻切人心怀，目击心伤的例子无法一一枚举。就在百务还没有时间来得及顾及的情况下，我首先去拜谒县文庙，满眼椽檩荒凉，建筑风雨飘摇，殿堂门庑全部一片瓦砾。兵民杂处在坍塌的墙屋之中，粪便堆积在泮池水里，所谓戟门、棂星门，已经不见踪影。询问人们启圣宫、名宦祠、乡贤祠在哪里，得到的回答是全部没有。像义路、礼门、尊经阁之类的建筑，我就不用再问了。哎！凡是在伦理常规之内的事，并不是圣人徒然之说，本应该首先兴举，以求这里人文蔚起，然而做起来困难重重。像这样用树枝柴草做成的大门，根本不足以遮挡风雨，修葺应该不遗余力，何况这里是根本之地，何忍任其沦落。我虽然薪水淡薄，俸禄无多，但哪敢不尽力尽责，因此就与司铎(学校工作人员)胡爰一起，竭诚拥力以图恢复，无奈工程浩大，能力薄弱难支。况且学堂属琳宫梵宇，慕其义者尚且挥洒铺地之金。台榭笙歌，好事之人并不吝啬花钱获得缠头之锦，赫赫黉门学宫，人才于是乎兴起，风俗于是乎改易，贤臣于是乎辈出。念及于此，若再不慷慨捐助，哪里还有人情味呢？当次春暖花开，气候温和之时，正是商人活跃之期，我敬告文武僚友、绅衿庶士，任凭他们捐款多寡，务必积少成多，依靠众人拾柴火焰高的举措，使得学庙之貌日新月异。从此贤才辈出，风云之聚会的英才，治世多舛的朝廷股肱俊才，身着十二章花纹冕服接受皇帝谋略或教化而共克时艰的宏才，能够御侮在外交谈判上克敌制胜的奇才，就可能在这里声名鹊起。能够继承前人美好的德行，即是我们这些官员治理此土的目的，也是我们能够誉人施惠之原因，以此为序。

王采珍的《展修县学宫棂星门泮池记》

乾隆三十六年(1771年)，滨州进士王采珍在郧阳任知府，他看到县学宫门前逼近市肆，旁边的民舍日益侵削学校基址，就召集士民进行察看，让县学得还旧址，于是主持修建了县学的棂星门和泮池，缭绕以院墙，学校规模始得开阔，并用华丽文字作了《展修县学宫棂星门泮池记》：

展修县学宫棂星门泮池记

郡邑立学宫，宏其规制，峻其门墙，尊先师，启后学，攸关人心风俗钜典也。

余奉简明守郧阳三年，于兹夙与僚属讲求教养两大政。郧处万山中，山地且尽辟，民赖以安，风俗近古朴，而文教未兴，非所以隆学校端士习也。府学设城东，比隅前郡守陈公启新肇造，一切悉如法。间有风雨所催，鸟鼠未去，已委员督工整理之。

县学坐沧浪山下，临市廛，左右皆民舍环列，湫隘嚣尘，门卑而墙逼，外屏树于栅内，门外地势宽不盈丈，东西二坊均阙如。量度学基，当不若是之隘。细查之，民舍侵占历有年所矣。按侵占官街，律有明条。况黉宫重地，听其占据将何以妥神灵而崇庙制乎？于是即日率县令暨学博，传集郡绅士同谒学宫，周视内外，相度地势。凡民舍侵占者，悉饬撤去基址还之学。众咸唯唯听命。余亦宽其既往，一转移间而迁善之速如此夫。然后拨障翳而启光明，地势展拓焕然改观矣。郡绅士均欢欣鼓舞，诣府署而以绘图进，为之筮吉，遴选司事鸠工，庀材者拓之，缺者补之，先急而后缓，由外以达内，经营周详，斐然成章焉。新立棂星门外屏墙高一丈八尺，阔倍之。又建德配天地，道贯古今左右二坊，俱高一丈五尺，阔一丈八尺。两旁均砌花墙，高八尺，阔三丈二尺。左右缭垣各四十八丈五尺。复凿泮池移棂星门外，池深二丈二尺，甃以砖，周围高三尺，砌以石，并东西甬道接戟门。棂星门仍旧趾展而新之。凡殿宇及两庑各祠经营补葺，殆无一不备焉。又查学宫后倚山麓为之蓄松、楸，养梧、槚，戒土人勿樵采。不数载，郁郁葱葱，佳气茏葱。树木也，正所以树人也！信乎？教学为先，人文蔚起，风移俗易，于郧卜之矣！

工始于乾隆癸巳孟冬，告竣于甲午仲秋，爰条列其展修，始末而为之记。复赋以诗曰：

有侐学宫，沧浪山趾。胡遏乃基，壅於湫底。我溯厥初，式廓犁然。离明披豁，否塞斯迁。既辟晦盲，树坊鑿泮。怀我好音，道本一贯。敬尔威仪，礼隆释菜。薄采其芹，钦崇圣诲。譬彼江汉，既清且深。勖哉多士，克广德心。

其大意为：在府和县建立学宫，恢宏其规制，高大其门墙，尊祭先师先圣，启迪后学之士，这是攸关人心和风俗的宏大工程。

我奉皇帝敕谕守郧阳已经三年了，素来就喜欢与僚属们在一起讲求教化、养育这两大政事。郧阳处于万山之中，山地开垦不尽，民众赖以生存，风俗素来古朴，然而文化教育没有兴起，缺乏兴建学校、端正士习的风气。郧阳府学设在城之东北隅，是前知府陈纬新建肇造的，一切都合乎国家法制规定的体制。虽然偶有风雨所催，鸟鼠所损，我已经委员督工整理一新。

县学坐落在沧浪山下，临近市井，左右全部环列的是民舍，建筑低洼而狭小，甚器尘上，大门低矮而且院墙紧逼校舍，外影壁树在栏栅之内，门外地势宽不过丈，东西二坊均没有。我量度学校基址，不知道当年为什么会选在这个险阻狭窄之处。仔细考查后才得知，周围民舍侵占学校地基已经有很多年了。按照“侵占官街”的法律，此举应明令禁止，况且这是学宫重地，怎么能够听任其随意侵占？这将何以安妥神灵而尊崇庙制呢？于是我当日就率领知县暨学校博士，又传集本府的绅士一同去拜谒学宫，巡视学校内外，相机度量地势。凡是民舍侵占去的，就悉命他们撤去基址归还给学校，众人均唯唯诺诺听命。我既往不咎，在一转眼之间就顺利拆迁结束，速度之快前所未有。然后，就拆除前面的障碍而开启光明，展拓地势使得学宫焕然一新。本府的绅士们一个个都欢欣鼓舞，纷纷前往府衙里去进献自己设计的绘图。我为之占卜选良辰吉日，又遴选管理工程的官员，再召集工匠，准备建材，所有缺者一一补齐，按照先急后缓，由外达内的顺序，周详经营，斐然成章。新立的棂星门外，屏墙高一丈八尺，宽是原来的一倍；又建“德配天地”、“道贯古今”左右二坊，俱高一丈五尺，宽一丈八尺；两旁均砌花墙，高八尺，宽三丈二尺；左右围墙各四十八丈五尺；恢复开凿的泮池被移置到了棂星门外，池深二丈二尺，四周砌以砖，三尺高以上砌以石，而且有东、西甬道连接戟门；棂星门仍在旧址，但拓展一新；所有殿宇、两庑、各祠均经营补葺，所有无一不备。又查学宫之后山，长满松、楸，梧桐、茶，就告诫当地人不要到这里去砍伐、采摘。不几年，这里就郁郁葱葱，紫气聚集。树木，不正是树人吗？以教学为先导，人文自然蔚起，风气和习俗就会向好的方向转变，这是对郧阳的长远计议。

此工程始于乾隆癸巳(三十八年，1773年)十月，竣工于甲午(三十九年)八月，逐条列行拓展修建，现在以《记》记其始末，并赋以诗。诗的大意为：

宁静的县学宫，坐落在沧浪山下。为什么不能阻止它的基址淤塞壅堵，积滞于泥底呢？我追溯学宫的当初，其规模和范围还是很清晰的，光线明亮，只是后来才污秽堵塞。所以我要辟开黑暗和混乱，重新竖立牌坊，开凿泮池，让郧人能听到这些激励向上的动听悦耳声音，遵循一以贯之的治国之道，敬重天子的威仪，以隆重的礼仪祭祀先师先圣，经常到泮池中去采芹为菜，以崇敬的心情去聆听圣人的教诲，譬如这里的江汉，既清澈又渊深。我勉励众多的士子，能够在这里修养出自己的良好德性。

陈子饬的《重修郧县学宫碑记》

道光二十七年(1847年)，汉江发大水，淹没郧城，郧县学宫内积水深达五尺。当时，郧县知县陈子饬上任不久，见县学宫腐朽不堪，遂重修，至二十九年完工。三十年，他亲撰《重修郧县学宫碑记》。

陈子饬，山东潍县举人，道光二十六年至三十年任郧县知县，任内除重修县学宫外，还修小南门外的江驳岸，重修府学宫堂舍、坐号、丹墀，新建刻凿“至圣赞”、“四赞”碑亭，重修县养济院，重修文昌阁（奎星楼），重修龙神祠，重修许公祠（祀阵亡通判许文耀）等，被郧阳人所称赞。其《重修郧县学宫碑记》全文如下：

重修郧县学宫碑记

郧县学宫原在城东南，至明嘉靖间，郡守许公始移建于府治西。殿庑门墙规模略备。其扩庙前，民占之地作棂星门、泮池、道德坊缭以垣墉，则自我朝乾隆三十六年，太守王公采珍始也。道光丁未春，饬奉选斯邑。莅任之初，恭谒至圣先师。礼成后，于学博司君先格、宋君大元瞻视周遭，墙壁敧斜，堂高仅尺许，门庑皆卑隘弗称，历来葺补，率皆仍旧。自壬辰秋汉水入城，殿内深五尺，以将朽之楹栋复遭巨浸，日就倾圮，其势然也。

夫尊师崇道，教学为先。务本溯源，治民所重。吾辈读圣贤书，服儒服，冠儒冠，名教纲常其来有自。况学宫重地，至圣灵爽实式凭之。今坐视其墙垣漫漶，风雨飘摇，于心安乎？爰详告太守西蜀胡公允林，先为之倡，饬与学博诸君亦各捐廉俸以为劝导，邑中慕义者翕然同声，先捐获钱二千缗。乃诹吉、鸠工、庀材，适以楚省水患奉文劝捐，饬周历四乡，工赈并劝，郡人士无不踊跃力输。遂除旧营新，扩其规模。堂基根深五尺、六尺不等，垒以石，灌以浆，崇高广厚称之。大成殿、大成门向之三楹者，益为五。东庑、西庑五楹者，益为七。榱角栋楹悉尊仪式，金彩丹碧，备极辉煌。其崇圣祠、明伦堂、名宦、乡贤祠、官署附于庙内者，并一律修建，工归巩固，阅二载而告成，巍然焕然，气象一新，称大观焉。夫庙宇为尊圣之所，而士之修身进德之阶，国家育才兴贤之地，皆于此肇基焉。其所以宏规制而肃观瞻者，将欲多士率循义路，出入礼门，以彰诗书礼乐之教，晓然于风化之原，而渐跻于正大高明之域，岂第工词饰貌，摛藻扬华而已乎？继自今，郧之奋兴于功名者根深实茂，庶有以副圣天子棫朴作人之化，而作栋梁之材矣。又不独以文庙更新，卜科第联翩，增荣誉于学校也。

兹役经始于道光二十七年八月，告成于二十九年九月，计共用制钱一万六千有奇。董其事者：司、宋两学博，邑岁贡生王衡，廪生李上选，生员赵喆、王希杰，候选训导徐清来、黄兆熊也。至乐输士民，各按里保刊列姓氏，立碑于学，以《记》之。岁在庚戌八月朔，郧县知县山左陈子饬谨撰文。

其大意为：郧县学宫原来在城东南，到明嘉靖年间，知府许词移建县学于府衙之西，殿、庑、门墙的规模略为齐备。在扩庙之前，将民占之地收回，改作了棂星门、泮池、道德坊，让这些建筑环缭着院墙，则是自清朝乾隆三十六年(1771年)，由知府王采珍开始。道光丁未(二十七年，1847年)春，我奉选到郧县任知县，莅任之初，先到县学宫里恭谒至圣先师孔子。礼成之后，在学博司先格、宋大元的陪同之下环绕学宫瞻视，发现墙壁歪斜，大堂高仅数尺，门厅、庑房皆低矮，与规制极不相称，历来的整修补葺都是按原样操作的。自壬辰(道光十二年、1832年)秋汉水入城，大殿之内水深五尺，早已腐朽的楹梁栋柱再次遭到巨浸，房屋日渐歪斜，其倒垮之势已成必然。

要尊师崇道，必得以教学为先。务本溯源，尊师崇道是治民的重点。我们读圣贤之书，穿儒服，戴儒冠，所遵守的名教纲常是有来源的。况且学宫重地，是安放至圣先师孔子神灵的地方，如今坐视其墙壁漫漶，处于风雨飘摇之中，于心何安？于是我详细报告给知府、四川人胡允林，请求他首先发出倡议，我与两位学博都各自捐出自己的廉俸响应，以此作为劝导，获得县里那些倾慕仁义之士的一致称颂，先期获得的捐款为二千缗(吊或者串)。于是选择吉日、聚集工匠、备办建材。当时，正好省里因水患发出公文劝捐，我就借机周历四乡去劝工、劝赈，府里的人士无不踊跃出力出钱。接着就拆除旧房，营建新房，扩大其规模：大堂根基深达五尺、六尺不等，垒以石，灌以浆，高、广、厚度均与规制相称；大成殿、大成门原来为三间，现在扩大为五间；东、西两庑原来为五间，扩大为七间；椽檩栋梁全部按照仪式，处处金彩丹碧，极其辉煌；其中附建于庙内的崇圣祠、明伦堂、名宦祠、乡贤祠、官署并一律修建，工程坚固，用了两年多的时间才告成，一切巍然焕然，气象一新，堪称蔚为大观。庙宇，为尊敬圣人的场所，也是士子修身进德的阶梯，更是国家育才兴贤之地，一切皆于此开始奠基，所以才要恢宏其规制，让观瞻者肃然起敬；所以才要引导众多士子争先恐后顺着仁义之路进入礼仪的殿堂，以彰显诗书礼乐之教，明白风化之源泉，而逐渐跻身于正大高明的领域，怎么能够只会使用华丽的辞藻去装饰一点体面呢？自今以后，郧阳的那些有志于求取功名的人就有了根深叶茂的基础，可以报答皇上注重培养人才的德行，而成为国家的栋梁之材。这又不仅仅是文庙更新，如果科举中榜的人一个接着一个，就能为学校增加光辉。

此工程开始于道光二十七年(1847 年)八月，竣工于二十九年九月，共计用制钱一万六千有余。掌管其事的人：司、宋两位学博，县里的岁贡生王衡，廪生李上选，生员赵喆、王希杰，候选训导徐清来、黄兆熊。至于出钱出力乐于捐输的士民，已经各按里保刊列姓氏刻在碑上，立碑于学内，以此文记之。

写于庚戌(道光三十年，1850 年)八月初一，郧县知县山左(山东省的别称)陈子饬谨撰文。

县学宫明伦堂西墙上的心箴碑

郧县学宫明伦堂西墙之上，嵌有一块宋代石碑，是咸丰十年(1860 年)四月十六日当地人在县学宫之后的沧浪山半坡之上挖掘时发现的。经辨认，这是一块宋代一个叫真西山的人记录他的邻居儒生范浚经常吟咏的诗句所刻成的心箴碑。此碑宽四尺，高二尺四寸，一面用细笔刻着端庄的楷书，内容为一篇《心箴》，另一面刻着一段《注疏》，中部有一枚“宸翰”印章，石碑两边刻有龙纹。人们觉得这块石碑珍贵，就把它嵌在了县学宫明伦堂的西墙之上。

范浚，字茂名，或茂明，浙江兰溪县香溪镇人，世称“香溪先生”，生卒年均不详，活动于宋高宗绍兴年间(1131—1162 年)，被举拔为贤良方正(选拔人才的科目之一)，却以秦桧当政而坚辞不赴官，在家乡闭门讲学，笃志研求，著有《香溪集》二十二卷，《四库总目》传于世。

“宸翰“一词，专指帝王的墨迹。原来这碑上的《注疏》是嘉靖皇帝的御笔。嘉靖皇帝是从汉江进京登基当皇帝的，当时几乎全国的文人都不赞成他掀起的“大礼仪之争”。他为了安抚天下文人之心，就提倡尊孔崇儒教化天下、以身作则激励天下士子学人，使天下人士“服膺圣训”，于是选择了宋代范浚的《心箴》作为范文向天下文人推广，并亲自撰写《注疏》，下令在全国刻碑立存。清人入主中原，在取得政权之初，江山还极不稳固，需要钳制汉族文化，心箴碑便在禁毁之列，被当地人掩埋了起来。在康熙江山稳固之后，为了拉拢汉族文人，又提倡中原文化，所以当地人在咸丰年间挖出了心箴碑之后，又镶嵌于县学宫明伦堂墙上实属正常。

其《心箴》全文为：

茫茫堪舆，俯仰无垠，人于其间，眇然有身。
是身之微，太仓稊米，参为三才，曰惟心耳。
往古来今，孰无此心，心为形役，乃禽乃兽。
惟口耳目，手足动静，投间抵隙，为厥心病。
一心之微，众欲攻之，其与存者，呜呼几希。
君子存诚，克念克敬，天君泰然，百体从令。

其《注疏》全文为：

堪舆，是指天地，说无垠，无有界限。宋儒范氏浚作《心箴》说道：茫然天地广大无有界限，而人居其中，便似太仓中一粒粟米。天地这般大，人身这般小，人与天、地称为三才，有非以形体，而言惟其心耳。盖心为一身之主，吾心克正，则百体四肢莫不听其使令。若心有一毫不正，则被声色所移，物欲所攻，便动与理反，岂不与人道违哉？故范氏之作《箴》虽是常言，西山真氏特录于大学衍义之中，以献时君。宋君虽未能体察，而为后世告其致意也，深其用功也。至是，予所嘉慕而味，念之《箴》之作，本于范氏，非真西山发扬，其孰能之哉？呜呼！念哉！

郧县学宫沉入江底已经50余载，这些珍贵的石碑已去向不明。好在这些碑文被抄录印刷在了文献中，为我们了解郧阳的历史提供了些许便利。

郧阳古代社学和义学

我国古代基础教育的普遍形式为私塾。所谓私塾，就是家庭学馆。有钱人可以把教书先生请到家里教育自己的孩子，并把亲朋好友的孩子邀请来一起上课。

宋元以后，我国开始有官办或者官管的基础教育蒙学，这就是分布在街道和乡村里的社学和义学。

所谓社学，是指村社里的学校，可以是官府所办，也可以是乡绅捐办，更可以由私人捐助官府举办。社学的性质是国家组织的，所以必须服从国家统一的管理，没有了私塾教学的灵活性。

所谓义学，是指全免费的学校，主要是以私人捐助的形式所开办，官府也可以给予适量补贴。与社学一样，义学的性质是国家的，必须服从国家的统一管理。社学与义学最大的区别是：什么人的孩子都可以上社学，前提是必须交所规定的束脩(学费)，而义学则是专门为穷人的孩子开办的，必须是赤贫家庭，必须通过审核，读书则是完全免费的。

郧阳的社学始于明中期偏晚，兴盛在清代，而义学自清代开始。

郧阳古代社学

社学大多为官倡民办，其规模大于私塾，而且较为正规，有比较严格的规定。

我国社学始设于元代。据《元史·食货志》记载：至元二十三年(1286年)，朝廷命“诸县所属村庄，五十家为一社，每社立学校一，择通晓经书者为学师，农隙使子弟入学，如学问有成者，申复官司照验”。

郧阳最早的社学始于明代后期的嘉靖年间。嘉靖二十二年(1543年)，郧阳巡抚喻茂坚曾经下令各县均设立社学。二十六年，巡抚叶照制定《社学教法》，规定凡八岁以上孩子都要进入社学学习。但在整个明代，郧阳社学的所数没有突破三所，而且全部集中在郧阳城及其近郊，所谓“民间子弟八岁以上俱入社学”只不过是一个美好的社会理想而已。据万历《郧阳府志》记载：“社学三所：一所在府治东，一所在府治西，一所在城外。”

万历《郧台志》也有记载：

(嘉靖)癸卯二十二年(1543年)春正月，都御史喻茂坚令郧阳府属各增立社学，广集生徒。……(嘉靖)丁未二十六年(1547年)春正月，都御史叶照立《社学教法》，令民间子弟八岁以上俱入社学，如法教之。教法：先令识长幼之序，习揖让应对进退之节，先读《孝经》及《朱子》、《小学》，讲解文义。朔望，提调官量行劝赏。家贫无力供办束脩者，官为出办。果有进益，有司(官吏)以名达于提学道(按察司佥事充任)，寄学候考。

清同治《郧县志》中说："明万历中，知府吕师颜、徐顺明先后建立社学三所，今俱废。"

经过300多年的发展，到了清同治年间，郧阳的社学已经基本普及，几乎每一个保(乡)都有了自己的社学。这些社学均为当地乡绅捐助后所建立，每年在保(乡)长的主持下召集那些在地方上有名望的人士公议办学事宜，以及馆师的聘请。尽管一保一学的规模听起来很不错，但对"民间子弟八岁以上俱入社学"的要求依然相差甚远，犹如杯水车薪。尽管如此，相比过去几千年以来的国民教育状况，其普及的程度已经相当可观，所起到的积极作用依然不可小视。

清同治《郧县志》记载了当时郧县的10所乡村社学：

龙峰社学在城西百四十里，乾隆三十六年邑诸生李祖庚捐建，置学田二坵，园圃一段。**时敏社学**在大堰保，乾隆中士人李旭等倡捐，学田计种三斗，山坡平地一段，学舍三间。**瓜子保社学**，道光十二年前县熊公劝捐设立，每年收包谷租十二石，立有条规十则。**敦仁社学**在将军保，道光十二年监生金桂、贡生金鹏、庠生金大用、监生金大智同捐设。**龙东保社学**，何、李、潘、刘四姓捐地三亩，建屋三楹，在六坡下，兵燹后屋毁于火，碑亦裂。**黄龙镇社学**，道光年间黄姓捐地三分，一分在本街，二分在乡。咸丰四年分司(巡检司)钱定显、乡绅余滢廷各捐钱五十千文，相地于司署仪门内西侧，建屋三楹，耳房一间。**英萃社学**在丰水保，邑人阎士荣捐设。**鲍家店社学**，公捐房基一所，现存瓦屋五间。**唐家坪保社学**，同治元年监生王文亿捐地二分收租，以作馆师束脩。**春明社学**，乡绅何中清捐设，修建瓦屋三楹，伙房一间，山地一分，每年春秋收租八石。地在孤山保小石撞。

明代的社学，以学习文化知识和伦理道德为主。学生入学要先学《孝经》，次学《三字经》等启蒙读本，接着学习经、史、历算等书，并读《御制大诰》和本朝律令以及冠、婚、丧、祭之礼。社学一般要等过完了正月在二月初开学，没有暑假，腊八过后放假。除筹集资金和聘请老师外，社学“禁有司里甲干预搅扰”(《明史·选举志·学校》)。经考试遴选，优秀的社学生童可以允许补充为府、州、县儒学的生员，社学成为儒学的预备学校。

清代，朝廷鼓励大办社学，规定“乡置一区，择文优者充社师，免其差徭，量给廪饩(膳食津贴)，凡近乡子弟12岁以上令入学”(《清史稿·选举志·学校》)，郧阳社学得到了极大的发展。

郧阳社学的经费以民间筹集为主，没有确切的保证，因此朝廷虽然一再倡导，但经常兴废无常，起落成为常态。每年腊月，只要落实了第二年办学的经费来源，乡保长都要召集父老商议，决定办学的处所，请几位教师。然后将拟办社学的学生姓名、年龄、乡里、父兄与拟聘教师的姓名、籍贯、年龄、学行等情况造册，报告给县衙门申请审查备案。虽然有规定子弟无故不入学者要罚其父兄，但官府大多是睁一只眼闭一只眼。对教师的聘请却十分严格，要请那些学行兼备、庄重而有威望的生员儒士担任。经县府同意之后，乡里要准备聘礼(绢及酒肉)，偕同父老代表率子弟到先生家里下聘书。先生同意后即准备开学事项。社学教育内容为六行(孝、悌、谨、信、爱众、亲仁)、六事(洒、扫、应、对、进、退)和六艺。社学上课分早学、午学和晚学。早学为读书，先生根据学生的年龄和资质不同分别教读一两句或者几百字到千字不等，然后由学生反复诵读，课本有《孝经》《三字经》，然后读到“四书”。午学一般习字，学生临帖，先生评品。晚学温书、习礼，把一天的收获进行巩固。每5天教学一次作诗、歌唱或算数。每5天教学一章古人善行，先生则注意考查学生能否将所学道理付诸行动，对不能力行者予以劝责。先生将冠、婚、丧、祭、射、乡饮酒、士相见、投壶之礼等均绘成一张张彩图挂在墙壁上，供学生日常观摩。每月初一、十五日，由先生率领学生向孔子像行礼。先生有对学生的过错执行严苛责罚的责任，逃学一次罚读书200遍，逃学两次实施板挞，逃学三次并罚父兄。对于那些好酒、赌博、逸游、放荡、不听教训或违背伦常者均实行重罚。月终，先生要将逃学或者有过错学生的行为告诉其父兄，严重的报告给官府。

每一年，道台、知府、知县等时常视察社学，并按照《社学教条》对社学进行考核，分别予以奖惩。《社学教条》系明正德十三年(1518年)王阳明任南赣巡抚时所颁发的社学教育条规，后被普及全国。《社学教条》由两部分组成。其一为《训蒙大意示教读》，主要从教育理论的角度强调了对儿童教育应当注意的一些问题；其二为《教约》，是对社学具体教学方式的一些规定。概括起来，主要内容有：要将道德教育摆在首位，以培养学生懂得并遵行"孝弟忠信、礼义廉耻"，并以此作为社学的教育目标；指出先生只知对学生严加管束而不知晓之以理，只要求学生死读书而不培养他们明辨是非能力，都是违背教育规律的；提出要针对儿童的生理、心理特征实施教育，让他们在学习之中获得成功和鼓励，在愉快而不是压抑的环境和心情下学习；提出社学日课表，"每日功夫，先考德，次背书诵书，次习礼或作课仿，次复诵书讲书，次歌诗"；主张教学内容贵精不贵多，"能二百字者，止可授以一百字"，使学生精神有余，"无厌苦之患而有自得之美"。

在当时，《社学教条》对全国的社学产生了很大的影响，有些主张即使在今天依然有着珍贵的借鉴意义。

郧阳古代义学

义学也称"义塾"，是一种资金来源为地方公益金或私人筹资的免费蒙学。富裕地区也有官款投入的义学。专门提供贫寒子弟免费上学，是义学的基本特性。义学不仅免收学费，有的还提供学习用品，为家境贫寒的孩子提供各种就学机会。义学对于普及民间教育和从社会最下层培养人才，起到了一定的积极作用。

我国义学在汉代就已经出现。《后汉书·儒林传下·杨仁》记载："宽惠为政，劝课掾史弟子，悉令就学。其有通明经术者，显之右署，或贡之朝，由是义学大兴。"

义学的兴起与佛教传入不无关系。佛教教义普度众生，自然关注贫穷子弟的读书问题。最早，佛教徒到民间讲学，向农民宣讲佛法，传经义之学，是义学最初的雏形。《中国通史》记载："佛教在南朝重义学(讲义理)，在北朝重禅学(坐禅)。"这样的讲学形式甚至影响到了宫廷。《陈书·徐陵传》记载："后主在东宫，令陵讲《大品经》，义学名僧自远云集。"

佛教的民间讲学刺激到了本土儒、道两教的神经，于是纷纷效仿。为了让民众更好地掌握本门教义，使民众识字就成为一种手段，通过识字让民众知晓教义就成为了一种趋势。渐渐地，不定期的讲学形式部分地演变成了有固定场所的讲学，于是各地用公款或私资举办的免费学校应运而生。《新唐书·王潮传》有这样的记载："乃作四门义学，还流亡，定赋敛，遣吏劝农，人皆安之。"

北宋时期，名相范仲淹曾经提倡专为民间孤寒子弟设立免费学校，这是现代意义上义学的开始。当时的义学，有些是官员、乡绅出资在家乡开办，也有以祠堂地租或私人捐款为本族贫穷子弟而设的。

清康熙四十一年(1702 年)，朝廷"定义学小学之制"。康熙五十一年(1712 年)，"令各省、府、州、县多立义学，聚集孤寒，延师教读"。清人王韬在他的《征设乡义学序》里指出："义学者，即以补官学之所不及。"

相比之下，郧阳义学的发展十分迟滞，在明代以前没有义学的记录。清代光绪以前的郧阳只有三所义学，一所县义学在郧阳城内贡院(试院)东辕门外，为雍正十一年(1733 年)知县谢树藩所建，有学田一顷九亩；另一所协营义学在高二里(相当于乡)，为协镇(副总兵的军衔)出资创办，专收贫困军人家庭子女上学，有学田二十九坵(块)，为一石种，是一个叫崔相国的人捐置；崇化义学在北乡蓝家保(今大柳乡境内)，为同治九年(1870 年)创办，出资人为曾任陕西同知的郧阳绅士黄兆昌，另有徐国栋捐学田一区，每岁收谷七石二斗。

义学、社学和私塾一样，从事的是蒙学教育，即今日的小学教育，入学者都是 15 岁以下的少年儿童，教育内容为识字、写字、读书、作文、学算等，并兼有伦理教化的功能，常用的课本有《三字经》《百家姓》《千字文》《千家诗》《昔时贤文》等。义学除了少数由官僚、地主、商人等富贵人家所开设外，大都十分简陋，没有专门的教舍，教师收入微薄，仅能糊口，就学子弟也多出自贫苦人家，大多只求粗识文字而已。

中国古代曾有不少吟咏这类学校的小诗，反映了其中的一些情况。如宋代诗人刘克庄有诗云："短衣穿结半瓠空，所住茅檐仅蔽风。久诵经书皆默记，横挑史传亦能通。青窗灯下研孤学，白首山中聚小童。却羡安昌师弟子，只谈《论语》至三公。"清代著名诗人袁枚也有诗吟道："漆黑茅庐屋半间，猪窝牛圈浴锅连。牧童八九纵横坐，天地玄黄喊一年。"

郧阳文昌阁

一

古郧县境内曾经有过四座文昌阁，一在郧阳城北120里的大柳树，一在西200里的南北峰，一在东龙门塘的过风楼旁，一在郧阳城内。到清末，仅有龙门塘和城内的文昌阁犹存，而且一直保存到“文革”期间。

在郧阳城内，不仅有文昌阁，还有一座文昌宫，都在城东，但文昌阁在城东南，而文昌宫在城东北。

文昌宫在府学宫的西侧，原为五贤书院。五贤书院为明正德年间所建，原在府衙之北，里面祀奉着宋代周敦颐、程颐、程颢、朱熹、张载五子，让在里面读书的学子祭拜，在明末毁于战火。乾隆二年(1737年)，长汀举人钟梦瀛做郧阳知府时重建五贤书院于城东北，建成之后又改名为“文昌宫”。道光十一年(1831年)，知府崇善改建文昌宫的正殿，又在宫内建崇圣祠。二十八年(1848年)，知县陈子饬在正殿左建奎星楼。

文昌阁，也叫奎星楼，而且独楼竖于城东南隅，与江对岸的极星塔隔江相望，为乾隆二十年(1755年)知县王文裕率众所建，由湖北学政陈浩作《创建郧阳文昌阁记》并刻于碑。其后，屡经修葺。道光二十九年(1849年)，知县陈子饬重修时增层，加高一丈有余，四面缭以画栏，由朱灿章作《记》并碑之。

人们为什么要建这么多文昌阁和文昌宫？究其原因主要在于古人对文昌星的崇拜。

文昌，也叫奎斗、魁斗、文桂、文曲星，是天上星官的名字，为西方白虎七宿之首，由16颗星组成，被道教认为是主管科甲的星辰，专门管理人间学子读书和求取功名的一个天上官员。《礼月令》记载：“季夏之月，旦，奎中。”《孝经援神契》说：“奎主文章。注：奎星屈曲相勾，似文字之画。”

文昌星被古代星相学家解释为主大贵的吉星，尊为主宰功名禄位之神，从周朝以来就受到民间的奉祀，后历代相沿被写入礼法，列为国家祀典。屈原在《楚辞·九歌》中把奎星中的第四颗星叫做少司命，说明它在战国就已列入国家祀典。在隋唐科举制度产生以后，文昌星尤其被文人学士所顶礼膜拜，有谓文昌“职司文武爵禄科举之本”的说法，认为是主管考试命运，以及助佑读书撰文之神，是读书求取科名之人最尊奉的神祇。杜甫有“北风随爽气，南斗避文星”的诗句。《东观奏记》里也说：“初日，官奏文昌星暗，科场当有事”，可见唐代对文昌星的重视。明景泰年间，景泰帝在北京新建一座庙宇，称文昌宫，每年二月初三，遣人举行盛大的祭典。清朝更加崇奉文昌。嘉庆六年(1801年)，仁宗皇帝勒命礼部，把文昌编入祀典。由于受到所有读书人的重视，统治者为了笼络人心，就逐渐把文昌星推向帝王化，尊为“文昌帝君”。

有关文昌星，《星经》里说：“文昌六星如半月形，在北斗魁前，其六星各有名。”《史记·天官书》载：“斗魁戴匡六星，曰文昌星，一曰上将，二曰次将，三曰贵相，四曰司命，五曰司中，六曰司禄。”《云笈七签》载：“文昌星，神君，字先常，天子同命之符也，中央司命者，或曰制命丈人，主生年之本命，摄寿夭之简礼。”

在历史的发展中，人们又逐渐把文昌崇拜分为天上文昌与人间文昌。天上文昌特指文昌帝君，即奎星；同时供奉人间“五文昌”，包括关圣帝君(文衡圣帝)、孚佑帝君(吕洞宾)、梓潼帝君(张亚子)、朱熹(朱衣星君)、魁斗(魁星爷)。

《明史·稽志》记载：“梓潼帝君，姓张，名亚子，居蜀七曲山，仕晋战殁，人为立庙。唐宗屡封至英显王，道家谓梓潼掌文昌府，事及人间禄籍。元加号为帝君，而天下学校亦有祠祀者。”

二

郧阳文昌阁建于乾隆二十年(1755年)，由当时的知府王文裕所建，并请湖北学政陈浩作《创建郧阳文昌阁记》。

王文裕，字冲谷，福建龙溪人，贡生出身，于乾隆十四年(1749年)任郧阳知府，二十九年(1764年)离任，理郧15年。

陈浩，字紫渊，北京昌平人，雍正二年(1724年)甲辰科进士，初授詹事。《创建郧阳文昌阁记》是他于乾隆二十年在湖北学政任上到郧阳主持院试时所作，其全文如下：

创建郧阳文昌阁记

郧地当楚西之偏，势连陇蜀，环列万山，中依汉水以为城，必有伟人杰士生其间，博闻强识，通方致远，出为国家用。而其地险而荒，去武昌千八百里，每宾兴之岁，其能具舟而应试者少。由是，得举于乡贡于礼部者益稀，而众益视以为难。

太守王君冲谷治郧之八载，敬供厥职，政修弊除，植其秀良，惩其邪慝，于是乃建置书院，而别立文昌阁于城之东南隅。尝考北斗之第四星为魁，而文昌六星值其前，后之人遂谓文昌司选举之事而专祠之。夫圣人之制，为祀典也，有功德于民则祀之，而拘儒多言无鬼神，形家之言又或神之以骇世，世亦信之，其信然欤？抑岂在人者皆不足恃，而必求之于远而不可知之者耶？然则郧之人当益强勉，以无负太守爱士之诚。吾知鬼神之必有以相之也。

其大意为：郧阳地处楚西之偏远山区，地势连着陕甘、四川，有万山环列。郧城依附在汉水中游，必有伟人杰士生于其间，能博闻强识，通道致远，出而为国家所用。然而，这里地险而蛮荒，去省城武昌有一千八百里，每到科举乡试之年，能够乘船去应试的人非常少。因此，能够被推举为乡贡给礼部的人更加稀少，所以众人尤其视读书入仕为难事。

太守（知府）王文裕（字冲谷）治理郧阳八载，恪尽职守，修政除弊，培植优秀人才，惩处邪恶之徒，事项理顺后他建置书院，再在城之东南隅另建文昌阁。他试测北斗的第四颗星为魁，再确定文昌六星正值其前，让后来的郧阳人知道了文昌是管理选举之事的星官，而奎星阁是专门为其所建的祠堂。按照圣人的礼制来进行祀典，无论是有功德于民的人，还是有功德于民的神，都要对他们进行祭祀。然而，那些拘泥的、目光短浅的儒生往往喜欢说世上没有鬼神，而那些堪舆家们则又喜欢拿神来说事，以惊世骇俗之举让世人相信世上有鬼神。你该相信哪个的？我看是这样：或许是作为人还不知道的东西太多，都不足以对自己形成保护，所以必然求之于远处一些不可知的事物。然而，郧阳人自己应当更加努力，以不辜负王太守爱惜人才的诚心才对。我知道，鬼神中间必有一些是掌握星相的。

三

道光二十九年（1849年），知县陈子饬重修郧阳文昌阁，增层加高一丈有余，由朱灿章作《记》。

陈子饬，山东潍县人，举人出身，于道光二十七年(1847年)任郧县知县，二十八年离任，二十九年再任，咸丰元年(1851年)离郧。

朱灿章是道光年间郧阳府向国子监所推荐的贡生，履历不详。其所作《重修南城奎星楼记》全文如下：

重修南城奎星楼记

郡邑奎星楼皆建于城东南隅，论者以东南为文明方。按《史记·天官》书："斗魁戴六星，曰文昌宫。"《晋书·天官志》："文昌六星在北斗前，天之六府也，主集计天道。考文昌六星在午垣鹑火之次，北斗七星如斗魁：四星曰天枢、曰天璇、曰天玑、曰天权，介在鹑尾巳次、寿星辰次之交；而斗柄三星，曰玉衡、曰闿阳、曰摇光，则在寿星辰次。是斗魁近于文昌，均列于南方朱鸟。县相著明为最盛矣。且鹑尾翼星为天之羽翼，文物声明之所，主道化交章。

揆诸建楼东南之义，其将观睹天光之下临，瞻人文之蔚起，英华远播而四国奉为羽仪乎。其方位固可循图而稽也。然世相沿以是为奎星者，其或以史言"奎壁联辉"，遂以为文教昌明之征乎。尝考《晋书·天文志》及《管窥辑要》诸书，东壁主文章，乃天下图书之秘府也。宋乾德五年，五星聚奎，实在奎壁之间，故当时以为文明之兆。夫奎、壁介于娵訾、降娄，而斗魁适依乎鹑火、寿星，其为章于天，两相对照，所谓光远而有耀者，理或然也。

郧之奎楼在南城东，层阁重檐，规模高耸，可谓一郡之胜矣。而术家每以此邦科名，必更上一层方可高掇联翩，操券而获。数十年来，邑人士有志未逮者，亦以登高而呼之，难其人也。己酉岁，邑侯陈君莅位，任载余，修废举坠，于地方一切营建罔弗，除旧更新，而事关学校，尤殷殷不倦。如文庙、文昌宫、试院钜工迭兴，次第告成矣。适于重九日，偕都人士登楼一览，觉山明水秀，眼界凌空，慨然动崇文教、掇科名之思，乃捐廉倡修。即日鸠工、庀材、遴选司事，力董其成。计增高一丈五尺有奇，越六月而工竣。

登斯楼也，四通八达，高朗光明，都人士之卓越恒流于青云而直上者，能勿瞿然兴奋然起乎？斯固我公之作育士气有加无已。而吾邑之乐襄其成，从善如登，不可谓非后来者之幸也。

灿章从斯事斯役，自惭谫陋，言之无文，特叙述其始末，以俟后之博雅君子。

其大意为：所有府县的奎星楼都建在城东南隅，因为有神论者以东南为文明方向。按照《史记·天官》里的说法："北斗的第四颗星为魁，魁星头戴的六星就是文昌宫。"《晋书·天官志》里也说："文昌六星在北斗前，是天宫里的六府，管理计算天道的事情，不让星辰越轨。要找文昌六星，先在午时宫位找到朱鸟七宿中部的鹑火，再找北斗七星里的天枢、天璇、天玑、天权这斗魁四星，它们介于鹑尾之旁，再旁的寿星辰交于斗柄玉衡、闿阳、摇光三星。那么只要看到了寿星辰，再看斗魁，它们都近于文昌，均列于南方朱鸟。郧县之相非常显明，为最茂盛。况且鹑尾里的翼星是天的羽翼，为文物声明之所，管理着道化交章。

考察建奎星楼于城东南的意义，是要人们上可观睹天光之入世，下可临瞻人文之兴起，能群起英华，远播四方，被世人尊奉为位高德旺的楷模。奎星的方位固然可以按图索骥，然而世代相沿以为是奎星的，他们或许是依据史书所言的"奎壁联辉"之语，于是以为这是文教昌明的征兆。我曾经考证《晋书·天文志》和《管窥辑要》等书籍，都说东壁之宿是管理文章和天下图书的秘府。宋乾德五年(967 年)就发生了五星聚奎的天相，实际方位是在奎宿与壁宿之间，所以当时被认为是文明之兆。奎、壁二宿，介于娵訾、降娄两宫之间，而斗魁当时就依在鹑火、寿星之旁，这就是所谓的"为章于天"。两相对照，就是我们常说的光射远而有耀者。人们之所以要建奎星楼，道理或许就是这样产生的。

郧阳南城之东的奎星楼，层阁重檐，规模高耸，可谓一府之形胜。然而，星术家每一次在这里占卜科举之名时，都说要更上一层楼方可让郧阳学子们高掇联翩，稳操胜券，从而会大有收获。数十年来，郧阳人士中那些有志考取功名而还没有达到目的之人，也都登高而呼请求加高楼层，而每次都难遂所愿。己酉年(道光二十九年，1849 年)，知府陈子饬莅位 1 年有余，修废举坠，对地方之一切除旧更新事无不关注，而有关学校之事尤其殷殷不倦。如文庙、文昌宫、试院这样宏大的工程都相继兴起，次第告成。在当年的重九日，他带领郧城人士登上奎星楼一览风景，顿觉山明水秀，眼界凌空，慨然发动了自己崇文教、登科名的念头，当场就捐出自己的养廉银倡导加修。马上聚集工匠，准备材料，遴选督工、司事官员，让他们尽力监管、按时完成。计增高奎星楼一丈五尺有余。超过六个月的时间工竣，再登上这座楼，眼光能够四通八达，高朗光明，下可看郧城里的人士卓越恒流，上可凌近青云而直上，能不惊喜兴奋而欢呼雀跃吗？这固然是我陈公培养士气有加，而我郧阳人从此就乐享其成、从善如流，不能说这不是后来者之一大幸。

我朱灿章参与了这件事和这个工程，自惭自己浅薄寡陋，写出的这篇《记》言之无文，只能叙述其始末，以等待后来的博雅君子能补充出一篇华丽的文章。

清代郧阳“宾兴”的筹集与发放

一

“宾兴”是古代的一项助学措施，相当于现在的政府奖学金制度。

“宾兴”最初是周代的一种举贤之法，是乡大夫从乡小学里荐举贤能以升入国学的一种宾礼之法。到了科举时代，“宾兴”又成为读书人将去乡试时，地方官设宴招待而举行的仿古“饮酒”之礼。古时，乡学三年业成，必考其德行，察其道艺，升其贤者能者。在他们即将兴旺发达之时，乡大夫用接待贵宾之礼与之饮酒，谓之“乡饮酒礼”，称之谓“宾兴”。所以“宾兴”的含义，就是奖励学子升学。到了明清时期，地方政府为了本地能够多出有功名的读书人，就办起了宾兴机构来进行助学奖助。他们筹集奖学金，制定并公布奖助条款来奖助学子，特别是资助一些穷苦的读书人。

明代之前的郧阳宾兴情况已经无考，我们现在能够见到的最早有关宾兴的记载是清康熙晚期以后的事。康熙十九年(1680年)，郧阳藩镇被撤销，生员乡试要往返千数里到省城武昌。在那个年月，从郧阳坐船到武昌参加考试，往返动辄数月半载，需要一笔不小的费用，成为一些家境不太殷实生员的一个巨大的负担。为了解决这一状况，在康熙六十一年(1722年)，郧阳府学宫教授朱馥捐献出自己的养廉银，在郧县丰宜保买了二斗种的田地，拿所收地租用于宾兴公益事业。当时，郧阳的宾兴仅仅限于为赴省城参加乡试的生员出考试费用，所以朱馥所买的田地也被称之为“卷价田”，明确所收的地租只能用于乡试投卷费，目的是为了鼓励更多的生员去参加考试。

朱馥，孝昌人，进士，于康熙五十四年(1715年)任郧阳府学教授，雍正元年(1723年)离郧，在郧阳执教7年。

乾隆中期，郧阳府对宾兴卷价田的收入和开支进行过一次清理，教授程兴仁还专门撰写了《清理卷价田记》。程兴仁，黄冈人，进士，于乾隆二十四年(1759年)任郧阳府学教授，三十五年离郧，在郧阳执教11年。其《记》全文如下：

清理卷价田记

郧学卷价田，孝昌朱公创之。其以卷价名，何也？郧壤接雍豫，距省城往返数千里，每届宾兴，府县诸生就试者少，朱公思有以振兴之，捐俸置种二斗有奇，以租佐乡试诸生投卷费，亦激劝之意也，余与同寅万君恐日久侵没，重为清理之，择诸生之廉明者，置印簿，俾司出入，除岁输外，届期按人数变价分给，三载更佥输管，著为例。诸生为勒石于书院。夫以数亩之产共资于学也，微矣！然自公去郧已三十余年，而郧人独念之切，思之深，勒石以记其绩，与南国之棠，岘首之碑比烈焉。明道先生有言："一介之士，苟存心于爱物，于人必有所济。"汉昭烈云："勿以善小而不为。"然则为善固遂分，可以自尽，又奚以多寡论哉！昔江夏贺文重、克繇先生司谕应城，捐置嘉宾萍食田以为诸生科举资，至今犹食其德，尸祝不衰，史称文忠，苦节自甘。朱公之为此，夫孰非苦节中来者？诸生其砥砺以图报称，或就其遗意而广之，是又余之厚望也，朱公讳馥宇，率行孝感人，康熙癸巳科进士，司郡铎七载，迁万载令去。此田之置，盖康熙六十一年壬寅岁也。

其大意为：郧阳的学校卷价田，是孝昌人朱馥在郧阳任教授时所创。之所以以"卷价"为名，是因为郧阳与陕西、河南壤接，距离省城武昌往返数千里，每一届乡试，府、县里的学生去参加考试的人都很少。朱公想要振兴郧阳教育，就捐出自己的俸禄购买了二斗种的土地，拿地租帮助去乡试的学生作为投卷费，意在激励学生踊跃去报考举人。我来郧阳任教授之后，与同僚万绳宗商议，唯恐天长日久之后学田被人侵没，就重新进行了清理，再选择学生之中的清正廉明者，又刻印章，建立登记簿，让他们管理地租的开支和支出，除每年进出账目外，乡试届期时按报考人数变价分配给参加者。每三年变更一次管理人员，形成这样的惯例。学生们把这一规定刻石立碑在书院之中。以数亩之田产所产生的地租，共同资助参加考试的学生，实在是太微不足道了。然而，自从朱馥离开郧阳到现在已经三十余年了，但郧阳人对他的思念仍然很深切，所以才会立碑纪念他的功绩，想要与南国之棠，岘首之碑相媲美。宋代理学家程颢(明道先生)说过："一个朝廷命官，只要他内心存着爱人之心，那么就总能想出帮助百姓的办法来。"汉昭烈帝刘备说过："勿以善小而不为。"做善事固然出于本分，可以尽自己的财力，又怎么能以多少而论呢！古代的江夏人贺逢圣(谥文忠)，人称“克繇先生”，他在应城县任教谕时，捐钱购买了“嘉宾萍食田”作为学生的科举之资，至今应城学子犹念其德，对他的祭祀也至今不衰，史称他为“文忠”，坚守节操、矢志不渝是他的志向。朱馥的这等作为，难道不是坚守节操、矢志不渝吗？郧阳诸生以磨炼自己来报答朱馥的善举，就是在弘扬他的遗志，也是我对学生所寄予的厚望。朱公，讳馥字，大概为孝感人，康熙癸巳(五十二年，1713 年)科进士，掌管郧阳府学校七年，迁升为万载知县而去。郧阳卷价田，置于康熙六十一年(1722 年)壬寅之岁。

二

到道光年间，郧阳的宾兴卷价田已废弃多年，许多生员因此无力参加乡试，偌大一个郧阳府六县，每次应试不满 20 人。为了解除这一尴尬局面，道光末年的知县陈子饬召集郧阳府学宫训导徐恒曾、贡生赵堪、乡绅贾炳文、商人王士倬等商议筹集宾兴之资，大家纷纷解囊，使赴试的生员大增。陈子饬专门撰写了《筹郧邑宾兴费记》以纪念此事：

筹郧邑宾兴费记

郧邑风土古朴，人知尚义，庠序之间俊秀尤多，太守王季海先生所谓：彬彬之风亚于邹鲁者也。岁逢大比，应试不满二十人，盖以距省水路几两千里，往返五六月，旅资卷费动须十数金，寒士有志观光而迟回，中止者屡也。然则广功名之路，宏汲引之方，思所以振兴而激励之，诚宰官之责也。

余自丁未春知县事，与众绅者集议修学宫、修考院、修奎垣，次第举行，凡以崇学校、培士气、育人材，勖之以端方，策之以进取。诸生皆争自砥砺，已见蒸蒸日上矣，惟宾兴费尚未筹及。己酉值乡试，乃集众绅耆力图其成。时有邑贡生赵堪劝谕西乡各绅士，府学训导徐恒曾、邑绅贾炳文、邑人王士倬、暨东乡绅士共捐钱一千缗有奇，交司事等按年取息，以作宾兴之用。甫经创始，赴乡试者即较往岁加增。是年撤棘，府学广文徐君恒曾、保康学广文丁君鹿鸣皆获隽，保康王生明善亦列高选，吾郧胡生淑经、余生濬廷、李生上选、王生希祥均荐而未售。而郧阳之科名可拭目俟矣。

辛亥夏，余将调任枣阳，环顾诸生，不忍去。是岁，天子御极元年，恩偏海内，加科广额，嘉惠士林，兼以学使案临，所取尤多，知名新旧诸生无不跃跃欲试。由是文明日启，多士咸有志竞成，掇巍科、登显仕，为国家有用之材，以副(名实相副意)天子菁莪棫朴之化，未始不于宾兴肇其端也。后之君子顾名思义，日增月益，必有培养递加，而鼓舞于无已者，俾斯举行之历久勿替也，则幸甚。

其大意为：郧阳民风古朴，人们崇尚礼义，学校里多才智杰出之人，正如知府王季海先生所说的“彬彬之风仅次于邹鲁大地”。然而今年恰逢乡试，应考之人却不满20名，这是因为距离省城的水路几乎两千里，往返需要五六个月的时间，旅资加上试卷费动辄须得十数金，让贫寒之士有志参考而迟疑徘徊，中止的人不在少数。那么广开求取功名之路，宽广引进提拔人才之方，考虑能够振兴而激励人们读书进取的门路，就是我们这些县官的责任。

我自丁未(道光二十七年，1847年)春任郧县知县后，就与众绅士、耆老们集中在一起商议修学宫、修考院、修奎楼之事，一个接一个地举行，凡是能尊崇学校、培养士气、培育人才，勉励士子使其行为端庄方正，可以鞭策他们进取的事都一一去做。学生们也都争相磨砺自己，已出现一种蒸蒸日上的学习风气，只是宾兴费用还没有来得及筹及。巳酉(道光二十九年，1849年)是乡试之年，于是召集众绅士、耆老商议解决办法，力图达成目的。当时，有县里的贡生赵堪，愿意出面劝谕西乡的各位绅士，还有府学训导徐恒曾、县绅士贾炳文、县籍人士王士倬暨东乡绅士，总共获得捐款一千余串。我把这些钱交给管事之人去管理，按年获取利息，以作为宾兴之用。这事才刚刚启动，赴乡试参考的人数就比往年增加了不少。该年乡试发榜，府学训导徐恒曾、保康学训导丁鹿鸣皆中举，保康县王明善也榜列高选，只可惜郧县胡淑经、余瀍廷、李上选、王希祥名落孙山。尽管如此，郧阳的科举功名已经让人刮目相看了。

辛亥(咸丰元年，1851年)夏，我将调任枣阳知县，环顾郧阳的诸生，实在不忍心离去。这一年，是咸丰帝登基元年，宣布加恩于海内，增加科举名额，恩惠文人士大夫。加上学使莅临郧阳考察，所录取的名额特别多，因此那些知名的新、老学生们无不跃跃欲试。由此，郧阳文明日启，许多人士都心想事成，摘取高第，登为高官，成为国家有用之才，报答了皇帝培育教化之恩，这也未必不是依靠宾兴所发挥的作用。我希望后来的君子们能顾名思义，必定会在原来的基础之上日增月益，必定会培养出越来越多的人才。然而鼓舞是无止境的，我希望能够一直这样举行下去，历久而不要停止，那就是郧阳人的一大幸事了。

此段历史在同治版《郧县志》里记载得更加详细：

宾兴卷价田在郧县丰宜保。康熙间，教授朱馥置。嗣后教授程兴仁复加清理。道光二十九年，邑贡生赵堪劝捐邑西乡各绅钱六百千文。府学巡导徐恒曾捐钱九十千文。邑绅贾炳文捐钱一百千文，王士倬捐典价钱九十千文，邑东乡绅士共捐钱一百五十千文置市房一所，每年收租钱四十千文。逢乡试，连卷价田每年计收租米一石七斗，变价并市房每年租钱，派管事携赴省城，按邑中赴省乡试人数酌量均分。

三

郧阳宾兴的实施，极大地促进了郧阳科举事业的发展。

我国古代科举考试的难度很大，犹如千军万马过独木桥。一个人只在私塾或者社学、义学读过书，无论年龄多大都只能称为童生。童生只有经过县、府、院三试都被录取，才能称为秀才，成为府学、州学或县学里的生员。生员在学校学习，除了要经常在学官的监督之下参与考核外，还要经过科考选拔，合格之后才能被推举为贡生，或者参加省里的乡试成为举人。在一个省里，举人的数量寥若晨星。梁启超曾经有过这样的描述："邑(县)聚千数百童生，拔十数人为生员；省聚万数千生员，拔百数十人为举人；天下聚数千举人，拔百数十人为进士。复于百数十进士，拔十数人入于翰林(皇帝的文学侍从官)。"

明清时，全国生员总人数保持在几十万人，他们可以考恩贡、拔贡、副贡、岁贡、优贡进入第二层台阶。贡生是京师国子监学生，是各地贡献给皇帝的人才。明清两代，各府、州、县依例每一年或两三年都要选送那些经过岁、科两试取得廪名的廪生(补助生活费的学生)进入国子监读书，称为"岁贡"。由于岁贡大都按照年龄资历挨次升贡，所以也叫做"挨贡"。凡遇皇室庆典，朝廷都要下令在当年由各府、州、县加贡一次，称为"恩贡"。各省的学政有资格每三年在本省生员中择优送入国子监，称为"优贡"。各省学政每十二年考选本省生员择优报送中央参加朝考，合格者称为"拔贡"。在各省乡试之后取得副榜资格被直接送往国子监的，称为“副贡”。

贡生可以经挑选直接当官，也可与其他生员一起冲刺人生的第三层台阶去考举人。考选举人的考试称“乡试”，每三年在各省省会举行一次，每次全国录取总名额不过一千人，录取率仅百分之一二。有时，经皇帝批准在举人录取之后再发一个“副榜”，就是把个别特别优秀而没有被录取的人录为“副举人”。举人、副举人也称“乡进士”，他们可以经过“大挑”考试之后当官，不过大多是担任教职或者候补官员。要想当地方正官，就得参加每三年一次的全国性“会试”。会试被录取的称为“贡士”。贡士再经皇帝亲自主持的殿试，被录取了的就成为进士。进士是第四层台阶，每次只录取两三百人，考取率也不过百分之二三而已。明清两代，全国进士总人数稳定在两三千人左右，由他们构成了中国士大夫阶层的核心。只有殿试中的包括状元、榜眼、探花等进士中的佼佼者，才能成为翰林院学士，他们才真正是这个金字塔的尖顶人才。

在郧阳，元代以前的科举史已经无考。在明代 276 年时间里，因为有明中后期郧阳藩镇的存在，共有 117 位郧阳生员成为贡生，其中又考中的举人不过 31 人，进而成为进士的只有 3 人，分别是弘治十二年(1499 年)己未科的曾得禄、嘉靖三十二年(1553 年)癸丑科的温如玉和万历十一年(1583 年)癸未科的秦嵩，但没有一个能够进入翰林院。永远都停留在贡生阶段的有 86 人，其中洪武朝 1 人，永乐朝 2 人，成化朝 2 人，正德朝 2 人，其余均为嘉靖贡生。

入清以后，由于郧阳藩镇后来被撤销，在截至同治五年(1866 年)的 250 年时间里，郧阳共有 237 位各类贡生，其中顺治朝岁贡 13 人；康熙朝岁贡 37 人；雍正朝岁贡 8 人；乾隆朝的恩贡、岁贡共有 87 人；嘉庆朝恩贡、岁贡共计 42 人，有 27 人是郧阳府学宫中的郧县藉岁贡；道光朝的 18 位岁贡、咸丰朝的 6 位岁贡、同治朝的 2 位岁贡均为郧阳府学宫中的郧县人；道光、咸丰、同治朝总共有恩贡 10 人。另外，在乾隆、嘉庆、道光、咸丰四朝中曾经有过 14 位拔贡。与众多贡生不成比例的是，郧阳所出的举人只有 3 人，副榜 2 人。举人为雍正、乾隆、嘉庆各一位，乡试副榜为康熙、咸丰各一位。三位举人中，只有嘉庆戊寅科进士侯翼进入了翰林院。

值得一提的是，郧阳在明代出过李正、游世忠两位武进士。在清代，到同治五年(1866 年)以前，通过考试录取的郧阳武举有 4 人，没有出过武进士。

古代郧阳的祭孔大典

一

古代郧阳城里曾经有两座文庙，一座在郧阳府学宫，一座在郧县学宫。每年，府、县两学都要分别举行两场规模宏大的祭孔大典，成为郧阳城里的固定盛事。让我们以郧县学宫的祭孔大典为例，来了解当时祭孔的盛大排场。

文庙即大成殿，是郧县学宫里最重要的建筑。文庙是一座庑殿，除正殿外左右还有庑房。中国古代教育是神圣的，所以古代官学都为宫殿式建筑，文庙更是皇宫的庑殿式样。庑，中国古代建筑中的一种形式，是中国古代建筑中至高无上的建筑样式。庑殿建筑的屋面有四大坡，前后坡的屋面相交在屋顶形成一条正脊，两面的山墙屋面与前后屋面各相交形成2条垂脊，故庑殿又称四阿殿、五脊殿。在等级森严的封建社会，这种建筑形式只能用于皇家建筑和皇家指定的坛庙，是中轴线上主要建筑最常采取的形式。在封建社会，庑殿建筑仅限皇家、庙宇，官府、衙属、商埠、民宅等等是绝对不允许采用的。庑殿建筑的这种特殊政治地位决定了它的用材硕大、体量雄伟、装饰华贵富丽，具有高高在上的地位。

在古代，官员赴任，学子考取乡贡、举人之后，都必须先谒文庙，拜先师孔子。在明代，中举之后要更衣沐浴，到文庙拜谒之后，才能去参加地方官举办的鹿鸣宴(乡饮酒)。官员莅任三日之内，必须谒文庙行香。新生入学，首先要在大成殿里谒圣。秀才讲书期满升迁，要到大成殿里辞庙，然后才算正式解任。

在清代，几乎每位皇帝都会颁发各学校的御书匾额，有康熙二十二年(1683年)的“万世师表”、雍正三年(1725年)的“生民未有”、乾隆元年(1736年)的“与天地参”、嘉庆四年(1799年)的“圣集大成”、道光元年(1821年)的“圣协时中”、道光三十年(1850年)的“德齐帱载”、同治二年(1863年)的“圣神天纵”等。雍正三年，为了避孔子之讳，朝廷还规定凡遇“丘”字要一律写作“邱”，读作 qī。

郧县学宫文庙的正殿和庑房里，供奉有孔子、四配、先贤十二哲、七十九位先贤，以及五十九位先儒的木雕像。这些祭祀对象是明嘉靖年间朝廷统一颁布的，学校普遍使用木雕神位像也自明初开始，使用的礼仪全国一致，只是在使用祭器的多少上有不同的区别而已：

> 嘉靖九年十一月，更定孔庙祭祀，尊孔子曰“至圣先师”，尊四配为“复圣颜子”、“宗圣曾子”、“述圣子思子”、“亚圣孟子”从祀。自十哲以下称“先贤”，自左丘明以下称“先儒”，去塑像设木主（牌位），祭用笾豆十、舞佾（多人纵横排成行列的舞蹈）八。其郡邑学笾豆杀其二，舞佾止六，以别国学。孔子□□，子贡用檀木雕像。汉蜀郡守文翁又塑孔子于石室。后或塑或绘皆用像也。明洪武十五年，太学始更木主。至嘉靖九年令天下尽撤而瘗（yì 掩埋）之，间有藏诸腹壁中者，于是皆木主矣。

郧县学宫文庙大成殿坐西朝东，正殿正中是“至圣先师孔子”的神像，身旁两边是四配中的“复圣颜子”、“述圣子思子”。其余两配“宗圣曾子”和“亚圣孟子”被安排在北旁南向，依次还有先贤十二哲里的六哲：冉子（冉耕）、宰子（宰予）、冉子（冉求）、言子（言偃）、颛孙子、朱子（朱熹）。南旁北向是十二哲里的另外六哲：闵子（闵损）、冉子（冉雍）、端木子（端木赐）、仲子（仲由）、卜子（卜商）、有子（子有）。依次还有 40 名先贤：公孙侨、林放、原宪、南宫适、商瞿（子木）、漆雕开（子若）、司马耕（伯牛）、梁鳣（子鱼）、冉孺（子鲁）、伯虔（子析）、冉季（子产）、漆雕徒父、漆雕哆、公西赤、任不齐、公良孺、公肩定、鄡单（子家）、罕父黑、荣旗、左人郢、郑国（薛邦）、原亢、廉洁、叔仲会、公西舆如、邽巽、陈亢、琴张、步叔乘、秦非、颜諭、颜何、县亶、牧皮、乐正克、万章、周敦颐、程颢、邵雍。

西庑供有 39 位先贤和 28 位先儒，他们是先贤：蘧瑗、澹台灭明、宓不齐、公冶长、公皙哀、高柴、樊须、商泽、巫马施、颜辛、曹恤、公孙龙、秦商、颜高、壤泗赤、石作蜀、公夏首、后处、奚容蒧、颜祖、句井疆、秦祖、县成、公祖句兹、燕伋、乐欬、狄黑、孔忠、公西蒧、颜之仆、施之常、申枨、左丘明、秦冉、公明仪、公都子、公孙丑、张载、程颐。先儒：谷梁赤、高堂生、董仲舒、毛苌、杜子春、诸葛亮、王通、韩愈、胡瑗、韩琦、杨时、尹焞、胡安国、李侗、吕祖谦、黄幹、王柏、陆秀夫、许衡、吴澄、曹端、陈献章、蔡清、王守仁、吕坤、黄道周、汤斌。

东庑供奉的是31位先儒，他们是：公羊高、伏胜、毛亨、孔安国、后苍、郑康成、范宁、陆贽、范仲淹、欧阳修、司马光、谢良佐、罗从彦、李刚、张栻、陆九渊、陈烹、真德秀、何基、文天祥、赵复、金履祥、陈澔、方孝孺、薛瑄、胡居仁、罗钦顺、吕柟、刘宗周、孙奇逢、陆陇其。

二

大成殿之后立有崇圣祠，规模虽然不如大成殿，但同样为一座庑殿建筑。崇圣祠原名为启圣祠，正位供奉与孔、孟关系密切的五位先祖，分别为：肇圣王木金父公，裕圣王祈父公、诒圣王防叔公、昌圣王伯夏公、启圣王叔梁公。东配和西配供奉的是孔子的五位先贤：东配有孔孟皮、颜无繇、孔鲤，西配有曾皙、孟孙激。清雍正元年(1723年)，皇帝“诏封孔子先世王爵，合祀五代，更名启圣祠为崇圣祠”。崇圣祠的东庑供奉着先儒周辅成、先儒程垧和先儒蔡元定，西庑供奉着先儒张迪和先儒朱松。

无论是大成殿，还是崇圣祠，里面供奉的对象均为历代朝廷推崇、人民公认而崇敬的，享有较高地位和荣誉的历史人物。这些人物能够进入文庙享祭，是国家颁行发布的，而且位序都规定好了，不是一府一县胆敢擅定的。他们在文庙里的顺序安排，除了是按年龄和去世先后外，其生前对社会的道德影响更是最重要的依据。

《同治二年新章》就规定：

> 乾隆十八年议定从祀位次，先贤首蘧瑗(字伯玉，春秋卫国大夫)、林放，盖以《文翁图》列二人于七十二贤之内，而伯玉年先于孔子故，与林放俱列弟子之首。自澹台灭明至牧皮，悉仍旧次，则以《史记》、《家语》所记之年既不相合，所列弟子之序亦不相同，且同为孔子弟子，不能定其先后也。孔子弟子之次为孟子弟子，又次为周、张、程、邵五子。五子之中邵子年最长而列四子之下者，则于序齿之中兼论道德也。张子在二程子之上者，以二程父表弟，年亦长于二程也。至先儒则有时代之可凭，有年齿可据，故皆按年序次，载在乾隆年间《钦定会典通礼》诸书。今先贤中增祀公孙侨、公明仪二人，公孙侨年先于蘧瑗，应在蘧瑗之上，拟以公孙侨移于东庑第一位，蘧瑗移于西庑第一位。林放既与蘧瑗并称，拟移于东庑第二位，而移澹台灭明于西庑第二位。牧皮为孔子弟子，公明仪为曾子弟子，

拟移牧皮于东庑第三十五位，移公明仪于西庑第三十五位。其余先贤之位悉仍其旧，以省东西移易。先儒增祀者，凡十五人，位次随时拟定。限于东西多寡之数，于时代不无参差。今合原定从祀与续经增祀之儒，各就时代按其生年一东一西依次排列，庶于乾隆年间谕旨相符，而无凌躐(超出寻常顺序)之弊。

至于所供奉的木雕或木牌位像是本地所雕刻，还是国家统一发配，目前没有资料可考。

学校内建庙，供奉如此多的古人，与我国古代的教育理念和所希望培养出的人才模式有关，其基本原则为凡是对人类的生存和发展做出过重大贡献的古人，凡是对文明的保持和发展有利的古人，都可以列入祭祀对象。

清同治版《郧县志》告诉我们：

明洪武初，知县马伯庸创建始有学。学校者，人材所从出，《易》言、果行育德、圣功必自养正始，《观》之象曰：先王以省方观民设教。盖四方风俗各有偏倚，矫其偏而归于中正，复其性而引之道义者，莫如学校。此郡邑立学所由昉也。学校兴斯人才出，人才出斯风化端，忠孝廉节恒必由之。我朝右学敷文，尊师重道，立国学，立郡县学，立社学，将以陶成德行，礼镕乐冶，培其本，达其支，为国家储有用之材，重学校非第重科目也。化民成俗必由学，观乎人文以化成天下。

古代教育所要达到的目的，一是培养国家栋梁之人才，二是要教化社会之风气。教化风气就要“礼镕乐冶，培其本，达其支”，最重要的手段就是祭祀，通过祭祀把古人美好的品德辐射进人们的心灵。

因此，古代学校均实行的是祭政合一、学祭合一制度，当然就把祭祀看成是头等重要的大事。当时的学校每年都要举行春祭、秋祭和圣诞祭：春秋祭在农历二月、八月的第一个丁日进行，俗称“丁祭乐舞”或“大成乐舞”；圣诞祭在农历八月二十七日孔子诞辰时举行，俗称“祭孔大典”。这些祭祀活动，都是集乐、歌、舞、礼于一体的综合性、艺术性宗教活动。由于秋祭和圣诞祭相差时间很近，人们后来就把秋祭和圣诞祭合并在孔子诞辰日举行。

清雍正五年(1727年)规定：“八月二十七日恭遇先师诞辰，王公百官致斋一日，各衙门不理刑名。民间禁止屠宰。”

三

丁祭必须是各级官府一把手主祭，所有文武官员都必须参加，同时参加的还有乡贡、举人及所有生员(学生)：

顺治元年，定每岁春秋仲月(第二个月)上丁日(第一个丁日)，直、省、府、州、县各行释奠于先师之礼，以地方正印官主祭，陈设、礼仪均与国子监同。……凡同城大小武官均照例入庙行礼。

祭孔的内容可以分为仪式流程和祭祀乐舞。仪式流程中主祭官诵读祭孔祭文。春秋二祭的祭文都是固定的，内容为：

维某年某月某日，致祭于至圣先师孔子曰：惟先师德隆千圣，道冠百王，揭日月以常行，自生民所未有，属文教昌明之会，正礼和乐节之时，辟雍钟鼓咸恪于馨香，泮水胶庠益致严于笾豆焉。兹当春(秋)仲，祗率彝章，肃展微忱。聿将祀典，以复圣颜子、宗圣曾子、述圣子思子、亚圣孟子配，尚飨。

仪式流程过程固然重要，但更重要的还是祭祀中的乐舞。学校祭祀使用的是国家统一颁布的《乐舞六章》：“乾隆八年(1743年)，钦定《圣庙乐章》，颁发曲阜及天下学宫，俾乐舞生肄习，虔肃将事。”因此，各级学校都培养有专门的乐队和舞蹈生在祭祀时演奏和起舞，其角色、动作和姿势均经过了几千年国家级层面的锤炼，一招一式所表达的都是仙世境界。

迎神乐：奏的是《昭平之章》，分《大哉孔子》《先知先觉》《与天地参》《万世之师》《祥徵麟绂》《韵答金丝》《日月既揭》《乾坤清夷》八个段落。

初献乐：奏的是《宣平之章》，分《予怀明德》《玉振金声》《生民未有》《展也大成》《俎豆千古》《春秋上丁》《清酒既载》《其香始升》八个段落。

亚献乐：奏的是《秩平之章》，分《式礼莫愆》《升堂再献》《响协鼓镛》《诚孚罍甗》《肃肃雍雍》《誉髦斯彦》《礼陶乐淑》《相关而善》八个段落。

终献乐：奏的是《叙平之章》，分《自古在昔》《先民有作》《皮弁祭菜》《于论思乐》《惟天牖民》《惟圣时若》《彝伦攸叙》《至今木铎》八个段落。

撤馔乐：奏的是《懿平之章》，分《先师有言》《祭则受福》《四海黉宫》《畴敢不肃》《礼成告撤》《毋疏毋渎》《乐有所生》《中原有菽》八个段落。

送神乐：奏的是《德平之章》，分《凫绎峨峨》《洙泗洋洋》《景行行止》《流泽无疆》《聿昭祀事》《祀事孔明》《化我蒸民》《育我胶庠》八个段落。

同治版《郧县志》告诉我们，当时学校丁祭是“谨按乾隆五十年九月奉上谕，乐部所奏五六工尺。上与古乐宫商角徵羽本自相合，今乃避雅而从俗，盖欲便于学习也。再春秋奏乐，起调不同。今祗照春丁旁注，亦庶几易于娴熟耳”。

四

《郧县志》中记载了《丁祭礼节》的宏大场面，其步骤之繁杂，礼节之严谨，气氛之庄严，仙乐之悠扬，让身在其中的人能够顿然得到心灵净化。丁祭活动仪式分为戒誓、正献和分献三个步骤。正献和分献又均分为预礼、初献礼、亚献礼、终献礼、送神几个步骤：

> **戒誓礼节**：祭前三日，缮祝版(粘贴祝文方版)，分职事，乃戒誓。设戒誓牌于明伦堂南向，祭官率各官公服诣堂前，鸣赞唱，跪！叩！兴！各官行一跪三叩礼。唱：读戒词！鸣钟鼓！戒誓生恭捧戒牌西向读曰：“钦遵令典，于　月　日丁祗行释奠礼于至圣先师孔子，官员、职事人等，自今日始为沐浴更衣散斋一日，各宿别室，不饮酒，不茹荤，不吊丧，不问疾，不听音乐，不理刑名，致斋一日，同宿斋所，思神饮食，思神居处，思神笑语，思神志意，思神所乐，思神所嗜，各宜精白，乃心益加敬，谨戒之哉。”读毕，捧牌安原处。唱：读誓！读誓生恭捧誓牌西向读曰：“国有常宪，明神鉴焉。”读毕，捧牌安原处。唱：悬戒牌！戒誓生捧牌恭悬黉门外。唱：给斋牌！凡与祭官、生，领斋牌讫。唱：设誓牌！戒誓生捧牌置案，升起、引导、乐作、鸣钟鼓，设誓牌于戟门外。礼毕。
>
> **正献礼节**：祭前二日，正献官、分献官、陪祀官及执事学弟子员均致斋。前一日，有司饬庙户洁扫殿庑内外。正献官率各官及执事生入学习仪，教官率乐舞生入学习舞、习吹，乐用六佾。司祝版送正献官书衔名毕，司祝捧祝版供于庙内祝案上，行三叩礼，视宰官(监视屠宰祭物的官员)公服诣神厨视宰，瘗(掩埋)毛血。祭日，陈设毕，引赞生引左贰官诣大成殿、

两庑，周视齐盛笾豆、登铏之实。日出前六刻，正献官朝服诣庙左侧门下轿，引赞生引诣致斋所少俟（sì 等待），引诣阶东盥洗所，盥手毕，诣拜位前立。通赞生赞（导引）乐舞生就位、执事生各司其事、陪祀官各就位、分献官各就位、正献官就位、教官升阶纠仪。赞迎神：司麾生唱：迎神乐奏！《昭平之章》乐作。引赞赞就上香位：引正献官升东阶，入殿左门，赞诣先师案前跪，俯伏、上香。司香生跪捧香盘进，三上香毕，俯伏、兴。依次诣四配位前跪、上香，仪同。复位。初迎神时，分献：引赞生引东、西序，分献官升东、西阶，入殿左右门，诣十二哲位前跪、上香、复位。两庑分献官，分诣先贤、先儒位前跪、上香，均如前仪。引赞赞跪、叩、兴。正献官、分献官暨陪祀官行三跪九叩礼，兴。乐止，通赞赞奠帛、爵。

行初献礼：奏《宣平之章》。乐作，舞羽龠之舞。引赞引正献官升阶，赞诣先师位前跪。正献官俯伏，司帛跪捧篚，正献官受篚拱举奠于案。司爵跪捧爵，正献官受爵，拱举奠于正中，俯伏、兴，就读祝位。引正献官至殿中拜位，立、赞跪，众官皆跪。读祝，司祝生预诣祝案前三叩首、兴，捧祝版跪。乐暂止。读毕，捧祝版跪安先师位前，三叩首、兴、退。乐作，正献官、分献官、陪祀官均行三叩礼、兴。引正献官依次诣四配位前，跪、奠帛、献爵，仪同。复位，分献。引赞生引两序分献官升东、西阶，入殿左、右门，诣十二哲位前跪、俯伏、奠帛、献爵、兴，复位，均如仪。引两庑分献官分诣先贤、先儒位前，奠帛、献爵仪同，乐止。

行亚献礼：奏《秩平之章》。乐作，引正献官升阶，诣先师暨四配位前，奠爵于左。两序、两庑分献毕，均复位。乐止。

行终献礼：奏《叙平之章》。乐作，引正献官升阶，奠爵于右。如亚献仪，两序、两庑随分献，毕，均复位。乐止，文舞退。通赞赞饮福、受胙：引赞赞诣受福胙位，引正献官至殿中，拜位、立，捧福胙生二人自东案捧福胙至，先师位前拱举，退，立于正献官之右，接福胙生二人自西案进，立于左。赞跪、饮福酒。右一人跪递福酒。正献官受爵，拱举，授于左，兴。次受胙，如饮福之仪。赞叩、兴。正献官三叩首，复位。正献官、分献官暨陪祀官均行三跪九叩礼，兴。通赞赞撤馔，奏《懿平之章》。撤馔毕，乐止。

赞送神，奏《德平之章》。赞跪、叩、兴。正献官、分献官暨陪祀官行三跪九叩礼，兴。乐止，司祝捧祝，司帛捧帛，司香捧香，司爵捧馔，恭送燎所。正献官避，立拜位旁，俟过，复位。乐作，引正献官诣燎所视燎。礼毕，仍引由左侧门出，陪祀各官皆退。

分献礼节：两序分献官二人，随正献官后夹甬道立；引赞四人，各依献官东、西旁立。两庑分献官二人，随两序分献后夹甬道立，引赞亦各依献官东、西旁立。司香、司帛、司爵、执事生各依祭案序立。俟正献官献四配时，通赞唱："行分献礼！"引赞各唱："升坛！"两序献官由东、西侧阶旁入，唱："诣东、西哲，东、西庑先贤神位前！"唱："就位！跪！初上香！亚上香！三上香！叩首！献帛！奠帛！初献爵！奠爵！叩首！兴！复位！各由东、西出！"

亚献：通赞唱："行分献礼！"（升降同前）。引赞唱："就位！跪！叩首！亚献爵！奠爵！叩首！兴！复位！"

终献：引赞唱："就位！跪！叩首！终献爵！奠爵！叩首！兴！复位！"余如前仪。

郧阳的祭孔大典废于"五四运动"以后，至今百年了。

古代郧阳的乡饮酒礼

一

在古代，郧阳城里每年都要举行乡饮酒礼。当时，在以下三种情况下必须举行乡饮酒礼：一是本地出了贡生、举人、进士之时，地方官要在乡学里与之会饮，待之以宾礼；二是地方官召集治下的贤者，待之以宾礼；三是在春、秋会民习射，射前行乡饮酒礼。《礼记·射义》中说："乡饮酒礼者，所以明长幼之序也。"

以召集地方贤者为例，乡饮酒礼于每年农历正月十五日和十月初一日在府、县同时举行，地点同样放在府和县的儒学里。不过，祭孔大典的举行地点是在儒学的孔庙里，而乡饮酒礼则是在儒学的明伦堂里举行。

乡饮酒是一种敬老尊贤的古老礼仪。参加乡饮酒礼的人员除执事、司正人员外，主要人员分主、宾双方。

乡饮酒礼的主方人员是由知府或者知县率领各自的僚属以及自愿参加经过挑选的撰所组成的一方。在乡饮酒礼上，知府或者知县是主人，他们的僚属为次主。撰的身份比较特殊，他们是本地人士，官至士大夫之上，为正好在乡或者退休归隐家乡的人，受到主人的邀请来参加乡饮酒礼，职责是帮助主人招待宾客。如果到场的撰不止一人，则要按官职大小分出大撰、一撰、二撰、三撰之名。当然，他们受到邀请之后是可以拒绝的，理由也正当，谓之曰"不干主人正礼也"，意思是说乡饮酒礼是你所主持的正礼，我不便干涉。

乡饮酒礼的宾，是提前按照规定程序从民间选出的一批年高德厚之人。府衙乡饮酒礼上的宾，是从几个县里选出的乡老。而县乡饮酒礼上的宾，则是从本县里选出的乡老。在参加乡饮酒礼的乡老中，还要从中定出一位大宾，一位介宾，一位一宾、一位二宾、一位三宾，其余都为众宾。

乡饮酒礼的执事官，由官府里的典史充任，执事人员则是从儒学生中挑选出来的，职责相当于现在的礼仪先生。司正则由儒学里的教职人员充任，他在乡饮酒礼上的角色，是担负监督执行礼仪的职责。

乡饮酒礼的礼节隆重、繁琐而庄严。

前一日，执事人员就要在明伦堂里布置乡饮酒的场所。他们要在明伦堂正中放置一个大条案，再按照预先设定的人数在条案旁边放置椅子。一切都安排妥当后，司正要率所有的执事人员进入明伦堂内排练礼仪的程序，直到深夜。

当日黎明，执事官就率领执事人员开始宰杀敬神的三牲和准备宾主食用的酒食。日出以后，主人及其僚属、司正先进入明伦堂里调度人员。在执事官的提前操作之下，进入学校的人员是有顺序安排的，其顺序为一宾、二宾、三宾和众宾，届时主人率领僚属出迎于庠门之外，在相互作揖后由执事者引入，主居东，宾居西，三揖三让而后升堂，隔着条案东西相向对立，口里说着赞美之词相互两拜，宾客坐下。第二拨到达的是一撰、二撰、三撰，主人又率领僚属出迎，揖让、升堂、拜坐，一切如前面的仪式。第三拨是大宾、大撰、介宾同时到达，主人再次率领僚属出迎，揖让、升堂、拜坐。

人员全部到齐之后，乡饮酒礼仪开始。执事官宣布："司正扬觯(zhì)。"司正就捧着觯在执事者的引导下由西阶进入堂中，北向站立。觯是一种青铜器，为古代饮酒用的器皿之一。《礼记·礼器》记载："尊者举觯，卑者举角。"司正的角色是监督礼仪的进行，并对那些违规人员进行处罚。觯，就是司正罚酒的器具。

乡饮酒礼的礼节有读祝词，司正饮酒，读律令，供馔案，献宾，宾酬酒，供羹，撤馔等程序。

读祝词：司正到位后，执事官宣布："宾、撰以下皆立!"一宾、二宾、三宾和众宾和一撰、二撰、三撰起立。执事官宣布："揖!"司正向宾撰作揖，宾撰以下全部回揖。执事者把酒交给司正，司正举酒朗声祝词：

> 恭惟朝廷，率由旧章，敦崇礼教，举行乡饮酒礼，非为饮食。凡我长幼，各相劝勉，为臣尽忠，为子尽孝，长幼有序，兄友弟恭，内睦宗族，外和乡里，无或废坠，以忝所生。

意思是说今天举行乡饮酒礼，不是简单地为了吃喝，而是遵照朝廷章程，敦崇礼教之数，叙长幼之序，各相劝勉，为臣者尽忠，为子者尽孝，兄弟之间和睦，家族内部团结。

司正饮酒：读祝词毕，执事官宣布："司正饮酒。"司正把觯里的酒一饮而尽。饮毕，司正把觯交给执事者。执事官宣布："揖!"司正向宾撰作揖，宾撰以下全部回揖。然后司正回到原来的位置，宾撰以下都坐下。

读律令：宾撰以下都坐下之后。执事官宣布："读律令！"然后举着一纸律令呈到堂上的案前，执事者引导读律令官来到放律令的地方，面对北面站立，然后宣读律令。在场的宾撰以下人员全部起立，行作揖礼。读毕，所有人员复位。

供馔案：人员复位之后，执事官宣布："供馔案！"执事者举着馔案（小餐桌）依次放在每位宾、撰、介、主的面前，而三宾以下不放馔案，各依次酌酒，然后举杯而饮。

献宾：馔案全部放置好之后，执事官宣布："献宾！"主人起席北面站立，执事者把斟满了酒的青铜爵端给主人。主人接过青铜爵后依次捧放到宾、介的馔案上，每一次都要稍退几步，说一些恭维的话，拜上两拜。在到各宾、介面前时，宾、介要起立答拜。执事者又酌酒端给主人。主人接过青铜爵后捧放到撰的席上，交拜如前。仪毕，主人退后，复位。

宾酬酒：主人复位之后，执事官宣布："宾酬酒！"所有宾客都起立。撰陪着执事者酌酒端给宾，宾接过青铜爵后捧到主人及其僚属面前，放在他们的席案上，稍退几步，说着恭维的话，拜上两拜。等酒全部上齐后，宾、撰、主交拜，然后一饮而尽，各就位而坐。所有执事者分列左右，依次酌酒献给三宾、众宾、偏宾和主以下所有参加人员。

供羹：酒过三巡之后供羹（上饭菜）。执事者依次酌酒、饮酒、供馔三次。

撤馔：宴毕，执事官宣布："撤馔！"此时，宾撰以下皆起立，行礼。撰、主、僚属居东列队，宾、介、三宾、众宾居西列站立，恭维，两拜。再恭维，送宾。分东、西两行依次下堂，依然三揖，各自出庠门而去。

关于这些礼节，《郧县志》里有详细记载：

> 乡饮酒礼节：京府及直、省、府、州、县岁以孟春望日、孟冬朔日举行于儒学。前一日，执事者于儒学之讲堂依图陈设座次。司正率执事诸生习礼仪。至次日黎明，执事者宰牲具馔。主人及僚属、司正先诣学遣人，速宾撰以下宾至，主人率僚属出迎于庠门之外，揖入。主居东，宾居西，三揖三让而后升堂，东西相向立，赞两拜，宾坐。撰至，主人又率僚属出迎，揖让、升堂、拜坐如前仪。宾、撰、介至，既就位。执事者赞："司正扬觯。"引司正由西阶升，诣堂中北向立。执事者赞："宾撰以下皆立。"赞：

“揖。”司正揖，宾撰以下皆揖。执事者以酒授司正，司正举酒曰：“恭惟朝廷，率由旧章，敦崇礼教，举行乡饮酒礼，非为饮食。凡我长幼，各相劝勉，为臣尽忠，为子尽孝，长幼有序，兄友弟恭，内睦宗族，外和乡里，无或废坠，以忝所生。”读毕，执事者赞：“司正饮酒。”饮毕，以觯授执事。执事者赞：“揖!”司正揖，宾撰以下皆揖。司正复位，宾撰以下皆坐。赞：“读律令。”执事者举律令案于堂之中，引读律令者诣案前，北面立。赞：“宾撰以下皆立。”行揖礼如前。读毕，复位。执事者赞：“供馔案。”执事者举馔案至宾前、次撰、次介、次主，三宾以下各依次举讫。执事者赞：“献宾。”主起席，北面立，执事者酌酒以授主。主受爵诣宾前，置于席，稍退。赞：“两拜。”宾答拜讫。执事者又酌酒以授主。主受爵诣撰前，置于席，交拜如前。仪毕，主退，复位。执事者赞：“宾酬酒。”宾起。撰从执事者酌酒授宾，宾受爵诣主前，置于席，稍退。赞：“两拜。”宾、撰、主交拜讫，各就位坐。执事者分左右立，依次酌酒献三宾、众宾、偏宾，主以下。酒三行，供羹。执事者依次酌酒，饮酒、供馔三。品毕，执事者赞：“撤馔。”候撤馔案讫。赞：“宾撰以下皆行礼。”撰、主、僚属居东，宾、介、三宾、众宾居西。赞：“两拜!”讫。赞：“送宾。”依次下堂，分东、西行，仍三揖，出庠门而退。

二

我国的乡饮酒礼是一种国家层面设计的礼仪制度，有着悠久的历史，是古代嘉礼的一种，起源于远古氏族社会时集体活动的一种礼仪。《吕氏春秋》认为，这是古时乡人在举行射礼之前的宴饮仪式。到了周代，乡饮酒礼被纳入礼仪范畴，规定士大夫为乡饮酒礼的主人，选乡间贤者为宾，其次为介，又其次为众人。仪式严格区分尊卑长幼。升降拜答，俱有规定，并纳入《仪礼》等儒家经典，一般于正月吉日举行。

汉代以后，各郡县往往在学校举行乡饮酒礼，皇帝则于辟雍中举行。《渊鉴类函·礼仪·乡饮酒》说：“汉永平二年，郡县行乡饮酒于学校，祀先圣先师周公、孔子，牲以犬。”

实行科举制度以后，乡饮酒礼是以府、州、县长官为主人。宋王溥《唐会要·乡饮酒》记载：“开元六年七月十三日，初颁乡饮酒礼于天下，令牧宰每年至十二月行之……各备礼仪，准令式行礼，稍加劝奖，以示风俗。”

明代，京师及州、县以下，令民间以百家为一会，以里长或粮长为主人，坐时，以善恶分列三等，不许混淆，以此作为实行封建道德教育的手段之一。

清代，乡饮酒礼更得到了严格的执行。《清史稿．礼志八》记载：“雍正初元谕：乡饮酒礼所以敬老尊，是非曲直，厥制甚古，顺天府行礼日，礼部长官监视以为常。”清代的乡饮酒礼制度与之前各个朝代特别是明代的做法大同小异，虽然只是一种地方性质的礼仪，但它依旧与其他古代祭祀等礼仪活动相同，都有着一套严格的管理制度与程序。乡饮酒礼作为政府组织的宴请活动，规定其经费必须从官钱之中开支，坚决不允许向民间摊派。这种以宴饮为形式的礼仪，要求各府、州、县的行政长官代表朝廷亲自到场参加，以表示对宴请宾客的尊重，同时彰显礼仪的隆重。

乡饮酒礼的人员选定极其严格。被邀请参加乡饮酒礼的宾客均为当地身家清白、品行端方、齿德俱尊、守礼无失的耆老乡绅。其中年高有德者作为大宾，致仕(退休)官员被称作僎宾，年稍长、有德者被称作介宾，其余为众宾。大、介、众宾统称为乡饮宾。乡饮宾的选定先由儒学教谕发动人员进行公举，经过层层推荐和考选之后的初定者，被称为“公举乡耆”，再经地方长官进行三代以内的政审等考核，批准后，逐级上报给本省督、抚核准，由州、县儒学发给执照以为凭证，这才正式成为“乡饮宾”。每次大典，乡饮宾均要表明身份之后方准许受邀请出席乡饮酒礼。当乡饮宾出现空缺时，还可以依次进行递补。在乡饮酒礼中，主人与大宾象征天地，僎宾、介宾则象征阴阳，三宾(大、僎、介)又象征日、月、星三光。这种更高意义上的象征，反映了乡饮酒礼在当时社会活动中的重要性。

为了表彰乡饮宾在地方上的德行义举，地方官员还要向他们赠予牌匾以示荣耀。同时乡饮宾还要由督、抚上报朝廷，经礼部奏请皇帝批准，赏给顶戴荣身。同时，历届乡饮宾的姓名要载入地方史志，名垂青史。对于乡饮酒礼的宾介，不实行终身制，倘若乡饮之后发现其中有过失或犯罪的，那就得详报褫革，咨部除名，并实施连带责任，将原来推举他的官员、乡绅进行一定形式的处分。

乡饮酒礼有一套严格的礼制程序，对礼仪活动中的人员设置、座次安排与物品陈设都有严格、细致的规定。

在乡饮酒礼中，除各地方正印官员均要代表朝廷率领僚属作为主人宴请众宾外，还要由职教官员充任司正，监督乡饮酒礼的进行；典史充任执事官，管理着由优秀生员充任的引赞、读律、司钟、司鼓等相关工作人员。

座次安排是严格遵照阴阳五行方位与长幼、尊卑关系进行的；各种物品陈设更是有着明确的规定。行礼中，从迎宾、升堂、入席、落座到读律、宴饮、礼毕送客都有十分详细的程序规定，以保证整个仪式的庄严和隆重。

在行乡饮酒礼的过程中，除了上述涉及的人员之外，还有一个重要的司礼人员，这就是执掌觯案的扬觯官，他负责监督在场每一位人员的一举一动是否严格按照礼仪规制进行。不论宾主，如果有人在行礼过程中高声喧哗、坐错位置，或者出现其他违礼行为，扬觯官便会立即给予制止和纠正，同时“依礼、扬觯以罚”(即罚酒)，从而保证了乡饮礼始终能够符合“礼”的规范，有条不紊地进行。

此外，在举行乡饮酒礼的过程中，司正、读律诰等人员，按照礼仪进程会不断宣讲各种封建道德与伦理规范。

由于有着严格的礼仪规范，数千年来乡饮酒礼一直得以保持和发展。虽然辛亥革命以后，乡饮酒礼制度也与其他封建礼仪彻底退出了历史的舞台，然而这种礼仪对于国民道德观念所产生的影响却至今不灭，其所弘扬与宣传的为子尽孝、兄弟相亲、邻里和睦、朋友有信、长幼有序等道德伦理规范，仍然有着积极的现实意义。

三

几千年来，乡饮酒礼仪式里的细节并不是一成不变的，而是随着时代的发展和统治者的喜恶在演变，有时在执行的过程中还有着许多波折。清代是乡饮酒礼执行最严格的时期之一，这是因为清代为少数民族统治时期，统治者为了更有效地对中原地区进行统治，不得不接受儒家文化，拉拢汉族知识分子。正因如此，清代把乡饮酒礼制度推向了一个高峰。

通过同治年间编纂的《郧县志》，我们就可以清晰地了解乡饮酒礼在清代的演变过程：

顺治元年，定京府及直、省、府、州、县每岁于正月十五日、十月初一日举行乡饮酒礼。设宾、介、主人、众宾之席。顺天以府尹为主；直、省：府以知府，州以知州，县以知县为主。大宾择乡里年高有德之人，位于西北；介，以次长，位于西南；三宾以宾之次者为之，位于宾席之西；

众宾序齿列坐。司正以教职为之，主扬觯以罚失仪者。赞礼、读法以生员为之，以申明朝廷之法，敦序长幼之节。

顺治二年，定顺天府详查乡饮酒礼旧制，移送礼部题请施行。嗣后，每岁由顺天府具题，将所举宾介等姓名履历呈部存案。又定《乡饮酒读律令》、《日律令》，凡乡饮酒序长幼，论贤良，年高有德者居上，其次序齿列坐。有过犯者不得干与，违者罪以违制失仪，扬觯者以礼责。

雍正元年，上谕："乡饮酒礼乃养老尊贤之古制，近闻年久视为具文，所备筵宴，亦甚草率，应加谨举行。"

乾隆二年议：准嗣后乡饮酒礼座次悉依定序，并先刊刻仪注，分给宾、撰、执事人等遵照行礼，应读律令，即开载于仪注之后，令读者照例讲读。其在省会，令督、抚派委大员监礼。各府、州、县亦令各该地方官实心奉行，有违条越礼者，依律惩治。又，乡饮之典重在宾、撰得人，方可以示观感，而兴教化。若该地方官徇情滥举，固属不职。乃亦有实系齿德兼优之人，而一种不肖之徒，于未举之先设计需索，及行举之后，又复索瘢(缺点或过失)求疵，声言冒滥，希图讹诈。以致地方官亦多瞻顾，每不举行，致旷大典，应令该督、抚通行严饬。嗣后，所举宾、撰务择齿德兼优之人，如地方官滥举，题参议处。倘所举得人，而不法之徒或有藉端阻挠者，严行究治。

乾隆十八年议：准各省举行乡饮事不画一，竟有频年缺略不举，致旷大典者。应令各省督、抚转饬所属府、州、县每岁遵照定例，于正月、十月举行二次。其宾、介之数，据《会典》所载《乡饮酒图》，有大宾、介宾、一宾、二宾、三宾、众宾与大撰、一撰、二撰、三撰之名。按仪礼，若有遵者、诸公、大夫，则既一人举觯乃入。注言："今文遵为撰，又曰此乡之人，仕之大夫者，来助主人乐宾，主人所荣，而遵法者也。"或有无来不来，用时事耳。又曰"不干主人正礼也"。谓之宾者，同从外来耳。大国有孤四命谓之公。又疏言，一人举觯为旅酬，始乃入，即是作乐前入。又戴，记坐撰于东北，以辅主人，所谓席于宾东，助主人乐宾者也。其言主人亲速宾及介，而众宾自从之，至于门外，主人拜宾及介，而众宾自入。三揖至于阶，三让以宾，升拜之献酬，辞让之节繁，及介省矣。至于众宾升受坐、祭、立饮，不酢而降，皆无一言。及撰者，所谓不干主人正礼者也。嗣后，应令顺天府及直、省、府、州、县先期访绅士之年高德邵者一人为宾，次为介，又次为众宾，皆由州、县详报府尹、督、抚核定举行。其地方有仕至显官，偶居乡里，愿来观礼者，以古礼坐于东北。顺天府及直、省会城，一品席南向，二、三品席西向。各府、州、县三品以上席南向，四、五品席西向，无则缺之不立。一撰、二撰、三撰之名不入，举报之内，仍将所举宾、介造具姓名、籍贯，清册送部存案。倘乡饮后间有过犯，按所犯轻重，详报褫革，咨部除名，并将原举之官议处。

乾隆二十五年议：准嗣后直、省举报乡饮，责成布政司核实，报明督、抚察核存案，不得其人，即详明停止，不得拘于成例，苟且塞责。

乾隆二十七年议：准嗣后凡乡饮宾内，除贡、监生已经考职候选者，准其照应选之职服用顶帽、补褂外，其余监生用金雀顶、青袍蓝边，生员银雀顶、蓝袍青边。至于耆民，并无品级，应穿用鲜明常服，不得滥用金顶补服。

乾隆以后，乡饮酒礼的程序就固定了下来，成为每年的一种惯例。

附：

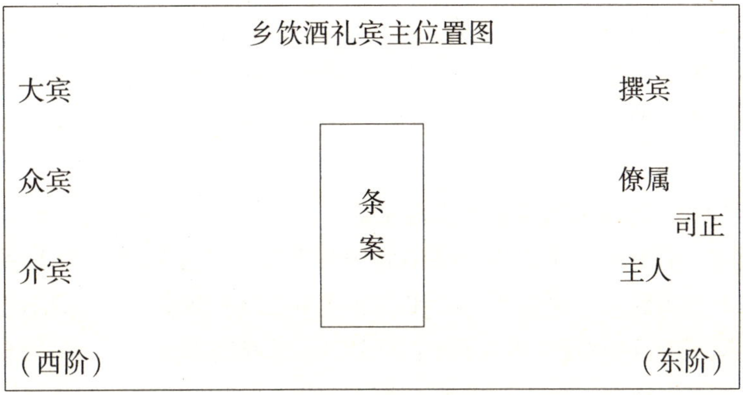

乡饮酒礼宾主位置图

郧阳古代的五位乡贤

一

50多年前，丹江口水库还没有蓄水而郧阳古城还在时，明代所建的郧阳府学宫还基本保存完整，里面星罗棋布的古建筑，像众星捧月似的围绕着孔庙大成殿。其中的名宦祠、乡贤祠里都供奉着郧阳本地名人的神灵牌位。名宦祠内供奉的是曾经在郧阳为官时为郧阳作出过重大贡献的十六位官吏；乡贤祠里供奉的是五位在中国历史上曾经名播海宇，为家乡争足了光的郧阳籍名人。这些郧阳名宦和郧阳乡贤，能够进入祠内享有神位，都是经过乡里认可，报经朝廷批准的，具有广泛的群众基础和正统性。

在漫长的古代社会里，一轮一轮的郧阳人何其多，而能够进入郧阳乡贤祠被郧阳人永远供奉的乡贤却只有尹吉甫、兮伯奇、黄香、寇韦和温如玉5位。几千年来，仅有这5个郧山汉水的灵魂得到了郧阳乡亲的一致认可，可见要取得乡贤的资格，成为郧阳本地之神并不容易。尹吉甫、兮伯奇、黄香都是离我们非常久远的人物，人们把他们作为乡贤，全是凭借历史留下的资料而确定的。只有寇韦、温如玉是明末的人，在当时都是刚刚去世的当代人。我们通过分析这五位郧阳先贤的资料，就可以窥见古人评定乡贤的标准，能够分析出他们之所以入选的原因。

郧阳“五乡贤”的前两位是尹吉甫父子。

尹吉甫，名兮甲，字吉甫，郧阳府房县人，“尹”是官名，即太师、宰相，后来又演变为了姓氏。他在西周时辅佐过宣王、幽王两朝，曾经北伐猃狁，南征淮夷，除了有青铜器《兮甲盘铭》上的文字记载着他的战功外，《诗经》里也有多篇是歌颂尹吉甫的，也有一些就是他创作的。有资料显示，他是《诗经》的主要编纂者，为我国第一部诗歌总集成书作出过巨大的贡献。

兮伯奇是尹吉甫的长子，我国古代历史上公认的孝子。他的母亲去世之后，后母欲立自己的儿子兮伯封将来承袭父亲爵位，就经常无中生有地在尹吉甫面前说兮伯奇的坏话。后母告诉尹吉甫，兮伯奇经常调戏自己。尹吉甫不信，说她诬陷自己的儿子。她就说尹吉甫是溺爱自己的儿子而甘愿让妻子受辱。她进一步激将说："我如果让兮伯奇占了便宜，恐怕辱没的是你。"尹吉甫告诉她，自己只有亲眼看见之后才能够相信。她就让尹吉甫躲在隔壁的房间里偷视，自己捉了一只蜜蜂去除了毒刺放在身上。兮伯奇看见后，怕蜜蜂蜇伤后母就上前给取了下来，她就乘机大叫，说兮伯奇是在耍流氓。面对这样的场景，尹吉甫终于发怒了，起了杀死兮伯奇的心。当天夜里，尹吉甫梦见兮伯奇的生母哀求着为兮伯奇求情。第二天，尹吉甫就对兮伯奇说："据尔养母，尔宜死；据尔生母，尔不宜死。汝其死而不死，不死而死乎？"就剥去了兮伯奇身上的衣服把他赶出了家门，而兮伯奇也不作任何解释。据汉代蔡邕《琴操·履霜操》记载：兮伯奇在野外"编水荷而衣，采楟花而食"。"清朝履霜，自伤无罪，而见放逐，乃作琴曲《履霜操》以述怀。吉甫感悟，遂求伯奇，射杀后妻。"

操是古代的一种曲调，适宜表达悲伤、忧郁、愤懑的感情。《履霜操》为兮伯奇被逐出家门之后于冰霜之晨所作，其词为："朝履霜兮采晨寒，考不明其心兮信谗言。孤恩离别兮催肺肝，何辜皇天兮遭斯愆？痛殁不同兮恩有偏，谁顾盼兮知此冤？"

二

郧阳"五乡贤"中的第三、第四位分别是黄香和寇韦。

黄香是东汉时期的人物，字文强，九岁就丧母事父。他的父亲虽为郡大夫，是高官，而家里清贫到无一名奴隶。黄香九岁就开始在家里操持家务，勤苦地尽心供养父亲。每当夏日炎热之时，他就扇父亲的帷帐，令枕席清凉，蚊蚋远避；到了冬日，他则以自己的身体暖父亲的衾床。于是黄香的名声远播，是我国"二十四孝"的主角之一。后来，黄香官至魏郡太守。《三字经》里"香九龄，能温席"说的就是黄香。《后汉书》记载：黄香是江夏安陆人，即今云梦县境内，而实际上他世家居住在郧阳府房陵。至今，房县城西还有黄香墓。古"郧"字通"云"，可能这是造成黄香籍贯失误的原因。

寇韦，郧阳城人，年少时就聪明好学、孝亲悌友。他小小年纪就精通易学，经常为乡邻讲授，深得好评。嘉靖十六年(1537 年)，寇韦参加乡试中丁酉科举人，后来又官至府同知。我国有一本无名古书，讲的是为将用兵之法，相传为汉代诸葛亮所撰。但后人考证，此书为窃取《孙子》而附以迂陋之言，不足道，为无知妄为之人所伪作。明弘治年间，关西刘让锓把此书雕版印刷，取名《心书》，并附以出师二表。嘉靖时期，夔人张锐重刊，增入夔门图，前面有序，后面的跋文注明为“郧乡进士寇韦”所写，可见寇韦中过进士，然而《郧阳府志》《郧县志》均无记载。清康熙《郧县志》记述：

> 寇韦，少颖敏，横经讲授，为易学开先登，丁酉乡试。让室同气，而自葺茅以居，士论之。初授六安州学正，荐入南雍助教，却诸生之贽，闻誉之啧甚。司寇郑端雅幕之，升叙州府丞。遗稿流布，郧人式之。

明末清初研究《易经》盛行，而寇韦小小年纪就已经对《易经》有了自己的见解，对事物的认识要高于一般人，所以才有把房屋让给兄弟，自己结茅庐而居的壮举。这里所说的“横经讲授”，来源于《楚辞·七谏·沉江》里的“不别横与纵”，指讲授得深透，纵横凌厉，气势强盛。

明万历《郧阳府志》记载：“举人寇韦，郧县人，嘉靖丁酉科，叙州府同知。”清同治《郧县志》里也说：“寇韦，字白缓，嘉靖举人，少颖异，以易学教授乡里，性孝、友弟、贫以已宅，授之直隶赵州学正。寇来犯，韦乘城筹击，一时文武倚重。后升南雍助教，历叙州同知。”

在这些郧阳地方资料里，寇韦只是一个举人，进士名录里并无他的名字。《郧县志》记录的只是郧县之事，在整个明代郧县只出了三个进士，而且后来的郧阳人还把寇韦作为乡贤让人们祭拜，因此是不可能把他的功名弄错的。再者，元至元十四年(1277 年)之后，郧乡县就已经改为了郧县，嘉靖时还在说寇韦是郧乡进士似乎不妥。不过，我们还不能排除寇韦在直隶赵州任学正，或者在南雍任助教，或者在叙州任同知时，是否中了进士而不被家乡人所知。

寇韦无子，死后留下 26 岁的娇妻李氏。李氏独自扶柩归葬，坚心守节，闺门清肃，被朝廷封为列女，因无子对其赡养，就由郧阳抚院每月供给一石大米抚恤之。

三

郧阳乡贤祠里所供奉的最后一位乡贤是温如玉。他是郧阳城人，嘉靖二十八年(1549 年)中己酉科举人，嘉靖三十二年中癸丑科进士，最初出任荆襄行人，御史衔，掌管传旨、册封、抚谕等事。之后他担任两淮盐政监察御史、苏松巡按、关中巡按、吴下巡按和山东观察副使。他位列大夫，死前是执掌一省司法的巡按副使，为主管兵备、学政、海防、清军、监军等的副省级高官。

清同治《郧县志·人物卷》对他的介绍为：

温如玉，字孟醇，号少谷，嘉靖进士，事亲以孝闻。除行人，拜御史，巡鹾浙江，按苏松、陕西，绰露丰棱，著有《延绥善后图》、《苏松赋役法》，擢山东副使卒。抚治王世贞铭其墓，遗像存三元宫。

清康熙丙午手抄本《郧县志补》的记载略有出入，在《选举》卷"进士"栏里的记述为："温如愚，嘉靖癸未，山东按察副使。"而在《人物》卷里对温如玉的名字有所更正："温如玉，少颖异，事父以孝闻，登癸未进士，擢御史，出督两淮盐政，公私称便。一按关中，再按吴下，风采跌宕，权墨屏迹。后图画苏松均赋，法皆千百治泽也。转山东观察副使，宪纪清肃，表于东海。"这里温如愚的"愚"和中进士的年份"癸未"与同治版《郧县志》两相不符。虽然康熙版《郧县志补》要早于同治版 200 年，但手抄本的可信度要低于印刷本，何况癸未年就是嘉靖二年，说温如玉中进士根本就是无稽之谈。温如玉死于隆庆己巳(1569 年)，时年 41 岁，可以推算出他应该出生于 1528 年的嘉靖三年，而嘉靖二年是他出生的前一年，是无论如何也不可能去参加殿试的。明万历《郧阳府志》也可以为这一笔墨官司佐证："郧县学进士温如玉，嘉靖癸丑科陈谨榜，山东按察副使。"

我们虽然从这里可以看出清康熙丙午手抄本《郧县志补》的不严肃性，但它所列温如玉的履历还是可靠的。温如玉离开家乡担任的第一个高官是两淮盐政总督衔。明代设置总督一职，有管辖地方和管辖专务之区别，但都是临时差遣，凭敕书规定所管辖的范围和事务，皆先任命其为兵部尚书、侍郎或者都御史、副都御史。温如玉出督两淮盐政，是专务盐政之总督，所以有"擢御史，出督两淮盐政"的称谓。

温如玉在任两淮盐政总督之后，又一"按"再"按"。"按"是指皇帝指派的地方按察使。明代的按察使是一省的司法主管，负责司法刑狱和官吏考核。当时的按察使司与布政司、都指挥司并列为省级三司，按照分工独立向皇帝直接负责。

温如玉一"按"关中，指陕西省，是在函谷关以西的秦都咸阳和汉都长安的故地上。在胡三省所注的《通鉴》上有对关中的解释："西有陇关，东有函谷关，北有临晋关，西南有散关。"

温如玉二“按”吴下，指南直隶，在今天的江苏、安徽和浙江部分地区及上海市，是春秋时期吴越的南部。

温如玉三“按”山东，成为观察副使，就已经不是前面意义上的按察使，而是代表朝廷专治海上通道的大员，只是不幸死于任上。

温如玉的一生虽然短暂，但他风流倜傥，放纵不拘，笔墨文章盖过了他的政绩。他所著的《延绥善后图》和《苏松赋役法》被后人奉为治理地方的经典，其法被誉为千百年治理的图谋策划之策。

温如玉的家庭可谓是郧阳真正的书香门第，官宦世家。他的父亲温昕后来被追任为山西道监察御史，他的弟弟温如春任过真阳县令。清同治《郧县志》记载，温如春，嘉靖四十年(1561年)辛酉科举人，“(温如玉)弟如春，举人，任真阳令，亦以清介称”。又说“朝廷奉赠温昕，以子如玉赠文林郎、山西道监察御史”。

四

温如玉的祖籍是随州人，先祖温志海在当兵时入赘河南，在桐柏山为婿安家立命。后来祖父温淮带领家人迁入郧阳，遂成为郧阳人。父亲温昕，字文林，娶左氏生下了温如玉，左氏被朝廷封为孺人。孺人是古时对大夫妻子的称呼，明清时则为朝廷对七品官的母亲或者妻子的封号。

温如玉的父亲只是一个秀才。温如玉在嘉靖十七年(1538年)14岁时就考上了秀才。当时的郧阳知府许词认为温如玉是一个奇才，想把女儿许配给他，温家却借口孩子还小就没有同意。不久，许词离开郧阳到别处任职，事情也就不了了之。

第二年，有一个姓孙的提学到郧阳巡视学政，通考郧阳的秀才，考后确定温如玉是第二名。孙提学接见温如玉，再次与他进行了一番对答，遂当着温如玉的面笑着说：“我本想录你为第一名，但因为你年少，怀疑你名实不符。今日一试，果然名不虚传。”

此后，温如玉接连参加乡试，都没有中举。后来王世贞的父亲王忬任湖广巡按时，也认为温如玉聪明伶俐，饱读诗书，就荐举了他。等温如玉从武昌回郧阳走到襄阳时，得到了父亲的死讯，遂绝食七日奔丧回家，抚棺大哭说：“天啊！谁令我试，却搭上了父亲的性命。”

屋漏偏逢连夜雨，温如玉中进士后，先丧祖父温淮，后丧母亲左孺人，连续的居丧致使他的身体过于瘦弱，尤其是诱发了心腹间的气郁不畅。

温如玉为官18年，一次任荆襄御史，三次任部按，最后任海道，都是持有皇帝敕书的大吏。他居住家乡时，绝不与官府通气；他为官上任后，绝不吩咐郧阳官府照顾家里。所以他在山东病三个月而后死去，而其家里人还不知道。

温如玉的结发妻子叫于钟，过早死亡，被朝廷封为孺人。后娶于钟的堂妹，她的封称高于于钟。温如玉有三子三女：长子温应龙，府学秀才，娶主事黄元吉的女儿为妻；次子温应鹏，聘娶的是举人江以淇的女儿；第三子温应岳，聘娶知县李岳的女儿。温如玉去世时，三女俱幼。

温如玉任两淮盐政时，王世贞的家乡江苏太仓正是他所管辖的区域。恰逢其时，王家发生了重大变故。嘉靖三十八年(1559年)二月，俺答诸部入扰北疆，温如玉的恩师、王世贞的父亲王忬率部抵抗却兵败滦河，震动京师。五月初十日，王忬被捕入狱，嘉靖三十九年十月三十日被斩于北京西市，时年五十四岁，一代骁将就此陨落。王忬的人生比较辉煌，嘉靖二十年(1541年)中进士，授行人，升御史。超擢右佥都御史，镇守通州，后改抚山东。嘉靖二十九年七月授命巡视浙江兼辖福建之福、兴、漳、泉四府，先后上方略十二事，率领将士曾经击毁倭船50余艘，请求修筑浙江各地县城。之后迁右副都御史，北上巡抚大同，加兵部右侍郎。后改为蓟辽总督，进右都御史。想不到仅一次败仗就不为朝廷所容。隆庆初(1567年)，王世贞与弟弟王世懋为父亲申冤，才得以为父诏复故官。

王忬死后，被送回家乡草草下葬。他的学生们都怕牵连到自己而竞相躲避，有的甚至不承认自己是王忬的学生。只有温如玉徒步行走了200里前来赴丧，并捐了金钱帮助安葬恩师，更与王世贞兄弟行三辞三进之大礼，情谊十分笃诚。王世贞兄弟谢他，他说："吾为吾之师而已。"

王忬的冤案得以昭雪之后，温如玉又同中丞林润一起上书，请求皇帝赐赠王忬谥号，虽然无果，但情谊无价。王世贞兄弟谢他，他仍然还是那句："甚愧上书，吾为吾之师而已。"

五

温如玉一生屡为执法大吏，所到之处皆有声绩，被人们称为及时雨。

温如玉在荆襄任御史时，拒绝接受一切礼金，荆襄之风气从此一振，让荆襄人称道。

温如玉担任两淮盐政总督时，倭寇猖獗，生产萧条，盐税无法收上来。他就向皇帝上书，要求实行旧制，通融一定的期限，以解其困境。他又立保甲法，让盐民武装起来，守卫自己的家园。他带领这些民兵巡逻，搜捕奸猾之徒，打击入侵的倭寇，使生产量大增，盐税也就收了上来，额度超过了平时。他就拿这些多余的钱治理海防，修缮了城隍庙，建筑海堤、圩、闸、堰上百处。

温如玉巡按关中时，公开号召以自己的清廉作为标杆。他弹劾了同州知府、宝鸡县令等贪婪的酷吏，把他们遣戍或者削籍。他的举动震惊了一些平日为非作歹之人，让一些心中有鬼的郡守和县令辞职回乡，所有滑吏大豪都不寒而栗，从此遵纪守法。他还深入边所向官吏讲法，列举二十条可以罢免革除的理由，要求人们凡是符合以上条件的都可以举报。他探知有一个大帅有贪兵饷、勾结贼寇为害百姓的行为，另一个俾帅不畏怕大帅，却畏怕贼寇，就把他们统统弹劾罢免。这期间，就是像总督、巡抚这样的重臣，也有因此而受到他的纠察被削职或者贬谪的。他的做法使得边疆的官吏心生忧惧，只得恪尽职守，敌寇不敢轻易深入。温如玉又向皇帝上书“宗藩七事”，以补禄粮、肃关支、正体统、严门禁为当前要务。

温如玉巡按吴地时，得益其上次巡按盐政时所熟悉的地理和人脉的便利，治理起来更加得心应手。吴地的大小官吏有与他熟的，都互相转告：“温公执法如山，不要以身试法。”温如玉认为，吴地所倚重的是天下最大的赋税之仓，而最大的利益来源于水利。于是他委派贤能人员丈量田亩，使乡里之中没有敢隐瞒的私田，田里没有该缴纳的赋税而不交者。如果某人名下有缴纳赋税的任务，而已经失去了田地，他就免去其户的赋税；如果有人占有了大量的田地，而所交赋税却不足额的，则增加他的赋税。他督促各治河官员，在农闲时间兴修水利，疏通河道和水渠。在此期间，他又弹劾罢免了一名副总兵，使武官的贪暴更加得到了遏制，吴地由此得以大治。有别有用心的人在背后攻击温如玉，说他在治理秦地时过于严苛，不分好坏一律治罪，让吴地的巡抚感到了不安，就将他排挤出吴地。

温如玉在山东治理海道时，登莱和辽州湾的亡命土匪藏匿于诸岛上，时不时出来剽掠渔民。他就召集两地官员商议解决办法：打击吧，恐怕引起连年兵祸；不打击吧，登莱和辽州二郡都将被骚扰而永无宁日。温如玉就与知府杨起元商议，调动军队摆出一副要攻打的样子。他再让卫指挥使汤诏等人针对田横岛，王世禄针对长山岛，裴虞度针对崆峒岛，李承旸针对刘公岛，摆出一副进攻的架势，对外宣扬军声以威胁他们。他又发请帖，设宴款待各岛上的豪门大户和年长者，告诉他们说："若期一月来受署，为良民。不者，温公大军立灭汝矣。"消息传出，众土匪皆惶恐，都来拜见温如玉。温如玉抚慰他们，并写信给登莱和辽州二知府，让他们给岛民编保甲，起田税，通互市，开关梁，禁争讼。从此岛民彬彬有礼，比内地人还要客气。

那年，温如玉下属的郡地大旱，他斋戒三日祈祷，大雨立刻滂沱。他喜极，露祷于雨中，不戴任何雨具，使得寒气侵入他的体内，遂得旧疾复发。山东的民众相率狂走，向神祷告："大夫为民雨，神幸民以雨，而予大夫以疾，非类民，今敬为大夫请命。"然而，温如玉的病已经非常严重，他想到了自己的身体已经扛不过疾病，而疾病又使自己不能处理事务，就自己弹劾自己要求回归故里。尽管这样，他还是坚持让属下把公文拿到床榻之前念给他听，然后口授命令。他说："吾，守土臣也，敢去事归乎？强疾以待。"温如玉请辞的报告呈上去，当即就得到了批准，朝廷革去了他的职务。在这样的情况下，他还战战兢兢以手书通告诸郡邑："毋祀祭，毋赙祭，吾不而享也。赙，是死而僇我也。"大意是说，我死后不要祭祀，不要送葬礼。如果给我家送葬礼，就是死了还要侮辱我。

温如玉的死完全是因为操劳过度导致身体虚弱所致，更让人感动的是，他临死时还约束所属的郡邑："毋令污我为也，此何下结缨易箦哉！"

温如玉病倒在文登时，正值王世贞自海上进京述职之时，正好得到了他生病的消息，然而公务在身没有能够去探询他。一个多月后，王世贞才在京城移交罢公事。又过了一个多月，他才得到了温如玉的死讯。又过了5年，王世贞奉命就任郧阳巡抚。他到郧阳后，首先到温家吊祭温如玉，这才知道他家因为没有钱还没有把他下葬，就捐助了资金，与温如玉的儿子温应龙等人一起商量，以大夫之礼窀穸(埋葬)于龙庙山之阳。王世贞亲自为温如玉撰写和宣读了《祭温宪副文》，并在陵寝之上栽了楸树。温如玉的弟弟真阳县令温如春听说王世贞抚郧后，就写信央告王世贞为哥哥撰写墓志铭，王世贞答应了他的请求，提笔写了《明中顺大夫山东按察司副使少谷温公墓志铭》，并刻石一起下葬。

清同治《郧县志·古迹卷·坟墓》记载："温如玉墓，在郡城北十二里观音保凤起巷后。"

四、古郧城祭祀文化大观

古郧祭祀概陈

一

祭祀，在古代是非常重大之事，上至国家，下至贫民，没有不关注和参与祭祀活动的，只是参与的层次和祭祀的对象不同而已。

《左传·成公十三年》云："国之大事，在祀与戎，祀有执膰，戎有受脤，神之大节也。"这里的祀就是祭祀，戎就是军防，把祭祀排在了军防之前，成为国家第一大事，可见古人对祭祀的重视程度。

古人何以如此重视祭祀？因为祭祀是天下、国家、社会、人伦礼仪的集中体现，为国人灵魂的系所。如果没有祭祀，国魂必然散乱，人心必然不聚，就国将不国，家将不家。只有通过祭祀活动，人们才会产生国家认同感、社会认同感、家庭认同感、相互认同感和灵魂皈依感，人心才能相聚，力量才会相加，秩序才会稳定，生活才得以安宁。

古代祭祀是有层面的，分为官方祭和民间祭两类，但无论哪类祭祀都有两种对象，一是祭祖神，二是祭自然神。祖神中除自己的直系祖宗外，还包括为国家、为民族，或者为家族做出过重大贡献的人。官方祭祖神时多在宗庙，民间祭祖神则多在宗祠和家庭；官方祭自然神里的天地、社稷、江河、山川，民间则只能祭自然界里的风、雨、雷、电、树、石、鬼、妖等个体神。

先秦的官方祭又分天子祭、诸侯祭和大夫祭。《礼记》载："天子、诸侯宗庙之祭，春曰礿(yuè)，夏曰禘(dì)，秋曰尝，冬曰烝；天子祭天地，诸侯祭社稷，大夫祭五祀(禘、郊、宗、祖、报五种祭礼)；天子祭天下名山大川，五岳视三公，四渎视诸侯；诸侯祭名山大川之在其地者，天子诸侯祭因国之在其地而无主后者。”看来祭祀天地的权力是被天子一人所垄断了，而且天子还和三公、诸侯一起垄断了对泰、华、恒、嵩、衡和江、淮、河、汉这些五岳四渎的祭祀权。诸侯能够独断祭祀的，只有自己国家之内对土地神和谷神的祭祀权。

先秦时，帝王祭祀的场所和礼仪都非常严格，祭祖神要在明堂，祭自然神要在各专坛，如天坛、地坛等。那时的帝王宫内都建有明堂，是用于会见诸侯和进行祭祀活动的专门场所，明堂选择在穴前地气聚合之处。祭祀时：天子负斧，由北面之东登阶进入明堂，依南乡而立，三公立于中阶；诸侯由东西两面北上，立于东阶；诸伯之国者立于西阶，之前由西东面北上；诸子之国者立于门东，由北面东上；诸男之国者立于门西，由北面东上；九夷之国者立于东门之外，由西面北上；八蛮之国者立于南门之外，由北面东上；六戎之国者立于西门之外，由东面南上；五狄之国者立于北门之外，由南面东上；九采之国者立于应门之外，由北面东上。排班已定，等吉时一到，就在巫师司仪的引导之下施礼作乐，完成规定的程序。这些都作为法规，不仅刊载于典籍，而且世世代代告之于四塞之地。所谓明堂，是以明诸侯之尊卑也。

周公在为武王之相时，国家祭祀的礼仪臻于完备，以致天下太平，物阜民丰。成王时，就以周公有勋劳于天下，封其于曲阜，地方七百里，革车千乘，命鲁公世世以天子之礼乐祀他。此后每年的夏六月，鲁国都要以禘礼祭祀周公于大庙，以白牡为牲，用象山罍(léi)为牺尊，以及以黄目郁尊、玉瓒大圭、雕篹(suǎn)玉豆荐，琖(zhǎn 盏)雕玉爵、梡蕨俎和大量散璧散角，以及下管象牙、朱干玉戚而升歌清庙，冕而舞大武，皮弁素积，裼而舞大夏，纳的是东夷之昧乐、南蛮之任乐。今人依此可以想见当年天子之祭的气势。

秦之后，官方祭祀由天子祭、诸侯祭和大夫祭，转变为了国家祭和各级官府祭，其内容和仪式多为传承先秦，依然立法，规定国家和各级官府的各自祭祀对象、程序和祭器使用。无论是先秦还是后秦，相同之处都是不得僭制。至于郧阳官府的祭祀，除每年春秋两次在孔庙举行的祭孔大典外，其余祭祀活动的场所还有社稷坛、风云雷雨山川城隍坛、先农坛、厉坛等。

相对来说，民间祭祀则要随意得多，心中信奉谁就可以去祭祀谁，可以祭祀祖先，也可以去祭祀名宦、乡贤、忠义、节孝，还可以去宗教场所为诸神上香祈福。

影响郧阳人的宗教除儒教外，还有道教、佛教、伊斯兰回教和天主教四类。

其中道教、佛教的道观、寺院遍布城乡，而郧阳的回教和天主教信徒人数都不多，在郧阳城乃至整个郧县境内只分别各有一座清真寺和天主堂。

二

在古代祭祀中，祠祀为一大类。所谓祠祀，是指为那些对国家、民族、人民或者家族有功之人立祠修庙所进行的祭祀，有国家层面或全国范围的，也有地方层面或区域范围的，也有家族层面的。国家层面或全国范围的祠祀对象有帝王、功臣、圣人、贤人等，如对黄帝、炎帝、孔子、关羽、岳飞等人的祭祀便是，而地方祠祀的对象就比较庞杂，大致可分为名宦、乡贤、忠义、节孝等。

名宦，是指那些外地人在本地居官时，或者地位显赫，或者政绩突出，或者官声远播者，有的是人民自发为其立祠修庙早晚祭拜的，如明代郧阳人为原杰所修建的原公祠和为吴道宏所修建的吴公祠等；有的是国家批准的可以进入官府所建的名宦祠里享祭的人，如郧阳府名宦祠里就供奉张士逊、戴珊、徐蕃、王宪、章拯、王鉴之、沈晖、钟蕃、吴远、李津、俞荩、王傅、胡伦、赵全、王震、林典这16位明清名宦。到清代，又增加了徐起元、朱案及陈天泽三位曾经为郧阳作出过重大贡献的官吏。

乡贤，是指本地人中那些品德、才学为乡人所推崇敬重的人。如郧阳乡贤祠里就供奉着尹吉甫、兮伯奇、黄香、寇韦和温如玉这五位曾经为家乡争光的郧阳籍名人。

忠义，在这里特指那些为国捐躯之人，古代的忠义祠，相当于现在的烈士陵园。

节孝，是指当地的那些节妇孝子。为了国家稳定和社会安定，中国自古重视节孝，朝廷对孝子和节妇多进行旌表和奖励。如举孝廉，便是我国古代筛选孝子，让他们出任官员的一项拔官制度。对节妇，朝廷的奖励是施行诰封，为其立祠堂、建牌坊。如果一个家族中出了节妇或者孝子，那就是全族的无上光荣，必会在家谱的首卷另立一章《节孝》。

在古代，国家对名宦、乡贤、忠义、节孝的祠祀非常推崇而隆重，而且宣传得深入陋巷，家喻户晓，人人皆而得知、皆而祀之，以此兴感化，劝民奉行。

除以上名宦、乡贤、忠义、节孝等祠外，郧阳城内还有：昭忠祠，在关帝庙内东偏；文公祠，在西街府衙之东；萧公祠，在县衙东；原公祠，在城北里许；原、吴二公祠，在府学之西；许公祠，在县学内；山陕庙，在西关内等。

城外郧县境内有朱公祠，在武阳堰侧；靖节祠，在城东一百五十里等。

五四以后，官府所提倡的祠祭陡然消萎，只有家族祭祖的祠祭得以保留。到20世纪下半叶，家族祠堂也在郧阳销声匿迹，唯信鬼之遗俗长留于人脑之中。

三

古代祭祀中，宗教庙祀也为一大类。立足于郧阳土地的宗教以道、释二家为庞，故此佛道二教之宫观、寺庙遍布城乡。

宫观，是道士修道和做法事举行宗教仪节，以及供人们祀神的处所。在《史记·封禅书》里就有汉武帝令在长安、甘泉建观以候神人的记载。

道教宫观多设在山中，开始较简陋，“置以土坛，戴以草屋”安置早期的山居修道者。或者居山洞，旁筑馆舍，谓之“馆”；后有立馆于都邑城之中的，谓之“观”，含“既可居，又登之可以远观”之意。唐以后道教大盛，无论“馆”“观”都统称为“观”，并把其中的大道观称之为宫，此外还有院、殿、祠、堂、坛、馆、庵、阁、洞、府等称谓。无论殿堂的名称与所供奉的神像是什么，其建筑形式均采用中轴线院落式布局，从山门开始，依次排列着龙虎殿或灵官殿、三清殿或玉皇殿、四御殿、纯阳殿、重阳殿或老律堂这种前殿、中庭、继堂(即殿)，后寝，旁有廊庑，后有园、池、廊，两侧分别建屋的建筑模式，藏经之处称为“三清阁”。这种建筑模式以至影响了皇室，所以历代皇宫建筑也多称之为宫、观和殿。

郧阳处于重庆之侧，所以从东汉起就受到了道教的影响，特别是汉江之南的武当山更从一开始就成为道家修炼的道场，其影响直接辐射郧阳城及其周边，以致宫观遍及城乡，世代吸引着祈求富贵、平安、消灾、降福、长生不老的香客络绎前来。据清同治《郧阳府志》统计：

郧阳在城的宫观有：**关帝庙**，在府衙北儒林街；**府城隍庙**，在府衙后；**县城隍庙**，在县衙东；**火星庙**，在城南(又一在城东六十里)；**土地庙**，在城南丁字街；**万寿宫**，在西关；**关王庙**，在西关；**侣齐宫**，在城东北；**文昌宫**，在府衙北，府学之西；**三元宫**，在城北山麓；**大王庙**，在城北山麓；**启圣宫**，在县学内；**龙神祠**，在府城隍庙后；**八蜡庙**，在府署后；**旗纛庙**，在小南门武库内；**马王庙**，在府衙北；**迎恩观**，在府衙后，旧名唐德观；**泰山庙**，在县衙北；**朝阳庵**，在县衙后北楼保；**吉祥庵**，在城内迎武保；**大仙楼**，在府衙东偏；**地藏**

庵，在城内三桂保；**鲁班庙**，在小南门内；**府君庙**，在城内新仁保（又一在城东十五里）；**菩提阁**，在西关外；**水府庙**，在西关外；**娘娘庙**，在西关外（城外四乡皆有）；**文昌阁**，在城内过风楼旁（又一在城北百二十里，一在城西二百里）；**福田庵**，在城西北；**武圣宫**，在县城隍庙前。

郧阳城外郧县境内的宫观有：**九室宫**，唐置，在城西四十里九室山下；**广施庙**，在城西十余里柳陂广施山；**修真观**，在城西百四十里；**十方院**，一在萧公保、一在丰宜保；**云集庵**，在丰宜保；**牛王庙**，在丰宜保；**三官殿**，一在观音保、一在东九十里；**瓦庙**，在城东四十里；**白衣庵**，一在城西南百四十里，一在城东六十里，一在城西七十里；**杨泗庙**，一在城东六十里，一在城西百二十里，一在城西六十里，一在城西三十里；**护福观**，在城东七十里；**白鹤观**，在城南十五里，为武当行祠；**玉皇观**，一在城南十五里，一在城西百五十里，一在城北九十里；**五堰庙**，在城南七十里；**红庙**，在城南六十里；**龙王庙**，在城南四十里；**水福庙**，在城南百二十里；**花庙**，在城南三十里；**黄龙庙**，在城西二十里；**福神庙**，在城西五里；**盘谷庵**，在城西百六十里；**修真观**，在城西百七十里；**老君殿**，在城北六十里；**全水庵**，在城北百二十里；**罗汉洞**，在城北百八十里；**水磨庵**，在城北百九十里；**净土庵**，在城北百三十里；**水龙庙**，在城北九十里；**魁星阁**，在城西百里白龙庙前；**武阳神洞**，在城西北三十里武阳岩上。

四

寺院是供奉佛神的庙宇，也是佛教进行宗教活动的场所，还是出家僧众修行的所在，更是佛教信徒顶礼膜拜的地方。

佛教发源于古印度，在最初的佛陀时代，人们把安置舍利和佛像，以及僧众修行的场所称为“精舍”，如中印度王舍城的竹林精舍与舍卫城的只园精舍都是佛教最早的精舍。由于当时精舍大都建筑在都城郊外幽静的林地中，故又称“兰若”，意即寂静之处；又称“伽蓝”，意指僧众所居的园林。

佛教在中国是一种外来文化，其传教的场所被称为寺院。佛教传入中国大约在汉代，当时的中国便有了寺院这种建筑，有记载的、中国最早的佛教寺院是河南洛阳城以东12公里的白马寺，至今犹存，可谓一座千年古刹。史载，公元67年，印度著名的佛教学者摄摩腾、竺法兰用白马驮着佛经、佛像来到中国传教，在洛阳建起了这座寺院，取名为“白马寺”。从此佛教在中国扎根，并在南北朝时形成第一个高峰而逐渐汉化，据《洛阳伽蓝记》，光北魏首都洛阳内外就有寺庙一千多座。南朝的佛教继续兴盛，唐朝诗人杜牧在他的《江南春》诗中说：“南朝四百八十寺，多少楼台烟雨中。”从中可见南朝寺庙之多。

宋代以后，汉传佛教的寺院建筑样式逐步模式化，形成了“伽蓝七堂制”。即：寺院坐北朝南，沿山门形成南北中轴线，保持一定的距离修建若干殿堂，殿堂建筑大致按以下顺序排列：山门殿——弥勒佛殿——大雄宝殿——本寺主供佛殿——法堂——藏经楼(阁)，在中轴线东西两侧对称建造配殿和附属设施等次要建筑，通常有钟楼(东)、鼓楼(西)、伽蓝殿(东)、祖师殿(西)、客堂、禅房、斋堂、寝堂、浴堂、寮房、西净(卫生间)、放生池等。寝堂等生活设施按内(出家人)东、外西(居士、施主)的原则安排。因此，所有寺院都是一组规模宏大而排列有序的建筑群，这种建筑模式是中式的，融入了道家天人合一的宇宙观，有意将内外空间模糊化，讲究室内室外空间的相互转化，把殿堂、门窗、亭榭、游廊、草树、洞石连为一体，形成一种亦虚亦实、亦动亦滞的灵活通透效果，让人产生空间意识的模糊变幻，把天地拉近人心，把自然映入人脑。这就是中国寺院多藏于深山幽静之处，讲究内敛含蓄，并安排大量室外空间纳寺融于自然之中，成为深山一部分的奥妙之所在。

这种天人合一的观念加上佛教的“善行必然会有报答”的教义，成为佛教之所以能被中国人普遍接受的重要原因之一。这使寺院不仅成为中国人精神寄托的场所之一，还让它成为记载中国封建社会文化发展和宗教兴衰的册页，具有重要的历史价值和艺术价值。

郧阳为汉江中游的大码头，又北有丹江、南有堵河在郧阳之侧融入汉水，自古为交通枢纽和东西南北文化交流的扩散地，在南北朝时期就已经广泛受到佛教的影响。据清同治《郧县志》统计：

郧阳在城的寺院有：**圣水寺**，城内沧浪山下；**兴福寺**：在城内东街西南隅，俗名西寺，建自唐代，内有毗卢大殿藏经于内；**净室寺**，在城内儒林保；**千佛洞**：在西关外，康熙五年建，乾隆三十七年重修；**东寺**，在东门外；**现佛寺**，在城北。

郧阳城外郧县境内的寺院有：**铁龙王寺**：西北七十里，祷雨辄应；**龙泉寺**：一在东北二十里，一在北五十里黄畈保，寺旁有古塔，前岩有洞，幽邃莫测，旁有娑罗树，大可合抱；**石佛寺**，一在城南十里，一在城西北二十里；**安国寺**，在城东五十里；**双龙寺**，在城东五十里；**三龙寺**，离城九十里；**小龙寺**，离城百四十里；**清禅寺**，一在城东百十里，一在城北四十里；**圆觉寺**，在城东百二十里；**江净寺**，在城南十二里；**狗陪寺**，在城南六十里；**不二寺**，在城南八十里；**回龙寺**，一在城南九十里，一在西七十里；**佛爷岩**，在城南百四十里；**仙坪寺**，在城南五十里；**云台寺**，在城西百十里；**浪溪寺**，在城西百八十里；**觉林寺**，在城西百四十里；**万峰寺**，在城西百四十里；**兴隆寺**，一在城西百六十里，一在北七十里；**白龙寺**，一在城北十里，一在城东九十里，一在城南百三十五里、一在城西百里；**华严寺**，在城北五里；**兴国寺**，在城北二十里；**左溪寺**，在城北八十里；**铁佛寺**，一在城北百二十里，一在东十五里；**顺水寺**，在城北百七十里。

郧阳迎恩观

一

郧阳迎恩观，原名“唐德观”，始建于唐代，为祀奉尉迟敬德(恭)的庙宇。明初，唐德观旧址被当做了邮传总铺，把唐德观迁于郧阳府衙之后的沧浪山上。弘治九年(1496年)，郧阳巡抚沈晖和下荆南道分守兼武当山提督太监潘记等人认为，郧阳应该有一个专门迎接皇帝圣旨和大臣为人民祈福的场所，于是就在会商之后题请皇帝改赐为了“迎恩观”，并在观内设置道纪司(管理道教的衙门)管辖郧阳境内的所有道观，还把御赐圣旨刻碑竖立在了观内。

此后，凡遇皇帝生日的万寿圣节、元旦、冬至等重要节日，巡抚都要率领百官先期一日在迎恩观里习礼仪，第二天黎明着吉服，恭立于迎恩观左丹墀，面朝西向，吟唱赞歌，行“出使礼”。再在礼仪官的引导之下至露台下左侧，北向行五拜三叩头礼，山呼“万岁”。然后复位、鹄立，检视众官行礼，监听众官山呼“万岁”。次日漏下五鼓时，巡抚再拜牌于行都司衙门，仪式如前。

如遇旱涝灾害，巡抚要带领官员到迎恩观祈求天神，行四拜之礼。史料记载郧阳巡抚带领百官祈灾的场面有：万历十二年(1584年)六月，郧阳大旱，巡抚毛钢在迎恩观设坛祈雨，三次祈祷均应验；万历十七年夏，几月无雨，庄稼多枯死，巡抚裴应章请奏赈灾，皇帝却一直没有搭理，他只得自制祭天之文，委派分守道参政詹贞吉在迎恩观设坛祈雨，果然时雨大降；当年十二月，天又旱，隆冬反热，瘟疫流行，裴应章亲自于迎恩观祈雪，第二天应验；万历十八年五月，天仍无雨，裴应章天天率领百官步行到迎恩观祈雨，自辛亥日至癸丑日(6月12—14日)，大雨连下三日。

二

嘉靖十三年(1534年)，迎恩观曾经重修，有郧阳人士韩谟作《重修迎恩观记》，并刻碑立于观中，可惜文字失传。隆庆四年(1570年)，郧阳巡抚汪道昆增修迎恩观，但还没有完工就离郧别任，凌云翼继任巡抚后继续施工仍然没有完成。杨愈茂是在隆庆五年上任郧阳知府的，之后一直在督促迎恩观施工，至万历元年(1573年)时才大功告成，由皇帝亲自赐名“迎恩”。于是杨愈茂请前巡抚凌云翼作了《增修郧阳迎恩观记》。同治元年(1862年)，迎恩观毁于太平天国战火。

三

凌云翼的《增修郧阳迎恩观记》全文如下：

增修郧阳迎恩观记

隆庆五年八月十三日，余奉命来抚郧阳。十七日，恭遇今上千秋，令节先一日习仪迎恩观，文武官属，冠佩铿锵；耄士耆老，布列林立；旌旗剑戟，环卫于阶墀者，翼如也。岂非宛然一大省会哉？观，岁久倾圮，前都御史汪公议下所司葺理，未迄功。

余因稽观所由来，观碑露立，仅载其本末。观初名曰“唐德”，其旧址改府总铺，拆移后山。弘治九年，添设道纪司，维时都御史沈公、分守太监潘公会议题请，大率言：“成化间添设都御史并行都司、郧阳府、卫，官吏、师生暨外省公差人员，视旧多且数倍。曩习仪，兴福寺湫隘，不能以班。当以唐德观恢拓制度，保举道纪司官管领道众，上为国家祝厘，下为邦人祈福，因以为习仪视赞之所，请赐名额，以垂永久。”疏入，敕下礼部议复，奉孝宗敬皇帝特旨，改观名为“迎恩”。余因进司府官属，作而言曰：“若知观之重否乎？郧县初隶襄阳，接壤秦蜀，山谷杂峙，风俗朴鲁，四方不逞之徒，往往啸聚，为盗渊薮，固未知所谓声名文物之盛也。自都御史原公经略其地，稽核流移，编附版籍，添设郧阳府并行都司、郧阳卫，复割三省交会之区，请都御史控制之，迄今几数十年，盗贼屏息，民生乐业，风气始开，人文日著，遂称重镇焉！每习仪行礼，非是观不足以壮威仪，尊朝廷也。

则夫抚今稽昔，易弊为治，郧之骎骎乎盛也！于是观足征矣。宋人以洛阳盛衰为天下治忽，而名园废兴又为洛阳盛衰之候。是观所系，岂特名园之游观者伦哉！追前人之功，扩保厘之业，以光我圣天子无疆之绪，余与若等宜深长思矣！

功即竣，郧守杨愈茂请《记》其事，因增建二亭于左右，并勒诸石。沈公名晖，太监潘公名记，汪公名道昆，创始举坠，咸可谓知所重者。而原公杰忠计吁谟，血食兹土，因备载以传不朽云。

时万历元年春三月也。

其大意为：隆庆五年(1571 年)八月十三日，我奉命来抚治郧阳。十七日，正遇当今皇上的生日——“千秋节”。节前一日，我带领百官在迎恩观里预习礼仪，所属文武均冠佩整齐，郧城年耄之士和位高之绅都布列林立，旌旗剑戟环列于台阶之上，姿态威武端庄，就如俊鸟展翅一般。这不宛然就是一座大省会里应该有的盛况吗？但再看，迎恩观已经年久失修，墙壁倾斜，虽然前巡抚汪道昆曾经商议饬令有关官员进行葺理，但刚刚开工远没有竣工的迹象。

我因此考察迎恩观的由来，观里的碑竖立在露天里，上面仅简略记载其始末。此观初名“唐德观”，它的旧址在被改做了府邮传总铺之后，被迁建在了这后山之上。弘治九年(1496 年)，在观里添设了道纪司，当时的郧阳巡抚沈晖、下荆南道分守太监潘记在商议之后向皇帝题请，大意是说：“成化年间添设藩镇和行都司、郧阳府、郧阳卫之后，来郧阳任职的官吏、读书的师生，以及外省来的公差人员，均比过去多了好几倍。以往习仪都是在兴福寺里进行，但那里地势低下，地方狭小而又潮湿，不能全部参加排班。我们认为：应当以唐德观为基地，恢复礼仪制度，保举一个道纪司官员管领众道观和道士，上可以为国家治理道务，下能够为当地人民祈福。因此，我们请求把迎恩观作为习仪视赞的场所，请皇上重新赐一个观名并题匾额，以垂江山的永久。”奏疏呈入后，皇帝敕下礼部议复，幸奉隆庆皇帝特旨，改观名为“迎恩观”。

我借此对属下司府的官属说：“你们知道迎恩观的分量吗？郧阳过去隶属襄阳，接壤川陕，山谷杂相对峙，风俗朴实鲁钝，成为四方为非作歹之徒啸聚为盗的地方，人们从来不知道什么叫文明教化和典章制度。自从都御史原杰经略郧阳以后，查核流移之民，把他们编附入版籍，又添设了郧阳府和行都司、郧阳卫，再割让三省交会之地区设藩镇，巡抚控制这里至今已几十年了，盗贼已经销声匿迹，民众能够安居乐业，风化之气大开，人文景象日著，这才使郧阳有了一个重镇该有的气象。此后每次习仪行礼，就不会再出现不足以壮威仪的尴尬气氛，对朝廷的尊敬就会日盛。看现在的景象而追思以往，郧阳的积弊已经得到了非改变和治理不可的地步，这在郧阳是很迫切的，也是很复杂的，更是有目共睹应该做的事情。北宋人是以洛阳的盛衰，来看天下是得到了治理还是被忽怠；而城内名园的废兴，又是洛阳盛衰的症候。所以，观察国家的兴衰，只要特别观察一下名园里游客的秩序和文明程度就行了。追忆前人之功，是要发扬他们治理百姓、安定地方的大业，以弘扬我圣天子无穷尽而没有完成的功业。我与你们都应该深刻反思！”

增修迎恩观的工程竣工时，郧阳知府杨愈茂请我《记》其事，还特别在大堂左右增建了两个碑亭，要刻《记》于石上。其中沈公名晖、太监潘公名记，汪公名道昆，他们都是创始之人，都应该对他们着重笔墨。而原杰是计谋郧阳远大宏伟规划的人，更应该享受这里的祭品，因此都被详细记载，以传之不朽。

此时为万历元年(1573年)春三月。

郧阳旗纛庙

一

自明成化之后的500余年间，郧阳古城内先后建有两座旗纛庙。

最早的旗纛庙在古城东，为湖广行都司的附属庙宇，建在行都司衙门之后，是成化十三年(1477年)随行都司衙门的兴建而建的，在康熙三年(1664年)郧阳藩镇被罢时，随行都司被撤，之后房屋挪作了他用，这座旗纛庙曾经存在了187年。

康熙八年(1669年)，朝廷设郧阳协镇，在小南门内建协镇署，于武库院内重新建了一座旗纛庙，为协镇署的附属庙宇。在康熙十二年(1673年)朝廷特命佟国瑶为郧阳提督和康熙十五年至十九年间(1676—1680年)恢复郧阳藩镇时，由于战事吃紧，无法新建提督所属的旗纛庙，就借用了协镇旗纛庙使用。嘉庆八年(1803年)，郧阳协镇升格为了郧阳总镇，协镇旗纛庙随之也成为总镇旗纛庙，为总镇署的附属庙宇，直到辛亥革命推翻清朝统治为止。民国期间，这座旗纛庙被驻郧的国民革命军接管后继续使用。中华人民共和国成立后，郧阳旗纛庙的神位被毁，功能被废，房屋挪作了他用，直到20世纪60年代末随古城沉入水底。

郧阳的先后两座旗纛庙，在几百年时间里都执行着一个定规，每年由郧阳卫或郧阳府在公费银内动支6两白银，用于买办鹿、兔、猪、羊、水果等祭品，在霜降日里由郧阳城内的最高军事长官亲自在旗纛庙里主持祭旗仪式。

在行都司时期，郧阳的最高军事长官为提督巡抚，为文职正二品；协镇时期，郧阳的最高军事长官为副将(副总兵)，为武职从二品；总镇时期，郧阳的最高军事长官为总兵，为武职正二品。

二

所谓旗纛，是指古代军队所使用的旗帜，包括正方形的帅旗和长方形的五军阵旗以及三角形的令旗。古代的军旗四周有齿状牙边，所以称为牙旗。阵旗又有红黄绿白黑五色之分，旗心绣有飞龙图案，旗边一般绣着回纹或火焰纹，上面飘有缨穗称为纛。“纛，谓旗头也。”按规定，军队在驻地或者在行军途中安营扎寨时，帅旗要始终飘扬在军营上空；在队伍行进时，帅旗和阵旗也始终要飘舞在队伍上空；在列阵表演或者作战时，帅旗要竖立在帅营上空威镇着三军，令旗则指挥着队伍的进退，阵旗飘荡在攻守布阵的地方。

旗纛庙，为国家军队所使用的官庙，是祭祀军牌、军旗的场所，只有皇帝和被皇帝亲自授予了军旗、军牌后的封疆大吏，才有资格在领地上建立和使用旗纛庙。按规制，旗纛庙要设在镇营的西北隅，由守御一方的掌印官署理其事。所有的旗纛庙里面，都要供奉军牙六纛之神。所谓军牙，是指军队里使用的牙牌和牙旗；所谓六纛，是指帅旗和五军阵旗。

旗纛祭祀是古代军中重要的专祭之礼，称为“祃祭”。所谓祃祭，是古代出兵或者在规定日里军队所举行的祭礼。《诗》云：“祃者，马也。马者，兵之首，故祭其先神也。”

明代的旗纛祭礼，分师行祭和日常祭两种。

师行祭又分出师祭和阵前祭两种。出师祭为军队开拔之前的祭旗仪式，地点就在旗纛庙内；阵前祭为军队到达目的地后或者开战前，所举行的祭旗仪式，可以借用当地的旗纛庙举行，在没有旗纛庙时就只能在军营西北隅择地插旗行祭。军队班师回驻地后，也要将旗帜置于庙中祭拜，仍属于师行祭的范畴。一般来说，师行祭所需的费用由出师的军队自己负担。

日常祭分春祭和秋祭两次大祭，春祭在惊蛰日，秋祭在霜降日。嘉靖之后，日常祭逐渐省去了春祭，只一年一度在霜降日里举行一次，费用由所在地方的军卫承担。除大祭外，在除夕和每月朔望日也举行祭旗活动，但规模和程序要简单很多。

以上所说的旗纛庙祭，统称为地方庙祭。

三

在明清两代，不仅地方上建有旗纛庙举行旗纛庙祭，而且中央和各诸侯王国同样都建有旗纛庙，照样举行旗纛庙祭。因此，中国的旗纛庙祭实际上分为国家、王国和地方三类，地方旗祭只是国家军旗祭礼的一部分，为各地方都司（行都司）、军镇一年一度的惯礼。《明会典》记载：“凡各处守御官，具公廨后筑台，立旗纛庙，设军牙六旗纛神位。”所谓的军牙六旗纛神，共七位，即旗头大将、六纛大将、五方旗神、主宰战船正神、金鼓角铳炮之神、弓弩飞枪飞石之神、阵前阵后五猖神祇。

据有关史籍记载，举行旗纛庙祭时，要由当地的卫指挥使司准备旗纛祭品，规定为羊、猪、帛、香烛等。霜降前一日，都司(行都司)或镇、或协的各位军官都要沐浴斋戒，然后率军士着盛装、佩铠仗，到旗纛庙前预演，大家擎军旗、持军器绕城一周，鼓吹殷作，谓之“扬兵”；霜降日当天，管理旗纛庙的军官早早就在旗纛庙里摆设好了少牢、醴帛等祭品。祭祀的时辰一到，军官们穿戎服带领军士进场，列队在庙前，由正祭官高唱各项仪式或步骤，由引献官引导祭祀的进行。程序为：先是到盥洗所盥洗，然后由教坊司奏乐，执事官各就各位，各司其事；奏迎神乐，四拜；行初献礼：奏细乐，执事捧帛、爵进，神位前奠献，在读祝位前跪，止乐，读祝，奏乐，俯伏、兴、平身，复位，止乐；行亚献礼：奏乐，神位前献，止乐；行终献礼：仪同亚献礼；最后饮福(喝祭酒)，受胙(吃祭肉)。

在最高军事长官先诵读祭祀旗纛的祝文，行过初献爵之后，次由僚属行亚献爵，再后由属官行终献爵，称之为“三献礼”。其祝文大略为：

> 维(某)年岁次(某某)，(某)月(某)日，(某级)指挥使(某某)等致祭于旗纛之神曰：惟神正直无私，指挥军士，助扬威武，皆仗神功。某等钦承上命，守御兹土。惟兹仲秋，谨以牲醴庶品，用中常祭。尚享！

礼毕，军官们各自带领军士按照昨天所行进的路线再绕城走一次，然后结队回营。

在除夕和朔望日的平常祭旗里，就不需要这么繁琐的礼仪。明朝规定，岁暮祭仪只陈设羊一、豕一、果五、爵三、帛一；朔望日祭仪只陈设羊一、豕一，无帛。仪式上虽然也有正祭官和引献官，同样在四拜后读祝，行初献礼、亚献礼和终献礼，但一切都在简捷的过场中完成。

各诸侯王的地位，与地方的都司、军镇的级别大体相当，所以王国旗纛庙的规格和祃祭礼仪与地方大体相同。

皇帝所主持的中央祃祭，同样分为师行祭和日常祭两种，其规模则要比地方和王国的祃祭大很多。据《钦定续通典·卷七十二·礼十一》描述：

> (皇帝)亲征前期，皇帝及大将陪祭官皆斋一日。前一日，皇帝服通天

冠、绛纱袍省牲，诣神厨，视鼎镬涤溉。执事设军牙六纛于庙中之北，军牙东，六纛西，笾豆十二，簠簋各二，铏登俎各三。设瘗坎位于神位西北，设席于坎前。上置酒碗五，雄鸡五，余陈设如常仪。祭日，建牙旗六纛于神位后。皇帝服武弁，自左南门入。至庙庭南，正中北向立。大将及陪祭官分文武重行班于后。迎神，再拜，奠币。行初献礼，先诣军牙神位前，再诣六纛神位前，俱再拜。亚献、终献如之。惟初献读祝，诣饮福位，再拜饮福，受胙，又再拜。掌祭官彻豆，赞礼唱送神，复再拜。执事官各以祝币，掌祭官取馔诣燎所，太常奏请望燎。执事杀鸡，刺血于酒碗中，酹神。燎半，奏礼毕，驾还。若遣将，则于旗纛庙坛行三献礼。大将初献，诸将亚献、终献。

《明史·礼志》中记载旗纛之祭内容共有四次：其一，洪武元年(1368年)十二月庚寅，立旗纛庙。洪武元年礼官奏："军行，旗纛所当祭者，乃建庙于都督府治之后，以都督为献官，题主曰军牙之神、六纛之神。"其二，岁暮享太庙日，祭旗纛于承天门外。其三，旗纛庙在山川坛左。初，旗纛与太岁诸神合祭于城南，九年别建庙。每岁仲秋，天子躬祀山川之日，遣旗手、卫官行礼。其正祭：旗头大将、六纛大将、五方旗神、主宰战船正神，金鼓角铳炮之神，弓弩飞枪飞石之神，阵前阵后五猖神祇等众，凡七位共一坛，南向。皇帝服皮弁，御奉天殿降香。献官奉以从事。祭物祀先农，帛七：黑二、白五。瘗毛血、望燎与风云雷雨诸神同。祭毕，设酒器六于地，刺雄鸡六沥血以衅之。其四，永乐后有神旗之祭，专祭火雷之神。每月朔望，神机营提督官祭于教场。牲用少牢。凡旗纛皆藏内府，祭则设之。王国祭旗纛，则遣武官戎服行礼。天下卫所于公署后立庙，以指挥使为初献官，僚属为亚献、终献。

四

旗纛祭祀可以追溯到炎黄时期，明代时是在洪武初就在京城和各都督府所在地各建了旗纛庙。《明史·志第二十四》记载：

洪武元年(1368年)礼官奏："军行旗纛所当祭者，旗谓牙旗。黄帝《出军诀》曰：'牙旗者，将军之精，一军之形候。凡始竖牙，必祭以刚日。纛，谓旗头也。'《太白阴经》曰：'大将中营建纛。天子六军，故用六纛。

牦牛尾为之，在左骓马首。’唐、宋及元皆有旗纛之祭。今宜立庙京师，春用惊蛰，秋用霜降日，遣官致祭。”

其大意为：军队出师应当祭祀牙旗。所谓牙旗，黄帝《出军诀》里说：“牙旗者，为将军之精魂，一军之形候。古人认为，凡事之始，必先竖起牙旗，再选择刚日(单日)祭牙旗，吉气就会来应，为大胜之征象。”《太白阴经》里说：“大将军在中营建旗纛庙。天子有六军，故用六纛，以旄牛尾作为旗纛，立在左边骓马之首。唐宋及元皆有旗纛之祭，我明朝特建旗纛庙，春秋遣官专祀焉。”

《明会典·旗纛》告诉我们：

凡各处守御官，俱于公廨后筑台立旗纛庙，设军牙六旗纛神位。春祭用惊蛰日，秋祭用霜降日。祭物用羊一，豕一，帛一：白色，祝一，香烛，酒果。先期各官斋戒一日，至日守御长官武服，行三献礼。若出师，则取旗纛以祭。班师则仍置于庙。仪注与社稷同。但瘗毛血、望燎与风云雷雨等神同。

仲秋祭仪：洪武二十六年定霜降日，一斋戒二日，一省牲，牛一、羊一、豕一。陈设：神七位南向，旗头大将，六纛大将，五方旗神，主宰战船正神，金、鼓、角、铳、炮之神，弓弩、飞枪、飞石之神，阵前、阵后神祇五猖等众，犊一，羊一，豕一，登一、铏二，笾豆各十，簠簋各二，帛七：黑二白五。礼神制帛，共设酒尊三、爵三、酒盏三十，篚一于坛东南西向，祝文案一于坛西。一正祭：赞引，引献官至盥洗所盥洗，教坊司奏乐。典仪唱：“执事官各司其事。”赞引，赞就位。典仪唱：“迎神乐。”作乐。止，赞引，赞：“四拜。”陪祭官同。典仪唱：“奠帛！行初献礼！奏细乐！”执事捧帛、爵进。赞引，引献官诣神位前奠献讫，赞诣读祝位。赞：“跪！”乐止。读祝讫，奏乐。赞：“俯伏！兴！平身！”赞：“复位。”乐止，典仪唱：“行亚献礼！奏乐！”执事官捧爵。赞引，引献官诣神位前，献讫，乐止。典仪唱：“行终献礼！”仪同亚献。唱：“饮福！受胙！”以下如常仪。

岁暮祭仪：一陈设：羊一、豕一、果五、爵三、帛一。

朔望日祭旗神仪：一、陈设：羊一、豕一，无帛。一、正祭：赞引，引献官就位。赞：“四拜！”赞：“初献礼！”赞：“跪！”赞：“读祝！”讫。赞：“俯伏！兴！平身！”赞：“亚献礼！”赞：“终献礼！”赞：“四拜！”赞：“诣焚祝所！”讫，赞：“礼毕！”

《明会典》还明确了“立旗纛庙，祭用教坊乐”，这与之前的祭祀礼制、仪式都不同，表明了从明代开始，教坊体系之大乐就已经作为了旗纛之祭用乐，打破了皇家祭祀用雅乐之惯例。

五

旗纛祭祀，只是古代国家祭祀活动的一种。

在古代，祭祀是有等级之分的。其国家所祭祀的对象有太庙、社稷、风云雷雨、山川、江河、城隍、旗纛、五祀、厉坛。地方府、州、县所祭祀的对象有社稷、风云雷雨、境内山川、厉坛、先师庙及所在地的帝王陵庙。平民百姓所祭祀的对象有里社、谷神、先祖、灶神等。这些都明确载在祀典之中，虽然历代稍有更易，其大体均不可逾越。

祭祀只是此类活动的一个统称，严格来说“天神曰祀，地祇曰祭，宗庙曰飨”。祭祀又有大祀、中祀、小祀之别，不同等级的祭祀所使用的币玉、牲牢、器服等各从其等级。所使用的雅乐，是以六律、六同合阴阳之声为乐律，以金、石、丝、竹、匏、土、革、木为乐器，以宫廷架八佾(行列)、特许架六佾为阵式，以分文武先后之序乐舞，其所歌为《乐章》。若有事，于南北郊、明堂，籍田，或者禘祫(帝王祭祖仪礼)于太庙、荐享于景灵宫、酌献于陵园，以及行朝贡、庆贺、宴乐之礼时，前期饬令有司(官员)具办，报后阅定，再参考以旧章，看其得当与否，再上报尚书省。凡礼乐制度有所改动，小则同太常寺，大则集中侍从官、秘书省长贰官，或百官议定，之后诏告天下。

说到底，旗纛祭祀不过是古时候的军队为了祈求征战胜利、护佑士兵平安的一种祭祀仪式，可以归纳入吉礼之中，是从黄帝、蚩尤时代的祃祭、师祭而来，明代洪武年间，才正式确立为固定的旗纛庙之祭，在全国各省级(包括相当于省级)的行政建制、王国里实施。先为一年两祭，后只保留秋祭，改为一岁一祭。从规格上划分，旗纛祭祀只能算是一种中祀，也是行之全国的通祀，体现的是军队为国家稳定的重要保障，和军中用乐一样，也是国家用乐制度中不可忽视的一个重要组成部分。

六

民国以后，特别是“五四”新文化运动以后，旗纛祭祀迅速从国家祭祀中退出，其神圣感不再。于是有民间艺人根据过去所观看的记忆，把旗纛祭祀演变为了一种街灯表演形式，称为“旗纛灯舞”，于春节期间在郧阳城内供人们欣赏娱乐。

郧阳旗纛灯舞在抗战以前十分盛行。每当腊月，组织者都会拉起一个表演班子，在修整好道具之后进行训练，当技艺娴熟后再到大街进行预演，围观者众。

由于旗纛灯舞的主要功能是表演，其主要道具为旗杆和旗帜，其次为鼓锣唢呐等乐器，军牙六旗纛的神位则更在次位。每年春节，纛旗灯舞往往成为街灯表演的开场戏。表演者首先吹打着乐器到旗纛庙原址处迎接神位，然后一路吹打来到县衙前的广场上。就在郧阳城内万人空巷，潮水般涌来观看之时，纛旗表演正式开始。

广场上，五色阵旗圈出了一块表演场地，帅字旗高高地矗立在中央，龙旗在四丈12米的旗杆顶端迎风飘扬，4名男子分立四边紧拉手中的绳索，以使旗杆始终保持垂直状态。

表演时，一名壮汉健步走向旗杆，手扶旗杆亮相，然后双手将旗杆拎起托在自己腰间，接着发力将旗杆单手挺起，稳定几秒后落地再举起，反复几次。接下来，一个小伙快速攀爬到旗杆顶部，紧贴着帅旗的下沿，一边做着各种亮相动作，一边手持令牌变换着手势。每一道手势，都代表着一道命令。手势一出，地上手拿令旗的人就会迅速发出旗令，举五色阵旗的人就要变换方位，谓之“变阵”。

广场表演之后是游行，也叫行街表演，郧阳城内的几条主要大街都要走到。行街表演时，军牙六旗纛神位在前，旗阵居中，乐队紧随其后，市民则自动列成长队尾随。旗阵中，五色阵旗将8个人抬着的帅旗围成一圈慢慢行走。边行走，帅旗杆顶端的小伙边表演，边发令，指挥着地上的阵旗变换阵位。

据传说，军牙六旗纛之神能捉鬼降妖，所以在旗纛表演所到之处，都在一路表演将孤魂野鬼捉入布袋的动作，说是能保一方平安。旗纛灯舞表演结束，其他的各种灯舞表演都开始上街演出，为的就是图个吉利。据说随当天纛旗灯舞游街的人，一年之内也都会吉祥平安。

把旗纛祭祀演变为旗纛表演，是郧阳人对国泰民安祈盼的一种表现形式。抗战爆发以后，有大批黄河中下游、长江中下游各省的党、政、军和文化官员以及大批难民涌入郧阳，使小小的郧阳城人满为患。为了防止日伪特务趁机捣乱，也为了防止日机轰炸的需要，旗纛表演被禁止了8年，纛旗灯舞随之在郧阳消失，此后就一直没有得到过恢复。

郧阳府社稷坛

一

郧阳府社稷坛，在郧阳城东门外。坛以砖起，方形，底边二丈五尺，高二尺一寸，四周三级台阶，一丈开外施以围墙。社稷坛中，是按方位填满了五色之土，以象征国土，东为青土，南为红土，西为白土，北为黑土，中央为黄土。在坛南埋一方形石柱，名曰"石主"，长二尺五寸，方一尺，之所以埋于南，是代表着郧阳为国家之南土。坛上有建筑，重檐飞角，门向北开，意为皇帝是代表国家的社稷之主，位在北方。坛室正中设有两个神位，右为"府社之神"，左为"府稷之神"，神牌为木制，平时另锁于密处，临祭之时就请出置于神位，供人们祭拜。

明以前的郧阳祭祀无资料可靠，有史可考的郧阳社稷坛曾经有过三次更动：明初(1368年)的郧县社稷坛是按照明初所颁布的《郡邑坛制》修建，分为社、稷两坛，俱设于城西北，为右社左稷；明成化十二年(1476年)郧阳设府后，是按照洪武十一年(1378年)新颁的《郡邑坛制》里规定的社、稷同坛合祭要求，于城东新修了郧阳府社稷坛；清朝入主中原后，于乾隆二年(1737年)颁布《敕修坛制》，郧阳府则按此规定在原址上对社稷坛作了些许改动。

"社"是土地神，"稷"是谷神。因为自古土地属国家所有，《诗经》有云："普天之下，莫非王土；率土之滨，莫非王臣。"所以社稷合称就指代"国家"。《韩非子·难一》云："晋阳之事，寡人危，社稷殆矣。"《史记·吕太后本纪》云："夫全社稷，定刘氏之后，君亦不如臣。"《东周列国志》云："却说大夫褒珦，自褒城来，闻赵叔带被逐，急忙入朝进谏：'吾王不畏天变，黜逐贤臣，恐国家空虚，社稷不保。'"都是拿社稷指代国家。根据《周礼·考工记》，社稷坛要设于王宫之右，与设于王宫之左的宗庙相对，前者代表土地，后者代表血缘，同为国家之象征。《礼记·曲礼》云："国君死社稷。"是说国君与国家共存亡的意思。

正因为社稷是国家的象征，所以先秦时修建社稷坛祭祀社稷的权力只属于国君，即诸侯国的国王。当时的天下之主称为天子，天子把土地分封给了诸侯，诸侯王就是那块土地的主人，至于他种什么，怎样种是他的权力，所以他就成为自己封地上的社稷主，有权祭祀封地上的社稷神。

二

先秦对社稷祭有着严格的规定。《礼记》云："天子祭天地，诸侯祭社稷，大夫祭五祀。"《周礼·小司徒》云："凡建邦国，立其社稷。"《周礼·小宗伯》云："掌建国之神位，右社稷，左宗庙。"《汉书·高帝纪下》云："又加惠于诸王有功者，使得立社稷。"

值得注意的是，社稷并不是指所有的国土，社稷之神也不是大地之神，社稷只是指能生长五谷的土地，社稷之神是指庄稼地神和五谷之神。说到底，社稷之神就是农业之神。

汉代成书的《白虎通》云："社稷为天下求福报功，人非土不立，非谷不食。土地广博，不可遍敬也；五谷众多，不可一一而祭也。故封土立社，示有土尊。稷，五谷之长，故封稷而祭之也。"此句话是说社稷坛是为天下求福报功的场所。如果没有土地，人就不能立足；如果没有五谷，人就没有吃食。然而，土地广博，不可能到处都敬一遍；五谷众多，不可能一一都祭祀到，所以才堆土立一个社坛，表示对土地的尊奉和敬畏。因为稷为五谷之长，所以要同时堆土立稷坛，以敬奉谷神，表示对五谷的尊奉和敬畏。

秦以后，变天子为皇帝，把诸侯国统治改为了各级官府治理，社稷祭祀被保留了下来，但形式有所调整，上至国家，下至各县都要修建社稷坛，国家以立法的形式规定上至皇帝，下到知县祭祀社稷的时间和各级的礼仪。这种做法，其实是与先秦一脉相通的，那时的诸侯同样分为公、侯、伯、子、男几个等级，一个子爵国不过相当于一个后来的县，所以秦以后的县有权祭祀社稷是有道理的。

清人秦蕙田在他所撰的《五礼通考》里云："地职主载，惟天子得祭之。于地之中，别而为土，职主稼穑以养人。故自天子，下及庶民，被其功德者，均得美报，此土谷之祭所以达于上下也，历代重之。"是说天子是大地的主宰，所以只有天子才有权祭地。天子把地上的土分发给诸侯，诸侯就是土地的主人，他负责种上稼穑以养活上自天子、下及庶民。这就是社稷之祭能够通达于上下，被历代所重视的原因。

三

古代高级别的社稷坛里配的是社神像和稷神像，而像府县这样等级低的社稷坛只能配有神的牌位。社神和稷神都有具体所指，社神是句龙，稷神是弃。

句龙是人名，相传是共工的儿子，为神农氏第十一代世孙，有疏水平土的超能力。在共工氏被颛顼打败以后，颛顼任命句龙为土正官，让他负责平整天下土地，疏导天下河流，为百姓做出了巨大贡献。当时，每遇洪水，句龙就让人们到高地土丘上去住，没有高地他就挖土堆丘，土丘的规模是每丘住 25 户，称之为“社”。句龙死后，人们把他奉为土神，也叫社神，为了纪念他，人们专门筑造了土坛，在坛上建房屋供奉他的牌位，让众人祭祀，称他为“后土”。《左传·昭公二十九年》云：“共工氏有子曰句龙，为后土。”《晋书·天文志》云：“弧南六星为天社，昔共工氏之子句龙，能平水土，故祀以配社，其精为星。”

弃也是人名，为古代周族的始祖。传说有邰氏之女姜嫄，在无意之中踩踏了巨人的脚印而怀孕生子，生后又抛弃，弃之不去又捡回，故取名“弃”。据说弃善于种植各种粮食作物，曾在尧舜时代当农官，教民耕种，被认为是开始种稷和麦的人，所以人们称他为“后稷”。其子孙繁衍，逐渐强大，成为姬姓周族，故也有人称谷神为“姬真人”的。

其实，“社”“稷”二字，反映的是中国古代以农立国的社会性质。“社”字在甲骨文中与“土”为同一字，作“◇”，象征女性生殖器，说明“社”起源于母系氏族阶段的生殖崇拜。在春秋时期，人们为了把“社”与“土”区别开来，就在“土”旁加“礻”为“社”，成为土地神的名称。自古以来，每逢社日就是人们睦邻欢聚的日子，官方和民间都举办各种欢庆活动，以“社戏”、“社火”献给社神。现代人爱用的“社会”一词，其起源就与社日活动有关。稷指粟或黍属作物，古代人以稷为百谷之长，因此稷代表五谷。国家以土地和粮食为本，所以要社、稷并祭，合称“社稷”。

社日的庆祝不只在官方，民间也普遍信仰，并在社日里举行社火活动。古代郧阳就有民间社火的记载：每到社日，人们纷纷涌上村头扮演各种杂戏，搭高台、踩高跷、划旱船、舞狮子、舞龙灯、扭秧歌，锣鼓喧天，热闹非凡。万历二年(1574 年)王世贞任郧阳巡抚时，就亲自见证了郧阳的社火，并作了一首《茅窝社鼓》诗：“春祈秋报日，社鼓满枫林。扰扰田家乐，逢逢治世音。俗归髽土子，人人醉乡深。我忝司民牧，勿忘共乐心。”茅窝，是郧阳城江对岸柳陂镇的一个地名。

自古，“社稷”就不只是土神和谷神那么简单，而是国家的庄严，人民的希望。君主为了祈求国事太平，五谷丰登，都不敢在社稷面前有丝毫的不敬，每年都要到郊外祭祀土地和谷神。汉语里至今保留有大量有关社稷的词语，如“社稷之忧”、“社稷之患”、“社稷之危”、“谨奉社稷而以从”都指的是国家忧虑、国家隐患、国家安危，可见社稷在人们的心目中有着极其重要的地位。

郧阳府风云雷雨山川城隍坛

郧阳府的“风云雷雨山川城隍坛”在郧阳城西门外，其形制和体例都与郧阳府社稷坛相同。从这么长的坛名可以看出，这个坛是祭祀风、云、雷、雨、山川、城隍六种自然神的。对这六神的祭祀，在上古、中古时都是分开祭祀，六神合祭始于明初。

祭祀风神、雨神的习俗最早，可读文献始见于《周官》。当时的人们把风雨统称为云神，建一个庙共奉，在立春之后的第一个丑日里祀风师，立夏之后第一个申日祀雨师；在汉平帝时加祀了雷神，把风雷神和雨神分二庙祭祀；隋代时，始改庙祭为坛祭；唐初的《汉书》研究专家颜师古说：“汉高祖祠云中君，云神也，平帝时分雷公、风伯庙于东郊，兆雨师庙于北郊，兆皆以庙，至隋始为坛。”宋徽宗时，改风坛在城之西，雷雨坛在城之北。再后来，又改祀风师于东北郊，祀雨师于西南郊。

《春明梦余录》记载：“洪武二年，礼官议谓天地生物，动之以风，润之以雨，发之以雷，阴阳之机本一气使然，而各以时别祭，甚失享祀本意。今宜以风、云、雷、雨与太岁、岳渎、城隍合为一坛，春秋祀之。诏可。今定例，郡县建神祇坛，南向，中设云、雨、风、雷神位，境内山川神位居左，城隍神位居右，春秋仲日至祭。”意思是说到了明初，礼官认为风、雨、雷为阴阳之机，本就是一体而成，各自以不同时间分别祭祀就失去了享祀本意，于是就把风、云、雷、雨与太岁、岳渎、城隍合为一坛，在春秋两次祀祭，云、雨、风、雷四神之位居中，山川神位居左，城隍神位居右，并成为定例。

下面分别对风、云、雷、雨、山川五种自然神崇拜的成因和发展脉络作一点剖析，至于城隍崇拜则在本书《郧阳城隍庙》一文中另析。

一

风神又称风伯、风师、箕伯，传说名叫飞廉，是蚩尤的师弟，相貌奇特，孔雀头，长着峥嵘古怪的角，鹿身豹纹，蛇尾，曾与蚩尤一起在祁山修炼，同拜一真道人为师。

风神起源于中国古代神话传说，后来才成为道教俗神，其说法有多种版本：

流行最广的是一个雀头、怪角、鹿身、豹纹、蛇尾的怪兽，即飞廉动物说。这个传说最早流行于楚地，屈原的《离骚》里有“前望舒使先驱兮，后飞廉使奔属”的句子。晋灼注：飞廉为“鹿身，头如雀，有角而蛇尾豹纹”。高诱注：飞廉为“兽名，长毛，有翼”。

占星说则认为，风神是箕星，箕星是28星宿中的东方七宿之一，即人马座，又称箕斗、斗宿。郑玄注：“风师，箕也”、“月离于箕，风扬沙，故知风师箕也。”东汉蔡邕《独断》云：“风伯神，箕星也。其象在天，能兴风。”

到唐宋以后，风神从怪兽、星宿二说中逐渐人格化，认为是男神和女神的观点并存，男神风伯占主流，其形象为一白须老翁，左手持轮，右手执箑(扇子)，称“方天君”，民间祭祀常以狗敬之。女风神的称法虽然不占上风，但称呼庞杂，有风母、风姨、封姨、风后的称法。

中国古代的风神崇拜起源非常早，在旧石器早期就已经存在。那时的人们就已经意识到了风能给人送来清爽，也能带来灾难，而且来去无踪，人无法控制，对其既爱又恐惧，还感到神秘，认为是神在掌控他们，就产生了崇拜心理，逐步形成并兴起风神崇拜，并祭祀之。《周礼·大宗伯》称：“以楠燎祀司中、司命、风师、雨师。”

因为风是自然气候里的主要元素之一，事关济时育物的大事，所以人们所想象出的风神，是为玉帝掌风的，有“掌八风消息，通五运之气候”之职，《风俗通义·祀典》云：风伯“鼓之以雷霆，润之以风雨，养成万物，有功于人。王者祀以报功也”。

风神祭祀曾经经历过三个层面的提升：早期对风神的奉祀还是部落、家族或者个人的自发行为；在秦汉之后被列入国家祀典，《唐会要》里称，奉祀风神升入中祀，“诸郡各置一坛”与王同祀，但不排斥民众的生存和职业在同风有密切关系时个人对风神的祭祀；道教祭祀风神，是在国家祀典的基础上进一步神化而来，他们在宫观中设殿供奉风伯、雨师和雷公、电母，其风伯被塑为一白发老人，左手持轮，右手执扇，作扇动轮子状，称方天君，定神诞之日为十月初五并举行祭祀大典，但不排斥一般道教徒在大型斋醮法会时供奉风伯。

文字可见的风神传说，能够追索到炎黄时期，据《山海经·大荒北经》描述：“蚩尤作兵伐黄帝，请风伯、雨师纵大风雨。风伯者，箕星也，主簸扬，能致风气。”《易·巽》云：“为长者也，长者伯，故曰风伯，鼓之以雷霆，润之以风雨，养成万物，有功于人，王者祀以报功也。戌之神为风伯，故以丙戌日祀于西北，火胜金为木相也。"《古史箴记》中称："风伯飞廉，鹿身雀首，头生尖角，通身豹纹，尾如黄蛇，帮助蚩尤一方参加华夏九黎之战。曾联合雨师屏翳击败冰神应龙。后被女魃击败，于涿鹿之战中被擒杀。飞廉，死于涿鹿之战。"

汉代文献对官祭风神有明确记载。《汉书·武帝纪》有"还，作甘泉通天台、长安飞廉馆"的记载。

道教吸收风神信仰也是自秦汉以后。如在《云笈七籤》里称风神名吒，号长育。吒之名能显示风的特征，而长育则显示风拂大地化生万物之功能。在《三教源流搜神大全》里称风伯为飞廉，是照搬流传楚地的神话传说。在《历代神仙通鉴》里云："飞廉生得鹿形蛇尾，爵头羊角，与蚩尤同师一真道人，进居南祁，见寸山之石，每遇风雨则飞起似燕，天晴安状如故。怪而觇之，夜半见一物大如囊，豹纹而无足，向地吸气二口喷出，狂风骤发，石燕纷飞。廉步如飞禽，乃追而擒之，是为风母，能掌八风消息，通五运之气候。"《龙鱼河图》认为："太白之精，下为风伯之神。"所谓太白之精，就是《史记·天官书》里所说的天狗星。可见风神与神狗有关，所以祭风神之典，必要在戌日。《风俗通义》云："戌之神为风伯，故以丙戌日祀于西北。"《后汉书·祭祀志》云："以丙戌日祠风伯于戌地。"故此，祭祀风神的时间、地点与空间都要选择"戌"才能成仪礼。

风为戌的习俗应该相当古老，殷商甲骨卜辞里就有"于帝史风，二犬"的记载。郭沫若解释为："视风为天帝之使，而祀之以二犬。"意思是说风是天帝的使者，人们要用两条狗祭祀他。相关的卜辞还有："宁风，北巫犬"；"宁风，巫九犬"等。这都是讲商代的杀狗止风习俗。至于风与狗能扯上关系，应该与速度有关。汉字"飙"是一个会意字，本作"猋"，《说文解字》里说："猋，犬走貌，从三犬。"是形容狗奔跑起来快如风的，所以人们想象出狗为风伯，形成杀狗止风的古老古俗，而且还把这种习俗包含进地支"戌"的因素。戌的方位，在西而偏北，基本上与我国大陆冬季寒流的方向相一致。很明显，古人对于和煦的风、清凉的风、舒适惬意的风是不会采用血淋淋杀狗的方式来让它消失的，所要杀狗祈求止息的只能是带来强降温的寒冷西北风。

二

远古中国人认为，风雨雷三神都是隐藏在云中的。所以中国最古老的云神不是专门司云的神，而是风雨雷三神的统称，号"云中君"，也叫云师，名"丰隆"，又名"屏翳"，是执掌天气之神。因为人们的生活离不开阳光雨露，五谷的生长也要靠日晒雨润，人们希望年年都能风调雨顺，所以云中君也就成为了人类生存所寄托的最大希望，对其进行祭祀就成为必然。

先秦时期，人们认为雨是云的一部分，所以祭雨就包含了祭云的内容。特别是在荆楚地区，人们盛行对云神的祭祀，以云祭代替了雨祭。1977 年，考古工作者在湖北江陵天星观一号墓中出土了一批记录楚人祭祀及卜筮情况的竹简，其中就记载了楚人祭祀“云君”的内容。楚国历史悠久，巫风盛行，祭祀必以歌舞献神，充满了原始宗教气息。通过这些歌舞的一代代流传，大量上古神话就被保留在了歌词之中，屈原的《九歌》中就有一篇《云中君》，是描写女巫祭祀云神时的场景：“浴兰汤兮沐芳，华采衣兮若英。灵连蜷兮既留，烂昭昭兮未央。謇将憺兮寿宫，与日月兮齐光。龙驾兮帝服，聊翱游兮周章。灵皇皇兮既降，猋远举兮云中。览冀州兮有余，横四海兮焉穷。思夫君兮太息，极劳心兮忡忡。”

有人把《云中君》翻译成现代语为：沐浴兰汤满身香，穿上华丽若英裳。云神回环停云端，神光灿烂正盛旺。安居云间之宫殿，可与日月争光芒。驾龙车穿五彩服，天上翱翔游四方。神光闪闪从天降，忽又疾飞返云端。高瞻远瞩超九州，恩泽四海功无量。思念神君声叹息，忧心忡忡黯神伤。

其诗篇里的云神明显为一男性，东汉人王逸在他的《楚辞章句题解》里说：“云中君，云神丰隆也，一曰屏翳。”

《云中君》诗是以主祭的女巫和扮云神的男巫(灵子)对唱的形式来颂扬云神，表现出人们对云神的思慕之情。诗中“灵皇皇兮既降”和“灵连蜷兮既留”的“灵”即指云神。《楚辞考异》云：“一本灵下有子字。”王逸注：“楚人名巫为灵子。”《广雅·释诂》里也赞同“灵子”或“灵”是云神或云神附身的巫之说。

用歌舞《九歌》祭祀神灵的活动是在夜间，人们借助于竹明、松明之火进行的，表现出一种神秘和恍惚迷离的气氛。如《云中君》一篇的开头，女巫唱着说自己“已经用香汤洗浴过了身子，穿上花团锦簇的衣服来迎云神”，所表现出的是对祭祀的虔诚和祭祀场面的隆重。

云中君所唱的“蹇将憺兮寿宫”以下四句，表现出了神出场时所表现的尊贵、排场与威严，云神在群巫的迎神、礼神、颂神礼仪中，显得安乐畅意，精神焕发，神采飞扬，“与日月兮齐光”一句准确地道出了云借日光生辉，团而映日，散而成绮的特征，表现出“龙驾兮帝服”神的尊贵身份，和“聊翱游兮周章”不负人们祈祷祭祀之意的灵性。“灵皇皇兮既降，猋远举兮云中”，是说祭享结束之后云神远离而去的情景。诗中的“皇皇”是指云神附在男巫身上的标志。“猋远”是说祭祀仪式结束之后云神狂飙上升而去的场景，都是表现云神的威严与不凡的。

古人以为：雨是云下的，云神同样有下雨的职责。所以在《周礼·大宗伯》里只有雨师而无云师，而在《九歌》里只有云师而无雨师。人们把屏翳有时称为云师，有时则称为雨师，也是这个原因。“屏”是遮蔽的意思，“翳”在王逸《离骚注》里也释为“蔽也”，在《广雅·释诂》里释为“障也”，均表示了同样的意思。

三

雷神是中国古代神话里代表玉皇大帝操控雷电的神祇，被称为雷神，或雷师、雷公。如《楚辞·离骚》云：“鸾皇为余先戒兮，雷师告余以未具。”和《开元占经》云：“五车东南星名曰司空，其神名曰雷公。”最早人们崇祀的雷神只有一位，并以农历六月二十四日为其生日，称为“雷公诞”，是人们一年一度祭奉雷公的盛典。

后来，雷神在民间传说里不断演变，其形象开始变得庞杂起来，最有名的一个雷神形象出自《山海经·海内东经》：“雷泽中有雷神，龙身而人头，鼓其腹。在吴雷神西。”其是一种半人半龙的形象，起源应该是人们认为雷声在天，而龙亦飞腾于天，就将二者结合在了一起，又想象其腰间应该有一鼓，击鼓就会发出雷声，就逐步演化出以上的雷神形象。

再后来，人们的想象进一步丰富，雷神的形象又在各地发生异化。如《酉阳亲俎·前集》说其“猪首，手足各两指，执一赤蛇啮之”；《古今图书集成·神异典》里说其“豕首鳞身”；《铸鼎余闻》里说其“大首鬼形，白拥项，朱犊鼻，黄带，右手持斧，左手持凿，运连鼓于火中”；《集说诠真》引用《搜神记》之说，“色如丹，目如镜，毛角长三尺余，状如六畜，头如猕猴”；《唐国史补》说“其状如彘，秋冬伏于地中”；《夷坚丙志》里说其“长三尺许，面及肉色皆青。首上加帻，如世间幞头，乃肉为之，与额相连”。总之，雷神的形象各地差异很大，体形或龙、或人、或兽；脑壳或人头、或猴头、或猪头、或鬼头。

到了元代，雷神的形象还没有最后定型，当时所画雷公旗上的雷神仍为“大首鬼形”或“力士之容”。明清时期，雷神的形象才趋于统一，其标准形象概为《集说诠真》中所述：“状若力士，裸胸袒腹，背插两翅，额具三目，脸赤如猴，下颏长而锐，足如鹰颤，而爪更厉，左手执楔，右手执槌，作欲击状。自顶至傍，环悬连鼓五个，左右盘躡一鼓，称曰‘雷公江天君’。”即民间称呼的“尖嘴猴腮雷公脸”。

雷神信仰应该起源于中国古代先民对于雷电的自然崇拜。远古时代的人们对气候为什么会变化异常没有一点科学认识，对晴朗的天空会突然乌云密布，雷声隆隆，电光闪闪，甚至雷电击毁树木、击丧人畜的现象产生恐惧，以为是有神在天上发怒，于是就对之加以膜拜。当膜拜由个人行为变为集体行为后，就导致神的形象从单纯的自然神，逐渐转变成具有复杂社会职能的神。

道教产生以后，把雷部的最高神命名为“九天应元雷声普化天尊”。在《历代神仙通鉴》里称其为“主天之灾福，持物之权衡，掌物掌人，司生司杀”。其管辖着一个复杂的雷部机构，总部为神雷玉府，下设“三十六内院中司、东西华台、玄馆妙阁、四府六院及诸司、分曹局”。

据《无上九霄玉清大梵紫微玄都雷霆玉经》称：

雷部四府为：九霄玉清府、东极青玄府、九天应元府、洞渊玉府。

雷部六院为：太一内院、玉枢院、五雷院、斗枢院、氐阳院、仙都火雷院。

雷部所辖诸司为：天部廷司、蓬莱都水司、太乙北帝雷霆四司、北斗征伐司、北斗防卫司、玉府雷霆九司、诸曹院子司。

以上每个机构中均设有玉府左玄、右玄、金阙侍中、仆射、上相真仙、真伯、卿监、侍宸、仙郎、玉郎、玉童、玉女、左右司，麾领诸部雷神官吏、将吏等。其中官、将又分九天雷公将军、八方云雷将军、五方蛮雷使者、雷部总兵使者等，均在九天应元雷声普化天尊麾下听令。

诸司之中共有三十六个雷公，分天、地、人三类，每类十二名。天雷十二公为：神霄雷公、五方雷公、行风雷公、行雨雷公、行云雷公、布泽雷公、行冰雷公、行雹雷公、飞沙雷公、食祟雷公、伏魔雷公、吞鬼雷公；地雷十二公为：纠善雷公、罚恶雷公、社令雷公、发稻雷公、四序雷公、却灾雷公、收毒雷公、扶危雷公、救病雷公、太升雷公、巡天雷公、察地雷公；人雷十二公为：收瘟雷公、摄毒雷公、却祸雷公、除祸雷公、破祸雷公、破庙雷公、封山雷公、伏虎雷公、灭尸雷公、破障雷公、管魄雷公、荡怪雷公。这三十六雷公分别掌管着三十六部天曹刑律，严格遵照九天应元雷声普化天尊的命令代天实施刑罚：“雷司布令，行至疾如风火，不可留停，降泽之处有矛，震雷之声有数，可旱即旱，可雨即雨，必奉帝令。”

九天应元雷声普化天尊还执掌有五雷霆、十雷霆和三十六雷霆的使用权，可以依据不同情况判断应该动用何种雷霆。五雷为：天雷、地雷、水雷、神雷、社雷；十雷为：玉枢雷、神霄雷、大洞雷、仙都雷、北极雷、太乙雷、紫府雷、玉晨雷、太霄雷、太极雷；三十六雷为：玉枢雷、玉府雷、玉柱雷、上清大洞雷、火轮雷、灌斗雷、风火雷、飞捷雷、北极雷、紫微璇枢雷、神霄雷、仙都雷、太乙轰天雷、紫府雷、铁甲雷、邵阳雷、欻火雷、社令蛮雷、地祇鸣雷、三界雷、斩圹雷、大威雷、六波雷、青草雷、八卦雷、混元鹰犬雷、啸命风雷、火云雷、禹步大统摄雷、太极雷、剑火雷、外鉴雷、内鉴雷、神府天枢雷、大梵斗枢雷、玉晨雷。

至于九天应元雷声普化天尊的身份也有三说：

一为元始天尊第九子玉清真王说。如在《无上九霄玉清大梵紫微玄都雷霆玉经》中，称元始天尊第九子玉清真王名浮黎，化生为雷声普化天尊，专制九霄三十六天，执掌雷霆之政，称“神雷真王”。此说还见于《道藏·九天应元雷声普化天尊玉枢宝经》等书中。

二为黄帝说。如《重修纬书集成》卷六《河图始开图》云：“黄帝名轩辕，北斗神也，以雷精起。”同书卷四《春秋台诚图》云：“轩辕星，主雷雨之神。”《史记·正义》亦云：“轩辕十七星，在七星北，黄龙之体，主雷雨之神。”《历代神仙通鉴》里说得更为详细：“（黄帝）封号为九天应元雷声普化真王。所居神雷玉府，在碧霄梵气之中，去雷城二千三百里。雷城高八十一丈，左有玉枢五雷使院，右有王府五雷使院。真王之前有雷鼓三十六面，三十六神司之。凡行雷之时，真王亲击本部雷鼓一下，即时雷公雷师兴发雷声也。雷公即入雷泽而为神者也。……三十六雷，皆当时辅相有功之臣。”

三为闻仲说。如《封神演义》中说，在姜子牙封神时，将太师闻仲封为九天应元雷声普化天尊，下属有邓忠、辛环、张节、陶荣等二十四员雷公，行“催云助雨法”。

以上三种说法，只有第一种才是道教正经里的说法。道教中并有道士招请雷神的招雷法，此法是以符箓法术进行镇妖捉鬼、炼度亡魂、召神驱邪、兴云致雨的活动。

官方祭祀雷神采用的就是道教正经，《明史·礼志四》称：“雷声普化天尊者，道家以为总司五雷，又以六月廿四为天尊现示之日，故岁以是日遣官诣显灵宫致祭。”

四

雨神，也称雨师、萍翳、玄冥等，同样为道教俗神，是掌管雨的神，起源于中国古代神话，被认为是毕星，即西方金牛座白虎七宿的第五宿，共有8颗星。雨神在民间流传中同样会发生演变，曾经有过商羊或赤松子二说。

在中国古代的自然神中，雨神和风神的起源最早。《周礼·大宗伯》云："以楠燎祀司中、司命、风师、雨师。"郑玄注："雨师，毕也"、"月离于毕，俾滂沱矣，是雨师毕也"。东汉蔡邕在《独断》里云："雨师神，毕星也。其象在天，能兴雨。"

屈原在他的《天问》里首次用人名称呼雨神"蓱号起雨"，是雨神人格化的开始。汉代王逸注称："蓱，萍翳，雨师名也。"《风俗通义》称："《春秋左氏传》说，共工之子，为玄冥师"、"郑大夫子产禳于玄冥"、"玄冥，雨师也"。晋代《搜神记》称："赤松子者，神农时雨师也。服冰玉散，以教神农能入火不烧。至昆仑山，常入西王母石室中，随风雨上下。炎帝少女追之，亦得仙，俱去。至高辛时，复为雨师，游人间。今之雨师本是焉。"《列代神仙通鉴》里说，神农时，川竭山崩，皆成沙碛，连天上亦几时不雨，各处禾黍枯槁，有一野人，形窖古怪，言语癫狂，上披草领，下系皮裙，蓬头跣足，指甲长如利爪，遍身黄毛覆盖，手执柳枝，狂歌跳舞，曰："予号赤松子，留王屋修炼多岁，始随赤真人南游衡岳。真人常化赤色神首飞龙，往来其间，予亦化一赤虬，追蹑于后。朝谒元始众圣，因予能随风雨上下，即命为雨师，主行霖雨。"《三教源流搜神大全》里以神鸟为雨师，称"雨师者，商羊是也。商羊，神鸟，一足，能大能小，吸则溟渤可枯，雨师之神也"。

唐朝时，曾经以李靖为雨师。《唐逸史》里记录了一个李靖行雨的故事，说李靖行于山，夜宿于民夫家中。半夜，一妇人将一个水瓶递给他说："天命行雨，烦汝代劳。"接着一佣人牵来一匹青骢马，对李靖说："汝以水自马鬃下，三滴乃止，慎勿多滴。"李靖上马后，正准备滴水，不料马惊，咆哮跃空，瓶中水一连数滴，次日当地一场大雨，解决了旱情，民感其恩，立庙祀之。在《事物异名录》里却又说雨师为冯修，号树德，又名陈华夫。《集说诠真》中还描绘了他的形象：乌髯状汉，左手执盂，内盛一龙，右手若洒水状，称之为"雨师陈天君"。

至唐宋以后，国内龙王信仰大兴，龙王逐渐取代了雨师的位置。

雨师的职能和地位在《风俗通义·祀典》里描写得比较详细："师者，众也。土中之众者莫若水。雷震万里，风亦如之。至于太山，不崇朝而遍雨天下，异于雷风，其德散大，故雨独称师也"，"养成万物，有功于人，王者祀以报功也"。

对雨师的奉祀，在秦汉时就已正式列入国家祀典。《唐会要》称，奉祀雨师，升入中祀，并且要"诸郡各置一坛"与王同祀。道教宫观里也设殿供奉风伯雨师和雷公电母，其中雨师的形象被塑成一乌髯壮汉，左手执盂，内盛一龙，右手若洒水状的"陈天君"，并定雨师之神的诞日为冬月二十日。

近代以后，雨师崇拜逐渐为龙王崇拜所替代，因此专门奉祀雨师的祭典逐渐消亡，仅能在大型道教斋醮仪礼上还能见到所设置的雨师神位。

五

古人认为江河山川皆有神，所以人们历来就有崇祀名山大川的习俗。在历史的发展过程中，逐渐形成对名山大川的祭祀权被天子和诸侯所垄断。《礼记·封禅书·周官》云："天子祭天下名山大川，五岳视三公，四渎视诸侯，诸侯祭名山大川之在其地者。"

帝王崇祀山川，在五帝时就已经存在。《国语·楚语》云：

> 古者民神不杂……及少昊之衰也，九黎乱德，民神杂糅，不可方物。夫人作享，家为巫史，无有要质，民匮于祀，而不知其福。烝享无度，民神同位。民渎齐盟，无有威严。神狎民则，不蠲其为。嘉生不降，无物以享。祸灾荐臻，莫尽其气。颛顼受之，乃命南正重司天以属神，命火正黎司地以属民，使复旧常，无相侵渎，是谓绝地天通。

上文是说远古时民间祭拜统一的神，到少昊为帝时祭祀开始衰败，九黎乱德，民间之神相互杂糅，就没有了威严。颛顼为帝之后开始拨乱反正，重整尊卑，使天神、地民各司其职。《史记·五帝本纪》说帝喾（kù）继位后"顺天之意……明鬼神而敬事之"。帝舜摄政之后"遂类于上帝，禋于六宗，望于山川，辩于群神。揖五瑞，择吉日月，见四岳诸牧，班瑞（颁赐祥瑞）。岁二月，东巡狩，至于岱宗，祡（chái 烧柴祭天），望秩于山川"。

《史记·五帝本纪》里记载了帝王祭祀山川的目的："帝颛顼高阳者……静

渊以有谋，疏通而知事；养材以任地，载时以象天，依鬼神以制义，治气以教化，絜诚以祭祀……动静之物，大小之神，日月所照，莫不砥属。”司马迁在《索引》里解释“依鬼神以制义”一句：“鬼神聪明正直，当尽心敬事，因制尊卑之义，故《礼》曰‘降于祖庙之谓仁义’是也。”张守节在《正义》里解释为：“鬼之灵者曰神也。鬼神谓山川之神也，能兴云致雨，润养万物也……”又释“大小之神”一句：“大谓五岳、四渎，小谓丘陵坟衍。”

由此可以看出，崇祀山川，始于上古。究其原因为“鬼神谓山川之神，能兴云致雨，润养万物”，故而要“絜诚以祭祀”。祭祀的范围，不仅是名山大川中的“五岳、四渎”，还包括那些“丘陵坟衍”。正如《左传·文公二年》云：“祀，国之大事也。不为妄语耳。”

五帝之后，山川祭祀时兴时衰。《史记·封禅书》云：“自五帝以至秦，轶兴轶衰，名山大川或在诸侯，或在天子，其礼损益世殊，不可胜记。及秦并天下，令祠官所常奉天地、名山、大川，鬼神可得而序也。”故而才有秦始皇的“东游海上，行礼祠名山、大川及八神”。刘邦取得天下建立汉政权后，承上古遗风，颁诏：“吾甚重祠而敬祭。今上帝之祭及诸神当祠者，各以其时礼祠之如故。”

山川之所以能受到人们的祭祀，而且名山大川还被帝王专宠，就是因为山川能够泽被四方，人们希望通过祭祀来感谢山川，感动天地。这种祭祀，以帝王封禅泰山达到最高礼仪，这实际上就是一种最高的感恩典礼，是帝王希望通过泰山来为自己报功。《公羊传》云：“山川有能润于百里者，天子秩而祭之。触石而出，肤寸而合，不崇朝而遍雨乎天下者，唯泰山尔!”但是，要成就帝王封禅泰山这一盛典，不单取决于帝王个人的意愿，更取决于其他客观条件是否成熟。按照管仲的说法，需要出现凤凰来仪，或者麒麟现身，或者比目鱼出海的瑞兆，其实是要求当时天地祥和，万物茂盛，人民幸福，如果这些祥瑞之兆都没有出现，帝王就没有资格封禅泰山。如汉光武帝刘秀在恢复汉家江山三十年之后，群臣建议他封禅泰山，但他认为：“即位三十年，百姓怨气满腹，吾谁欺，欺天乎?”所以他拒绝封禅。再如隋文帝一扫天下，让分裂的中国再次统一，当群臣建议他封禅泰山时，他却说“此事体大，朕何德以堪之”，就只用南郊之礼遥祭泰山，而不敢举行封禅大典。

说穿了，古人祭祀自然神，是因为他们对自然有所敬畏，知所进退。人们崇敬自然，不仅是因为天地能赐予万物，养育万民，也因为天地代表着良心，代表着善的意志。如果无其德而强行其礼，就是欺天灭祖。所以我们才看到历史上的许多帝王何尝没有自我表扬的需要，但是都在敬畏之心下望而却步。唐太宗几次决定封禅，都或因大臣劝阻，或因天象异常，或因水灾出现，最后都放弃了自己的决定。对于帝王而言，能够去泰山封禅是一种巨大无比的荣誉，有着巨大的吸引力，但他们能够强忍而不去，是敬畏之心在起作用。用孔子的话说，是畏天命，畏大人之言。或许他们懂得，这个天命，这个大人之言不一定就是无知无情的天地自然，而是人心所向，他们所敬畏的是自己在历史上的地位，是如果自己肆无忌惮地自我膨胀可能会导致的怨声载道，导致的天谴，导致的历史恶评。这就是中国语境中的“良心”。

其实，从春秋时代开始，中国人的天命观就已经转变为了“天视自我民视，天听自我民听”的“良心观”，认为上天的意志就代表着人民的意愿。天地为万物之本，人民为邦国之本。因此祭祀山川就是感恩天地，感恩人民；敬畏天地，就是敬畏人心。这种习俗，这种观念一直沿袭至明清。

明以前，各种自然神都是分坛别祭的，《史记·封禅书》记载山川之坛：“盖天好阴，祠之必于高山之下，小山之上，命曰‘畤’，地贵阳。”考古工作者于1995年4月在山东省东阿县鱼山西麓发现的一座龙山文化夯筑台址，被考证为就是一处原始先民祭祀济水或遥祭泰山的大型祭坛。

明洪武八年(1375年)，皇帝下诏饬令各县以风云雷雨山川城隍为一坛，以风云雷雨居中，山川居左，城隍居右。清时，凡知府、知县为民祈雨，皆祭于此坛。

郧阳府先农坛

一

郧阳府先农坛在郧阳城东门外，于乾隆二年(1737年)奉敕修建，体例和形制与社稷坛相同，是郧阳知府率领官员祭祀先农、举行耕耤仪式劝农的场所。

秦以前，祭祀先农的权力归天子和诸侯；秦代至明，只有皇帝才有权祭祀先农；到清乾隆时才敕令各地官府普遍祭祀。最初是在每年的仲春亥日举行祭典，祭毕举行耕耤仪式。耕耤亦作“耕籍”，古时在每年春耕之前，都由天子、诸侯举行仪式，亲耕国家籍田，种植上供自己祭祀用的谷物以示劝农耕种，之后百姓才能开犁。这种做法在形成律令之后，被历代沿袭，称之为“耕籍礼”或“籍田礼”，至清末始废。据《礼记·月令》云：“其礼为天子三推，三公五推，卿、诸侯九推。推，即犁一行地。”《礼记·祭义》云：“耕籍，所以教诸侯之养也。”《宋书·礼志一》云：“晋武帝末，有司奏：‘古诸侯耕籍百亩，躬秉耒耜，以奉社稷宗庙，以劝率农功。今诸侯治国，宜修耕籍之义。’”《旧唐书·礼仪志四》云：“玄宗欲重劝耕籍，遂进耕五十余步，尽垄乃止。”《清史稿·礼志二》云：“乾隆三年，帝初行耕耤礼，先期六日，幸丰泽园演耕，届日飨先农，行四推。”

乾隆七年(1742年)，皇帝下诏让各级官府在每年四月十八日到先农坛行礼举行耕籍礼，所祭对象为山川神、社稷神和先农神。祭毕举行耕耤仪式，由知府秉耒，佐贰(同知)执青箱，所在县的知县播种，由提前所选的一名六十岁以上的耆老牵牛，两名农夫扶犁，在九推九返后，再由农夫完成整块田的耕作任务。如果不是府城所在的县，就由知县秉耒，佐贰执青箱播种。

先农，即炎帝神农氏，为中国古代神话人物，远古时称帝社、王社，汉代开始称先农。最早有关他的文字记载出现在战国以后，说他生活在距今5500年至6000年前后，传说他遍尝百草，教人医疗与农耕，是掌管医药和农业的神祇，能保佑农业丰收和人民健康，被人尊称为“药王”、“五谷王”、“五谷先帝”、“神农大帝”、“地皇”等，为华夏太古三皇之一。

粮食是人类生存最大的需求之一，所以人们都希望年年都有一个好的收成，但往往事与愿违，天灾人祸总是伴随着人类，人们就希望有一个冥冥之中的神能控制灾害，让庄稼丰收，于是祭祀神农就成为人们的精神寄托之一。先农坛就是为了满足人们的精神寄托而专门修建用于祭祀神农、祈祷五谷丰登的祭坛。《汉仪》云："春时东耕于籍田，引诗先农，则神农也。"《五经要议》云："坛于田，以祀先农。"魏时，先农成为了国祭六神之一，与风伯、雨师、灵星、山川、社稷同享国祭。唐以前，人们称神农为"帝社"，祭坛曰"籍田坛"，在垂拱年间(685—688 年)始改为先农坛。至此，才把祭祀先农正式定为一种国家礼制，每年开春，皇帝都要亲领文武百官行籍田礼于先农坛前。《郧阳府志》云："先农，说者以为田祖，即神农，教民始耕者；一称先啬，汉以后称先农，常雩，不别为坛。"常雩，是古代人求雨时所举行的一种祭祀仪式，叫常雩礼。

二

一般人认为，耕种只是农民的事情。但是在我国传统社会里，皇帝也耕田，皇后也采桑，为皇帝专门留下耕种的那块田，称之为"籍田"，而且这种制度一直沿袭了数千年。这与我国历来就是一个以农立国的大国，强调"农为邦本"有关。

根据《礼记·月令》记载，每到正月(孟春之月)，天官就要选择一个吉日，天子亲自带着耒耜等农具，带领三公、九卿、诸侯、大夫们到专门为自己开辟出来的耤田上去耕种；到了三月(季春之月)，天官再选择一个吉日，王后亲自率领嫔妃和命妇们去专门为她开辟的桑田里去采叶喂蚕。这就是耕耤礼和亲蚕礼。这种仪式从黄帝时代一种沿袭到清末，相关规制越来越完善。今天的北京，还完整保存着明清时期皇帝举行耕耤礼和皇后举行亲蚕礼的先农坛和先蚕坛。

耕耤礼有一套十分复杂的仪式过程。以清代为例，耕耤礼通常在农历二月或三月的吉亥之日里举行。提前一个月，相关机构就要开始准备，确定从祀从耕的人员名单，并请皇帝先到西苑丰泽园去演耕。耕耤前一天，皇帝要到紫禁城中和殿里去阅视谷种和农具，而后这些谷种和农具就会被盛放于龙亭之中，在耕耤礼时提前抬至先农坛，放到规定的地方。耕耤当天早晨，皇帝身穿祭服，乘坐龙辇，在法驾卤簿的导引下，与陪祭的文武官员一同到达先农坛，在祭拜过先农神之后，再脱下祭服更换农夫服，下到籍田里去行躬耕礼。一时间，鼓乐齐鸣，禾词歌起，由两名耆老牵着黄牛，两个农夫左右扶着犁，皇帝左手执耒，右手执鞭，行三推三返之礼。之后，让从耕的三公九卿依次接受耒、鞭行五推五返或九推九返礼，最后由顺天府尹与大兴、宛平县令率领农夫完成耤田的全部耕作，种下稻、黍、谷、麦、豆等五谷杂粮。这块地里庄稼的收成，要在将来重要的祭祀仪式上如祭天、祭地时使用。

帝王亲自躬耕，目的不在于能生产出多少粮食，而在于通过这种礼仪劝农勤耕。此项制度之所以在上古确立之后就一直没有间断，被历代相沿，就是它最能体现中国农耕文明“民以食为天，食以农为本”的特点，能表达国人重农尊祖的感恩情怀和重农固本的思想，也为国家最高统治者提供了一个率先垂范和用自己的身体力行鼓励天下百姓勤于耕织的机会，从而起到劝课农桑的实际功用。

虽然耕耤礼在中国古代一直没有中断，但礼仪的内容和形式在历代不断翻新。周代，天子的耤田多达千亩，约合为现在的三百亩。《说文解字》对“耤”字的释义为“帝籍千亩，古者使民如借，故谓之耤。”据《礼记·祭义》云：“昔者天子为籍千亩，冕而朱纮，躬秉耒；诸侯为籍百亩，冕而青纮，躬秉耒。以事天地、山川、社稷先古……”当时的耤田，在井田制度下又称“公田”。《周礼注》云：“古之王者贵为天子，富有四海，而必私置籍田，盖其义有三焉：一曰以奉宗庙亲致其孝也；二曰以训于百姓在勤，勤则不匮也；三曰闻之子孙，躬知稼穑之艰难无逸也。”

三

天子必须扶犁亲耕的耤田礼始于汉代。汉文帝前元初年(公元前 179 年)，贾谊上《积贮疏》，称积贮为“天下之大命”，于是“上感谊言，始开籍田，躬耕以劝百姓”。前元二年(公元前 178 年)正月丁亥，皇帝下诏曰：“夫农，天下之本也。其开籍田，朕亲率耕……”

由于天子亲耕的目的更在于“劝农”的示范意义，所以他扶犁亲耕前后的一套礼仪非常重要，尤其是祭祀仪式必不可少。最早记述“耕耤礼”的是《汉旧仪》：“春始东耕于籍田，官祀先农。先农即神农炎帝也。祠以一太牢，百官皆从。”关于当时天子耤田礼的时间和程序，《后汉书》也有非常具体的描述：“正月始耕。昼漏上水初纳，执事告祠先农，以享。耕时，有司请行事，就耕位，天子、三公、九卿、诸侯、百官依次耕。力田种各耰讫，有司告事毕。”依照古制，皇帝亲耕时占据亲耕之位，右手扶犁，左手执鞭。三公九卿从耕，位于两侧。

耕耤礼被明清两代推上了顶峰。明太祖朱元璋在南京立国之后就开始建先农坛，并在洪武二年(1369年)首次举行了耕耤礼大典。朱棣迁都北京后，又于永乐十八年(1420年)在北京建先农坛。嘉靖十年(1531年)，皇帝敕令于内坛墙南部建天神坛、地祇坛，形成了北京先农坛现在仍存的格局。万历四年(1576年)，朝廷设置先农坛祠祭署，铸"先农坛祠祭署"印。

清顺治十一年(1654年)，诏定每年于仲春亥日举行耕耤礼。先期由户部、礼部及顺天府尹进呈耒耜及谷物种子。当日，皇帝亲临先农坛献祭、祀先农，在奠帛、行初献礼仪毕，进入耤田，南向立，从者均各就本位，由户部尚书执耒耜，顺天府尹执鞭，跪着进呈，即递给皇帝。皇帝掌耒三推，由顺天府丞奉青箱，户部侍郎播种，耆老们随之在后覆土。皇帝耕毕，把耒耜及鞭仍交给户部尚书及顺天府尹，自己至观耕台，南向坐，观摩祭礼。王以下官员按班序立，依序推耕，王五推，九卿九推，由府尹属官执青箱播种，耆老们随之覆土。礼毕，皇帝至斋宫，接受府尹、耆老们的行礼。之后，由农夫三十人执农具将余剩未耕之田全部耕种后，由鸿胪寺卿报赞："礼成。"于是百官行庆贺礼，皇帝赐王公、耆老等人饮宴，赐农夫布匹，然后还宫。雍正五年(1727年)，皇帝敕令各省始立先农坛和耤田，于每年仲春亥日举行耕耤礼。乾隆二年(1737年)，建立先农坛和耤田，行耕耤礼的制度随之扩大到了全国各府县。

乾隆十九年(1754年)，朝廷对北京先农坛进行了大规模改建。坛为方形，一层，南向，四出阶，八级，"石包砖砌，方广四丈七尺，高四尺五寸"，台阶踏步由汉白玉条石砌成，观耕台的四周还装饰有色彩斑斓的琉璃瓦。那时，供皇帝亲耕的耤田只剩下了"一亩三分"，中国民间"一亩三分地"的俗语即源于此。

四

清代，郧阳是一个府、县两衙同城的地方，每到"躬耕劝农"时，府县两级官员都要参加大典，耕耤礼的程序同样显得繁复而庄严。

每年三月十八日，县衙就要向府衙报请耕耤日及从耕官员和耆老、农夫名单。知府在接到名单后，要择日带领官员去检查农具和种子以及籍田的准备情况，并在先农坛和籍田里划好各位官员参加典礼仪式时所站立的位置，以及主耕和从耕官员开犁的位置，并插上标识牌。

四月十六日，所有参加耕耤礼的人员都开始沐浴斋戒二日。十七日，知府要阅视祭奠祝文，并再次检视耕耤谷种和农具，由县衙负责提前送到先农坛保管。十八日清晨，所有参加典礼的官员都穿着礼服，在知府的带领下自府衙出发向东门外进发，一路鼓乐歌舞，城内钟鼓楼上的钟鼓齐鸣。

耕耤礼共有两个仪式，一是祭礼仪式，二是耕耤仪式。祭礼仪式上，知府等官员先整服，后盥手，再宣读祝文，然后依次祭拜山川神、社稷神和先农神。之后进入耕耤仪式，知府等官员在更换服装后，等司仪官三挥红旗，知府就带领官员下田，接过属下递来的鞭，走到早已套好了牛的犁前，右手执耒，左手执鞭，由一名六旬耆老在前面牵牛，两名农夫在左右扶犁，府同知在后边端着装有种子的青箱，知县站在青箱旁随时准备抓出种子播种。等司仪官宣布仪式开始，知府便挥鞭驱牛前行，府同知和知县紧随洒下稻、黍、谷、麦、豆等五谷杂粮的种子。在九推九返之后，知府就算完成了耕耤礼，换知县接鞭，由县丞执青箱播种，行九推九返礼后，再由手下过来接过鞭，洗净后放入鞭箱，待明年再用。此时，知府和知县等一应官员登上先农坛观耕，看着刚才扶犁的农夫接着完成整块田的耕作任务。这整个耕耤的过程，都是在乐队吹打的《祐平章》中完成的。

先农坛和耕耤礼，彰显的是中国传统社会所奉行的重农思想，是几千年来国家政治传承对社会整合重构所采取的一项重要制度措施，也是社会生活的重要组成部分之一，其社会意义和国家政治意义都较为显著。

先农坛和耕耤礼，更凝聚了几千年以来中国神农文化的精髓，成为中国神农文化集大成的一种物质和精神载体，体现着中华民族天人合一、体恤民生的传统思想，不仅对于过去，更对现时和未来都有着深远影响。它提示人们，文明要依托人性才能得到发展，只有人性化的文明才可能成为一个民族的精神支柱。因此，中国的神农文化不仅是绚烂多彩的世界文明史的重要构成部分，而且是人类文明宝库中不可多得的文化瑰宝。

郧阳府厉坛

一

郧阳府厉坛在郧阳城东门外，是郧阳知府在每年清明节、七月十五中元节和十月初一这三天里，率领官员迎城隍神于厉坛之上主持祭祀的场所，祭祀的对象为郧阳府境内所有因无后辈而没有人祭祀的孤魂野鬼。

厉，在汉语中有凶猛之意，在本文指厉鬼。

厉坛，就指国家和各级官府专门修建的，用于祭祀无主厉鬼厉神的祭坛。《礼记》云："王祀曰'泰厉'，诸侯祀曰'国厉'，大夫祀曰'族厉'。"意思是说：帝王在自己的厉坛祭祀，叫"泰厉"；诸侯在自己的厉坛祭祀，叫"国厉"；大夫在自己的厉坛祭祀，叫"族厉"。大夫以下小吏至百姓都无权建厉坛，更不允许在厉坛祭祀，但在祭日那天百姓也要祭祀厉鬼，就只能在家附近的三岔路口进行祭祀。《春秋传》里记载有郑人子产的话："鬼有所归，乃不为厉。"是说有后人祭祀的鬼，就不会成为厉鬼。

《明史 · 礼志四》云："厉坛：泰厉坛祭无祀鬼神。祭法：王祭泰厉，诸侯祭公厉，大夫祭族厉……洪武三年定制，京都祭泰厉，设坛玄武湖中，岁以清明及十月朔日遣官致祭。"

晚清黄遵宪在他的《都督佥事瑞岩万公墓表》中云："新败之后，走死者载道。公即敛骨埋之，设厉坛以祀。"

在我国民俗之中，一年里有三大鬼节，分别为清明节、中元节和十月朔。除清明节为一个节令日，在农历中的日期不固定外，中元节也称"七月半"，日期固定在七月十五，十月朔也称"十月一儿"，日期固定在十月初一。

实际上，中国人称一年有三大鬼节的说法实属思维误区，因为清明节和十月朔是两个祭祖日，而不是祭鬼日。中国人一般把已死去的长辈称"祖先"或者"祖神"，而没有称"祖鬼"的。鬼的称呼只能用在那些没有后人祭祀的死者身上。

所以，清明节和十月朔是中国的两个"祖神节"，而不是鬼节。只有七月半才是为那些无后人祭祀的孤魂野鬼所设的节日，是真正意义上的鬼节。这一节日形成的原因，是受到了道、佛两教教义的影响，为提倡人们发扬普爱之心，关心一下那些需要关心的冥界幽魂。俗话说“人穷使厉害，地瘦长刺芥”，想来鬼也一样，于是人们就想象出那些终年受不到香火的孤魂野鬼一个个都是厉鬼，所以需要设一个节日让他们每年都能接受到一定的香火，这样就不会去威胁人类的生存。

既然七月半的中元节才是真正意义上祭祀厉鬼的节日，为什么在清明节和十月朔里还要再祭祀厉鬼，而且会上升为国家行为呢？这是因为人们害怕厉鬼，因为清明节和十月朔是两个祭祖日，如果不提前安抚好那些厉鬼，他们就有可能去抢夺人们奉献给祖先的东西，会让地下的祖先不得安生。同样，在中元节那天，人们在祭祀厉鬼的同时，也会同时祭祀祖先，目的也是安抚祖先之心，怕他们责怪后辈只讨好外人，而忘记了祖先。

二

清明节之所以不能称鬼节，是因为清明祭祀的对象为自己的祖先和其他去世的亲人，一般该称祖神，即使称鬼，也是善鬼、家鬼，或者为亲近者的亡魂，祭祀的目的是表达祭祀者的孝道和对死者的思念之情，参与者是全体国民，上至帝王，下至百姓，都要在这一节日里祭拜先人的亡魂。只不过帝王之家一般采用庙堂之祭，而百姓人家一般采取墓祭或祠堂祭的形式，以墓祭最为普遍，内容为挂清明弔，整修祖坟，供奉祭品，烧纸钱和参拜。

清明弔就是招魂幡，为用五色纸剪出花样的纸吊，可以理解为是祭祀者发给祖先之魂的，可以在清明那天自由出入家族祠堂接受后人祭拜的通行证；整修祖坟就是清除坟墓上的杂草，培添新土，这不仅是表达自己对亡故亲人的孝敬和关怀，而且还有着风水学上的意义。因为在古人看来，祖先的坟墓和子孙后代的兴衰福祸有莫大的关系，所以培墓是一项不可轻视的祭奠内容；供奉祭品是把带到坟上的花、水果、供馍和酒等供品摆在墓前；烧纸钱是点燃香、烛和纸钱；参拜就是跪拜，要双手合掌表示吾心与先灵合一，得慢慢把头叩向地面。

清明节祭祖不一定非得在清明那天不可，祭拜的日期各地风俗不同，有的地方在清明前三天或者后三天进行均可，有的地方则前后十天都行，还有的地方只在清明前后的单日里进行。

中国人讲究和祖先亡灵一起共飨供品，在祭祀完毕离开墓地之前，还要把水果、供馍等能食用的祭品每个掐一点投入燃烧着的纸钱火中，再倒一杯供酒洒在墓前，代表祖先已经享用，剩余的就可以带回家中去，让家人与先祖共享。

如果自己家住得离祖坟或者家祠很远，清明那天在家中遥祭祖先也是可以的。方法是在家里的院中，或者阳台，或者客厅，朝家乡方向摆上祭拜用的食品，烧上三支香，跪拜三次，心中默念相关词语，然后烧点纸钱祭祀。郧阳的习俗则是在三岔路口处进行，用草木灰给每一个亡故的灵魂均撒一个留门的圆圈，挨个叫出故亲的名字，在里面点燃纸钱。据说，如果灰圈不留门，亲人的亡魂就进不去，他也就收不到纸钱；如果不叫故亲的名字，他就不知道这是给谁烧的纸钱，而不敢上前收钱；如果不撒灰圈，纸钱就会被孤魂野鬼抢走。

中国的鬼神信仰认为，在冥界里除了有后人祭祀的祖灵外，还有一些无后人祭祀的无缘灵、浮游灵等厉鬼，他们会在嫉妒心作祟的情况下出来依附在活人身上，对人造成伤害。人们之所以要在清明节里祭祖，其目的一是慰藉祖灵，二是祈求祖先之灵庇佑自己和子孙幸福。虽然百姓希望祖灵能保佑自己和家人，但无法预防孤魂野鬼的作祟，所以要由帝王和官府出面安抚厉鬼。古代帝王认为，百姓都是自己的子民，自己有保护百姓不受侵害的义务，所以才有帝王和官方建厉坛，以祭祀的方式安抚厉鬼的体制。

三

中元节又称七月节、七月半、亡人节、鬼节、施孤节、盂兰盆法会等。这是一个中国古人所设的专为祭祀无主厉鬼的节日。七月节、七月半、亡人节、鬼节等都是民间的称法，而中元节和施孤节，是道教的称法，盂兰盆法会，则是佛教的称法。

“中元”之名起源于北魏，当时道教“三元”的说法刚刚定型。所谓“三元”，就是天官大帝、地官大帝及水官大帝这“三官大帝”的简称，因为他们的生日分别为正月十五、七月十五和十月十五，这就形成了道教每年三次的“三元”盛会：“上元”正月十五日为天官赐福日，要举行盛大的赐福仪式；“中元”七月十五日是地官赦罪日，也要举行盛大的赦免亡魂之罪的仪式；“下元”十月十五日为水官解运日，还要举行盛大的解除有过失之人厄运的仪式。

自北魏起，每到七月十五，道教各宫观都要举办中元法事，为的就是超度亡魂，为他们赦罪。按道教的教义，这种赦罪超度并不是要完全解除他们的罪孽，而只是减轻他们的罪孽，希望他们早日投胎。

相传，地狱的大门在每年农历七月就会开放一个月，让所有的无主孤魂都从阴间里跑出来接受阳间之人的供养，因此各地都纷纷在这一个月举行“普度”布施的祭祀仪式。在北魏时，朝廷安排各地轮流进行普度，把七月的每一天都安排得满满当当的。后来，据说这种方法经常引起孤魂野鬼之间的酗酒殴斗事件，朝廷便把普度日期统一定在了中元节的正日——七月十五日举行，并且朝廷和地方官府都建厉坛举行祭祀，而民间人士则可以在家附近的十字路口或者三岔路口处烧香祭拜，或者放河灯让野鬼之魂能够托生。

佛教的“盂兰盆法会”举行日期，正好也是农历七月十五日，与道教的中元节相重合。依照佛家的说法，七月十五日举行“盂兰盆法会”的目的，是让信徒供奉佛祖和僧人，济度六道苦难众生，以及报谢父母养育慈爱之恩的。据《佛说盂兰盆经》载，“盂兰盆”是梵语音译，“盂兰”的意思是“倒悬”，“盆”的意思为“救器”，所以，“盂兰盆”的意思是用来解救倒悬痛苦的器物。每年的那天，佛教信徒就用盆子装满百味五果，去供养佛陀和僧侣，以拯救那些在地狱里受苦的众生。

传说释迦牟尼佛有一个名叫目犍连的弟子，修持甚深，以能通神而著称。相传他的母亲生前做了很多坏事，死后变成了饿鬼，他在通神时看到之后十分伤心，就运用法力将饭菜拿给母亲食用，可是饭一到母亲口边就化为了焰灰，于是他就大声向释迦牟尼佛哭救。佛祖告诉他，必须集合众僧的力量，于每年七月十五日以百味五果置于盆中供养十方僧人，你的母亲方能得到济度。目犍连依照佛意行事，其母终得解脱。这就是佛教盂兰盆法会的来历。

佛教进入中国之后，这种仪式就开始流行，据《佛祖统纪》记载，梁武帝时就设坛举行盂兰盆法会，此后历代帝王和人们多遵佛制，兴办盂兰盆法会以报答父母和祖先的恩德。这种佛教仪式之所以能在中国流传开来，就是这种度脱七世父母的思想正好与中国崇尚孝道的伦理传统相符合，从而得到中国历代帝王的提倡。

佛教举办盂兰盆法会布施饿鬼的意义，也正好与儒家提倡祭祀祖先的意义和道教中元节祭祀超度厉鬼的意义不谋而合，成为儒、释、道三教在中国合流的一股力量，构成了中国乃至汉字文化圈一系列祭祀活动中的一个文化符号。

古人认为，冥界的鬼与人间的人一样也是分层次和阶级的，厉鬼也是如此，所以七月半祭祀厉鬼的活动也要分开层次。帝王举行泰祭，祭祀对象是历代无后帝王的鬼魂；诸侯举行国祭，祭祀对象是历代无后诸侯的鬼魂；大夫举行族祭，祭祀对象是历代无后大夫的鬼魂；百姓施行路祭，祭祀对象为历代无后百姓的鬼魂。认为只有这样才符合鬼伦。

七月半祭祀厉鬼后，人们一般还要顺便祭祀一下自己的祖神。这种做法，体现了中国人的中庸思想，为的是安慰和平衡祖神的心理。

四

农历十月初一，在气候上标志着严冬即将来临，是中国人开始准备御寒衣物的时候。国人准备御寒衣物，不仅要为活人准备，同时也会在心里想到故去的家人和祖先在冥间里的饥寒，也得给他们准备一些冥衣，去祭奠一下他们。这一天，官方称之为“寒衣节”或“祭祖节”，民间则称为“十月一儿”、“十月朝”、“冥阴节”等，是国人祭奠亡灵，为先祖送寒衣的节日。

十月初一祭祖的习俗，至少在周朝时就已经形成，当时被称为“腊祭日”，人们要在这一天举行隆重的祭祀活动。《礼记·月令》中就描述了周代腊祭的情形：这一天，天子率三公九卿到北郊举行迎冬礼，以猎物为祭品，在社坛上祭祀日月星辰众神，在门闾内祭祀五代先祖，然后祭祀为国捐躯者并抚恤他们的妻子儿女，同时慰劳农人，颁布新的作息制度。这官方的礼制通过上行下效，遂相沿成习。

《诗经·豳风·七月》里曾提到“七月流火，九月授衣”，意思是说从九月开始，天气逐渐变冷，人们该添置御寒的衣裳了，因此十月初一又俗称授衣节。

《唐大诏令集》中，记有唐玄宗于天宝二年(743 年)八月诏制的寒衣节：“禋祀者，所以展诚敬之心；荐新者，所以申霜露之思。是知先王制礼，盖缘情而感时。……自流火届期，商风改律，载深追远，感物增怀，且诗著授衣，令存休浣。在于臣子，犹及恩私，恭事园陵，未标典式。自今以后，每至九月一日，荐衣于寝陵，贻范千载，庶展孝思。且仲夏端午，事无典实，传之浅俗，遂乃移风，况乎以孝道，人因亲设教，感游衣于汉《纪》，成献报于《礼》文，宣示庶僚，令知朕意。”这一诏令直接影响到民间拜墓送衣的习俗。

宋代，十月朔的习俗主要表现在三个方面：授衣、祭祀和开炉。

授衣习俗，有吕希哲的《岁时杂记》作为明证：“十月朔，京师将校禁卫以上，并赐锦袍。皆服之以谢。……边防大帅、都漕、正任侯，皆赐锦袍。旧河北、陕西、河东转运使、副无此赐。祖宗朝，有人自陈，乃赐衣袄，诸军将校皆赐锦袍。”

祭祀习俗，有《东京梦华录》所记载的北宋汴梁的九月，“下旬即卖冥衣、靴鞋、席帽、衣缎，以十月朔日烧，戏故也”，“士庶皆出城飨坟，禁中车马出道者，院及西京朝陵。宗室车马，亦如寒食节”。《梦粱录》里，也记载南宋临安“士庶以十月节出郊扫松，祭祀坟茔。内庭车马，差宗室南班往攒宫，行朝陵礼。”《河南程式遗书》记载百姓：“拜坟则十月一日拜之，感霜露也。”

开炉，即开始烧炉取暖。

明代刘侗、于奕正所著的《帝京景物略·春场》里，有关于当时寒衣节的详细记载：“十月一日，纸肆裁纸五色，作男女衣，长尺有咫，曰‘寒衣’，有疏印缄，识其姓字辈行，如寄书然。家家修具夜奠，呼而焚之其门，曰‘送寒衣’。新丧，白纸为之，曰‘新鬼不敢衣彩也’。送白衣者哭，女声十九，男声十一。”

清代寒衣节的情形，有潘荣陛的《帝京岁时纪胜·送寒衣》记载：“十月朔……士民家祭祖扫墓，如中元仪。晚夕缄书冥楮，加以五色彩帛作成冠带衣履，于门外奠而焚之，曰‘送寒衣’。”

在十月一日祭祖送寒衣时，要在坟头画一个圆圈，将用五色纸裁剪的衣服烧在圆圈内，同时喊祖先来拿走衣物，为的是怕孤魂野鬼哄抢。一般情况下，人们还不忘在旁边另画一个圆圈，另烧些纸衣去救济那些无人祭奠的孤魂野鬼，以免他们穷极生恶，抢走自家祖先的衣物。

远离故乡不能回家的人，可以在十字路口或三岔路口处遥祭，画两个圈，在为祖先烧衣物的同时也奉献一些给厉鬼们。

曾有一首旧诗描写寒衣节：“粘纸成衣费剪裁，凌晨烧去化灰埃。御寒泉台果否用？但闻悲声顺耳来。”

郧阳府关帝庙

一

明代及其以前的郧阳关帝庙，建在巡抚衙门(清代改为试院)东侧，毁于明末战火。

清顺治二年(1645年)，郧阳巡抚徐起元重建关帝庙于郧阳府衙之北的儒林街，曾经在康熙八年(1669年)重葺，三十八年(1699年)增修。

嘉庆六年(1801年)，知府王正常认为府属关帝庙太过狭小，于体制不相符，于是率郧县知县高赐禧与郧城士民，迁建关帝庙回郧阳试院之东的原址。在大功告成之时，适逢安徽桐城人，时任河南藩司(布政使)的方维甸带兵驻郧围剿白莲教，他成为郧阳府属关帝庙迁建的见证者，于是写下了《郧阳府关帝庙迁建记》。

王正常，字澈，号方山，四川泸州人，进士出身，在乾隆六十年(1795年)以道员职务留用并摄郧阳知府事，至嘉庆六年(1801年)离任，史料说他“规模阔大，智识宏通，兼娴兵略”。嘉庆元年(1796年)，白莲教之乱波及郧阳，境内习教民众甚多，好在王正常在有苗头之时就预先布置防范，使民众间的内患潜消。然后他亲率兵勇，深入大山穷谷，追剿于所属各县。他在几个来回的扫荡途中，于戎马之上考稽文献，写成《郧阳府志》二十余万言。嘉庆六年，他以“平贼之功”擢升而去，让郧阳人好生不舍与怀念。迁建郧阳府关帝庙，被认为是他离开郧阳之前的一大功绩。

高赐禧，开封人，进士出身，于嘉庆六年任郧县知县，至十年离任，其间曾经协助多位知府修建关帝庙、南门城楼、北门春雪楼、昭忠祠等。

方维甸，内阁中书军机大臣、直隶总督、乾隆“五督臣”之一的方观承之子，字南藕，号葆岩，安徽桐城人，于乾隆四十六年(1781年)中进士，以吏部主事的身份随大学士福康安出征台湾。之后累迁御史，赏戴花翎。乾隆五十四年，皇帝派方维甸典试广西，晋他为光禄寺少卿。之后又随征西藏廓东噶，升为正卿。再后随同尚书苏凌阿到山东勘定案件，转为太常寺卿，充任顺天副考官。五十五年，他主办长芦盐政却因事撤职，发配给军台效力。后特旨赦免，赏员外郎之职，仍到军机处办事。嘉庆四年(1799年)，他分校会试，累迁侍读内阁学士。后又随尚书那彦成练兵于关陇，授山东按察使，调河南布政使，升陕西巡抚。在任河南布政使和陕西巡抚的7年里，他先后参与平定川楚白莲教之乱。他带兵驻郧，就是其任河南布政使时期。嘉庆十四年，朝廷提升方维甸为闽浙总督，剿除了蔡牵余党。之后他亲自渡海到台湾，平息了长期存在的群众械斗。在台湾事件平息后，他以母亲年高为由请求归乡赡养，得到了皇帝的允准。不久母亲病逝，就在他居家守孝期间，国内发生了天理教之乱，林清突袭皇宫，李文成占据滑县，朝廷特令方维甸为军机大臣、直隶总督，允许他以丧服理事。他接旨后即赴军营，却得知那彦成已奏捷报，于是上疏辞官，仍回家守孝，终因哀恸过度，于嘉庆二十年六月卒于家中，被赠太子少保，赐祭葬，谥“勤襄”。

二

方维甸所撰《郧阳府关帝庙迁建记》全文如下：

郧阳府关帝庙迁建记

郧阳封域之内，帝庙无虑数百，其在郧城儒林街者，为有司飨献之所。顾其庙，狭隘弗称，且奉帝像于佛殿前楹，非礼也。

今安襄郧荆兵备道泸州王公正常，于乾隆六十年来守郧阳，厘正祀典，欲拓而新之。会军兴，日不暇给，事遂中辍。治郧六载，政安人和，寇贼衰息，谋于郧县祥符高公赐禧，以旧庙无隙地可辟，惟元至正中所建在今试院之东，规制宏阔。及据碑考寻遗址，有官夺之为仓庚者，民侵之为庐舍园圃者，仅存庙屋三楹，隳剥已甚。于是核其故地，还诸庙。王公率诸僚属捐俸倡之，士民助之，庀材鸠工建殿宇于中。后设启圣祠，前接轩堂，下广廷翼，以两庑缭垣四周，重门洞，达树绰，楔于门外，以表之题曰“忠义神武大帝之庙”。不著汉时爵谥者，遵功令也。殿陛崇严，典礼咸秩。

余奉命屯军汉江，驻师于郧，适观厥成，乃叹贤使君事神以礼，而设教训民之意至深远也。窃以帝庙祀典，牲牢笾豆用王者礼，自京师下逮郡邑通得祀，尊崇与孔子等。百神庙祀之盛莫之与京，夫岂侈崇隆报哉？惟帝刚大之气，上蟠下际，昭著如日月，迅疾如风霆，蔓绝古今，为能尽其性耳。人同此性，精爽凭之，其尸祝之遍于天下也，固无足异。

往岁宜昌奸民以左道倡乱，蔓延荆襄，西至于郧阳，贼党遥相应和，所在蜂起。士民奉郡檄索伏莽之贼，先事悉诛之，梳爬芟夷，折其芽蘖，近郊始稍安。而贼之焚掠境上者，未已也。乡里豪隽之士，复率众与贼战，屡挫凶锋，断脰陷胸，蹈白刃而不惧。以名上兵部请恤者，多至数百十人。夫郧人死事奇节、表见卓卓者如是，虽与古烈丈夫挥斤八极所就或有不同，而义愤之激发，不欺其志，大本又岂有异耶？民俗之懿，既与帝忠义之心，旷百世而相感。兹为庙，以奉粢盛，知必歆享其祀，保佑其民于无穷。神之来格，固捷于里巷之祈禳感应已。

抑闻之古者，出师、献馘，皆于泮宫行之，而类祃表貉，乃祀黄帝。唐制，又于表貉之外，别祀武成王，与文宣王相配。然轩辕为天子，太公为诸侯，非郡邑可通祀。惟帝之功，施未尽于当时，而植纲常，扶名教，足以垂范于万世。今之庙祀，与黉宫并重，固匪特师祭之宜也，尽示民以有勇知方之义，而励其亲上死长之心。诗曰："匪怒伊教"，其斯之谓乎！

工始于嘉庆六年二月，告成于七年四月。余与王公、高公祗谒庙堂，征文以《纪》厥事。余惟庙制备矣，而以死勤事之祀，不可不举。余昔为太常卿，尝有事于昭忠祠，见祠中木主，凡捐躯战阵者，下至走卒皆附此，圣朝教忠盛典也。今或以故事，构数楹于庙侧，祀诸烈士，以乡贤附祀学校者，例之于礼为宜，并书之，以谕来者。

时嘉庆七年十月庚戌。

其大意为：郧阳府封域之内，关帝庙恐怕有数百座，只有郧阳城儒林街的一座是官员祭祀的场所。看这座关帝庙，狭隘窄小，与府制的规格极不相称，而且把所供奉的帝像放在佛殿的前楹，违背了应有的礼数。

安襄郧荆兵备道员王正常，泸州人，于乾隆六十年(1795年)来郧阳任郡守(知府)后，决定整治改正郧城面貌，其中就有拓展重修一座新帝庙的内容。但不久教乱纷起，需要他会军弹压，没有一日能得到空闲，就把此事耽搁了下来。他治郧六载之后，政通人和，寇贼衰息，就与任郧县知县的祥符(开封)人高赐禧商谋。两人都认为：旧庙已经没有空隙之地可以开辟，只有现在的试院之东，是元朝至正年间所建的关帝庙旧址，当时规制宏阔。于是他们当即依据碑文考寻遗址，看到有的房屋已被官员夺占成为了仓房，有的已被民人侵占成为了庐舍园圃，仅存的庙屋三间，也已经破败剥蚀得很严重了，就开始开展核查故地归还给庙宇的工作。之后，王郡守又率各僚属捐出自己的俸禄并倡导修建，全城士民纷纷自愿相助，献材献工到殿宇建设之中。

新的关帝庙后设有启圣祠，前接殿堂，堂下两翼有大厅，大厅之外有两庑缭垣四周，两重门洞直达门外所树立的、用以表彰孝义的绰楔，绰楔之上题着“忠义神武大帝之庙”八字。之所以没有题汉代皇帝谥给关公的爵封，是因为要遵守当代的法令，典礼规制都要按照帝王之礼仪行事。

我奉命屯军于汉江，驻师于郧阳，适时看到了郧阳新关帝庙的落成，于是感叹王郡守事神以礼的贤良，和他设教训民之意的深远。就以关帝庙祀典为例，自京师以下到郡邑(府县)都得举行，牲牢和笾豆都用王者之礼，尊崇与孔子等同。然而，现在百神庙里的祭祀之盛甚至超过了京城，这岂不是邪行大起的信号吗？唯有张扬帝刚大气，使上下通达，昭著如日月，迅疾如风霆，从古蔓延到今，才能充分发挥品德至高至纯的人性。如果人同此性，精神都依托在了里面，那么虔诚的祭祀就会遍及天下，人心也就不会发生异变了。

此前，宜昌的奸民以左道倡乱白莲教，蔓延至荆襄，西至于郧阳，他们遥相应和，各在所在地蜂起为祸。郧城士民奉知府王正常的檄文，捉拿捆绑潜伏于周边的白莲教徒，先全部斩杀，再梳篦式搜索，铲除其余党的芽蘖，祸乱才得以平息，让近郊始稍安宁。然而，郧阳境内白莲教徒的焚掠并未完全停止，于是乡里的豪俊之士，再次率众与他们作战，屡挫其锋芒，流血断头赴汤蹈火而在所不惧。战后，把他们的名字上报给朝廷，请求兵部抚恤，人数多至数百人。郧阳人的死事奇节和英勇表现比比皆是，虽与古代烈丈夫挥斧于远方所建的功业或许有所不同，而义愤激发却不输其志，在本质上又有什么区别？郧阳民俗中的美好德行，与关帝的忠义之心相隔百世而相感互通，所以要重修这座庙以祭祀关帝，奉献祭祀的谷物。关帝必然知道人们的诚心而安享其祀，保佑当地人民于无穷。神的降临，最便捷的方式是被里巷的人们祈祷所感应。

古时军队出师，或者凯旋后献馘(被杀之敌的左耳)，都要在学校泮宫里举行大典，举行类祭和祃祭或表貉(出征祭祀)，所祭祀的是黄帝。唐代又规定，在表貉之外，另祀武成王(姜太公)，与文宣王(孔子)相配。然而轩辕黄帝是天子，太公是诸侯，不是郡邑(府、县)所能够通祀的，只有关帝的功劳，在当时并没有施尽而留下遗憾，所以被植入纲常，扶进名教，让他足以垂范于万世。今日的关帝庙之祀，与孔子享受学宫并重，所以不仅有师祭之宜，还能尽示民众以有勇知方的意义，更有激励人们为国家、为君主的赴死之心。

郧阳府关帝庙开工于嘉庆六年(1801年)二月，告成于七年四月。竣工之日，我与王知府、高知县一起拜谒庙堂，王知府认为应记载这件事。我以为帝庙之制既然齐备，而对忠烈之士的祭祀不可不举。我过去任过太常卿，曾经祭祀于昭忠祠，见过祠中的木主神位，凡是为国捐躯战阵者，哪怕下至走卒，都要在祠内享受圣朝的教忠盛典。今天或许应该以此为例，构房数间于正庙之侧，祭祀那些捐躯的郧阳烈士。书成此文章，以告谕后来之人。

时为嘉庆七年十月庚戌日。

三

关帝，即三国时期蜀汉名将关羽，并州河东解县(今山西运城)人，字长生，后改字“云长”，为东汉末年的著名将领，是刘备最为信任的人之一，其作战勇猛，讲究义气，在去世之后，其形象逐渐被后人神化，成为民间历来祭祀的对象，被尊称为“关公”。由于关公的忠义行为正符合封建帝王体制对人们的要求，所以成为历代朝廷借其形象宣扬“忠义”思想的对象。历史上，各代对关公不断进行褒封，到清朝时达到顶峰，被奉为“忠义神武灵佑仁勇威显关圣大帝”，崇为“武圣”，与“文圣”孔子齐名。随着关公声名的不断显赫，关公形象又被多种宗教接纳为神：在道教中被尊奉为“武财神’，在汉传佛教中被尊为伽蓝菩萨，是佛教两大护法菩萨之一。

最早，关公只是百姓心目中的英雄，其事迹在民间口头流传。最先发现关公利用价值的是佛教，在陈隋之间，有佛教徒假托关羽显灵，在当阳创建了首个关庙，曾经红极一时，四方之人纷纷到此祭拜以求保佑，回家之后又争相在自己的家乡建庙早晚祭拜，使关公信仰很快得到普及。接着道教跟进，在唐建中三年(782年)把关羽列为古今六十四名将之一，放其神位进武庙，配享姜太公。

宋代统治者直接把关羽推向了极尊。宋徽宗首封关羽，把他连升三级：先封“忠惠公”，再封“崇宁真君”，又封“昭烈武安王”和“义勇武安王”，开创了皇帝分封关羽亡灵之先河。封建统治阶级尊奉关公，是要把关羽当做“忠义”的化身，要人们向关公学习对朝廷、对皇帝的极尽“忠义”，用以巩固自己的统治地位。因此，关公的地位就被越抬越高，“由侯而王”，“旋而进帝”，最后被尊为“武圣人”，其俗一直延至清末。

宋徽宗所发现的关羽亡灵价值，是关羽作为“忠义”的化身，能够成为坚定国民忠君爱国信念的典型，这才有历代皇帝陆续把关羽的亡灵“侯而王，王而帝，帝而圣，圣而天”的结果。宋徽宗赵佶首封关羽，先直接接受了民间称关羽为“公”的尊号，继而封“王”；元文宗图帖睦尔在继承宋徽宗封关羽为“王”的基础之上，把其封号由五字加到了九字，为“显灵义勇武安英济王”；万历帝朱翊钧首封关羽为“帝”，并把封号加到了十六字，尊为“三界伏魔大帝神威远震天尊关圣帝君”，还把关羽庙升格为“武庙”，与文庙中的孔子并列。清代皇帝把关羽推向极尊，标榜其为“万世人极”，封号加到了二十四字，尊之为“忠义神武仁勇威显护国保民精诚绥靖翊赞宣德关圣大帝”，在北京修建关帝庙的同时，还通令全国府县普建关帝庙，按时奉祀香火。此后，武圣关帝庙数量之多，远远超过了文圣孔庙，甚至有些关帝庙的建筑规模远远超过了孔子的文庙。

民间文艺对关公形象的形成和提升也起到了至关重要的作用。千百年来，正是通过戏曲、文学的演义，一个“对国以忠、待人以仁、处事以智、交友以义、作战以勇”的，代表着中华民族传统美德的、完美的关公形象一步步出现在世人面前，由一个“万世人杰”上升到“神中之神”，成为战神，财神，文神，农神等全方位的万能之神，被历代统治者和万民百姓上下所共仰，为华夏神州与海外同奉。不仅民间和官方敬仰关羽，就连李自成、张献忠、洪秀全等这些“草寇”，也把关羽奉为英雄而顶礼膜拜。不仅华夏大地流行关公风，就连日本和整个东南亚，以及所有海外华侨，对关羽的膜拜之风也历久不衰。其原因就在于：凝聚在关羽身上为万世共仰的忠、义、信、智、仁、勇，蕴涵着中华传统文化的伦理、道德和理想，渗透着儒学的春秋精义，并为释教、道教教义所趋同。这种人生价值观念，实质上就是彪炳日月的、大气浩然的华夏魂。

郧阳城里的两座城隍庙

一

郧阳古城里曾经同时有两座城隍庙，一座是府城隍庙，一座是县城隍庙。

郧阳府城隍庙在府衙之后，为明成化年间第一任知府吴远所建，其后又历经多次扩建和修葺。明嘉靖九年(1530年)，知府郭五常曾经重葺。十五年，郡人(郧阳城内人)赵玺等募修两庑并雕塑、安置十二曹官像，同时增建东翼七间官厅和西翼七间道士居所，还使用砖石环砌了层台，当时的府同知韩襄还撰了《记》并刻碑立在庙里，但碑和碑文现在均无存。清嘉庆二年(1797年)时府城隍庙又破败不堪，郧阳府众人士重新捐款修建了府城隍庙，由时任知府王正常作《郧阳府城隍庙记》。

郧县城隍庙在县衙东，曾经被毁于明末战火，有残碑记载，上面说始创无考。清顺治十年(1653年)，知县赵丕承重修。乾隆年间，知县杨瑞莲率道士陈阳洪等人修葺鼎新，历经十余载才完成。道光五年(1825年)，知县黄承祈购买庙周的民居，展拓基址，于八年募修了三间拜殿。

郭五常，吉林四平人，进士出身，于嘉靖九年(1530年)任郧阳知府，十一年离郧。

韩襄，山东鱼台人，举人出身，于嘉靖十三年(1534年)任郧阳府同知，十五年离郧。

赵丕承，河北真定人，选贡出身，于顺治三年(1646年)任郧县知县。顺治五年，他在与王光泰叛军的作战中，和同知刘璇等人一起被俘，不屈而受死。

杨瑞莲，江苏阳湖人，举人出身，于乾隆二十八年(1763年)任郧县知县，三十三年离郧。

黄承祈，云南新平人，进士出身，于道光五年(1825年)任郧县知县，七年离郧。

以上为历次修缮城隍庙的官员简历，如今都历历在目。可惜的是，目前我们能够看到的任何资料，都没有记载郧阳人所供奉的府城隍庙神和县城隍庙神为何方人氏。

过去的郧阳城里，每年都例行举办一些大型的城隍祭祀活动，主要有：在春秋两季祭祀风云雷雨神时，要请城隍配享；在清明节、中元节和十月初一祭祀厉坛时，城隍为主享；每月初一、十五两天，官员要按时祭祀城隍。

每年的清明节、中元节和十月初一的祭祀完毕后，人们还要抬着城隍爷的神像出巡，仪式之隆重热烈，为郧阳城万人空巷之时，不仅观者云集，而且万户祭拜，纸钱和香火的青烟遮蔽了整个郧城，终日不散。

二

知府王正常于嘉庆二年所作的《郧阳府城隍庙记》全文如下：

郧阳府城隍庙记

祈报之祭，达于上下而偏于郡邑者，古为社稷，后世乃有城隍。城隍之名见于《易》，庙祀莫知其所始。考之史，有吴赤乌二年之建庙。伊耆氏祭蜡水。庸居七水，隍也；庸通墉，城也，说者以为祭隍之始。唐张说、张九龄、杜牧辈俱有祭文传于世。明初郡县祭附山川坛。洪武二十年(1387年)改建庙宇，制等公廨，设座判事，如长吏状。迄今守牧、县令朔望展谒文武庙外，唯城隍；偶遇水旱呼号吁祷，唯城隍；百姓衔冤辨曲、疫疠死亡、畏谴输罪，莫不奔走归命于城隍。以故史巫纷若无虚日，而祈报之祭盛于社稷。

郧郡城隍庙创自前明。国朝以来，未有起而修葺者。乾隆乙卯，余奉简命守郧，谒城隍，见岁久剥落，垣壁攲斜。及阅城，则坍塌若通衢，心窃虑之，方与僚属议次第举，而木石不能旦夕致。越丙辰春正月，荆、宜贼蠢动，势甚张。余与郧令叶治亟设策筑城，会有言城隍庙庀材可假用，乃集工分段。筑甫竣，而城即戒严，数百万生灵恃捍卫以无恐。由是，乃守乃剿，迄五月而贼平。窃思建庙已三百余年矣，少因循亦可支，谁实启之？胡然而议修材庀矣，谁实缓之？胡为修而不果，直至事会相乘，假修庙之用以修城，而用无不赡，此非城隍于冥冥中相之者耶？于是奉血食而歌以侑之，凡以云报也。

夫缮城与修庙，自两事也。顾天地间，山林川泽莫不有神，聚一方之民而为城池以卫之，必有所以主之者，明则城池，而阴则城隍也，御灾捍患谁其尸之？夫有所受之也。不然，吾属何修而获安全也？昔北齐慕容俨镇郢城，始入而梁师至，城守孤悬，众情疑惧，俨相率祷城隍，大获神助。郧郡城隍前有杀虎事，载韩襄碑记中，凡祈晴祷雨罔弗应，盖威灵显赫，不自今始，而今犹异焉。继自今所为，保障生民以捍卫社稷者，皆仰赖于神，然则祈报之祭不与麋庸山川共厥灵长也哉？

嘉庆二年，郡人张钦若、钱先德等鸠众修建，工成，为书所由于石，其捐资姓氏得并书。

其大意为：祈求神灵降福，或者通报自己政绩的祭祀，自上而下都普遍采用。而偏重于地方府县的祭祀，古为社稷，后世才有城隍。城隍的名称始见于《周易》，至于从什么时候开始建庙祭祀就不知道了。考察史书，有三国时的东吴在赤乌二年(239 年)建城隍庙的记载。再往上追索，有古帝伊耆氏祭蜡水之说，其中第七水“庸居”就叫“隍”，而“庸”通“墉”，就是城，书中认为这是祭祀城隍的初始。唐代人张说、张九龄、杜牧等人都有祭祀城隍的祭文流传于世。明初，郡(府)县祭祀城隍是附在山川坛里，到洪武二十年(1387 年)才改为单建城隍庙，规制和格局等同于官署，设有审判事理的座位，是按照地位较高的官员状况所设。到现在，守牧(知府)、县令在每月的初一和十五两个朔望日均要去拜谒文庙、武庙，此外唯一还要拜谒的就是城隍；如果当地偶遇水旱之灾，唯一呼号吁祷的还是城隍；百姓衔冤需要申辩冤曲、遇瘟疫出现了人员死亡、谁做了坏事害怕被责罚而要吐露真情，都莫不奔走归命于城隍。所以，城隍庙里以祝史和巫觋为职业的人很多，而且不度虚日，祈报之祭远远盛于社稷坛。

郧阳府城隍庙创自前代明朝。清朝建立以来，还没有人发起修葺。乾隆乙卯(乾隆六十年，1795 年)，我被选派任命为郧阳知府，在拜谒城隍时，见庙宇因年久而墙体剥落，垣壁倾斜。站在这里看郧阳城，更显得整个城墙也坍塌得如若通衢，心里暗暗忧虑，就与僚属商议依次修复，但所需的木石却不能一朝一夕筹齐。到第二年丙辰(嘉庆元年，1796 年)春正月，荆州、宜昌爆发白莲教起义，教徒们蠢蠢欲动，气焰分外嚣张，我与郧县知县叶治都急于设计防敌的策略和补筑城墙。在会商时有人建言，为城隍庙储备的建材可以借用修城墙，于是就拿来集中工匠分段固筑城墙的墙体。不久竣工，当即全城戒严，使数百万(原文如此)生灵依仗城墙捍卫而无忧。从这时起，我们边守边剿，历经五个月把敌人剿平。这才腾出空闲来思考修建城隍庙的事情。想到建庙已经三百余年了，而且历来很少按例拨款维修，一直连自谁开始拨过款都不知道；谁为何而议要修葺备材，后又缓行也不知道；谁为何修而未果，假借修庙之用的钱财而修了城墙，让防御所用非常丰赡充足也不知道。但这不正是城隍在冥冥之中相助郧阳吗？于是，我们才要奉献出血食和歌舞来报答城隍，这就是人们常说的因果报应。

修缮城墙与修庙，自然是两件不同的事。但看天地之间，山林川泽莫不有神，所以聚一方之民的财力和物力而修的城池，是用来保卫人民的，也必然要有一个主持保卫的神灵才行。明里看，是城池保卫了人民，而实际上则是阴界的城隍在起作用。每当发生灾患时，是谁在抵御灾难？谁在代表死者受祭？总得有一个承受的对象。不然，我所属的地方为什么修了城池就获得了安全？昔日，北齐大将慕容俨镇守郢城，刚刚入城，而南梁的军队就到了城下。郢城孤悬在外，得不到任何的军援，大家的神情都很疑惧，慕容俨就率领大家去祈祷城隍，获得了神的大力相助。

郧阳府的城隍，在之前曾经有过杀死老虎的事，这记载在韩襄的《碑记》之中，而且凡来此祈晴祷雨都没有不灵应的，因此威灵显赫不是从今天才开始，只是现在更灵异罢了。直到今天，我们的所作所为，之所以能够保障生民并且捍卫社稷，都仰赖于城隍神。那么，祈报城隍的祭祀不是与麇庸（郧阳）山川能够共享万年吗？

嘉庆二年（1597 年），郧阳人张钦若、钱先德等人聚集众人修建了新的城隍庙。在大功告成之日，我为此书写了这篇文章，并刻于碑石，其中捐资修建人的姓氏一并书在上面。

三

城隍，又称城隍爷，是人们想象，后又经道教衍生出的冥界地方官，职权相当于阳间的城市市长。因此，自古以来城隍就跟城市息息相关，并随城市的发展而发展，扮演着城市保护神的角色。

“城隍”的本义是指护城河。“隍”的原义是指护城壕。古人之所以造城，是为了保护城内人的安全，所以都要围城修筑高大的城墙，并在城墙上修建城楼、城门，在城外挖护城河。

祭祀城隍起源于古代的水（隍）庸（城）崇拜。古人认为，凡事凡物都有神灵存在，城市当然也不例外，一个城市一定有该城市的保护神存在，他就是“城隍”。

在周朝，每到收获之后和除夕，人们都要祭祀八神，其中第七神就是水庸神，水即隍，庸即城，水庸神即城隍神。在《尚书·周宫》里，城隍列为八神之一。道教兴起之后，就把城隍纳入到了自己的神系之中，称它为剪除凶恶、保国护邦之神，并管领阴间的亡魂。

至少自三国时起，就开始为城隍建祠，形成用动物祭祀城隍的风俗。史书上记载最早的城隍祠，是公元 239 年由孙权在安徽芜湖建立的。

南北朝时，形成祭祀城隍神的例规，至隋代，城隍神还只是一个抽象的神，并没有具体的姓氏和名字。

唐朝时，城隍信仰更加深入人心。在当时的封建专制统治下，人们希望官员能为民做主，体恤百姓的疾苦，就开始把那些生前曾经为人民做过好事，死后受到普遍敬重的官员供奉为当地的城隍神，如苏州所祭祀的春申君等。当时，很多文人雅士，如杜甫、韩愈、张九龄、杜牧、李商隐等人都撰有祭祀城隍的诗文传世。

宋代开始，把城隍祭祀列为国家祀典，元代始分封城隍神为佑圣王。

建立大明王朝的朱元璋因为出生在一座土地庙里，于是他对土地神的上司城隍神便格外敬重，说其能“以鉴察民之善恶而祸福之，俾幽明举不得幸免”，把城隍神的职能定在城市护卫神的基础之上，又赋予其存在于阴界，而监视阳界的监察神。这为道教称城隍职司剪除凶逆、领治亡魂的理论添了注脚。朱元璋曾经说“朕立城隍神，使人知畏；人有所畏，则不敢妄为”。洪武二年(1369 年)，朱元璋下诏加封天下城隍，把天下城隍神的爵位分为王、公、侯、伯、子五等，分出京师、都、府、州、县五级，要求每年定时祭祀，分别由皇帝、布政使及府、州、县的守、令主持。于是全国各地的城隍庙一下子便如雨后春笋般纷纷兴起。

京师城隍，是守护京师之神，被封福明灵王之爵，是阴间的直隶总督；都城隍，为守护省城之神，被封明灵公之爵，是阴间的巡抚；府城隍，为守护府城之神，被封威灵侯之爵，是阴间的知府；州城隍，为守护州城之神，被封灵佑伯之爵，是阴间的知州；县城隍，为守护县城之神，被封显佑子之爵，是阴间的县令。县以下无城池的大型村镇，也允许奉祀守护本地的神祇，但不称城隍，而称“境主”，可以设“境主尊神”供人祭祀，为男爵。

各地的城隍由不同的人出任，甚至是由当地的老百姓自行选出，选择的标准为曾经在当地任职，且有过重大贡献，又正直聪明的历史人物，人们赋予他的主要职能为：守护城池、主管人的生死和亡灵、赐人祸福、奖善罚恶等。

自明开始，城隍庙里的香火便日夜旺盛起来，不仅每年按国家规定要定时祭祀，更多的是接受百姓的祈福，人们一遇婚丧嫁娶都要到城隍庙里去插上一炷香祈求平安，甚至官员上任也要先在城隍庙里过夜。清人黄六鸿在他所写的《福惠全书》中描述，新官莅境后，于上任前一日，或前三日至城隍庙斋宿，以便在梦中请教境内是否有悬而未决的冤案。

由于有明代皇帝的推崇和鼎助，道教便借机把城隍的阴司衙门建立了起来，在各级城隍之下设文武判官、各司大神和将军。

判官是城隍手下的监察神，监督阴间的司法公平。而城隍的直接僚佐机构为各司，依城隍的级别可以配置三司、七司、八司、二十四司、三十六司不等。城隍司的设置大抵是依据了阳间朝廷的吏、户、礼、兵、刑、工六部而设，无论设置几个司，都是以阴阳司为诸司之首，因为这是城隍爷的第一辅吏司，起着协调诸司、监察诸案的作用，人们的各种祈求，都先要通过该司之后，方能呈报于城隍本人。

阴阳司、速报司、纠察司为城隍庙的基本三司，设七司的加奖善司、罚恶司、增禄司和注寿司，设八司的再加功过司。

设二十四司的，情况比较复杂，各地采用的依据不同，所以所设各司的名称就不同，大多为：阴阳司、速报司、良愿司、查过司、文书司、地狱司、功曹司、掌案司、检簿司、驱疫司、学政司、典籍司、罚恶司、注福司、注寿司、督粮司、巡政司、感应司、保安司、仪礼司、稽查司、赏善司、提刑司、考功司。

也有的二十四司为：阴阳司、速报司、功曹司、功过司、注福司、瘟疫司、感应司、罚恶司、功考司、记功司、事到司、监狱司、巡察司、赏法司、刑法司、察过司、见录司、来录司、警报司、赏善司、库官司、改原司、保健司、人丁司。

还有采用朝廷六部二十四司的依据，设了二十五司，分别为：阴阳司、**吏部司**、司封司、司勋司、考功司、**户部司**、度支司、金部司、仓部司、**礼部司**、祀部司、主客司、膳部司、**兵部司**、职方司、驾部司、库部司、**刑部司**、都官司、比部司、司门司、**工部司**、屯田司、虞部司、水部司。

更有依据民众需求而设定的二十五司，分别为：阴阳司、任免司、感应司、差捕司、讯问司、府库司、科甲司、农啬司、匠工司、商贾司、钱银司、幽冥司、纠察司、婚娶司、子孙司、医药司、寿命司、功过司、曲直司、监狱司、兵戎司、运途司、文书司、土地司、江海司。

以上为城隍手下的文职部门，城隍手下的武职一般有五大将军，分别为甘柳将军、范谢将军、牛马将军、日夜游神、枷锁将军等。

我们不能把城隍文化笼统地斥之为封建迷信的产物。实际上，这是古代先民在科学技术还不发达的当时所能表达的一种期盼方式，所要期盼的是风调雨顺、生活安定、官员清廉、惩恶扬善。不信，请看各地城隍，都是由令人敬仰的英雄好汉和正人君子充任，由此百姓的愿望就清清楚楚。同时，城隍文化还对官员有一定的震慑作用，正如朱元璋所说："朕立城隍神，使人知畏；人有所畏，则不敢妄为！"

郧阳的两所名宦祠

名宦，是指那些为官时政绩突出，名声和地位显赫的人。

名宦祠，是在本地任官时勤政爱民，政绩显著，德业公认的官员，死后由当地士民举荐，经本省总督、巡抚会同学政审核批准，上报朝廷认可，由皇帝颁旨准其牌位在任职地接受百姓供奉香火的祠堂。

郧阳城内有府、县两所名宦祠，府名宦祠在府学宫内，有记载始于嘉靖三十六年(1557 年)，巡抚章焕迁建府学宫于城东北处，其建筑群中就有名宦祠，位置在府学宫最后一个院落里，院内有敬一亭、杏坛亭、名宦祠、乡贤祠、洙泗亭、五贤祠、时雨堂等。

整个明代，郧阳府名宦祠内所供奉的是曾经为郧阳作出过重大贡献的 16 位在郧阳任职的官吏，他们是张士逊、戴珊、徐蕃、王宪、章拯、王鉴之、沈晖、钟蕃、吴远、李津、俞荩、王傅、胡伦、赵全、王震、林典。到清代，又增加了徐起元、朱宋及陈天泽。

郧县名宦祠在县学宫内，共供奉有 6 位郧县知县的神位，他们是赤憐真、马伯庸、吕仲彬、谭铨、伍夔和许子言。

一

名宦，不是谁说是就能是的，得靠他的政绩和声誉说话。那么我们就来看看这些郧阳名宦都有哪些令人称道的政绩。

张士逊(964—1049 年)，字顺之，阴城(今湖北老河口)人，北宋政治家、诗人，出生七日母丧，后父亲又亡，导致家贫，由均州郧乡县姑姑收养读书。宋太宗淳化三年(992 年)中进士，授郧乡县主簿，后升射洪(在四川)县令、转襄阳县令、入朝为秘书省著作佐郎，出又任邵武知县，后历任江南、广东、河北转运使、礼部尚书、刑部尚书、同中书门下平章事(宰相)、集贤殿大学士。康定元年(1040 年)拜太傅，封邓国公(南阳邓州)，后致仕(退休)，定居于郧乡为姑姑守墓。张士逊为姑姑养大，待姑姑如亲娘。后来姑姑病亡，他行服(孝服)徒跣(赤足)扶柩以葬，皇帝追封姑姑为“南阳县太君”。

由于资料缺失，张士逊在郧乡任县令时的政绩不详，但老来归郧乡之后喜好在境内游历，留下了一些遗迹。

其一，在清同治《郧阳府志》中记载，在郧西(宋代时为郧乡县武阳里)县城之北五里有一个乾兴寺，题有一首宋相国张士逊的诗，但没有记载诗名，看内容却与乾兴寺无关，而是说张士逊题壁于萧寺。请看：桐枝手植长桐孙，二纪重来悔此身。三代衣冠联贵客，十州轩冕接清尘。桑麻垦处多新垄，耆旧违时少故人。萧寺门前题桥壁，又书丁巳对壬辰。

其大意为：我当年所种植的桐苗现在已经又长出了桐孙，第二次重来这里时我悔恨自己的一生。三次穿上宰相的衣冠与许多贵客来往密切，在十个州为官自己一直高洁清风。无论在何地自己都在鼓励乡亲们开垦桑麻，但所请教的那些年高望重者里却没有一个自己故乡的人。老来回乡在当年所植桐树的萧寺门前题一首诗于桥壁之上，再写上“丁巳年对壬辰年”。

萧寺，位于郧阳城东五里，原名萧公庙，是供奉汉代萧何的祠堂，后来被植入佛像，改称萧寺，但至今地名依然叫萧公庙。萧寺为古郧阳十景之一，称“萧寺留题”，是说庙壁上密密麻麻题有古代名人所题的诗句。

查其他资料得知，张士逊的此诗名为《雍熙中植桐于萧寺壬辰登科后告老来寺留题》。雍熙是宋太宗的第二个年号，共四年，即公元984年至987年，张士逊还是举人之时，有可能他当时还在继续读书，也有可能已经做了一个不入流的小官。“植桐于萧寺”，是说在萧寺前栽了一棵桐树。“壬辰登科”是指淳化三年(壬辰年，992年)中进士。“告老来寺留题”是说退休后再来萧寺留一首墙壁诗。

其二，同治版《郧阳府志》中，还记载有一处相公池，在郧西县城之北五里，池在山上，阔五亩许，冬夏不竭，说是宋相国张士逊游玩处。

其三，同治版《郧阳府志》中，还记载有一处张相国墓，在郧西县城之西四里，有华表和石人，疑是张士逊墓。但紧接着又说在光化县(老河口)红岩有宋太傅张士逊墓，并且还有宋仁宗御制碑，上面刻有“旧德之碑”四字。

其四，在郧阳鲍峡的云宝盖绿松石矿一处崖壁上，刻有一处题名为张士逊的《题宝盖岩寺》诗：身为冠冕留，心是云泉客。每到云泉中，便拟忘归迹。况兹宝盖岩，天造清凉宅。税车官道边，谁知愿言适。

其五，在郧阳西寺墙壁上，留有一首题名张士逊的《题西庵寺》诗。西寺，又名兴福寺，在郧阳城内的沧浪山上，始建于唐代，毁于宋末战火。明代重建，内设僧纲司，历经重修。其诗曰：西庵深入西山里，算得当年少客游。密密石从盘小径，涓涓云窦泻寒流。松皆有节谁青盖，僧尽无心也白头。欲刷粉牌书姓字，调卑官冗不堪留。

其六，同治修《郧阳府志》中，载有《张士逊小传》：张士逊，字顺之，阴城人，淳化中进士，郧乡主簿，迁射洪令，以宽厚得民，历同中书门下平章事，封邓国公，卒年八十六。士逊练习民事，风迹可纪，而依违曹利用，时人以和鼓目之。

另外，在《杨起元小传》里也提到了张士逊，说杨起元任郧乡知县时，有张士逊的祖坟在县境内，守墓人依仗当宰相的张士逊拒不缴纳墓地田地的赋役。杨起元到任后，强逼守墓人缴纳，出示张士逊下达的《判事文书》，杨起元也不为所动。清同治《郧阳府志》里的《杨起元传》载："杨起元，字舜明，管城人，知郧乡，时相国张士逊有先茔(先人墓)隶境内，将属之，召不往，至则按籍役之，虽堂贴(宰相判事文书)求不为动。"

张士逊卒于皇祐元年(1049 年)，时年 85 岁，谥文懿。他是活跃于北宋政坛的一颗明星，在真宗、仁宗两朝先后三次拜相。

二

其余 15 位名宦，都是明朝驻郧官员，其中 6 位是郧阳巡抚，8 位是知府，1 位是府学教授。他们在郧阳究竟做出过哪些贡献？为什么死后能进入名宦祠享受香火？下面作一些简要介绍。

戴珊生平及在郧政绩

戴珊，字廷珍，江西浮梁人，天顺八年(1464 年)甲申科进士，于成化二年(1466 年)授试监察御史。成化六年实授监察御史任南畿学政。成化十四年(1478 年)任陕西按察司副使，提调学校。成化二十年升浙江按察使。成化二十三年为福建右布政使。弘治元年(1488 年)升为左布政使。弘治二年(1489 年)任右副都御史巡抚郧阳。弘治四年回京任刑部右侍郎。弘治八年升刑部左侍郎。弘治九年改任南京刑部尚书。弘治十二年回北京任左都御史，此时他已经重病缠身，于是具疏请辞，皇帝曰："卿，老成清慎，练达宪体，特兹简命，宜勉就职，不允所辞。"弘治十五年大考，他为殿试读卷官之一。

弘治十七年全国多灾，戴珊以灾变求退，皇帝不允；又以疾辞掌印，皇帝曰："卿有疾，宜加调理，以副委任，印仍旧掌管。"再乞致仕。皇帝曰："卿风宪重臣，方切委任，宜安心供职，所辞不允。”弘治十八年复乞致仕，皇帝曰：“卿引疾乞休，已屡有旨不允，宜善加调理，以副委任，不必恳辞。”并派太医为他治病，赐给他丰厚的食物，抚慰晓谕有加。戴珊虽然感激得落泪，但私下仍告诉兵部尚书刘大夏说：“我年老多病，孩子尚幼，恐怕不久的一天就会提前死去，你是我的同年好友，为什么要吝惜一句话，不替我在皇上面前说说呢？”不久，刘大夏侍宴完毕，皇帝问起戴珊的病情，刘大夏就如实陈说，乞求皇帝怜悯他，准许他告老还乡。皇帝说：“是戴珊嘱咐你这样说的吗？主人执意挽留客人，客人往往就会勉强留下来。戴珊难道就不能为我留下来吗？况且我把天下事都托付给了你们，我们就如同家人父子一样。现在天下尚未显出太平迹象，怎么能忍心说告老还乡呢！”刘大夏出来之后把这些告诉了戴珊，戴珊哭着说：“我死也会在官任上的。”

弘治十八年，戴珊再次作为殿试读卷官之一。不久，弘治帝驾崩，他因为新君刚刚即位不忍心提出离职，勉强支撑病体处理事务，却于腊月卒于任上，被谥恭简，赠太子太保。

戴珊任郧阳巡抚时，正值四川大盗野王刚在竹山、平利一代流窜打劫，延及无辜。戴珊会合四川、陕西的军队，传令郧阳副使朱汉等人讨伐擒获了他们的首领，将其处斩，又下令将其余的寇众都以被胁迫者论处，因此保全了很多人的性命，在当时被誉为一桩德政。之后，他奏请复设了兴山县，又割房县另置保康县。

正德十二年(1517年)五月丁丑日皇帝下旨：“荫故都御史戴珊孙玄龄为国子生，录其提督郧阳时，擒斩剧贼功也。”

清同治《郧阳府志》里有《传》：“戴珊，字廷珍，浮梁人，天顺进士，弘治二年以王恕荐抚郧，诸府篆豪右多匿流民为利，珊刻日令自首，严练兵士，自制营库法。蜀盗野王刚剽劫竹山、平利，珊会川陕兵，檄副使朱汉等讨之，擒其魁，胁从不问，以房地山峒寇发不时，县令鞭长莫及，割县之修文、宜阳二里置保康，民始宁谧，历官刑部尚书，改左都御史，卒谥恭简。”

徐蕃生平及在郧政绩

徐蕃，字宣之，内阁首辅徐阶之子，南直隶泰州人，弘治癸丑(弘治六年，1493年)科进士。弘治十三年(1500年)任南京礼科给事中，因为上疏刘瑾专权被逮，几乎杖击致死，侥幸被放出为民。刘瑾被诛后又复起，于正德六年(1511

年)任江西布政司左参议。正德七年升为浙江按察司副使。正德十年升为山东布政司右参政。正德十四年升为浙江右布政使。正德十五年升为山西左布政使。正德十六年转任顺天府府尹。嘉靖元年(1522年)二月升为都察院右副都御史任郧阳巡抚。嘉靖二年十一月任南京户部右侍郎。嘉靖四年改任工部右侍郎，督理易州山厂。嘉靖六年再疏引疾，皇帝准其回籍调理，于嘉靖九年卒于家，竟默默无闻。1980年11月，在泰州市郊发掘了徐蕃夫妇墓，出土了他们夫妇二人的不腐之身。

嘉靖二年七月，均州盐池发生徐学起兵作乱，徐蕃派都指挥孙昂平息了这场动乱。当月，在郧阳城内创设武馆，聘请武林高手教武官子弟们习武。八月，朝廷裁革襄阳、安沔二守备署，分别把襄阳防务归郧阳守备管辖、安沔防务归荆瞿守备管辖。十一月，吏部言："湖广荆襄等府与河陕接界，土著流民杂处，往往啸聚为盗，乞如抚治郧阳右副都御史徐蕃言，添设副使一员分巡。"皇帝从之。

王宪生平及在郧政绩

王宪，字维纲，山东兖州府东平州人，弘治三年(1490年)登庚戌科进士，先后历任阜平知县、滑县知县。弘治九年(1496年)为江西道试监察御史，十年实授御史。正德二年(1507年)升为大理寺右寺丞，三年五月升左寺丞，腊月再升为都察院右佥都御史，负责清理屯田。不久巡抚甘肃。正德初年(1506年)升任大理寺丞。正德五年升右副都御史任辽东巡抚。正德六年丁忧，八年冬月服阕(守丧期满)任郧阳巡抚。正德九年改任大同巡抚。正德十一年十月以病乞致仕，不许，随即上《议处边储事》，腊月改任户部右侍郎兼陕西巡抚。正德十二年，回京任兵部右侍郎，带兵平定近畿盗乱。武宗南巡时督理军储。正德十五年任兵部尚书。正德十六年遭弹劾罢职，致仕回乡。嘉靖四年，起为兵部尚书兼三边总制。多次击退亦卜剌(蒙古部落各部首领)、吉囊数万骑兵犯边，被加太子太保。嘉靖五年九月，陕西发生特大灾荒，王宪自陈不职乞罢，皇帝不允。腊月乞休，又不允。嘉靖六年腊月再疏乞归老，还不允。嘉靖七年，因受张璁、桂萼排挤而改任南京兵部尚书，参赞机务。嘉靖八年八月，改任都察院左都御史，太子太保如故。当时朔州告急，朝廷举荐其担任宣大总督，被王宪拒绝，被给事中夏言、赵廷瑞弹劾罢免归乡。嘉靖九年，皇帝追念其功，再召为兵部尚书。当时蒙古入侵，王宪负责京营操练，并裁减军功冒领者。大同发生兵变，王宪最初主张“首乱当诛，余宜散遣”，然而遭大学士张孚敬与总督刘源清的反对。刘源清带兵久攻大同不下，得罪离去。嘉靖十二年王宪疏陈不职乞罢，皇帝慰留。次年闰二月、三月、冬月三次引疾乞休，皇帝再慰留不允。嘉靖十四年三月，皇帝允许王宪致仕，令驰驿归，给月米四石，岁夫五名，以示优眷。嘉靖十六年卒于家，诏赐祭葬，赠少保，谥康毅。

王宪任郧阳巡抚时，蓝鄢余党廖时贵、喻思俸在汉中死灰复燃，郧阳前巡抚刘琬、张淳先后参与围剿而不能平定。正德九年，喻思俸越宁羌，犯略阳，王宪调兵遣将，守郧阳，趋汉中，会同陕西、四川兵马平定了廖喻之乱。

不久，陕西发生特大饥荒，有合水县回民李大禄率领饥民暴乱，骚扰商州、汉中。郧阳巡抚王宪紧急带兵溯汉江而上平乱。陕甘总制都御史彭泽紧急向朝廷请求在汉中添设巡抚、守备各一员。兵部议：郧阳现在已有都御史王宪职专抚治，汉中等处俱其所隶，宜敕王宪时常巡历汉中，不许专驻郧阳。若添设守备都指挥，令在金州驻扎，与汉中抚民副使俱听郧阳巡抚调遣，等地方平安之日，就具奏裁革。不久，彭泽又奏：都御史王宪驻汉中等处，以安抚流民。

清同治《郧阳府志》里有《传》：“王宪，字维纲，东平人，弘治初进士。正德间，由右副都御史抚郧，政令严肃，所至畏威怀德。然武宗南征，命宪督理军需储，颇附权幸。驾旋，以中旨代王琼为兵部尚书。”虽最后内容评价颇为负面，但对在郧阳的政绩持充分肯定态度。

章拯生平及在郧政绩

章拯，字以道，号朴庵，兰溪人，弘治十五年(1502年)壬戌科进士，授工部主事，因反对刘瑾，被谪抚州通判。正德五年(1510年)刘瑾伏诛后，擢为南京兵部郎中。正德七年升为广东按察司副使，提调学校。正德十二年升为广东布政司右参政。正德十六年为本司右布政使。嘉靖二年(1523年)升为广西左布政使。腊月升都察院右副都御史任郧阳巡抚。嘉靖三年九月工部尚书赵璜上疏：“河道事重，请复设总理大臣，慎选才望专任责成。”吏部推举郧阳巡抚章拯，皇帝遂用其为工部右侍郎兼河道总督。嘉靖六年六月、九月两次自劾治水无效，乞罢，皇帝不许。十一月再上疏乞休，诏还京别用。嘉靖七年二月督修显陵。嘉靖八年三月升为南京工部尚书，八月改北京工部尚书。当时，吏部尚书、少保兼太子太傅、武英殿大学士桂萼欲恢复海运，章拯疏陈得失，此议作罢。大礼仪之争起，章拯极言不可，从此失去嘉靖皇帝的信任。嘉靖九年，因郊坛祭器缺供而影响到祭祀，章拯被罢官闲住，不久被勒令致仕。于嘉靖二十七年(1548 年)正月卒于家，年七十，被赠太子少保，谥恭惠。著有《朴庵文集》。

章拯任郧阳巡抚不足 10 个月，但期间批准迁郧阳府学于城西北隅，开启了学子读书的风气，被郧阳人所怀念。

清同治《郧阳府志》里有《传》："章拯，字以道，兰溪人，懋从子(侄子)也，弘治进士，由右副都御史抚郧，以郡学卑隘，乃卜治东建之，临水面山，即今所也。时桂萼欲复海运，拯曰：'海运虽有故事，而风涛百倍于河，且天津海口多淤，自古不闻有浚海者。'议遂寝。历工部尚书。"

王鉴之生平及在郧政绩

王鉴之，字明仲，浙江山阴人，成化十四年(1478 年)戊戌科进士，授元氏县知县。成化二十年八月为江西道试监察御史，次年实授江西道监察御史。弘治二年(1489 年)以监察御史提督南直隶学校。弘治六年迁大理寺右寺丞。弘治八年升左寺丞，弘治十一年升左少卿。弘治十三年七月为都察院左佥都御史，经略紫荆关等处，腊月回京仍任大理寺左少卿。弘治十四年(1501 年)冬月升都察院右副都副史任郧阳巡抚。弘治十八年三月乞致仕，不允；六月改任湖广巡抚；冬月升为南京刑部右侍郎。正德二年(1507 年)闰正月改任北京刑部右侍郎，四月升为左侍郎。正德三年正月升为南京右都御史，二月任北京刑部尚书。正德四年正月，以年七十乞致仕，皇帝许之，有司给食米月四石，役夫四人，仍给与应得之诰命。正德十四年七月卒于家，只如例祭葬。《明史》评其："鉴之初仕，或有可称，及位愈高，年愈老，而名愈损矣。"

王鉴之抚郧时，正是他事业鼎盛时期，在郧三年多里，他勤政爱民，百事兴举。弘治十三年(1500 年)，一个叫何淮的流民在郧阳府保康县发动暴乱，自称"刬(chǎn 同铲)平王"，并封侯拜将，带兵攻城略地，烧杀抢掠。保康县是弘治十一年才从房县分离出来的新县，连县城都没有来得及建筑，所以根本谈不上有防守能力，就被何淮一举占领。当时的郧阳巡抚陈清和继任巡抚樊莹派兵围剿基本平定。王鉴之上任后继续征剿，活捉了何淮，荆襄得以安宁。暴乱平息后，王鉴之批准修建了保康县城。

弘治十五年(1502 年)八月，王鉴之整顿修饬郧阳文昌宫，并为府学宫添置用于祭祀的乐器 2 件。接着批准郧阳知府胡伦重修盛水、武阳二堰。此二堰传说为战国伍子胥所修，浇灌着郧阳城东、城西两侧的上万亩良田，是郧阳城的菜篮子和米袋子，如果二堰完好则郧阳无忧。然而他在巡视后发现二堰均已年久失修而不堪用，他就让分守、提督太和山太监李麟，布政司参议华山资助此项工程，命都指挥佥事甄昂派军士帮助修筑，指定郧阳卫指挥使徐琬、郧阳府推官周训督管。第二年竣工，他亲自撰写《重修武阳、盛水二堰记》。

弘治十六年(1503年)，王鉴之有感于府学的规模与藩镇所在地的地位不相称，就趁郧阳府库有盈余、地方有余力之机，命知府胡伦重修。新的府学宫大成殿为9间，是原来的3倍，进深4丈，一切都是原来的2倍，规模高大宏伟，装饰雕梁画栋，殿堂之前和两边筑有台阶，左右两侧庑房环列，先师先贤的牌位排列庄严。

清同治《郧阳府志》里有《传》：王鉴之，字明仲，山阴人，成化进士，抚郧风纪振扬，注思学校，置祭乐器，令守胡伦重修盛水、武阳二堰，灌田万余亩，对家人语亦以国法相教戒，时逆瑾擅权，六卿长跪，鉴之独与抗礼，历刑部尚书。(鉴之《房县观风诗》：马蹄踏碎万重云，行尽巴乡路近郧；疆域人传房子国，山川原是保康军；朱陈旧俗村犹在，里闬新居地始分；满目蒿莱增怅望，荒城高倚到斜曛。)

沈晖生平及在郧政绩

沈晖，字时旸，南直隶宜兴人，天顺四年(1460年)庚辰科进士，初授南京户部主事，又历员外郎、郎中。成化十四年(1478年)改任南京礼部郎中，不久出为陕西布政司右参议之后即回乡丁忧。成化二十年服丧期满复原职于福建。成化二十三年晋升为本司右参政。弘治三年(1490年)升为广西右布政使，正遇当地发生军士以缺粮为由煽动暴乱，他带人捕获首恶三人，斩之遂定。第二年，转任江西左布政使，再转陕西左布政使。弘治七年(1494年)四月升为都察院右副都御史任郧阳巡抚。弘治九年十月调任为湖广巡抚，当时武冈知州刘逊因执行朝廷坐裁抑藩政策而被诬陷，沈晖为其直言化解。弘治十一年为南京工部右侍郎。弘治十三年三月乞致仕，不允；七月沈晖再乞致仕，允之；九月卒，赐祭葬如例。《明史》评其："晖，踢历中外几四十年，颇不失职。其为侍郎，较工计直，细及锱铢，人多怨之，用是屡招浮议。然，晖既去，继者阅旧牍，颇以晖所执为是云。"

弘治七年(1494年)春沈晖任郧阳巡抚伊始，即布告境内，允许无耕地的农民去认领耕种那些废弃了的土地，并免租税3年，使藩镇内一下就增加成熟土地数千顷。当年，他把郧阳城内的唐德观改为迎恩观，并在迎恩观里设道纪司，让郧阳自此有了专门迎接皇谕和祈祷国家长治久安的场所。他还带人在郧阳城内开挖了十口水井，结束了郧阳市民挑取饮用江河之水的历史，并写有《十井记》传世。此外，他还批准在襄阳与樊城之间架设汉江浮桥和修缮均州儒学。军事上，他奏准：郧阳守备康泰为湖广行都司都指挥使、安陆卫带俸都指挥佥事黄寿为荆瞿守备、荆州卫带俸都指挥佥事宫缨为郧阳守备。任内，贵州、广西发生苗乱，朝廷调郧阳行都司所属的瞿塘、夷陵、荆州、襄阳等卫之兵平乱。朝廷命康泰为郧阳右参将，分守广西柳、庆等处。

清同治《郧阳府志》里有《传》："沈晖，字时旸，宜兴人，天顺进士，由副都御史抚郧，操履清约，立法严整。城中开十井，民免汲于江。又造浮桥以通樊城。听民开垦荒野，减其租三年，成熟者数千顷。奏改唐德观为迎恩观以祝厘。"

钟蕃生平及在郧政绩

钟蕃，本名潘蕃，字廷芳，浙江嘉兴府崇德人，显贵之后改回本名，成化二年(1466年)丙戌科进士，授刑部主事，历任郎中，其间有云南镇守太监钱能被巡抚王恕弹劾，他奉命调查。之后出任安庆知府，改郧阳知府。弘治元年(1488年)闰正月升为贵州布政司左参政。弘治四年升山东按察使。弘治六年升湖广左布政使。弘治九年升都察院右副都御史任四川巡抚，其间寿王朱祐榰干涉保宁知府惩罚犯罪吏员，他上疏弹劾，朱祐榰被皇帝训斥。弘治十三年任南京兵部右侍郎。弘治十四年正月奏乞复姓潘氏，皇帝批准，闰七月改任刑部右侍郎，十一月总督两广兼巡抚。当时黎族大盗符南蛇聚众数万人祸乱海南，潘蕃令副使胡富调狼土兵，讨斩剿平贼巢一千二百余所。不久又平定归善县大盗古三仔、唐大鬓等。当时思恩土官知府岑浚，与田州土官知府岑猛相互仇杀，岑浚吞并田州，夺占府衙。岑猛逃走乞援，潘蕃带兵剿平，斩杀岑浚，又上疏议二府改土官为设流官，把岑猛迁徙到福建沿海任千户，皇帝批准，而岑猛抗拒命令。弘治十五年潘蕃乞致仕，不允。弘治十七年因功升左都御史。弘治十八年因得罪刘瑾而屡遭弹劾，他乞请致仕，不允。正德元年(1506年)正月升为南京刑部尚书，再乞休，不允。正德三年，刘瑾借朝廷所派流官知府谢湖畏避岑猛而不敢进入田州，论潘蕃当时处置失宜而逮治，谪戍河西，并罚米输边。正德五年八月刘瑾伏诛，潘蕃被释放回籍，恢复其诰命，以原官致仕。归乡之后无住处，租借他人宅第居住，喜与乡人露坐于花下饮酒，醉则随地卧石酣睡，被乡亲们誉其“风致如此”。正德十一年六月卒于家。

钟蕃为吴远、俞荩之后的第三任郧阳知府，一切都还在建设阶段，但名声被同城巡抚所掩盖，事迹已经无考。

明万历修《郧阳府志》称：“钟蕃，嘉兴人，任知府清心省事，民受其惠，官终南京刑部尚书。”

清同治《郧阳府志》里有《传》：“钟蕃，本姓潘，嘉兴进士，成化间由户部郎任(郧阳知府)，平易近人，民有诣诉者，辄委曲开喻，务服其心，有古遗爱风。”

吴远生平及在郧政绩

吴远，江西安福人，天顺元年(1457 年)丁丑科进士，天顺三年十二月授试监察御史，在都察院理刑。天顺四年六月实授广西道御史。成化二年(1466 年)原杰任山东巡抚时，吴远出任山东巡按御史。成化五年，被贬为湖广夷陵州(今宜昌)判官。成化十年，升为邓州知州。成化十二年郧阳设府时，被原杰推荐为郧阳知府，十三年起建城池、府衙、城隍庙、原公祠等。十七年之后的行踪无考，不知所终。

明万历修《郧阳府志》称：“吴远，江西安福人，任知府，阖郡衙门、庙号、学舍皆其创修。”

清同治修《郧阳府志》和《郧县志》里均有《传》：“吴远，安福进士，前知邓州，都御史原杰奇其才，奏升郧守，时初建郡，远持身清约，勤于抚恤，凡城池、衙署、祠庙悉心筹划，皆其建置。”

李津生平及在郧政绩

李津，字济之，广东四会人，弘治十五年(1502 年)壬戌科进士，任山东宁海知州时，用计抵御刘七所率领的农民军，因功被升为南京刑部郎中。再先后任南宁、郧阳知府，俱有治理政绩。迁升两淮都转运司，但为权贵所忌，被罢官归乡。奇怪的是，李津在明廷档案中没有留下任何痕迹。其任郧阳知府于嘉靖二年(1523 年)，四年离去，《郧阳府志》里也没有过多记载，如何成为郧阳名宦成迷。

俞荩生平及在郧政绩

俞荩，浙江桐庐人，天顺八年(1464年)甲申科进士，成化二年(1466年)十二月授试监察御史，成化三年六月实授监察御史。成化七年十月，因勘问江西吉安知府许聪草菅人命案不慎，被坐谪降澧州判官，不久升茶陵知县。成化十五年三月升湖广安陆州知州。该年，经太监韦贯推荐，升任郧阳知府，为吴远之后的第二任知府。于成化二十年致仕，却卒于归途。

郧阳于成化十二年(1476年)设府，从十三年正式开始建设，俞荩的前任吴远就职两年就离任，把建设和安定郧阳的重任交由他担当起来。俞荩在郧阳知府任上5年，上有巡抚天天踞其旁，下有6个知县时时奏事端，匪叛纵横山林，百姓民不聊生，他无一日不是殚精竭虑，以致劳累而死。史书记载俞荩在郧阳期间"流移新集，政不繁苛，务在安民生息，吏民畏且怀之"。

明万历修《郧阳府志》称："俞荩，桐庐人，知府事，政不可刻，骚梗畏举，至今民怀之。"

清同治修《郧阳府志》和《郧县志》里均有《传》："俞荩，桐庐进士，成化间任，承吴远之后，凡城池、学校续为经营，询民隐，省征派，居官从容若无事，而事大治。子谏，字良佐，弘治进士，历官都察院，卒赠宫保，谥庄襄。"

民国所修《桐庐县志》载："俞荩，字廷臣，天顺八年登进士第，授监察御史巡按真定、江西等处，所至有声。坐事，左迁澧州州判，寻升茶陵知县、安陆知州，俱有善政。太监韦贯奏荩为郧阳知府，致仕归，卒于途。"

俞荩在归乡途中发病而卒的噩耗传回郧阳，人们无不举哀，纷纷建议上报朝廷准许祭祀之。后来，皇帝下旨进入郧阳名宦祠享受香火。

王傅生平及在郧政绩

王傅，陕西周至人，进士，初官不详，成化十九年(1483年)任礼部祠祭司员外郎，后升为礼部郎中，成化二十三年升任通政司右通政，弘治八年四月任太仆寺卿管理易州山厂柴炭，该年即以"王国姻亲例不得任京职"被弹劾，五月降为郧阳知府，弘治十二年(1499年)升为四川布政司右参政，之后行踪不详。在郧阳知府任内曾经建府署吏舍。

明万历修《郧阳府志》称："王傅，周至人，任知府为政有方，刑不妄加，人心悦服，升四川参政去。"

胡伦生平及在郧政绩

胡伦，字天叙，汉州人，成化二十三年(1487年)丁未科进士，于弘治十三年(1500年)任郧阳知府，十六年离任。其间重修盛水、武阳二堰，重修府学宫，建胡公井等。但在宫廷档案里没有留下任何资料，故其他生平事迹不详。

明万历修《郧阳府志》称："胡伦，字天叙，汉州人，任知府惠政溥，施资广，民到今诵之。"

清同治《郧阳府志》里有《传》："胡伦，汉州进士，弘治间由户部郎任，为政三载，修复武阳、盛水二堰，抚治王鉴之撰记，称其明敏练达，刚方惠和，其于民事，搜罗抉剔，无废不举。"

赵全生平及在郧政绩

赵全，陕州人，成化二十三年(1487年)丁未科进士，于弘治十八年(1505年)任郧阳知府，正德四年(1509年)离任。由于在宫廷档案里没有留下任何资料，故其生平事迹不详。在郧阳任内的事迹也不详。

明万历修《郧阳府志》称："赵全，陕州人，任知府行所无事，有古循吏风。"

王震生平及在郧政绩

王震，字威远，邢台人，弘治六年(1493年)癸丑科进士，弘治末任户部主事，于正德五年(1510年)任郧阳知府，正德十一年四月升河南布政司右参政，正德十六年正月升本司右布政使，五月再升为本司左布政使，十一月又成为应天府府尹，嘉靖二年(1523年)正月致仕。其在郧阳知府任内，继巡抚刘琬之后续修镇郧楼。

明万历修《郧阳府志》称："王震，直隶邢台人，任知府立书院、造浮桥，政绩甚著，升河南参政去。"

清同治《郧阳府志》里有《传》："王震，字威远，邢台进士，正德初由户部郎任，律己廉谨，遇事敢为，在任七年，胥吏奉法，盗寝无事，百姓又安，郡镇郧楼灾，震重建之，高陵吕柟为记。后以政最，擢河南参政。历应天府尹。"

林典生平及在郧政绩

林典，成化、弘治间郧阳府学教授。弘治十四年(1501年)，巡抚王鉴之建府学宫，林典寄书京师请内阁大学士李东阳作《记》。府学宫建成后，他在明伦堂东挖掘了一口灵源井。

明万历修《郧阳府志》称：“林典，莆田人，任府学教授，屡典文，才科年相望，升顺天府通判去。”

清同治《郧阳府志》里有《传》：“林典，莆田人，成化间教授，学问广博，两膺文衡，所举多知名士。”

三

在清初，郧阳名宦祠里首次增添徐起元牌位。顺治十三年(1656年)，张尚任郧阳巡抚时，曾经在郧阳名宦祠内添加徐起元的塑像，并撰《名宦记》，对徐起元的评价蛮高。张尚，字云翔，江阴人，顺治十三年任郧阳巡抚，顺治十七年三月因承天甄别督、抚，被著降一级调外用。

徐起元，字贞复，合肥籍辽东人，崇祯年间著名举人之一，崇祯五年(1632年)任保康知县，曾经书写“治小邑如大都，经细务如大敌，事未有不治者”作为自己的座右铭。崇祯十二年升为郧阳府同知代理知府，崇祯十四年正月升为下荆南道兼任知府。此后，郧阳藩镇大大小小府县均被大顺农民军占领，唯独郧阳城仅存，巡抚王永祚被逮治罪，朝廷连命李乾德、郭景昌为巡抚而路绝不能至，以为郧阳已陷，遂不设巡抚。崇祯十六年，郧阳派出的信使终于抵京，朝廷始知郧阳犹存，遂任命徐起元为郧阳巡抚。崇祯十七年正月，李自成又遣大将路应标、冯养珠等攻郧数月，徐起元、高斗枢使计退敌，但随之与朝廷的联系又断。顺治二年(1645年)，徐起元率军民向清军投诚，仍为郧阳巡抚。顺治三年十月，顺治帝正式任命他为都察院左副都御史任郧阳巡抚。顺治五年六月进京任都察院左都御史。顺治六年十月加太子太保。顺治十年二月因不称职被降为大理寺卿。顺治十年四月，皇帝念其年老，著以原官致仕，察例酌议优遣。顺治十五年九月卒于家中，顺治十六年三月被赐祭葬，谥僖靖。

张尚所作《名宦记》原文为：

国家之崇德报功也，俎而豆之，庙而貌之，百世而钟簴(钟磬架立柱)之。若夫杖节守土之际，智素力屈，一身谢国者——君子，未尝不壮其志，而短其气？夫气犹泉，然泉之初萌，如蚊蠕之微动，视之不得，何能究其涯际反汇为江海，萦涧逆折时出不穷？而泉则犹守，夫初萌之性曷往，观夫蚊蠕之微动矣。

明之末年，闯逆诸寇屠名城，坠大都，所在披靡无难，朝发骑而夕陷阵，皇皇以内外交困之郧，御千万大寇，三年中曾经百战，众计郧必亡，远近计郧必亡，庙堂为郧计必亡，即郧自为计亦必亡。然郧何幸而有今日也？曰大中丞徐公也。公何道而有今日也？公之气为郧之气，藏于不可见，而动于不可御。

方公筮仕郧之保令，及佐郧丞，恂恂乎，及任大责重，公所规划，向出人意表。盖宽以居之，时日变量日周静以守之，势愈蹙识愈生。当时设险置防，制胜出奇如悬灯，设折之有法也。神枪火器之有宜也。清奸尻勤刺击之有略也，固已迫于智素力屈中，铅弹不足而代以铁子，硫磺不继而代以酒灰，则公之量识，如剥笋，如抽丝，气所涯际又何可究欤？因粮于敌，借资于寇，不持内而内备，行间以殄渠帅，被城以平麦台，不恃外而外接，郧人士亿万年歌功颂德，咏王林叶苞桑畴非公气所磅礴也哉？

新主鼎兴，仍以公节制西楚。越年领袖相台，勋图麟阁，从舆，请特膺名宦于宠籀也，俎而豆之，庙而貌之，百世而钟簴之，其谁曰不宜？

大意是：国家推崇德行、报答功臣，就用俎、豆这样的礼器供奉他们，在庙里为他们塑像，让百世敲响膜拜他们的钟声。假若谁以皇帝所赐的杖节，在守卫疆土时使尽了智慧、用尽了力气，然后以身谢国的人，那就是君子。然而，君子难免也有英雄气短的时候。人之气犹如泉水，初萌之时就如幼蚊蠕动那样轻微，让人视之不得。那怎么能够知道它的边际，将来会不会反而能汇为江海？这就只能经常守在泉边，看它的初萌之性如何发展，蠕动趋势是否衰竭，能不能萦绕在山涧经百逆千折出而不穷。

明朝末年，李闯王等人屠名城，坠大都，所向披靡，早上发兵，黄昏就攻陷阵地。郧阳在急切之中，内外交困，三年中曾经百战，独自抵御着千万大军。当地人预计，郧阳必亡；远近的人都预计，郧阳必亡；朝廷也预计，郧阳必亡；就连郧阳人自己预计，也是必亡。然而，郧阳何幸能有今日？都是依赖大中丞徐起元的功劳。徐起元靠什么实现了今日之局面？是他的气概成为了郧阳的气概。这种气概藏之于不可见，而一旦发动就不可抵御。

徐起元初出做官时，为郧阳府的保康县令，等他升为辅佐知府的府丞，就非常恭谨温顺，很有儒者风度。等他担当更重大的责任后，所做出的规划向来出乎人们的意料，能以宽厚的态度处事，能根据形势的变化以静制动。守护城池之时，形势愈是紧迫，就愈是能够寻求到生路。当时，他在郧阳设险置防，全靠出奇制胜，看似如一盏悬灯，而实际为有章有法。他调动神枪火器有度，清奸贼、勤出击有略，虽然被迫处于智穷力屈的环境之中，但铅弹不足就以铁沙替代，硫黄不继就以酒灰替代。他的胆量和学识就如剥笋抽丝，怎么能够探究到他气概涯际的源头呢？他从敌人那里求得补给，向敌人借取资金，不操持内备而内资齐备，动辄就取敌人首领的头颅，被围困在城内却能出城铲平敌军的麦台，在没有外援可以依靠的情况下还能与外面相连接，被郧阳人士亿万年所歌功颂德，以种植于王者大林上的桑田叶苞来歌咏他，可见他气概之磅礴。

清朝新主鼎兴，仍以他为巡抚节制西楚。第二年，皇帝召见，任命他领导御史台，在麒麟阁为他绘像，跟从在皇帝车舆之旁。皇帝特别授予他“名宦”荣誉，入祠享受人间的香火，让后人用俎、豆祭祀他，膜拜他端坐在庙里的塑像，百世对他敲钟供奉。谁敢说这样的做法不宜？

四

康熙年间，郧阳名宦祠里又增加了朱寀的神位。

朱寀，字莱孺，山东高唐州人，进士出身，于康熙三十七年(1698年)任郧阳知府，在任12年，除建镇江塔外，曾经捐出自己的薪俸重修年久失修的武阳、龙门二堰，使几万民众每年的收获倍增，于是人们自发在堰侧为他建立生祠祀奉。他还经常在公事之余讲学于府学宫明伦堂，或到田间地头劝农勤耕，饬令各属县官员清查奸盗，禁止和革除对农民的加派，使郧阳六县气象焕然一新。康熙四十九年，朱寀卒于郧阳任上，被朝廷批准进“郧阳名宦祠”享受祀奉。

清同治《郧阳府志》里有《传》：“朱寀，字莱孺，高唐州进士，康熙间任。郡旧有武阳、龙门二堰，岁久圮，民失水利，寀捐俸修筑，岁获倍登，民为建生祠于堰侧。公余就明伦堂讲学，或造田间劭农，饬各属清查奸盗，禁革加派，郡中翕然称治。卒于官，祀名宦。”

五

进入郧阳府名宦祠里的最后一位名宦是陈天泽。陈天泽，闽县人，道光六年(1826年)丙戌科进士，授知县。道光十八年于潜江知县升任郧阳知府，其间继前知府崇善、李嘉祥之后续修于十二年被大水冲毁的南城墙二十丈，二十年卒于任上。道光二十二年腊月甲申日，皇帝谕旨："予故湖北郧阳府知府陈天泽，入祀名宦祠。"

清同治《郧阳府志》里有《传》："陈天泽，侯官进士，道光十八年任，慈祥恺悌，有召杜遗风，卒于官，无以归……道光二十年奉旨入祀名宦。"

六

郧县名宦祠在县学宫内，供奉有6个神牌，神主都是曾经的郧县知县，其中赤憐真在元初任郧县监簿（相当于知县），其余5位分别是马伯庸、吕仲彬、谭铨、伍夔和许子言，他们都是明代郧阳知县，目前还没有发现有清代知县的记载。

赤憐真，又译为赤怜真、策琳沁，蒙古人，元初任郧县监簿，后荣为帝师。

据《续资治通鉴·元纪》记载："元至元十六年（1279年）夏四月，帝师帕克斯巴（八思巴）卒，策琳沁（赤憐真）嗣为帝师，赐帕克斯巴号，皇天之下一人之，上'宣文辅治大圣至德普慧真智佑国如意大宝法王西天佛子大元帝师'。以后累朝皆有帝师，相承不绝。"

明万历修《郧阳府志》称："赤憐真，郧县监簿，守己廉洁，六事（田野辟、户口增、赋役平、盗贼息、军民和、词讼简）兴行，阖邑旄倪（老幼）咸颂。"

清同治所修《郧阳府志》里有《传》："赤怜真，郧乡监簿，守己廉洁，实心行政，士庶颂之。"

马伯庸，洪武元年（1368年）至三十五年（1402年）任郧县知县。其洪武十年重修县衙和学宫。

明万历修《郧阳府志》称："马伯庸，洪武初知县，抚字流民，兴举庶务，人怀其惠，至今犹称道之。"

清同治所修《郧阳府志》和《郧县志》里有《传》："马伯庸，洪武初，抚字流民，举庶务，人怀其惠，今犹腾颂之。"

吕仲彬，建文四年（1402年）任郧县知县，景泰三年（1452年）离任。

明万历所修《郧阳府志》称："吕仲彬，由监生洪武三十五年任知县，百废修举，政声天著。”

清同治所修《郧阳府志》和《郧县志》里均有《传》：“吕仲彬，洪武中除，操守清廉，庶事修举，通盛水堰，溉田三千余亩，迄今利赖。”

谭铨，景泰三年(1452 年)任郧县知县，天顺五年(1461 年)离任。

明万历修《郧阳府志》称：谭铨，贵州人，景泰初知郧县，历九年，政平讼理，去后民立德政碑于县门外。

清同治所修《郧阳府志》和《郧县志》里均有《传》：“谭诠，贵州监生，景泰初除，爱民克己，兴学作人，历九年，刑清政举，民为碑著其绩。”

伍夔，成化年间任竹溪知县，弘治年间转任郧县知县，在任期间于大丰仓东街之北建大丰井和重修龙东保华楚禅院。

明万历所修《郧阳府志》称：“合州人，知竹溪县事，都御史沈晖以才堪治繁，更调郧县。”

清同治所修《郧阳府志》里有《传》：“伍夔，合州举人，弘治初除，修学宫，建谯楼，抚治沈晖疏其才，调郧县，政声益著。”

许子言，嘉靖三十一年(1552 年)任郧县知县，三十五年离任。

清同治所修《郧阳府志》里有《传》：“许子言，云南举人，嘉靖间除(任命)，持大体，爱民，多惠政，祀名宦。”

郧阳府昭忠祠

郧阳府昭忠祠在关帝庙内，位置东偏，于嘉庆八年(1803年)七月由知府阿霖和知县高赐禧共同主持修建。八月落成后，高赐禧撰写了《郧阳府昭忠祠记》。

阿霖，字雨民，满洲正红旗人，增生出身，于嘉庆六年(1801年)任郧阳知府，十二年离郧。

昭忠祠，又名忠烈祠，是国家为表彰忠烈，告慰英灵，激励人们忠义之心而专门给为国捐躯的烈士所修建的祠堂，用于祭祀烈士英灵的场所。昭忠一词的意思是"昭示忠义"，即彰显烈士为国捐躯的功绩。

高赐禧所撰的《郧阳府昭忠祠记》全文如下：

郧阳府昭忠祠记

今上御极元年，湖南苗疆戡定；七年，川、陕、湖北教匪荡平。其间疆埸效命者，例得祀于京师之昭忠祠，原籍旧未有也。本年钦奉诏旨，命直、省各建昭忠祠，凡殁于王事，皆蒙赐恤或且赏延于世。今又祀于其乡，千秋俎豆，俾其梓里共见共闻秩祀，既可广衍而表扬，尤为真切，诚旷典也。

伏念郧属界楚西鄙，国家承平以来，服畴食德，士民目不睹干戈百五十余年矣。一旦奸民蠢动，义旗并举，相与同仇，芟刈(杀戮)不遗余力，抑或随征敌忾，与贼交锋，蹈白刃而不惧，何其烈也。至身入戎行，又莫不摧坚陷敌，矢志死绥，述其事者，犹凛凛有生气焉！其报以祀也，固宜先是。

郧郡治东，重建关帝庙成，今陕西巡抚方公任河南藩司，时驻防汉上，因撰文以纪其事，且谓郧士民以死勤事，宜附祀于庙，禧与郡守方山王公亟韪之，会王公迁兵备去，再民阿公来守，旋奉有直、省择地建祀之文。夫方公所议，在郧言郧。其附祀关帝庙，亦窃比乡贤附于学宫之义耳，今更推而广之。酬庸在是，教忠即在是，天下臣民宜如何感奋也。虽建祠并未专指其处，而礼缘义起，于关帝庙为尤宜，此向者方公为郧言之，而不独为郧言之也。

兹择于关帝庙左，建祠五楹，广五丈，深十五尺，经始于癸亥七月，逾月而落成，合六邑死事文武诸人以次设主，春秋致祭焉。禧为《志》其缘起，而勒之石。

其大意为：当今皇上登基元年(嘉庆元年，1796 年)，湖南苗疆被平定；七年，川、陕、湖北的白莲教被荡平。这期间，效命于疆场而牺牲的人，按例都进入了京师的昭忠祠享受人们的祭祀，而在原籍却没有他们的神位。就在那一年，皇帝又钦颁诏旨，命直隶和各省都要建昭忠祠，凡为王事牺牲的人，都蒙皇帝恩赐得到了褒封的谥号，并抚恤了家属，而且这种赏赐延及了他们的后代。现在，皇帝又诏旨祭祀到烈士的故乡，让他们在家乡享受千秋俎豆，使他们的梓里乡亲能够共见共闻对他们依礼仪分等级所举行的祭祀，既广衍了对他们的表扬，又让活着的乡亲能看得尤为真切，这真是一种旷世之典。

看我郧阳，属于楚地西北边境，自国家太平以来，人们每日务农食德，不见干戈已经一百五十余年了。然而，一旦奸民暴动，郧阳人就会义旗并举，同仇敌忾，杀贼不遗余力，大批子弟随军征战，与贼人交锋不惧白刃，是何其的壮烈。他们身入行伍，莫不摧坚陷敌，矢志效死战场，至今描述他们的事迹，还有一股凛凛之生气。现在，以报他们的功德而祭祀他们，是当然和应该的。

在郧阳府衙之东重建关帝庙，完工时，今日的陕西巡抚方维甸时任河南藩司，正驻防于汉江郧阳，因此他撰文记下了其事，并说郧阳士民为国事大量牺牲，勤于王事，应该把他们的英灵附祀在关帝庙中，我与当时的知府王正常(字方山)都认为应该。然而，不巧王知府升迁为了兵备道离郧而去，由阿霖(字雨民)来继任郡守。不久，我们就接到要求直隶和各省都择地建昭忠祠祭祀烈士的朝廷公文。于是就按照方维甸之前所议，在郧言郧事，把昭忠祠附祀在了关帝庙里，这也是比照把乡贤祠附祀在府学宫里同样的道理，是一种推而广之的做法。附昭忠祠于关帝庙，为烈士酬功、酬劳在这里，教给人民忠义的道理也在这里，能让天下臣民知道如何感奋。虽然朝廷公文没有指明昭忠祠应该建在何处，然而礼缘义起，还是应该在关帝庙里更为适宜。这虽然是此前方维甸针对郧阳所言，而又不单单只是为郧阳说的。

我们特此在关帝庙之左择了一块地，建起祠堂五间，宽五丈，进深十五尺，开工于癸亥(嘉庆八年，1803年)七月，八月落成，合祭着郧阳六邑(县)为国捐躯的文武诸人，按他们的位次设立神主，在每年春秋二季致祭。我于是撰《记》说明建昭忠祠的缘起，并勒刻于石。

郧阳火星庙

一

火星庙，也叫火神庙。

郧阳火星庙在古城南，是县衙所管理的一座庙宇，为祭祀火神的场所，所供奉的是赤帝祝融。其庙始建年代不详，有记载是在清代后期，曾经在道光十一年(1831年)由知府崇善、知县熊象麟重修，并在庙外构筑炮台。同治二年(1863年)，有西关的士民捐资献工在大殿之东修了一道护城墙垣。同治六年(1867年)，此庙毁于江水。

郧阳火星庙有可能始建于五代郧乡县之时，因为《郧县志》记载，在后唐长兴三年(932年)，皇帝李亶曾经诏旨封泰山三郎为威权将军，要求各地建庙祭祀。根据明末顾炎武《考古录》云："后唐长兴三年(932年)，诏以泰山三郎为威权将军，宋真宗加封炳灵公，司业陈祖范云：'世所传为火神也。'"据《礼记·月令》载："其神祝融"，有注释为"颛顼氏之子黎，为火官"。当时，郧阳一带属后唐，应该在建火星庙之列。

崇善，沈阳正白旗人，荫生出身，初任兵部武选司员外郎，于道光八年(1828年)任郧阳知府。十二年郧阳发大水，城垣驳岸坍塌数十丈，他劝士民捐资献工修筑。十三年春大饥荒，发生相互食人之惨状，他捐廉赈恤，同时得到义绅张良治、徐辉廷、王玉亭等人的相助，自二月起至麦秋，救活之人达数千。他十四年离郧被调任武昌后，郧阳士民自发建生祠纪念他。

熊象麟，江西丰城人，举人出身，于道光九年(1829年)任郧县知县，十三年离郧。

古代的人们普遍祭祀火神，尤以城市里为盛。祭祀的目的有两个，一是传说中的火神发明了取火和保存火种的方式，让人们吃上了熟食，是人类普遍尊敬的神祇；二是火是一种灾害之源，尤其是古代的房屋建筑以木材为主，城市里的房屋又排列密集，需要祭祀火神避免火灾。

二

火神是我国民间俗神信仰中的神祇之一。中华各民族虽都有火神信仰，但祭祀的对象和风俗却有很大差异，即使同为汉族，史书上的记载和各地火神形象和来历，以及相关的祭祀民俗也有不少区别。就连专家在火神崇拜缘何而起这一关键问题上的观点也有分歧，相互争论不下，至今没有一个统一的说法。

汉族的火神崇拜，虽然流派众多，但以祝融为火神之说占主流。据说祝融本是颛顼氏的儿子，本名重黎，也叫吴回，是帝喾当政之时的火正官，建有许多功业，传说他能光融天下，所以被帝喾命名为“祝融”，死后成为火神。据《山海经·海内经》载，大禹的父亲鲧偷窃了天帝的息壤，天帝命祝融杀鲧于羽郊。在《墨子·非攻下》里记载了一个远古传说，曰成汤在讨伐夏桀时，天帝令祝融降火于夏城，帮助成汤灭了夏。

在民间信仰里，也有以燧人氏为火神的说法。相传远古时燧人氏钻木取火，使人类进入到了熟食阶段，被后人尊为火神，又称火德真君，享受定时祭祀。

还有人认为，华夏先民所崇拜的火神是整个炎帝家族。炎帝之族号为高辛氏，“辛”即“薪”的本字，因为有了薪(辛)即能得火，所以高辛氏之意，正是火神的别号。《说文》释“薪，荛声。从艹，尧声”，有人就认为“辛”字古音读尧，所谓炎帝高辛氏，其实就是古帝中赫赫有名的“帝尧”。再参考王逸的《楚辞章句》中“炎神，炎帝也”，和左丘明的《左传·昭公十七年》中“炎帝氏以火纪，故为火师，而火名”，以及《管子·轻重篇》中“炎帝作钻，燧生火”，还有《淮南子·汜论训》中“炎帝死而为灶”等记载，证明炎帝之族本来就是一个崇拜火神的部族，而且炎帝之名本身，初义也正是火神。

也有一种观点认为，火神崇拜源于原始初民对天上大火星的崇拜，其理由是《左传》记载炎帝“以火纪”，是指他借助对大火星运行变化的观测，以确定季节。而后来的祝融所担任的“火正”一职，正是专门观测大火星运行变化规律以确定季节的官职。在《太平御览·卷八六九》中引用了《尸子》“燧人上观辰星，下察五木，以为火也”的记述。这种火星崇拜，表明了星宿对古代农事的指导作用，也表明了火对于人类生活的重要性。

更有一种观点认为，炎帝、燧人、祝融是一个家族前后代的关系，都从事着专门管理火的职业，就被人们崇拜为了火神。

还有一些地区的火神崇拜并无具体来历，有的称火神为“南方火帝君”，有的称火神为“种火老母”等。

就祭祀火神的日期和习俗而言，在各历史时期和不同地区的风俗也不一致。上古时的火神之祭在夏天，到汉晋以后演变为以夏季祭灶的方式而延续。郧阳人在腊月二十三过小年那天，知县会带着僚属到火星庙里祭祀，百姓也会自发去庙里上香，然后回家祭灶。郧阳的火神形象相貌凶狠，有三头六臂，脚踏风火轮，一手持火葫芦，一手拿火印，身佩火剑、火弓等火器，酷似神话传说中的“哪吒”。四川一带以夏历四月初八为火神的生日，那一天士农工商都要进庙上香祀神，并演戏娱神。鲁南一带则以正月初七为祭祀火神之日，民间除了去火神庙朝拜之外，还会组织大型的“火神会”表演，全体会员聚餐两顿。

三

无论古代传说中的火神有多少歧义，但《郧县志》和《郧阳府志》都记载得清清楚楚，郧阳人所祭祀的火神为祝融。

首先，祝融是神话传说中的一位古帝，是古时三皇五帝之一。他以火施化，号赤帝，被后人尊为火神。据说祝融住在昆仑山的光明宫中，是他传下了火种，教人类使用火的方法。

其次，祝融是帝喾的火正官颛顼的儿子，叫重黎，在世袭成为火正官之后，他忠于职守，努力为帝喾和广大黎民服务，因为有功，被帝喾赐以“祝融”的封号。“祝”是永远、继续的意思，“融’是光明的象征。“祝融”之意就是希望重黎能继续用火来照耀大地，永远给人带来光明。据说祝融死后，葬在南岳衡山舜庙的南峰，即今之祝融峰下。

传说黄帝南巡时曾经辨不清方向，是“祝融辨乎南方”，因此南岳衡山，最先就是由祝融神给辨出来的，后来，黄帝就把祝融封为楚地的神。古人认为，南方属火，火又是光明的象征，故祝融就理所当然地成为火神。

据罗泌在《路史·前纪》卷八中说：“祝诵氏，一曰祝和，是为祝融氏……以火施化，号赤帝，故后世火官因以为谓。”《史记·楚世家》云：“重黎为帝喾高辛居火正，甚有功，能光融天下，帝喾命曰祝融。”传说祝融不但是管火的能手，而且发现了击石取火的方法，还发明了火攻战法。

据说祝融从小就特别喜欢火。当时，燧人氏刚发明了钻木取火，人们对保存和使用火的知识依然很缺乏。有一次，他随部落长途迁徙，因带着火种走路很不方便，他就只带了钻木取火的石头。晚上，大家要用火时，他却取不出火来，顿时气得将手中的石头向山上扔去，不料石头落下来溅起了几颗火星。他灵机一动，立即想出了新的取火办法。他取来干芦花，用两块尖石头靠着芦花连敲几下，火星溅到芦花上，再轻轻一吹就冒起了火苗。这就是后来的击石取火法。击石取火比钻木取火省力得多，更不用千方百计保存火种，因此，他得到帝喾的赏识，被封为火正官，并赐名祝融。

当时，南方的蚩尤部落经常侵犯中原，祝融奉命前去讨伐。蚩尤在本土，人多势众，非常强悍。祝融就命自己的部下每人打个火把和爆燃之物，等蚩尤的人一到，就四处放火，把蚩尤的队伍烧得焦头烂额，仓皇溃败，他们乘胜追击，终于打败了蚩尤，立了大功。因为他发明了这种火攻战法，帝喾重赏了他，封他镇守南山。

传说中的祝融还是管火用火的能手，他不但发明了新的取火方法和火攻战法，还教人们如何用火把食物烧熟了吃，如何用火取暖和照明，如何用火驱除瘴气和蚊虫而防止疾病。祝融以火施化，赢得了人们的普遍敬重，又因火是赤色的，人们就称他为“赤帝”，在每年秋后为他祭祀。

火神祝融的传说，虽然带有神话色彩，但它所反映的是人类同火灾作斗争的一种希冀。在人们对火的认识还比较模糊时，认为火很神秘，一定有一位神在主宰着火，就寄希望于火神能给人们带来更多的光明和幸福，同时驱除邪恶，消灾免祸。既然祝融是人们认为的火神，就每年都要进行隆重的祭祀，以表达人们对祝融的感激和纪念。

郧阳龙神祠

一

郧阳龙神祠，又叫神龙祠，在府城隍庙之后，原为康熙年间的知府黄焜为书生们学习所建的书院，称“黄公书院”，乾隆四十三年(1778年)，被知县李集改建为了龙神祠。咸丰元年(1851年)，知县陈子饬曾经主持重修。

黄焜，汉军籍，国子监生出身，于康熙五十五年(1716年)任郧阳知府。在郧期间，他除建黄公书院外，还重修了武阳堰，增修了府学宫。资料说他断案时善于听取各方意见，判决明允。当时武阳堰沿渠之民因水争而诉讼不断，他就亲自带人勘量所有地块，折算出种数，分田块大小和种数多少限口计水，并让三堰之田同流合灌，使民众普遍获利。为此，他亲自撰写了一篇《重修武阳堰记》。雍正元年(1723年)，黄焜离郧别任。

李集，字敬堂，嘉兴人，进士出身，于乾隆三十八年(1773年)任郧县知县，莅任九载，声名卓著。李集理郧期间，曾遇夏日之洪水自郧阳城后山向下奔腾激射，冲坏民居，他就把县衙东北空闲的四亩益民地租全部拿出来作为补偿，并在城中修渠凿池，在池中植莲，不仅使洪水受引导进入了池中，而且美化了城中的环境。正因为郧城经常发生水患，李集认为是有一条本地的龙神没有受到人们应有的重视，于是就把黄公书院改建为了龙神祠，此事被湖北学政吴省钦撰《记》留证。乾隆四十四年(1779年)，郧阳城南70里处有民妇陈刘氏割肝为姑姑(婆婆)疗病，李集听说后上报其事，朝廷封陈刘氏为“孝妇”。李集又捐出自己的养廉银为陈孝妇置买田宅，以资养赡，并将她家的田宅命名为“孝妇陂”，并亲撰《孝妇陂记》。四十六年(1781年)，李集离郧别任。

陈子饬，山东潍县人，举人出身，曾经四次任郧县知县。道光十二年(1832年)，陈子饬第一次任郧县知县时，遇郧阳大校场演武厅被水冲毁，于是主持了重修，不久被调离；道光二十二年，陈子饬第二次任郧县知县时，和知府胡允林及当地绅士朱灿章等人重修了府学宫丹墀(殿前涂以红色的石阶)，并建刻碑亭，但不久又被调离；道光二十七年，陈子饬第三次任郧县知县，于当年八月重修县学宫和文昌阁，于次年修小南门驳岸和重修许公祠、养济院，增修文昌宫并建奎星楼于其左，又于二十九年和知府胡允林及当地绅士卜作栋等人重修郧阳试院的堂舍和坐号，随后再被调离；咸丰元年(1851年)，陈子饬第四次任郧县知县后，重修了龙神祠，随后永别郧阳。

二

龙神祠是古代龙神崇拜文化的产物。

龙神是统指以龙为形象的神祇，有天龙、水龙和山龙之分，但以水龙、海龙居多。天龙一般指人间的皇帝和天庭里兴云布雨的神龙，还有佛教天龙八部里的那伽龙神；水龙则指广大水域里的龙王，分江神、湖神、海神；山龙多为四象中的青龙神和居于山陵的山龙。在古人的龙神崇拜信仰里，祭祀天龙是祈求风调雨顺，祭祀水龙是为了祈求在水上生产、生活时的平安，祭祀山龙是为了祈求它能守护风水。

龙神崇拜是中华文明的一个基本特点，有着上万年的历史。

自20世纪70年代以后，中国大地上的一系列重大考古发现揭示出了中华民族龙神崇拜的原始面纱，证明我国先民崇龙的习俗，至少在8000年之前就已经相当成熟。

目前所发现的最早的龙崇拜文化，是20世纪80年代在辽宁阜新查海遗址所发现的距今8000年前的石堆龙。这条石堆龙位于查海聚落的中心广场，全长19.7米，龙身宽1.8米至2米，头向西南，尾朝东北，作昂首张口咆哮状，有一种腾飞之感。这条石堆龙是中国已发现的最早的龙。在查海遗址出土的陶器器壁上，也出现有龙的装饰，同时出土的还有一批玉玦，这表明当时的龙形象已较多出现，是查海先民的成熟图腾。

比查海石堆龙略晚的龙是阜新的大玉龙。1973年考古工作者在辽宁阜新市胡头沟村出土了一批精美玉器，其中的一条大玉龙高达26厘米，呈墨绿色，龙体内卷，酷似“C”字，其长鬣飘举，体态雄健，和同时出土的大量玦形玉龙一起被认定为高度抽象化的玉龙，遂定名为红山文化玉龙，与兴隆洼文化的玉玦有继承关系。

在距今7000年前后，中国南北大地都不乏早期龙的出现：在仰韶文化半坡类型的陕西宝鸡北首岭墓地所出土的陶壶上，彩绘着鱼啄龙尾的画面，距今大约6800年；在仰韶文化后岗类型的河南濮阳西水坡墓葬中所出土的蚌壳摆塑龙，距今大约6400年；在湖北黄梅所出土的鹅卵石摆塑龙，距今大约6000年。

历史进入青铜时代之后，出现在器物上的龙更是种类繁多，并一直延续到了今天。龙神崇拜的观念在历经万年的传承之中不仅没有消失，反而越来越深入人心，这是因为龙是中华各民族共同的精神图腾。

三

也有一种被人们崇拜的龙神，是历史上存在着的真实人物，因为他们生前或者曾经降服恶龙为人们带来过平安，或者曾经兴修水利为人民带来过幸福，就被后人当成了龙神来祭拜。如四川乐山的龙神祠，所供奉的就是隋代嘉州太守赵昱，因为他曾经斩蛟为民除害，所以当地人民要纪念他。

郧阳龙神祠里所供奉的，正是一位流传在郧阳人口中的古代神话人物，名字叫阳华。

在郧阳古城西北角的城墙之外，悬崖古道之顶部有一个“伏龙关”。关之绝壁下是汉江上的一个回水深潭，潭水泛蓝，深不可测，名曰“伏龙潭”。几千年来，郧阳人都一直口口相传，说潭中拴着一条被驯服了的恶龙。

驯服这条恶龙的人就是阳华，关于阳华缚蛟龙的故事，一直被郧阳百姓口口相传至今。

远古时期，流经郧阳的汉江，经辽瓦流过柳陂再到郧阳城西，被起自郧阳城中，延绵至柳陂的沧浪山阻挡，在郧阳城西形成了一个沧浪大湖，江水被逼回头，从黄家坪经柳陂绕到郧阳城南再向东流去。当时，沧浪湖里很不太平，不时有蛟龙出没，不断打翻渔船，吞食渔民，于是玉帝命阳华下凡治理汉江。

阳华降临郧阳后，决定先降服恶龙。但在与蛟龙多次交手之后，他发现自己的功力不够，就到茅山去学艺，其间与师傅之女产生了恋情。在学成将归之日，师妹与他难舍难分，欲与其同归郧阳。师傅在得知他们的恋情后，顿起杀死阳华之心，幸亏被师妹看出，密劝阳华赶紧上路，并说等他整治好汉江之后两人再相聚。临行前，师妹送给阳华一把雨伞，告诉他这是一把能保护他一路平安的宝伞，无论路途遇上狂风暴雨，还是炙热太阳，不到郧阳就不能撑开伞。阳华牢记师妹的临别之言，在回到郧阳撑开雨伞时，只见如花似玉的师妹从伞中一跃而出，让他惊喜不已。于是，师兄妹以汉水为媒而结为夫妻，决心共同治好汉水。

在阳华夫妻二人的共同努力下，他们终于暂时降服了郧阳的恶龙。此时，阳华有了一个大胆的想法，欲让这条蛟龙为他治理汉江服务。他首先想要牵着这条龙把郧阳城周边的山岭拱出一圈围绕郧阳城的河漕，不仅让汉江裁弯取直，而且实现郧阳城有天然护城河的理想。第一步，他要先打穿城西南角的沧浪山，让汉江径直从城西北流向城西南，再流向城东南，形成半包围郧阳城的水势；第二步，他决定利用城东的棒槌河，直接牵龙从城东北的棒槌河岸拱向城西北，让汉江之水分为两股，让郧阳城成为郧阳岛，形成水包郧阳城之势。

阳华所设计的第一步工程完成得很顺利，沧浪山很快被蛟龙拱穿，汉江之水舍弃了柳陂，直接从郧阳城西、城南流过，从此郧阳城的西、南两面都有了防御天堑。接着，他在牵龙从城东北拱向城西北时，开始还很顺利，但在城西北角，龙头抵上了坚硬的江岩，进度明显慢了下来。

一天，阳华牵着的蛟龙以头猛撞江岩后，江岩没动反而把龙头撞得鲜血直流。蛟龙在疼痛难忍之下怒吞了阳华，然后一个跟头翻到了崖外江水的深潭之中翻腾作浪，始终不肯把阳华给吐出来。阳华妻见状，就使用茅山法术救阳华。她做了一条巨大的面龙，盘在蒸笼之中用大火蒸，锅中的水每蒸发一毫，江中之水就会下降一寸，等蒸到七七四十九天，江水就会见底，阳华就能得救。在第四十八天时，锅里的水已经蒸得差不多了，阳华妻就让一个徒弟继续烧火，自己则率另一徒弟拿着施法令牌去江边救阳华，走时还一再嘱咐添柴蒸面龙的徒弟“千万不能揭开笼盖儿”！

阳华妻带着徒弟赶到汉水边，见江边伏龙潭里的水已经很浅，蛟龙不仅已经吐出了阳华，而且还被阳华用铁链拴在了一个铁桩上，但阳华依然无法彻底制服倔强的蛟龙。见妻子到来，阳华从水中伸出一只手来要降龙的令牌，但因为他那正使着法术的手变得大如簸箩，还毛茸茸的，把没有见过这阵仗的徒弟给吓坏了。当阳华妻让徒弟赶快递令牌时，徒弟于慌乱之中不敢近前，只远远把令牌甩给了阳华。阳华没接住，令牌掉到了水里就不见了。更糟糕的是，在家里蒸面龙的徒弟还是没有经受住笼中的馍香引诱，而提前揭开了笼盖。顿时，伏龙潭里的水在“呼呼”声中回到了原位。阳华和蛟龙从此都沉没到了潭底，而且再也没有出来。结果，就在郧阳城北留下了一个烂尾的半拉子工程，水环郧阳城的设计就此搁浅。

虽然阳华再也没有现身郧阳和汉江之上，这让世世代代的郧阳人都很遗憾，但他因此却成为了汉江之神，始终保护着江上的行船和汉江两岸的人民，这又使人们感到了欣慰。虽然郧阳城最终没能成为一座阳华理想中的水城，但四周天然壕沟的局面毕竟基本成形。为了纪念阳华这位治水大英雄，郧阳人就把阳华拴龙的江潭叫做“伏龙潭”，把伏龙潭江崖之上的那个山垭叫做“伏龙关，把城北那条由阳华牵龙所拱出的山沟叫做“透沟”。

据说从此以后，郧阳一带的汉江上再也没有出现过蛟龙兴风作浪的迹象。

阳华缚蛟龙的故事毕竟是神话，不可完全当真。但是我们还是得承认：神话故事里往往包含着一些历史的真实。我们从这个故事里可以想见出，在远古时，郧阳就已经为城，其首领很可能是一个叫阳华的人，他曾经带领族人想引汉水为壕，只是在最后关头遇上了一件不可抗拒的灾难而功亏一篑。那阳华应该不是神，而是一个郧阳土著的部落首领。那透山为壕的也应该不是龙，而是远古的郧阳人民。

郧阳八蜡庙

郧阳八蜡庙，在郧阳府衙之后，是由郧县衙门负责管理的，专门用于祭祀八蜡之神的庙宇。

八蜡是中国古代先民所普遍祭祀的八种与农业有关的神祇。八蜡之神：一是先啬，即神农氏；二是司啬，即后稷神；三是农神，即掌田之官田畯神，也叫“田大夫”；四是邮表畷，即掌管田间地头里的茅棚、道路、井和疆界之神；五是猫虎，即有益于农事的物神；六是坊，即堤防之神；七是水庸，即城隍神；八是昆虫，即蝗螟之神。

在八蜡庙里祭祀八蜡神祇，是为祈祷除虫、抗灾、御患的活动，称之为八蜡之祭、大蜡之礼或八蜡祭。在夏代称为“嘉平”之祭，殷代则称为“清祀”之祭，周代改称“大蜡”之祭，是于每年建亥之月(腊月)，在农事完毕之后所举行的祭祀大典。届时，上至天子，下至平民都要参加，以祈祷来年丰收。史载：“古有八蜡之祭，每岁建亥之月，田功告成，则合聚八神而报响之，谓之八蜡。”

《礼记·郊特牲》云：“八蜡以祀四方。”东汉经学家郑玄注：“四方，方有祭也，蜡有八者：先啬一也，司啬二也，农三也，邮表畷四也，猫虎五也，坊六也，水庸七也，昆虫八也。”

其实，八蜡祭祀的起始远远早于夏代。据《三礼图考》记载，在神农时代，就有伊耆氏为负责祭祀八蜡之官。《礼记》中有一首描写伊耆氏的《蜡辞》诗：“土反其宅，水归其壑，昆虫毋作，草木归其泽。/土反其宅，水归其壑，昆虫毋作，丰年若土，岁取千百。”伊耆氏，是一个神农氏时期就设置的官职，所以八蜡祭祀最迟源起于炎帝时期。唐人司马贞所著的《史记索隐》云：“始教耕，故号神农氏，于是作蜡祭。”八蜡之祭发展到汉、唐时，已变得非常隆重，但到明、清两代时，则时行时止。

八蜡之祭中之所以有猫虎神，是因为古人认为猫和虎形态相似，应归为一族，而能时小时大，就被以为是神灵的化身，有着保护庄稼的作用，就被当做了有益于农事的神物供奉。古人多爱在居所附近或者庄稼地头雕刻猫虎石像以祈求丰收。

邮表畷神有些类似于民间的土地神。这里的“邮”指田间庐棚；“表”指田间道路；“畷”指田土疆界相互连缀。这些都是与人为邻的田间设施，经常会为此发生纠纷，在人们的信念中，如果有神在管理这些设施，一旦动了侵占念头时就会有所畏惧。

八蜡神中之所以有昆虫，一是先民早就发现，农事活动离不开昆虫，它们不仅能够传粉、松土，还能够相互制约，不至于发生大的虫害；二是有些昆虫如蝗虫，确实有可能给庄稼收成造成大的灾害，祭祀它就是希望它不要致灾。

郧阳马王庙

郧阳马王庙，在郧阳府衙之北，明以前无所考，有记载始于康熙二年(1663年)，是一座由郧县衙门负责管理的官庙，为祭祀马神、马的祖先、养马人的祖先，以及害马之神的庙宇。乾隆二十一年(1756年)，有营弁(中下级武官)陈贤、鲍安国等人捐资，在马王庙里修建戏楼一座。三十六年，县衙曾经对马王庙进行重葺。

对马神的祭祀至少在周代已经成熟，而且一年里在每个季节都要举行大典。《周礼》云："春祭马祖，夏祭先牧，秋祭马社，冬祭马步。"春祭马祖是在四月里举行，属王者之礼，为专权。

马祖，即天驷。天驷，星宿名，也称"房宿""房星""天龙"。"驷"在汉语里指的是同驾一辆车的四匹马，或者套着四匹马的车；"天驷"据说是玉帝出巡所乘坐的车。因此古人以房星象征天马。《晋书·天文志·上》云："房四星……亦曰天驷，为天马，主车驾。"唐人李贺在他的《马诗》里说："此马非凡马，房星本是星。"《国语·周语·下》云："昔武王伐殷，岁在鹑火，月在天驷。"唐人杜甫在他的《魏将军歌》里有"星缠宝校金盘陀，夜骑天驷超天河"的佳句。清人钱谦益在他的《以顶骨饮器劝酒次秀才韵》里有"酒旗已分临天驷，饮器休辞倒月氏"的句子。

先牧，为俗神，是驯化野马为家马的最初养马人。

马社，为俗神，是第一个把马作为乘骑工具的人。

马步，即灾害马的瘟神。

在古代，马是一种国家战略物资，为"耕战之必备"。在那生产力低下的时代，马匹在国家生产、运输、军事上的作用极为重要，一直被皇家和官府所控制。正因为这种动物具有负载国家安危的重要性，所以在中国古代享有很高的地位，而且人们想象出了马神，还受到了皇家和百姓的共同祭拜。

对马的崇奉与祭祀起源很早。《古今图书集成·神异典》里就记载有周代官方在春夏秋冬四季祭祀马神的制度。这种制度在隋代被强化，大业七年(611年)隋炀帝设坛祭马祖。唐时，还延续着以四时祭马神的习俗。宋代以马祖祭典为国家小祀。辽统和十六年(998年)五月，辽圣宗规定了祭祀白马神的制度。

洪武二年(1369年)，朱元璋下令筑坛于后湖，分四季分别祭祀马祖、先牧、马社、马步诸神。朱棣迁都北京之后，下令在莲花池兴建了马神祠，以官方礼仪祭祀。

清朝规定，每年在春、秋两季祭祀马神。祭时要在供案上摆放醇酒及食物，分为敬香、行礼、跪读祭文等程序。《祭祝词》为："敬祝者：抚脊以起兮，引鬣以兴兮，嘶风以奋兮，嘘雾以行兮，食草以壮兮，啮艾以腾兮。沟穴其弗逾兮，盗贼其无扰兮。神其贶我，神其佑我。"大意为："抚摸脊背马就站起，捋它的长鬃马就兴奋。它嘶鸣亢奋如风，行走腾云驾雾。它食草而壮，啮艾而腾。没有沟穴它不能逾越，没有盗贼它不能消灭。神啊，你要赐给我好马！神啊，你要护佑我。"祈祷已毕，主祭取一根绸布条在香炉内缭绕熏祷。祭祀前，主副祭都要把坐骑拴在马神庙的门前，祭祀完毕将祝文拴在主祭者所乘的马尾巴上，然后骑马而去。

古代祭马神，一是要定时祭祀，二是军队出征前和班师后要祭祀。古代的朝廷祭礼十分繁琐，有吉礼、嘉礼、宾礼、军礼、凶礼这五种之分。军队在出征前、后都要举行军礼，其中对战马的祭祀，就属于军礼中的重要组成部分。出征前、后的军礼共有二十三项程序，对马神祭祀的仪式被列在第十六项祀马祖、十七项祭先牧、十八项祭马社、十九项祭马步，这统称为"祃牙之祭"。

今人对远古马祭的具体程序目前已经知之不多，但从《周礼·夏官·司马》所载的"春祭马祖，执驹；夏祭先牧，颂马攻特；秋祭马社，臧仆；冬祭马步，献马，讲驭夫"里，我们还是能依稀发现一些端倪：

春天所祭的对象，为马的祖先，即马神。祭时要执驹，就是抱着小马驹。据说古人要在春天把小马驹从马群中分离出来，改由人工饲养，以免仲春交配季节被雄马所伤。

夏天所祭的对象，为先牧神，即世上最早养马的人。祭时要攻特，就是阉割公马，祭后要去除顽劣之马，保留优良的种马。

秋天所祭的对象，为马社神，即世上最早乘马的人。祭时要臧仆，就是举行比赛，挑选出其中的优秀者，祭后对驭手进行训练。

冬天所祭的对象，为马步神，即马害之神。祭时要杀马作为奉献，目的是请求它不要伤害马，使马多存活且优良。

古代对马的神化和祭马制度是逐步完善的，源于从认识到马的重要性，到敬畏马的过程，于是从产生崇拜到举行祭祀，逐渐把马神化，其中皇家的推波助澜起到了至关重要的作用。

马祭的目的是企盼国泰民安，是在祈求马神能保佑马匹更多地繁殖和健康生长，是在祈求马神能驱除马的疾病与灾难，以达到国家安宁和百姓平安的目的。

郧阳萧公祠

郧阳萧公祠，又叫萧公庙，在县衙之东，所建年代不详，是祭祀汉酂侯萧何的庙宇。据郧人口口相传，萧何曾经在楚汉相争时驻郧阳保障军饷。

酂侯是汉高祖刘邦赐给萧何的爵位。

萧何，我国古代著名的政治家，为辅助汉高祖刘邦建立汉政权的三杰之一，西汉初年的丞相。萧何生于周赧王五十八年(前257年)，卒于汉惠帝二年(前193年)七月辛未，享年64岁。他出生在秦朝称泗水郡丰邑县的中阳里，西汉被改为了沛郡丰邑中阳里，今属江苏丰县。司马迁在《史记·萧相国世家》中云："萧相国何者，沛丰人也。以文无害，为沛主吏掾。高祖为布衣时，数以吏事护高祖。"是说他年轻时在秦的沛县任狱吏，多次以手中的权力保护过当时还是布衣的刘邦。正是这段狱吏经历，让他熟悉了秦朝法律，为他后来帮助刘邦巩固大汉江山打下了坚实的基础。

史料说萧何勤奋好学，思维机敏，生性勤俭，性格随和，善于识人和结交朋友。所交朋友中有当时的泗水亭长刘邦、捕役樊哙、书吏曹参、刽子手夏侯婴、吹鼓手周勃(名将周亚夫的父亲)，由于他们年龄相近，性格相同，很快便成了莫逆之交。萧何对刘邦感情尤其不一般，他看出刘邦器宇轩昂，风骨不凡，谈吐也有别于众人，是大贵之相，就对他格外佩服，所以三番五次利用职权暗中袒护他。

秦二世元年(前209年)七月，陈胜、吴广在大泽乡揭竿而起，举起了反秦的大旗，各地豪杰云集响应。值此天下大乱之际，萧何和他的朋友们在沛县时常聚会，密切注视着天下局势的发展，并暗中与隐藏在芒砀山中的刘邦保持着联系。

由于陈胜、吴广农民军的影响越来越大，沛县县令害怕战火烧及自己，于是找来萧何、曹参等人秘商起兵响应的事。萧何认为，他是秦朝官吏，百姓恐怕不相信他会真心反秦，欲图大事，只能把逃亡的豪杰请回县里来主事。县令觉得有道理，萧何就保举了刘邦。于是，县令就派刘邦的妻妹夫樊哙去芒砀山，要刘邦回来共同举事。不料，站在城头准备迎接刘邦的县令一见刘邦带来了那么多的人，就担心自己今后操控不了他，于是出尔反尔将刘邦拒之城外，并将萧何等人抓了起来押入大牢。刘邦一见县令变卦，就下令将城池团团围住，正准备攻城，萧何、曹参却已越城逃了出来。三人在商议之后，就以刘邦的名义写了一封告沛县父老书，说天下百姓忍受苛秦暴政之苦已经很久了，现在天下诸侯并起，马上就要攻破沛县城池，如果你们现在起来诛杀县令响应诸侯，则家室能得以保全。否则，都将白白地惨遭杀戮。刘邦用箭将帛书射入城内，沛县百姓看了，就聚集起来攻入县衙，杀了县令，打开城门迎接刘邦进城。

在萧何的建议之下，刘邦召集沛城父老共商大计，大家都推举刘邦为县令。刘邦坚决推辞，连萧何苦劝也无济于事。众人只得选出包括刘邦在内的一个10人名单，在祭告天地之后拈阄决定县令人选，结果还是抽中了刘邦。从此，萧何紧随着刘邦南征北战，立下了盖世的功勋。

在刘邦大军攻克秦都咸阳之后，诸将都在争抢金银财宝，只有萧何在忙着接收秦丞相府、御史府中所藏的律令、图书等资料。这让他很快掌握了当时全国的山川险要、郡县户口和民间疾苦，对他日后帮刘邦制定政策和取得楚汉战争胜利起到了至关重要的作用。

项羽率军进入关中后，背弃了原来的约定，改立刘邦为汉王，把他封到荒远偏僻的汉中。刘邦采纳萧何、张良等人的建议，隐忍入汉，休兵养士，广招人才，待机再与项羽争个高低。当大军偃旗息鼓，人不解甲，马不停蹄，急匆匆地向巴蜀进发时，一路上有许多来自其他诸侯王军中的兵士自愿投到刘邦的旗下，韩信就是在这个时候因不被项羽重视而从楚营中逃出，投奔了刘邦的。最初，韩信在刘邦军中同样不被重用，曾经逃走，但被识才的萧何于月夜里追回，举荐给了刘邦，这是萧何为西汉政权建立所立下的又一功劳。

刘邦自己说过："运筹于帷幄之中，决胜于千里之外，我不如子房(张良)；镇国家、抚百姓、供军需、给粮饷，我不如萧何；指挥百万大军，战必胜，攻必克，我不如韩信。这三个人都是人中豪杰，我能用他们，所以能得天下。而项羽只有一个范增还不被重用，因此最后败在了我的手中。"从中不难看出，张良、萧何、韩信三人在西汉建立时所起的各自作用。

公元前206年，刘邦采纳了张良、韩信所献的"明修栈道，暗度陈仓"之计，挥师东进，留萧何于汉中负责征购、供给军粮。汉军再次进入关中后，个个如猛虎下山，一路势如破竹，不到一个月便占据了三秦之地。刘邦又令萧何坐镇关中安抚百姓，同时负责兵员和粮饷的筹措与补给，自己则率大队人马浩浩荡荡地去征服天下。

在关中筹措粮饷谈何容易。频繁的战事，已经让关中满目疮痍，残破不堪，秦都咸阳被项羽放火烧了 3 个月，已成一片瓦砾。萧何留守关中后，一方面马上施以恩惠安抚百姓，发放粮种恢复生产，全力收拾关中的残破局面；另一方面马上派人征购粮草，稳固后方，保障前线。他在西北已经无法得到足够的粮草，就想到了江汉平原。然而，江汉平原虽然很富庶，但毕竟为楚地，对项羽有感情，不肯轻易卖给汉军粮草，而且征购来的粮草在通过汉江运输时，在郧阳一带经常被劫，于是萧何亲自带兵驻守郧阳，坐镇指挥仓粮的收购，同时保障汉江、丹江、甲河这些运输通道的畅通。待镇守郧阳的指挥堡垒建立稳固后，他才留下将领固守，自己回到了关中。

西汉二年(前 205 年)，刘邦被项羽所率的 3 万精兵围于彭城灵壁，虽使用“金蝉脱壳”之计才得以逃回荥阳，但身边的残兵败将仅剩数十骑。在关中，萧何一边征发兵卒，一边运送粮草增援荥阳，才使刘邦缓过气来。由于萧何坐镇关中，不断地向前方输送粮食和兵力，才使得刘邦越战越强，终于逼得项羽兵败垓下，自刎乌江。

刘邦平定天下后，论功行赏，大封诸侯，认为萧何功绩卓著，定其为首功，封他为鄼侯。准许他穿鞋带剑上殿，并封了他的父子兄弟 10 多人。由此，萧何位列众卿之首，被称为“开国第一侯。”

郧阳萧公祠，正是郧阳人民为纪念萧何的功绩所立。

郧阳文公祠

一

郧阳文公祠，也叫文公庙，宋时建立，初在北关(城外)，不知何代迁建在了城西府衙之东。在郧阳城之西的七里河，也有一座文公祠。这两座文公祠都是为了祭祀唐代和宋代所封的昌黎伯韩愈的庙宇，据说他在唐代元和年间(806—820年)跟随裴度平定淮西时，曾经驻守于郧阳。

韩愈，字退之，祖籍昌黎郡(今河北昌黎县)，于唐代宗大历三年(768年)出生在河南河阳(今河南孟县)，精通六经百家之学，崇儒，辟忌佛老之学，文章自成一家，是唐代著名的文学家之一，为后世治学古文者所取法，与柳宗元一起是唐代古文运动的倡导者，合称为“韩柳”。又因韩愈晚年曾任吏部侍郎，所以人们又称他“韩吏部”。因他爱自称为“昌黎韩愈”，后世又称他“韩昌黎”。苏轼曾经称赞他“文起八代之衰，道济天下之溺，忠犯人主之怒，勇夺三军之帅”。韩愈卒于唐穆宗长庆四年(824年)，享年56岁，谥号“文”，因此又称“韩文公”。宋代元丰年间，元丰帝追封韩愈为“昌黎伯”，他的门人为其收集诗作，编撰了一本《昌黎先生集》。

韩愈3岁丧父，得兄长韩会的抚育。后来韩会被贬官，他随兄到了广东。兄死后，他又随嫂郑氏北归河阳，之后迁居宣城，7岁被嫂送学读书，13岁就能写得一手被人称道的文章。后来，他又被嫂交给了当时著名的古文学家独孤及(725—777年)为徒，安心学习古训，并从此开始关心政治，自称“前古之兴亡，未尝不经于心也，当世之得失，未尝不留于意也”；由此确定了自己一生的努力方向。20岁时，他赴长安应进士试，三试不中，四考才登进士第，然后三试博学宏词而不入选，便先后赴汴州董晋、徐州张建封这两位节度使的幕府里任职，后至京师，先后在朝廷里任四门博士、监察御史，却因上书论及天旱人饥之惨状，请求减免徭役赋税，被指斥为乱干朝政，被贬为山东阳山县令。宪宗李纯即位后，他获赦北还，在国子监里任博士。不久又改任河南令，再历职方员外郎、太子右庶子，但因多次与宦官、权要们相对抗，仕宦一直不得志。50岁后，他先随裴度征讨淮西吴元济的叛乱，在军中任行军司马。淮西平定后，他升任为刑部侍郎。元和十四年(819 年)，宪宗迎佛骨入大内时，他奋不顾身上表力谏，被贬为潮州刺史。后移袁州，不久回朝，历任国子监祭酒、兵部侍郎、吏部侍郎、京兆尹等显职。在任兵部侍郎时，镇州王庭凑叛乱，他前往宣抚，成功而还。

二

韩愈在文学上的成就很大，主要成就是在散文上，其文众体兼备，对政论、表奏、书启、赠序、杂说、人物传记、祭文、墓志乃至传奇等所有文体无不擅长。其论说文气势雄浑，结构严谨，逻辑性强，名篇如《谏迎佛骨表》《原道》《原毁》《争臣论》《师说》等；其记叙文则爱憎分明，抒情性强，名篇如《送李愿归盘谷序》《送董邵南序》《张中丞传后叙》《祭十二郎文》《柳子厚墓志铭》等。韩愈的文风自成一体，雄奇奔放，格调鲜明，语言上独具特色，尤善锤炼词句，推陈出新，许多精辟词语已转为成语，至今仍保存在文学语言和人们的口语中。韩愈的诗成就略输其散文，但在中唐亦占有重要地位，对宋诗的影响颇大。

由于韩愈极力推行古文运动，以致影响了整个宋代乃至今日，后人就把他与柳宗元、苏轼、苏辙、苏洵、曾巩、欧阳修、王安石合称为唐宋八大家，并尊他为唐宋八大家之首。

不过，宋朝皇帝之所以要封韩愈为“昌黎伯”，倒不是因为他的文采，而是因为当时民间已经把韩愈奉为了神仙。民间尊崇韩愈，并把他捧为神仙的原因是因为他的不屈权贵和敢于冒死上谏的性格，人民需要这样一位敢于直言的英雄。据民间传说，八仙之一的韩湘子就是韩愈的远房侄孙，韩愈在生前就经常被八仙点化，死后被玉皇册封为神，兼管天下之事。郧阳为汉江中游的重要码头，历来商贾云集，自宋起，每逢斋醮社日等活动都必祭韩愈，当地官绅、文人、雅士、三教九流常捐大戏连台演出，台下万人攒动，城乡所来的善男信女纷纷在文公祠里朝拜礼忏。

三

韩愈驻守郧阳的具体时间不详，但大致是在唐宪宗元和十二年(817 年)随裴度平定淮西藩镇吴元济之时。当时，裴度率领大军翻越秦岭，自汉江而下抄吴元济的后路。

淮西是唐代的一个藩镇，全称为淮南西道，简称“淮西”，治所在蔡州(今汝南)，管辖范围包括今淮河上游地区的安徽、河南东南部分地区，以及湖北的长江北部和部分重庆属地。

在唐朝中期，淮西曾经脱离朝廷叛乱50余年。建中四年(783年)，淮西节度使李希烈叛唐之后"蔡州之不廷授，于今五十年，传三姓四将，其树本坚，兵利卒顽，不与他等"。是说自李希烈到吴元济，经历了三姓四个将领，割据淮西50年，形成了事实上的国中之国。

当时的吴元济手握重兵，据地千里，对大唐威胁很大，皇帝多次下达讨伐令，但都由于用兵不善而收获甚微。元和十二年(817年)十月，唐宪宗再派重臣裴度出征，韩愈为行军司马(相当于今参谋长)，征战淮西五年。最后裴度采用掏心战术，派李愬以三千兵勇，乘敌不备借风雪之夜远距离奔袭，直捣蔡州，活捉了敌魁吴元济，一战而结束了淮西长达52年的割据局面，稳定了大唐基业。

战后，裴度成为晋国公，李愬成为凉国公，韩愈也升为了刑部侍郎。朝廷要在蔡州立碑记功，宪宗皇帝钦点韩愈撰碑文。韩愈接到圣谕后，退斋戒坐于子阁，濡染大笔于淋漓，点窜尧舜之典，把一千八百余字挥得洋洋洒洒："九年，蔡将死，蔡人立其子元济。以请，不许。遂烧舞阳、犯叶、襄城，以动东都，放兵四劫。""群臣震慑，奔走率职。明年平夏，又明年平蜀，又明年平江东，又明年平泽潞……"文章如行云流水，如大江出峡，汪洋恣意，一挥而就。文之华美让"烟飞云动，鸾回凤惊"。勒碑之时，国人视为奇文而争相诵之，也在当时的郧阳文人心中留下了深刻印象，捧为神来之笔。

宋以后，凡郧阳祭祀武神必祭韩愈。康熙十三年，郧阳府通判许文耀战死于沙场，郧阳人为其建祠堂纪念。在官方每年的《致祭许公辞》中，都有"昌黎抚庭涛之军，忱输镇将，文纪摩张婴之垒"的句子。

郧阳原公祠

郧阳原公祠，在城外，位置在城北1里许，建于明成化十三年(1477年)，是祭祀首任郧阳巡抚原杰的庙宇。

原杰病故消息传开，郧藩各府无不哀号，纷纷为其建祠祭拜。郧阳是郧藩的首府，所以郧阳的原公祠是每年祭祀的正祠，礼仪之典相当隆重。郧阳原公祠里，还有一块当时的国子监祭酒吴节所撰的《郧阳原公祠记并诗》的碑石。

吴节，字与佥，号竹坡，江西安成人，宣德五年(1430年)庚戌科进士，官终太常寺卿兼侍读学士，有《吴竹坡文集》五卷和《吴竹坡诗集》二十八卷留世。

吴节的《郧阳原公祠记并诗》全文如下：

郧阳原公祠记并诗

祠堂之设，所以表功德而存民思也，于时足以征，惟宪台右都御史进兵部尚书原公，公讳杰，字子英，阳城人，由进士任绣衣，进方伯，位亚卿，改左副都御史。

成化初，河、陕、荆、襄流逋藏聚为梗，屡动大兵征剿，莫或止息，致劳我圣虑，以公足办大事，遣巡抚疆理以筹之。公承命，按行三省八郡之地，延问逋民父老去留，皆愿附籍为良。公曰：“民有恒产，斯有恒心，岂容无羁束乎?”有籍可归者归之，余悉令附籍，给以田亩，以供赋役。先后于均州、襄阳、德安、郧阳四府，共得丁口四十三万八千有奇，为都邑以统之。

遂经营量勘，以郧邑外宽内敞，山水环抱，且地通江汉，舟楫往来，商贾时至，乃浚筑城池，升为府，号曰“郧阳”，统治七邑。又立行都司一、卫一、所三，其学校、巡司、邮传，亦各有制。然民新附，非贤守令以驭之不可。乃大会巡抚、三司，公议荐举，凡文武守长、佐贰通二十余员，皆才识出众，足以任其责者，布列内外，分理群务。区别定，即具本上陈。诏皆谕允。

绩成，请还京师，而以绣衣吴公道宏，德望优裕，宽猛适宜，举行三省，以代己任。朝廷嘉其劳勋，晋南京兵部尚书。俾行莅任，行至南阳，疾作，殁于旅舍，时成化十三年五月。讣闻，朝廷深为悼惜，葬祭如制。郧、襄士民，罔不流涕，如失考妣。盖恩在人心，而人思慕之，莫不禁止也。

绣衣吴公与郧守吴远议曰："原公招抚流移，建设诸司，为职方广封疆，民部增赋税，功在社稷，惠在人心，其绩茂矣，宜建祠，俾民祀之，所以崇报功而永令望也。"祠成，以予尝执笔从太史，后宜有言。余惟古今定制，法施于民则祀之。原公政绩显著，膺祀典，公论也。于是，叙其始末。职躬享一章，俾歌以祀焉。

公昔攀龙侍天皇，宜谋赞化扶纪纲。
一朝手捧金鎣章，遍历河陕连荆襄。
招徕父老咨流亡，万人稽首官道旁。
愿附版籍身为良，维时雨露深江洋。
许操畚插锄榛荒，堑山为城浚为隍。
聿开新府号郧阳，行司卫所罗封疆。
黉宫学海流汤汤，茂选文武相颉颃。
生灵乐业保安康，功成理定朝明光。
圣恩嘉奖升兵尚，钧天无人仙佩扬。
群黎悲啼声喤喤，秉宪持节绣衣郎。
稽功考德进祠堂，召公去后留甘棠。
浓荫芾蔽存民望，惟公神游在帝乡。
有时陟降来苍苍，储祥积庆护一方。
涤牲报祀礼有常，千秋万载谁能忘。

其《记》大意为：设立祠堂，是人们需要表彰某人的功德，保存民意，在时间长久之后能够证明，让人们永远铭记。这里要纪念的是御史宪台、右都御史、兵部尚书原公。原公讳名杰，字子英，山西阳城人，最初由进士在都察院里任御史，之后任地方布政司，位一省之亚卿，后又改任左副都御史任巡抚。

成化初年，大量流民和逃亡之人藏聚在河南、陕西、荆襄交界之处作梗，朝廷屡次动用大兵征剿都没能止息，以致劳扰了我皇上的忧虑，认为原公足以能办成大事，就派遣他巡抚郧阳，来完成划分疆宇和治理、筹备之事。原公承命后，巡视了三省八郡之地，广泛请教询问流民父老的去留意愿，人们都称愿意附籍成为良民。原公说："老百姓只要有了恒产，才会有安居乐业的恒心，怎么能让他们没有户籍的羁束呢?”于是开始查核，让有籍可归者仍回归故里，其余的都令他们就地附籍，给他们可耕种的田亩，让他们给朝廷和官府提供赋役。他先后在均州、襄阳、德安、安陆、郧阳等地共统计出附籍人口四十三万八千有余，分别归属就近的府县统领。遂后又经过营商和勘量，他认为郧县城外宽内敞，山环水抱，而且地通江汉，舟楫往来十分方便，不时有大量商贾蜂拥而至在此做生意，就决定浚筑城池升格为府，号曰“郧阳”，以统治七县。他又在郧阳城内设立行都司、巡抚藩镇和三个千户所，其他学校、巡司、邮传等机构也一一成立。他还考虑民众大多为新近所附籍，如果没有一个贤良的知府和知县就不足以驾驭局势，就召集巡抚之下的布政、按察、行都三司首脑公议荐举官员，共推举出的文武守长、佐贰二十余员，均才识出众，足以堪任其责，就把他们布列于内外，分理群务。一切安排停当，他立即具本上奏皇帝，得到皇帝诏旨的一一应诺。

原公大功告成，请求回归京师，并举荐了监察御史吴道宏，说他德望优裕，宽猛适宜，曾经任职三省，足以代己任郧阳巡抚。朝廷嘉奖原公的劳勋，晋升他为南京兵部尚书。原公辞行莅任，却行至南阳恶疾发作，殁于旅舍，时为成化十三年(1477年)五月。讣闻传开，朝廷深为悼惜，令葬祭如公卿制。郧襄士民闻听之后，莫不痛哭流涕，如丧父母。就因为他的恩德深入人心，所以人心思慕而不能禁止。

郧阳御史吴道宏与郧阳知府吴远商议，认为:“原公招抚流移之民，建设藩镇与诸司，是执掌一方的封疆大吏，为户部增加了大量赋税，功在社稷，惠在人心，其功绩非常之大，应该为其建个祠堂，让民众有个祭祀他的地方，以满足他们崇敬报答功德、永远思念的愿望。”祠堂建成之时，吴道宏以我曾经担任执笔太史的原因，请求我写《记》。我知道古今有定制，凡法施于民之人，则可以祭祀之。原公政绩显著，承担得起祭祀之典，何况这也是公论。于是，我记叙其事情的始末，恭恭敬敬地书写了一篇《记并歌》以祭祀原公。

《歌》曰:……

郧阳原吴二公祠

一

郧阳原吴二公祠，在郧阳府学宫之西，于明嘉靖三十三年(1554年)由郧阳巡抚刘伯跃所建，院内立有当时的文渊阁大学士赵贞吉所撰的《郧阳原吴二公祠记》碑。这是一座合祀明代郧阳的第一、二任巡抚原杰和吴道宏的祠堂。

嘉靖三十二年(1553年)，张舜臣到郧阳任巡抚时，想拜谒原杰和吴道宏的英灵，却听说郧阳人并没有为吴道宏立过祠堂，拜祭都找不到庙门。他又看到北门外的原公祠在历经76年而没有得到过修缮，已经破败不堪时，十分心酸，就决定要在城内建一座“原吴二公祠”，让二公同时享祭。正当他从吴道宏的孙子那里得到了一张吴道宏的画像，并准备择地修祠堂时，却接到了朝廷要他到南京任大理寺卿的敕令。之后，是继任他的巡抚刘伯跃帮助他完成了这个愿望，由当时的郧阳知府黎尧勋具体负责施工。

张舜臣，字熙伯，号东沙，山东章丘人，嘉靖十四年(1535年)乙未科进士，于嘉靖三十二年(1553年)由北京太仆寺卿改任右佥都御史担任郧阳巡抚。次年郧阳发生春荒，他开国库赈灾、贷粮，救活之人无法统计，光打开府库所周济的贫困儒生就达70余人。当年夏，郧阳又发生大旱，张舜臣在组织救灾的同时率领官员祈雨，据记载得到应验。六月，郧阳城内发生火灾，火势延烧迅猛，在百姓的扑救之下才渐渐熄灭。第二天，张舜臣就派差官调查灾情，根据受灾情况给灾民发放救济物资。在郧期间，他还刻印了《古文选要》颁发给所属各州县。其后他官至南京户部尚书，于隆庆元年(1567年)因疾归乡，途至邹县而卒，被皇帝赠太子少保，并亲撰祭文以大夫礼祭葬。

刘伯跃，字起之，江西南昌人，嘉靖四十四年(1565年)乙丑科进士，于嘉靖三十三年(1554年)八月由湖广左布政使升任右副都御史担任郧阳巡抚，嘉靖三十五年四月改任北京工部侍郎离郧。

黎尧勋，号乐溪，四川乐至人，进士出身，于嘉靖三十一年(1552年)任郧阳知府，三十五年离郧。

赵贞吉，字孟静，号大洲，四川内江桐梓坝人，生于正德三年(1508年)，为嘉靖十四年(1535年)乙未科进士，初授翰林院编修，后擢升左论德兼监察御史，负责奉旨宣谕诸军，后因大骂严嵩而被逮入诏狱，再后又被谪贬为荔波典史，在隆庆元年(1567年)复起，历任礼部尚书、文渊阁大学士，又因与内阁首辅高拱不和，乞请辞官回乡，于万历四年(1576年)卒于家中，享年六十八岁，谥“文肃”。其墓于2008年8月在内江四合乡三山村碑亭湾被发现，为他与母亲、妻子的合葬墓，但因坟陵在早期被盗，墓志铭与随葬品均不见。

二

赵贞吉所写的《郧阳原吴二公祠记》全文如下：

郧阳原吴二公祠记

今南大理卿章邱张公以佥都御史抚治郧阳，作而叹曰：“郧阳之政稍弊矣，易不云乎！治蛊者求其意于先事之初耳，故其操切剂量，思循往抚治原公、吴公之旧而振新之也。”思其人，因就观其尸祝之所，始知吴公之未尝与祀也。初，原公以都御史抚治郧阳，名杰，字子英，阳城人。吴公先以巡按代抚诸郡，后裔原公荐，升大理少卿，任抚治，名道宏，字文博，宜宾人。在成化时，并以戡定绥宁郧阳事著勋名，而郧之人并思之。乃吴公之不得列祀，则莫不蠢然伤心，久而未忘者也。

张公曰：“嗟乎，画一之章，定于曹相；泣碑之攻，广于杜君，郧政之始建也，原公纲之，而吴公纪之，有开拓于前，有弥缝于后，繄其可忘诸?”因访其孙为府经历者，得遗像焉，遂肖而配诸原公。于是，太守黎君尧勋率诸文武、父老、生徒进曰：“诸司守章程以奉天子，俾兹土之民免歼戮之痛者七十余年，夫孰不知二大夫之功也，而祀典之阙，卒定于公。闻之唯圣人能不忘人之功，而处人以礼，殆公之谓矣!”顷之，张公去为大理，而江西刘公代焉，谓宜载诸石以谂来者，而黎君以委于予也。

予尝浮汉江，横郧而东者屡矣，其地枕秦跨楚，包络险阻，员幅数千里，元季弃之为荒，国初歼之为墟，间置数县，以领遗民，而在三省之徼，司僚击柝弃不顾者殆数十年，故草木盛而变为茅戟，猿鹿多而化为貙兕矣。成化初，盗屡起，积不可制。常州白公圭、三原王公恕、嘉兴项公忠继率大师往克之，又复啸聚，而原公实承之。

当是时，吴公巡按河南，佐原公有为于始，继原公抚治以成能于终，卒称原吴云盛矣。二公之始经略也，谓大兵之后，威已振，不可复言杀，遂下令抚绥之，得流亡民四十余万，授田以养之，置县以统之，浚池高城以固之，设卫所、屯重兵、砌关隘以制之，割三省之地，得七府而合为都会，开抚治府以联属之，茅戟之墟长禾黍矣，貙兕之陵牧鸡豚矣！山无不伐之樒，涧无不汲之泉矣！夫定近难而壮远猷，炳炳焉二公之功，固百世不可忘祀，亦百世不可废也。

由今言之，原公固才矣！忠矣！然建事之初，倡始实难，孤立易夺，非吴公何以裨之？功立之后，梁苟易撤，榱栋易移，非吴公孰与定之？则吴公之并祀，固一日不可缓也。张公、刘公，皆弥纶之器，怜才稽往，深致如此宜矣！予与黎君，又吴公乡人，而每好共谈当世之务也，安得不窃以为快而重有感哉！嗟乎，承平之世，卓绝奇伟之士恒退，而循默谨厚之人恒进，忽有方隅之警，而后知戡定绥宁之才难也。成化之际，可谓承平，而相继定郧难者，皆得才卿名士。甚易若此，何哉？渤海之盗，必重用张敞；西川之乱，必再起张咏，才之鲜矣如此。而诸公才名相埒，聚定一方，故能历久尽善而不变，何其盛哉！

今方隅之警多矣，皇上拊髀，念臣邻之义，思阃外之才，于是士大夫吐哺屏息，思致其命以当天子任使。于是时而表才士之名，扬功臣之业，诸君子岂得无意哉？夫易弦而调声者，智之门也，断弦而理棼者，勇之经也。张公之言，曰求其意于先事之初，此智勇之所藉手，而功名之所从出也，诸君子所以拜休前人者，不在兹哉？因拜书以相谂焉。

三

其大意为：当今南京大理寺卿、章邱人张舜臣，曾经以佥都御史的身份任过郧阳巡抚。他曾经写文章叹息说：“如今郧阳的施政稍微有了些弊端，要改变很不容易？治理地方就应该拒绝各种诱惑，应该追求最初治理这个地方者所施政的本意，不要急于立威，应分轻重缓急，应该思考怎样遵循当初的巡抚原杰、吴道宏所制定的旧规以振新郧阳。”他一想到原杰和吴道宏这两个人，就要去瞻仰他们的祭祀之所，这才知道吴道宏一直都没有得到过祭祀。最初，原杰以都御史的身份抚治郧阳，他名杰，字子英，是山西阳城人。而吴道宏先是以巡按御史的身份代抚着几个府，后因为原杰的举荐，才升为了大理寺少卿，又任郧阳巡抚，他名道宏，字文博，四川宜宾人。在成化年时，他们并列以平定安宁郧阳的事迹著有功名，被郧阳人民并称为“原吴”而思念之。然而，吴道宏却没有得到列祀，使郧阳人莫不悲痛伤心，久久也没有忘记他的恩德。

张舜臣说：“唱法整齐的颂歌，定制于汉代丞相曹参；以刻碑的形式颂扬有德政的官员，流行于晋代杜预接替羊祜灭吴之后。郧阳政体的始建，得益于原杰的统筹规划，还得益于吴道宏的继承发扬，先有原公开拓于前，后有吴公弥补缝合于后，怎么能够随意忘掉哪一个呢?”因此，他探访到了吴道宏的孙子现在是一个府经历，还从他手中得到了吴公的遗像，就摹画了一张吴公肖像准备配在原公旁共同享祭。于是，郧阳知府黎尧勋率领郧阳的文武官员、父老乡亲、生员徒弟们共同进言：“各司守章程以奉天子，才使郧阳这片土地上的人民免受战火之痛已经七十余年了，哪一个人不知道这是原、吴二位大人的功绩啊？然而祭祀原公之典的礼仪，是吴公制定的。听说只有圣人才能不忘别人之功而待人以礼，这应该就是说吴公的吧。”但是，此议不久，张舜臣就去南京担任大理寺卿了。在江西人刘伯跃接替郧阳巡抚之后，就说应该把原、吴二公的事迹载刻在石碑上，以规劝后来的历任官员。于是黎尧勋就委托我写一篇《记》。

我曾经游历汉江，横穿郧阳而向东好几次。郧阳这个地方枕秦跨楚，包含着好几条大的交通脉络和险阻，幅员数千里。但在元朝时，郧阳被弃之成为了荒野。明初时，郧阳又被战争摧残为了废墟，只在其间设置了几个小县以统领遗民。由于这里是三省边境，所以被官府弃而不顾了数十年，草木茂盛得都能够拿来当成茅枪和战戟，其间的猿和鹿也大多变为了猛兽，以致当成化初年盗贼屡起时，积弊沉重得不可控制。朝廷曾经派常州人白圭、三原人王恕、嘉兴人项忠等相继统率大军前往攻克，但大军去后贼寇又复而啸聚，后来是原公承担了平复的重任。

当时，吴公是河南巡按，从一开始就被原公荐为郧阳巡按辅佐原公，所以他在继任原公的巡抚一职后能成就于终业，死后被人们并称“原吴”的说法很盛行。二公在最初谋划治理大略时，都认为动用过大兵之后，朝廷的威风已振，切不可再复言杀戮，于是下令进行安抚绥靖，附籍流亡之民达四十余万，授给了他们田地以养活自己，又设置县、府以统驭他们，再疏浚城池、修建高墙以巩固这块地方，还设卫所、屯重兵、砌关隘以控制这块地方，并割让了三省之地得领七府而合并成为一个都会，开设巡抚衙门以联属之。从此，茅戟之地的废墟上长出了庄稼，猛兽出入的山陵上放养着鸡儿，山上没有了站立的枯木，山涧处处流淌着鸣泉之水。俗话说，留名于当代难，何况留长远的功名？然而二公的功绩光彩彪炳，所以百世都不可忘了给他们祭祀，百世都不可废止对他们的祭拜。

在今天的人看来，原公固然是个人才，也很忠诚。在建设一件大事之初，就倡导并且实行，实在很难。然而，刚建立起来的基础孤立无二，容易被摧毁，要不是吴公，何人能够裨补？建起大厦之后，所使用的工具易撤，椽木栋梁易移，要不是吴公，何人能够稳定？所以，把吴公与原公并祀，一日也不可再缓。张舜臣和刘伯跃，都是治经理纬的大器之才，他们怜惜人才，追及考察以往，深深地懂得应该要这样做。我与黎尧勋同为吴公的同乡，每次交谈都爱提及当世之务，没有一次不是痛快淋漓而深有同感的。哎呀，当下这太平之世，卓绝奇伟之士都退去了，而墨守陈规的谨厚之人却层出不穷，只有边境忽然发生战事之后，才会知道得到一个戡定绥宁之才是如何的有难度。但在成化年间，也是一个太平之世，相继派来平定郧阳之难的人，却都是一些才卿名士。为什么当时会有这么多的人才？打个比方说，西汉时发生了渤海之盗，必然会重用张敞；宋时发生西川之乱，必然再起张咏。这你就应该知道人才是如此之稀少的了。

当今边境的战事非常多，常常让皇上屡拍大腿。念及大臣之义，思及封疆之才，于是士大夫们纷纷请求吐哺屏息，想要充当天子的任使。这是一个能表才士之名、扬功臣之业的机会，是君子的人岂能无这个意思？能易弦而调声的人，是得了智慧之门；而在断弦之时能理顺纷乱的人，是得了勇气之道。张舜臣所说的“求其意于先事之初”，就是借了智勇双全之手，因此功名就从这里所出。各位君子之所以要祭祀前人，难道不是因为此吗？因此，我借此文以相劝告。

四

原吴二公祠里，立有一块万历年间所刻的石碑，内容却与祠内的气氛十分不协调，为内乡人当时在兵部任主事的李荫所作的《裴公镇郧歌十首》。主事，是朝廷各部里司一级的最低一级官员，位列郎中、员外郎之下，秩正六品，掌章奏文移及缮写诸事，协助郎中处理该司各项事务。

裴公，是指万历十五年(1587年)到十七年期间任郧阳巡抚的裴应章。裴应章抚郧期间，声誉有褒有贬，朝廷派他抚郧，原本是郧阳发生兵变之后要他来抚平，然而他隐瞒真相，包庇元凶，惹起舆论沸腾。但他任内重修府学宫，编纂《郧台志》，配备巡抚掌握的总镇标兵，集中操练民兵，清理屯田，平均摊派、征收、解送军饷等却为人们称道。

原吴二公祠是嘉靖年间郧阳巡抚刘伯跃专门为祭祀原杰、吴道宏所建立的祠堂，所祭拜的对象很明显，只能是原杰和吴道宏的英灵，在旁边立一块歌颂裴应章的石碑就显得有点格格不入。而且当时的裴应章还活着，应该没有享受祭祀的资格。

地方为官员立祠庙有以下几种特例：贡献特别大的人活着就立祠的称生祠，本地人在外地光宗耀祖入乡贤祠，外地人在本地贡献突出入名宦祠，贡献特别突出单独立祠如原公祠、原吴二公祠、许公祠等，但无论哪种情况都必须地方公议，官府上报，朝廷同意，皇帝批准。很明显，裴应章哪种情况都不是，只是打了一个擦边球，弄了一个低级别官员写了点歌功颂德的诗附在原吴二公祠内，想博得名声而已。

其《裴公镇郧歌十首》全文如下：

其一：单车西向立羊肠，遂使妖氛净此方。共讶龚公平渤海，还疑叔子在襄阳。

其二：为邦自昔在胜残，多少枭鸱革凤鸾。不必霜威开斧钺，知君原有惠文冠。

其三：绣服登坛炫彩霞，辕门旌旆绕龙蛇。傍人咋指惊相眎，解道神羊可触邪。

其四：郧中嚣卒逞狂心，白昼弯弧挺绿沉。信是渠魁堪授首，至今妻子怨梅林。

其五：往日跳梁今安堵，三边共说裴开府。当知文武宪群工，天为皇朝生吉甫。

其六：军民杂处乐耕锄，总属中丞保障余。但使衡行无市虎，肯将深察到渊鱼。

其七：漫将长剑倚昆吾，控制要荒亦壮图。天马峰高千气象，裴家元自有神驹。

其八：高爵行看跻八座，丰功今已镇三垂。元臣自有云雷手，天子还虚日月旂。

其九：官从司宪更四戎，小丑何当节制雄。伫见丰碑高突兀，他年仍纪蔡州功。

其十：绶带轻裘意气闲，缀来词赋满江关。清风自激龙门峡，毒雾还消狼子山。

郧阳许公祠

一

郧阳许公祠，在郧县学宫内，明伦堂前，于康熙十九年(1680年)由知府宋瑾修建，为祭祀郧阳府通判许文耀的祠堂。雍正四年(1726年)，郧县知县卢上进曾经重修并刻石碑，但记载甚略。之后，郧阳府学宫教谕李日瑚有过补叙。乾隆二十七年(1762年)，知府王文裕重修并撰写了《郧阳许公祠记》之后刻于石碑。道光十二年(1832年)碑曾经毁于洪水，于二十八年由知县陈子饬重修。

许文耀，漳州海澄人，贡生出身，于康熙九年(1670年)任郧阳府通判。康熙十二年吴三桂在云南叛清，十三年襄阳总兵杨来嘉在谷城响应，然后占据房县，官府派许文耀前往招抚。许文耀到叛军营中后，反复向杨来嘉陈述利害，杨来嘉却反劝许文耀与他一起反清，许文耀大骂而出，遂被杨来嘉杀害。在康熙十九年平息杨来嘉叛乱后，清廷为许文耀诏恤，在郧城小东门外数十步的地方隆重为他下葬建许公墓，同时在县学宫内建许公祠让人们祭拜。

卢上进，广东顺德人，举人出身，于康熙五十二年(1713年)任郧县知县，雍正四年(1726年)离郧，理郧县13年期间，曾经修复县学宫。

李日瑚，山西蒲州人，举人出身，于雍正十二年(1734年)任郧县学宫教谕，乾隆五年(1740年)离郧。

宋瑾，辽东人，于康熙十三年(1674年)任郧阳知府，当时郧阳协镇副总兵洪福等人叛清，并占据了二竹和房县，宋瑾负责为平叛大军督运粮饷和协力守城，直到平叛之后于二十二年离郧。

王文裕，字冲谷，福建龙溪人，贡生出身，于乾隆十四年(1749年)任郧阳知府，二十九年(1764年)离任，理郧15年期间，他曾经在府衙内建福德及萧曹两祠各三间、刑杖房六间、号房二间、迎宾房二间、科房二十间、内宅门七间，还在署衙东建绿荫亭一间(古柏亭)，以及在城内建文昌阁(奎星楼)和修缮许公祠。

陈子饬，简历见本书《郧阳龙神祠》一文。

二

乾隆二十七年(1762 年)，知府王文裕在重修许公祠后所撰的《郧阳许公祠记》全文如下：

郧阳许公祠记

自古，忠臣烈士必有一段不可磨灭之气，足以贯金石而炳日星，虽不表著于仗节死义之日，终必发其潜德之幽光，况气折逆氛，功在社稷，圣朝所赠恤，如前郧通判许公者。

公，讳文耀，闽之海澄人也。公初判郧，值杨来嘉据房叛，当事檄，公往抚之。比至贼营，谕以顺逆，贼鸱甚。公大骂，遂遇害。事闻，康熙十九年奉文祠祀。

余闽人，去公里居不远，幼即闻公事。岁己巳，来守是邦，考公遗烈，较所闻益悉。辛巳冬，郧教谕龚君得断碑于废壤中，知公另有专祠，在县学左。雍正四年，郧令卢上进勒石而未详其事，嗣教谕李君补叙之，祠且圮，更求公墓于小东门外，左数十武，荒烟蔓草中的残碑焉。

呜呼！公死事在康熙十三年，为时未久，而祠墓倾颓若此，何以昭圣朝钦恤之仁，是守土者之责也。爰就其祠新之，设主以时祀享，仍砻石墓前，以垂不朽，庶公凛然之气历久弥彰欤！

襄其事者，通判陈公封舜、署郧县胡君廷槐、教谕龚君佐龙、训导黄君大栋也。

其文大意为：自古，凡忠臣烈士必有一段不可磨灭之气，足以贯穿金石而光炳日月，虽然可能在他仗节死义的当时不会马上就表现出来，但终究必定会发出其潜在的美德之光，会冲散不祥的云气，会扭转凶灾和祸乱，只要其功在国家社稷，圣朝必然会赠恤，就如前郧阳通判许公就是一个这样的人。

许公，讳名文耀，福建海澄人。他刚上任郧阳通判，就正值杨来嘉叛变，并占据了房县。当接到檄文要他去招抚时，他毅然前往。到了贼营，他晓谕以顺、逆的两种不同结果，但杨来嘉很是嚣张。他大骂杨来嘉，于是遇害。事迹报到京城，朝廷于康熙十九年(1680 年)下诏为他祠祀。

我也是福建人，离许公的家乡不远，在幼年时就闻听过许公的事迹。己巳岁(乾隆十四年，1749 年)我来郧阳任郡守，在考察许公的遗烈事迹后，得到了比我儿时所听到的更加详细的细节。辛巳(乾隆二十六年，1761 年)冬，郧县学宫教谕龚佐龙在废墟之中得到一块断碑，这才知道当时就为许公另建有专祠，在县学之左。雍正四年(1726 年)，郧县县令卢上进曾经为许公祠刻石立碑，但没有详细描述其事迹，之后又有郧阳府学宫教谕李日瑚补叙。如今祠堂已成废墟。再考证，许公之墓在小东门外之左数十步，荒烟蔓草之中也只剩下了残碑。

呜呼！许公死节之事是在康熙十三年(1674 年)，到如今为时并没有多久，而他的祠堂和陵墓竟然倾颓若此，何以能昭显圣朝的钦恤之仁？保护他的祠堂和陵墓，这应该是历任守护郧阳这片土地者的责任。于是，我就在他的祠堂旧址上重新建立起新的许公祠来，设立神主之位让他按时享祀，仍打磨一块石碑立于墓前，以垂其功德不朽，更希望许公的凛然之气能历久弥彰。

帮助我做这件事的人有：通判陈封舜、郧县代理知县胡廷槐、教谕龚佐龙、训导黄大栋。

陈封舜，广西镇南人，进士出身，于乾隆二十二年(1757 年)任郧阳府通判，二十八年离郧，其间曾经于二十三年短暂兼竹山县令，修缮过竹山县学。

胡廷槐，浙江仁和人，进士出身，于乾隆二十三年(1758 年)任郧西知县，二十九年离任，其中在二十七年时曾经短暂兼任郧县县令。他任郧西知县后，见康熙三十一年的知县王佩兰所移修的县衙仍然太过于狭小，历任官员均侨寄在梓潼庙中，就扩大了县衙规模。他在任期间，还复设西津书院、疏浚天河、在城南建水心台、维修东南瓮城、重建典史署、重修竹扒寺和悬鼓观等。

龚佐龙，湖北孝感人，举人出身，于乾隆二十六年(1761 年)任郧县学宫教谕，二十九年离郧。

黄大栋，湖北建始人，岁贡出身，于乾隆二十五年(1760 年)任郧县学宫训导，四十年离郧。

三

同治元年(1862 年)，太平天国军攻陷了郧西城，郧阳城被紧急动员起来，并开始深挖疏浚城壕，这让太平军很忌惮，没有敢于攻打郧城。同治四年里的一天，郧阳拔贡、优选教谕、从九品盐运提举博士胡淑经，在夜读《郧阳府志》时，当读到王文裕的《郧阳许公祠记》时，就猛然想起离城壕不远的许公墓会不会已经在无意之中被破坏，因此心急如焚。天亮，他向几个当时负责疏浚的人打听，这才知道许公墓已经得到了妥善的保护。于是他在释然之余，写下了一篇《书王太守〈许公祠记〉后》，其全文如下：

书王太守《许公祠记》后

许公文耀之墓，知之久矣。每春日选胜、重九登高，与二三良友道公墓下，辄抚摩断碣，奠三爵而后去。乙丑春，漏下三鼓披阅《府志》，读前太守王公文裕《记》，懊恼悒悒，彻夜不能成寐。盖同治元季，发逆攻陷郧西，金方伯(方伯：地方诸侯的别称)以郡城卑矮，谕开城壕。而城北附郭，蓬颗累累，悉皆乱坟，公墓适当其间，恐司壕务者不知，为公之遗骸分别，迁葬杂乱而都为一冢也。迨晓，询之袁子云松、张子海峤、王子叙卿，始知公墓虽附郭，去壕尚远寻丈，虑壕土壅堙，峤等已标而记之，岿然而特立者，犹在也。

余因之慨然曰："忠臣孝子，往往旷百世而相感，即如许公，死节之日历记星霜，迨今二百年所矣。人往风微，谁复过而问焉者？况值戎马倥偬耶？而偏有袁子云松辈从而标识之，护惜之，使忠义之骨得与山河并古。则夫自今而后虽历万劫，当必有继而起之者，乃知人生世上，惟忠孝可以动人，亦惟能尽忠孝者可以寿世也。

其大意为：我知道郧阳有一座许文耀的墓已经很久了。在每年春日郊游或者重九登高时，我都与二三个良友一起无数次从许公墓下经过，每次都要抚摩断碑瞻仰一番，在三叩首之后而去。在同治四年(1865年，乙丑)春里的一个夜晚，我阅读《郧阳府志》，当读到前太守王文裕的《郧阳许公祠记》时，突然想起许公墓会不会已经遭到破坏，不禁懊恼忧愁，以至彻夜不能成寐。因为在同治初年，太平天国军曾经攻陷郧西，当时的安襄郧荆道金国琛认为郧阳府城的城墙太矮，就请求诏谕深挖城壕。而当时郧阳城北附郭一带杂草累累，为一片乱坟之岗，许公墓就在其间，我深恐管理壕务的人不知道那里有一座是许公的墓，没有把许公的遗骸与其他人的遗骸分别开来，而是全部杂乱迁葬为了一个大坟冢。第二天拂晓，我询问管理壕务的袁云松、张海峤和王叙卿，这才知道许公的墓虽然附郭，但离城壕尚远几丈，而且他们还怕渣土堵塞埋没了许公墓，张海峤等人已经作了标记，所以现在许公墓依然岿然特立。

我因此感慨道：凡是忠臣孝子，往往能相隔百世而让人感动。就像许公这样，死节之事的日子已经历经风霜至今二百年了，人世在一代代过去，风势也必会渐渐减弱，按理说不会再有谁去过问探究这件事。其实不然，在这戎马倥偬之际，在这么偏僻的地方，还有袁云松之辈们为许公墓标而识之，护而惜之，使他的忠义之骨能够与山河并古。我相信自今而后，郧阳虽然还会经历万劫，但必然自当有人继而起之保护许公墓。通过这件事我才知道，人生在世只有忠孝才可以感动人，也只有尽忠尽孝之人才可以流芳百世。

四

到光绪年间时，人们对许文耀的事迹又有所淡忘，以致祠堂冷落，祭祀不举。光绪三十二年(1906 年)，一位刚到任不久的郧县学宫教谕在看到许公祠的冷清之后，呈文请求恢复对许文耀的祭祀。可惜的是，历史并没有留下这位教谕的名字，只留下了他《牒请致祭许公》的原文。其全文如下：

牒请致祭许公

为有祠无祭，拟春秋昭忠祭日，仿照县学尊经阁旁忠义、节孝两龛祭典，专员至该祠行礼，品节一遵忠义、节孝。牒请鉴主立案，以慰忠魂，而隆祀典事。

敝教谕抵任，见明伦堂前祠屋一座，都称为土地祠。嗣进，内则通判许公祠，牌位巍然矗立。查《县志》载："有通判许文耀，康熙十三年杨来嘉叛属吴三桂，据房县，当道檄文耀往抚，以顺逆利害，反复开导。贼不从，文耀大骂而出，遂遇害。事平诏恤，有祠、墓。"《县志》仅此，《府志》尤略，而均无致祭字样，惟明伦堂壁嵌碑载有"东斋墙外隙地，半归门斗，收租输流，伺奉许公祠香火"之语。迩来每届清明，由县学各摊钱四百文交斗等扫墓一次而已。遍问诸生老辈，但言公籍隶福建，只身来郧履任，墓在府城东门外，其余一无可考。

应捐资将该祠内外上下逐一整理，重新建龛，就昭忠祭日，于祭忠义、节孝之先祀以猪羊各一，所有礼节仿照忠义、节孝。查向例，忠义、节孝，县官主祭，都司陪祭，近则由县请两学分祭，陪祭者文或捕厅，武则千总，惟忠义、节孝等祭由县报销，若添入许公，于公事恐生轇轕，所幸敝教谕前此改造临街铺面，分作两间，每年可收租十串，两共二十串，议以八串添助书斗公费，余十二串在学田局，预备本斋岁修之用，即将此款拨入许公祠，于祀事既有凭藉，而书斗等赖此微，皆亦自不忘祭扫，特非牒请鉴主立案，俾得镌碑嵌祠，恐岁久依然缺典，而忠魂莫慰。除已禀府奉批外，理合缕陈始末，求请批示施行。

须至牒者：维皇清三十二年，岁次丙午，月建辛卯，越祭日癸丑。

主祭官率同文武官员致祭于前通判许公之祠而言曰："维公赋性清刚，腾声英迈，七闽挺秀，重衔金凤之珠，半刺分荣暂绾绯鱼之袋，方谓才非百里，骥足偶羁，讵知变起三藩，豺牙潜应。斯时也，纸鸢星急，险据房陵，铁鹘电飞，警传契箭，盖列屯以分，而未能遽集，亦天讨，先礼而始许用兵也。公乃手捧官符，躬探逆栅，网开一面，营驻三旬，昌黎抚庭湊之军，忱输镇将，文纪摩张婴之垒，面缚辕门，惟不翼生还，故遂收功于虎穴，何者？番命尽竟，甘殉节于狗奴。噫嘻！同抱刚肠，而绩殊成败，此时势造英雄也；天生烈士，而典钦忝尝，此朝廷所以无忠义也。当其直陈祸福，初疑甚，口子囊及至轻掷头颅，终作衔须温序勇矣哉！平原饱餐一剑，彼卢杞适成其名痛矣哉！南越内附多年，奈终军先当其扼，事平诏恤有祠、墓，牛眠卜地一坯，漫说真娘龙尾曳天老屋，奚如葛相公栖神，固有所矣。公瞑目岂其然乎？某等敬拭尘龛，仰瞻莹范，坛虚血食，谁询丑厉之名，辨热心香，我料一灵未泯，谨以少牢之礼，用申三献之忱，黍稷非馨，聪明而一……知从事激励庙谟，姑让生祠于白马，虽千斤价值，骏骨长埋，而一带声名，豹皮不死，恨余叱咤，感在精神。呜呼！隔世论交，应熟视缁帏之小友，九原可作，惟降心碧，葬之伟人。尚飨！"

其大意为：因为许公祠已经有祠无祭，所以我建议拟定在春秋两次的昭忠祠祭日里，同时恢复对许公的祭祀，礼仪应该仿照县学宫尊经阁旁的忠义、节孝两龛的祭祀之典，由县府派专员到许公祠里行礼，礼仪的品节全部遵照忠义、节孝的程序。现牒请鉴主立案，以慰忠魂，而隆重祀典之事。

现在，县学宫明伦堂前的那座祠屋，就是曾经被称为土地祠的屋子后面的那座，就是前通判许公的祠堂，里面他的牌位如今还巍然矗立。查《郧县志》记载："有郧阳通判许文耀，在康熙十三年，杨来嘉叛变占据房县时，当时的道台檄文要求他前往招抚，许文耀向杨来嘉晓以顺、逆利害，反复开导。杨来嘉不从，许文耀就大骂而出，于是遇害。事平之后，朝廷诏恤，建有祠、墓。”《县志》仅此一点内容，《府志》记载就更加简略，都没有出现致祭的字样，只有在明伦堂的墙壁上镶嵌的石碑上载有“东斋墙外隙地，半归门斗，收租输流，伺奉许公祠香火”之语。近年来，每到清明，只是由县学向各人摊钱四百文，交给杂工们扫一次墓而已。我遍问郧阳的老辈秀才，都说许公的籍贯隶属福建，是只身一人来郧阳履任的，其墓就在府城东门外，其余一无可考。

因此我建议：捐资将许公祠内外上下逐一整理一遍，重新建立神龛，就在昭忠祭日那天，在祭祀忠义、节孝之前，先祀给许公猪、羊各一头。所有祭祀礼节，均仿照忠义、节孝的程序。查以往的惯例，祭祀忠义、节孝是由县官主祭，都司陪祭。近年，则由县里请府、县两学分别祀祭，陪祭者文有捕厅，武有千总，只有忠义、节孝等祭的费用是由县、府报销，假若增添祭祀许公的费用，恐怕在审计公用经费时会纠缠不清。所幸的是，本教谕前几天奉命改造了学宫临街的铺面，把它分作两间，每年可收租金十串，两间共二十串，议后决定拿出八串来添助学宫书斗(课桌凳的统称)公费，其余十二串留在学田局，预备作为本学宫各斋每年维修之用。如果将此款拨入许公祠，祀事就有了依靠，书斗等项之事也可以赖此，两者兼顾，还不忘祭扫，特此牒请鉴主立案，不要使得镌碑嵌祠因年久依然缺典，而让忠魂得不到慰藉。除已禀报给府衙奉批外，按理还应该详细陈述始末，求请批示后施行。

牒请之日为：皇清三十二年，岁次丙午，月建辛卯，越祭日癸丑。

以下是主祭官率同文武官员在前通判许公堂祠时的致祭祝语：……

郧阳兴福寺

一

郧阳兴福寺，俗名西寺，始建于唐代，其址在郧阳城内之西南隅，《明统志》载："成化中重修，置僧纲司于寺。"

万历癸未(万历十一年，1583年)春，汉江洪水决城，郧阳兴福寺尽被淤没，之后由居士韦大经捐金重建，不仅恢复得壮丽如初，而且又新创毗卢大殿藏经书于内，当时有竹溪籍进士欧阳照撰写了《重建郧阳兴福寺记》，可惜其文字内容已经无存。清顺治十二年(1655年)，兴福寺又毁于大火，在康熙二十八年(1689年)得以重修，由时任湖北巡抚的杨素蕴作了《重修郧阳兴福寺记》。乾隆十九年(1754年)，郧人曾经增修兴福寺。同治八年(1869年)，寺内藏经楼毁于火。

二

杨素蕴，字筠湄，号退庵，陕西宜君人，顺治九年(1652年)壬辰科进士，初授直隶东明知县，因任内治理黄河恢复民生颇有业绩，又瓦解招抚了境内的农民军，被诏命为吏部考选科臣。不久，又补他为四川道监察御史，其任内正直敢言，前后上奏章十数道，皆切中时弊。后因疏劾吴三桂被降级别调，他拂衣而归故里，闭门十年不出。

康熙十二年(1673年)吴三桂反叛，杨素蕴的先知睿见终于为众人所识。次年三月，朝廷重新起用杨素蕴，原官品级被录用在湖广军前，但适逢其父丧，在丁忧服阕之后他才奉命赴任，被补为军务参议道。

十七年(1678年)，清军大举进剿郧阳的叛将杨来嘉和洪福，当时杨素蕴任下荆南分守道，负责办理军需。其时，襄阳、房县、保康一线为清军转饷的必经之地，但路途险峻狭隘，舟车不通，每年须征调安陆、德安、襄阳三府的丁夫挑负粮饷进入。这些丁夫，夏不避溪水暴涨，冬不避雨雪路滑，沿途死伤者相望，民人苦累不堪，而军饷却依然每每不继。杨素蕴受命之后，悉心访察，侦知各县城之间有小溪可通舟楫，就亲自到川谷之中考察，命人斩棘凿石数十里，疏通了船道，终于使“省三郡丁夫十九，而军兴无乏”。

二十一年(1682年)，杨素蕴迁任山西学道，力行改正文体，崇重理学。三年任满以治绩卓著，“内升京堂，遂受通政使司参议”。不久，再迁任奉天府丞、顺天府尹等职。

二十六年，杨素蕴出任安徽巡抚，始逢大灾，饿死者相继，他具疏请赈，但未待朝旨下达便檄令各州县开仓发米，使许多人命得以保全。待朝廷的赈令至，当地饥馑急情已经过去。

二十七年十月，杨素蕴出任湖北巡抚，到任后即刻咨访属员，翻阅案牍，很快熟谙地方利病和兵民情状。他又溯江而上，沿路体察民情，见湖北连年苦于军供和杂派，而以制钱搭放兵饷之举尤为弊端，遂请旨即行停止。

二十八年入夏以后，他中暑腹泻，加之奔波劳碌使病情加重，于十月上疏请求解任归里，被康熙皇帝误以为他在躲避当时的灾情，遂发怒革去了他的职务，而他却在当月病死于家中。其一生著有《见山楼诗文集》《抚皖治略》《抚楚治略》《谷城水运纪略》《西台奏议》《京兆奏议》等，均被录入《四库总目》并传于世。

三

杨素蕴的《重修郧阳兴福寺记》全文如下：

重修郧阳兴福寺记

郡西南隅有寺曰“兴福”，创自唐代，历宋、元、明初，废兴皆无所考。神宗癸未，汉水溢入城，殿宇佛像淤没无存。居士韦大经倡修前后佛殿，悉庄严壮丽。复创毗卢殿，请藏经于其内，竹溪欧太华为《记》，片碣犹存。

国朝顺治乙未，祝融肆虐，灾及毗卢殿，藏经俱灰飞矣！噫，既厄于坎，又厄于离，岂所谓泥佛不度水，木佛不度火耶？诸檀那及主持僧元清约众倡募，已有成数，于是鸠工庀材，易殿为楼，复请经藏之，而天王、祖师、珈蓝诸殿、山门均一律修饰，至今仰栋宇之崇隆，睹檐阿之彩丽，于以护国佑民，允称福田善地。

甲寅以来，黔滇悖叛，川逆侵我边陲，圣天子特简佟伯提督兹土，随遣司马杨公抚治弹压，每当朝贺，以兹寺为嵩呼之所。一时宰官元戎，衣冠济楚，盛事也。殆己未，大师会剿，余督理粮务，假寓僧舍，而戎马之际，暮鼓晨钟犹未绝响，即欲留一二言以志源流。乃军务旁午，不遑搦管。

戊辰冬，恭承简命，由安徽移抚三楚。念郧郡为旧游地，兴福寺即其行馆。嗣闻杨郡守彩焕法幢，谢邑宰豁免粮役，以数百年废而复新之梵刹踵事增华，其功德讵小哉？爰《记》其略以勒之石，其捐资姓氏及地亩坐落悉载碑阴。

时康熙己巳也。

其大意为：郧阳府城西南隅有一座兴福寺，开创自唐代，历经宋、元、明初，而废与兴如今皆无所考证。明神宗癸未(万历十一年，1583年)，汉水溢灌入城，把兴福寺殿宇和佛像均淤没无存。之后有居士韦大经倡导捐修了前后佛殿，都修得庄严壮丽。更新建了毗卢殿，请来经书藏于其内，又有竹溪人欧太华为此写《记》，但如今其文字已经片碣无存。

清朝顺治乙未(十二年，1655年)，祝融火神肆虐了兴福寺，灾情殃及毗卢殿，其中的所藏之经全部灰飞烟灭。哎呀，兴福寺既遭遇到洪水的水灾，又遭遇了大火的厄运，这岂不是人们通常所说的“泥佛不度水，木佛不度火”吗？幸亏有各位施主及主持僧元清等人的约邀，得到众人的广泛募捐，经过三十多年之后已很有成效，于是招集工匠，准备材料，重建之时改毗卢殿为毗卢楼，重新请来经书藏在里面，并把寺内天王、祖师、珈蓝诸殿和山门等都一律修饰一新，至今仰望起来栋宇崇隆，睹慕起来檐阿彩丽，可以仰仗其护国佑民，能够称为福田善地。

康熙甲寅(十三年，1674年)以来，吴三桂在云贵反叛，川中叛逆侵入我郧阳边陲，圣天子特别任命佟国瑶伯爵提督郧阳，之后再派遣大司马杨懋勋为郧阳巡抚前来弹压。每当有朝廷送来值得贺喜的文书，人们都在这个寺院里为之山呼“万岁!”。一时间，郧阳官吏与寺院主持都衣冠楚楚，一派盛事景象。在康熙己未(十八年，1679年)大军会剿时，我奉命督理粮务，就借居在这座寺院的僧舍里，亲眼见到在这戎马倥偬之际，寺院里的暮鼓晨钟犹未绝响，当时就有留下一两句话以明我志的想法，但终因军务繁忙，没有来得及握笔。

康熙戊辰(二十七年，1688年)冬，我恭承简命，由安徽巡抚移任湖北巡抚。在考察郧阳时，想起这里是我的旧游之地，就把兴福寺作为了我的行馆。

又听说知府杨廷耀刚刚为寺院大修并题了很多字，还有知县谢三宅也为寺院豁免了粮役，这使得数百年以来废而复新的梵刹里香火鼎盛，其功德难道还小吗？于是我写下《重修郧阳兴福寺记》，并让他们勒刻在石碑上。其中捐资修建人的姓氏以及所捐地亩和坐落方位，都刻载在了石碑的背面。

此时为康熙二十八年(1689 年)己巳。

杨廷耀，字彤华，辽宁海城人，贡士出身，曾任济宁道，于康熙二十二年(1683 年)任郧阳知府，二十八年离郧，其间曾修葺府学宫、续编《郧阳府志》等。

谢三宅，山西猗氏人，举人出身，于康熙二十四年(1685 年)任郧阳知县，三十七年离郧。

郧阳泰山庙

郧阳泰山庙，在县衙之北，始建无考。曾经在乾隆四十二年(1777 年)重修，不久又垮塌。同治八年(1869 年)，被知府金达改建为了万寿宫。

万寿宫，原在铁佛寺内，宫前有八角琉璃井一口，在康熙四十年(1701 年)时为供奉万岁牌所建，凡遇朝贺或者庆典，郧阳文武百官都于宫内行礼。同治六年(1867 年)万寿宫被水毁，八年由金达改泰山庙为万寿宫。

泰山庙，是供奉碧霞元君的庙宇。

碧霞元君，全称“东岳泰山天仙玉女碧霞元君”，道教经籍上称其为“天仙玉女碧霞护世弘济真人”或者“天仙玉女保生真人宏德碧霞元君”，民间俗称为“泰山娘娘”、“泰山老奶奶”、“泰山老母”、“万山奶奶”等。道教认为，碧霞元君有“庇佑众生，灵应九州”，“统摄岳府神兵，照察人间善恶”的神力，是道教中的一尊重要女神，也是中国历史上影响最大的女神之一，其与妈祖娘娘形成闻名于南北之势，有“北元君　南妈祖”之说。

据说碧霞元君的神诞之日是农历四月十八日，正是我国北方春暖花开之时，届时我国各地的泰山庙都要组织庙会，举行隆重的祀典，人们纷纷到庙里烧香奉祀，许愿还愿者络绎不绝。《帝京景物略》云：“后祠日加广，香火自邹鲁齐秦以至晋冀。祠在北京者，称泰山顶上天仙圣母。”也有少数地方把碧霞元君的神诞日定在农历的三月十五日。

至于碧霞元君的身份，自古说法不一，有凡女得道说，也有黄帝所遣玉女说，还有华山玉女说等。

凡女得道之说称，碧霞元君为汉代的一个叫石玉叶的民女，所依据的是《玉女卷》记载，其中说在汉明帝时，西牛国孙宁府奉符县有一个叫石守道的善士，其妻金氏于永平七年(64 年)甲子四月十八日子时生下一女，取名“玉叶”，相貌端庄而生性聪颖，三岁懂得人伦，七岁曾经礼拜西王母，十四岁忽感母教欲入山，得曹仙长指引，入天空山黄花洞修行。天空山即泰山，黄花洞即泰山石屋处。泰山之巅自古有一水池，名“玉女池”，旁立玉女石像。由此可推汉时就已有泰山神女的传说，神女石像应为汉代人所雕刻。

黄帝所遣玉女之说的依据为《玉女考》和《瑶池记》的记载，其中说黄帝在建岱岳观时，预先派遣了七位女子，均云冠羽衣前往泰山迎接西昆真人。玉女是七女中唯一得道成仙者。

华山玉女之说只是少数人之见，不成其为主流。

有史可考最早出现碧霞元君形象是在宋代。传说宋真宗赵恒封泰山时，在玉女池中洗手，有一石人浮出水面，被认出是玉女，于是他下令疏浚水池，用白玉重雕了玉女神像，号为“圣帝之女”，封为“天仙玉女碧霞元君”，命建“昭真祠”并定时遣使致祭。金代改昭真祠为“昭真观”，明代又改为“灵佑宫”。因其处于泰山之巅，总是最先迎来朝阳，又供奉的是碧霞元君，于是后来又改为了“碧霞祠”。据说人们在此祈祷非常灵验，所以在明清时就不断有登泰山的香客在这里请走碧霞元君的神像，回到家乡之后建庙供奉，形成了遍及全国各地大大小小不同规模的泰山庙，进一步使碧霞元君的影响日益扩大，信徒成倍增多，各地泰山庙里每日的香火都非常旺盛。

其实，碧霞元君庙在泰山就有很多座，光山上就有上、中、下三座，山顶的碧霞祠为主庙，山腰的红门宫和山脚的灵应宫都是碧霞元君的行宫。此外，山门处的遥参亭是碧霞元君出入泰山的第一行宫，里面的正殿内不仅奉祀着碧霞元君，东西配殿里还分祀着眼光娘娘和送子娘娘。在泰山周围，还遍布着很多小的元君庙。

人们对碧霞元君尊崇备至有两个原因：一是与碧霞元君的职司有关，明人王锡爵在他的《东岳碧霞宫碑记》中云：“元君能为众生造福如其愿，贫者愿富，疾者愿安，耕者愿岁，贾者愿息，祈生者愿年，未子者愿嗣，子为亲愿，弟为兄愿，亲戚交厚，靡不相交愿，而神亦靡诚弗应。”可知碧霞元君在民众心里是有求必应和无所不能的。二是碧霞元君是一尊平易近人、和蔼可亲、乐善好施的女神，这让劳苦大众觉得很亲切，从而对她愈加信赖，成为了民众心目中的慈母、圣母。

“碧霞元君”之名最早出现于唐代，但属民间信仰，不被官方所承认和重视，但当时应该已出现了民间祠庙。自宋代，由于宋真宗赵恒大力推崇，其信仰才被官方所默认，但不称其为碧霞元君，而呼“玉女”，是为了不与泰山正神争宠，其庙宇主要在泰山及其周边，全国只有零星分布。

元代时，道教明确将玉女纳入崇祀范畴。元人杜仁杰在《泰安阜上张氏先茔碑记》中，记述了泰山道士张志纯在金贞祐之乱后重葺泰山祠宇时的经过，说“自绝顶大新玉女祠，倍于故殿三之二。取东海白玉石，为像如人然，一称殿之广袤。”这是文字可见的玉女祠自创建以来的首次大规模拓建，其工程由道士主持，可推及祠宇也自然归属于道门管理。重修后的玉女祠被改额为了“昭真观”。“昭”为昭示、彰明之意；“真”是道徒对仙人的称呼，如道籍称老子为真老，这里指玉女为“真妙”。改玉女祠为“昭真观”，意在强化玉女的道神色彩。

明初，朱元璋推行祀典复古，诏封泰山神之帝号，强化祭祀泰山神的官方色彩，严禁民间“非礼之渎”。民间人士因不能祭祀泰山，只得另寻祭祀对象，所以泰山玉女受到了格外关注。清人孔贞瑄在《泰山纪胜》中云：“东岳非小民所得祀，故假借碧霞云尔。”在道徒的大力推动下，泰山女神就强势占据了民间祭祀的主场，由“泰山玉女”之名恢复为了唐代“碧霞元君”之称，并把宋真宗赵恒加封的故事放大，以封堵官府之口。因为碧霞元君作为民间之神，从未列入朝廷祀典，属于淫祀，道徒在打出宋真宗的旗号之后，就有助于淫祀的合法化了。正德年间的工科给事中石天柱曾经说过：“祀典唯东岳泰山之神，无所谓碧霞元君者，淫祀非礼，可更崇重之乎？”可见碧霞元君崇拜在当时还是有一定的危险性。把碧霞元君明确为道教之神，并由年轻女神向中老年女神转换，再赋予其主司生育的功能，这就适应了社会群体对“母神”崇拜的信仰诉求。

道士们对碧霞元君形象的重塑，不仅得到了民间的认可，就连朝廷也觉得可以接受。自正统十年(1445年)始，内廷就不断下诏发帑重修岱顶昭真观。明成化皇帝更是推崇道教，成化十九年(1483年)，他下旨重修昭真祠，赐额“碧霞灵应宫”，不时“遣廷臣以祀方岳，又时命中贵有事于(昭真)祠”，开启了朝廷致祭碧霞元君的先例，这才明确给了碧霞元君一个正统地位。此后，泰山庙的数量才在全国急剧增多，碧霞元君的行宫遍布大江南北，各地庙会的规模也在不断扩大，其不少地方的泰山庙规制和规模尤大，甚至远远超过了泰山上的祖庙，信仰的人群从皇帝到王公、大臣、太监、官员、僧道、士绅、百姓、军人等各阶层，人们纷纷参与到泰山庙的修建中，香火之盛让其他庙宇不可同日而语。奇怪的是，各地泰山庙不仅单由道士主持，由僧人主持的也占一定比例，形成了佛道两家争抢泰山女神尊位的局面，以致民间有把碧霞元君庙与东岳庙、天妃宫混淆的情况，碧霞元君的神威竟赫然凌驾于岳帝之上。明人谢肇淛曾云：“古之祠泰山者为岳也，今之祠泰山者为元君也。”对此，一些封建士大夫颇有微词。

碧霞元君之所以影响巨大，是因为道教赋予了她神通广大的功能，说她能保佑农耕、经商、旅行、婚姻，能疗病救人，尤其能使妇女生子，儿童无恙。

人们祭祀碧霞元君，并常在她的左右配祀着送子娘娘、催生娘娘、眼光娘娘、天花娘娘等。因此，旧时妇女对碧霞元君就特别虔诚，而且这种信仰至今仍很兴旺，人们仍然在不断不辞劳苦地登上泰山绝顶许愿还愿，向其祈祷，祈求幸福。

郧阳朝阳庵

一

郧阳朝阳庵，在县衙背后的北楼保，即现在的朝阳街旁。庵是一种小庙，多供尼姑修行。郧阳朝阳庵为清顺治十年(1653年)时，由都督同知兼郧阳总兵张士元所建，为的是供奉八仙之一的吕洞宾，所以也称“吕祖庙”。建庵时，张士元请贵州巡抚彭而述撰写过《郧阳朝阳庵记》。张士元之所以要建朝阳庵，是由于他做了一个梦，梦中他见到了吕洞宾。吕洞宾坐着紫龙之辇，由斑麟拉车，进入到了自己的营帐，并赐给自己丹药，还指着一条通往一座银宫贝阙的仙路。张士元醒来大喜，遂命人择地修建了朝阳庵，请来吕洞宾神像入主庵内享祭。

明代驻郧阳的最高军事机构为行都司，级别相当于现在的省军区。清朝入主中原之后撤销各省都司和行都司，改设总镇，设官叫“总兵”，张士元是王光恩之后的第二任郧阳总兵。他之所以能请到贵州巡抚彭而述写《记》，是因为彭而述是当时的郧阳藩镇南阳府人，曾经在郧阳城里的郧山书院读过书，对郧阳和郧阳城都非常熟悉。另外，自明代开始，郧阳军队就轮班拨往云贵一带戍边，张士元就是让前往贵州戍边的军官带信给彭而述，又让回来的军官把彭而述写成的文章带回来的。

雍正十二年(1734年)，道士刘一元曾经募资重修过朝阳庵，由郧阳协镇副将陈明道撰写《重修郧阳朝阳庵记》，并刻碑立于庵内，可惜这块碑和文字内容均无存。协镇是清朝的副省级军事机构，朝廷在康熙八年(1669年)撤郧阳总镇改设协镇，于嘉庆年间又恢复总镇。

彭而述，南阳邓州人，明崇祯十三年(1640年)庚辰科进士，初授山西阳曲知县，不久因丁母忧而归乡。顺治初，英亲王巡视湖广，推荐彭而述为提学佥事，不久迁升为永州道参议。孔有德平定湖南后，推荐彭而述为贵州巡抚，后被弹劾免官。再后因战功又任广西右布政使，历云南左布政使时卒于任上。

张士元，生平不详，于顺治五年(1648年)封都督同知兼任郧阳总兵。

陈明道，河北真定人，行伍出身，于雍正九年(1731年)任郧阳协镇副将，乾隆二年(1737年)离郧。

彭而述所撰的《郧阳朝阳庵记》的正文已经失传，传世的只是正文之后的《郧阳朝阳庵颂》，其内容如下：

郧阳朝阳庵颂

将军在郧，有此肤功。屏彼貙虎，蛟螭潜宫。维兹麇舆，是曰钖穴。群仙所居，翼轸分野。有仙来游，厥姓则吕。紫龙之辇，斑麟之舆。长揖将军，入将军幕。银宫贝阙，指神仙路。将军则喜，为筑丹房。金简蕊书，步虚翱翔。峻峭之台，通灵之观。为国祈年，为民止乱。南望武当，俯瞰汉水。吕公来游，风宾云子。赠我青蛇，殪彼天狼。长生之药，以进我皇。

《颂》里先把张士元吹捧了一番，“将军”就是指他。接着概述郧阳的历史地理，“麇舆”“钖穴”“仙居”“翼轸”都是郧阳的代称。再描述张士元的梦境和修建朝阳庵的过程，“紫龙”“斑麟”“长揖”“入幕”“筑房”“简书”“翱翔”“峻台”“灵观”都是溢美之词。最后又是一些赞美张士元的赞誉之辞。

二

吕洞宾，原名吕喦，字洞宾，道号纯阳子，于唐德宗贞元十二年(796 年)农历四月十四日，出生在山西唐河中府永乐县招贤里的一个官宦世家。他虽然自幼好读，淹博百家，但三举进士而不第。在 46 岁再去长安应考时，于酒肆之中遇见了钟离权。据说钟离权让他做了一个建功树名、出将入相、封妻荫子的美梦，醒来之后方知功名利禄均为梦幻，遂大彻大悟，拜钟离权为师，赴终南山中修道，终成正果，成为著名的全真派北五祖之一、全真道祖师、钟吕内丹派祖师之一、三教合流思想的代表人物，被道教尊封为“玉清内相金阙选仙纯阳演正景化孚佑帝君三曹主宰兴行妙道天尊”，民间尊称其为吕祖、吕祖师、吕仙祖、纯阳祖师等。

其实，吕洞宾在生前甚至整个唐宋两代都没有后来这么大的名气，只不过他生前广施恩惠，将自己名下的万贯家产散发给了贫民，还为百姓办了许多好事。修道之后，他云游四方，为百姓解除疾病，而且从来都不要任何报酬，一生乐善好施，扶危济困，所以深得百姓敬仰。因此在他飞升之后，家乡百姓为他修建了一座“吕公祠”，以示对他的纪念。到了金代，人们才将他的“祠堂”改为了符合道教意义的“吕公观”。

吕洞宾被“仙化”是在元朝。元帝国入主中原后，希望得到汉族人从心理上的认可，就开始尊重汉文化，并从宗教这个切入点入手。忽必烈知道，道教是中原的本土文化，有着广泛的群众基础，而吕洞宾所创建的全真派在群众中广为流传，他本人也颇受群众敬仰，于是就想利用吕洞宾的声望来巩固自己的统治。他派国师丘处机管领全国道教，大兴土木改全国的“吕公观”为“永乐宫”，历时110年，几乎与整个元朝共始终，把一个本来名气并不太大的，只是在民间长期流传的吕洞宾抬高到了至高无上的位置，名气一下像滚雪球一般壮大并飙升，关于他的传说故事也就愈来愈丰富。

随着吕洞宾仙名的提高，儒教和佛教也把他列入到了自己的神系中，让他成为了一个集儒、道、佛三教交融的人物。他因是修习方术而得道成仙，这是道教的出世思想；他成仙之后长生于人世、乐于施舍、度尽天下众生，这又是佛教思想的反映，被佛教认为是在为宣扬佛教教义服务；他“兼济天下”的行为，则体现了儒家的入世思想。

把吕洞宾形象世俗化，是让老百姓普遍接受他的一个重要手段。如民间传说中的吕洞宾放浪形骸，不拘小节，好酒、能诗、爱女色，时常出现于酒楼、茶馆、饭铺里吃吃喝喝，走后留下仙迹，有着“酒色财气吕洞宾”之说。其中吕洞宾三戏白牡丹的故事更为人们所熟知，这些类似的世俗生活故事，赋予了这位仙人的人情味，从而赢得了百姓的喜爱。

吕洞宾的形象还符合中下层文人的口味。他有修行之前的儒者经历，又有成仙之后饮酒、赋诗，追求山林的情趣，简直是中下层文人的化身。传说在明末抗清时，兵部尚书袁可立所带领的兵船曾经在海上险些遇难，是吕洞宾搭救才幸免，使他一下子成为失意知识分子心目中的英雄神仙。

吕洞宾的形象是在长期流传的过程中逐渐形成的，是多种文化现象的积淀，其研究意义极大。

吕洞宾能成为国人津津乐道的八仙之一，得益于明代吴元泰的《八仙出处东游记》，使得他成为与铁拐李、汉钟离、蓝采和、张果老、何仙姑、韩湘子、曹国舅等并驾齐驱的仙人。

三

360多年前，张士元之所以会在郧阳梦见吕洞宾，还修庙供奉他，可能与郧阳地方志书记载吕洞宾到过郧阳府的多处地方，并留下仙迹有关。

竹溪有一座白岩山，在县城东二十里处，山上有一处绝壁，色白如云，故名“白云崖”，崖壁之上刻留有多首古诗，最早一首相传为仙人吕洞宾以剑刻写。其诗曰：

题白云崖

古木丛林号白云，高岩更去谒观音。路逢青障上头上，寺隐白云深复深。法鼓震开天地眼，飞轮推出圣贤心。游人到此如中悟，何必南岩海上寻。

其余还有周清、习静、何芬等人的和诗。

周清，字宽，竹溪人，举人出身，曾任洛南教谕、处州府推官等职，撰有《房县谯楼记》等。其留在崖壁上的《和吕剑仙韵》曰：

和吕剑仙韵

万古仙踪此白云，清风明月几知音。山前人去烟霞在，石上留题岁月深。枯树独逢三醉客，黄粱顿悟百年心。何当此后赋轮渺，云海茫茫无处寻。

习静，生平不详，其留在崖壁上的《和吕剑仙韵》曰：

和吕剑仙韵

十载空山卧白云，还丹何处觅知音。仙踪地隔尘埃迥，剑迹荒苔石洞深。丈室坐残闻梵语，幽园入定悟禅心。刀圭舍利原非妄，莫向多岐浪自寻。

何芬，钟祥人，以举人身份于康熙三十一年(1692年)任竹溪县教谕，其人博洽群籍，尤工书法，其教以穷经、端品为先，一时士多兴起。康熙三十六年

(1697 年)他进京赶考，中丁丑科进士，初授西宁县令。一生著有《五远堂集》《读时易》等书行于世。其留在崖壁上的《与诸子游白云崖》曰：

与诸子游白云崖

碧树曾栖鹤，丹崖尚罥(juàn)云。幽寻刚半入，仙路许平分。磴是蚕丛路，碑成石鼓文。护巢苍隼急，惊怖共呼群。

白云崖下立有两块石碑，一块直碑凿刻有“白云崖”三字，并用横直线条分格，旁边还镌刻有“进贤”二字。另一块横碑上刻有五道横线，线间刻着两首七言诗，落款为“石南”。诗下有嘉靖十九年(1540 年)的竹溪知县张玑刻写的“谨拜”之字。

石南为江汇的号。江汇，字东之，号石南，进贤人，进士出身，初授兵部主事，于弘治三年(1490 年)任郧阳副使兼下荆南道巡守，第二年升为四川参政离郧，在郧期间关心教育，每试诸生，制义兼以诗赋，一时文学蔚然兴起。后历任浙江按察使、河南右布政使等职。其留在碑上的《游白云崖二首》曰：

游白云崖二首

古刹悬青壁，虚岩映白云。峰回山径断，溪入野桥分。陟巘探幽洞，摩崖读旧文。更疑仙路近，天外况离群。

天开仙峤浮尘外，日照灵山积翠微。瑶草晴坛春自丽，白云孤树静相依。月明吹笛人何处，雨湿崩岩字半非。独倚危楼望蓬海，万山晴雪乱斜晕。

除竹溪外，在竹山和郧西也有吕洞宾的仙迹。

竹山西北二十里有个擂鼓台，东西两台对峙，相距三里，俗传宋时杨六郎曾据西台筑营，以窥敌虚实，日则耀兵示威，夜则悬羊擂鼓，做进军之状，吓得敌遂遁去。台上刻有吕洞宾的《降乩题擂鼓台》诗一首。吕洞宾是唐人，而杨六郎是宋人，吕洞宾活着时应该没有机会看到杨六郎悬羊擂鼓，只有把他解释为不死的仙人才能说得通。其诗曰：

降乩题擂鼓台

台名擂鼓镇天齐，四顾群山座座低。隔断往来南北雁，只留日月过东西。

郧西有一个隐真洞，相传吕洞宾曾经居住过此洞，因此而得名。

郧阳大仙楼

郧阳大仙楼，原在府衙之后，在同治年间被知府金达迁建在了府衙内东偏北的靠近院墙处。该处有三座小楼，中间一座就是大仙楼。楼里供奉的那位大仙，现在已不知是何方神圣，据说对人们的请求是有求必应的。

清同治六年(1867年)夏郧阳大旱。金达来任知府，正遇大瘟疫流行，城内连家病倒，已经死去几百人，而大夫们一个个都束手无策。金达心急如焚，白天巡视灾情，夜晚翻检书中古方，求得了一些验方之术散布给百姓以疗疾病，还写了一道祭文在斋戒沐浴之后到大仙楼里祷告。当夜，他梦见一个身着古衣冠、长髯苍白的老人对他说："你所用的药方很好，如果再加一味药方，瘟疫就能够退去。"醒来，他吩咐手下遵照梦中所得的药方让百姓们服用，效果迅速，发药不到300剂瘟疫就被平息，他这才完全相信大仙楼里的神仙灵验之说。当他正要率领僚属以虔诚之心答谢神灵的恩赐时，又遇上了汉水水涨而泛滥成灾，连府衙也被冲毁，谢神之事就耽搁了下来。

水后，金达在重修府衙时，请来了堪虞先生。堪虞告诉他："坎(北)方不宜立庙，艮(东)方吉用。"于是就把大仙楼改建在了府衙之内的东北隅。同治八年(1869年)，新的大仙楼竣工，金达妥当地安置了神位，带领僚属虔诚地追祭了神仙在前年怜悯苍生的灭疫之功。他还亲自撰写了一篇《重修郧阳府大仙楼记》，原文见本书《郧阳府衙》一文。

下面是金达亲自所撰用于祭祀的《大仙楼祷词》：

大仙楼祷词

达惟先王之制祀典也，能御大灾则祀之。闻吾神之栖此，水旱疾疫为功于民者，非鲜神何灵著矣哉！乃者阳德稍愆，民多疠疫，城内死伤已亡虑数百，灾亦重矣！而达于吾神，乃懵然莫知所救。非所以食吾民之租税，而歆吾民之禋享者也。达诚不德，无以上召天而苏吾民之命，以神之灵著，当图所以为民请命者，达其有以报之。

即又闻之：民，神之主也。民札其生，则百神乏主，是故外祀莫重于社稷。古诸侯之奉社稷也，牺牲必成，粢盛必洁，祭祀以时。然而不为民御灾者，则诸侯得而变置焉。矧夫达之凉薄，既坐视吾民之灾，而罔为之所，而吾神复无以相饮，达其能永奉馨香也哉？神其听之，无隳明祀矣，敢告。

其大意为：金达按照先王之制举行祀典，依据的是《礼记·祭示》里“能御大灾则祀之”的规定。

我听说吾神栖息在这里，每当发生水、旱、疾疫时都有功于人民，很少有神仙像您这样以灵验著称的。当时正值郧阳大旱，阳气过盛，人民多发疠疫，城内已亡人数达几百，灾情已经很重！然而我金达在吾神面前直言坦白，当时完全不知道该怎么去施救。老话不是说，吃了百姓的租税，享受了百姓的香火，就应该保护他们吗？金达诚然缺乏德行，没有能力感召上天，以此解救百姓的生命。但是，以吾神的灵验显著，救援了我这为民请命之人，金达此后自然会有所报答。

我还听说：百姓是神的主人。人民之所以会夭亡生命，都是百神不能尽职的结果，所以有“郊祀莫重于社稷”之说。古代诸侯祭奉社稷，只要献上整头牲畜，在祭器里盛放谷物，按时祭祀就行了。然而，假若社稷神不能为民众抵御灾难，那么诸侯就会抛弃之，会另求神主来安置。况且金达我虽然浅薄，假若坐视我的人民受灾而不管，岂不是罔做了这里的知府？但假若吾神不出手相救，我金达岂能永远供奉给你香火？请诸神听好了，你们不要破坏这美好的祭祀，请原谅我的直言相告。

郧阳千佛洞

郧阳千佛洞，在郧阳城之西关外汉江边，康熙五年(1666年)所建。乾隆三十六年(1771年)曾经毁于火灾，由众商人捐款重建。第二年竣工时，本地贡生赵晋基作《记》。

赵晋基，字子培，号如山，郧阳人，贡生出身，在家乡时每日与知名之士张凌云、蓝树、刘泽源等人泡在花园别墅里酣吟诗文。其父赵依仁，号虚亭，工于书画，有声誉于公卿之间。赵晋基在乾隆六年(1741年)被选为拔贡，学成之后任北城兵马司副指挥，之后授山东莒州知州，政绩优异。乾隆二十七年(1762年)皇帝南巡前，赵晋基奉命修建万松山行宫，蒙皇帝赏赐给大缎一疋，荷包一对。刚要被擢升，接信告知母亲病危而回郧，在家中侍奉母亲十六年。母丧丁忧期满后，被签发到广东借补为文昌县令(在海南岛)，理政卓著而无异于莒州。乾隆四十六年(1781年)，有黎姓人氏聚众造反，进犯文昌，赵晋基坚固城守，使其不得破而退。后来却因公事降级，遂求归故里，第二年病卒于郧阳家中。

赵晋基在作《重建郧阳千佛洞记》时，正值他在家中侍奉老母。全文如下：

重建郧阳千佛洞记

沧浪山之首曰“西台”，嶙峋壁立，距其半者曰“千佛洞”。

其地在郡城之西，人烟车马稠密辐辏，商艇渔舟往来上下，欸乃邪许，目眩耳填，岿然为一巨镇。佛洞之外，旧建水府庙，祀镇江神，创自前朝，竹木二商，祈祷屡应。雍正、乾隆间，两次修葺，颇称巨丽。

讵辛卯元日，邻人不戒于火，灾及庙，顷刻灰烬，向所谓巨丽者，已不可复识矣！各商鸠众，就原址复修之，如初制。

余尝登览而有感焉！二氏之宫遍天下，楚中如太和、洪山，其胜境不胜纪，珠林紫府，所在多有。然皆疲极人力，乃可有为。柳子厚云：“地之凌阻峭，出幽郁，寥廓悠长，则于旷宜；抵邱垤，伏灌莽，迫遽回合，则于奥宜。洞窅而深，高而敞，旷如也，奥如也。因其奥，位以佛；因其旷，建以楼。每烟清云净，凭槛而眺，则下临汉水，银涛雪浪，一泻千里。其南岸为金鱼渡、天马崖。东望，瀛洲、琵琶云树迷离。其西则庸山叠翠，连绵而来，拱我襟带。盖天然胜概，有非假人力所能为者而致，乃因之以成厥巨观，然则因之时义大矣哉！

是役也，工起于辛卯之夏，越明年秋落成，余故书其所见而为之《记》。

其大意为：沧浪山最高处叫“西台”，其下临江之处嶙峋壁立，半壁处有一个千佛洞。

千佛洞地处府城之西的码头旁，人烟车马聚集稠密，商艇渔舟往来上下，摇橹声、号子声充耳目眩，岿然一座巨镇气象。千佛洞之外，过去建有一座水府庙，祀祭的是镇江之神。庙创自前朝，凡竹木商人在此祈祷，都屡屡应验。雍正、乾隆年间，曾经两次修葺，变得颇为宏伟壮丽。

不料，在乾隆三十六年(1771年)正月初一，邻人不小心引发的火灾殃及了水府庙。顷刻间，庙化为灰烬，让郧阳人骄傲的宏伟壮丽景观不复存在。于是众商人捐款，在原址上复建，规模和形制如初。

我曾经登临千佛洞，饱览风光之后引发感慨：佛庙和道观遍布天下，光荆楚大地之上，武当山和洪山上的胜境就不胜记述。然而，去这些地方都会疲极人力，怎么可能每天都去？柳宗元曾经说过：“地之凌阻峭，出幽郁，寥廓悠长，则于旷宜；抵邱垤，伏灌莽，迫遽回合，则于奥宜。”是说地势如果凌厉阻峭，出入草木茂盛，视野就深远而悠长，会是一块空旷宜人的地方。如果再在一个小山坡上，伏有灌木草莽，小路狭窄而回还反复，就会更加深幽而宜人。

千佛洞就是这样一个既空旷又深幽的地方，有着幽暗深邃的小路，还有高而敞亮的视野。因其深幽，才会在这里安置佛位；因其空旷，才会在这里建立楼台。每当烟清云净之时凭槛而眺，下临之汉水银涛雪浪，一泻千里。其南岸，是金鱼渡和天马崖；东望，瀛洲和琵琶滩云树迷离；其西的房庸之山层岚叠翠、连绵而来，成为拱卫郧阳的襟带。千佛洞的天然美景，不是借假人力所能造就的，所以才能成就这样的宏伟景象。然而，这景象还是有着人为因素，因时登临，其意义就大得多。

这个复建工程，开工于乾隆辛卯(1771年)之夏，落成于第二年秋。我因此写下自己所见，为之《记》。

郧阳城里的几座商庙

郧阳是汉江中游的唯一重镇，水路下通江南，上达陕甘，又有丹江北连豫陕，还有堵河南接巴蜀，自古码头繁华，陆路更是网络六省，外地商人多有来此贸易者。

明成化以后，郧阳成为了一统汉江及长江中游的首府，一时封疆大吏云集，政治活动带动了郧阳经济发展，贸易如日中天，各省商贾更是蜂拥而至。

清初，朝廷对郧阳施行“盛世滋生人丁，永不增加赋税”的休养生息政策，更刺激了外地商人来郧阳发展。在康雍乾三代，南方几省人士成群结队涌入郧阳，其中江西人数占多，当时有“江西填湖广”之说。

随着外地商人越来越多，他们就建立起地方帮会来保护自己的利益，会馆就在郧阳城中如雨后春笋般冒了出来。其中，著名的有河南怀庆商人成立的怀庆帮、陕西的秦帮、江西的赣帮、湖广的黄州帮和汉阳客等。其中怀庆帮以经营钱庄为主，秦帮以贩盐为主，黄州帮和汉阳客以经营从江南运来的日用杂货为主，而赣帮由于人数众多，从事什么行业的都有。

自清初至民国，郧阳城内著名的会馆就有山陕馆、江西馆、河南馆、武昌馆、山阳馆、黄州馆等。

明清时的会馆，一般为旅外商人在客居地集资修建的大型建筑，其功能有三，一是作为帮会首领的办公处，二是设立祠堂供奉家乡的神祇，三是接待从家乡来的客人。总之，其目的是团结同乡，减少内耗，多多发财。会馆在平时对任何人都开放，允许人们进来办事和上香。而每当清明节，就只允许同乡进门，共同祭祖和商议帮会里的大事，其功能相当于家族的祠堂。

这些外地人初来时为客居，但在长期定居以后就成了地道的郧阳人，会馆的作用只是为保留祖籍和祖先的记忆。由于所有会馆都有祭神的功能，所以人们也常把会馆称作“商庙”。郧阳的商庙多数在清末、民国战乱时被毁弃，没有留下任何可供我们考证的资料，只有山陕庙和江西馆坚持到了最后，均是在丹江口水库第一次蓄水前的1967年才被拆除。

郧阳山陕庙，也叫“山陕馆”，在西门内柴家巷口，于乾隆六年(1741年)，由山陕商人集资所建，作为两省合用之会馆，曾经在乾隆五十六年(1791年)

重修。

郧阳城内最豪华的商庙是江西馆，在西门内，沧浪山下，山陕庙之右。清乾隆年间，江西旅郧商人成立了江西商会，由首任会长曾步周采用集资的方式主持修建了该馆，其占地 70 亩，内有正房三院，戏楼两座。嘉庆十三年(1808年)重修，由当时的郧县知县徐必观作《记》，可惜文字无存。

该馆面南，布局为木石结构多层递进的多天井院落建筑群。大门之内有一影壁，影壁之后为头院，东西两旁有古柏参天遒盘，均两人合抱不足以尽其围。头院正房为二院之南房，从两旁甬道绕进二院，发现这是一座面北的戏楼，飞檐翘角，楼眉两边各有雕饰，为玲珑剔透的彩凤，金光灿烂。戏楼正中，描画着一轮羞红了脸的朝阳，上悬一匾曰“双凤朝阳”。戏台之后的正中阁扇上，也悬有一匾，曰“云蒸霞蔚”，与前匾意境交融，风雅同趣。每逢节会，院内必幡幢若林，香烟缭绕，道乐法音，天动地灵。而戏楼之上，百戏腾骧，丝管绕梁，律妙如神，让云集的观者神痴目迷。

院之北是一排事务房，正面是一栋大殿，檀柱苍劲圆拔，之上悬有许多匾额，个个鎏金溢彩，字体遒劲豪纵。其中一块“功亏一篑”的匾，是清代江西籍郧阳状元在落成之日所题，笔势龙飞凤舞，兔起鹘落，被认为是一块墨宝，其用意是激励江西籍郧商一定要自强不息，不可半途而废。匾额之上的檐下，斗垂拱翘，雕挑画壁。房顶为绿琉圆瓦。大殿之内宽敞明亮，柱饰朱漆，雕梁画栋历历在目。堂上供有一处神龛，边柱雕龙，丹槛绣角，里面摆有一尊福主的贴金木牌。

值得一提的是，郧阳的江西馆遍布城乡，不仅各县城有，重要乡镇和码头都有。大堰(行政区划名)堰河街上的江西馆，其规模仅略逊于郧阳城内的，也是在 1968 年被淹。五峰街上的江西馆现在还在，院内的两棵 500 龄夫妻桂花树远近闻名。

郧阳天主堂

郧阳天主堂，位于郧阳城内沧浪山之巅：面南，可观汉江；背北，与龙门山隔朝阳街相望，为一座哥特式的西方教堂建筑，其东西长130米，南北宽125米，占地4200平方米。

据《郧县志》记载，天主教传入郧阳是在清光绪年间。光绪十六年(1890年)，老河口天主教华裔神父徐保禄到郧阳，在郧阳城小西关外租房，以开药铺为名进行传教活动。不久，因他未于官衙接洽而被驱逐。后经天主堂总教主范齐礼到郧阳进行周旋，官府才允许徐保禄重返郧阳进行传教活动。

宣统元年(1909年)，意大利籍神父林春圃接任徐保禄的教职后，当年在郧阳城内沧浪山上动工修建教堂。后来林春圃因病离开郧阳，由意大利籍神父明德政和一名聂姓神父相继主持教堂的修建，前后历时10年，于民国8年(1919年)10月12日竣工，总投资为8000块银元。当时，中国区主教毕时修莅郧，参加了落成仪式。

民国10年(1921年)，“五四运动”的影响在郧阳达到高潮，天主教受到冲击，教堂被损毁严重，天主教活动就此低落。

1937年以后，先后有梅隆礼、明亚期、陆万里、黎德华、张贤文等人来郧阳任司铎、修道等教职。随着传教力量的增强，郧阳的天主教活动又兴旺了起来，不仅在郧阳城里开展活动，在各乡镇也先后设立分堂吸收教徒，与本堂一样在每个星期日做礼拜。每遇圣诞节、复活节等重要节日，他们还要举行庆祝活动。

天主堂在郧阳举办有一些公益慈善活动。如光绪二十年(1894年)，天主教堂在郧阳创办了育婴院，收养一些孤遗婴儿；民国十四年(1925年)，天主教堂成立了公教进行会，鼓励游说工商人士捐资兴教；民国二十年(1931年)，天主教堂创办宏慈医院，为穷人免费诊病；民国二十七年(1938年)，天主教堂成立公教青年会，组织青年学生开展志愿者服务；民国30年(1941年)，天主教堂创办圣心小学，接纳贫困子弟到学校读书；同年，天主教堂又成立公教爱德会，组织苦力脚夫们掩埋那些无主尸体。

民国三十一年(1942年)，郧阳天主教堂被政府查抄，在发现的资料中被认定有国际间谍和特务组织的文件，遂将神父等神职人员押往老河口李宗仁的第五战区司令部。后虽被释放，但返郧之后发现教徒四散，教会就再也没有得到发展。

郧阳古城被淹之后，天主教堂依然完好地屹立在沧浪山顶。

郧阳清真寺

郧阳古城里曾经有一座清真寺，位于鼓楼南街，始建于元末，一直为本地回民自行管理。元末以前的郧阳是否曾经有过清真寺，目前已无法考证。

1968 年丹江口水库蓄水之前，郧县人民政府决定拨款 10 万元迁建清真寺，于是在新城西侧一号水库(现郧阳广场)西南重新修建。新的郧阳清真寺占地面积 1018 平方米，建筑面积 325 平方米，有阿訇 1 人，信徒 2000 余人。

清真寺，亦称礼拜寺，其建筑模式为伊斯兰教建筑形式之一，是伊斯兰教穆斯林礼拜真主安拉的地方，是穆斯林举行礼拜、宗教功课、宗教教育和宣扬教义的中心场所。

穆斯林是人们对伊斯兰教信徒的称呼，阿拉伯文的原意是“自觉自愿顺服伊斯兰教真主安拉的人”。伊斯兰教是国际性的大宗教之一，与佛教、基督教并列为世界三大宗教，信徒遍布全球，大约有 16 亿人之多，占地球总人口的 25%，大多生活在阿拉伯国家和地区，其余散布在世界各地。

穆斯林刚进入中国时，称自己礼拜的场所为“麦斯吉德”或者“哲马尔提”(即寺坊)。唐宋时期，人们把穆斯林礼拜的场所称之为“堂”、“礼堂”、“祀堂”或者“礼拜堂”。元朝人则称为“回回堂”、“寺”或者“礼拜寺”。明代开始，把伊斯兰教称之为“清真教”，于是将“礼拜堂”改称为“清真寺”，并沿用至今。

伊斯兰教传入郧阳的时间不详，但肯定与回民定居郧阳同步。

五、古郧风雅文化大观

郧阳赤壁

一

明成化二十年(1484 年)八月中秋，郧阳知府俞荩携同通判钱浩、推官刘芳和郧阳城内姓吕、姓王的两个绅士一起从南门出城，乘舟顺汉江而下。

舟行二里，他们来到龙滚滩，但见江水由宽变窄，由慢而腾，由舒缓而咆哮，湍急奔啸，汤汤如巨龙翻腾。龙滚滩是郧阳有名的十八景之一，明人吴健有诗描绘其中的郧阳八景，其中就有龙滚滩的景致：

郧阳八景

览胜登临春雪楼，遥看渔火照瀛洲。摘星坡上烟岚合，盛水泉边灏气浮。天马崖高悬古字，滚龙滩险泛新舟。武阳洞口云封树，晴望春耕兆麦秋。

船过龙滚滩，江中出现了一个小岛。岛上树木葱茏，怪石嶙峋，江鸟盘旋其上，水牛俯卧其侧。这个小岛，就是吴健诗中的瀛洲，人们也叫它沄洲。十分遗憾，俞荩们来得不是时候，欣赏瀛洲最好要在雨中，无论是绵绵丝纤，还是珍珠倾泻，都会掀起岛上森林的波澜，结成江面的烟雾，给人一种仙境的飘渺。清代均州人贾洪诏曾经做过云南巡抚，卸任之后在主讲郧山书院时，曾经这样描写瀛洲雨意：

瀛洲雨意

石燕起芳洲，临江风满楼。云阴低渡口，潮势逼矶头。秦树烟初暝，郧关气欲秋。山川含蓄久，霖雨佐鸿猷。

好在俞荩等人这次的兴致并不在瀛洲。他们泊舟上岸，登上瀛洲最高峰，用眼向江南岸的石壁作长久扫望，并不时伸开手臂指点着对岸江山，嘴里不时发出啧啧赞叹。只见对面的江崖从江滩上突兀拔起，直指云天，好像是有人在拉过墨线之后又刀劈斧剁似的那么齐整，绵绵延延五六里。奇特的是，此处崖壁的颜色与周围地域的色彩大不相同，为鲜艳的红色，就好像是被太上老君炼烧过一般。不错，这就是郧阳人口中的红岩，古郧阳的地标之一，人们乘船从下游进郧阳，看到红岩就知道郧阳城已近在咫尺。

俞荩带领僚属下岛登船过江，弃船上岸，在红岩下向上游方向漫步。他们时而在崖壁的凸起或者凹槽处停留，手抚壁面仰望；时而口吐秒词如矶珠，以诗与词句熏江染山；时而又激烈争辩，相互指责对方形容此情此景还不够水准。俞荩认为，郧阳红岩虽非三国魏吴交战之地，但其形胜绝不输其黄州赤壁和蒲圻赤壁的气势，不如就把此地改为郧阳赤壁为妙。众人皆呼："高明！"

其时，此时的俞荩已经是郧阳候代知府，因为他向皇帝乞请致仕(退休)被批准，就要离郧阳而去，接替他知府职位的将是嘉兴人钟蕃，此时他的心情是复杂的：7年了，他付出太多，已经视郧阳为家，于是一种离别情愁萦绕在心头。他想起自己在郧阳的种种作为，特别想起为郧阳的文化事业所作出的种种努力。

二

俞荩，浙江桐庐人，成化十三年(1477年)以御史出名，因而擢升为郧阳知府。郧阳于成化十二年设府，他是第二任太守。他的前任吴远就职不到一年就离任高就，把建设和安定郧阳的重任由他担当起来。俞荩在郧阳知府任上已经干了7年。7年来，上有巡抚天天踞其旁，下有6个知县时时奏事端，匪叛纵横山林，百姓民不聊生，他无一日不是殚精竭虑。史书记载俞荩在郧阳期间"流移新集，政不繁苛，务在安民生息，吏民畏且怀之"。

成化十七年(1481年)之后，郧阳匪叛大致已平，百姓已能安居乐业，整顿城内秩序就摆上了议事日程。郧阳本是汉江中游一大码头，在成化十二年同时设置藩镇、府、县，一下子涌入大批官员。不说武官，只是文官就有好几个层次在城内重叠。二品巡抚以下有巡按御史、布政使、分守道、经历、断事、御史等；四品知府以下有同知、通判、推官、经历、知事、照磨、司狱、教授、训导、仓官、税使等；七品知县以下有主簿、典史、教谕、训导、巡检、驿丞等。这么多的官员和家属同时挤在郧阳，难免使街道熙攘，极易发生与民争利之事，甚至养成官员及他们家属、仆人的骄奢淫逸，进而激发民愤惹起事端。

俞荩知道，要想安定郧阳，就要对官员进行管束和教育，而管束教育就要多种措施几管齐下才行，提高他们的入世品位就是其中的一环。官员及其家属怎样打发业余时间，看起来是私事和小事，但能够体现一个地方的风化和文明程度，进而影响地方的安定。俞荩要尽量把人们从牌桌上拉开，减少招摇过市的机会，想以不时举办郊游诗会的办法凝聚大家的共识。

俞荩的想法得到了郧阳巡抚吴道宏的支持，于是有了郧阳十景的评选活动。他号召人们到周边的山水间去发现美，在上报府衙之后即可组织考察，然后评定。

离开郧阳前，俞荩想再游一次红岩，当然也是受到了吕、王两位绅士的游说。在红岩面前，俞荩非常激动，不仅为郧阳有这样的美景而陶醉，还为有一个心愿今日能了：他要把红岩之名改为赤壁。为了不与三国赤壁发生混淆，他认为把此赤壁定名为“郧阳赤壁”为妥，以示区别。

关于郧阳赤壁，在此后的许多志书中都有记载，其中不乏异议。

《明统志》记载：“（郧阳城）又五里为沄洲，以沄水得名，侧岸赤壁。”是以郧阳城为坐标定郧阳赤壁的方位。

明万历版《郧台志·舆地·山川》在介绍郧阳府郧县时，第一个描述的山川对象就是郧阳赤壁：“赤壁山，县东，隔江，俗号红岩山，势高峻，色纯赤，日光霞彩朝夕掩映，类黄州赤壁，故名。”此处是用文学语言客观描写郧阳赤壁。

明万历版《郧阳府志·山川》的描述稍为详细：“赤壁山，旧名红岩，县东南二里龙滚滩侧，其势高峻，色纯赤，日光霞彩朝夕掩映，亦郡中一胜也。成化中，郡守俞荩公暇游此，讶其绝类黄州之赤壁，故改今名。稷谓黄州赤壁本赤，东坡已误为赤壁，今岂可因其误而改此山？不如仍旧名为是。”这里对改名之举颇有微词。

清代《湖北省志》介绍郧阳赤壁“城东南二里，原名红岩”。这里的二里并没有错，赤壁本身之长度就有五六里，从下游一直绵延到郧阳城侧对岸。

清《郧阳类编》对郧阳赤壁的描述为：“明知府俞荩改今名，下临龙滚滩，形势高峻，色纯赤，日光掩映，霞彩滉漾，为一郡胜概。”对改名持肯定态度。

清康熙版《郧县志补·山川》里只是排列了郧县的一些山川名称，没有对任何山川作任何的描述，但把赤壁山排在了所有山川的首位。

三

当日，俞荩等人游兴不尽，直到江面出现红霞才乘舟回城。晚上，他们在一家杜氏酒馆共进晚餐，之后到府衙院中赏月时，还在为郧阳赤壁的壮观而兴奋不已。他们个个微醺，斜倚在胡床之上，诗如泉涌，轮番吐莲若悬河，仿佛龙滚滩的咆哮之声还在耳旁回响，赤壁上的鸟鹊白鹤依然在身旁飞翔。

俞荩的眼前仿佛再现当年“郧阳十景”的评选活动，记得中选的景致分别为天马书崖，摘星坡峻，南门晴望，十堰春耕，萧寺留题，仙宫遗像，武阳神洞，盛水灵泉，龙滚滩声，沄洲雨意。当时他就有意改红岩为郧阳赤壁，但他担心那样做会冲淡了主题。当时，赤壁没能入选，是因为龙滚滩和瀛洲两景都在赤壁之下，已经把赤壁包含在内，人们在游龙滚滩和瀛洲时，实际上也会饱览郧阳赤壁的风光。

俞荩还记得郧阳十景公布之后，还有许多美景没能入选，人们都觉得十分可惜。为了不弗民意，俞荩决定再次组织补选，又评出了原台古柏、杨溪烟树、灵泉瀑珠、天马腾骧、西浦帆泊、南楼春晓、金鱼竞渡、红门晚霞为“郧阳又八景”，使郧阳官定的景致达到了十八景。

渐渐地，俞荩的胸中升腾起了一股文骚之气，大有不吐不快之感，一篇赋辞从胸内跃跃欲出。他命人拿来文房四宝，遂揭砚磨墨，再把狼毫饱蘸墨液，“郧阳赤壁赋”五个字就苍劲有力地一挥而就。

他又在纸上刷刷几笔，先写下了如下的《序》文：

> 旧名红岩，县城东南二里龙滚滩侧，其势高峻，其色纯赤，日光霞彩朝夕掩映，佳致不可具状，实郡中之胜概也。成化辛丑，知府桐庐俞荩因公事会僚友，遨游其下，感其绝类武昌之赤壁，遂拟今名，因为之赋曰：

他再略一思索，又行云流水般把赋辞落在了纸端：

皇明弘化，郧府新辟。南控荆蜀，北抵商淅。秦以之为东邻，楚以之为西掖。俗用不入于奢华，民风不流于荒僻。郡之胜概，可指非一，每顾瞻乎南岩，实奇胜而无敌。维石岩岩，匪假斫而如削。崇高奕奕，不俟绳而自直。绕汉水兮襟带，绵沄洲兮羽翼。势不断而长平，色不杂而纯赤。朝烟黯然兮，难掩其光。暮霞灿若兮，莫辨其迹。轻狼子之巉巉，渺天马之岌岌。气固钟于扶舆，秀实萃于郡邑。然较其形势之大略，绝类于武昌之赤壁也。蹇予剖竹，叨守是邦。都阃钟公久要不忘，每相期以游览，辄神往而事妨。维时秋仲，八蓂齐芳，金飚荐爽，丹桂飘香。云敛翳于晴昊，月吐魄于东方。于是携我僚兮钱刘，挟彼寀兮吕王。喜四美兮毕具，发双兮轻扬。问清酤于杜馆，曳锦鲤于沧浪。诵苏仙之雄赋，据庾老之胡床。循赤壁以遨游，溯清汉之流光。睹将台兮郁郁，听龙滚兮汤汤。适有乌鹊兮南飞，白鹤兮东翔。悲二匝兮无依，怪一唳兮何长。事有旷百世而相感，奚必东夏口而西武昌。因抚景而醺酣，啸歌而徜徉，竟莫知其身在郧阳也。噫嘻，良会再难，岁月如新，郧阳之胜既增重赤壁，则吾侪之游当追美于前人，幸天开乎景运，身际乎昌辰，放遐瞩于俄顷，顿幽怀而少伸。谅斯乐其有已，感帝德于无垠。况地因人而后胜，人以德而可珍。彼辋川兮，匪诘则湮。彼浣花兮，匪甫亦沦。然则兹壁之所以得名于世，出色于郧，实有待于吾侪之玩乐，匪徒恃乎土石之峋。曰："予小子滥竽儒绅，抽采毫而学赋，愧笔底之无神。倘坡仙之可作，恕狂妄于效颦。"

第二天，《郧阳赤壁赋》就开始在郧阳城内风靡，就连巡抚王浚也为之喝彩。不出一月，《郧阳赤壁赋》就随着过往郧阳的商贾之口，迅速在汉口、襄阳、安康、汉中的文人口中传诵。至此，中国的赤壁史上再添一处景观。

只可惜，俞荩在归乡的途中发病，卒于途。噩耗传回郧阳，人们无不举哀，纷纷建议上报朝廷准许祭祀之。后来，皇帝下旨让其英灵进入郧阳名宦祠享受香火。

20 世纪下半叶，因为南水北调，郧阳城前的汉江徒起平湖，不仅淹没了郧阳古城及郧阳赤壁下的龙滚滩和瀛洲，而且也使这里的江水失去了豪放的野性，关注它的人越来越少。

公元 2012 年，郧阳赤壁与郧阳新城之间平添了一道桥梁，郧阳赤壁仿佛又振作了起来，日日夜夜注视着桥上各式的车辆和步行的俊男靓女。不过，现在的人们似乎已经无暇顾及赤壁的美景，大多手提腰包脚步匆匆。

郧阳春雪楼

在曾经的郧阳古城里，有一座非常有名的城楼，名曰春雪楼。400 多年前，王世贞在郧阳任巡抚时，曾经登楼赋诗，凿刻于壁，更楼名为“春雪”，春雪楼的名气从此响誉海内。

拱辰楼与郧阳城

春雪楼，原名拱辰楼，为郧阳古城的北门城楼，是建立在城墙之上的一座十分精致的双层高台楼阁式建筑。拱辰楼矗立于瓮城城墙之上，楼台耸起，一楼略大，二楼微收，上下围栏，四面飞檐，八角翘起，顶踞二螭。郧阳古城位于汉江北岸的一块冲击原地上，北高南低，依山傍水，城墙所圈占的面积三分之一处于平原，三分之二为山坡，拱辰楼就位于城北部狼子山的最高处，登临之环视四周，滔滔汉江上的百舸竞帆、静谧山城的娇容美姿，郧城背后的层峦叠翠尽收眼底。在这里，春看淡雅，夏观苍翠，秋赏明净，冬览粗犷，都会使人迷恋而陶醉。难怪明代大文学家、郧阳巡抚王世贞登临之后抒发“忽结楼台银海上，尽收天地玉壶中”的情怀。曾任云南巡抚、晚年主讲郧山书院的清代均州人士贾洪诏曾题诗赞曰：

城楼如画里，晓霁岁华新。高映千峰雪，光融十堰春。花风微坼甲，谷日好祈辛。佳气郧山满，天恩六合均。

要了解拱辰楼的来历，必先了解郧阳城的历史。据考古出土的遗址遗迹及实物推测，郧阳在春秋、战国及以后应该数度有城，但都因为葬身水底而无法考证。唐宋的郧阳城被蒙古大军的铁蹄在灭南宋之时踏平，整个元代和明初郧阳无城墙。明代郧阳城始建于明天顺八年(1464 年)，由知县戴琰率人筑土，这才修建了在南宋末被元军毁掉了的郧县城墙。到成化十二年(1476 年)郧阳建藩镇，首任巡抚原杰以砖石修筑并拓展了城墙，使城墙周长达到七百六十丈，高度达到一丈五尺，留有城门六座，东门曰“宣和”，南门曰“迎薰”，西门曰“平理”，北门曰“拱辰”，并在西、南附小门两座。其中拱辰门的门楼就是后来改称的春雪楼。

郧阳的城墙在嘉靖年间得到了突飞猛进的发展。嘉靖十三年(1534年)，巡抚宋冕在平顶的城墙上增筑了女墙(墙垛)，加强了对外防御功能。十五年(1536年)，巡抚王学夔用石块在城墙西南东三面巩固了内基。十九年(1540年)，巡抚戴珊更补了北面内基。二十五年(1546年)，巡抚叶照把城墙又增高了3尺。三十六年(1557年)，巡抚章焕在城东北向外扩展城墙四百零三丈，并增加一门曰“时雨”，实为郧阳府学宫的前大门。至此，郧阳城墙的总长度为1163丈，6里有余，城墙上共有门楼7座，窝铺(供守城军士居住搭建的营棚)29处，垛头2983个，兵马司13处。七座门楼之中，北、东、西三座为瓮城楼，南门楼临江，东南有一角楼。嘉靖四十五年(1566年)，汉江发大水，冲坏了东南处的城墙，巡抚刘秉仁派人修筑。

万历十一年(1583年)，汉水再次进城，冲坏城墙980丈、城楼窝铺11座。巡抚张国彦加强了修复力度，使郧阳城达到了雄固深险的程度，“屹立为中华巨镇”。此后，凡有新巡抚上任，都要被皇帝专敕修理城池。他们巡历所到之处，一边阅视城墙，一边讲述防御大略。每年年底，有关官员还要申报城墙的加固情况。

崇祯十六年(1643年)正月起，李自成的大顺军把郧阳城围得如铁桶一般，巡抚徐起元命令关闭了所有城门，带领军民日夜坚守。由于城内城外不通消息，就连崇祯帝自缢、明朝灭亡的事他们都不知道。直到清顺治二年(1645年)三月清军兵临郧阳城下，徐起元为了避免城内生灵涂炭，这才率众归降，清廷仍命徐起元为郧阳巡抚。在明末清初长达二年多的攻守之中，郧阳的城墙遭到了严重毁损，所有城楼和女墙都荡然无存。顺治十四年，巡抚张尚委派郧阳府通判张四维重修，只恢复了女墙，而没有修建城楼。由此开始，郧阳城墙就划分给了六个县分段负责修补。在整个清朝期间，城墙坍塌的次数无数，都是采取这种办法修复加固的。值得提及的是，拱辰北门自明末封闭后，直到清康熙二十四年(1685年)四月才重新打开。

嘉庆九年(1804年)，湖广总督吴熊光命令郧县知县高赐禧带领军民修葺城墙，并重建了南、北两座门楼。

王世贞与春雪楼

拱辰门上的拱辰楼，只是郧阳城墙上的七座门楼之一，原本并无特别之处，最多不过为三个瓮城门楼之一。从文化意义上看，拱辰是拱卫北极星的意思。语出《论语·为政》："为政以德，譬如北辰，居其所，而众星共(拱)之。"后来，又引申为拱卫君王、拱卫国家。唐代元稹的《两省供奉官谏驾幸温汤状》一文中有"陛下若骑从轻驰，则道途无拱辰之备"的句子。不过郧阳的七座门楼，五座都有正式命名，每一个名字里面都包含着深厚的文化意义，拱辰楼并不算特别突出。

拱辰楼能够从郧阳的七座门楼中脱颖而出，更名为"春雪"，成为独领风骚的名楼，主要原因有两个。

首先，其他的六座门楼都位于平地之上，视野有限，登上城楼也只能管窥一线，无甚趣味可言。而拱辰楼位于郧阳城的最高点，不仅可以俯视全城布局，而且能够饱览汉江风光，甚至眺望江南景致，更能转身环视北部秦岭的风貌，是人们在闲暇之余最愿意登临的门楼。这是其他六座门楼所不具备的。

如果光是以上原因，郧阳拱辰楼也大约不会被更名，更不会有后来那么大的名气。在中国，凡事与文人扯上关系，特别是与著名文人扯上关系，身价顿时就会倍增。拱辰楼正是与王世贞扯上了关系，才得以更名，有了一个让人能够产生无限憧憬的名字——春雪楼，才能够在此后400多年的时间里响誉海内。

万历二年(1574年)九月，王世贞由北京太仆寺卿升为了都察院右副都御史到郧阳任巡抚。他从开始启程的准备和踏过几千里的路途，从北京达到郧阳已近年底。万历三年正月初八，是传说中的谷物生日，在民间有膜拜谷神牌位，并看天气预测当年稻物收成的习俗，据说天晴则丰收，天阴则年歉。当天，郧城漫天飞雪，王世贞在这个春节之后的第一个上班日里带领官员冒雪登上城墙阅视郧城防务。他沿着城墙来到城北，登临拱辰楼，眼见郧城内一片白绒覆顶，灰墙抢眼，房屋似链，街道如线，人头攒动，条块分阵，布局参差，一派明快爽朗的景象。又见江水绕城，飞舞的鹅毛之中水缓帆快，似动感的仙境。再见南岸的群山，皑皑白雪中略显青黛，好一幅雪景丹青图。转身瞭望北山，扑目的雾凇冰挂千姿百态，又仿佛是一个巨大的水晶宫殿。他不由得连连叫妙，遂萌发了更改城门楼名称的想法，就借景生情从头脑中迸发出"春雪"的名字。他又诗意大发，连赋两首：

郧城东北侣齐宫，门寒烟峦望望同。忽结楼台银海上，尽收天地玉壶中。纵他柳絮能千点，笑杀梅花仅几丛。抚罢瑶琴君自听，那能不让郢人工。

雪后登临思渺然，南为梁苑北秦天。微吟谢氏成珪句，忽忆杨生种玉田。报瑞青旂装暂改，凌空白凤羽全捐。俱言此日初名谷，太史应书大有年。

随后，他给诗定名为《谷日登春雪楼》，并加序曰“谷日登之，适雪霏始霁，触景娱怀，因题此额，并缀以诗”。

当场，王世贞命人尽快把诗和序题刻到春雪楼的墙壁之上。

王世贞，明代后期的中国文坛领袖，人们以能争先睹得他的诗文为快，题在郧阳春雪楼上的《谷日登春雪楼》自然就很快流传开来。

徐学谟与春雪楼

万历四年(1576年)六月，王世贞奉旨赴南京任大理寺卿，不必候代，接替他郧阳巡抚职务的是湖广左布政使徐学谟。等徐学谟从武昌到郧阳上任时已是冬季，他在第一时间里看到了王世贞临走时留下的一封信，信中提出希望他能答和春雪楼的诗句。按照惯例，巡抚上任首先要勘察城防，当他登上城墙阅视郧阳城防时，果然在春雪楼上发现了王世贞的题诗。两人虽同为巡抚，但在文学修养与名气上徐学谟还是略逊一筹，平常他就对王世贞的文采和治理地方才能佩服得五体投地，希望能与他早晚切磋。今日得见其亲笔题诗，自然十分惊喜，又感慨万端，遂诗意兴起，出口成句，面壁应和了二首：

磴堞参差万岭扶，摩挲三界俯雄图。晴浮太岳丹梯回，秋尽函关赤羽无。欲拟雅歌休士马，漫凭清啸静萑苻。异时参佐风流在，指点瑶华晃玉壶。

谷日题诗雪满楼，岩城风物飒高秋。西南天地仍开府，秦楚山川只赘旒。寡和最怜孤郢调，雄飞谁并两吴钩。峥嵘锦字千春色，终胜沉碑汉水头。

诗中的“岩城”指郧阳城，郧阳古号“岩疆”。“开府”指的是王世贞，在古代，只有皇帝钦赐的封疆大吏才有权设置官衙拥有僚属，称之为开府，是王爷和二品以上大员才拥有的资格。当时，徐学谟吟毕，依然沉醉在诗意之中，他拈须沉思，良久才把诗名定为《春雪楼奉和王抚台之作二首》，并加序曰：“孟冬日郧城阅视，遂登春雪楼，为前开府王公所题并傍诗二律，僭为嗣响，因致景忆之私。”

应和了王世贞的题壁诗，他似乎还没有尽兴，认为自己应该义不容辞地把这一景致与这一段佳话记载下来，让它流芳百世，于是一篇文采飞扬的《春雪楼记》从徐学谟的笔端流了出来：

春雪楼记

环郧而山者以千万计，离列差互，萦亘绵络，日尽不如其所之。土人方斸（zhú，农具）其岨（山石）以耕，以故草木罕翳，望之童如也，爕（xié，火气）知也。嶓冢蜿蜒西来，汉水经其下，以达三澨，两岸束之，流无连舻縻（束缚）舰之漫。以其山穷而水蹙（紧迫），即井庐稍殊，而荒憬寥阒（寂静），若不足以当游者之睹然。

然自余观宇宙之大，宜无过于流、峙二者。郧之表里襟带，控扼险塞，巍拱而森翼，四时漾漭之气，勃发于烟云霞雾。日月之交，乍有倏无，光怪闪忽，即与诸名岩大泽之变幻亦复何异？特以其胜，常伏于荒憬寥阒之中，往往为人所鄙弃。即余游于郧也久，山巅水涯，靡所不历，宜其有得于观，而以羁旅之臣，不淹留而辄去，而复绌于文章之力，竟莫能摅发其所以观，而用以为嗛者，垂二十年。至是被大命镇郧，再登城埏，遥睇四隅山川如故。比陟其北关之岩谯，有前开府王公所题“春雪楼”三字。盖公以谷日登临，适雪初霁，一时命笔，藻思飞动，而又为诗二章，铺叙玉壶，银海揽撷，梁苑秦天，真若飘飘乎置其身于琼台瑶圃间，而举郧之荒憬寥阒，尽驱于无垠之界。晃焉，茫焉，不知其山之穷而水之蹙者。乃不禁爽然叹曰：郧之为观，公岂不知山川恒有，而雪不恒有？故以其不恒有者，被于所恒有者，而楼以名，独怪。

夫郧隶鬻熊之区，自春秋麋、庸而降，历二千余年，形胜未改，而羊叔子、杜元凯、山季伦、陶士行之徒，相继而节镇之者，宁皆未履乎此，而歌咏缺焉？岂风气之锢，摅发有时，而挟天之美，探地之奇，固尝留其有余，不尽以待公开千古之观耶？抑吾闻武昌有明月楼，夫武昌固名都，山水之会，非荒憬寥阒地也，庾征南兴复不浅，亦一夕之致尔。若夫清沴廓祲，祈年福国，令土嬉于伍，农歌于埜，则有在于观之外者，又公之所以为理也？讵徒流连光景，为无事之游观已哉？

公既去，以书来索赓。而属为之《记》，余为勉赓如其章之数，刻置公后，而并纪其事于石。公名世贞，字元美，吴之太仓人，嘉靖丁未进士。

《春雪楼记》表达了四层意思：

首先描摹了郧阳所处的环境。说：环绕郧阳的群山很多，层层罗列错落有致，萦绕缠绵包络着郧阳，不知哪里是头哪里是尾。土著人就在这山石障碍之间以耕种为生，苍翠的草木熏陶了他们的性格，看上去童心十足，精力旺盛。汉水从源头嶓冢山蜿蜒西来，以流达《左传》中所说的三澨（襄阳）之地，两山夹峙着的河床都非常狭窄，没有大船连舻，头尾相接航行在其间，一路所能够看到的都是山无穷、水急促，于高远空旷荒寥隔绝之中，只能偶见式样不一的田地和房舍。

其次讲述了春雪楼的来历和含义，说：我观察宇宙之大，首先大不过流动的时光和存在的山河。郧阳大地辽阔，以江水为襟带控扼四省，以险塞之巍峨拱卫重镇，老林茂密，四季分明，四时勃发着漫溢广远的钟灵之气，所形成的烟云霞雾交融在日月之上，乍有倏无，光怪闪忽，变幻反复，与那些著名的仙山大泽没有任何区别，而且特别以它常年隐藏在隔绝之中为人所不知而略胜他地一筹。我在郧阳一带走动很久了，山巅水涯都到达过，有机会观赏到这里的风物，但每次都是以一个寄居他乡的官员身份不能长期逗留而匆匆离去，一次都没有留下轰动一时的力作，抒发不出对郧阳的情感，无法把自己的所见所闻告诉读者，而埋在心里达 20 年之久。直到这次我受大命来镇守郧阳，再次登城遥望郧阳四隅的山川，一切如故。攀登上了北关的岩石峰顶，发现有前任开府大臣王世贞所题的“春雪楼”三字。王公在谷日登临此楼时，适逢大雪初霁，一时文思飞动，命笔绝诗二首，铺陈叙述了当时玉壶银海、揽撷洁苑的美景，仿佛天真烂漫，飘飘然置身于琼台瑶圃之间，郧阳四野空旷高远的境界，就如一个广阔无垠的仙界，让人飘飘然，荡荡然，忘记了山有尽头、水有急促。我禁不住爽然感叹道：“郧阳太美了！但王公怎么不知道山川是永恒的，而雪不会永恒？为什么要用不永恒的东西去遮盖永恒的东西？”所以这个楼名既独特又怪异。

再次介绍了郧阳是块风水处女地，过去没有被人发现开发，被王世贞首开千古之观。说：郧阳是楚国先祖鬻熊的土地，自麇、庸以后历时二千余年，地形地貌一直就是这样，而晋代有羊叔子、杜元凯、山季伦、陶士行这些人相继都督荆州，坐镇襄阳，节制镇守在这里，难道他们从来都没有到过郧阳？为什么这么缺少歌咏郧阳的诗词歌赋？难道是因为风气禁闭，或者是抒发有天时，要把铺张天之美、探究地之奇特别留有余地，无限地等待王公来开这个千古之观？我听说武昌有明月楼。而武昌历来都是名都，有山水交会的灵气，不是荒寥隔绝之地，东晋庾亮的兴复功业不浅，把明月楼在一夜之间就建起来了。如若不是有清爽寥廓、精气瑞祥、水沴不侵的幸福地域能够祈祷丰年，令军士乐于为伍，农民快乐在田野，那还有什么闲心能在室外欣赏美景？王公又怎么能抒发出郧阳的大美？怎么会徒劳无益地留恋风景，做无所作为的游览观赏呢？

最后交代了和诗、题《记》的原因和王世贞其人。说：王公离去之时，留下书信要我续诗，附带为这事作《记》，是在我勉力按照原诗的章法和诗之后，就把自己的诗刻置在了王公的诗后，一并把《纪》刻在石上。王公，名世贞，字元美，吴地太仓人，嘉靖朝丁未年进士。

春雪之上诗满楼

由于受到王世贞和徐学谟的推崇，人们遂把郧阳十景之一的“仙宫遗像”改为了“春楼雪霁”，不仅郧城的文人纷纷登临春雪楼题诗作画，就是外地人到郧阳，不登春雪楼也心有不甘。来的文人多了，楼里留下的诗刻自然就多了，从二楼到一楼，再到城墙之上满是。

古人的观念与现在不一样，在古建筑上题诗作画不仅不认为是对建筑的一种破坏，相反还被认为是一件备受推崇的佳事。这是因为古人大多不识字，能吟诗作画的必是文人，不会发生乱涂鸦之事。正是有了这些古代的壁题诗画，我们今天才得以欣赏这些珍贵的文化遗产，让我们能够从中得益。我们不妨从众多春雪楼题诗中随手拈上几首以飨读者。

吴誉闻，广东顺德人，万历三年(1575年)以举人身份在郧阳府做推官，有与王世贞同时在郧阳工作的经历。推官，是掌管文书和刑狱司法的官员，据史料记载，吴誉闻操守清廉，门无私谒，刑罚一秉公正，狱以无冤而著称。他在春雪楼上留下了《春雪楼奉和王抚台之作二首》：

郧城西北汉江濒，喜见迎阳瑞雪新。积素地疑明月塞，飞琼山似白云屯。初开轩槛寒光满，更闪旗旌曙色钧。一曲高歌楼上发，万家同调郢人春。

胡云万里散春晴，楚塞寒归四望平。折竹声从银海合，飘花风度玉楼轻。光浮汉水千门白，烟洗郧山五夜明。不道剡溪乘兴晚，且凭樽酒醉高城。

费懋谦，江西铅山人，万历四年(1576年)以官生身份在郧阳府做通判。通判，是掌管粮运、家田、水利和诉讼等事项的官员。他在春雪楼上留下了《春雪楼奉和徐王二开府韵》：

楚塞孤城暖尚迟，同云初散汉江湄。共传郢国阳春调，绝胜山阴雪夜期。玉宇寒光连北极，彩毫晴色上南枝。峥嵘宝剑看雄并，万古神光自陆离。

马犹龙，河南新蔡人，万历十一年(1583年)进士，后官至刑部主事，嫉恶如仇，清廉正直，连朝中大员也畏惧他三分。他曾经到过郧阳，登临过春雪楼，留下了《题春雪楼四首》：

郡阁层霄外，东风动客愁。江山春里雪，日月酒杯浮。谁下山阴棹，还登徐孺楼。中原二开府，惊落兔园秋。

摇落千山雪，登楼正早春。凭栏愁仕女，失落怨归人。沧海谁僵卧，江山此辈新。开尊还怅望，潇洒伫风神。

城郭几千载，东风忽见春。登楼歌白雪，把酒对风尘。玉树寒俱色，青山远傍人。愿言附双璧，片片月华新。

本是梁园客，还登春雪楼。倚栏人傍玉，载酒兴初浮。蟾窟冰轮满，江天白雁秋。谁能解寒色，明月愿相投。

吴健，宁夏人，清顺治年间以举人身份任郧阳藩镇参议兼下荆南道分守。当时李自成旧部大将郝永忠盘踞在房县，他负责督理粮饷，在磐口、堵河之上来来回回两年有余。繁忙中，他依然在春雪楼上留下了《郧阳八景》诗(见本书《郧阳赤壁》一文)。

贾洪诏，均州人，清咸丰九年(1859年)任云南按察使，同治二年(1863

年）升任云南巡抚，晚年回家乡后主讲郧山书院，在郧阳设置义仓，兴修水利，复兴书院等，建树颇多。他在春雪楼上留下了《郧阳十景》诗，其中此文开头所提及的“春楼雪霁”就是他所描写的春雪楼景致。

当然，与黄鹤楼、岳阳楼、滕王阁、鹳雀楼这些中国古代四大名楼相比，郧阳春雪楼也许名气还是太小。但是我们不要忘了，春雪楼可只是一个城门楼而已，压根就不应该拿四大名楼来与之相比。一个城门楼能够留下这么多古代文人骚客的墨宝，这在全国范围内也是不多见的。

晨鼓暮钟镇郧楼

一

郧阳镇郧楼，原名“谯楼”，又被老百姓俗称为“钟鼓楼”，在郧阳城内府衙东侧的东西大街与南北大街的十字相交处，为三层建筑。下层为通透的石台，四个门洞把东西南北四条大街穿在了一起。台上是一个二层阁楼，为官府司辰和预警的场所。

镇郧楼始建于明弘治十四年(1501年)，为巡抚陈清所建，并命名为“谯楼”。正德七年(1512年)，郧阳谯楼失火，由巡抚刘琬重修，更名为“镇郧楼”。不久刘琬因病离任，由知府王震继续督工在正德九年完成。清嘉庆二年(1797年)，镇郧楼垮塌，当时的知府王正常、知县叶治重新修葺该楼。

老百姓之所以爱把镇郧楼叫做“钟鼓楼”，是因为该楼之上设置有巨大的金钟和皮鼓，每天定时撞击发出的声音响彻全城。古代的中国，凡筑城必建一座钟鼓楼，如果没有钟鼓楼，这个城市就好像没有灵魂。所以，每一个城市的钟鼓楼都是中国古代城市的公共性楼阁建筑之一，也为城市地标之一，内置钟、鼓、滴漏等计时和报时的工具，其主要功能为司时。滴漏是中国古代的计时工具，在没有钟表的年代，计时被官府所垄断，有专门的官员管理，由谯夫观察滴漏的情况来掌握时辰，然后按时报告给司辰官，由时辰官宣布何时报时。滴漏是两种司辰工具，以滴水看刻度掌握时间的工具叫“滴”，以漏沙看刻度掌握时间的工具叫“漏”，把滴和漏的数据相互参考是为了保证所掌握时辰的准确性。官府所掌握的时辰，是要与百姓一起分享，所以就要靠撞击钟鼓的方法通知百姓。人们只要听到钟鼓楼上撞击钟鼓的次数，就知道了此刻是午时还是未时。钟和鼓原本都是古代乐器，以后又用于战争的进退，再用来报时，实在是中国人的伟大创举。

古代钟鼓楼的起源已经不可考，但史籍记载在汉代就已有“天明击鼓催人起，入夜鸣钟催人息”的晨鼓暮钟制度，说明不会晚于汉代。这两句诗里还透露了一个信息，那就是钟鼓楼还为城市宵禁服务。中国古代城市施行的是里坊制，夜间是实行宵禁的。宵禁时间一到就要按时关闭城门和里坊的街门，就是靠晨鼓暮钟声作为启闭城门和坊门信号的。

郧阳的钟鼓楼之所以最初被叫做“谯楼”，不仅仅是因为钟鼓楼上有操作滴漏的谯夫，而且还在于一旦夜间宵禁后，就不允许再撞击钟鼓发声扰民，而是靠谯夫敲击木梆报时。梆声自然没有钟鼓声传得那么远，但官府已经早有安排，在一些街道里会有值夜的更夫，钟鼓楼上的梆声传入近处街巷更夫的耳朵里，听到楼上梆声的更夫再敲击自己手中的木梆，以敲击的数量来告诉夜间需要知晓时间的民众此时的时辰。同时，他的梆声也会传给下一个更夫，这样一站接一站地传递，梆声就传递到了全城的每一个角落。当然，城市里的更夫不只是打梆报时一个任务，夜间巡逻维护治安也是他们的重要责任。

在中国，几乎所有城市的钟鼓楼都建于城市中心地带，而且多为两层建筑，除报时外，还兼有报警和礼仪的作用。每当城市发生灾害，楼上的钟鼓也会响起，是火警还是水警，抑或是匪警，钟鼓信号都是事先约定的，一般人一听便懂，如何处置平日里应该有演练。还有，市民也能从钟鼓声里听出灾情发生的大概方位和紧急程度，从中判断是应该去救灾还是逃难。另外，每当有朝廷大员莅临，或者有圣旨到达，钟鼓楼上的钟鼓声也会报喜，所起的是一种礼仪作用。

郧阳的钟鼓楼被称为“镇郧楼”，实在意义深刻。城市虽大，只要经营好一座钟鼓楼，就算是镇住了这座城市，这个城市也就有了灵魂和精气神。说起郧阳人对镇郧楼的崇敬，几百年来一直流传的一个顺口溜可以说明一切：“郧阳有个钟鼓楼，半截子入在天里头。”

二

资料记载：镇郧楼底层为石台，台宽 6 丈 7 尺，地面下深 4 丈 5 尺，地面上高 1 丈 4 尺。台上建有 28 根柱子的两层楼，楼高 3 丈 4 尺多。台上有两块石碑，其中一块刻着《新建郧阳府谯楼记》，为初建镇郧楼的郧阳巡抚陈清于弘治十四年(1501 年)所撰。

陈清，字廉夫，山东宜都人，天顺八年(1464 年)甲申科进士，为后来在历史上赫赫有名的“甲申十同年”之一。他于弘治十三年(1500 年)任郧阳巡抚，十四年闰七月被改任为户部右侍郎、仓场提督，正德元年(1506 年)任南京工部尚书，但因忤逆太监刘瑾，被其矫诏令致仕(退休)。

《新建郧阳府谯楼记》全文如下：

郧升为郡，自成化丙申，迄今二十有五载，城墉筑而未竣，门闭设而未固，制度立而未备。盖草创之始，不过立一规模而已，其兴滞补弊，必有待于继者。

弘治庚申，予承上命，抚治是方。抵行台三日，环视城池毕，进官属而谕之曰："今国家承平百三十余年，文恬武熙，士马精强，然当丰亨之时，宜有苞桑之戒。矧郧三省要冲，流逋薮聚，苟居安忘备，负咎匪轻。"众诺曰："敢不是力!"遂授之画略：城垣未竣者，宜增砌之；瓮城以护门，今无，宜修筑之。由是，军民交作，百工就绪。

复进官属而语之曰："郡有城门，有击柝司昏晨，有漏宵箭，有鼓角钟磬。所以置者，有谯楼。楼有台，登台有石级，司是役有直(值)夜武士。今俱废，非所常与?"众复曰："今周城居民稠密，无隙地，前人有志于兹，以动拆民居为患。"予谓之曰："民所以重迁者，以所易之地大违其情。今所迁若类其故地，彼将欣然矣，奚其患?《书》曰'丕从厥志'，非是谓与?"众曰："然。"遂檄司府，相地于通衢之东，民舍当迁者悉以腴地易之。乃砌石为台，上建层楼二十八楹，台广六丈七尺，深四丈五尺，高一丈四尺，楼高三丈四尺有奇。又范金为钟，匡革为鼓，及转漏，器物莫不具备。既成，官属进而请曰："建斯楼巍然焕然，足以耸观四方矣。不纪于今，何以示后?愿赐文勒诸石。"因书其始末以归之，庶来者足征焉。

其大意为：把郧县升为郧阳府，自明成化丙申年(成化十二年，1476年)开始，迄今已有25年了，但至今城墙建筑还没有竣工，各城门虽然开设并且能够关闭但没有坚固，启闭制度有所建立却没有完备。就因为是草创之始，一切都不过初立一个规模而已，其兴滞补弊必须有待于后来的继任者。

弘治庚申(弘治十三年，1500年)我承皇帝之命抚治这个地方。抵郧阳行台的第三天，我环视城池完毕，对身边的僚属们说："现在国家太平已经130余年了，无论文官还是武将都耽于安乐不以国事为重，虽然兵强马壮，然而每当人们财物丰厚人生顺达之时，就越是应该有居安思危之戒。何况郧阳为三省要冲，是流民和逃亡之徒所啸聚的地方，我们不能因马虎而居安忘备。"众人应诺："岂敢不尽心尽力!"于是我授之以谋划策略：城垣还没有竣工的，应该马上增砌使之竣工；瓮城是保护城门的，现在还没有，应该马上修筑。由此开始，郧城的军人和民众交互劳作，各种工匠也招聘就绪。

又有僚属对我说："郧阳府现在有城门，有掌管昏晨的时辰官，有掌握漏壶刻度的谯夫，有打梆子报更的更夫，有鼓角和钟磬。既然设置了这些职位，就应该建有一座谯楼，楼上设置石台，台与地面有石级可登，管理这件差事的还应该有值夜武士。然而如今的郧阳把什么都废弃了，这不正常呀!"于是众人纷纷附和："现在城内和城外的民居都很稠密，没有一块空地，好多任前巡抚都有志于建一座谯楼，但都担心要动拆民居而带来祸患。"我对他们说："居民之所以害怕拆迁，是因为给他们搬迁去的地方不好，大大地伤害了他们的情感。如果现在给他们搬迁去的地方与原来居住的地方相类似，他们应该会欣然前往，哪里还会出现什么祸患?《尚书》里所说'丕从厥志'的意思是：我号召你们热爱这个新的都邑完全是为了你们着想，是要满足你们自己的心愿，所以我就'试着与你们一起搬迁，来安定我们的国家'。你们此前难道不是这样对百姓说的吗?"众人回答："是。"之后我为此事檄文给行都司和郧阳府，就在府衙之东相好了地皮，把那里应当拆迁民舍的农户都为其分配给了上好的新地盘，然后砌石为台，台宽6丈7尺，深4丈5尺，高1丈4尺。在台上建28根柱子的层楼，楼高3丈4尺多。又用范铸法铸造出金属大钟，匡裁牛皮制作出大鼓，以及制造转漏等，所有器物莫不具备。

建成之后，有僚属进来对我说："所建的这座楼巍然屹立在了郧阳城，有一种浩然正气，让人感觉到一种焕然一新的气氛而肃然起敬，人们站在楼上足以耸观四方了。如果现在不写一篇《记》，何以告示后来之人?我们请求你赐文，再把它刻之于石。"因此我就当场书写了修建镇郧楼的始末才回家，有许多百姓在场足以证明。

三

镇郧楼上的另一块碑，刻着高陵人吕柟所撰的《重建镇郧楼记》。

吕柟，字仲木，号泾野，陕西高陵人，正德三年(1508年)戊辰科进士，授翰林院修撰，因看不惯宦官刘瑾窃政而引疾返乡。后复官纂修《正德实录》，又遭贬为山西解州判官，摄行州事，并在解梁书院讲学，引来吴、楚、闽、越学士百余人。嘉靖六年(1527年)升为南京吏部考功郎中、尚宝司卿，十一年升南京太常寺少卿，十四年调任国子监祭酒，次年升南京礼部侍郎，十八年致仕返乡。他平生皆以讲学为事，大江南北的门生达上千人，朝鲜国也曾经奏请中国皇帝允许以其文为教科书。

正德七年(1512 年)十二月，巡抚刘琬回乡养病，当时重修的镇郧楼还没有完工，由知府王震主持继续修建，于正德九年(1514 年)春终于竣工。王震，字威远，邢台人，弘治六年(1493 年)癸丑科进士，于正德五年任郧阳知府，九年离任。离郧前，他请吕柟写了《重建镇郧楼记》，其全文如下：

邢台人王君震守郧阳四年矣，胥吏奉法百姓安，盗寝无事。正德甲戌春正月，以郧中谯楼失火，乃筑基如阁，甃以领甓，洞门横达，门涂方轨，基广七筵五分，筵之三，深以五筵，崇二仞。庭楹其上二十有八个，崇四寻三分，寻之二。复檐连葺，重楄累节，丹牍朱槛，高轩斝桷，爰处钟鼓以告人晨昏，夏六月落成。

初，抚治郧阳都御史刘公琬肇举斯楼也，名以镇郧。后合肥人张公淳、东平人王公宪相绍抚治，咸符刘志。抚民宪副张公琮，分守少参张公翰二公提督其上，太守克成其下。斯楼乃考，乃使介者千里取《记》史氏。高陵人吕柟曰：“夫斯楼，木石积也，恶能镇郧哉?”诸公托言，且往年赵燧诸寇劫掠竹山，杨丑西侵竹溪、房县地，郧虽东有方城、黎子、砚石，南有龙门、天马，西有石门、九室、黄竹之险，亦尔摇飘不镇，矧兹楼也耶?当是时也，微太守守于下，诸公续来抚于上，郧几不有矣。镇郧其在诸大夫乎，楼何居?故以慈惠镇郧，则郧如子弟之戴父兄；以纲纪镇郧，则郧理而不乱；以忠信镇郧，则郧悫；以礼俗镇郧，则郧雍睦；以什伍镇郧，则郧有勇。内不虞变，外不悚寇，斯郧人瞻诸大夫若楼之巍巍矣。不然，楼百尺高奚为?

夫郧固麇国也。昔者楚之商臣，灭江、灭六、灭庸而横也。麇子帅百濮次于选，楚人谋徙阪高以避。昔麇子亦知镇者矣！按我明之舆图，郧岂惟昔之麇哉！其为郡也，虽始于近世，然南隶荆，东距越，西通川陕，北达豫，四省之交，万山之会，江汉之泽，金钖之穴，流离之必聚，风尘之必争也，我宪庙固以其要地而郡矣。诸大夫之在斯也，其上者则克斯抚，其下者则克斯牧，岂惟镇一郧哉?斯皇图之大赖也。若是，则斯楼也，疑镇郧又不足以尽名之。不然百姓闻楼钟鼓之声，固有蹙额者矣。于是，介者持以告太守，镌诸石，又以告嗣治郧者之诸大夫。时正德九年也。

案：《周礼》：度堂以筵，筵一丈。

其大意为：邢台人王震任郧阳郡守四年了，把郧阳治理得官吏都奉公守法，百姓安定，盗患止息而无事。正德甲戌春(九年，1514年)正月，因几年前失火重修的郧阳谯楼主体工程终于竣工。新的谯楼是重新筑基，在上面修了一个如城门的石台，上砌以砖，小洞门横直通达，门前的道路能两车并行。基宽7丈5分，长是宽的3倍，深达五丈，高二仞。台高3丈2尺3分，长为高的2倍，其上有庭柱28根，楼为重檐连葺，多层斗拱，红色的栏杆和围席，大堂左右有宽大的窗户和高敞的长廊，顶上是五彩的椽子，更换后的钟鼓放置其上以告知人们早晨与黄昏，到夏六月时装修完成。

当初，巡抚刘琬在正德六年(1511年)开始重修这座楼时，就重新命名为"镇郧楼"。后来又有合肥人张淳、东平人王宪相继担任郧阳巡抚，都效法刘琬的志向在修建此楼。还有抚民副使张琮、分守少参张翰二位提督完成其上，太守王震完成于下。镇郧楼竣工后，王震派使者千里取《记》于史学专家。高陵人吕柟自问："这座楼是木石所积，怎么能够镇郧呢?"听了诸公的交代才知道：几年前有赵燧等贼寇劫掠竹山，还有杨丑等贼西侵竹溪、房县之地，郧阳虽然东有方城、黎子、砚石，南有龙门、天马，西有石门、九室、黄竹之险，也还是飘摇不定，怎么会只依赖此楼呢？当时的郧阳，有小小的太守守于下，有陆续来的巡抚抚于上，这是郧阳历史上几乎没有的事情。镇郧当然得依靠诸位大夫，依靠一座楼怎么能够据守？所以要通过慈惠来"镇郧"，则如让郧人知道爱戴朝廷命官就如子弟爱戴父兄；以朝廷纲纪镇郧，则郧阳就理而不乱；以忠信仁义镇郧，则郧阳人民就会恭敬严肃；以礼仪和习俗镇郧，则郧阳就会团结和睦；以军队镇郧，则郧阳就出勇猛之士。然后内部没有了变节之忧，对外就不会恐惧贼寇，这就是要让郧阳人瞻仰来此赴任的诸大夫，就如同仰望这座楼一样巍然崇高。这就是之所以要用"镇郧楼"的缘由。不然，楼高百尺有什么用？

郧阳是过去的麇国之地。昔日楚为商朝的臣子，在灭江国、灭六(安)国、灭庸国之后横行于南方。麇王就率领百濮在选(地名)这个地方讨伐楚国，逼得楚人逃到了阪高去避难，看来昔日的麇子也知道镇守的道理！按我大明的地图，现在的郧阳岂只是昔日一小小的麇国之地！其为府虽然时间不久，但郧阳藩镇南隶荆襄，东距吴越，西通川陕，北达豫州，为四省之交，万山之会，江汉之泽，金钖之穴，是国家发生灾荒战乱时流转离散之人必聚的地方，有战事则兵家必争之地，所以我皇帝才要在这里设郡。各位大夫在这里，上能够制约各省巡抚，下可以控制许多知府，岂止是只镇了一个郧阳啊？而是宏图大业的依赖。

若是这样，那么这座楼又不足以用“镇郧”能够称得上，不然的话老百姓听到楼上的钟鼓之声，就会皱眉头了。于是，来者拿着我写的《记》回去报告给了太守，然后将《记》镌刻于石碑之上，以告诉后来继任治郧的所有大夫。此时为正德九年。

石碑上那句“案：《周礼》：度堂以筵，筵一丈”的话，是说《周礼》里量堂屋是以筵为单位，一筵为一丈。其实“筵”是席，也就是大桌子，是要看堂屋里能够坐得下几席客人。这显然不是吕柟《记》里的原话，而应该是刻碑的人怕老百姓不明白所加的按语。

四

目前郧阳钟鼓楼上的东西，只有大钟还保存在郧阳文化馆内，它也是郧阳古城中被保留下来的唯一几件物品之一。这座钟巨大，两人高，几人合围，分上下两层16开光，每一开光都密密麻麻铸满文字。

第一开光内的铭文先是一段偈语：“叹啰啼安姿兼，曹洞宗派：净明吝海圆弘广，悟本真常惠性宽，祖道正宗传化演，普通法界定心安。”接下来是铸造时间、匠人和监造僧人：“主运弘治六年岁次癸丑二月吉日造，泾阳金火匠人陈福圆、陈福濬、陈铃，双庙漕观音寺化主道文，南无海潮音菩萨。”最后是重量“计铜铁五千斤”。

从第二开光以后，所铸内容均为捐资人职务（职业）和姓名。第二开光内的铭文是“湖广郧阳府上津县清明寺第一代开山住持僧广宗，第二代住持僧悟怜，护印僧悟中、悟秀、悟善、悟果、悟圆、悟净、悟洪、悟胤、悟泰、悟丛、悟俊、悟成、悟道、悟杲、悟开、悟松，法孙本越、本德、本礼、本来、本旺、本香、本学、本贤、本才、本全、本香、本宝、本宽、本计、本演、本俊、本名、本成、本绿、本杲、本寿、本受，重孙真窍”。

第三开光内的铭文是：“上津县知县程瓒、主簿程祐、典史王袭、儒学教谕欧阳英、训导吴高、阴阳学训术叚（jiǎ）志达、医学训科冯时，致仕官县丞叚正、冯春，听选监生冯昱、丁传、齐晃、刘洪，寿官冯秀、高昇。”

第四开光内的铭文是：“致仕官：胡绿、肖清、吴才。训导：谢翔。教官：冯珊、冯琳、雷迟、郭良。生员：谢潜、曲节、丁洪、刘仲经、叚雲鹏、刘仲书、刘文玺。县吏：杨永钦、杨震、王恺、李演、李杰、李柰、孟信、周冕、王廷玉、王儒、仇杰。邑人：郑文智、黄春、雷秀、姚旺、李俊、贾德、陈洪、冯彪、马喜、张洪、郭洪，客商徐四、徐六、徐便、徐楠。”

第五开光以后的人士均为下层之人，有当地农民，还有寺庙僧道，史料价值不大。令人欣慰的是，古上津县留下来的资料很少，明清《郧台志》和《郧阳府志》都对上津县的记载甚略，而此钟铭文上确切记载了弘治六年(1493年)时上津县知县、主簿、典史、儒学教谕、训导、阴阳学训术和医学训科各职的姓名，连当地的致仕官(退休官员)姓名也历历在目，为古上津县史料的一处窖藏宝藏。

让人疑惑的是，铭文记载此钟铸造于弘治六年，而郧阳钟鼓楼建造于弘治十四年，钟比钟鼓楼的建造提前了8年，钟显然不是为郧阳府城里的钟鼓楼专造，但为什么又成为了郧阳钟鼓楼上的物品。

此钟不为郧阳钟鼓楼专造还有一个证据，那就是大钟通体铭文中没有一处提到钟鼓楼、谯楼之类的字眼。假若此钟真是给郧阳钟鼓楼专门铸造，这是不可理解的现象。因此我们应该认定，此钟在铸造之初，是为上津县清明寺定制的。况且建造郧阳钟鼓楼的巡抚陈清在他的《新建郧阳府谯楼记》中明确记载有亲自用“范铸法铸造出金属大钟”，可见郧阳钟鼓楼上原有的大钟是在郧阳城内自造的。

上津的钟怎么就成了郧阳钟鼓楼上的大钟呢？我们注意到了正德七年(1512年)的那次大火，郧阳钟鼓楼被烧毁后，原来的大钟很可能同时被毁，有可能在巡抚刘琬重修时，上津县清明寺就把自己使用的大钟捐献了出来。从上津到郧阳，把5000斤重的大钟搬来可谓不易，船先走金钱河后走汉江，就得好几天的路程，更别说两次上下船了。

郧阳烟雨亭

烟雨亭，在郧阳府衙之后的沧浪山上，于康熙元年(1662年)为知府李灿然所建，由通判仇昌祚作《记》。道光五年(1825年)，知府李羲文重建；十四年知府衍秀修葺；同治八年(1869年)知府金达重建。

李灿然，陕西灞陵人，于顺治十六年(1659年)任郧阳知府，康熙六年(1667年)离任。

李羲文，道光三年(1823年)任郧阳知府，八年离任。

衍秀，汉军镶黄旗人，道光十四年(1834年)任郧阳知府，十六年离任。

仇昌祚，字振先，号漪园，山西曲沃人，贡生，于康熙元年(1662年)任郧阳府通判，九年离任。其间清军在征剿郝永忠等夔东十三家时，他在房县、香溪转饷(运送军粮)各一年，还参与重修郧阳府、县两学宫和编纂《郧志类编》。

仇昌祚所作的《郧阳烟雨亭记》全文如下：

郧阳烟雨亭记

郧郡治北五十步，一山岿然耸立，登而望焉，群峰拱凑，岳巘(大山上的小山)陇腾，烟云霏霏，各做供养，疑身坐华严海中。颇怪胜国(前朝)设郡以来，从无辟棘薙(同“剃”)荆，构亭其上者。关中李公守郧之五年，化洽民安，既乐其讼庭之闲，而又以憩息之无所也。于是治亭于山之麓，而其旁种竹树，莳药兰，清沼跃鳞，高枝鸣鸟，耳目改观，名曰“烟雨”。

公于退食之暇，软巾缓带，兀坐其中，鼓素琴，吟庄骚，翘然意远。时或凭栏四眺，悠然而动遐思：西望商洛，诸山出没隐见，若远若近，庶几有隐君子若绮里、角里其人者乎？思有以招之；而其南则长江天堑，贾客扬帆，鱼铁盐荚之所辐辏，思何以藏富于民；东望黎关，密通南阳，思召父、杜母之遗迹，犹有存者；北则雷峰、龙门，为秦豫门户，狐鼠窃发，思弭防之不易；回顾丰宜、阳溪一带，沃畴千顷，民舍棋布星罗，养宜农桑，教宜诗书，则夜思而早作焉。

思之时义大矣哉！思之于心，发之于政，政成于上，化被于下，如祥烟，如时雨，拂万物而轻盈，润万物而涵濡，此亭之所以名也。昔苏长公在临安，欧阳公守滁阳，莫不有湖山亭池之娱。而钱塘一水，丰乐一亭，至今民食其利而佩其德。今公建是亭，公之思盖深且远矣。不然连山绝壑，长林古木，振之以清风，照之以明月，此皆骚人逸士所以流连光景而不适于治者，乌睹所为烟雨也哉。

其大意为：郧阳府衙之北50步，有一座山岗岿然耸立。登上山顶瞭望，四周群峰拱凑，峰峦叠嶂，烟霏云敛之中，各座山头都似一座座供养的佛像，我真怀疑自己只身坐在了华严佛国之中。我很责怪自明朝设郡以来，没有一个人在这里披荆斩棘建一个亭子。直到关中人李灿然做郧阳知府五年，使得郧阳教化普沾，人民安定，讼庭的案子越来越少，他的身心越来越安乐时，又烦恼自己憩息无所。于是，他就在府衙之后的山麓上建了个亭子，在亭旁种植竹树，移栽药兰，顿时四周清沼跃鳞，高枝鸣鸟，耳目为之改观，即取名为“烟雨亭”。

此后，李公从公堂退下，就利用晚餐之后的空暇时间，头戴软巾，宽衣束带，高坐于亭中。他有时弹琴瑟，吟庄骚，翘然而意远；有时又凭栏四眺，悠然而动遐思：向西望去，商洛诸山出出没没，若隐若现，若远若近，是不是有像汉初绮里、角(lù)里等“商山四皓”这样的高人隐居在里面？能够想象得出他们在那里频频向我招手；向南望去，是汉江天堑，江山一体，贾客扬帆，鱼铁盐荚之物聚集，就像车辐集中在了车轴上一样，能够想象得出怎么才能藏富于民的道理；向东望去是黎关，有密密麻麻的人从那里去往南阳，能够想象得出西汉的召父和东汉的杜母在南阳做太守时的善政，留下的遗迹至今犹存；向北望去是雷峰垭和龙门山，是通往秦豫的门户，但凡狐盗鼠贼作乱，能够想象得出预防和平息都不容易。再回头顾望丰宜、杨溪一带，沃土千顷，民舍星罗棋布，养则宜农桑，教则宜诗书，夜里想到策略，早上就能施行，当然所能想到的都是一些大义之举。

思想这个东西，发源于心，施行于政，成就于官府，惠及于民众，就像祥云绕头，就像时雨浇田，在拂拭万物之时是那么的轻盈，滋润万物之时是那么的丰沛，这就是命名此亭的本意。

昔日苏轼在临安做太守，欧阳修在滁阳做太守，都有过湖山亭池之娱。而苏轼疏浚钱塘一水，欧阳修修建丰乐一亭，至今还能让民众食其利而感佩他们的德行。现在李公建这个亭，思之深且远。不然，这连山之上的绝壑，长林之中的古木，虽然能够振之以清风，照之以明月，可以让骚人逸士流连忘返，但却不适用于治理。没有亭之高雅，怎么能悟出烟雨之中的奥妙？

郧阳洗心亭

洗心亭，是郧阳古城内的一座私宅小亭，为贡生赵堪建于自己家的庭院之中。其亭旁有池，池中有鱼，池周有花草树木、洞石曲径。每天，他都与几个文学青年在亭内作诗吟赋，观绿树葱茏，听禽鸟鸣唱，抒悠然情趣，顿觉云影天光上下澄澈，五斗俗尘消遁无迹，人世间的是是非非被荡涤殆尽，邪秽之气被消融无余，仿佛沐浴在了仙境之中，好似心被源头活水洗礼过一般。于是，他就给此亭取名为“洗心亭”，并作《记》勒刻于碑。

赵堪，清道光年间的郧阳贡生，曾经在道光二十九年(1849年)捐钱给府学宫，增修学校铺面，以铺面所得租金作为学校经费。

赵堪所作的《洗心亭碑记》全文如下：

洗心亭碑记

人之所以灵于物者，心而已矣。心之所以莹于中者，虚而已矣。如水之清，不杂于浊也；如镜之明，不蔽以垢也。自其主静者言之，何时而不虚？自其慎动者言之，又安往而不灵，此之谓得其正，夫士君子所贵乎。澡身而浴，德者，亦不在乎？不放其心，不丧其心，不失其心耳。

予曩昔不喜岑寂，时驰逐于城市烦嚣中，睹熙来攘往情态变幻，恒百出而不穷。此心之隐为形役，与世浮沉，其不诱于势利，不惑于见闻也。几希矣，乃亟僻处山林闭户读书。藏焉！修焉！息焉！游焉！以求所谓养心者。每返观而内照，觉今是而昨非，益悟心之虚，物固不得而引之。心之灵私，更不得而汨之也。

爰筑亭于居舍之，旁疏泉凿池，佳木植矣。幽芳露矣，奇石显矣！日与二三童冠歌咏于其间，每春夏绿树葱茏，禽鸟变声，偶见飞鸣翔集，而机心顿息焉。暇则缓步池上，临清流数游鳞，有会于心，便倏然意远，作濠濮闲想，且也云影天光，上下澄澈，五斗俗尘有不知消归于何处者，是非有似荡涤，其邪秽消融，其渣滓乌识。所谓澡身浴德，以遏人心之流，而得源头之活哉。

古之盘涧衡门多隐君子，静观自得，生意盎然。予兀儿穷年，草茅伏处，固不能效欧阳公作《丰乐》与斯民共庆清时，而偶思“柳柳州”，之名“愚溪”，于予心有怦怦然焉。故亭成而以“洗心”名之，非敢桑榆迟暮，遂洁其身而游于物之外也。其庶几不蔽以垢，不杂于浊，不至放其心，丧其心，失其心也。又焉能不汲汲焉？思得其正乎！

其大意为：人之所以比物灵，是其心不同罢了。心之所以比其他器官莹净，是其虚怀若谷罢了。人心如水之清，不杂于浊；如镜之明，不蔽以垢。它能够自主，让自己安详宁静，你说它什么时候有不虚怀若谷的时候？凡是能让自己谨慎行动的人，凡是言出其口又能安心前往而不心虚的人，都是人们所说的正人君子，是难能可贵的。能在道德之中沐浴而洁身自好的人，难道现在不存在了吗？人，就应该做到时刻保持不放弃防范之心，不丧失善良之心，不迷失洞察之心。

我过去不喜欢岑寂，时常驰逐于城市的烦嚣之中，观察着熙来攘往的各色情态变幻百出，来满足自己无穷无尽的心灵之隐，为形骸所拘束而被其奴役，被功名利禄所牵制而受其支配，与世俗同沉浮，怎么会不被势利所诱，不被见闻所惑？这才几天呀，我就很快僻处于山林而闭户读书。这是为了藏隐！这是为了修养！这是为了歇息！这是为了游赏！以求得人们所说的养心。我每次外出之后都返观内照自己的心灵，都会感觉到今是而昨非，益发悟得自己之心的虚灵，已经能不被物欲所引诱，不为私欲而流泪了。

于是，我在自己的居舍之中修筑了一座小亭子，在亭旁疏导了一股泉水并凿池蓄之，又栽植佳木若干，顿时幽芳毕露，奇石凸显，每天与两三个文学青年歌咏其间。每年春夏，亭外绿树葱茏，禽鸟变声，偶见飞鸟翔集，而机巧功利之心顿时止息。我每有闲暇，就缓步于池上，面临清流而数着水中游鱼，有体会于心，便忽然意境开远，抒发出悠然自得的情趣，顿觉云影天光，上下澄澈，五斗俗尘都不知消遁到何处去了，人世之间的是是非非有似被荡涤一般，其淫邪污秽被消融殆尽，那些宵小渣滓也不再现身。这就是人们所说的，在道德之中沐浴而洁身自好，能遏制人心的贪婪之流，而得到善良的源头活水。

古时，隐居于山林陋舍的人多为隐士君子，他们静观自得，好不惬意。我一年到头在这草茅之中安身，虽然不能仿效欧阳修作《丰乐亭》与那里的人民共庆，但在清净之时偶尔也会窃思柳宗元，他有个“柳柳州”的雅号，还有个“柳愚溪”的雅名，不能不让我的心有怦怦然之感。所以，我在此亭建成之后就以“洗心”给它命名，不是有什么桑榆迟暮洗心革面的意思，而是想洁身自好游于物外。这样或许能够不被尘垢所蔽，不被污浊所杂，不至于放下心，就丧其心、失其心。否则我又能急于得到什么呢？思，就要得其正！

郧阳伏龙关、观音台和观音洞

郧阳古城正北，只有一些小路通往一两里外的坟茔。再往北就黑石阵阵，草木密集，毒虫猛兽出没其间，很少有人进入。那时的人们往北去，只有两个方向好走，一是由东北出城，顺棒槌河走谭家湾，一是由西北出城，走伏龙关、观音台、榆树林、白龙庙、武阳、大寺方向，先溯汉江，再溯堰河前行。

伏龙关就在郧阳城西北角，面临汉水，关与水之间为千仞峭壁，壁下为伏龙潭，是传说中阳华缚龙的地方。潭下有许多深邃之洞，被认为有群怪居住，不时出来祸害行舟的旅人。清同治六年(1867 年)，汉江大水冲毁了大部分郧阳城。灾后，知府金达领导重建，其中的一项工程就是恢复修筑堤防。同治八年堤防竣工后，金达命人铸了一把大铁剑悬挂在伏龙潭上方的崖壁之上以镇水怪，剑上铸有 24 字铭文：“五金之精，七星之文，路剸(tuán，割杀)百怪，水截蛟龙，陆詟(zhé，丧胆)水慄，永镇山城。”据说自此以后，郧阳再也没有发生过水怪为害的事情。关于此段经历，金达在他的《重修郧阳府城堤记》里这样描述：“城西北隅有伏龙关者，当往间之冲，水临其足，群怪隧之，行贾率覆舟于此，从且寖(jìn，同“浸”)为城患。余汰其腐坏，枕以石而新筑，其上铸剑以为镇，年余贾舟无更覆者。”

可敬的金达，竟然在他写下这篇文章后不久就累死在了郧阳。可贺的是，他所铸的这把大剑，目前依然还完好无损地静静挂在这处崖壁之上。近 150 年来，它日日夜夜都在监视着汉江上的水情。

从伏龙关起，有一条在崖壁之上开凿出的梯道向北斜伸到了江滩。这条梯道，是人们出郧城后从汉江北岸往西、往北的唯一通道，真的乃一夫当关，万夫莫开，伏龙关之所以称其为“关”就源于此。斜梯道是由巨型石条铺成的台阶，一级一级斜延而下，身侧的崖壁上等距离地布列着一个个石窟，石窟里设有龛位，上面安置着一尊尊不同的神像。梯道的中央是一处崖突，被开凿成了一小块平台，台地上铺着方石，之上建有小亭，左右布有条石之凳，可供行人坐在上面休憩和饱览江景，也有善人经常在此施舍茶水，为行人提供方便。亭内侧的崖壁之处有一巨大石窟，窟内供奉着一尊观音大士像，行人至此多顶礼膜拜。因此，这个崖壁上的平台，就叫做“观音台”。久而久之，人们干脆就把整个斜梯道都叫做“观音台”。观音台上的小亭始建年代不详，于20世纪50年代塌毁之后就再也没有修复。拐过崖突下到江滩，即踏上了一块一马平川的小平原，由民房布列出的街道摆列十余华里，民房前后为肥沃的良田，在武阳堰的浇灌之下，田地里的庄稼苗青时一片碧绿，成熟后满地金黄，收割后金光片片，好一派郧阳独有的迷人风光。

在伏龙潭上方，崖壁的正中央，离挂宝剑不远处，有一个天然的洞窟，长、宽、高均类一间大屋，里面也供奉着一尊观世音菩萨像，因此这个洞就叫“观音洞”。从崖壁之顶，有一条单独的梯级小路斜通往观音洞内。这挂壁之路狭窄逼陡，连转身都很困难，因此很少有人光顾，但却成为了明清两代官员的避暑洞。每当盛夏，酷热难耐之时，巡抚与都阃相邀，知府与同知相携，都到观音洞里来纳凉，在享受习习江风之余，还赋诗吟词。

明万历初年，郧阳巡抚徐学谟曾经为观音洞留下一首《郧阳观音洞诗并序》：

郧阳观音洞诗并序

序曰：郧城毒热，马都阃引至城西一石洞，大类陶穴，颇无雅致，差用却暑耳。戏拈十韵：

诗曰：无计逃秋暑，翻疑款洞天。悬壶容四大，缺瓮控三边。溅窦江声沸，排碕日影迁。聊当河朔界，莫认武陵川。渡牖终身白，临嶆竟入玄。休槽收马汗，盘角息蜗旋。穴处唐风近，陶居舜池偏。凿坯非避世，面壁似逃禅。炎却风埃迸，阴盛垒空穿。凉堂处十丈，谁复问平泉。

都阃，指统兵在外的将帅。马都阃，指的是马承勋，嘉靖四十一年(1562年)壬戌科武榜眼，于隆庆二年(1568年)以锦衣卫的身份任郧阳行都司都指挥使。

郧阳天马亭

一

郧阳城西南，隔江为天马山，山下的金鱼渡，因金鱼河注入汉水而得名。渡口所临的悬崖，名为“天马崖”。

天马山和天马崖的名字，来源于崖壁之上天然形成的三个字——天马王，还有围绕着这三个字的一段传说。据说这崖下过去有一石洞，洞中住着一匹神马，经常出来在野地里食草，偶尔也到田地里吃庄稼。有一天，人们厌烦了它，开始驱逐它，它就钻入了洞中。人们想跟进洞，洞却忽然垮塌。洞口被堵住了，马也再没有出现，只是在垮塌之处的崖壁上出现了“天马王”三字，人们这才知道这是一匹神骏天马，于是取山名和崖名都为“天马”，并经常到崖下祭拜。

明嘉靖十八年(1539 年)，灵宝人许词任郧阳知府时，他的弟弟许伦奉命侦查军情带兵经过郧阳，在游历过天马崖之后，他建议哥哥应该在这崖上修一条路，并建一个亭子为游人赏此奇景提供方便。许词就向时任郧阳巡抚的王以旂禀报，得到他的支持。

在郧阳行都司都指挥佥事刘节、甄祥、张坦，郧阳府别驾杨万春、司理吴彭年，本地贡生寇韦等人的帮助下，工程进展很快。等许伦回转襄阳路过郧阳时，亭已修成，亭旁并凿有“日月窟”二洞。许伦应哥哥的邀请，提笔留下了一篇《郧阳天马亭记》。

请看以上涉及的几个修建天马亭人物的简历：

许词，字柳溪，河南灵宝人，进士出身，为吏部尚书襄毅公许进的第六子，于嘉靖十六年(1537 年)任郧阳知府，在嘉靖帝幸巡承天故宫时，官府要求派供的人夫和马匹不计其数，许词自掏腰包，一概不拿官银应付，不烦里甲向人民征收。在郧期间，他曾经重修县学，于嘉靖十九年离郧别任。

许伦，字廷议，许进的小儿，嘉靖五年(1526 年)丙戌科进士，初授顺德府推官，后入朝为兵部主事，不久又改礼部。因自幼随父遍历边境，所以好谈兵法，尽知厄塞险易，曾经著《九边图论》让皇帝大喜，颁发给边臣议行，自此许伦以知兵事而闻名天下。后官任南京大理寺丞，又被推为顺天巡抚，曾经在黄崖口、大木谷两次大败侵犯的蒙古俺答部将白通事。一年后以病免职。俺答侵犯都城时，朝廷起用许伦为山西巡抚，因功再晋升为兵部右侍郎，受理京营戎政。嘉靖三十三年，许伦出任宣、大、山西总督，遣兵捕获了引寇入犯的汉奸吕鹤，并诛其党众，以功进右都御史。三十五年，再以功进兵部尚书，被荫一子为世袭锦衣卫千户。后来，许伦因中严嵩父子的圈套而被削籍。三十八年复起故官，任蓟、辽、保定总督，后又因事被夺官闲住，于七十岁时终老家中。

甄祥，郧阳人，郧阳行都司都指挥佥事，嘉靖十二年(1533 年)兼任郧襄兵备道。

张坦，武昌人，郧阳行都司都指挥佥事，嘉靖十四年兼任郧襄兵备道。

刘节，荆州人，郧阳行都司都指挥佥事，嘉靖十五年兼任郧襄兵备道。

杨万春，陕西人，监生出身，于嘉靖十六年任郧阳府通判，十九年离郧。别驾，是通判一职的另称。

吴彭年，杭州人，监生出身，于嘉靖十六年任郧阳府推官，十七年离郧。司理，是推官一职的另称。

寇韦，字自缓，郧阳城人，为嘉靖年间的举人，自少聪颖灵异，以《易学》教授乡亲。他性情温顺，孝老悌友。弟弟家贫，就把自己的宅屋让给弟弟。在任北直隶赵州府学正时，遇贼寇犯城，寇韦守城筹御，一时让文武倚重。后来升为南雍助教，又历叙州府同知。

二

许伦的《郧阳天马亭记》全文如下：

郧阳天马亭记

郧城西南隅，隔江有山，望之苍赭雄峻，曰“天马崖”，相传崖下旧有洞，前代时有骏马出，食于野。人伺而逐之，马逸入洞，将从之，崖崩石坠。有文在崖，曰“天马”，因以为名，盖异说也。

嘉靖己亥四月，予奉命侦楚，兄柳溪先生适守郧。便道过省，得闻其事，欣然欲往。别之日，兄偕僚佐饯予于崖次，天朗景明，唱酬甚适。既而登之，见大石伏于港，围可数十步，状奇绝，曰“此崖所崩石也，压洞口，崖间即字所在。”令舆夫掖之以登，甫及半而磴绝，但从石畔仰观，大几五尺余，文理天成，决非人为。

客有谋之兄者曰："君，地主也，若凿石建亭其上，以表胜迹，以便避人，何不可?"予既解缆。兄遂以其事白于抚治都御史石冈王公。王公曰："亟图之。"未几，予事竣下襄，兄遣人以书邀于舟，曰："天马之崖，路坦然矣，亭翼然矣，更凿二洞，以广燕息，题曰'月窟'，亭则仍名'天马'，弟盍为我记之。"予既奇其事，嘉其地，又喜兄之能表彰其胜也，有怀不尽，扣弦歌曰：

圣人见极春台熙，天锡休征满四维。郊有白鹿廷有狮，天马不出尔何为。

又歌曰：亭峚嵂兮江山明，洞窈冥兮云雾生，雉伏大野兮无惊。天马来兮，我将贡汝于神京。

于是，书简易，授使者俾刻之崖。词诚未工，聊取其备始末、纪岁月而已。同游者都阃刘君节、甄君祥、张君坦、别驾杨君万春、司理吴君彭年、寇举人韦、庠生余侄位法，得附书。

其大意为：郧阳城西南隅隔江有山，山势雄峻，红色崖体上草木苍翠，有悬崖叫"天马崖"。相传崖下过去有个石洞，时常有骏马出来在野地里觅食。人们伺机驱赶它，马就逃入洞中。人们将要跟进洞去，忽然崖崩石坠堵住了洞口，崖壁上忽然出现了"天马"的字样，人们因此就把这里叫做"天马崖"。我听后不以为然，认为这不过是人们编出的异说。

嘉靖己亥(十八年，1539年)四月，我奉命侦探楚地，兄长许词正好在郧阳做知府，便顺道过来看望他。我想起郧阳有这等奇事，便欣然要求前往一看。分别之日，兄长带着他的同僚佐贰把我送过江，就在天马崖下饯行。当时天朗景明，我们唱酬甚欢。既而众人登崖，看见有一巨石伏在港旁，长宽均几十步，形状非常奇绝。他们告诉我："这巨石就是崖壁上的崩石，正好压在了洞口上，崖壁之上就是'天马王'三字所在的地方。"我于是令轿夫扶着我慢慢攀登上去，不到崖半就陡绝得无法再登，但从石壁之间的缝隙处仰望，果然发现有字，每字大约五尺，个个文理天成，绝非人为假造。

我对兄长说："你是这里的地主，为什么不凿石在上面建一个亭子，以表明此处是一个胜迹，以便人们都来这里瞻仰?"说毕，我就解缆纵马而去。兄长随后就将建亭的事禀报给了巡抚王以旂。王以旂说："那就赶快做呀!"不久，我完成任务之后回襄阳时，再次路过郧阳，兄长就提前遣人捎书邀我于舟上见面。书上说："天马崖现在已路途坦然，亭子也已经建成，还在旁边凿了两个洞，以供游人歇息，并为洞题名为'日窟'、'月窟'，亭子的名字仍为'天马'，老弟何不为我写一篇《记》?"我既好奇天马之事，又喜欢天马崖这块地，更喜欢兄长能建成这个形胜之处，就感怀不尽，当即扣弦而歌《郧阳天马崖二首》。诗曰："圣人见极春台熙，天锡休征满四维。郊有白鹿廷有狮，天马不出尔何为。/亭崒嵂兮江山明，洞窈冥兮云雾生，雉伏大野兮无惊。天马来兮，我将贡汝于神京。"

然后，我又义不容辞简书了《记》，并授给送信人让他带回凿刻在崖壁上。文中的诗词虽然不甚工整，但求能聊述事件的始末，记下年月而已。

与我同游天马崖的人有：郧阳行都司都指挥佥事刘节、甄祥、张坦，郧阳府别驾杨万春、司理吴彭年，郧阳举人寇韦和我的侄儿庠生许位法，就把他们一起附注在文章里了。

三

郧阳天马崖本来就是一处名胜，又处在汉江之畔，郧阳西河大码头对岸，自古就一直让郧人和过往船客仰望，过去只是苦于不能攀上崖壁去近距离欣赏，但并不缺少歌咏它的诗文。

自从有了路，有了亭，游人一下子就络绎不绝，文人们在崖壁上的留诗就更多了。现择几首明清人士咏天马崖的诗与读者共飨。

沈晖是弘治七年(1494 年)春来郧阳做巡抚的，他在郧阳有许多政绩让郧人称颂，也留下一些诗文给郧人欣赏，《咏天马崖》就是其中之一：

房星落域化为石，秀峭苍崖千万尺。长风吹散楚天云，突兀秋空耸晴碧。神骏何年此地游，至今三字石间留。仙軿一去无消息，山下苍江空自流。吾闻行地须良马，古来不惜千金价。吁嗟骐骥世不常，愁见驽骀满中野。安得龙驹下紫虚，风雷白昼腾天衢。出随大将平狂寇，入为君王驾路车。

吴省钦，字冲之，号白华，江苏南汇人，乾隆二十八年(1763 年)癸未科进士，由翰林院编修累迁至左都御史，在任湖北学政时多次到过郧阳，曾经为郧阳试院作过《保厘堂题记》《保厘堂诗》《八柏歌》等，也留下了这脍炙人口的《天马崖渡汉抵行署，读明人碑示诸子三首》：

春山三百里，山断见渔矶。好上金鱼渡，言从白鹭飞。渚花人隐隐，城柳客依依。莫遣征人涴，临风理袷衣。

汉水如罗碧，悠悠发孺歌。麇封看不泯，禹力想无多。燕寝遥森戟，乌台夙枕戈。一乡传孝妇，民俗美如何。

我行蓑濛雨，琼巷武当云。雨歇憺无与，云归空复云。藓苔蒙往迹，鸠燕助微醺。宾馆论才子，纷吾张一军。

徐兴文，清人，生平不详，他曾经有一首《和吴省钦韵》的天马崖诗，却妙在只字不提“天马”二字，请看：

秦岭知何在？迢迢清沔来。停杯三月迈，挂席万山开。柏老盘虚院，碑苍剩劫灰。声名动僚廓，嗟尔郧中才。

贾洪诏，字金门，均州人，为道光二十年(1840年)庚子科进士，初授云南定远知县，后升昆明知府，咸丰九年(1859年)任贵州按察使，次年任云南布政使，同治二年(1863年)升任云南巡抚，同治三年(1864年)辞职还乡授课于郧山书院，光绪二十二年(1896年)获授三品卿衔，翌年病逝于均州家中，享年93岁。他在郧山书院时曾写过《天马书崖》一首：

神异书天马，飞腾绝壁中。星精方跃地，电影忽行空。山子何深隐，孙阳岂易逢。岩高三字古，苑想负图功。

段干恂，云南宜良人，举人出身，于道光十九年(1839年)任郧县知县，其人秉性仁慈，廉正清洁，在道光二十二年回籍时，仅有图书数卷而已。他曾经写过一首《天马腾骧》：

本是龙生子，飞腾总破壁。也如豪俊士，全不受羁靮。

四

明末清初的无锡人计六奇在他所著的《明季北略》中，描述了两件关于郧阳的奇事，一件有关天马崖，一件有关郧阳行都司，并提出了自己的疑问和分析。原文为：

> 癸未二月初七日庚午，郧阳府天马崖山崩，出古剑一口，上书云："包家大，奴儿弓，神机妙火震浮空。马陷门内木子死，罗挂滩头伪满山。九九数尽，取出青锋。洪武二十二年，青锋刘基造。"四月初六，行都司地平板下寻出火药四十六篓，铅子六篓，上书"包都司制，以此击贼，殆无虚发"。按：刘青田卒于洪武八年，今古剑之说不知何据。然是月十一日，罗汝才即被杀。寻，自成犯郧败去，则马陷句似应李闯，罗挂句似应罗汝才也。

其大意为：崇祯十六年(1643年)二月初七日，郧阳府天马崖山崩，从山体里出来一柄古剑，上面刻有一段四十六字的铭文："包家大，奴儿弓，神机妙火震浮空。马陷门内木子死，罗挂滩头伪满山。九九数尽，取出青锋。洪武二十二年，青锋刘基造。"巧的是，四月初六，人们从郧阳行都司衙门的地板之下找出了火药四十六篓，铅子六篓，篓子上写着"包都司制，以此击贼，殆无虚发"。按：刘基死于洪武八年(1375年)，二十二年(1389年)刘基造剑的说法不知有何依据？但崇祯十六年二月十一日，罗汝才在郧阳城外被李自成所杀。不久，李自成进犯郧阳失败而去，那么"马陷门内木子死"一句似乎应验在了李闯王身上，"罗挂滩头伪满山"一句也似乎应验在了罗汝才身上。

计六奇，字用宾，号天节子，别号九峰居士，所著的《明季北略》共二十四卷，记录的是自万历二十三年(1595年)努尔哈赤崛起于东北，到崇祯十七年(1644年)吴三桂引清兵入关止，共49年之间的大事。是一部分年记事体的历史书，尤其对崇祯一朝之事记载得甚为详细，特别对李自成入北京之后的事，几乎是按日编排，内容大多涉及晚明农民战争、阶级矛盾、民族关系等，取材广泛，记事有序。因成书于康熙初年，距明亡为时不久，所以史事大多无误，但也有少量内容为传闻和志异的嫌疑。由于清初施行文禁，该书一直被列入禁毁之列，所以当时未能付梓。一直到了嘉庆、道光年间，才有北京琉璃厂的半松居士用木活字印刷刊行，但文字有所删改，于原本有所出入。以后，又有图书集成局的石印本、商务印书馆的铅印本等刊行于世，内容与半松居士本基本雷同。后在杭州、常熟等地陆续又发现清初的手抄本，较通行的印刷本多出四十余篇。因所记载的多是明万历至崇祯时期北方地区的史实之书，所以称《明季北略》。

从计六奇本人的行文风格来看，还是注重史实的，所以我们对他记述郧阳的这一段话不应该全盘否定。文中的“癸未”，应该是崇祯十六年(1643年)，因为他所记述的这段历史中只有这一个癸未年。在崇祯末期，郧阳城已经被明末农民军围困多年，周边几省所有大大小小的城邑已经全部失守，唯独郧阳还在孤城坚守，而且朝廷多年不知郧阳还没有沦陷，郧阳更不知朝廷和天下大势，连后来的明廷灭亡都是清廷入关几年之后才知道的。带着这个历史背景，我们再来看看这段话，应该会有所领悟。

刘基，字伯温，浙江青田人，为元末明初杰出的军事谋略家、政治家、文学家和思想家，明朝开国元勋，明洪武三年(1370年)被封诚意伯，正德九年(1514年)被追赠为太师。他通经史、晓天文、精兵法，辅佐朱元璋完成了帝业并尽力保持国家的安定，因而驰名天下，被后人与诸葛亮相提并论，并被民间所神化，至今在我国乃至东南亚、日韩等地仍有广泛深厚的民间影响力。他在死后14年造剑埋地等着应验的可能性固然不大，但有人伪造他死后造剑的事件，以鼓舞郧阳军民士气则极有可能。

“包家大”的“包”和包都司，似乎同指一个人。都司，是明代的省级军事指挥机构，全称“都指挥使司”，在郧阳的叫“行都指挥使司”，简称“行都司”，其首领称“都指挥使”或“行都指挥使”，也可以简称“都司”。所以，这个“包都司”应该是在郧阳行都司任过职的一位姓包的武官。遍查明代郧阳行都司武官职表，只有一个姓包的人，叫包文学，北直隶人，于明隆庆二年(1568年)任郧阳行都司都指挥佥事兼郧襄兵备道，隆庆三年离郧。包都司离开郧阳70多年后，他所造的火药和铅弹才适时出现，伪托的可能性也极大。

罗汝才，陕西延安人，先为明末农民军首领之一，后成为李自成的部下，为人反复无常，别号曹操，崇祯初率众起事，成为农民军三十六营的主要首领，于崇祯十一年(1638年)诈降于兵部尚书兼总督熊文灿，在郧阳、均州一带武装割据，与谷城诈降的张献忠遥为声援。次年，他与张献忠重新造反，转战于四川、湖广、河南等地。十四年，与张献忠不合，北上与李自成会师，取得了中原会战的一系列胜利。十六年自称“代天抚民威德大将军”，被李自成忌惮所袭杀。

郧阳极星塔

一

站在郧城瞭望东南，隔江的赤壁之巅有一座宝塔，人称“镇江塔”。

镇江塔，其正式名称为“极星塔”，镇江塔只是郧阳百姓对其的俗称，又因为“极星”与“鸡心”音近，过去人又多不识字，所以还经常被人称之为“鸡心塔”。同治年间的《郧阳府志》和《郧县志》均载：“极星塔，南门外，赤壁左山顶，北对文昌阁，俗名鸡心塔，以形似鸡心也，康熙间知府朱宷建，后知府陈纬补葺。”

朱宷，字莱孺，山东高唐州人，进士出身，于康熙三十七年(1698年)任郧阳知府，在任12年，除建镇江塔外，曾经捐出自己的薪俸重修年久失修的武阳、龙门二堰，使几万民众岁获倍增，于是人们自发在其堰侧为他建立生祠祀奉。他还经常在公事之余讲学于府学宫明伦堂，或到田间地头劝农勤耕，饬令各属县官员清查奸盗，禁止和革除对农民的加派，使郧阳六县气象焕然一新。康熙四十九年，朱宷卒于郧阳任上，被朝廷批准进“郧阳名宦祠”享受祀奉。

陈纬，广州平远人，举人出身，于乾隆七年(1742年)任郧阳知府，十一年离郧，任内除修葺镇江塔外，还重建府学宫，及协助郧阳协镇副将高瀚修补泊岸。

为什么康乾时期的两任知府都对镇江塔感兴趣?

原来，镇江塔下是汉江上有名的龙滚滩，航道狭窄，水流湍急，江涛咆哮，大有一泻千里之势，为郧阳十大景观之一。但此景观虽美，却遮掩不住历代船夫们的苦楚。舟行上游到此处时，拉纤不易自然不说，单就船行下游过此地时，稍有不慎即船毁人亡，不知击碎了多少个家庭的幸福。人们都说，龙滚滩里有一条黑龙，高兴时就静卧江底，不高兴时就兴风作浪，不时将过往船只推翻江底。曾经任过云南巡抚、老来回乡执教于郧山书院的贾洪诏在他的《龙滚滩声》诗中这样描绘：“滚滚西来水，游龙怒未降。波涛飞断岸，声势莽寒江。鹤警宵鸣和，鲸奔浪击撞。琵琶滩下路，余韵尚淙淙。”据说镇江塔具有镇压塔下江中怒龙的作用，因此被上述两官员重视。

二

朱寀来郧阳任知府后，曾经多次游历赤壁和龙滚滩。他在欣赏美景的同时，也为江中过往的行舟捏着一把汗，就想为他们做点什么。在当时的条件下，他能做点什么呢？唯一能想到的就是在赤壁之上建一座宝塔，在塔里安置佛经和供奉菩萨，想借助佛的神力来保佑过往船只的平安。同时，这高高矗立的宝塔还能够作为地标，让过往船只在远处就能看到，好提前有一个心理准备，不至于临时手忙脚乱。如果夜间在塔顶部点上一盏明灯，还可以作为航标使用，为过往船只指明方位。

塔建好了，该给宝塔取个什么名字呢？朱寀在夜巡工地时受到了启发。这座塔，面对江水，塔门向北，与天上的北极星遥相呼应，就取名为“极星塔”吧。北极星是一颗吉星，处于紫微宫中，被众星环绕，为天之至尊，天之枢纽，天运无穷而极星不移，能为人们指明方向，带给人们福音，所以在史前五帝时代被称作“太乙”，在周公时代被称作“帝星”。取此名，肯定能给郧阳带来福气，给过往船只带来安全。

这座宝塔果真灵验，在建成之后郧阳连续出现多个丰收年景，让郧阳人民过上了富庶的太平日子，而且塔下江滩也不再出现事故，人们都认为滩底的妖龙已被极星塔镇于塔底，于是极星塔能镇龙降妖的神奇故事便越传越远，越说越神，大家便习惯称其为“镇江塔”，反而把极星塔的本名给疏忘了。人们有什么难事，便来塔里烧香拜佛，祈叩问卦。

这座宝塔，为六面实心椎柱形结构，青砖砌成，塔身七层，高约20米，各层间嵌有塔檐，塔顶呈尖形宝刹状，顶部有四层小石圆柱围成的灯台。塔基和底层均为条石砌就。人们站在塔顶俯瞰：赤壁悬挂，红色扑面；龙滚滩水清涛急，溅起千堆白雪。抬眼西北，郧阳古城尽收眼底，楼阁街坊历历在目。

从此，郧阳城内又多了一道景观，人们不用出城，举目便见镇江宝塔，仿佛就在眼前直指日月。如果登上城楼看塔，水上水下塔两座，塔在水中，水在塔下，顿觉心旷神怡，不免引发文人们骚情勃发而挥毫泼墨。

可惜的是，1967年“红卫兵”造反，认定镇江塔是一处封建“四旧”，便用炸药炸塌了宝塔。

三

塔，又称浮屠，是一种典型的佛教建筑，与楼阁是典型的道教建筑一样，塔有着东方传统建筑特定的形式和风格，它缘起于古代印度，原是埋葬佛教高僧的地面建筑，后又发展成为供奉或收藏佛舍利、佛像、佛经、僧人遗体等多种用途，因此人们常称之为“佛塔”或“宝塔”。

随着佛教传入中国，塔的形式受到了中国重楼的影响，在经历汉晋唐宋元明清各朝的发展，并与各临近区域的建筑体系相互交流融合之后，逐步形成了各种样式不同的塔，其中楼阁式塔、密檐式塔、亭阁式塔、覆钵式塔、金刚宝座式塔、宝箧印式塔、五轮塔、多宝塔、无缝式塔等形态结构的塔系比较常见，其建筑平面从早期单一的正方形逐渐演变为六边形、八边形乃至圆形等多种形式，建塔的建筑技术也在不断进步，结构日趋合理，所使用的材质也从传统的夯土、木材扩展到了砖石、陶瓷、琉璃、金属等材料。但无论如果演变，塔作为佛教所独有的建筑形式却没有改变。即使在14世纪以后，塔逐渐从宗教世界走向了世俗世界，也只是不再非得讲究那么多的清规戒律而已，它依然是供奉佛教圣物的地方。

从建筑学层面看，塔是一种非常独特的东方建筑，其体量高大用料多样，涉及材料力学、结构力学、土壤学、地质学等诸多方面知识的运用。在东方文化中，塔的意义还承载了东方的历史、宗教、美学、哲学等诸多文化元素，是探索和了解东方文明的重要媒介。

印度的塔是由台基、覆钵、宝匣、相轮四部分组成的实心建筑。传入中国之后就改为由地宫、塔基、塔身、塔顶和塔刹五部分组成。地宫为藏舍利的宫室，位于塔基正中地面以下；塔基包括基台和基座；塔刹在塔顶之上，通常由须弥座、仰莲、覆钵、相轮和宝珠组成，也有在相轮之上加宝盖、圆光、仰月和宝珠的；塔身最初都是单层结构，随着时代的变迁，慢慢变为了多层，在公元三四世纪就开始有三层塔身出现，其后更有五层、七层、九层、十三层、十五层、十七层，乃至三十七层等重层结构；覆钵是向下的半球体，状如倒覆之钵，开始时偏矮，后来渐次增高。

中国的塔，以所纳藏的物品来区别，有舍利塔、发塔、爪塔、牙塔、衣塔、钵塔、真身塔、灰身塔、碎身塔、瓶塔、海会塔、三界万灵塔、一字一石塔等；以建筑材料来区别，则有砖塔、木塔、石塔、玉塔、沙塔、泥塔、土塔、粪塔、铁塔、铜塔、金塔、银塔、水晶塔、玻璃塔、琉璃塔、宝塔、香塔等；就塔与塔之间排列位置的形态来区别，有孤立式塔、对立式塔、排立式塔、方立式塔等。

塔的用途因受到宗教限制，所以实用功能不大，建造者多由信徒集资，或者国家和地方出资，常不惜重金以示虔诚，因此是建筑匠师们自由驰骋才思的地方，所以才有结构方式的多样和样式的丰富，成为中国建筑艺术的一个重要类型。

郧城郊外的两个茶亭

从郧城东北角出城，沿棒槌河北上，几里路后路尽山逼，有两条路可以继续北行，但都需要登山驾岭。

一条是继续沿棒槌河西岸登山，半山腰一台地处有一小亭，六柱瓣顶，长檐翘角，球形宝刹，柱间条石为凳，中间一方石台为桌。这就是闻名郧阳的西茶亭。过西茶亭上到山垭再向北，通过观沟入陕，可去西安。

另一条是过棒槌河再登山，半山腰一台地处也有一小亭，形制与西茶亭相仿，这是同样闻名郧阳的东茶亭。过东茶亭上到山顶再向北，通过谭家湾、岔河、龙泉入陕，可经荆紫关去河南。

东西两茶亭始建于何时已经无法考证，不过当初建茶亭的目的可不是为了给远行之人行方便的，而纯粹是为了官员和文人们的休闲。

郧阳城毕竟不大，在明代中期一下子就塞入了藩镇、道台、郡府和邑县四级政权，随着几十个大大小小衙门涌进郧阳，不同级别的官员也接踵而来，四省秀才也纷纷就读而来。这些人个个都自恃有才，一旦闲下来，时间就没有平民那么好打发，于是他们在把城内的春雪楼、南角楼等景致玩厌时，结伴郊游就成为他们的休闲方式之一。

据查，明清两代施行的是十天一周，工作九天休一天。一天的时间不可能走得太远，于是郧城周边的天马岩、赤壁、龙滚滩、萧寺、瀛洲都被一辈一辈的这类文人反复踏遍。水边玩够了，就想上山，棒槌河边的这两座山就成为他们的选择之一。在这里可以观城，可以观江，可以观江南群山的层峦叠嶂、惟余莽莽，在朗空里甚至可见武当山。

文人结伴郊游自然少不了吟诗作赋，边走边看也可能妙语连珠，找一块平地坐下来面对山水美景也会引发奇思妙想，出一个题目斗一斗文才更是经常的事，这一切都好不快活，有顿成神仙的感觉。

然而，天下之事总是有煞风景的时候。渴了要喝，饿了要食，这些事总得解决。走之前带水、带干粮是可以，但凉水、凉饭下肚是会浇灭激情的。如果遇上突如其来的暴风雨，又没有一个藏身的地方，别说激情了，落汤之鸡的模样甚至都有点可怜之相。

于是，在山腰建亭子之事就提上了议程。古代的文人大多为官员，手中掌握着资源，建两个亭子自然不成问题。此后，文人们再到此地就有了一块落脚之地，吟诗作赋之余可以烧水热饭，自然兴致倍增。

但无论是官员，还是文人，他们的休闲时间毕竟有限，所以亭子大多时候就成为过路之人休憩和遮风避雨的地方。于是就有头脑灵光的当地农民借机发财，在没有人在此吟诗作赋的时间里来这里卖茶水给路人喝。一来二去，这两个亭子就被人叫成了“茶亭”。在东的叫“东茶亭”，在西的叫“西茶亭”。

在古代交通环境下，郧阳是汉江中游的一个大码头，又是当地的政治、经济、文化中心，商贾络绎自不必说。郧阳码头上，每天都上下吞吐着大量的货物，需要商队把下船的物资用骡马或者人力运往秦巴大山深处，再把秦巴大山深处出产的物产运往郧阳码头上船销往外地。

郧阳之北，除住有大量郧阳山民外，陕南、豫西好几个县的经济也需要郧阳码头的支撑，因此它们与郧阳之间过往从密。再者，西安是大都会，郧阳商人历来善与西安贸易，而西安与江南间的联系又离不开郧阳，因此两地是互为依存关系，所以每天都有大量人员来往。

郧阳与西安之间的路不止一条，几乎条条山沟可通西安，人们走哪条道取决于自己的住处、翻山的数量、道路坡度、沿途安全度、从众心理等因素。毋庸置疑的是，沿棒槌河两岸行走，是人们的选择之一。

郧阳郊外的这东、西两茶亭，建筑外衣是砖石，而灵魂之中既有书墨之香，也有铜板之臭。

郧阳古代官员的庭趣室雅

人们出外郊游有许多条件限制，受到自己的心情、同伴的时间、天气的好坏等因素的影响。在不郊游的闲暇日子和公事之余的清晨黄昏，古代郧阳官员和文人们是怎么消遣自己时间的？我们看到，从古籍书卷中走出来的他们依然是那么神采丰满，他们有的寄情花草，有的寄情风雪，有的寄情节日，有的寄情琴瑟，有的寄情盆景……

寄情花草

文人对花草的喜爱自古一脉相承，这种爱源于花草的美，美又发乎于情，情再催生文人的诗意，诗又把自己和别人给陶醉。古代郧阳文人们自然也跳不出这个俗路，他们寄情于花草，把自己的闲暇时间打发得滋味百出，情趣无尽。

郧阳巡抚所住的藩镇衙门，是郧阳城内最大的院落，里面的花园被衙役们打理得错落有致，花彩叶绿，真是春有牡丹夏有荷，秋菊烂漫冬梅绽，所以中文里只要有的各种溢美之词，已经被住在这里的一代代达官贵人们用得稀烂，其中最值得一看的还是那些巡抚大人们的诗。

凡巡抚都有“都御史”的头衔，所以巡抚衙门往往也称“使院”、“御史台”、“抚署”等。徐学谟是万历四年(1576年)至六年王世贞之后的郧阳巡抚，任内在继承王世贞政绩的基础上也干出了许多令人称颂的功绩。他的诗文也还算了得，曾经两咏郧阳抚署内的牡丹。

徐学谟曾经写过一首《咏别院牡丹》。别院，一般指主宅院之外同属于该主人的偏宅院，所以也叫偏院，可以在主宅院的旁边和附近，也可以在外地。徐学谟在这里所称的别院是巡抚衙门内自己和家眷所住的内院。他在这首诗里有一句《小序》，是说自己所住的院子里有三株牡丹，枯死了一株，在腊月里补栽，然后抒情出两首小诗来：

序曰：别院故有牡丹三株，偶枯其一，腊日补栽，漫兴二首。

诗一：庭中花榭准三台，补缺名花傍晚栽。为历冰霜凌腊至，漫夸黄紫待春开。

诗二：间桃色借玄都观，参柏寒回御史台。绣幕从教分烂漫，赏心牢落万山隈。

《使院牡丹盛开独酌书感》是徐学谟的另一首咏郧阳抚署的牡丹诗，这次他所咏的牡丹，是大院中的牡丹，而且是在花园亭子里一边欣赏牡丹，一边独酌，一边吟出的诗：

一春花事万山中，对酒看花帐远空。想到故园频岁异，醉秋名萼竟谁同。丛开倒映牙旗日，铃起遥闻午阁风。漫向洛阳矜富贵，青萝分映自墙东。

吟使院里的牡丹，裴应章也作过。裴应章是万历十五年(1587年)到十八年的郧阳巡抚，上任是来收拾“郧阳兵变”残局的，之后倒也把郧阳及整个汉江流域治理得有条有理。他的《抚署牡丹》一诗是在他即将离开郧阳时所作，《小序》里说，使院里的牡丹往年只开几朵，今年我要走了却盛开，因此有感而发：

序曰：园中牡丹往时开不过数朵，今岁予叨转将行，花独盛开，因为赋此。

诗曰：老干寻常三五花，独于今岁兢春奢。芳菲晓带胭脂雨，烂漫晴分锦绣霞。菊苑谩教夸隐逸，桃源应自让繁华。花神亦解怜予别，故放新葩胜旧葩。

咏使院菊花，要数叶照的诗为佳。叶照是嘉靖二十五年(1546年)到二十六年的郧阳巡抚，任内为郧阳藩镇的防御部署做出过较大的贡献，还编纂过《郧台志》，文笔自然不凡。他的《九月十日对菊》颇有超凡脱俗之妙笔：

昨日花初放，今宵已觉芳。一尊聊共对，殊俗且相望。自乐非弦管，端居耻庙堂。滔滔汉江上，行坐白云望。

咏郧阳的梅花，数王鉴之的诗为绝。王鉴之是弘治十四年(1501年)到十八年的郧阳巡抚，任内曾经重修武阳、盛水二堰和府学宫。他的《冬梅花复开》同样让郧人称道：

去年赏咏八梅诗，今岁梅开正及时。对面相看如旧识，洗心闲坐有余思。未须策蹇桥东去，还拟携壶月下期。分付江城倚楼者，莫将羌笛向风吹。

寄情风雪

欣赏气候变化和自然现象中的变幻奥妙，也是古代郧阳文人寄情的一种方式，从而产生了一批歌咏诗作，无论是风、是雨、是雪，甚至是酷热和严寒都能成为他们寄情的载体，但他们似乎更钟情于雪，其中咏雪的诗特别多。

徐学谟在他的《斋雪枯咏十二韵》诗前，特用《小序》指明，说这个斋是前任开府大臣王世贞读书的书斋。徐学谟坐在王世贞曾经坐过的书斋里，望着窗外初冬的第一场白雪，自然浮想联翩，于是抒发《斋雪枯咏十二韵》：

序曰：斋为前开府王公读书处。

诗曰：岁宴少公事，官闲多静缘。三冬初现白，万念坐成玄。岚栗先迎腊，檐零已兆年。窥帘回淅沥，点幕倏澄鲜。乡路稀鸿迹，关山涩马鞯。云同天柱晓，燧远塞垣烟。逼戟光逾皎，摊书净可怜。据床堪庾并，载笔欲枚延。晃入无垠界，辉涵不夜天。黄垆依旧在，粉蝶飒高悬。雅调仍思郢，清斋颇类禅。自公渐退食，聊续素丝篇。

叶照也是吟雪高手，他的《郧雪》诗也有一段《小序》，用词绝妙，本身俨然就是一首很好的四言诗。他把别人在夜间告诉自己下雪了，自己不相信，等到外面看时，已经是屋瓦都白了的情景，用16个字给写活了，让我们仿佛看到了夜景里的屋檐、房顶，以及天幕上鹅毛大雪纷飞的情状，真是诗采未吐，已先声夺人了。再看他的《郧雪》，更是妙语连珠：

序曰：夜里报雪，犹以为讹。须臾盛下，屋瓦立白。

诗曰：暗荧灯火独愁人，忽报檐花一片春。逾阈(门槛)不知将折屐，历阶还觉未沾巾。始疑悔径空消渴，终信河冰果门神。徙倚玉栏光照屋，瓣香持谢候侵晨。

叶照似乎对郧阳雪景情有独钟，留下了许多咏雪诗。其中《对雪和王明仲韵》充满了喜庆气氛：

元和乞得一团来，散作寒花细细开。兴在灞桥偏得句，光添皓月独登台。画图淡淡浑无色，剪制纷纷别有才。共贺明年嘉谷瑞，暗香先递数枝梅。

叶照的《祷雪夜听》则尽显妙喻神功：

感发三更溯碧纱，冻云偷月过西巴。凭谁为作孤梅主，散尽盐池万顷花。

叶照还有一首《望雪》诗，字里行间充斥着忧国忧民之情：

眇眇身余几，仰天何太高。民巗（yán，威严）宁不畏，神怒将安逃？介士疑烽火，边甿（居民）眩犊刀。无因睹三白（三度下雪），搔首一濡（润泽）毫。

毛钢是万历十二年（1584年）的郧阳巡抚，当年郧阳大旱，他到迎恩观设坛祈雨，三次祈祷竟然三次应验，给郧阳留下佳话。他在郧阳时写有一首《对雪偶成》诗，格调清新明快：

映窗天似晓，隔户透轻寒。梅英飘烂漫，柳絮舞弥漫。玉宇琼花结，烟村缟带攒。王恭披氅赏，歌罢独凭栏。

徐学谟不仅善于吟雪，而且还留给郧阳两首吟雨诗。他的《郧城淹雨》诗《小序》，定调了这首诗为抒发思乡愁绪而作：

序曰：时家报久隔，怅然有作。

诗曰：山城一雨断行踪，乡路迂回恨无从。楼堞欲迷添瘴色，筼筜（节长而竿高的竹子）相傍郁秋容。望中身却无千忆，梦后心疑有万重。纵剖双鱼那问信，最怜郧水日朝宗（下属进见长官）。

徐学谟的《郧城九日雨》诗也有《小序》，是告诉我们此诗是为周绍稷而作。周绍稷是襄阳襄王府的纪善官。纪善是一种在亲王府里担任讲授之职的官职，工作内容是为王爷和王子授课。周绍稷是被徐学谟从襄阳请来编纂《郧台志》的，周绍稷来后，徐学谟很高兴，就和他相酌在了巡抚衙门的清美堂上。唯一不如人意的是，郧阳已经连续下了9天的雨，多少有点让人郁闷。这种矛盾心理在诗里也有所反映：

序曰：喜周纪善绍稷自襄州至清美堂留酌。

诗曰：江上峰阴郁不开，佳晨无赖强徘徊。何人最爱看山坐，有客俄惊曳履来。赤羽不传闲鼓角，清尊相对积莓苔。浮名莫问邹从事，岘首千秋只旧台。

张舜臣对郧阳的雨则发出惊喜，因为他所描写的是一场春雨。张舜臣是嘉靖三十二年（1553年）到三十三年的郧阳巡抚，任内郧阳发生旱情和火灾，他组织祈雨，上天应验，于是就用《喜雨》诗抒发自己喜悦的心情：

郧台喜见春风雨，尽日萧萧兴转生。座上青山添翠色，槛边流水送新声。年丰预卜三边静，主圣欣逢四海清。洗盏呼儿频劝酌，一天云叶晚清风。

酷暑难耐的天气也能成为徐学谟作诗的题材，他的一首《苦热》，把郧城夏天的热景留注在了笔端：

长年七月生新凉，八月犹热谁禁当。汉水无能浇毒瘴，秦天亦可号炎荒。垂帘枕簟足自放，对案盘餐那不妨。故爱辕门清似水，抛书燕坐消残阳。

寄情节日

节日，包括生日，往往是人们借庆贺之由而大肆抒情的时候，自然会带来很多的欢乐。然而节日往往又会给身在郧阳做官的文人带来一些思念家乡亲人的悲情。每到节日，平常热热闹闹的一个大衙门，此时本地人都回家团聚去了，不能回家团聚的外地人则要面对本该喜庆却变得冷冷清清的场面，自然不免心生感慨，于是借节日抒发愁情，也是他们排解寂寞的方式之一。

徐学谟的《除夕大雪感怀二首》，就是他借着大年三十的大雪，把“海上音书故寂寥”的思乡之情强压在心底的一种流露，他只能用回忆自己的戎马生涯和为国立功的历程来掩饰自己的乡愁：

衣马何缘恋楚游，看来无处不并州。同云漫送千山雪，曳练虚疑百尺楼。老拥旌旄开钖穴，愁来日月感蒐裘。最怜葱岭班司马，赢得朝中比列侯。

辕门鼓角暖寒宵，似水臣心对夕漉。柏叶深杯沾醉易，梅花小苑忆归遥。天涯儿女仍歌笑，海上音书故寂寥。满院炉香催晓动，梦回凄切紫宸朝。

也许是除夕的抒怀没能尽性，徐学谟又在大年初一作了《元日大雪试笔》诗，这次他是在想象瑞雪兆出的丰年景象，以及丰年对江山社稷所起的巩固作用：

拱北玄云俨陛旋，崇朝集霰满山川。农祥已喜占王会，颢景初疑象帝光。紫盖瑞浮香案外，青郊花散玉台边。嵩呼华祝俱邻并，耕赋何由媚远天。

正月初七是中国传统的人日，又称人节、人庆节、人口日和人七日等。徐学谟的《人日府僚献春作》诗，描绘了郧阳城里人庆节日的热闹景象：

严城邃谷总宜春，迎旭千门霁景新。随俗辛盘偏媚客，阑城彩胜政逢人。苍灵布霭辉金钖，玄武鸣漉净甲兵。百戏纷呈齐玫语，知予原是岁星臣。

徐学谟的《郧阳生日》诗，是为他自己在郧阳所过的第二个生日而作，喜庆之中有一丝乡愁：

仲冬惟六日，郧县复生日。天地桑蓬远，山川鼓角新。阳来增岁屡，老至去乡颜。仙室今逾迩，持杯有宿因。

徐学谟的《丁丑至后郧台生日自寿》是另一首为自己庆祝生日的诗，意境就要深远一些：

缇室氤氲散曙光，函关紫气接扶桑。斑衣总隔吴云远，彩线重添楚日长。绕树神鸦争鼓噪，凌崖天马欲腾骧。襜帷不似苏卿节，江汉驰驱十九霜。

叶照在大年三十所作的诗，似乎家国情怀更浓，一首《乙亥郧城除夕》诗，就把热闹气氛和乡愁糅合得天衣无缝：

爆竹时时劲，屠苏缓缓斟。争先儿辈事，恋旧老人心。泽国音书远，波臣岁月深。烛光浓不剪，抱膝自微吟。

叶照与徐学谟不同的是，他在正月初一里是用游庙和拜谒孔子的方法来排解寂寞，一首《元日拜龙亭遂谒文庙》诗，则表达了他的豁达之情：

星涵云气薄，春漏晓寒轻。挞武钦殷绪，斯文识孔情。二仪分上下，一德并生成。不必劳占候，箕畴在讲明。

寄情琴瑟

琴棋书画是古代文人的几样基本功。可惜的是，在已知古籍中，目前还找不到有关古代郧阳文人棋书画方面的记载，只有在琴方面的零星描述。

《郧志类编》记载：

郧守张文星善琴，每月朗风清，焚香鼓之，声韵悠扬，令人烦躁顿释。尝语人曰："按琴须用指分明，求音当取舍无迹，运动间和，气度温润，故能操《高山流水》之音，于曲中得松风夜月之趣，于指下是为雅业。"同时，郧西令祝应晋、郧诸生谢天锡、见佛寺僧普照俱能理琴。僧以琴谱梵音，如老衲诵经，哆啰堪听。

其大意为：郧阳知府张文星善于弹琴，每到月朗风清之时就焚香操琴，声韵悠扬动听，令人一身的烦躁顿然消除。他曾经对人说："弹琴须得手指灵活，该用哪个手指拨哪根弦必须分明，要想达到最好的效果，手指就得取舍无迹，而且手指在运动时要柔和、温润、气度不凡，这样才能弹出《高山流水》之音，才能在曲中领略松风夜月之趣，这才是真正的指下雅业。"与他同时期又善琴的郧阳官员，还有郧西知县祝应晋、郧阳秀才谢天锡、见佛寺和尚普照，他们都能弹得一手好琴。尤其是普照和尚能弹出梵音，把佛的正直、和雅、清正、深满、远闻这五种清净之相用琴音表达得清净微妙，如一个老和尚正在诵经，十分动听。

张文星，字焕宸，北直隶新乐人，拔贡出身，于康熙初年任郧阳知府，任内重修府学，正先贤、先儒之位，又把地方吏治上的弊病革除殆尽，在康熙七年离郧时郧人哭送。

祝应晋，山东人，进士出身，于康熙六年(1667年)任郧西县令，任内以招抚因长期战争逃入深山所残留的民众，把他们编入户籍并加以惠政，以及设义学等而受到民众爱戴，后来死于任上，郧西士民趋而悲悼。

谢天锡和普照不见有生平记载。

寄情盆景

在古代郧阳官员和文人中，许多都爱养盆景，放置于庭院和案头的都有。爱盆景，爱的不只是盆景本身，更是盆景里尺盈之间远山近水尽显的那种矫情。

至于庭院里的盆景，前面提到过一首徐学谟的《咏使院盆荷》，诗中的短短几行文字就把一盆荷花盆景的妙姿呈现在了我们的眼前。而说到古代郧阳文人的案头盆景，就莫过于仇昌祚的一盆松石了。

仇昌祚，字振先，山西曲沃人，恩贡出身，于康熙元年(1662 年)任郧阳府通判，九年离郧。当时李自成残部郝永忠流窜于郧阳一带，仇昌祚在房县和香溪各为清军转运粮饷一年，回郧阳城之后曾经主持重修府、县两学宫和编纂《郧志类编》。不久，他迁升为了潮州府同知，又遭遇总兵刘进忠叛清而被擒，逼他接受伪官而始终不屈。事平之后，朝廷授予他“惠朝兵备道”一职，死后被祀入家乡的乡贤祠享受香火，其生前著有《漪园文集》传世。

从以上生平看，仇昌祚在郧阳时是何其忙碌，但却不妨碍他寄情于盆景的乐趣。他不仅玩盆景、赏盆景，而且还能把赏玩的经过和感悟写出来。他的一篇《斋头松石说》，就把自己案头的一盆小景描绘得风生水起，还拿此盆景感悟人生，用梦境比喻人生。请欣赏其全文：

斋头松石说

客有惠余松石盆景，供斋头清玩者。松长不五寸，大枝如钗股，小枝类麦芒，俯仰偃蹇，具有虬龙盘蠖势，每遇风作涛声。石高于松二寸许，有峰有峦，有洞有壑。峻者为岭，悬者为岩。峭者巉者，为岭为冈。尺寸千仞，争献奇状。又垤坻坪垭间，细草蓊茸，参差披拂，诚佳玩也。

退食之间，命童子取蛭二，小如锥颖，一置山麓，一置松木。穷终日，一栖松之西柯，一至山之半入洞中。当其始，缘而上寸许，辄少休，其憩息耶。抑纵千里之目，以舒其胸中垒砢之气耶！

因思天下何境可执？太山崇矣，安知太山非即培塿也？乔木大矣，安知乔木非即柯挺也。人事升沉，忽往忽来，难以意料，而或者欲以夸世而自足，过矣。

徘徊久矣，有青衣揖余而前曰：“夫子尝游太和矣，今名山在迩，盍往游乎?”余随之御风而行。约六七百里，至一处，有石皆绿如玉。又行百余里，忽一山高入青冥，旁有孤松一株，大可数百围，与山埒。青衣促之行，每至一峰，皆若目所经睹者。屡日始至其颠，极目长空，千里一碧，于是咏谢朓惊人句，更不知天壤间更有何山得比于此也。俄而，觉青衣不见，但见庭白风清，日正亭午，怪石古松在余斋中。

其大意为：有客人送我一盆松石盆景，是供斋头清玩的。松树高不到五寸，大的枝条如一股凤钗，小的枝条类似麦芒，但在俯仰之间却有着一种高耸的傲慢盛气，具有虬龙盘蝼之势，每遇风时就发出阵阵涛声。石比松高二寸许，雄峰连着低峦，洞窟与沟壑相望，峻峭的岭，悬垂的岩，峭峰有高俊之姿，岭岗分明，尺盈之间尽显千仞之耸，争奇而献俏。在小丘与坪垭之间，细草密盛，参差披拂，这实在是一盆不错的佳玩。

每当茶余饭后，我都命童子取来2条小如锥头的蚂蟥，一条置于山麓，一条置于松木之上，然后观看它们不停地爬行。它们爬了半天，一条栖息在了松树西侧的枝茎上，一条爬到半山后钻入了洞中。与当初放它们的原始之处，只不过爬了寸许而已，它们就需要稍事休息，想睡觉了。但在它们看来，也许已经是抑纵了千里之目，到达了舒展自己胸中犹如石块压挤之憋闷之气的目的。

看到此处我在想，天下何处才是人生的最终目的？泰山该高吧，你又怎么知道泰山在另外一种生物的眼中不是一座矮丘？乔木算是大树吧，你又怎么知道乔木在另外一种生物的眼中不是一株小草的枝茎？人事的升升沉沉，忽往忽来，实在难以意料，如果想以向世人夸耀的办法来满足自己的虚荣心，这就太过了。

我在这盆景前面徘徊良久，有一个青衣童子进来向我作揖，然后上前对我说："老师曾经游过武当山，而现在名山就在眼前，何不前往游历一番？"我于是随着他乘风而行。在飞行大约六七百里之后我们到了一处地方，有大片的石头皆绿如碧玉。又飞行百余里，忽然一座大山高耸青天，旁边有一株孤松，粗可用数百人合围，高与山相等。青衣童子催促我快行，每到一峰，我都好像在之前曾经目睹过似的。几天以后我们才到达山颠，极目长空，千里一碧，于是我就随口咏出了比南朝诗人谢朓的山水诗还惊人的句子，更不知天地之间，哪里还有比得上这里更好的山了？忽然，青衣不见了，我才发觉自己依然身处家中，眼前依然庭白风清，而且日正当午，怪石古松还在我的书斋里。

王世贞留郧诗文赏析

在明代文坛上，王世贞被称为“后七子”首领。他在郧阳为官虽然不足两年时间，却先后向皇帝条陈大量屯田、戍守、兵食、举荐等事的奏疏，被郧阳人民所歌颂。在郧阳期间，他著述颇丰，除留下大量的政论奏疏外，还创作了大量歌咏郧阳的诗、赋和散记，而且在巡抚衙门里辟“清美堂”，购书三千卷置内，并自编《弇州山人四部稿》传世。

我们从王世贞留给郧阳的诗文里，可以了解王世贞的政治主张，可以感受王世贞的情感生活，可以窥测当时郧阳的历史面貌。

王世贞在郧阳所呈的奏疏

王世贞抚郧期间，把囊括了整个汉江流域以及长江中游的大郧阳治理得井井有条，人民安乐，朝廷无虞。这不仅显示出了他治理地方的能力，也与他经常写奏疏与朝廷沟通有关。

选一篇《议处军饷改添实力疏》，让读者了解明末的政治、军事状况，从中窥测王世贞的治郧理念。

议处军饷改添实力疏

都御史王世贞题：为议处本镇军饷，以资边用，改添实力，以图地方事。

臣查得接管卷内：隆庆六年，该前任都御史凌云翼团练步兵，因虑日粮、衣甲、犒赏等项支用不继，议将所属郧阳、襄阳、荆州、南阳、汉中五府并商州所属州县原编民壮、巡检司弓兵，每十名抽扣两名工食起解户部济边银两，改留抚治衙门作为军饷，免其解部。抚治衙门原议十名扣一民壮工食，悉行停免。该户部复奉，钦依备咨前来。钦遵行各府州递年扣解郧阳府，寄库停支。随查前项军饷额数：郧阳府属七县，岁该银一千五百八十八两八钱；襄阳府属七州县，一千六百三十八两八钱；荆州府属一十三州县，二千九百五两二钱；南阳府属一十三州县，三千四百六十两；

汉中府属一十六州县，四千六百八十三两六钱；商州并所属四县，一千八百八十六两四钱。以上通计该银一万六千一百六十二两八钱。内据汉中府平利县镇平巡检司申称：该司原额亏兵三十名，奉文裁减十四名，止存十六名。今又抽扣三名，巡检乏人。该都御史凌云翼批允，免抽除减银一十四两四钱。

万历二年，该前任都御史孙应鳌看得：郧阳府属郧县、房县、郧西、上津、竹山五县，额编民壮数亦不多，每县既调六十名赴镇团练，又复与各县一例扣解工食，似觉偏累，自万历二年为始停扣。姑以五县见操之兵，抵作五县军饷银一千一百四两之数。

万历三年，该臣看得荆州府属江陵、公安、石首、松滋四县连年水患重大，地方多警，宜减编其半，以宽被灾之区。而选编精壮实力，各以其半为本县操备等因，具题该兵部复奉钦依。钦遵，讫以上三府，通共停免军饷银一千八百五十九两七钱，尚该实扣银一万四千四百三两一钱。节据荆州府属地方多苦水灾，频年逋负，不彀原数。及查：本镇团练精兵，每年日粮、衣甲、犒赏之类用银二千五百两。及臣近行各州县官、快保、甲人等，但有当时捍御强劫，杀获真盗及缉捕全伙有功，许于军饷内支给赏赉。以一岁计之，又可四五百两，大约费银三千之数。今郧阳府见积银五万一千有奇。

复据荆州府知府林绍申称：府属巴东、长阳、兴山三县，皆无城郭可恃；公安、石首、松滋、监利、宜都五县，滨临川江，水患频仍。江陵虽在附郭，然外而流棍辏集，内而贫奸睥睨，兼之先年左卫移置显陵，荆又轮戍靖州、广西、郴、桂，以致城操之军不满八百，披坚之士未当其半，弹压固难，空虚可虑。乞要将前项民壮、弓兵，除无城县份径留该县防守，江陵、松滋、公安、石首、监利、枝江、宜都、远安、夷陵、归州十州县扣抽兵壮，或发回各县以资捍御，或留府团操以固根本等因。到臣看得：荆州府宗潘萃处，商贾辐集，而二卫之军疲于远戍。臣前请抽减一半之数，未蒙裁允。迩来沙市失盗，有司得以藉口。

商洛地方，僻处深山，矿徒不时聚啸，该道兵力甚弱。近时镇安、山阳之盗束手无措，幸至金州地方散窜，方始就擒。以上二地防守缉捕，先宜议处。

臣又思之，窃谓都御史凌云翼奏留饷边银两，初因本镇空乏，冀稍有资储，以备缓急，固非得已。今幸赖皇上威德薄海内外，罔否率服，虽闾阎不无辚掫(碾轧)之警，而萑苻(沼泽)可少窥弄之虞，其于大兴似在可免。臣近奉明旨，严督守、巡各道清理卫、所屯田。其所知者，襄阳卫、竹山所及郧阳、南阳等卫，各卫所官兵廪粮一应公费外，余出子粒将来随岁丰歉征收到官，本色可以备荒，折色可以克饷。

夫势有轻重，事贵变通。今自数年以来，每年约计日粮、衣甲、赏功、犒劳之费不过三千余两，而捍卫国家供边之资，坐之空虚不用之地。即使异日或有征调，而郧阳见贮五万余金及岁积屯粮子粒，应之固沛然有余矣。其各州县，固号疲累，然凌云翼疏上时已获免，十免扣一之数，臣不敢复求宽减，下干物情。唯是前开荆、商一十八州县民壮、弓兵相应改编实力，以资捍御，伏乞敕下该部议复：将郧阳府属竹溪、保康二县，十名扣二壮兵工食银，共四百八十四两八钱；襄阳府属银，六百三十八两八钱；南阳府属银，一千四百六十两；汉中府属银，一千六百八十三两六钱，共计四千二百六十七两二钱，每年照旧扣解本镇，以为团练步兵日粮、衣甲、犒赏，并备地方缓急之用。其襄阳府属银一千两，南阳府属银二千两，汉中府属银三千两，仍照春秋二季扣解布政司，类解户部接济边饷。荆州府属，并商州及所属四县，各十名抽二名民壮、弓兵，俱免扣银改编实力，在荆州府听分巡上荆南道，在商州听分守商洛道，选作本道标下精兵与各官兵各营操练调遣。其屯田清出余羡，俟造册之后，果足每岁本镇军饷，再为题改施行。庶少克军国之资储租，备荆、商之保障，不致坐糜财力，置之无用。臣于职守，亦稍自安。为此具本谨题，请旨。

其大意为：我王世贞，为议处本镇军饷，以资边用，改添实力，以图地方之事而上疏。

我在接管的文卷之内查得：隆庆六年(1572年)时，前任巡抚凌云翼因为团练步兵，而日粮、衣甲、犒赏等项费用不足，在商议之后将藩镇所属的郧阳、襄阳、荆州、南阳、汉中、商州所属的各州县原来编算的民壮、巡检司弓兵，从每十名中抽扣两名的工食费，原起解到户部作为济边银两，自此免解户部，改为留在抚治衙门作为军饷。另外，抚治衙门原来商议的从十名民壮中扣除一名的本地工食费，全部停止免扣。当时，户部奉皇帝谕旨发文前来，让各府州依然逐年扣除，全部解送到郧阳，寄存在郧阳府库里而停止支出。我随即前去清查该项军饷，查得的具体额数为：郧阳府所属的 7 县，每年存入之银为 1588. 8 两；襄阳府所属的 7 州县，每年存入之银为 1638. 8 两；荆州府所属的 13 州县，每年存入之银为 2905. 2 两；南阳府所属的 13 州县，每年存入之银为 3460 两；汉中府所属的 16 州县，每年存入之银为 4683. 6 两；商州以及所属的 4 县，每年存入之银为 1886. 4 两。以上总共为 16162. 8 两。又据汉中府平利县镇平巡检司报告，该司按原额缺兵 30 名，又奉文裁减了 14 名，就只剩下了 16 名，现在又抽扣 3 名，所缺兵员太多。因此凌云翼批允免从平利县抽除，减银 14. 4 两。

万历二年(1574 年)时，前任巡抚孙应鳌认为：郧阳府所属的郧县、房县、郧西、上津、竹山五县额编民壮之数也不多，而且既然从每个县里调 60 名民壮赴藩镇参加团练，再与其他各县一样扣解他们的工食费，似乎觉得负担不公平，于是决定自万历二年开始停扣这 5 县的民壮工食费，暂且以 5 县所操练之兵来抵消 5 县军饷银共 1104 两。

万历三年(1575 年)，由荆州府所属的江陵、公安、石首、松滋 4 县连年发生重大水患，地方上多次爆发匪警，我认为应该减半扣除这 4 个县的民壮工食费，以缓解受灾地区的财力，于是决定以所挑选编入的精壮实力，各以其半数作为本县的操备军队，于是呈报到兵部请求他们复议，再奉陛下谕旨执行，还乞求把以上三府每年的军饷银 1859. 7 两停止征收，全部免除，总共为 14403. 1 两。又据荆州府报告，所属地方多数苦于水灾，连续多年拖欠赋税，所收之数还不够原数。再查：本镇团练精兵，每年所需日粮、衣甲、犒赏之类用银不过 2500 两。于是我最近行文给各州县，无论官员、快保、甲人等只要有当场抵御土匪抢劫，或者杀获了真正的强盗，或者缉捕强盗团伙等的有功之人，允许在军饷之内支出给以赏赉。以一年计算，大约需要四五百两，不过费银 3000 之数。而如今，郧阳府库现在所积之银就达 5. 1 万两。

又据荆州知府林绍报告：“府属之巴东、长阳、兴山三县，皆无城墙可恃；公安、石首、松滋、监利、宜都五县滨临川江，水患频仍；江陵虽然附郭在荆州城内，然而外有流氓恶棍聚集，内有奸邪小人窥视，加上早年荆州左卫移置到了显陵，荆州军人又轮流戍守靖州、广西、郴、桂，以致守城的军人不满八百，里面的精壮还不到一半，已经空虚到了非常危险的地步。因而，我乞求将前项民壮、弓兵，除无城的县份就留在该县防守外，其余江陵、松滋、公安、石首、监利、枝江、宜都、远安、夷陵、归州十个州县所扣抽的兵壮，或者发回各县以资捍御，或者留在府城团操以稳固根本。”在我看来：荆州府城里皇室宗亲云集，商贾辐集，然而二卫之军却疲于远戍，我之前请求抽减一半之数也没有蒙得陛下的批准。前不久沙市失盗，当地官员就拿此作为借口推卸责任。

商洛这个地方，僻处于深山，不时发生矿徒聚啸，该处兵备道的兵力很弱，他对镇安、山阳之盗匪束手无措，幸亏这些匪徒到达金州(安康)之后就四散逃窜，才使他们全部就擒。因此，以上二地的防守缉捕，应该首先议处。

我又考虑：前巡抚凌云翼奏留支边银两，最初是因为本镇财力空乏，希望稍有资储而备缓急，是出于不得已。然而如今幸赖皇上的威德薄及海内外，没有人不相率而服从的。虽然百姓现在还有一些碾轧之苦，然而盗匪藏聚的状况已经很少了，大兴土木的事情也似乎减少了许多。我最近已奉陛下明旨，严督各分守、分巡道们清理卫、所的屯田。其中所知道的襄阳卫、竹山所，以及郧阳、南阳等卫，支付这些卫所官兵的廪粮等一应公费之外，多余出来的粮食，将来随着每年的丰歉均征收到官府，本色可以备荒，折色可以作为军饷。

局势有轻重，事情贵在变通。自数年以来，每年约计日粮、衣甲、赏功、犒劳之费不过3000余两而已，然而捍卫国家供应边疆之军资却放在郧阳府库里，没有真正发挥作用。即使今后或许对郧阳军队有所征调，然而郧阳库中现贮的50000余两以及每年所积屯的粮食子粒，应付起来依然绰绰有余。这样，各州县虽然疲累，然而凌云翼上疏之时已经获免的十免扣一之数，我不敢再次请求宽减，以干扰大局。只是前面所开列的荆、商18个州县的民壮、弓兵，应该相应减少数量，以资保卫地方。我乞求陛下敕下兵部议复：将郧阳府所属的竹溪、保康二县，每十名扣二名壮兵的工食银共计484.8两，襄阳府所属银638.8两，南阳府所属银1460两，汉中府所属银1683.6两，总计4267.2两，每年照旧扣除解送到本镇，以作为团练步兵的日粮、衣甲、犒赏，并备地方缓急之用。其中襄阳府属银一千两，南阳府属银二千两，汉中府属银三千两，仍照春秋二季扣除解送布政司，其余解户部，作为接济边饷之用。荆州府属并商州以及所属四县，每十名抽二名民壮、弓兵，俱免扣银，改编数量。在荆州府就听从分巡上荆南道，在商州就听从分守商洛道，选作本道标下精兵，与各官兵各营一起操练调遣。其屯田清出的盈余部分，等造册之后，如果足够每年本镇的军饷，到时再题改施行。这样，就少支出军国之资，又可作荆、商二地保障，不致浪费财力，或者置之无用之地，以对得起我的职守，心自稍安。为此上疏，请旨。

王世贞的《武关赋》

王世贞抚郧的时间不长，他在郧阳所作的赋我们目前能够看到的只有《武关赋》《沧浪濯缨赋》和《锦鸡赋》三篇。

明万历二年(1574年)，朝廷任命王世贞为郧阳巡抚。九月，王世贞由北京赴郧阳上任，途径属地商山中的武关时，他看到这里的一夫当关万夫莫开气势之后惊叹不已。到郧阳后随即写了一篇《武关赋》，感慨秦国当年曾经以武关为拒楚屏障，然而虽固若金汤，终究还是被项刘攻占，所抒发的是天险的不可恃，唯有仁义才能通行天下的情怀。

有资料显示，《武关赋》为唐人王启所作。然而明万历年间编修的《郧阳府志·卷三十一·艺文》里，选载有《武关赋》，作者为王世贞。我该相信谁的？从时间上看，王世贞任郧阳巡抚于万历二年至四年，而修《郧阳府志》在万历六年，时间如此之近，应该不会有错。从情感讲，作为郧阳人，我更愿意相信这是王世贞的作品。其《武关赋》全文如下：

武关赋

路入商山，中横武关。呀重门于固护，屹峭壁以孱颜。昔在危时，屯千夫而莫守。今当圣日，置一卒以常闲。观乎地势争雄，山形互对，西建蜀汉之险，北接崤函之塞，锁百二都，绵几千载。世乱则阨限区宇，时清则通流外内。当其六国连谋，关防日修，则斯地也，云屯貔武，雪耀戈矛。张仪出以行诈，怀王入而竟留。纵下客之鸡鸣将开莫可，任王孙之马白欲度无由。及乎尘起九州，波摇四海。秦鹿失，而襟带难保。汉龙兴，而山河剧改。岂料御冲之所，此日全平。未知击柝之徒，当时安在？所谓以兵而备者，莫之能守。以道耳居者，莫得而踰。千里之金城汤池，终为汉有。二世之土崩鱼乱，自是秦无。今则要害何虞？平隆已久，虽设险以犹在，顾戒严而侧不，萧条古垒，岂藏文之废来？寂寞空扉，似杨仆之移后。盖以文修武堰，国泰四雍，浚四溟而作堑，廓八极以为墉。遂使鼙鼓无喧，一水之寒声决决。旌旗长卷，千载之暮色重重。嗟乎！昔为洪枢，今成隙地，信无外以斯见，实善闲之攸致，儒有经其所感其事，乃曰："今朝西去，岂无随老氏之人？他日东还，谁是识终童之吏？"

其大意为：路过商山，有武关横亘其中。惊讶这里的重关坚固，两旁屹立之峭壁以参差不齐的面貌展现。昔日每当在危急之时，即使屯千军于此最终也不能守护。当今为太平盛世，只置一个士卒也常常闲得无聊。看此地形势，两山争雄，山形互对，西为蜀汉之险，北连崤山与函谷关要塞，锁秦都，延续几千年，战乱之世则可厄限天下，清明之时则能内外通流。当年六国连谋共同抗秦，这里的关防日日维修，军队勇猛，戈矛锃亮。然而张仪由此出关行诈欺骗，以致怀王由此入秦而被扣留。纵然这里是“下客著鸡鸣”的绝胜之地，无论任何人都攻打不开。等到尘起于九州，波摇于四海，随着秦国帝位的丧失，环绕的险峻地势难保他的江山不落入他人之手，最终落得个汉朝兴起，山河改姓。岂能料到昔日的御冲之所，此时全为平地？也不知道当年的敲梆巡夜之人如今在哪？所以说：以兵来守备的，最终不能守御；如果以治理天下之道而居的，就没有不可逾越的关卡。君不见秦之千里金城汤池，最终为汉所有。仅传二世就土崩瓦解，自此大秦全无。如今这要害之地还有什么可忧虑的？天下太平已久，虽然在此设险，但戒严松懈，古垒萧条，岂不是又要藏文道而废武备吗？寂寞空扉，有点类似西汉杨仆在东移函谷关之后。要学就学南朝梁代以文修武堰的壮举，使国泰民安，四边和谐，疏浚四方之水作为堑壕，廓清八极之地作为城墙。于是使得没有战鼓的喧闹，只能听到江河之水奔腾而流，暮色重重里，旌旗长卷千载。哎呀！昔日为洪水流枢之地，如今却成为空闲地带，信誉无论内外均可得见，以致有学儒经过这里感叹其事，说：“现在朝西而去，岂没有随老夫同去之人？他日东还，有谁还能认识当年那个少年有为的官吏？”

王世贞的《沧浪濯缨赋》

明万历三年(1575 年)的一日黄昏，王世贞步出郧阳城外，面对滔滔江水，诗兴大发，随口吟出一篇《沧浪濯缨赋》，是借《孟子·离娄章句上》“沧浪之水清兮，可以濯吾缨。沧浪之水浊兮，可以濯吾足”为机，站在屈原的立场，以屈原的身份，来表达自己志高性洁和不愿与肮脏的社会习俗同流合污的气节。

沧浪濯缨赋

沧浪之水兮，伊楚之渍。汗漫荡漾兮，清泠渊沦。控三湘之浅浪，从大别而派分。澄澹清景，离披晓云。彼美人兮，何其独商歌以思君？睹斯水之洞彻，恶吾缨之垢氛。将濯其缨，亦洁其已。逐臣逋客，渔翁樵子，吟刈楚以激昂，咏伐檀而箆仕。哀灵均之濯足，笑许由之洗耳。载泛载浮，曷云其已？洎夫白日始晞，青天收潦。千寻湛而见底，万里净而犹扫。漾粼粼之浅沙，荡靡靡之纤草。萦纡浦溆，逦迤洲岛。兴既远兮情亦闲，缨再濯兮身亦澡。于彼濯矣，伊水之滨。于彼澡兮，君子之身。涤我滓秽，去我埃尘。且洁净以精微，又肆志而忘神。孰与夫泽畔憔悴，空见悲于楚客。心之忧矣，匪兴刺于诗人。已焉哉！士生世兮，患于不立。朝闻夕死，道之所急。偶沧浪之且清，岂坎道之能习？易载出处，诗称维絷，岁冉冉而不留，虽追悔而何及。辞曰：沧浪之水兮徵《楚辞》，临清漪兮应昌期。濯吾缨兮有所思，幸我生兮及明时。进德修业兮已矣，拔茅汇征兮良在兹。

其大意为：沧浪之水，涌起在楚地。无边无际地荡漾，泛起清澈凉爽的波浪。它控制着三湘的浅浪，流经下游又区别于大别山之水。它水深广貌，清澈景明，披着纷纷下落的拂晓之云，简直就是一个美人，那为什么又以独唱商歌的方式来思念夫君？目睹了这里水之洞彻，就更加厌恶自己帽缨之上的污浊气氛，想将帽缨放入沧浪之水中洗一洗，让自己更洁净一些。然而我是一个被逐之臣，失意之人，听到了渔翁樵子所吟《割除楚地》歌心情是何其激昂，所咏唱的《坎坎伐檀》之韵又莫知国家吉凶。我哀叹屈原你呀在这里濯足，又笑尧舜时期的许由怎么不来这里洗耳？水中浮动的，为什么都是些白云而已？等到东方破晓，青天之上不再大雨滂沱后，幽深的沧浪也能清湛见底，万里净空更犹如刚刚打扫。波涛荡漾着粼粼浅沙，迟缓地涤荡着岸边的纤草。回旋曲折的水岸，逦迤连绵的洲岛，兴致既悠远，情趣更悠闲，洗完了帽缨后就再洗个澡吧。在这里洗澡，仿佛置身伊水之滨。在这里洗澡，能净化君子之身，涤去自己灵魂中的污秽，去除自己思想上的埃尘，就洁净得精纯精微，又会快意随心而忘掉，哪里还是那个在泽畔披发憔悴、空悲切的楚客？唯独心里还有的隐忧，只是担心吟出来的诗句不够精妙。也就只能这样了吧！士大夫生于世，忧虑的是不能立大志，如果能够朝闻夕死，就是为得道之所急。偶遇的沧浪之水的确很清，岂是在坎卦之道中所能学习来的？《易》中载有出处，《诗》中称为“挽留”，然而每年都缓缓而去不能停留，虽追悔但已经来不及了。辞曰：沧浪之水呀，激生了《楚辞》。清澈而有波纹的水面呀，正应了兴隆昌盛之期。洗濯我的帽缨时自己有所思，幸亏我生活在一个政治清明的时代。然而提高自己道德修养、扩大功业建树的时期已经逝去，唯有广开求才之路，使贤者都汇聚在麾下，事业才会发达。

王世贞的《锦鸡赋》

又一日，王世贞外出。在傍晚归途中路过一片森林时，一群锦鸡在轿前嬉闹。他停轿观赏，被平生所未见的场景所痴迷。地上活动的锦鸡，与自己胸前二品朝服上的锦鸡图案相映成趣，似乎为冥冥中的一种瑞兆。然而，锦鸡是明代郧阳向皇帝敬献的一种贡品，不知有多少郧阳家庭为此而破产，他对此现象颇不以为然，于是写下了《锦鸡赋》，以表达对此的不满：

锦鸡赋

序曰：郧山中多锦鸡，五色可爱。古不经见，至明而定为二品服章，人始称之。按《尔雅》：“纪雉有数种，曰鷩者，似山鸡，而小冠，背毛黄，腹赤，项绿，色鲜明”，疑即此物也。又《尚书》云：“山龙华虫，雉也，一云鷩，雉也。”当时服章所取，意或由此。初夏昼永，感其在目，聊为赋之。

赋曰：有鸟于此，鼻祖鹙鹜。厥彩五章，实繁其族。玉衡之散，其造不淑。栖于埘桀，人所卵育。爰有令支，机精所属。首若郁金，项如结绿。翡翠丛腋，渥丹凝腹。忽横绝而讯往，杳惊电之挚目。稍安翔而反顾，烁残霞之散陆。烂烂兮芍药之春敷，灼灼兮菡萏之朝荣。又似乎火齐之为灯兮，蜀机轧轧而未停。尔其耿介自标，驯和且平，栖止必谐，饮啄不争。能使鹖惭粗猛，雉失文明。虽彬彬乎君子，实粥粥其无能。乏曾城之善舞，谢九真之长鸣。然而么麽微质，托产遐裔，岂帝舜之华虫，而旁采乎余类。彼誉命兮不逮乎先朝，乃服采兮章施。于圣世陋吉光之徒，珍笑鹔鷞之非丽，躐孔翠而直上，托胎禽以差次。聊颉颃兮笥班，竟先登兮峰陛。噫嘻，譬之云台丹青，而赤松托寄者也耶？上应天象，而垂钓水涘者耶？名之曰锦鸡，而古无是者耶？其鸡鹡为兄，以鹨为弟者耶？乱曰：“嗖喋禾黍，聊容裔兮，不知自贱，安知贵乎？”食子之食，匪以惠兮，所苦笼絷，愿从此游兮。

其文大意为：郧山之中多出五色可爱的锦鸡，但在古代文献中却没有锦鸡的记载，自我大明朝时将其定为二品文官的服饰图章，人们才始称它为锦鸡。按《尔雅》所记："雉有好几个品种，一种叫鷩(赤雉)的类似山鸡，小冠，背毛黄，腹赤，颈项绿，色彩鲜明"，疑似就是锦鸡。又有《尚书》记载："山龙华虫，雉也，一云鷩，雉也。"当时服饰之所以取这个图案，或许由此而起。初夏白昼漫长，当我看到锦鸡时就有所感，聊且作一首赋。

其《赋》大意为：郧阳有一种鸟，它的鼻祖是五种凤凰中的一种，称为鵕鸃。它的五彩之色美绝，其家族繁衍得实在庞大。相比之下，北斗星显得太散，其造型失美。其栖于巢穴，像人一样哺育自己的幼婴。其由令支(古国名)而来，机敏精灵是其属性。其头部灿若郁金，颈项美如宝玉，腋部翡翠丛生，腹部似深红色渥丹花凝集在一起。其忽而横绝崖巅一闪而过，杳若惊电让人目不暇接。稍安翔之时，其喜欢扭头反顾，此时就会闪烁出晚霞般的光怪陆离，灿烂如春天开放的芍药，鲜明得如荷花沐浴着朝阳，又似乎是用火龙珠制作出的灯所发出的光芒，反复旋转不停。它以正直脱俗而自立，性格却驯和平静，栖息静止之时相互必定和谐，饮水啄食时相互不挤不争。哪里像鹖鸡一样粗猛，雉鸡一样没有文明。然而，其虽然一副彬彬君子的模样，而又实在柔弱无能，缺乏凤凰那样善舞的能力，没有九真仙山上的凤凰那么能长鸣。然而，其娇小的身躯，却依托凤凰后裔，这岂能是帝舜时的华虫，而只能是偏旁支系的余类。在盛世，偏僻之处多有吉祥物徒然成为了朝廷珍品。它名曰"锦鸡"，然而古来怎么就没有这个称呼？鵔鸃是它的兄长，还是田鹨(liù)是它的弟弟？书曰："在水波荡漾的沧浪湖边喋喋不休地吃着庄稼而不知自贱的生物，哪里还知道什么叫尊贵？食自己后代的食物的生物，哪里还懂得恩惠？如果进入宫殿你就会被牢笼束缚所苦，从此还能在森林里遨游吗？"

王世贞咏郧诗节选

王世贞由北京到郧阳上任，一路从华北平原进入中原，由中原再踏上了郧阳境内的山道，感受到了另外一种别致景象，就吟出了一首五言格律的《郧阳道中》：

蜀道难从昔，郧山不易哉。分峨云作戍，入滟雪成堆。忽濒龙宫迫，饿惊鸟道开。旌旗从地涌，鼓吹薄岩回。无虎心时动，非猿音亦哀。胁肩峰窄愕，啮履浪喧豗。麋子甘从陟，郧公肯再来。俱言叱驭好，未有凿空才。

王世贞和凌云翼、汪道昆三人是好朋友。

凌云翼，字汝成，为王世贞的江苏太仓同乡，于隆庆五年(1571年)任郧阳巡抚。当时，王世贞在北京任太仆寺卿，他把凌云翼送出长亭，并让凌云翼带给正在郧阳巡抚任上候代的汪道昆一封信。

王世贞与凌云翼临别之前，王世贞还作了一首《奉送凌汝成中丞抚郧阳，因柬汪中丞伯玉》的七言诗相赠：

才闻抗疏乞林丘，又见除书出帝州。北极烟云时自变，东山花月未堪留。地分秦楚连中夏，城带郧襄控上游。羊肚只今高宴会，千秋岘首失风流。

春雨贵似油，春风伴以当日的喜雨，喻示着郧阳的丰收，这让王世贞喜不自禁，于是他吟出了七言律诗《喜雨》：

郧台喜见春风雨，尽日萧萧兴转生。座上青山添翠色，槛边流水送新声。年丰预卜三边静，主圣欣逢四海清。洗盏更儿频劝酌，一天云叶晚风轻。

清明节到了，又一场春雨而至。每逢佳节倍思亲，王世贞想念家乡的亲人，感叹自己在49年的人生里为父母尽孝的时间不多，只能用《清明遇雨》一诗来抒发自己的情怀：

昨岁清明指冀方，今朝寒食滞郧阳。儿曹上冢亦随列，客子思亲偏断肠。四十九年年已去，一百五日日初长。毋论积雨断新火，纵但余光非故乡。

明代文学家张九一，字助甫，号周田，新蔡人，小时就文辞绝伦，所写的诗文博雅雄丽，为人推崇。他赴省考举人，五策竟写了2万余字，受到主考官的赏叹，被取为第3名。他嘉靖三十二年(1553年)中进士时，年仅20岁，初授黄梅知县，处理事情当机立断，从不拖延。空闲时间则读书赋诗，有时与客人饮酒咏诗以至整天。3 年任满之后升为吏部郎中，与王世贞、李攀龙等人结社谈艺，友情甚笃。王世贞抚郧时，张九一去甘肃凉州任副使途径郧阳。张九一和他的弟弟见甫在参观郧阳巡抚衙门清美堂时，王世贞作《三月晦日助甫见甫于使院清美堂联句因赠》一首赠给张九一(见第二章《郧阳藩镇巡抚衙门》一文)。

张九一离郧时，王世贞在郧阳城外的江面上放舟饮酒为他践行，在猜拳行令中，王世贞作《移舟饯助甫，分韵得牛字》赠给张九一：

麇子城南看放舟，鸣笳叠鼓不宽愁。过云石迥如人立，破壁江能学字流。此际雄潭还白马，早时真气失青牛。亦知别后无他事，肯为参峰暂少留。

张九一刚在凉州上任，正遇庄浪兵变，于是分兵袭击，事变被迅速平息，因功升兵备副使，调甘州张掖，他以恩威并用的方式遏制住了俺答之犯甘，升为右参政，后再历密云按察使、山西右布政使。在他上任密云按察使时又绕道郧阳会晤王世贞。王世贞欣喜若狂，作《喜助甫少参复过郧城》表达自己的心情：

郧江星象性来频，春起南阳冬入秦。负弩迎将符节使，同舟看是角巾人。从来侠客深然诺，岂合明时见隐沦。节度莫夸襄阳好，白茅先授九边臣。

在郧阳城，王世贞邀请张九一登城北春雪楼，作《邀助甫兄弟登城北楼》送给张九一：

凭栏极望思雄哉，眼底初逢宋玉才。叠翠争排千雉入，空青忽破片凫来。双飞鸿雁分双影，一曲骊驹尽一杯。妒杀银筝玫瑰柱，声声弹出古轮台。

王世贞与友人一起游郧阳所作的诗还有《送吴士游郧阳，用贫士韵二首》：

高树带微阳，倦鸟与相依。本为聊托息，非用借光辉。南亩有棲粮，矫翮且一飞。晨当暂相醉，夕当复来归。躄足未朝餐，愿尝代其饥。千载士夫职，鼎鼐私所悲。

行游向郧楚，急憩鲜华轩。路若经商山，为我吊绮园。芝歌停遗响，麏(同麋)迹但苍烟。隐见无专是，出处人自研。

万历三年(1575年)的最后一天，是王世贞在郧阳所过的第二个除夕。他看到郧阳城里热闹的情景，不禁诗兴大发，作《乙亥郧城除夕》一首：

爆竹时时劲，屠苏缓缓斟。争先儿辈时，恋旧老人心。泽国音书远，波臣岁月深。烛光浓不剪，抱膝自微吟。

王世贞对涉郧功德的铭记

在郧一年多的时间里，王世贞为郧阳干了许多大事。如他在巡抚衙门里挖井，一劳永逸地解决了院内的吃水问题；他正好赶上朝廷批准郧阳巡抚由“提督抚治“提升为“提督军务抚治”，于是重建了提督行台衙门；他拜谒原公祠，召见郧阳的儒生、官吏和民众代表，与他们一起谈论郧阳的历史和发展前景；他派人北上燕京，南下建业、吴郡购书3000卷，在行台衙门里辟“清美堂”作为图书馆，他看到所辖六府的书生在科举时的中榜人数还不及家乡吴地的一半，就亲自编纂《弇州山人四部稿》让书生们阅读；他到任第二年就遇上了郧阳大旱，在率领军民兴修水利的同时，还带领文武官员登坛祈雨；当郧阳籍进士温如玉客死山东文登，因家贫灵柩无法回归郧阳安葬后，王世贞捐助运回安葬，并为他撰写了祭文和墓志铭。

在古代，能够读书、写书的人不多，印刷书籍更不是易事。郧藩建立以前，郧阳并不是大城市，所以域内藏书有限。王世贞任巡抚，想打开郧阳的读书风气以教化郧阳子民。于是派人北上燕京，南下建业、吴郡，共购书3000卷，在行台衙门里辟“清美堂”放置，并撰写《郧阳藏书记》一文：

郧阳藏书记

郧阳古一聚落也，强名之曰县。而至成化中强进之曰郡，又强以一都御史居之。余生有士安之癖，不能一日释书。前年冬自太仆出镇郧，亦颇有挟册足读而间，欲所雌黄，走一郡数邑问他本亡，论不得即不能举其名。而其为诸生自经学数种外，间与语子史百家，则大怪骇，以为欺我。窃以今之仕郧者，虽不若寓公迁客之多暇，而赋讼稍简，自墨艾以上往往足三余而不获究仕优之说。其诸生岂无卓异过目成诵者，竟白首而犹面墙？今天下号为同文，而郧以僻陋故，去嵩洛图书之国不千里，而邻于鹄形鸟言之民，抑或其不幸也！予既已悯之，而会有南北使，则出赎锾之羡以属郡，俾北走燕，南走建业，又南走吴郡而购之。谓七略之遗者，得十三经，二十一史，衰周以至盛明诸文章，计三千余卷。而典故比详之书亦与焉。印识其首尾而归之郡，俾度而钥之。诸宦游兹土者，郡之为荐绅先生博士弟子者，欲有所考诵或造而幡，或请而诵，毕则仍居其所。期以有益无损而已。考之此城之流寓，独有濮恭王泰，恭之选《括地志》，其蓄典籍踰于闭阁，及殁而施宅为寺，而遗书之存者无一也。岂其流离播迁之际，有未易以自致者乎？余幸而当右文之代，力相能得者之。郡始有此书，以启异日文献之百一，庶几彬彬云尔。若乃侈大其事，而比于宛委而酉之藏，则有所不敢也。因刓之石，以告夫嗣余志者。

《五经》一部、《国语》一部、《吕氏春秋》一部、《战国策》一部、《北史》一部、《学史》一部、《元史》一部、《李翰林文集》一部、《文献通考》一部、《皇明文衡》一部、《吏部职掌》一部、《柳文》一部、《宋文鉴》一部、《皇明诏赦》一部、《经济录》一部、《元文类》一部、《大明律例》一部、《管子》一部、《通典》一部、《大明会典》一部、《陆宣公奏义》一部、《唐文粹》一部、《文章正宗》一部、《文选》一部、《皇明名臣言行录》一部、《续文章正宗》一部、《文苑英华》一部、《何大复全集》一部、《资治通鉴》一部、《三苏文萃》一部、《嘉祐录》一部、《续资治通鉴》一部、《昌黎文集》一部、《刘向论苑》一部、《杜工部诗集》一部、《秦汉文》一部、《通鉴记事本末》一部、《停云馆帖》一部、《欧阳文萃》一部、《老子道德经》一部、《三国志》一部、《初学记》一部、《诚斋易传》一部、《周礼句解》一部、《孔子家语》一部、《南史》一部、《十三经注疏》一部、《皇明文苑》一部、《魏书》一部、《事类赋》一部、《杜氏通典》一部、《北齐书》一部、《百家类纂》一部、《修词指南》一部、《南齐书》一部、《三礼考注》一部、《锦绣万花谷》一部、《周书》一部、《北齐书》一部、《艺文类聚》一部、《文章正宗》一部、《隋史》一部、《老子通义》一部、《大学衍义节略》一部、《宋书》一部、《白孔六帖》一部、《大学衍义补》一部、《唐明贤历代确论》一部、《梁书》一部、《仪礼经传》一部、《陈书》一部、《列子通义》一部、《晋书》一部、《宋史》一部、《庄子通义》一部、《唐书》一部、《辽史》一部、《四书人物考》一部、《前汉书》一部、《金史》一部、《法帖》一部、《后汉书》一部、《五代史》一部、《法书》一部、《尺牍清裁》一部、《名画》一部、《博物策会》一部、《沧溟文集》一部、《史记》一部、《北齐书》一部、《唐诗品汇》一部、《四部稿》一部、《大明一统志》一部。

王世贞自称弇州山人。在郧阳期间他看到所辖六府的书生在科举时，中榜人数不及家乡吴地的一半，就亲自编纂《弇州山人四部稿》让书生们阅读，并为此书撰写《四书文选记》一文：

四书文选记

今诸书生习经术者，不复问词赋以为何物。而稍名能词赋者，一切弁髦时义而麾弃之，以为无当也。是皆不然。自隋试进士，以明经与词赋并。至宋熙宁世，始绌词赋不用，而所谓明经者第。若射覆取答而拙涩不能彬彬兼质文，固也。明兴而始三试士，各以其日。为经书义以观理，为论以观识，为表以观词，为策以观蓄，然其大要重于初。曰以观理者政本也。至于标题命言则或全举而窥其断，或摘引而穷其藻。上之所以待下者，愈变而其辞愈益工。盖至于嘉、隆之际，灿如矣。是故谓唐以诗试士而诗工。则省诗试，自钱起。李肱而外，胡其拙也！谓明以时义试士而不能古，则济之应德，其于古文无几微间也。凡论而表而策，最近古而易撰。其于经书义，稍远古而难工。天下之为力于论表策者十之三，而为力于经书义者十恒七而犹不足。吾镇郧所辖且六郡，而诸书生榷其取科第，不能当吾吴之半。夫时义之为经五，而为书四。五经人各治其一，而四书则共治之。吾故择其精者以梓，而示诸书生。夫非欲诸书生剿其语也，将欲因法而悟其指之所在也。

王世贞到任第二年，郧阳大旱，他在率领军民兴修水利的同时，还带领文武官员登坛祈雨，向上苍宣读了他的《祈雨文》：

祈雨文

提督军务兼抚治郧阳都御史王某，谨具瓣香束帛，敬告于龙神曰：

都御史无似，天子命领郧节，其荆、襄、汉、南之山川、土田、人民，皆与神共之。今旱自五月至六月矣，禾黍之地高者蟹螺，而卑者沮洳，日夜恃雨以为命，而不能希涓滴之赐。今上尺坼而膏寸涸，本下萎而末上焦，其父老子弟食寝之弗遑，以为岁忧。

夫天下称名山者，无逾玄岳(武当山)；而称名江者，无逾汉，其神最当灵而又尊贵。即父老子弟之所循省，以为最媚事者，亦无如神，神不当坐视其困也。且天子方斋，明其德，以奉上帝，惠鲜小民；百执事精白，一心恪供，乃司神罔时恫矣。即都御史之不蔽职，而神督过之，亦不当以移于民也。都御史今贬车服，减驺从，从事坛壝而敬于神约：其惠我甘霖三日，以起焦枯，当从父老子弟百拜稽首，以谢神之大贶，而光昭其威德。

抑语云：天灾流行，国家代有意者，神乃不能得之岁耶。都御史无似，尚能以五郡吏民请命天子，而神不能以五郡吏民请命上帝者，未之有也。

神其鉴之，鉴之。

也许是王世贞的真诚感动了上苍，大雨果然如期而至，旱情得以缓解。王世贞再次登坛，向上苍宣读了他的《谢雨文》：

谢雨文

呜呼！二五之灵，具用为神。神佐上帝，以宰生民。帝有至仁，神寔僎之。凡此滂沱，畴非帝仁。民有大命，神寔柄之。凡此滲漉，畴非民命。兹惟长嬴，魃为戎首。如惔如焚，铄石焦亩。单辞朝闻，夕奏絪缊。汉江立波，玄寥蒸云。龟者分合，朽者为腴。仆者为起，卷着为舒。雨之骤来，其滴沥沥。匪雨之滴，实生民食。雨之将收，其丝霏霏。匪雨之丝，实生民衣。贞实无良，六事何饬。爰借神休，脱于我责。诸二千石，黄墨绶吏。敢不涤心，以承神赐。田畯里父，率其子女。崩角厥稽，式歌且舞。人亦有言，欲而不贪。贞有百诚，神泽所覃。勉勉我皇，祇恭惠矜。毋使云汉，流歌中兴。

房县城南有澈澥堰，上、中、下畈的村民为争水时有斗殴。知县朱衣制定《乡规民约》使三畈之人和睦相处。于是王世贞写《房县澈澥堰斗门碑记》记述事情经过：

房县澈澥堰斗门碑记

房令朱衣上都御史幕府言，邑故迁人地，四塞无商贾之羡，其民依樵采而食，所出薄，不足以供，恒苦饥。独邑南有稻田万余顷，号为肥饶，其所受水出滴水岩，灌溉以时，则收倍他田。其地凡三畈，中、下畈以次而受上畈之水，上畈以次而制中下畈之命。遏而不下，则弗敢播；旁泄而他注之，则弗克播。而下畈亦时窃发其防，使上、中畈立涸，故恒争。争者互为害，而不能自为利。日者令以行部至田所，具得其状行乡三老周天禄，堰长王诏、赵曦、韩勇、金凤鸣、占恩、郑文元、廖楚畏、戢安民等护田利者，以次受职，俾环畈而圩之，无使旁泄。自上而中，而下，至绾毂之口，凿石为斗门，大者三，小者三十有五，上溢则障之，下涸则泄之。凡条石之以丈计者二千五百五十五，为柱者百四十有四，为槽者十有五，役工至二千三百三十，而赋帑金仅六十余。因与守畈者约：其下畈当受水而不予水者，罚在上畈；不当予水而辄启水者，罚在下畈。民皆稽颡听约束，无敢犯。今迁徙无常，久或忽忘，不以时饬治，恐奸民起而修一旦之忿，破坏成业，坐自失计，而归訾于上，愿得幕府之一言，勒石而树之通衢，以示永久。都御史曰："善。"乃为铭曰："周人有稻，掌稼下地。潴防沟遂，以迨列浍。扬芟作田，旱涝有备。惟此山邑，罕睹其利。引流下输，建瓴斯易。比干桔槔，厥逸斯倍。门此三畈，以时启闭。房南穰穰，民靡虞岁。爰告来者，无怠成事。

郧阳籍进士温如玉与王世贞为世交。温如玉任山东按察使副使时客死在任上，因无钱5年不得魂归故里安葬。在王世贞的资助下，灵柩回归郧阳后，王世贞为他撰写了《祭温宪副文》：

祭温宪副文

呜呼！我之先君，吁俊南土。与者九十，公实翘楚。擢枝郤，媲美游羽。遂握台符，东摄负煮。百吏肩胁，以避质斧。剂寒为和，拂我环堵。顾念先魄，藁葬何苦。宰木虽拱，窀穸未举。爰橐于镠，爰絜于酤。千里南州，以奠府主。鄙彼腹扪，铭兹剑许。沈葭渐吹，幽谷就煦。帝恤我君，俾复章甫。公时载巡，飞疏请叙。法宁蔽绩，咎乃隐无。我实不竞，以成龃龉。公迁于莱，病不时愈。讯信仅归，讣音旋吐。岂无尔悲，云路忧阻。公昔拊我，今公我拊。公归冥冥，予蹈踽踽。凑柏栖堂，旅葵生庑。欲为而宰，而实空窭。嗣器若淑，无所御侮。酹公一觞，聊荐心腑。衔恩狗知，俯仰今古。

王世贞还为温如玉题写了《明中顺大夫山东按察司副使少谷温公墓志铭》：

明中顺大夫山东按察司副使少谷温公墓志铭

温公在文登也。余自海上走一介讯公，而得公报书逾月。而公移罢，又逾月而讣公卒。盖又五年，而余奉命来抚郧，为公之乡，吊公而犹未葬也。呜呼，伤哉！贫也。余乃谋于公之子应龙辈，窀穸于龙庙山之阳，树之槚，而公弟真阳令如春，以状来请志铭微状。余宁为不悉公也？公之成进士之殁，凡十有八年。为行人，则一使荆襄；为御史，则一按鹾吴越，再按秦，三仍吴；为按察副使，则治海道。所至皆卓然有声绩。

而其却荆人金也，荆人至今能道之。

其按鹾场，人暴中倭不登课，公申饬旧制，为通融期限，以苏其困，立保甲法，参而伍之，俾人自为守，搜捕奸猾及逻卒之因而利者。课自是骤登，额逾于承平时。而公所治，缮理城隍，筑海圩闸堰数十百计。

其按秦，益自标树风采。至则论同州守某、宝鸡令某等贪酷状，遣戍削籍有差。守、令望风解印绶去，滑吏大豪一切受法，不寒而栗。公讲求边方，以计屡绌者前后凡二十条，条上之，可报。公又行刺得某大帅蚕食吏士，佐虏为虐。某俾帅不畏大帅，而畏虐状。悉骇罢之。至督、抚重臣，亦有缘而谪削者。边吏大惴，无敢深入。公又上宗藩七事，若补禄粮、肃关支、正体统、严门禁，尤其要者。

其仍按吴，则益熟于其利便，而于职得兼治，大小诸吏有熟于公者，转相告报："毋为挠温公三尺。"公以为吴所重于天下者赋，而其利之最大者水，则抗疏委能吏丈亩。里毋伏田，田毋伏赋。赋而不田者，蠲之；田而不赋者，益之。督诸治河官以农暇开浚水，稍稍受职矣。公又论罢副总兵一人，武吏益戢，吴以大治。然用事者以公治秦严，鲜所纵舍，而公不安于台矣。

其治海道，而属登莱与辽之亡命，交匿于诸岛，时出剽掠以自益。议谓击之，则虑起兵祸；勿击，则二郡驿骚无已。时公用杨守起元议，外扬军声以胁之，使指挥汤诏等之田横，王世禄之长山，裴虞度之崆峒，李承旸之刘公，千户黄汝忠之抗灰诸岛召其豪长者，谕之曰："与若期一月来受署为良民，不者，温公大军立奸汝矣。"众惶恐，咸来谒公。拊循之，为上书二台，编保甲，给田起税，通互市，开关梁，禁争讼。岛人彬彬，约束比内地矣。属郡大旱，公斋三日而祷，立澍。公既露祷于雨中，又以著故，不为雨具，寒内侵，遂得疾。其民相率狂走，告神曰："大夫为民雨，神幸民以雨，而予大夫以疾，非类民，今敬为大夫请命。"果间，公念欲不任疾，疾又不任事，即自骇归。且就道，已而曰："吾守土臣也，敢去事归乎？强疾以待。"甫得请而公革矣，然犹手书诸郡邑："毋祀祭，毋赙祭，吾不而享也。赙，是死而僇我也。"

公讳如玉，字孟醇，别号少谷。其先世志海，随人，以戍赘河南之桐柏。王父淮籍郧，为郧人。父文林公昕娶左孺人而生公。文林公之为诸生，而公十四亦补诸生。郡守许某奇公才，欲婿之，弗果。明年有孙提学者，按部试公，以为第二人。既见而笑曰："吾欲冠若，以若少，疑之，今果然。"自是凡再楚试，皆不利。而最后我先公巡按楚，公遂与荐。归及襄阳，得文林公讣，盖绝食七日而抵丧所。抚棺大恸，曰："天乎！谁令我以一乡书易吾父也。"公之举进士而丧王父淮，已又丧左孺人，毁瘠时有加。自是得心腹间疾矣。公之一为御史，三按部，又一为海道，皆名持宪。其居乡，绝不通官府；其居官，绝不通家问。以故病三月，且死，而其家不知也。公生以嘉靖戊子，卒以隆庆己巳，得年四十有三。初娶于钟，早卒，赠孺人。继娶其从妹，封加之。子三：长即应龙，郡诸生，娶主事黄元吉女；次应鹏，聘举人江以淇女；次应岳，聘知县李岳女。女三，俱幼。世贞曰：

“公屡为执法大吏，所至有声绩，岂偶然哉？旱祷有澍，卒以勤死，合于古祀法矣。乃其临殁而约束郡邑：毋令污我为也。此何下结缨易箦哉！”盖公之举于先公也，差殿而始按吴鹾。先公属大故稾葬，诸知名士咸自避晦，削门下籍。而公走使二百里而来，以金助缮墓，不佞兄弟盖三辞而公三进之，曰：“吾为吾之师而已。”夫是以无虞于松楸，而会先帝赐诏洗雪，公复从林中丞润上书请予故御史大夫赠谥，不报。不佞兄弟以谢公，公曰：“甚愧上书，吾为吾之师而已。”公之笃于伦理类如此，是宜铭。铭曰：“天道无亲，常于善人。”此言是耶？则何以子之民而殉子之身。非耶！则子之子孙其振振，而子之名与余言而偕不泯。

参考书目

1. 明万历周绍稷原著，潘彦文、王一军校注，长江出版社 2007 年 7 月出版的《郧阳府志》。

2. 清同治吴葆义、王严恭原著，潘彦文、郭鹏校注，长江出版社 2012 年 7 月出版的《郧阳府志》。

3. 清康熙张杞、侯世忠编撰，1993 年编释本《郧县志补》。

4. 清同治文昌宫藏版，1998 年 12 月“郧县老年书画学会”影印本《郧县志》。

5. 潘彦文主编，长江出版社 2012 年 12 月出版的《郧阳旧志辑录》。

6. 明万历裴应章、彭遵古原著，潘彦文、郭鹏校注，长江出版社 2013 年 4 月出版的《郧台志》。

7. 湖北人民出版社 2001 年 6 月出版、郧县地方志编纂委员会新编的《郧县志》。

8. 中国科学院历史研究所第三所编写的《近代史资料》。

9. 明代各帝《实录》。

10. 清代各帝《实录》。

11. (清)张廷玉著的《明史》。

12. 民国初年北洋政府设馆编修的《清史稿》。

13. 湖北省政协编纂的各辑《湖北文史资料》。

14. 冷遇春、冷小平著，湖北人民出版社 2004 年 12 月出版的《郧阳抚治两百年》。

15. 郧阳政协编撰的各辑《文史资料》。

郧阳藩镇研究

第一部·郧阳藩镇

黄忠富 著

WUHAN UNIVERSITY PRESS
武汉大学出版社

图书在版编目(CIP)数据

郧阳藩镇研究.第一部·郧阳藩镇/黄忠富著.—武汉：武汉大学出版社,2019.11

ISBN 978-7-307-21204-6

Ⅰ.郧… Ⅱ.黄… Ⅲ.①郧阳府—地方史—研究 ②十堰—地方史—明清时代 Ⅳ.K296.33

中国版本图书馆 CIP 数据核字(2019)第 217824 号

责任编辑:聂勇军　　责任校对:汪欣怡　　整体设计:韩闻锦

出版发行：**武汉大学出版社**　(430072 武昌 珞珈山)

(电子邮箱：cbs22@ whu.edu.cn 网址：www.wdp.whu.edu.cn)

印刷：武汉中远印务有限公司

开本:720×1000 1/16　印张：20.75　字数:348 千字　插页:3　插图:2

版次:2019 年 11 月第 1 版　2019 年 11 月第 1 次印刷

ISBN 978-7-307-21204-6　定价:180.00 元(全三册)

作者简介

黄忠富，湖北省十堰市郧阳区人，1975年参加教育工作，中学高级教师，中国地域文化研究会委员。长期致力于郧阳地域文化和汉水文化的考察和研究，在潜心于钻研古籍的同时，更注重田野调查，足迹遍及汉水中上游。

自2006年以来，先后参与编写《潮起郧阳》《辉煌三十年》《汉江儿女》《郧阳雄风起长岭》《郧阳文化论纲》《汉水大移民》《浴水重生》《跨世纪改革》《十堰民俗》等书，以及郧阳区政协编纂的《移民专辑》《郧阳民俗》《郧阳地名源流》《郧阳府纪事》《郧阳非物质文化遗产》《郧阳物质文化遗产》等文史资料。

2009年，先后出席"'郧县人'头骨化石发现20周年国际学术研讨会"和"中国·郧阳文化高峰论坛"。2014年和2017年，两次出席中国屈原学会举办的"屈原与郧阳"学术研讨会。曾经担任《郧阳文库》编纂委员会委员，参与编纂工作。

序

黄忠富先生的鸿篇巨制《郧阳藩镇研究》是探究汉江文化与汉江文明的重要篇章。

汉江，在中国大河序列中有其重要的位次，古人将其与长江、黄河、淮河并提，称之为“江河淮汉”。

汉江大河位次确立的依据，不仅仅是自然的、地理的，还是社会的、文化的。黄先生的这部《郧阳藩镇研究》，就是从社会的和文化的范畴，展现了汉江的一个鲜为人知而且值得大书特书的历史时期。

公元 1476 年的明成化十二年，明朝在汉江中游的郧阳设立提督行台，实行抚治，历时 204 年，共有 120 位巡抚在这里施行抚治，为明朝也为整个中国，写下了辉煌的具有特殊史学意义的历史篇章。

设立郧阳提督行台，是被逼出来的创举，其中心旨意是处置荆襄山区的流民问题。

荆襄山区一般指的是大巴山和秦岭的东段山区。这里山高林密，地广人稀。荆襄山区的流民问题，既是当朝现实问题，也是历史问题。说是现实问题，是 1449 年的“土木堡之变”导致数十万流民进入荆襄山区，此后的 1464 年因王室、宗藩和门阀强占土地，成化年间土地兼并，接连造成大量流民，先后有两百万之众流民进入荆襄山区；说是历史问题，是因为自西晋“八王之乱”到唐朝“安史之乱”，再到宋元交战，持续不断地有数以十万计的流民进入荆襄山区。朝廷担心流民居山为匪，多次封禁和驱赶甚至剿灭，结果引起流民广泛起义。在万般无奈的情况下，划疆而理，分民而治，设立郧阳提督行台，专事处置流民问题。

这段历史，由于种种历史的、人为的原因，渐渐淡出人们的视野，甚至连郧阳的志书也无详尽记载。然而，设立郧阳提督行台是具有理域安邦的社会学意义的大事件，是不囿于国家制度的特事特办的特例，可谓中国史上设立的第

一个特区，郧阳藩镇可谓中国史上的第一个创建性行政体制。特别是120位巡抚，几乎都是进士出身，绝大多数是德才兼备叱咤风云的朝廷栋梁之材，第一个特区，第一群特首，在这里建功立业，谱写了可歌可泣与日月争辉的绚丽篇章。第一任巡抚原杰，至今深深地留在民间记忆中，陕西省城固县的原公祠，屡倒屡建，屡旧屡修，至今熠熠生辉。这段历史的重大意义不可在中国史上缺位。

这段被尘封历史能够重新展现在人们眼前，颇富偶然性。20世纪末，十堰市的退休教师冷遇春老先生在清理古籍资料时，偶尔发现了线索，遂编著《郧阳抚治两百年》一书；2003年十堰地方志办公室通过台湾友人收集到明万历十八年(1590年)《郧台志》刻板印行的影印本，主任潘彦文亲自担纲校注，完成《郧台志·校注本》。由此而论，黄先生的《郧阳藩镇研究》是再现郧阳藩镇历史三部曲的第三部了。这三部书，在十堰史志上，应留下浓墨重彩的一笔。

如果说《郧阳抚治两百年》和《郧台志·校注本》是志书体例的专著，那么黄先生的《郧阳藩镇研究》则是以更宏阔的视野更灵活的记述文体写郧阳抚治，写郧阳抚治辖境的整个汉江，写整个汉江流域在204年的郧阳抚治时期的社会形态，写两百多年的抚治时期的郧阳文化。在他心里，郧阳藩镇是郧阳史上的大篇章，于是，洋洋洒洒，鸿篇巨制《郧阳藩镇研究》赫然问世。

驾驭这部鸿篇巨制需要勇气和胆识，需要包括史学在内的多学科知识的积累，需要多维度写作的技巧和能力。时代的变迁、历史的尘封、文献的贫乏、记录的缺环，使黄先生的写作举步维艰。他费尽气力，收集到了明清两朝历代皇帝《实录》，明代的《卢忠肃集》《卢象升疏牍》，清代的《明史纪事本末》《明史》《守郧纪略》和《绥寇纪略》，北洋政府时期的《清史稿》等典籍，苦苦研读，细细揣摩。依据训诂学的理论和方法，力求语句和词义的准确性。这些古籍不全是正史，还有野史，这考验着他的鉴别能力。正史由于当朝的政治与好恶，对历史的记录、对事件和人物的记载，常作人为的取舍，扭曲了历史的本来面貌，当有的则无，当无的则有；当直的则曲，当曲的则直，还有些指鹿为马的东西，也有些非鹿非马的东西。野史通常是对正史的补遗和矫枉，但不乏民间化的道听途说，或娱乐及刺讽层面的杜撰。

正因为如此，还得有至关重要的一点，就是田野作业，包括考古发现、习俗采风和文物搜集。国家南水北调工程开始后，对库区遗址进行抢救性发掘，郧县最多时有28个考古队同时发掘，这为黄先生田野作业提供了很好的机会，

他几乎跑遍了全县境内所有的遗址发掘现场。对县城里尚存的大丰仓、府学宫等明代旧址，他反反复复地实地考察；他还去衙门遗址和庙堂等处寻找碑文，实地考察明代的武阳堰和盛水堰，以及山寨等地。而图上作业则是以整个汉江流域为主体的郧阳藩镇全部辖境，他以大视野、长焦距、大纵深的攫取方式，纵横捭阖，恣意涉猎，为大郧阳文化写作，砥砺大手笔。

这部鸿篇巨制各卷有各卷的写作主旨，各卷有各卷的行文方式，或是规范的体例，或是遴选的荟萃，编撰风格不一，内容异彩纷呈。本次首先推出前三部。

第一部以204年郧阳抚台体制，揭示郧阳抚台的内在机制。其时郧阳城内抚台、下荆南道、府、县四级官府同城，所属几十个衙门。本卷分别从抚台的政体、军防、户籍、赋税、刑狱、贡事，以及各地的王府、郧阳藩镇与周边的关系、郧阳藩镇几次裁革与复设的历史背景等诸多方面，揭示郧阳藩镇的运行机理。

第二部以史籍、疏文、碑记等文献资料记录郧阳抚治时期辖境内所发生的大事件，如自然方面的万历十一年(1583年)特大洪水，社会方面的丁亥兵变、房县流民起义等，通过这些自然的和社会的大事件，探究郧阳藩镇风云变幻的内在动因。

第三部以郧阳古城的外在面貌和内在格局，揭示郧阳藩镇的文化内涵。本卷分别从古城概观、衙署、教育、祭祀、诗文等5个方面着笔，逐一展开。

本书的史志学价值是不言而喻的，然而与《郧阳抚治两百年》和《郧台志·校注本》相比，其特色更在于地域文化学方面，其可贵之处在于从文化学的多个维度，还原了那个时期的历史面貌。

关于“藩”，黄先生在本书中有专门章节的论述，从源与流上论述中国的宗藩制度，最后落脚于明代，定格于郧阳，论述了明代宗藩制度的利与弊，论述了郧阳藩镇内的十二宗藩，并以六个亲王府剖析明朝宗藩机制。这些资料对于地方的方志建设，具有非同寻常的意义。

藩的概念出现得很早，藩是分封制度的产物。西周的“以藩屏周”的王朝战略，表明藩的概念已经非常成熟了。藩作为王朝之下的诸侯国，有了仅次于王朝政体的国家政体，有了仅次于王朝制度的国家制度。所以藩通常与国的概念相通，有时直接将分封的国家称作藩国，其首领像王朝首领一样称作“王”。在现实中通常将藩泛用，将大的地方政权和行政机构也称作“藩”。在明朝，在口语的称谓中，常常将行省称作大藩。镇的概念出现得也比较早，原义指的是边

境上的戍守。这种驻边戍守的建制大者称为军，小者称为镇，后来军镇并用。所以，藩镇通常是以军事为主体的政权。然而当时的郧阳却不是，而是一个以安抚辖境内流民的政权实体。所以，称郧阳藩镇也正是提督行台政权性质的另一种表达。

黄先生是刚设立的十堰郧阳区前身的郧县人，家住县城西北角，房屋面积不算小，但是没有专门的书房，除厨房和卫生间外，到处堆垒着书籍和收集来的古玩或是具有文史价值的器物，整个屋子既像图书馆又像博物馆。他的夫人是个善良而谦和的人，一切顺从他的习惯、趣味和喜好。

做学问当是严谨的。是古人做学问过于严谨，学究一经，因而呆板吗？所以时常将学究作为贬称。现代许多人做学问不再讲求学究一经的精神了，似乎多了些许灵活性和变通法，貌似以噱头对冲学究的呆板，实则以戏说取悦受众，毁坏学术的严谨。此行虽为受众市场所推崇，然实在不可取。黄先生本书的写作似乎要在去学究、去戏说之间探索一条更适合普通大众阅读的道路。文章合为时而著，这种尝试值得肯定。

最后，想借机发一个口头倡议：关注汉江文化与汉江文明研究。从发生学意义上讲，汉江文化不亚于黄河文化与长江文化，汉江文明不亚于黄河文明与长江文明。在公元186年之前，汉江没有被阻断，汉江从陇南嶓冢山发源，携嘉陵江、堵河、丹江和唐白河等数条大河，一路到汉口与长江并流入东海。在夏商周时期，汉江流域文明是中华文明的主体构成部分，可以划分为陇南、汉中、郧阳、商洛、南阳、荆襄、随枣、云梦8个文明区系，可以建立起由汉江文化本体与黄河文化、长江文化、黄河—长江文化融合而成的汉江文化结构模型，进而对汉江文化进行全面、深入的研究，确立汉江文化与汉江文明在中华文化与中华文明中的主体地位，以独立、独特的身份，进入中华文化与中华文明谱系。

由此而言，黄忠富先生的这部巨制对于汉江文化与汉江文明的研究，是有重要贡献的，其付出是值得称道的，其成就是值得称颂的。

傅广典

2019年2月18日于武昌东湖

（作者系中国地域文化研究会主任、湖北省民间文艺家协会主席）

目　录

绪　论

一

郧阳一词，作为地名，仅指位于汉江北岸的郧阳老城区；如果作为行政建制名称，历史上就同时存在两个概念：一个是郧阳府(含专署)，即今天以郧阳区为核心的十堰市；另一个是郧阳藩镇，在明成化十二年(1476年)与郧阳府同时设立，于清康熙十九年(1680年)裁撤，存在了204年，先后有121任巡抚坐镇郧阳。

540余年前，明朝在郧阳设立藩镇，管辖范围涵盖整个江汉地域。

所谓江汉，是指整个汉江流域以及所对应的长江流域，既包括整个江汉平原，也包括整个江汉山区，其主要地块有四：汉江平原、秦岭南麓、大巴山区和江南清江流域土家族居住地区。四至为：北起秦岭主峰至灵宝地界，南至来凤至石首一线达湖南地界，西至四川广元与陕西、甘肃三省交界处，东交黄陂地界，东西跨地约2500华里，南北相距达1400多华里。其境内的长江段西至四川酆都，东达洪湖。

郧阳藩镇管辖过的行政建制达十一道、十二府(直隶州)、106州县，以及土家族自治的一个军民千户所、四个宣抚司、九个安抚司、十三个长官司、五个蛮夷官司。具体为：

上荆南分守道和上荆南分巡道所辖的荆州府13个州县，德安府6个县，安陆直隶州(承天府)7个州县，施州(直隶州)的一个军民千户所、四个宣抚司、九个安抚司、十三长个官司和五个蛮夷官司。

下荆南分守道和下荆南分巡道所辖的郧阳府7个县、襄阳府7州县。

汝南分守道和汝南分巡道所辖的南阳府13州县。

关南分守道和关南分巡道所辖的汉中府 16 州县。

商洛分守道所辖的商州(直隶州)4 个县。

下川东道所辖的夔州府 13 州县。

东川北道所辖的保宁府 10 州县、顺庆府 10 州县。

在清代同治年间编纂的《郧阳府志·卷一·疆域》中记载："自明成化始设抚治(巡抚)，驻郧阳，其所属则秦之金、商、汉中，豫之南阳，楚之襄阳、安陆、德安、沔阳、荆州、施南、宜昌及蜀之夔、忠等处皆其控制，山川联络广袤殆数千里，抚治以王以旂有《图说》镌之碑，碑在学院东文场。"这里隐去了保宁和顺庆，而多了忠州。在郧藩时期，忠州始终是郧阳行都司的防区，然而从来没有进入过藩镇的版图。

二

藩镇，古来有之，一般设于边疆蛮荒之地，多为担心政权不太巩固而设的临时省级政权组织。郧阳地处华夏腹地，应该不存在设了地方政权之后又担心不巩固的问题，明廷为什么还要在此设立藩镇，而不是设立一个正式的"郧阳省"或者"江汉省"？答案出在当时的流民身上。

郧阳雄踞汉江中游，位于湖北、河南、陕西、四川(今重庆)交界之处，其周边的汉江流域以及长江中游之地在历史上早已被各省圈定完毕，根本没有从这四个省的手中再夺地建省的可能，也没有再建一个新省的必要。然而，明代的政治腐败使得全国各地的苛捐杂税均过重，导致土地兼并严重。而明代以人丁为主的赋税政策，又让那些失去了土地的农民依然背负着沉重的赋税负担，于是全国有大量的农民在不得已的情况下只得举家逃亡来躲避捐税和债务。但在那天下乌鸦一般黑的社会里，哪里才是他们的避税天堂?

正应了天无绝人之路的老话，好像冥冥之中对各地流民有一种牵引，使得全国东西南北中的流民都不约而同涌向了郧阳。当时，人们纷传郧阳为人间仙境，是撒一把种子就有收获的地方，是没有官府来收捐要税的地方。

原来，自明代初始，朱元璋就下令对郧阳实行封禁政策，人口只允许迁出，不允许迁进，留下的有限人口只允许居住在江边以从事航运和渔猎，种植只是生活的一种补充，而江岸两旁的大山是被封禁的。所以，如果有人潜入深山之中种庄稼，当然是没有人去向他们收税的。

明代为什么要封禁郧阳？因为郧阳对整个中国来说是太重要了，其重要就重要在它处于中原、关中平原、成都平原、江汉平原之间，境内有汉江、丹江、堵河三条大河流与这四大经济文化核心区紧密相连，起着战略枢纽的作用，可谓有着郧阳有事四原震动的利害关系。而且郧阳雄镇汉江中游，汉江又是富庶的江南与贫瘠的漠北之间沟通的最重要通道，是内地各民族抵抗大漠民族侵扰的一条物资补给线。

在那空中无航路、地面无机动车道的古代，人力和畜力的作用是极其有限的，不可能长距离地搬运大批量的物资，江河就成为人类首先利用的天然的高速运道，所以逐水而居就是古人的一种必然选择，这也是人类文明均起源于大江大河的原因所在。从表层看，江河上运载的只是一些货物，码头上所交流的也只是一些物资。而实质上，人们就是在这样的物资运输和交换时，在不知不觉间悄然地进行着文化的交流，这才是促进人类发展进程的最重要的精神物资。正因为有了江河，人们就会把自小在家乡养成的习惯带在自己的血液里远行，于是东方的风俗，西方的习惯，南方的规矩，北方的禁忌就会在一个个码头上碰撞，所产生的火焰有时连政治体制都会被燃烧、被融化、被结合、被优化，从而推动社会向前发展。

然而，除西南边陲外，我国的大江大河几乎都有着天然的弊端，即一律从西往东流，而不顾忌南北的便利，所以中国历史上东西之间的割据有但不多，而南北分离的局面频繁，皆因南北之间少有水道沟通的原因。在历史上的这些分分合合之中，我们大一统的中华之邦之所以还牢而不破，除表面的南北不便之外，另有着南北沟通之渠道，否则就不可能有中华民族几千年来的车同轨、书同文、行同伦的天下一统。俯瞰我中华大地，长江以南的水系勾连不存在任何的交流瓶颈，所以只要解决了长江与黄河之间的水上通道问题，中华大地的南北之间就会牢不可破，即使短暂的分离也是分而不破，能够分而再合。

哪里才是连接江河南北的中华管道？只有汉江，只有汉江才具有拉近长江与黄河距离的功能。而郧阳，则正是汉江上的具有这种功能的一把锁钥，具有处于中华之心脏、沟通南北东西的作用。汉江就像一张巨网的纲绳，郧阳就是提拉钢绳的支点，能把长江及其以南的物资和文化拖进关中，拖入陕甘宁蒙。同样，也能把陕甘宁蒙的物资和文化拖入江南的湖河之中。汉江，实在是古丝绸之路发端的启蒙之段，而郧阳就是古丝绸之路上的第一个加油站。

丹江的功能绝对不可忽视，它不仅能把商州与汉江、长江相连接，而且翻越秦岭就是古都长安所在的关中平原。更重要的是，它与洛河的最近距离不足百里，连通了洛河就等于进入了黄河，因此也是连接中原的一条重要通道。

堵河的作用也不可小觑，它不仅是郧阳南三县之房县、竹山、竹溪外出的重要通道，还是北方文明与南方巴蜀文明连接的一条重要纽带，因为其源头与三峡的大宁河同源，两水口只有一岭之隔，中原、黄淮地区的人们与巴蜀之间联系从这里最为便捷，而且大宁河出盐，古时的川盐就一直经堵河入郧再入陕。

由于有了汉江、丹江和堵河，所以史称郧阳为“鄂之屏障、豫之门户、陕之咽喉、蜀之外局”，实在是中华的枢纽。可以这样说：郧阳通则国运兴，郧阳塞则国运衰。这样的作用在明代就显得尤为重要：由于明朝政权是从蒙古人手里夺来的，所以一直就遭受到塞外民族的不时骚扰，不得不在大漠之中陈列重兵，极其需要通过汉江运送江南的战略物资进入陕甘宁蒙一带，尤其在永乐朝以后国家实行海禁，京杭大运河又出现严重淤塞，汉江的地位就显得极其重要。封禁郧阳，就是为了保证汉江运道安全所采取的一种必然措施。

三

然而，蜂拥进入郧阳的流民大潮，最终打破了郧阳的宁静，也打破了汉江的宁静，更打破了中国的平静，不仅使明廷的税收直线下降而让国库日益吃紧，也让汉江运道的命运变得危急而不可预测。这，是在撼动大明王朝的根基，当然不能被容忍。所以，自天顺朝以后，朝廷就屡派大臣到郧阳一带剿抚流民。但是，不仅收效甚微，而且还不断激起流民的暴动和反抗。成化十二年(1476年)，朝廷又派左副都御史原杰抚治郧阳，他在调查研究的基础上建议朝廷割四省之地建立藩镇，让流民在这里就地附籍。

郧阳藩镇自此起始，流民问题自此解决，汉江流域自此安宁。

在郧阳藩镇的200余年间，在江汉地域里曾经发生过无数次的风云变幻，然而仅仅过去了几百年的时间，这段历史几乎被人们遗忘。直到20世纪90年代，郧阳老学者冷遇春先生才从故纸堆里发现了郧阳藩镇的线索，与儿子冷小平联合研究，出版了《郧阳抚治两百年》一书，郧阳藩镇的面纱自此被掀开。2003年6月，有台湾籍郧人在岛上发现了明万历十八年(1590年)刻板印刷的

《郧台志》，并在影印后赠予了十堰市地方志办公室，经潘彦文主任组织人员对其进行句读、注释和文字考证，出版了《郧台志·校注本》，为我们研究和利用这一历史文化遗产提供了便利。

作为研究资料，《郧台志》和《郧阳抚治两百年》的发行范围极其有限，而且两书中所使用的语言均为文言文，体裁为史志体，适宜专家学者的研究，而不适宜百姓的直接阅读。再者，史志体只是用资料说话，述而不论，对事件性质的好坏褒贬不加分析，对细节也缺乏描述，这些特点更增加了一般读者的阅读难度。还有，两书的记述范围都只局限在200年间的汉江地域，无法让读者站在当时全国的高度去理解事件的意义。因此，作者著述《郧阳藩镇研究》，旨在用散文的笔触介绍这段特殊的历史，让所有有机会阅读此书的人都能够了解郧阳，了解汉江，了解明朝，了解中国，也算作是一次历史的科普吧。

作者

二〇一六年二月二十日

一、郧阳藩镇二百年

（一）

明成化十二年(1476 年)至清康熙十九年(1680 年)的 204 年间，是整个江汉流域(整个汉江及长江中游一带)的郧阳抚治时期，也叫郧阳藩镇时期。

所谓“抚治”，在这里有三层含义：一是指官府对地方的管理方式，即巡抚治理。二是指巡抚的职责，即安抚人民，治理地方。三是对巡抚的一种特称：如朝廷在往明初就已经建立的正式省份派巡抚时，一般会在敕书(委任状)上写“今特命尔提督军务，巡抚湖广等处地方”；而在往郧阳这个因平息流民暴乱所建立的藩镇派巡抚时，一般在任命书上写的是“今特命尔提督军务，抚治郧阳等处地方”。同是巡抚，之所以有“巡抚”与“抚治”的区别，是因为对正式省份强调的是“巡”和“抚”，而郧阳是后起之藩镇，所强调的是“抚”与“治”。

因此，我们可以说在郧阳的历史上曾经有过一段抚治时期，但绝不能把这一时期的郧阳行政体制称作“郧阳抚治”。原因很简单，在我国历史上，任何一个朝代都没有存在过“抚治”这种政权体制，也就是说没有“抚治”这样一个政权组织形式。在明朝，政权组织体系从上到下依次为朝廷、行省、道、府、州、县、里、保、甲 9 级，县以上 6 级为官府，而里、保、甲 3 级则是民众自治组织。省一级的特殊形式有“直隶”和“藩镇”两种，而“抚治”从来就不是一个带有级别的政权组织。

明万历年间所编纂的《郧台志》明明白白告诉我们，郧阳当时的行政体制是“镇”，当时的郧阳巡抚在向皇帝上奏折时，只要提及郧阳时一律称之为“本镇”，他在向下属各道、府、州、县下发收取捐税的行文里，也经常要求他们把捐税“解镇”。“解”就是押送。

《郧台志》是中国历史上唯一的一部藩镇志，所谓“台”一般是指巡抚，在这里也指“台镇”。《郧台志》中提及郧阳建制为“镇”的地方比比皆是：

如在《总镇》开篇：“郧古无镇，有镇自成、弘间……台镇郧阳府……”意思是说：郧阳藩镇开设于成化、弘治年间，首府在郧阳。

在《形胜》开篇：“台拥一方，椎三省，屹屹称巨镇。”意思是说：郧阳台镇拥立一方，耸立在鄂豫陕三省之交，巍然屹立，成为巨镇。

在《分道》篇里云：“下荆南实肇自永乐初年，专为提督太和故，多部属分摄，驻均州。其兼抚民分守自建台始，始专以参议，后台罢因移守镇城，遂以参政兼佥事领兵备，兼管汉南。台复，亦还其原职。”意思是说：下荆南道设于永乐初年，专为提督武当山的官员而设，大多由湖广布政使部属分管，驻地均州。让武当山提督太监兼任“下荆南道抚民分守”一职，是从设立郧阳藩镇开始，初只是授予参议衔。正德二年(1507年)罢郧阳巡抚，下荆南道衙门移至郧阳镇城，武当山提督太监升为了参政兼佥都御史衔，领有兵备衔，兼管汉南(汉南兵备道，陕西汉中一带)。

在《山川》开篇：“郧镇诸山起脊于汧陇……”意思是说：郧阳藩镇境内的诸山，起自甘肃汧水、陇山一带。

在《官属第五》开篇：“今(为)天下雄藩巨镇，朝廷命中台大臣杖钺临之，得承制，以便宜行事。”意思是说：如今的郧阳已经是天下的雄藩巨镇，朝廷任命的中台大臣持钺管理这里，秉承皇帝旨意而便宜行事。

在《标兵》篇里：“总镇标兵：郧阳府：郧县六十名，房县六十名，竹山县六十名，郧西县六十名，上津县六十名，以上共三百名。”所谓标兵，即巡抚标下之兵，是郧阳巡抚的亲兵。

在《奏议第九》开篇：“国家挈三陲重镇，交手大中丞斧钺之。中丞奉命，值勛勦烦剧之务，辄下其议于各道，道下于郡，郡下于邑，及士庶编伍，情实允当，利害曲悉，乃始以次，完报至台。”意思是说：国家在郧阳建立了三陲重镇，把象征权力的斧钺交到郧阳巡抚手中，巡抚奉命，辅助国家完成这里的繁巨任务，往往把得到皇帝批准的奏议下发给各道，各道再下发给各府，各府再下发给各县，各县再传达给读书人、庶民、兵士等，把实情真相告诉他们，分配任务平允适当，让他们理解其中的利害关系，然后按顺序开始，完成后报告给巡抚。

……

古代的"镇"与今义有所不同，不能按现在"乡镇"的意思去理解。古人所说的"镇"，为自秦汉以后就一直存在着的藩镇。所谓"藩"，本意是篱笆，有屏障和保卫的意思，即在皇帝和京城以外形成屏障，也延伸为亲近之意。如古代皇帝把自己的儿子分封到各地方去建立藩国，就是既有屏障和保卫中央的意思，也有至亲血宗的意思。古代叫"藩"的实体政权除了藩国以外，就只有藩镇了。藩镇一般建立在边陲，称之为边防重镇，它和藩国一样直接属皇帝和朝廷管理，是保卫皇帝和朝廷的屏障。不过，无论是藩国还是藩镇，都只是一种政权类别的叫法，在具体指某一个藩国或者藩镇时，往往都要去掉"藩"字再称呼，称为某国或者某镇。所以我们在历史上往往听到鲁国、齐国的叫法，而很少听到"鲁藩国"或者"齐藩国"的称法，就是这个道理。因此，我们现在跳开当时的环境再看那时的郧阳，就应该叫它为"郧阳藩镇"。而在当时，人们只叫"郧阳镇"。

与其他省份一样，郧阳巡抚所住的官邸往往有多种称法：或为"巡抚衙门"，或为"巡抚行台衙门"，或为"巡衙行台"，或为"都察院"，或为"使院"。"都察院"、"使院"的称法，是因为所有巡抚的身上，都有中央都察院都御史职衔的缘故。

在郧阳藩镇204年的时间里，曾经有过三次"罢镇"：第一次自明正德二年(1507年)十一月至五年(1600年)八月，历时两年零九个月；第二次从明万历九年(1581年)四月至十一年(1583年)正月，历时一年零九个月；第三次从清康熙三年(1664年)四月至十二年(1673年)，历时九年。所谓罢镇，就是朝廷召回巡抚，撤销建制。之所以又恢复，是因为当时的环境实在不允许裁撤郧阳藩镇，朝廷不得不为他们之前的头脑发热而买单。

（二）

郧阳藩镇的行政范围为整个江汉流域，既包括整个江汉平原，也包括整个江汉山区。所谓江汉，是指整个汉江流域以及所对应的长江流域，其主要地块有四：汉江平原、秦岭南麓、大巴山区、江南清江流域土家族居住地区。

具体指，北起秦岭主峰至灵宝地界，南至来凤至石首一线达湖南地界，西至四川广元与陕西、甘肃三省交界处，东交黄陂地界，东西跨地约2500华里，南北相距达1400多华里。其长江段西至四川酆都，东达洪湖。

郧阳藩镇管辖过的行政建制达十一道、十二府(直隶州)、106州县，以及土家族自治的一个军民千户所、四个宣抚司、九个安抚司、十三个长官司、五个蛮夷官司。

当然在不同的时期，辖区的大小有所不同，变化在安陆、德安两府的归属，以及下川东、东川北二道与郧阳扯不断的关系。

郧阳藩镇辖区最大时为成化十二年(1476年)至嘉靖十八年(1539年)的63年间，达到“九道八府九州六十一县”，分别为：

上荆南分守道、上荆南分巡道：辖荆州、德安二府和安陆直隶州(承天府)。荆州府所属有江陵、公安、石首、监利、松滋、枝江、夷陵州、长阳、宜都、远安、归州、巴东、兴山13个州县；德安府所属有安陆、云梦、孝感、应城、应山、随州6个县；安陆直隶州所属有钟祥、京山、潜江、荆门州、当阳、沔阳州、景陵7个州县。

下荆南分守道、下荆南分巡道：辖郧阳、襄阳二府。郧阳府辖郧县、郧西、上津、房县、竹山、竹溪、保康7县。襄阳府辖襄阳、宜城、南漳、枣阳、谷城、光化、均州7州县。

汝南分守道、汝南分巡道：辖南阳一府。南阳府辖南阳、镇平、唐县、泌阳、南召、桐柏、内乡、新野、淅川、舞阳、叶县、邓州、裕州13州县。

关南分守道、关南分巡道：辖汉中府。汉中府辖南郑、褒城、城固、洋县、西乡、凤县、兴安州(安康)、平利、石泉、洵阳、汉阴、白河、紫阳、宁羌州、沔县、略阳16州县。

商洛分守道：辖西安府商州，统洛南、商南、山阳和镇安4县。

值得注意的是，此期间下川东、东川北两道虽然还不是郧阳藩镇的辖地，但夔州府和重庆府的忠州却是郧阳行都司的防区，因为巡抚有着“提督”的职衔，所以他也是郧阳行都司的“军台”，即最高首长，所以他能控制夔州府和忠州的防务。

郧阳藩镇版图曾经发生过三次大变化。

郧阳藩镇辖区的第一次大变化是在嘉靖十八、十九两年(1539、1540年)。嘉靖十年(1531年)，升安陆直隶州为承天府；嘉靖十八年，承天府成为兴都脱离郧阳藩镇；嘉靖十九年，德安府脱离郧阳藩镇。也是在这一年，承天、德安脱离上荆南道，单独成立荆西道。

《郧台志·建制·郡县》中记载：“惟嘉靖九年割荆门、当阳、潜江、安陆、沔阳五州县置承天府。十五年改属巡抚。”然而《明史·世宗本纪》里载：“嘉靖十年八月辛丑，改安陆州曰承天府。”两者不仅时间上相矛盾，而且《郧台志》还把钟祥县错写成了安陆县。在《明史·志第二十·地理五·湖广》里，明明白白写道：“嘉靖十年升州为承天府，十八年建兴都留守司于此，领州二、县五：钟祥、京山、潜江、荆门州、当阳、沔阳州、景陵。”里面有钟祥县，而无安陆县。

至于承天府脱离郧阳藩镇管辖的时间，嘉靖帝《实录》里记载：“嘉靖十四年十月丙午，抚治郧阳等处都御史王学夔，以安陆州旧属所辖，具载敕中，今升为承天府，应否如旧管？于咨兵部请之。”得旨：“承天，直隶巡抚管辖。”然而，承天府真正脱离郧阳藩镇，是在嘉靖十八年(1539 年)建兴都留守司之后。嘉靖帝《实录》里又载：“嘉靖十九年三月乙卯，改置湖广承天、德安二府为荆西道，设守、巡官各一员，从巡抚都御史陆杰奏也。”

至于德安府，在《郧台志》里非常模糊，而实际上郧阳藩镇不仅管辖过德安府，而且德安府脱离郧阳藩镇管辖比承天府要晚。嘉靖帝《实录》曰：“嘉靖二十七年十一月丙申，改湖广荆西道佥事为整饬荆西等处兵备，兼管分巡，以原辖承天、德安二府及邻近嘉鱼等八县属之，从(湖广)巡抚都御史林云同奏也。”德安此时才第一次完全脱离郧阳管辖。

隆庆二年(1568 年)，朝廷又把德安府划归郧阳。隆庆帝《实录》里记载：“隆庆四年十月丁未，南京礼科给事中张崇伦言：‘湖广德安府，改隶郧阳抚治不便，请仍归湖广抚、按专治。’吏部覆奏，从之。”

明万历《郧阳府志·沿革》也有相关的记载：

> 成化十二年，都御史原杰因房竹去襄郡旷远，流贼作梗，奏以郧县城置郧阳府，割竹山尹店社置竹溪县。又割郧之武阳里、上津之津阳里置郧西县，并郧、房、竹山、上津凡六县，仍隶湖广下荆南道。随建行都司、卫、所，以保障之。又设都察院以抚治河南之南阳，陕西之汉中，湖广之荆、襄、郧、德安、安陆，开府郧阳。后世宗龙飞，升安陆州为承天府，并德安府改隶巡抚。隆庆二年，用御史颜鲸议，复以德安隶抚治。至四年，该给事中张崇伦议仍隶巡抚，不隶抚治焉。弘治十二年，割房之修文、宜阳等乡置保康县，取宋保康军名也，亦属郧阳，今领县七。

郧阳藩镇辖区的第二次变化也在嘉靖年间，即施州并入郧阳藩镇版图。嘉靖三十三年(1554年)，施州容美土司官田世爵陷害另一土官向元楫，致使向元楫被下狱论死，田世爵趁机发兵抓获所有向氏家族成员，吞并其财产土地。当官府得知追究此事时，田世爵竟纠结罗峒土舍黄中等人谋叛。在湖广无兵可调的情况下，朝廷命施州归属郧阳藩镇上荆南道，由上荆南道出兵弹压。

施州是一个以土家族为主的地域，明廷采取的是民族自治政策，没有县的设置，而是设置宣抚司，由宣抚司统领安抚司，安抚司统领长官司和蛮夷官司。明初，朝廷在这里设置施州行政，管理各个土司；同时设置施州卫，统领这里的土兵，负责这里的治安和防卫。不久，又撤销施州，成立施州卫军民指挥使司，实行军政合一。

施州卫军民指挥使司，统领一所、四宣抚司、九安抚司、十三长官司和五蛮夷官司。具体为：

大田军民千户所。

施南宣抚司，领安抚司五：①东乡五路安抚司，领长官司三，蛮夷官司二：摇把峒长官司、上爱茶峒长官司、下爱茶峒长官司、镇远蛮夷官司、隆奉蛮夷官司；②忠路安抚司，领长官司一：剑南长官司；③忠孝安抚司；④金峒安抚司，领蛮夷官司一：西坪蛮夷官司；⑤中峒安抚司。

散毛宣抚司，领安抚司二：①龙潭安抚司；②大旺安抚司，领蛮夷官司二：东流蛮夷官司、腊壁峒蛮夷官司。

忠建宣抚司，领安抚司二：①忠峒安抚司；②高罗安抚司，领长官司一：思南长官司。

容美宣抚司，领长官司五：盘顺长官司、椒山玛瑙长官司、五峰石宝长官司、石梁下峒长官司、水尽源通塔平长官司。

木册长官司，直隶施州卫。

镇南长官司，直隶施州卫。

唐崖长官司，直隶施州卫。

因为施州实行的是军政合一，所有这里既受郧阳藩镇管辖，也受郧阳行都司制约。施州脱离郧阳是在万历九年(1581年)，该年裁撤郧阳藩镇，领地归还给了各省。万历十一年(1583年)恢复郧阳藩镇时，朝廷特意让郧阳不再管辖施州。郧阳统领施州为27年。

郧阳藩镇辖区的第三次变化在隆庆四年(1570年)。嘉靖年间的施州土家族首领黄中起兵背叛朝廷后，明廷集中了湖广、四川、郧阳的兵力才得以讨平。

本以为可以喘一口气的明廷，却没有想到在隆庆初年川东、东川北战乱又起，发生了郧阳藩镇治下的汉中府紫阳县的何勉叛乱。朝廷调动了郧阳、四川、陕西的兵力参与围剿，然而陕西的官军却连连打败仗，朝廷无奈，只得把下川东、东川北两地划归郧阳藩镇。

隆庆帝《实录》里有这样两条相关记载：

> 隆庆四年二月壬戌，陕西西乡县流贼何勉余党，行劫四川、紫阳诸处，拒伤官军。上命："以四川都司指挥孙继武、参将王恩、游击吴继祖、守备田世武等，下巡按御史按问。罚安绵利保兵备佥事史阙疑、川北道佥事李江俸各一月。仍命四川、陕西、郧阳巡抚官督兵剿贼，务期荡平。"
>
> 隆庆四年四月乙卯，四川巡按御史王廷瞻核上《盗入太平、大宁等处，诸守臣失事罪状》，且言："各贼巢虽在川陕界内，然去会城则远，去郧阳巡抚驻扎则近，请以下川、东北兵备等道，暂听郧阳抚臣汪道昆节制，并旧属关南道，悉以委之。其蜀中蛮寇，仍令听调巡抚严清经理，须代者至，乃许离任。"上悉从之，而革都指挥孙继武职，下御史按问。守巡下川东道副使郑文茂，停俸，戴罪杀贼。参议郝永贞、夔州府同知张邦臣，各夺俸三月。

这里的记载很清楚，隆庆四年（1570年），因为大巴山一带发生何勉余党的劫掠，并重创了前去围剿的官军，朝廷决定把下川东、东川北二道移交给郧阳藩镇托管。

相同的内容还记载在隆庆五年（1571年）皇帝颁发给新任郧阳巡抚凌云翼的敕书里，里面写道：

> 将四川下川、东川北兵巡等道，并各所属府、卫、州、县等衙门暂受尔节制，与同原日兼制关南道。一应征剿、调度、兵食事宜悉听尔指授方略，务将前贼克期剿灭。

可见移交给郧阳巡抚的不只是军权，还有行政管辖权。郧阳管辖下川东、东川北二道三府三十三州县为11年，至万历九年（1581年）郧阳藩镇裁革时，下川东、东川北二道回归四川。

下面是明代下川东、东川北二道的管辖范围：

下川东道：辖夔州府，为一州十二县，分别为奉节、巫山、大昌、大宁、云阳、万县、开县、梁山、新宁、建始、达州、东乡、太平。

东川北道：辖保宁、顺庆二府。保宁府辖阆中、南部、苍溪、广元、昭化、剑州、梓潼、巴州、通江、南江二州八县；顺庆府辖南充、西充、仪陇、蓬州、营山、广安州、岳池、渠县、邻水、大竹二州八县。

显然，郧阳藩镇一直没有管辖过忠州，但忠州却一直是郧阳行都司的防区。

（三）

夏商周时期，把脚力所能踏、目力所能及的地方统称为“天下”，管理天下的最高统治者是“天子”。最早，天子分天下为13个州，后来又合并为九州，均把自己的亲属都封到各地去当诸侯王，又把诸侯王所管控的土地称为“国”，所以诸侯王也称“国王”。当然，在那些非常边远的地方，天子也可以把当地的部落首领封为国王，承认他拥有的那片土地。在各个王国内，国王再把自己的属地分封给自己的亲属，这样封出去的土地都称“家”，家的最高统治者称“家长”。所以那时候的行政体制为“分封制”，也称“家国天下”。这就是“国家”一词最早的出处。

秦始皇统一中国后，取消了分封家国，把国和家的称谓合并后收归中央，建立起天下一统的大国家，封自己为皇帝，亲自管理整个国家事务。他再把整个国家分成36郡，郡下设县，任命郡守和县令协助他管理地方。这样的地方行政体制被称为“郡县制”。

汉武帝时，又恢复天下分13个州，设州牧管理下面的郡县，这实际上依然是郡县制的一种变体，并一直沿袭到了唐代。

唐把全国按山川地形分为10道，由中央派监察大员任各道采访使，形成方镇，并在边陲设立藩镇，任命节度使。当时的地方行政体制是：道、镇之下设州，州下设县。到开元时，又把一些州改为了府。

北宋为了改变“方镇太重、君弱臣强”的局面，就收天下军权归于中央，对地方采取的是分路而治，设地方行政机构为路（府）、州（军）、监（县）三级。

元世祖忽必烈实施从中央到地方的行政机构大改革，把中央各“部委”的名称由之前的“省”改为“部”，再把全国划分为若干个“行中书省”，简称“行省”或者“行台”。从此，地方政治制度进入到划省而治的时代。

明初，朱元璋为了集中皇权，在中央废除宰相，由各部直接向皇帝负责；在地方，他确立的省级政治体制为“三司并立制”，即在各省平行设立承宣布政使司、提刑按察使司和都指挥使司。省级没有统一的最高长官，三司是按照各自的分工独立向皇帝负责。到永乐帝朱棣时，更是在南京和北京建立了两套基本相同的中央政府而相互牵制，直至明朝灭亡。很明显，这样的行政体制均是为了集中皇帝的权力，让国内局势变得四平八稳。然而，随之而来的后果则是政权运行效率低下，地方事务相互扯皮。特别是宣德、正统以后，文官集团势力得到了极大的扩充，军人集团的地位不断下降，三司的平衡迅速被打破，日趋激化的社会矛盾不断在全国发酵酝酿，而各省的三司又都被条条框框分割而运转不灵，于是朝廷不得不大量派员到各省巡察安抚。于是，就有了巡抚一职的雏形。

最初，巡抚只是一个临时职务，是代替皇帝巡视地方、安抚民众的钦差大臣。然而，随着各省政权纷纷运转不灵，三司已经无法摆平相互的矛盾，所以地方事务无时无刻都需要巡抚的协调，于是巡抚就由临时变为常务，由钦差大臣变为了一省之最高长官，而三司的长官则变成了他的配角。后来，人们又发现，如果矛盾出现在省与省之间，就不是巡抚所能够摆平的了，于是就有了总督一职的设置。

巡抚和总督的设立实际上已经打破了集中皇权、削弱地方的构想。在新的形势下，为了取得新的势力平衡，各地的巡抚和总督都担任着中央的职务。在一般情况下，他们都是中央都察院的都御史或者副都御史，级别为二品或从二品，如果有兵部侍郎衔的再另加一级。为了防止他们的势力坐大，又规定他们在一地的任职时间一般不超过 2 年。

总督为提督数省(个别为一省)军务和粮饷的大员，尊称为“督宪”或者“制台”，职责侧重于军事，一般为都察院左都御史，级别为正二品，如果加兵部尚书衔的则为从一品。清朝时全国有 23 个省，只有八大总督，可以看出他们是实实在在的封疆大吏。

郧阳藩镇期间，先后驻郧阳的巡抚达 121 任，其中万历二年(1574 年)以后的郧阳巡抚为总督级，称为“督抚”。

（四）

明成化十二年(1476年)之前，郧阳无府，更无藩镇，当时的郧县附属于湖广省荆襄道(下荆南道)襄阳府均州。郧阳府和郧阳藩镇均设立于成化十二年(1476年)。

郧阳，在湖广西北之边陲。湖广省的治所在武昌，是元代的10个行中书省之一，管辖范围包括长江以南的今湖北、湖南、广西、海南、贵州大部及雷州半岛。到明代，全国的行省增加到13个，湖广省的管辖范围也随之缩小到今湖北、湖南全境及江西少部。

明代中叶后，国内土地兼并日益严重，地权逐渐集中到了个别官绅大户的手中。而赋税徭役仍是以户为基本单位的按丁征粮多寡分为三等九则编征。所谓丁，是指十六至六十岁的男子。所谓粮，指田赋，但摊派于田亩中的赋税所占比重很小，按人征收是大头，因而大量无土地的农民却要承担绝大部分的赋税徭役，而且负担越来越重，所以举家逃走的人就越来越多。荆襄之地的郧阳及其周边就成为全国农民出逃的首选目的地。

郧阳地处汉江中游，为汉江从秦巴腹地冲出山谷，进入江汉平原之前的最后一道关口，其江北有连绵的秦岭余脉，江南有莽余的大巴余峰，人烟稀少，气候宜人，土地肥沃，有大面积的山林可供开荒，这里既不向朝廷纳赋交税，也不用再服官府的徭役。

明初，朝廷对郧阳实行了封禁，人口管理极其严格，实行只出不进的政策。不过，那时的封禁绝不是为了保护环境，而是为了一个不宜公开但又关乎国家命运的大课题。当时的大运河已经严重淤塞，运力十分有限。沿海又遭到倭寇的不断骚扰不得不实行海禁，国家的南北交通命脉就指望汉江了。

明朝是从元朝手中夺取的政权，当统治中原的蒙古人退回到北方大漠后，明朝的北方边境就从来没有消停过，因此明廷不得不在北方大漠里安置重兵，以应付不甘心失败的残元势力。然而，北方大漠的贫瘠是无论如何都无法供养如此庞大军队的，只能靠汉江运力把江南的富庶财物源源不断地输入北漠。但是，让明廷最担心的就是汉江通道能否时刻保持畅通，如果有人出奇兵截断了汉江通道，而且把守一段时间的话，那么北方的境况就不只是令人担忧那么简单的事情了。再看汉江，下游为江汉平原，被截断的可能性不大。但自中游郧阳段起就为连绵逶迤的秦巴大山，被截断把持的可能性非常大。所以在明朝建立之初，朱元璋就宣布了对汉江中上游的封禁政策，其范围为下游自谷城，上游至兴安(安康)，北到秦岭主峰，南延长江三峡，境内的人口被严格控制，只准迁出，不准进入，在汉江、丹江、堵河上的过往行船，严禁在这里的任何地方进行外来贸易。

郧阳的地理位置特殊，就在于它不仅是汉江从山地进入平原处的最后一道屏障，更是掐在丹江、堵河、甲河等汉江支流上的咽喉，几乎能够控制古代中国心脏地带的经济命脉。它处于中原、关中平原、成都平原、江汉平原之间，如果郧阳有事就会四方震动。

汉江是唯一能够拉近长江与黄河距离的一条金纽带，是我国历史上北方政治中心控制南方和南方物资进入北方的一条重要传输带，大型船只从汉口到汉中，无论如何都无法绕开郧阳。

郧阳还控制着丹江下游的一些重要码头。作为汉江的重要支流，丹江是我国江南进入中原的一条重要通道，除水运可以直达秦岭主峰之下外，丹江与洛河的最短陆路转运距离不足百华里，是到长江、汉江经此进入洛河、黄河的一条捷径水道。

郧阳境内的堵河是汉江的最大支流，是发源于大巴山向北流淌的一条大河，虽然从长江三峡的大宁河源头到达堵河的山路非常难走，但距离很近，自古就是中原商贾入川的重要通道之一。

甲河，也叫金钱河，是汉江的另外一条重要支流，其上津码头被称为天子码头，是中央政权在关中之时皇帝南巡登船的地点之一。

从郧阳的地理位置不难看出：如果郧阳稳定，则整个国家不致六神无主；如果郧阳不宁，则整个国家血脉不通。这就是明廷之所以要封禁郧阳的真正原因，也是后来设立郧阳藩镇，把藩镇范围划定为整个江汉地域的主要原因。

(五)

全国流民潜往郧阳，自明初就已经开始。但大量流民纷纷进入郧阳，让朝廷感觉到了威胁是在明代中期。因为大批量的农民纷纷脱离户籍而逃亡，这不仅直接造成了国家财税的大量流失，使国力日益吃紧，而且更主要的是，如果这些流民聚集于郧阳，一旦造反，势必会阻断汉江通道，对国家来说将是致命的打击。所以，在朝廷看来，派大员抚治荆襄就势在必行了。

让明廷担心的流民造反果然发生了，首发之地就在房县。明天顺五年(1461年)四月，湖广三司几乎同时向朝廷奏报："房县贼高成等劫掠民财，已委都指挥陈昶等抚捕。"得到的兵部回复是："如不服抚捕，宜移文总兵官李震等，就令所在都指挥，调附近卫分官设法擒剿，以靖地方。"

此后，郧阳一带的盗匪屡禁屡起，在历史上被称为"荆襄之乱"。当时的荆襄道，州县众多，而发生所谓匪祸的地方多在以郧阳为中心的郧县、上津县、房县、竹山县、均县、谷城县、南漳县等地，所以后来又有人把这次流民动乱称之为"郧阳之乱"。

天顺八年(1464年)十一月，朝廷升工部员外郎刘子钟为湖广布政司左参议，专司抚治荆襄。自此，汉江流域进入到抚治时代。但当时的所谓抚治，还不是后来的藩镇之抚治：当时的所谓"抚"，只是把流民抓捕后押遣回原籍而已；所谓的"治"，也就是派兵镇压那些聚啸山林之中拒不接受遣送的流民而已，既没有行政建制，又没有地方行政权。由于山高林密的原因，这样的抚治不仅收效甚微，反而使流民产生出极大的愤懑情绪，并成蔓延之势，一时成为朝廷的心腹大患。

成化元年(1465年)，河南西华籍流民刘通、石龙在房县大木场再次发动暴动。刘通自封汉王，以石龙为军师，拥众10万，活动范围东达南阳，西至陕南。三月，成化帝朱见深命右副都御史王恕抚治荆襄，要他会同河南、湖广两省巡抚及两省六司"设法捕贼"。成化二年(1466年)，朝廷改派兵部尚书白圭、平虏将军朱永率师赴荆襄平寇。六月刘通被杀，十月石龙被擒。

刘、石的这次暴乱虽然被平息，但流民问题并没有得到解决，依然有大量流民居住并开荒在山巅，他们兵来即躲，兵去耕作，即使朝廷留再多的兵在这里，也都只是沧海一粟。朝廷曾经先后命令湖广布政使严淦、河南巡抚杨璿抚治荆襄流民，但均收效甚微。

成化五年(1469年)天大旱，流民新入山者达百万人。六年，新郑人李原(李胡子)纠集小王洪、王彪、石歪脖等人再次暴动，李原自称平王，封其余各人为总兵、先锋等，率众百万，势力范围遍及郧阳、襄阳、南阳、商州等地。六年冬，成化帝诏见右都御史项忠，命他总督军务抚治荆襄，会同湖广总兵李震平叛。项忠到郧后，广贴布告晓谕朝廷的十大政策。不久，李胡子在一次战败后被手下人所杀。这一次，项忠抓捕流民40万人，除编入军队1万人外，其余均被遣返。有资料显示，项忠在郧阳期间共遣返流民百余万人，其中大多数人死于途中，惹起天下共愤。但项忠凯旋还朝后，流民却依然散而复聚。

成化十二年(1476年)，荆襄流民又在蠢蠢欲动。五月，朝廷派左副都御史原杰前往抚治。

原杰，字子英，山西阳城人。正统十年(1445年)进士，曾授广西及顺天巡按御史、江西按察使、山东左布政使。成化二年(1466年)拜右副都御史，任山东巡抚，后召还回朝任户部左侍郎(第一副部长)，当时有奸徒掠抢百姓所开垦的黄河滩地献给王府邀赏，被原杰知道后向皇帝请求禁止，遂改为左副都御史主理都察院事。成化十二年原杰抚治荆襄后，建议朝廷设立郧阳府及郧阳藩镇。同年，原杰任郧阳巡抚，旋即组织流民就地附籍(上户口)，解决了困扰朝廷多年的流民问题。次年，他以功晋升右都御史，担任南京兵部尚书，可惜在赴任途中卒于南阳，终年六十一岁。成化帝在得知他的死讯后极其悲伤，赠其为太子太保，谥号襄敏。噩耗传开，郧阳、襄阳、南阳、汉中的民众纷纷为其立祠堂祀拜之。

(六)

原杰到荆襄之后，马上会同湖广、河南、陕西三省的巡按御史深入到郧阳山区，一面向流民宣传朝廷的德政，一面调查研究屡抚屡乱的原因，意识到了此前的“抚”和“治”无疑都是夏鲧治水，越堵越汹涌，所以要想根除祸患，就必须采取大禹治水的办法，加以疏导。

原杰还了解到，郧阳一带的确有大批林地可供开荒，如果让这些流民就地附籍，给他们上当地户口，他们就会有安定感和安全感，再也不会与朝廷作对。他认为，如果郧阳一带有了户籍丁男，对他们薄其徭役，将能够壮大为一支保卫汉江通道的强大力量；有了流民新开垦的土地，即使轻其赋税也是朝廷的一笔不小额外收入。

于是原杰向朝廷上《处置流民疏》：“奈何荆襄僻在一隅，相离本布政司，水路动经月余。所辖一州十县内，均州、竹山县、谷城县、南漳县、房县、郧县、上津等县，俱在万山之中。贼盗啸聚之处，相离襄阳远则十日，近不下五六日，一旦有事，若待走报湖广三司议调官军，鲜克济事。”他建议：“必须就近添设司、府，分管卫、县，位高望重且知利害所系，较之所、县百倍有益。”并请求：“竹山县尹店、郧县南门铺、洵阳县白石河、商县丰阳镇、南阳南召保、唐县桐柏镇、房县马良坪、宜阳县穆册赵保村、汝阳县杨埠，俱系长山大谷，密傍江河，各离县远，非独藏贼巢穴抑亦禁捕不前，俱合添设县治并巡检司等。”

可谓是荆襄病重，原杰方良。朝廷以前所未有的速度迅疾批准了原杰的方案，同意在汉江岸边的郧县小县城内设立司、道、府、县四级官府建制：①划湖广、河南、陕西三省各边之府县设郧阳藩镇，新立郧阳都察院、按察院、布政司、按察司和行都司；②把下荆南分守道从均州移往郧阳；③设郧阳府和郧阳卫；④把郧藩所属的一些大县一分为二，增加新县，以便管理新附籍的流民。

朝廷遂任命原杰为首任郧阳巡抚，吴道宏为首任郧阳监察御史。可叹郧阳小城，一下子就连升三级，由一座不起眼的县城顿时成为雄踞汉江的“省城”，整个江汉从此进入了郧阳藩镇时代。

郧阳藩镇除设巡抚一名、监察御史一名外，朝廷再加授太和山(武当山)提督太监为下荆南分守道兼郧阳藩镇的副使，实际上是朝廷派来的监政。太岳太和山本是大明王朝的家庙神山，自永乐年间起就设有提督太监管理山务，治所在均州，现在迁往了郧城，参与藩镇的管理。明代是一个宦官当权的朝代，阉党干政是一种普遍现象。

设在郧阳城里的行都司称湖广行都司，这是因为它是从湖广都司分离而来的。这里的“行”是分家出走的意思，行都司与都司的级别相同，归各自的巡抚管辖，不存在隶属关系。又因为湖广行都司设在郧阳，所以也被人们称为郧阳行都司，官员设置为：都指挥使一名掌印；提督太和山太监兼任都指挥同知；都指挥三名；都指挥佥事两名：一名分管屯田主办后勤，一名分管巡捕中军管理作战；经历一名；断事一名。行都司之下分设守备道、卫、千户所、百户所等军事单位。

据《郧台志·军卫》记载，郧阳行都司除管辖郧襄守备道和荆瞿守备道外，还领有七卫十千户所，分别为：郧阳卫、襄阳卫、荆州卫、荆州右卫、瞿塘卫、安陆卫、德安卫；夷陵守御千户所，德安守御千户所，随州守御千户所，竹山守御千户所，均州守御千户所，长宁守御千户所，远安守御千户所，枝江守御千户所，忠州守御千户所，房县守御千户所。

据《明史》记载，郧阳行都司除上述所辖卫、所外，还辖有三个王府仪卫司，即辽府仪卫司（在荆州）、襄府仪卫司（在襄阳）、兴府仪卫司（在钟祥）。

后来在嘉靖十八年（1539年）间，划出安陆、德安二卫和德安、随州二守御千户所，以及辽府、兴府二仪卫司，单独设立了“兴都留守司”。自此，郧阳行都司所管辖的单位缩为五卫八所一仪卫司。嘉靖三十三年（1568年），施州卫划归郧阳行都司管辖，至万历九年（1581年）回归划归湖广都司。隆庆二年（1568年），德安卫和德安、随州二守御千户所再次划归郧阳行都司，隆庆四年又划归湖广都司，此后就再没有发生过变化。

不难看出，郧阳行都司所防守的区域可以分为两大块，一块是郧阳藩镇从湖广省割让而来的地盘，另一块是四川省所属的夔州府和忠州（属重庆府）。请注意，当时的夔州和忠州并不是郧阳藩镇的属地，但却是郧阳行都司的防区。这种局面并不是设立郧阳藩镇时造成的，而是在明初就已经形成。当时，朱元璋为了防止地方武官万一手握重兵发生叛乱，朝廷要想控制，就得把每一个都司的防区与相应的行政辖区错开管理，于是就在省与省交界之处交错防御。四川忠州、夔州的防务，就是在这样的情况下在明初时就已经归属了湖广都司，只是在成化十二年（1476年）划转，归郧阳行都司所属而已。虽然，郧阳行都司的防地和郧阳藩镇的辖地不一致，但都受到郧阳巡抚的控制。这是因为郧阳巡抚不仅具有行政权，而且头上顶有“提督”的职衔，具有军事指挥权。因此，南阳、汉中、商州的防务虽然不归郧阳行都司管辖，但因为是郧阳藩镇的辖地，所以受郧阳巡抚的节制。相反，四川忠州、夔州虽然不是郧阳藩镇的辖地，却因为是郧阳行都司的防区，其防务同样受郧阳巡抚的节制。

明代都司，均设在明初所设立的13个省的省城和两京，行都司则设在藩镇的镇城。行都司的设置并不是郧阳独创，同样是为了防止某个军事将领的势力坐大后朝廷难以控制，明廷于洪武八年（1375年）就在西安设陕西行都司，在大同设山西行都司，在建宁设福建行都司，以后又陆续在北平设北平行都司，在建昌设四川行都司。

始设郧阳行都司并非起于成化十二年（1476年）。据《明史》记载：“建文帝嗣位，置河北都司、湖广行都司，文皇（朱棣）入立，皆罢之。”洪武帝《实录》记载：“洪武三十五年（即建文四年、1402年）秋七月甲午，革建文中所设河北都司、湖广行都司。”因此，此次是郧阳行都司梅开二度。

无论是都指挥使司，还是行都指挥使司，均归朝廷的五军都督府统一管辖，而调兵权却在兵部，它与布政使司和按察使司合称为“省三司”，分别掌管地方军防、民政和刑狱。

（七）

原杰抚郧期间，所甄别的流民为113371户438644人，发现他们系自山东、山西、陕西、江西、四川、湖广等省流入，对他们所采取的处置办法有三种：一是对像张清那样的本分流民就地登记户口，让他们在郧阳安居乐业，共安置96654户392752人；二是对像戴广那样近年流入，在郧阳还没有置产业，而在原籍还有房屋田产，又愿意回去的流民发放路费，遣送他们回原籍，共遣返16663户45892人；三是对于那些在原籍曾经作奸犯科之后的逃入者，则一律押送回原籍关押。

当然，处置流民不是一年两年就能够完成得了的任务，但有了原杰定的调子，流民与官府从此就不再对立，工作顺利了，社会安定了，再加上轻徭薄赋和实行军屯等政策，使得郧阳经济得到了很大的发展，奠定了之后200余年的郧阳封疆大业。

在郧阳藩镇的200余年间，到任的巡抚有121任，平均留任还不足2年。他们的来头要么是由别省巡按或者布政使升任，要么干脆就是由别省的巡抚转任；他们的去路除个别就地免职或者被捕入狱外，大多升为了两京的兵部、刑部、户部尚书或者侍郎以及大理寺卿、都察院左副都御史等，只有少数转任为了别省的巡抚。

121任巡抚在郧阳期间各有建树，但有几件影响深远的事件我们不能不晓。

成化十三年（1477年）郧阳稳定后，朝廷升原杰为南京兵部尚书，原杰推荐了大理寺少卿（相当于现今的最高法院副院长）兼任郧阳监察御史的吴道宏接任郧阳巡抚的职务。可是朝廷并没有立即批准，而是先后任命湖广巡抚刘敷、河南巡抚李衍兼任郧阳巡抚。在他们越兼越乱的情况下，朝廷才不得不在成化十五年五月正式任命吴道宏为郧阳巡抚，郧阳藩镇此时才成为定制。从这一事件可以看出，朝廷设郧阳藩镇开始也只是便宜之举，一旦民情稳定就可能即行裁撤。

弘治十四年(1501年)十一月，王鉴之抚郧，城西的武阳堰和城东的盛水堰已年久失修而不堪用，当时的郧阳知府胡伦向其建议重修。王鉴之同意，并于第二年撰写《重修武阳、盛水二堰》。武阳、盛水二堰传说为战国伍子胥所修，浇灌着郧阳城东、城西两侧的上万亩良田，是郧阳城的菜篮子和米袋子，二堰完好则郧阳无忧。

自嘉靖年间起，郧阳巡按御史陈省就屡次上疏弹劾提督太和山太监吕祥多方伤残百姓，败坏政风，贻害地方，并列举了大量事实。隆庆元年(1567年)，朝廷召回吕祥治罪，令郧阳巡抚刘秉仁兼管太和山提督事宜。后来朝廷再派太监谭彦管理太和山，在太监所领的敕书中删去了“郧台”一职，自此不再兼任郧阳的任何军民事务，只行监督之事。在明代，宦官专横，弹劾太监的风险极大，我们不得不为陈省的胆量和勇气点赞。太和山太监被罢“郧台”一职，客观上说是为郧阳巡抚松了绑，这也说明郧阳的安稳对明王朝来说已经是生死攸关的大局了。

万历元年(1573年)孙应鳌第二次任郧阳巡抚。次年，他向皇帝上疏，提议请求朝廷提升郧阳巡抚的职衔，要求由“提督抚治郧阳等处都御史”改为“提督军务兼抚治郧阳等处”，最终得到了皇帝的同意。从此，郧阳巡抚就是一名总督级别的巡抚，可以对外称“督抚”，能够调动进入郧阳藩镇境内的所有军队。

然而孙应鳌本人并没有享受到总督的待遇，因为督抚是从成化二年(1466年)九月王世贞任郧阳巡抚时，朝廷才在他的任命书上加“提督军务”一职，成为名副其实“督抚”的。皇帝在给王世贞的敕书上，第一次规定了“凡所属司、府、军、卫有司官员人等，有应拿问者，究问如律……临阵之际，如有逗留退缩者，许尔以军法从事”。这就是说，郧阳巡抚管辖的地盘虽然并没有扩大，但自此有了后来总督才有的军事实权。

王世贞，明代政坛上的名臣，嘉靖二十六年(1547年)进士，历任刑部主事、员外郎、郎中、青州兵备副使、大名副使、浙江右参政、山西按察使、广西右布政使、太仆寺卿。同时，王世贞还是明代文坛领袖，能诗善词好史，学问渊博，著述甚丰，文章风格不拘一格。在郧阳期间，他创作了大量歌咏郧阳和武当山的诗文，还在都察院内开辟了清美堂置书数百卷留郧，并自编诗文集《弇州山人四部稿》一百七十四卷。

清康熙时，全国平定，历时200余年的郧阳藩镇，随着汉江流域的日益安定而被清廷永久裁撤。

（八）

郧阳藩镇裁撤300多年以来，郧阳大地已经物是人非，对于藩镇的概念已经越来越模糊。特别是1947年底，国民党政府从郧阳撤退时，把档案资料装船准备运往襄阳时，因途中翻船，资料沉入江底，等于把郧阳的历史进行了一次清洗，让人们对以前的历史越来越陌生。如今的郧阳人更是为生计所迫，整日忙忙碌碌，已经只知有“府”，而不知有“抚”了，这不能不说是一种悲哀。

好在有郧阳老学者冷遇春先生，于20世纪90年代从故纸堆里发现了郧阳藩镇的线索，与儿子冷小平教授联合，在《明史》《清史稿》《明实录》《清实录》《湖广通志》《细说明朝》《楚文化志》《中外历史年表》《中国历代名人辞典》《明朝总督巡抚辖区研究》《五千年野史》《万历野史编》《清代野史》《水经注疏》等几十本专著中顺藤摸瓜地进行整理。经过十余年的努力，于2003年完成《郧阳抚治史实类纂》一书，并分发给相关人士征求意见。2004年，冷氏父子在湖北人民出版社正式出版了《郧阳抚治两百年》一书，郧阳藩镇的面纱才被彻底揭开。

2003年6月，有台湾籍郧人在岛上发现了明万历十八年（1590年）刻板印刷的《郧台志》，当即影印后赠予了十堰市地方志办公室。市史志办如获至宝，在潘彦文主任的组织下对其进行了句读、注释和文字考证，经过近一年的编校后由长江出版社出版了《郧台志·校注本》，及时抢救了这一珍贵的历史文化遗产，为人们利用这一历史文化遗产提供了便利。

万历《郧台志》是在郧阳藩镇设立114年之后由第83任巡抚裴应章组织，彭遵古具体负责编纂而成的。全书近20万字，现在仅存台湾一本，为海内外唯一孤本，极其珍贵。

《郧台志》的发现，与冷氏父子的《郧阳抚治两百年》得以相互印证和补充。经过对比，《郧阳抚治两百年》里的史实基本可靠，甚至有许多《郧台志》里所没有的细节。《郧阳抚治两百年》的价值更在于它向我们描述了《郧台志》以后90年间的藩镇概况，让人们对郧阳藩镇有了全方位的了解。

《郧台志》和《郧阳抚治两百年》珠联璧合，不仅全面系统地记述了200多年里郧阳藩镇期间辖区里的自然、地理、政治、军事、经济、文化等社会面貌，让我们对这一阶段的郧阳乃至整个江汉地域的历史文化有了一个比较清晰的了解。尤为可贵的几点是：一是书里保留了大量的皇帝敕谕和大臣的疏奏，为我们研究当时中国的重大事件和封建王朝治国安邦的谋略与理念均提供了珍贵的资料；二是书中所记载的明清两代的官宦制度，让我们进一步了解到那个时代的政治面貌；三是书中记载的明代中期以后所推行的“一条鞭法”，让我们对明朝政治、经济改革有了进一步的认识；四是书中还记录了明代的10多个度量、计量单位为今人所不熟知，为我们研究当时的度量衡制度提供了线索；五是书中保存了许多鲜为当代人所知的古代习俗，成为我们今天抢救和发掘优秀传统文化的线索和依据。

郧阳古城沉入丹江口水库已经50余年了，虽然令人扼腕顿足，但在看到经过今人的努力又在汉江南北两岸重新崛起了一个更加宏大的郧阳新城时，又让我们有了一丝宽慰。如今，汉江依旧从郧阳流淌，几条铁路和几条高速公路在郧阳大地上穿插，武当机场和高铁落地于郧阳，一切都让我们感觉到曾经的大郧阳又在回归。郧阳，不仅仅只是一个行政概念、地理概念，更是融在郧阳人血液里的一种精神，灵魂里的一个品牌。

二、郧藩之政务体制

（一）

明成化十二年(1476年)以前，郧阳之地仅指郧县，隶属于襄阳府均州，归属湖广省下荆南道。

郧阳处于湖广、河南、陕西三省之边，与四川共享巴山，四省山河交错，政权管理涣散，又有汉江及其支流出入之便，极易形成匪患。而汉江通道实乃国之命脉，民族咽喉，一旦中断可引起国体不稳，长期不通则国本动摇，故明初一直对郧阳实行封禁政策，以确保汉江运道之通畅无阻。

然而，明代越来越严重的土地兼并问题，使得地权逐渐集中到了官绅大户手中，而赋税徭役却仍以户按丁分为三等九则编征收取，无土地的农民往往要承担大额的税徭。在负担越来越重的情况下，许多农民举家逃走，三不管之地的郧阳就成为全国农民出逃的首选目的地。在朝廷屡次派兵驱赶均不见成效，反而激起流民不断反抗的情况下，镇压与动乱的矛盾不断相互升级，在郧阳形成燎原之势。成化元年(1465年)四月，刘通、石龙在房县举旗造反，挥师驰骋于襄阳、邓州、四川、汉中之间，如入无人之境，官军概不能抵御。眼见得汉江航道不畅，南北物资交换中断，国家税源大量流失，经济遭受惨重损失，政令无法及时通达，而朝廷屡派大员压抚均成效不佳，反而是镇压了这拨那拨又起。

成化十二年(1476年)，都御史原杰奉旨抚治荆襄流民。他抵达襄阳后特地深入郧阳，切身感受到了郧阳控制汉江、丹江、堵河、甲河，扼制鄂豫川陕心脏地带的地位和作用，在深入了解流民形成的原因后，遂向朝廷上《处置流民疏》，建议把流民就地落户附籍，鼓励他们开垦土地并轻其赋役，还建议在郧阳设府、置藩镇，用重兵把守，确保汉江及其支流的畅通。皇帝很快准奏，遂割湖广省上、下荆南道之郧阳、襄阳、荆州、德安、安陆五府(州)，河南省南阳府，陕西省汉中府、西安府商州一并归郧阳藩镇管辖，并任命原杰为郧阳第一任巡抚，吴道宏为郧阳第一任监察御史。他们遂组织人员安置流民，分类造册。在短短的一年时间里，共统计到流民438644人，在把那些在原籍犯有罪行的流民押送回原籍处置、把在原籍仍有土地的流民遣返回原籍后，将剩下的392752人编入各州各县的籍簿中，承认他们所开垦土地的合法性，并确定纳税的义务。至此，郧阳一带的流民得以安抚，郧阳随之稳定。

郧阳藩镇一直存续到清康熙十九年(1680年)，历时204年，先后历经了121任巡抚。

(二)

探讨郧阳藩镇的政体，就必须得认识以下几个问题：一是政体名称，二是政体模式，三是政体性质。

在郧阳藩镇政体名称上，此前的认识比较模糊，大多把这204年巡抚管辖郧阳时期的政体称之为“抚治”，也有人干脆以“湖广行都司”代替当时的郧阳政体。

这两种称法显然都不对。

首先，中华文明五千年以来，历史上从来就没有出现过任何一个行政建制的名称叫“抚治”的政权实体。之所以有人会把当时的郧阳建制误称为“抚治”，可能是因为当时的朝廷把郧阳巡抚称之为“抚治”的原因，当时朝廷把派驻在13个省、两京、留都及九大边镇的封疆大吏都称为巡抚，而独独把驻郧阳的封疆大吏称为“抚治”。

然而，“抚治”只是郧阳巡抚的一个别称，却并不是郧阳行政建制的名称。《明史·志第四十九·职官二》中说：“巡抚之名起于懿文太子(朱标)巡抚陕西。永乐十九年，遣尚书蹇义等二十六人巡行天下，安抚军民。以后，不拘尚书、侍郎、都御史、少卿等官事毕复命，即或停遣。初名‘巡抚’，或名‘镇守’。后以镇守侍郎与巡按御史不相统属，文移窒碍，定为‘都御史’：巡抚兼军务者加‘提督’；有总兵地方加‘赞理’或‘参赞’；所辖多、事重者加‘总督’；他如整饬、抚治、巡治、总理等项，皆因事特设。其以尚书、侍郎任总督军务者，皆兼都御史，以便行事。都御史职专纠劾百司，辨明冤枉，提督各道，为天子耳目，风纪之司。”

由上文可见，整饬、抚治、巡治、总理都是因事特设的一种巡抚，而总督的级别比巡抚稍高。郧阳巡抚最初的职衔是“提督抚治郧阳等处地方都御史”，与“提督巡抚湖广等处地方都御史”或者“提督巡抚陕西等处地方都御史”均只有“抚治”和“巡抚”两个字的区别。从字面上也可以分析出，“巡抚”重在巡查，次在安抚；而“抚治”重在安抚，次在治理。两者只有行政侧重点不同，并没有性质上的不同与区别，可见朝廷之所以要把郧阳巡抚称之为“抚治”是有深意的，那就是因为郧阳巡抚是因流民泛滥这个特殊问题而设，正如《郧台志·版籍第六》中所言：“盖域中之民防其散，郧中之民防其聚。其散而聚也，必归于郧，而其易聚而难散也。”因此“抚”才是郧阳巡抚行政的重中之重。不过，无论是在《明史》《清史》中，还是在《明实录》《清实录》里，我们依然能够看到皇帝经常在谕旨中用到“郧阳巡抚”这一称谓，这也从另一个侧面说明“抚治”就是巡抚的一种别称。

《郧台志》是一部编纂于明万历时期的地方志书，记录了自明成化十二年(1476年)到万历十八年(1590年)共114年84任巡抚治理郧阳时期的政治、经济、文化、军事等方面的史实。这里的“台”是一种尊称，在古代只有三公或宰相才能称之为“台”，意为高高在上，职位显要，所以才有“台阁之臣”的说法。到汉时，人们称中央各省(后来的部)的尚书为台省。自元代始，又把直属中央政府管辖的地方一级行政区“行省”的最高长官平章政事(后来的省长)称为“行台”。沿袭至明代，也就把巡抚称之为“行台”了。因此，“郧台”就是郧阳巡抚的意思，从这个意义上说，《郧台志》也就是一部郧阳巡抚志。在当时的郧阳，只有两种人才配得上称“郧台”，一是郧阳巡抚，二是武当山总管太监。武当山总管太监之所以也能称“郧台”，是因为他当时兼任了郧阳藩镇分守的职务，是巡抚的副手。到了隆庆二年(1568年)之后，武当山总管太监就不再兼管军民之事，此后皇帝才在对其的敕书上删去了“郧台”二字。需要提醒的是，《郧台志》中凡提及“台镇”一词时，指的是巡抚所治理的藩镇，是对行政建制的称法，而不再是指人的了。

既然“抚治”只是一种官职，我们当然就不能把它作为一个行政建制的名称来理解，就像不能硬把当时的湖广省叫作“湖广巡抚”一样。那么，当时的郧阳建制到底叫什么？答案很清楚，就叫“藩镇”。因为上文已经交代得清清楚楚，这里就不再赘述。

《郧台志》的开篇就在讲建制。其中在《建置第一·叙》里首先说道：“帝王御宇抚世之道，岂不以人哉？夏殷尚矣，周建六官，公孤论道，侯伯藩屏，各有专职，不相维摄，其或多故。则周公破铁，召伯巡行，方叔壮猷，南仲薄伐，事无恒调，人无恒居，维变所适而已。秦汉以还，郡县天下，不相沿袭，然多师法其意，以王臣宿重镇，捍御仓卒，宏济时艰，盖量权任、酌缓急、挈纲维之术也。国家命御史台持绣斧督抚方隅，所在专设。维郧当秦、蜀、楚、豫之交，初以县隶襄阳之均州，山川险远，流逋啸聚，孤狐首鼠期间不可制。一夫作难，三藩经费至廑，授庙算，勤元臣，经略区划乃始设。以县不足而郡(指府)，郡不足而阃(指将军)，阃不足而台(指巡抚)。历岁以来，事起议兵，兵已议抚，抚久议罢，罢辄议复，复则已抚，而又加督(指给郧阳巡抚加总督衔)焉，始屹为江淮巨镇，而事权益重，官选益严矣。”

以上的文字先阐述了中国设藩的历史渊源，起自夏商，到秦汉虽然不再沿袭，但以重臣驻守重镇，以应付突发事件的做法依然被传承；再交代在郧阳设藩镇的原因，是因为“流逋啸聚，孤狐首鼠期间不可制……经略区划乃始设”；最后描述郧阳藩镇百余年来的历程，“事起议兵，兵已议抚，抚久议罢，罢辄议复，复则已抚，而又加督焉，始屹为江淮巨镇”，是说郧阳有流民骚乱就动兵，兵事结束就安抚，安抚之后裁撤藩镇，裁撤之后祸乱又起，不得已再恢复建制，不足以压制就给郧阳巡抚加总督衔，慢慢使郧阳成为江淮一带的巨镇。

值得注意的是，在清后期编纂的所有《郧阳府志》和《郧县志》中，都有一张《郧阳城池图》，上面标有一处“总镇署”的衙门，被现在的许多人理解为是一个相当于现在城关镇之类的小衙门，并以此类推，说当时的郧阳城里驻有抚治、府、县、镇四级官府。这真有点让人啼笑皆非，因为这些人至少犯了两点错误：一是他们并不知道，明清时期的中国，在省与府之间还有一个道级官府，那时的郧阳城里驻有四级官府是没有错，可依序应该是郧阳藩镇、下荆南道、郧阳府和郧县；二是他们还不知道，这个“总镇署”可不是城关镇，而是设自嘉庆八年(1803年)止于清末(1911年)的一个正省级的军事机构——郧阳总镇，入住的可个个是正二品武官。

不过，我们也不能把这个“总镇署”当做藩镇时期的巡抚衙门。那么郧阳巡抚衙门在哪？就是《郧阳城池图》中的那个位于小南门之内的“试院”，在藩镇时期称“都察院”，也称“抚院”，还称“抚台衙门”、“行台衙门”、“镇署”等，在《郧台志》中有一张“镇署图”，把巡抚衙门里面的布局描绘得清清楚楚。

郧阳巡抚衙门为什么叫都察院？这是因为天下总督和巡抚均是朝廷都察院的属员，有都御史的职衔。

朝廷都察院也称御史台，是明清两代的最高监察机构，负责监督、考核和弹劾天下官员和给皇帝提人事任命建议，所设官员依级别顺序为左都御史、右都御史、左副都御史、右副都御史、佥都御史等。其在各省所设的分支机构称监察御史道，官员称巡按。除此之外，都察院还有一个地方官员派出系统，即总督、巡抚的外差系统。后来总督、巡抚虽然已经在事实上地方制度化了，但在编制上仍属都察院派出的外差，一般情况下总督领左副都御史衔，巡抚领右副都御史或佥都御史衔，因此各地的总督和巡抚的衙门皆称“行都察院”，后来是地方上为图顺口，就去掉“行”字直接称“都察院”，被朝廷默许后就成为地方上的都察院。康熙年间郧阳藩镇被裁撤，不再有巡抚驻郧阳，郧阳都察院就被改做了郧阳府的考试院，简称“试院”。

（三）

也有人把当时设在郧阳的湖广行都司误以为就是当时郧阳的最高衙门，认为郧阳并不是一个真正意义上的地方省级政府，而是一个以军代政的军政府，所以他们动辄就称“成化十二年在郧阳设湖广行都司，开始了长达200余年郧阳抚治历史”。持这种观点的人，是进入了另外一个误区，错把藩镇和行都司混为一谈了。

藩镇是行政建制，重在治理地方，安抚民众，在《郧台志略序》里，有“政以治民，志以志政”的话，可见当时的藩镇是行政机构，而非军事机构。然而行都司则不同，只是一个军事衙门，重在守卫地方、保护官民安全而已。虽然，巡抚具有“提督”职衔，他既可以管民，也可以管军，但我们不能因此就把两个性质不同的衙门混为一谈。出现这种失误的原因，可能是对一些历史资料中的记载内容理解有误。成化十二年（1476年），原杰出任郧阳的首任巡抚，先开设郧阳府、湖广行都司和郧阳卫，再设置郧阳藩镇和郧阳提刑按察使司，在原杰调离之后，郧阳巡抚一职先后由湖广巡抚刘敷和河南巡抚李衍兼任，直到成化十五年(1479年)吴道宏任郧阳巡抚时，郧阳专职巡抚才成为定制。《郧台志·总镇》里交代得明明白白："十五年，始升吴公大理寺少卿代杰，寻迁右佥都御史，开府郧阳，抚治遂为定制。"这里的"开府"并不是开设郧阳府，而是"开府建衙"的意思。在古代，只有三公、大将军、将军才有资格建立府署并自选僚属，是朝廷重臣才配享有的特殊待遇，因而有"开府仪同三司"的说法。到隋唐以后，"开府"就成为文臣的一种官阶，明清时只有巡抚、总督才有称"开府"的资格。另外，这里的"抚治"是指巡抚，而不是指藩镇，"抚治遂为定制"的意思是郧阳巡抚此时成为定制，反过来说此前的巡抚都是临时的。

如果拿藩镇和行都司的功能和性质不同还不能够说明问题的话，就再从他们所管辖的区域不同来考察也许更能说明问题。郧阳藩镇的属地开初只限定在原湖广、河南、陕西三边，不涉及四川，而郧阳行都司的防地只限定在原湖广之地和四川夔州和忠州，因前文已有交代，这里就不再详细赘述。

通过以上两点我们可以得出结论：不能以郧阳行都司代替郧阳藩镇，郧阳藩镇也不是一个军政合一的军政府。

我国历史上是有过不少军政合一的军政府，如几乎历朝历代都在边疆设有的"边镇"，以及宋元时期在内地关键地方设置的相当于州县级的"军"，比如在郧阳周边就设立有"保康军"、"武当军"、"光化军"等。即使在与郧阳藩镇同一时期，明廷还在北方设有辽东镇、蓟州镇、宣府镇、大同镇、太原镇(也称山西镇或三关镇)、延绥镇(也称榆林镇)、宁夏镇、固原镇(也称陕西镇)、甘肃镇，统称为"九边之镇"，都是由军队代替地方管理，是正宗的军政府统治。然而，明清两代设在郧阳的藩镇却并没有施行军政合一，而是完全按照省级地方政府建制标准设立机构，并不是按军政府模式设立机构的。

郧阳藩镇与"九边之镇"最大的不同是："九边之镇"都设在北部边疆，不是大漠就是草原，地盘大而人口稀少，除了军队就是为数不多的游动牧民，固定居民少得可怜，但为了国家的安定则需要大量的军队驻守，因此以军队代管地方就成为一种必然。然而，郧阳藩镇设在内地，境内人口众多，土地肥沃，几乎没有游牧人口，所以设立正常地方政府对人民进行治理就显得非常重要，而军政府是无法完成这一任务的。

在明代的历史上，在内地设立的藩镇还有两个：一个是弘治七年(1494年)设立的南赣藩镇(又称虔院)，管理着江西南安、赣州、广东韶州、南雄州、湖南郴州和福建汀州；另一个是万历年间割湖广省地盘在沅州设立的偏沅藩镇(清雍正二年改为湖南省）。这些就都不是军政府，而是标准的相当于省级的地方政府。需要说明的是，以上两个藩镇存在的时间都比郧阳藩镇短得多，而且驻这两处的大臣都称“巡抚”，而不是“抚治”，可见“抚治”并不是单独用于藩镇的一项专利。

当然，看郧阳藩镇是不是标准的地方政权，还得要看其配套机构是不是按照省级地方政权标准设置的。

明初，朱元璋为了防止形成地方割据势力，废除了元朝存在的省级“行中书省”机构，改由三个平行的、互不统属的、各自对皇帝负责的机构来分担原“行中书省”的权力。这三个机构就是承宣布政使司（布政司）、提刑按察使司（按察司）和都指挥使司（都司），被人们并称为“三司”，各自分别掌管着一省的行政、司法和军事大权。按照今人的理解，可以把布政司当做省政府，把按察司当做省检察院兼省高级法院再兼省监察局，把都司当做省军区。

在明初，各省并没有固定的巡抚，更没有巡抚衙门，巡抚和巡抚衙门的起源是因为三司之间因为互不统属并且各自对皇帝负责，所以有利益的事情就都积极抢着干，而没有利益的事情则能推就推，不能推就拖，甚至相互不服，所以朝廷就要经常派钦差大臣到各省去调解和处理矛盾。后来，出现了刚解决一桩又出现一桩的情况，钦差大臣就要在省里面长住，久而久之就成为常设省级官员，这就是巡抚的来历。当然，如果矛盾经常出现在省与省之间，就需要更高级别的大臣去处理，于是总督就这样产生了。

（四）

看一个明代省级机构是不是标准的地方政权，有没有巡抚当然是一个必要条件，但绝不是唯一条件。

比如有人把郧阳藩镇抚治，与成化之前的“荆襄抚治”相提并论。这从前因后果的延续关系上来说，似乎也有一点道理，但由此得出的结论却是荒谬的。郧阳藩镇之前的荆襄抚治虽然也是由朝廷派遣大臣来处理流民问题，但所管理的范围只涉及南阳、襄阳（包括郧阳）两府，而且不仅其“抚治”行为只是出动大量军队驱赶流民回原籍，而且从来就没有建立起一个真正的地方行政机构。所以我们在考察郧阳藩镇是不是一个省级地方机构时，除了要看有没有大臣驻地外，更得要看在大臣之下是否设立有“三司”衙门，这对定性是不是一个正常的地方政府很重要。那么“荆襄抚治”设“三司”了吗？应该没有，因为没有任何资料可以支持，包括《明史》《明实录》在内。

郧阳藩镇的“三司”齐全吗？答案是肯定的。

第一，郧阳藩镇时期设有郧阳行都指挥使司，这在前面已经讲过，这里就不再赘述。

第二，郧阳藩镇时期设有郧阳布政司，其衙门在大南门与小南门之间，都察院的东侧，隔着一条察院巷与都察院并排，俗称为“西分司”，所谓“分司”指的就是布政分司。不过，郧阳布政司与其他正式省份里的布政司在形式上的确有所不同：在正式省份的布政司里，均设有左、右布政使各一人，之下是若干参政和参议，还让部分参政、参议到下面去兼任分守道；而郧阳布政司的官员均是从湖广、河南、陕西三省派来兼职的右布政使。此外，各省均还派有若干参政或参议兼任分守道，其设官为5人：湖广2人，河南1人，陕西2人。《郧台志·文职》里记载：“湖广布政司：分守下荆南道参政，或参议提督太岳监管抚民；分守上荆南道参政，或参议抚治荆襄兼九永等处兵备。河南布政司：分守汝南道参政，或参议抚民。陕西布政司：分守关南道参议，或参政兼抚民；分守商洛道参议，或参政兼抚民。”这些右布政使、参政、参议的编制虽然都挂在原来的各省里，但都属郧阳官员，受郧阳巡抚节制，而不是原来的省份节制。这将在《郧藩与鄂豫陕三省的关系》一章里再详细论及。

第三，郧阳藩镇时期不仅设有按察司，还有一个叫“大理公署”的监察御史衙门。监察御史衙门在布政司东侧并紧挨着布政司，之所以又被称为“大理公署”是因为首任郧阳监察御史吴道宏是以大理寺少卿的身份到郧阳任监察御史的。同巡抚一样，监察御史也是朝廷都察院派驻地方的官员，级别仅次于巡抚，掌管监察百官、巡视郡县、纠正刑狱、肃整纲纪等事务。根据《明史》《明实录》和《郧台志》记载，郧阳藩镇的首任监察御史为吴道宏，是原杰所推荐。成化帝《实录》记载：

> 成化十三年闰二月丁巳，皇帝谕命监察御史吴道宏往郧阳抚安人民。敕曰：“湖广之荆、襄、郧阳，河南之南阳，陕西之汉中、西安六府，所属州县四十余处，土地广阔，山川深险，各处流移之民，已经都御史等官公同审勘、附籍、发遣，切虑典牧之官失于抚禁，顽梗之民聚散不常，虽有

三处巡按御史，缓急难于遍历。今特命尔驻于新设郧阳府，往来六府地方巡察奸贪，抚安人民，修理城池，禁防盗贼，作兴学校，清理狱讼，使新旧居民各安生业。仍时常省谕之，不许收藏应禁之书，及捏造妖言冒干刑宪，罪及身家。尔为宪臣，受兹委任，尤须持廉秉公，正己率下，务使军民得所，地方宁静，不许偏执己见，乖方误事。如违，罪有所归，尔其勉之慎之。"

请大家注意的是，这道由皇帝亲自颁发给吴道宏的敕书(任命书)，其内容与之前颁发给原杰的几乎一模一样。

谷应泰在他的《明史纪事本末》中也交代得十分清楚：

(成化十二年)十一月，开设湖广郧阳府，即其地设湖广行都司、卫、所及县。时都御史原杰遍置诸郡县，深山穷谷，无不亲至。至则宣朝廷德意，问民疾苦。诸父老皆忻然，愿附版籍为良民。于是大会湖广、河南、陕西抚、按、藩、臬之臣，籍流民得十一万三千余户，遣归故土者一万六千余户，其愿留者九万六千余户，许各自占旷土，官为计丁力限给之，令开垦为永业，以供赋役，置郡县统之。于是湖广割竹山地，分置竹溪县，割郧、津地，分置郧西县；河南割南阳、汝州、唐县地，分置桐柏、南召、伊阳三县；陕西析商县地，为商南、山阳二县，而以商县为商州。使流寓土著者参错以居。又即郧县城置郧阳府，以统郧、房、竹山、竹溪、郧西、上津六县，且立行都司、卫于郧阳，以保障控御之。经画既定，乃上其事。因荐邓州知州吴远为郧阳知府，诸州、县皆选邻境良能吏，习知其事者为之。又以地界三省，无统纪，荐御史吴道宏才望，请代己任，得兼制三省，抚治八郡，居郧阳。上遂擢道宏为大理少卿，代杰抚治。驰玺书赐杰召还，以为南京兵部尚书。杰劳苦成疾，南还，竟卒于驿舍。荆、襄之民闻之，无不流泣者。寻以抚治郧阳大理少卿吴道宏为右佥都御史，开府郧阳，着为令。

谷应泰在这里有一点漏误，按《明史》和成化帝《实录》记载，当时的郧阳府还统领白河，共七县。

郧阳按察司在大理公署东侧并紧挨着大理公署，被人们把其与布政司相并列称之为“二分司”，又因为在东所以俗称其为“东分司”，这是相对于布政司的西分司而称的，实际是那些级别仅次于监察御史的按察使们办公的衙门。与郧阳布政分司一样，郧阳按察司与正式省份里各设一名左、右按察使不同，这里设有按察使4名，而且不分左右，根据《郧台志·文职》记载分别是：“湖广按察司：分巡下荆南道副使，或佥事抚民兼郧襄兵备；分巡上荆南道副使，或佥事抚民兼施归兵备。河南按察司：分巡汝南道副使，或佥事兼兵备。陕西按察司：分巡关南道佥事，或副使整饬汉羌兵备兼抚民、盐法。”

(五)

郧阳藩镇属临时性省级地方机构，其最高长官与各省一样为巡抚。巡抚由皇帝任命，上任前皇帝要对他耳提面命。巡抚在皇帝面前要“陛辞接温言，以布巽于下域”，意思是巡抚在向皇帝辞别时要去接受皇帝的谆谆教导，以便上任后把皇上温和的旨意向属民传播。

巡抚上任时，要持圣旨、敕谕、关防、符验、旗牌、仪节、公移等。

圣旨：是皇帝颁布的命令或发表的言论，巡抚上任的圣旨相当于后来的委任状，由皇帝亲自颁发。

敕谕：是皇帝针对某时某地发生的重大事件，向特定地区或部门公布的重要政策法令，以及对有关臣民下达的重要命令、要求和训诫，有时还用来谕告外藩属国的君王，甚至西洋各国的国王。因为敕谕只是向部分地区和部门颁发的，所以文种规格略低于圣旨和诏书。巡抚上任所持的敕谕，既是发给巡抚本人的，也是告谕上任沿途地的官府和巡抚管辖地臣民的，内容规定了巡抚的权限和注意事项，既是颁给巡抚权力的文书，也是对地方发布的命令。有了敕谕，巡抚上任和实行管理才具有合法性。下面选一道明成化皇帝于成化十八年(1482年)颁发给郧阳巡抚王浚的敕谕，让大家对敕谕这种特殊文体有所了解。

敕都御史王浚：

新设湖广行都司、郧阳府，并荆州、襄阳、河南南阳、陕西汉中、西安七府，所属州县与郧阳接境者四十余处，虽有三省等官，平时会议往逆动经月余，今特命尔前去提督抚治，往来巡察奸贪，抚安人民，整饬兵备，区画粮储。

又奉敕：今岁因北直隶、山西、陕西、河南等处，天时亢旱，二麦无收，民食不充，盗贼必生。又虑荆、襄二府，流民去彼聚啸为非，已令兵部移文尔等并各镇守、巡抚等官一律抚安禁捕，发粮赈济。但今月又各处累报灾伤，人民流移甚于往昔，若不申严堤备，恐尔等视常怠忽，一旦有警，贻患非细。敕至，尔等即查勘各处逃去军民，设法安抚振恤。倘流逋啸聚，严督守备、巡捕等官及时扑捕，勿致延蔓。其调军捕盗、积粮赈济，并更才育民、停止征需等项，凡可以安静地方之事，应便宜者，便宜处置；应奏请者，奏来定夺。尔等具受朝廷重寄，务要尽心筹画，防患未然，不许因循误事。

这是一道两敕合一的敕谕，第一敕说明了派遣王浚任郧阳巡抚的原因、官衔和权限。原因是"虽有三省等官，(但)平时会议往逆动经月余，今特命尔前去"任职，职衔为"提督抚治"，权限在"往来巡察奸贪，抚安人民，整饬兵备，区画粮储"范围之内。第二敕是告诫王浚和他的下属官吏以及邻近省份的镇守、巡抚等，目前北方大旱，流民大量涌往荆襄，对待流民要"抚安禁捕，发粮赈济"，只有"流逋啸聚"时，才能"严督守备、巡捕等官及时扑捕，勿致延蔓"。

巡抚上任所持的关防、符验和旗牌是由朝廷里的相关部门下发给所派官员的凭证。

关防：是一种长方形的官印。这种官印始于明初，沿至清末。当时各省布政司与朝廷六部，常把预先盖好大印的空白纸发给出门办事的官员临时填写内容，很容易作弊贪腐，后来被明太祖朱元璋发觉，就改为使用半印，以便拼合验对，即取其"关防严密"之意称之为"关防"。后来遂形成惯例，把一种并不作勘合之用的长方形印章颁发给因一事一时而临时设置的钦差大臣使用，也称之为"关防"。再后来总督、巡抚、总兵官等成为地方实权官员，但使用关防的惯例则被沿用并成为定制。所以在明清两代，凡常设官员均使用正方形官印称"印"，材质依级别有金、镀金、银、铜的不同；而凡是临时派遣的官员均使用长方形的关防，材质以银、铜铸造。巡抚、总督均是从临时的钦差大臣逐渐转化为常设官员的，所以一直沿用了使用关防的惯例。明代还规定：官印使用朱红印泥，而关防则使用紫红色墨水，俗称紫花大印。如《郧台志》记载，万历十一年(1583年)，郧阳巡抚张国彦就"领关防一颗，铜为之，八叠篆文'抚治郧阳等处关防'转交收掌"。

符验：为古代朝廷在传达命令或调兵遣将时所使用的一种凭证，或为虎符，或为符信，或为符节，均一半在皇帝手中，一半交给巡抚，是巡抚上任的凭证之一。"符"，是符合，即两半对起来一致的意思；"验"，是指上面刻有的能够验证的纹饰。如万历十一年(1583年)，郧阳巡抚张国彦"领'达'字二百三十二号符验一道，转交收掌"。

旗牌：王命旗和王命牌，是明清两代时朝廷颁发给总督、巡抚、提督、总兵官等高级武员或钦差大臣的两种标志，用以表示其是在奉王命执行公务，有便宜行事之权。旗：以蓝帛制成，长宽均二尺六寸，两面绣有金书"令"字，钤以兵部大印，旗杆呈椭圆形，露柄长一尺二寸，宽七寸五分，厚一寸，红色，上刻绿色荷叶。牌：两面均镌"令"字，饰以金，悬于枪上。枪以榆木为杆，长八尺，铁顶，顶帽髹以黄色，绘龙，垂朱髦，牌边及枪杆皆镌以"令字第几号"，填以金。执掌旗牌的军人称旗牌官，简称"旗牌"。如万历十一年(1583年)，郧阳巡抚张国彦"领令旗八面，令牌八副，转交收掌"。

仪节：是一种礼仪性的公文，上面注明了巡抚任内凡遇上任、拜命、庆贺、迎诏、救护、谒庙、阅武等一系列活动时所应该遵守的规定和仪式。

公移：文件，是当时通行的用于不相统属官署之间公文的总称。巡抚赴任路途千里，沿途驿站只凭公移接待。

(六)

郧阳巡抚所要遵守的仪节虽然十分繁复，但行事起来丝毫不可减免，更不可逾越，否则都是大逆不道，有获罪的可能。

上任的仪节为：由藩镇衙门里的有司官择吉请期，届期鼓吹，由前导礼生引至藩镇衙门即都察院门前下车，更换公服。这之前，在都察院大门前露台东北方向已经设有香案，巡抚上前上香，朝皇帝所在的北京方向行五跪三叩头谢恩礼。礼毕，易吉服升堂，然后打开关防让下面之人瞻视。接着全院官吏和杂役以位次高低依次叩见，之后为下荆南道、郧阳府和郧县的官吏以官阶大小依次序行拜见礼，由司礼官唱礼："守道、巡道、都司进见！""出！"在知府率属官行庭参礼时，秩序和议程为：知府四拜，同知、通判、推官、守备二拜，都司首领官二拜，指挥免拜，知县二拜，卫首领免拜，镇抚和千、百户免拜，儒学教官二拜，主簿叩见，典史叩见，仓、驿、阴、医、僧、道、杂役等官叩见，生员二拜，监生二拜，武生免拜，省祭官叩见，吏承叩见，阴阳生、医生、乡约里老、僧人、道士等各叩见，完毕即出。乡官进见，举人进见。

拜命的仪式和礼节为：每当有皇帝敕、诰等类文书送达，巡抚都要黎明时着吉服，迎于驿馆，行五拜三叩头礼，然后在先导官引导之下，率领属官移步于藩镇衙门露台东北，望阙谢恩，仍行五拜三叩头礼。再移步于龙亭之前跪拜，俯伏接受敕、诰才算礼毕。

庆贺的仪式和礼节为：凡遇万寿圣节（皇帝生日）和正旦、冬至等节日，巡抚都要率领百官先期一日熟习礼仪。当日，黎明着吉服，到迎恩观的左丹墀，面朝西方吟唱赞歌，行“出使礼”。再由先导官引导至露台下左侧，行五拜三叩头礼，然后复位，鹄立，检视众官行礼、山呼万岁。次日，在漏下五鼓时，拜牌于行都司衙门，仪式如前。

迎诏的仪式和礼节为：每有皇帝诏命到达，巡抚都要着吉服率百官迎于驿馆龙亭前，行五拜三叩头礼，在鼓乐声中由先导官引导使臣至藩镇衙门外，众官先进入，分文武官成东西两列立候于本院龙亭至公庭之下。朝廷派来的捧诏官立于龙亭东，巡抚率众官在礼乐声中唱赞词，四拜。之后，捧诏官把诏书授予展读官，展读官拜受，移步于开读案上宣读。巡抚则率百官北向而跪。展读官读毕，把诏书还予捧诏官，由捧诏官把诏书奉在龙亭中，接受众人的俯伏四拜，舞蹈山呼，再俯伏四拜。然后巡抚移步于龙亭前，向捧诏官问候皇帝圣躬万福。礼毕，鼓乐起，送诏书于官廷，捧诏官向巡抚行庭谒礼，为二拜。

救护，是每当有重大事件发生时，官府都要做的一种礼仪，即奉旨保护某种东西。明廷规定，巡抚应该救护的对象中有日、月食中的太阳或者月亮。巡抚救护的仪式和礼节为：每当发生日食月食时，巡抚都要在大门前露台上设香案，按照日食着朝服，月食着素服的规定行四拜礼，吟唱赞歌，击鼓三声。鼓毕，持钺行朝廷规定的救护动作，由阴阳官一次次报告初亏、食甚、复原、生光等过程。救护成功后，仍行四拜之礼。

谒庙也是官员必须要做的一种礼仪。谒庙的仪式和礼节为：巡抚上任第三日，要到郧阳府学宫去谒拜孔庙，由守道、巡道、都司陪行。四拜后，武官都司回避。由守道、巡道陪同巡抚进入明伦堂，接受各官的序参。当场，巡抚命教官掣签抽学校的生员（学生），令被抽中的生员读书，然后由巡抚讲学，府里的正佐官、县正官(知县)、府学和县学的教官俱赐座听讲。完毕，把笔札(讲稿)赏赉给府学，再宣布择期考验生员的文艺和品第，优秀者有赏。后来的郧阳巡抚在拜谒完文庙，接着还要拜谒供奉原杰、吴道宏牌位的二公祠和藩镇衙门的土地祠，各为二拜。如遇旱涝灾害，巡抚均要到迎恩观去祈谢，行四拜礼。每年的丁祭大典(祭孔)、夏至、元旦，巡抚都要先一日拜牌，再在节日当天移身文庙行四拜礼。

阅武的仪式和礼节为：在巡抚阅操之前，司、卫官要先期呈请赏格，即汇报需要赏赐优秀军士的额度。至期，黎明鼓吹，旌旄前导，移步至演武场，进辕门，有都司迎在露台之下，请巡抚登演武厅升坐，接受分守道、分巡道所行的迎参礼，之后都司暂避；接受府、县各官的参拜礼，然后所有文官以序坐下观阵，由中军官宣布军令，然后军士列营、剿杀。报捷后，由武官分别展示武艺，按优劣赏罚分明。之后是合营整队受赏。最后，在前导的指引下回都察院。次日，全体官员登上城墙阅视城池。

(七)

自明成化十二年(1476 年)设郧阳藩镇起，到清康熙十九年(1680 年)裁撤郧阳藩镇止的 204 年时间里，共莅郧 121 任朝廷大员。他们虽然同为郧阳巡抚，但其官阶不尽相同，皇帝对他们敕谕也各不相同，在万历之前皇帝颁发给他们敕谕上的职衔为“提督抚治”，万历之后改为“提督军务兼抚治”。虽只有两字之差，但名称不同，职能定位就大不相同，手中的权力也就相差甚远。

“提督抚治”是两个职衔：“抚治”即巡抚，为纯文官，而“提督”为纯武官。两种身份同时加于一身，就是为了让巡抚既有军权，又有地方事务治理权。

不加“抚治”或者“巡抚”的“提督”，叫总兵官，为二品武官，是统辖一省或者某要塞水、陆官兵的官员，在清代为各省绿营军的最高主管，职级相当于现在的省军区司令，虽也算封疆大吏，但要受到巡抚的节制。在清代，提督的实际官职可以节制几省的军队，也就是说突破了省域的界限，掌管的区域往往能达到数省，相当于现在的大军区司令，但依然要受总督的节制。清代先后在全国各地设置过 12 名陆路提督和 3 名水师提督。

“提督巡抚”或者“提督抚治”，是明清两代专为巡抚设置的官衔，加了“提督”二字，就意味着他掌握了地方军政大权，治理起来更方便。不过，“提督巡抚”或者“提督抚治”并无调兵权，对进入辖区的朝廷军队和外省军队也并无指挥权。

“提督军务兼抚治”则不同，这样的巡抚不仅掌管一省之军政事务，并有在辖区内的调兵权，而且对进入辖区的所有军队有掌控权，是巡抚中权力最大的一类，具有总督的官阶。

自明成化十二年(1476 年)郧阳设巡抚起，到万历二年(1574 年)的 98 年间，郧阳一共经历了 69 位巡抚，他们均是“提督抚治”。从万历二年(1574 年)以后到清康熙十九年(1680 年)的 106 年间，郧阳的 52 位巡抚均为“提督军务兼抚治”，朝廷对郧阳的重视程度由此可见一斑。

在郧阳藩镇之初，有两任郧阳巡抚是由别省巡抚兼任的，缘由为成化十三年(1477 年)首任郧阳巡抚原杰在离任前，曾经向朝廷推荐郧阳监察御史吴道宏继任郧阳巡抚，但朝廷考虑暂时没有合适人选替代吴道宏监察御史之任，所以在成化十三年是由湖广巡抚刘敷、成化十四年是由河南巡抚李衍分别兼任郧阳巡抚。这期间，郧阳藩镇实际是吴道宏一人在苦苦支撑，直到成化十五年，朝廷才正式宣布吴道宏为郧阳巡抚。此后的郧阳巡抚，均为郧阳的专职巡抚。

需要说明的是，巡抚制度在明以前就有，明代只是沿袭而已。不过之初的巡抚一职，均为朝廷临时指派的钦差大臣，是由都察院派往各地巡察和处理地方事务的官员。因此，在巡抚成为各省专职的最高长官作为定制后，朝廷仍然沿用了巡抚从都察院指派的旧制。明代的都察院也叫御史台，主要职责是举劾百官，行使行政监察权，兼有刑事司法的职能，位居三司之列，与六部的级别相同。朝廷在往各省派出巡抚前，必须要先把这个人的编制迁往都察院，在定下他的御史官阶后，再由皇帝敕谕遣派地方。在 121 任郧阳巡抚里，右副都御史最多，个别为左、右佥都御史。如明代文坛“后七子”的首领王世贞在万历元年(1573 年)任郧阳巡抚时，其官阶就为右副都御史提督军务兼抚治郧阳。

(八)

在郧阳，与巡抚衙门平级的机构是“巡按御史院”，或称“监察御史院”，简称“察院”。巡按御史是御史的一种，同样为朝廷都察院的属官，隋朝就有设置，是为制衡行政机构主官而设的朝廷或地方官员，不仅可对违法官吏进行弹劾，也可由皇帝赋予他直接审判行政官员的权力，并对道、府、州、县等衙门进行实质监督，防范公卿官吏侵害民众权益，防范他们成为贪赃枉法的贪官污吏。明代的监察御史院各省都有，在郧阳的又称“大理公署”，是因为首任郧阳监察御史吴道宏是以大理寺少卿身份到任的原因。

明代实行的是省级布、按、都三司平行制。布，即承宣布政使司，分管民政事务；按，即提刑按察使司，分管司法；都，即都指挥使司，分管军事。在巡抚还是临时钦差大臣的明初，省级三司是按照分工独立向皇帝负责的，相互并无管辖权。在巡抚成为地方大员之后，才由巡抚把三司在省内统管起来，虽然三司的最高长官依然是“正省级”，但实际已经沦为巡抚的属员了，所以巡抚的直属机构就是“三司”。

承宣布政使司，简称“布政使司”或者“布政司”。承宣布政使司的前身为元朝的行中书省，明洪武九年(1376年)时朱元璋实行行政区划变革，将原行中书省机构一分为三，其中负责一省民政事务的部分划出设立了“承宣布政使司”。承宣布政使司一词源于“朝廷有德泽、禁令承流宣播，以下于有司(官吏)”之意。朱元璋在三分省权的同时亦改革了官制，废除了原行中书省的最高长官“行中书省平章事”，将原先省平章事的副职“行中书省参知政事”改设为布政使，为文官正二品。洪武十三年(1380年)胡惟庸案发生后，朱元璋进一步实行分权政治，将全国十三个布政使的职权再次一分为二，改为左、右布政使各一，降为文官正三品，后又升为从二品，直接受户部管理。

提刑按察使司，简称“按察使司”或者“按察司”，行施一省之刑名、按劾之事，兼具司法和监察职能，掌管振扬风纪、澄清吏治、审核刑狱，兼领本省驿传。内设按察使一名，文官正三品；副使一名，文官正四品；佥事若干名，文官正五品。副使和佥事负责分道巡察兵备、提学、巡海、清军、驿传、屯田等一切军政事宜，以达到反贪腐的目的。明代地方上分为省、道、府、县、里五级，只有省一级才设立专门的司法机构——提刑按察使司，掌管全省的刑名案件，但其审理权限也仅仅限于徒刑及其以下的案件，徒刑以上的死刑案件必须报到刑部审理。到了清代，一省仅置按察使一人，裁减了副使、佥事等官。各地巡抚都是由朝廷都察院下派的官员，与按察司为同一系统的直接上下级关系。在郧阳，人们习惯把巡抚衙门称为“都察院”，而把按察司称为“按察分司”，原因就在于此。

都指挥使司，简称“都使司”或者“都司”，是明代省级军事指挥机关，相当于现在的省军区。都司掌一省军务，统率辖区各地的卫、所，隶属于五军都督府，而听从兵部的调兵令。藩镇设立之前，郧阳隶属于湖广省。明初，湖广省就在省会武昌设有湖广都司。等郧阳藩镇设立时，朝廷批准在郧阳城内设“行都司”。在郧阳的行都司正规名称并不叫“郧阳行都司”，而是“湖广行都指挥使司”，不过在当时人们的口中，则习惯依地名称呼，往往被叫成“郧阳行都司”。都司加“行”，往往是从设立于正规省份里的都司分离出来的，一般设在藩镇，其级别、权限、功能均与原都指挥使司完全相同，并无隶属关系，“行”字只不过表示渊源而已，也带有临时之意。明代所设立的行都司有 6 个，在西安的称陕西行都指挥使司，在大同的称山西行都指挥使司，在建宁的称福建行都指挥使司，在北平的称北平行都指挥使司，在建昌的称四川行都指挥使司和在郧阳的称湖广行都指挥使司。行都指挥使司设都指挥使一人，武官正二品；都指挥同知两人，武官从二品；都指挥佥事四人，武官正三品。行都司内下设有经历司、断事司、司狱司，所设官员均由朝廷选派，并不许世袭。

说郧阳为藩镇，就是因为这里的建制都察院、察院以及三司齐全的缘故。

(九)

在郧阳藩镇存续的 200 余年里，属地内府、州、县的设置在不同时期均有所变化。

成化十二年(1476 年)，原杰奉命经略郧阳，把从各省割让来的土地重新设置府县。他先从原湖广省襄阳府中分出郧县、上津、竹山、房县四县新置郧阳府，再把竹山县一分为二，在尹店社筑城而新置竹溪县，又把郧县的武阳里和上津县的津阳里割出，在南门堡筑城而新置郧西县，还把陕西汉中府的旬阳县一分为二，在白石河筑城而新置白河县，并让洵阳县仍归汉中，白河县归郧阳，使郧阳府所属达到了 7 县。他又把原河南省南阳府的南阳县一分为二，在南召保分出一个南召县，把唐县一分为二，在桐柏镇筑城新置了桐柏县，连同成化七年(1471 年)时分内乡县西南境而置的淅川县，总共在南阳府新设了 3 个县。他再把原陕西省商县一分为三，在南部新置山阳县、在东部新置商南县，剩余之地升为商州，统辖山阳、商南、洛南、镇安 4 县。

成化十四年(1478年)，白河人以不适应湖北民俗为由请求回归陕西，得到朝廷批准，此时郧阳府所属只剩6县。

成化二十二年(1486年)，右副都御史何经抚治郧阳时，把汉中境内宁羌卫的防地改置为宁羌州，统领沔县、略阳二县。

弘治三年(1490年)，右副都御史戴珊抚治郧阳时，恢复在洪武初并入归州的兴山县，属荆州府。

弘治十年(1497年)，右副都御史黎福任郧阳抚治时，鉴于房县辖境辽阔，难以施治，于是奏请朝廷分县东之境的宜阳、修文二里新置保康县，郧阳府此后的属地又恢复为7县。

正德五年(1511年)，右副都御史李士实抚治郧阳时，分汉中府金州(安康)地新置紫阳县。

嘉靖十年(1531年)，右副都御史潘旦抚治郧阳时，因安陆(钟祥)是皇帝的故乡，朝廷把安陆直隶州升格为了承天府，辖钟祥县、荆门州、当阳县、潜江县、沔阳州、竟陵县6州县。

嘉靖十五年(1536年)，右副都御史于桂抚治郧阳时，朝廷把承天府由郧阳藩镇划出，直隶于朝廷，成为北直隶、南直隶之后的第三个直隶府，称“承天中直隶”。

嘉靖三十三年(1554年)，刘伯跃抚治郧阳时，施州发生黄中叛乱，朝廷把施州划归郧阳藩镇和行都司管辖，出兵镇压了叛乱。万历九年(1581年)裁撤郧阳藩镇时，郧襄荆施回归湖广。万历十一年(1583年)恢复郧阳藩镇，施州留在了湖广。

隆庆二年(1568年)，右佥都御史孙应鳌抚治郧阳时，朝廷把承天府归还郧阳藩镇。隆庆四年，又把承天府连同德安府一并改属湖广。

隆庆四年，右佥都御史汪道昆抚治郧阳时，朝廷把四川下川东道、东川北道的夔州府、保宁府、顺庆府共32个州县划归郧阳藩镇管辖，至万历九年(1581年)归还四川。

万历十一年(1583年)，金州(安康)发大水彻底摧毁州城，时值右副都御史张国彦抚治郧阳，就把金州城址南迁三里，改名为兴安州。

此后，郧阳藩镇的辖属就没有再发生变化，其管辖范围是：

原属湖广的有3府27州县：郧阳府辖郧县、房县、竹山、竹溪、上津、郧西、保康7县。襄阳府辖襄阳、宜城、南漳、枣阳、谷城、光化、均州7州县。

荆州府辖江陵、公安、石首、监利、松滋、枝江、夷陵、长阳、宜都、远安、归州、巴东、兴山13州县。

原属河南的1府：南阳府辖南阳、镇平、唐县、泌阳、南召、桐柏、邓州、内乡、新野、淅川、裕州、舞阳、叶县13州县。

原属陕西的有2府20州县：汉中府辖南镇、褒城、城固、洋县、西乡、凤县、兴安、平利、石泉、洵阳、汉阴、白河、紫阳、宁羌、沔县、略阳16州县。西安府商州辖洛南、商南、山阳、镇安4县。

崇祯十六年(1643年)，朝廷任命徐起元任郧阳巡抚。同时宣布设承天府，辖承天、德安二府，以王聚奎为巡抚。不久，李自成占领承天，改承天府为扬武州。

清顺治二年(1645年)，清军把李自成农民军的势力赶出安陆后，当时徐起元依然为郧阳巡抚，朝廷遂把扬武州改回安陆府。

(十)

明清两代，朝廷对府、州、县官吏的设置有着严格的规定。

府级的主官是知府。知府以下分为知府僚佐和知府属吏两类。

僚佐为知府的同级官员，是协助知府处理府衙事务的，主要有同知、通判和推官。同知是主官的副手，在府州县里都可以设置，而规模较小的一般不设，其职责是负责分掌地方的盐、粮、捕盗、江防、海疆、河工、水利以及清理军籍、抚绥民夷等事务。通判是“知事通判”的简称，一般只设在府或州里，是中央直派的特派员，初设于宋，目的是为了加强对地方官的监察和控制，防止知州和知府的职权过重，专擅作大而特设，“通判”一词的意思就是协助主官通理裁判一切事务，他既辅佐主官理政，还有直接向皇帝上奏的权力，在府州向下属所发布的命令上，必须要由主官和通判一起署名、用印方能生效。推官，只设在府里，别称推府，由吏部铨选，主掌治理刑狱。

属吏是知府的下属，往往负责一个部门，主要有执掌出纳文书的经历，掌管磨勘、审计、肃政、廉访的照磨，掌管官学、课学、检试的教授，掌管教务的训导，掌管刑狱的司狱，管理粮仓的仓大使、仓副使，掌管税务的税课司大使等。

州是一府辖区内地位高于县的一级官署，相当于现在的县级市。州级的官员有知州。知州以下也分为知州僚佐和知州属吏两类。僚佐同样为知州的同级官员，有副手同知，管理刑狱的判官，掌管出纳、文书和分领州事的吏目等。属吏有管理官学的学正、管理教务的训导、管理粮仓的仓大使、管理关隘要塞的巡检、管理邮传的驿丞等。

县级的官员有知县。知县以下同样分为知县僚佐和知县属吏两类。僚佐有副手县丞、掌管文书的主簿、掌管缉捕和监狱的典史。属吏有管理全县教育的儒学教谕、管理学校教务的训导、管理关隘要塞的巡检、管理邮传的驿丞等。

在古代，县是最低级别的官府，县以下的里、保、甲均是民众自治性质的组织。然而，县以下通常还设有一个乃至几个巡检司，主持巡检司工作的巡检就是相当于现在乡镇级别的官员。巡检司一般设在沿边、沿江、沿海、镇市、关隘等离县城较远的要害之处，属于县里的派出机构，归知县管辖，巡检一般品秩为正九品。

各级官府所设官员职数不尽相同，虽同是府、州、县，但朝廷对其官僚的配置多寡主要是依据府州县的大小和地理位置的轻重来分配的。明代规定：凡方圆不及20里者不设县丞，所以多数县份都只有主簿和典史两名僚佐官，更有少数特别小的县就只有一名典史作为僚佐，更有极个别的县没有僚官。如果一个县没有县丞，其职责由主簿代行；若是县丞、主簿全无，则由典史兼领其职。县是这样，州和府同样也是这样。

明代的郧阳府和郧县，官员配备比较齐全：郧阳府甚至有训导两名，郧县还有一名驿丞，而其他各县均无。仓大使也只设在郧县、房县和竹山县，其余县无，房县的仓大使驻在广积仓。郧西县除知县外，就只有主簿、典史、教谕和训导四名官吏。保康县的官吏更少，除知县外，只有典史和教谕两名。郧阳府共有5个巡检司，郧县的在雷峰垭，房县的在砖磨坪，竹山县的在吉阳关，上津县的在江口，竹溪县的在尹店。

襄阳府的属吏，增加了一名地位仅次于经历的知事，作为管理内务和接待之职，其训导有四名，税课司在樊城，驿丞后来升为了递运所大使，仓大使驻在大盈仓，除均州设有广积仓大使外，各县均无仓大使或者副使。均州有驿丞两名，分别驻在均阳驿(汉江北与河南交界处)和界山驿(与郧县交界处)，巡检司在黑虎庙。襄阳县有训导两名，巡检三名分别驻在北太庙巡检司、柳树头巡检司和双沟巡检司，驿丞有三名分别驻在汉江驿、潼口驿和吕堰驿。枣阳县无驿丞，巡检司在鹿头店，为嘉靖四十年(1561年)奉文添设。宜城县无县丞、无巡检，有训导两名，驿站为鄢城水马驿。南漳县无县丞、无驿丞，有训导七名，巡检三名分别驻在里头巡检司、方家堰巡检司和金厢坪巡检司。光化县无县丞、无主簿、无驿丞，万历三年(1575年)七月奉文把左旗营巡检司改设到黑龙集。谷城县无县丞、无驿丞，巡检驻在石花街巡检司。

荆州府较大，设有同知两名，一位管理军需，一位安抚地方；有通判两名，一位管巡捕兼抚民，一位管粮；有训导四名；仓大使两名，分别驻在常积仓和安远仓；驿丞和递运所大使各一名，均驻在荆南驿。下属各州县除夷陵州广积仓、归州丰积仓各设有大使、副使各一，和枝江县广积仓大使外，其余县均无仓使。各县中，枝江、长阳、宜都、远安、兴山无县丞和主簿，巴东无县丞。夷陵州有递运所大使一名和驿丞四名，驿丞分别驻在白沙马驿、建平驿、凤楼驿和黄牛驿，巡检司在南津口。归州有递运所大使而无驿丞，巡检两名分别驻在南逻口巡检司和牛口巡检司。江陵县无驿丞，有训导两名，巡检四名分别驻在沙市巡检司、郝穴口巡检司、虎渡口巡检司和龙湾巡检司。公安县无巡检，有训导两名，驿丞三名分别驻在水马驿、民安马驿和孙黄马驿。石首县有训导两名，巡检司在调弦口，驿丞两名分别驻在石首驿和调弦驿，有一个递运所大使驻在小岳河泊递运所。监利县有巡检四名，分别驻在窑圻巡检司、白螺矶巡检司、尾子湾巡检司和隆庆四年(1570年)因县北的一个叫分盐的地方因盗贼频发而添设的分盐巡检司，驿丞一名驻在簮市驿，递运所大使两名分别驻在分盐湖河泊递运所和家缘湖河泊递运所。松滋县无驿丞，巡检一名驻在红崖寨巡检司。枝江县无巡检，驿丞一名驻在流店驿。长阳县无驿丞，巡检三名分别驻在鱼阳关巡检司、蹇家园巡检司和旧关堡巡检司。宜都县无驿丞，巡检驻在普通关巡检司。远安县除知县外，只有典史、教谕和训导三名官吏。兴山县无驿丞，巡检一名驻在高鸡寨巡检司。巴东县有巡检二名，分别驻在石硅关巡检司和天关巡检司，驿丞一名驻在巴山驿。

南阳府有通判两名，一位管巡捕，一位管粮；有训导四名；粮仓为济安仓，有大使、副使各一名。所属各县只有内乡和叶县有县丞，其余县均无。除邓州设有丰宁仓大使和唐县设有唐县仓大使外，其余州县均无仓使。邓州有同知，无判官，无巡检，无驿丞。裕州有同知，无巡检，有训导三名，递运所大使和驿丞各一驻在湍阳驿。南阳县无巡检，有训导二名，驿丞和递运所大使各三名，分别驻在宛城驿、博望驿和林水驿。唐县无巡检和驿丞，有训导两名。泌阳县无驿丞，巡检一名驻在象河巡检司。镇平县除知县外，只有知县、典史、教谕和训导四名官吏。南召县除知县外，只有典史、教谕和巡检三名官吏，巡检驻在鸦路镇巡检司。桐柏县除知县外，只有典史、教谕和巡检三名官吏，巡检驻在桐柏镇巡检司。内乡县无驿丞，有训导两名，巡检驻在西峡口巡检司。新野县无巡检，有训导两名，递运所大使和驿丞各一名驻在湍阳驿。淅川县只有知县、典史、教谕、训导和巡检五名官吏，巡检驻在花园头巡检司。舞阳县只有知县、主簿、典史、教谕、训导五名官吏。叶县无巡检，有训导两名，递运所大使和驿丞各两名，分别驻在滍水驿和保安驿。

汉中府有通判两名，一位管粮，一位管巡捕(驻西乡县渔渡霸)，有训导三名，仓大使驻大有库，下属各州县均不设仓大使，除洋县设县丞外，其余的县均没有县丞。宁羌州有训导两名，巡检驻在阳平关巡检司，驿丞在黄坝驿。兴安州除知州外，只有同知、判官、吏目、学正和两名训导这六名官吏。南郑县巡检驻在青石关，驿丞驻在汉阳驿。城固县除知县外，只有主簿、典史、教谕、训导四名官吏。洋县比城固县多设了一名县丞。西乡县无驿丞，巡检三名分别驻在大巴山巡检司、盐场关巡检司和干沟巡检司。褒城县巡检驻在鸡头关巡检司，驿丞驻在马道驿。凤县无训导，巡检两名分别驻在留霸巡检司和清风阁巡检司，驿丞和递运所大使各一名，分别驻在松林驿和安山递运所。沔县无巡检，驿丞两名分别驻在顺政驿和金牛驿。略阳县巡检驻在白水巡检司，驿丞驻在嘉陵驿。石泉县无训导，无驿丞，巡检驻在饶峰岭巡检司。汉阴县除知县外，只有主簿、典史、教谕和训导四名官吏。平利县无驿丞，巡检驻在镇平巡检司。洵阳县无驿丞，两名巡检分别驻在三岔巡检司和闾关巡检司。白河县除知县外，只有主簿、典史和教谕三名官吏。紫阳县只有知县、典史、教谕三名官吏。

商州是从陕西省西安府分离出来归属郧阳藩镇的一个特殊直隶州。除本州外，下面还辖有四个县，实际是一个府的功能，所设官吏有知州、判官、吏目、学正、训导、巡检。两名巡检分别驻在武关巡检司和秦岭巡检司，州和县内均不设驿丞和仓使，只有洛南县设有县丞。洛南县有巡检两名，分别驻在石家坡巡检司和三要巡检司。商南县无主簿，巡检驻在富水堡巡检司。山阳县无主簿，巡检两名分别驻在竹木关巡检司和丰阳关巡检司。镇安县巡检两名，分别驻在县巡检司和五郎坝巡检司。

除上述府州县外，郧阳藩镇内还有一些明王朝的藩国。这些藩国的领地除嘉靖之后的承天兴王府外，其余封地均很小，管理权限也仅限在王府采邑地之内，更不允许他们干预府州县的地方事务。虽然王府中的人员主要靠在封地采邑为生，但其由朝廷所设的王府官吏依然享有朝廷俸禄。

襄亲王府的官吏有：左长史、右长史、典簿、审理、正纪善、教授、奉祠、正工、正典膳、典仪、正典仪、副引礼、典宝、正良医、正仪卫、正仪卫副典仗、广羡仓大使、广羡库大使、经历司经历。

枣阳郡王府的官吏有：教授、典膳。

镇宁郡王府的官吏有：教授、典膳。

郧城郡王府的官吏有：教授、典膳。

唐亲王府的官吏有：长史、典簿、审理、纪善、典宝、奉祠工、正良医、典仪、引礼仪、卫司仪、正仪副典仗四名、保和仓大使库官、经历司经历。

其余均不详。

（十一）

古今中外的官府都是靠办公经费来维持正常的运转的，郧阳藩镇衙门当然也不能例外。为了维持衙门能正常开门，藩镇就得向各府、州、县摊派公帑甚至人力，这在当时叫供备。郧阳藩镇摊派的供备大致有岁用、公费、写本工食等款项，役使有书吏、写本吏、贴书吏、听事抄案和杂役等差役。

岁用：为衙门内办公人员的生活费用，因为是按年核发的，所以被称为岁用。郧阳藩镇衙门的岁用有食米、本色俸、内俸和折色俸 4 项。食米全年 12 石，折银 24 两；本色俸每月 11 石，每石折银 7 钱；内俸全年 110 石，折银 77 两，其中在四五月份收折绢 21 匹，每 2 石折绢 1 匹，以每匹折银 7 钱给予个人；折色俸每月米 23 石。岁用是每半年支一次，上半年支 138 石用于衙门全年生活经费的开支；下半年支 138 石用于更换公务人员的衣装，以每石 20 贯共折纸钞 2760 贯，以 200 贯折布一匹，得布 13 匹 2 丈 4 尺，当时每匹布值价 3 钱，折成银两为 4 两 1 钱 4 分。上述两项剩余的部分，为巡抚所掌握的紧急支出经费。

公费：为藩镇衙门修缮房屋、添置物品和炭火、灯油的支出费用，是从各府提取银两而来的。万历初年具体数额为：郧阳府 167 两 1 分 5 厘，襄阳府 167 两 1 分 5 厘，荆州府 130 两，南阳府 130 两，汉中府 100 两，这些银两全部来源于各地的纸赎银(诉讼费)。另有从邓州的买卖交易税银中提取316两5钱7分1厘6毫3丝6忽，总银两为1010两6钱1厘6毫3丝6忽，每年都由各府押解往郧阳城，交由郧阳府银库保管，在修缮藩镇衙门、添置衙门陈设和购买柴炭油烛时，凭巡抚签字盖印提取使用。

写本工食：是官府为雇用抄写文人所付出的工食费。古代的各种文书表册是完全靠人工用毛笔书写、制作、抄写出来的，而且要求有一定的工整度，因此工时效率极低，所以需要雇用大量的文人来参与处理。特别是像户口、田亩登记这样常年进行的大型项目，只靠几个官吏是无法完成的。这些雇用的文人需要吃喝，需要养家糊口，所以摊派写本工食银是合情合理的。郧阳藩镇在万历初年摊派的写本工食银为：郧阳府35两，分派到7个县，每县5两；襄阳府2两；荆州府10两；南阳府20两；汉中府20两；均州10两；裕州10两；邓州15两；兴安州15两；商州15两；南漳、枣阳、唐县、泌阳、镇平、内乡6县各10两，这些银两全部解送到郧阳，由郧县统一保管收支。

除上述摊派的经费外，还要向各地无偿摊派抄写文书的文人。

书吏：是衙门中专门从事文档管理的人员，其工作内容主要是为官府记录事情和抄写各类文件。起初郧阳藩镇衙门有固定的书吏、典吏各1名，专门负责藩镇文案保管，这些文案每3年期满均要移送到朝廷更替。到万历八年(1580年)时，书吏、典吏合并，裁革1名，只留下1名。

写本吏：是衙门内专门起草文件的书吏。郧阳藩镇衙门的写本吏是从湖广行都司和郧阳府已经使用熟练的书吏中挑选出来的通晓正韵字体的文吏，以备在藩镇衙门书写章疏等事务。在他们效劳期间，要按照藩镇书吏的待遇犒赏工食。

贴书吏：是衙门内专职的抄写员。郧阳藩镇衙门的贴书吏从郧阳、襄阳、荆州、南阳、汉中五府中拨送，挑选那些善于书写、谙晓文书移行的书吏各1名按季更换，按照书吏的待遇犒赏工食。

听事抄案：是赴各种现场执行书写任务的低级吏员和书吏，其中有专门办事的吏员，也有现场记录的书吏，特别是现场的记录员不仅要有很好的脑力，更要有很快的笔记能力。郧阳藩镇衙门的听事抄案都是从所属各府中调拨而来的。其中从湖广行都司拨听事官1名、听事吏1名、承差2名、抄案吏2名；从郧阳府拨听事官1名、听事吏2名、抄案吏2名、真门官2名、挂号吏1名；从郧阳卫拨听事官1名、听事吏1名、抄案吏1名、听事舍人2名、郧阳城内闸巡千户1员、城外闸巡千户1员、五更巡逻百户5员、七门百户7员；从郧县拨听事官1名、抄案吏1名。

杂役：是衙门内最下层的人员，专门从事一些杂活，他们中有看门的门子、有厨子、有皂隶、有轿夫、有清洁工、有端茶递水的下人、有仪仗兵、有巡逻兵等。郧阳藩镇衙门的杂役由郧县、郧阳卫、郧阳府和邮传总铺负责拨送。郧县每年在徭役内派门子4名，专门负责藩镇衙门各门的开启、关闭和门厅杂物的清理。到万历十七年(1589年)时改造藩镇衙门，又添派门子2名、厨子1名和皂隶24名。衙门皂隶分为内外两班，内班负责公堂威仪和行杖，外班负责跟从官员公出、导行、外发和送人等。巡抚外出还备有抬轿、张伞、汲水的民壮11人，他们与外班皂隶均在门房随时候命。从郧阳卫拨送男士16名、军牢40名、吹鼓手30名、铳手2名，均分为两班候命，另外调拨军兵10名、巡逻标兵30名，每10天一轮换。从郧阳府拨阴阳官1名掌握时间，由他昼司时牌、夜值更漏，随时在需要时报出当时的时辰。从总铺拨邮传铺兵1名，负责传递藩镇衙门的出入公文。

三、郧藩之防务体制

（一）

郧阳藩镇作为明代和清初中央直属的地方政权，光有一套政权体制还不够，还要其他配套的相关体制才行。只有这样，这个地方政权才能够正常运作，尤其是军事防务体制的健全才是整个政权体制稳定的最大保障。

事实上，在明成化十二年(1476年)，原杰只是一个被派到郧阳去巡察安抚流民的钦差大臣，朝廷当时就有把流民就地附籍进行安抚的想法，但并没有在郧阳设立一个巩固的省级地方政权的打算。即使在原杰建议设立郧阳藩镇之后，朝廷也依然犹犹豫豫，只是设立了一个相当于现在省级军区的行都司，想沿袭此前靠武装压力让流民就范的思路。这个省级军区就是当时的“湖广行都指挥使司”，简称“湖广行都司”，又因为设在郧阳而被人们称为“郧阳行都司”。在一个正常的省份里，最高的军事机构叫“都指挥使司”，加一“行”字，一是说明从湖广都司分离出来的，二是带有临时的意味，在阶段性任务完成之后有可能随时撤销。

然而，原杰和吴道宏在郧阳的几个月实践中，发现光靠枪杆子的威力是实现不了江汉流域长治久安目的的，其中有大量的地方事务需要有一个能统帅整个江汉的强有力的省级政权与鄂豫川陕四省之间进行协调，把大量的流民进一步安置安抚下来，而且这些工作都费时又费力，靠原来的低级别政权体系既效率低下，又贻误时机。于是，他们一再上疏请求在郧阳设立省级政权。此时，郧阳流民问题已经困扰了明廷百余年，而且就在几年前项忠抚治荆襄时，曾经枉杀流民无数也没有使流民问题得到解决，于是开始认真考虑设立郧阳藩镇的问题，并最终给予了批准。所以当郧阳藩镇正式成立时，湖广行都司就成为郧阳藩镇的直属机构之一，而且已经先于郧阳藩镇正常运转了一段时间，而且所属的大多将领都各自带兵把守在了四省边界的丛林之中。

朝廷无论是设置郧阳行都司，还是设置郧阳藩镇，其政治目的都是要平复这里的流民骚乱，从而保障汉江及其支流航道的通畅。然而，郧阳藩镇是一个政权实体，郧阳行都司只是一个保护政权平稳运行的军事机构，二者的性质截然不同，不能混为一谈；其次郧阳藩镇和郧阳行都司的辖地和权限相差也很大。

郧阳行都司因为是从湖广都司分离出来的，所以它的辖地不会超过原湖广都司的管辖范围，被限定在了郧阳、襄阳、安陆、德安、荆州、夔州、忠州和施州，不涉及河南和陕西的土地。夔州和忠州虽然是四川省的行政区域，防务却要湖广都司承担，这是明初朱元璋所规定的，目的是为了牵制川军，防止他们形成过大的割据势力后难以收拾局面。

而郧阳藩镇是从湖广、河南、陕西三省割让土地而设立的一个省级政权，施行对郧阳、襄阳、安陆、德安、荆州、施州、南阳、汉中和商州的行政权力，最初的范围没有涉及四川的土地。

郧阳巡抚所能管辖的范围比郧阳藩镇和郧阳行都司都大，因为郧阳巡抚有着“都御史”、“提督”、“抚治”三个头衔。“都御史”是监察性质的职务，具有纠察、弹劾官员的权力；“提督”是军职，能够统领所辖境内的所有军队；“抚治”就是巡抚，是行政职务，具有行施政权的权力。因而郧阳巡抚不仅是郧阳藩镇的最大长官，能够在郧阳、襄阳、安陆、德安、荆州、施州、南阳、汉中和商州行使手中握有的政权和军权，而且他也是郧阳行都司的最高统帅，能够掌控驻夔州和忠州的军队和防务。

郧阳行都司不仅要保护郧阳藩镇这个政权，而且要保障陕西白河县以下汉江运道的畅通，因为汉江及其支流航道对于明王朝来说太重要了。

然而，一个政权的稳固不是光靠武力就能够解决得了的。如果其他的体制比如政治、经济的政策不能相应配套，武力再强的政权也是会摇摇欲坠的。郧阳一带的流民骚乱就印证了这一点。

明朝经历了16位皇帝，享国276年(1368—1644年)，先后出现过洪武之治、永乐盛世、仁宣之治、弘治中兴等盛世，但仍然不能掩盖其制度缺陷造成的腐败所带来的政治不稳定。明代在经历了89年到了第五个皇帝朱祁镇的天顺初年(1457年)，社会矛盾就不可避免地爆发了出来，全国农民所拥有的土地多被王府、宗藩和豪强占取，赋税和徭役却依然按人头摊派而且连年增加，再加上水旱灾害连年不断，致使大多数农民外出逃荒而沦落成为流民。当时全国大多数地区出现的情况基本相同，只有以郧阳为中心的汉江流域在被朝廷封禁了80多年之后而成为了一片世外桃源，于是全国流民纷纷涌向郧阳及其周边就成为了一种必然。朝廷当然想阻断流民进入郧阳的通道，可是为什么在大兵压境、死人无数的情况下，流民依然还冒死向郧阳涌进？答案很简单：因为只有郧阳一带才有流民赖以生存的还没有开垦的沿江滩涂和无边无际的山林之地，与其留在家乡等死，不如到郧阳一搏说不定能生，就是在这种理念的支配下，流民们才敢于带领全家冒死深入郧阳，在当时的他们看来，这种冒险是值得的。

就是在官兵的不断驱赶、遣散、镇压下，到天顺八年(1464年)时，集聚在郧阳一带的流民依然多达百万，引起了朝廷的进一步恐慌，于是增加兵力不断加大对流民的驱赶、遣散和镇压力度，官府与流民的矛盾持续升级，流民暴动就不可避免地爆发了。

成化元年(1465年)，河南人刘通率先在房县大木厂发动暴乱，响应者竟达数万人之多。朝廷派兵部尚书白圭和湖广总兵李震前往镇压，于次年二月俘斩刘通。

刘通的失败进一步促进了官府高压政策的升级，但依然不能阻止流民的拼死反抗，各地流民纷纷拿起武器，捍卫着自己好不容易找来的一块生存之地，这样的斗争此起彼伏。到成化六年(1470年)，刘通的余部李原、小王洪在南漳县揭竿而起，一呼百应聚起数万大军。明廷派右都御史项忠总督河南、湖广军务，在右都御史、湖广提督李震的协同下进剿荆襄流民队伍，于次年擒斩李原。

平定李原之后，朝廷留项忠抚治荆襄。他进一步采取高压政策，一旦捉住流民，均绑缚遣乡；不愿吐露原籍在何处者，均押往云、贵充军。在遣返和充军途中，被打死、渴死、饿死、翻船溺死的流民竟多达百万，又时逢夏日，尸体弃之于江湖沿岸，连绵千里臭不可闻，致使瘟疫流行，却依然不能阻挡大批流民继续涌入郧阳的步伐。

当时，无论是朝廷还是皇帝，都对当时郧阳的窘况忧心如焚，甚至有惶惶不安之感，已经意识到光靠高压手段是平复不了郧阳流民骚乱的了，但一时还苦于没有良策。此时，以国子监祭酒(相当于教育部长)周洪谟为代表的几个大臣提出了应该把流民就地安置在郧阳一带的新观点，但朝中大臣几乎没有人敢于去尝试，于是皇帝想到了原杰。

成化十二年(1476年)，朝廷派原杰为钦差大臣到荆襄处置流民难题。原杰在上任之前，就向皇帝提出要在郧阳设行都司，不仅能保持官兵对郧阳一带的稳定压力，而且能够把许多事端消除在萌芽状态，免得有事仓促调兵而贻误时机。于是就有了在郧阳城里设立湖广行都司，几十万大军常驻郧阳一带的盛举。据陕西地方志载："成化十二年，晋阳右副都御史(此为原杰任郧阳巡抚之后所定的职衔)原杰巡抚、大理寺少卿吴道宏，率兵40万屯鄂、豫、陕三省地，往返镇安、山阳及白河等县镇压刘通余孽王彪。"

原杰，山西阳城人，以善于理政抚民闻名朝野，在到郧阳之后的短短几个月时间里，一直带着属僚深入到鄂豫川陕周边各县，与流民进行面对面的交流，得到的信息是，几乎所有流民都愿意把家安置在这里，接受当地官府的管理。于是他把三省的巡抚、巡按召集在一起，商量给各自境内的流民上户口的问题，各省都表示愿意配合。史载他"遍历山溪宣朝廷德意，诸流民欣然愿附籍，于是大会湖广、河南、陕西抚、按官籍之"。

三省会议后，原杰向朝廷上了《处置流民疏》，建议割三省之地设立郧阳藩镇，并适当增加府、县，明确各卫、县管理的范围，免受多省的牵制，从而提高处事效率。至此，湖广行都司就有了贴身的顶头上司机构——郧阳藩镇。

(二)

明朝的地方军事编制为司卫所制度，即都司之下设卫，卫之下设千户所，千户所之下设百户所。

明朝的人口户籍是按所从事的职业来严格区分的，从事农业的人口为农籍，从事手工业的人口为匠籍，从事当兵打仗的人口为军籍，而且世代相袭，除非皇帝批准否则不可转籍。因此，驻防在各地的卫戍军队军官也都是世袭的，父退可以子顶，卫的指挥官就称"卫指挥使"，而千户所、百户所的指挥官则称"千户"、"百户"。卫所里的士兵也是世袭的，大多出自军户。军户，就是职业军人家庭。军户每家必须保证一个男人当兵(不止一个男子的家庭出一个兵，其余的叫余丁或者军余，算预备役，平时屯田，一旦国家有战事时就得拿起武器上战场)，军户享有一定的免除地方徭役的特权。

湖广行都司是郧阳藩镇的最高军事机构，受朝廷五军都督府节制，调兵权却在兵部。湖广行都司的最高长官是郧阳巡抚，这是因为皇帝在给历任郧阳巡抚的敕谕中都有“提督”或者“提督军务”的职衔，也就是给了他军权。行都司的最高指挥官叫“行都指挥司使”，其手下的官员有武职也有文职：武职依次为都指挥同知、都指挥佥事、军备大使和副使、守备等；文职部门有经历、断事、司狱三司。

湖广行都司的编制为：都指挥使一人，一般为武官正二品；都指挥同知设三名，品秩为武官从二品；都指挥佥事若干名，品秩为武官正三品。此外还有仓库大使、副使，草场大使、副使等掾属佐官。都司内部的分工是，三名都指挥同知中，一人统领司事称为“掌印”，一人负责练兵称为“巡捕中军”，一人负责屯田称为“佥书”；都指挥佥事分别分管巡捕、军器、漕运、京操、备御等事务，没有具体分工任务的都指挥佥事则称为“带俸”，相当于现在的助理。文职三司中：经历司负责掌管文书，设经历 1 名为文官正六品，都事若干名为文官正七品；断事司负责处理军队里的刑狱，设断事 1 名为文官正六品，副断事若干名为文官正七品；司狱司则负责管理军队刑狱，设司狱 1 名为文官从九品。此外，三司均各有吏目若干人。文职三司同样是行都司的职能机构，不仅分别负责处理来往公文及刑狱之事，若遇重大地方军务，必须三司合议后联名向朝廷汇报情况。每年巡抚和巡按都要对三司进行监察，每五年汇总考选，称之为“军政”。在明清两代，文官的官阶比武官大一级，如同样为正二品，武官正二品只相当于文官从二品。都司和行都司的官员为朝廷选派，不得世袭。

都司或者行都司属下的各卫，级别就相当于今天的地市级军分区。卫是隋唐所开创的一种军事单位，但明代的卫并不是每府必设，而是设于要害地区，而且与府不相隶属，不受知府的制约，是由都司或者行都司直接率领，隶属于朝廷的五军都督府。在每个卫，均设有前、后、中、左、右 5 个千户所，大约以 5600 人为一卫，1120 人为一千户所，120 人为一百户所。卫设卫指挥使司，有指挥使 1 名为武官正三品，指挥同知 1 名为武官从三品，指挥佥事若干名为武官正四品，这些官员也多为世袭。元、明时，卫内还有镇抚司，置有镇抚等官员。此外，卫里也有文职官员掌管往来文书。

湖广行都司原辖郧阳、襄阳、荆州、荆州右、瞿塘、安陆、德安 7 卫。嘉靖十八年(1539 年)，朝廷把安陆、德安两卫先后划出，湖广行都司只剩下 5 卫。嘉靖三十三年(1554 年)，施州卫归属郧阳行都司。张居正当权时，曾经在万历九年四月(1581 年 5 月)罢郧阳藩镇，湖广行都司跟着被裁撤，改设郧阳参将府(相当于营级军事单位)对郧阳实行军管，养成了郧阳参将一人独大之势。到万历十一年(1583年)正月郧阳藩镇恢复之时，郧阳行都司并没有跟着恢复，而仍以参将府代之，形成了巡抚与参将之间的权力纠葛，为万历十五年(1587年)十一月的“郧阳兵变”埋下了伏笔。万历十六年(1588年)郧阳兵变被平息，才撤参将府恢复湖广行都司，但施州卫被划归湖广。

千户所是一种级别低于卫的军事机构，级别相当于现在的县武装部，一些千户所主要执行防御任务而被称为“守御千户所”。千户所在金初即有设置，被元代沿袭，其体量有上、中、下之分，虽说以1120人为满编，但700兵以上的就可以称为“上千户所”，500兵以上的称“中千户所”；300兵以上的则是“下千户所”。在明代，千户所设千户1名为武官正五品，副千户1名为武官从五品，所镇抚1名为武官正六品，吏目若干名等，均为世袭军职。明朝的守御千户所设有守御千户所指挥使1名，为武官正五品，另设吏目1名掌印，佥书1名管军。守御千户所里面又分为若干个一般千户所，每个又设千户、副千户各1名。湖广行都司直接管辖的守御千户所有8个，分别为均州、竹山、房县、枝江、夷陵、远安、长宁、忠州。守御千户所直接受行都司领导，单独对辖地行使有效防御权。郧阳巡抚能指挥的千户所有12个，除湖广行都司的8个外，还有唐县、邓州、兴安、沔县4个守御千户所，而这4个守御千户所又同时受河南都司或陕西都司的领导。

百户所是千户所属下的一种军事机构，级别相当于现在的乡镇武装部。百户所在元代开始设置，分为上、下两等：上百户所置百户2员，蒙、汉各一，品秩为从六品；下百户所置百户1员，品秩为从七品。明代百户所设有百户1名为武官正六品，副百户1名为武官从六品，下辖总旗、小旗，兵额不超过200人，分驻于各城或军事要冲之地。

明代的兵士称“军”，具有军籍而且是世袭当兵，他们大部分人从事屯田，只有小部分年轻人在服役。明中叶以后，军士所屯之田均多被军官吞蚀，因此军士多因破产而逃亡，被称为“逃亡军户”，与流民有所不同。

湖广行都司属下还设有两个守备道，分别为郧襄守备道、荆瞿守备道，均是从湖广都司接管而来的。守备道为行都司的派出机构，由行都司佥事兼任道员，协助行都司对各卫、所实行有效的管理。郧阳巡抚能指挥的守备道有四个，除郧襄守备道和荆瞿守备道外，还有南阳守备道和汉中守备道。而南阳守备道和汉中守备道又同时归河南都司或陕西都司的管理。

郧阳藩镇是因战事而建，所以湖广行都司和郧阳巡抚能够指挥的卫所均是直接参与战事的单位，所以各级机构的军职设置已经打破了常规，其万历年间具体职位的设置为：郧阳卫有正、副指挥使[含指挥使(正三品)、指挥同知(从三品)、指挥佥事(正四品)下同]9人、镇抚2人、千户9人、百户36人；襄阳卫有正、副指挥使26人、镇抚3人、千户28人、百户46人；荆州卫有正、副指挥使20人、镇抚3人、千户33人、百户43人；荆州右卫有正、副指挥使30人、镇抚3人、千户33人、百户47人；瞿塘卫有正、副指挥使15人、镇抚3人、千户31人、百户53人；南阳卫有正、副指挥使26人、镇抚4人、千户27人、百户34人；汉中卫有正、副指挥使12人、镇抚1人、千户20人、百户37人；宁羌卫有正、副指挥使20人、千户20人、百户42人；均州守御千户所有指挥使1人、千户10人、镇抚1人、百户12人；竹山守御千户所有指挥使2人、千户2人、百户6人；房县守御千户所有指挥使1人、千户8人、镇抚1人、百户9人；枝江守御千户所有指挥使1人、千户9人、镇抚1人、百户9人；夷陵守御千户所有指挥使1人、千户6人、镇抚2人、百户8人；远安守御千户所有指挥使1人、千户4人、百户12人；长宁守御千户所有指挥使1人、千户10人、百户9人、署(代理)百户总旗1人；忠州守御千户所有指挥使1人、千户9人、百户32人。邓州守御千户所有指挥使1人、千户9人、镇抚2人、百户12人；唐县守御千户所有指挥使1人，千户8人、镇抚1人、百户14人；兴安守御千户所有指挥使1人、千户3人、百户7人；沔县守御千户所有指挥使1人、千户4人、百户6人。

此外，郧阳行都司还统属有襄阳、荆州、钟祥为保卫三座王府而设立的军队，虽为王府军，但仍然是朝廷军队，依然要受到地方将领的节制。据《明史·志第六十六·兵二》记载："湖广行都司，以湖广都司、卫、所改设：荆州卫、荆州左卫、荆州右卫、瞿塘卫、襄阳卫、襄阳护卫、安陆卫、郧阳卫、夷陵千户所、德安千户所、枝江千户所、长宁千户所、远安千户所、竹山千户所、均州千户所、房县千户所、忠州千户所、辽府仪卫司、襄府仪卫司、兴府仪卫司。"

这其中，辽府即辽王府，在荆州；襄府即襄王府，在襄阳；兴府即兴王府，在钟祥。在襄阳府仪卫司，设有指挥4人、镇抚1人、千户3人、百户9人，其下还有一个中军千户所和旗手千户所，中军千户所设千户2人、百户4人，旗手千户所设千户1人。

另外，南阳王府仪卫司也受到郧阳巡抚的控制，设有仪卫司指挥使 1 人、佥事 5 人、正千户 1 人、副千户 4 人、百户 19 人。

嘉靖三十三年(1554 年)至万历九年(1581 年)的 27 年间，施州卫及其属下的大田军民千户所及四个宣抚司、九个安抚司、十三个长官司、五个蛮夷官司均归郧阳行都司指挥。

(三)

明代的普通作战人员通称军兵，大致有 3 个来源：一是世袭者称“军”，二是招募者称“兵”，三是发配流放者称“充”，充者是充为军中，被当做“军”来看待的战士。在明代，军中腐败严重，鞭笞军兵肉体和克扣军饷伙食的行为十分普遍，而且军官大量侵吞军户的屯田，所以军兵举家逃亡就成为家常便饭。

湖广行都司属下的各个卫所，由于地理位置不同，任务不同，守御兵员配置的多少也就不尽相同。而相同的是：这些卫所里的军兵自明初的额定数目到万历十八年(1590 年)时，均减员过半甚至全部减员。这固然为有一部分军兵战死，一部分军兵病故，但明代军士是世袭的，每个军户家庭只出一个男子当兵，其余为候补，军士死亡后能得到尽快补充，而且会不断有犯罪被充军的人员加入，所以无论如何不至于造成大规模的军队人员正常自然减员。那么大规模减员的原因只有一个，那就是军户的举家逃亡，这从一个侧面反映了明代社会矛盾激化的程度和社会基础动摇的程度。

以下是湖广行都司和郧阳巡抚能够掌握到的军队减员情况：

郧阳卫原有军额 2880 名，万历十八年(1590 年)时实有数为 1492 名，陆续减员达 1388 名。另有能够抽选的军户舍余(军户中除正式编入军队以外的成人男子)共 2200 名。

襄阳卫原有军额 2530 名，从中拨付 41 名护卫漕运，240 名分两班驻守郴州等，708 名编为各项外差，剩余 1541 名在卫内操守。万历十八年时实有 3003 名，超员 473 名，官府每年以 2530 个名额纳银，每员 5 钱，以抵船局、马匹、工食支解等项的费用。

荆州卫原有军额 8210 名，万历十八年实有 1686 名，陆续减员共达

6524名。

荆州右卫是一个专门负责漕运的旗军，由军户舍余组成，原有兵力6468名，万历十八年时实有2070名，陆续减员共达4398名。

瞿塘卫原有军额5243名，万历十八年时实有1001名，陆续减员共达4242名。另有军户舍余37名。

南阳卫原有军额3802名，万历十八年时，只有军户舍余3577名。

汉中卫原有军额5567名，万历十八年时，只有军户舍余1231名。

宁羌卫原有军额5600名，万历十八年时，只有军户舍余2585名。

均州守御千户所原有军额985名，万历十八年时实有411名，陆续减员共达574名。另有部分旗军舍余被编入武当山劳工营，由太监管理从事训练、采挖贡品工作。

竹山守御千户所原有军额548名，万历十八年时实有350名，陆续减员共达198名。

房县守御千户所原有军额1120名，万历十八年时实有768名，陆续减员共达352名。

枝江守御千户所原额不详，万历十八年时实有739名。

夷陵守御千户所原有军额1385名，万历十八年时实有503名，陆续减员共达882名。另有军户舍余67名。

远安守御千户所原有军额700名，万历十八年时实有358名，陆续减员共达342名。

长宁守御千户所(长宁县，后改归州，即今秭归县)原有军额1120名，万历十八年时实有486名，陆续减员共达634名。

忠州守御千户所原有军额1120名，万历十八年时实有828名，陆续减员共达292名。

唐县守御千户所原有军额1227名，万历十八年时实有897名，陆续减员共达330名。另有军户舍余1470名。

邓州守御千户所原有军额1120名，万历十八年时实有804名，陆续减员共达316名。另有军户舍余1845名。

兴安守御千户所原有军额1150名，万历十八年时只有军户舍余718名。

沔县守御千户所原有军额1150名，万历十八年时，只有军户舍余718名。

（四）

除普通军兵外，湖广行都司和郧阳巡抚属下分别还有标兵、戍兵等特殊兵种。

标兵是标下之兵的意思，即最高长官的亲兵，平时负责保卫长官和长官署的安全，阅兵时又成为仪仗兵。在古代阅兵时，标兵们有的成为阅兵场上用来作为界限标识的军兵；有的负责推车登坛，簇拥在将帅左右；有的负责举旗，以将帅的口令发出旗语指挥军队变换五阵之法；有的提鼓，根据旗语变换发出鼓声，号令将士进退。湖广行都司属下的兵备道原无标兵，标兵建自万历二年（1574年），在王世贞任郧阳巡抚时，开始在上荆南道和商洛道配备标兵。他下令给二道，要求他们从所辖各州县民兵和机兵中选拔标兵，拨充给当地防守官操练之用。

上荆南守备道标兵162名，来自荆州府7县，分别为江陵县39名、石首县21名、夷陵州16名、长阳县13名、监利县44名、兴山县8名、枝江县21名。

商洛守备道标兵192名，来自所属4州县，分别为商州16名、洛南县54名、山阳县67名、镇安县55名。

万历十六年（1588年）裴应章任巡抚郧阳时，为郧阳藩镇配备了巡抚掌握的总镇标兵。总镇标兵共300名，来自郧阳府所属的5个县，分别为郧县、房县、竹山、郧西、上津各60名，共300人，均是从各县民兵中选拔出来的。《郧台志》记载，万历十六年，裴应章将所属7县的民兵集中到郧阳城里操练，从中选拔出300人成立标兵营，把他们分成两班，每班150人，在中军官的带领下每半年一轮换值守或操练。每个标兵除每月发给日粮银四钱五分外，每年发工食银七两二钱和衣甲银五钱，分春秋二季领取。这些费用均出自藩镇筹措的军饷银。当时，因保康和竹溪为边塞，为了加强他们的防守力量，就没有从这二县中选拔标兵。

戍兵是常年固定戍守在各主要堡铺和关隘的官军。湖广行都司管辖范围内的戍兵均由行都司管理，定期轮换。

郧阳戍兵分布：房县马良堡，由房县守御千户所各百户轮流带领30名军士防守，每年年终换防；竹山县三界堡，由竹山守御千户所各百户轮流带领30名军士防守，每年年终换防；邓家坝堡，由竹山守御千户所各百户轮流带领30名军士防守，每年年终换防；上津县庙川堡，由郧阳卫轮流派百户一员带领30名军士防守，每年年终换防；保康县望夫崖堡，有30名只身军(无家属)终身戍守，并划拨临堡山地100亩给军营，让军士耕种、赡养，永不更换，由房县守御千户所拨百户一员，每五年更换统领。

襄阳戍兵分布：弘治年间议定，拨襄阳卫军士248名分为上下两班，每班派指挥一员各带领124名军士，到郴、桂、临武县地方哨所戍守，三年一换。

荆州戍兵分布：长阳县招来堡，由枝江守御千户所轮流派一名百户，带领30名军士防守，每年年终换防；远安县之南的襄城堡，由远安守御千户所轮流派一名百户，带领70名军士防守，每年年终换防；监利分盐哨，由荆州右卫轮流派百户一员，带领25名军余更换防守；蒿台堡，由荆州卫轮流拨千户一员，带领20名军余防守；石首哨，由荆州卫轮流派指挥一员，带领12名军余防守；公安县杨家市哨，由荆州右卫轮流拨官员一名，带领35名军余防守；枝江县丰台堡，由枝江守御千户所轮流派官一员，带领40名军士巡守；嘉靖年间在巴东县添设杨柳堡、红纱堡，各由荆州卫轮流派官一员督军防守。

瞿塘戍兵分布：设在忠县的石砫巡检司，由瞿塘卫轮流派把守官一员，带领40名军士防守；设在四川万县的永宁堡，由瞿塘卫轮流派把守官一员，带领20名军士防守；设在建始与巫山交界处的大石岭堡，由瞿塘卫轮流派把守官一员，带领10名军士防守，军士均由当地百户所提供，每次由两个百户所各拨5人充任。

另外，郧阳巡抚还有能指挥的戍兵：

南阳戍兵分布：内乡县半川堡，由南阳卫轮流派官一员，带领20名兵丁防守，每年年终换防；金斗山堡，由淅川县原来委派在花兰关的官员带领20名兵丁改驻，每年年终更换；黄耳山堡，原设在辖关山，后移往黄耳，由南阳卫轮流派官一名，带兵丁20名防守，审定给这里的军丁数为56名，分两班按季更换；淅川县荆子堡，由南阳卫轮流派一名军官，带领20名兵丁防守，每年年终更换；桐柏县围山堡，由唐县守御千户所每年轮流派一名卫官，带领30名兵丁防守；南召县李清堡，由南阳卫每年轮流派一名卫官，带领30名兵丁防守；裕州大关口堡，由南阳卫每年轮流派官一员，更替带军防守；叶县文李洞堡，由大关口堡委官兼巡，所带领的80名军丁，分两班按季轮守。以上的淅川县金斗山、黄耳山、荆子三堡共备军丁120名，按季轮流把守；桐柏围山、南召李清二堡，共审定的军丁数为220名，按季换防轮守。

汉中戍兵分布：宁羌州五丁峡堡，是一个管理着许多小堡的大型军堡，在万历年间，自清桥驿的十里堡至草凉驿的黑龙潭之间，共立有营堡15处，统归五丁峡堡管辖，由汉中卫派指挥一员统一指挥，轮流拨付守备营军128名和民兵128名，再分派到各个营堡中；西乡县黄草坪、警军坝、小洋河、土峪河、新开路、光棍岭6堡，由汉中卫每年轮流委派千户、百户各一员，带领守备营军170名分守各堡。

商州戍兵分布：成化年间商州矿工造反时，朝廷调西安卫指挥、千户、百户5员，带领500军兵分守于商州的一州四县中，到嘉靖初时军兵减员到了只有400人。由于当时情况好转，朝廷又裁撤了200人，只留200名军兵分守各防营。隆庆二年(1568年)，朝廷将各地防守官军全部集中，一部分调往镇安，一部分调往洛南，军粮则由渭南、蓝田、华洲三府协调供给。万历十五年(1587年)，华洲府供给困难，朝廷就将洛南戍军大部分遣散，只留50名驻守。

(五)

除国家和地方官府正式编制的正规军队外，明朝时由地方政府组织和统领的民间武装也是一支不可小觑的力量。在郧阳藩镇内，这样的民间武装有民兵、义勇和经专门培养而成的弓兵等。

民兵：是一种藏于民间的地方武装，平时为民，战时为兵，训练一般在春秋农闲时，由官府提供住宿和补助，训练结束居家时则靠农业生产的收入来养家糊口，但一旦走上战场则由朝廷发给军饷。明代的民兵大部分来自农户，由保甲以保护家园的名义组织，官府提供训练，平时为民，有守护地方治安的责任；战时为兵，协助官军打仗。民兵并非完全强制而来，当时的农民普遍家境较差，依靠农闲训练可以获得一点微薄的补助，对他们的家庭来说就是一笔不菲的收入。民兵中有步兵和机兵之分：步兵为一般持刀枪棍棒的普通兵，机兵也称机弩兵，即弓箭手，机兵的待遇一般高于步兵。

以下是万历年间郧阳藩镇各地的民兵兵力状况：

郧阳府民兵：郧县190名、房县180名、竹山县152名、上津县182名、郧西县182名，在以上5县中，又从民兵中各精选60名为精兵，以随时备用。

竹溪县192名，其中扣除40名的费用转为当地军饷。保康县95名，其中扣除34名的费用转为当地军饷。

襄阳府民兵：均州120名，其中扣除24名的费用转为当地军饷；襄阳县除济边外，实有民兵编制176名；枣阳县除济边外，实有民兵编制96名；宜城县除济边外，实有民兵编制100名；光化县120名，其中扣除24名的费用转为当地军饷；南漳县实编92名，济边20名，扣除2名的费用转为郧阳藩镇军饷；谷城县120名，扣除24名的费用转为当地军饷。

荆州府民兵：江陵县284名，其中标兵39名，扣除21名的费用转为当地军饷；公安县266名，其中标兵28名，骑兵20名，扣除28名的费用转为当地军饷；石首县200名，其中为上荆南道民兵21名，标兵21名；监利县254名，其中为上江防民兵30名，为上荆南道民兵47名；松滋县172名，其中标兵19名；枝江县63名，其中标兵12名；夷陵州84名，其中标兵16名；长阳县70名，其中标兵9名；宜都县80名，其中标兵20名；远安县70名，其中标兵14名；归州60名，其中标兵10名；巴东县55名，其中标兵10名；兴山县48名，其中标兵8名。

南阳府民兵：南阳人习惯把官府组织的民间武装称为民壮。南阳县马民壮42名，步民壮38名；镇平县马民壮40名，步民壮72名，其中扣除23名的费用转为当地军饷；唐县马民壮24名，步民壮38名；泌县马民壮26名，步民壮49名；南召县马民壮28名，扣除4名的费用转为当地军饷，步民壮51名，扣除12名的费用转为当地军饷；桐柏县马民壮38名，步民壮50名；邓州马民壮40名，扣除8名的费用转为当地军饷，步民壮87名，扣除17名的费用转为当地军饷；内乡县马民壮60名，扣除12名的费用转为当地军饷，步民壮111名，扣除21名的费用转为当地军饷；新野县马民壮加吹鼓手共50名，步民壮117名，扣除其中36名的费用转为当地军饷；淅川县马民壮45名，扣除9名的费用转为当地军饷，步民壮81名，扣除16名的费用转为当地军饷；裕州马民壮和吹鼓手53名，步民壮146名；舞阳县马民壮55名，步民壮90名；叶县马民壮和吹鼓手68名，步民壮129名。

汉中府民兵：南郑县200名，其中45名拨给守备营协助防守，扣除13名的费用转为当地军饷，机兵10名扣银21两6钱转为当地军饷；褒城县138名，扣除10名的费用转为当地军饷，机兵16名扣银14两4钱转为当地军饷；城固县274名，其中44名拨给守备营协助防守，扣除20名的费用转为当地军饷，另有机兵20名；洋县357名，其中拨给守备营78名协助防守，扣除23名的费用转为当地军饷，另有机兵16名；西乡县200名，其中拨给守备营5名协助防守，扣除14名的费用转为当地军饷，另有机兵16名；凤县112名，扣除8名的费用转为当地军饷；宁羌州83名，其中拨给守备营31名协助防守，扣除6名的费用转为当地军饷，另有机兵20名，扣银21两6钱转为当地军饷；沔县112名，其中拨给守备营30名协助防守，扣除8名的费用转为当地军饷，另有机兵10名，扣银14两4钱转为当地军饷；略阳县207名，其中拨给守备营38名协助防守，扣除7名的费用转为当地军饷，另有机兵20名，扣银14两4钱转为当地军饷；兴安州(安康)300名，其中拨给守备营6名协助防守，扣除20名的费用转为当地军饷，另有机兵12名，扣银21两6钱转为当地军饷；平利县122名，其中拨给守备营6名协助防守，扣除9名的费用转为当地军饷；石泉县126名，扣除9名的费用转为当地军饷；汉阴县160名，其中拨给守备营7名协助防守，扣除10名的费用转为当地军饷；洵阳县270名，其中拨给守备营9名协助防守，扣除19名的费用转为当地军饷；紫阳县117名，其中拨给守备营1名协助防守，扣除24名的费用转为军饷；白河县145名，其中拨给守备营9名协助防守，扣除10名的费用转为军饷。

商洛道民兵：商州300名，其中拨充步兵标兵60名，机兵27名中，标兵6名；洛南县300名，其中拨充步兵标兵40名，机兵24名中，标兵6名；商南县100名，其中拨充步兵标兵20名，机兵15名；山阳县261名，其中拨充步兵标兵53名，机兵12名中，标兵6名；镇安县235名，其中拨充步兵标兵40余名，机兵数字不详。

义勇：原本是乡民为了自保而自愿组织的一种民间武装力量，而这里指的是由官府提倡而组织的乡兵。在南北朝时，把官府在州、郡、乡、里自募而来的兵称义勇，宋代则专指乡兵，并沿至明代。嘉靖四十四年(1565年)，郧阳巡抚陈志提议，在郧阳、南阳由府和卫分别招募义勇，让他们平时帮助维护地方治安，战时则作为敢死队使用。据《郧台志》载：郧阳府无义勇。郧阳卫在竹溪县的席、庹、张、刘四大姓的男子中招募义勇200名，先后帮助官军平定了“蓝鄢之乱”，之后把他们编为弩手，遇警时听从调遣，由官府免其家庭的丁役，让他们自耕自食，从而官府无养兵的费用。

南阳府招募的义勇：南阳县37名，镇平县30名，唐县37名，泌阳县40名，南召县30名，桐柏县30名，邓州50名，内乡县50名，新野县40名，淅川县50名，裕州50名，舞阳县48名，叶县30名。南阳卫招募马义勇90名。

弓兵：是一种由官府从民间选调，经过特殊训练后再分派到各处帮助官兵守御关隘、协助捕盗、护税等的特种民兵，所需费用均由各府负责筹措。

郧阳府弓兵：分驻于郧县雷峰垭、房县博磨坪、竹山县吉阳关、上津县江口、竹溪县尹店5个巡检司，原每处定额30名，后奉文从每巡检司抽扣6名的费用转为军饷而被迫减员，各处均剩24名。

襄阳府弓兵：均州黑虎庙巡检司39名，扣除9名的费用转为当地军饷；襄阳县柳树头30名、北太山庙30名、双沟28名；南漳县七里头、金相坪、方家堰三处原定额每处24名，后奉文从每巡检司抽扣2名的费用转为襄阳府巡捕厅打手的工食费而减员，各处均剩22名；光化县黑龙集原定额40名，后奉文抽扣8名的费用共32两转为郧阳藩镇的军饷而减员，后又裁减2名，再后来又抽扣2名的费用转为襄阳府巡捕厅打手的工食费减员，剩下28名；谷城县石花街原定额50名，后奉文抽扣10名的费用转为郧阳藩镇的军饷而减员，再后来裁减10名，过后又抽扣2名的费用转为襄阳府巡捕厅打手的工食费减员，剩下28名；枣阳县鹿头店30名。

荆州府弓兵：江陵县驻沙市26名、郝穴19名、龙漆市32名。石首县调弦口永久驻守者原额50名，其中以徭役替代的编制21名，后陆续减员至3名。监利县灵□，永久驻守者18名，其中以徭役替代的编制16名；白螺矶，永久驻守者25名，其中以徭役替代的编制8名；瓦子湾，永久驻守者11名，其中以徭役替代的编制16名。分盐巡检司26名。夷陵州驻南津口16名。长阳县驻旧关堡32名、汉阳关永久驻守者100名、蹇家园永久驻守者120名。宜都县驻普通关25名。归州驻南逻口由本州徭役替代的编制12名。巴东县驻野山关24名中，永久驻守松滋2名、枝江2名，把守隘口的编制5名半；连天关18名中，把守隘口的编制7名半；此外由本州支付的永久驻守者8名中，7名驻牛口，1名留县城，而以徭役替代的编制6名半，协商性编制为6名。松滋县驻红崖子寨由本县支付的永久驻守者14名、驻慈利2名，以徭役替代的编制12名。兴山县高鸡寨，有江陵的永久驻守者16名，本县以徭役替代的编制12名。

南阳府弓兵：泌阳县驻象河关、南召县驻鸦路镇、桐柏县驻桐柏镇、内乡县驻西峡口、淅川县驻花园口5处，原定额各为30名，后奉文从每处抽扣6名的费用转为郧阳藩镇的军饷，但在报兵部后批文："泌阳、南召、桐柏免征，内乡的每名7两2钱银，共42两12钱和淅川的每名10两银共60两，每年解送郧阳藩镇作为军饷。”

汉中府弓兵：南郑县驻青店关 20 名，扣除 18 两转为郧阳藩镇军饷；西乡县驻大巴山 29 名、驻盐场关 29 名、驻干沟兼城固县五郎关 30 名；凤县驻清风关 24 名、驻留坝 16 名；石泉县驻饶峰岭 24 名；略阳县驻白水 24 名，扣除 35 两 4 钱转为郧阳藩镇军饷；褒城县驻鸡头关 12 名，扣除 10 两 8 钱转为郧阳藩镇军饷；平利县驻镇坪 16 名；洵阳县驻闾关 20 名、三岔 12 名；宁羌州驻阳平关 16 名。

商州弓兵：商州驻武关 30 名、秦岭 30 名；洛南县驻三要口 27 名、石家坡 27 名；商南县驻富家堡 20 名；山阳县驻竹林关 27 名、丰阳关(今漫川关)27 名；镇安县驻旧县巡检司 27 名、五郎坝 27 名。

(六)

古云“兵马未动，粮草先行”，军需是防务体系的一个重要组成部分。明朝还处在一个以冷兵器为主的时代，所以粮草、战马、军饷、兵器、军营等都属于军需的重要组成部分。

明代地方戍卫的军需来源主要靠的是朝廷政策，由各地自主筹措。郧阳藩镇也不例外，军需物资和军饷除靠地方税收拨付一部分外，屯兵以自养也是筹措的主要渠道之一，尤其是郧阳藩镇是因为流民动乱而设，给流民附籍而轻其税负是当时官府对流民的允诺，所以军队屯耕就显得尤为重要。

《郧台志》说得明白：“夫兵食之计，顾不难哉！静谋食于廪，动谋食于饷，非有恒度，莫能卒办。故储兵以备用，储饷以备兵，有积、有缮、有犒不能损，或加益焉。盖饥饱劳逸权舆于此，兵民相济之术也。国家制兵卫民，赋民养兵，又令兵自为养，月饩岁廪而外，百亩营屯，千金劳师，期在勇锐可使，缓急足恃，盖二百年于兹矣。粤稽郧镇控弦之卒，什七流逋，什三寄戍，经始者绸缪远计，凡占尺籍，率令日哺于县官，且辟地授屯，人人自赡。”

这段话是说军队平时靠米仓，战时靠军饷，养兵是为了备战，储饷是为了备兵，军需靠积，军器靠缮(维修)，对军士犒赏也不能减少，要用在关键时刻，饥饱劳逸要调节有度，这是兵民相互接济之术。国家养兵是为了保护民众，向人民征饷是为了养兵，而为了减轻人民的负担还要让军人屯田自养，在按月按年发给他们必要的费用外，划拨出田地让他们自己耕种和经常拿出钱财来慰问他们，都是能够使军队静若泰山动若疾风，时刻保持勇锐的养兵之道，郧阳藩镇能够稳定200余年全依赖于此。考察郧阳藩镇的军兵，70%来自流民，30%是世袭戍兵，只要是入了军籍就要靠县官的哺养，把开辟出来的土地授权让他们屯耕，以达到能够人人自养的目标。

又说："郧屯则自原公始，皆流逋所遗，岁复增辟，几至过当，他卫亦然。"原公，是指郧阳藩镇的首任巡抚原杰，可见郧阳的军屯自藩镇建立之始就已经开始了，而军田全部是流民所遗弃的土地，而且每一年都有大幅度的增加，以致超过了军队尽力耕种的能力。

郧阳行都司属下各卫所的屯田及收入数额为：

郧阳卫：原屯948顷31亩8分8厘6毫，年纳麦米籽粒3587石2斗1升4合5勺1撮。隆庆四年(1570年)，汪道昆任郧阳巡抚时清理田亩，清出超额的屯田961顷58亩6分8厘3毫，加增缴纳麦米粮768石3斗8升1合7勺2抄4撮，按一石麦折银3钱5分、一石米折银4钱5分计算，共折银307两3钱5分2厘6毫8丝，全部转为郧阳藩镇军饷。万历十五年(1587年)十月，朝廷议决将新增加的军饷作为各军告急月粮的增加之数。

房县所：原屯165顷62亩4分，缴纳本色籽粒2025石7斗5升。万历四年(1576年)，清出多余屯田235顷50亩2分，增粮924石2斗2升，折银369两6钱9分2厘2毫，全部解往郧阳藩镇用于军饷。万历十二年(1584年)，郧阳巡抚毛纲应房县所的诉求，在查议后又给予豁免。万历十六年，郧阳巡抚裴应章再议，将原丈量增加的粮食减半征收，余下的作为该所各军士自己支用。

竹山所：原屯141顷46亩3分，额粮1371石2斗6升2合。万历四年(1576年)，清出多余田屯126780亩1分，增粮2804石3斗3升6合，共折银1093两8钱7分3厘3毫2丝9忽3微4尘，解郧阳藩镇947两2钱1分3厘7毫3丝5忽3微4尘作为军饷，其余自用。万历十六年(1588年)，裴应章接到该所军人的两起诉告，议决后豁免493两8钱3分5厘，仍需解银153两3钱7分8厘7毫。

襄阳卫：原屯1069顷47亩8分1厘2毫，年纳麦米籽粒14587石6斗。万历四年(1576年)，清出多余屯田7242顷50亩7分1厘4毫，加增麦米粮27973石7斗7升，将21800石征为本色原粮，作为官军俸粮和加给运马精兵，其余6173石7斗7升按每石4钱折银，共折银24695钱7厘，其中825两7钱7

分7厘解送郧阳藩镇作为军饷，余下的留存在襄阳卫作为公费使用。万历八年，襄阳卫奏请朝廷批准，减去所增加的粮食5829石4斗6升，将实征的本色原粮改为17759石7斗3升6合，以满足官军的俸粮，其运马精兵各照原额支用。其余4384石5斗7升3合照旧折银，加上陡坡沙地收获之银，共折银1961两1钱4分5厘作为郧阳藩镇军饷等项支出。万历十一年，郧阳藩镇推行一条鞭法，将本折粮由每石4钱按照3钱2分9厘折银。

均州所：原屯粮于永乐年间因修武当山宫观奉旨豁免，把军户的屯田全部分给了户丁耕种，以办民工的口粮。嘉靖年间，均州所又奉文让军兵在以前的屯田以外开垦闲置土地，陆续起增米粮669石，全部运往均州向上缴纳，用以补凑官军薪俸月粮支出不足。万历四年(1576年)，清出多余屯田1388顷15亩8分，加增本色粮695石9斗6升，其余折银248两，其中185两5钱解往郧阳藩镇用于军饷，余钱存留在均州所备赈。

荆州卫：原屯820顷79亩4分，额粮9848石4斗5升。后奉文丈量，共有田地2766顷19亩6分4厘，派粮12939石4斗4升，照例折成银两每年征收，解送郧阳藩镇352两4钱7分2厘4毫作为军饷，其余交荆州府支配。

荆州右卫：原屯和新丈量田地共有2810顷41亩7分5厘，年纳麦米籽粒11511石9斗9合。后来奉文丈量，再加征1200石8斗1升9合，总共实征米14719石7斗2升9合，按每石折银4钱每年征收。除奉朝廷例起解654两5钱4分3厘8毫作为郧阳藩镇军饷外，其余交荆州府支配。

夷陵所：原屯969顷，额粮5814石。但在多年之前已经丧失部分田地，只剩屯田638顷，额粮3793石5斗9升。万历四年(1576年)清出多余屯田，补粮379石7斗5升，每石折银5钱，共折银189两1钱7分5厘，解送郧阳藩镇126两5钱8分3厘作为军饷，其余留存在该所备赈。万历九年(1581年)奉命清查浮粮，该所应该征缴的原粮为4221石3升6合6勺，全部上纳到夷陵州拨付给官军支用。

远安所：原屯165顷11亩6分，额粮808石9斗。万历四年(1576年)清出28顷5亩3分余屯，增派纳粮116石1升9合，按4钱折银共46两4钱7厘。万历九年又奉文丈量出余屯146顷48亩8分4厘，增派纳粮812石4升8合，折银33两5钱7分8厘，全部起解郧阳藩镇作为军饷，其余留存在该所作为公费支用。

枝江所：原屯和新丈量共有田地1589顷40亩1分4厘，年纳米籽粒5164

石 9 斗 1 升 4 合。后来又奉文丈量余屯，再征米 448 石 9 斗 7 升 5 合，总共实征米 5613 石 9 斗 5 勺，除奉朝廷例折银，起解 165 两 2 钱 3 分 1 厘 4 毫作为郧阳藩镇军饷外，余额留本色粮存所内支配。

长宁所：原屯和新丈量共有田地 278 顷 18 亩 5 分 1 厘，年纳米粒 1966 石 8 斗 3 升。除奉朝廷例折银，起解 104 两 8 钱 9 分 9 厘 3 毫作为郧阳藩镇军饷外，其余留本色粮存所内支配。

瞿塘卫：原屯 432 顷 21 亩 7 分 4 厘，年纳麦米籽粒 3928 石 5 斗 3 升 5 合 6 勺。后来开垦田地 5 顷 95 亩 2 分 5 厘，增粮 52 石 9 斗 7 升 5 合，统共征粮 3981 石 5 斗 3 升 6 勺。由于该卫田地太多，军士劳务过重，后来奉文减屯到实有 434 顷 54 亩 7 分 5 厘，实征粮 3938 石 1 升 5 合。万历十八年(1590 年)，郧阳巡抚萧彦下令清理浮粮，清出余屯 663 顷 36 亩 6 厘，加增粮 3981 石 5 斗 3 升 6 勺，除奉朝廷例折银，起解 87 两 6 钱 5 分 3 厘作为郧阳藩镇军饷外，其余交夔州府陆续拨付给该卫使用。

忠州所：原屯和新丈量共有田地 719 顷 51 亩 1 分，年纳原粮 2927 石 3 斗 1 升 6 合。后来又奉文丈量余屯，再征米 3 石 9 升，总共实征粮 2930 石 4 斗 6 合，除奉朝廷例折银，起解 76 两 3 钱 8 分作为郧阳藩镇军饷外，其余交夔州府听候使用。

另外，郧阳巡抚管控的其余卫所的屯田及收入数额为：

南阳卫：原屯 2860 顷 53 亩 8 分 7 厘，年纳原粮 16960 石 7 斗 4 升 5 合。万历八年(1580 年)奉文折银，征 166 两 6 钱 7 分作为郧阳藩镇军饷，其余交南阳府支用。

邓州所：原屯 1010 顷，年纳原粮 6060 石。万历四年(1576 年)奉文清出余屯 64 顷 5 亩 2 分 7 厘，新增银 153 两 7 钱 2 分 2 厘，其中 121 两 3 钱作为郧阳藩镇军饷，其余留存在该所支用。

唐县所：原屯 982 顷，年纳原粮 5892 石。另外征收的屯田 234 顷 12 亩 7 分，征收 702 石 3 斗 8 升 3 合。总共解往郧阳藩镇的军饷为 121 两 3 钱 7 分。

汉中卫：原屯 1077 顷 87 亩 8 分 4 厘，年纳原粮 6796 石 7 斗 8 升。万历四年(1576 年)奉文清出余屯 58 顷 91 亩 1 分 4 厘，新派粮 295 石 1 斗 9 升 9 合 7 勺，折银 147 两 5 钱 9 分 9 厘 8 毫 9 丝。其中 98 两 3 钱 7 分作为郧阳藩镇军饷，其余留存给该卫支用。

宁羌卫：原屯 2904 顷 28 亩 8 分，年纳原粮 16551 石 1 斗 5 升 1 合，全部作为该卫使用。万历四年(1576 年)奉文清出余屯 902 顷 87 亩 2 分 9 厘，新派粮 1007 石 9 斗 4 升 2 合，折银 502 两 9 钱 7 分 1 厘，其中 335 两 7 钱 4 分 5 厘 8 毫作为郧阳藩镇军饷，其余留存给该卫支用。

兴安(安康)**所**：原屯 186 顷 59 亩 9 分，年纳原粮 1759 石 7 斗 1 升 1 合。万历四年(1576 年)奉文清出余屯 31 顷 15 亩 3 分，新派粮 352 石 4 斗 4 升 6 合 4 勺，折银后把 71 两 5 钱 9 分 9 毫解送郧阳藩镇作为军饷。同时决定给该所年增加草料银 115 两 5 钱 9 分，并按月随粮发放。

沔县所：原屯 264 顷 34 亩 9 分 4 厘，年纳原粮 2637 石 4 斗 5 升 2 合。万历四年(1576 年)奉文清出余屯 78 亩 1 分 3 厘，新派粮 46 石 8 斗 8 合 2 勺，按每石折银 5 钱计 23 两 4 钱 4 厘，把其中的 15 两 6 钱 2 厘 6 毫 6 丝解送郧阳藩镇作为军饷，其余留存给该所支用。

(七)

从以上数据可以看出，在湖广行都司和各卫所的默许和纵容下，郧阳藩镇内的各支军队每年都在拼命地扩充屯田作为军队的私田增加收入，而地方官府则不断丈量屯田增派税银，似乎军队和官府在不断进行着一场场逃税和征税的拉锯战。

作为军队官兵，想提高自己和家人的生活质量原本无可厚非，而且这种愿望是通过开荒种地的重体力劳动获得的，并非巧取豪夺。但作为藩镇、道、府、州、县各级地方官府，一方面要从包括军屯田地在内的所有土地上征税才能保障各项开支，另一方面每年要按时拨付给军队包括军饷在内的各项军费。如果遇到天灾，官府还需要大量的额外款项赈济灾民；如果遇上战乱，官府就需要大量的额外款项增加军费，所以官府清田增收也显得理所当然，何况普天之下莫非王土，官府就是朝廷的代表。然而即使这样，官府清理屯田也还得找到合适的理由才能进行。

从历史资料看，官府每次丈量清理田地都是在提前反复斟酌合议后才实施的，表示了官府对这种行为的慎重。拿万历年间清理汝南道(南阳)军屯的两个议题为例，对我们了解当时的事实真相会有一定的帮助。资料留下的只是两个议题的经过和结果，并没有注明具体的合议时间，为了让人们对当时的情况有一个原始的了解，这里作原文摘录处理：

一议正屯：查得在城三所，每军该月粮九石一斗五升，自将自种。正屯充粮六石，其余三石一斗五升编给由票，令向故军屯田佃户收讨，此往例也。迄今筹之，兑支正粮，官无催此之劳，军无交纳之忧，称便之久，所省良多，似当依旧。惟拨给余粮令其自讨，在营屯官可以塞责，而于军士则大不然，何者？故军屯田，有远近肥瘠不等，若逐一分派，狡猾者钻求书算人役，即拨与膏腴富家，易于取讨。其他愚弱穷军，不兑以瘠薄荒芜之粮聊且凑数，屡年不完，苦乐不均莫此为甚。间有势豪大户或本营卫官占种屯田分文不纳，各军每饮恨而不敢言。亦有乘其窘迫每两仅与数钱，谓之买票，利归佃户，军已坐用矣。然则自讨之说名为便军，实非完计也。且找足余粮势必一一扣算，零星搭配，纷琐万端，造册填票之烦不假以数月不可。算完之后，将各由票付该管官给散，非措留不发，则勒索常规，甚有执票私收，公然侵克，止以一半给军，此又势所必至也。合无自今更始，凡各所屯粮官除养廉地一二分不等，军除自粮六斗以下不等，许令不上不支各兑俸月粮，其余故军屯粮俱要完官审编。委官将二项分析明白榜示通衢，仍造册一样四本，二本送守屯道备照，一本送府，一本送该卫。府卫二本即付管粮管屯定限征收，给以印信，完票银寄府库按期关支。完日，将原册各交本衙门收架。有恃顽不纳者，所粮屯官会查追比。各军月粮敢有短少迟延者，许赴道告鸣，从重究治。其前、右两所亦同。州县管粮一体遵行此则催征，既便给散亦公，不惟积弊一清，而出纳之事权且不至于尽废矣。

大意是说：查南阳卫在城的三个千户所正屯之田，本来规定该所的每位军人每月应支领的月粮为九石一斗五升，令他们自耕自种自支。但是，各个所却只把六石的屯田交给军士耕种，其余三石一斗五升的屯田则将每一位军士地块填在票据上，称做“由票”，凭由票租给佃户耕种，由各军士向租种屯田的佃户征收折银，这已经形成了惯例，好似这样做就“官无催此之劳，军无交纳之忧”，而实际上这只是营屯官的塞责，于军士则大不为然。因为屯田有远近肥瘠之分，狡猾的军士就去钻求那些填票的书算们，把近肥之田填在自己的名下，再转租给富腴之家而易于取讨；那些愚弱的军士就只能拿到那些瘠薄荒芜的田粮凑数，所以每年都难以从租户里讨得地租，从而完不成任务，这种苦乐不均已经在军中造成了巨大矛盾。更为严重的是，有些势豪大户或者本营的卫官占有大量的屯田而分文不交，造成军士敢怒而不敢言。还有一些人，趁军士催讨两难的窘迫，仅以几钱银就换取一两银的“由票”而谋取利益，谓之“买票”。名义上说是利归佃户，而实际上许多是被军官自己享用了。这种让军士自讨的做法名为便军，实际上并不是一个好的计策，官府为了找足余粮要一一扣算，零星搭配，纷琐万端，光造册填票就往往需要数月之久。算完之后，再将各张由票付给分管的官员让其交给散佃户，他们不刁难军士就留而不发，敲诈勒索已经成为常规。更有甚者，有的军官执票私收，公然侵克，只以一半算给军士。那何不就从现在起加以更正，只留给各所屯粮官一二分不等的养廉地，留给各军士自种粮六斗以下，允许他们不上交而各自兑俸自己的月粮，把多余的军屯之粮再完官审编。还要委托官府和将府，把二项分析明白，并在大庭广众的地方张榜公示，然后造册四份，二份送到守屯道备照，一份送南阳府，一份送南阳卫。送府和卫的二本，就交给管粮管屯的军官按照定额去征收，并且发给他们印信，把收缴来的票银寄存在南阳府库中再按期关支。征收完毕，要将原册各交付给本衙门归入档案。如遇拒不交纳者，千户所的粮屯官有权查询追逼。发放给各军士的月粮，敢有短少迟延者，允许他们到汝南道告状鸣冤，一旦查实将从重究治。以上的规定同样适用于前、右两千户所，州县管粮官也要一体遵行，照此定则催征，征收和发放都要公正。只有这样不光以往的积弊能够一清，今后的出、纳之事也不至于全部荒废了。

此一议，是为清查南阳卫驻军屯田而找出的理由，而且这些理由都实实在在地存在着，而且弊端很大，犹如定时炸弹一样潜藏着祸端，不梳理真有可能会引发社会骚乱。

二议余地：查得力差工食，例于地亩。人丁派征，旧时算给由帖，令向花户自讨，甚便矣。迩来法久，玩生节据，各役告称：好玩人户拖人工食，无月无之。随行该卫吊取由帖，一查其间，编给工食多不过数两，少有数钱者，零星截补审编之算派，既已不胜其烦，甚至一差而拨以数户，一户而仅有数厘。如左所军牢王仕元工食仅二两，而由帖内拨周文志地银三厘五毫；中所军牢贾进朝工食仅一两，而由帖内拨屈朝地银五厘四毫，其他大端类是。夫银至毫厘，何以取讨？设有拖欠，何以鸣官？由帖之虚数虽存各军之实患，则鲜枵肠应役，其何以堪法之？穷而敢也，一至于此。且有册开帮银若干，而由帖则无；亦有帖开帮银若干，而编册则无。多寡混淆，彼此参错。近该本道清查一载，尚难悉其弊端，法外遣奸则又良可恨矣。合无今次审编，先取人丁事产文册，查核详明，待审差已定，一并榜示通衢。将有差者分为一款，查将本身本户丁地钱尽数算给，兑其上纳。其余无差及寄壮户民或兑算不尽者分为一款，一一注银若干，俱照屯粮事例，责令完官仍造册一样三本，送道备照一本，送府一本，存该卫一本。府卫二本即付管粮管屯定限征收，给以印票。另厘收贮府库按期散支。完日，各将原册缴本衙门收架。令严禁收人头役，不许勒收伙耗秤头，违者并经收官参究。其前、右二所亦一体查照遵行。如是则应差者皆得实支，种屯者无容欺隐，兼之本身本户仍难兑支，以亦两利俱存之术也。

大意是说：我们查得当地服役军士的工食费是按照惯例以地亩人丁摊派到户去征收的，由军士拿着由帖自己向各户征讨，开始还算便利，但久而久之便出现了各种问题，有好吃懒做的人家在无限期地拖欠军士工食。后来南阳卫调取由帖审查，发现编给军士的工食费非常零散，让军士不胜其烦。把一个军士的工食费拨给几户征收，一户只有几厘银。如左千户所军牢王仕元的工食费仅有 2 两白银，在由帖上拨给了周文志家，应交地银 3 厘 5 毫；再如中千户所军牢贾进朝的工食费仅有一两，把他的由帖拨给了屈朝家，地银为 5 厘 4 毫。这样小额的银两不仅不好取讨，而且谁家拖欠也难以报官受理，所以许多由帖相当于是空虚的，但对各军士来说则是实实在在的。像这样让军士空着肚子当兵怎么能行？人穷了什么事都敢做。有的账册上注明帮银若干，而由帖上却没有；亦有的帖上写明帮银若干，而编册上却没有。这样多寡混淆，彼此参错的事项很多，经汝南道清查了一年，还无法全部厘清其中的弊端，你说这些有法不依的奸诈之徒是多么的可恨。本次审编，是先取得了人丁事产文册和再详细查核的，待审查完毕就一并张榜公示：把有差错的分为一类，将本身本户的丁地钱全部算清兑现，多余的上交；把没有差错的，或者寄军士工食费于户民的，或者兑算不尽的分为一类，一一注明银两若干，全部按照《屯粮条例》责令征粮官仍造册一式三份，送汝南道备照一份，送南阳府一份，存南阳卫一份。送府、卫的两份马上交给管粮管屯的官员按照定额征收，给以印票，收上来后就贮存在南阳府库里按期散支。征收完成后，各将原册缴送本衙门存档。严禁征收人头役，不许勒索强收秤头损耗，违者由官府严厉参究。以上规定，前、右二千户所也要一体查照遵行。只有这样，当差者才能够得到实实在在的报酬，租种屯田的人就不容易欺隐，是一个两利的办法。

(八)

对于军兵来说，最重要也是最关心的事情莫过于自己的军粮和军饷，这是保障自己和家人生存维系的大事。因为军粮和军饷一般按月发放，所以也叫做月粮和月饷。郧阳藩镇各卫所的官兵粮饷是有定数的，官府每月都要按照这个定数向军队发放。在明清两代，军中的军兵分旗牌和军士两类。旗牌，本是朝廷授予官员的上面书有“令”字的旗帜和金属牌，指挥官就把这些旗牌分别交给不同的军士去执掌，这些执掌旗牌的军士就能够代表官员在军中传令，从而形成了军中的一种职务，称做“旗牌军”，按照职务的大小可分为总旗、小旗和实授小旗。而普通的军士则按资历的深浅也分为正军和幼军。旗军的职务和普通军士的资历决定了他们月粮多少的不同。另外，由于地域不同而物价不同的原因，也造成了各卫所军士的月粮有所不同，军粮折银的多少也就不尽相同。

以下是万历年间郧阳行都司以及郧阳巡抚能够控制的卫所军士的月粮情况：

郧阳卫：冠带总旗月支粮 1 石 5 斗，其中 1 石支米，5 斗折钞。小旗、实授小旗月支粮 1 石 2 斗 6 升，支米 6 斗，其余折钞。正军月支粮 1 石 6 斗，其中支米 4 斗，其余折钞。幼军月支本色粮(原粮)3 斗。以上实际支米也分为本色或折色两种，本色就是领取原粮，折色就是折成银两领取，当时折色米 1 石折银 3 钱，按月银、米兼发。米由郧县、郧西县、上津县及郧阳卫在屯粮内支放，折色银由荆州、襄阳、承天、德安 4 府所属的县各自解送到郧阳府库，再按月发放给各军支领。万历九年(1581 年)，郧阳巡抚杨俊民允许有屯田的官军，将屯粮中的麦米籽粒就地坐兑为军士的月粮，多余的再上解到郧阳城。万历十五年，李材抚治郧阳时发生了兵变，各军都要求增加月粮，凡是实授小旗以下的，均按月实支米 8 斗，折钞 2 斗，折色米每石作 4 钱银，李材被逼只得答应，其中新增的 2 斗本色粮从郧阳府库中支出，并规定把原粮的折色银每斗增加 1 分银以下，各处官府皆照旧额支出。当时造成不敷的支出总计有三项：一是月支旗军 1 千多名，每名月加粮 2 斗，每斗折银 4 分，每月需加银 116 两 8 钱，一年共1416两6钱，都在军饷银内支领。二是军士过去的折色粮是6斗，每斗折银3分。现在每斗加银1分，每位军士加银6分，一年共加银1051两2钱也都在军饷银内支领。三是按规定原本每年支放本色米3个月，每名军士每月本该支本色粮6斗，现在增加2斗支军饷折色银，但因为不方便发放，就统统支放本色粮，每月多支放292石，3个月多支放本色粮876石，每石照军粮折银4钱，共350两4钱。以上几项统共增加折粮银2803两2钱。

房县所：冠带与实授总旗每月支米6斗，折钞9斗。小旗支米6斗，折钞6斗。正军支米6斗，折钞4斗。幼军每月领本色粮3斗。

竹山所：冠带总旗支米1石，折钞1斗。实授总旗支米6斗，折钞9斗。小旗支米6斗，折钞6斗。正军支米6斗，折钞4斗。幼军每月领本色粮3斗。

襄阳卫：运军支米8斗，折钞2斗。戍守郴桂宁武军、操军支米6斗，折钞4斗。折色俱每石折银3钱。

均州所：总旗支米6斗，折钞9斗。小旗支米6斗，折钞6斗。正军支米6斗，折钞4斗。折色每石米折银2钱。幼军每月领本色粮3斗。

荆州卫：旗军按二八比例折支者112名，全部为6斗支米，2斗折钞。幼军月支米3斗。运军每年在该卫支米4个月，每月支米8斗，剩余折钞多少不等。石首、分盐、蒿台3哨的军士，每月各加行粮4斗5升。

荆州右卫：广西班军支米8斗，折钞2斗。在城操练的军士支米6斗，折钞4斗。其余的兵丁月支米3斗。水军、运军月支米8斗。

枝江所：清浪、广西两班旗军支米8斗，折钞2斗。在城操练军士支米6斗，折钞4斗。幼军月支本色米2斗。

夷陵所：正军按二八比例折支者46名，全部为支米6斗，折钞2斗。舍余全部月支米3斗。

长宁所：标兵、正军支米8斗，折钞3斗。标兵余丁月支本色米8斗。在城操练和把守施州、杨柳等堡的旗军支米6斗，剩余折钞多少不等。幼军月支米3斗。

远安所：旗军支米6斗，折钞4斗。幼军月支米3斗。

瞿塘卫：总旗月支米8斗，小旗6斗5升，正军5斗5升，剩余折钞多少不等。余丁月支米3斗。把守石砫司的军士每日增加口粮银1分2厘，把守大石岭的军士每日增支口粮银9厘。

忠州所：旗军支米6斗，剩余折钞多少不等。幼军、余丁月支米3斗。

南阳卫：守卫蓟西的3班旗军全部支米8斗，剩余折钞多少不等，折色每石折银2钱。

邓州所：守卫蓟西的3班旗军全部支米8斗，剩余折钞多少不等，折色每石折银2钱。以前只允许支粮10个月，剩余2个月自种自收，自万历十六年(1588年)裴应章任郧阳巡抚时加支半个月。

唐县所：守卫蓟西的3班旗军全部支米8斗，剩余折钞多少不等，折色每石折银2钱。蓟西是一个地名，在北京与天津之间的迁西县西北，明代由南阳的军士常年守卫。

汉中卫：总旗、小旗均各支米6斗，剩余折钞多少不等。在宁夏轮流备御的军士支米5斗5升，折钞4斗，老而有疾者支米3斗，折钞2斗。义丁每年支粮7个月，每月4斗。舍余每年支粮7个月，每月3斗。

宁羌卫：总旗、小旗均各支米6斗，剩余折钞多少不等。在宁夏轮流备御的军士支米6斗，折钞多少不一；留在本地的军士支米3斗，折钞2斗。义丁每年支粮5个月，每月4斗。舍余每年支粮5个月，每月3斗。

兴安所：军士月支粮7斗5升5合9勺6抄8撮5圭，其中实支本色粮1斗5升，折色4斗。幼军月支本色粮1斗7升3合4勺7抄9撮5圭2粒5粟，折钞2斗。

沔县所：总旗、小旗均各支米6斗，剩余折钞多少不等。军士每年支粮7个月，每月3斗。

(九)

历朝历代，军队的军饷均来自民间，由官府以税收的形式征收后再发放到各卫、所。如前所述，郧阳藩镇内的军饷有一部分来自军屯的收入，但那只是很少的一部分，绝大部分仍然是由传统渠道征得。

郧阳藩镇军士的饷银每月到底多少已经无从考证，但从三次有关军饷的重大事件中能够让今人对明代的军饷有一个侧面的了解。

第一次是隆庆年间，用大规模压缩和扣减全国各地民兵工食费的办法来补充军饷。隆庆二年(1568年)对于明朝来说是一个多事之秋，全国地震、台风不断，造成许多灾民流离失所，同时边疆和内地又战事纷起，于是朝廷下令从每

10名民兵中扣除2名的工食费作为支边军饷。郧阳藩镇被压扣的具体数额为：

郧阳府：郧县弓兵银24两，房县弓兵银24两，竹山县弓兵银24两，竹溪县民壮银288两、弓兵银24两，上津县民壮银24两，保康县民壮银172两8钱。

襄阳府：均州民壮银172两、弓兵银36两，南漳县民壮银14两4钱，光化县民壮银172两8钱、弓兵银32两，谷城县民壮银172两8钱、弓兵银40两。

荆州府：江陵县民壮银151两2钱，公安县民壮银216两。

南阳府：镇平县步民壮银165两5钱，邓州马、步民壮银237两6钱，内乡县马、步民壮并弓兵银374两8钱，淅川县马、步民壮并弓兵银304两8钱，新野县步民壮银259两2钱，南召县马、步民壮并弓兵银74两8钱。

汉中府：南郑县民壮银93两7钱，机兵银21两6钱，弓兵银28两。兴安州民壮银144两，机兵银21两6钱。褒城县民壮银72两，机兵银14两4钱，弓兵银10两8钱。沔县民壮银57两6钱，机兵银14两4钱。宁羌州民壮银43两2钱，机兵银21两6钱。略阳县民壮银50两4钱，机兵银14两4钱，弓兵银32两4钱。凤县民壮银57两6钱。汉阴县民壮银72两，另外摊派总银分解折耗银2两4钱。城固县民壮银144两。洋县民壮银165两6钱。西乡县民壮银100两8钱。石泉县民壮银64两8钱。洵阳县民壮银136两8钱。平利县民壮银64两8钱。紫阳县民壮银57两6钱。白河县民壮银72两。

隆庆六年(1572年)时国内局势好转，当时的郧阳巡抚凌云翼上奏朝廷，请求将藩镇各地应扣解的银两不再解送到朝廷，全部改解到本镇，作为装备镇内团练的日粮、衣甲、犒赏和奖赏那些缉捕御敌有功民众的费用，得到了允许。除豁免镇平巡检司弓兵银14两4钱外，每年共解银为16262两8钱。

2年后的万历二年(1574年)，郧阳巡抚孙应鳌以郧阳府的郧、房、郧西、上津、竹山5县每年都要调动300名民兵到郧阳城操练为名，为郧阳府减免军饷2104两。

第二次是在万历三年(1575年)，郧阳巡抚王世贞向朝廷提议，将应该上交藩镇的军饷：襄阳府1000两，南阳府2000两，汉中府3000两，共6000两，全部上缴给朝廷，作为支援边陲防务的费用，在当时被称为“郧阳济边银”。同时他还令将荆州府应该解送藩镇的1950两2钱、商州应该解送藩镇的1886两4

钱免解，作为补充两道标下精兵实力的费用。王世贞把各地应该上交藩镇的军饷维持在了很低的水平，是因为通过他的努力，已经把郧阳经济提高到了一个前所未有的繁华程度。

万历十四年(1586年)，郧阳藩镇的经济已经下滑到难以为继的地步，户部豁免了汉中府应该上缴的饷银，并将“郧阳济边银”一概减免。

万历十七年(1589年)，郧阳巡抚裴应章上奏朝廷后，恢复并实行了平均摊派征收解送军饷的政策。

第三次是万历四年(1576年)的大规模清理隐瞒屯田，并把清理出来的屯田收入折算成银两，解送到藩镇作为军饷。因前面已经有过交代，这里就不再赘述。

对郧阳藩镇内军兵、义勇的操练，分春夏二季开操，称“团练”，每季拨给每人的衣甲费为2钱5分。平时不操练时，义勇们每月也有固定的饷银，正军义勇的各哨长为8分，队长6分，散卒4分。民兵、操丁的各哨长为1钱2分，队长1钱，散卒8分。每当遇到巡抚检阅大比武时，均按技艺优劣分为上、中、下三等给予犒赏，费用全部从军饷中支出。

(十)

对于军队实力来说，武器、军马等军备物资是最重要的因素之一。武器、马匹精良，装备充足就是军队战斗力的有力保障。

郧阳藩镇各军拥有军马的情况如下：

郧阳卫：原定额为官马50匹，由屯田军士领养；走递马30匹，由驿站自养。万历六年(1578年)杨俊民抚治郧阳时，添买大马50匹，其中一部分被屯军领养。当时还变卖掉走递马14匹，只留下16匹。房县所，原额为母马5匹、骡马4匹、儿种马1匹，共10匹。竹山所无马。

襄阳卫：原额官马60匹。万历十二年(1584年)，奉命变卖掉30匹，每匹定价18两，卖给了城中之人领养，成为随时应差的差马，所得银两作为剩余30匹的骑兵操练费用。万历十五年(1587年)，又奉命从差、操马中裁减30匹，以每匹12两的价格让给佥军领养，但在骑操时均要听候调遣。万历十六年(1588年)，再次恢复30匹差、操马，以每匹24两的定价，招募未取得正式军籍的军余领养。均州所原额官马 20 匹，专备骑兵操练。

荆州卫：原额母马 1 匹，养护费用每年在 5 个千户所随粮银内各带征 1 两 5 钱，其余由行都司转解。荆州右卫原额马 5 匹，每两年解银 3 两给行都司。瞿塘卫原无马，在成化年间由 5 个百户所共同出钱购买阉马 8 匹用于差骑。枝江所原有骡马 1 匹，两年征银 1 两 5 钱。夷陵所、远安所、忠州所无马。长宁所原额 1 匹，两年征银 1 两 5 钱。

南阳卫：有骑操马 50 匹，唐县所有骑操马为 89 匹，邓州所有骑操马为 80 匹。

汉中卫：官马 46 匹，宁羌卫 89 匹，沔县所 11 匹，兴安所无马，汉中守备营骑操马有 50 匹。

从以上资料中可以看出，郧阳藩镇各军的军马大多是由个人领养，平战两用。平时由领养人使用，在交付一定数额的领养费后，每年还要向卫所缴纳少量的费用，而一旦操练或者作战时，战马就必须无条件参战。

郧阳藩镇各军在万历初年拥有军器的情况如下：

郧阳卫：原额军器 81387 件，其中需要修复的军器 4729 件存贮在郧阳府库。房县所，原额 18139 件，能够使用的 15703 件，修复 2436 件储存在县府库。军队三料(食料、马料、工料)银 1200 两，每年征收后解送行都司。竹山所，原额军器 485 件。

襄阳卫：原额军器 11523 件贮于库房。均州所，原额军器 22532 件贮于库房。

荆州卫：原额军器 83180 件贮于库房。荆州右卫，原额军器 22532 件贮于库房。瞿塘所，原额 30000 件，实有 11748 件贮于库房。枝江所，能够使用的军器 5273 件贮于库房。夷陵所，能够使用的军器 7749 件，其中 1640 件贮于所库，6109 件贮于州库。远安所，29718 件贮于库房。长宁所，原额军器 2270 件，能够使用的 2180 件贮于所库。忠州所，每年造军器 390 件。

南阳卫：朝廷颁降的军器 9289 件。唐县、邓州和南阳卫所属的 5 个百户所，每年造军器 3000 件，但某些小零件需要到省城批量打造。

汉中卫：军器 2960 件。宁羌卫 3920 件，沔县所 820 件，兴安所 1000 件。

除官马、军器外，营房也是军队的重要装备之一。资料显示，湖广行都司有正军营房和标兵营房两处。正军营房有 200 间，是隆庆六年(1572 年)巡抚凌云翼在郧阳城北的一块空地上修建后拨给防守城池的无营军人居住的，当时每人 1 间。标兵营房有官厅 3 间，营房 80 间，为万历十六年（1588 年）巡抚裴应章上奏朝廷后，使用饷银在县衙旧址上修建的，专给标兵班代（小头目）休息和中军官统驭查点时使用的。

四、郧藩之户籍和税编

明代百姓的负担非常沉重，需要上交税钞银、税粮和各种编派。其中的税粮又分别上交本色粮和折色银，而且每年是夏粮、秋粮分交。明代的税收多按人头征收，人口的多寡就决定着税收的多寡，所以人口数量历来都是衡量官府势力大小的一个重要依据。当然，不仅是明代，自古以来的朝廷都重视人口的繁衍，因为管辖的地盘越大，治下的人口越多，收上来的税款就会越丰盈，这似乎是一个定律。《周礼》上说，天子祭天要在郊外设坛，置版图户籍名册于其上，然后举行盛大的祭祀活动，只有这样才算祭天告礼成功。可见户籍人口对统治者来说是何等的重要。

然而明代战乱灾荒不断，各地人口持续减少，一度成为各级统治者的一种心病。不仅如此，还因为战乱，因为灾荒，人们纷纷因躲避税费而逃亡，造成户籍人口锐减，官府的税收就直线下滑。为了增税，为了保收，官府就强行加税派捐，人民就会越来越多地逃亡反叛。这样的恶性循环在明代不断加剧。

因此，户籍人口的相对多寡，在当时来说是官员政绩的一种表现。

（一）

据万历年间统计，当时郧阳藩镇有 167069 户，1130584 人。一个东西跨地 2500 多华里，南北绵延达 1400 多华里，控制着整个江汉流域的大藩镇，所拥有的人口竟然只有区区百万，只相当于现在的一个中等城市。更让人难以想象的是，许多的山区县地域辽阔，而竟然只有几百户几千人，还不如现在一个大村庄的人口多。这些都从一个侧面反映了明代社会的一种窘况。

在明代，各级官府每年都要往银库里注入一笔库钞用于行政开支，这就是在各地征收的库钞税，也叫库钞银，分别为国库钞银、省库钞银和府库钞银。

国库钞银也叫“正扛”，北方的大多交北京国库，南方的大多交南京国库，郧阳地处长江流域，正扛大多须交南京，所以亦称“南京库钞”；省库钞银称“布政司库钞银”，在郧阳藩镇境内各地征收的布政司库钞银上交给郧阳城内的藩镇银库；府库钞银则留在各府银库内。古时以农历计年，有平年和闰年之分，如果遇上闰月之年，就要在库钞银里加编多征收一个月。除库钞银外，明代还有一项叫“协济银”的税，是用来支援边疆的。如正德八年(1513 年)，朝廷为了加强对京师的拱卫，把北直隶的昌平县升为了昌平州。由于昌平地处北京西北郊的太行山脉与燕山山脉交会处，土地贫瘠，又是回、女真、蒙古、朝鲜、壮、苗等少数民族杂居的地方，经济比较落后，朝廷就指派许多地方共同协助周济昌平州，郧阳府就列于其中。

据明万历年间的一次统计，郧阳藩镇各府的户籍人口和所征交库钞银的状况如下：

郧阳府 12460 户，114603 人。其中郧县 4249 户，50077 人；房县 1740 户，11930 人；竹山县 1586 户，17116 人；竹溪县 1359 户，12146 人；上津县 1007 户，6897 人；郧西县 1690 户，12978 人；保康县 892 户，3471 人。郧阳府每年征收的南京库钞银为 504 两 7 钱 6 分 5 厘 3 毫 8 丝 6 忽 6 微 9 尘 1 纤 3 渺，布政司库钞银为 47 两 7 钱 6 分 3 厘，府库钞银为 680 两 2 钱 3 分 8 厘，其中协济昌平州银在府库钞银中列支。

襄阳府 23451 户，194014 人。其中襄阳县 5832 户，38587 人；宜城县 1894 户，19234 人；南漳县 5299 户，55000 人；枣阳县 2235 户，28807 人；谷城县 2700 户，32052 人；光化县 1894 户，14240 人；均州 2577 户，14862 人。襄阳府征收的南京库钞银为 381 两 3 钱 1 分 5 厘，布政司库钞银为 58 两 1 钱 9 分 4 厘，本府、州库钞银共 509 两 2 钱 9 分 2 厘，其中含协济昌平州银 22 两。

荆州府 54420 户，277216 人。其中江陵县 22199 户，101526 人；公安县 6784 户，35727 人；石首县 5315 户，22243 人；监利县 4522 户，21247 人；松滋县 4930 户，22537 人；枝江县 1565 户，10968 人；夷陵州 2133 户，10383 人；宜都县 2109 户，9705 人；长阳县 828 户，6719 人；远安县 969 户，6192 人；归州 934 户，5919 人；兴山县 527 户，5098 人；巴东县 1550 户，13320 人。荆州府每年征收的南京库钞银为 1446 两 7 钱 3 分 3 厘 2 毫，布政司库钞银被豁免，本府库钞银 2086 两 5 钱 6 分。

南阳府 42430 户，356835 人。其中南阳县 6412 户，32406 人；镇平县 997

户，8836人；唐县2861户，26189人；泌阳县1989户，35165人；南召县1330户，10037人；桐柏县1184户，4360人；邓州2540户，52610人；内乡县3701户，35832人；新野县2088户，9295人；淅川县1684户，19365人；裕州5766户，35602人；舞阳县3345户，34298人；叶县4115户，32186人。南阳府征收的宣府库钞银为705两2钱6分3厘8毫，闰月不加；布政司库钞银被豁免；本府库钞银为680两2钱3分1厘2毫。宣府，在今河北宣化县，是明初设立的九大边镇之一，明廷于永乐七年(1409年)在宣化府设置总兵官，始称"宣府镇"，主要任务为控制自山海关到大同的长城。史料称："宣府山川纠纷，地险而狭，分屯建将倍于他镇，是以气势完固号称易守，然去京师不四百里，锁钥所寄，要害可知。"又称其为"南屏京师，后控沙漠，左扼居庸之险，右拥云中之固"的边陲重地。然而由于此地贫瘠，所需费用要在内地筹措，所以南阳府的正扛银就直接运往了宣府。

汉中府27554户，191625人。其中南郑县2594户，16143人；褒城县1117户，8574人；城固县2900户，10466人；洋县6713户，22164人；西乡县2193户，15932人；凤县1326户，8639人；兴安州3456户，34819人；平利县880户，13285人；石泉县880户，6308人；洵阳县2046户，18389人；汉阴县787户，4580人；白河县598户，9202人；紫阳县782户，3604人；宁羌州440户，8132人；沔县401户，5582人；略阳县442户，6345人。汉中府仅征收盐钞银，为2671两5钱9分6厘8毫。

商州19232户，110894人。其中本州5417户，37151人；洛南县4179户，34994人；商南县1193户，6020人；山阳县5018户，18604人；镇安县3425户，14125人。商州仅征收盐钞银，为402两4钱1厘，均在徭役内派征。

(二)

自有税收以来，中国都是以实物粮为税，而且以米作为标准税源，稻谷或者其他粮食都要折算成米来计交，每年分夏、秋两季征收，夏征麦，秋征稻，有本色(原粮)、有折色(银两)之分。在明代，张居正的一条鞭法在郧阳藩镇推行之前，一直实行的是两税制，采取的是在唐代以来所推行的租庸调制的基础上演变而来的按户以人丁和田亩征缴的政策。郧阳、襄阳、南阳、汉中均山狭地高，许多地方处于深山之中，只适宜种豆，所以以豆抵税的地区不在少数。而荆州则湖塘众多，稻收两季，完成税收就很容易。当时的官府在征税时并不死板，是把陡坡地和平谷地因地制宜分开来计亩征收的，而且把工作的重点放在了防止偷税漏税行为的发生上。除税粮外，在郧阳征收的实物税还有丝绢。明初，朝廷在江南市场上购买了一批桑葚种子分发给湘江和汉江一带的农民种植，官府每年以桑树植株的数量向蚕农收取丝绢税。因为丝绢税在夏季收缴，所以被列为夏税的一种。

以下为明万历年间所统计的郧阳藩镇各府的税粮征收情况：

郧阳府：夏税麦 3580 石 1 斗 4 合 9 勺 7 抄 3 撮 9 圭 5 粒，其中奉文免征米 976 石 5 斗 6 升 4 合 9 勺 4 抄 4 圭 5 粒；存留在各仓的本色米为 1952 石 4 升 9 合 7 勺 4 抄 3 撮 5 圭 5 粟；存留折色米为 651 石 4 斗 9 升 2 勺 9 抄，各地折银价不等，共折银为 303 两 5 钱 6 厘 1 毫 1 丝 6 忽。桑丝 69 斤 4 钱 5 分 7 厘 4 毫；南京绢 55 尺 6 寸 8 分 6 厘 1 毫，每匹正扛银为 7 钱，共银 38 两 6 钱 5 分 6 厘 4 毫 5 丝 3 忽 5 微 7 尘 6 纤。秋粮 10982 石 6 斗 6 勺 3 圭 8 粒 3 粟，其中存留本色米 6459 石 4 斗 2 升 5 合 2 勺 2 抄 9 撮 1 圭，存留折色米 4068 石 5 斗 4 升 3 合 9 勺 1 抄 2 撮 3 圭 2 粒，各地折银价不等，共收 2294 两 8 钱 2 分 2 厘 9 毫 2 丝 7 忽 1 微 6 尘。

郧县：夏税麦 1146 石 3 斗 6 升 5 合 4 勺 8 撮，南京绢银 16 两 4 钱 8 厘 7 毫 2 丝 9 忽 8 微 5 尘，秋粮 4016 石 6 斗 5 升 4 合 5 勺 2 抄。

房县：夏税麦 350 石 2 斗 3 合 9 勺 4 抄 6 撮 5 粟，南京绢银 3 两 8 钱 4 分 2 厘 3 毫 9 丝 7 忽 8 微，秋粮 2701 石 2 斗 9 升 7 合。

竹山县：夏税麦 698 石 5 斗 5 升 9 合 8 勺 2 抄 1 撮 5 圭，其中包含升科麦；南京绢银 5 两 4 分 2 厘 3 毫 7 丝 4 忽；秋粮 1228 石 2 斗 6 升 1 合 5 勺 3 抄，另外征升科米 10 石 3 升 1 合 5 勺。所谓升科粮，是在明清时，有一种鼓励农民开垦荒地的政策，农民所开垦的荒地有一定的免税期限，在水田满六年、旱地满十年后就得按照普通田地征收税粮，称之为升科。升是提高、增加的意思；科就是课税。

上津县：夏税麦 433 石 4 斗 5 升 6 合 9 勺 1 抄 6 撮 7 圭，南京绢折银 6 两 3 钱 7 分 4 厘 8 毫 6 丝 3 忽 5 尘，秋粮 700 石 1 斗 5 升 2 合 2 勺 5 抄。

郧西县：夏税麦 487 石 8 斗 9 升 1 合 2 勺 3 抄，南京绢折银 1 两 6 钱 5 分 6 厘 2 毫 9 丝 8 忽 8 微 7 尘 4 纤，秋粮 591 石 1 斗 8 勺 2 抄。

竹溪县：夏税麦361石1斗3升7合3勺6抄1撮7圭5粒，南京绢银3两9钱3分1厘2毫9丝，秋粮1088石6斗2合2勺2抄。

保康县：夏税麦102石4斗9升2勺9抄，南京绢银1两4钱，秋粮601石9斗1升8合4勺4抄7撮。

襄阳府：应征夏税麦23220石1斗3升6合2勺3抄5撮8圭2粒，其中奉文免征米4736石7斗4升5合2勺4抄3粒5粟；存留各仓本色米820石8斗9升4合5勺8抄2撮6圭；存留折色米17662石4斗9升6合4勺1抄3撮1圭8粒，以地域各折银不等，共银6310两8钱6分1厘3毫1丝8尘。征收桑丝369斤9两6分5厘1毫3丝；南京绢295匹1丈9尺5寸9分7厘7毫，每匹正扛银7钱，共银206两9钱5分7厘7毫6忽。秋粮米40805石5斗5升9合3勺6抄7撮2圭7粒5粟：其中免征禄米766石1斗7升1合8勺2抄5圭1粒；拨运折色米19921石2斗2合5勺6抄4撮4圭5粒，以各地折银不等共征12448两2钱1厘2毫8丝2忽2微2尘5纤；存留本色米3593石9斗2升7合7勺1抄6撮5圭；存留折色米9614石6斗1升7合2勺6抄3撮8圭6粒2粟，以各地折银不等，共收4056两1钱5分8厘4忽3微4尘6纤6渺。

襄阳县：夏税麦10435石2斗6升1合9勺4抄6撮8圭7粒，南京绢银4两3钱2分6厘，秋粮米7899石8升2合6勺4抄3撮8圭3粒5粟。

南漳县：夏税麦253石1斗6升5合2勺1抄1撮4圭7粒，南京绢银9两2钱6分3厘4毫，秋粮米6675石1斗3升7合8勺7抄6撮4圭5粒。

光化县：夏税麦3740石7斗5升3合6勺8抄1撮，南京绢银11两5钱2分2厘，秋粮米2325石1升1合9勺8抄8撮。

枣阳县：夏税麦1358石6斗6升4合2勺4抄1撮5圭8粒；南京绢银71两4钱；秋粮米4055石3斗9升1抄8撮4圭9粒，包括寄庄米259石7斗3升。寄庄，是明清时期地主为逃避赋役而采用易地易名的办法收取田租而设置的田庄。他们或是把田庄设置在外地以逃避本籍的赋役；或是借用外地官僚的名义在本地设置田庄，而把赋役转嫁给当地的农民。在寄庄里征收的税就叫做寄庄米。

宜城县：夏税麦1636石2斗6合7抄5撮9圭，南京绢银13两8钱6分1毫6丝，秋粮米3151石9斗2升7合2勺4抄。

谷城县：夏税麦4975石1斗9升4勺8抄6撮4圭，南京绢银81两3钱2

分8厘3毫2丝，秋粮米12151石7斗9合9勺8撮5圭。

均州：夏税麦820石8斗9升4合5勺8抄3撮6圭，南京绢银15两2钱5分7厘8毫2丝6忽，秋粮米4647石2斗9升9合7勺3抄。

荆州府：夏税为大、小麦共39252石8斗8升3合3勺8抄9撮7圭9粒9粟，其中奉文免征米350石9斗6升3合7勺4抄；存留各仓本色米800石；存留折色米22481石8升2合7勺1抄6撮6圭4粒9粟，以地域各折银不等，共征银9130两4钱1分4厘1毫4丝4忽1微5尘9纤6渺，其中免征1000两。桑丝154斤8两3钱9分3毫3丝2忽，其中北京绢94匹9尺8厘，每匹折正扛银9钱，共银84两8钱7分2毫4丝；南京绢29匹9尺5寸7分7厘5毫，每匹折正扛银7钱，共银20两5钱2分3厘4毫7丝5忽。秋粮米122454石5斗4升9合7勺9抄1撮，其中不含被沙压坍江岸失去土地而免去的征米，其中含拨运的折色行月米2745石9斗6升2合4勺；拨运折色米26562石4斗1升6合4勺5抄4撮3圭5粒，以各地折银不等，共征银13113两3钱1分9厘3毫7丝1微6尘7纤5渺；存留折色米18090石2斗5升4合6勺3抄9撮5圭，以各地折银不等，共征银8912两8钱2分1厘2毫7丝7忽1微4尘2纤；免派拨德安、归州两仓禄米12734石7斗2升8合9勺8撮5圭6粒。行月粮，是为军队执行任务在开拔时所增加的行动粮。

江陵县：夏税麦22074石7斗3升5合3勺3抄3撮5圭，折绢银46两1钱9分2厘，秋粮米39462石3斗8升1勺。

石首县：夏税麦2377石5斗2升4合2勺5撮，折绢银9两1钱1分4厘9毫，秋粮米17507石1斗4升1合3勺。

公安县：夏税麦2016石3斗3升6合4勺9抄1撮5圭，折绢银5两1钱1分6厘，秋粮米19014石2斗3升4合。

松滋县：夏税麦1928石7斗8升，折绢银9两5钱7分3毫2丝5忽，秋粮米12544石3斗6升2合4勺。

监利县：夏税麦4954石2斗1升4合6勺7抄8撮7圭9粒9粟，折绢银10两7钱6分5厘3毫9丝，秋粮米20377石4斗6升9合6勺。

夷陵州：夏税麦1265石6斗9升4勺3抄，折绢银1两1钱9厘4毫4丝，秋粮米2186石4斗8升3合7勺。

长阳县：夏税麦947石6斗6合，折绢银7钱7分6厘，秋粮米997石7斗

2升5合5勺。

远安县：夏税麦137石6斗6升8合7抄1撮，折绢银1两4钱1分8厘2毫，秋粮米559石2斗4升1勺5抄8撮。

枝江县：夏税麦2023石3斗3升4合，折绢银18两6钱8分6厘2毫7丝7忽，秋粮米2764石4升5合。

宜都县：夏税麦226石6斗1升3合9勺，折绢银1两4钱，秋粮米2371石2斗6升8合4勺。

归州：夏税麦101石9斗9升3合8勺，折绢银7钱，秋粮米19022石9升8合5勺。

兴山县：夏税麦95石5斗4合5勺，折绢银8钱9分8厘3毫9丝，秋粮米540石2斗5升8合3勺。

巴东县：夏税麦653石3斗4升5合，折绢银5钱5分2厘6毫，秋粮米2221石5斗9升6合3勺9抄3撮。

南阳府：夏税麦43131石2斗7升8合3勺5抄7撮，共折色起运银26858两1钱2分2厘1毫4丝3忽，存留银6141两6钱8分4厘7毫6丝8忽。桑丝折绢银2299两3钱6分1厘5毫6丝8忽。秋粮米71375石4斗7升7勺8撮，共征折色起运银67014两5钱8分9厘8毫8丝9忽3微3纤，存留银14057两4钱1分4厘7毫4丝5微。

南阳县：夏税麦3320石8斗9升2合3勺5抄7撮，折绢银192两6钱8分9厘3毫9丝1忽2微，秋粮米4516石9斗6升7合5勺3抄1撮。

唐县：夏税麦1733石1斗3勺7抄，折绢银111两7钱1分1厘2毫4丝5忽3微，秋粮米2530石9斗2升4合3勺9抄。

泌阳县：夏税麦2595石2斗3升5合3勺1抄，折绢银152两1钱2分4厘5毫7丝2忽，秋粮米4749石8斗9升4合4勺4抄。

镇平县：夏税麦1280石3勺3抄，折绢银70两8钱2分2厘6毫2丝8忽，秋粮米2816石5斗1升5合5勺。

南召县：夏税麦1490石2升2合5抄6撮，折绢银84两8分5厘1丝4忽，秋粮米1893石2斗9合6勺5抄。

桐柏县：夏税麦679石1斗7升2合4勺5抄，折绢银40两2钱7分6厘3毫1丝，秋粮米1187石6斗9升7合4勺。

邓州：夏税麦 1580 石 7 斗 2 升 1 合 7 勺，折绢银 91 两 4 钱 3 分 1 厘 5 毫 2 丝 2 忽，秋粮米 4729 石 6 斗 6 合 4 勺 8 抄。

内乡县：夏税麦 3380 石 9 斗 4 升 1 合 3 勺 6 抄，折绢银 198 两 9 钱 8 分 2 厘 5 毫 5 忽，秋粮米 7369 石 2 斗 5 升 5 合 8 勺 5 抄。

新野县：夏税麦 1880 石 2 斗 5 升 7 合 5 勺 1 抄，折绢银 140 两 6 钱 9 厘 4 毫 6 丝，秋粮米 4020 石 5 斗 8 升 6 合 3 勺 6 抄。

淅川县：夏税麦 2944 石 5 斗 7 升 8 合 7 勺 9 抄，折绢银 153 两 9 钱 5 分 9 厘 9 毫 3 丝，秋粮米 5105 石 9 升 4 合 4 勺 6 抄。

裕州：夏税麦 4032 石 9 斗 2 升 5 合 5 勺，折绢银 207 两 9 分 5 厘 4 毫 1 丝 5 忽，秋粮米 5236 石 5 斗 6 升 3 合 4 勺 6 抄。

舞阳县：夏税麦 8694 石 5 斗 8 升 4 合 6 勺，折绢银 446 两 6 钱 2 分 4 厘 2 丝 5 忽，秋粮米 14180 石 4 升 2 合 2 勺 8 抄。

叶县：夏税麦 9018 石 8 斗 4 升 2 合 8 勺 5 抄 7 撮，折绢银 444 两 8 钱 6 分 6 厘 2 毫 8 丝，秋粮米 13039 石 1 升 2 合 9 勺 3 抄 8 撮。

汉中府：夏税麦 12628 石 6 斗 9 升 6 合 9 勺 1 抄 3 撮 4 圭 2 粒 8 粟，其中存留各仓本色粮 929 石 4 斗 5 升 7 合 2 勺 1 抄 5 撮；存留折色粮 11699 石 2 斗 3 升 9 合 6 勺 9 抄 8 撮 4 圭 2 粒 8 粟，以地域各折银不等，共银 10400 两 5 钱 3 厘 6 毫 7 丝 2 忽 8 微 8 渺 5 尘 6 纤。征收桑丝 493 斤 7 两 1 钱 2 分 7 厘；起运布政司绢 374 匹 9 丈 5 尺 5 寸，每匹折银 7 钱，共银 265 两 2 钱 6 分 8 厘 5 毫 8 丝 5 忽 2 尘 5 渺。秋粮 21601 石 8 斗 5 升 5 合 1 勺 8 抄 1 撮 9 圭，其中起运折色银 17076 两 7 钱 5 分 8 厘 8 毫 9 忽 6 微，存留本色米 1475 石 9 斗 6 升 7 抄，存留折色银 7464 两 2 钱 4 分 1 厘 2 毫 3 丝 5 忽 6 微 8 尘。

南郑县：夏税麦 380 石 2 斗 1 升 3 合 5 勺 8 撮 6 圭 8 粟 2 粒，布政司绢银 11 两 4 分 1 厘 4 毫 6 忽 2 渺 5 纤，秋粮 1982 石 4 斗 4 升 9 合 4 抄 8 撮 6 圭，另外加征升科粮 98 石 4 斗 3 合 8 勺 3 抄 9 撮 2 圭。

褒城县：夏税麦 309 石 6 斗 6 升 1 合 3 勺 2 撮 8 圭，另外加征升科粮 9 石 7 斗 3 升 3 合 6 勺 9 抄 7 撮 8 圭和开山驿 53 石 9 斗 4 升 7 合 5 勺 2 抄；布政司绢银 12 两 2 分 1 厘 2 毫 5 丝。秋粮 1146 石 8 升 7 合 3 勺 5 抄 1 撮，另外加征 35 石 5 斗 4 升 3 合 1 勺 9 抄 9 撮，再加征开山等二驿 216 石 1 斗 1 升 7 合 8 抄。开山驿，驿站名，在汉中西北褒城县境内。

城固县：夏税麦1727石3斗9升3合1勺，布政司绢银47两2钱9分3厘7毫5丝，秋粮3376石2斗1升7合6勺1抄。

洋县：夏税麦3317石8斗5升8合9勺8抄7撮，布政司绢银96两8钱6分2厘5毫，秋粮3902石5斗5升4勺8抄7撮，另外加征41石8升7勺4抄3撮。

西乡县：夏税麦858石4斗7升1合4勺4抄1撮5圭8粟2粒，布政司绢银12两8钱4分6厘9丝3忽7渺5纤，秋粮948石8斗4升2合9勺1抄。

凤县：除夏税麦2501石9斗9勺外，另征梁山等5驿共175石3斗，布政司绢银18两4钱7分5厘5毫3丝1忽2渺5纤，秋粮2029石9斗8升1合7勺，梁山等五驿116石5升。

兴安州：除夏税麦741石2斗2升8合1勺7抄5撮外，加征升科粮25石5斗3升6合9勺2抄5撮，布政司绢银20两4钱3分2厘2毫2丝，秋粮2241石9斗6升4合7勺2抄，加征升科粮33石3斗5升5合8勺1抄5撮。

平利县：夏税麦156石6斗7升7合7勺3抄5撮，布政司绢银3两5钱9分8厘4毫1丝，秋粮418石8斗7升6合5勺，加征升科粮22石7升8合5勺2抄。

石泉县：夏税麦237石7斗9升1合9勺3撮3圭，布政司绢银4两5钱5分5厘6毫，秋粮322石8斗2合2勺2抄2圭。

洵阳县：夏税麦428石5斗8升7合2勺2抄5撮，布政司绢银12两8钱7分8厘9毫6丝6忽1渺5纤，秋粮1056石3斗3升1合5勺2抄8撮。

汉阴县：除夏税麦340石1斗2升6勺9抄外，加征升科粮19石9合4勺，布政司绢银7两4钱6分8厘5毫7丝5忽，秋粮608石6斗9升6勺7抄，加征升科粮15石6斗7升。

白河县：夏税麦425石9斗9升8合8勺9抄，布政司绢银1钱6分4厘6丝2忽5渺，秋粮476石3斗4升6合3抄2撮。

紫阳县：夏税麦121石3升6勺3抄5撮，无郧阳布政司绢银，秋粮220石1升8合3勺5抄5撮。

宁羌州：夏税麦121石7斗7升4合1勺6抄，布政司绢银1两2分8厘1毫2丝5忽，秋粮279石1斗3升8合4勺1抄2撮。

沔县：除夏税麦343石2斗8升2合2勺6抄9撮外，柏林等二驿共29石8升7合5勺，布政司绢银7两3钱2分8厘1毫2丝5忽，秋粮908石6斗3

升9合5勺2抄、黄沙等二驿303石9斗8升8合。

略阳县：夏税麦293石4斗8升9勺5抄，布政司绢银9两2钱6分4厘6丝2忽5渺，秋粮492石6斗5升1合4抄。

商州：夏税麦8356石3斗9升8勺2抄，其中起运本色麦71石1斗6升5合，折色银5002两8钱5分4厘，存留本色麦611石5斗、折色银1095两3钱1分2厘。起运绢139匹4丈7尺9寸1分7厘4毫，每匹折银7钱，共银100两4钱7分9厘4毫。起运布206匹5丈4尺6分，每匹折银3钱，共银62两3钱3分5厘6毫。起运丝绵2斤2两5钱，每斤折银6钱，共银1两2钱9分3厘7毫5丝。秋粮米8724石2斗1升2合6勺，其中起运本色米452石5斗5升4合8勺、折色银6707两3分8厘2毫，存留本色米843石9斗3升9合2勺、折色银412两8钱2分2厘4毫。

本州：夏税麦2851石2升8合，起运绢折银50两7钱4分9厘，秋粮米3228石8斗5升7合。

洛南县：夏税麦3894石3斗9升8合，起运绢折银45两3钱9分3厘7毫，秋粮米3949石3斗5升9合。

商南县：夏税麦373石8升9合，起运绢折银26两9钱5厘，秋粮米545石2斗7升7合。

山阳县：夏税麦361石6斗4升3合4勺，起运绢折银40两8钱4分1厘9毫9丝，秋粮米539石9斗6升2合。

镇安县：夏税麦676石2斗3升2合，起运绢折银2钱2分8厘6毫，秋粮米536石7斗5升5合。

（三）

古代人民的负担有税、赋、捐、役等，均是由官府向人民征收和征派。从严格意义上讲：按土地及工商经营收入中征收而得的钱财称为税，按人口征收而得的军役及军需品为赋，按人口征用的义务劳工为役。而在我国漫长的古代社会中，统治者经常会采取一些手段来麻痹或者愚昧人民，如更改法令，使赋税役纠合在一起难以区分，这是因为他们利用了赋税役都可以折算成实物和金钱的特征。在老百姓长期与官府打交道时所积累的意识当中，一般把官府向自己的索取只看成两种，形成了凡是上交国库的都叫税，凡留在当地为官府所使用的都叫捐的印象，所以才有苛捐杂税的说法。

捐是一种地方摊派，具有一定的合理性。比如征收上来的赋税要起运，就得动用舟车之力，需要一定的费用。再比如维持地方治安需要里甲和民壮，没有经费则不行。

万历以前的捐税多以人按丁征收，所以农民在失去土地后就只能逃亡。一条鞭法是明代中后期才开始实行的一种赋役制度，是把各种捐税进行合并后摊入地亩的法令。它先将各种赋和各种役分别归并，然后再将役并入赋中；还把名目繁多的各种地方捐也加以合并，改地方自理为官府办理，以减轻人民的负担。

由于郧阳藩镇和行都司所管辖的各府县割自数省，在一条鞭法实行前，镇内各地捐的名称就不统一，可以说是五花八门，郧阳、襄阳、荆州称“编派”，南阳称“编银”，汉中称“土贡”，四川属地称“杂税”。实行一条鞭法后，郧阳藩镇境内的捐被统一称为“编派”，并统一规定了应该收取的项目，只能向农民摊派岁办、驿传、民壮、均徭、里甲5项。

岁办：是地方向皇帝进贡土特产，因为是每年一次，所以叫岁办。境内至今还流传着的各地出贡米、贡木等的说法，都是古代岁办所留下的历史痕迹。“采办”一词也来源于岁办，是指官府所指定的征收或者采购岁办贡品的人。

驿传：是为提供官员往来和文书邮递所设置的驿站而征的一种徭役，功能相当于现在的邮递员。古代的驿站有水驿、马驿和递运所。驿传不能人人都去当差，一般都是固定人员，但他们需要工资，所以需要摊派经费，这种经费也就叫“驿传”。

民壮：是明代在州、县所设置的经常性的民间兵员，带有杂役性质。民壮从乡民中抽选，目的是补充卫所军兵的不足，以作为保家护土之用。办民壮就需要费用，在古代叫“民壮银”，是向民户摊派而来的，久而久之就被简称为“民壮”了。

均徭：是明代的三大徭役之一，是按民户的人丁田亩多寡而摊派的一种经常性的到省、府、州、县衙门支差的杂役。按规定，各里各甲要把民户编为上、中、下三等，轮流到官府去支差。可实际上到官府支差不是人人都可以去的，只能选派那些官府认为可靠的人去当差，他们需要报酬，所以得向百姓收银，称之为“均徭”。

里甲：是明代最基层的社会组织，相当于现在的乡村或者街道办。这里所说的里甲是指为维持里甲开门而摊派的经费，可以叫“里甲费”，同样是明代三大徭役之一。明代规定以相邻的110户为一里，从其中推选出10户人多田地多的人轮流充当里长。其余的100户被分为10甲，每甲10户，轮流充当甲长。里甲均接受县衙的管理，有传达公事，催征税粮，供应官府祭祀、营造等物资的职责。

一条鞭法对各地的编派有着严格的规定和限制。郧阳藩镇各府编派的具体数额为：

郧阳府：岁办银1341两1钱4分4厘6毫5丝5忽，其中起运1048两7钱8厘4毫4丝5忽，拨运292两4钱3分6厘2毫1丝。驿传银549两全部存留。民壮银8684两4分，其中抽银2484两，存留6200两4分。均徭银10345两7钱9分4厘8毫，其中拨运893两6钱5分3厘，存留9452两1钱1分1厘8毫。里甲银5751两5钱8分8厘，其中夫马银4281两5分、办公费1470两5钱3分8厘。

襄阳府：岁办银3701两3钱7分4厘7毫3丝6忽，其中起运2976两6厘4毫7丝6忽2微，拨运682两9钱2分1毫，存留42两4钱9分3厘1毫9丝。驿传银6577两9钱4分1厘，其中起运159两7钱5分，存留6418两1钱9分1厘。民壮银6022两8钱，其中起运770两6钱，拨运532两8钱，存留5490两。均徭银18607两3钱6分6厘4毫，其中起运738两7钱，拨运17868两6钱6分6厘4毫。里甲银25608两6钱4分1厘，其中夫马银23583两1钱4分、办公费2025两5钱1厘。

荆州府：岁办银9771两1钱7分7厘6毫1丝1微，其中起运8305两8钱4分7厘7毫6丝4忽，拨运1465两3钱2分9厘8毫4丝6忽1微。驿传银18069两5钱6分5厘，其中起运7153两9钱6分5厘，存留10915两6钱。民壮银12569两2钱6分，其中拨运1164两7钱，存留11404两5钱6分。均徭银12490两2钱2分1厘1毫，其中起运27两3钱，拨运12462两9钱2分1厘1毫。里甲银24064两1钱7分9厘4毫，其中夫马银20862两3钱8分4毫、办公费3201两7钱9分9厘。

南阳府：岁办银14551两8分3厘1毫3丝1忽2微，其中起运10460两2钱2分6厘6毫8丝7忽5微，拨运4089两8钱5分6厘4毫4丝3忽7微。驿传银 19449 两 1 钱 2 分全部存留。民壮银 63214 两 8 钱，其中抽银 1416 两 8 钱，存留 61798 两。均徭银 34274 两 1 分 9 厘 1 毫 5 丝，其中起运 13 两 8 钱，拨运 34258 两 4 钱 1 分 9 厘 1 毫 5 丝。里甲银 17008 两 5 钱 2 分 4 厘 7 毫，其中夫马银 9342 两、办公费 7666 两 5 钱 2 分 4 厘 7 毫。

汉中府：岁办银 27585 两 6 钱 4 分 3 厘，其中起运 331 两 5 钱，存留 27254 两 1 钱 4 分 3 厘 9 毫。驿传银 38969 两 6 钱 2 分 5 厘，其中本府征银 36050 两 2 分 5 厘，西安府协济银 2500 两，凤翔府协济银 419 两 6 钱。民壮银 20325 两 6 钱，其中抽扣 1399 两 2 钱，存留 18926 两 4 钱。均徭银 27583 两 6 钱 7 分 3 厘，其中起运 27 两 3 钱，拨运 12462 两 9 钱 2 分 1 厘 1 毫。里甲银 24064 两 1 钱 7 分 9 厘 4 毫，其中人夫 1284 名、马骡 463 匹需银 19142 两 4 钱 8 分 4 毫，办公费 4921 两 6 钱 9 分 9 厘。

商州：无岁办。驿传银 4433 两 6 钱 5 分 5 厘 9 毫 1 丝 1 忽 8 微 1 纤 3 尘全部起运。民壮银 8635 两 2 钱，其中民壮银 6307 两 2 钱，标兵银 2328 两。均徭银 7647 两 4 钱 2 分 2 厘 6 毫 6 忽 5 微，其中官差银 5280 两 4 钱 2 分 2 厘 6 毫 6 忽 5 微、力差银 2367 两(商州各地里甲均有夫马常年走递)，办公费银 1319 两 3 钱 9 分 8 厘 5 毫。

(四)

以上是郧阳藩镇各府、州、县的户籍人口及赋税编派情况。

中国是农业国，无论征收赋税还是征收编派，官府都把主要精力集中在农民的身上，因此农民的负担就十分沉重，但这并不意味着官府不对工商业者征税。实际上官府对工商业者的管理从来就没有松懈过，尤其是对矿产、盐业和茶叶交易国家还实行专管专卖，明朝也不例外。国家对工商业者所征收的税叫“课税”，按行业分有芦课、渔课、矿课、盐课、灶课等，是分别对芦田、渔业、矿业、食盐等的生产和销售所征收的税。

据万历年间的一次统计，郧阳藩镇每年的课税状况是：

郧阳府：渔课银 18 两 6 钱 4 分 9 厘 3 毫 6 丝 1 忽 6 微；商税银 352 两 7 钱 5 厘 8 分 3 丝。

襄阳府：渔课银 106 两 6 钱 7 分 3 厘 7 毫 1 忽 9 微；商税银 590 两 3 钱 1 分

3厘5毫2丝；茶税逐年无定数。

荆州府：渔课银3159两1钱6分1厘3毫6忽；租税银2156两。

南阳府：税课银505两1钱3厘6毫；租税银1583两6钱7分7厘1毫。

汉中府：税课银49两7钱7分5厘。

商州：税课银28两5钱6分9毫。

从以上情况可以看出，明代时郧阳藩镇所属的各地官府征收而得的工商业税并不多，其主要原因是官府并没有对其课以重税，为的是保护民族工商业的发展。当然，工商业税收入微薄也同时说明了郧阳藩镇境内的工商业并不发达，而且分布很不均匀，工商户主要集中在郧阳、襄阳两地，而荆州的渔业买卖则十分发达。

五、郧藩之司法、监察体系和官员考核制度

（一）司法程序和监察衙门

古代的司法程序与现在有所不同，一般刑事和民事案件的受理和审判权在地方官府，即省在布政司，道在分守道，府在府衙，州在州衙，县在县衙，由主官亲自受理和初审，抓捕罪犯也由地方官府执行。初审后，轻罪的报当地监察部门批准后执行，重罪的要把案情层层上报，由朝廷定夺。

明代的司法和监察体系十分完善，在中央有刑部、都察院、大理寺，被称为“三法司”。刑部是主管全国刑罚政令及审核刑名的机构，负责复核大理寺所判的流刑以上案件，其职责相当于现在的司法部；大理寺是审判机关，掌管审理全国处于流刑以上的重案，其职责相当于现在的最高人民法院；都察院又称御史台，负责考核、监察文武百官，同时对审判机关进行监督，对冤案、错案给予驳正或平反，拥有“大事奏裁、小事立断”的权力，其职责相当于现在的最高人民检察院。“三法司”职权分离、相互牵制，一旦遇有重大案件，均由三法司首脑共同会审，亦称“三司会审”。

在省级，审判和司法功能由布政司肩任，明中期以后由巡抚衙门代理，再往下分守道、知府、知县均是审判官；而监察和监督功能由按察司肩任。下面的分巡道、通判均负有协同审案的责任。

明初，巡抚并不是地方官员，后来才成为地方大员，但无论之前之后都是由朝廷都察院派出，佩有“都御史”冠带，其在省里的衙门即叫“巡抚衙门”，也叫“都察分院”，本来是个监察大员，但却全盘掌管一省事务。明代时，真正担任监察一省事务的官员则是监察御史，也是由朝廷都察院派出，但却属于另一个系统。省级里真正的监察衙门叫“按察司”，是和布政司、都指挥司平行的三

大省级官府之一，主管一省的刑名、诉讼事务，即全省所有的案件都要在这里汇总、审查，有疑问的驳回并上报，没有疑问的备案，同时它还是朝廷都察院在地方上的分支机构，对地方官员行使考核、监察权。

在郧阳古城内，连接大南门的是一条南大街，连接小南门的是一条小南街，其中有一条贯通两条街的横街叫“察院街”，街道的得名就因为此街北一溜排着的几个不同级别的“察院”。

先从西头说起，靠近小南街的是都察院。都察院也叫“巡抚衙门”，还叫“行台署”。再往东是一条叫“察院巷”的南北向小巷，与察院街垂直。隔察院巷与都察院并排的是郧阳布政司，俗称为“西分司”。与西分司紧邻的是一个叫“大理公署”的郧阳藩镇监察御史衙门。大理公署旁是按察院，俗称“东分司”。

之所以郧阳藩镇监察御史衙门又被称为“大理公署”，是因为首任郧阳监察御史吴道宏是以大理寺少卿(大理寺正职称卿，副职称少卿)的身份到郧阳任监察御史的。同巡抚一样，监察御史也是朝廷都察院派往地方的大员之一，级别仅次于巡抚，掌管监察百官、巡视郡县、纠正刑狱、肃整纲纪等事务。根据《明史》、成化帝《实录》和《郧台志》记载，郧阳藩镇的首任监察御史为吴道宏，是原杰所推荐。

郧阳按察司在大理公署东侧并紧挨着南大街，被人们把其与布政司并列相称为“二分司”，又因为在东所以俗称其为“东分司”，是相对于布政司的西分司而称的。这里是那些级别仅次于监察御史的按察使们办公的衙门。

(二)由一道皇帝敕谕窥见郧藩刑狱

明清两代有关郧阳藩镇刑狱的资料不多，地方史志也很少有关于监狱、侦查、刑讯方面的记载。目前我们能够看到的资料，只有一篇弘治皇帝颁发给都御史王道的敕谕。

敕都御史王道：

朕惟刑狱使事，自古帝王必致瑾于斯。盖以刑得其平，则足以辅治弼教而召天地之和。刑失其平，则冤抑无伸，感灾致沴亦有所不免焉！朕为民主，抑体上天好生之心，每于刑狱特加慎重。兹当五年审录之期，虑恐天下愚民罹于法者多有冤抑，不无致伤和气，特命尔等将见监问罪囚公同审录。其在城内者，尔道即会同巡按、监察御史、分巡、分守官从公审录。在外者，御史同分巡、分守官亲诣各处，逐一审录。死罪情真，罪当应决者，照例监候听决。其有情可矜、罪可疑、事无证佐可结正者，一一具奏处置。流徙以下便减等发落。笞罪的都放了，毋令淹滞。审问之际尤须详察言辞、旁询知证而断之以理，毋惑于浮言，毋拘于成案，毋偏信原问及原保结、官吏饰非沮挠，务得实情以全民命。其故失入等罪，俱不追究。敢有偏执违拗者，听尔并巡按等官各照所审指实参奏。尔受兹委任，务持廉秉公，明以决之，恕以行之，俾无冤抑，斯称朕好生之意。庶几，天心昭格，和气致祥有可期焉！如或巡察不明，处决失当，有负任使，则尔之罪。

这道敕书是弘治五年(1492年)由皇帝颁发给郧阳巡抚王道的。王道，北直隶蠡县人，明天顺丁丑科(1457年)进士，弘治四年(1491年)三月由山东左布政使升为右副都御史到郧阳任巡抚，在任3年，于弘治七年(1494年)四月请求回原籍养病离郧。敕谕的内容，是皇帝告诫王道，在刑狱审理时所要贯彻执行的方针、方法和政策，以及所要注意的问题和责任追究。其大意为：

朕单独为刑狱的事给你下敕书，这是因为自古以来的帝王都必然致力于修养这方面的美德，刑狱如果能够公平，就足可以培育出良好的社会教化，从而实现天地之和。如果刑狱失去了公平，人民的冤抑就很难得到申诉，就会导致不可避免的灾害发生。朕身为万民之主，能够体验到上天的好生之心，历来就对刑狱特别慎重。现在正是五年审录之期，只怕天下那些不幸遭遇到法律判决的臣民中会有什么冤屈，从而导致伤了天地和气，所以特命你等，将那些在监问罪的囚犯们公开会同审录。其在郧阳城内的，由所在道台马上会同巡按、监察御史、分巡、分守官按照法律公正审录。其不在郧阳城内的，由监察御史会同该地分巡、分守官亲自到达各处，逐一进行审录。是死罪并且情形真实而且应当处决的，就照例监管听候处决。那些情有可原的、罪证可疑的、事无佐证长期不能够结案的，就一一上报尽快处置：凡判处流徙以下的罪犯，就减刑发落；凡判鞭笞罪的，就都释放，不要故意拖延让他们滞留在牢里。你们在审问的时候尤须详察所有人的言辞和从旁询问知情者的证词，使判决符合法理，不要被虚假的言辞所迷惑，更不要拘泥于过去的案例，也不要偏信原来的问讯记录和悔过书，不要被当地官吏用漂亮的言词掩饰自己的过失和错误，从而阻挠案件的审录，务必得到实情以成全人的性命。那些因过失犯罪的人等，就都不要再追究了。如果敢有偏执违拗不听招呼的官员，听凭你和巡按等官各自按照所审问指实了的罪状参奏他们。你接受这个委任后，务必要持廉秉公，明白决断，以宽恕的态度来对待每一个人，以宽恕的理念来执行审录，使境内无冤狱，人民就会称颂朕的好生之德。这样，或许可以感动天心。天下和气，祥瑞就指日可待。如果巡察不明，处决失当，那就有负你的使命，就是你的罪过了。

弘治五年(1492 年)恰逢“五年审录”，按照惯例中央和地方都要清理冤狱。当时，有鸿胪寺少卿李鐩上疏请求删改《问刑条例》；还有刑部尚书彭韶等人建议，说刑书所载的内容有限，而犯罪的情形又各不相同，所以有情节轻者却得到了重判，也有情节重者却被轻判，被皇上明察裁决，斟酌损益之后得到纠正的事例不少，但能够得到纠正的只限在京城，而在地方的少，所以地方上的问刑多有轻重失宜而得不到纠正，应该遴选熟悉法律的官员把明代以来所有奏准的案例分类汇编成集，由三法司长官会同审理后裁定成编，通行京城与地方，并与《大明律》兼用，使所有案情有定判，情罪无遗漏。这个建议被弘治帝采纳，并立即付诸了实施。给都御史王道的敕谕就是在这种背景下出炉的，对我们研究明代的社会形态和刑狱审理，特别是郧阳藩镇的刑狱审理提供了难得的材料。

弘治五年(1492 年)删定《问刑条例》并不是弘治帝的一时兴起，而是当时社会现实的需要。弘治五年，先后有广西古田壮族人和贵州都匀苗民所发起的暴动。在当时，国内各地的各种矛盾都达到了白热化的程度，捐官买爵成为常态，导致官员素质普遍低劣，贪腐成风，土地兼并严重，大量农民流离失所。在怨声载道中，人民稍有反抗就会身陷牢狱之灾，致使各地冤狱不断。

尽管敕谕的文字不多，我们依然可以从中读出大量的信息。首先，能够看出弘治帝应该是一位明君，他重声誉，重视帝王的美德修养，在乎人们称颂他的好生之德，能够有勇气下决心治理司法弊病，想杜绝冤狱。其次，能够分析出当时郧阳藩镇境内的司法公正应该不容乐观，不然弘治帝就不会单独敕谕郧阳巡抚，谆谆教诲他司法公平的重要性，要求他严格司法程序，以宽恕之心对待人民。再次，能够从中了解到明代有严格的司法会审制度以严防冤狱形成。此外，我们还从这道敕书里看到了弘治皇帝洞察秋毫的锐利眼光和改革的决心，如要求详察所有证据，不要偏听偏信或拘泥过去的经验，有胆敢混淆视听阻挠办案者，听凭参奏；如果不明察，就治你的罪过等等。

在明代，判处流刑以下的轻罪犯一般在每年的暑天进行审理，称“热审”。此外还有春审和寒审，凡遇有重大案件，均由刑部、大理寺、都察院三法司的长官会同审理，并报皇帝裁决，称“三司会审”。如果皇帝特别交付，或者已判决但囚犯仍翻供不服的案件，还得会同吏、户、礼、兵、刑、工六部尚书，以及通政使司的通政使、都察院左都御史、大理寺卿九人圆审，称“九卿会审”。对现监的囚犯以及屡诉冤枉者，每五年举行一次大审，称“五年审录”。这么严格的一套审理程序却依然没有杜绝冤狱的大量发生，这就说明社会司法制度只有在与其他社会制度相配套时才能发挥出它的作用，如果其他社会制度比较落后，司法制度再严谨也只是一个摆设而已。

(三)从弘治的帝品看他的司法改革

研究给都御史王道的敕谕，就得了解弘治皇帝这个人，看他是一时头脑发热发出的这道敕书，还是符合他的一贯做法。

弘治皇帝还真是一个明代中叶唯一的较为励精图治的贤君，历史上评价他所统治的时期为“弘治中兴”。他即位后，首先从朝廷入手大加整顿，裁抑宦官及佞幸之臣手中的权力。先治罪了太监梁芳、外戚万喜及他们的党羽，又淘汰传奉官(不经过吏部铨选，而由太监提名，皇帝颁旨直接任命的官吏)2000余名，再遣散禅师、真人等240余人和佛子、国师等780人，均追回他们所持的诰敕、大印等，然后遣归本土，最后调整了内阁班底，罢免了不学无术而依附权要的阁臣万安、尹直等人，再任用正直忠诚的徐溥、刘建、李东阳、谢迁、王恕、马文升和伦文叙等人。他在位期间勤于理政，经常召阁臣到文华殿共议官员们所上的章奏，让他们各自写出批词后，自已再综合各方的意见批改颁发。李东阳曾经这样说过：天顺以来30余年间，皇帝召见大臣都只问一两句话，而现在却是反复询问，讨论详明，真是前所未有。

弘治皇帝不仅勤政，而且善于纳谏，就拿弘治五年(1492年)为例，除删定《问刑条例》外，还有不少是在纳谏之后做出的大改变。

在成化年间，因河南、陕西等省发生饥荒，朝廷开了纳粟捐官的口子，凡纳粟者都可以得到监生、吏、典等职位，致使当时官吏场上一片乌烟瘴气。弘治五年十一月，吏部尚书王恕上言，说在永乐、宣德、正统年间，天下同样有严重的灾情，各边境也需要大量的军饷，可当时并没有出台纳粟之例，更没有听说因粮食不足而使军民困弊之事。然而近年以来，每遇自然灾害，都实行捐官买爵，导致了仕途的正路不畅，科举出身的人通常需要候选十五六年以上才能够求得一官半职，往往已是年老体衰，谁还有心肯为朝廷真心效力？何况那些捐得的监生、典吏们，既然是拿钱财得到的官位，哪还能指望他们廉洁律己，所以屡屡出现贪财害民之事的根源就在这里。弘治帝同意王恕的说法，下旨停止纳粟捐官，并称永不再启动。

同样在弘治五年，兵部尚书马文升上言，说现在的赋役之重超出了人们的想象，从南方运漕米到达通州，每一石的运费就高达三四石，远远超过了它本身的价值。每年，全国官府所征用的役夫不下百万人，各诸侯王府所使用的役夫也不下四十万人，此外还有供应军需等负担，建议实行改革。弘治帝采纳后，采取了一系列减轻人民负担的改革措施。他先后又关闭了效益不高的浙江温州、处州的银矿，再改革“开中盐法”，让盐商以纳粮等实物为主，转向以纳银为主才能领取盐引，以弥补国家财政的亏空。

还是在弘治五年，吏部主事蔡清上言，说今日之急务在朝廷之纲纪，其次在边境。现在士大夫们都说犯了罪可以求得赦免，只要争取立功就行了，都在有恃无恐地为自己贪求不正当利益，而没有精力顾及朝廷的事。百姓中的贫困者身无立锥之地，而那些太监、贪官家里的财富远远超过了王侯之家。朝廷的任何一点金钱都是从人民身上取得的，然而半数以上都进入了庸官之家，再转送到了受帝王宠爱的奸佞、权势之门，导致军队羸弱保卫不了人民，这就是人们所说的“士风弊则人才乏，民力屈则兵力弱”。国家要复兴，就得贤者必用，不胜任者必革，功必赏，罪必罚，这是纪纲之大要。弘治帝赞同他的说法，下令严肃法纪，惩治贪赃枉法者。

由于弘治帝勤政，又不耻下问，所以大臣们都乐于奉献自己的智慧，各处送来的奏章多得积压在内阁来不及处理。弘治十三年(1500 年)，大学士刘健上奏，说晚朝散归后，内阁无人值守，如有四方灾情和各边关报警等事务，就会有被耽搁的可能。于是，弘治帝特别规定：除早、晚朝外，每日夜间和凌晨增加两次在平台召见有关大臣议事的制度，开创了“平台召见”这一新的朝参方式，使国家机器运转效率成倍提高。

弘治帝对大臣宽厚仁和。每天早朝，他都御临奉天门听大臣们言事。大臣上朝，要从左右廊门进入，因地滑，有的大臣会行走失仪，可他从来不去问罪；如果大臣的奏本中出现错字，他也不纠问；经筵讲官为他讲课，偶尔失仪在所难免，他不仅不会怪罪，而且还会宽慰几句不使其慌恐。有一年冬天的一个夜晚，弘治帝坐在宫内还觉得天气寒冷，就问左右内臣："现在有在外办差回家还在路途的官员吗?"左右回答："有。"他又说："如此凛冽且昏黑，倘廉贫之吏归途无灯火为导，奈何?"遂传下圣旨，命从今以后每遇在京官员夜还，不论职位高低，一律令各站铺军士执灯传送。从这样一件小事，就可以看出他作为一个封建皇帝，还是具有体恤天下苍生品质的。

弘治帝在生活上注意节俭，不近声色，一生只与张皇后恩爱终身，是中华帝国史上唯一一个遵循一夫一妻制的皇帝。他的父亲成化皇帝生前爱穿由松江府织造的大红细布所裁制的衣服，所以每年都要向松江府加派上千匹。这种织品用工浩繁，名为细布，实际是用细绒织成。在弘治帝还是太子时，内侍就曾经给他送来过这样的衣服，他却说用这种布缝制一件衣服，抵得上好几件锦缎衣服，穿它实在太浪费了，遂谢而不用。他继位后，就立即下令停止了此布的织造。弘治元年(1488 年)，朝鲜使臣卢思慎出使大明，他在参加完成化皇帝的葬礼回国后，对朝鲜国王这样说过："先皇帝(成化帝)或于用人间以私意，今皇帝(弘治帝)则铨注登庸一出于正。又性不喜宝玩之物，虽风雪不废朝会，临群臣皆以丧服，惟祀天祭用黄袍。臣等慰宴时不奏乐，不设杂戏，劝花置于床(古代椅称床)上而不簪。大抵先皇帝弊政一切更张矣。"大意为：成化皇帝用人带有私人感情，而弘治皇帝只任用那些经过科举选拔出来的正道人才。他不沉迷于宝玩之物，天气再恶劣也坚持上朝议事，在大丧期间接见群臣也穿着丧服，只在祭天之时才改穿黄袍。他与我们饮宴时不用乐，不设舞，应该佩戴的头花却搁置在椅子上而不插。大概成化一朝的一切弊政都要更改了。

由于弘治一朝削弱了太监们的权力，使乱政现象得到遏制，又采取了一系列发展经济、挽救危机的治国措施，缓和了社会矛盾，出现了一个较为稳定的时期，所以才被史家称为"弘治中兴"。

(四)明代刑狱诉讼

刑律，是立国的支柱之一，不能够朝令夕改，更不能凭帝王一人的喜好而随意诠释。看弘治皇帝给都御史王道的敕谕，回顾他对刑狱审理的一系列改革，究竟是维护、发展和巩固了国家和民族的统治，还是削弱了国家和民族的统治？我们就先得了解明朝的法律，通过探讨明朝诉讼制度的演变，借鉴其中的进步意义。

中国是一个文明古国，其法制的历史绵长而清晰，内涵也十分丰富，而且自成体系，曾经长期走在世界法制史的前列，被公认为世界五大法系之一。出土的秦简显示，秦代的法制已经达到了相当高的水平。到唐代，《唐律》的影响更是超越国界被东南亚一些国家效仿。明初，朱元璋看出了元代法制松弛的弊端，就亲自主持了法律的制定，在总结历代经验教训的基础上，依《唐律》为蓝本"稿凡七易"，才裁定为《大明律》并颁示天下，并以"祖训"的形式严令后世子孙不得改易。所以，明代刑狱虽然因为时移势迁的原因而难免有所改变，但其基本框架还是依洪武三十年(1397 年)所颁之《大明律》一以贯之。《大明律》代表了中国封建社会立法的最高水平，其在中国的使用和影响长达数百年之久。

中国的诉讼制度起源于汉代，汉《囚律》中有"告劾"之条，规定了诉讼的各项事宜。此后历代或称告劾，或称告言、斗讼，元代开始称为诉讼，明代沿袭。《大明律》中，《诉讼》一款有十二条。此外，还有其他部分或历任皇帝颁布的问刑条例、诏令、圣旨或者奏疏批文中不断地予以补充，其内容相当完备，包括了对诉讼当事人的资格，权利和义务，上诉的内容、时空、程序、方式和部门，各级司法机构及官员的司法责任，诉讼费用等方面的规定。

《大明律》对于诉讼当事人的资格、权利、义务和诉讼内容有如下规定：

凡亲属、旧故、功臣、贤者、能者、勤者、贵族、宾客为"八议"，除犯谋反、谋大逆、谋叛、恶逆、不道、大不敬、不孝、不睦、不义、内乱这"十恶罪"以外，犯其他罪只能实行奏闻请旨处理；军官犯罪由都督府请旨处理。凡属官状告上司非理凌虐的，或呈告军官不法的，或各部门之事涉及军官的，都只能实行上奏，由皇帝下诏处理。但权贵不法，百姓可以向巡按御史上诉。

亲属之间有"干名犯义"的约束：规定子孙不得告父母、祖父母；妻妾不得告夫及公婆、祖公婆。若告的，纵然所告真实，也要对告状人处以"杖一百，徒三年"之刑。即使是对族亲的控告，也要根据房服的亲疏，分别对告状者给予轻重不同的处罚。

对隶属关系间的控告也有明文规定：奴婢不得告家长及家长五服以内的亲属。若告的，与子孙告父母、祖父母等罪同。雇工告家长及家长之亲属的，比奴婢同罪减一等。

与包括已退休、罢除等不在职官吏有争议婚姻、钱债、田土等事项的，允许当事人上诉，但不许用公文签发。

对皇家宗室人员，诉讼必须由王府长史、教授“启王转奏”，只有在亲王不予转奏时，才允许他们差家人到守道、巡道、巡抚、巡按衙门具告。即使事情再紧急、再重大，也要会奏请旨，不能例外。绝对不允许任何人私自越关到京城告御状，否则要按其身份分别给予从革爵降为庶民，或者送发闲宅拘住给与口粮，或者递回顺天府收管不等的惩处。

对监生，只要不是严重冒犯到了他们自己的利益，就不许他们轻易告官，更不许代人写诉状。敢有诋毁辱没师长以及无事生有状告攻讦者，就是触犯了“干名犯义”罪条，以有伤风化罪论处“杖一百，发往云南充军”。

囚犯只准告与本案或者别的案件与自己有牵连的人，以及欺凌虐待自己的狱官、狱卒，对其余的人和事一概不准上告。但在囚犯受司狱官吏凌虐致死于非命时，允许犯人家属到衙门陈告。

凡八十岁以上、十岁以下、重病人、妇女，只准他们告谋反叛逆、子孙不孝，或自己及同居之内被人盗诈侵夺财产及杀伤之类，其余事均不准上告。但妇女夫死无子，遇有田土、家财等事，允许她们对簿公堂。若本身受到损害，无人代告时，可以自己上诉。

凡在大赦以前所犯的罪，除“十恶”等不准赦之罪以外，不论已判未判，不论轻重，一经赦免，以后不准再告。“敢有以赦前事相告言者，以其罪罪之。”

对诬告者，分别给予所诬罪加二至三等判处。被诬者所受的损失，全部由诬告者给予赔偿。

强制全体臣民对谋反等“十恶”重大犯罪具有立即告发的义务，即使一些有特殊身份的人或与某些事有关系的人，也有强制告发的义务。否则，与犯罪者同罪。

《万历问刑条例》规定：要陈告军队旗以下漕运官不法，必须等漕粮运过淮安，并完粮南返之时，才能到漕司告理。

除告争家财、田宅等事时，为避免反复纷争而规定有一定的时限限制外，明代规定诉讼其余事项并无时限限制，但对诉讼地域有严格的规定：一是严禁外地军民到京越诉。二是在两京、两直隶及其所辖府县的上诉，要由府衙直达朝廷。其中，南直隶的苏、松等府军民要赴京奏告，词状都要交由御史就近处理，只有“或事与御史有干，才行南京刑部勘问”。三是其他地区的诉讼，原则上均在诉讼人所在之府、州、县内进行。四是如果在两处州县都有管辖权限的，听凭原告选择一处申诉。

明代案件的起诉方式有两种：一是举劾、自劾和告发。举劾，指由监察官纠举渎职犯罪的官员，或上级纠举属下的犯罪；自劾，是官吏检举自己的渎职犯罪；告发，指法律上强加给臣民的告发犯罪的义务。二是告诉，包括自诉、越诉、直诉、亲属代诉。《大明律》规定有较具体的司法责任制，各级衙门、官员必须按照各自职责范围接受应受理之诉讼，不得接受不归属本部门的或非法的诉讼，否则要受到惩处。

明律对诉讼费用的交纳也有明确的规定，诉讼费用都是以囚纸或者折银的方式交纳。明代罪犯中占比最大的是逃军、逃囚、抄家发配者以及抢劫者，这些罪囚免交囚纸，“其余官、吏、军、民人等，俱各办纳纸札一份”。收纳囚纸的主要目的是要从经济上加以约束而防止滥诉，其次是借以补充官府的开支。洪武年间，罪囚之间交纳纸札的份额没有区别。正统二年(1437年)始将囚纸分类，不仅分在京、在外两种，在外的司、府、州、县、卫、所囚纸，均“照依在京则例减半”，而且官吏、总小旗、舍人、粮长、原告、军民交纳的多少也有所不同。成化时，正式将囚纸分为官纸、告纸、军民纸三类，并对各类纸的交纳人、品种、数量作了具体规定。弘治元年(1488年)，又分别规定了交纳各种纸的数量。囚纸的收取有三种方法：一是在将罪囚解送大理寺审录时，“令家属将纸照例收买送官”，官方“验无破坏，即与收受”。二是没有家属的罪囚，在审讯结束后，由狱差押出自行买纸交纳。三是穷囚或远离家乡一时没有钱买纸的，可以“先行拟议发落”，然后在服刑期内限期交纳。为了避免地方上的地痞流氓乘机抬高纸价勒索囚犯，刑部按季指令顺天府派铺户前来估价，然后将时价公告执行，凡高价勒索者枷号一月。

从立法的角度看，明代诉讼制度中严禁诬告，严格司法责任，对军人、少数民族诉讼的特殊处理等方面，都反映出了较高的立法水平，即使在今天仍有积极的借鉴意义。但它依然摆不脱君主干预司法、以言立法、以言废法和各种大大小小诉讼特权存在的羁绊，难免出现诉讼程序走过场的尴尬。

(五)明代刑狱审理

明代的刑狱审判是在唐代审判程序的基础上加以完备的一套司法制度，形成了刑部、都察院、大理寺三法司相互牵制的一种司法审判体系。刑部负责受理和判决案件，都察院负责纠察，大理寺负责驳正。明代的刑部主管国家刑法，内设十三个清吏司分管各省刑狱，包括陵卫、王府、公侯伯府、在京诸曹以及两京州郡，在地方上还设有按察使司管理地方法司，并派副使、佥事分管各府、县的刑事审判。都察院是国家最高的监察、弹劾及建议机关，更是把触角伸向各个地方，不仅派巡抚监督地方施政和司法，后来又成为了一省之最高军政长官，而且在地方上常设监察御史专事官吏的考察、举劾。大理寺相当于现代的最高法院，掌管审核各地疑狱重案。

洪武初年规定：京师凡判鞭笞以上(含自笞)罪，都要由刑部裁决；地方上笞五十者县决之，杖八十者州决之，一百者府决之，徒刑以上全部由省判决，监察御史详谳，再月报、季报、岁报都察院。有违枉者，由御史、按察司纠劾。

洪武十三年(1380年)，朱元璋罢中书省，设置春、夏、秋、冬四辅官，位列于公、侯、都督之次，于每个月内分旬轮流值班，辅助皇帝处理政务。规定“凡有大狱，当面讯，防构陷锻炼之弊”。刑部在听取诉讼双方的陈词后，研判情伪，斟酌其情，而后断狱，议定奏报。皇帝则根据奏录再下旨送四辅官、谏院官、给事中复核，无异议后再奏行刑。如果对案件有异议，由四辅官驳回。

洪武十四年，朱元璋罢四辅官，把刑狱审问的权限统归于三法司。

十六年，朱元璋命刑部尚书开济等人议定“五六日旬时‘三审五复法’”，即侦查熟悉案情五至十天，审理实行三审五复合，从而奠定了明代刑狱审理的基础。

十七年，朱元璋敕谕法司官：“布政、按察司所拟刑名，其间人命重狱具奏，转达刑部、都察院参考，大理寺详拟。著为令。”

二十六年规定，省、府、州、县判决笞杖后立即执行；徒流、迁徙、充军、死罪报部审录，然后行文下达定谳之后执行；死罪者，由大理寺拟复公正之后监收候决。如果情词不明或有失出入的，由大理寺驳回改正，重新三审。如果大理寺仍然认为判决不公，就将该案的审判官吏弹劾奏问，称之为“照驳”。假若定谳判决之后囚犯翻供的，就调换衙门重新审理。二次翻供不服的，就具奏由九卿会审，称之为“圆审”；还不服的，就请旨皇帝裁决。

明代的刑狱审理，重在会官审录制度，简称“会审”，是一套完备的司法体系。对判处流刑以下的轻犯，在判决之后还有春审、热审和寒审复核。凡大案，有三司会审、九卿会审和五年大审，层层把关，防止出现冤狱。所谓“三司会审”，即重大案件由刑部、大理寺、都察院三法司长官会同审理，并报皇帝裁决；所谓“九卿会审”，即六部尚书会同通政使、大理寺卿、左都御史九人，对皇帝交付的案件或已判决但囚犯仍翻供不服的案件进行审理，结果须报皇帝裁决；所谓“五年大审”，是对那些现狱囚犯中累诉冤枉者，每五年进行一次重新审理。明初形成的这套司法制度成为整个明代刑狱审理的定制，后世虽有变化，但都没有脱离这个大的框架。

明代有严格的刑狱审理制度，但并不代表有明一代的司法实践完全都是按照这套司法程序在走，其酷刑、冤狱依然大量存在，原因是明代的政治制度、经济制度等其他社会制度并没有与司法制度相适应。尤其是明代中期以后，昏君甚多，宦官当道，视司法制度为儿戏者比比皆是，所以才有各地农民的不断暴动，所以才导致明朝的最终灭亡。

(六)明代对文武官员的两套考核制度

其实明代的官并不好当，除随时都有被监察官员弹劾，遭丢官甚至杀头外，每过三年的一次大考核次次都暗藏着风险。

对官员的考核可以追索到周代。战国时，官吏群臣要在年终将自己征收赋税的多少写在木券上呈送给国君考核，以优劣决定其官职的升降，这在当时称之为“上计”。《周礼·天官·太宰》曰：“三岁则上计群吏之治，而诛赏之。”

两汉对地方官员的上计办法为：各地的县令将该县的户口、钱谷出入等编为簿册呈送给郡守；郡守加以汇编后，把副本呈送给朝廷，作为每三年考核一次以定官员升黜的重要依据。

魏晋南北朝时的考核对象从地方官吏扩大到了朝廷百官，并改三年考核为每年岁终考核，到了第六年，会总计历年考核的结果来决定官吏的升黜任免。

唐代的官吏考核制度更加严密而完备，以“四善二十七最”作为对官吏的考核标准。所谓“四善”，即“德义有闻、清慎明著、公平可称、始勤匪懈”，以此作为各级官吏的道德规范。“二十七最”则规定了考核百官职守的具体标准。各个部门的长官就依据这一考核标准，每年均要对属官进行评定，分别列为九等，并给予一定的奖惩。

宋代比较松懈，官吏们只要在任内不出大错就可以升迁，元代又恢复了对官员的考核制度，是把历代的做法加以综合后制定出的一套办法。

明代官吏考核制度更趋完善，开始分为两套系统分别对文官、武官分开考核，文官又分“京察”和“大计”，对武官的考核则称为“军政”。

所谓“京察”，是对朝廷官员进行的考察，每隔六年进行一次，在已、亥两年举行，以考核结果决定官员去留。考核分两个档次，四品以上京官具疏自陈，由皇帝亲定任免；五品以下京官，则由吏部会同都察院进行考察，具体为吏部尚书、都察院都御史会同吏部考功司郎中主持考察之事，并密托吏科都给事中、河南道掌道御史秘密咨访，将考察结果具册奏请。其中对不称职者的处罚分为四等：年老有疾者，致仕(退休)；罢软无为系行不谨者，冠带闲住(保留官员身份回家自省)；贪酷及在逃者，为民(罢官)；才务不及、浮躁浅露者降调。

洪武时，京察每六年一次。永乐迁都北京后，南北两京官员均属京察之列，但十年考察一次，议者多以为法太阔略。弘治十四年(1504年)，吏部给事中许天锡再请六年一察南北两京五品以下官员，遂成定制。

所谓“大计”，是明代从县、州、府、道、司逐级考核，再汇总至巡抚、总督复核，然后造册上报吏部，层层考核外官的一种制度，每三年进行一次。洪武二十九年(1396年)，洪武帝颁旨规定，以辰、戌、丑、未年作为外官入京朝觐之年，察典随之，故又称为朝觐考察。后沿为定制，届时由吏部会同都察院掌管考核之事，考核的依据为，州、县主官每月都要对部属考察一次，把评语上报于府备案。每年年终，由府官汇总上报给布政使司备案。每三年，巡抚、按察使司均要通核一遍全省官员的任职状况，造册具报吏部，作为对外官考察的凭据，不称职者分为八等：一贪、二酷、三浮躁、四不及、五老、六病、七罢、八不谨，分别给予充军、为民、降调、致仕等不同处分。

在“大计”中取得了优秀、合格乃至侥幸过关的官员们依然不敢掉以轻心，因为“大计”只是一种小考，还没有升职的资格，后面还有“闰察”和“考满”在等着自己。

所谓“闰察”，是于考期之外临时增加的考察，取决于皇帝或者内阁的兴趣或形势需要。

所谓“考满”，是针对某一个官员任职阶段的考核而言：“考满之法：三年给由，曰初考；六年，曰再考；九年，曰通考。依《职掌》事例考核升降。”意思就是官员要想升职，得经过九年三次的考核，而且每次都得过关，此时才叫考满。考满之后的官员，皇帝会依据考核等级和此前所承担任务的繁重程度来决定他升迁何职。

明代对武官的定期考核称为“军政”。沈德符在他所著的《万历野获编·禁卫·锦衣官考军政》里说：“武职五年军政，一如京官六年大计，其典至钜至严。”

《明史·志第四十七·选举三》曰：“兵部凡四司，而武选掌除授，职方掌军政，其职尤要。凡武职，内则五府、留守司，外则各都司、各卫所及三宣、六慰。流官八等：都督及同知，佥事，都指挥使，同知，佥事，正、副留守。世官九等：指挥使及同知，佥事，卫、所镇抚，正、副千户，百户，试百户。直、省都指挥使二十一，留守司二，卫九十一，守御、屯田、群牧千户所二百十有一。此外则苗蛮土司，皆听部选。自永乐初增立三大营，各设管操官，各哨有分管官、坐营官、坐司官。……武之军政，犹文之考察也。成化二年，令五年一行，以见任掌印、带俸、差操及初袭官一体考核。十三年令两京通考以为常。五府大臣及锦衣卫堂上官自陈候旨，直、省总兵官如之。在内五府所属并直、省卫所官，悉由巡视官及部官注送；在外都司、卫、所官，由抚、按造册缴部。副参以下，千户以上，由都、布、按三司察注送抚，咨部考举题奏。锦衣卫管成务者倍加严考，南、北镇抚次之。各卫所及地方守御并各都司隶巡抚者，例同。惟管漕运者不与考。”是说兵部职方清吏司负责军政全国的武官，对京官的军政亲自进行，地方则由巡抚和巡按御史负责，然后造册缴部。

《明史·志第五十二·职官五》曰：“都司(包括行都司)，掌一方之军政，各率其卫、所以隶于五府，而听于兵部。凡都司并流官，或得世官，岁抚、按察其贤否，五岁考选军政而废置之。……卫指挥使司，设官如京卫，品秩并同外卫，各统于都司、行都司或留守司，率世官或有流官，凡袭替、升授、优给、优养及属所军政，掌印、佥事报都指挥使司，达所隶都督府，移兵部。每岁抚、按察其贤否，五岁一考选军政，废置之。……所：千户所，正千户一人，正五品；副千户二人，从五品；镇抚二人，从六品；其属吏目一人。所辖百户所凡十，共百户十人，正六品，升授、改调、增置无定员。总旗二十人，小旗百人。其守御千户所、军民千户所，设官并同。凡千户，一人掌印，一人佥书，曰管军。千户、百户，有试，有实授。其掌印，恒以一人兼数印。凡军政，卫下于所，千户督百户，百户下总旗、小旗，率其卒伍以听令。镇抚无狱事，则管军，百户缺，则代之。其守御千户所，不隶卫，而自达于都司。凡卫、所皆隶都司，而都司又分隶五军都督府。”

到了明代后期，党争激烈，各党都以能把持“大计”作为党同伐异的手段，考察就变成了政治斗争的工具，也就失去了其原本的意义。

六、散布在郧藩境内的明室宗藩

在明代，郧阳藩镇内散布着许多大大小小的王府。这些王府的主人都有自己的封国和一套完整的官员体系而独立于官府体系之外，与藩镇以及府州县互不隶属，是不属于藩镇而又包裹在藩镇辖区内的一个个独立王国。

郧阳藩镇境内究竟有多少个明代藩国？藩国究竟是什么样的体制？它的存在对当时的社会有着怎样的影响？封藩制在明代的历史上有着什么样的地位？我们试从郧阳藩镇内的藩国入眼窥斑见豹。

（一）中国宗藩制度传承

在2000多年的中国封建王朝历史上，历朝历代都延续着一种封藩制度。所谓封藩，就是皇帝把除自己的接班人以外的所有成年儿子，以及其他宗室皇亲分封到各地去建立自己的藩国，这样的藩国被人们称之为宗藩，即本姓宗室藩国。明代宗藩与域外臣属的外姓藩属国有着本质的不同。

明代宗藩国与夏商周三代的诸侯国也不同。夏商周所封藩的诸侯国，不仅分封了同室宗亲，还分封了一部分外姓的有功之臣，而明代宗藩国，只分封给同室宗亲。夏商周是家国天下，天子管理全天下，国王管理天子划封给自己的一块诸侯国，大夫管理诸侯王划分给自己的一块家。在夏商周，国与家都相当于地方政权，而明代的宗藩国则与地方政权并存，互不隶属。

明代宗藩国的主人一般不称国王，而称藩王或者王爷。藩王拥有被皇帝赐予自己领地内的土地，还享受着皇帝给的俸禄，并有在领地内建设王府的权利，朝廷还派有军队保护王国的安全。藩王在享受规定权利和俸禄的同时，也要向皇帝纳贡，而且王府的规格和军队的规模都是有严格限制的。藩国还有等级之分，明制规定：皇子封亲王，授金册、金印，岁禄万石；亲王嫡长子在年满十岁时授金册、金印，立为王世子，亲王长孙立为世孙，在举行冠服礼后均视为一品。亲王其余诸子在年满十岁时，授镏金银册、银印，封为郡王；郡王嫡长子立为郡王世子，在举行冠服礼后视为二品。郡王其余诸子授镇国将军，孙子授辅国将军，曾孙授奉国将军，四世孙授镇国中尉，五世孙授辅国中尉，六世孙授奉国中尉。六世孙以后则为一般宗室，他们及其子女均没有爵位可袭，就成为了庶人。这些将军和中尉，都是藩国亲军的将领，能够享受规定的俸禄。所有受封之人，均俸禄终身，丧葬予费。

一般来说，宗藩国的地盘都不大，大的不过一乡之地，小的甚至只是一个村庄。别看藩国的地盘小，但规格之高令人不敢小觑，无论是亲王藩国还是郡王藩国都属皇帝直管，由朝廷宗人府直属，就连宰相也无权直接过问藩国内的具体事务。

藩国与地方政权分属两个不同的管理体系。地方政权由宰相或者内阁领导下的朝廷实行系统管理，而藩国由皇帝直接领导下的宗人府直接管理。藩王无论是承袭而来还是新受封，无论是亲王还是郡王，其王号和封地等都由皇帝亲封，派人持诏书直接传达。藩王在成年后，都要离开父母到京城受封，然后去自己的领地就藩，而且不奉诏书就不得随意走出自己的领地。如正统七年(1442年)十二月，襄王朱瞻墡奉诏进京受封，皇帝依礼部所奏，令文武百官在奉天门参拜。天顺四年(1460年)，襄王朱瞻墡奉诏朝谒两京，在北京时，皇帝令文武百官朝见襄王于驻王馆，然后到南京谒陵离开时，文武百官送之端门外，行礼毕才离去。藩王一旦离开自己的领地，必定是有大事发生：如奉诏书离开，多为国家发生重大灾难时，皇帝会诏令国王率领保卫王府的军队参加救援；藩王如果私自离开领地就视为造反，必有灭顶之灾。

藩国和地方虽然井水不犯河水，但一点不接触是不可能的。比如藩王或者宗室人员专横跋扈，制造事端，掠夺地方，为所欲为也时有发生。但藩王的头上不是没有紧箍咒，除地方官员可以向皇帝呈递奏折反映情况外，还有监察御史和巡按御史都有弹劾藩王、监视藩王有无造反野心的权力。所以一般情况下，藩王必须规规矩矩做人才能确保平安一生。当然，藩王获罪的也不在少数，不过他们犯罪后不受地方官府的审判，不受地方刑狱的关押，而是由皇帝下诏后由宗人府直接处理，轻者戒慎，重者由亲王降为郡王，郡王降为将军，甚至有亲王直接降为庶人的例子，以律被处死的藩王在中国历史上也时有发生。获罪者都集中在专门关押皇室宗亲的宗人府直属监狱。

皇帝封藩的意义有三：一是想确保皇权和皇储权的稳定。如果把成年皇子都留在京城，就会让他们的心中产生觊觎皇储位置的想法，所以把他们封到远离京城的地方去，而且无诏不得进京，就能压制住他们篡位的野心。二是把皇亲分封在各战略要地上，并允许他们身边有一定规模的军队，可以形成对京师的屏卫，确保皇权的稳固。三是藩国虽然处于地方政权包围之中，但又是独立于地方政权之外的独立王国，能够与地方政府形成相互牵制的态势，对皇权的稳固有积极的作用。

(二)明代宗藩制度概述

朱元璋在建立大明王朝时，沿袭了前代的封藩制。他告谕群臣："天下之大，必建藩屏，上卫国家，下安生民。今诸子既长，宜各有爵分封镇诸国。朕非私其亲，乃尊古先哲王之制。"遂将自己的诸子和个别其他宗室成员封为藩王，让他们分驻全国各要塞，建立起由皇权直接控制的一个个军事中心，一方面用以巩固边防，另一方面用以削弱诸开国功臣们手里的军权，同时监视各地的文武官吏，以确保朱氏皇权的巩固。

朱元璋共有26个儿子，除长子朱标被立为太子和幼子朱楠在3岁时就夭折外，其他24子均被分封为亲王之爵，赐予了国号，分别为燕王朱棣、秦王朱樉、晋王朱棡、周王朱橚、楚王朱桢、齐王朱榑、潭王朱梓、赵王朱杞、鲁王朱檀、蜀王朱椿、湘王朱柏、代王朱桂、肃王朱楧、辽王朱植、庆王朱(木+旃)、岷王朱楩、谷王朱橞、韩王朱松、安王朱楹、唐王朱桱、郢王朱栋、伊王朱(木+彝)。

其中，燕、宁、辽、谷、代、晋、庆、秦、肃九王均立国于塞北，驻守在东北、正北和西北三边，"莫不敷险狭，控要害"，他们经常奉命领兵出外作战或巡阅边陲，被称为"塞王"。在内地的齐、鲁、赵、周、沈、伊、唐、郢、楚、湘、蜀、潭、岷诸王则分布于江、淮、河、汉、川等地区"内资夹辅"。可见，明代封藩制度的建立及其具体部署乃是朱元璋政治和军事战略构思的产物。后来，燕王朱棣一藩变为了帝系，其余23个亲藩国和由这些亲藩延及出的数百个郡藩国就形成了遍及全国的藩国网络，全国所有的通都大邑均有大明的皇家王府在那里矗立着。

庞大的王室宗亲是明朝中央财政的一笔巨大开支，不仅建设王府的费用要由朝廷拨付，而且朝廷每年还要给这些皇室宗亲支付大量俸禄。洪武初年，朱元璋曾规定每年赐给亲王的岁禄为：大米5万石，钱钞25000贯，锦40匹，丝300匹，纱100匹，罗缎100匹，夏布1000匹，冬布1000匹，绵2000两，盐200引(大引400斤、小引200斤)，茶100斤，50匹马料。亲王的儿子在封为郡王后，岁禄为：米6000石，钞2800贯，锦10匹，丝50匹，纱25匹，罗25匹，绢、夏布、冬布各100匹，绵500两，盐50引，茶300斤，10匹马料。亲王的女儿受封成为郡主后，岁禄为：米1000石，钞1400贯，其余物资由所属的王府供给。郡王以下的将军和中尉，都享有一定的朝廷俸禄，能够享受安逸的生活。

随着时间的推移和宗室成员的增加，这么庞大的俸禄渐渐使国力无法承受。洪武末年，朝廷就把皇室宗亲的禄米改为了亲王1万石，郡王2000石，镇国将军1000石，辅国将军800石，奉国将军600石，镇国中尉400石，辅国中尉300石，奉国中尉200石。

随着各地皇室成员的不断递增，皇室成员的俸禄总数不仅没有减少，反而越来越多。到嘉靖年间，全国岁贡的所有粮食不过400万石，而要发放给诸王府的俸禄却达到了853万石。仅河南一省，存留的粮食不过84.3万石，而给皇室宗亲的俸禄却高达192万石。当时，无论是从全国，还是从一省的角度看，都不足以提供宗室禄米的一半，何况各级官员的俸禄和兵士的军饷都要在总税收里开支。难怪当时的御史林润曾经惊呼："天下之事，极弊而大可虑者，莫甚于宗藩禄廪。"

皇室宗亲除每年都得有大笔俸禄外，皇帝还要另赐给各王府大量的庄田、庄佃、奴仆、仪仗、府第等。如成化年间，前任皇帝明英宗朱祁镇的儿子朱见潾在就藩德州时，请求拥有东昌、兖州以及白云、景阳、广平三湖之土地，明宪宗朱见深竟然慨然允之。藩王的土地除皇帝所赐外，王府还经常对周边农民的土地巧取豪夺，不断造成悲剧的发生。到明末的天启年间，全国王府的庄田达到了50万顷之多，有的省竟半数入藩府。更有甚者，天启七年(1627年)，惠王朱常润、桂王朱常瀛分别被封分到荆州和衡州就藩时，天启帝朱由校当时想赐给惠王、桂王共3万多亩土地，可惜当时附近已经无地可授，于是把这3万多亩土地的地租分摊到荆州和衡州的各个州县里去征收，创下中国历史上前无古人的"无地之租"，导致民怨沸腾。难怪崇祯十六年(1643年)，张献忠在率农民军攻克荆州、衡州后，称王室宗亲都是捉之必杀的“朱贼”，誓死要追杀桂、吉、惠三藩王于永州。

明代皇室藩国的俸禄之巨，已远远超出了当时国力所能够承受的负荷。这种疯狂的贪婪虽然能够保证明朝皇室成员不论是在权势地位上，还是在物质生活上，都能够成为凌驾于一切人之上的特殊血统群体，但正是由于这种特殊性，也就把这个群体与广大的人民群众割裂开来，而成为一种自掘坟墓式的贪婪蛀虫。

(三)明代宗藩的意义

为什么一个小小的藩国就需要那么大的支出？这是因为王府之庞杂是常人不可想象的。一个王府，上有文武官员和太监，下有跑腿使差和杂役，人员少则三五千，多则过万人，气派之大，开支之巨就可以想见。

藩国的王府里设有文武官员的衙门，其官员设置是有定数的。

王府里最高级别的文官衙门为长史司。长史司设左、右长史各一人，相互牵制，掌管藩国内的政令，统率府僚，总管庶务，有对藩王的言行进行规劝之责，以匡正藩王的疏失。长史还兼有秘书长之责，凡遇请名(请皇帝给王子、王孙取名)、请封、请婚、请恩泽、陈谢、进献、书疏之事，都由长史代替藩王撰写。长史之下设有典簿、审理、正典、膳正、奉祠正、典乐、典宝正、纪善、良正医、典仪正、工正、伴读、教授、引礼舍、仓大使、库大使等僚属。

王府里最高级别的武官衙门为护卫指挥使司。护卫指挥使司设指挥使一人、指挥同知两人和指挥佥事四人。王府护卫指挥使司在名义上与都司或者行都司平级，但要接受都司或者行都司的领导，其目的是为了防止藩王造反。王府护卫指挥使司要在藩国所属的要害之地下设镇抚司，每镇抚的职数为两人，其下还有知事、吏目、仓大使等官员。

封藩制是皇家的一种不得已之举措，不然那么多的同姓家族人员都拥在京城里是会出大乱子的。封藩，在历朝历代都是一把双刃剑，利弊各半，往往在开国时利大于弊，而越到末代各种弊端就越来越显现。

按照朱元璋的想法，自己26个儿子有24个藩国摆布在全国各个要地，这样既削弱了开国诸功臣的军权，又能对各地的文武官吏起到监视作用，而且一旦有事还能够形成拱卫京师确保朱氏皇权巩固的局面，这在当初皇权与功臣集团的权力较量时确是起到了稳固皇权基础的重要作用。然而，封藩制并不是可以确保皇室江山世代昌盛的一个健全制度，其中就潜藏着宗室造反形成动乱的危机，因为随着藩王实力集团的势力不断扩张，藩王们就会日益不满足于他们已经既得的权力和地位，而是逐渐产生想向最高皇权发起挑战的意识。比如就在朱元璋统治时期，就已经发生了因太子朱标早死，又立朱标的嫡子朱允炆为皇太孙而引发了诸位藩王对于这个继承顺序的强烈不满，诱发了一些实力强大的“塞王”对于皇位的觊觎之心，开始表现出对皇太孙的不尊重而“拥兵多不法”。朱元璋去世后，朱允炆继位，积蓄已久的矛盾遂急遽激化。一方面，是皇位还不稳固的朱允炆在积极着手“削藩”；另一方面，是以燕王朱棣为首的藩王集团极力要求维护自己既得的利益，最终导致了以“靖难”为名的大规模内战，最终以建文帝朱允炆败亡，朱棣篡得皇位而告终。

“靖难之变”虽然使朱棣登上了永乐大帝的高位，但这样骨肉相残的残酷事实也同时给朱棣敲响了警钟。地位的转变必然引起观念和政治决策上的转变，对于藩国势力已经严重危害到了中央皇权统治的这一点，朱棣有了深切的认识。尽管他在进行“靖难之役”时提出的口号是为了“保社稷于几危，拔诸王于困苦”，而他一旦跻登皇位，便自然要集中全力以捍卫自己的最高皇权利益为标准，断然决定继续执行侄儿朱允炆未完成的削藩政策。

朱棣为了杜绝藩王可能发动的夺权叛乱，他开始有步骤地以各种借口逐渐废除、削弱藩国势力，或者压缩藩国的地盘，或者大幅度地削减他们的军力，或者强迫“塞王”迁徙内地。朱棣首先从力量最强大的宁王朱权下手，掠其地、并其军、俘其人，然后强令他内迁南昌。

在降服宁王朱权后，朱棣又对其他兄弟一一下手，把原封于北疆的谷王朱橞、辽王朱植、韩王朱松、沈王朱模等都先后强迫其撤出原封地，被改封到了靠近腹里的地区，并强迫他们交出护卫军队。在这一过程中，有些藩王甚至被废为庶人。

朱棣强硬的削藩政策，不但反映出明初在朱氏宗室内部极为尖锐复杂的利益冲突，而且还反映出朱元璋制定的封藩政策虽能有效于一时，但从根本上是与极端皇权思想相互抵触的。

永乐年以后，明代的封藩制虽然还在继续，但藩国的封地和势力均在不断缩小。皇帝不仅在各王府内安插监督人员，还让藩国和地方政府形成相互钳制的关系。皇帝唯一对藩王的放纵是保持他们的俸禄，让他们在吃喝玩乐纵欲后只要不造反就行。

(四)明代宗藩制度的弊病

表面上看，王府与地方互不隶属，应该井水不犯河水，但实际上王府不可能不与地方发生一点关系，皇族的身份也很容易使他们养成骄横跋扈的性格，因此他们与地方上的摩擦甚至严重冲突就时有发生。

把一个个独立王国藏于民间，本来是要发挥相互监督、相互牵制作用的，然而国法又规定了王府成员犯法不能适用于地方法律，只能由地方官员奏请皇帝，皇帝再让宗人府去处理，而且皇帝还往往碍于同族骨肉的情分而把大事化小，小事化了，只有当皇帝在认为已经极度危及自身的安危时，他才会进行严厉处置。因此，王府人员惹是生非，几乎在当时是家常便饭的事。

如辽王朱贵烚就是一个为非作歹的藩王，他经常带着王府军兵在荆州城内为所欲为，不仅淫秽男女，强抢民财，稍有不从者就以兵围宅相逼，甚至加害，而且连正在带队操练的地方军官他也敢擒而杖之。

宣德五年(1430年)，湖广都司向皇帝奏报："荆州右卫指挥同知翟宾领军操备，辽王擒宾杖之，有伤。王又与民人李彦芳等狎，至饮酒其家。又引兵围逼三庶人宅，欲加害。"而宣德帝在见到奏章后，只是"令其戒谨，免招物议"。

宣德七年初，辽王朱贵烚借荆州左卫总旗薛冬保到王府当差之机，逼他把长女嫁给了自己。八月，朱贵烚又欲娶其次女。薛冬保在得知辽王之意后，仓促中招婿入赘，这下惹恼了朱贵烚，于是编造各种罪名把薛冬保执送北京，入了刑部大狱。刑部在了解事实真相后，准许薛冬保"赎罪复原卫"。朱贵烚在得知消息后，向皇帝呈奏称，是刑部的官员黄昱收受了贿赂而释放了薛冬保，于是皇帝责令刑部追查。刑部复奏："本部官，无姓名黄昱者，冬保例应赎罪还原卫，非有弊，此王府造诬，请治其官属之罪。"然而，宣德帝仅御批："如此，伤王之意，姑已之。"

正统二年(1437年)九月，辽王朱贵烚派遣王府太监阮奇等人带着骑兵，敲着锣鼓到澧州华阳王的墓地上伐取竹木果林。正统三年初，阮奇再次带人伐取。正统帝闻奏后曾经下诏，令巡按御史去核实。然而，在巡按御史查明罪状确证后，皇帝仅仅只是令辽王朱贵烚治阮奇等人的罪责，就把事情给搪塞了过去。二月，皇帝再次贻书给辽王：“近荆州左等卫，送军人姚关受等告王府中内使陈贤、进保，小旗刘敬等强夺本家有夫之妇入府，朕以事须面质始明，已令都察院逮问贤等。书至可发遣来京，王勿异也。”

然而，多行不义必自毙。正统三年十二月，辽王朱贵烚的淫乱之事终于还是惹恼了皇帝。据查朱贵烚的罪状有四：一是与分封在江陵、沪溪的两个郡王之间相互淫乱，又与千户曹广等人的妻女几十人通奸，还强奸杀死其中的十余人；二是强买强卖货物，侵占课税、湖港为己有，强行网捕学校内池鱼；三是每年假借进贡之名在夷陵州（宜昌）、江陵等地强夺运送给军队的柑橘并逼死运夫 30 多人；四是克扣军粮，侵占房屋，买民马不给钱，肆意乘马戏猎践踏庄稼等。皇帝命太师英国公张辅等人查办，具得事实，惹引朝野舆论一片哗然，众大臣纷纷上疏论其死罪。正统四年三月，皇帝降旨称：“尔等所论者是。辽王罔顾大伦，难承国祀，宜从废黜。”遂削其王爵降为庶人，令其给自己的父亲朱植守陵，每年给禄米 1000 石，把辽王之位转封给了朱贵烚的四弟朱贵熮。

朱贵烚是第二代辽王，事发之后，辽王府在行为上有所收敛，可到第八代辽王朱宪（火+节）时又旧病复发。隆庆元年（1567 年），御史陈醒上疏弹劾辽王。次年，巡按御史部广再次弹劾，历数其十三条大罪。皇室命刑部侍郎洪朝选前往勘察，具得其淫乱、暴虐、僭越、拟制等罪状，论罪当诛。但皇帝依然念其是宗亲，仅废为庶人，发配到凤阳祖陵永锢高墙，除去辽国封号。

亲王们的专横跋扈在当时极其普遍，郡王以及其他宗人的胡作非为行为也不在少数。如弘治年间，松滋王府的宗人朱恩鑶等擅自闯入荆州府衙门强支岁禄，又有王府仪宾（女婿）袁镛复引诱朱恩鑶等人召集社会上的群小强夺军民商人的钱财，更甚者他们还密谋弑杀郡王。他们的行为被辽惠王朱恩鐕揭发，朝廷派人查实，皇帝下旨把朱恩鑶等押至凤阳关押，把他的党羽谪戍充军。但辽惠王朱恩鐕的余气未消，暗中指使押解人犯的差吏在途中使用酷刑，杖杀 80 余人。

（五）郧藩境内的十二亲藩

亲王是一级王，只有历代皇帝的儿子和极个别的孙子才有资格享受这个待遇。在明代，郧阳藩镇内先后住有12个亲王，其中在荆州府的3个分别是湘王朱柏、辽王朱植和惠王朱常润，湘王朱柏和辽王朱植是开国时洪武帝所封，而惠王朱常润为明代后期的万历帝所封；安陆府(钟祥)的3个亲王分别是郢王朱栋、梁王朱瞻垍和兴王朱祐杬，郢王朱栋是洪武帝所封，梁王朱瞻垍是永乐帝所封，兴王朱祐杬是成化帝所封；襄阳府1个为襄王朱瞻墡，是永乐帝所封；德安府3个，分别是岐王朱祐棆、寿王朱祐榰和景王朱载圳，岐王朱祐棆为成化帝所封，寿王朱祐榰为弘治帝所封，景王朱载圳是嘉靖帝所封；南阳府1个为唐王朱桱，是洪武帝所封；汉中府1个，瑞王朱常浩为万历帝所封。

湘国：洪武十一年(1378年)，太祖朱元璋封第十二子朱柏为湘王，封地在荆州府江陵县。自洪武十七年(1384年)正月开始，朝廷派人在荆州兴建湘王府，十八年朱柏自南京西上就藩时，荆州地方官府还专门为他新修了一条自南门至江边的石板御道，由文武百官列队于码头上迎接。史称朱柏“胡妃生、性嗜学、喜谈兵，尤善道家言”。到荆州后，他经常在江边练水兵，他的指挥能力和王府军队的作战能力都极强。洪武三十年，朱柏曾经奉诏与驻武昌的楚王朱桢联军征剿外蛮，屡建奇功。朱元璋死后，朱柏的势力引发建文帝朱允炆的紧张，在建文初年时他采纳了齐泰和黄子澄的削藩之计，借有人状告朱柏在荆州城外西北2里处所营造的宫室(现在的太晖观)超过了当时的等级规定，是蓄意谋反，于是遣使讯问。朱柏恐惧，知道自己已经说不清楚，就率全家在观南溪的峨山上自焚。朱柏在位22年(1378—1400年)，死后被谥“戾”，又因无子继承王位，遂被除国。永乐初年，朱棣恢复了朱柏的封号，改其谥号为“献”，将他安葬在了湘王府之西，并令大学士解缙为其撰写了碑文。

辽国：洪武十年二月十五日(1377年3月24日)，韩妃生下朱元璋的第十五个儿子朱植。洪武十一年正月初一日，朱植还不满1岁，就被朱元璋封为了卫王，封地在河南汲县一带。洪武二十五年(1392年)三月初九日朱植刚满15岁被改封辽王，就藩于辽宁西南的广宁州。洪武三十五年(即建文四年、1402年)十一月十九日，永乐帝朱棣改封朱植于荆州府江陵县。朱棣迁封朱植，是因为朱植的原封地离自己的封地北京很近，加上朱植熟习军旅，屡树军功，已经对皇权造成了实际威胁，于是召他来南京。朱植从海路来到南京后，就被改封在了荆州，并把原湘王府赐给朱植，改称辽王府。

朱棣在夺得帝位后，一直对朱植在靖难之变时不支持自己而耿耿于怀，加上造反成功的经验使他领悟到了藩王势力对皇权的致命威胁，于是推动他在建文帝的基础上继续削藩的政策就在所难免。永乐十年（1412 年），朱棣削掉了朱植的护卫，只留军校厨役 300 人供他差使。洪熙元年（1425 年）三月朱植死于江陵，享寿 48 岁，在位四十七年（1378—1425 年），葬于八岭山，谥“简”，由他的儿子朱贵烚继承王爵。辽国延续 8 代共 280 年，于嘉靖二年（1523 年）最后一代辽王朱宪（火+节）因谋反罪死于狱中，因无子嗣继承王位被除国号。朱宪（火+节）死后，皇帝继续保留辽王府宗理（由家族代管）三代，在万历年间又续封辽王两代，至南明国亡。

惠国：万历二十九年（1601 年），明神宗朱翊钧封第六子朱常润为惠王，朱常润于天启七年（1627 年）就藩于荆州府江陵县，历经一代而国亡。

朱常润出生于万历二十二年（1594 年），母亲为后来的敬妃李氏。朱常润 7 岁受封时，正赶上大哥朱常洛与三哥朱常洵之间发生的争夺太子长达 15 年之久的“国本之争”，争斗不仅在经济上伤及了大明王朝的国本，而且造成了万历帝从此荒废朝政从而动摇政治肌体的国家悲剧。当年，万历帝作出了让步，让他最心爱的朱常洵放弃争太子之位，去到洛阳就藩福王，并以高达 30 万两黄金的结婚费用作为对他的补偿，致使国家库房空虚，还使他的两个弟弟惠王朱常润和桂王朱常瀛到 20 多岁时还无钱成婚，从而无法就藩。万历四十六年（1618 年），朱常润选贺氏为王妃，次年成婚，因为缺钱也因为当时兵事紧急，他的婚事在减少了部分礼仪后草草成事。直到崇祯皇帝继位后，朱常润才去就藩。崇祯帝诏令赐给他许多赡田，并令“辽藩支庶，归惠王约束”。这时的荆州已经 60 年没有藩王存在，旧时的辽王府也已经破败，朱常润只能在旧址上重建王府，新筑起了高墙称“惠王城”，面临之街称“惠城街”。

崇祯十五年十二月（1643 年 1 月），李自成军破夷陵及荆门后再占据荆州，惠王朱常润逃到湘潭，和吉王朱慈煃一起暂住。崇祯十六年（1643 年）八月，张献忠军攻陷长沙，惠王、吉王再逃到衡州，在朱常瀛的桂王府暂住。后来衡州失陷，三王逃至永州，由巡按御史刘熙祚派人护送入广西，刘熙祚自己则以身抵挡，永州失陷，刘熙祚被杀。南明隆武二年十二月（1647 年 1 月），朱常润在广州同永历帝一起被清兵俘杀，惠国就此灭亡，他本人无谥号。

郢国：洪武二十四年四月十三日（1391 年 5 月 17 日），明太祖朱元璋封第二十四子朱栋为郢王，于永乐六年六月二十一日（1408 年 7 月 14 日）就藩于安陆府（钟祥）。朱栋在永乐十二年（1414 年）去世，在位 23 年（1391—1414 年），谥号“靖”，因无子被撤除国号。朱栋之母为刘惠妃，郢王妃郭氏是武定侯郭英之女。

梁国：永乐二十二年(1424年)，明成祖朱棣封他的孙子，即后来的明仁宗朱高炽第九子朱瞻垍为梁王。朱瞻垍生于永乐九年(1411年)六月十七日，母亲是恭肃贵妃郭氏。朱瞻垍有妻妾3人，分别为王妃纪氏、继妃魏氏和夫人张氏。他十四岁被册封为梁王，于宣德四年(1429年)18岁时就藩安陆州(钟祥)，正统六年(1441年)正月十二日"以疾薨"，享年30岁，于同年八月二十六日"葬封内瑜坪山之原"，即今钟祥城东南瑜灵山九里乡王岭村，谥号"庄"。魏氏于宣德八年(1433年)被册封为继妃，时年21岁。梁王薨后，29岁的魏妃"欲随王逝，承奉司奏，蒙圣恩怜悯，遂降敕旨存留，抚养王二幼女，仍主王宫之事"。是说她想随王陪葬，被王府承奉司奏报后，皇帝不许，要求她好好抚养两个幼女。景泰二年(1451年)三月十七日梁王妃"以疾薨"，终年38岁，于"九月初七日葬于封地内瑜灵山之原"。因梁庄王无子，国号遂被除。

兴国：成化二十三年(1487年)，明宪宗朱见深封第四子朱祐杬为兴王，封地德安府。弘治四年(1491年)，朝廷为其在德安府安陆县建府邸，但不久又改封到安陆州(钟祥)。弘治七年(1494年)九月十八日就藩安陆州，于正德十四年(1519年)六月十七日薨，享年44岁，葬于钟祥东北之纯德山，由唯一的儿子朱厚熜继兴王位。正德十六年(1521年)，正德皇帝朱厚照驾崩，因无子嗣继承皇位，于是大臣们选中了朱祐杬的嫡次子朱厚熜(长子朱厚熙出生5日夭折)以武宗堂弟的身份入继大统，即嘉靖帝。嘉靖帝继位之后，不顾众大臣的反对，坚持追谥自己的父亲朱祐杬为"知天守道洪德渊仁宽穆纯圣恭俭敬文献皇帝"，庙号"睿宗"，并把父亲的王陵扩建成了皇陵。嘉靖十八年(1539年)嘉靖皇帝在南巡承天府(安陆)时，又对兴王府进行了皇宫式的扩建。兴王府虽然被升格为了皇宫，但因为朱祐杬再无其他子嗣继承兴王之位，于是兴国遂被废。

襄国：永乐二十二年(1424年)，明成祖朱棣封自己的孙子，即后来的皇帝朱高炽之第五子朱瞻墡为宪王，封地长沙。当年七月十八日，65岁的朱棣在北征返京的途中病逝，朱高炽即位，改年号洪熙，可惜于洪熙元年(1425年)五月二十九日，猝死于宫内的钦安殿。宣德四年(1429年)，朱瞻墡就藩长沙，因长沙潮湿，他多次奏报请求改封，于是在正统元年(1436年)徙于襄阳，改封襄王。成化十四年(1478年)，朱瞻墡薨于王宫，在位54年(1424—1478年)。其国延续了12代238年，末代襄王朱常澄在南明国亡后不知所终。

岐国：成化二十三年(1487年)，明宪宗朱见深封自己第五子朱祐棆为岐王，同日被封的还有他的兄弟益、衡、雍三王。朱祐棆为孝惠皇后邵氏所生，与兴王朱祐杬、雍王朱祐枟同母，因此格外受到父亲的重视，史书上说他“喜读书，著有《益斋集》”。弘治八年(1495年)，朱祐棆就藩德安府(今湖北安陆)。于弘治十四年(1501年)十月去世，享年二十四岁。死后，皇帝朱祐樘宣布辍朝三日，遣官谕祭，赠谥曰“惠”，于弘治十五年七月二十一日葬于北京金山。因朱祐棆无子，岐国被撤封除国。岐惠王妃为中兵马指挥王洵之女，于弘治六年(1493年)封妃，早朱祐棆三月薨于德安，与丈夫合葬于京城西山。朱祐棆生有两女，均被皇太后接入宫中抚养。其第二女为王妃王氏所生，秀丽聪慧，但于弘治十六年(1503年)夭折，死时不足3岁，被葬于其父坟侧。

寿国：弘治四年(1491年)，明孝宗朱祐樘封自己的弟弟朱祐榰为寿王。朱祐榰是成化帝朱见深第九子，母为安妃姚氏。弘治十一年(1498年)，朱祐榰就藩于四川保宁(阆中)。寿王府建于城西凤凰山，弘治四年开建，弘治九年建成。此地乃盘龙山之余脉，自北蜿蜒数里而来，到此嶙峋突起，状如舞凤昂首，当初被认为是一块宝地。寿王入住后，有术士说此地为金虎昂首，不利主家。于是朱祐榰向皇帝请求另择封地。弘治十七年(1504年)，弘治帝改封寿王朱祐榰于德安府。正德元年(1505年)，朱祐榰就藩德安，入住前岐王府。嘉靖二十四年(1545年)朱祐榰病逝，因无子撤封除国。

景国：嘉靖十八年(1539年)，明世宗朱厚熜把他的第四子朱载圳封为景王，封地为家乡附近的德安府。朱载圳，母靖妃卢氏，比杜皇后之子即明穆宗朱载垕仅小一月。受封当日，嘉靖帝同时封了次子朱载壡为太子，三子朱载垕为裕王。嘉靖三十一年(1552年)，朱载壡去世。此后，嘉靖帝不再立太子，却把朱载圳的地位提到与朱载垕同等的地位，“居处、衣服无别”，引起全国舆论哗然。在各种压力下，嘉靖三十九年(1560年)十月壬寅日，皇帝质问大学士严嵩等：“景王府成已数年，当遵祖宗大制，令之国，何久不举行?”于是严嵩责令各部加紧办理。吏部请：“如旧制，设王府官僚。”兵部请：“选锦衣卫及各卫千百户二十七员，改充仪卫司与群牧所、典仗所官，各行礼部，铸印给之，仍拨校尉六百名、军百名、马百匹、双马、单马、起船、符验各一道应用。”工部请：“遣官，至德安修葺府第。”当时，京师士民踊跃称庆。嘉靖四十年(1561年)，朱载圳就藩德安，王府为前寿王府。然而，朱载圳于嘉靖四十四年正月九日(1565年2月9日)死于德安王府，因无子而除国废封。此时嘉靖帝对大学士徐阶说：“此子素谋夺嫡，今死矣。”朱载圳就藩前，大肆为自己的王府多请庄田，户部议后答应给之。虽然王府所在的荆州沙市不在他的请求中，但其要求折算成市租拨给王府，却被荆州知府徐学谟(后任郧阳巡抚)坚持抵制不给。又请求把汉阳刘家塥所收的薪税拨给自己，又被汉阳府推官吴宗周一一拒绝。尽管这样，景王府侵占的其他田地湖塘仍然达数万顷之多。

唐国：洪武二十四年(1391年)，明太祖朱元璋封第二十三子朱桱为唐王，于永乐六年(1408年)就藩于南阳府。朱桱生于洪武十九年(1386年)，母亲为李贤妃。他在就籓前，朝廷为他建造了豪华的唐王府和王府后花园。永乐十三年(1415年)，朱桱薨，共在位24年(1391—1415年)，谥号“定”。唐国延续了14代268年，最后一代唐王朱聿锷在南明隆武二年(1646年)十一月袭位，于南明永历十三年(1659年)八月薨，因为无子，被撤封除国。值得一提的是，朱聿锷的两个兄弟都曾经在南明称帝。1644年崇祯帝在北京陷落后自缢，1645年南京失守，之后南明皇帝朱由崧被俘，朱桱的两个八世孙先后在福州和广州继承帝位，是为明绍宗朱聿键(年号隆武)和明文宗朱聿鐭(年号绍武)。

瑞国：万历二十九年(1601年)，神宗朱翊钧立朱常洛为东宫太子，同日受封的还有福王朱常洵、惠王朱常润、桂王朱常瀛和瑞王朱常浩。四兄弟王中，因朱常洵年长，先就藩于洛阳，共花费白银58万两。然而，其他三王却因国库空虚无钱婚配，就藩之事更提不上日程。据《明史》记载，朱常浩年25岁尚未选婚。群臣交章上言请求尽快为其完婚，均石沉大海。瑞王朱常浩好佛，不近女色，但十分爱财，他每天都在向户部索取帑费作为自己的婚费，总共达18万两，还说婚冠礼服无钱置备。事情拖到了天启年间，解决三个叔叔终身大事的重任就落在了天启帝朱由校的身上。当时，魏忠贤潜蓄逆谋，诸王在京对他的阴谋不利，也客观上加紧了三王就藩的步伐。天启七年(1627年)三、四两月，三王几乎同时就藩，成为全国人民瞩目的大事，尤其骚动了郧阳，因为瑞王朱常浩就藩汉中，惠王朱常润就藩荆州，桂王朱常瀛就藩衡州，两个都在郧阳藩镇境内，而且瑞王朱常浩的就藩船队从郧阳城外的汉江上通过。为了三王之国，顺天府征车四千四百四十三辆，役夫八千四百九十六人，朝廷并给每王的仪卫、群牧等官及校尉军士俸廪及道途诸费，花费浩大。

三王就藩之时，正是明末农民暴动的前夜，汉中首当其冲。不久，农民暴动在陕北接连发生，农民军横扫陕甘，瑞王因此不得安宁，担惊受怕在所难免。崇祯七年(1634年)，王斌在汉中发动了暴动，瑞王为逃避农民军的追捕，南逃到四川避难，在总兵侯良柱的接应下到了重庆。崇祯十七年(1644年)，张献忠攻破重庆，走投无路的朱常浩及其随行人员被俘。张献忠先斩了四川巡抚陈士奇，在欲斩朱常浩时，天无云却雷声大作。在犹豫之后，依然还是斩了朱常浩及其家属和重庆官吏，再把三万多被俘明军的右臂砍掉后释放。

（六）郧藩境内的六座亲王府

整个明代，郧阳藩镇境内虽然先后有 12 个亲王，但亲王府址却只有 7 座：在荆州，被封藩来到这里的湘王、辽王和惠王有时间的先后顺序，他们所居住的是同一座王府；安陆 2 座，被分封来到这里的郢王、梁王和兴王同样有时间的先后顺序，郢王和梁王所居住的是同一座王府，但都出现了因无子嗣继位被除去封国的相同命运，被认为是王府的风水不好，所以到兴王时就择地另建了王府，而且后来戏剧性地出了一位皇帝；德安 1 座；被分封在襄阳的襄王和被分封在南阳的唐王，以及被分封在汉中的瑞王都各有 1 座自己的亲王府。

荆州亲王府：荆州的亲王府就是现在的太晖观，位于荆州城西门外北侧约 1 公里的太湖港北岸。宋元时此处曾有草堂，洪武二十六年（1393 年）湘王朱柏在此营建王宫。建文时期，朱允炆为了稳固自己的帝位而有意削藩，首先就瞄准了势力最大的朱柏。此时，正好有人状告湘王府的石廊浮雕上有盘龙，屋顶上盖有铜瓦，都有僭越等级的谋反之嫌。于是建文帝派人前来问罪，朱柏遂急忙将王宫改为道观，取名“太晖”，但还是因为无以自明，只得率全家自焚而死。

其实，朱柏建豪华王宫并非有意僭越，而是由于他笃信神仙，“善（听）道家言”所致。在建王府前，他专门请道士占卜，得到的是未济卦之六五，命曰“太晖”，于是就按太晖之相来营造园林、宫舍，次年落成。当时的湘王府有主体殿阁五座，偏殿、左右殿俱备，规模宏伟，殿宇高大，殿内雕梁画栋，熠熠生辉，只有武当山后来的建筑才能与其比拟，被时人称之为：“遍数琳宫，独此雄甲荆楚。”

朱棣登基后，为朱柏进行了平反昭雪，并在太晖观西侧为其修建了衣冠冢，赐谥“献”。1998 年 2 月，考古工作者对朱柏墓进行了抢救性发掘，出土文物 646 件。墓室为砖石结构，由前、中、后三室，外加四个耳室组成，南北长

11.35 米，东西宽 8.8 米，内高 4 米，前室外顶仿硬山式殿堂建筑，青色“金砖”铺面，绿色琉璃瓦盖脊，两端筒瓦瓦当上装饰有五爪龙图案，整体结构奇特别致，建筑工艺精湛，与保存至今的太晖观交相映衬，共同构成了湘王地上、地下的两个王宫。

再说建文四年(1402 年)十一月十九日，夺得皇帝之位的朱棣担心拥有重兵的辽王朱植会像自己一样图谋不轨，于是把他从辽宁广宁州改封到了荆州，把太晖观赐给朱植作为辽王府。121 年后的嘉靖二年(1523 年)，最后一代辽王朱宪(火+节)因谋反罪死于狱中，因无子嗣位，辽国被除封，但保留王府宗理。万历元年(1573 年)，神宗诏令辽王后裔另寻府第居住，把辽王府又恢复为了太晖观，但被世人认为这是一块不祥之地，香火已经大不如前。万历三十四年(1606 年)，万历帝续封辽国时，并没有让他们的子孙再迁回到太晖观，其续封后的辽王府现在已无踪迹。

万历二十九年(1601 年)，明神宗朱翊钧封自己的第六子朱常润为惠王，于天启七年(1627 年)就藩于荆州。这时的太晖观已经衰败，朱常润只能在旧址上重建王府，新筑起的高墙被称为“惠王城”。崇祯十五年十二月(1643 年 1 月)李自成军占据荆州，惠王朱常润逃往长沙，结束了明代荆州王府的命运。之后，清人再次把惠王城回归为太晖观。

荆州太晖观现存建筑有山门、三清殿、朝圣门、金殿、配殿等。金殿屹立于高大的平台上，面阔进深各 3 间，长宽各 10 米，重檐叠脊，华栋雕梁，顶覆钢瓦，每当骄阳映照，闪光夺目。前檐下浮雕石柱，云绕龙蟠，精致生动。台后有一泓清水，碧波涟漪，两岸垂柳成行，婀娜多姿，衬托得金殿益显巍峨瑰丽。1956 年，湖北省政府公布太晖观为省级重点文物保护单位。2006 年 5 月 25 日，太晖观作为荆州“三观”的组成部分，被国务院批准列入第六批全国重点文物保护单位名单。

安陆亲王府：安陆的明代亲王府位于钟祥城区北部。最早，这座王府为郢王朱栋的府邸，始建于永乐初。洪武二十四年(1391 年)，朱元璋封第二十四子朱栋为郢王，朱栋于永乐六年(1408 年)就藩于安陆府，在永乐十二年(1414 年)去世，只居住了 6 年，因无子被撤封除国。

安陆王府的第二个主人是梁王朱瞻垍。永乐二十二年(1424 年)，永乐帝朱棣封他的孙子，即后来的仁宗朱高炽第九子朱瞻垍为梁王。于宣德四年(1429

年)就藩安陆州。他在简单收拾了一下已荒废15年的王府后，就把郢王府改为了梁王府而入住。在12年后的正统六年(1441年)正月十二日，梁王“以疾薨”，再次因无子被除国。

安陆第三次迎来的明代亲王是兴王朱祐杬。成化二十三年(1487年)，明宪宗朱见深封第四子朱祐杬为兴王，于弘治七年(1494年)九月十八日就藩安陆府(钟祥)。由于先前两位王府的主人都是因为没有儿子被撤销了国号，所以被认为是风水的原因，因此弘治帝在兴王就藩前重新择地为兴王修建了新的王府。也许就是因为这一重建，彻底改变了安陆王的命运，让兴王府里后来飞升出了一位真龙天子，也让王府变为了皇宫。朱祐杬在安陆居住了25年，在正德十四年(1519年)六月十七日薨时享年44岁，由他当时唯一的儿子朱厚熜继承了王位。戏剧性的是，正德十六年(1521年)，正德皇帝朱厚照驾崩，因无子嗣继承皇位，就由众大臣筛选，选中了朱厚熜“以弟继兄”的名誉继承大统，史称“嘉靖帝”。虽然安陆兴王府从此无人再继承兴王之位，兴国遂被废除，但嘉靖帝还是把自己的父亲朱祐杬追谥为了“知天守道洪德渊仁宽穆纯圣恭俭敬文献皇帝”，庙号“睿宗”，他还把父亲的王陵扩建为了皇陵，把自己的出生之所由王府扩建为了皇宫(行宫)，着着实实地风光了一把。

从常人的角度看，也许能够理解嘉靖皇帝的这些举动。因为这里毕竟是他的出生之地，也是发迹之处，一砖一木无不关乎着他的情感。兴王府是一组宏大的古建筑群，宫墙之上有正南门、东顺门、西顺门、丽正门、重明门，府内有卿云门、日升门、月恒门、凤翔门、弘载门、关雎门、麟趾门、保和门、太和门、启祚门、福宁门、光熙门等连接着隆庆殿、纯一殿、中正斋、泰禋殿、永配殿、受命殿、御极殿、青霄殿、龙飞殿、穿殿、启运殿、左右廊、回廊、鼓楼、钟楼、卿云宫、凤翔宫、库楼连房、盐库房、山川坛、社稷坛等建筑。

据《承天大志·宫殿纪·龙潜旧邸》载：“初，献皇帝封国，拟居德安，后请改安陆，弘治四年始建府第，七年献皇帝之国遂定居焉。今上皇帝入继大统，命内臣留守。嘉靖十八年，命有司(官府)重加修饰，其制俱视帝都宫阙，凡诸名额皆上所亲定云。龙飞殿即旧承运殿，在郡城正中，后为穿殿，又后为启运殿，殿前为左右廊，又东西各有回廊，正南门曰龙飞，其外左为东顺，右为西顺，又南为丽正门，门之外左为鼓楼，右为钟楼，又南为重明门，是为外朝之制。卿云宫即旧前寝宫，在启运殿之北，前为卿云门，门内东出为日升门，西出为月恒门，后为穿殿。凤翔宫即旧后宫寝宫，在卿云宫之北，后为凤翔门。

由凤翔门而北为弘载门，门内东为关雎门，西为麟趾门。方圆之内为六所，六所之外为连房，为盐库等房，是为内宫之制。隆庆殿即旧家庙，在正殿之东北，东南为神厨，为宰牲亭。初，正德十六年四月，上入继大统，且行奉安献皇帝神主于其中，命守臣以四孟及朔望致祭。嘉靖元年五月设祠祭署，二年二月钦定四孟祭，用笾豆、牲宰俱如大庙之仪，朔望常祭如奉先殿之仪，乐舞用八佾，命工部造送祭器、乐器、祭服，三年七月迎献皇帝神主至京师，奉安于观德殿，而家庙只设神位。十三年八月更今名，十八年三月，大狩至旧邸，上诣献皇帝神位前行谒见礼，后以回銮行祭告礼并设献皇后神位。纯一殿即旧书堂，在龙飞殿之东。初，献皇帝别号纯一道人，又岁时祷祀必致斋于此，诚敬纯一遂以为名。中正斋在卿云门之西，上在潜邸时，讲学于此，今仍旧名。泰禋殿于嘉靖十九年补建，在邸内之东北隙地。嘉靖十九年，上以旧邸世子府制未备，乃命补建，定以今名。殿之前为门曰泰禋殿，后为永配殿，后垣之左门曰保和，右曰太和，又后为宫，宫之前殿曰受命、御极之殿，后殿曰青霄殿，宫前门曰启祚，后门曰福宁。外有库楼连房，其西通隆庆殿之路为门曰光熙门。山川坛、社稷坛，俱在邸内之西南与旧邸同建。嘉靖十八年，大狩命督臣重修，上亲临祭告焉。"由此可见兴王府建筑规模之宏大，宫殿设计之巧妙，殿、门之众多，建筑风格之独特。

如今，安陆王府只完好保留了一个凤翔宫。此宫面阔6间22.4米、进深3间12.4米，为砖木结构，红墙绿瓦之上翘壁飞檐，气势极度宏伟。宫前有一圆形荷池，池旁有汉白玉龙云御阶连接池上的一座3孔石桥，桥长13.6米，宽2.3米，池壁周围有6个出水的石雕龙头。除凤翔宫外，废墟中还保存有云龙丹墀2块、后门石门框1座。1992年12月，兴王府被列为湖北省重点文物保护单位。

德安亲王府：明代历史上曾经分封到德安府的共有四位亲王，即兴王、岐王、寿王、景王，因兴王虽然已经在德安建有王府，但他并没有在这里就藩，所以实际就藩的只有三位王。然而，无论是在原德安府即如今的安陆市里，还是在历史文献中，都找不到亲王府的遗址和规模记载，有的只是《明史》里的下面两条记载：

在《志第二十·地理五·湖广·安陆县》里，有"成化二十三年建兴王府，弘治四年迁于安陆州。八年建岐王府，十四年除。正德元年，寿王府自四川保宁府迁此，嘉靖二十四年除。四十年建景王府，四十四年除”的记载。

在《列传第三·睿宗献皇帝、献皇后合传》里，有“睿宗兴献皇帝祐杬，宪宗第四子。母邵贵妃。成化二十三年封兴王。弘治四年建邸德安。已，改安陆(州)，七年之籓”的记载。

德安亲王府的资料之所以会被湮灭，可能与当地行政建制变化和人们在概念上的混乱有关。

明代历史上，汉江下游曾经并存着两个安陆，一个是德安府安陆县，而且府、县同城，地址在现在的安陆市，而且德安府的名称只延续到了民国初年，1913 年民国政府把德安府改为了安陆府；另一个是明代继承元代的安陆府，与钟祥县同城，洪武末年降格为了安陆州，到嘉靖年间改名承天府，从此彻底结束了称“安陆”的历史。这两个安陆同属湖广省，同在汉江流域，而且相距不是太远，所以很容易被人们混淆。

《明史》里记载：“德安府，元属荆湖北道宣慰司，洪武元年十月属湖广行省，九年四月降为州，属黄州府。十一月属武昌府，十三年五月复为府，属湖广布政司。二十四年六月改属河南，未几还属。领州一、县五：安陆、云梦、应城、孝感、随州、应山，东南距布政司四百里。”

“承天府，元安陆府，属荆湖北道宣慰司。太祖乙巳年(1365 年)属湖广行省，洪武九年四月降为州，直隶湖广布政司。二十四年六月改属河南，未几还属。弘治四年，兴王府自德安府迁此。嘉靖十年升州为承天府，十八年建兴都留守司于此，领州二、县五：钟祥、京山、潜江、荆门州、当阳、沔阳州、景陵，东南距布政司五百七十里。”

虽然存在于德安府的明代亲王府旧址与规模均不详，但这里应该只有一座王府。弘治四年(1491 年)朝廷在德安所建的兴王府，兴王朱祐杬虽然没有进去住过，但不久他的同母兄弟岐王朱祐棆于弘治八年(1495 年)到德安就藩，其岐王府应该就是四年前所建的原兴王府。

弘治十四年(1501 年)，岐王朱祐棆病逝，无子而被撤藩，德安岐王府就空置了下来。直到弘治十七年(1504 年)，他的另一个就藩于四川保宁的异母兄弟寿王朱祐榰，因嫌保宁王府的风水不好，于正德元年(1505 年)改藩德安，入住前岐王府，改称寿王府。嘉靖二十四年(1545 年)朱祐榰病逝，又因无子被撤藩，王府再一次空置下来。

嘉靖十八年(1539 年)，嘉靖帝把他的第四子朱载圳封为景王，朱载圳于嘉靖四十年(1561年)就藩德安府，入住前寿王府，改称景王府。不幸的是，景王朱载圳于嘉靖四十四年(1565年)病逝，再次因无子而被除国撤藩。

我们目前虽然无法得知德安亲王府的任何详细资料，但想来规模不会低于四川保宁的寿王府。据《四川通志》载："寿王府，阔四里，迁军民居室千余家，徙县学、寺观、庙宇、公署数十区，造宫殿房屋八百五十间。"

襄阳亲王府：襄王府坐落在襄阳城南的绿影壁巷东端，是明仁宗朱高炽为第五子襄宪王朱瞻墡所建，其子孙一直居住到了明末。

正统元年(1436年)，襄王由长沙迁移襄阳，在城内东南隅营建王府，占地约4万平方米，有正厅3间，后堂5间，大门、仪门各1间，左右榜房18间，面积占当时襄阳城的十之二三，建筑规模宏大，气势非凡。

崇祯十四年(1641年)，李自成军占领襄阳，一把火烧了王府，唯有门前影壁保存至今。影壁由底座、壁身和顶额三部分组成，面阔3间面北而立，全长24.6米，厚1.57米至1.74米。中堵高约7.6米，长11.71米；东西两堵各长6.44米，高约6.6米，均系仿木结构石建筑。中间在绿色砂岩之上浮雕二龙戏珠于云水间，虽原珠已失仅剩一洞，但仍不失其灵动神采；左右绿岩之上各浮雕出蛟龙飞舞于流云、海水、琼岛、仙山之间，苍雄霸气之中又显出众生普度之气；绿石四周以汉白玉镶框，上面精雕64条龙，姿态各异；影壁为须弥座底，同样满雕游龙；顶为庑殿式，飞檐脊鸱，瓦面皆用石块深雕奔龙云水拼装而成。

影壁造型庄重，雕刻华美，风格豪放，生动雄伟，绿白相映，浑然一体，是古代石刻艺术中的珍宝。虽然昔日王府的豪华已经无法全现，但绿影壁的幸存依然能够让人们窥斑见豹，它与北京北海、山西大同的琉璃九龙壁一起，合称我国影壁三绝，如今是湖北省重点文物保护单位。

南阳唐王府：洪武二十四年(1391年)，朱元璋封第二十三子朱桱为唐王，于永乐六年(1409年)就藩南阳府。就藩前，朝廷就开始在南阳城内建造唐王府，其规模之巨、宫阁之多令人咂舌。据明嘉靖《南阳府志》载："唐王府在南阳府城内通清街，永乐二年(1404年)以南阳卫治改建……后有山石，名曰王府山。"

唐王府在明末战乱中被毁，只剩后花园里的假山。入清以后，王府又多次历经浩劫，清康熙年间，曾一度拆拉王府山上的太湖石进京。据康熙年间的碑文记载：“城之西北隅，为前唐藩旧址，有石山尚存，荒烟蔓草中，拆取十一，驾牛车而适其所。”抗日战争期间，王府山曾经遭日机轰炸。到20世纪下半叶，人口极度扩张，王府山一度被违章建筑所占据，其山体洞穴也均为居民占据。一次次的磨难，使得一座明代建筑珍品被糟蹋得面目全非，现仅存一座假山和山顶的接天亭。

王府山高18米，底部直径21米，周长66米，占地面积约346平方米。山体以中峰为核心，四角崎立4个小峰。依山腹4个不同标高层次的石洞将假山分成5级，并呈圆锥状依次递减。山体内设暗道洞窟，外修盘山石阶曲径通幽达山顶。山顶面积约10平方米，接天亭即修建于此。王府山秉承了我国假山艺术和赏石艺术的精髓，叠石技艺尽显章法，瘦、漏、皴、透的叠山手法及形、色、质、纹的观赏要求在王府山得到了淋漓尽致的表现，其艺术特点可归结为险、拙、奇、空、皴、透。

王府山之险，险在登山步道之陡峭，以及布局设险之用心，山道大多沿山皱脊背或绝壁陡峭边缘逶迤，让整个行程险象环生；王府山之拙，拙在空间布局不似绘画意境中的咫尺山林群峰鹤立，而是让其四面景观均似独峰兀立，似乎犯了假山艺术之大忌，但这正是营造者的独具匠心，让人很容易就能联想到城外蜚声海内外的“独山”，发挥其以真为假、做假成真之拙韵；王府山之奇，奇在路旁的怪石林立、路径的逶迤盘旋、行程中的峰回路转、一会儿直冲云霄、一会儿匿入洞穴的感受；王府山之空，空在除山体中有4处洞穴、山之底层有连通上下左右的大洞外，还有4条暗道深入地下，传说其中一条为唐王在紧急情况下的应急通道；王府山之皴，皴在看上去层层叠叠、筋络明显、凹凸丰富，就像一个功力高深的罗汉；王府山之透，透在中多空窍，在奇巧的洞窟之间，崎岖贯通，一步一景，个个似神仙洞府，里面别有洞天，千姿百态无一不有章法。

王府山天然古淡，融自然于咫尺山林，移步换景之妙彰显构筑之大手笔，显示了王者之霸气，这一点与北京景山的构筑之理相通。当然，南阳王府山并没有建筑景山是为了压前朝风水的目的，其总体作用，是作为永恒基业之镇物的。

王府山具有地标意义，它占据着南阳古城的制高点，也是王府建筑群中轴线上的镇山，登上山顶进入接天亭眺望，全城景色一览无余。20世纪50年代初，鉴于山体摇摇欲坠，南阳政府曾经拨款修缮，采取南阳独山石加强补牢。独山石不如王府山的原叠砌之太湖石姿态峥嵘颖异，色泽也较太湖石灰暗，看上去颇有尴尬之意趣。

2011 年，考古工作者在王府后花园内出土了全国罕见的大型曲水流觞石刻。该石刻长 5.9 米，宽 2.7 米，上面开凿了一条曲折回环的、东西对称的、形成了 3 个“几”字形的、宽约 15 厘米、深约 23 厘米的内槽，并东西各有一个开口，能够供流水之出入，可以供唐王与人在此饮酒作乐之用。如此大的曲水流觞石刻举世罕见，据断定该曲水流觞可能是当时随着王府山一起建造的。

曲水流觞起源于中国古老的大型民俗活动——修禊，古时每逢三月上旬的巳日(魏以后定为三月三日)，人们于水滨之处集聚宴饮，以祓除不祥。后来，这种节日仪式被文人加以充分利用后成为一种雅事，在每年三月三日相互邀约在环曲的水渠旁宴集，置酒杯于流水中，停在谁的面前谁就要喝下这杯酒并吟诗一首。王羲之《兰亭集序》记载的就是这样的雅事。

南阳人至今还有个夜间娶亲的习俗，据传是因为当年如果王府看到城中谁家娶亲，就要把新娘子抢去先睡三晚再放还。南阳人为了夺回初夜权，就改在夜里娶亲，不放鞭炮，不吹喷呐悄悄地进行。此俗一直延续到 20 世纪 50 年代。难怪在明末农民战争中，南阳规模宏大的唐王府和九座郡王府都被烧得片瓦无存，仅余一座烧不掉的王府山。

唐国的 12 代亲王都埋葬在城北 35 里的紫山南麓，陵园占地千亩，享殿、神厨、奉祠、祭亭一个个都金碧辉煌，但均在明末之后被全部破坏，墓寝均被掘开，高贵的王侯尸骨与狗骨一起白花花扔得到处都是。1948 年，国民党第十三绥靖区司令王凌云为阻挡解放军进城，征调南阳、新野、方城三县的牛车将从王陵扒出的青砖、石条运往南阳修筑工事，整整拉了一个月之久。

可以想象，曾经的 12 个唐王并不都是平庸的。他们一代接一代在南阳生活了 200 多年，按照规定，如果没有皇帝宣诏就严禁他们进京，也不得在朝中做官，所以他们已经成了地地道道的南阳人。在崇祯皇帝吊死煤山之后，曾经有一个叫朱聿键的南阳人悲壮地接过大明续统，做了只有半壁江山的南明皇帝。

朱聿键生于万历三十年(1602 年)，是唐端王的长孙。父亲朱器墙在被封为世子后为其弟所忌恨，在背地里鼓动端王把朱器墙囚禁于承奉司。朱聿键当年只有 3 岁，也被勒令随父囚徒，亲眼所见叔叔在囚所里是怎样毒死父亲的。好在端王在欲传位于次子时，被奉命守护南阳的郧阳右参政陈奇瑜劝阻，遂立朱聿键为世孙。崇祯五年(1632 年)端王薨，朱聿键袭王位，史载他“稍读书即能明大义，处患难而志气终不挫”(《隆武纪年》)，是当时数十个藩王中唯一一个有雄才大略、敢说敢做的人。朱聿键曾经上疏崇祯帝，力陈时弊，申斥权臣，遭到群臣忌恨，说他“王亦浸骄薄公卿”。在明末农民战争中，各地藩王均显得惊慌失措而无所作为，独南阳“日陈兵自卫，得材武称然”(《南阳府志》)。崇祯九年(1636 年)八月，北京因危急而戒严，独朱聿键闻报后率兵勤王，“疏发遂行，已过裕州，诏切责，勒还国”。群臣就借此鼓噪，说朱聿键有违太祖圣训，不经宣诏，即带兵越关出城是居心叵测。崇祯帝遂下旨降朱聿键为庶人，囚禁于凤阳的高墙之内，朱聿键在 35 岁时又重新回了一次牢笼。在 8 年后的一个黄风夜里，崇祯帝在一棵小树上结束了自己的生命，由福王朱由崧在南京即帝位，史称“南明”。朱由崧虽然立即赦放了朱聿键出狱，但对他仍存戒心，不许他回南阳老家，也不许他入南京，而是令他远居广西平乐府。在赴广西的途中，朱聿键获悉福王降清，就在靖虏伯郑鸿逵、户部侍郎何楷、户部郎中苏观生等人的联络下，仓促中入闽，在福州即帝位，改元“隆武”，史称“思文帝”，称“帝英才大略，不能郁郁安于无事，在藩服之时已思拨乱而反之正”。朱聿键即位后“两京既覆，枕戈泣血，敕断荤酒，后宫不满三十人，半系老妪……所至访求书籍，亲征亦载书数十乘”。

当时，郑芝龙成为了朱聿键的股肱之臣，为褒奖他的功勋，特赐他的儿子郑森国姓，更名“成功”，命其掌管御营，大家都叫他“国姓爷郑成功”。朱聿键雄心勃勃，即位 5 个月后即下诏亲征。但不幸的是，隆武二年八月(1646 年)二十七日，朱聿键驻跸汀州时，被突然而至的清兵擒获，杀于福京(即福州)。他虽然只当了一年半的皇帝，却一改崇祯的懦弱和福王的无能，还是为明王朝末期添加了轰轰烈烈的一笔。

汉中亲王府：

万历二十九年(1601 年)，神宗第五子朱常浩被封瑞王，封地汉中，随之便在南郑选址修建王府。因为国库无钱给朱常浩选妃婚配，导致他迟迟没有去就藩，于是瑞王府得以不断扩建，修建时间长达 26 年之久，史称“规模宏大，院落相连，楼台相望，亭阁错列。东连莲花池，南至西大街，西接北教场粮库，北抵城墙基，并将北城墙向北移二十步，面积占当时汉中城三分之一”。

瑞王就藩之时，已经是明王朝岌岌可危之日。仅仅几个月之后，崇祯帝登基，农民战争在附近爆发，这样豪华的王府规模在当时无疑是一种奢侈。因为战祸就在身边不远，瑞王身在王府而心不安宁，于是他采取了通过自降衣食标准、修建寺观、礼佛祈福等方式希图解脱，同时也在汉中赢得了一些声誉。清人刘景伯在他的著作《蜀龟鉴》中称，瑞王在汉中时，“不迩声色，洁己爱人”、“有贤王称”。据《汉中府志》记载，每逢佳节，瑞王都会邀请当地德高望重之人到府里共庆佳节，宴毕每人发一方布帕，让他们将未吃完的美食带回，以示恩荣，汉中人称这种布帕为“宴瑞包”。

瑞王朱常浩在汉中生活了八年。崇祯七年(1634 年)农民军攻汉中，朱常浩逃亡重庆，瑞王府随即被毁，清初在其部分原址上兴建了兴元书院。

清初文学家王士祯在他的《蜀道驿程记》中交代，康熙十一年(1672)闰七月初九日，他经过汉中时，瑞王故府瓦砾满目，唯存后殿一区，被前任汉中知府钟锈改成了兴元书院。只见其余建筑“朱门潭潭，尚极宏丽。殿前、后，丛桂、老梅、樱桃数十株。又观所谓西园者，有亭榭四五，桂花渐落，紫荆数株方作花，姿艳动人。有羚羊伏草中，惊人而起。因忆盛时鹤州凫渚之乐，而今台榭已倾，曲池就平，不待雍门之琴，乃泣下”。描写的就是瑞王府在经历了明末的战乱之后，已成为了一大片瓦砾场，常有动物在此安家休憩的情景。

清初李柏也在他的《槲叶集》中说：“余入汉中，过瑞王遗宫，一望瓦砾弥漫，自甲申(崇祯十七年)至今(清康熙三十三年，1694 年)五十年，府城内外，百万人家，其墙壁、阶砌、道路、坑堑、园圃、樊垄、佛刹、道观、官衙、吏舍，皆瑞府材木、瓦砖，他可知矣!”

目前，瑞王府遗址仅存后花园，也被改造成了莲花池公园，而且明朝遗物就只剩下湖中的两座太湖石。好在公园是在王府旧貌的基础上重建修葺的，园内九曲桥、步云桥、湖心亭、留步阁走廊等多处仿古建筑，以及环湖垂柳映波、芳草匝地，让人们在这里休闲时，偶尔能回忆起当年王府的辉煌。

(七)散布在郧藩境内的明室郡藩

不算南明小政权，明朝存在了 276 年(1368—1644 年)共历十二世十六帝。在 276 年里，由帝系和开国之初的 23 个亲王系不断派生而出的亲王藩国和郡王藩国，形成了明代遍布全国的盘根错节的王国体系。

为了藩国的延续，每代的亲王都要挑选一个儿子作为世子将来继承王位，其余的儿子都会被封为郡王到别处去建立自己的郡藩。郡王的藩国比亲王的藩国低一个等级，并且要归直系亲藩的管理。

郧阳藩镇内曾经有过湘、辽、郢、襄、唐、梁、兴、景、寿、岐、惠、瑞12个亲王藩国，其中除湘、郢、梁、岐、寿、景只存留一代就因无子被除国，兴国升为了帝统而被除藩，以及惠、瑞两王就藩不久就国破家亡外，其余的辽、襄、唐和封地在武昌的楚王系，世代产生了大量的郡王藩国，几乎遍及郧阳藩镇全境。

除上述辽、襄、唐、楚4个王系外，还有一些周边地区的亲王系所派生出的郡藩也延伸进了郧阳藩镇境内。他们有西安的秦系、开封的周系、凤翔的郑系、河南的伊系、汝宁的崇系、长沙的吉系、建昌的益系、武冈的岷系、平凉的韩系、兰州的肃系等。

由于资料浩瀚，准确统计出所有明代的藩国是一件比较困难的事情，在这里只能力所能及地予以搜索。下面是分亲王系所列出的郧阳藩镇境内的郡王藩国，请看看到底都有哪些?

1. 历代辽王及在郧藩境内的辽系郡国

地处荆州的辽国一直人丁兴旺，历代辽王及世子的顺序为：

辽王朱植，朱元璋庶十五子，洪武十年(1377年)封卫王，二十五年(1392年)改封辽王，就藩于辽宁广宁州，永乐二年(1404年)迁荆州府，二十二年薨，在王位47年(1377—1424年)。

辽世子朱贵熂，朱植庶长子，洪武三十年(1397年)七月生，被封世子，后卒而无子。

辽王朱贵烚，朱植庶二子，永乐二年(1404年)封长阳郡王，洪熙元年(1425年)晋封辽王，正统四年(1439年)因罪被降为庶人。十四年卒，在王位14年(1425—1439年)。

辽肃王朱贵燰，朱植庶四子，建文元年(1399年)被封兴山郡王，正统四年(1439年)晋封辽王，成化七年(1471年)薨，在王位32年(1439—1471年)。

辽靖王朱豪墭，朱贵燰嫡长子，成化九年(1473年)袭封，十四年薨，在位5年(1473—1478年)。

辽荣穆世子朱恩鏋，朱贵燰子，不知何年封世子，成化年间卒，无子。

辽惠王朱恩鐕，朱豪墭嫡二子，成化十六年(1480年)袭封，弘治八年(1495年)薨，在王位15年(1480—1495年)。

辽恭王朱宠涭，朱恩鐕嫡长子，弘治十年(1497年)袭封，正德十六年(1521年)薨，在王位24年(1497—1521年)。

辽庄王朱致格，朱宠涭嫡二子，嘉靖三年(1524年)袭封，十六年(1537年)薨，在王位13年(1524—1537年)。

辽愍王朱宪(火+节)，朱致格庶长子，嘉靖十四年(1535年)封句容郡王，十九年继位辽王。隆庆二年(1568年)，巡按副使施笃臣与辽王有仇而不断诬告王府，辽王就在王府院内升起一面白旗，上书“讼冤之纛”。施笃臣惊呼：“王反矣!”遂率兵500人围困王宫。信息传到北京，大学士张居正因家在荆州亦与辽王有过节，于是配合巡按御史的弹劾，定辽王淫虐僭拟等十三条大罪，废辽愍王为庶人，并惨死于牢狱，除封国号。朱宪(火+节)在王位28年(1540—1568年)。南明隆武时为朱宪(火+节)平反、补谥。

辽府宗理朱宪𤊟，朱致格嫡长子，嘉靖三十三年(1554年)封广元郡王。隆庆二年(1568年)，在朱宪(火+节)被革为庶人后而暂时兼理辽府事，于万历十年(1582年)薨，在宗理位14年(1568—1582年)。

辽府宗理朱术垌，朱宪𤊟庶长子，万历十三年(1585年)封广元王，后暂时兼理辽府事，于三十七年(1609年)薨。宗理辽府24年(1585—1609年)。

辽府宗理朱术堨，朱宪(火+节)嫡长子，万历三十四年(1606年)封光泽郡王，于三十八年(1610年)兼理辽府事，他宗理辽府的年限以及辽府以后的资料不详。

辽靖王朱术雅：南明隆武元年(1645年)十一月，隆武帝续封朱术雅为辽王，史称“辽靖王”。朱术雅是长阳郡王朱宪焕的嫡长子，于万历三十四年(1606年)被封长阳王世子。明亡时，朱术雅先逃到衡州，后逃广州，在隆武二年(1646年)十二月清军攻下广州时投降清军，后被孔有德处决，在王位1年(1645—1646年)。

辽静王朱术桂，长阳郡王朱宪焕嫡二子，字“天球”，别号“一元子”，初封辅国将军，在南明弘光时晋升为镇国将军，曾经受命与靖王一起镇守浙江宁海县，于弘光元年(1645年)闰六月被封为长阳郡王，隆武二年(1646年)二月改封宁靖郡王，不知何年继承辽王位，后逃至台湾避难。清康熙二十二年(1683年)，施琅攻破台湾，郑克塽降清。同年六月二十七日朱术桂和妃妻五人同时自缢而死，终年66岁，葬于台湾凤山县长治里，被追封为静王。

除历代辽王外，辽国前前后后还派生出了24个郡藩国，分别为长阳国、宁靖国、远安国、兴山国、巴东国、潜江国、宜都国、松滋国、益阳国、湘阴国、衡阳国、应山国、宜城国、枝江国、沅陵国、麻阳国、衡山国、蕲水国、申泽国、肃宁国、长垣国、光泽国、广元国、句容国。其中长阳、宁靖、远安、兴山、巴东、潜江、宜都、松滋、宜城、枝江10国在郧阳藩镇境内。

辽系长阳国：长阳位于今湖北省西南部的清江中下游，东邻宜都，南交五峰，北接秭归和宜昌，西毗巴东，明清时属荆州府。

长阳国受封于永乐二年(1404年)四月，历8代，享国242年。

长阳王朱贵烚，朱植庶二子，永乐二年(1404年)四月封，二十二年十月(1424年)晋升为辽王，照例原郡国被除名不承袭。正统四年(1439年)，朱贵烚因罪被降为庶人，十四年卒，在郡王位20年(1404—1424年)。

长阳昭和王朱豪墭：成化十年(1474年)，成化帝复封长阳国，由朱豪墭继承，被封长阳昭和王，他是朱贵烚的嫡长子。长阳国复封，是因为成化皇帝比照弋阳、永和二王的事例而办的。朱豪墭于正德五年(1510年)薨，在王位36年(1474—1510年)。

长阳安靖王朱恩钠，朱豪墭嫡长子，正德九年(1514年)袭封，嘉靖二十年(1541年)薨，在王位27年(1514—1541年)。

长阳恭裕王朱宠游，朱恩钠嫡长子，嘉靖二十三年(1544年)袭封，隆庆二年(1568年)薨，在王位24年(1544—1568年)。

长阳悼庄王朱致榅，朱宠游庶长子，嘉靖三十六年(1557年)封世子，四十三年卒，由他的儿子朱宪焕袭封世子。朱宪焕继承王位后追封他为“悼庄王”。

长阳王朱宪焕，朱致榅庶长子，万历二年(1574年)袭封，万历三十四年薨。在王位32年(1574—1606年)。

长阳王朱术雅，朱宪焕嫡长子，万历三十四年(1606年)封世子，同年袭王位，南明隆武元年(1645年)十二月嗣封辽王，在郡王位39年(1606—1645年)。

长阳王朱术桂，朱宪焕嫡二子，南明弘光元年(1645年)闰六月由鲁王转封长阳郡王，隆武二年(1646年)二月又改封为宁靖王。在长阳王位1年(1645—1646年)。

辽系宁靖国：宁靖王朱术桂，朱宪焕嫡二子，南明隆武二年(1645年)二月封，不知何年嗣辽亲王位，郡爵照例不承袭。实际上朱术桂是空有辽亲王之爵位，因为当时辽国已经失去了地盘，所以朝廷没有办法给他重新立一个实际的辽国，不过依据他之前是辽国的辅国将军，以及之后是辽王的地位，我们还是应该承认他在历史上的辽王地位。

史载宁靖王朱术桂生于万历四十五年农历九月二十五日(1617 年 10 月 24 日)，初授辅国将军，封于荆州。明朝灭亡后，福王在南京称帝，史为“南明弘光帝”。朱术桂与兄长阳王朱术雅入朝任职，被封为镇国将军。但随着清军南下，朱术桂在逃亡过程中与兄失散。当时郑遵谦从绍兴迎奉鲁王为监国，因为不知道长阳王的生死下落，于是朱术桂就袭封了长阳王位。后来郑鸿逵拥立唐王为隆武帝，朱术桂前往庆贺，隆武帝明确表示承认他的“长阳王”地位。不久，朱术桂得知兄长仍然在世，于是上疏请求归还了王爵称号，隆武帝遂将他改封为“宁靖王”，命他前往方国安的军中担任督军。不久，又晋封他为亲王。

辽系远安国：远安国在远安县。远安与宜昌、当阳、南漳、保康接壤。传说远安是中华民族之母、黄帝之妻嫘祖的故里，古称“临沮”、“高安”，于公元 559 年更名为“远安”，距今已有 2100 多年的建县史，明清时属荆州府。

远安国初封于建文元年(1399 年)，一代而亡。于几百年之后在南明时曾经有过短暂复国。

远安王朱贵燮，朱植庶三子，建文元年(1399 年)封，洪熙元年(1425 年)因罪被降为庶人，于成化二年(1466 年)卒，诏令不准子孙袭国，在王位 26 年(1399—1425 年)。成化十年(1474 年)，朱贵燮之孙朱恩铋上疏，请求按照长阳王之例袭封远安王，但成化帝以朱贵燮犯的是不孝大罪，非长阳王可比，不允。

远安王朱俨𨰿，不知何年续封，于南明隆武元年(1645 年)十月薨。

辽系兴山国：兴山国在兴山县。兴山位于今湖北省西部、长江西陵峡北侧、大巴山余脉与巫山余脉交汇处，东接宜昌，南临秭归，北倚神农架，是汉代美女王昭君的故乡，明清时属荆州府。兴山国于建文元年(1399 年)封，一代而亡。

兴山王朱贵㷿，朱植庶四子，建文元年(1399 年)封，正统四年(1439 年)晋封辽亲王，郡爵照例不袭，在郡王位 40 年(1399—1439 年)。

辽系巴东国：巴东国在巴东县。巴东位于今湖北省西南部，东连兴山、秭归、长阳，南接五峰、鹤峰，西交建始、重庆巫山，北靠神农架，明清时属荆州府。

巴东国于建文二年(1400 年)封，一代而亡，在南明时曾经短暂复国。

巴东王朱贵煊，朱植庶五子，建文二年(1400 年)封，洪熙元年(1425 年)因获罪被降为庶人，景泰三年(1452 年)卒。子孙不准袭爵，国遂被除。在王位 25 年(1400—1425 年)。

巴东王朱俨钰，南明永历元年(1647 年)七月复封，于六年(1652 年)十一月被赐死。在王位 5 年(1647—1652 年)。

巴东王朱尊江，朱俨钰之子，永历六年(1652 年)十一月袭封，后逃至台湾避难。清康熙二十二年(1683 年)施琅攻破台湾，郑克塽降清后，朱尊江被俘，被关押在河南开封府杞县，当年薨，在王位 31 年(1652—1683 年)。

辽系潜江国：潜江国在潜江县。潜江北枕汉水，南接长江，东邻武汉，西接荆州，明清时属荆州府，境内的东周楚王行宫“天下第一台”和楚灵王离宫“章华台”均距今已有 2500 多年的历史。

潜江国初封于永乐二年(1404 年)，一代而亡。潜江王朱贵燉，朱植庶六子，永乐二年封，五年(1407 年)正月薨。因无子被除国，在王位 3 年(1404—1407 年)。

辽系宜都国：宜都国在宜都县。宜都位于长江南岸的长江与清江交汇处，东北隔长江与枝江相望，东南邻松滋，西南、正西与五峰、长阳交界，北与宜昌夷陵接壤，素有“楚蜀咽喉，鄂西门户”之称，明清时属荆州府。宜都古称夷道，又名枝城。

宜都国初封于永乐二年(1404 年)，一代而亡。宜都王朱贵烿，朱植庶七子，永乐二年封，四年(1406 年)二月薨，因无子被除国，在位 2 年(1404—1406 年)。

辽系松滋国：松滋国在松滋县。松滋位于今湖北省西南部，东临荆州，西连宜昌，南接武陵，北滨长江。这块土地战国属楚，秦属南郡。汉高祖 5 年(前 202 年)设县，名高成。东汉建武 6 年(30 年)并入孱陵(今公安县)。三国时属吴，隶于孱陵，设乐乡督治。松滋县原本在安徽，东晋咸康 3 年(337 年)，有庐江松滋县(今宿松县)的大批流民为躲避兵乱到此长期居住，朝廷遂在此地侨置了松滋县，从此县名延续至今。在明清时属荆州府。

松滋国初封于永乐二年四月(1404 年)，历九代，享国 257 年。

松滋安惠王朱贵炘，朱植庶八子，永乐二年四月封，正统七年(1442 年)

薨，在位 38 年(1404—1442 年)。

松滋靖简王朱豪堙，朱贵炘嫡长子，正统十一年(1446 年)袭封，弘治十一年(1498 年)薨，在位 25 年(1446—1498 年)。

松滋荣和王朱恩钶，朱豪堙嫡长子，弘治十三年(1500 年)袭封，嘉靖元年(1522 年)薨，在位 22 年(1500—1522 年)。

松滋昭宪王朱宠洌，朱恩钶庶长子，嘉靖四年(1525 年)袭封，二十五年(1546 年)薨，在位 21 年(1525—1546 年)。

松滋恭肃王朱致梀，朱宠洌嫡长子，嘉靖二十九年(1550 年)袭封，万历六年(1578 年)薨，在位 28 年(1550—1578 年)。

松滋庄懿王朱宪熢，朱致梀嫡长子，万历十年(1582 年)袭封，二十四年薨，在位 14 年(1582—1596 年)。

松滋王朱术綖，朱宪熢嫡长子，万历二十七年(1599 年)袭封，薨年不详。

松滋王朱俨鋅，朱术綖之子，不知何年袭封，南明隆武二年(1646 年)八月薨。

松滋王朱俨镏，朱术綖之子，隆武二年(1646 年)十二月袭封，永历十五年(1661 年)七月薨，在位 15 年(1646—1661 年)。

松滋世子朱尊□，朱俨镏之子，不知何年封。

辽系宜城国：宜城国在宜城县。宜城属襄阳府，位于汉江中游，东界随州、枣阳，南接钟祥、荆门，西邻南漳，北抵襄阳。春秋战国时期楚国曾在此建都 400 余年，是楚文化的重要发祥地之一。

宜城国初封于宣德七年(1432 年)，历 5 代，享国 118 年。

宜城康简王朱贵爈，朱植庶十五子，宣德七年封，成化十一年(1475 年)薨，在王位 43 年(1432—1475 年)。

宜城荣僖王朱豪玪，朱贵爈庶长子，成化十五年(1479 年)袭封，弘治十一(1498 年)年薨，在王位 19 年(1479—1498 年)。

宜城怀靖王朱恩铣，朱豪玪嫡长子，弘治十三年(1500 年)袭封，正德十三年(1518 年)薨，在王位 18 年(1500—1518 年)。

宜城懿定王朱宠滨，朱恩铣嫡长子，嘉靖元年(1522 年)袭封，十五年(1536 年)薨，在王位 14 年(1522—1536 年)。

宜城荣昭王朱致栊，朱宠滨嫡长子，嘉靖十九年(1540 年)袭封，二十九年(1550 年)薨，因无子被除国，在王位 10 年(1540—1550 年)。

辽系枝江国：枝江国在枝江县。枝江县西汉置，明以后属荆州府，地处长江中游，位于江汉平原西缘的宜昌与沙市之间。

枝江国初封于宣德七年(1432 年)，历 5 代，享国 133 年。

枝江庄惠王朱贵熠，朱植庶十六子，宣德七年封，景泰四年(1453 年)薨，在王位 21 年(1432—1453 年)。

枝江靖僖王朱豪壂，朱贵熠嫡长子，景泰六年(1455 年)袭封，天顺六年(1462 年)薨，在王位 7 年(1455—1462 年)。

枝江温穆王朱恩钱，朱豪壂嫡长子，成化元年(1465 年)袭封，弘治七年(1494 年)薨，在王位 29 年(1465—1494 年)。

枝江悼怀王朱宠润，朱恩钱庶长子，弘治十年(1497 年)袭封，正德十六年(1521 年)薨，在王位 24 年(1497—1521 年)。

枝江端懿王朱致樨，朱宠润庶长子，嘉靖十三年(1534 年)袭封，四十四年(1565 年)薨，因无子被除国，在王位 31 年(1534—1565 年)。

枝江世子朱宪爝，朱致樨之子，不知何年袭封，先于朱致樨卒。

2. 历代襄王及在郧藩境内的襄系郡国

襄国的第一代国王是朱瞻墡，为洪熙帝朱高炽的嫡五子，于永乐二十二年(1424 年)封，宣德四年(1429 年)就藩于长沙府，正统元年(1436 年)移至襄阳，共历 11 王，其中的 2 个是追封和 1 个为襄府宗理，共享国 198 年，在南明时因明亡而终。

历代襄王及世子的顺序为：

襄王朱瞻墡，朱高炽嫡五子，永乐二十二年(1424 年)封，宣德四年(1429 年)就藩长沙府，正统元年(1436 年)移国襄阳府，成化十四年(1478 年)薨，在王位 54 年(1424—1478 年)。

襄定王朱祁镛，朱瞻墡嫡长子，成化十五年(1479 年)袭封，弘治元年(1488 年)薨，在王位 9 年(1479—1488 年)。

襄简王朱见淑，朱祁镛庶长子，弘治二年(1489 年)袭封，三年薨，在王位 1 年(1489—1490 年)。

襄怀王朱祐材，朱见淑庶长子，弘治四年(1491 年)袭封，十七年(1504 年)薨，无子，在王位 13 年(1491—1504 年)。

襄康王朱祐樻，朱见淑庶二子，初封光化郡王，正德三年(1508 年)升襄亲王位，嘉靖二十九年(1550年)薨，无子，抬侄朱厚颎为子，在亲王位42年(1508—1550年)。

襄恭王朱见涝，朱祁镛庶二子，成化十六年(1480年)封阳山郡王，正德十一年(1516年)薨，在孙朱厚颎嗣封襄亲王后，被追封为襄亲王，谥“恭”。

襄惠王朱祐楬，朱见涝庶长子，嘉靖元年(1522年)袭封阳山郡王。因襄康王朱祐樌病，被皇帝授权由他暂时兼理襄府事务，于十四年(1535年)薨，在宗理襄王府事务一职的年限不详。在儿子朱厚颎嗣封襄亲王后，被追封为“襄惠王”。

襄府宗理朱祐樏，镇宁王朱见濮嫡长子，嘉靖五年(1526年)封镇宁郡王，十四年(1535年)朱祐楬薨后，由他兼理襄府事务，于十八年(1539年)正月被夺敕，由朱祐楬之子朱厚颎在官府的协助下打理府事。朱祐樏在宗理位4年(1535—1539年)。

襄庄王朱厚颎，朱祐楬庶长子，嘉靖十八年(1539年)正月因朱祐樏被夺敕，由他在官府协助下视府事，二十四年十二月袭阳山郡王，三十一年嗣封襄亲王，遂追谥祖父朱见涝为“恭王”，父朱祐楬为“惠王”。四十五年(1566年)朱厚颎薨，在襄府宗理位13年(1539—1552年)，在襄王位14年(1552—1566年)。

襄敬王朱载尧，朱厚颎庶长子，嘉靖四十二年(1563年)封安福郡王，隆庆三年(1569年)袭封襄亲王，万历二十三年(1595年)薨，在王位26年(1569—1595年)。

襄忠王朱翊铭，朱载尧庶长子，万历二十九年(1601年)袭封，崇祯十四年(1641年)在张献忠攻陷襄阳时遇害，在王位40年(1601—1641年)。

襄王朱常澄，朱翊铭嫡二子，崇祯十七年(1644年)时寄居九江府，南明弘光元年(1645年)四月晋封襄王，后国亡不知所终，至少在王位17年(1645—1662年)。

襄国先后派生出13个藩郡国，分别为宁乡国、枣阳国、阳山国、镇宁国、光化国、安福国、隆庆国、郧城国、永城国、兰阳国、福清国、贵阳国、进贤国。其中枣阳、光化、郧城3国在郧阳藩镇境内。

襄系枣阳国：枣阳国在枣阳县。枣阳之地原县名广昌，秦始设，是东汉开国皇帝刘秀的故里。公元601年，隋文帝为避太子杨广之讳，改广昌县为枣阳县，属昌州。元以后枣阳属襄阳管辖。

明代枣阳国初封于正统八年(1443 年)，历 6 王，其中 1 个为追封，享国 158 年。

枣阳安穆王朱祁钲，襄王朱瞻墡庶三子，正统八年封，成化十二年(1476 年)薨，在王位 33 年(1443—1476 年)。

枣阳僖顺王朱见沔，朱祁钲庶长子，成化十六年(1480 年)袭封，弘治六年(1493 年)薨，在王位 13 年(1480—1493 年)。

枣阳荣肃王朱祐楒，朱见沔嫡长子，弘治十六年(1503 年)袭封，嘉靖四年(1525 年)被革爵成为庶人，第一次在王位 22 年(1503—1525 年)。嘉靖十八年复爵，三十四年薨，第二次为王达 16 年(1539—1555 年)。《明史》记载了嘉靖四年朱祐楒被革爵又复的原因："枣阳王祐楒，宪王曾孙也，材武善文章，博涉星历医卜之书。嘉靖初上书，请考兴献帝。世宗以其议发自宗人，足厌服群心，褒之。更请除宗人禄，使以四民业自为生，贤者用射策应科第。寝不行。时襄王祐櫍病废不事，承奉邵亨挟权自恣，至捶死镇宁王舅。祐楒诱致之，抉其目。帝遣大理少卿袁宗儒偕中官、锦衣往讯。亨论死，祐楒坐夺爵。帝幸承天，念祐楒前疏，复之。"是说朱祐楒上疏请求追封嘉靖帝的父亲兴献王为皇帝，嘉靖帝因这是皇室宗人之议，足以压服众心，于是褒奖了他。14 年后，襄阳王朱祐櫍因病残废而不能理事，王府承奉郎邵亨借机在王府里挟权自恣，打死了镇宁王的舅舅。于是朱祐楒设计诱捕了邵亨，用私刑挖掉了他的眼睛，皇帝派人处死了邵亨，又夺朱祐楒的爵位。后来嘉靖皇帝回承天府，因念朱祐楒曾经支持追封兴献帝，于是恢复了他的爵位。

枣阳恭靖王朱厚爓，朱祐楒庶长子，嘉靖四十年(1561 年)袭封，万历二十一年(1593 年)薨，在位 32 年(1561—1593 年)。

枣阳王朱载墷，朱厚爓庶长子，嘉靖四十三年(1564 年)封世子，万历二十一年卒，以子朱翊铻被袭封追封为枣阳王。

枣阳王朱翊铻，朱载墷庶长子，万历二十六年(1598 年)袭封，二十九年薨，因未婚无子被除国，在位 3 年(1598—1601 年)。

襄系光化国：光化国在光化县。光化即今湖北老河口市，属襄阳府，位于襄阳北部、汉水中游北岸，北部和东北部分别与河南省淅川县、邓州市为邻，东南与襄阳县接壤，西部和西南部隔汉水与谷城县相望，西北与均县(今丹江口市)相连。"光化"名称源于宋代，宋朝在此设立了光化军(相当于县)。光化是"光大王化"的简称，光化县的名称沿用了近 800 年，到 1983 年才消失。

明代光化国不知何年所封，历一代而亡。光化王朱祐櫍，朱见淑庶二子，不知何年所封，于正德三年(1508年)嗣封襄阳亲王，郡爵照例不袭。

襄系郧城国：郧城国在郧阳。当时的郧阳为郧阳藩镇和府治所在，是鄂、豫、渝、陕毗邻地区的统治中心。

郧城国即之前的隆庆国，隆庆王朱载埔于嘉靖四十四年(1565年)封，就藩于南昌，在隆庆年之初(1567年)因避讳朝廷年号而被改封为郧城王迁徙郧阳，隆庆三年(1569年)在郧阳就藩。

郧城温裕王朱载埔，朱厚颎庶二子，嘉靖四十四年封隆庆王，隆庆三年(1569年)改封郧城王，天启三年(1623年)薨，共享王位58年(1565—1623年)，其中在郧阳54年。

郧城王朱翊钤，朱载埔之子，万历年间被封世子，天启六年(1626年)袭封王位，终年不详。

3. 历代唐王及在郧藩境内的唐系郡国

唐国的第一代国王朱桱，为朱元璋庶二十三子，洪武二十四年(1391年)封，永乐六年(1408年)就藩南阳府，共历16位唐王，其中两个由世子追封，享国268年，在南明时因国亡而终。其历代唐王及世子的顺序为：

唐王朱桱，朱元璋庶二十三子，洪武二十四年(1391年)封，永乐六年(1408年)就藩南阳府，十三年(1415年)薨，在王位24年(1391—1415年)。

唐靖王朱琼烃，朱桱嫡长子，永乐二十一年(1423年)袭封，宣德元年(1426年)薨，因无子传位于弟，在王位3年(1423—1426年)。

唐宪王朱琼炟，朱桱嫡二子，宣德三年(1428年)袭封，成化十一年(1475年)薨，在王位47年(1428—1475年)。

唐悼简世子朱芝壐，朱琼炟嫡长子，正统九年(1444年)封世子，正统年间卒，无子。

唐庄王朱芝址，朱琼炟嫡二子，正统九年封舞阳郡王，后封世子，成化十三年(1477年)袭王位，二十一年薨。在王位8年(1477—1485年)。

唐成王朱弥鍗，朱芝址庶长子，成化十五年(1479年)封颍昌王，二十三年(1487年)袭封唐亲王，嘉靖二年(1523年)薨，因二子俱夭，由侄朱宇温嗣王位。在亲王位36年(1487—1523年)。

唐恭王朱弥钳，朱芝址庶三子，正德十一年(1516年)薨，嘉靖四年(1525

年)以子追封为唐王，追谥恭。

唐敬王朱宇温，朱弥钳嫡长子，正德十六年封文城王，嘉靖四年晋封唐亲王，三十九年(1560年)薨，在亲王位35年(1525—1506年)。南明时，隆武帝朱聿键由唐王称帝后，给朱宇温上谥号“惠皇帝”。

唐顺王朱宙栐，朱宇温庶二子，嘉靖四十一年(1562年)袭封，四十三年薨，在王位2年(1562—1564年)。隆武时，为其上谥号为“顺皇帝”。

唐端王朱硕熿，朱宙栐庶长子，隆庆三年(1569年)封世子，五年(1571年)袭封唐王，崇祯五年(1632年)薨，在王位61年(1571—1632年)。南明隆武时，为其上谥号为“端皇帝”。

唐裕王朱器墭，朱硕熿庶长子，万历二十二年(1543年)封世子，后来他的父亲端王受嬖人(宠幸的侧室)蛊惑，把他囚禁毒薨，后被追封为王，谥“裕”。南明隆武时，为其上谥号为“宣皇帝”。

唐王朱聿键，朱器墭嫡长子，初随父亲被囚，在万历年间封世孙，崇祯五年(1632年)袭封唐王，九年(1636年)以私自带兵勤王违制，被降为庶人，发配于凤阳高墙，在王位4年(1632—1636年)。崇祯十七年(1644年)五月被赦出，次年奔福州入南明继大统，是为“明绍宗”，年号“隆武”，隆武二年(1646年)八月奔汀州，被清军追至抓获，绝食而薨。在皇帝位1年(1644—1645年)。

唐愍王朱聿鏼，朱器墭嫡二子，崇祯九年(1646年)袭封，十四年薨，在王位5年(1636—1641年)。

唐世子朱琳□，朱聿鏼之子，崇祯年间封世子，明末南阳府失陷时逃至襄阳，后无考。

唐王朱聿𨮁，朱器墭嫡三子，南明弘光元年(1644年)闰六月在南宁袭王位，隆武元年(1646年)十一月在广州继皇位，改次年为“绍武元年”，是为“明文宗”，十二月驾崩。连王位加皇位不过半年时间。

唐王朱聿锷，朱器墭嫡四子，隆武二年(1646年)十一月命袭唐王，永历十三年(1659年)八月薨，在王位13年(1646—1659年)。

唐国前前后后派生出19个藩郡国，分别是新野国、舞阳国、三城国、新城国、承休国、荡阴国、颍昌国、淅阳国、文城国、郾城国、卫辉国、福山国、清源国、安阳国、宝庆国、永兴国、永寿国、德安国、南阳国。其中新野、舞阳、淅阳、南阳4国在郧阳藩镇境内。

唐系新野国：新野国在新野县。新野属南阳管辖，位于河南省西南部，南襄盆地中心，有“百里平川”之称。新野县历史悠久，文化灿烂，自古有“南北孔道，中州屏障”之称。

新野国宣德三年(1428年)封，历7王，最后一任新野王朱器埛因以弟冒兄继位而被除国，享国186年。

新野悼怀王朱琼炜，朱桱庶三子，宣德三年封，正统元年(1436年)薨，在王位8年(1428—1436年)。

新野恭简王朱芝城，朱琼炜嫡长子，正统九年(1444年)袭封，成化十一年(1475年)薨，在王位31年(1444—1475年)。

新野宣懿王朱弥镉，朱芝城嫡长子，成化十四年袭封，弘治十一年(1498年)薨，在王位20年(1478—1498年)。

新野荣僖王朱宇沪，朱弥镉嫡长子，弘治十二年袭封，嘉靖三十二年(1553年)薨，在王位54年(1499—1553年)。

新野康靖王朱宙梳，朱宇沪嫡长子，嘉靖三十五年袭封，隆庆六年(1572年)薨，在王位16年(1556—1572年)。

新野世子朱硕烨，朱宙梳嫡长子，未袭而卒。

新野庄宪王朱硕灿，朱宙梳庶二子，万历六年(1578年)袭封，薨年不详。

新野王朱器埛，朱硕灿庶长子，万历四十二年(1614年)，朝廷查其父亲朱硕灿以弟冒兄之爵位受连累，被降封为辅国将军。

新野奉国将军朱器蒴，朱硕烨庶四子，在朱器埛因父冒封而被革袭后，朱器蒴向皇帝请求嗣承郡爵，而被照例封为奉国将军，供奉新野国宗室之祀，但国号被除。

唐系舞阳国：舞阳国在舞阳县。舞阳位于河南省中部偏南，漯河市西南，洪河上游，地处黄淮海大平原，今属漯河市辖县。它南眺平顶山，北望襄城县，东接郾城，西连叶县，明清两代是南阳府属地。

明代舞阳国一代而除。舞阳王朱芝址，朱琼烜嫡二子，正统九年(1444年)四月封。成化十三年(1477年)改封唐国世子，不久嗣封唐亲王，郡爵照例不袭，在郡王位33年(1444—1477年)。

唐系淅阳国：淅阳国在淅川县。淅阳，淅水之阳。淅川县为成化十二年(1476年)置，是南阳府的辖县，位于豫、鄂、陕三省交界处，因淅水纵贯境内形成百里冲积平川而得名，境内地势险要，易守难攻，有“中原未战，淅境兵动”之称。

淅阳国一代而亡。淅阳温僖王朱弥铲，朱芝址庶二子，成化十五年(1479年)封，正德六年(1511年)薨，因无子被除国，在王位32年(1479—1511年)。

唐系南阳国：南阳国在南阳县。南阳古称宛，与湖北、陕西接壤，因地处伏牛山以南，汉水之北而得名。为历史上秦朝三十六郡之一的南阳郡治所在地，东汉时期曾作为陪都，乃光武帝刘秀发迹之地，故在东汉时期又有"南都"、"帝乡"之称。

南阳国一代而除。南阳王朱聿键，朱器墭嫡长子，崇祯十七年(1644年)封，弘光元年(1644年)六月奉皇命成为唐王监国，1645年弘光帝死，朱聿键于福州登基称帝，改元"隆武"，郡爵照例不袭，在王位1年(1644—1645年)。1646年，清军入福建，隆武帝在汀州被抓，绝食而亡，享年44岁。

4. 历代楚王及在郧藩境内的楚系郡国

楚国第一代国王朱桢，朱元璋庶六子，洪武三年(1370年)受封，延续8代王，后于隆庆五年(1571年)经两代宗理，再于万历八年(1580年)续封4代王，至少享国279年。历代楚王、宗理及世子的顺序为：

楚王朱桢，朱元璋庶六子，洪武三年封，十四年就藩武昌府，永乐二十二年(1424年)薨，在王位54年(1370—1424年)。

楚庄王朱孟烷，朱桢嫡三子，永乐二十二年袭封，正统四年(1439年)薨，在王位15年(1424—1439年)。

楚宪王朱季埱，朱孟烷庶长子，宣德三年(1428年)封武陵王，正统五年(1440年)袭封楚王，八年薨，因无子由弟继位，在亲王位3年(1440—1443年)。

楚康王朱季埱，朱孟烷庶二子，正统二年(1437年)封黔阳王，九年(1444年)晋封楚王，天顺六年(1462年)薨，无子。在亲王位18年(1444—1462年)。

楚靖王朱均鈋，朱季堺庶长子，因宪、康二王俱无后，于成化元年(1465年)嗣封楚王，正德五年(1510年)薨，在王位45年(1465—1510年)。

楚端王朱荣㳦，朱均鈋嫡长子，正德七年袭封，嘉靖十三年(1534年)薨，在王位22年(1512—1534年)。

楚愍王朱显榕，朱荣㳦庶长子，嘉靖六年(1527年)封长乐王，十五年(1536年)袭封楚王，二十四年(1545年)被世子朱英耀所弑，在王位9年(1536—1545年)。

楚世子朱英耀，朱显榕庶长子，初封世子，嘉靖二十四年弑父，被抓赴京师正刑。

楚恭王朱英熑，朱显榕庶三子，嘉靖三十年(1551年)袭封，隆庆五年(1571年)薨，在王位20年(1551—1571年)。

楚府宗理朱显槐，朱荣滅庶三子，嘉靖十七年(1538年)封武冈郡王，隆庆五年(1571年)因朱英熑薨，暂兼赞理楚府事，万历二年(1574年)因无道被解职，在宗理位3年(1571—1574年)。

楚府宗理朱显梡，朱荣淑庶三子，隆庆元年(1567年)封东安王，万历二年因朱显槐被解职，暂由其兼赞理楚府事，八年还政于楚定王，在宗理位6年(1574—1580年)。

楚定王朱华奎，朱英熑之子，万历六年(1578年)封世子，八年袭封楚王，三十一年因为宗人朱华越等人揭发他不是恭王之子，皇帝派人询问，阖宗哗然，由地方政府出面澄清并摆平了此事。崇祯十六年(1643年)，张献忠攻陷武昌，朱华奎投江而亡，初谥“贞王”，后改“定王”，在王位63年(1580—1643年)。

楚王朱华壁，朱英熑之子，万历九年(1581年)封宣化郡王，袭封楚王时间不详，南明隆武二年(1646年)六月薨。

楚王朱华堞，朱英熑之子，隆武二年(1646年)四月由鲁王转封新安王，八月袭封楚王，永历三年(1649年)六月薨，在亲王位3年(1646—1649年)。

楚王朱华䧟，朱英熑之子，南明永历三年(1649年)七月袭封，不知何年薨。

楚世孙朱盛治，朱华䧟之孙，不知何年封，南明永历十六年(1662年)被清军抓获，押至福京后被处死。福京是南明隆武政权的都城，在天兴府，即今天的福州。

楚国前前后后有21个藩属郡国，分别是巴陵国、永安国、寿昌国、崇阳国、通山国、通城国、景陵国、岳阳国、江夏国、东安国、武陵国、黔阳国、大冶国、缙云国、长乐国、保康国、武冈国、宣化国、新安国、汉阳国、兴国国。其中景陵、保康2国在郧阳藩镇境内。

楚系景陵国：景陵国在景陵县。景陵即今天门市，原县名“竟陵”，于后晋天福元年(936年)，因“敬”与“竟”同音，为避石敬瑭名讳，遂改竟陵县为景陵县。后汉时又复名竟陵县。北宋建隆三年(962年)，再次为避赵匡胤祖父赵敬之讳，又改竟陵县为景陵县，由湖北路复州(沔阳)所辖。熙宁六年(1073年)撤销复州，改景陵县属安陆州。明清两代属安陆府（承天府）。雍正四年（1726年），为避康熙的陵寝景陵名讳，改景陵县为天门县。此名，是因县境西北有天门山而得。

明代景陵国在永乐二年（1404年）封，一代而亡。景陵顺靖王朱孟照，朱桢庶八子，永乐二年封，正统十二年（1447年）薨，因无子被除国，在王位43年（1404—1447年）。

楚系保康国：保康国在保康县。保康在明以前属房县，明弘治年间脱离房县，成为郧阳府管辖的一个新县。民国时划归襄阳府，位于襄阳西南部，东临南漳，北接谷城，西与房县、神农架交界，南与远安、宜昌、兴山毗邻。

保康国嘉靖六年（1527年）封，一代而亡。保康荣康王朱显樟，朱荣㳚庶二子，嘉靖六年封，十年薨，因无子被除国，在王位4年（1527—1531年）。

5. 历代秦王及在郧藩境内的秦系郡国

秦国的第一代国王是朱樉，为朱元璋嫡二子，洪武三年（1370年）封，十一年（1378年）就藩西安府，二十八年薨，在亲王位25年。秦国共历21王，其中4王为追封，共享国279年。最后一代秦王朱存枢在南明永历三年（1649年）攻阶州时兵败，投紫水河而死。

历代秦王的顺序为：秦王朱樉、秦隐王朱尚炳、秦僖王朱志堩、秦怀王朱志均、秦康王朱志壇、秦惠王朱公锡、秦简王朱诚泳、秦安王朱公铭（追封）、秦庄王朱诚澯（追封）、秦昭王朱秉欆、秦定王朱惟焯、秦恭王朱诚润（追封）、秦顺王朱秉柎、秦端王朱惟燫（追封）、秦宣王朱怀埢、秦靖王朱敬镕、秦敬王朱谊漶、秦肃王朱谊𣳪、秦景王朱存机、秦王朱存极、秦王朱存枢。

秦国除历代均有一个儿子世袭亲王掌管秦国外，前后还派生出20个郡藩国，分别是永兴国、保安国、兴平国、永寿国、安定国、渭南国、富平国、宜川国、临潼国、郃阳国、汧阳国、镇安国、隆德国、崇信国、紫阳国、汉中国……其中镇安、紫阳、汉中3国在郧阳藩镇境内。

秦系镇安国：镇安国在镇安县。镇安位于陕西省东南部，秦岭南麓，商州西南，汉江支流乾佑河与旬河中游，北与柞水相连，南与安康接壤，西与宁陕相邻，东与山阳和郧西相交。

镇安国于成化四年（1468年）封，一代而除。镇安王朱诚泳，朱公锡庶长子，成化四年封，弘治元年（1488年）嗣封秦亲王，郡爵照例不袭，在郡王位20

年(1468—1488年)。

秦系紫阳国：紫阳国在紫阳县。紫阳位于陕西南部，汉江上游，大巴山北麓，南临四川，北依秦岭，西面与四川省万源毗邻，东南方向与重庆城口县接壤，因道教南派创始人紫阳真人张平叔曾经在此面壁悟道而得名。

紫阳国于万历十四年(1586年)封，一代而除。紫阳王朱谊漶，朱敬镕嫡三子，万历十四年封，十五年嗣封秦亲王，郡爵照例不袭，在郡王位1年(1586—1587年)。

秦系汉中国：汉中国在汉中。汉中位于陕西西南部，汉江上游，北倚秦岭、南屏大巴山，地势南北高，形成汉中盆地，曾经为秦36郡之一。在此后的历史上，大多数朝代都把汉中作为郡(府)的治所，唐代中期改为山南西道的首府，北宋为利州路治所兴元府所在地。蒙古军占领汉中后，为了切断汉中地区与成都地区的联系，让四川"无险可守"，在元代逐渐撤消了汉中作为一级行政单位治所的地位，并纳入以关中地区为治所的行政单位管辖，至此，汉中开始隶属于陕西省。明清两代，汉中曾经归郧阳藩镇管辖200余年。不过，明代的汉中国并没有在汉中立过足，因为当时的汉中已经被李自成占领。

汉中国封于南明弘光元年(1645年)五月，一代而除国。汉中王朱存(木+釜)，朱谊漶庶四子，于弘光元年五月被孙守法立为流亡中的汉中王。永历三年(1649年)被赵荣贵奉为秦王，郡爵照例不袭。在郡王位4年(1645—1649年)。

明代秦国有4个郡国的国名和封地无考，分别是：朱存机，朱谊漶庶三子，天启年间封郡王，崇祯二年(1629年)封秦世子，郡爵照例不袭；朱存极，朱谊漶之子，天启年间封郡王，崇祯十四年(1641年)嗣封秦王，郡爵照例不袭；朱存榀，朱谊漶之子，天启年间封郡王；朱存檥，朱谊漶之子，天启年间封郡王。

6. 历代周王及在郧藩境内的周系郡国

明代周国的第一代国王是朱橚，为朱元璋嫡五子，洪武三年(1370年)封吴王，十一年(1378年)改封周王，十四年就藩于开封府，洪熙元年(1425年)薨，在亲王位55年。周国共历21王，其中1王为追封，共享国276年。最后一代周王朱伦圣随郑成功至台湾，在郑克塽降清后不知所终。

历代周王的顺序为：周王朱橚、周宪王朱有燉、周简王朱有爝、周靖王朱子垕、周懿王朱子埅、周惠王朱同镳、周悼王朱安漹、周恭王朱睦㰂、周康王朱勤熄(追封)、周庄王朱朝堈、周敬王朱在铤、周端王朱肃溱、周王朱恭枵、周王朱绍烱、周王朱伦奎、周王朱伦圣。

周国前后有 77 个藩属郡国，分别是汝南国、顺阳国、祥符国、新安国、永宁国、汝阳国、镇平国、宜阳国、遂平国、封丘国、罗山国、内乡国、胙城国、固始国、通许国、原武国、鄢陵国、河阴国、项城国、宜阳国、颍川国、义阳国、泌阳国、汝阴国、临汝国、睢阳国、沈丘国、上洛国、鲁阳国、临湍国、堵阳国、河清国、新会国、义宁国、平乐国、崇善国、海阳国、安定国、曲江国、博平国、聊城国、汾西国、鲁阳国、信陵国、邵陵国、莱阳国、东会国、富阳国、会稽国、浦江国、丽水国、应城国、益阳国、奉新国、南陵国、京山国、华亭国、宝坻国、汤溪国、瑞金国、商城国、临安国、柘城国、修武国、安吉国、汝宁国、彰德国、顺庆国、保宁国、仪封国、安昌国、遂宁国、洧川国、宁阳国、安乡国、永寿国、仁和国。其中镇平、内乡、上洛、泌阳、堵阳、应城、京山 7 国在郧阳藩镇境内。

周系镇平国：镇平国在镇平县。镇平地处河南西南部，南阳盆地西北侧，伏牛山南麓，因金代正大二年(1225 年)境内五垛山一带的农民暴动，被镇压平息后于正大三年设县。

明代镇平国，洪武三十五年(1402 年)八月封，历 4 王 1 宗理，因正德十五年(1520 年)昭顺王朱安汌薨后无子被除国，享国 118 年。

镇平恭定王朱有爌，朱橚庶八子，洪武三十五年(1402 年)八月封，成化七年(1471 年)薨，在王位 69 年(1402—1471 年)。

镇平荣庄王朱子垛，朱有爌庶长子，成化九年(1473 年)以镇国将军袭封王位，十八年薨，在王位 9 年(1473—1482 年)。

镇平端裕王朱同鏖，朱子垛嫡长子，成化二十一年以镇国将军袭封王位，弘治十八年(1505 年)薨，在王位 20 年(1485—1505 年)。

镇平昭顺王朱安汌，朱同鏖庶长子，正德六年(1511 年)以镇国将军袭封，十五年薨，因无子被除国，在王位 9 年(1511—1520 年)。

镇平王府宗理朱睦栏，朱安(氵+侃)之子，初封奉国将军，不知何年兼理镇平府事，不知何年薨。

周系内乡国：内乡国在内乡县。内乡位于伏牛山南麓，南阳盆地西缘，东接镇平，南连邓州，西邻淅川、西峡，北依嵩县、南召。

明代内乡国于宣德二年(1427 年)封，历 8 王，其中 1 王为追封。最后一代内乡王在北京失陷后不知所终，共享国 217 年。

内乡恭庄王朱有炯，朱橚庶十三子，宣德二年封，天顺八年(1464年)薨，在王位37年(1427—1464年)。

内乡怀靖王朱子□，朱有炯庶长子，景泰元年(1450年)封镇国将军，天顺元年(1457年)卒，以子朱同锄被追封王位，谥“怀靖”。

内乡温穆王朱同锄，朱子□庶长子，成化元年(1465年)袭封，弘治六年(1493年)薨，在王位28年(1465—1493年)。

内乡温定王朱安潼，朱同锄嫡长子，弘治七年袭封，嘉靖二十二年(1543年)薨，在王位49年(1494—1543年)。

内乡庄顺王朱睦楫，朱安潼庶长子，嘉靖二十六年袭封，三十六年薨，在王位10年(1547—1557年)。

内乡端惠王朱勤烰，朱睦楫嫡长子，嘉靖三十八年袭封，万历二十三年(1595年)薨，在王位36年(1559—1595年)。

内乡王朱朝□，朱勤烰庶长子，万历十六年封世子，二十六年袭封王位，不知何年薨，在王位不足3年。

内乡王朱在□，朱朝□嫡长子，万历二十九年封世子，同年袭封王位，崇祯十七年(1644年)，清军攻占北京后不知所终。在王位43年(1601—1644年)。

周系泌阳国：泌阳即泌阳县，位于河南省南部，因位于泌水之阳而得名，处南阳盆地东隅，西距南阳市90公里，境内伏牛山与大别山两大山脉交汇，长江与淮河两大水系分流。西汉在现境设比阳、舞阴二县，属南阳郡。明初更名为泌阳县，属南阳府。

明代泌阳国，天顺元年(1457年)封，当年九月丙子日，天顺帝谕旨：“命阳武侯薛琮、广平侯袁瑄、右通政刘文、右参议赵昂为正使，给事中陈嘉猷，刘斌，孙敬，何玘为副使，各持节，册封周靖王第二弟通许王子堅袭，为周王；妃王氏，进为周王妃；第八弟子垗，为汝南王；第九弟子墟，为颍川王；第十弟子圪，为义阳王；第十一弟子墩，为泌阳王；第十二弟子埯，为汝阴王；河阴怀僖王长子同镳，袭为河阴王；晋府西河靖恭王长子钟鐷，袭为西河王；夫人霍氏，为西河王妃；兵马指挥徐讽女，为蜀王妃；兵马副指挥孙祥女，为益阳王妃；兵马副指挥王毅女，为枝江王妃。”

据此得知，第一代泌阳王朱子墩，为周简王朱有爋之子、周靖王朱子垕之十一弟，此外再无资料可考。

周系上洛国：上洛即今商洛，战国为商鞅封地，称商州。汉代在商州置上洛县，治所在今商洛市商州区的孝义古城村。隋初废州为上洛郡，明清又改回商州。

明代上洛国，成化三年(1467年)封，崇祯十六年(1643年)，最后一代上洛王朱朝𪾢在农民军攻破商州后不知所终，共历5代王，享国167年。

上洛庄惠王朱同鏿，周懿王朱子埅庶三子，成化三年九月辛卯封，弘治十二年(1499年)薨，在王位32年(1467—1499年)。

上洛荣定王朱安瀼，朱同鏿嫡长子，正德三年(1508年)袭封郡王，嘉靖二十九年(1550年)薨，在王位42年(1508—1550年)。

上洛康裕王朱睦(木+盛)，朱安瀼嫡长子，嘉靖三十二年袭封郡王，四十年薨，在王位8年(1553—1561年)。因其长子朱勤渶先卒，传王位于次子。

上洛恭靖王朱勤譢，朱睦(木+盛)嫡次子，万历二年(1574年)以镇国将军袭封郡王，万历三十二年薨，在位30年(1574—1604年)。

上洛王朱朝𪾢，恭靖王嫡一子，万历六年(1578年)封长子，三十二年袭封郡王，崇祯十六年(1643年)李自成攻克商州后屠城，其不知所终，在位至少39年(1604—1643年)。

周系堵阳国：堵阳国位于南阳府裕州，即今方城县，坐落于河南省南部，南阳盆地东北隅，伏牛山东麓，唐白河上游，与舞阳、泌阳、宛城、南召、鲁山、叶县分别接壤，是南阳的北大门。金时，裕州领方城、舞阳、叶三县。明废方城入裕州，属南阳府，延续至清。民国2年(1913年)废裕州，恢复方城县。

明代堵阳国始封于成化十年(1474年)，历6王，其中2王为追封，最后一代堵阳王薨于南明永历二年(1648年)，共享国174年。

堵阳安僖王朱同鈜，周懿王朱子埅庶六子，成化十年封，嘉靖二十一年(1542年)薨，在王位68年(1474—1542年)。

堵阳荣宪王朱安(氵+驿)，朱同鈜庶一子，初封镇国将军，嘉靖十三年卒(1534年)。以孙朱勤�袭封王位，被追封为王，谥荣宪。

堵阳康裕王朱睦台，朱安(氵+驿)庶一子，正德十六年(1521年)封辅国将军。嘉靖十二年卒。以子朱勤炈袭封王位，被追封为王，谥康裕。

堵阳端简王朱勤炈，朱睦台庶一子，嘉靖二十七年袭封，万历五年(1577年)薨，在王位29年(1548—1577年)。

堵阳恭懿王朱朝(土+簿)，朱勤炈嫡一子，万历三年封世子，十三年袭封郡王，二十二年薨，在王位9年(1585—1594年)。

堵阳王朱在□，朱朝(土+簿)庶一子，万历四十年袭封，永历二年(1648年)薨，在王位36年(1612—1648)。

周系应城国：应城国在应城县。应城在春秋战国时称古蒲骚之地。南北朝时，南朝宋孝武帝在孝建元年(454年)析安陆县南境置应城县，属郢州安陆郡，北朝于西魏大统十六年(550年)以应城为城阳郡治所，领应城、云梦两县。隋废城阳郡，改称应阳。唐武德四年(621年)恢复应阳为应城，属安陆州，隶淮南道。宋时，属荆湖北路德安府。元时先属湖广行省德安府，后隶河南行省黄州路。明清时属湖广省德安府。现属孝感市代管。

明代应城国于正德六年(1511年)封，历5王，至少享国83年。

应城恭穆王朱睦桎，周悼王朱安潢庶四子，正德六年封，嘉靖三十九年(1560年)薨，在王位49年(1511—1560年)。

应城端康王朱勤爆，朱睦桎嫡一子，嘉靖四十一年(1562年)袭封，薨年不详。

应城温惠王朱朝均，朱勤爆嫡一子，隆庆五年(1571年)以世孙改封世子，万历十七年(1589年)袭封郡王，十八年薨，在王位1年(1589—1590)。

应城王朱在锭，朱朝均庶一子，万历四年(1576年)封世孙，二十一年(1593年)袭封，薨年不详。

应城王朱肃萿，朱在锭庶一子，万历二十二年(1594年)封世子，同年袭封郡王，后事无考。

周系京山国：京山国在京山县。京山位于鄂中，地处大洪山南麓，江汉平原北端，东面为安陆、应城，南面为天门，西面为钟祥，北面是随州，历史上先后隶属于荆州安陆郡、温州、郢州富水郡和安陆府，民国初属襄阳道。1994年10月成立荆沙市后转属荆沙市。1996年12月划归荆门市。

明代京山国正德十二年(1517年)封，历5王，其中1王为追封，享国至少127年。

京山温惠王朱勤炫，朱睦櫓嫡三子，正德十二年封，嘉靖四十五年(1566年)薨，在王位49年(1517—1566年)。

京山安肃王朱朝壁，朱勤炫庶长子，嘉靖十六年(1537年)封镇国将军，三十九年卒，以子朱在铢被追封郡王，谥“安肃”。

京山昭宪王朱在铢，朱朝壁庶长子，隆庆六年(1572 年)袭封，万历三十五年(1607 年)薨，在王位 35 年(1572—1607 年)。

京山王朱肃沛，朱在铢嫡二子，万历十年(1582 年)封世子，三十八年(1610 年)袭封王位，当年薨，在王位不足 1 年。

京山王朱恭朴，朱肃沛庶长子，万历二十八年封世孙，三十八年(1610 年)袭封郡王位，南明时不知何年薨，在王位至少 34 年。

7. 历代伊王及在郧藩境内的伊系郡国

伊国第一代国王是朱(木+彝)，朱元璋庶二十五子，洪武二十四年(1391 年)封，永乐六年(1408 年)就藩河南省河南府，历 8 王，其中 1 王为追封，嘉靖四十三年(1564 年)因伊哀王朱典模获罪被除国，共享国 173 年。

历代伊王的顺序为：伊王朱(木+彝)、伊简王朱颙炔、伊安王朱勉堽(追封)、伊悼王朱諟钒、伊定王朱諟锊、伊庄王朱吁渊、伊敬王朱吁淳、伊哀王朱典模。末代伊王朱典模是朱吁淳庶长子，嘉靖二十三年(1544 年)袭封，四十三年因获罪被降为庶人，并发配牢狱而被除国，在南明隆武时被补谥“哀”。

伊国前后有 8 个藩属郡国，分别是洛阳国、光阳国、郏城国、方城国、西鄂国、济源国、万安国、安乐国。其中西鄂国、方城国在郧阳藩镇境内。

伊系西鄂国。西鄂国在古西鄂县，县名存在于西汉至西魏时期，位于今河南省南召县南部，由南阳郡管辖，是黄帝后裔鄂的部落，三国时属魏荆州鄂侯国辖地，是东汉天文学家张衡的诞生地。东汉学者应劭曰：“江夏有鄂，故加西也。”是说江夏郡有鄂县，人们就把在南阳的鄂称西鄂，故名。

明代西鄂国于成化四年(1468 年)封，历 2 王，因无子被除国，其后有一代王府宗理，在南明时曾经短暂复国。

西鄂安僖王朱諟钦，朱勉堽庶四子，成化四年封，十五年薨，在王位 11 年(1468—1479 年)。

西鄂恭靖王朱訏滐，朱諟钦嫡长子，弘治元年(1488 年)袭封，正德七年(1512 年)薨，因无子被除国，在位 24 年(1488—1512 年)。

西鄂王府宗理朱訏濮，朱諟钦二子，初封镇国将军，嘉靖九年(1530 年)兼理王府事，薨年不详。

续封西鄂王朱凤□，南明时不知何年袭封，国亡后不知所终。

伊系方城国：方城国在裕州，位于河南省南部，南阳盆地东北隅，伏牛山东麓，唐白河上游，东邻舞钢、泌阳，南接社旗、宛城，西连南召，北依鲁山、叶县，是南阳的北大门。方城为春秋楚国地名，秦代在此置阳城县，汉代改称堵阳县，北魏始名方城县，此后废置无常，至宋时恢复方城县。

明代方城国于成化四年(1468 年)封，历 7 王，其中 1 王是追封，共享国至少 176 年。

方城怀僖王朱諟(钅+靡)，朱勉塣庶三子，成化四年封，二十一年薨，在王位 17 年(1468—1485 年)。

方城昭和王朱訏注，朱諟(钅+靡)嫡长子，弘治二年(1489 年)袭封，嘉靖三年(1524 年)薨，在王位 35 年(1489—1524 年)。

方城怀顺王朱典榕，朱訏注嫡长子，正德二年(1507 年)封世子，嘉靖二年卒，以子朱褒熇被追封，谥“怀顺”。

方城温僖王朱褒熇，朱典榕嫡长子，嘉靖九年(1530 年)袭封，三十六年薨，在王位 27 年(1530—1557 年)。

方城恭惠王朱珂墦，朱褒熇庶长子，嘉靖四十年袭封，万历二十三年(1595 年)薨，在王位 34 年(1561—1595 年)。

方城王朱采鏳，朱珂墦庶长子，万历二十四年封世子，二十六年袭封，不知何年薨，在王位不足 18 年(1598—1616 年之前)。

方城王朱凤潄，朱采鏳嫡长子，万历四十四年(1616 年)封世子，同年袭封王位，南明时不知所终，在王位至少 28 年。

8. 历代郑王及在郧藩境内的郑系郡国

明代郑国的第一代国王是朱瞻埈，为第四任皇帝朱高炽庶第二子，于永乐二十二年(1424 年)封，宣德四年(1429 年)就藩凤翔府，正统九年(1444 年)移国怀庆府。郑国先历 6 王，其中 2 王为追封，在嘉靖二十九年(1550 年)因郑恭王朱厚烷上言谏帝要精诚修持，被降为庶人，发配牢狱而除国，后又历两代宗理。在隆庆元年(1567 年)复国，再历 6 王，其中，1 王为追封，在南明永历三十七年(1683 年)七月亡国，前后共享国 259 年。

历代郑王的顺序为：郑靖王朱瞻埈、郑简王朱祁锳、郑僖王朱见滋(追封)、郑定王朱见□(追封)、郑懿王朱祐檡、郑恭王朱厚烷、王府宗理朱祐櫍、王府宗理朱载堉、郑恭王朱厚烷、郑顺王朱厚炜(追封)、郑敬王朱载壐、郑静王朱翊铎、郑王朱常澂、郑王朱由□。

郑国前后有 15 个藩属郡国，分别是新平国、泾阳国、朝邑国、盟津国、东垣国、河阳国、信阳国、宜章国、繁昌国、庐江国、丹阳国、真丘国、保平国、德庆国、崇德国。其中丹阳国在郧阳藩镇境内。

郑系丹阳国：丹阳国在淅川县西部丹江旁，为楚国发源之地。明代丹阳国历一代而亡。丹阳靖和王朱见溠，朱祁镁庶十一子，弘治四年(1491 年)封，正德十一年(1516 年)薨，因无子被除国，在王位 25 年(1491—1516 年)。

9. 历代崇王及在郧藩境内的崇系郡国

明代崇国第一代国王朱见泽，明朝第六位皇帝朱祁镇嫡六子，天顺元年(1457 年)封国，成化十年(1474 年)就藩汝宁府，历 8 王，其中 1 王为追封，在南明隆武二年(1646 年)亡国，享国 189 年。

历代崇王的顺序为：崇简王朱见泽、崇靖王朱祐樒、崇恭王朱厚耀、崇庄王朱载境、崇端王朱翊□、崇昭王朱常□(追封)、崇愍王朱由樻、崇王朱慈爚。

崇国前后有 7 个藩属郡国，分别是瑞安国、庆元国、怀安国、归德国、泰和国、南阳国、河阳国。其中南阳国在郧阳藩镇境内。

崇系南阳国：明代南阳国在南阳，一代而亡。南阳王朱常□，朱翊□庶二子，万历九年(1581 年)封，十四年改封崇国世子，郡爵照例不再袭，在南阳王位 5 年(1581—1586 年)。

10. 历代吉王及在郧藩境内的吉系郡国

明代吉国第一代国王朱见浚，朱祁镇庶七子，天顺元年(1457 年)封，成化十三年(1477 年)就藩长沙府，历 10 王，其中 2 王为追封，于南明永历十五年(1661 年)七月亡国，享国 204 年。

历代吉王的顺序为：吉简王朱见浚、吉悼王朱祐枤(追封)、吉定王朱厚□、吉端王朱载均、吉庄王朱翊镇、吉宣王朱翊銮、吉安王朱常淳(追封)、吉贞王朱由楝、吉王朱慈□、吉王朱慈煃。

吉国前后有 7 个藩属郡国，分别是常山国、光化国、龙阳国、长沙国、谷城国、德化国、福清国。其中光化、谷城 2 国在郧阳藩镇境内。

吉系光化国：光化国在光化县，即今襄阳老河口市。吉系光化国十分短暂。光化王朱载均，朱厚□庶长子，不知何年所封，于嘉靖十九年(1540 年)承袭吉亲王位，郡爵照例不袭。

吉系谷城国：谷城国在谷城县。谷城位于湖北西北部，汉江中游南岸，武当山脉东南麓，北部属武当山，南部属荆山，东部沿汉江两岸进入江汉平原。

明代谷城国于嘉靖三十八年(1559年)封，历3代，在南明时亡国，享国至少88年以上。

谷城昭宪王朱翊铉，朱载均庶四子，嘉靖三十八年封，万历二十年(1592年)薨，在王位33年(1559—1592年)。

谷城温裕王朱常瀶，朱翊铉嫡长子，万历八年封世子，二十四年(1596年)袭封王位，薨年不详。

谷城王朱由槥，朱常瀶之子，不知何年袭封，南明永历年间薨。

11. 历代益王及在郧藩境内的益系郡国

明代益国第一代王朱祐槟，第八代皇帝朱见深庶六子，于成化二十三年(1487年)封国，弘治十三年(1500年)就藩建昌府，历12王，其中1王为追封，最后一代益王朱怡镐于清康熙二十二年(1683年)在台湾被俘，在关押河南开封府杞县时薨，享国196年。

历代益王的顺序为：益端王朱祐槟、益庄王朱厚烨、益恭王朱厚炫、益昭王朱载增(追封)、益宣王朱翊鈏、益敬王朱常□、益定王朱由木、益素王朱慈炲、益王朱由榛、益王朱慈烛、益王朱和壄、益王朱怡镐。

益国前后有38个藩属郡国，分别是崇仁国、金豁国、文昌国、玉山国、安东国、舒城国、阜平国、铜陵国、黎丘国、浦阳国、淳河国、华山国、筠豁国、罗川国、安仁国、德化国、德安国、郧西国、丰城国、泸溪国、峡江国、安义国、新建国、奉新国、嘉善国、仁化国、兴安国、和顺国、延宁国、永宁国、嘉祥国、德兴国、钟祥国、兴化国、进贤国、文昌国、建城国、彰德国。其中郧西、钟祥2国在郧阳藩镇境内。

益系郧西国：郧西国在郧西县。郧西位于郧阳西北，汉水北岸，明成化十二年(1476年)时从郧县脱离独立成县，与陕西白河、旬阳、镇安、山阳、商南5县接壤。

郧西国一代而亡。郧西王朱常湖，又名朱常潮，朱翊鈏庶十三子，万历二十五年(1597年)封，南明永历元年(1648年)七月阵亡，在位50年(1597—1648年)。

益系钟祥国：钟祥国在钟祥县。钟祥位于湖北中部，汉江中游，东北邻随州，东接京山，南连天门，西邻荆门，西北与宜城接壤。春秋战国时期为楚都“郢”。西汉初置县，三国属吴称“石城”。自西晋至清末的1600多年间，钟祥一直是历代郡、州、府治所。因是嘉靖皇帝的出生地，被御赐县名“钟祥”，取“祥瑞钟聚”之意。明嘉靖十年(1531年)御置承天府，是当时北京顺天府、南京应天府、安徽凤阳府之后的第四大中央直辖府，称兴都，曾盛极一时。

钟祥郡国不知何年封，历一代而亡。钟祥王朱慈礐，朱由本第二子，于南明弘光元年(1645年)八月被清兵俘虏而亡国。

12. 历代岷王及在郧藩境内的岷系郡国

明代岷国第一代国王朱楩，朱元璋庶十八子，洪武二十四年(1391年)封，二十八年(1395年)就藩云南，建文元年(1399年)被削藩，永乐元年(1403年)复封，洪熙元年(1425年)迁湖南武冈州，历13王，其中1王为追封。最后一代岷王朱蕹檠在南明永历二年(1648年)正月袭王位，永历十六年(1662年)国亡后入暹罗(泰国)，共享国271年。

历代岷王及世子的顺序为：岷王朱楩、岷世子朱徽煣、岷恭王朱徽煣、岷顺王朱音埑、岷简王朱膺鉟、岷靖王朱彦汰、岷康王朱誉荣、岷宪王朱定耀、岷僖靖世子朱干跬、岷世孙朱企□、岷哲王朱禋洪、岷王朱干坤(追封)、岷显王朱企□、岷王朱禋洪、岷王朱蕹檠。

岷国前后有27个藩属郡国，分别为镇南国、江川国、广通国、阳宗国、南渭国、安昌国、黎山国、沙阳国、山阴国、充城国、唐年国、遂安国、长寿国、遂宁国、南漳国、广济国、江陵国、南安国、南丰国、善化国、建德国、建昌国、汉川国、祁阳国、南充国、青林国、长宁国。其中沙阳、南漳、江陵3国在郧阳藩镇境内。

岷系沙阳国：沙阳国在沙阳，即今沙洋，为荆襄古镇，也是历代兵家必争之地。沙洋位于汉江之滨的江汉平原西北腹地，与江陵、天门、潜江、当阳、钟祥接壤，处襄阳、荆州、武汉、宜昌之中心地带，属古荆门。

明代沙阳国，成化十三年(1477年)封，传承三代，享国44年。

沙阳王朱音壅，第二代岷王朱徽煣之子，《明史》《明实录》查无此人，惟《南明史》有记载。不知何年封、薨。

沙阳端靖王朱膺刨，第三代岷王朱音埑嫡五子，成化十三年(1477年)袭封，正德十二年(1517年)薨，在王位40年(1477—1517年)。

沙阳王朱彦漷，朱膺刨嫡长子，正德十四年袭封，十六年薨，在王位2年(1519—1521年)，因无子被除国。

岷系南漳国：南漳国在南漳县。南漳位于湖北西北部，汉水以南，荆山山脉以东。东临荆州，西连神农架，南接宜昌三峡，北依襄阳，地处江汉平原的北缘，南阳盆地的南缘，秦巴山系的东缘，荆山山脉与江汉平原过渡地带，素有"金南漳"之称。

明代岷王系南漳国初封年代不详。

南漳王朱膺锽，朱音埑之子，《明史》《明实录》查无此人，惟《南明史》有载，不知何年封、薨，因无子被除国号。

南漳王朱定熗，第六代岷王朱誉荣庶六子，嘉靖三十二年(1553年)续封，三十六年薨，在王位4年(1553—1557年)，因无子被除国，诏永不封袭。

岷系江陵国：江陵国在江陵县，即现在的荆州市。荆州位于湖北中南部，是江汉平原的中心城市，其前身为楚都"郢"，从春秋战国到五代十国，先后有34代帝王在此建都，历时515年。至汉朝起，江陵城长期作为荆州的治所而存在，故常以荆州专称江陵。

江陵国历一代而除。江陵王朱彦汰，第四代岷王朱膺鉟庶长子，于弘治十七年(1504年)嗣封岷亲王，郡爵照例不袭。

13. 历代韩王及在郧藩境内的韩系郡国

明代第一代韩王朱松，明太祖朱元璋第二十子，洪武二十四年四月十三日(1391年5月17日)封，封地初在辽东重镇开原，因当时仅10岁而未就藩，于永乐五年(1407年)在位十六年后去世。永乐九年，其子朱冲烷嗣位，二十二年就藩于甘肃平凉府，先后历16王，其中3王为追封。崇祯十七年(1644年)李自成攻陷平凉府，挟迫韩王朱韶道西行，在途中被处决。其后朱璟溧在南明复国封王，总共享国在253年以上。

历代韩王的顺序为：韩王朱松、韩恭王朱冲烷、韩怀王朱范圯、韩靖王朱范□、韩惠王朱征钋、韩悼王朱偕梳、韩康王朱偕灊、韩昭王朱旭櫏、韩定王朱融燧、韩安王朱谟埙(追封)、韩端王朱朗锜、韩简王朱璟浤(追封)、韩庄王朱逵埙(追封)、韩王朱亶壿、韩王朱韶道、韩王朱璟溧。

韩国前后有36个藩属郡国，分别为襄陵国、临汾国、乐平国、开城国、西乡国、褒城国、通渭国、平利国、高陵国、汉阴国、广安国、彰化国、高平国、西德国、渭源国、陇西国、宁远国、长泰国、永福国、建宁国、长洲国、昆山国、长乐国、高淳国、休宁国、庆阳国、通安国、□国、崇明国、长吉国、保德国、绥平国、咸阳国、商丘国、固原国、汶阳国。其中西乡、褒城、平利、汉阴 4 国在郧阳藩镇境内。

韩系西乡国：西乡国在西乡县。西乡地处秦岭与巴山之间，位于陕西南部，汉中东部，东邻石泉、汉阴，南接镇巴和四川通江，北连洋县，西与城固、南郑接壤，古属梁州，东汉始设城置县延续至今，现属陕西省汉中市。

明代西乡国于正统二年(1437 年)封，历一代而除。西乡王朱范□，第二代韩王朱冲㶁庶二子，正统二年封郡王，十一年嗣封韩亲王，郡爵按例不世袭，在郡王位 9 年(1437—1446 年)。

韩系褒城国：褒城国在褒城县。褒城原名褒信县、褒内县，隋朝仁寿元年(601 年)改名褒城，属汉川郡，治所在今汉中市西北的大钟寺一带，唐朝初年改属梁州，后又属兴元府。南宋嘉泰年间将治所移置今汉中市西北的褒城镇，明清时属汉中府。

明代褒城国于正统二年(1437 年)封，历 6 代王，享国 135 年。

褒城昭裕王朱範堣，韩恭王朱冲㶁庶三子，正统二年封，景泰二年(1451 年)薨，在王位 14 年(1437—1451 年)。

褒城宣惠王朱徵钜，朱範堣嫡长子，景泰二年袭封，弘治十二年(1499 年)薨，在王位 48 年(1451—1499 年)。

褒城安僖王朱偕洄，朱徵钜庶长子，弘治十四年袭封，正德五年(1510 年)薨，在王位 9 年(1501—1510 年)。

褒城康顺王朱旭栏，朱偕洄庶长子，正德十年袭封，嘉靖十六年(1537 年)薨，在王位 22 年(1515—1537 年)。

褒城温靖王朱融烝，朱旭栏庶长子，嘉靖二十年袭封，三十一年薨，在王位 11 年(1541—1552 年)。

褒城僖和王朱谟垣，朱融烝庶一子，嘉靖三十七年(1558 年)袭封，万历年间薨，因无子被除国。

韩系平利国：平利国在平利县。平利地处大巴山南麓，东邻湖北竹溪县，南接重庆城口县，西连陕西安康市岚皋县，北靠陕西安康市汉宾区和旬阳县，居陕、鄂、渝三省交界处，明代属汉中府。

明代平利国，正统二年(1437年)封，历一代而除。平利怀简王朱范壑，第二代韩王朱冲㭎庶第五子，正统二年封，当年薨，因无子被除国。

韩系汉阴国：汉阴国在汉阴县。汉阴位于陕西南部，汉江中游，北为秦岭，南为大巴山，与安康市汉滨区、紫阳县、石泉县、宁陕县和汉中市镇巴县毗邻。三国魏置安阳县，晋改安康县，唐改汉阴县，古称西城、安阳、汉宁、安康。唐至德二年(757年)始名汉阴至今。

汉阴恭惠王朱征錿，第四代韩王朱范□庶二子，天顺元年(1457年)受封，当年薨，因无子，被王妃之父周恂通过过继他人之子长期享受封爵，于成化十四年(1478年)东窗事发，周恂被捕遭诛，冒封之男、女俱赐自尽，被除国。

14. 历代肃王及在郧藩境内的肃系郡国

第一代肃王朱楧，明太祖朱元璋第十四子，洪武十一年(1378年)封汉王，二十五年(1392年)改封肃王，就藩于甘州府，后移兰州府，永乐十七年(1419年)薨。肃国历12王，其中3王为追封。最后一代肃王朱识鋐于崇祯十六年(1643年)死于战乱，国遂亡，享国265年。

历代肃王的顺序为：肃王朱楧、肃康王朱赡焰、肃简王朱禄埤、肃恭王朱贡錝、肃靖王朱真淤(追封)、肃定王朱弼桄、肃昭王朱缙炯(追封)、肃怀王朱绅堵、肃安王朱弼柿(追封)、肃懿王朱缙□(先宗理后追封)、肃宪王朱绅尧、肃王朱识鋐。

肃国前后有10个藩属郡国，分别为洵阳国、汾州国、淳化国、铅山国、金坛国、会宁国、延长国、开化国、会昌国、延安国。其中洵阳国在郧阳藩镇境内。

肃系洵阳国：洵阳国在洵阳县。洵阳位于安康东。洵阳国封年不详，一代而除。洵阳王朱禄埤，朱赡焰庶长子，于成化四年(1468年)晋封为肃亲王，郡爵照例不再承袭。

15. 历代蜀王及在郧藩境内的蜀系郡国

第一代蜀王朱椿，明太祖朱元璋庶十一子，洪武十一年(1378年)封，十八年受命驻凤阳，二十三年就藩成都府。永乐二十一年(1423年)薨。蜀国历14王。最后一代蜀王朱平□于南明隆武元年(1645年)十二月袭爵，后不知所终，蜀国至少享国267年。

历代蜀王的顺序为：蜀王朱椿，蜀庄王朱悦燫、蜀靖王朱友堉、蜀僖王朱友(土+党)、蜀和王朱悦莰、蜀定王朱友垓、蜀怀王朱申鈘、蜀惠王朱申凿、蜀昭王朱宾瀚、蜀成王朱让栩、蜀康王朱承爚、蜀端王朱宣圻、蜀恭王朱奉铨、蜀王朱至澍、蜀王朱平□。

蜀国前后共有21个郡国，分别为华阳国、崇宁国、崇庆国、保宁国、永川国、黔江国、罗江国、内江国、通江国、德阳国、石泉国、汶川国、庆符国、南川国、江安国、新宁国、东乡国、隆昌国、富顺国、太平国、安乐国。其中石泉国在郧阳藩镇境内。

蜀系石泉国：石泉国在石泉县。石泉位于陕西省安康市的西部，北依秦岭，南枕巴山，地处秦巴腹地，汉水穿境。石泉国于天顺四年(1460年)封，历7王，至南明永历十六年(1662年)最后一代石泉王薨，共享国202年。

石泉荣穆王朱友(土+贡)，蜀和王朱悦莰庶四子，天顺四年封，正德六年(1511年)薨，在王位51年(1460—1511)。

石泉恭简王朱申镈，朱友(土+贡)嫡一子，正德十二年袭封，嘉靖十九年(1540年)薨，在王位23年(1517—1540)。

石泉康惠王朱宾清，朱申镈庶一子，嘉靖二十四年袭封，四十四年薨，在王位20年(1545—1565)。

石泉王朱让机，朱宾清嫡一子，隆庆四年(1570年)袭封，万历十一年(1583年)薨，在王位13年(1570—1583)。

石泉王朱承(火+禺)，朱让机庶一子，隆庆二年封世孙，万历十四年袭封郡王位，三十六年薨，在王位22年(1586—1608)。

石泉王朱宣垷，朱承(火+禺)庶一子，万历二十七年(1599年)封世子，三十九年(1611年)袭封，卒年不详。

石泉王朱奉(钅+舍)，朱宣垷之子，南明弘光元年(1645年)闰六月袭封，永历十六年(1662年)五月薨，在王位17年(1645—1662)。

(八)明室宗藩在郧藩各府分布

综上所述，郧阳藩镇境内散布有12个亲王之国和46个郡王之国，其分布状况为：

郧阳府无亲王。有3个郡王国，分别为隆庆三年(1569年)所封的襄王系郧城国、嘉靖六年(1527年)所封的楚王系保康国、万历二十五年(1597年)所封的益王系郧西国。

襄阳府有亲王之国1个，为正统元年(1436年)就藩的襄国。郡王国有6个，分别为宣德七年(1432年)所封的辽王系宜城国、正统八年(1443年)所封的襄王系枣阳国、不知何年所封的襄王系光化国、不知何年所封的吉王系光化国、嘉靖三十八年(1559年)所封的吉王系谷城国、不知何年所封的岷王系南漳国。

荆州府有亲王之国3个，分别是洪武十八年(1385年)就藩的湘国、建文四年(1402年)就藩的辽国、天启七年(1627年)就藩的惠国。郡王国有10个，分别为永乐二年(1404年)所封的辽王系长阳国、建文元年(1399年)所封的辽王系远安国、建文元年(1399年)所封的辽王系兴山国、建文二年(1400年)所封的辽王系巴东国、永乐二年(1404年)所封的辽王系潜江国、永乐二年所封的辽王系宜都国、永乐二年所封的辽王系松滋国、宣德七年(1432年)所封的辽王系枝江国、封国年代不详的岷王系江陵国、南明隆武二年(1645年)所封的辽王系宁靖国。

安陆府有亲王之国3个，分别是永乐六年(1408年)就藩的郢国、宣德四年(1429年)就藩的梁国、弘治七年(1494年)就藩的兴国。郡王国有4个，分别为永乐二年(1404年)所封的楚王系景陵国、正德十二年(1517年)所封的周王系京山国、不知何年所封的益王系钟祥国、成化十三年(1477年)所封的岷王系沙阳国。

德安府有亲王之国3个，分别是弘治八年(1495年)就藩的岐国、正德元年(1506年)就藩的寿国、嘉靖四十年(1561年)就藩的景国。郡王国1个，为正德六年(1511年)所封的应城国。

南阳府有亲王之国1个，为永乐六年(1408年)就藩的唐国。郡王国有12个，分别为宣德三年(1428年)所封的唐王系新野国、正统九年(1444年)所封的唐王系舞阳国、成化十五年(1479年)所封的唐王系淅阳国、建文四年(1402年)所封的周王系镇平国、宣德二年(1427年)所封的周王系内乡国、天顺元年(1457年)所封的周王系泌阳国、成化四年(1468年)所封的伊王系方城国、成化四年(1468年)所封的伊王系西鄂国、弘治四年(1491年)所封的郑王系丹阳国、成化十年(1474年)所封的周王系堵阳国、万历九年(1581年)所封的崇王系南阳国、崇祯十七年(1644 年)所封的唐王系南阳国。

汉中府有亲王之国 1 个，为天启七年(1627 年)就藩的瑞国。郡王国有 8 个，分别为万历十四年(1586 年)所封的秦王系紫阳国、正统二年(1437 年)所封的韩王系西乡国、正统二年(1437 年)所封的韩王系平利国、天顺元年(1457 年)所封的韩王系汉阴国，天顺四年(1460 年)所封的蜀王系石泉国，正统二年(1437 年)所封的韩王系褒城国、封年不详的肃王系洵阳国、南明弘光元年(1645 年)所封的秦王系汉中国。

商州府无亲王，郡王国有 2 个，分别为成化三年(1467 年)所封的周王系上洛国、成化四年(1468 年)所封的秦王系镇安国。

由于资料浩瀚，统计难免遗漏，有些还由于历史的本来遗忘而无法复原，以上的统计只是一个大概而已。这 58 个散于郧阳藩镇各地的王国，如今只有 5 座亲王府还有一点遗迹可寻，其他的亲王府以及所有的郡王府如今已经一点踪迹都没有留下。其原因大概有二：一是明朝灭亡之时，人民出于对王府压迫的痛恨而尽力毁之；二是王室的后裔不是在惊慌失措中逃亡，就是低调生活了 300 余年，恐怕连他们的后代也都失去了对祖先辉煌的任何记忆。

七、郧藩与鄂豫陕三省的关系

郧阳藩镇所辖的地盘，起先都是从湖广、河南、陕西三省份割让而来的。所谓“割让”，就是朝廷下令从各省里分离出来，划归郧阳藩镇管辖。照理讲，割让出去的土地就不再归自己管理，至少在归还之前不再归自己管理。然而，在郧阳藩镇设立后的很长一段时期内，湖广、河南、陕西等省的巡抚依然经常插手郧阳的事务，企图控制已经割让出去的原属地，引起了好几任郧阳巡抚的不高兴，从而告了御状。

吴道宏是郧阳的第二任专职巡抚。成化十二年(1476 年)设郧阳藩镇，原杰和吴道宏同时来郧阳任职，原杰为首任巡抚，吴道宏为首任监察御史，但在次年四月原杰就被调离郧阳。离任前，他推荐吴道宏接任郧阳巡抚一职，却没有得到朝廷的理会，而是让湖广巡抚刘敷、河南巡抚李衍先后兼任郧阳巡抚，其实是吴道宏一人在郧阳独撑局面。直到成化十五年，朝廷才终于任命吴道宏为郧阳巡抚。吴道宏正式任巡抚后，发现自己的手脚常常被掣肘，湖广、河南、陕西的巡抚依然在对藩镇内他们原辖的地区指手画脚，导致政令混乱经常发生冲突，也让府、州、县往往不知所措。吴道宏在忍无可忍的情况下向皇帝奏疏，指出各省巡抚在依旧干预境内事务，导致出现政令、军令不一，府县卫所无所适从的弊病。要求皇帝制止他们的行为，依照颁发给自己的原敕上的各项事权让自己专一抚治，凡事自行责成，湖广、河南、陕西等巡抚不必干预，可以只让他们每年派人来统计原属地亩里的产量和税收，从中提取他们应得的岁用钱粮，该河南的行解河南，该湖广的行解湖广，该陕西的行解陕西，其余事体都应归一。他得到的圣旨为：“是。吴道宏该管地方，着用心抚治，李衍、吴诚不必干预。钦此。”吴诚是当时的湖广巡抚，皇帝特别点二人的名字，说明他俩的干预最强。在封建社会，被皇帝点名批评绝非一件什么好事情。

被成化皇帝点名后，各省干预郧阳藩镇事务的做法有所减轻。然而，在皇帝更替后，各省巡抚依然旧病复发，重新对郧阳事务指手画脚，把指令下到郧阳属地内。弘治二年(1489年)时，郧阳藩镇已设立13年了，戴珊上任为郧阳第七任巡抚后，他又因相同的原因奏了一本。弘治皇帝很支持戴珊要求政令归一的主张，发出圣旨："是。钦此。经节行各该衙门钦遵。"但这次，收效却甚微。

弘治七年，沈晖任郧阳第九任巡抚，他再次奏本要求解决各省干预之事。我们可以从当时的一道兵部《咨文》中了解这次事件的过程，其文如下：

兵部咨

为申明执掌事

该都御史沈晖题："钦奉敕谕：'湖广行都司，郧阳府并荆州、襄阳，河南南阳，陕西汉中，西安七府所属州县与郧阳接境者四十余处，土地广阔，山川深险，虽有三省巡抚等官平时会议，往复动经月余，一旦有事，何以克济？今特命尔前去提督抚治，于郧阳府驻扎，专一往来前项地方巡查奸贪、抚安人民、整饬兵备、区画粮储、修理城池、禁防盗贼、作兴学校、清理狱讼。钦此。'"钦遵，卷查：成化十五年十一月二十日，该本部题《为地方事》内，开新设湖广行都司、卫、所及郧阳、荆、襄等府县，并南阳、汉中接壤土地、人民尽在大理寺右少卿吴道宏抚治之内，若又令河南、湖广两处巡抚干预，未免十羊九牧，下难遵守……照依原敕专一抚治前项地方，凡合行事，宜自行责成。其湖广、河南巡抚不必干预。惟会计岁用钱粮，该河南供应者，行河南；该湖广者，行湖广；该陕西者，行陕西。巡抚官并各该布政司派拨，庶事体归一。等因。题奉宪宗皇帝圣旨："是。吴道宏该管地方，着用心抚治，李衍、吴诚不必干预。钦此。"

续，该抚治右副都御史戴珊亦题前事："奉圣旨：'是。钦此。经节行各该衙门钦遵。'"去后，但各巡抚官又将抚治地方照旧兼管，甲可乙否，掣肘难行。况巡抚官在三司省下居住，各掌印、巡、守等官皆其节制，政令易行。臣避在郧阳万山之中，相去各省动经一二千里，各官既不得常见，文移亦多不依。期完报，亦以彼此有行，屡约不齐，以致延误，臣职居风宪，既不能尽职，又不能引退，罪固难逃。但臣下屡奉诏旨，违背而不遵，恐不可也。乞敕该部计议，申明节奉圣断，除会计钱粮听其处分，其余凡事俱责臣报效。不效，治臣之罪，各官勿得仍前干预。若谓地方已安，止照旧制，令各官管理，暂将巡抚官裁减别差。如此，庶使事体归一，民无劳扰。奏奉圣旨："该部知道。钦此。"钦遵。

看得抚治郧阳等处右副都御史沈晖所奏，大概以抚治所属府、州、县、卫、所四十余处，各巡抚往往干预，难以行事，乞要申明旧例，以定职掌，以一事体。夫政令一，则易于遵守；职责专，则易于责成。割隶之后，已悉听抚治节制，全与巡抚无干。况节奉敕谕，各巡抚官不宜故违，自取抗命之谴。合无本部行移，抚治郧阳都御史仍遵原奉敕旨行事，如审录、均徭等事听其责成，该道军饷、钱粮责成各布政司管粮各官员依期完成。惟会计岁用钱粮一事，不许干预，仍行巡抚湖广、河南、陕西都御史。各要恪守成命，除会计钱粮之外，其余但该抚治衙门职掌者，一毫不得再行干预。等因。

题奉圣旨："是。钦此。"合咨前去，查照执行。

这是一篇勘札体裁的"咨文"，是兵部发给郧阳巡抚的，同时发往湖广、河南、陕西几省。咨文是旧时的一种公文体裁，为同级机关之间行文所用，因为巡抚的官阶与兵部尚书相同，因此相互间行文应使用"咨文"文体。"兵部咨"即"兵部文件"，是一件为郧阳、湖广、河南、陕西四巡抚争地盘管辖权的案件。之所以需要兵部出面答复，是因为郧阳巡抚所兼提督衔，属军职，所管辖的行都司及各卫、各所都有大量屯田，这些屯田不归府州县管理，而是由兵部掌控，因此，在吏部、户部申明郧阳巡抚的权限之后，兵部也还得再申明一下郧阳巡抚对所辖军队、军屯的管理权限。

《为申明执掌事》是这个文件的标题，用今天的话应为《为申明管理权限的事》。这篇咨文的内容分三个部分，第一部分直接引用郧阳巡抚沈晖的奏疏，第二部分为皇帝为此事所颁发的御旨，第三部分是兵部的裁决。

沈晖的奏疏在开头引用了他上任郧阳巡抚时皇帝颁发给他的敕谕："我钦奉的敕谕上说：湖广行都司，郧阳府并荆州、襄阳，河南南阳，陕西汉中，西安七府所属州县与郧阳接境者四十余处，土地广阔，山川深险，虽有三省巡抚等官平时会议，但往复一趟动经月余，一旦有事怎么能够成就？今特命你前去提督抚治，在郧阳府驻扎，专一往来前项地方巡查奸贪、抚安人民、整饬兵备、区画粮储、修理城池、禁防盗贼、作兴学校、清理狱讼。"沈晖引用敕书内容的目的，是要强调皇帝所授予他的权限，即凡是郧阳藩镇的属地，无论原来是哪个省的，现在都应该由自己"专一"管理，包括"巡查奸贪、抚安人民、整饬兵备、区画粮储、修理城池、禁防盗贼、作兴学校、清理狱讼”等事项，别人不得插手。

接下来，沈晖又引用了此前的两个案例。

第一个案例为郧阳藩镇设立不久时，巡抚吴道宏为各省干预郧阳事务而上的奏疏，以及兵部当时的决议和成化皇帝为此事而发的御旨。成化十五年(1479年)十一月二十日，兵部议决吴道宏照依原敕专一抚治郧阳藩镇，凡事自行责成，湖广、河南、陕西等省除每年统计原属田地里的产量和税收，从中提取岁用钱粮外，其余事务不必干预。成化皇帝让吴道宏“该管地方，着用心抚治，李衍、吴诚不必干预”。第二个案例为弘治二年(1489年)郧阳巡抚戴珊为相同之事所上的奏疏，依然得到了朝廷和皇帝的支持。

沈晖接着说明郧阳藩镇的管理现状：各省巡抚又将郧阳抚治的地方照旧兼管，经常出现甲认可了的事情被乙否决，相互掣肘而事情难行。再进一步提出建议：各省巡抚在各省三司驻地居住，各自节制手下的掌印、巡、守等官，只有这样政令才容易执行。我身处郧阳万山之中，到各省的距离均一二千里，与各省巡抚既不得经常见面，文书移送也多有不便，即使文书到达，也因为彼此有可能出行在外，所以屡约不齐，以致延误该办的事情。我身为风宪大臣，肩负正吏治、掌风纪的责任，如果既不能尽职，又不能引退，就罪责难逃了。我既然屡奉诏旨管理郧阳，如果违背而不遵圣旨行事恐怕不行。万望朝廷计议，皇上圣断，申明我所节奉的敕谕，除每年各省统计原属地税收，从中提取他们各自的岁用钱粮外，其余事务均应听我处分，让我有报效朝廷的机会，不能报效就治我的罪，但各省巡抚不得再像以前那样随意干预郧阳辖域的事情了。如果今后地方安宁了，可以裁撤郧阳藩镇，那时再恢复旧制，令各省管理各自的土地不迟。只有这样，才能使事体归一，民无劳扰。

兵部面对沈晖的要求态度非常明确，说他们看到了沈晖的奏疏，郧阳藩镇内的事务常常被各省巡抚干预，沈晖往往难以行事，只是要求申明旧例，以明确各自的职责，以专一事体。认为只有政令一，才易于遵守；职责专，才易于责成。土地割隶之后，就要全部听从郧阳巡抚的节制，再与原来的巡抚无干。何况郧阳巡抚节奉的是皇上的敕谕，各省巡抚不应该故意违背，自担抗命的责任。今后，如果没有吏部、户部、兵部的重新行文，郧阳巡抚就仍然遵照原奉的敕旨行事，比如考察录用官员、征收徭税等事都要听其责成，军饷、钱粮由其责成各布政司管粮的官员依期完成。只有每年统计原属地税收从中提取岁用钱粮一项不许郧阳巡抚阻挠。湖广、河南、陕西巡抚各要恪守成命，除统计钱粮之外，其余都是郧阳巡抚衙门管理的事务，一毫不得再行干预。

从弘治七年(1494年)的兵部咨文中，我们能够看出郧阳藩镇就是一个政权实体，享有包括军事防御、考察录用官员、征收徭税等的正式省份所享有的一切权力，与周边湖广、河南、陕西、四川等省份是平等的关系。至于周边省份要在郧阳属地内提取钱粮，应是对已经割让出去的土地收取租金的性质。

自此，郧阳与周边各省的关系才算逐步理顺。

八、安陆和德安二府脱离郧阳

历史上，安陆直隶州(级别相当于府，脱离郧阳后为承天府)和德安府曾经是郧阳藩镇的辖区，分别在嘉靖十八年(1539年)和嘉靖十九年(1540年)先后脱离郧阳。

古安陆与今天的安陆不是一个概念，因为古代湖北同时存在着两个安陆：一个是安陆府，明初降为安陆直隶州，治所在长寿县，后来改为钟祥县；另一个是安陆县，即现在的安陆县级市，在明代属德安府管辖。

安陆府古称郢州，元至元十五年(1278年)升为安陆府，辖境范围为现在的钟祥、京山、天门、潜江等地。明洪武九年(1376年)，由安陆府降为安陆州，直隶湖广省管辖。成化十二年(1476年)设立郧阳藩镇后，成为郧阳藩镇的辖地。

公元1521年，安陆州平地冒出了一位皇帝，年号“嘉靖”。为了抬升皇帝家乡的地位，嘉靖十年(1531年)，朝廷升安陆州为承天府，辖境为钟祥、京山、显陵(天门)、潜江、当阳五县及荆门、沔阳(仙桃)二州。嘉靖十八年(1539年)，朝廷宣布承天府为“兴都”，属朝廷直接管辖。同时设兴都留守司，脱离郧阳行都司管辖。

德安府，元属荆湖北道宣慰司。宣慰司是一种介于省与州之间的偏重于军事而兼管军民事务的地方机构。洪武元年(1368年)十月归属湖广省，九年四月降为州，属黄州府，十一月改属武昌府，十三年五月恢复为府，属湖广省。二十四年六月改属河南，不久还属湖广，属上荆南道管辖，领一州五县：安陆、云梦、应城、孝感、随州、应山，于成化十二年(1476年)归属郧阳藩镇，嘉靖年间与安陆先后脱离郧阳。隆庆二年(1568年)，朝廷复以德安府隶郧阳，四年再次改隶湖广。

安陆、德安为什么能够脱离郧阳，而且安陆还能成为全国四大直隶府之一？其中又有怎样的故事？

(一)

明代中期偏晚，安陆州(钟祥)出了一位最牛的人，是他把安陆的地位抬升到了极致，也是他把安陆从大郧阳中分离了出去，又成为朝廷直隶府的。

这位牛人就是明朝的第十一位、在位45年的嘉靖皇帝朱厚熜。

在做皇帝之前，朱厚熜只是继承了父亲爵位的一个亲王，就连他自己做梦也不会想到会有朝一日能登基当上皇帝。

朱厚熜的父亲朱祐杬，是成化皇帝朱见深的儿子，也是弘治皇帝朱祐樘的弟弟，更是正德皇帝朱厚照的亲叔父，他生于成化十二年(1476年)七月初二日，于成化二十三年七月十一日封为兴王，在弘治七年(1494年)九月十八日就藩于郧阳藩镇的安陆州(钟祥)。

正德十四年(1519年)六月十七日，兴王朱祐杬以疾薨毙，享年44岁。正德皇帝闻听叔父的讣讯后，罢朝三日遣官赐祭，连慈寿皇太后、宪庙(成化)皇妃及所有文武衙门都连日致祭，可见正德帝对于叔父的感情至深。正德十五年四月初三日，朱祐杬被以亲王的规制安葬于安陆纯德山，谥号“献”。

兴献王妃蒋氏，是中兵马指挥蒋敩之女，生有一子、二女，这个儿子就是朱厚熜。其实，朱厚熜并不是朱祐杬唯一的儿子，他曾经有过一个叫朱厚熙的哥哥，只不过在出生5日后即夭折，所以他就成为了父亲的唯一继承人，在父亲死后继承了兴王之位。

朱厚熜当亲王不过两年时间，可谓屁股都没有焐热。

正德十六年(1521年)三月十四日，正德帝朱厚照驾崩，因无子嗣继承皇位，就由大臣做主选中了远离京城的堂弟朱厚熜入继大统，这就是嘉靖帝。嘉靖帝继位后，不顾众大臣的群起反对，坚持把自己的父亲朱祐杬由亲王追谥为了“知天守道洪德渊仁宽穆纯圣恭俭敬文献皇帝”，庙号“睿宗”，还把父亲的王陵扩建成了皇陵(显陵)，并且对自己出生的兴王府进行了改扩建，升格为了皇帝行宫。当然，因为再没有其他人能够继承兴王之位，在安陆的兴王之国遂被废除。

其实，最初兴献王朱祐杬的封地并不在安陆，而是在河南卫辉。弘治四年(1491年)，朱祐杬以卫辉“土瘠而民贫，且河岁为患”为由，奏请皇兄弘治帝朱祐樘将自己的封地改换到了湖广德安府。随即，朝廷就在德安为朱祐杬建兴王府。就在王府建成时，朱祐杬又请求改迁自己到安陆州就藩，并软磨硬泡说："梁庄王有故邸、田地在湖广之安陆州"，意思是说一切都是现成的，不会有劳民伤财之嫌。弘治帝碍不开脸面，就同意了他的请求，让朱祐杬堂而皇之地住进了梁庄王所遗下的旧府。弘治五年，兴王朱祐杬又以梁庄王旧府地处州城西隅，地势偏而且低洼，门前还有一条大路直冲府门而十分不吉利为由，请求将王府迁到城中央。弘治帝开始犹豫，最后还是答应了。

安陆州确实富庶，沃野千里，鱼米之乡，加之这里为控制荆、襄、豫、宜的战略要地，自古就是分藩立国的上好之地，因此使得朱祐杬非取其不可。

然而安陆的旧王府也的确被当时的人们认为是一块绝户之地，因为之前曾经有朱元璋第二十四子朱栋在这里为郢王，却因为无子被除国。之后又有朱棣的孙子、仁宗朱高炽第九子朱瞻垍在这里为梁王，同样因无子被除国。朱祐杬的入驻已经是在这里建藩国的第三位明代亲王了，会不会也出现同样的命运？在他来看，安陆州还是人杰地灵的，问题应该归咎于王府这块地势存在着风水不利的因素，所以他要挪移王府。

挪了王府的兴王国果然有了继承人，而且继承的是皇位。只可惜这个继承人是独子，继承了皇位之后就再也无人来继承藩位，依然没有逃脱兴国被除的命运。但在嘉靖皇帝看来，兴国被除与此前郢国被除和梁国被除都不能相提并论。能从兴国里出个皇帝，整个江山都落入了囊中，天下有没有兴藩国当然就无所谓了。

（二）

正是基于这样的想法，当了皇帝的朱厚熜就有点飘飘然。按照封建礼制，皇族谱系应该保持高度的一致性，只有把皇位传给亲儿子或者亲兄弟才会被天下之人承认继统的合法性。因此，按常理朱厚熜应该先过继给自己的伯父弘治皇帝朱祐樘当儿子，追认他为自己的父亲，名正言顺地成为刚去世的正德皇帝朱厚照的亲弟弟，然后才能遵祖训以"兄终弟及"的名义登上皇帝的宝座。

然而，由于当时事出紧急，大臣们在没有让朱厚熜完成入继大典的情况下，就让他先完成了登基大典。按照大臣们的想法，把他从千里之外由藩王扶上了皇位，他应该心存感激才对。不如先让老皇帝入土为安，然后再祭祀郊庙完成入继程序。

然而朱厚熜却不这么想。三代以上我和他为同一个祖宗，为什么皇帝大位他那一支人做得，而我这一支人就做不得？我能当皇帝是承祖宗之荫，也是安陆地望所致，为什么非要我认伯父为亲父，而把生父当叔父呢？这难道不是违背天道人伦吗？

于是，朝中开始了"大礼仪之争"，出现了以众大臣抱团的护礼派与以嘉靖皇帝为代表的议礼派的严重对立，而且出现了一边倒，几乎所有大臣都站在了护礼派一边。嘉靖皇帝认为：按照人伦之理，亲生父亲是无法更改的，硬性割裂亲情违背常理。现在自己做了皇帝，就得要追封自己的亲生父亲为先皇帝，应该把自己的生母蒋氏接进京，由兴王妃改封为皇太后。然而，众大臣们则表现出了前所未有的空前团结，反对的奏章把嘉靖帝压得都快喘不过气来。就在嘉靖皇帝准备让步的时候，一个叫张璁的小官站了出来，他写了一个奏折，为嘉靖皇帝追封自己的父母找了许多理论依据，引经据典地批驳群臣的观点。当时的张璁刚中进士不久，正在部里观政，用现在的话说还是一个官场里的实习生。嘉靖皇帝看了张璁的奏折后，如捞到了一根救命稻草，遂把这道奏折布告天下。张璁得以加官晋爵，成为了议礼派的首领。

由于嘉靖帝以皇权支持，议礼派的队伍也在不断扩大，使本来一边倒的局势变得日趋复杂，双方的斗争日趋激烈。经过几个回合的斗争，终于爆发了震惊中外的"血溅左顺门"事件。当时，看到议礼派逐渐占据了上风，护礼派的群臣们决定来一个绝地大反攻，企图挽回局面，于是千人联名集体向皇帝进谏。嘉靖三年(1524 年)七月，发生了包括以九卿 23 人、翰林 20 人、给事中 21 人、御使 30 人为首的 200 余人的庞大请愿事件，集体跪在左顺门外，哭声、喊声震天。恼怒之下，嘉靖皇帝将为首的几位大臣押入监狱，更惹起了群臣们的激愤情绪，开始在左顺门前出现一片骚动。嘉靖皇帝杀心顿起，将 134 人逮捕，86 人待罪。一时间，锦衣卫从四面八方围来，将左顺门前溅得血迹斑斑。

以左顺门事件为标志，"大礼仪之争"以皇帝的胜利，护礼诸臣的失败而告终。嘉靖皇帝终于如愿以偿，将生父追尊为睿宗，将其神主移入太庙，并且跻身武宗朱厚照之上。这次事件导致的后果是：嘉靖皇帝加强了专制统治，许多正直的大臣或死或引退，而一批佞臣却乘机窃取了朝政大权，使本来就矛盾重重的大明王朝弊政更盛，加速了衰落的步伐。

取得了“大礼仪之争”胜利的嘉靖皇帝开始名正言顺地在安陆大兴土木：一边扩建父亲的陵寝，提高陵墓规格，把兴王陵改为了帝显陵；一边扩建王府，把兴王府改为了帝行宫。

嘉靖皇帝还有一个愿望，那就是不能让父亲的显陵处在一个卑微之地。当时的安陆为州，是湖广省之地，割让给了郧阳藩镇管辖，这怎么能行？应该让安陆独立出来，与北京顺天府、南京应天府、安徽凤阳府一样成为朝廷的直隶府。

嘉靖十年(1531年)，安陆州升为了承天府。当时，郧阳与湖广的两个巡抚都还没有真正揣摩透皇帝的意图，都在争抢承天府的管辖权。嘉靖帝按兵不动，让郧阳藩镇继续管辖着承天府。

嘉靖十七年，嘉靖帝的生母章圣皇太后在北京病逝，于十八年五月南归安葬于显陵。据《兴都志》记载：“纯德山围陵田地二十七顷四十七亩三分二毫。”

嘉靖十八年(1539年)八月，嘉靖帝下旨，把承天府从郧阳藩镇脱离出来升为了朝廷直辖，又设兴都留守司，把军事管辖权也从郧阳行都司下脱离了出来。当时，戴时宗刚刚由顺天巡抚改任为郧阳巡抚。

(三)

下面的一道兵部咨文，就是关于安陆脱离郧阳的内容，其中记载了郧阳与湖广争夺承天府管辖权的部分内容。全文如下：

兵部咨

为定职掌以便考选军政事

该巡抚湖广都御史陆杰咨：“查得接管卷内，嘉靖十五年三月准抚治都御史王学夔咨《为申明职掌事》，准兵部题称：‘安陆州地方原系抚治衙门提督，今虽改升承天府，似应仍隶管辖。但本官敕谕已经开请，去后难便，议入合咨本官将承天府并所属州、县照旧管辖，守护陵寝，保靖地方，修举政务。以后若有升遣、去任，交代官员，请敕开载，永为遵守。但承天府系改升衙门，拱护理清重地，惟复止隶巡抚衙门督理。’等因。题奉圣旨：‘承天府止着隶巡抚衙门督理。钦此。’等因。”

嘉靖十八年五月，又准兵部咨《为传奉事题》，奉圣旨："荆州右卫改显陵卫，其余都依拟行，还照凤阳事例，建制留守司统辖诸卫所。你部里便查议来闻。钦此。"又该本部议复题，奉圣旨："司名之，曰'兴都留守司'，次中都而序，设官等拟俱依。钦此。"备咨遵行，在卷看得："'显陵卫与荆州左卫一应政务，向属抚治都御史节制。嘉靖十四年考选军政，亦该抚治衙门访议俱奏。今奉钦依，建制留守司专抚二卫，但未奉兵部定拟专辖，以此二卫有碍考选。拟合咨烦为定拟，明示施行。'等因。移咨到部为照：承天、显陵二卫原隶湖广行都司，应该抚治都御史管辖。今既奉有钦依，专设留守司，委与承天府，俱有拱护陵庙之责，拟当改巡抚都御史督理。既经都御史陆杰咨请前来，相应议处，合候命下，移咨都御史陆，将今次显陵、承天二卫军政即行考具奏定夺。其'兴都留守司'以后一应事务，俱听节制，抚治都御史不必干预。仍咨都察院转行彼处巡按御史一体查照奉行。"

都御史戴时宗咨《为申明职掌及地方事宜事》案照："先据湖广行都司呈《为传奉事》内称：'查得本司所属显陵卫，近奉明旨仍作承天卫，及该兵部议将所属荆州左卫改作显陵卫，俱隶兴都留守司所辖护守陵寝。题奉钦依通行'等因。在卷照得：前项二卫原属行都司所辖，凡一应军务、粮饷及考选军政事宜，俱听抚治衙门督理。今既改属留守司，又系考选军政之年，诚恐合干衙门见得承天府既拟巡抚所属，因而互相观望，不遵约束，殊有未便。切照：承天府旧为安陆州治所，一面连接荆、襄，一面与郧阳、河南山岳密迩，所以旧时建议之臣割安陆等州、县、军卫以属抚治，不无深意。盖当时有事之机，实欲借安陆等处内地之兵，以戒控制三省之势。今既为陵寝重地，则又当借荆、襄、郧三府之力以为保护之归。向年割承天府以属巡抚，不曾下诸所司熟议，不但于控制三省规模稍失，而且于陵寝重计虑而未周。仰藉朝廷威灵，太平无事。万一郧、襄有警，则二府之地既已坐困，而内地又无可调之兵，法当受弊。但承天府、县既已奉有特旨，今留守二卫其势再难分割。再照：造物之所坏，必先于边。古人欲保其内，必先爱护其外。今荆州跨楚地上流，为云、贵、川、陕之咽喉。古人以为最重之地，实安陆之边也。原设左右等卫，所有军士余丁除运粮守戍等项外，留存者俱不堪老弱，又不上五百人。为楚地万千重计，尚当于荆州益兵。今又割左卫以益承天，势愈单薄。若荆州有事，则承天避不能安枕而卧矣！或者谓：此事今已成规，然趁军士未动之机再加熟议，于汉阳、沔阳、黄州内地军卫各割一二所，奏为护卫，犹可及止也。职初至地方，未谙事体，偶有一得，愿献刍荛。为此合咨贵部，烦为查照，转行留守司，将所辖二卫一应事体，照旧听抚治衙门督理。其前项所有事宜，望庙堂之见，俯赐裁度。”

（四）

这道兵部咨文的题目为《为定职掌以便考选军政事》，意思是说“定职权归属，以便于考查武官业绩和选拔官员的事”。

咨文首先引用了湖广巡抚陆杰的咨文和皇帝对其御批。陆杰说：查得我所接管的文件里有几道关于承天府的卷宗。有一道是嘉靖十五年（1536 年）三月郧阳巡抚王学夔所咨的《为申明职掌事》。兵部所准的咨文称：“安陆州这个地方原系郧阳抚治衙门提督，现在虽然改升为了承天府，似乎应该仍然隶属他们管辖。但是王学夔所领的敕谕已经开请出来，上面并没有提及承天府的归属问题，所以他到郧阳后难以方便行事。兵部在商议后，用合咨的方式补充晓谕，由他照旧管辖承天府并所属的州、县，以便守护陵寝，保靖地方，修举政务。等以后他若升遣，去任时交代给新任官员，再重新请敕开载，以后永为遵守。”但我（陆杰）以为，承天府即系改升衙门，是为拱护理清陵寝这个重地，就只能恢复为隶属于湖广巡抚衙门督理。他所取得的圣旨为：“承天府止（只）着隶（湖广）巡抚衙门督理。钦此。”

接着，咨文又复述了嘉靖十八年初的一道《为传奉事题》和所奉的圣旨。圣旨为：“荆州右卫改显陵卫，其余都依拟行，还照中都凤阳事例，建制留守司统辖诸卫所。你部里便查议来闻。钦此。”兵部复议后认为：显陵卫与荆州左卫的一应政务，向来属郧阳巡抚所节制。嘉靖十四年（1535 年）考选军政，就是由郧阳巡抚衙门进行访议具奏的。现在奉钦依建制留守司，专抚二卫，还没有奉得兵部定拟的专辖授权，因此由湖广考选二卫有碍常理。所以合咨拟请皇上烦为定拟，明示施行。又奉圣旨：“司名之，曰‘兴都留守司’，次中都（凤阳）而序，设官等拟俱依。钦此。”兵部决定：承天、显陵二卫原隶属湖广行都司，应该属郧阳巡抚管辖。现在既奉有皇上钦依要专设留守司，委属于承天府，负有拱护陵庙之责，拟当改为属湖广巡抚督理。既经湖广巡抚陆杰咨请前来，就相应议处，合候命下，移咨给都御史陆杰，将这一次显陵、承天二卫的军政业绩立即考核并奏报定夺。以后“兴都留守司”的一应事务，都听你的节制，郧阳巡抚不必再干预。仍发咨文给都察院，让他们转行湖广巡按御史一体查照奉行。

咨文最后引用了新任郧阳巡抚戴时宗的一道《为申明职掌及地方事宜事》的咨文内容。戴时宗说：据湖广行都司上呈的《为传奉事》内称，查得本司所属的显陵卫，最近奉明旨仍作承天卫，以及兵部议将我们所属的荆州左卫改作显陵卫，都隶属兴都留守司所辖，护守陵寝，要求题奉钦依通行。卷里还交代得清清楚楚，说这二卫原属行都司所辖，凡一应军务、粮饷及考选军政的事宜，全部听郧阳巡抚衙门督理。现在既然改属留守司，今年又是军政大考之年，临时把承天府拟改为湖广巡抚所属，恐怕两个巡抚衙门合干一件事会互相观望，不遵约束，发生很多不便。我认为：承天府旧为安陆州治所，一面连接荆、襄，一面与郧阳、河南的山岳贴近，所以旧时割安陆各州县、军卫给郧阳巡抚管辖不无深意。当时的考虑是，在有事之机，能够借安陆等处的内地之兵形成警戒控制三省之势。现在承天成为了陵寝重地，就应当反过来要借荆、襄、郧三府之力形成保护陵寝之规。往年，朝廷要割承天府属湖广巡抚管辖，是没有经过各司熟议的不成熟决定，那样的话不但会让好不容易所形成的控制三省之势的局面稍失，而且于陵寝重计的考虑更不太周详。好在仰借朝廷威灵，而现在的天下太平无事，假若郧、襄万一有警，这二府之地就只能坐守待困，而内地又因要保护陵寝而无兵可调，就会受到这样的弊端所害。然而承天的府、县既然已奉有了特旨，现在留守二卫就势难分割。上天所造之万物，要腐坏必先从边缘开始。所以古人说要保其内，必先爱护其外。荆州地跨楚地上游，为云、贵、川、陕之咽喉，是古人认为的最重要之地，那么安陆就是荆州之边卫。原设的荆州左、右等卫、所里的所有军士余丁，除派出去运粮、守戍等项外，留守的都是些不堪胜任的老弱者，而且还不到500人。为楚地万千年之重计，还是应当依赖于荆州之兵。现在又割荆州左卫拱卫承天，就愈发显得势单力薄了。假若荆州有事，承天也就无法幸免，更别说安枕而卧了。所以说，虽然此事已定了下来，不如趁现在军士还未动之机再加熟议，从汉阳、沔阳、黄州等内地军卫里，各割一两个千户所奏为护卫，还是来得及的。我刚到郧阳，还没有熟悉这里的情况，偶然有了这个心得，愿意献出这个浅陋的想法，合咨发往贵部，麻烦查照转行给兴都留守司，将那里所辖二卫的一应事体，照旧听从郧阳巡抚衙门的督理。当然，前面所说的所有事宜，希望能在庙堂之上加以议论，请求给予裁度。

最终的结果是，承天府归朝廷直属，郧阳和湖广都不得管辖。

（五）

德安府，原属湖广省上荆南道，于成化十二年（1476 年）归郧阳藩镇管辖。

明万历《郧阳府志》记载："成化十二年，都御史原杰因房竹去襄郡旷远，流贼作梗，奏以郧县城置郧阳府，割竹山尹店社置竹溪县，又割郧之武阳里，上津之津阳里置郧西县，并郧、房、竹山、上津凡六县，仍隶湖广下荆南道。随建行都司、卫、所，以保障之。又设都察院以抚治河南之南阳，陕西之汉中，湖广之荆、襄、郧、德安、安陆，开府（指派巡抚建藩镇）郧阳。后世宗（嘉靖帝）龙飞，升安陆州为承天府，并德安府改隶（湖广）巡抚。隆庆二年，（朝廷）用御史颜鲸议，复以德安隶（郧阳）抚治。至四年，该给事中张崇伦议仍隶巡抚，不隶抚治焉。"

清同治《郧阳府志・卷一・疆域》中也记载："自明成化始设抚治（巡抚），驻郧阳，其所属则秦之金、商、汉中，豫之南阳，楚之襄阳、安陆、德安、沔阳、荆州、施南、宜昌及蜀之夔、忠等处皆其控制，山川联络广袤殆数千里，抚治王以旂有《图说》镌之碑，碑在学院东文场。"

以上记载都十分清楚，郧阳藩镇之初，德安府就已归郧阳管辖。尤其是明万历版《郧阳府志》，修纂之时正值郧阳藩镇中期，可信度非常高，里面交代得很明白，德安府脱离郧阳比安陆州稍晚，应该为嘉靖十九年（1540 年）。

围绕德安府的管辖权，郧阳和湖广在隆庆年间曾经展开过激烈的争夺战。隆庆二年（1568 年），朝廷将德安府复归郧阳；隆庆四年，又将德安府再属湖广，都是这场争夺战双方的阶段性成果而已。

万历九年（1581 年），内阁首辅大臣张居正决定裁革郧阳藩镇。次年张居正病故，朝廷于万历十一年恢复郧阳藩镇，任命顺天府尹张国彦为郧阳巡抚。《郧台志》记载："万历十一年，台复设，前院张国彦首抚，故钦奉敕谕。内有言官建议复设，该部复议事理。"

张国彦(1525—1598年)，字熙载，号弘轩，邯郸人，嘉靖四十一年(1562年)壬戌科进士，初授山西襄陵知县，后历任兵科给事中、山西左参政、陕西右布政使、江西左布政使、顺天府尹、郧阳巡抚、顺天巡抚、户部侍郎、兵部尚书、刑部尚书等职，曾经在洮河之变时有功，被加封太子少保，赐给飞鱼图绣的官服，享受国家一等俸禄。任刑部尚书不久因病回乡，八年后病逝，被皇帝追封"太子太保"，派遣高级官员主持治丧，葬于城西王郎村北莲花岗。

再说张国彦在接到郧阳巡抚的任命后面君时，提出把德安府回归郧阳的请求，被皇帝拒绝。皇帝为了杜绝张国彦的想法，就在给他的敕书里特别注明了德安府的归属问题。下面是张国彦所奉敕谕的全文：

> 敕都御史张国彦：
>
> 湖广郧阳府、荆州、襄阳、河南南阳、陕西汉中及西安，各府所属州县与郧阳府接境去处，僻居万山，界连四省，流民潜聚，易于构乱。原设都御史抚治近经裁革，言官称其不便，奏请复设。该部议复相应，今特命尔提督军务抚治郧阳等处地方又原属湖广行都司各卫所，务要抚恤军民，禁防流逋，保障地方，提督所属三省巡、守、兵备、军卫、有司，操练官军民壮，修理城堡，区画军饷，作兴学校，清理狱讼，戢处亡命奸党及左道煽惑之徒。各省巡抚不必互相节制，仍严督参将、守备、抚民等官，但遇草寇窃发，即便量调各卫所官军相机剿捕，务保无虞。文职五品以下、武职四品以下敢有贪残、放纵、怠慢不职、违误事机者，径自拿问，奏请发落。如遇行军之际，各该官有临阵退缩者，许以军法从事。生擒贼寇鞫问明白，亦听斩首示众。其德安府属，仍归湖广巡抚统理。尔受兹重任，须持廉秉公，正己率下，务俾军民所得，地方安宁斯称委任。如或因循怠玩，以致误事。责有所归。

其大意为：湖广郧阳府、荆州、襄阳、河南南阳、陕西汉中及西安各府，所属的州县与郧阳府接境的地方，都僻居在万山之中，界连四省，为流民潜聚易于构乱之地。原设的郧阳巡抚在近年被裁革，言官们都称其不便，纷纷奏请复设。兵部议复后认为应该复设，现特命你提督军务抚治郧阳等处地方，兼管原属湖广行都司所属的各卫、所。务要抚恤军民，禁防流逋，保障地方，提督所属三省的巡、守、兵备、军卫、有司(官府)，操练官军民壮，修理城堡，区画军饷，作兴学校，清理狱讼，戢拿处理亡命奸党和旁门左道等煽惑之徒。周边各省的巡抚不要再互相节制，仍要严督参将、守备、抚民等官，一旦遇到草寇在暗中发动，应马上酌量调动各卫所的官军寻找机会剿捕，务保地方无虞。文职五品以下、武职四品以下的官员中敢有贪婪凶残、放纵歹徒、怠慢渎职、违误事机的，你可以径自拿问，然后奏请发落。如是在行军打仗之际，各官中有临阵退缩者，允许你以军法从事。生擒了的贼寇，一定要审讯明白，也听凭你斩首示众。其德安府，仍归湖广巡抚统理。你接受这个重任后，必须持廉秉公，正己率下，务使军民有所得，地方得安宁，这样才没有辜负朕对你的委任。如果你因循懈怠，玩忽职守以致误事，责任就都要归咎于你的身上。

这道敕书中，“其德安府属，仍归湖广巡抚统理”一句的背景较深，德安府原属郧阳藩镇管辖，后来改隶湖广巡抚管辖，这次借恢复郧阳藩镇之机，皇帝提醒郧阳巡抚张国彦就不要再插手德安府的事务了，是进一步明确了德安府的归属。

九、郧藩与施州的关系

（一）

明代施州，即现在的湖北省恩施土家族苗族自治州，因这里主要是土家族的居住区，元代对此地实行的是土司自治制度，先后置有散毛、唐崖、金峒、龙潭、忠建、毛岭、施南、容美等土司，属湖广省管辖，设有一所、四宣抚司、九安抚司、十三长官司、五蛮夷官司。统帅着整个施州的是施州卫军民指挥使司，负责维持这里的地方安宁，协调土司之间的关系，完成朝廷和湖广省、湖广都司下达的一切任务。

在嘉靖至万历年间，施州曾经至少归属郧阳藩镇管理27年，划归为上荆南道。对此，《郧台志》虽然无丝毫记载，然而《明史》、清同治《郧阳府志》和嘉靖十八年(1539年)时郧阳巡抚王以旂的《郧阳等处地方图记》里都留有笔墨。

《郧台志》对此无记载，是因为施州脱离郧阳藩镇于万历九年(1581年)，张居正控制朝政时裁撤郧阳藩镇，施州自然连同郧阳、襄阳、荆州一起归还给了湖广省。万历十一年(1583年)恢复郧阳藩镇，施州并没有与郧、襄、荆一起回归，而是留在了湖广。而《郧台志》编纂于万历十八年(1590年)。我们看编纂者对待嘉靖时期脱离郧阳的安陆、德安两府在《郧台志》里也没有任何记载，就知道《郧台志》只是记载万历十八年(1590年)时还存在辖区的一部志书。

清同治《郧阳府志》中有关郧阳藩镇统辖施州的记载在《卷一・疆域》里："自明成化始设抚治(巡抚)，驻郧阳，其所属则秦之金、商、汉中，豫之南阳，楚之襄阳、安陆、德安、沔阳、荆州、施南、宜昌及蜀之夔、忠等处皆其控制，山川联络广袤殆数千里，抚治王以旂有《图说》镌之碑，碑在学院东文场。"

文中提供了两点信息：

一、施南曾经属郧阳藩镇管辖。清代之人口中所说的“施南”，即明代的施州。雍正十三年(1735年)，清廷对施州实行改土归流政策，即取消土司制度，改为设置正常府县，派汉人官员治理施州，于是设置了施南府，辖恩施县、宣恩县、来凤县、咸丰县、利川县。

二、郧阳巡抚王以旂有《图说》刻在碑上。《图说》，即《郧阳等处地方图》说明。嘉靖十八年(1539年)时，朝廷在承天府设兴都，安陆府正式脱离郧阳管辖。此时，朝中有人建议趁此机会干脆裁撤郧阳藩镇。当时的郧阳巡抚王以旂在得知此消息后十分着急，就紧急绘制了一张《郧阳等处地方图》，把境内的所有关隘，以及与楚豫川陕交会之处的险要都描绘在了上面，并用文字详加说明，并派人紧急送往朝廷。嘉靖帝得此图后，才知道设置郧阳藩镇的必要性和重要性，于是改变了态度，郧阳藩镇得以保留。事后，王以旂命人把《郧阳等处地方图》及其说明刻在石碑上，立在巡抚衙门院内。清代，巡抚衙门改为了考试院，也就是同治《郧阳府志》中提到的试院。就在《郧阳等处地方图》中，安陆、德安、施州都被囊括在郧阳藩镇辖区图内。

(二)

《明史·志第二十·地理五·湖广》中，对施州的行政建制有详细记载：

> 施州卫军民指挥使司：元施州，属四川行省夔州路。洪武初省，十四年五月复置，属夔州府。六月兼置施州卫军民指挥使司，属四川都司。十二月属湖广都司，后州废，存卫。北有都亭山；东有连珠山，五峰关在山下；又东南有东门山；东北有清江，自四川黔江县流入，一名夷水，亦曰黔江，卫境诸水皆入焉，下流至宜都县入于大江。领所一，宣抚司四，安抚司九，长官司十三，蛮夷官司五。
>
> 大田军民千户所。
>
> 施南宣抚司，领安抚司五：1. 东乡五路安抚司，领长官司三，蛮夷官司二：摇把峒长官司、上爱茶峒长官司、下爱茶峒长官司、镇远蛮夷官司、隆奉蛮夷官司；2. 忠路安抚司，领长官司一：剑南长官司；3. 忠孝安抚司；4. 金峒安抚司，领蛮夷官司一：西坪蛮夷官司；5. 中峒安抚司。

散毛宣抚司，领安抚司二：1. 龙潭安抚司；2. 大旺安抚司，领蛮夷官司二：东流蛮夷官司、腊壁峒蛮夷官司。

忠建宣抚司，领安抚司二：1. 忠峒安抚司；2. 高罗安抚司，领长官司一：思南长官司。

容美宣抚司，领长官司五：盘顺长官司、椒山玛瑙长官司、五峰石宝长官司、石梁下峒长官司、水尽源通塔平长官司。

木册长官司，直隶施州卫。

镇南长官司，直隶施州卫。

唐崖长官司，直隶施州卫。

很明显，在这里并没有施州归属郧阳藩镇的描述。然而，《施州传》里却记载有曾经归属郧阳藩镇的内容。

《明史·列传第一百九十八·土司·施州传》记载：

施州：施南宣抚司、散毛宣抚司、忠建宣抚司、容美宣抚司、永顺军民宣慰使司、保靖州军民宣慰使司。

施州，隋为清江郡，改施州。明初仍之。洪武十四年改置施州卫军民指挥使司，属湖广都司。领军民千户所一：曰大田。领宣抚司三：曰施南，曰散毛，曰忠建。领安抚司八：曰东乡五路，曰忠路，曰忠孝，曰金峒，曰龙潭，曰大旺，曰忠峒，曰高罗。领长官司七：曰摇把峒，曰上爱茶峒，曰下爱茶峒，曰剑南，曰木册，曰镇南，曰唐崖。领蛮夷长官司五：曰镇远，曰隆奉，曰西泙(坪)，曰东流，曰腊壁峒。又有容美宣抚司者，亦在境内，领长官司四：曰椒山玛瑙，曰五峰石宝，曰石梁下峒，曰水尽源通塔平。

……

嘉靖三十三年(1554年)诏湖广川贵总督并节制容美十四司。初，容美土官田世爵与土官向元楫累世相仇。元楫幼，世爵佯为讲好，以女嫁之，谋夺其产，因诬元楫以奸。有司恐激变，令自捕元楫，下狱论死。世爵遂发兵，尽俘向氏，并籍其土，皆没入之。久之，抚按知其谋，责与元楫对状，世爵不出，阴与罗峒土舍黄中等谋叛。于是湖广巡按御史周如斗请："移荆南道分巡施州卫，以便控制，调广西清浪等戍军，以实行伍。"疏下督臣冯岳等议，岳等言：“施州地势孤悬，不可久居，戍军亦非一时可集。当移荆瞿守备于施州，九永守备于九溪，上荆南道备于巡历。至世爵骄横，有司不能摄治，独久系元榍何为？宜假督臣以节制容美之权，问世爵抗违之罪，如不悛，即绳以法。”从之。

时龙潭安抚黄俊素贪暴，据支罗洞寨，以睚㦬杀人，系狱。会白草番反，俊子中请立功为父贳(赦免)罪，已又自求为副指挥，贿当事者许之。俊出益骄，乃与中及群盗李仲实等，恣行于四川之云阳、奉节间，副使熊逵等计擒俊与仲实。俊死于狱，中自缚出降，执余党谭景雷等自赎。帝命追戮俊，枭示，仲实等论斩，中谪戍，而赏有功者。三十五年，命容美宣抚田九霄袭职，赐红(纟+宁)衣一袭，以浙江黄宗山击倭之功也。

隆庆元年，吏科给事朱绘等言，湖广施州卫忠路安抚覃大宁一日奏五上，语多不实，请究治。都察院议，金峒安抚上舍覃壁争印相杀，及磁峒不当辖四川。俱下抚按官勘报。四年，覃壁作乱，伤官军，抚按请治失事诸臣罪。兵部言：“本卫孤悬境外，事起仓猝，宜从宽贳，以责后功。”帝然之，命所司相机剿抚。五年，巡抚刘悫以覃壁平，条议五事：

一、请以川东所辖巫山、建始、黔江、万县改属上荆道。

一、以荆州去施州卫远，不便巡历。夷陵西有傅友德所辟取蜀故道，名百里荒者，抵卫仅五百余里。请以巴东之石硅司巡检、施州卫之州门驿、三会驿并移近地，俾闾井联络。而于百里荒及东卜垅仍创建哨堡，令千户一员，督班军百人戍守。

一、施州卫延袤颇广，物产最饶，卫官朘削，致民逃夷地为乱。宜裁通判设同知，抚治民蛮，均平徭赋，勿额外横索。

一、金峒世官不宜遽绝，贷覃胜罪，降安抚为峒长，听支罗所百户提调。

一、施州所辖十四司应袭官舍，必先白道院，始许理事。其擅立名号者，请严治，并令兵巡道每岁经历施州，豫行调集各官舍奖谕，令赴学观化。俱从之。

万历十一年，湖广抚按奏：“施州卫施南等宣抚司各官，仍听镇筸参将节制，载入敕书，以一事权。”从之。

根据《施州传》记载，施州归属郧阳藩镇是在嘉靖三十三年(1554年)，虽然与《郧阳等处地方图》里记载的郧阳统属施州的时间有出入，但它已经证明了施州的确曾经为郧阳藩镇的领地。施州脱离郧阳是在万历九年(1581年)藩镇被裁撤时，万历十一年(1583年)恢复藩镇时，朝廷明确郧阳不再管辖施州。文中的“镇筸”，是湘西的地名，明代属湖广省。

(三)

我们从《施州传》里，还明白了当年施州归属郧阳藩镇的原因，以及此后的两场战事。

嘉靖三十三年(1554年)之前，容美土官田世爵与另一土官向元楫两家世世代代为仇。向元楫年幼，田世爵以把女儿嫁给他为由谋夺向氏产业，随后诬陷向元楫强奸。官府担心引发施州激变，就令田世爵自己抓捕向元楫，送进官府狱中论其死罪。田世爵于是发兵，捕俘了所有向氏家族成员，并把他家的土地全部归为自己所有。过了一段时间，湖广巡抚、巡按才得知是田世爵的阴谋，就责令他与向元楫对簿公堂。田世爵不肯出来，暗地里与早已反叛的罗峒土家舍余黄中等人勾结。

黄中何许人也，是龙潭安抚土司黄俊的儿子。黄俊素来贪暴，占据着支罗洞寨专横跋扈，因擅自杀人被关入大狱。不久，白草番发生反叛，黄中请求立功为父亲赦免罪行，后又自求出任副指挥，并贿赂当事人应允。黄俊出狱之后愈发骄横，与黄中勾结盗匪首领李仲实等人，恣行于四川云阳、奉节之间。

情况紧急，而施州距省城武昌一千七百里，鞭长莫及；湘西的兵力只够防守，无法抽出兵力剿灭叛乱；离施州最近的兵力就只有郧阳控制的上荆南道和荆瞿守备。

在这种情况下，湖广巡按御史周如斗向朝廷建议：“移荆南道分巡施州卫，以便控制，调广西清浪等戍军，以实行伍。”奏疏下发给了湖广川贵总督冯岳，冯岳说：施州地势，孤悬在外，大军进入后不可久居，而且添派固定的戍军因为旷远也不是一时能够集聚得起来的，最好的办法是就近移荆瞿守备进驻施州，四川九永守备进驻九溪，让上荆南道员带兵巡历施州。至于田世爵骄横，官府不能摄治其人，那么长久单独关押向元楫有什么益处？应该借总督的名义以节制容美宣抚司之权，问田世爵抗违圣旨之罪。如果他依然怙恶不悛，即绳之以法。

皇帝采纳了冯岳的提议，自此施州归属郧阳藩镇上荆南道管辖。不久，副使熊逵等人用计擒获了黄俊、李仲实。后来黄俊死于狱中，黄中不得已自缚出来投降，并捉拿余党谭景雷等人以自赎。嘉靖帝命追戮黄俊的尸体，然后枭首示众，李仲实等人也被论斩，黄中被谪戍边疆，然后朝廷大赏平乱有功之人。

隆庆元年(1567年)，施州金峒安抚土司上等舍余覃璧，与覃胜为争土司大印而相互残杀，朝廷命郧阳巡抚、巡按勘查汇报。隆庆四年(1570年)，覃璧发动叛乱，伤害前去镇压的官军，巡抚、巡按上疏请求治失事诸臣之罪。兵部认为：施州卫孤悬境外，事起仓猝，宜从宽免除失事官员的罪责，以观后效。皇帝同意，命相关部门相机剿抚。隆庆五年(1571年)，覃璧叛乱被平。

为此，湖广巡抚刘悫上疏五事：一、以川东所辖的巫山、建始、黔江、万县改属上荆南道管辖。二、荆州离施州卫较远，不便巡历，而夷陵(宜昌)西有一条傅友德在元末攻取四川时所开辟的故道，名字叫“百里荒”，到施州卫仅五百余里的路程，可以把巴东的石硅巡检司、施州卫的州门驿、三会驿移近百里荒，形成闾井联络之势。同时在百里荒以及东卜垅创建哨堡，令一名千户督班，率百名军人戍守。三、施州卫地广人稀，物产富饶，然而因卫官的残酷剥削，致使民众纷纷逃避到深山中为乱。建议裁撤通判一职，改设同知，在那里抚治民蛮，均平徭赋，禁止官员额外横索。四、金峒安抚土司的世官爵位不应该马上让其断绝，应该原谅覃胜的罪，把他的安抚之职降为峒长，听从支罗百户所的提调。五、施州所辖的十四土司官舍人等，在应袭爵位之时，必须先报告上荆南道和郧阳都察院，才能允许他们理事。如果有擅立名号者，请严治其罪。同时令上荆南兵巡道每年必须巡历一遍施州，届时调集各官舍对其进行奖谕，令他们赴学堂观摩教化。结果皇帝全部同意刘悫的意见。

万历九年(1581年)，郧阳藩镇被裁撤，郧阳、襄阳、荆州、施州全部归还湖广。万历十一年(1583年)恢复郧阳藩镇，湖广巡抚、巡按联名上奏：“施州卫施南等宣抚司各官，仍听镇筸参将节制，载入敕书，以一事权。”至此，施州完全脱离郧阳藩镇。

(四)

《施州传》里还记载了崇祯年间郧阳征调施州土兵围剿张献忠的史实。内容为：

> 崇祯十二年，容美宣抚田元疏言："六月间，谷城贼复叛，抚治两臣调用土兵。臣即捐行粮战马，立遣土兵七千，令副长官陈一圣等将之前行。悍军邓维昌等惮于征调，遂与谭正宾结七十二村，鸠银万七千两，赂巴东知县蔡文升以逼民从军之文上报，阻忠义而启边衅。"帝命抚按核其事。时中原寇盗充斥，时事日非，即土司征调不至，亦不能问矣。

其背景为：崇祯十一年(1638年)，明末农民军纷纷向官军投降，其中张献忠被安置在谷城，罗汝才以及一丈青、小秦王、一条龙等四营被安置在郧阳，惠登相、王国宁、常德安、杨友贤、王光恩五营被安置在均州。

崇祯十二年(1639年)正月，总督洪承畴和陕西巡抚孙传庭率军北上入卫京师，以应对清军对北京的威胁。五月，张献忠、罗汝才等人见郧阳及其周边官军兵力空虚，就重新扯旗造反。张献忠在杀死谷城知县阮之钿、火焚官署后，又迅速攻下房县。罗汝才也从郧阳一路杀向房县与张献忠合营，杀知县郝景春，又连接攻下郧西、保康等地。不久，惠登相、常德安、杨友贤反于均州，只有王光恩仍死心塌地归顺朝廷。

在无兵可调的情况下，当时的郧阳巡抚王鳌永决定向施州调土兵参与征剿农民军。容美宣抚土司田元向朝廷报告说，六月之间，谷城贼复叛，郧阳巡抚两次发文征调这里的土兵。我当即捐了行粮、战马，并立即派遣七千土兵，令副长官陈一圣等率领前行。然而，邓维昌等人畏惧征调，就与谭正宾勾结72村，聚集白银一万七千两，去贿赂巴东知县蔡文升，以逼民从军，虚文上报，阻碍忠义。崇祯帝命郧阳巡抚、巡按核查此事。然而当时中原已经寇盗充斥，时事已经今非昔比，即使土司征调不至，朝廷也没有精力再过问了。

十、郧藩与下川东、东川北二道的关系

（一）

在200余年的郧藩历史中，郧阳与四川的下川东、东川北二道的关系比较特殊。

其一，夔州、忠州和石砫土司，除隆庆四年（1570年）至万历初年外，在明代始终是四川的土地，其行政管辖权在四川，郧阳藩镇无权过问夔州、忠州和石砫的行政事务；其二，夔州、忠州和石砫的军事防卫权在郧阳行都司，四川都司无权过问夔州、忠州和石砫的军事部署和军事行动；其三，郧阳巡抚虽然不可插手夔州、忠州和石砫的行政事务，但他是郧阳提督，是郧阳行都司的最高指挥官，所以郧阳巡抚实际是夔州、忠州和石砫军事防务的最高决策者。

此前的郧阳地方史研究者们均认为，在郧藩设立之初夔州就被纳入了郧阳藩镇的版图，而此观点明显有误，理由有二：

其一，查《明史·志第十八·地理三》中有如下几条记载：

四川夔州府：元夔州路，属四川南道宣慰司，洪武四年为府，九年四月降为州，属重庆府。十年五月直隶布政司，十三年十一月复为府，领州一、县十二：奉节、巫山、大昌、大宁、云阳、万、开、梁山、新宁、建始、达州、东乡、太平，西距布政司千九百里。

四川重庆府：元重庆路，属四川南道宣慰司，洪武中为府，领州三、县十七：巴、江津、壁山、永川、荣昌、大足、安居、綦江、南川、长寿、黔江、合州、铜梁、定远、忠州、酆都、垫江、涪州、武隆、彭水，西北距布政司五百五十里。……忠州：府东，元治临江县，洪武中以县省入。

南滨大江，江中有倒须滩，西北有鸣玉溪流入江；西有临江巡检司。西距府八百里；领县二：酆都、垫江。

石砫宣慰司：元石砫军民宣抚司，明玉珍改安抚司。洪武八年正月为宣抚司，属重庆卫。嘉靖四十二年改属夔州卫，天启元年升为宣慰司。东有石砫山。又有三江溪，即葫芦溪之上流也。西南距夔州府七百五十里。

《明史·志第六十六·兵二·卫所班军》里又有如下三条记载：

湖广都司：武昌卫、武昌左卫、黄州卫、永州卫、岳州卫、蕲州卫、施州卫；长沙护卫，革；辰州卫；安陆卫，后属行都司，改承天卫；襄阳卫、襄阳护卫，后俱属行都司；常德卫、沅州卫、宝庆卫；沔阳卫，后属兴都留守司；长沙卫、茶陵卫、衡州卫；瞿塘卫，后属行都司；镇远卫、平溪卫、清浪卫、偏桥卫、五开卫、九溪卫；荆州左护卫，后为荆州左卫，属行都司，改显陵卫；荆州中护卫，革；靖州卫、永定卫、郴州千户所；夷陵千户所，后属行都司；桂阳千户所；德安千户所，后改属兴都留守司；忠州千户所，后属行都司；安福千户所、道州千户所(革)、大庸千户所；西平千户所，革；麻寮千户所；枝江千户所，后属行都司；武冈千户所、崇山千户所(革)；长宁千户所，后属行都司；武昌左、右、中三护卫，左改东昌卫，右改徐州左卫，中改武昌护卫。

湖广行都司：以湖广都司、卫、所改设：荆州卫、荆州左卫、荆州右卫、瞿塘卫、襄阳卫、襄阳护卫、安陆卫、郧阳卫、夷陵千户所、德安千户所、枝江千户所、长宁千户所、远安千户所、竹山千户所、均州千户所、房县千户所、忠州千户所、辽府仪卫司、襄府仪卫司、兴府仪卫司。

兴都留守司：承天卫，旧安陆卫，嘉靖十八年改；沔阳卫，旧属都司，嘉靖二十一年改；显陵卫，旧为荆州左卫，嘉靖十八年改；德安千户所，旧属行都司，嘉靖二十一年改。

从以上资料中可以看出，除隆庆年间和万历初年外，郧阳藩镇没有统领过四川的一寸土地，而郧阳行都司却始终负责保卫四川的夔州府、重庆府忠州、石砫宣慰司领地的安全。

其二，无论在《明史》、《明实录》还是在《郧台志》里，都没有郧阳藩镇管辖夔州、忠州和石硅的任何记载，而且每个郧阳巡抚上任时，皇帝都要颁发敕谕，规定了他的管辖范围，但我们目前所能够看到的是，自原杰以来除隆庆五年(1571年)的凌云翼，其余所有巡抚所奉的敕谕里，所提及的管理范围均是郧阳、襄阳、荆州(包括安陆州和德安府)、南阳、汉中、商州，没有涉及四川土地。不仅在皇帝给除汪道昆、凌云翼外其余郧阳巡抚的敕谕里见不到“夔州”、“忠州”、“石硅”的字眼，而且查遍能够看到的历年朝廷各部下发给郧阳藩镇的咨文里，也不见有郧阳藩镇辖治夔州、忠州和石硅的痕迹。不仅如此，在能够查阅到的除汪道昆、凌云翼外其余郧阳巡抚及其他官员历年所上的奏疏里，也不见有夔州、忠州和石硅政务的墨迹。我们所能看到的，都是郧阳行都司在夔州、忠州和石硅行施军事指挥权的字眼。

(二)

从《明史》里，我们可以看到，夔州、忠州和石硅的防卫权不归四川，而归湖广都司，这在明初就已经确定。相同的状况不仅只此一例，而是存在于全国所有省与省交界之处。这是朱元璋做出的规定，目的是为了防止地方军阀势力坐大而采取的一种防范性措施而已。

后来，湖广都司与郧阳行都司分家，夔州、忠州和石硅就归了郧阳行都司。而郧阳行都司只是管辖从湖广都司所接手过来地盘上的防务，而从来就没有防卫郧阳藩镇属下的南阳、商州、汉中的权力。然而郧阳巡抚是郧阳提督，他有权过问整个藩镇内的军事部署。

因此，夔州、忠州和石硅都不是郧阳藩镇的辖地，却是郧阳行都司的防区。

另外，即使在一个省或者藩镇属下的行政区，与卫所的军事管理区并不一定重叠。如郧阳行都司管理之下的荆瞿守备道，其管理范围下至荆州，上至忠州，全部都是它的防御之地，而且忠州守御千户所的辖地还延伸到了郧阳府所属的保康县境内。这里有郧阳巡抚叶照的《立望夫山堡疏》为证。

叶照，字景阳，浙江慈溪人，嘉靖二年(1523年)癸未科进士，于嘉靖二十五年(1546年)三月由山东左布政使升任右副都御史任巡抚郧阳。上任后做了加高郧阳城垣三尺，整顿各地摊派，平均徭役负担，充实仓粮以备灾荒，申饬各地严密防守要害地方，每月查点申报戍卒情况，添设多处巡检司，编纂嘉靖版

《郧台志》，立望夫山堡等重大事情。嘉靖二十六年(1547 年)正月，叶照遭弹劾，结果以疾病之例致仕(退休)。

望夫山在保康县境内。叶照在《立望夫山堡疏》里说：

> 忠州守御千户所冠带舍人、兵部咨送报效李敷具呈，乞请要在望夫山建立关堡，摘拨马良坪埰堡半戍，另委军职缉捕以巡逻。

“冠带舍人”是一种官职，为朝廷各部里的低级官员。“兵部咨送报效”是指持兵部文件前来报效，即兵部直接派来的忠州守御千户指挥使。

在保康县境内设军堡，却要守御忠州的军官向郧阳巡抚呈报，反过来能够证明忠州一带当时确实为郧阳行都司的防区。

郧阳藩镇到底有没有管辖过夔州、忠州和石砫呢？不仅有过，而且还同时管辖过东川北的保宁、顺庆二府的 20 个州县，时间是在隆庆四年(1570 年)之后，有隆庆帝《实录》里的记载和皇帝颁发给郧阳巡抚凌云翼的敕书为证。

据隆庆帝《实录》：

> 隆庆四年四月乙卯，四川巡按御史王廷瞻核上《盗入太平、大宁等处，诸守臣失事罪状》，且言：“各贼巢虽在川陕界内，然去会城则远，去郧阳巡抚驻扎则近，请以下川、东北兵备等道，暂听郧阳抚臣汪道昆节制，并旧属关南道，悉以委之。其蜀中蛮寇，仍令听调巡抚严清经理，须代者至，乃许离任。”上悉从之，而革都指挥孙继武职，下御史按问。守巡下川东道副使郑文茂，停俸，戴罪杀贼。参议郝永贞、夔州府同知张邦臣，各夺俸三月。

文中所说的“盗”，是指该年之初，郧阳藩镇汉中府西乡县流贼何勉的余党，行劫于该府紫阳县，然后进入四川境内，与前去围剿的官军发生激战，造成官军大量伤亡。皇帝又谕令四川、陕西、郧阳三巡抚亲自督兵剿贼，务期荡平。不久，就把发生战事的下川、东川北二道托管给了郧阳藩镇。

这里只是说把下川、东川北二兵备道交给郧阳托管，移交的似乎只是军事防卫权。其实不是，当时移交的应该是整个下川道、东川北道所管辖地域的所有行政和军事大权。这从隆庆五年(1571 年)皇帝颁发给郧阳巡抚凌云翼的敕书上可以看得出来。

(三)

凌云翼，南直隶太仓州人，嘉靖二十六年(1547年)丁未科进士，初授南京工部主事，于隆庆五年(1571年)五月由河南右布政使升为右佥都御史任郧阳巡抚，任内大兴科举，重修迎恩观，上疏《卫所兵消耗之弊并清理之见》，提出清丁差、清屯田、清军运、清班军、清科派、清月粮六事，被皇帝采纳。万历元年(1573年)，朝廷升凌云翼为右副都御史任江西巡抚离郧，他在郧任职2年。后来他又历任兵部左侍郎兼右佥都御史总督两广、右都御史兼兵部侍郎、南京工部尚书、右副都御史兵部尚书总督漕运、淮扬巡抚兼总督河道加太子少保、戎政尚书等。退休后以“家居骄纵”被夺爵。

下面是嘉庆皇帝颁发给凌云翼的上任敕书，全文如下：

敕都御史凌云翼：

湖广行都司：郧阳府并荆州、襄阳、河南南阳、陕西汉中、西安各府所属州、县与郧阳接境去处土地广阔，山川深险，流民潜聚易于构乱。今特命尔前去提督抚治，于郧阳府驻扎，专一往来前项地方，巡察奸贪，抚安人民，整饬兵备，区画粮储。令各该司、府抚治流民官员修理城池，禁防盗贼，作兴学校，清理狱讼，使先年编籍之民各安生业。仍时常谕省军民人等不许收藏应禁之书，及捏造妖言冒干刑宪罪及身家。倘遇草寇生发，尔等调量所部官军、民快，督同各该分巡、兵备及军卫有司上紧扑灭，毋致滋漫。若各官有事干涉，不行关报者，听尔指实参奏。其应与各镇、巡等官会议者，须从公议行。凡所属司、府、军卫有司官员人等有犯应拿问者，奏闻区处。近因流寇逃入大宁，及番蛮猖獗，言官建议将四川下川、东川北兵巡等道，并各所属府、卫、州、县等衙门暂受尔节制，与同原日兼制关南道。一应征剿、调度、兵食事宜悉听尔指授方略，务将前贼克期剿灭。如有怠纵误事，经自参奏重治。事完之日，下川、东川北二道仍归属四川管摄。尔受兹重托尤须持廉秉公，正己率下，务俾军民得所，地方安静，斯为尔能。隆庆四年因山寇何勉作乱，彼时会兵剿捕，故敕谕内议将下川、东川北兵巡等道并各府所属府、卫、州、县等衙门暂属节制，后事完仍归四川管摄。

这是隆庆五年(1571年)凌云翼到郧阳任巡抚时，隆庆皇帝颁发给他的敕谕，其大意为：郧阳、荆州、襄阳、南阳、汉中、西安各府所属的及与郧阳接境的各州、县全部为土地广阔，山川深险之地，有大量流民隐蔽居住在其间，很容易发生骚乱。现在特命你前去当巡抚，驻扎在郧阳，专门往来前项地方巡察奸贪，安抚人民，整饬兵备，区画粮储，命令各司、府，专事抚治流民，认真修理城池，禁防盗贼，作兴学校，清理积案，使已经编籍入户的人民各安生业。还要时常提醒军民人等，不要收藏禁书，不要捏造妖言，以免触犯刑法罪及身家。如果有盗贼聚啸山林，你要迅疾调动所部官军、民快，督促当地的分巡、兵备以及军卫官员赶紧剿灭，不要致其蔓延。假若有官员无故生事干涉，或者有警不报，听凭你根据实情参奏。遇到需要与各镇、各巡官员坐下来商议的事，必须按照公平、公正的原则议定执行。所有辖属司、府、军卫的官员人等，如有犯法应该捉拿问罪的，要奏报给我，然后根据情节区别处理。因为最近有流寇逃入三峡大宁一带，还有南方少数民族的乱民猖獗，有言官建议将四川省的下川、东川北两个兵巡道等和各府所属的卫、州、县等衙门暂受你节制，管理模式与你们兼制的关南道相同。所有征剿、调度、粮草等事宜全部听从你指授方略，务必将流寇和乱民限期剿灭。如果发生懈怠、放纵而误事，必定参奏重治你的罪行。等三峡一带平定后，就将下川东、东川北二道仍旧归还给四川管辖统摄。你接受这个重托后尤其要持廉秉公，正己率下，务必使军民安居乐业，地方安静，我相信你是能够胜任的。在隆庆四年(1570年)时，有山寇何勉作乱，当时因为会兵剿捕的需要，经我敕谕后内阁大臣们议定将下川、东川北两个兵巡道并各府所属的府、卫、州、县等衙门暂属郧阳节制，当时就说定，事完之后仍归四川管摄。

从这道敕谕里，我们看到了这样一个事实：不仅四川夔州府、重庆府忠州，而且整个下川道和东川北道的行政管辖权曾经在隆庆四年(1570年)暂归郧阳藩镇，其范围从夔州至阿坝藏羌地区，与郧阳藩镇的汉中府宁羌州连在了一起。

下川、东川北二道归还四川的时间，目前无任何资料可考，应为在万历九年(1581年)郧阳藩镇裁撤时归还，万历十一年复镇时不再归郧阳。照此，郧阳藩镇管辖下川东、东川北二道达11年。

十一、郧藩的几次裁革与复设

郧阳藩镇设立于明成化十二年(1476年)，终止于清康熙十九年(1680年)，历时204年之久。这其间，曾经有过四次动议裁革的经历，其中三次是在被撤销之后再恢复，一次在动议的过程中而流产。为什么郧阳藩镇反复被裁撤又恢复？为什么有一次欲撤销又中途搁浅？此处正是要探讨这四次事件发生的原因和历史背景。

(一)正德二年裁革郧阳藩镇的历史背景

正德二年(1507年)十一月，朝廷宣布裁革了郧阳藩镇。此时，离成化十二年(1476年)在郧阳设藩镇才仅仅过去31年。然而，在不满3年之后的正德五年(1510年)八月，郧阳藩镇又被恢复。郧阳藩镇为什么被裁革，又为什么被恢复？让我们来看看当时的时代背景。

1

郧阳藩镇是为了平息汉江流域所发生的大规模流民骚乱而设置的，31年的时间仅仅只使得郧阳及其周边的流民问题暂时得到了安抚，而没有从根本上消除隐患，此时裁革郧阳藩镇并不是一个明智之举。事实证明，郧阳藩镇被裁革后不几年，汉江流域就骚乱再起，国家心脏地带的稳定再次受到了挑战。好在这次罢镇仅仅只有短短的两年多时间，到正德五年(1510年)八月郧阳藩镇就被恢复，但这已经给国家和汉江流域人民的生活造成了极大的伤害。

在正德二年(1507年)初，郧阳才刚刚迎来了新的巡抚。正月，南直隶婺源人汪舜民由河南左布政使任上卸职，然后赴郧阳接替于正德元年(1506年)十一月去南京任兵部右侍郎的江西德兴人孙需所空出来的郧阳巡抚职位。刚到五月，郧阳又接到了新的圣旨，要汪舜民到南京去任职，但并没有派新的巡抚来接任。十一月，郧阳终于等来了又一道圣旨，却是裁革郧阳藩镇的消息。汪舜民在郧阳履任才四个月就被调走，随后不久朝廷又裁革了藩镇，难道是郧阳出现了什么重大差错才导致藩镇被裁革的命运？

实际上，郧阳藩镇被裁革并不是汪舜民有什么错，也不是郧阳有什么失误，而且正德皇帝和朝廷也不是专门针对郧阳的，而是面向全国所有巡抚作出的决定。

巡抚是明清两代所设的一种官职，为一省的最高军政长官。明朝建立之初，朱元璋怕地方的权力过重威胁到中央，规定了在省级实行三司分权制，设承宣布政使司管民政、提刑按察使司管刑狱、都指挥使司管军事防务，三司互不隶属各向皇帝负责。省级三司分权制在当时是巩固了皇权，也加强了朝廷的权力，但同时也大大削弱了地方上的执行权。在省内，往往为一件小事，三司之间互相推诿扯皮而得不到落实。为了加强省级事务的执行力，皇帝不时需要往地方派钦差大臣去协调办事，监督官府和官员的作风。这些钦差大臣就是那个时期的临时巡抚。由于省级三司分权制本身就存在着的缺陷，巡抚是来了走，走了来，后来就索性派巡抚在省里常驻，久而久之就成为了一省之最高军政长官，而且成为定制。

由此可以看出，在明代的政治制度下，省级巡抚是不能被裁撤的，勉强裁撤就会出现天下瘫痪的不利局面。然而，在正德年间就有一个人偏不信这个邪，非要尽革天下巡抚。这个人就是大太监刘瑾。

刘瑾是陕西兴平人，本姓谈，六岁时被太监刘顺收养，后来也净身入宫当了太监。弘治年间，刘瑾曾经犯下过死罪但又被赦免，后来被派去侍奉太子朱厚照，就是后来的正德皇帝。由于刘瑾平日对史书涉猎甚广，颇通文史，熟悉古今，而且善于察言观色，因此深受朱厚照的信任。正德初他数次升迁，爬上了司礼监掌印太监的宝座，就引诱正德帝沉溺于骄奢淫逸之中，自己趁机专擅朝政。当时，人们都称正德帝为“坐皇帝”，又称刘瑾为“立皇帝”。刘瑾大权在握之后就网络党羽，排陷异己，屡造冤狱，朝中正直官员大都受到过他的迫害。

正德二年(1507 年)正是刘瑾如日中天之时。当年正月，他假借正德皇帝之口颁布了“革天下巡抚”的诏令，郧阳巡抚当然亦在其列。但郧阳藩镇与其他省份不一样，流民刚安抚并不稳定，而且每年都有大量新的流民仍在涌入，所以革了巡抚就足以让江汉地域重新陷入混乱甚至瘫痪之中。五月，皇帝调走汪舜民的圣旨抵达郧阳后，他只能抛弃郧阳，顺汉江而下去南京任都察院左副都御史。十一月，郧阳藩镇就被裁革。

2

刘瑾为何罔顾天下安危尽革天下巡抚？难道正德皇帝朱厚照就任由他毁坏江山吗？

朱厚照 2 岁被立为太子以后，刘瑾就一直在身边照顾他，他与太子身边的马永成、高凤、罗祥、魏彬、丘聚、谷大用、张永等太监一起竭尽全力地巴结太子朱厚照，每天都给他弄来一些奇特的玩具让他玩乐，还经常安排一些各式各样的宫廷、民间戏以及一些好玩的游戏，把东宫当做了百戏场，让朱厚照终日沉溺其中，产生了对他们的高度依赖，导致学业荒废，而且朱厚照登基后，终其一生不能从中自拔，政事只得依赖于他们。在当时，人们称以刘瑾为首的 8 个太监为“八虎”，这就是刘瑾能够权倾朝野的原因。由于朱厚照登基时才 14 岁，还少不更事，刘瑾就成了从正德元年(1506 年)到五年的朝政实际操纵者。

刘瑾是中国历史上为数不多的几个重量级权宦之一，权力不仅刺激了他的贪欲，也熏黑了他的心。他一贪权，二恋钱，三打压政敌，四不怕祸国殃民。

在权力方面，刘瑾领导宦官们想方设法地鼓动正德帝游玩享乐，他们则瞒着皇帝为非作歹，专权跋扈。刘瑾最受皇帝的信任，不仅在内宫任职，而且实际掌管着京城的精锐守卫部队。

在金钱方面，刘瑾劝正德皇帝下令把各省的库藏尽输京师，从中贪污大量银两。他还公然受贿索贿，卖官鬻爵，大搞钱权交易。各地官员朝觐至京，都要向他行贿，谓之“见面礼”，动辄白银千两，有的高达五千两。有人为了行贿，只好向京师富豪借高利贷，时人称为“京债”。凡官员升迁、赴任或回京述职，均得给他送礼。此外，他还派亲信到地方供职为其敛财，利用权势肆意贪污。如延绥巡抚刘宇，先后向他行贿之数达万两白银之多，官位也随之上升至吏部尚书。

当然，朝廷大臣中不乏敢于直谏劝皇帝远离刘瑾的人，如大学士刘健、谢迁、李东阳，尚书张升，给事中陶谐、胡煜、杨一瑛，御史王涣、赵佑，南京给事御史李光翰、陆昆等人都曾经上疏谏言，但在刘瑾的花言巧语之下，皇帝不仅没有处罚刘瑾等人，反而命刘瑾掌控了司礼监，马永成掌控了东厂，谷大用掌控了西厂。对于那些曾经向皇帝谏言的大臣，刘瑾自然恨之入骨，在自己掌握大权之后便毫不客气地向他们开刀。他用的方法很多：轻者罚米供应边境，重者去衣廷杖，再重者上大枷拖累致死。刘瑾罚米的数目很大，有的竟达到几千石之多，致使很多大臣被罚得家破人亡。明朝本来有规定，廷杖大臣的目的仅仅是要侮辱他们的人格，所以允许大臣用毡、毯以及棉衣垫在身上，但刘瑾廷杖大臣却要他们脱衣裸体，又授意执行的锦衣卫加力责打，被当场打死者不在少数。刘瑾特别命人制作了一种 150 斤重的大枷，专门迫害那些屡次上谏的大臣，被迫害者往往没几天便会被拖累致死。

对那些一时还不好下手的言官，刘瑾就命令他们寅时入朝办公，酉时才允许回家，每天上班的时间都在 14 个小时以上，目的就是要让他们不得休息，再没有精力弹劾自己。

刘瑾打击异己时随心所欲，对于那些在平时只对他作揖而没有行磕头大礼的翰林院官员也不放过，随便找个借口就一次把 20 余官员有的赶至南京任职，有的削职为民。还有一次，刘瑾将尚书王佐等 137 人一起贬官。

一次，刘瑾召集群臣来到内金水桥前，命他们全都跪着，听他宣布一个 53 人不向他效忠的"奸党"名单，其中包括大学士刘健、谢迁、韩文等 5 位尚书，还有一些侍郎、御史。

正德三年(1508 年)六月二十五日早朝，就在群臣叩头拜起将要退朝的时候，忽然发现御道上有一封匿名信，内容是揭露刘瑾不法罪行的。刘瑾气急败坏，当着皇帝的面大发淫威泄愤，擅自宣布不许退朝，要文武百官都跪在奉天门前。刘瑾站在奉天门的台基上辱骂群官，威逼他们举报写这封匿名信的人。暑伏之天，烈日当空，热气袭人，没有阴凉，没有水喝，大臣们长时间跪在金水桥南砖地上口干舌燥，汗流浃背，饥肠辘辘。到午后，昏倒的 10 多人中死了 3 个，刘瑾却依然无动于衷，只命内监将昏倒者拽出去，但依然没有找出写匿名信的人来。刘瑾气怒之下，命锦衣卫将跪伏在奉天门的文武官员 300 余人全部逮捕下狱，造成了正德帝即位以来的大冤狱。

刘瑾就是这样一个置国家安危于不顾的怪胎，所以他能够做出"尽革天下巡抚"的事情就没有什么奇怪的了。他的专权使得朝纲混乱，地方不满，直接导致了国内各种矛盾的激化。官员们向他行贿后，必然要加重剥削百姓，百姓们被逼得走投无路后就只好反抗，当时的国家陷入了一片混乱之中。

3

善有善报，恶有恶报，刘瑾的倒行逆施在危害国家和人民的同时，最终也给他自己带来了杀身之祸。他在权势的道路上越走越远，甚至动了篡位之心，这就预示着他的末日到了。

刘瑾在达到了权力巅峰时，陷入了一个所有作恶者都逃不出的怪圈而不自知。被权益冲昏了头脑的他只顾自己作威作福，根本就没有想到要摆平其他“七虎”的地位。他们在向刘瑾要权要利时，刘瑾总是往自己怀里揽得多而吝啬施与他人，时间一长，矛盾便逐渐激化，加之各地的造反和反叛不断，让他最终走上了不归路。

当时，分封地在甘肃的安化郡王朱寘鐇素有谋逆夺取皇权之心，一见刘瑾乱政，就以为时机来了。正德初年时，他利用刘瑾专横跋扈引发天下不满之机，就派生员孙景文联络宁夏都指挥周昂等一批军官突然发动叛乱，先后杀宁夏总兵姜汉、镇守太监李增、巡抚安惟学、大理寺少卿周东及一批执掌兵权的将领，占领镇城后“放狱囚，焚宫府，劫库藏，夺河舟，大肆勒索庆府诸王，掠夺金币万计充做军资。同时分封将弁，把守关隘，传檄文屡次历数刘瑾之罪状，与朝廷分庭抗礼”。宁夏将军仇钺假意向朱寘鐇投降，却又佯装有病闭门不出，暗中计划和筹措怎么与官军配合平定叛乱。朝廷调陕西总兵到宁夏平叛，官军在黄河东岸设防，防止宁夏兵变向东扩张，又烧毁囤积在大坝、小坝千户所的柴草，以防为叛军所用。仇钺见时机已到，就借机向朱寘鐇建议加强黄河防守，把叛军主力调出了城，使得城内防务空虚，然后就乘机杀死了叛军主将周昂、孙景文等，并轻而易举地擒获朱寘鐇，使宁夏叛乱得以平息。

正德五年(1510年)，朱寘鐇再次反叛，朝廷命泾阳伯神英任总兵，由“八虎”之一的太监张永总督军务，起用前陕西三边(三边指延绥、宁夏、甘肃三个边镇)总督杨一清率各省兵勇数十万征讨，叛乱很快又被平定。

在这次平乱过程中，杨一清有意接近张永，最后发展到两人关系甚为融洽。从言谈中，杨一清得知张永与刘瑾之间有很深的矛盾，便想利用他们的矛盾清除刘瑾。他乘机对张永说：“依赖公公之力，很快就清除了这里的反贼，但朝廷里的内患可就不是那么容易清除得掉的。”遂在手掌之上写了一个“瑾”字让张永看。张永一时不置可否，而且面有难色。杨一清慨然说道：“公公是皇上所信任的内臣，今派公公前来监军，即是明证。何不以此次进京奏捷论议军事之机，趁机揭露刘瑾的罪恶，尽可能地陈述大臣愁怨，这样你就会成为皇上的心腹。皇上英武，到时必会听公公之言而诛杀刘瑾。刘瑾伏诛后，公公必然掌握大权，那时再全部清除弊政，安定天下人之心，现在正是天赐的良机。”张永心有所动，但还是有些担心地说："若事不成，后果严重。"杨一清进一步鼓励说："若是公公在皇上面前进言，事情定能成功。万一皇上不信，公公可顿首据地哭泣，请死于皇上面前，剖心以明情真意切言不为妄，皇上必为之心动。若得到皇上允许请你马上行事，千万不要犹豫。"张永听罢说："老奴何惜余年而不报主？"二人遂商议乘献俘奏功之机，向皇帝揭发刘瑾罪行的细节。

八月十一日，太监张永献俘毕，正德帝摆席赐酒酬劳张永，但有刘瑾及马永成等太监在旁侍候，张永没有机会向皇帝进言。到了夜半时分，刘瑾终于熬不住要求辞归，张永见刘瑾已走，遂向皇帝密奏了刘瑾谋反的情状，且从袖中取出奏疏，历数刘瑾不法十七事。正德帝刚喝了酒头脑不十分清醒，只半信半疑地低头说："刘瑾负我？"态度有所犹豫。张永急了，说："此事不可缓，缓则奴辈皆死于非命，陛下亦无所归！"接着，其他太监也趁机历数刘瑾平时的劣迹。正德帝这才有点相信，便下令让校卒逮捕了刘瑾。

4

正德五年(1510年)八月十二日，正德帝向内阁出示张永的奏疏，宣布贬刘瑾为奉御，迁出京城到凤阳闲住。十四日在抄刘瑾家时，先抄得黄金24万锭，接着又抄出散金57800两、金元宝500万锭、白银800万锭、散银10058.38万两、宝石2斗、金钩3千只、金银汤鼎500只、衮服4套、蟒服470袭、牙牌2柜、金龙甲30件、玉印1枚、玉琴1张、狮奕带1条、玉带4160条。随着抄家的深入，又获得金59000两，银109500两，团扇饰貂皮鞘刀2把，甲衣千余件，弓弩500件，其他宝物不计其数。本来，正德帝已贬刘瑾，就没有打算诛杀他的意思。但在得到从他家抄出这么多财产后，正德帝不由得勃然大怒，说："奴果反。"遂令法司、锦衣卫会同百官到午门外审讯刘瑾。审讯时，主审的刑部尚书刘璟吓得一句话都不敢说。刘瑾见状大声叫嚣："公卿多出我门，谁敢问我？"众大臣听后都稍稍躲避，只有驸马都尉蔡震上前说："我是国戚，敢问你！"便叫人狠狠扇刘瑾的嘴巴，斥责道："公卿都是朝廷之用，怎么敢说多出自你门？""你为什么私藏刀，藏甲？"刘瑾狡辩："用于保卫皇上。"蔡震又问："既然是保卫皇上，怎么藏在自己家里？"刘瑾无话可答，于是宣布罪名成立，被处以凌迟，报皇帝批准后立即执行。刘瑾被千刀万剐行刑了三天，原来受过其害的人家纷纷用一文钱买下刘瑾的一丝肉吃下，以解心头之恨。

在明代，一般的死刑犯都要等到秋天，在霜降以后冬至以前才能处死。古人认为春夏是万物生长的时候，不仅要禁止行刑，就连幼小的禽兽也禁止捕杀，以顺应天时。但刘瑾属于“十恶”之首的谋反大罪，所以不必等到霜降就可以行刑。

刘瑾被诛后，其党羽纷纷下狱。

张采是刘瑾同乡，得刘瑾提拔一路擢升佥都御史、吏部侍郎、吏部尚书、加太子少保，日出刘瑾之家，朝廷进退人才、考察内外官员、诸所迭补等国家人事均唯刘瑾之意是从，全然不按常规而率意变乱，贿赂肆行。张采于八月十五日被下都察院大狱，十月十六日死于狱中，被皇帝下诏戮尸于市，流其家于海南。

曹元，大宁前卫人，成化十一年(1475年)进士，授工部主事、郎中、浙江左参政、山东右布政使。因阿附刘瑾在正德二年(1507年)以右副都御史巡抚甘肃，后改抚陕西，正德三年(1508年)后为兵部右侍郎、左侍郎、兵部尚书、加太子少保。正德五年(1510年)二月改任吏部尚书兼文渊阁大学士入阁。曹元每日饮酒谐谑，说一些闾里鄙语，全然不顾斯文，人们一提及就说他无耻。十六日，曹元向皇帝上疏自陈不称职之罪，说：“请开更生之门，归守先人墓。”言词哀且鄙。于是正德帝下令让他退休。十八日，有科道官举劾曹元是刘瑾同党，遂削其籍，黜为民。

八月十八日，科道官列出了一个《刘瑾奸党名单》整批弹劾，许多内、外官的名字都出现在了名单之上：内阁有刘宇、焦芳、曹元；尚书(部长)有吏部张采，户部刘玑，兵部王敞，刑部刘璟，工部毕亨，南京户部张澯，礼部朱恩，刑部刘缨，工部李善；侍郎(副部长)有吏部柴升、李瀚，前户部韩福，礼部李逊学，兵部陆完、陈震，刑部张子麟，工部崔岩、夏昂、胡谅，南京礼部常麟，工部张志淳；都察院有副都御史杨纶，佥都御史萧选；地方巡抚有顺天刘聪，应天魏讷，宣府杨武，保定徐以贞，淮扬屈直，两广林廷选，操江王彦奇，前总督文贵、马炳然；大理寺有卿张纶和少卿董恬、丞蔡中孚和张檜；通政司有通政王云凤和参议张龙；太常寺有少卿杨廷仪、刘介；尚宝司有尚宝卿吴世忠、丞屈铨；府尹有陈良器，府丞有石禄；翰林院有侍读焦黄中、修撰康海、编修刘仁、检讨段炅；吏部侍郎有王九思、王纳诲；给事中有李宪、段豸；御史有薛凤鸣、朱衮、秦昂、宇文钟、崔哲、李纪、周琳等，其他郎署监司还有十余人。这些人中只有张采被论了死罪，户部侍郎韩福因为把湖广所馈送的数十万两白金封存无损而免去死罪被谪戍遣送边关。其余奸党或谪外，或闲住，或除名。另有翰林院传奉检讨胡缵宗，编修邵黄芳，主事李志学、韩守愚等人俱调外任。

自此，朝廷风气为之一清。

5

刘瑾谋反被证实后，正德皇帝方才如梦初醒。在大臣们的提醒下，他意识到尽快稳定局面、结束混乱局势成为当务之急，恢复刘瑾变乱了的旧制已经刻不容缓。于是他在当年八月的后半月里，就四次下诏拨乱反正，其中就包括恢复包括郧阳在内的巡抚体制。

十四日，在把刘瑾刚刚投入狱中之后，正德帝就下旨宣布："巡抚、兵备官，裁革的及乡、会试中额增减的，俱如旧制。考察京官仍依朝觐例。江西之万安、南城，浙江之余姚，仍选京官。其余翰林院调外任的具名奏报，文、武官诰俱免追，已追的仍给还。追赔浥烂粮米并以事罚米的，皆免。职官籍没家产不在叛逆律的，仍归还。其余应改正的，令所司详拟奏报。"

二十五日，正德帝再次下诏："远戍官吏，释还；其削籍者，仍冠带闲住；都察院，毋挞御史。"

二十九日，下诏复设山东、山西、河南、江西、郧阳、蓟州、保定、苏松、凤阳、云南、贵州巡抚都御史。

月末，奉命的廷臣详拟了被刘瑾所变动的旧制，上奏皇帝请予更正，包括吏部24事，户部30余事，兵部18事，工部13事。正德帝下诏：皆如旧制。

但国家体制已经混乱了5年，岂是恢复旧制后就能马上安定局面的？由于正德帝的荒怠和刘瑾的擅权，使明朝政治陷于长达5年的一片昏暗之中，加上皇室们的挥霍靡费，日益加重的农民负担，致使社会矛盾被不断激化，导致各地农民暴动不断，岂是一朝一夕就能够安定得了的？就说郧阳及其周边，在消除刘瑾乱政所造成的恶果问题上，前前后后用了几年时间，动用了几省力量才得以表面平息，但其内伤也许永远都没有办法彻底恢复。

还在正德三年(1508年)的时候，四川即爆发了农民武装暴动。保宁人刘烈领导当地农民进攻由郧阳藩镇裁革归还给了陕西的汉中等地。

正德四年(1509年)刘烈战死，蓝廷瑞、鄢本恕和廖惠等人继续领导暴动，分别自称"顺天王"、"刮地王"和"扫地王"，农民军人数多达10万之众，设置有48个总管，势力扩展到了川、陕、湖广、河南四省。明廷急派刑部尚书洪钟总督川、陕、湖广、河南四省军务，会合四川巡抚林俊镇压暴动。农民军在占领汉中之后却发生了意见分歧，蓝、廖二人主张回保宁建立根据地，而鄢本恕主张以汉中为根据地，再攻取郧阳东下荆襄。于是他们分兵。廖惠率军回川，连克巴中、通江县城，杀参议官黄瓒。

正德五年(1510年)正月，廖惠在龙滩河的战斗中被俘，被分尸于襄阳集市之上。蓝廷瑞和鄢本恕被官军逼回四川，连遭不断追剿。八月郧阳藩镇恢复。十月，江西丰城人李士实上任郧阳巡抚，立即奉朝廷命令派郧阳军队参加了平叛四川的行动。

正德六年(1511年)初，农民军在湘西东乡被朝廷军围困，当地土司彭世麟秘密与洪钟定下计谋，引诱农民军首领28人至彭营赴宴，将农民军首领全部俘虏。之后，农民军余众在廖麻子领导下，与曹甫、方四所领导的农民军联合后继续活动在西南一带。

曹甫，重庆江津人。方四，成都仁寿人。他们于正德六年(1511年)正月刚刚领导了新的暴动，攻占了江津县城，杀死佥事吴景，拥立曹甫为“顺天王”。朝廷急派四川巡抚林俊率兵前去镇压。曹甫战死，余部由方四、任胡子、麻六儿等人率领与廖麻子会合后转战至綦江，再进入贵州思南、石阡等府。方四自称“总兵”，任胡子自称“御史”，其他30多个首领各任“评事”，不久再入四川。八月，农民军攻打东乡、永澄，声言要攻取江津、重庆、泸州、叙州以及成都。官军一面加强军事围剿，一面把农民军的族属从仁寿县找来，前去劝降。方四等人杀了说客而拒不投降。于是官军分六哨猛攻，农民军难以招架，许多人跳崖自杀而拒降。任胡子在战斗中阵亡，方四率2000余人突围而出再入贵州思南。

正德七年(1512年)闰五月，方四再次入川，一路自南川杀到綦江后战败，被地方武装擒获。农民军廖麻子和喻思俸部、内江骆松祥部、崇庆范藻部的势力在继续发展，号众20万。四川巡抚高崇熙下令招抚，把临江县空出来让廖麻子部居住和耕种，答应三年不征赋役，但廖麻子进驻临江后不久又起兵反抗。朝廷恼怒，罢黜洪钟，改派彭泽为总督；将高崇熙逮捕下狱，改派马昊为巡抚。彭泽等人率领苗兵围剿农民军，将廖麻子杀于剑州。农民军推喻思俸为首领继续战斗，杀都指挥姚震后转入巴山。不久又从巴山出击打败陕西官军，进抵略阳，在攻四川广元时被官军截堵转至西乡。

正德八年(1513年)，彭泽、马昊率朝廷军包围农民军，俘获了喻思俸，进而率兵镇压了内江农民军骆松祥部。

正德九年(1514年)正月，朝廷军又镇压了崇庆农民军范藻部。自此，四川平叛结束，但历时六年转战三省的大行动，给明王朝造成了沉重的打击。

当然，国内的农民暴动还有许多起，如正德五年(1510年)江西各地爆发的多起农民暴动。再如就在刘瑾被处死的几个月后，京城地区也发生了刘六、刘七所领导的农民暴动。

6

凡事都有两面，不能因为刘瑾是大奸臣我们就对他一概否定。在刘瑾当权期间所推行的一些新法，对当时的社会还是产生过一定积极影响的。

刘瑾并非无能之辈，当权之后也未曾将国事不当一回事。据史载，刘瑾往往将各地的奏章带回私第，与他的妹夫礼部司务孙聪和张文冕三人一块商量参决，再由大学士焦芳润色，由内阁李东阳审核之后颁发，应该还是颇为慎重的。他所推行的新法，对政治制度作了不少改动，在一定程度上也是针对当时积弊的。

据《明史》记载，“刘瑾变法”涉及的范围有吏、户、兵、工四部的人事、民事、军事共有85项，均以皇帝的名义诏“给事中屈铨、祭酒王云凤请编瑾行事，著为律令”。

《明通鉴·武宗》中也有记载：“辛丑，兵科给事中屈铨，请颁行刘谨所定《见行事例》，按六部为序，编集成书，颁布中外，以昭法守。诏‘下廷臣议行。’”

刘瑾的一些改革措施在当时还真受到过一些好评。

第一，刘瑾建立内厂，钳制了东厂、西厂的权力。“时东厂、西厂缉事人四出，道路惶惧。瑾复立内行厂。”

第二，刘瑾所采取的严酷刑罚对于打击官员失职和贪污腐败产生过一定的效果。他对失职官吏处以独特的“罚米例”。据《明通鉴·武宗》所记：“丁未，工科给事中吴仪，核宁夏、固原等处仓场秋坯亏折之数，劾历任巡抚都御史徐廷薄等十六人，侍郎硕佐及管粮郎中、副使、佥事徐键等十八人，又通判董全等一百八十八人，又以马价盐课劾巡抚宁夏佥都御史刘宪、巡抚陕西右副都御史杨一清及苑马寺卿、知府、同知及管屯卫官十余人，皆入罚米例，重者五百石，轻者三百石以下，致仕者半之。”还有“辛丑，给事中白思诚、御史储珊等，复参辽东仓库自弘治十五年至正德三年前后各任挪移亏折之数，遂及都御史王宗彝……及郎中、给事中、御史等凡数十人。除病故者勿追，余俱各罚米输边，自一千石以下有差，其中所罚有至再、至三者”。

第三，刘谨对赈灾还是颇为积极的，据《明通鉴·武宗》记载：“三月甲辰，振浙江饥……又停止本年应解杂款银六万两以宽民力。”

第四，刘瑾所建立的不定期考察官员制度有一定的积极意义。“己酉，诏吏部考察京官不必以时。”

第五，刘瑾为避免在战事发生时各镇守的将领拥兵自保或各自为战，在边防方面“乃请仿王越、秦等故事，仍设文职大臣总制三边，镇巡以下皆受节制”。

第六，对于军队屯田制度，刘谨下令重新全面勘查，清理了一些假冒不法之事。

第七，刘瑾整顿盐法亦有成效。“秋七月戊戌，刘复矫旨，造御史乔岱等往核两浙盐课，追论历次巡盐御史及运司官赔偿商课，自数千两至数百两，按历年深浅及大课多寡以定赔纳之数，皆令输京师内承运库。”

第八，刘谨当权期间组织编纂了《通鉴纂要》。

第九，刘瑾调整各省的科举录取名额，增加西部地区陕西、河南、山西等地的录取人数，降低了江西的录取人数。

此外，刘瑾还有一些不拘礼法的举措，如“令寡妇尽嫁，丧不葬者焚之”等，对人性解放有积极意义。

当然，刘瑾的这些成绩与他所犯下的恶行相比，绝对是功不抵过。他用变法手段获得的收入并没有完全进入国库，而是绝大多数进入了他的私人腰包，使得自己富可敌国。特别是他弄乱了国家秩序，所造成的影响是历史性的。

(二)嘉靖十八年郧阳藩镇险被裁革的历史背景

嘉靖十八年(1539年)，朝廷拟裁革郧阳藩镇。消息传到郧阳，当时的郧阳巡抚王以旂深感事情重大，一旦实行将对国家造成不可弥补的损失。于是他上疏力陈郧阳藩镇的重要，让嘉靖皇帝打消了这个念头。

当时，郧阳藩镇已设立63年，离正德二年(1507年)裁革藩镇又于正德五年(1510年)复设只有29年。嘉靖皇帝为什么不汲取前次裁革不成的教训还要萌生裁革之意？王以旂又是怎样说服皇帝打消这个念头的？弄清楚这两个问题，对于我们了解郧阳在全国所处的地位有很大的帮助。

1

嘉靖皇帝与郧阳有着扯不断的瓜葛，严格讲他是大郧阳人，他的家乡就在郧阳藩镇属下的安陆州。

古安陆州即现在的钟祥，地处江汉平原上的汉水之滨，兼有山地、丘陵、平原、湖泊多类性的地貌，在亚热带湿润气候滋润下，光照充足，雨量丰富，四季分明，环境优美，极适宜人类的生存与居住，而且是楚文化的重要发源区域之一，留有丰厚的楚文化遗存。优越的人居环境，丰厚的文化底蕴，重要的军事地位，使这里成为了大明王朝分藩的重地，先后有郢、梁、兴等3位亲王被册封到了这里，其中嘉靖皇帝就出自兴王府。

成化二十三年(1487年)，明宪宗朱见深封自己的第四子朱祐杬为兴王。朱祐杬于弘治七年(1494年)九月十八日就藩于安陆，在正德十四年(1519年)六月十七日病逝，享年44岁，葬于钟祥东北的纯德山。他有两个儿子，长子朱厚熙出生5日即夭折，于是正德皇帝批准王位由次子朱厚熜继承。正德十六年(1521年)，明武宗朱厚照驾崩，因无子嗣继承皇位，大臣们便选中了他的叔父朱祐杬的次子，已经继承了兴王位的朱厚熜以武宗弟弟的身份入继大统，这就是嘉靖帝。朱厚熜登上帝位后，兴王府由于再没有人继承而被废除。在北京，嘉靖帝不顾众大臣的反对坚持要追谥自己的父亲朱祐杬为“先帝”，还要把父亲的王陵扩建为皇陵。嘉靖十八年(1539年)，嘉靖皇帝南巡安陆前，对兴王府进行了皇宫式的扩建，升格为了皇帝行宫，并把出生5日就夭折的哥哥封为了岳怀王，按亲王礼大修其墓。就在这次南巡后，安陆从郧阳藩镇分离了出去，升格为了与北京大名府、南京应天府、安徽凤阳府并列的承天府。在严嵩等人撺掇下，嘉靖帝开始萌生了裁革郧阳藩镇的念头。

嘉靖皇帝是一个笃信道教的人，极其崇信方士并痴迷于炼丹术。最极端的事件是他听信方士的妖言，认为食用处女的月经可保长生不老，因此大量征召十三四岁的宫女进宫，命方士利用她们的月经来炮制丹药。为了保持宫女的洁净，他命宫女们不得进食，只能吃桑叶、饮露水过活，让她们忍受常人不堪忍受的痛苦。嘉靖二十一年(1542年)，以杨金英为首的宫女们趁嘉靖帝熟睡之时想用麻绳勒毙他。在慌乱之下，宫女们将麻绳打成了死结，只勒昏了嘉靖帝而没有使其毙命。闻听消息而赶到的皇后将宫女们制服，并下令凌迟处死了首犯，其余的全部斩首，就连当天服侍嘉靖帝的端妃也一并被斩首。这就是历史上的“壬寅宫变”。嘉靖帝受此打击，此后就再也没有理过朝政。

嘉靖帝笃信道教，自然对方士口中的风水理论坚信不疑。安陆地处江汉平原而四望辽阔，郧阳地处深山而四野闭塞，岂能把安陆置于郧阳管辖之下？安陆是帝之故乡，而郧阳只是山野中的不名之地，岂能把安陆置于郧阳管辖之下？不如裁革郧阳藩镇，把安陆直接置于朝廷的管辖之下。皇帝萌生了此意，似乎郧阳的命运已经不可挽回。

自从朱厚熜登帝，高调抬升安陆的意图就十分明显，这从他不顾大臣们的反对执意掀起“大礼仪之争”就能够看出端倪(见前文所述)。

2

我们从“大礼仪之争”中可以看出嘉靖皇帝对安陆的家乡情节，以他的性格是势必要抬高安陆的地位。但是在“大礼仪之争”中，他虽然是胜利者，可那么多的反对声音对他还是有不小的打击，所以在追尊父母为皇、后之后，欲抬高安陆的想法就不得不暂时压一压了。

皇帝想干但考虑到各种因素想暂时缓一缓的事，还是架不住献媚之人的再三挑唆。嘉靖的身边就不缺这类人物，张璁就是一个。

嘉靖皇帝继位时，张璁还只是一个新科进士在朝观政。他不顾自己的身份低微而上疏支持嘉靖帝，认为嘉靖帝继承的是皇统，而不是继承的皇嗣，主张“继统不继嗣”，认为皇统不一定非得父子相继不可，建议嘉靖帝仍以生父为考，在北京为其别立宗庙。张璁此举是在做政治赌博，实际上也确实讨得了嘉靖帝的欢心。当时，嘉靖帝考虑到张璁人单势孤，怕他难以服众而在北京吃亏，就先放他外任，到南京任了刑部主事。三年后，嘉靖帝的地位得到了稳固，在南京的张璁就与南京刑部主事桂萼等人揣测帝意，纷纷上书重提旧事，试图让皇帝为父母加“皇”号。嘉靖三年(1524 年)，张璁和桂萼得以奉召赴京获得重用，张璁被委任为翰林学士，专门负责礼仪事项，并迫使内阁首辅杨廷和辞职，再把其他反对者都逮捕下狱或者贬官夺俸。以张璁和桂萼为首的“议礼派”在朝廷中形成气候，就支持和奉迎着皇帝，将议礼当做了起家的政治资本。张璁上疏列举礼官欺妄十三事，说：“《记》曰：‘礼非从天降也，非从地出也，人情而已矣。'故圣人缘人情以制礼，所以定亲疏，决嫌疑，别异同，明是非也。"由此张璁和桂萼出任为内阁大学士(内阁成员)，当时的众翰林都耻于与之为伍，纷纷交章参劾，但都不被嘉靖帝理睬。张璁和桂萼又先后参倒了费宏、杨一清两位首辅，再请求将翰林院讲读以下官员"量才外补"，遭改官及罢黜者22人，使"翰苑为空"。张璁本人则成为内阁首辅大臣，时称"张阁老"。嘉靖十一年(1532年)，他裁革天下镇守、市舶、守珠池内官。于嘉靖十三年(1534年)晋为少师兼太子太师、华盖殿大学士。

在张璁的不断煽动下，嘉靖皇帝心中的家乡情节又再次燃烧起来。嘉靖十年(1531年)二月，嘉靖帝将显陵所在的松林山敕封为"纯德山"，并立碑建亭。八月，荆州府归州广南逻口巡检徐震，在张璁的授意下上疏请求在安陆州建立明朝第三个京师，交礼部议后认为："京师之建于典礼无据。太祖发迹濠州，改州为府，较之安陆，事体相同，宜升为府治以隆根本。"于是由户部请嘉靖帝钦定府、县名，遂定府名为'承天'，附郭之县名为'钟祥'。承天府下辖钟祥、京山、景陵(天门)、潜江、当阳五县及荆门、沔阳(仙桃)二州。再行文到吏、礼二部，让他们为新设官员铸造官印，令其赴任管事。明代编修的《兴都志》和《承天大志》均记载："是岁，言者请建安陆州为京师。礼官言：京师惟天子之都得称之，文皇帝定鼎北京，实万国朝宗之地，不必又建京师于安陆。但皇上龙飞之域，又皇考陵寝所在，宜改州为府，如凤阳故事。上可其奏，定府名曰'承天'，附郭县曰'钟祥'，以重陵寝。"嘉靖皇帝钦定改安陆州为承天府，并不局限于一个名称的改变，而是要尊显自己的出生之地，将故里定名承天，明显是要与北京顺天、南京应天相提并论。

嘉靖十四年(1535年)，张璁称病告老还乡，于嘉靖十八年(1539年)二月病殁于家中，当时嘉靖帝南巡于承天，闻之伤悼不已。

3

张璁归隐后，接着鼓动皇帝的人是严嵩。

严嵩在嘉靖帝登位时任南京翰林院侍读，嘉靖四年(1525年)调往北京升任国子监祭酒。

嘉靖七年(1528年)，严嵩以礼部右侍郎的身份被嘉靖帝派往安陆监立显陵碑石。还朝后，严嵩上了两道奏疏：一道奏疏呈报路上所见的河南灾情，称"所在旱荒，尽食麻叶、树皮，饥殍载路。市易饼饵则为人所攫取，子女鬻卖得钱不及一饱，孩稚至弃野中而去。闻洛阳、陕州、灵宝诸处尤甚，人相残食，旬日之内报冻死二千余人”；另一道奏疏叙述了此行所见到的祥瑞，称造碑所用的“白石产枣阳，有群鹳集绕之祥”，“碑物入江汉，有河水骤长之异”，立碑时“燠云酿雨”、“灵风飒然”，提出应该“撰文立石以记之”，极言改修显陵所出现的各种祥瑞。这一喜一忧的两份奏疏，都引起了嘉靖帝的重视。对灾情，嘉靖帝御批：“这地方既灾伤重大，将该年勘过有收，分数起运钱粮暂且停止，待次年收成之后带征，其余灾轻地方照例征解”；对安陆所呈现出的祥瑞，嘉靖帝御批：“今嵩言出自忠赤，诚不可泯。依拟撰文为纪，立石垂后。”遂升迁严嵩为吏部左侍郎，不久任南京礼部尚书，两年后改任南京吏部尚书。

嘉靖十五年(1536 年)，严嵩到北京贺嘉靖帝的万寿节，正值廷议要重修宋史，遂留京，以礼部尚书兼翰林院学士衔主持其事。他善猜帝意，知道皇帝专宠道教，就以醮祀青祠而获得宠信，被加太子太保衔。

嘉靖十七年(1538 年)，通州同知丰坊欲效仿张璁、桂萼，想以议礼打通自己的晋升之路，上疏请求为嘉靖帝的生父献皇帝建立明堂、增加庙号，与所有先帝的宗号相称，以入太庙。六月十五日诏下礼部，集体朝议“明堂大飨礼”，遭到了大臣们的群起反对。严嵩却认为其“以功德宜配文皇，以亲则宜配献皇”。嘉靖帝问内阁首辅夏言，夏言不敢答对。嘉靖帝说：“皇考称‘宗’，岂为过情?”严嵩遂顺着帝意说：“严父配天，允合周道。”众大臣都不敢再言，只有户部侍郎唐胄极言不可，认为明堂只宜供奉太宗永乐帝。嘉靖帝大怒，把唐胄下狱拷掠，罢黜为民，说：“太宗靖难，功与开创同，当称‘祖’以别之。”坚持要尊父亲为“宗”。严嵩遂提出：“古者父子异昭穆，兄弟同世次。故殷有四君一世而同庙，晋则十一室而六世，唐则十一室而九世。宋太祖、太宗同居昭位，前事可据，今皇考，亲孝宗弟，臣谓宜奉皇考于孝宗之庙。”还说：“古礼，‘宗’无定数；‘祖’非有功者不得称。我文皇定鼎扶危，功莫大焉，尊称为‘祖’，圣见允宜。”严嵩之论一出，群臣无敢异议。九月十一日，嘉靖帝谕旨礼部：“献皇帝躬备大德，延及朕躬，宜荐宗称。”于是改太宗永乐帝的庙号为“成祖”，加尊自己的生父朱祐杬的谥号为“知天守道洪德渊仁宽穆纯圣恭俭敬文献皇帝”，庙号“睿宗”，附祭于太庙，位居武宗正德帝之上，明堂大享奉主配天，停止原来的世庙之祭。十一月初一，在严嵩的建议下，嘉靖帝以其生父既然称‘宗’就得配帝的名义，为其在南郊上“皇天上帝”之大号，恭进册表。再改洪武帝朱元璋和马皇后为“太祖高皇帝”和“高皇后”尊号。礼成，严嵩奏见，献《庆云赋》和《大礼告成颂》取悦嘉靖帝。

由于严嵩的勤勉加奉承博得了嘉靖帝的好感，遂成为嘉靖皇帝的亲信之一。当时能够在西苑值宿并不时得到召见的官僚有：武定侯郭勋、成国公朱希忠、驸马都尉崔元、阁臣夏言和顾鼎臣，以及礼部尚书严嵩。对严嵩，嘉靖帝有时一日召见两三次，有时至夜半始退。严嵩住在城西约4里之地，紧急召见时往往乘车驱隶不及，只得单骑疾驰前往。

严嵩作为嘉靖帝亲信的地位被确定下来后，就不断在揣摩帝意上大做文章，不断鼓动嘉靖帝大兴安陆土木。嘉靖十七年(1538年)十二月初四，章圣皇太后在北京病逝，嘉靖帝亲赴京郊昌平天寿山，在长陵西南的大峪山占卜后定下一块吉壤，准备将显陵北迁，并下诏给武定侯郭勋和工部尚书蒋瑶等人督工建造新陵，“欲迎皇考梓宫迁于此”。实际上，自嘉靖三年(1524年)以来，嘉靖帝都一直在动议把显陵改迁往天寿山，但一直遭到朝臣们的反对，尤为重要的是章圣皇太后也极力反对，所以被搁置了下来。这次他从大峪山回宫后，严嵩进言，让嘉靖帝顾忌母亲生前的意愿，最终导致嘉靖帝下决心放弃天寿山，还是奉母后的棺椁南下，在显陵与父亲合葬。

嘉靖十八年(1539年)正月二十七日，嘉靖帝下旨要南巡安陆查看陵山，要求自涿州至安陆沿途建置行宫，修筑驰道，选锦衣卫官120人，旗校8000人丁，发帑银20万两备饷。二月十六日，嘉靖帝命皇太子监国，自己带领浩浩荡荡的队伍从北京出发，从行者有众后妃、京山侯崔元、大学士夏言、吏部尚书许赞、礼部尚书严嵩、户部尚书李廷相、兵部尚书王廷相、刑部尚书杨志学、工部尚书蒋瑶等人，还有咸宁侯仇鸾、东宁伯焦栋为左右副将军，翊国公郭勋摄中军，与成国公朱希忠各佩都护正、副将军印护驾而行，再授方士陶仲文“神霄保国宣教高士”诰印随驾。途中，因供应不周、迎驾失仪、行宫起火及谏止巡幸的事件不断发生，为此而逮治的官吏甚多。

三月十二日嘉靖帝驾至安陆，在龙飞殿接受众人的朝拜。然后下诏大赦天下，免除安陆田赋三年，免湖广、郧阳明年田赋五分之二，畿内、河南三分之一。在谒显陵时，嘉靖帝“启视显陵玄宫有水”，遂降旨于礼部：“皇考显陵，昔者建造狭隘，虽尝增修，犹多未称。兹朕躬诣陵下，与诸左右大臣周阅山川，更卜吉兆，重建玄宫，以妥皇考、皇妣神灵于无穷。”又“骑登陵山，立表于皇考陵寝之北……命改营焉”。工部左侍郎顾麟等人当月受命督工，按嘉靖帝钦定的图式建造新的玄宫，用一座高大的砖石“瑶台”将新旧两座宝城串联起来，形成了明代帝陵中前所未有的双陵特殊格局。三月二十二日嘉靖帝出发返京，于四月十五日还京，在入宣武门时群臣失迎者达1142人，均被罚俸。五月派京山侯崔元护送母后灵柩南下，于七月同献帝合葬在显陵的新玄宫内。八月，在严嵩的撺掇下，嘉靖帝下旨称承天府为“兴都”，从郧阳藩镇下脱离出来升为了朝廷直属，使安陆承天府成为了北京顺天府、南京应天府和中都凤阳之后的第四个朝廷直辖府。

4

抬升了安陆的地位，就势必要抑制郧阳，否则嘉靖帝的心中似乎有一股气憋着出不来。在嘉靖帝和严嵩等人的眼中，郧阳地处偏僻，又是一个临时的建制，辖地都是从三省割让而来，就没有必要再保留下去。在嘉靖帝的心中，安陆虽然已经独立出来而且位列全国四大直辖府之一，但毕竟曾经先后被湖广和郧阳统治过。被湖广统治的经历他倒不太在意，因为武昌到底还是个大地方，有正统的建制史。而被郧阳统治过，他就隐隐约约觉得是一种耻辱。

严嵩揣摩圣意，就提出裁革郧阳藩镇的动议，这正中嘉靖帝的下怀，也得到在朝的湖广人士的拥护。

当然，提出裁革郧阳藩镇还是要打着精简机构提高效率名义的。从当时全国频发的天灾和战事来看，精简一些多余的机构和冗员似乎是有必要的。

嘉靖初年，国内就不断发生大的饥荒。如前面已经提到的在嘉靖七年(1528年)河南所发生的旱荒让灾民食尽了麻叶、树皮而仍饥殍载路，冻死无数，人相残食。

嘉靖十五年(1536年)，四川建昌和北京都发生了大地震。二月二十八日夜丑时，建昌发生的地震数次震声如吼，山崩地裂，城室尽塌，五昼夜雷声不绝，烈风可畏，泉水河水尽皆黄浊，有的水涌地裂下陷三四尺，卫城内外浮块俱落，直至三月初六日震犹未止，最远破坏距离约640里，最远有感距离为1100里。四川行都司、建昌卫、建昌前卫等大小衙门及官厅的宅舍、监房、仓库、民居房舍，城楼垛口，墙垣门壁，寺庙神祠等建筑俱皆倒塌。压死都指挥一人，指挥二人，千户一人，百户一人，镇抚一人，吏三人，士夫一人，太学士一人，军民客商及各族百姓死者不可数计。如徐都司父子、书吏、军伴等百余人无一幸免。十月初八日京师潞县、通州发生地震，井径一带震声如雷，居民房屋、城垣多塌，压伤人命无数。三日后复震，八日后又大震。顺天府香河、霸州、文安、大城；真定府武强、井径、赞皇、临城、商邑、柏乡、隆平；顺德府巨鹿、平乡；永平府、万全都司各卫所、保定府新城、广平府成安俱地震，有声如雷；山东省乐陵自西北至东南声如雷。

嘉靖十六年(1537年)，河北、山东、河南、陕西、江苏、浙江均发生水灾，湖广尤甚，全国南北一片哀嚎。

嘉靖十八年(1539年)，正值连年饥荒啼号遍野之时，嘉靖帝欲南巡安陆。正月二十七日工部郎中岳伦上疏谏阻南巡而被贬为民。二月八日吏部尚书许瓒、都御史王廷相等人继续劝谏而帝不听。御史刘士贤、都给事中曾烶等人谏止被罚俸二月。二月十六日，兵卒孙堂夜闯大内御座前，痛陈沿途修建行宫而劳苦吏民，被逮下狱。这都从侧面反映了当时自然灾害的频繁和严重程度。嘉靖十八年(1539年)闰七月，嘉定发生海啸，平地涌浪3丈，沿海田地多坍没，损粮3800余石，之后发生的瘟疫而死者众多。

在古代人看来，天灾之所以会发生，都是人间之主有罪过所造成的，这无疑是对皇帝的一种压力，他必须要检讨自己的作为，改正以往的错误才能让上天息怒。要改正的错误自然包括人浮于事所造成的浪费，这就为严嵩们提议裁革郧阳藩镇提供了借口。

5

如果自然灾害还带有不可抗拒性，那么频发的战争就完完全全是一种人为的灾祸。

嘉靖一朝和以前一样，沿海盗寇频发。嘉靖十二年(1533年)九月十二日，嘉靖帝根据兵部“关于大船贩海招致海盗”的奏陈认为：海贼为患皆由居民违禁贸易所致，而官府既轻漫不加察，沿海兵巡等官又不驻守自己的领地，所以才因循养寇贻害到地方。兵部在领旨后，快速发文至浙江、福建、两广诸省官员，让他们督兵防剿，一切违禁大船尽数烧毁以禁止军民出海，如有私与贼寇为市，其邻舍不举报者一律连坐。各地巡按御史遂快速清查连年纵寇及纵造海船的官员，全部获罪逮拿。此一举措，实际上等于自断了大明朝的一条财路。

嘉靖十二年十月初六日，大同发生兵变。当时，土默特的小王子屯兵于大同塞外。大同总兵李瑾严厉督促部下役卒挖浚壕沟，役卒王福胜、王保等数十人不堪忍受而杀死了李瑾。消息传到北京，嘉靖帝命三边总制刘源清率兵征讨，在阳和捕杀了叛军数人并逮获叛军首领王保等人。夜间，叛军又杀死千户张钦，将因获罪关押在狱的参将黄镇、指挥马升及杨麟等人放出，推举他们为帅去迎战官军，并潜出塞外引外寇为助。刘清源昼夜攻城，战死者众，嘉靖帝以其导致事态扩大为由而免去了他的职务，以张瓒为代总制，命他紧急赶往大同御寇。就在大同前线无主帅之时，当时在大同为战事督饷的郎中詹荣察在得知马升、杨麟二人为局势所逼，内心并无反意之后，于是令他们将黄镇擒获后斩首，以首级来献免其死罪。当张瓒到大同时，兵乱已平。于是他带兵鼓吹入城，大集文武将吏置酒庆功并大赏有功者，然后凯旋以还。

嘉靖十三年(1534 年)，分别有吉囊和鞑靼在北疆骚扰。三月十四日，蒙古吉囊侵犯陕西黄甫川，复入花马池，均被总兵刘文、副总兵梁震所败。七月，吉囊又入犯甘肃定边乾沟，又被总兵刘文击退。八月，吉囊再拥 10 万骑兵侵扰固原亦被击退。与此同时，吉囊部下俺答从丰州进入河套，与吉囊相互策应，给明朝造成更大的边患，使之岁无宁日。同年，鞑靼军乘机袭扰大同被明军所败，随后鞑靼军攻扰响水波罗堡，又攻固原均不得逞。

嘉靖十四年(1535 年)三月，辽东、抚顺发生军变。按明制，每 1 个军士，需要 3 个余丁帮贴；每一匹马，给牧地五十亩。而巡抚吕经到辽东后，将给军户帮贴的余丁一律编入均徭册，并收回牧地还官，又役使军士筑边墙，苛虐过度而失军心。当军人们请求恢复旧制时，吕经笞杖这些诉求者，最终导致了诸军的哗变。他们捣毁府门，火烧均徭册，并撕裂吕经衣帽把他囚禁于都司署。嘉靖帝听到这个消息后下旨召吕经回京。四月，吕经途经广宁时，都指挥袁璘拿克扣的军士月饷为吕经治办衣装，再次激起军士哗变，涌入都指挥府捉拿了吕经、袁璘。辽东军士的举动又被抚顺军士仿效，也捉拿了当地兵备指挥刘雄。七月，巡按御史曾铣上言，力主重治辽东、抚顺的哗变军人，遂派兵捕斩数十人，首级悬挂于边城之上，使辽东兵变暂时得以平息。事后，曾铣擢升为大理寺丞，吕经被谪戍。

嘉靖十五年(1536 年)，先后有吉囊再次扰边、贵州王聪起事、刘天和请修边墙和唐胄谏阻征伐安南四事。四月，吉囊又拥 10 万余众屯兵贺兰山，分兵袭扰凉州、庄浪，先后被守军副总兵王辅、总兵姜奭击败。同年秋、冬再犯延绥、大同，入扰宣府边塞。同年，贵州苗民王聪起事。先前，贵州平浪苗的王阿向祖上是当地土官，但后来被王仲武的先人所夺。到王阿向时，就不断与王仲武之间为争官印而相互残杀，被总兵杨仁、巡抚陈克宅镇压，把王阿向斩首，把其辖地收回归属都匀府，改名“灭苗镇”。王仲武不满官府将苗地收归官府，屡次招集诸苗向官府索要无果，引起诸苗的怨恨，遂推王阿向原来的属下平浪苗人王聪、王佑为首起事。五月，巡按杨春芳派遣参将李宗佑前往抚谕，王聪趁机攻夺下凯口囤，擒拿了李宗佑，声言只要归还他们的土田、官印，就释放李宗佑。朝廷不顾李宗佑的死活，诏调3万官军围剿。但凯口囤绝险，在要害处置有弩楼、叠石为防，官军围攻3月而不克。后调宣慰使安万铨带兵合剿，才攻破诸寨，将王聪等人皆擒获诛杀。官军前后斩杀苗民260余人，降抚苗寨150余所，人口20000余。八月十八日，陕西总制刘天和奏陈：宁夏边墙300里，先后有杨一清、王琼、唐龙三位前尚书相继修筑。但其中兴武营一带的70余里修筑不坚，应当重新修筑；安边、宁塞二营之间系胡虏入扰的必经之地，也必须修筑新墙；从宁朔墩至昌平墩90里亦得增修，以遏制胡虏的袭扰。三处共需银20余万两。但如果先在延绥的干沟、干涧及定南、宁朔、兴武营等处兴工，费银7万余两即可。嘉靖帝准行。十月六日，皇次子载壡降生，依例应当颁诏安南(今越南)。但当时安南因发生黎氏与莫氏的内乱，已经20余年不来朝贡了。礼部尚书夏言、兵部尚书张瓒等人建言，安南不定，应当被讨伐，嘉靖帝遂命廷议。户部左侍郎唐胄上疏，力谏不可用兵，谓帝王对于边疆，应当以不治的手段来治理，自安南内乱以后，两广就少了警报，所以不必消耗朝廷之力而为黎氏复仇。征安南一事遂搁置。

嘉靖十六年(1537年)六月，吉囊侵扰宣府，明军指挥赵镗战死。八月，吉囊4万余骑再次侵扰宣府。

嘉靖十七年(1538年)六月，吉囊侵扰宣府，明军都指挥周冕战死。八月，吉囊犯河西，被总督刘天和击退。十二月，吉囊入犯深井堡大肆杀掠。

嘉靖十八年(1539年)，广西发生瑶民起义、嘉靖帝布置北疆防务、辽东军人再次哗变、鞑靼两扰宣府之事。年初，广西发生了断藤峡瑶民暴动。二月，提督两广兵部侍郎蔡经会师5万余人征讨。当时，嘉靖帝即将南巡，他担心塞上有警，下诏起用丁忧在家的翟銮为兵部尚书兼右都御史，作为边使节制诸边，又命兵部尚书毛伯温总督宣、大、山西三边军务，再命左侍郎樊继祖提督蓟州、山海关边备。当年，辽东军人又哗变，但旋即被平息。有鞑靼军两扰宣府，又攻榆林，但不久扰乱被平息。

6

频繁的战事需要大量的军费开支，面对不断上涨的军费，朝廷无非使用开源和节流两种办法才能解决。在开源上，朝廷是想了一些办法，如嘉靖十七年(1538年)朝廷为筹措军费而开办云南大理等处银矿。但所有采取的措施在日益增加的庞大军费面前无疑是杯水车薪。在这样的情况下，人们就会自然而然地想到了节流，即压缩一些被认为是不太紧要的机构和人员来缓解财政压力。由于当时汉江流域的局势相对稳定，加上嘉靖帝对郧阳无什么情感，又有严嵩之流从中撺掇，于是在嘉靖十八年(1539年)初，在提升了安陆的地位后，裁革郧阳藩镇就被提上了朝廷的议事日程。

实际上，裁革冗员并不是第一次进入嘉靖朝的廷议。在嘉靖十七年(1538年)五月，就有吏部尚书许瓒条陈过入觐官员裁革之事：要求清里甲、清田粮、清驿传、革总理、稽库积、议宗禄、禁兴造、议均役，都被嘉靖帝准其施行。所以，这次议论郧阳藩镇的裁革，朝廷上下并不以为怪。

但消息传到郧阳却引起了轩然大波，大多官员为今后的进退而惴惴不安，更有有识之士认为此举欠妥，当时的郧阳巡抚王以旂就属于后者。

王以旂，南直隶江宁人，正德辛未(1511年)科进士，正德年间曾任上高知县、河南御史。嘉靖年间历任兵部右侍郎、光禄寺卿、右副都御史郧阳巡抚、总理河漕以修浚徐州及吕梁二地防洪工程、南京右都御史工部尚书、左都御史兵部尚书兼督团营、三边总督、太子太保等。他任郧阳巡抚是在嘉靖十七年(1538年)七月，第二年就有郭仲才等人聚众形成匪势，在竹溪、平利一带劫掠，杀死了竹溪县主簿张文英。王以旂派都指挥张坦、郧阳同知白浚联合进剿，活捉郭仲才后斩于郧阳集市。面对天灾兵祸，郧阳百姓苦不堪言的局面，王以旂施以赈济，向里甲免费派给耕牛、种子，郧阳民众无不对他感恩戴德。

听到朝廷正在议论裁撤郧阳藩镇的消息，王以旂第一时间想到的是尽力保住郧阳的地位。他认为，之所以有此提议，是那些朝中大臣们没有到过郧阳，根本就不了解郧阳，不知道郧阳在全国的重要性而造成的，他要做点什么才能让皇帝明白，让众大臣明白郧阳藩镇是不能裁革的，否则等生米煮成了熟饭就悔之晚矣。在那时，朝廷和官府对一个地方的理解主要靠模糊的地图，如果地图上不详加说明就不可能得到准确的信息。王以旂认为，应该描摹一张详尽的郧阳藩镇图，让皇帝和朝臣们明白郧阳的险要和作用。于是，他亲自绘制了一张《郧阳等处地方图》，在上面详细注明了各处关隘的位置，又撰写了《郧阳等处地方图记》，详细阐述了郧阳的重要性，一并上疏呈递给了嘉靖帝。嘉靖帝在得图预览后惊呼险误大事，遂使郧阳藩镇得以保留。第二年，王以旂派人立碑纪念此事，碑的一面刻有《郧阳等处地方图》，另一面把《郧阳等处地方图记》只加了一句结尾语之后刻在了上面。明代万历朝编纂的《郧阳府志》对此事有这样一段记载："自明成化始设抚治，驻郧阳，其所属则秦之金、商、汉中，豫之南阳，楚之襄阳、安陆、德安、沔阳、荆州、施南、宜昌及蜀之夔、忠等处皆其控制，山川联络广袤殆数千里，抚治以王以旂有《图说》镌之碑。至郧阳府属，固无增省也。"

《郧阳等处地方图记》全文如下：

郧阳等处地方图记

夫郧、襄、荆、南、汉、商并为重镇，本隶三省，去诸会城甚远，山川联络，溪谷险阻，广袤数千里，在昔为逋逃渊薮，群不逞屡据倡乱。成化间，朝廷勤师剿平，博采群策，用图久安，特简都御史一人提督抚治其地，建节郧阳，居中控制诸郡，军民政务悉属治所，迄今六十余年。流逋靖谧，奸宄潜消，智者归功焉。顾以人情事体不尽如初，彼此目为冗员，呜呼！弗思耳矣！比因诸公往来万山中，据形审势，益知建置诚不容已。矧今拥卫陵寝，垂休万年者不尤慎且重欤！爰取各属旧绘舆地，括为一图，其昔隶而今分属巡抚者仍不敢废，凡疆界之远近，山川之险易，道路之迂直，城池之高深，关堡之疏密，靡不具载，时用省览。礼司险掌九州之图，以周知山林川泽之阻有以也。概夫承平既久，流弊斯深，可弗申严防御以求万全？是故，或扼其所通，或慎其所避，或补其所不足，或据其所必争。询谋佥、同，附注于旁，尚就同志者正焉。夫彼谓冗员者，未历其地也。历其地而犹云然者，嫌于所谓人情事体有间也。夫君子于天下，图其大而已矣，涉诸虚文琐务者弗较也。苟屑屑焉而遽舍其大，则为天下谋弗臧矣，其可乎哉？以旂窃谓惧僭。赘一言并勒诸石云。嘉靖己亥岁长至日。

《郧阳等处地方图记》的大意为：郧阳、襄阳、荆州、南阳、汉中、商州都是重镇，本来各隶于三省，但各自去省会城市的距离太远，之间山川连绵，溪谷险阻，广袤数千里，过去一直是人们逃亡的天堂，一批批全国各地不得志的乡民成群结队而至，是屡次动乱之源。成化年间，朝廷出动军队剿平，又博采群策，用了一个谋图长治久安的办法，特选派都御史提督抚治，建藩镇于郧阳，以居中控制以上诸郡，军民政务都归这里管辖，迄今已60多年了。如今流民安宁，奸邪作乱者销声匿迹，凡头脑聪明者都知道这是设立了藩镇的功劳。但现在的人情事体已不如当初，在彼此的目光里，互相都视对方为多余的冗员，悲哀啊！假若诸位王公能往来于郧阳这样的万山之中，根据实际地形来审看，就知道郧阳建置的重要性了。况且如今郧阳属地内拥有先皇的显陵，为万年之考虑，岂能不更加谨慎且重视？于是我把各省过去绘制的地图搜集在一起，各取属地概括为郧阳一图，包括过去隶属而现在已经分离出去了的仍然不敢废忘，所有疆界的远近，山川的险易，道路的迂直，城池的高深，关堡的疏密，都在上面显示得清清楚楚，随时观览非常方便。朝廷礼司监掌握有九州之图，能够周详地知道各处山林川泽之险阻的情况。大概是太平日子过得太久了，所以管理上的流弊就很深，可否重申严密防御以求万全？正因为这样，就要或扼制其所通之要道，或谨慎其所避之角落，或弥补其所不足之处，或占据其所必争之地。我征询谋略于属下的佥事、同知，把他们的意见附注于旁，让同志者斧正。那些张口闭口说别人是冗员的人，都是没有到过这个地方的人。如果到过这个地方之后，依然还在那样说的人，就有是非不清的嫌疑了。为君子者在天下，都是从大处着眼的，与那些事涉虚文琐务的人是不能作比较的。为了一些鸡屑之事而急急忙忙舍弃大义的人，怎么能够为天下之人谋利益呢？他们能吗？我王以旂恐怕是说得过分了，有僭越之嫌。最后累赘一句话：把此文雕刻在石碑之上就让人们去评说吧。嘉靖已亥岁长至(夏至)日。

在这篇《郧阳等处地方图记》中，我们能够看出王以旂胆大心细，智勇过人之处。他不顾承担着有可能冒犯皇威、抨击大臣的罪名，单刀直入地指出：欲裁革郧阳藩镇而张口闭口说别人是冗员的人，是是非不清者，是太平日子过久了的，是没有从大处着眼只注重虚文琐务的小人，并一针见血地指明，江汉地域如今的安宁正是由于设立了郧阳藩镇的功劳。正是王以旂的这种单刀直入和一针见血，才让严嵩们从此不敢再言裁革之事，也才让嘉靖皇帝打消了裁革的念头。

嘉靖朝不会再议裁革郧阳藩镇了，但对显陵的修建一直都没有停工。嘉靖二十一年(1542 年)，御旨改荆州左卫为显陵卫，以正军李貌才等 1200 余人补充之。九月，嘉靖帝再次命人修建显陵祾恩殿，派遣内宫监太监黄锦，协同湖广巡抚陆杰提督工程。嘉靖三十三年(1554 年)四月，嘉靖帝再次下诏改建祾恩殿“如景陵制”。以工部右侍郎卢勋兼都察院右佥都御史提督工程。嘉靖三十五年(1556 年)七月，他诏修显陵二红门的左角门、便路及御桥、墙等，直到嘉靖三十八年(1559年)九月才最后完竣。嘉靖四十五年(1566年)九月，他又遣工部左侍郎张守直重修祾恩殿，显陵的建造才告一段落。

(三)万历九年裁革郧阳藩镇的历史背景

万历九年四月乙未日(1581年5月4日)，郧阳藩镇再次被裁革。此时郧阳藩镇设立已经105年，离正德年间第一次被裁革又恢复也已经71年了，这次遭裁革又是什么原因?

1

百年来，郧阳藩镇一直在正常运行，为大明王朝守住了江汉通道，使得国家的东西与南北联系通畅无阻，为什么会在突然之间又被裁革?

这次被裁革的还有管理郧阳军务的湖广行都司，再以一个级别较低的参将府替代行都司来管理郧阳一带的防务。一统江汉的地方政权没有了，军事管理机构的级别也降低了，难道皇帝就不怕江汉地域再次被瓜分于数省之后会骚乱再起？如果那样不就使得华夏大地重新患上心律不齐的毛病?

这次郧阳藩镇被裁革，还真不是万历皇帝的主意。

万历皇帝朱翊钧是明朝的第13位皇帝，即位时才10岁，当时国家正面临着诸多的内忧外患，国事由内阁首辅张居正主持并推行了一系列新政。万历九年(1581年)时，皇帝虽然已经19岁了，但张居正依然掌握着朝政。直到万历十年张居正去世后，20岁的万历皇帝才亲政掌握了国家的实际权力。

为什么万历皇帝20岁了还没有亲政？难道张居正什么时候不死，万历皇帝就什么时候不得亲政？原因很简单，因为张居正在当时权高压主，万历皇帝朱翊钧很怕他，在他面前始终谨小慎微而噤若寒蝉。

嘉靖四十二年(1563年)八月二十七日，朱翊钧出生。祖父嘉靖皇帝感觉儿子裕王朱载垕已经威胁到了自己的皇位，所以对这个皇孙的出世并不高兴。之前，朱载垕就一直被吓得低调做人，直到父亲驾崩自己登基两年后，才敢给5岁的儿子起了个叫朱翊钧的名字。

嘉靖皇帝晚年的多疑达到了神经质的程度，就连过年过节都不准朱载垕去看望他，更不用说平常去问安了，这给朱载垕的精神同样带来很大的不安。他把这种不安传染给了王府里的所有人，大家全都处事低调，说话低声，这在幼小的朱翊钧心底打下了深深的烙印。

嘉靖四十五年(1566年)，朱翊钧3岁时嘉靖皇帝驾崩，父亲朱载垕即皇帝位年号“隆庆”。隆庆二年(1568年)朱翊钧被立为太子，隆庆皇帝便任命张居正为太子太傅教太子读书。朱翊钧的母亲李氏，是中国封建社会里一位典型的贤妻良母，对儿子的学习和生活要求都非常严格，如果稍有懈怠就要罚他长时间下跪。即使朱翊钧做了皇帝以后，她也从来没有放松过对儿子的管教。一方面，太子朱翊钧在张居正等大臣的尽心辅导和李氏的严格管教下，学业进步很快，学习了不少治国治民的本领；另一方面，隆庆皇帝已经开始追求享乐而不思图治，把国家大事全部推给了张居正去管理，让张居正有机会攀上权力的顶峰。当时，隆庆皇帝听不进任何臣下的劝谏，很快就因酒色掏垮了身体，于隆庆六年(1572年)命归黄泉。

朱翊钧登上皇帝宝座成为万历帝后，依然被母亲慈圣皇太后和大臣张居正包裹在卵羽之下。

隆庆皇帝病危时，曾经急召内阁大学士高拱、张居正、高仪三人入宫，当着10岁太子朱翊钧的面临危托孤：“以天下累先生”、“凡事与冯保商榷而行”。接着，由司礼监太监冯保宣读遗诏：“朕不豫，皇帝你做。一应礼仪自有该部题请而行。你要依三辅臣并司礼监辅导，进学修德，用贤使能，无事荒怠，保守帝业。”第二天，隆庆皇帝便驾崩于乾清宫。

为什么隆庆皇帝明明知道高拱和冯保素来就不和，还是要安排他们一个作为外廷的顾命大臣，一个作为内廷的顾命大臣？隆庆帝的本意就是要他们互相牵制，好让新继位的皇帝能够从中渔利，从而能够较好地控制住局面。然而人算不如天算，不久高拱就授意工科都给事中程文、吏科都给事中雒遵、礼科都给事中陆树德联合弹劾冯保，结果不仅没有扳倒冯保而且把自己给搭了进去，连带把高仪也惊得呕血三日而亡。三位内阁顾命大臣中就只剩下了张居正一人，于是他独自担当起了辅弼小皇帝的重任。万历朝的前10年，小皇帝的一切均受到慈圣李太后、司礼监掌印太监冯保、内阁大学士张居正三个人的规范。

对于儿子，慈圣太后一心想让他成为一个有为之君而“教帝颇严”。每次小皇帝不读书，她就命令其跪在地上。每天五更时分，她都亲自到皇帝睡觉的地方叫醒他，命太监们把小皇帝扶起来洗脸，催他上驾临朝。一次小皇帝在宫中喝多了一点酒命内侍唱歌而内侍称不会，就拿起宝剑追刺这名内侍。事情传到了慈圣皇太后的耳朵里，就命小皇帝在地上跪着历数他的过错，吓得小皇帝涕泗横流。还有一次，小皇帝喝了酒受太监引诱将冯保的两名养子打伤，又骑马直奔冯保的住所欲找冯保算账，吓得冯保抱起巨石撑住大门。慈圣皇太后知道后，换上青布衣，不佩戴任何首饰就召集阁、部大臣谒告太庙，要将小皇帝废了，吓得万历帝赶紧前去请罪。太后训斥说："天下大器难道就是你可以继承的么?"要改立朱翊钧的弟弟潞王为帝，是万历帝跪在地上哭了多时后皇太后才肯宽恕他的。

冯保是万历皇帝自小的贴身太监，万历帝对冯保也一直非常畏惧，每次看到冯保就会正襟危坐。冯保的职责不但要对皇帝实行一般的教育，有时还要代皇帝朱批奏折。张居正是万历皇帝自小的老师，所以皇帝对他更是非常的尊敬，从来不敢直呼其名，而是以"先生"称之，所下的诏令中只要提及张居正都写"元辅"。有一次，万历帝在听张居正讲读时，张居正突感腹痛，他就马上亲手调制了一碗辣椒面，并要求次辅吕调阳陪着张居正一块吃，以辣热攻治张居正腹中的寒气。正是因为内有冯保，外有张居正之间的配合默契，才使得万历初年的新政得以顺利地推行 10 年以上。

万历朝的前 10 年，张居正在政治上、经济上都进行了大刀阔斧的改革，政治面貌焕然一新，国家财富逐年激增，使大明王朝掀起了一片欣欣向荣的景象。

郧阳藩镇就是在这种历史背景下被裁革的。

2

张居正推行万历新政有其现实的历史背景，裁革郧阳藩镇更有其深层次的历史原因。

中国社会到万历一朝时各种矛盾已经异常激烈，土地兼并十分严重，皇族、王公、勋戚、宦官纷纷利用手中的特权以投献、请乞、夺买等手段大量占夺土地，有的大地主占田 7 万顷之多。徐阶是朝廷里的文渊阁大学士，他家的田地就有 24 万亩。这些皇亲国戚和朝廷重臣们利用身份和权力隐瞒自己所占的土地而拒不缴税，致使全国纳税的土地还不到一半，严重影响到了国家财政。疯狂的土地掠夺也使得大多数农民失去了土地，但税粮却依然落在了农民的身上，而且徭役的名目更是日益繁多。农民们只能或者租种官田收入留之一二，或者举家乞讨从此远离故乡。但无论如何，农民的处境都很悲惨，所激起的社会矛盾日益尖锐无比，各地暴动接二连三地发生。

以国家税收为例：明初洪武年间的夏秋二税全国不过米 2473 万石、麦 471 万石。到了正德初年，由于土地逐渐集中已经造成了赋役不均，加上人口流移和地方权势买通书吏隐匿赋税，每年就只能征到米 2216 万石、麦 462 万余石。嘉靖后更是降到只能征米 1822 万余石、麦 462 万余石。在国家税收大幅度减少的情况下，政府的支出却是与日俱增，更有北方蒙古、女真人时常入侵边塞，南方省份的叛乱也时时发作，而且黄河屡次决口动辄漂淹数十县，导致军费入不敷出，赈灾又无力。这时的大明王朝实际已经成为一个空壳，以嘉靖二十九年(1550 年)为例，蒙古俺答汗进逼北京，明廷因添兵设饷而军费大增，边境各处需要 525 万两饷银，更需要 800 余万银两去修边、赈济，然而朝廷能够收取的正税、加派、余盐贩卖，再加上其他搜刮总共才有 900 余万两的进账。据隆庆元年(1567 年)户部的统计，太仓仅存银 130 万两，而应该支付给官军的俸银就需要 135 万两、边饷银需要 236 万两、补发年例银需要 182 万两，计总需要支出 553 万两，当时的现银只够 3 个月的开支。

大明王朝的财政拮据已经到了十分可怕的地步，张居正当时就曾经指出存在的五大积弊："曰宗室骄恣，曰庶官瘝旷，曰吏治因循，曰边备未修，曰财用大匮。"所以他才力推万历初年的新政。张居正推行新政可谓一心一意，因为他完全得到了李太后的充分信任，也得到了年幼皇帝的信赖。

张居正所推行的新政是一场政治、经济、军事全方位的改革。

政治上，张居正实行以"尊主权，课吏职，信赏罚，一号令为主"的"考成法"，来解决当时官僚争权夺势、玩忽职守的腐败之风。

"课吏职"就是加强对官吏的考核。他认为当时的官场泄沓成风、政以贿成，正是这样的吏治不清才造成社会的民不聊生。实行考成法就是要"斥诸不职"，淘汰并惩治一批官员。比如一个知府，从年初起就要把当年计划要做的所有事一式两份写好，自己留一本，交朝廷一本，到年底时核对，如果发现有事没有完成，就把知府贬为县令。如果成为县令之后还不完成当年任务，还要继续贬官，直到贬为庶民止。

"信赏罚"就是赏罚有准而决不姑息。比如黔国公沐朝弼屡次犯法应当逮捕，张居正就先改立他的儿子承袭黔国公之爵位，再派飞马前去捆绑沐朝弼。沐朝弼对张居正的这种做法非常服气，所以没有做出任何反抗而束手就擒，张居正也就免他一死从此幽禁于南京。再如当时外派的御史在外常常欺凌地方巡抚，张居正就决定压一压御史们的气焰，饬令对他们加以考察。当时，各地盗贼群起，甚至抢劫官府库房，而地方上常常隐瞒不报，张居正下令如有隐匿不报者，即使政绩再好的官吏也必被撤职，地方官从此就再不敢掩饰，抓到了强盗会当即斩首并追捕他们的家属，各地盗贼因此也就销声匿迹。

经济上，张居正以清查土地为突破口改革赋税制度。他认为“豪民有田不赋，贫民曲输为累，民穷逃亡，故额顿减”，这是“国匮民穷”的根源，于是下令进行全国范围的土地丈量，清查漏税的田产。到万历八年(1580年)，全国查实应该征粮的土地达7013976顷，比弘治时期增加了近300万顷，使朝廷赋税大大增加，为正德之后最富庶的一个时期。

赋税上，张居正实行“一条鞭法”。其主要内容是：以州县为基础，将包括正税、附加税、贡品以及中央和地方需要的各种经费和全部徭役等所有赋税统一编派，合并为一项统一征收，使国家容易掌握，百姓容易明白，防止官吏从中贪污。过去地方上征派徭役，有里甲、均徭、杂泛之分。里甲役是按户计征，不愿服役者可以纳“门银”；均徭和杂泛是按丁分派，应役的方式可以出力，也可以纳丁银。实行一条鞭法后，将里甲之门银与丁银合并，统一编派征收，把户、丁的负担大部转移到地亩或产粮中，“皆计亩征银，折办于官”，但国家必需的米、麦、丝绢仍交实物。只要官府用役，一律出钱雇人。过去由户丁承担的催税、解送田粮、伐薪、修路、搬运、厨役等一概免除。

军事上，张居正用戚继光镇守蓟门，用李成梁镇守辽东，又在山海关至居庸关的长城上加修3000多座“敌台”，加强了对北方的防备。同时，朝廷答应封俺答为顺义王，并在大同、宣府、甘肃等地设立茶马互市，保持与北方各部族的贸易往来，让俺答长久没有再来侵犯边关。互市不仅保持了边疆政治经济上的稳定，也使朝廷军队需要的马匹大增，减少了老百姓为太仆寺养种马的数量，使太仆寺积蓄的资金多达400余万两。

3

张居正作为首辅大臣，本可以安安稳稳地享受一人之下万人之上的尊贵，为什么要出力不讨好地发动改革？

原来，在张居正主政的10年期间，各地天灾频繁，大片灾区需要赈济，大量灾区赋税需要减免，这给本来就千疮百孔的明朝经济雪上加霜。改变国家经济状况是他下决心要实行新政的原动力之一。

万历元年(1573年)六月，一批海运漕粮的船只在即墨附近的海面忽遇飓风，漕船颠覆，损失大米近 5000 石，溺死漕军 15 人，于是朝廷于八月初六日宣布停止海运。而当时的京杭大运河已经严重淤塞，漕运时断时续，大量物资都挤入汉江河运，汉江、丹江和洛河就日显其重要性。

万历二年秋，山西及淮、扬、徐等处水旱连灾，接着大旱，之后又发生狂风暴雨，导致海啸河溢，溺死居民、家畜无数，仓库盐场无存，朝廷紧急赈济灾民；继而山西大旱。

万历三年夏，南直隶和浙江等地相继发生洪水，人畜淹没，庐舍倒塌，各地抚按官纷纷上疏，请求减免田租、救济灾民，户部令他们选派贤能官吏从公调租中根据实际情况区别轻重，就地设法解决困难。

万历五年，黄河再次决堤，夺淮入海，淮河又被黄河泥沙淤垫而南移，致使淮安、凤阳一带 2000 里变成了一片灌莽之区。云南腾越发生地震，山崩水涌之中民房坍倒十之七八，死伤无数。

万历六年夏，朝廷命刑部右侍郎潘季驯为工部侍郎兼右都御史总理河漕，开始“导河归海”、“束水攻沙”、“蓄清刷黄”的工程，花费了大批银两才使海水不再倒灌入淮。

万历七年冬，黄淮两河工成，共筑土堤 102268 丈，砌石堤 3375 丈，堵决口 139 处，建滚水坝 4 座，开挖河道 2 条，栽护堤柳 832200 株，共用银 56 万两，比原计划节省 24 万两。此后数年黄河“无大患”，漕运慢慢畅通。

万历九年八月初九日，辽东定辽等地冰雹如鸡卵，百余里庄稼尽伤。十六日，扬州、泰兴、海口、如皋等处狂风大作，骤雨如注，屋瓦皆飞，漂没房屋数千间，死人不计其数。

万历十年正月十二日，扬州、淮安风雨暴作，海水泛涨，淹死 2670 余人，冲走盐课 248800 余引。

因为不断的天灾，地方财力已经极度匮乏，张居正不得不在国库空虚的情况下屡次减免各省钱粮。

以万历八年、九年为例：二月，免两淮盐场欠交的赋税 287500 引；闰四月，免福建驿递所欠交的赋税 298000 余两和陕西苑马寺牧地积租银 6080 余两；六月，免广东所欠交的赋税 1856000 余两；七月，免顺天府所欠的所有赋税；八月，酌量折减了庐州、凤阳、淮安、扬州等府被水所淹的田租；九月，减山东均徭里甲银 96400 余两和福建里甲均徭银 64500 余两；十月，折减苏州、松江、常州、镇江各府田租和免除河南怀庆、河南二府存留田租；十一月，定每年裁减浙江料价徭编银 88740 余两和免河南一年河堤夫银 6 万两；十二月，免泗州等处漕粮银 133790 余两和折减江西里甲均徭银 53680 余两。

万历九年，再行减免各省钱粮：正月，将顺天府的实编银 290600 余两减去 115900 余两，将湖广的实编银 593700 余两减去 119700 余两，将陕西的实编银 517900 余两减去 75000 余两，将四川的实编银 529000 余两减去 50600 余两；二月，将河南所属州县的额编驿递银 451600 余两减为 247700 余两，将湖广的驿递银 66250 两减为 136790 余两；三月，减浙江杭州等府驿传银 17730 余两、米 150 石，将应天等 6 府、州所属的驿递年节支剩余银 18690 余两，抵充应编支应等银数，自万历十年(1582 年)始每年共减编 19750 余两；四月，将河南各军卫自万历六年(1578 年)以来所拖欠的班银全部免除，将应天府苏松等处的均徭里甲驿传银由每年 878630 余两，递减到 78500 余两，改入平米银 11740 余两，减后只剩 778380 余两；五月，保定抚、按辛自修等人上奏称，保定、河间、真定、顺德、广平、大名 6 府均徭里甲银共计 921140 余两，其中应解部及兵饷等银 295820 余两不容议减，议将 605310 两公费并工食等银，减去 55850 余两，朝廷经复议后同意减银 6000 万余两，实征银 805285 余两；六月，将江北 7 府每年额编的里甲均徭银 797974 两减去 125196 两；七月，将江西的余银 68750 余两在抵充万历十年正支后免派一年，又豁免淮安、扬州、凤阳等府所属州县自万历八年(1580 年)以前所积欠的马价等银以苏民困；九月，把广西每年 173400 两均徭、里甲、兵饷、驿传银减去 10741 两，免去湖广所积欠的协济贵州等项银两，并把钦赏诸绢由民运改为官解；十月，将北直隶 5 府驿递银由 33 万余两，改为 187190 余两，递减了 14 万余两，免征江浙、苏松等府协济马价银；十一月，酌免福建 7 府驿站银一年。

然而频繁的天灾依然挡不住皇亲国戚们的贪婪。万历九年(1581 年)四月二十四日，万历皇帝赐给寿阳长公主庄田 2595 顷零 82 亩，并每年由官府征银解给。

4

在张居正主政的 10 年期间，因战事不断而军费猛长，需要不断扩大财源才能支撑住日益扩大的军费开支，这也是他要实行新政的第二个原因。

由于在万历初年朝廷继续推行的民族歧视政策，加上地方土司的残酷剥削，导致了广西八寨各族人民的暴动。他们入都市，攻城邑，开仓动库，杀死官吏，没收富民田产，官军屡剿不灭，直到万历七年(1579年)十一月才基本平定。

万历二年(1574年)，倭寇先后进犯浙江东部四府，冬天又相继攻陷广东铜鼓卫等处，明军总兵官张元勋统兵还击，俘斩倭寇500余人。同年，广东潮安海匪林凤在菲律宾吕宋岛上称王，后被西班牙殖民者击逐退守到澎湖，又遭到明军袭击，仅剩40余船突围后赴潮州。十月，女真王杲大举入侵辽东，巡抚张学颜、总兵李成梁四面出兵围攻，王杲被重创后溃不成军，败退至南关后自封"都督"，但不久被土酋王台抓获后献给了明军。

万历三年冬，泰宁部长绰哈联合土默特各部率骑兵2万余众南掠，辽东总兵李成梁遣将驰击，绰哈等人转掠沈阳，再被李成梁发火器攻溃，明军追至河沟，斩绰哈部众数千计。几乎在同时，甘肃发生兵变，当时甘肃镇的军饷按规定是付给本色(米谷)和折色(银)各半，而兵备副使邹廷龙以银两缺少为由只给本色，于是一个叫石明的伍长鼓动300余名士兵放火焚烧了副使官署，并谩骂邹廷龙，逼迫邹廷龙只得将军饷全数改为给银。后来，朝廷将邹廷龙调往陕西，将石明等6人逮捕入狱，定了死罪。十二月初九日，广东肇庆发生罗旁瑶民暴动，两广提督殷正茂调集大军前往镇压。自明中叶以来，罗旁一带七百里的瑶民不断暴动，官府每年都要发兵镇压，但均不见成效。这次，在兵部侍郎凌云翼(原郧阳巡抚)征兵15万，分8路进剿之下，才暂时控制住局面。为此，万历帝御临皇极门，亲自宣布罗旁之捷，改泷水县为罗定州，在此地设立神龟卫。

万历四年，泰宁部长炒花攻古北口，击杀了明军总兵汤克宽。当他们再次进扰时，被戚继光遣兵击退。同年，总兵李成梁两次出击土蛮获胜。

万历五年，总督凌云翼派遣张元勋、李锡攻破罗旁460个瑶寨，广东瑶民问题被彻底解决。

万历六年正月，泰宁部长速把亥再次纠合土默特大举入侵辽东，扎营于劈山。总兵李成梁督兵，一夜出塞200里，大破劈山营，速把亥部众死伤不下万人，被捉斩430人，夺其器械牲畜数万。

万历九年(1581年)四月，黑石炭部进犯辽阳，副将曹簠率军追至长安堡遇伏兵，千总陈鹏以下371人战死，失马460匹，史称"辽阳之败"。

5

在张居正主政的10年期间，他一直都在致力于为国家增收节支。

万历二年(1574年)，由于发给皇室宗藩的开支大增，难以满足他们的禄米，于是张居正批准开放藩禁，准许没有授予爵位的皇室宗亲从事士农工商四业，有文学才能的还准予参加科举入仕，但不许他们任京官、握兵权。

万历四年，因海滨汊港年久淤塞，导致漕运不畅，加上淮安、扬州历年水患不止，张居正批准设水利佥事专疏海道和修筑高邮东西二坝以蓄湖水，留漕粮5万石、内河工银25430余两为开河之用。工程历时半载才完工，修堤长11148余丈，堵塞决口22处，征用役夫44000人，所用的折纳比例甚轻，又为分季解纳，十分累民，而且还因势豪奸顽者不交纳，更有收取押解人员侵欺贪瞒，以致拖欠了160万两。张居正得知后，严督抚、按官按季完解，又以万历帝的名义下诏，如敢有倚势抗拒并侵欺者，即便参奏拿解，从重处分；若抚、按官徇私怠玩，就以不称职论黜。再派遣御史督修江浙水利，还采纳漕臣的建议，提早漕船启运日期，以避水患，才使得仓储渐增。

万历五年正月，张居正批准直隶巡按御史邵陛的提议，准许他招民开垦凤阳、淮安荒田。十一月，又下令清丈全国土地，限三年完成。经过这次清理，全国13个布政司和南北二直隶计有土地700余万顷，比弘治十五年(1502年)增加300余万顷，使得豪猾无敢欺隐，里甲免以赔累，小民无有虚粮。

万历六年四月二十五日，张居正令户部在此前所定的每年进纳内库100万两为额的基础上，每年增收金花银(赋税征米谷折价上缴的银两)20万两。当年秋，他又下令奖励开垦荒田：先令江北诸府凡15岁以上的无田者，官府给牛1头、田50亩，开垦3年之后再计亩征钱粮；后令苏州诸府开垦荒田，6年后再征收税粮。

万历七年六月，张居正依据隆庆二年(1568年)户部作出的“宗室买田不输役者没收为官”之规定，对各省勋戚的庄田全部进行清丈，凡超逾额定及隐占者，均依法按治，所没收的地租银全部解送户部备边。

万历九年四月，张居正批准户部所奏：新征顺天等8府所丈出的官勋备边牧马军屯等地共2835顷，每年额征银6920两、粮24石，另没收勋戚新旧庄田11550余顷。五月初五，户部奏：“沈阳共查出土地22725顷60亩，每年征银40160余两，经追还官后照例解部。”九月，山东首先奏报该省清丈结果：全省军民屯粮地、民地原额为763858顷，多丈出363487顷。军屯地原额为36915顷，多丈出2268顷。十二月，江西奏报：全省66个州县，多丈出61459顷54亩，又查出南丰县各佃粮租田47300石，武宁县没收官田371亩，出卖得银36490两。

万历九年，张居正定各省兵马钱粮数：三月，定北直隶所属府州县积谷额数，按上、中、下分为三等征收。九月，定四川兵马钱粮的总数，以万历七年为额，实有的卫所官军为50338名、马1923，总兵官、副总兵官、参将、游击等军官32706名、马74匹，每年应支俸廪衣甲本色米豆为187940余石，折色银339080余两。十月，定福建所属各州县积谷额数，一律按上、中、下三等征收；又定浙江兵马钱粮的总数，以万历七年为额，实有卫所并附近官军共64912名，每年支月粮620620余石，再添加备倭、防矿将领及军丁33290名，每年支饷银348310余两。

万历九年五月，张居正批准兵部再次上疏所请求的变卖北京太仆寺马41000余匹、南京太仆寺14808匹种马，称“尽行变卖以除民害”，每年所得的折征草料银125000余两，准备积10年之后拿100万两用以缓解山东、河南、南北直隶的民困。

万历九年十月，张居正批准淮安、凤阳、徐州自第二年开始开荒垦田，但各卫所的屯田一律不准混入在官府开垦的数内，以免滋扰。

到万历九年(1581年)时，张居正所实行的新政已经大见成效，国库开始充盈。当时临清、德州、淮安、徐州的粮仓并称“明代四大粮仓”，专门贮积北运南粮，“实南北咽喉”。据万历九年九月二十七日户部所奏：“临清、德州二仓，历年全收本色，以防漕粮缺额，今河道通行，漕额无欠，两处积粟至一百万石，年久恐成朽腐，请暂时停收本色，改解折色。待陈粮支放过半仍收本色。”

6

万历九年裁革郧阳藩镇，是张居正所实行新政的内容之一。面对频繁的天灾人祸和四处硝烟，面对国库收入的急剧减少，面对无底的赈灾款和大幅增加的军费，国家已经养活不起那么多“吃财政饭”的人员。然而，对皇亲国戚他无法裁革，军队数量更不能减少，他所能做的只能是“裁冗官”，用淘汰一批官员和裁革一些官府的办法来减轻国库的压力。他只能双管齐下，一方面想办法大幅度增加国库收入，一方面尽可能地减少财政支出。

张居正自主政之初到他去世之前，都一直在推行对官员的裁减。

万历三年(1575年)二月十二日，在张居正的建议下，年幼的万历帝下谕旨给吏部：“南京职务清简，官不必备。先朝有一人兼掌六部者，以后南京员缺，非紧要者不必一一推补。”自永乐以后的整个明朝，都是北京、南京两套朝廷班子齐全，张居正显然认为南京班子存在多余而有意削弱，然后再逐步完全裁革，所以假借皇帝之口让官不必齐备，人们当时就对此议论不一。

万历三年夏，万历帝又下诏罢免各地贪酷成性及年老有病的官员。

有了前面的经验，到万历八年时，张居正才开始采取大刀阔斧的裁员措施。万历八年六月，裁革沿边兵备、守巡、参政、游击等官，认为添设太多，并非好事。裁革的有山西宣府怀隆道兵备副使 1 员，河南总部京粮右参政 1 员、督粮左参议 1 员、睢陈道兵备 1 员、山东督粮左参政 1 员、总督京粮左参政 1 员、分巡东兖道佥事 1 员、陕西督驿传左参政 1 员、屯田水利副使 1 员、浪庄兵备道 1 员、永宁兵备副使 1 员、四川督粮右参政 1 员、水利驿传使事 1 员、叙泸兵备佥事 1 员、广东督粮左参政 1 员、湖广屯田水利副使 1 员、江西饶州兵备副使 1 员及佥事 1 员。

十月，他再次下令淘汰内外冗官。当时，兵部尚书杨兆协理京营，万历帝下旨："协理一职，规本部侍郎带管。"张居正遂裁革协理一职，并令吏部核实南北两京大小九卿及其所属的各衙门，凡有冗滥者悉予裁革。同时命令核实各省徭赋以及诸司冒滥冗费等事。

万历九年，裁革行动继续进行。正月初六日、十六日，分别裁减南北两京六部、都察院等各部门的官员数百人。同时，也对各省、镇冗员下手治理。据《郧台志》记载，当月郧阳巡抚杨俊民上疏奏请淘汰所属的府、州、县佐官首领及杂职共 21 员。

二月，裁革北直隶保定等府同知、通判官以下 55 员，南京、福建仓大使等 46 员，浙江布政司都事等官 20 员，江西、陕西、延绥、郧阳等处司、府、县、驿等官 10 员，南京中、左二府锦衣卫各佥书、大教场等营把总 8 员及苏松徽宁兵备所辖官兵 779 员，每年节约饷银 6600 余两，四川司、府、州、县佐贰杂职等官共 26 员。

七月，裁革湖广、广东等处司、府、州、县佐贰杂职等官 74 员，广西司、府、州、县佐贰杂职等官 49 员。

十二月，裁兵部在京职员 165 人。

7

尽管张居正的改革之路并不平坦，但他决心改革的意志丝毫没有动摇过。

张居正对自己所实行的新政有独到的见解，万历四年(1576 年)七月他曾经上疏说："致治之道，莫先于安民；安民之法，莫重于守令。今之为守令者，削下奉上以希声势，奔走趋承以荐举……明春外计，考察举措，乃向背所系，惟以安静宜民者为最，虚文矫饰，虽名气很大，亦当列为下考。请令抚、按官肃清吏治以俟考成。"

作为内阁首辅，张居正十分憎恨巡按御史们在外派时常常凌辱地方巡抚，就经常严厉斥责巡按御史，让言官们多次为地方巡抚们鸣不平。有一次，辽东巡按御史刘台奏报辽东之捷，被张居正以巡按不得报军功为由，严厉责备刘台这是违制妄奏，欲绳之以法。刘台不服，于万历四年正月二十三日上疏弹劾张居正，说他：专擅威福蔑视祖宗成法，在驱逐大学士高拱去位时表现得刻不容缓，但却把无什么功劳的成国公朱希忠越例封其王爵，又不经公议公推便把张四维塞入内阁，还把张瀚推荐为吏部尚书，更随意斥逐言官余懋学和傅应祯，为谄媚幼帝进献《白莲白燕颂》，私自为子弟谋取科第，在荆州老家大兴土木建房舍而费银 10 万两，制似宫禁，派锦衣卫官校监治大臣等等，其贪不在文吏而在武臣，不在内地而地处边鄙，辅政未几即富甲全楚，"宫室、舆马、姬妾，奉御同于王者"。

刘台是张居正于隆庆五年(1571 年)所取的进士，又得到了张居正的重用，由刑部主事荐为御史，但他劾攻恩师的疏词之激烈是前所未有的，因此轰动朝野。张居正愤然大怒，入宫见万历皇帝说："刘台为臣所取士，二百年来未有门生弹劾师长的，臣惟有去位了之。"万历帝亲手把张居正扶起说，刘台是个"谗狠奸人"，"诬罔忠良，肆言排击，意惟树党植私，不顾国家成败"，立即派锦衣卫至辽东逮捕刘台，对张居正则是慰留再三，要他安心供职。

万历五年九月二十六日，张居正的父亲去世。按照封建礼制，在外做官的儿子必须回家奔丧且守孝三年。张居正担心自己一旦离去，内阁首辅之位会被他人占据，自己所推行的改革就会半途而废。所以他在向皇帝上疏请求允许自己回乡"丁忧"的同时，暗地里则要冯保等人建议皇帝"夺情"挽留，两宫皇太后也不愿张居正离职，万历帝只能下旨"朕切倚赖，岂可一日离朕"，命张居正居官守制。

在当时，有许多大臣都认为不可以这样做，却都遭到了张居正的廷杖、贬斥甚至流放。十月十八日，翰林院编修吴中行疏劾张居正夺情是违背"万古纲常"。十九日，检讨赵用贤也上言，认为不能沿用前朝例子为张居正夺情制造根据。二十日，刑部员外郎艾穆、主事沈思孝联名上疏，弹劾张居正夺情是"贪位忘亲”。张居正大怒，于二十二日杖吴中行、赵用贤各六十，艾穆、沈思孝各八十，都打到气绝几乎死去，让人们不敢正视。二十四日，观政进士邹元标又上疏，尖锐批评张居正素来以“非常之人”自居，而他“以奔丧为常事而不屑为”，说明他实际上与禽兽无异，被张居正杖其一百六十。许多廷臣都相继仗义疏救，张居正均不听，将吴中行、赵用贤革职除名，将艾穆、沈思孝、邹元标分别发配到凉州神龟卫和都匀卫充军。其实，这些人平时与张居正的关系都不错，吴中行和赵用贤均是隆庆五年(1571 年)被张居正所取的进士，艾穆为张居正的同乡，他们从维护封建伦理纲常出发而不讲私恩，不避权势，在当时“直声震天下”，被称为“五直臣”。

朝廷内外议论张居正被“夺情”一事依然不绝于耳。张居正自从父丧后，性格变得更加偏激、骄纵，对官员的升贬大多只凭个人好恶。他身边的人多接受贿赂，连家奴游七都捐钱买官，置身于士大夫之列，人们对张居正的行为越来越不满。张居正也借夺情一事发现有不少人不附和自己，遂借考察的名义将那些屡次要求救吴中行等人的官员或降职，或外调，或贬为庶民。

直到万历六年三月，张居正才踏上回荆州老家的路葬父。出京前，两宫皇太后亦对他赐赍有加。万历皇帝对他说：“先生此行，虽非久别，然国事尚宜留心。”特赐他“帝锡忠良”银章一枚，许他密封言事。同时命司礼太监张宏在郊外设宴送行，百官迎送。张居正为了巩固自己的地位，推荐了礼部尚书马自强兼文渊阁大学士、吏部右侍郎申时行兼东阁大学士掌管机务。万历帝告诉次辅吕调阳等人：“遇大事不得专决，必须飞报江陵，听张居正定夺。”

六月十五日，张居正从荆州还朝。在他往返期间，“所过州县守臣皆长跪迎候，抚、按大吏越界迎送，山珍海味万般招待，各地藩王亦如是”。

万历八年夏，南京兵部主事赵世卿上疏议论张居正新政，说新政规定的州、县学取士不得超过 15 人，布政和按察二司以下的官员办公事不准乘驿马，判为死刑的人数每年有定额，地方官征收赋税以九分为合格率，不及格者必须受罚等等的荒谬。赵世卿奏陈“匡时五要”：“请广取士之额，宽驿传之禁，减少死刑，征收赋税不能太急，大开言路并要求为言官发特赦令，并放回因建言被发配充军的傅应祯、艾穆、沈思孝、邹元标等人。”张居正遂将赵世卿改调到楚王府任右长史，第二年京察后以“不谨”落职。

8

郧阳藩镇的裁革在万历九年四月。从当时的局势看，有郧阳这个宏藩巨镇一统江汉，绝对有利于稳定国内的局势。可惜张居正的眼光并没有看到这一点，严格地说他裁革郧阳藩镇是带有私心的。

地盘观念历来都成为盘踞地方诸侯们头脑中的毒瘤，自古以来没有任何一个封疆大吏想让自己的领地缩水。虽然“官府制”不同于“分封制”，是铁打的官府流水的官，但官员都是有家乡的，在地望观念浓郁的古代，家乡势力是可以左右官员行为的。

郧阳藩镇是割几省地盘而来，湖广、河南、陕西无一日不想让割地早日归来。他们无论如何也没有想到，这些割地一去就是上百年，而且丝毫看不到有回归的迹象。

尤其是湖广，自郧阳以下，辽阔数千里的沃土历来归属楚国，然而江汉平原上的万古荆襄已经离开楚的怀抱逾百年，犹似一个父母看得见的一个幼儿而又揽抱不得，其巴望它重新回归的心情是可想而知的。

几省势力这次撺掇着裁革郧阳藩镇是肯定的。之前他们没有撺掇不是不想，而是不敢，从历代皇帝到朝廷大员都认为应该设，有必要设这个藩镇，那么地方上就只能忍痛割爱了。如今不同了，张居正当政并实行新政后，他们认为时机来了，就都想要回自己失去了上百年的地盘。

张居正是荆州人，自己的家乡就处于郧阳藩镇的管辖中，而且荆州离湖广的权力中心武昌很近，实际上他自己就是要拆散郧阳藩镇的最大代表。

荆州古称江陵，位于长江之滨，是江汉平原的中心城市，荆楚名都，春秋至五代共有十代政权在此建都，地位之高仅次于国内“七大古都”，所以张居正一直以自己的家乡为荣。把这么一个高贵的地方置于上游1000多里之外一个偏僻而又贫瘠的郧阳之下，而且被管辖了上百年，他的心里一直有意无意地潜藏着一种不屑和不服气。这种不顺之气如果没有外因诱发，也许就会永远潜藏下去，隐藏得连他自己也察觉不到。问题是偏偏张居正坐在了一人之下万人之上的位置上，手中握有改变这种状况的权力，又正好遇上湖广势力集团要夺回荆襄的管辖权，于是两种势力一拍即合，郧阳藩镇被裁革的命运也就在所难免。

万历九年四月，是张居正的人生道路走到最辉煌顶点的时刻，皇太后对他无比信任，皇帝对他言听计从，改革成果在不断显现，国库已经十分充盈，地方官员对他阿谀奉承，他觉得时机已经成熟，于是宣布裁革了郧阳藩镇，把几省原来的领地均归还给了各省。

郧阳藩镇被裁革后，江汉地域再次进入几省分治时代，这对社会矛盾日益激化、政权依然不太稳固的大明王朝来说，是一次釜底抽薪。于是，利用这个国家管理上的空隙，江汉秦巴山地上盗匪再起，使支撑国家命脉的汉江河运变得越来越困难，再次严重影响到了社会、政治、经济领域和边防供给。

9

万历十年(1582年)六月二十日，身兼内阁首辅、太师太傅、中极殿大学士的张居正因积劳成疾突然病逝，时年58岁，被万历皇帝赐赠“上柱国”，谥“文忠”，荫一子为尚宝司丞，赏丧银500两。

张居正病逝后不久，那些在改革中利益受损的人开始了大举反攻。宦官张诚和一大批守旧官僚们把矛头直接对准了“一条鞭法”而要求取消，前任首辅高拱也送来了《病榻遗言》为自己申冤，在荆州的辽王妃王氏也上来奏疏，说张居正诬陷辽王，霸占王府。张居正老家在江陵城所住宅子，正是获罪辽王的王府。

此时的万历皇帝已是20岁出头的小伙子，长期以来掩藏在心底的张居正对他所实施的高压现在终于得到了释放，自此他要自己独断乾纲，打算以推倒张居正作为自己开始亲政的基础，树立起自己的皇帝权威。于是他在万历十二年(1584年)八月下令取消“一条鞭法”，全面废除万历新政，并给张居正加上了诬蔑亲藩、钳制言官、蔽塞朕聪、专权乱政、罔上负恩、谋国不忠等等罪名，“本当断棺戮尸，念效劳有年，姑免尽法追论”，下诏抄了张居正的家，并把其子弟全部发配到“烟瘴地面”充军。当时，张府里的一些老弱妇孺在抄家完毕后，还来不及离开就被封闭在了府中，饿死10余口，张居正的长子张敬修还留下了一份“丘侍郎(橓)、任巡按，活阎王！你也有父母妻子之念……何忍陷人如此酷烈”的遗书自缢身亡。张居正的老母已经80岁，还是在首辅大学士申时行的请求下，朝廷才给她留下了一所空宅和10顷田地维持其生活。

丘橓，诸城人，性格刚直好争论，隆庆年间罢官在家。万历初年有很多言官向朝廷推荐丘橓，但都由于张居正对他的厌恶而没有得到任用。张居正死后，万历帝特派丘橓与太监张诚一起去抄张家。丘橓即采取酷烈的办法对待张家，不免有公报私仇的嫌疑。

万历皇帝如此无情，恐怕是张居正生前绝对没有想到过的。张居正的悲剧应该有很多方面的原因：他过度自信，而没有留给皇帝足够的自信，威权震主才引来了皇帝的报复；他过于专权，得罪的官员太多，像丘橓即是其一；夺情一事他开罪了许多正直的士大夫；禁讲学又开罪了许多知识分子；对于慈圣皇太后的父亲李伟等人没有给予充分的方便，以致万历皇帝在清算张居正时，慈圣皇太后并没有像往常一样站出来为张居正说话。

当然，苍蝇不叮无缝的蛋，为张居正所罗织的这些罪名并非都是空穴来风，他自己也确实有许多不检点的地方。他不能虚以待人，过于刻毒专制；他在朝堂之上为所欲为，不把皇帝放在眼里，不允许皇帝花过多的钱；他生活糜烂，住着自己的豪宅又占据严嵩留下来的香庐别墅，享用着戚继光奉送来的波斯美女；他的手下人有严重的经济问题而均没有被严厉追究；人们对他长期敢怒而不敢言等。张居正患病的原因是“积热伏于肠胃，流为下部热症。又多服凉药，反令脾胃受伤”，像王世贞、沈德符等当时的一些学者都推断，张居正应是长期服用了春药，以致热气向下或向上发散所致。据说张居正在严冬里头上都不敢戴貂皮帽，就是因为热气上冲于头部所致。他个人生活奢侈糜烂如此，也难怪人们能够随手拈来许多的罪名。

然而，我们不能拿现在的反腐标准来套近500年前的张居正。我们不应该否认他为国事操劳过度是其发病致死的重要原因之一。在他当政的10年间，除那次回乡葬父外，其余时间都在坚持办公而没有休息过一天。他的每一天都是在高负荷的状态下度过的。

万历新政被废除后，一方面有许多经济政策还是被沿袭了下来，让大明王朝得到了暂时苟延残喘的机会；另一方面，由于张居正所架构的优秀政治制度和社会秩序被彻底摧毁，又加剧了国家内忧外患的发生，催生了明末农民大暴动的酝酿，加速了大明王朝大厦的倾倒速度。

在张居正死后40年时，有人就意识到了这一点，想以给张居正平反来扳回大明王朝的败局。天启二年(1622年)五月，户部左侍郎陈大道等人联合上疏请求为张居正抚恤，罗列了他的20项功绩。天启皇帝亦认为张居正辅政10年后天下大安，功不可泯，准许恢复他的官衔，予以祭葬，酌改谥号，把其家还未变卖的房屋交给子孙奉祠居住。为张居正平反昭雪恢复名誉当然是一次社会进步，但在经过长达40年的滑坡后，大明王朝已经积重难返，灭亡的命运已经不可避免。

万历新政是中国封建社会晚期的一次涉及政治、经济、军事和民族关系领域的一场全面而较深刻的改革，其经验和教训对现实依然有着积极的意义。

张居正所处的年代，已经出现了大明王朝的大厦即将倾倒的局面。张居正发动改革，表现出了他高度的政治责任心。万历新政与历史上的商鞅变法、吴起变法、屈原革新、王安石变法的精神完全一致，是时代的产物，其价值永垂文帛、光照千秋。

张居正在危难中能够果敢地主持新政，坚定地贯彻着以民为本、因民立政的思想，在一定程度上抑制了豪强地主兼并掠夺农民土地的势头，减轻了农民的负担，减少了地方官吏对农民刻意剥削的机会，缓和了统治阶级与农民之间的矛盾，表现了一个古代文人注重学以致用、从政庇民的高贵品质。

但张居正和万历新政都是以悲剧终结的，尽管新政使"太仓所储，足支八年"，但依然不能摆脱张居正死后即遭灭门之祸，让改革毁于一旦的命运。这一悲剧不仅是张居正个人的，更是时代的，深刻地反映了中国的封建社会已经日薄西山走到了尽头，任何力量都已经无力医治这一深入制度骨髓的恶疾。

10

令人啼笑皆非的是，郧阳藩镇的裁革是夹杂在张居正改革一片成功中的一个败笔，而郧阳藩镇的恢复却是夹杂在摧毁万历改革成果的一片黑暗中的一丝火花。正是由于郧阳藩镇的恢复，犹如为中国的心脏打了一支强心针，才使大明王朝苟延残喘了一段时间。

万历十一年正月壬午(1583 年 2 月 20 日)郧阳藩镇被恢复时，万历皇帝曾经颁发给前去上任的郧阳巡抚张国彦一道敕谕，我们能够从中看出一些端倪(敕书见第八章第五节)。

这是一篇任职敕谕，相当于现代的委任状，它规定了郧阳藩镇的管理范围，郧阳巡抚张国彦的职务、责任和权限。在万历年间编纂的《郧台志》中对此敕谕有一句按语："万历十一年，台复设，前院张国彦首抚，故钦奉敕谕。内有言官建议复设，该部复议事理。"按语透露出如下信息：郧阳藩镇的恢复为万历十一年，恢复后的首任巡抚为张国彦，恢复的原因是朝廷内有言官建议。但恢复郧阳藩镇的更深层次原因不光是"有言官建议"这么简单，而是藩镇被裁革后，整个江汉地域的社会秩序又变得混乱起来，汉江河运受到了严重阻碍而不得不恢复。

张国彦(1525—1598 年)，字熙载，号弘轩，北直隶邯郸人，嘉靖壬戌科(四十一年、1562 年)进士，历任襄陵知县、兵科给事中、山西参政、陕西右布政使、江西左布政使、顺天府尹。万历十一年(1583 年)二月升右副都御史抚治郧阳，当年十一月改任顺天巡抚。以后又因奉召守关有功而迁户部侍郎，不久为都御史，万历十八年(1590年)升为都御史任兵部尚书，后任刑部尚书等职。

(四)清康熙三年裁革郧阳藩镇的历史背景

康熙三年(1664年)四月二十六日，郧阳藩镇第三次被裁革。此时离明成化十二年郧阳始设藩镇已经过去了168年，离顺治元年(1644年)清朝入驻北京也已经20年了。这一次，郧阳藩镇被裁革了整整12年，是三次裁革中时间最长的一次，直到康熙十五年(1676年)藩镇的建制才被恢复。

1

这一次又是为什么要裁革郧阳藩镇，而且一裁就是12年?为什么又要恢复?要想解答这几个问题，就还得从清初的局势说起。

清世祖顺治帝，是清朝的第三位皇帝，也是清军入关入驻北京的第一位皇帝。他是皇太极的第九子，在位仅18年。

皇太极是在未预定储嗣的情况下突然暴卒的，顺治帝福临是在几个兄弟激烈争夺皇位之后，以6岁之龄在多尔衮的拥立下才登上帝位的。顺治帝登基后，真正掌握帝国实权的人是他的叔叔多尔衮，“凡一切政事及批票本章不奉上命，概称诏旨，擅作威福，任意黜陟”，“竟以朝廷自居”，“其所用仪仗、音乐及卫从之人，俱僭拟至尊，盖造府第亦与宫阙无异”，“朝贺之事与皇帝一体”，造成了“关内关外咸知有睿王一人”的局面。随着顺治帝年龄的增长，他越来越觉得多尔衮是在对自己的皇帝尊严进行挑战和侵害。

顺治七年(1650年)十二月，摄政王多尔衮去世，十四岁的顺治帝开始亲政，当即就对多尔衮进行了清算。次年正月初六，顺治帝将多尔衮的同母兄长英亲王阿济格以谋乱罪幽禁；二月二十一日又颁谕旨追论多尔衮的罪状，“罢追封、撤庙享、停其恩赦”；闰二月，再下令处死谄附多尔衮而握有实权的大学士刚林、祁充格；八月，又杀掉固山额真、吏部尚书谭泰；十月，再下令让阿济格自尽。通过这一系列的措施，顺治帝消除了多尔衮的势力，从根本上稳固了自己的皇权，“以后一应奏章悉进朕览，不必启和硕郑亲王”。又下令“罢诸王、贝勒、贝子管理部务”，从此集大权于一身。

顺治十八年(1661年)正月，顺治帝驾崩于禁宫，遗诏传位于第三子玄烨。

玄烨登基，年号“康熙”。

康熙帝8岁登基，同样是幼儿皇帝，由索尼、苏克萨哈、遏必隆、鳌拜四大臣辅政，裁革郧阳藩镇就是这几个辅政大臣做出的决定。

康熙初年，全国的局势还不十分稳定，南有平西王吴三桂、平南王尚可喜、靖南王耿精忠的“三藩”割据占据数省，想与清廷分庭抗礼；西北有准噶尔部的割据；东南有郑成功后代占据着台湾；东北有沙俄的觊觎和入侵。因此，要实现国土完整和统一就需要大举用兵消耗财力，四大臣认为精简一些不太重要机构和人员是应该的。

再者，郧阳与“三藩”所盘踞的云贵广关系历来十分密切。自明成化年间郧阳设藩镇以后，云贵广边境的关卡历来就由郧阳子弟兵轮流驻守，军费也由郧阳自筹。清初，“三藩”各拥重兵，不愿接受清廷的节制，平南、靖南“二藩”各有兵力15佐领、绿营兵各六七千人、丁口各2万；平西王所属的兵力有53佐领、绿营兵1.2万人、丁口数万。“三藩”中数吴三桂功高兵强，四方精兵猛将多归其部下，加上陕西提督王辅臣，贵州提督李本深，四川总兵吴之茂，云南总兵马宝、王屏藩、王绪等10余人均是他的原来部将，势力几乎遍及半个中国。当时，“三藩”势力已经尾大不掉，清廷要想削弱藩王势力，就必须切断“三藩”与内地的联系，让其资金与装备的援助枯竭，裁革郧阳藩镇好像就势在必行。

清廷下决心裁革郧阳藩镇还有一个重要原因，那就是郧阳在明末清初战乱中表现出的顽强意志让清廷感到了胆寒，必欲除之而后快。

2

在明末，李自成、张献忠所领导的农民军在攻打郧阳藩镇所属各地时，几乎所有县城、府城都被攻陷，但镇署所在的郧阳长达10余年被围困攻打而不破。

崇祯十四年(1641年)六月，张献忠自陕西向东而来，郧阳按察使高斗枢与郧阳知府徐起元派遣游击将军王光恩和其弟王光兴分别扼守关隘，数战数捷，让张献忠不敢再犯，郧城危而复安。七月，罗汝才与张献忠不和，赴内乡、淅川与李自成合兵，攻克了邓州。张献忠自应山攻郧阳不克，转取郧西。十一月，李自成攻克南阳，击毙总兵猛如虎，杀死唐王朱聿镆，又分兵攻克所属州县，直逼襄阳、郧阳。

崇祯十五年十二月，李自成攻克南阳，取下襄阳，又分兵攻打宜城、枣阳、光化、谷城、均州、郧阳、保康、荆门，再合兵杀向荆州，杀死明湘阴王。不久，又攻克了安陆承天府，烧毁明显陵。

在樊城，明将左良玉先弃城，随后郧阳代理巡抚王永祚及襄阳知府以下的官员纷纷逃命。只有乡官罗平、知州蔡思绳和在乡的福州通判宋大勋等人拼死抵抗之后全部殉节。李自成遂改襄阳为襄京，在城内封侯授爵，部下各得其位。

在宜城，知县陈美固守城八昼夜，城陷后抗骂不已，被凌迟处死。

在枣阳，知县郭裕带兵在城墙上发炮石，击伤农民军无数。城陷后身中数矛仍大骂不绝，遂被李自成下令肢解，全家亦遇害。

在光化，知县万敬宗在城头自尽，农民军不忍，进城后秋毫无犯。

在谷城，知县周建中殉节。

在均州，知州胡承熙宁死不屈，与儿子胡尔英一同自尽。

在保康，知县万惟坛与妻李氏一同自尽。

在云梦，知县谌吉臣在农民军将领贺一龙攻陷德安时，就把妻子儿女急忙遣送回老家，自己决心与城共存亡。城陷后被捉，在诱降面前不屈而被杀。

在应城，县训导张国勋带人死守，城破后他跑进文庙抱着孔子的牌位大哭，被捉后大骂不止，遂被肢解而死，妻儿老小10余人皆殉节。秀才袁启观在城墙上独自坚守，被捉去后被杀。

在安陆，知县濮有容一门19人皆被杀死，秀才廖应元坚守被射杀。乡民纷纷结寨自保，被农民军将领白旺连破数十寨。

在应山，举人刘申锡自己出钱养死士百人守城，百人皆战死，他本人于城陷被杀。

在沔阳，县同知马飚战死。

在荆门，承天府同知卢学古带兵死守，学正张郊芳、训导程之奇集合诸生于大成殿内盟誓后辅佐守城4日，后城陷，卢学古骂声不绝被剖腹而死，张郊芳和程之奇亦不屈被杀。

在潜江，举人朱士完在乡试揭榜当晚梦见有黑色旗帜飘落在墓门上，上面有“乱世忠臣”四个大字。当时承天府已经陷落，农民军正在攻打潜江，朱士完在参加抵抗后被捉，在被押往襄阳途经泗港时，他咬破手指用血在墙壁上书写“此地为余尽节处”，遂自缢而死。

在竟陵，有一个叫彭大翮的人在承天府危及时，曾经献出自己所著的《平贼权略》而没有被官府所重视，遂回乡里纠集人马自保，被农民军雨夜奔袭。彭大翮叹息说：“吾子孙阵亡已尽，吾何用生为！”遂跳水而死。

只有郧阳城固若金汤，李自成军连攻四日，知府徐起元一边带兵周旋，一边先后平定了城内徐春茂的叛变和徐勇的带兵闹事，同知刘璇战死，李自成军久攻不下撤兵而去。不久，李自成军再次进攻郧阳十余日不克，退至城外杨溪铺屯兵相守。因为除郧阳城外，郧阳藩镇所属的府县已全部沦陷，郧阳巡抚王永祚也被朝廷逮捕下狱。明廷又先后任命了李乾德、郭景昌两位郧阳巡抚，但都因为道路被农民军阻断而无法到郧阳上任。朝廷在长期得不到郧阳消息的情况下，误以为郧阳已经沦陷，遂不再往这里派巡抚。

崇祯十六年(1643年)正月，李自成攻克京山、云梦、黄陂、孝感，在承天府里自称“奉天倡义大元帅”，封罗汝才为“代天抚民威德大将军”，命他溯汉江而上直指郧阳。三月，罗汝才的部将黑皂鹰率众数万抵郧，在城外筑18座麦垛城(铺一层青麦夯一层土)围困郧城。当时，郧阳守军在城内的兵力不足，城外又无援兵可以依靠，在这种情况下他们依然凭借郧城坚固、依赖将士团结、军械弹药充足、军士训练有素的优势，日夜与之对持，使围城的农民军日渐疲惫。五月，守将高斗枢一面召游击将军刘调元入郧城，一面布置营将王光恩、王光泰、苗时化、胡廷聘等人分途寻机出城杀敌，先后歼敌3000余人，还一面安排人员秘密潜入均州城内烧毁了农民军所囤积的粮草。农民军在攻城不克，又得知均州粮草被烧的情况下遂撤退往襄阳而去。高斗枢借机收复了光化、谷城，正想夺回襄阳时，却得知均州再次失守，就赶紧回郧阳加固城防。六月，高斗枢想尽了办法才让朝廷知道郧阳并没有沦陷，于是朝廷任命郧阳知府徐起元为郧阳巡抚。九月，李自成派遣路应彪、冯养珠率数倍于前师的兵力复围郧阳城，在城外的汉江两岸连营30多座，又在均州方向切断了郧阳的陆路和江上粮道，把郧阳城围得铁桶一般。

崇祯十七年(1644年)正月，湖广、陕西和郧阳14郡全部沦陷，唯独郧阳城还在孤军奋战。三月，高斗枢接到朝廷任命他为汉中巡抚的敕谕，就把军事指挥权交付给了徐起元想离开郧阳。然而，朝廷不知道的是，汉中在崇祯十六年时就已经沦陷，高斗枢根本无法前去上任，他就此在郧阳闲住。当月十九日崇祯帝自杀，李自成登上皇极殿，而郧阳在此后的很长一段时间里竟对此全然不知。四月，郧阳城外成熟了的麦子尽被农民军收获，而城内已是斗米八千大钱。十二月，郧阳城内人心惶惶，就在徐起元百思不得退敌之策时，有一个叫刘源泗的生员献了一个离间之计，并自告奋勇要去完成。于是刘源泗乘夜潜出城外，探入冯养珠的大营后故意暴露被捉，假把冯养珠误以为是路应彪，对他说："你送去的信徐起元已经接到，只等你在城外举火，城内就响应。只要你杀死了冯养珠，我们就把整座城都交给你。"说毕献上了一封徐起元写给路应彪的亲笔信。冯养珠先疑后信，遂提刀直奔路应彪的大营，手起刀落斩下了路应彪的首级。于是两营农民军相互残杀，刘源泗乘机逃回城内。农民军在相互提防之中各自退去，郧阳之围不攻自解。

3

随着明末农民大起义被彻底剿灭，清廷认为郧阳藩镇已失去了存在的必要，被裁革的命运于是不可避免。

清廷决定裁革郧阳藩镇的原因有两个。

一是清朝政权起自东北边陲，对中原的情况并不熟，体会不到郧阳在稳定全国局势中的重要性，以为汉江与长江之间的战事平定了，郧阳藩镇就失去了原来的作用。

二是郧阳人在明末的顽强抵抗和清初的智勇都给清廷留下了深刻的印象，在好感和佩赞之余也产生了担心，假若有朝一日作为封疆巨镇的郧阳开始反清的话，那就会给清朝带来极大的麻烦。如果真有那么一天，留着郧阳这个宏藩巨镇就是留下了一个能够与朝廷分庭抗礼的巨巢，不如趁早裁革，分散其地盘来消除隐患。

于是，康熙三年(1664年)四月，还在原李自成部将李来亨的势力没有完全被剿灭，但其败局已定的情况下，清廷就匆匆忙忙地宣布了对郧阳藩镇的裁革令，把其辖地归还给了各省，命巡抚王来任继续留郧处理善后事宜。接下来，清廷把湖广省一分为二，划分出湖广、偏沅两省的辖地：武昌、汉阳、黄州、安陆、德安、荆州、襄阳、郧阳八府归湖广巡抚管辖；长沙、衡州、永州、宝庆、辰州、常德、岳州七府和郴、靖二州归偏沅巡抚管辖。又添设湖广按察使驻扎到长沙府，再命湖广右布政使移驻长沙管辖偏沅。由于明确了管辖范围，偏沅巡抚周召南向朝廷疏报："岳州、长沙、宝庆、永州等十二府州，共开垦土地一千二百一十二顷三十六亩。"湖广巡抚刘兆麟也疏报："安陆、荆州等十府州，陆续垦田一千八百零七顷四十五亩。"不久，朝廷就把湖广改为了湖北，偏沅改为了湖南。

康熙四年四月，王来任已经把郧阳藩镇所遗留的所有问题都处理完毕准备离开郧阳，他要到广东去任巡抚。此时，康熙皇帝才 11 岁，还没有亲政，一切还都得听四位辅政大臣的决定。

在四位辅政大臣中，索尼已经年老体衰，遏必隆的性格软弱无力，苏克萨哈的智慧远不如鳌拜所以后来被鳌拜诬陷致死，整个朝政大权实际上已经操控在了专横跋扈的鳌拜一人之手，他根本就没把康熙皇帝放在眼里，奏折也经常不给皇帝看就自作主张，对西方的先进科学技术更是一律排斥。因此，他与一心图治的康熙皇帝之间的矛盾越来越尖锐。康熙帝主张改革要让满族统治者进一步接受汉文化，主张抑制"三藩"的割据势力，主张统一台湾，主张遏制西北噶尔丹的分裂势力，主张保留郧阳藩镇，但鳌拜都一律反对。康熙六年，康熙皇帝毅然决然地撇开鳌拜开始亲理朝政，这更加激化了他与鳌拜之间的矛盾。康熙八年，皇帝与内大臣索额图等人密谋，逮禁了鳌拜，并清除了其党羽，为被鳌拜矫旨处死的苏克萨哈等人昭雪，奖励百官上书言事，禁止圈地，清除一切弊政等，派遣达孟额德赴尼布楚敦促沙俄军撤出中国的领土雅克萨，把朝政大权牢牢操控在了自己的手中。

郧阳这个地方位于黄河与长江之间，是中国的中心位置，有汉江沟通着东西，有堵河、丹江连接着南北，恰似卡在中原、西北、西南之间的楔子，历来就是中国这个大棋盘上的一个最关键的钉眼，太平光景不怎么显眼，一旦国内出现混乱就有着一子镇江山的功用。而清朝偏偏就在局势极其不稳定的情况下裁革了郧阳藩镇，这很快就让康熙皇帝尝到了苦果。

(五)康熙十九年最终裁撤郧阳藩镇的历史背景

1

康熙十二年(1673 年)三月，康熙帝为了削弱藩王的权力，准了平南王尚可喜告老回辽东的请求，但不许他的儿子尚之信承袭爵位镇守广东，实际上是撤销了尚可喜在广州的藩权，这让平西王吴三桂、靖南王耿精忠都产生了警觉，先后上疏佯请撤藩，以此来窥测朝廷的风向。康熙皇帝知道这些藩王的势力已成，结局是撤藩亦反，不撤藩亦反，不如索性快刀斩乱麻，遂下令撤除了吴三桂、耿精忠二藩，将其军权、政权、财权及用人权统统收归中央，以结束这种尾大不掉的局面。其结果是，吴三桂率先在云南反叛，于十一月二十一日杀了云南巡抚朱国治，自称“天下都招讨兵马大元帅”，建国号“周”，年号“昭武”，起兵后连克贵阳、镇远、沅州、常德、衡州、长沙、岳州等大城，逼得清军节节败退。康熙十三年三月，耿精忠在福州反叛，接连攻下延平、邵武、福宁、汀州等地，全闽皆为其有，并迅速进入江西、浙江，连占瑞安、处州等六府县，再犯宁波，攻金华，围衢州。十五年二月，尚可喜之子尚之信反于广州。至此，“三藩”之乱局势形成，战火遍及半个中国，直到康熙二十年才完全平息。

“三藩”之乱使康熙初年的全国局势风雨飘摇：在东南，有郑成功之子郑经趁机渡海入福建响应，先后占取了厦门、漳州、泉州、潮州和广东惠州；在北京，有杨起隆假冒朱三太子密谋暴动；在西北，有陕西提督王辅臣叛乱，攻城占地，截断了清军粮道；在黄河以东的甘肃、宁夏和陕西，大部分将官相继叛清，兰州、汉中、兴安(安康)相继失守，西北震动；在湖北，总兵王会宣布反清；在北方，蒙古察哈尔部的布尔尼兴兵叛清，直逼张家口；在河北，总兵蔡录反叛；在西藏，达赖拒绝康熙要求他进兵云南、四川平叛的命令。

郧阳属下的襄阳总兵杨来嘉，与蔡录等人一样，原来都是郑成功的旧部，是后来兵败才率部降清的，并都被清廷授为了左都督、总兵官。康熙十三年三月，杨来嘉在谷城反叛，宣布归附吴三桂。四日后，郧阳副将洪福率部响应。

杨来嘉、洪福在郧阳的叛乱，使得叛军的势力把中国的南部和西部连成了一片，使清廷政权岌岌可危。

2

面对如麻的乱局，康熙皇帝还算相对冷静。他命都统赖塔为平南将军，统领副都统马哈达、胡图之与安南将军华善各率所部火速赶赴杭州，以保浙江不至于全丢；命定南将军希尔根率其所部驰往江西，先平定了广信，后收复了长沙；命迁安庆率领官兵固守南京；授予和硕简亲王喇布为扬威大将军，力保江南省(明南直隶)的安危；授和硕康亲王杰书为奉命大将军，领取敕印后前往浙江；命副都统喇哈率部火速赶往衢州增援；又手谕护军统领桑遏坚守袁州，确保吉安、赣州安危，避免其地失陷而使进军广东的清军受阻；再派遣工部郎中周襄绪等人携敕书赶往闽地招降耿精忠。到康熙十三年底，清军在温州、黄岩、杭州、饶州、衢州、金华等多处大败叛军，歼其部众约 10 万人，使战局始有转机。

康熙十四年初，吴三桂图谋北取京都。他想乘陕西提督王辅臣归附自己之机，取道四川、陕西进攻北京。他调兵遣将，派兵7万协同3000苗兵守澧陵、岳州，以拒江北荆州方面的清军，让他们在澧陵筑木城以固守，在岳州城外掘壕三重、环立竹木、设下陷阱，又在洞庭湖峡口栽埋丛木以阻挡清军水师，还派兵7万坚守长沙、萍乡等处以阻挡安亲王岳乐所率的江西清军，再命湖北诸叛将王会、杨来嘉、洪福等攻谷城、郧阳等处，与兴安、汉中的叛军会合。他自己则亲自从常德移师松滋，驻虎渡口截击勒尔锦、尚善两支清军，使其相互不能接应，并扬言将率军渡江进犯荆州，决堤灌城。

面对吴三桂咄咄逼人的态势，康熙帝采取各个击破的办法对付他们。他整肃作战不力的将领，斥责顺承郡王勒尔锦先是在荆州前线畏缩不力使湖南尽失，又不遵守指令而相互观望，迁延不进致使吴三桂等得以盘踞大江以南，领兵于荆、岳将近二年却劳师靡饷，未得尺寸之地，坐失良机，罪不胜数，削去王爵、议政、宗人府所有职位，羁禁待审。启用张勇、王进宝、赵良栋“河西三将”积极平叛。授张勇为靖逆将军，仍兼管甘肃提督事务，不受总督节制。西宁总兵王进宝是张勇属下的一位得力战将，他率兵以革囊结筏秘密渡过黄河，大败叛军于河口，再设伏兵败叛军于新城，进而进军80里扎营于兰州九龙山，面对叛军的轮番冲击而身先士卒锐不可挡，连克安定、金县、临洮等地，断绝了兰州城的外援，又挥军攻城使叛军势穷乞降。兰州既以克定，他又布置收复其他失地。张勇又举荐天津总兵赵良栋为宁夏提督。赵良栋急速从天津驰赴宁夏，以迅雷不及掩耳之势捕杀了熊虎、刘德等叛逆并散其党羽，很快安定了宁夏秩序，终止了叛乱势力的蔓延。由于“河西三将”齐心协力打败了陕甘叛军，迫使王辅臣投降，使陕、甘局势转危为安，彻底粉碎了吴三桂取道四川、陕西谋取京都的梦想。

为平叛，康熙皇帝可谓绞尽脑汁，采用了一切可以采用的办法。

为了解决将帅不足的问题，康熙帝命各地保举平叛人才。他于康熙十三年八月，准吏部议复的御史朱尚义奏疏：“今闽粤督抚既设，将军、守令、将弁势必须才补用。”命满汉三品以上的大学士、各部尚书等堂官及八旗都统，凡有真正才能者，不拘文武照例保举，吏、兵二部甄别录用，并派往平叛军前效力。倘若保举不妥，将保举官员照例议处。

为了解决武器不足的问题，康熙帝命满汉官员捐助鸟枪。他于康熙十三年九月准兵部所定：因平叛需要，令内外满汉官员捐助鸟枪的杆数加一个等级；

生员捐三十杆、闲散弟子捐四十杆后，准许进入国子监读书；富商捐四十杆则给予九品顶戴。

为了解决军费不足的问题，康熙帝命恢复“捐纳例”和“招民垦田酌量录用制”。他于康熙十三年十月下旨：因吴三桂、耿精忠等相继叛乱，清军分赴各省平叛所需钱粮骤然增多，决定复行捐助纳监例。规定：现任文武各官和乡绅捐银200两或米400石者，准记录一次；捐银300两、400两或捐米600石、800石者，分别记录二次和三次；捐银500两或捐米1000石者，准加一级。进士、举人、贡生捐银80两、150两或捐米160石、300石者，出任之日分别记录一次和二次；捐银300两或捐米600石者，出任之日准加一级。增生、附生、青衣等，视其捐银或捐米的数目不同，可转礼部送国子监读书。富民捐银100两、150两、250两或捐米200石、300石、500石者，可分别给予悬匾示旌、九品顶戴荣身、八品顶戴荣身等。凡属贪赃、丢城失地、盗骗钱粮、科场舞弊、作恶害民者以及三品以上的革职官员不准捐纳。但如因犯罪脱逃、盗案、拖欠钱粮及贻误公务而被革职者，自四品官至九品官，视其捐银数目多少，可以给予原品顶戴荣身。革去进士、举人者，捐银150两或250两，可分别给予九品顶戴、八品顶戴荣身。当年，清廷又定下《招民垦田酌量录用制》，规定凡属贡生、监生、生员及百姓垦田30顷以上者，在奏过吏、兵二部试其文艺程度后，可分别授予知县、县丞、守备、百总等官。在此后的3年间，因为军需一再短缺，清廷又多次修改捐纳条例，提升捐纳数额，增加捐纳品种，允许捐纳米菽、马草、鸟枪、弓箭等等，清廷共得捐银200余万两，而捐纳的知县已达500余人，太学生员增至数10万人。“捐纳例”和《招民垦田酌量录用制》，在康熙二十年因“三藩”之乱被平定而宣布停止。

在政治上，康熙帝痛斥达赖喇嘛的“裂土罢兵”论调。在吴三桂叛清不久，西藏达赖喇嘛曾经表示：“吴三桂背主负国，人皆厌恶。不来则已，来则缚之以献。”可当王辅臣在陕甘叛乱以致人心动摇，蒙古诸部乘机入边劫掠，使清军损兵折将时，康熙皇帝曾经敕谕达赖要他严加约束藏民，不准生事扰民，又谕旨他进兵云南、四川征讨，达赖却以行军路险为由不遵谕旨，并说：“蒙古兵虽强，但难以进军入边，纵得城池恐难贪据，况且以西南气候论，军队也难服水土。若吴三桂势穷，乞免其死罪……莫若裂土罢兵！”康熙帝为此严厉痛斥达赖：“吴三桂负殊恩，构衅残民，天人共愤。朕乃天下主，岂容裂土罢兵！如其真心悔罪来归，可准以不死。”

3

康熙十二年(1673年)吴三桂叛清时，康熙皇帝就已经意识到了当初裁革郧阳藩镇之举是多么的愚蠢。郧阳是全国的枢纽，必须有强兵镇守才行，于是旨谕兵部："湖广郧阳地介三省，中多旷土，山谷扼塞，奸民易于聚啸，恐有窃伏其间与贼应和者，且逆贼或乘间侵犯，宜令副都统佟国瑶为提督总兵官驻防弹压，副都统宜恩孝统率京师禁旅同驻郧阳。"这实际等于部分恢复了郧阳藩镇的功能。康熙帝明白，假若郧阳失守，整个秦岭以南都将不保，说不定再一个南北朝又会在中国大地上出现。于是，一场争夺郧阳的大战即将打响。

果然，康熙十三年正月，襄阳总兵杨来嘉在谷城反叛，依附了吴三桂。郧阳副将洪福也马上在郧阳响应，于正月十九日率兵千余在城内猛攻提督衙门。提督佟国瑶率游击将军杜英、佟大年以300精兵迎战。战斗进行到二十日，双方反反复复厮杀10余次才打退洪福军。后来洪福又卷土重来，佟国瑶与其苦战数日斩敌200余人，但游击将军甘应龙却牺牲在了衙门之前。最终洪福兵败逃遁，所幸城内所有衙门、仓库等重要设施均没有受到大的损失。朝廷闻奏，晋升佟国瑶为左都督，并抚恤了甘应龙的家属。当时，竹山游击将军谢泗、竹溪游击将军冯源均叛变，协助洪福逃出郧阳城后进入了房县。几乎同时，撤出谷城的杨来嘉也进入了保康，他们相互联结形成了一条千里屏障，凭借着大山与清军周旋，等待着与吴三桂会合。

康熙十四年三月，杨来嘉进攻南漳，打败了清总兵刘成龙。四月，洪福挟诸叛将分兵5路攻打郧西，被佟国瑶击败追至泥河口、板桥河一带，斩叛将林跃等7人和数百叛兵，其余叛军逃进了沧浪山。五月，杨来嘉、洪福会师于武当山，驻扎在老营，商量由杨来嘉进攻南漳，洪福攻打均州，却被佟国瑶突然率师包围，斩其营将和大部士兵，余部溃逃。七月，杨来嘉攻打南漳未果。冬，清廷派河道总督杨懋勋率师援助郧阳。

康熙十五年正月，清郧阳副将四十六(人名)在竹山县黄宝山打败杨来嘉。三月，原夔东十三家之一的谭弘加入到了争夺郧阳的大战之中，从堵河进入郧阳后渡过汉江到达北岸，与扎营在汉江南岸的杨来嘉和洪福形成了对郧阳城的夹击之势。他们派兵埋伏在汉江两岸，洪福以30余舟顺江而下，泊船于琵琶滩，掐断了郧阳城内清军的粮道。杨懋勋与佟国瑶分兵抵御叛军。佟国瑶及将军噶尔汉于二十一日至四月初九日连战圩坪、黄畈、九里岗，把叛军赶至汉江南岸。杨懋勋等人率水、陆之师沿江大破叛军，焚烧敌船及其军械，又逐战于陡岭。洪福败逃，汉江运道复通。四月，佟国瑶渡江与杨懋勋合兵一处，于初十、十一两日与敌大战于江南岸，每战皆胜，斩获无数。朝廷论功行赏，加佟国瑶为一等公爵。

郧阳争夺战使清朝统治者逐步清醒，如果整个汉江流域没有郧阳藩镇来统领，局势将很难稳定。于是在康熙十五年(1676年)五月，康熙皇帝准议政王等大臣的建议恢复了郧阳藩镇，由杨懋勋为郧阳巡抚，颁旨："郧阳地方要紧，尔善安抚军民，如有方略即具疏陈奏。"中断了12年的江汉大一统的郧阳藩镇又恢复运转。九月初，洪福出现在均州骆驼岭，被副将四十六率满汉官军击退，又追至芝河。当月，谭弘占领了郧西县城，清副都统赛格率兵进剿，夺回了郧西城。谭弘逃至郧阳，泊船于琵琶滩，埋伏在汉江两岸，准备再次截断郧军粮道。巡抚杨懋勋在得到情况后派人前去招抚未果，遂与佟国瑶、副都统李林隆统率满汉大军沿汉江两岸分水陆进剿，在江中和两岸的陡岭、琵琶滩展开激战，擒斩叛军无数。谭弘逃，粮道遂通。

康熙十六年，佟国瑶捐出自己的薪俸和赏赐，用于奖励兵士和赈济难民。由于佟国瑶绥靖郧阳有功，被朝廷加授太子少保一职。

康熙十七年三月，佟国瑶率军进剿杨来嘉和洪福在房县的老巢，收复了房县城，俘获叛将52人，缴获将印12枚，劄牌24块，进而收复了保康县城。同时湖广总督蔡毓荣和襄阳总兵刘成龙招抚叛军5800余名。

康熙十八年四月二日，杨懋勋接到出任四川总督的敕书，但因整个四川仍被叛军占据，朝廷要求他暂住郧阳代理郧阳巡抚事，待四川收复之后再行赴任。当月，谢泗、刘魁等人劫掠竹山、竹溪诸县，逼近郧阳城，与兴安一带的叛军互为声援。当时，佟国瑶与襄阳将军噶尔汉等人正在攻打兴安，久而不下，朝廷遂削去佟国瑶战陡岭后所叙加的一等公爵位。盛夏，郧西发生淫雨，数百里之间洪水如注，山径道路均被堵塞，军队不能前进。噶尔汉期盼等洪水过后再进师，却被康熙帝责怪他是逗留不前，遂削去他的前功。噶尔汉只得冒雨发起攻势，叛军纷纷就擒。至此，盘踞在郧阳一带的叛军被基本剿灭。六月，朝廷授佟国瑶为福建将军，宣布不再设郧阳提督一职。十一月，朝廷命噶尔汉防守郧阳诸处，再命杨懋勋自郧阳起程至夷陵，与夷陵提督徐治都等人溯长江而上去参加平定四川的战役。康熙帝又颁诏，让王进宝和赵良栋等人迅速恢复四川。

当时，大学士图海和张勇等人均感到时至寒冬，运饷困难，希望明年春天再进取四川，但赵良栋则主张立刻发兵，并说：“湖南已经平定，应复汉中、兴安，愿独任一路。”清军遂兵分4路入川，而战绩则属赵良栋、王进宝二路最为卓著。赵良栋自凤县克洛阳，大败叛将吴之茂，复取阳平关，收复失地，恢复汉中，与王进宝会师于宁羌。

康熙十九年初，赵良栋攻克成都，王进宝取得保宁，与吴三桂大将王屏藩等人均有恶战。二月，谭弘降清，四川遂平定。二十一日，杨懋勋离郧赴四川，佟国瑶离郧赴福建。康熙皇帝认为郧阳藩镇这时才算真正完成了它的历史使命，遂宣布裁革，并再也不予恢复。

康熙二十年(1681年)，清军分三路进攻云南，当时王进宝已患病，张勇则另有任用，赵良栋遂以一路由四川进兵。吴三桂之孙吴世蟠拼死抵抗，清军统帅彰泰围困昆明九个月未下。赵良栋自告奋勇，亲冒矢石率军急攻，同叛将郭壮图等人殊死搏战，夺新桥，克三市街，部伍森严，秋毫无犯，仅以8天时间即攻克了昆明进而平定云南，康熙帝称他是“真伟男子”。

至此，“三藩之乱”最终平定，国内局势进入一个稳定时期，这成为郧阳藩镇不再被恢复的基础。

十二、郧阳贡事

(一)贡品历史

贡品，即地方献给皇帝的物品。

贡品的起源是古代赋税制度。《尚书·禹贡》载：“禹别九州，随山浚川，任土作贡。”意思是说大禹划分九州的疆界，顺着山势疏通河道，再依据各地土地上所出的物产定出贡赋等级，分别规定其应交纳的物品。这样贡赋制度就产生了，如：兖州贡漆、丝，青州贡盐、𫄨、海物等，并区分为常贡与临时特贡。这样的纳贡制度被后来的统治者沿用：在奴隶社会里，诸侯必须向天子贡献财物土产；封建社会里，地方官员也必须向皇帝和朝廷贡献财物和土特产。

在漫长的历史演变过程中，古代赋税出现了赋税和贡品之间的分化：依据土地多少和优劣所交纳的常贡被逐步转化为赋税，成为国家财政收入的重要来源，是平民向国家必须交纳的实物地租；而临时特贡则转化为了向皇帝一人进献的物品，《禹贡·疏》称：“贡者，从下献上之称，谓以所出之谷，市其土地所生异物，献其所有，谓之厥贡。”意为所贡之物是当地所出产的异物，也就是特产之物。由此，贡品就成为了一种地方官员向人民勒索，再去向皇帝献媚，以求进阶之道的特殊物品。此后，贡品不再与赋税相关，成为人民在赋税之外的额外负担。

贡品的最大特征是地方性，为所在地出产的上等土特产，诸如丝、棉、金、银、铜、象牙、珠玉等等，甚至还有奴隶、美女等。贡品的选择有两个途径：一是皇帝和朝廷知道该地的特产，而皇帝又格外喜欢，就从中央下达指标，要求当地官员每年进贡多少，如果产量不多就由官府垄断此特产，不准民间采用，如新疆的和田玉；二是地方官员穷其心思搜罗当地新奇物品向皇帝献媚，以讨皇帝欢心。如果是第一种情况，朝廷还能象征性地划拨一点银两或者减免一点赋税作为征办费，但在实际过程中又大多被官员中饱私囊；如果是第二种情况，则完全就成为了地方负担。当然，为了不至于使贡品来源枯竭，贡品的生产者和采办者还是能够得到一些利益的，但这些采办费却是靠摊派得来的，由域内人民共同负担。因此几千年来，人们对赋税和贡品就有了两种截然不同的态度：对皇粮国税，认为是天庾正贡，几千年来被百姓畏若神明不能不交；而对贡品，则认为是额外的阿谀之品，历来就深恶痛绝，柳宗元的《捕蛇者说》中描写的就是这样的一个例子。

中国几千年来的进贡历史，已经形成了一种中国式的贡品文化，贡品不再只有物品的特性，更是政治从属关系在经济方面的表现。每年，各地都要将最新、最好的土特产选作贡品向朝廷交纳，以供皇族使用，贡品就被奉为神明，无论在生产、采集、采办、运输等过程中都带有一种敬畏之心。奇怪的是，百姓在痛恨贡品压榨、盘剥自己的同时，又对自己家乡能够出产贡品而心生骄傲之感。当然，这种骄傲感只是对家乡的好感，而不是对朝廷的好感。

贡品文化的内涵还在于，古人在生产、采集贡品时，所表现出来的人类探索自然的拼搏精神和认识自然的创新能力，这正是贡品文化的核心。因此，贡品文化既是最具有特色的地域性的文化，也是最生动、最具有民族性的中华文化的一个组成部分。

贡品文化集物质文化和非物质文化于一体，为中国特有的名、特、优产品文化，是集全国各地或品质优秀，或稀缺珍罕，或享有盛誉，或寓意吉祥的极品和精华，在历史演进中又揉进了包括制度、礼仪、生产技艺、传承方式、民间传说故事等独特的中华贡品文化精髓。

贡品文化在当今同样具有现实意义。一种商品之所以在古代能成为贡品，其品质自然在同类物品中是出类拔萃的。如果当地的某一种土特产能够“寻根问祖”找到曾经在某朝某代作为贡品的证据，就足以证明本物品的品质优良，其身价自然会大幅飙升。

古代纳贡一般以县为单位，县以下无资格纳贡。所以朝廷下达贡品指标也一般只下达到县，有县衙门组织生产、采办和运达京城。当然，县以上的官府也是有纳贡资格的，但一般要另行采办。

（二）明朝贡品史

明朝纳贡始于明初。《明史·志第五十八·食货六·上供采造》曰：

采造之事，累朝侈俭不同。大约靡（奢侈）于英宗，继以宪、武，至世宗、神宗而极。其事目繁琐，征索纷纭。最钜且难者，曰采木。岁造最大者，曰织造、曰烧造。酒醴膳羞则掌之光禄寺，采办成就则工部四司、内监司局或专差职之，柴炭则掌之惜薪司。而最为民害者率由中官（太监）。

明初，上供简省。郡县贡香米、人参、葡萄酒，太祖以为劳民，却之。仁宗初，光禄卿井泉奏，岁例遣正官往南京采玉面狸，帝叱之曰："小人不达政体。朕方下诏，尽罢不急之务以息民，岂以口腹细故，失大信耶！"

宣宗时，罢永乐中河州官买乳牛造上供酥油者，以其牛给屯军。命御史二人察视光禄寺，凡内外官多支及需索者，执奏。

英宗初政，三杨当轴，减南畿孳牧黄牛四万，糖蜜、果品、腒脯、酥油、茶芽、秔糯、粟米、药材皆减省有差，撤诸处捕鱼官。即位数月，多所撙节，凡上用膳食器皿三十万七千有奇。南工部造金龙凤，白瓷诸器饶州造，朱红膳盒诸器营膳所造。以进宫中食物，尚膳监率乾没之。帝令备帖具书，如数还给。

景帝时，从于谦言，罢真定、河间采野味、直沽海口造干鱼内使。

天顺八年，光禄果品物料凡百二十六万八千余斤，增旧额四之一。

成化初，诏光禄寺牲口不得过十万。明年，寺臣李春请增。礼部尚书姚夔言："正统间，鸡鹅羊豕岁费三四万。天顺以来增四倍，暴殄过多。请从前诏。"后二年，给事中陈钺言："光禄市物，概以势取。负贩遇之，如被劫掠。夫光禄所供，昔皆足用，今不然者，宣索过额，侵渔妄费也。"大学士彭时亦言："光禄寺委用小人买办，假公营私，民利尽为所夺。请照宣德、正统间例，斟酌供用，禁止买办。"于是减鱼果岁额十之一。

弘治元年，命光禄减（所）增加供应。初，光禄俱预支官钱市物，行头吏役因而侵蚀。乃令各行先报纳而后偿价，遂有游手号为报头，假以供应为名，抑价倍取，以充私橐。御史李鸾以为言，帝命禁止。十五年，光禄卿王珩，列上内外官役酒饭及所畜禽兽料食之数，凡百二十事。乃降旨，有仍旧者，有减半者，有停止者。于是放去乾明门虎、南海子猫、西华门鹰犬、御马监山猴、西安门大鸽等，减省有差，存者减其食料。自成化时，添坐家长随八十余员，传添汤饭中官百五十余员。天下常贡不足于用，乃责买于京师铺户。价直不时给，市井负累。兵部尚书刘大夏因天变言之，乃裁减中官，岁省银八十余万。

武宗之世，各宫日进、月进数倍天顺时。厨役之额，当仁宗时仅六千三百余名，及宪宗增四之一。

世宗初，减至四千一百名，岁额银撙节至十三万两。中年复增至四十万。额派不足，借支太仓。太仓又不足，乃令原供司府依数增派。于是帝疑其乾没，下礼部问状，责光禄寺具数以奏。帝复降旨诘责，乃命御史稽核月进揭帖，两月间省银二万余两，自是岁以为常。

先是上供之物，任土作贡，曰“岁办”。不给，则官出钱以市，曰“采办”。其后本折兼收，采办愈繁。于是召商置买，物价多亏，商贾匿迹。二十七年，户部言：“京师召商纳货取直，富商规避，应役者皆贫弱下户，请核实编审。”给事中罗崇奎言：“诸商所以重困者，物价贱则减，而贵则不敢增。且收纳不时，一遭风雨，遂不可用，多致赔累。既收之后，所司更代不常，不即给直，或竟沈阁。幸给直矣，官司折阅于上，番役齮龁于下，名虽平估，所得不能半。诸弊若除，商自乐赴，奚用编审。”帝虽纳其言，而仍编审如户部议。

穆宗朝，光禄少卿李键奏十事，帝乃可之，颇有所减省：停止承天香米、外域珍禽奇兽，罢宝坻鱼鲜。凡荐新之物，领于光禄寺，勿遣中官。又从太监李芳请，停征加增细粳米、白青盐，命一依成、弘间例。御史王宗载请停加派。部议悉准原额，果品百七万八千余斤，牲口银五万八千余两，免加派银二万余。未行，而神宗立，诏免之。世宗末年，岁用止十七万两，穆宗裁二万，止十五万余，经费省约矣。

万历初年，益减至十三四万，中年渐增，几三十万，而铺户之累滋甚。时中官进纳索赂，名铺垫钱，费不訾，所支不足相抵，民不堪命，相率避匿。乃佥京师富户为商。令下，被佥者如赴死，重贿营免。官司蜜钩，若缉奸盗。宛平知县刘曰淑言：“京民一遇佥商，取之不遗毫发，资本悉罄。请厚估先发，以苏民困。”御史王孟震斥其越职，曰淑自劾，解官去。至熹宗时，商累益重，有输物于官终不得一钱者。

(三)明朝贡品品类

古代江汉地域有幸曾经被选作贡品的物品大约有以下几种。

1. 关于贡米

古代郧阳府各县都出贡米，无非是选本县域内最上等的大米进贡，让皇帝尝鲜而已。郧县的贡米出自圩坪、黄畈，即使在当地也只有几块田里才能够生产出可进贡的贡米，而且每年全部上交，民间不得食用。究其圩坪、黄畈出贡米的原因，应该是那里群山环绕，土地肥沃，泉水优冽，其每一块土地的土质、接受阳光的程度和泉流的源头、中段、下游的温度各不相同，造成了大片田地中只有几块才出贡米的特殊现象。由于郧阳地处北纬32°至北纬33°之间，气候、光照都非常适宜稻作物的生长环境，因此这里的稻米没有南方大米的燥气，也没有北方大米的寒腻，色泽润玉、口感柔和、香若幽竹，这是郧阳贡米的最大特色。刘南陔先生有诗赞郧阳贡米："从来关隘人烟少，惟有郧阳贡米香。"

2. 关于胭脂米

郧阳胭脂米产于郧阳鲍峡大墩子村，这里与竹山县和陕西白河县交界，平均海拔在1000米左右，极为偏僻。山大人稀的自然环境，保持了这里原始田园生态没有受到大的人为破坏，使胭脂米品种得以保留至今。

大墩子村也是郧阳一带唯一能够种植正宗胭脂米的地方，自古以来，其他地方的村民曾也试着种植，但都会出现变异。胭脂米是一种胭脂红色的米，胭脂水稻的种植对环境要求很挑剔，它只能生长在海拔800米至1300米大山的封闭环境里，供给的水源也必须是当地特殊的冷山泉，而且要施当地自然生成的农家肥。如果某年夏季干旱缺水而改灌溉其他水温稍高的水后，或者施以化肥，秧苗就会大面积死亡。胭脂稻有天然的抗虫基因，从来不用施打农药，也很少发生病虫害。胭脂米的产量很低，亩产一般不会超过200公斤，但用胭脂米做出的饭口感特别好，格外香。

胭脂米是一种极为珍贵的大米，外形呈椭圆柱形，比普通米粒稍长，从里到外都呈淡红色，煮熟更是色如胭脂、异香扑鼻，如果同白米混煮能够给白米染色传香。

据《本草纲目》描述，长期食用胭脂米可延年益寿，面部红润，耳聪目明，头发变黑，具有滋阴补肾安神的功效。民间认为，胭脂米有活血补血、润肤止痒、消肿散瘀等功效，多被称为补血米、药米、月家米等。

正因为胭脂米稀少而又珍贵，所以历来把它作为贡品供皇家食用，禁止民间采食，除非得到皇帝的赏赐。据说曹雪芹家被抄，其原因之一就是因为他们家私食了胭脂米。这一点，在《红楼梦》中可以得到印证，书中有两回提到了十分罕见的胭脂米：在第五十三回里，庄主乌进孝交给贾府的红帖上，就有“御田胭脂米二石”一条；在第七十五回里，贾母问，有稀饭吃些罢？尤氏早捧过一碗来，说是红稻米，贾母接过来吃了半碗，便吩咐将这粥送给凤姐吃些去……其实胭脂米并非红米，这样的描写只是说明贾府在掩人耳目而已。

多少年了，人们不再关心胭脂米，以为郧阳胭脂米已经绝迹。不想今日调查得知，大墩子的村民始终不嫌弃其产量低还一直在种植，实在难能可贵。

经现代科学检测分析，胭脂米中富含维生素B、维生素E、β胡萝卜素、黄酮、强心苷、可溶性膳食纤维、多种氨基酸、钙、镁、铁、锌、硒等各种营养及药用成分，长期食用能使日常饮食的营养得到平衡，能满足人体对各种营养元素的需要，提高人体对各种利于身体健康的营养元素的吸收，使得皮肤滑嫩，增强人体免疫力和抗病力，起到强身健体的作用。

3. 关于麝香

郧阳古属麋国，盛产鹿，至今鹿族动物依然繁盛，其中就有一种被称为麝的鹿是麝香的生产者，这种鹿被郧阳人尊称为“香子”，也俗称香麝和獐子。

麝香是一种高级香料，向来为贵族们药香兼用。麝香是雄麝在肚脐和生殖器之间一个腺囊中的分泌物，在干燥之后呈颗粒状或块状，有特殊的香气，味苦，可以制成香料，也可以入药，是中枢神经兴奋剂，外用能镇痛、消肿。

作为一种高级香料，麝香可以熏室，也可以熏制衣物，让人闻后能提神开窍而心旷神怡，有开窍、辟秽、通络、散瘀之功能。古代文人在赋诗作画时往往点燃麝香，不仅满屋清香，气味迥异，而且芳香宜人，香味持久。麝香在中国的使用已有悠久历史。唐代诗人杜甫在《丁香》一诗中有“晚坠兰麝中”的句子。另外，古代文人都喜欢在上等墨中加入少许麝香，不仅写出来的字、作出来的画芳香清幽，而且能防腐防蛀。

作为一味中药，麝香有许多别名，诸如寸香、原寸、香脐子、当门子、脐香、麝脐香、四味臭、臭子、腊子、遗香、心结香、生香、元寸香、香包子等。《神农本草经》记载，麝香性辛温、无毒、味苦，入心、脾肝经，主治中风、痰厥、惊痫、中恶烦闷、心腹暴痛、跌打损伤、痈疽肿毒。冠心病患者在心绞痛发作或处于昏厥休克时，如果服用以麝香为主要成分的苏合丸，病情便可以得到缓解。《医学入门》中也说："麝香，通关透窍，上达肌肉，内入骨髓。"《本草纲目》云："盖麝香走窜，能通诸窍之不利，开经络之壅遏。"其意为麝香可很快进入肌肉及骨髓，充分发挥药性。中医治疗疮毒，往往在药中适量加点麝香，药效就特别明显。西药也常用麝香作为强心剂、兴奋剂等急救药品。

麝香的采制一般为人工捕猎取香，约定俗成在秋冬两季繁殖期过后进行，而且只猎成年公麝，不猎幼麝和母麝。猎人在猎得公麝之后割去麝的香囊，阴干，称为"毛壳麝香"；而扒开囊皮只取香囊中的分泌物，则为"香囊仁"。古人在取香后还把麝肉作为美味，麝毛十分轻软，可制成高级垫子或枕芯。

郧阳麝鹿的品种为林麝，体重一般在8~13公斤，身长在65~95厘米。麝鹿体毛粗硬，呈曲折波浪状，极易折断。雌雄麝鹿均无角，耳直立，上部圆形，眼圆大，无眶下腺及跗腺，四肢均细长，但后肢比前肢稍长，主蹄狭长，侧蹄显著，尾甚短，毛色为均匀的深棕色，体背及体侧毛色稍深，腹面毛色较浅，背部有不明显的麻色斑点，排列成四五纵行，腰部和臀部两侧的斑点比较明显，其嘴、两颊、耳背、肩膀、体侧至尾及四肢外侧的毛色为棕灰杂以肉桂黄的麻斑，额部毛色稍深，耳尖及耳背呈纯棕灰色，耳内侧则是白色，耳基部有土黄色斑点，下颌白色，颈部两侧毛色发白延至右肩膀呈两条白带纹，脸部毛色较浅，腹部连接腿部大腿内侧生殖器两旁的鼠蹊部呈浅棕灰色。麝鹿个体间的毛色及斑点差异较大，有些个体的斑纹少，只隐约可见，而有的则较明显，连成大片的黄色斑块。雄性麝鹿的上犬齿特别发达，长而尖，露出唇外，向下微曲。而雌性犬齿很细小，不露出唇外。雄麝鼠蹊部有麝香腺，呈囊状，外部略隆起，香囊外毛短而细，稀疏，皮肤外露。

麝鹿多栖于岩石或面积较大的针叶林和针阔混交林中，一般不出现在平坦的树林、平原、池沼或没有森林的山地。它们无固定的栖息地，多在荫蔽、干燥而温暖处休息。在早晨及黄昏活动，白天休息，能轻快敏捷地在险峻的悬崖峭壁和深雪地上走动，颇具攀登斜树的能力，善于跳跃，视觉、听觉均灵敏，性懦怯，一般以松、杉和其他树种的嫩枝、叶子，以及地衣、苔藓、杂草嫩芽、野果等为食。平时雌雄独居，雌麝常与幼麝在一起。

4. 关于锦鸡

锦鸡，又名红腹锦鸡、金鸡，郧阳盛产，至今仍成群结队活动于山林之中。

皇家钟爱锦鸡由来已久，不仅仅只是喜爱它那华丽的羽毛、机敏过人的眼神和动作，更直接的原因是自然界真实动物中没有比锦鸡更像神鸟凤凰的了，在历代皇宫万兽园里，锦鸡就是后妃们的最爱，往往被当成自身的化身，有的甚至亲自养于室内。

正德十一年(1516年)七月初十日，河南巡抚李充嗣上疏，请求禁止太监假进贡之名以扰民，说："近来各地镇守太监们进贡的物品，有古铜器、窑变盆、黄鹰、角鹰、锦鸡、猎犬、羔羊皮之类，都是假借名义科敛而来，实际是为他们自己行私取财。除此之外还有拜见银、须知银、图本银、税课司银以及椿草、马价、甲夫、河夫等银，动辄以数十万计。就连他们左右的随从也卖马，卖布，卖纸钞，还在押解进京的沿途抽索客货，请行禁止以苏民困。"难得一见的是，皇帝降下旨议："进贡如旧不变，但不许下人假名科取。"皇帝的诏旨不过是做个样子而已。

锦鸡还是二品文官官服上的图案，是权贵的象征，有时皇帝也会拿活锦鸡赏赐大臣。

郧阳锦鸡中雄鸟的羽色特别华丽，头具金黄色丝状羽冠，背色浓绿，侧羽金黄，后颈为橙棕色缀黑边的扇状羽，腹羽深红，尾羽黑褐中满缀桂黄色的斑点。雌鸟比雄鸟质朴，头顶和后颈为黑褐羽，其余体羽棕黄色中满缀黑褐，脚为黄色虫蠹状斑和横斑。在林间，雄雌锦鸡的羽毛颜色互相衬托，赤橙黄绿青蓝紫俱全，光彩夺目，是驰名中外的观赏性鸟类。其体长在100厘米左右，光尾羽就占去40厘米左右。

郧阳锦鸡喜欢栖息在海拔500~1500米的阔叶林、针阔叶混交林地带，也经常出现于岩石陡坡的矮树丛和竹丛地带，冬季则常到草坡和耕地里活动觅食。活动特点有群聚性，特别是秋冬季有时集群多达好几十只，春、夏季求偶和繁殖期则成对活动较多。其性机警，胆怯怕人，听觉和视觉敏锐，稍有声响就立刻逃遁；善奔走，途遇低岩或小片空地时，瞬间展翅滑翔而过，动作灵快而轻巧。当危险尚远时，它们多在地下急速奔跑逃窜，一旦危险迫近，则急飞上树隐没。白天，它们大都活动在地上，尤以早晨和下午活动较多，中午则多在隐蔽处休息，晚上多栖于靠沟谷和悬岩的松、栎等乔木树上。上树时多从低枝逐级跳跃，盘旋而上，或从邻近小树再往上跳。每当夜幕降临的时候，常常会听到它们上树时翅膀扇动发出的“扑、扑”声。它们的食物主要以青草、嫩叶、草籽、树果为主，也吃甲虫、蠕虫、双翅目和鳞翅目昆虫等动物性食物，多在林中觅食，无人的庄稼地也常常光顾。

三月下旬，郧阳锦鸡进入交配期，出现求偶行为，表现为雄鸡之间经常发生激烈的争斗，各自在自己的领域内频繁鸣叫以招徕雌鸡，尤其是早晨，常发出单调的锦鸡求偶声。此时的雄鸡爱炫耀，它先向雌鸡走过去，一边低鸣，一边振翅绕雌鸟转圈或往返疾奔，意在炫耀自己羽毛的华丽，同时也是在对雌鸡进行察言观色。待它站立到雌鸟正前方时，身上华丽的羽毛会向外蓬松，彩色的披肩羽盖住头部，很像抖开的折扇，似孔雀开屏，然后它一边靠近雌鸟，一边把一侧的翅膀稍稍压低，另一侧的翅膀翘起，翅膀和背、腰上五彩斑斓的羽毛都展现在雌鸡面前，尾巴也随着倾斜过来，使美丽的尾羽和腹羽显得十分明亮，同时双眼向雌鸡发出脉脉情波。这时，雌鸡已被雄鸡的绚丽羽毛和一系列炫耀动作搞得眼花缭乱，不时地发出“咝咝”的艳羡声，已经显得急不可耐。

4~6 月，郧阳锦鸡进入繁殖期，开始寻地垒巢。锦鸡巢简陋，仅为一个椭圆形的浅土坑，内垫以树叶、枯草和羽毛，大小以能放得下雌鸡肚皮和 5~9 枚蛋即可。与家鸡一样，一般孵蛋 3 个星期即出小鸡。

郧阳人捕猎贡鸡均在秋冬二季进行，使用的工具为鸟网，只允许捕猎雄鸡，不得伤及雌鸡和幼鸡。

5. 关于灵芝

灵芝是一种名贵的中药材，外形呈伞状，伞盖半圆形或近圆形，为一种真菌类多孔菌目灵芝科的子实体，具有补气安神、止咳平喘的功效，一般用于眩晕不眠、心悸气短、虚劳咳喘。在古代，只能在深山老林里才能采摘到灵芝，目前经过科学家的不断努力已实现了人工种植，但仍以林中芝的品质最佳，药用价值最优。

灵芝作为药物使用，始载于我国现存最早的一本中药学著作——《神农本草经》(简称《本经》)。该书起源于神农氏，以后代代口耳相传，在东汉时被集结整理成书，根据里面的记载，按照颜色的不同可将灵芝分为赤芝、黑芝、青芝、白芝、黄芝、紫芝6种："赤芝：味苦平，主胸中结，益心气，补中，增慧智，不忘，久食轻身不老，延年神仙，一名丹芝；黑芝：味咸平，主癃，利水道，益肾气，通九窍，聪察，久食轻身不老，延年神仙，一名元芝；青芝：味酸平，主明目，补肝气，安精魂，仁恕，久食轻身不老，延年神仙，一名龙芝；白芝：味辛平，主咳逆上气，益肺气，通利口鼻，强志意，勇悍，安魄，久食轻身不老，延年神仙，一名玉芝；黄芝：味甘平，主心腹五邪，益脾气，安神，忠信和乐，久食轻身不老，延年神仙，一名金芝；紫芝：味甘温，主耳聋，利关节，保神，益精气，坚筋骨，好颜色，久服轻身不老，延年，一名木芝。"

《本草经集注》里称："此六芝皆仙草之类，俗所稀见，族种甚多，形色环异，并载《芝草图》中。今俗所用紫芝，此是朽树木株上所生。"

西汉刘向在他所著的《别录》里称："紫芝生高夏山谷。六芝皆无毒，六月、八月采。"

唐人李绩、苏敬等人合编的《新修本草》里说："五芝，《经》云：皆以五色生于五岳。诸方所献，白芝未必华山，黑芝又非常岳，且芝多黄白，稀有黑青者。然紫芝最多，非五芝类。但芝自难得，纵获一二，岂得终久服耶？"

李时珍在《本草纲目》里把历代有关芝类的记载加以引证，提出了自己的见解："芝类甚多，亦有花实者，本草惟以六芝标名，然其种属不可不识。"

正因为灵芝有非常神奇的医药功效，所以在国人中产生了一种灵芝崇拜，并从中产生出了许多神话传说。

灵芝神话最早起源于《山海经》，里面说炎帝有一个小女名叫"瑶姬"，刚成年即夭折，精魂飘荡到了姑瑶之山化为了"瑶草"，实为灵芝，其叶胥茂。炎帝哀怜瑶姬早逝，便封她做了巫山云雨之神。有一天，楚怀王来到云梦，住进一所叫"高唐"的行宫，梦见一位女神悄然走进寝宫向自己倾诉情爱。楚怀王从梦中醒来，记起女神在梦中的叮嘱："妾在巫山之阳，高邱之岨，旦为朝云，暮为行雨，朝朝暮暮，阳台之下。"便给瑶姬立了一座庙，叫做"朝云"。后来，楚怀王的儿子楚襄王来这里游玩，也做了一个同样的梦。诗人宋玉听说后觉得非常神奇，就根据这两个梦写成了传颂千古的《高唐赋》和《神女赋》。自古以来，巫山上生长的灵芝特别多，传说都是这位女神洒下的相思子。

三国著名诗人曹植的代表作《洛神赋》，是一个描写人神恋爱的故事，其中有一句"尔乃税驾乎蘅，秣驷乎芝田"。意思是说：你驾着华丽的马车到蘅地出游，晚来将驾车的马驱赶到栽种芝草的田野上放牧。

西汉人班固所著的《汉武帝内传》，大段描写了汉武帝见西王母之间的故事，里面也谈到西王母所居住的昆仑山上种有芝田。由此人们传说农历三月三日是西王母的寿诞，每到这一天，仙女麻姑都拿在绛珠河畔所采集灵芝酿成的酒为王母祝寿，于是有了“麻姑献寿”的千古美谈。

东汉张衡的《西京赋》称灵芝为“灵草”，由此延伸出“灵芝草”的叫法。

明代作家冯梦龙在他的《警世通言》第二十八回《白娘子永镇雷峰塔》里有这样一段描述：“钱塘许仙，路过西湖遇雨，与白蛇、青蛇幻化之白素贞、小青同舟；白素贞、许仙互生爱慕，许仙将雨伞借白素贞，订期往访，二人成婚。金山寺僧法海暗地告诉许仙，白素贞是蛇妖所变，唆使许仙于端阳节日劝白素贞饮雄黄酒。白素贞现原形，许仙惊死。白素贞乃潜入昆仑山，盗取灵芝仙草，与鹤、鹿二童格斗。幸南极仙翁见怜，赠以灵芝，救活许仙。许仙上金山进香，多日不还。白素贞偕小青到金山寺，恳请法海放回许仙，法海不允。白素贞乃聚集水族水漫金山，法海也招来天兵天将。白素贞因有孕，体力不支，败退下来，败至断桥，腹痛难行。许仙赶来，小青恨许负心，拔剑要斩。白素贞因夫妻情深，极力为许仙解脱，许仙一再谢罪，三人和好如初，同投许仙姐丈家安身。白素贞生一子，法海于婴儿弥月之期，将白素贞摄入金钵，压入雷峰塔下。”此便是我国著名的爱情故事《白蛇传》的注脚。

食灵芝能让人“长生不老”的故事在中国流传了几千年，不仅古人崇拜灵芝，就连今天的人们一提起灵芝，仍有一种特别的神秘感。这一特殊文化现象与道教不无关系。

道教的哲学思想是“以生为贵”，认为只要通过清养修炼，服食“仙药”，任何人都能得道成仙。在古代道教的修炼升仙之法中，一直视灵芝为上品，服之后会“与天同期”，把灵芝描绘成了一种仙草。如葛洪就在他所著的《抱朴子》里编纂了许多服食灵芝仙草后升仙的神话。

郧阳盛产灵芝，而且各色兼具，犹以赤、白二色者最为著名。郧阳赤芝又叫“血芝”，多长于桦栎树疙瘩根部，个体精悍，表面赤红坚硬而有珊瑚光泽，为灵芝中的上品。

古代帝王莫不信奉道教，其原因就在于想让自己长生不老，因而灵芝就成为了皇宫中不可或缺的物品，而且是用量很大的一种食材，需要各地大量进贡。郧阳就是贡纳灵芝的地区之一，但均要归集到武当山，由督山太监送入宫内，目的是想沾点仙气。

在明、清的皇帝实录中，有不少关于郧阳贡献灵芝的记载，以下是从中摘抄的几段：

永乐十六年(1418 年)五月，太岳太和山产灵芝千数百茎，隆平侯张信悉采以进。

嘉靖三十四年(1555 年)十月壬寅日载：上(皇帝)问礼部："古之用芝草入药者，今产于何？所求之可得否？具以状对。"尚书吴山等对言："草芝有赤、黑、青、白、黄、紫，其色不同，其味亦异，然皆云久食者可以轻身。王充《论衡》云：'芝生于土，土气和，故芝草生瑞。'《命记》云：'王者德仁，则芝草生。'《文选》云：'煌煌灵芝，一年三秀。'汉《旧仪》云：'芝有九茎，金色绿叶朱实，夜有光。'《黄帝内传》云：'王母遣仙人歌万年长生之曲，授帝以石函玉笈之书，会阆风瑶池之上，授《神芝图十二卷》，然世不常有，人所罕见，故历代得之皆以为瑞，而服食之法亦未有传。'仰惟皇上体道奉玄，诸福之物自可致之，祥无不毕至，则夫芝草，自将应时挺生，远近必有献者。所产之地，臣未敢预拟也。"于是，上诏有司采诸玄岳(武当山)、龙虎、鹤鸣、三茅、齐云及五岳，仍访之民间，会宛平县民张巨佑得芝五本，献之。上悦，赉以银币。自是臣民献芝草瑞物者纷纷矣。

嘉靖三十五年九月庚午日载：上谕礼部曰："百姓饱暖者少，今竭力采芝，已入冬令，其示朕意，自立冬日止行，庶免受风霜，上钦天眷。"时，玄岳诸山采芝之使方出，部臣疑上意中悔，具疏以请。上曰："原谕为此近京之地耳，若玄岳诸所不在此限，仍移文督之，不许枧常怠缓。"

嘉靖三十五年十月戊子日谕："太医院御医李果，以玄岳鲜芝四十九本进，诏留御前，赐果、彩币一表里。"

6. 关于虎豹

在古代，历来就有皇家动物园，以满足皇室成员的猎奇心理。因此，各地进献活体动物就成为必然。

皇家动物园可以追溯到夏代，夏桀时期就有"放虎于市"的记载，周文王时所修建的"灵囿"被认为是"世界上第一所动物园"。历代皇家动物园的面积都不小。宋徽宗在修凿寿山艮岳之后，就四处搜求花木鸟兽，是中国古代园林中拥有动物最多的苑囿。据记载，当金兵围困汴梁时，宋钦宗曾命令将 10 余万只山禽水鸟投之汴河放生，又宰杀千头大鹿以犒劳将士，其规模可见一斑。

由于对于豢养动物的无尽渴望，令皇家的关注点越来越奇，以致搜尽天下珍兽。后来，国内不能满足他们的好奇心，就依靠海外贸易来博取惊叹。汉武帝时，曾有匈奴人献来一只猛兽，状如黄狗，距离长安四十里以内的鸡犬都吓得不敢吠叫。此兽到了上林苑，一下子就跳骑到了老虎头上，把老虎吓得一动也不敢动。这一时期，原产于非洲和西亚的狮子、鸵鸟，印度的犀牛，伊朗的千里马等珍稀动物均作为贡物纷纷进入到中国的皇家园林。

明永乐十二年(1414 年)秋，榜葛剌(今孟加拉国一带)的使臣带着一只麒麟来到北京，择期向永乐帝进献，这是长颈鹿第一次来到中国。到了郑和下西洋时期，曾多次运“麒麟贡”入京，其中有三次被记载于中国的官方史录之中。为永乐帝搜求麒麟等珍奇物产，是郑和船队远至东非的目的之一。

清朝的皇家动物园叫“万牲园”。光绪三十二年(1906 年)，大臣端方、戴鸿慈奉旨出洋考察政俗，行程之中选购了五十九笼禽兽运送回京。归来后，他们将动物园与图书馆、博物院、公园并置，视为“导民善法”。清廷还敕令各省上供特色动物，慈禧亲自选取动物种类，并将自己钟爱的小猴贡献了出来。

在内地进贡的活物中，对付小型或者温顺的动物还比较容易，但想对付虎豹这样的大型凶猛动物谈何容易。因此偶尔贡献虎豹均被视为“大贡”，敬献的官员一般都会得到提拔和奖赏。

在古代，秦巴山地虎豹成群，自古就是活虎活豹的贡献地之一。至少到清代时，郧阳还有虎的踪迹，这从地方志和以前世代为猎户的人们口中均可得到印证。土豹(又名老豹子)到 20 世纪 80 年代才在郧阳最终绝迹。

史料记载，正德十四年(1519 年)二月皇帝西出巡守，武当山提督太监为了乘机敛财，就说皇帝有可能驾临武当，令郧阳藩镇所属的各府各县大肆准备接待供给，预备动用的金钱数以万计，甚至有的官府要求猎户捕获活豹献贡，使民众不堪承受，不胜其扰。当时的郧阳巡抚王缜获悉之后下令禁止，并限制武当山宦官到各地走动而从中敛财，要求各地官府要以民生为重。

7. 关于乌鸡

郧阳乌鸡，又名郧阳白羽乌鸡，古来仅产于湖北省郧县，是古郧阳向皇家纳贡的贡品之一，也是后宫嫔妃所使用的“乌鸡白凤丸”的主要原料。

郧阳白羽乌鸡单冠、绿耳、白毛、片羽、光胫、翘尾、四趾，从头到脚，从里到外的皮、肉、骨均为乌黑色，而毛色洁白有光泽。此鸡体型小而紧凑，体重较轻，属小型鸡种之一。其头部与身体比例协调，喙短弯而有力，也呈乌色，略透明。其翅羽发达，尾羽上翘，善飞翔，因此活动力强，产蛋多，单个蛋大，氨基酸含量多，药用价值高，营养丰富，风味独特。其肉质细嫩，口感舒适，为药食同源品种，药用和食疗作用是普通鸡所不能比拟的，被人们称为“名贵食疗珍禽”。

郧阳乌鸡是郧阳本地物种，其源已不可考，应为当地古老生物种之一，历史典籍中多有记载。东汉曹毗在他的《志怪》里说：“尔时此二州皆行心腹病，略无不死者。弘在荆州教人杀乌鸡薄之，十得八九。今中恶用乌鸡，自弘之由也。”两汉时，郧阳属荆州域。上文是说：当时荆州、扬州流行一种恶性的心腹病，死了很多人。夏侯弘教人们杀乌鸡食肉治疗此病，十有八九都好了，用乌鸡治疗恶病从此开始。此条记载后来还被《太平御览》卷八八四所引用。

明崇祯年间，仇兆鳌在他的《本草注》里说：“乌雌鸡，治风湿麻痹。”

乌鸡还是历代文人善于描写的对象，唐人杜甫在他的《催宗文树鸡栅》中有：“愈风传乌鸡，秋卵方漫吃”的诗句。宋人陆游在《迁鸡栅歌》里有：“乌鸡买来逾岁年，庭中赤帻何昂然。”

药圣李时珍把乌鸡录入到《本草纲目》中：“乌鸡甘平无毒，益助阳气，滋阴补肾，治心绞痛合酒服之，主治虚劳亏损，治消渴，中恶，胸腹痛，益产妇，治女人崩中带下，一切虚劳诸病，大人小儿下痢噤口，煮食饮汁，捣和药丸均可。”

又曰：“乌骨鸡，有白毛乌骨者、黑毛乌骨者、斑毛乌骨者，有骨肉俱乌者、肉白骨乌者。但观鸡舌黑者、则肉骨俱乌，入药更良。鸡属木，而骨反乌者，巽变坎也，受水木之精气，故肝肾血分之病宜用之。男用雌，女用雄。妇人方科有乌鸡丸，治妇人百病，煮鸡至烂和药，或并骨研用之。”

在郧阳民间，自古就视乌鸡为补身珍品，有药鸡之称。因而旧时郧阳农村普遍饲养乌鸡，在过去缺医少药的环境里，百姓多用乌鸡入药治疗疾病，因此人们十分珍惜，世代相传保存物种至今。

现代医学研究认为：乌鸡具有较高的药用价值，鸡肉中富含氨基酸，是一种高蛋白、低脂肪、低胆固醇的营养保健食品，被营养学家誉为“陆地甲鱼”。2007年2月，国家质检总局批准对郧阳白羽乌鸡实施地理标志产品保护。

8. 关于毛皮

郧阳南为巴山，北为秦岭，其境皆崇山峻岭，野生动物种类繁多，能作为贡品的毛皮种类不少。除上文所说的虎豹外，狼销声匿迹也才不过40年，这些都是古代郧阳向皇帝进贡的毛皮品种。

与狼、豹几乎同时消失的狐狸在郧阳也非常多，狐皮是毛皮中的珍贵品种，为古代郧阳毛皮贡品中的大宗。

此外，郧阳毛皮贡品还有水獭皮、黄鼬皮、锦鸡皮等。

古代采集贡皮只在三九天里进行，一般不会超过10天。因为只有在三九天最冷的一段时间里猎杀的动物，剥制出来的毛皮才永远不会掉毛，而且柔软度、光泽度和光滑度才最佳，皮张才最富弹性。

郧阳进贡毛皮有生皮与熟皮两种。熟皮即在郧阳就地经过了熟制，进宫可以直接使用，因为郧阳古代的熟皮技术已经相当成熟。保持一定数量的生皮进贡，是为了发挥宫廷造办处的作用，宫廷所造的裘衣一般不会使用地方熟制的毛皮。

9. 关于贡木

郧阳汉江以南与古川东相邻，同属大巴山系，其竹溪、竹山、房县(含神农架)、郧县自古就出金丝楠木，在古时称为“贡木”，至今竹溪县境内还存有大片金丝楠木林。

《博物要览》记载：“金丝者，出川涧中，木纹有金丝，楠木之至美者，向阳处或结成人物山水之纹。”因为此木的木纹呈现一种金丝光泽，故而称金丝楠木。

楠木，又名桢楠，是樟科楠属或润楠属各树种的统称，又分有香楠、金丝楠、水楠等不同种类，而以金丝楠最为名贵。楠木属高大乔木，成熟时可达30余米，其木材坚硬，干挺直，不易腐，因此多用于造船和营建宫殿。北京现存最大的楠木殿是明十三陵的长陵棱恩殿，殿内共有巨柱60根，根根均由整棵金丝楠木制成。现北京故宫及京城内上乘古建筑也多为楠木构筑，就因为其不腐不蛀有幽香的特性，导致皇家在营建藏书楼、金漆宝座、室内装修等多选用楠木制作。如文渊阁、乐寿堂、太和殿等重要建筑都有楠木装修物，并常与紫檀配合使用。

楠木材档极高，其色橙黄略灰，纹理淡雅文静，质地温润柔和，无收缩性，遇雨就会散发阵阵幽香，南方诸省均出产，但唯四川所产最好，为明清两代营建宫廷时必须采用的一种木料，因郧阳接近古时的川东，所以历来就被划为宫廷采供地之一。

就因为楠木高大，所以古时又称“大木”；又因为被皇家所用，所以古时又称之为“皇木”。在古代，朝廷使用楠木，最近的采伐地就是郧阳，如果郧阳数量不够才到四川采伐。如果皇家没有大量的营建，每年只靠郧阳进贡就可满足。

两相比较，四川的楠木进京，要顺长江而下再走大运河，往往历时半年以上。如果遇上运河淤塞，就得由长江入汉江再进入丹江，陆路运送百余华里之后入洛河、黄河送京。而郧阳的楠木则没有这么多的麻烦，直接顺堵河、汉江而下，再溯丹江而上，路途不知要缩短多少倍。如明朝嘉靖年间建造北京午门阙、左右门、左右顺门和西六宫之一的永寿宫，都是采自郧阳的楠木。当年，竹溪知县廖希夔奉旨采集楠木北送京城，历经了千辛万苦，于是他在竹溪慈孝沟的崖壁上题诗曰：“采采皇木，入此幽谷，求之未得，于焉踯躅。采采皇木，入此幽谷，求之既得，奉之如玉。木既得矣，材既美矣，皇图巩矣。”

明朝采大木始于永乐年间，《明史・志第五十八・食货六・上供采造》记载：

采木之役，自成祖缮治北京宫殿始。永乐四年遣尚书宋礼如(入)四川，侍郎古朴如江西，师逵、金纯如湖广，副都御史刘观如浙江，佥都御史史仲成如山西。礼言有数大木，一夕自浮大谷达于江。天子以为神，名其山曰神木山，遣官祠祭。十年复命礼采木四川。仁宗立，已其役。宣德元年修南京天地山川坛殿宇，复命侍郎黄宗载、吴廷用采木湖广。未几，因旱灾已之。寻复采大木湖广，而谕工部酌省，未几复罢。其他处亦时采时罢。弘治时，发内帑修清宁宫，停四川采木。正德时，采木湖广、川、贵，命侍郎刘丙督运。太监刘养劾其不中梁栋，责丙陈状，工部尚书李鐩夺俸。嘉靖元年革神木千户所及卫卒。二十年，宗庙灾，遣工部侍郎潘鉴、副都御史戴金于湖广、四川采办大木。二十六年复遣工部侍郎刘伯跃采于川、湖、贵州，湖广一省费至三百三十九万余两。又遣官核诸处遗留大木。郡县有司，以迟误大工逮治褫黜非一，并河州县尤苦之。万历中，三殿工兴，采楠杉诸木于湖广、四川、贵州，费银九百三十余万两，征诸民间，较嘉靖年费更倍。而采鹰平条桥诸木于南直、浙江者，商人逋直至二十五万。科臣劾督运官迟延侵冒，不报。虚糜乾没，公私交困焉。

上文中的湖广包括郧阳，因湖广行都司驻地就在郧阳。

采办贡木最频繁的是在万历年间。明万历二十四年(1596年)三月初八，乾清、坤宁二宫发生大火，不久皇帝就提出要重修二宫，下旨令郧阳贡献大木，粗度要求丈八之围，这可苦了郧阳百姓，人们每伐一木，从入山寻找、采伐到途中运输扛抬，往往伤死百余人。因此刑部左侍郎吕坤上疏："若能减其尺寸，少其数目，则民心可收。"然而皇帝不予理睬。

万历三十六年，朝廷采办大木营建宫室，而且想借机让大木和税收双增。当时，郧阳就在被指定的采伐区域之内，郧阳巡抚黄纪贤深感伐木与增税不可兼得，于是上疏力陈只可采木，不可扩税的道理，指出"税不罢则商必不至，商不至则木必不可采，木不可采则大工之期愈急愈缓"，可惜没有得到朝廷的回应。

10. 关于榔梅

榔梅，一种野生果树所结的果实。榔梅之所以名贵，是因为它是在完全自然的状态下由杏、李两种水果天然杂交而出的一个新品种。一般由鸟几乎同时吃下杏、李之后，种子在鸟身体里由某种酶催化，然后由鸟把两种果实的种子排在同一地方长成树，相互授粉杂交结出新的果实，又被鸟吃后催化、排出、成树、结果，再被鸟食后排在榔树的树窟中与榔树自然嫁接而产出的异果。

在人类还没有完全掌握果树人工杂交和人工嫁接技术的古代，榔梅是大自然中出现的一种奇异果品，像这样的奇异物种往往都会被罩上神秘的色彩，认为是天下祥瑞的象征，自然会被地方官员大加利用而向皇帝呈献吉祥。皇帝当然也喜欢这种奉承，拿此物来作为自己统治正统和政治清明的明证。中国人自来就认为，只有在明君出现、天下太平之时，才会天降祥瑞，出现一些奇异瑞象。明代李时珍在《本草纲目》中记载："榔梅，只出均州太和山。"太和山为武当山的别称。由于其他地方绝无，而此地仅有，而且只有寥寥数株，因此武当榔梅除"奇"之外，还占一个物以稀为贵的"稀"字。由于稀奇，武当榔梅自发现之日起，就被定为了贡品，由皇家独享，民间不得食用。

榔梅首次被官方发现是在明永乐年间。永乐三年(1405年)，明成祖朱棣从北京起兵向南京夺取皇位。不久，他开始北修紫禁城，南修武当山，每日动用10万民工聚于武当，还有一批朝廷大员和太监来到武当监工。此时，山中道士李素希将榔梅介绍给了监工太监，但称不知为何物："食之有杏李兼香，妙而不可言；观之又似梅彩光外射，而赛梅之艳。"太监大喜，就将当年成熟之果实献之于朱棣，朱棣尝后连称"仙果"，问后知道长于一种榔树之上，就为它取名"榔梅"。永乐十年，朱棣敕建武当山榔梅祠，把榔梅树圈于院中供奉。朱棣并御赐祝文，至此榔梅果被正式列为贡品。史料记载："永乐十年秋，敕命隆平侯张信、驸马都尉沐昕敕建武当山宫观。十一年春，榔梅发花，色敷红白……远近闻见。五月果成，珠玑错落，翡翠交辉，累累满枝，莫计甚数，凝霞映日，颜色炫耀……"

当然，作为瑞果的榔梅不会被皇帝一人或者一家全部独自享用，有时为了政治需要，皇帝也会用它来赏赐一些有功大臣，所以朝廷大臣都把能吃得一枚榔梅果作为一种荣幸。

明天启三年(1623年)，地理学家徐霞客游览考察武当山时，在琼台中观和南岩宫的主持手中一共索得了御赐榔梅8颗，他带回家后给老母亲祝寿。他在《游太和山》日记中这样写道：

> 舍之西，度岭谒榔仙祠，祠与南岩对峙。前有榔树，特大，无寸肤，赤干耸立，纤芽未发。旁多榔梅树，亦高耸，花色深浅如桃杏，蒂垂丝作海棠状。梅与榔本山中两种，相传玄帝插梅寄榔，将梅嫁接于榔，成此异种云。十四日，其旁榔梅数株，大皆合抱，花色浮空映山，绚烂岩际。地既幽绝，景复殊异。余求榔梅实，观中道士噤不敢答。既而曰：'此系禁物。前有人携出三四枚，道流株连破家者数人。'余不信，求之益力，出数枚畀给予余，皆已黝烂，且订约定无令人知。及趋中琼台，余复求之，主观仍辞谢弗有。因念由下琼台而出，可往玉虚岩，便是南岩紫霄，奈何得一失二，不若仍由旧径上，至路旁泉溢处，左越蜡烛峰，去南岩应较近。忽后有追呼者，则中琼台小黄冠即小道士以师命促余返。观主握手曰：'公渴求珍植，幸得两枚，少慰公怀。但一泄于人，罪立至矣。'出而视之，形侔相同金橘，漉渗以蜂液，金相玉质，非凡品也。……暮返宫，贿其小徒，复得榔梅六枚。明日再索之，不可得矣。越二十四日，浴佛后一日抵家。以太和榔梅为老母寿。

清之后，武当山的榔梅树绝迹，许多人遍访武当寻找榔梅，都是扫兴而归，武当榔梅遂成为后人待解的千古之谜，道家和官家都不知是如何消失的。从那时起，一些文人墨客也加入到了寻找榔梅的队伍而均一无所获，就留下许多诗赋以怀念歌咏自己心中的仙果。“榔梅历历传消息，莫为仙家隔渺茫”就道出了遍访无果的感慨。

清末贾笃本在他的《榔梅》诗中说：“天果鉴精诚，花实何灼乐。火枣与交梨，仙品宁兹若。昔明张司李，收采犹盈橐。持以赠高邱，�廊供著作。我今访古人，此种已寥落。桃核杏实间，杳焉不可索。惆怅依荒岩，斜阳下林薄。”

11. 关于笋尖

笋尖即竹笋之尖，因是贡品，人们在采得竹笋之后取其尖部最嫩处入贡，所以称为笋尖。

作为贡品的武当笋尖不是一般的春笋，而是难得的冬笋，是郧阳山竹根鞭之上长出的幼芽，经过夏季孕育，冬季成笋，故名冬笋。因尚未出土，笋质幼嫩，洁白如玉、清香纯正，鲜脆爽口，营养丰富，是难得的山珍佳肴，素有“金衣白玉，蔬中一绝”之美誉。

冬笋不仅为佳蔬，还是一味良药，味甘性寒，具有利九窍、通血脉、化痰涎、消食胀等功效，常被用于治病和保健。三国时，荆州江夏有一个叫孟宗的人，老母得病，思食竹笋，然而时值寒冬，难以寻觅，他便走进竹林，抱竹长泣，忽然发现从土地裂缝处长出了数茎嫩笋，就急忙取回做成了笋羹捧给母亲，食毕病愈，此举被世人传为美谈。

笋尖作为贡品晚于榔梅，而且大多并不出自武当本山，而是由太监摊派于郧阳府各县。明隆庆元年(1567 年)，湖广巡按御史陈省曾经上疏参劾身兼武当山提督、郧藩副使、郧襄分守的大太监吕祥，力陈了他为害地方的七大罪状，其中的第三大罪状为：

> 本山物产，素鲜其有，所贡笋尖、榔梅之类，率远采于房、竹诸山者，特神其说，谓取诸太和尔。至于采摘之时，劳扰万状。此彼往属该所余丁，犹可言也。祥纳委官之贿，既听其受直卖闲矣，乃分派乡民，责以办致。民惮采纳艰难，惟事输钱求免。彼受甲钱，则派诸乙；受乙钱，复派诸丙。一岁兴役，万户绎骚。矧笋尖出自隆冬深雪中，冻馁之民多有困拮撅而僵

仆者，岂忍言哉！昔我成祖文皇帝时梅结异实，数十年间仅许本山道士一进，然未有许及他物者，盖不忍以口腹而启无穷之扰尔。祥乃劳疲民以致无益之贡，既已非义，讵意其乃复假公济私，倚法恣虐，至于如此哉！此其为害三也。……其笋尖、榔梅、符篆等项，悉行停止进贡。……采笋尖而巧于纳赂，派乡民而忍于戕生。

陈省弹劾吕祥是在武当首次进贡榔梅150多年之后，他在奏疏里说得非常清楚：在永乐时，当地结出了异样果实榔梅，在此后几十年时间里仅允许本山道士进贡，而且再没有拿其他物品入贡。当时，永乐皇帝还不忍心以满足自己的口腹而开启无穷无尽的骚扰。现在是吕祥开启了疲扰劳苦人民、呈进无益之贡的先例，是为不义。吕祥还认为：武当山上的物产，素来就少有，每年向朝廷所贡的笋尖、榔梅之类，都远采于房县、竹山的大山之中，然后就编一个特别的神话说是取自本山。至于采摘之时的万般劳苦烦扰，只有前去采摘的苦丁才能说得清楚。吕祥纳了所派官员的贿赂，就听凭他们买空卖空，不直接派人采摘，而是分派给乡民无偿责办。乡民们也畏惧采摘过程的艰难，只有掏钱以求免灾。官员受了甲的钱，就把差事再派给乙；又受了乙的钱，再派给丙，一年兴役，万户骚扰。况且笋尖出自隆冬深雪之中，不知道有多少受冻挨饿之民在被逼采摘过程中僵硬倒下，其状惨不忍睹。

12. 武当符篆

符篆是一种道家所创的精神物产，为书写在黄色纸、帛之上的文字、符号或者图形，认为是代天神传达意旨的一种符信，据说可以用它招神劾鬼，降妖镇魔，治病除灾。

道教符篆的使用在古代十分广泛，符篆之术源于古代巫觋。东汉时，早期道教承袭了此术，其五斗米道、太平道就是以造符书兼以符水来为人治病除灾的，并以此来吸引信徒进而创建组织的。到了唐末宋初，有天师道、上清派、灵宝派等分别以龙虎山、茅山、阁皂山为活动中心，形成著名的“三山符篆”，以致南宋、金、元时期，更在三山符篆的基础上分衍出了神霄、清微等众多符篆派。宋元以前，道教的主流是符篆道法。金元时全真道内丹派兴起，但擅长符篆的正一道仍在南方与之鼎足而立。直至明清，重符篆的正一道和主内丹的全真道一直分统着道教。

符箓的思想基础是鬼神信仰，道士在造这些让常人难懂的怪字或者符号时，或许曾赋予了它们以某种意义，但无非是让人产生神秘感而崇信其术而已。

武当符箓能成为贡品，是因为武当山本来就是明代的皇家道场，山中所有宫观都为皇室家庙，保佑皇帝和所有皇室成员们的平安无灾就是武当山道士的本职工作之一。武当山与北京相隔几千里，皇帝和皇室成员不是每年都可以来的，所以宫廷里每年都要列出皇帝、皇后、嫔妃和其他皇室成员所需要的符箓单，派人交给管理武当山宫观的太监，让山上道士按单制作符箓送到北京为其祈福，据说这样可以保佑他们一年的平安。

道教十分重视符箓的书写方法，有“画符不知窍，反惹鬼神笑；画符若知窍，惊得鬼神叫”的说法，从其意看主要强调了两点：一是心诚。符者，阴阳符合也，唯天下至诚者能用之，诚苟不至，自然不灵矣。故曰“以我之精，合天地万物之精；以我之神，合天地万物之神。精精相附，神神相依，所以假尺寸之纸号召鬼神，鬼神不得不对”。二是运气书符。即要求书符者平时有内炼的功夫，书符时发精气于笔端，使符箓之上附有气功家的精气。《云笈七签·卷七·符字》中说：“以道之精气，布之简墨，会物之精气。”宋元以后，道教符箓派更加重视这些原则，认为：“符朱墨耳，岂能自灵；其所以灵者，我之真气也。”认为符箓只是形式，起作用的是附着其上的精气。

道教符箓在古代使用十分广泛：有用于为人治病的，书符箓于纸端，烧化之后溶于水中让病人饮下；有用于驱鬼镇邪的，或佩带于身上，或贴于寝门；有用于救灾止害的，或将符箓投注于河堤溃决处以止水患的，或书符召神以解除旱灾的等。道士在作斋醮法事时，更是离不开符箓：或书符箓于章表，上奏于天神；或用符箓招神，令其杀鬼；或用符箓关照冥府，令其炼度亡魂。因此人们会在整个斋醮法事坛场的内外，能够看见到处都张贴、悬挂着的各式符箓。

许多人认为，符箓的使用类似于医学上的心理暗示疗法，所起的作用不是符箓本身，而是符箓所引发的积极心理状态，能促使人体产生某种酶，从而调动防御机制来克服疾病，也不排除有一部分是气功的作用。

到了清代，由于清人对道教不感兴趣，武当山进贡符箓被叫停。顺治帝《实录》记载：“顺治八年六月壬戌日谕户部：“太和山春秋二季贡符箓、黄精等物，实属无用，且长途转运，未免烦扰驿递，以后著永免办解，尔部传谕知之。”

13. 关于黄精

黄精，又名鸡头精、黄鸡菜、笔管菜、老虎姜、鸡爪参等，根茎横走，圆柱状，结节膨大，叶轮生，无柄，是我国传统的补药之一，在中西部各省均有生长。

黄精以根茎入药，是一种药食同源的植物，具有补气养阴、生津润肺、健脾益肾等功能，一般用于治疗脾胃虚弱，体倦乏力，口干食少，肺虚燥咳，精血不足，内热消渴等症，特别对糖尿病很有疗效。

据现代医学研究，黄精的药用价值为：抗病原微生物，对伤寒杆菌、金黄色葡萄球菌、抗酸杆菌、常见致病真菌都有抑制作用；对肾上腺素引起的血糖过高呈显著抑制作用；有抗疲劳的作用；有抗氧化、降血脂的作用；有延缓衰老的作用；有止血的作用；有扩张心血管的作用；有抗病毒的作用等。

武当黄精之所以能成为贡品，主要是占了道家和地理位置两个优势。首先因为是补药，再由道山呈贡，皇帝和宫廷就会产生一定会延年益寿的心理作用；其次，郧阳一带是离北京最近的黄精产地，又有江河之利，运输成本最低。

皇室对黄精的钟爱，主要是看中了它的食疗价值，主要用它熬粥、煲羹、煎膏、浸酒，用于以下症状：阴虚肺燥，干咳痰少；脾胃虚弱、脾气虚弱或脾阴不足；肾虚精亏，腰膝酸软，须发早白等。黄精粳米粥，能滋养脾肺，对阴虚肺燥，咳嗽咽干，脾胃虚弱有一定作用；党参黄精猪肚汤，对脾胃虚弱、少食、便溏、消瘦、乏力有一定作用。九转黄精膏，对老年人身体虚弱，精血不足，早衰白发有一定疗效。

其实，武当黄精不只是出于武当本山，而是在整个郧阳府范围内采集，再由武当山提督太监呈贡而已。武当黄精呈贡，在《明史》《明实录》《清史稿》《清实录》里均有记载。

明弘治帝《实录》曰："弘治二年(1489年)四月壬子，巡抚湖广都御史梁璟言：'比，礼科给事中张九功，奏请查革武当山供给道士及额外进贡之扰民者。礼部移文，臣等覆议：近奉登极诏旨，停止一切额外贡献。今提督武当山太监韦贵等，已贡茶、梅，复贡黄精、竹笋，俱非永乐十四年所定常贡之数，乞赐停免。又，永乐中，武当山食粮道士不过四百，近至八百余人，道童亦有千余，乞照额放免，以省冗食。又，太监陈喜，别带道士三十余人，俱领敕护持往，住离本宫百余里外深山之中，或擅创庵观，或寄住民家，甚至招集无赖，强占土田，不遵提督等官约束，恐岁月滋久，酿成他患，乞追回原敕。额外者，递还原籍，庵观拆毁，田土归之旧主。'从之。"

《明史·梁璟传》曰："孝宗嗣位，迁右副都御史，巡抚湖广。弘治二年，民饥，请免征两京漕粮八十九万余石，从之。帝登极诏书已罢四方额外贡献，而提督武当山中官复贡黄精、梅笋、茶芽诸物。武当道士先止四百，至是倍之，所度道童更倍，咸衣食于官。月给油蜡、香楮，洒扫夫役以千计。中官陈喜又携道士三十余人，各领护持敕，所至张威虐。璟皆奏请停免，多见采纳。”

清顺治帝《实录》曰：“顺治八年(1651 年)六月壬戌日谕户部：‘太和山春秋二季贡符篆、黄精等物，实属无用，且长途转运，未免烦扰驿递，以后著永免办解，尔部传谕知之。’”

《清史稿 · 世祖本纪》也记载：“顺治八年六月壬戌，罢太和山贡符篆、黄精。”

14. 武当道茶

在上文里，用武当茶呈贡的记载已经非常明确。

郧阳一带自古出茶，但主要被朝廷垄断，用于与蒙古人换马。自古以来，茶叶和食盐一样为国家专卖，不允许私人经营，汉族百姓更不得随便饮用，只有官员才有一定量的供应。我国北方民族是以肉食为主的少数民族，天天口不离茶，不饮茶就不利于消化，日久就会生病，因此茶叶是他们的生活必需品之一。然而北方不产茶叶，只能与中原人交换。中原人不善养马，养出来也多瘦弱无力，因此军队的战马必须来自北方，就得拿茶叶与北方民族交换，这样骑兵、车兵才能形成好的战斗力。

鉴于以上原因，郧阳一带的普通民茶一般不作为贡茶，贡茶只出在武当山的高山之上，而且被道士垄断。原因也很简单，这是要沾道家的仙气。

老子曰：“人法地，地法天，天法道，道法自然。”这样的自然观，自古就是中国人精神生活的一种信念，里面含有一种长生不死的理念。道教热爱生命，认为光阴易逝，生命难得，只有修仙成道才能享受永久的幸福和快乐，所以道教所宣扬的是欲从自然之道中求得长生不死的“仙道”，暗示了生命可以不死，不死的基础不仅要修炼身心，更要炼丹服药，以求脱胎换骨、羽化成仙。最早的外丹修炼就是要求人们服用某种含有“生力”的食物，于是茶就成为了道教信徒的首选之药，道茶就由此产生，茶与道教便发生了最元始的结合。南北朝著名道士陶弘景在他的《茶录》中说：“荼茶轻身换骨，丹丘子黄君服之。”可见茶的功效早已被道教人士所认识。因为道士们饮茶、爱茶，所以道士之中从来不乏优秀的茶人，唐代著名的道士吕洞宾(后世所称的八仙之一)就曾经在郧阳一带修炼过(见《郧县志》和《郧阳府志》)，曾作《大云寺茶诗》，其中有：“幽从自落溪岩外，不肯移根入上都”，可见他对茶的钟爱程度。在道家看来，茶是上天赐给人类的琼浆仙露，饮了就更加精神，不嗜睡，因此也就更能体悟出道行，增加自己的功力。

道家对茶的感悟深深影响着历代皇家，历代皇帝和皇室成员无不在追求自己能够长生不老，因此便与茶产生着不解之缘，而且只饮名山道家所贡的极品茶，这就是武当道茶能成为宫廷贡茶的主要原因。

15. 关于柑橘

橘生淮南则为橘，生于淮北则为枳，因此北方不产橘，皇室吃橘得靠南方供应。大郧阳所在的汉江地域盛产柑橘，又离京城较近，是贡橘的主要地域之一。

明正统帝《实录》里有汉江贡橘的记载：正统四年(1439年)三月，皇帝下旨降辽王朱贵焓为庶人。罪名为：一、他与江陵、泸溪二郡主乱伦，又通奸千户曹广等人的妻女数十余人，其中非礼奸死者十余人；二、杖死王府长史官杜述，鞭打荆州知府刘永；三、选择300余强壮人员为自己强买货物、侵占办课湖港、强网学舍池鱼；四、每年以进贡的名义，在夷陵州、江陵县等地强夺军士所种的柑橘，再让州县派人夫以自己的名义往京城递送，前后逼死30余人；五、克减军粮、侵占房屋、买民马不给钱、肆意采猎、践踏庄稼等。

16. 蜂蜜、葛粉、莲子及其他

在过去郧阳巡抚衙门里，有一处功德碑林，竖立着一块块不同时期巡抚的功德碑。其中有一块为王缜所立的功德碑，上刻有一篇《抚治王公缜德政碑记》，里面讲到王缜任郧阳巡抚之后，禁止各府官员和武当山太监向百姓摊派、勒索向皇帝进贡的贡品之事，其中就提到了蜂蜜、葛粉、莲子、马匹等。请看根据碑文所翻译的大致内容：

> 正德十三年(1518年)冬，王缜恭敬地接受选派和任命，单车赶赴郧阳藩镇，一到任就大力弘扬德政，以自己的拳拳之心来安抚民心。当时皇上西狩，传言将会临幸武当山，郧阳所辖各府官员争相向百姓摊派科敛，以向皇帝进贡为能事，所摊派的钱谷、莲子、马匹、器用数以千计。

更有摊派活虎活豹贡献的，让百姓不胜惊慌。王缜得知后，首先下令禁止，他说："皇帝所要临幸的地方，朝廷必然会提前发布诏谕，怎么会有悄悄地突然就来到的道理？万一皇帝不来，我就拿你们治罪。"随后他就追究发布讹言惑众的人和摊派害民的官员，把他们都依法处置。当时的武当山总管太监兼下荆南道分守吕震，以进贡为名，发钱派人到竹山、竹溪、房县等地去收取勒索蜂蜜、葛粉，王缜再次禁止。吕震又以采冬笋向皇帝进贡为名，滥起用人丁民夫，王缜得知，把人丁民夫减去一半，吕震从此不敢放肆。襄王府的护卫中有强夺民产的人，王缜向皇帝上奏，当即就把被夺民产还给了当事人，并把豪强伏法。荆州的总管李太监纵容属下残暴勒索商民，王缜把他们绳之以法，李太监从此收敛，荆州民众无不喜悦。

在过去，郧阳蜂蜜以天然野生蜜为主，主要产在悬崖上的石洞、树洞里，由于其纯天然性和长年累月积累性的原因，郧阳蜂蜜的纯度很高，药用价值极大，因此才会被列为贡品。古代郧阳人工饲养蜜蜂的有，但很少，一般大户人家才会在屋檐下养几箱所收集而来的野蜂，仅供自己家食用而已。

郧阳盛产葛粉，几乎漫山遍野都生长着葛藤，往往被人们当做捆绑东西的带子使用。葛粉出自葛根，是葛根里面所储藏的淀粉，通过捣碎葛根、搓洗、过滤、沉淀的方法就能够得到葛粉。葛粉里含有葛根素、大豆黄酮苷、花生素、蛋白质、氨基酸、糖和人体所必需的铁、钙、铜、硒等营养成分，是老少皆宜的名贵滋补品，有"千年人参"之誉，具有清腻解热，祛痰止咳，降血糖、保护心脑血管健康、改善便秘、清除体内毒素，减少癌病的发生等作用，能解酒、养胃、保肝、护肝，调节人体机能，增强体质，提高机体抗病能力，有抗衰延年的功效，同时所含的异黄酮具有较高的植物雌激素，可激活卵巢活力，使皮肤光滑细嫩。因此，其就成为了当做贡品的原因。

郧阳有不少的水域，莲藕种植也是传统产业之一。郧阳藩镇时期，向皇帝进贡的莲子主要出自江汉平原上的荆州、安陆、德安、襄阳几府的各县。莲子是莲藕的果实，又称白莲、莲实、莲米、莲肉等，为一种药食两用的食材，食用后具有清心醒脾、补脾止泻、养心安神、明目醒脑、补中养神、健脾补胃、止泻固精、涩精止带、滋补元气的功效，药用主治心烦失眠，脾虚久泻，大便溏泄，久痢腰疼，男子遗精，妇人赤白带下，预防早产、流产、孕妇腰酸等病症。这是一种历代宫廷都大量需用的贡品。

郧阳所出产的古代贡品种类肯定还有一些，但由于没有资料记载所以不敢胡乱猜测。目前为止，能够得到贡品种类的信息主要有两个来源，一是当地百姓的一辈辈口耳相传，二是古代文献记载。然而，古代文献所记载的贡品种类有很大的局限性，只是因为这些信息大多存在于弹劾官员的奏章或者记载里，只有这样它们才会一露峥嵘。反过来说，如果没有弹劾某官员违规进贡记载的话，我们就无从知道当地贡品的信息了。因此，以上所列，并不是郧阳古代贡品的全部。

十三、郧藩流年鉴事

明廷要在江汉地域建一个宏藩居镇的缘由，可以追溯到正统二年(1437年)的全国性大饥荒，而把藩镇的首府建在郧阳则是历史的必然。

在当时，郧阳还只是湖广省下荆南道襄阳府均州管辖之下的一个县。“下荆南道襄阳府”在当时被人们简称为“荆襄”，郧县就属荆襄土地之中的一块。明代土地兼并严重，由于全国各地失去土地而又遇上大饥荒，农民的第一选择就是背井离乡去当流民，而当时的流民大多都涌入到了荆襄之郧阳一带，到天顺年间已聚集150万人之多，这对当时只有几千万人口的中国来说，已经是一件惊天之大事了。一方面，大量农民脱离原籍，使得主要靠人头税收支撑的国体发生了根本的动摇，让本来就入不敷出的朝廷和各级官府都感到了揪心之痛；另一方面，大批脱离了政府控制的流民，集中涌到国之心脏地带的郧阳及其周边，使朝廷感到了一种莫名的恐惧，何况汉江是国家的命脉，而郧阳又是汉江上的钥匙，可谓郧阳开则汉江开，郧阳闭则汉江闭，因此郧阳流民问题就成了长在朝廷心脏上的一块毒瘤，必欲除之而后快。

为此，官府每年都在不断地、常年地派大批量军队驱赶和镇压流民，然而流民依然不断地涌入，导致双方矛盾的日益激化，终于在成化元年(1465年)四月爆发了刘通、石龙、李原、小王洪等人领导的荆襄流民大暴动，震惊了朝野。面对这种干柴烈火之势的流民反叛，朝廷先后派工部尚书白圭、河南巡抚王恕、右都御史项忠等人提督军务抚治荆襄，调集南京、山东、湖广、河南等地的军队，在湖广总兵李震的协助下前往镇压，先俘刘通、石龙，再擒李原，后捉小王洪。

虽然白圭、王恕、项忠、李震在郧阳一带屡建奇功，但当时还没有郧阳这个行政建制，所以他们只是提督军务而没有地方治权；只是成功地镇压了流民的造反，而没能彻底解决流民问题。因此，他们只能作为郧阳藩镇成立之前的奠基者，而无法在郧阳藩镇成立后的正史里现身。

郧阳藩镇始于成化十二年(1476年)，这一年里，人们忽然发现这个汉江北岸的小县城，在一夜之间不仅成了府城，更成了雄踞一方的“省城”。

郧阳藩镇存在了204年，虽然在历史长河里只是一瞬，而相对于个体人或者历史上的一个王朝来说，却都是一个不可忽视的时间概念。如果把这204年里郧阳藩镇所发生的大事按年鉴顺序展列出来，不仅对研究郧阳藩镇有利，也许还能够得到一些历史借鉴作用。

(一)成化之鉴

成化十二年(1476年)五月，成化帝诏命原杰前往荆襄等处抚治流民。原杰，字子英，山西阳城人，正统乙丑(正统十年、1445年)科进士。该年，原杰的足迹遍及汉江流域，他在深入了解流民的状况后，向皇帝上了《处置流民疏》和《开设荆襄职官疏》，力陈对流民应该采取就地附籍的办法，并建议设立藩镇，增添府县，以加强对流民的管理。在朝廷中，有一个叫李宾的右都御史，将国子监祭酒周洪谟所著的《流民图说》呈给了皇帝，其文的主要观点是：“东晋时，(安徽)庐江郡松滋县一个叫肥的地方遭灾，人们流至长江中游的荆州，于是朝廷就在荆州设置了一个西松滋县，位于荆江之南；另外，陕西雍州之民流聚至襄阳，朝廷就在襄水之侧设置了一个南雍州。其后，西松滋就归隶于荆州，南雍州合并于襄阳，迄今千载，百姓相安。现在荆襄山谷旷远，民众遭受水旱而不能得到赈恤，则转徙于荆襄之势必不能禁。不如就地安抚，让他们定居，在该地添置官吏，编入里甲，宽其徭役，那么流民皆可成为齐民。所以，驱逐之法诚不可取。”于是，皇帝准原杰所奏，在郧阳先设湖广行都司和郧阳卫，让地方有了强大军队的保护，再割湖广之荆、襄、安、沔，河南之南阳、唐、邓，陕西之汉中、商州，从而开设了郧阳藩镇，原杰成为郧阳藩镇的第一任巡抚，他又举荐大理寺少卿吴道宏担任郧阳监察御史。原杰又增设郧阳府，并推荐邓州知州吴远为郧阳知府。为了便于管理，他把从三省割来各府中的大县一分为二，添置郧西县、竹溪县、白河县等，当年就安置流民12.3万余户、40余万人，使长期困扰朝廷的汉江流民问题基本得以解决。然后，他举荐监察御史吴道宏替代自己郧阳巡抚之职。《中国历史记事》记载：“荆襄流民入禁区者日众，无法禁阻，乃于郧县设郧阳府，增置竹溪、郧西、白河三县，连同竹山、上津、房县属新府管辖，另增山阳、南召、桐柏、伊阳四县，分属他府，流民均编入户籍。”

成化十三年正月，朝廷调湖广都司都指挥使柴政任湖广行都司都指挥使，升襄阳卫指挥同知吕钟、南阳卫指挥同知臧廉为湖广行都司指挥佥事，湖广行都司的班底正式搭成。四月，明廷升原杰为右都御史、南京兵部尚书，郧阳巡抚短暂空缺。六月初一，原杰于上任的路上卒于南阳，时年60岁。成化帝闻讯后，紧急任命湖广巡抚刘敷暂时兼理郧阳藩镇事务，郧阳重新开镇。皇帝特颁《谕都御原公》，追赐原杰“太子太保”衔，谥“襄敏”，并特录其子为国子监生。郧阳、襄阳、南阳、汉中各地闻原杰死讯后，民众纷纷捐款建原公祠纪念之，以国子监祭酒吴节所作的《原公祠记》为各地碑刻稿本。五月，朝廷升荆州右卫指挥使李芳为湖广都指挥佥事，由他的儿子李升袭父职，担任荆州右卫指挥使；升荆州右卫指挥同知李震为湖广都指挥佥事，由他的儿子李节袭父职，担任荆州右卫指挥同知。为了监督郧阳藩镇事务，皇帝敕书太和山(武当山)总管太监韦贵身兼郧阳藩镇副使，湖广行都司分守(军职)，上、下荆南道分守(地方职)四职。此后，韦贵常常干涉藩镇事务，与巡抚之间矛盾重重。十月，湖广监察御史王浚上疏，说湖广地广民多，恐难遍历，不如“简命大臣一员专理郧阳事”，让刘敷仍专职湖广。于是皇帝命河南巡抚李衍兼任郧阳巡抚。

成化十四年，湖广都司佥事王信上疏，建议撤销郧阳行都司及郧阳卫，只在郧阳设一个千户所防御该地，被皇帝驳回：“其事经画已定，不可纷更。”十二月，行都司都指挥使柴政死于郧阳任上，朝廷批准王信等人的奏章，由带俸都指挥佥事钟正继任湖广行都司都指挥使。带俸是指带着朝廷的工资，任用单位不再支付。

成化十五年，钟正被调离郧阳，由太和山总管太监、都分守韦贵代理都指挥使。五月，大理寺少卿、郧阳监察御史吴道宏就任郧阳巡抚。吴道宏，字文博，四川宜宾人，天顺丁丑(天顺元年、1457年)科进士，继任后他按照原杰开创的法度治理郧阳，继续安置流民，变移民为土著，使汉江流域逐渐稳定。后来，各地均建有“原吴二公祠”合祭他们，并有大学士赵贞吉题写的碑记。

成化十八年六月，吴道宏因丁忧(父或母去世，回家守孝)去职，由王浚以右佥都御史继任郧阳巡抚。王浚，北直隶威县人，成化丙戌(成化二年、1466年)科进士。

成化二十年五月，皇帝批准韦贵的请求，任命韦贵的侄儿韦绍为均州千户所属下百户。

成化二十一年，王浚死于郧阳任上，皇帝赐祭如例，由右佥都御史漕运总督刘璋继任郧阳巡抚。刘璋，字廷信，福建延平人，天顺元年(1457年)丁丑科进士。二月，唐县、邓州矿民暴动，刘璋派都指挥佥事康泰进剿之后平定。七月，朝廷升荆襄总兵署(代理)都督佥事王信为都督同知。十二月，刘璋改任四川巡抚。当月，吴道宏丁忧期满，转任南京大理寺少卿。

成化二十二年正月，何经以广西左布政使升右副都御史继任郧阳巡抚。何经，字宗易，广东顺德人，景泰甲戌(景泰五年、1454年)科进士。

成化二十三年(1487年)五月，朝廷任命钟正的儿子钟秀袭荆州右卫指挥使。十二月，皇帝批准郧阳巡抚何经抱病还乡。

(二)弘治之鉴

弘治元年(1488年)，朝廷升贵州布政使左参政郑时为右副都御史继任郧阳巡抚。郑时，字宗良，北直隶舒城人，景泰辛未(景泰二年、1451年)科进士。四月，郑时上奏朝廷，请求在郧阳添设驿站，以加快传递速度，获批准。朝廷升荆州卫指挥使董铭为广西都指挥佥事，由他的儿子袭荆州卫指挥使。

弘治二年五月，郑时改任湖广巡抚，由郧阳布政使(管陕西)戴珊升任右副都御史继任郧阳巡抚。戴珊，字廷珍，江西浮梁人，天顺甲申(天顺八年、1464年)科进士。十月，郧阳、襄阳等地的豪门大户利用或者新挖山洞隐匿流民，驱使他们为自己劳动而从中获利。戴珊出示榜谕，命令各地豪户遣散流民，并鼓励流民自首。戴珊自创"为营阵法"教练军伍。又以房县地阔、东西千里、山深林密、县令鞭长莫及为由上奏朝廷，割修文、宜阳二里(县之下行政单位)新置保康县，仍属郧阳府。

弘治三年五月，四川大盗野王刚翻越大巴山疯狂抢劫平利、竹山等县，民众相率逃离家园避入深谷。巡抚戴珊会合川、陕之兵，又令副使朱汉等人剿捕，生擒其头领和千余名匪众，按当时的法律应该全部处死，但戴珊只究办了首犯，其余皆以胁从论处，全部免死。此后这批盗贼再无聚啸，此举被郧阳人誉为德政。戴珊请示朝廷批准恢复了荆州府的兴山县。

弘治四年二月，戴珊改任刑部右侍郎，由山东左布政使王道升任右副都御史继任郧阳巡抚。王道，字允中，北直隶蠡县人，天顺丁丑(天顺元年、1457年)科进士。

弘治五年七月，朝廷升都指挥佥事、郧阳卫指挥使康泰为郧阳守备。十一月，朝廷升襄阳卫指挥同知吕钟为湖广行都司都指挥佥事，由他的儿子吕高袭襄阳卫指挥同知。

弘治七年春，王道获准抱病还乡，由郧阳布政使沈晖升任右副都御史继任郧阳巡抚。沈晖，字时旸，南直隶宜兴人，天顺庚辰(天顺四年、1460年)科进士。他上任之后即宣布允许各地无耕地的农民可以耕种那些废弃的土地，并且免租税3年，使得藩镇之内一下就增加了成熟土地数千顷。二月，沈晖命人在郧阳城内开挖十口水井，结束了郧阳市民挑担饮用江河之水的历史，并写有《十井记》传世。他还把郧阳城内的唐德观(唐代为供奉尉迟恭所修的庙宇)改为迎恩观，专门作为官府迎接皇谕和祈祷国家长治久安的场所。十月，沈晖批准在襄阳与樊城之间架设汉江浮桥和修缮均州儒学。十一月，朝廷批准沈晖所奏，任命郧阳守备康泰为湖广行都司都指挥使、安陆卫带俸都指挥佥事黄寿为荆瞿守备、荆州卫带俸都指挥佥事宫缨为郧阳守备。该月，贵州、广西发生苗乱，朝廷调湖广行都司所属的瞿塘、夷陵、荆州、襄阳等卫之兵平乱，此后郧阳之兵一直长期轮换驻守南疆。十二月，朝廷命康泰为郧阳右参将。

弘治八年五月，朝廷升荆瞿守备许瑛的孙子许凤袭荆州卫指挥使、湖广行都司都指挥佥事王寿的孙子王伟袭安陆卫指挥使。

弘治九年十月，沈晖改任湖广巡抚，由广东左布政使黎福升任右副都御史继任郧阳巡抚。黎福，字天赐，江西乐平人，成化丙戌(成化二年、1466年)科进士。

弘治十年四月，朝廷选用衡阳卫带俸指挥佥事常玉为湖广行都司军政佥书。

弘治十一年十一月，英国公张懋等人上奏："提督湖广太和山内臣，不许分守湖广行都司地方。"然而，皇帝只是要求郧阳巡抚和太和山总管太监各自自律。

弘治十二年九月，黎福升任南京兵部右侍郎，由右副都御史陈清继任郧阳巡抚。陈清，字廉夫，山东宜都人，天顺甲申(天顺八年、1464年)科进士。十月，朝廷准原巡抚黎福所奏，任命荆襄守备黄焘管理湖广行都司军政事务。当年，始建镇郧楼，即郧阳钟鼓楼。

弘治十三年七月，有一个叫何淮的人在荆州自称"铲平王"，率众攻占保康，然后在荆州、襄阳一带四处掠夺，郧阳巡抚陈清派遣布政司参议兼下荆南道陈睿、郧阳按察司佥事李善和襄阳卫指挥同知吕高讨伐于宜城。秋，陈清批准在郧阳各城门设瓮城，并在东门之上建谯楼用于瞭望东、南杨溪川和汉江。十二月，朝廷命湖广行都司指挥佥事徐祥的儿子徐琰为郧阳卫指挥使，正式任命黄炁为湖广行都司都指挥同知、掌印，命郧阳守备聂辅为湖广行都司佥书。

弘治十四年闰七月，陈清改任户部右侍郎、仓场提督，由右副都御史樊莹继任郧阳巡抚。樊莹，字廷璧，浙江长山人，天顺甲申(天顺八年、1464 年)科进士。当时，郧阳藩镇内的民众不堪何淮的骚扰蹂躏，纷纷躲避于深山，樊莹就加强卫所的防护力度，让民众回家，不许官府轻易扰民，民众渐渐安定了下来。十一月，樊莹改任南京刑部左侍郎，由右副都御史王鉴之继任郧阳巡抚。王鉴之，字明仲，浙江山阴人，成化戊戌(成化十四年、1478 年)科进士。王鉴之派军继续征剿，活捉了何淮，荆襄得以安宁。朝廷升陈睿、李善、吕高各一级。

弘治十五年八月，王鉴之整顿修饬郧阳文昌宫墙和府学宫，并为府学宫添置用于祭祀的乐器两件。批准郧阳知府胡伦重修盛水、武阳二堰，让分守、提督太和山太监李麟，参议华山资助此项工程，命都指挥佥事甄昂派军士帮助修筑，指定郧阳卫指挥使徐琬、郧阳府推官周训督管。胡伦，四川人，王鉴之评价他："明敏练达，刚方惠和，对于民事无利不兴，无弊不革。"保康设县以后一直无城，王鉴之任内筑之。

弘治十六年，王鉴之有感于府学的规模与藩镇所在地的地位不相称，就趁郧阳府库有赢余、地方有余力之机，命知府胡伦重修。新的府学宫大成殿为 9 间，是原来的 3 倍，进深 4 丈，一切都是原来的 2 倍，规模高大宏伟，装饰雕梁画栋，殿堂之前和两边筑有台阶，左右两侧庑房环列，先师先贤的牌位排列庄严。

弘治十七年五月，朝廷任命湖广行都司都指挥同知黄炁为郧阳右参将，分守湘、黔、桂交界处的靖州地方。

弘治十八年(1505 年)六月，王鉴之改任湖广巡抚，由右副都御史孙需继任郧阳巡抚。孙需，字子吉，江西德兴人，成化壬辰(成化八年、1472 年)科进士。当月，皇帝准兵部所奏，认为均州太监齐玄的职务并不是按规定设置的，前不久任命他为郧阳镇守不合规矩，"齐玄既非额设取回京"。十一月，王鉴之升任南京刑部右侍郎。

(三)正德之鉴

正德元年(1506年)六月，朝廷选用湖广都司都指挥佥事李玉为湖广行都司军政左贰佥书，管理屯操。十一月，孙需升任南京兵部右侍郎，由河南布政使汪舜民升任右副都御史继任郧阳巡抚。汪舜民，字从任，南直隶婺源县人，成化戊戌(成化十四年、1478年)科进士。

正德二年正月，太监刘瑾专权，尽革天下巡抚，郧阳巡抚亦在其列。皇帝召回汪舜民。五月，朝廷升任汪舜民为南京都察院左副都御史。十一月，朝廷宣布裁撤郧阳藩镇。

正德三年六月，武当山提督太监兼郧阳行都司分守韦兴向皇帝奏报，说郧阳军队打了一个大胜仗，擒获了强贼田思明等2090余人，请求给有功之人升赏。兵部合议后认为，根据韦兴所奏内容，这是一份战争期间的普通奏报，不能算是报功，报功应该是在盗息民安，彻底平定之后。再说报功也应该是镇守、巡抚的专责，他们都没有奏报，韦兴的奏折应该让郧阳巡按御史核实。皇帝却裁定允许韦兴奏报事情，不必核实。于是升韦兴一级，分别升韦聪、龚珊代理一级，韦昂等人分别给赏。

正德四年七月，四川人刘烈暴动后率2000余人转掠汉中，皇帝命四川、陕西、郧阳出兵剿捕，其愿归乡里及自首者，免罪；其能自相擒捕者，一体给赏。于正德五年(1510年)扑灭叛乱。

正德五年正月，四川蓝廷瑞、鄢本恕暴动，襄阳、汉中有人响应。朝廷派浙江右布政使刘琬出任郧阳提督，命他火速赶赴郧阳，会同刑部尚书洪钟、四川巡抚林俊率领四川、陕西、郧阳的兵力会同进剿，于正德六年(1511年)活捉蓝、鄢，在押赴襄阳后分尸于集市。五月，都指挥佥事、荆瞿守备朱辅因挪用盗赃款被捕下狱，以荆州卫指挥使许凤替代其职务。八月，刘瑾被处死，朝廷宣布恢复郧阳藩镇。十月，朝廷命刑部右侍郎李士实改任右副都御史继任郧阳巡抚。李士实，江西丰城人，成化丙戌(成化二年、1466年)科进士。

正德六年四月，刘六、刘七在霸州暴动后纵掠黄河南北，两京震动，赵镃带兵南下侵入南阳，在即将逼近郧阳、湖广之时，刘琬遣兵布防于唐县，使赵镃数度不能南侵，遂东入安徽庐州、凤阳，郧阳得以安宁。十一月，李士实改任南京都察院管事，由刘琬继任郧阳巡抚。刘琬，字德资，江西宜春人，成化戊戌(成化十四年、1478年)科进士。十二月，朝廷升荆州右卫指挥使钟秀为都指挥佥事，管理湖广行都司佥书事。当月，郧阳重修镇郧楼。

正德七年十一月，蓝、鄢余党廖时贵、喻思俸在汉中褒城、斜谷一带死灰复燃。皇帝令陕西巡抚蓝章赴汉中经略，而蓝章说自己兵寡，建议由郧阳巡抚刘琬同副总兵蓝海屯驻汉中。朝廷以荆襄、郧阳是贼寇的奔突之所，强令蓝章驻汉中，刘琬守郧阳，并逮捕四川巡抚，任命新巡抚。十二月，皇帝批准刘琬回乡养病，由应天府尹张淳升任右副都御史继任郧阳巡抚。张淳，字宗厚，南直隶合肥人，成化丁未(成化二十三年、1487年)科进士。

正德八年正月，朝廷调大同都指挥使李瑾为副总兵，带兵前往汉江协守郧阳。七月，郧阳都指挥佥事许凤阵亡，朝廷录其子徐厚为湖广行都司都指挥佥事。秋，蓝、鄢余党廖时贵、喻思俸相继在汉中褒城、斜谷一带作乱，巡抚张淳会同川陕总督彭泽、大同总兵李瑾进剿，乱平。十一月，张淳改任保定巡抚，由右副都御史王宪继任郧阳巡抚。王宪，字惟刚，山东东平人，弘治庚戌(弘治三年、1490年)科进士。

正德九年二月，廖、喻之乱被彻底平息。春，还没有完工的镇郧楼失火，知府王震决定重修，当年夏六月落成。七月，陕西合水县回民李大禄率领饥民暴乱，进入商州、汉中抢劫。郧阳巡抚王宪紧急带兵溯汉江而上平乱，九月平定。十一月，王宪改任大同巡抚，由都察院右副都御史任汉继任郧阳巡抚。任汉，字宗海，四川温江人，成化丁未(成化二十三年、1487年)科进士。

正德十年闰四月，朝廷选用安陆卫指挥佥事蔡洪为湖广行都司佥事。

正德十一年正月，任汉升任南京大理寺卿，由南赣巡抚公勉仁以右佥都御史身份继任郧阳巡抚。公勉仁，字尚德，山东蒙阴人，弘治庚戌(弘治三年、1490年)科进士。六月，公勉仁死于郧阳任上，皇帝赐祭葬如例。朝廷升都指挥佥事高勋为湖广行都司都指挥使。八月，贵州左布政使陈雍升任右副都御史继任郧阳巡抚。陈雍，字希冉，浙江余姚人，成化甲辰(成化二十年、1484年)科进士。

正德十二年二月，荆州三卫把总、水陆操练指挥同知、荆州卫指挥戴英托病请辞，陈雍一边挽留戴英，一边乘机上疏请求裁革冗员，朝廷遂裁去了三卫把总一职，同时罢免了行都司考选军政掌印佐贰指挥李霈的职务。四月，荆州、襄阳、监利、潜江等地发生洪涝灾害，导致连年饥荒。陈雍先拨公帑，然后再借武当山香火钱赈灾。他亲自深入灾区指导救灾，让所有官员都不敢懈怠，使灾区没有饿死一个人。该年，他把襄阳云封寺改立为凤栖书院。云封寺在襄阳城东门外，为三国庞统的故居，当时已经被僧尼占用多年，陈雍先查封寺院再复立书院，并在书院内立庞统和司马徽二人的神位，让襄阳官员每年祭奠。此后至清末，襄阳人才多出自该书院。

正德十三年正月，陈雍批准郧阳重修盛水、武阳二堰，并在二堰旁立碑告示民众，禁止上游以局部利益堵塞堰渠。五月，陈雍升任北京工部右侍郎，由右副都御史王缜继任郧阳巡抚。王缜，字文哲，广东东莞人，成化丁未(成化二十三年、1487 年)科进士。该年，淅川发生王泰暴乱，很快就被南阳军方扑灭，九月斩王泰等于市。

正德十四年二月，皇帝西出巡守，武当山太监乘机说有可能驾临武当，于是郧阳藩镇所属的各府各县大肆准备接待供给，预备动用的金钱以万计，甚至有的官府要求猎户捕获活豹献贡，使民众不堪承受，不胜其扰。巡抚王缜获悉后下令禁止，并限制武当山宦官到各地走动从中敛财，要求各地以民生为重。六月，王缜升任南京刑部右侍郎，由右副都御史文贵继任郧阳巡抚。文贵，湖广湘乡人，辽东广宁左屯卫籍，成化乙未(成化十一年、1475 年)科进士。八月，文贵改任甘肃巡抚，由操江提督刘玉改任郧阳巡抚。刘玉，字咸栗，江西安福人，弘治丙辰(弘治九年、1496 年)科进士。

正德十五年十月，朝廷调刘玉仍任操江提督，由操江提督毛理升任右副都御史继任郧阳巡抚。毛理，字贞甫，南直隶吴县人，成化丁未(成化二十三年、1487 年)科进士。

正德十六年(1521 年)五月，毛理被监察御史李献诬陷革职，由右副都御史、云南巡抚王懋中改任郧阳巡抚。王懋中，原名中立，字与时，江西安福人，成化甲辰(成化二十年、1484 年)科进士。六月，王懋中调入南京都察院，由浙江左布政使方永良升任右副都御史继任郧阳巡抚。方永良，字寿卿，福建莆田人，弘治庚戌(弘治三年、1490 年)科进士。当月，朝廷任命沂州卫指挥佥事虞锦为都指挥佥事、荆瞿守备。

(四)嘉靖之鉴

嘉靖元年(1522 年)初，汝州有一个叫马隆的人称自己有帝王之气，遂纠集人马劫掠于卢氏、淅川、商南、山阳。郧阳巡抚方永良指示南阳、商州派兵堵截，很快平息了这场骚乱。

三月，方永良以母亲年老需要赡养为由请辞被批准，由顺天府尹徐蕃升任右副都御史继任郧阳巡抚。徐蕃，字宣之，南直隶泰州人，弘治癸丑(弘治六年、1493 年)科进士。

嘉靖二年春，荆州、襄阳民间秘密流行白莲教，传播甚广，大有造反之势。巡抚徐蕃通过秘密查访，掌握了他们的大致情况，一举捉拿并惩处了头领，其余值得可怜或者仍有疑问的 100 多人全部释放，作了宽大处理。七月，均州盐池果然发生了徐学作乱，徐蕃派都指挥孙昂平息了这场动乱。当月，徐蕃在郧阳城内创设武馆，聘请武林高手教武官子弟们习武。八月，湖广巡按御史上疏请求裁革襄阳、安沔二守备署获准，遂分别把襄阳防务归郧阳守备管辖、安沔防务归荆瞿守备管辖。十一月，徐蕃改任南京户部右侍郎，由山西左布政使章拯升任右副都御史继任郧阳巡抚。章拯，字以道，浙江兰溪人，弘治壬戌(弘治十五年、1502 年)科进士。

嘉靖三年正月，巡抚章拯批准迁郧阳府学于城西北隅。九月，章拯改任河道总理，由右佥都御史寇天叙继任郧阳巡抚。寇天叙，字子淳，山西榆次人，正德戊辰(正德三年、1508 年)科进士。

嘉靖四年正月，寇天叙改任甘肃巡抚，由湖广左布政使蒋曙升任右副都御史继任郧阳巡抚。蒋曙，字景明，广西全州人，弘治丙辰(弘治九年、1496 年)科进士。五月，朝廷命湖广行都司都指挥佥事王伟为郧阳副总兵镇守广西。六月，蒋曙清查税粮，与各地方豪绅协商平均摊派事宜，使里甲长们便于征收。他又颁布《禁约十九事》，规定了各种不得向农户转嫁税粮的措施，在安抚流民的同时，使郧阳藩镇恢复了安逸和平静。该年，荆州发生流民邢文宪暴乱，很快就被官军剿平。

嘉靖五年二月，巡抚蒋曙为郧阳武馆拨官银若干两，用于举行聘请武师的礼仪，此后成为惯例，每年一次。

嘉靖六年正月，蒋曙改任工部右侍郎，由河南左布政使夏从寿升任右副都御史继任郧阳巡抚。夏从寿，字如山，南直隶江阴人，弘治癸丑(弘治六年、1493 年)科进士。

嘉靖七年正月，夏从寿因病多废事被朝廷罢免，由四川左布政使林富升任右副都御史继任郧阳巡抚。林富，字守仁，福建莆田人，弘治壬戌(弘治十五年、1502 年)科进士。

嘉靖八年正月，林富改任兵部侍郎，由云南右布政使徐瓒升任右副都御史继任郧阳巡抚。徐瓒，浙江余姚人，天顺庚辰(天顺四年、1460 年)科进士。四月，徐瓒改任河南巡抚，由浙江布政使潘旦升任右副都御史继任郧阳巡抚。潘旦，字希周，南直隶婺源人，弘治乙丑(弘治十八年、1505 年)科进士。潘旦抵郧后，首次推广储蓄，以备赈灾之时借贷之用，应该是郧阳金融业的发端。潘旦大幅提高练兵奖赏的级别和档次，大振了郧阳军队的士气，战斗力得到普遍提高。五月，杨文政作乱，在上津、商南一带攻城略地，潘旦派都指挥王言进剿后平息，并让军队留在当地作长期驻守。六月，朝廷任命湖广行都司都指挥王佐为殚忠孝义营坐营。

嘉靖九年五月，李继祖聚众百余人在商州、上津一带流动劫掠，郧阳巡抚潘旦派兵围剿，捕斩甚众。

嘉靖十年春，汉中人张文以妖术聚众，流劫于汉江上游。郧阳、陕西联合出兵，很快平息了这场骚乱，朝廷奖赏总制尚书王琼、陕西巡抚刘天和、郧阳巡抚潘旦、陕西巡按御史朱观、郧阳巡按御史方远宜、参政刘一正等。七月，潘旦升任南京大理寺卿，由贵州巡抚袁宗儒改任右佥都御史继任郧阳巡抚。袁宗儒，字醇夫，直隶雄县人，正德戊辰(正德三年、1508 年)科进士，到任后在郧阳城北牛头岭再设一教场，下令各营官分别在这里建立营哨，演习山地作战的战法。又下令凡是百户人家以上的村坊必须聘请老师建立学堂，官府不定期考核考察。八月，朝廷改安陆州为承天府，割荆州之钟祥、京山、景陵(天门)、潜江、当阳五县及荆门、沔阳(仙桃)二州隶属之。十一月，袁宗儒改任山东巡抚，由右佥都御史、宁夏巡抚胡东皋改任郧阳巡抚。胡东皋，字汝登，浙江余姚人，弘治乙丑(弘治十八年、1505 年)科进士，治郧时法度严明，善于为民兴利。他更藩镇衙门里的“率正堂”为“保厘堂”。

嘉靖十一年六月，朝廷升郧阳卫指挥使孙昂为都指挥使佥事，管理湖广行都司佥书。九月，朝廷任命湖广行都司都指挥同知曹震为江西都司指挥使。

嘉靖十二年三月，胡东皋调回北京任都察院掌事，由福建左布政使宋冕升任右副都御史后继任郧阳巡抚。宋冕，字孔瞻，浙江余姚人，弘治壬戌(弘治十五年、1502 年)科进士。不久由于太庙失火，胡东皋因此辞职回乡。四月，朝廷任命都指挥佥事孙仁为湖广行都司都指挥使。

嘉靖十三年春，有一个叫马兴的人聚众抢掠汉江中上游一带，朝廷动用陕西、郧阳、四川兵力围剿。宋冕下令在郧阳城墙上增筑女儿墙。三月，朝廷准襄阳卫指挥使余达纶所奏，在承天府设置守备公署，使郧襄守备往来办公时大为方便。四月，朝廷升郧襄守备指挥佥事高冈凤为都指挥佥事。

嘉靖十四年四月，宋冕因病回家修养，由南京光禄寺卿王学夔任右副都御史继任郧阳巡抚。王学夔，字一卿，江西安福人，正德甲戌(正德九年、1514年)科进士，上任后继续增兵追剿马兴。六月，朝廷任命孙仁为左参将提督四川溆、泸、坝底等处。十一月，马兴被平，陕西巡抚黄臣、郧阳巡抚宋冕及王学夔、四川巡抚潘鉴受赏。

嘉靖十五年九月，王学夔因丁忧去职，由延绥巡抚于桂为右副都御史继任郧阳巡抚。于桂，字德芳，山东昌邑人，正德辛未(正德六年、1511年)科进士。十月，于桂改任山西巡抚，由右副都御史、宣大巡抚路迎继任郧阳巡抚。路迎，字宾阳，山东汶上人，正德戊辰(正德三年、1508年)科进士。

嘉靖十六年五月，路迎批准开办郧县儒学(成化十二年郧县儒学升为府学之后一直无人管理)、迁建房县儒学。又下令各地依据家庭经济状况，把人丁分为上、中、下三等，以百姓的实际情况与官府的实际需要征收税粮，受到民众的普遍欢迎。

嘉靖十七年七月，路迎改任山西巡抚，由北京光禄寺卿王以旂任右副都御史继任郧阳巡抚。王以旂，字士招，号石冈，南直隶江宁人，正德辛未(正德六年、1511年)科进士。十月，朝廷任命湖广行都司都指挥佥事马全为郧阳右参将，镇守贵州清浪。

嘉靖十八年三月，郭仲才聚众形成匪势，在竹溪、平利一带行劫，杀死竹溪县主簿张文英。巡抚王以旂派都指挥张坦、郧阳同知白浚联合进剿，活捉郭仲才后斩于郧阳集市。面临天灾兵祸、郧阳百姓苦不堪言的局面，王以旂施以赈济，向里甲派给耕牛、种子，百姓无不感恩戴德。当时，朝廷正在议论裁撤郧阳藩镇，王以旂亲自绘制了一张《郧阳等处地方图》，并在图上注明郧阳位置的重要性之后呈给嘉靖帝，使郧阳藩镇得以保留。事后，郧阳人刻此图于石碑上纪念之。四月，兵部尚书许伦莅郧，并游览了天马崖，向他的哥哥、郧阳知府许词建议在天马崖上修路、建亭以方便游客。王以旂批准了这个建议，许词领人在天马崖上凿石修路、建亭并掘洞二窟，命名为“天马亭”、“日月窟”，成为郧阳第一盛景。此崖名“天马崖”，崖上有天然形成的“天马王”三字，均五尺见方。天马亭竣工后，许伦作《天马崖记》。七月，王以旂回北京都察院任职，由顺天巡抚戴时宗任右佥都御史继任郧阳巡抚。戴时宗，字宗道，福建长泰人，正德甲戌(正德九年、1514年)科进士。八月，朝廷改安陆卫为承天卫，改荆州左卫为显陵卫专门守护显陵，再参照凤阳之例在安陆置留守司，定名为“兴都留守司”，设正、副留守各一人，佥书指挥一人，经历、都事、断事、司狱各一人，统辖显陵、承天二卫。

嘉靖十九年春，巡抚戴时宗下令禁止藩镇内以往形成的在交界处迎送官员的陋习。十月，境内发生饥荒，民众四处为盗。戴时宗念其因不得已而为之，下令各地从轻、从宽处理，只有伤人者才可依律获罪。又通过多方途径赈济，使境内没有发生饿死人现象。

嘉靖二十年正月，湖广巡抚陆杰上疏：承天、显陵二卫过去归湖广行都司，属郧阳巡抚管理，现在改为兴都留守司，脱离了郧阳巡抚的管辖，不便于考核。兵部回复：“改属湖广巡抚便。”两卫从此脱离郧阳巡抚管辖。春，汉中发生高佐暴反，朝廷要求郧阳、陕西迅速出兵围剿，四月时被平息，陕西巡抚赵廷瑞、郧阳巡抚戴时宗、陕西巡按御史张光祖及郧阳布政司参议卢应桢、金州知府杨儒、平利知县张耀及主簿许京用等人各被赐银币不等。六月，戴时宗回北京都察院任职，由陕西右布政使喻茂坚升任右副都御史继任郧阳巡抚。喻茂坚，字汝砺，四川荣昌人，正德辛未(正德六年、1511年)科进士。

嘉靖二十一年三月，喻茂坚改任南京粮储总督兼南直隶巡抚，由浙江右布政使詹瀚升任右副都御史继任郧阳巡抚。詹瀚，江西玉山人，正德丁丑(正德十二年、1517年)科进士。未等詹瀚到郧阳，朝廷收到监察御史金灿的参奏，称他“贪婪无厌”，于是改命他回原籍听勘，喻茂坚留任郧阳。当月，朝廷改德安千户所归属兴都留守司，升副留守李翔为正留守。自此，德安府脱离郧阳巡抚管辖。

嘉靖二十二年正月，巡抚喻茂坚重修上津县学，又下令郧阳府所属各地增设社学，广招学生。三月，喻茂坚离任，由广东左参政张岳任右佥都御史继任郧阳巡抚。张岳，字惟乔，福建惠安人，正德丁丑(正德十二年、1517年)科进士。四月，张岳命令各卫、所造佛郎机炮、铅子铳和架子车等兵器，以增加边备。八月，张岳改任江西巡抚，由南京光禄寺卿王守任右佥都御史继任郧阳巡抚。王守，字履约，南直隶吴县人，嘉靖丙戌(嘉靖五年、1526年)科进士，上任不久即颁布里甲法，令所属各地充实粮仓，以备赈济灾荒。又批准重修盛水、武阳二堰。

嘉靖二十三年五月，王守改任提督南京粮储，由浙江左布政使欧阳必进升任右副都御史继任郧阳巡抚。欧阳必进，字任夫，江西安福人，正德丁丑(正德十二年、1517年)科进士。夏，欧阳必进张榜发布《劝民六事》：勤俭以治生业，则不致饥荒；孝顺以事亲长，则不敢怒辱；防闲以别内外，则不招丑秽；严切以教子弟，则不贻忧患；和睦以处乡邻，则不生争讼；谨畏以守法度，则不干刑宪。

嘉靖二十四年四月，欧阳必进改任总督南京粮储兼南直隶巡抚，由右副都御史任维贤继任郧阳巡抚。任维贤，字宗程，四川阆中人，正德甲戌(正德九年、1514年)科进士。

嘉靖二十五年三月，任维贤改任南京刑部右侍郎，由山东左布政使叶照升任右副都御史继任郧阳巡抚。叶照，字景阳，浙江慈溪人，嘉靖癸未(嘉靖二年、1523年)科进士，上任不久他下令加高郧阳城垣三尺。又下令：整顿各地摊派，要求平均徭役负担；各州、县每年都要充实仓粮以备灾荒；申饬各地各卫所严密防守要害地方，并调整军事部署，令各府州县掌印官每月查点戍卒在岗情况并申报。在郧阳府所属：上津县庙川堡、保康县马良坪堡、花兜坡板桥巡检司等处，均有轻易能够绕过关堡的捷径或者出口；在保康县望夫山，有通往四川的小路；竹溪县镇坪南40里的邓家坝堡，有丰溪路通往大宁盐井；离竹山县城90里的宝丰洪坪堡，是通陕西、四川的交汇之地。叶照命令，各地要协同守营官军严加防守这些地方。在襄阳府所属：南漳县是荆州右卫官军的防区，其中长坪铺相距南漳、保康二县各90里，于是命移七里头巡检司于长坪；襄阳县北太山庙离襄阳府90里，命移油枋滩巡检司于此。在荆州府所属：调整远安县南襄城堡、枝江县招来堡、石首县等，都由荆州卫拨军防守；江陵县孙黄渡由荆州卫官军防守。在南阳府所属：淅川县荆子关堡吴村，离县城100多里，是郧阳、卢氏、商南的交汇之地，调整为由地方人等协同官军防守；泌阳县象河关、新野县青衣岭、邓州党贼口(又名顺阳川)均离内乡、淅川、均州、光化100多里，流民往来频繁，调整为由各地分别负责防守。在汉中府所属：西乡县夏关山半川堡系秦蜀交境之要害，褒城县难头关巡检司系进入栈道的险要，仍然拨汉中、宁羌二卫的官军严加防守；西乡县盐场关巡检司离县城甚远，过去是叛军最爱隐匿的地方，依旧拨官军严加防守；平利县镇平巡检司离县城200里是通往竹溪至大宁盐井的大路，凤县柴关留坝巡检司离县城150里，林深山险，调整为由各地协同守营官军严加防守。在商州所属：武关巡检司离州城 180 里，秦岭巡检司离州城 160 里，洛南县王家庵过去是因为有矿匪王九宰为害而新设的营堡，调整为由各地协同守营官军严加防守。六月，叶照檄文给郧阳知府徐桂，让他征召学使寇韦，诸生张立、明惇等人编纂《郧台志》。(叶照主持编纂的嘉靖版《郧台志》已经遗失，现只见裴应章主持编纂的万历版《郧台志》留世。)九月，朝廷改兴都留守司副留守孟镇为都指挥佥事，左参将，提督四川溆、泸、坝底及贵州迤西等处。

嘉靖二十六年正月，叶照遭弹劾之后以疾病退休，由河道总督于湛改任右副都御史继任郧阳巡抚。于湛，字莹中，南直隶金坛人，正德辛未(正德六年、1511 年)科进士，上任不久就委托郧阳府通判叶钦重修疏导盛水、武阳二堰，并颁布法令对堵截上游之水者问罪，并永为定规。四月，于湛令购买 20 部书籍发放给郧阳府学宫，又购买 50 亩田地作为学田，其地租收入用于帮助无力婚、葬的贫困儒生，还编写《社学教法》令民间子弟 8 岁以上全部入社学如法教之。《社学教法》内容为："先令识长幼之序，习揖让、应对、进退之节；先读《孝经》及《朱子》、《小学》，讲解文义；初一、十五日由提调官量行劝赏。因家贫无力供办束脩者，官为出办。"《社学教法》实施后，郧阳藩镇境内各地学风大有改善，府县官员可以提名学习成绩优异者报给提学道，让这些学生寄住在县学里候考。十月，于湛创郧山书院，使府县两学里优秀的学生在里面修业。该年，知府徐桂捣毁红山寺。多年以来，郧县红山寺出现淫僧，在寺庙中暗设机关，让很多良家妇女失身受害，有的导致家破人亡，但因僧人素与官府有交往，在几十年间告而不发。知府徐桂得知此情，亲自赴寺庙绑缚主持僧人勘问，查明实情后，处死了作恶僧人，焚毁了该寺庙，其患遂得根除。

嘉靖二十七年正月，陕西发生大饥荒，有一个叫栾文的人率巩昌、汉中二府千余饥民扯旗造反，朝廷命陕西、郧阳出兵捕剿，于六月平息。朝廷奖励兵部尚书兼总督王以旂、陕西巡抚谢兰、郧阳巡抚于湛等。三月，于湛整饬各地武场。

嘉靖二十八年二月，于湛因支持火烧红山寺而得罪同僚，因谗言遭到免职，由顺天府丞任瀛升任右佥都御史继任郧阳巡抚。任瀛，字登之，山东兖州人，嘉靖乙未(嘉靖十四年、1535 年)科进士。

嘉靖三十年三月，任瀛升任右副都御史、操江提督，由北京大理寺少卿沈良才任右佥都御史继任郧阳巡抚。沈良才，字德夫，北直隶泰州人，嘉靖乙未(嘉靖十四年、1535 年)科进士。

嘉靖三十二年七月，沈良才回北京担任大理寺卿，由北京太仆寺卿张舜臣改任右佥都御史继任郧阳巡抚。张舜臣，山东章丘人，字熙伯，号龙冈，嘉靖乙未(嘉靖十四年、1535年)科进士。

嘉靖三十三年，发生春荒，巡抚张舜臣打开国库赈灾、贷粮，救活之人无法统计。他还打开府库周济贫困儒生70余人，以彰显他振兴教育、重视读书人的决心。又刻印《古文选要》颁发给所属各州县。五月，发生大旱，张舜臣组织祈雨，应验。六月，郧阳城内发生火灾，火势延烧迅猛，张舜臣在衙门内设香案拜祷，大火在百姓的扑救下渐渐熄灭。第二天，张舜臣派差官调查灾情，根据受灾情况给灾民发放救济物资。八月，张舜臣改任南京大理寺卿，由湖广左布政使刘伯跃升任右副都御史继任郧阳巡抚。刘伯跃，字起之，江西南昌人，嘉靖己丑(嘉靖八年、1529年)科进士。该年，施州(今恩施)罗峒土司黄中谋反。同时，容美土司官田世爵谋夺把隘土司官向元楫的土地、家产，并陷害向元楫入狱，事情败露后田世爵怕官府惩罚就暗地里与黄中等人勾结，想加入谋反的队伍。在湖广省抽不出兵力应付的情况下，朝廷把施州划归郧阳藩镇上荆南道管辖，由荆瞿守备出兵，与四川军联手平息了这场土司叛乱。

嘉靖三十五年四月，刘伯跃改任北京工部侍郎，由光禄寺卿章焕改任右佥都御史继任郧阳巡抚。章焕，字懋宪，南直隶长洲人，嘉靖戊戌(嘉靖十七年、1538年)科进士，上任后即改筑郧阳城之东北隅，扩展城墙403尺，迁府学于此地，并经常视察工地，不仅让随身侍从参加劳役，自己还亲自参加过运送瓦石，让工地上的军民大受感激因而生发极大的劳动热情，使整个工程历时三个月就竣工。他大力改革郧阳学风，鼓励学子认真读书。

嘉靖三十六年正月，章焕视察盛水、武阳二堰，发放百金疏导渠堰，再次告谕严禁堵截上游水源。五月，批准修筑樊城城墙，变卖宜城县驿马。当月，章焕改任河南巡抚，由大理寺左少卿刘学易任右佥都御史继任郧阳巡抚。刘学易，字道甫，山东青州人，嘉靖戊戌(嘉靖十七年、1538年)科进士。

嘉靖三十九年四月，刘学易回北京担任大理寺卿，由湖广左布政使谷峤升任右副都御史继任郧阳巡抚。谷峤，字惟升，荆州屯卫人，嘉靖戊戌(嘉靖十七年、1538年)科进士。九月，谷峤因上任时绕道5000里回家，又在家住了月余才赴任，遂被削职为民，由北京大理寺左少卿张雨为右佥都御史继任郧阳巡抚。张雨，字惟时，江西万安人，嘉靖戊戌(嘉靖十七年、1538年)科进士。

嘉靖四十年闰五月，张雨改任湖广巡抚，由湖广左布政使汪俅为右副都御史继任郧阳巡抚。汪俅，字克敬，江西贵溪人，嘉靖戊戌（嘉靖十七年、1538年）科进士。

嘉靖四十一年三月，南京科道官纠察汪俅不职，不久被朝廷逼令退休，由右佥都御史、宣大巡抚迟凤翔改任郧阳巡抚。迟凤翔，字德征，山东临朐人，嘉靖甲辰（嘉靖二十三年、1544年）科进士。七月，迟凤翔严禁属地官员越境参拜进见，以及用不合法的手段横征暴敛造成浪费，一时间官场风气焕然一新。迟凤翔重视教育，他只要有空闲就到郧阳府学和县学转转，进入生员宿舍和饭堂看看他们生活的状况，还经常拿着书向学生提问，与他们相互讨论，使双方都有一些启迪和收获。九月，迟凤翔回北京任大理寺卿，由右佥都御史吴桂芳继任郧阳巡抚。吴桂芳，字子实，江西新建人，嘉靖甲辰（嘉靖二十三年、1544年）科进士。

嘉靖四十二年四月，吴桂芳改任总理河道，由北京大理寺右少卿吴百朋任右佥都御史继任郧阳巡抚。吴百朋，字维锡，浙江义乌人，嘉靖丁未（嘉靖二十六年、1547年）科进士。六月，吴百朋改任赣汀漳巡抚，由河南右布政使康朗任右佥都御史继任郧阳巡抚。康朗，字用晦，福建惠安人，嘉靖乙未（嘉靖十四年、1535年）科进士。

嘉靖四十三年春，康朗裁减属地里甲长所乘坐的马匹，再次重申严禁属官越境参拜的规定。三月，田世爵、张万友等人在凤县造反，康朗调兵讨伐后平定。

嘉靖四十四年五月，康朗改任贵州巡抚，由北京大理寺少卿陈志为右佥都御史继任郧阳巡抚。陈志，字思尚，福建莆田人，嘉靖癸丑（嘉靖三十二年、1553年）科进士。六月，陈志整顿军队、整肃军容、更新旗帜，使郧阳军风焕然一新。

嘉靖四十五年（1566年）正月，陈志因在任江西巡按御史时处置过建宁府推官吴维京，吴维京到礼部任职后诬陷陈志接受贿赂“不啻数万金”，虽朝廷派员查无实据，却仍罢陈志官职，由顺天府丞刘秉仁为右佥都御史继任郧阳巡抚。刘秉仁，字子元，贵州卫人，嘉靖丁未（嘉靖二十六年、1547年）科进士，上任即奏报朝廷要求增设汉中守备，得到批准。二月，藩镇境内匪贼四起：河南矿民桂佳侵犯襄阳、枣阳、随州；匡悟车、刘孟湖等人在西乡、石泉等处造反；刘本川祸乱于紫阳，杀死县典史高洪。刘秉仁遣各地官兵平定了叛乱，只有刘孟湖脱逃。

（五）隆庆之鉴

隆庆元年(1567年)秋，郧藩境内局势依然不平静，常自良在襄阳双沟、樊城一带打劫，杀死巡检文深；汤济民等人突入保康杀死知县张士勋。皇帝下旨限期捉拿人犯，刘秉仁命行都司千户张相率领精兵全力捕获无果。巡按御史陈省上疏，奏刘秉仁指挥无方，并弹劾都指挥孙绍先、郧阳知府介一清、襄阳知府王可信、郧襄守备阳召等人渎职。八月，朝廷升荆瞿守备指挥佥事汤世杰为都指挥佥事留本署。十月，刘秉仁被免职，孙绍先被停俸命继续督兵缉捕，阳召等人被捕入狱，由湖广右布政使孙应鳌为右佥都御史继任郧阳巡抚。孙应鳌，字山甫，号淮海，山东清平人，嘉靖癸丑(嘉靖三十二年、1553年)科进士。他一上任就严督追剿，于年内平息了保康之乱。该月，刘孟湖纠集500余人在金州(今安康)占据西番寨及闷葫芦山灵寿寺抢劫杀人，不久就擒命诛。十一月，朝廷任命南京运粮把总、指挥佥事巩世爵为都指挥佥事任湖广行都司佥书。十二月，朝廷以湖广行都司都指挥佥事孙绍先为参将，统领山东民兵。

隆庆二年春，何冕在西乡县一带造反，巡抚孙应鳌派遣都指挥包文学、千户张相统兵进剿，会同陕西参将钱炳共同讨伐。六月，朝廷升浙东运粮把总、指挥佥事孟钺为湖广行都司都指挥佥书。九月，朝廷奖惩参与平定保康之乱的有关人员。赏分巡副使秦诠、襄阳府通判高持、行都司指挥孙绍先等人；降郧襄守备汤名等人各一级，调边卫；夺郧阳卫指挥使康本茂薪俸一月。十二月，孙应鳌奏准免除宜城、光化、应城等灾情县及荆州卫、荆州右卫屯田粮税不等。

隆庆三年二月，孙应鳌因病归乡，由太常寺少卿武金为右佥都御史继任郧阳巡抚。武金，字砺夫，北直隶井陉人，嘉靖癸丑(嘉靖三十二年、1553年)科进士。三月，朝廷命湖广行都司佥书、都指挥佥事陈节掌管行都司事务。五月，巡抚武金派千户张相继续统兵进剿何冕，于七月斩获何冕并活捉余党，何冕之乱平定。不久，商州洛南县发生银矿矿工暴动，有一个叫何术的人聚众三千余人攻州破县，杀死官吏，占领了白花岭的18个矿洞。武金带兵围剿，年底平息。六月，郧阳人温如玉死于山东副使任上，因清廉而家贫，无力运遗体回家乡安葬。闰六月，朝廷命湖广行都司都指挥掌印佥事马承勋为五军营参将。七月，何冕余部罗朝用带领余众奔窜四川通江，移结山寨，势复猖獗，屡屡挫败官军，皇帝大怒，处分大批武官。八月，武金上疏奏升张相为都指挥佥事获批。

隆庆四年二月，郧阳藩镇衙门失火，武金被免职，由右佥都御史汪道昆继任郧阳巡抚。汪道昆，字伯玉，南直隶歙县人，嘉靖丁未(嘉靖二十六年、1547年)科进士，在郧阳有善于奖励人才和盛治的声誉，文学上也多有建树，被后任巡抚王世贞赞誉其“文繁而有法者于鳞，文简而有法者伯玉”。汪道昆上任后，朝廷把剿灭罗朝用的希望寄托在他的身上，于是把四川下川东、川东北二道划归郧阳藩镇管辖。夏，巡抚汪道昆令都指挥同知韩孜负责重建巡抚衙门，由于成化十二年(1476年)原杰在仓促间所修建的衙门规模过小，因而这次重修时他要求严格按照朝廷规定的省级衙门标准进行拓展扩建。当月，朝廷升郧襄守备冯铭为湖广行都司佥书。五月，朝廷升荆瞿守备丁元吉为都指挥佥事任山东都司佥书。

隆庆五年二月，汪道昆改任湖广巡抚，由河南右布政使凌云翼为右佥都御史继任郧阳巡抚。凌云翼，字汝成，南直隶太仓人，嘉靖丁未(嘉靖二十六年、1547年)科进士，上任即下令清查各卫所屯田，并为军士修建营房。接着兴科举，重修迎恩观，又上疏《论卫所军消耗之弊端和清理的意见》，提出清理丁差、清理屯田、清理军运、清理班军、清理科派、清理月粮的“六清”方针，均被皇帝采纳。三月，罗朝用部被彻底剿平。八月，朝廷升东南巡捕把总、署都指挥佥事辛永龄为湖广行都司佥事。

隆庆六年(1572年)二月，朝廷升浙江海宁把总、署都指挥佥事李金为兴都留守司副留守。闰二月，朝廷升郧襄守备指挥同知毛裴然任陕西都司佥书。五月，朝廷命兴都留守司留守庄重为右参将守镇筸等处，由固原北路游击署都指挥佥事刘葵继任兴都留守司留守。七月，荆州遭大水，伤庄稼、坏庐舍、淹没人畜，死者不可胜计。凌云翼上疏奏免江陵、松滋、枝江、宜都、石首、监利七县赋税，不准。当月，朝廷升郧襄守备张居易为四川都司佥书。八月，凌云翼再上疏，以退休相乞求，皇帝依然不准。九月，朝廷升湖广行都司掌印景应元为南京锦衣卫佥书。十二月，朝廷命中都留守司佥书李翰为都指挥佥事任湖广行都司都指挥使。

(六)万历之鉴

万历元年(1573年)春，巡抚凌云翼奏准迁建光化县城，并构筑城墙。光化县旧城临汉江，曾经数次毁于洪水而城墙无存，此次迁建到了东北离江岸 3 里的地方。三月，凌云翼改任江西巡抚，由湖广左布政使汤宾升任右副都御史继任郧阳巡抚。汤宾，字继寅，南直隶南皮人，嘉靖庚戌（嘉靖二十九年、1550 年）科进士。十月，汤宾离职，由孙应鳌二度出任郧阳巡抚。十二月，孙应鳌奏请加“襄阳、汉中分巡道守备”职衔以加强统治，得到批准。当月，购书 171 部藏于郧阳府学宫书库，以便于诸生学习。

万历二年三月，孙应鳌深感自己名为提督，实则无节制军队之权，每遇匪盗作乱，必得奏请朝廷，往往延误军机。于是他上疏皇帝，以郧阳是重镇为由，请求给巡抚加“提督军务”职衔和令牌、令旗等，得到许可。此后，郧阳巡抚称“督抚”，享有与总督同等的应变军权。八月，孙应鳌改任北京大理寺卿，由北京太仆寺卿王世贞为右副都御史继任郧阳巡抚。王世贞，字元美，号凤洲，又号弇州山人，江苏太仓人，嘉靖丁未（嘉靖二十六、1547 年）科进士，当时 19 岁，初授刑部主事，后历任刑部员外郎、郎中、浙江右参政、山西按察使、广西右布政使、太仆寺卿等职。于万历二年（1574 年）以右副都御史任郧阳巡抚，因得罪权臣张居正，于万历四年（1576 年）调任南京大理寺卿，后起用为应天府尹，又被劾而罢官。张居正死后，才又起用为南京刑部右侍郎，后升为南京刑部尚书。之后再三称病辞官，于万历二十一年（1593 年）病卒。王世贞为明代文坛盟主、史学巨匠、文学“后七子”之首，地位显赫，名扬四海，当时的士大夫、山人、骚人墨客、和尚、道士纷纷出入其门下，凡受过他只言片语赞誉的人名声立即提高。他认为文章应效法西汉，诗歌则须以盛唐为楷模，唐大历以后的散文太重于词藻，不要去读。王世贞上任郧阳巡抚伊始，即下令各千户所、各巡检司严加缉捕盗贼，凡擒获之人在验明正身后，均斩杀于行都司衙门前，使境内盗贼很快销声匿迹。接着他严明地方职守，涉及体统、举荐、政绩、提升等问题。后他又上疏皇帝奏请屯田、戍守、兵食、荐举等事项，件件切中郧阳要害，被兵部和皇帝采纳，使郧阳风气大振，一种新的政风军纪自郧阳延及汉中、商洛、南阳、荆州等地，各职守均被严格考核，其任内郧藩各地基本安宁。王世贞在得知温如玉死后 5 年还没有魂归故里时，遂资助其家属运回遗体安葬，并为其题写了墓志铭。闰十二月，朝廷升湖广行都司佥书章延廪为四川松藩东路游击。

万历三年四月，王世贞鉴于荆州城内王府、官府太多，成为盗贼窥视的对象，而城内防务单薄，难以应付突发事变，就上疏奏请将郧阳戍边军士撤回

500人以卫荆州。朝廷以郧军远在广西，边境不可空虚为由给予驳回。五月初一至初三日，襄阳、郧阳、南阳等地多处发生地震，王世贞马上核实灾情后报奏朝廷赈灾抚恤。地震之后，各地又接着久旱不雨，王世贞亲撰《祈雨文》登坛祈雨。六月中旬，各地喜得甘霖，王世贞如释重负，又著《谢雨文》感谢上苍之情。当月，他为房县澈澥堰题写碑文。八月，王世贞清查各地库房后，发现均十分充盈，库存年节支剩银达51000多两，遂奏请要求削减本藩镇的军饷10000余两用于接济辽东等北方九边，以资助边塞军费之用，同时给荆州、商州二道添设标兵，均得到朝廷批准。具体数额为：过去郧阳藩镇每年从济边银中所扣留的14404两1钱，奏请后减去6000两，再济边4135两8钱，只留4267两2钱作为镇内备用，在给荆州、商州添设标兵后就所剩无几。充裕的财政让王世贞心旷神怡，遂在郧阳辟"清美堂"、筑"牡丹亭"、题"春雪楼"，又用犯人赎罪的银钱从三吴、两浙、燕赵等地购书3000余卷藏于清美堂，再刻《文论》和《表策选》各1部颁发给所属各州县，以启迪诸生。他还写了大量歌咏郧阳和武当山的诗文，并自编《弇州山人四部稿》传世。十二月，朝廷任命郧襄守备张万年为四川都司佥书，升汉中守备戴寅为兴都留守司佥书。

万历四年二月，王世贞改任南京大理寺卿，由湖广左布政使徐学谟升任右副都御史继任郧阳巡抚。徐学谟，字叔明，南直隶嘉兴人，嘉靖庚戌(嘉靖二十九年、1550年)科进士，上任后即拨官房、官地出租银全部用于为郧阳府、郧县两学诸生的加餐费。徐学谟在郧无事不举，足迹踏遍藩镇内各地，所到之处均清丈田亩，核定赋税，整顿军伍，考核吏治。他主张以文治国，鼓励人们读书，使郧阳诸生的学习、研究之风日渐浓厚。又鉴于郧阳府久未修志，就聘请襄王府文学纪书周绍稷来郧阳编纂《郧阳府志》31卷。七月，朝廷升湖广行都司佥书张崇德为山西都司掌印。八月，朝廷以湖广行都司都指挥使李翰为参将分守兰州。九月，朝廷升湖广行都司佥书傅崑为湖广行都司都指挥使。

万历五年二月，朝廷升安庆守备袁日章为湖广行都司佥书。

万历六年三月，徐学谟任刑部右侍郎，由大理寺左少卿杨俊民为右佥都御史继任郧阳巡抚。杨俊民，字伯章，山西蒲州人，嘉靖壬戌(嘉靖四十一年、1562年)科进士，上任后即以郧阳土地瘠薄，要求各地设立集市以促进商品交换，使郧阳民利大兴。他遍历属地，对郧阳民风土俗无不熟悉。他举能任贤，使得官员悉当其任。当月，他批准郧阳知府宋豸重修武阳、盛水二堰的请求。该月，南阳有一个叫乔济时的人以旁门左道迷惑百姓，假称所写的符咒能帮人脱离苦难，然后纠结龚志尚等到处妖言煽动欲行叛乱。不久，他们的密谋泄露，官军一举将其抓获，只有龚志尚得以逃脱。七月，朝廷升山东都司都指挥佥事朱士元为湖广行都司都指挥使。九月，朝廷升郧襄守备指挥佥事谭敬承为山东都司军政佥事。

万历七年春，商州发生饥荒，民众大量逃亡。五月，郧阳巡抚杨俊民上疏，奏请控制商南县的道路以防止民众继续外逃，并裁撤该县学的训导官，以节省下来的经费弥补已逃亡户口的赋税，减轻依然留在本地的百姓负担。九月，朝廷升湖广行都司军政佥书白玉为广西都司都指挥使。十月，朝廷升湖广行都司佥书袁日章为广西都司都指挥使。

万历八年正月，杨俊民上疏，奏请朝廷给汉中守备韩国祯颁发敕书。四月，又奏请给下荆南道分守颁发关防。九月，题请裁革行都司每年上报给朝廷的文册。以上三项均得到朝廷批准。

万历九年正月，杨俊民上疏，奏请淘汰属地内府、州、县佐官首领及杂职21员。二月，批准迁邓州儒学于州衙门以南。三月，朝廷升湖广都司武冈守备王惟一为湖广行都司佥书。四月，杨俊民任山东巡抚，郧阳罢镇，以参将府替代行都司守卫郧阳。下川东、东川北二道回归四川。六月，朝廷升湖广行都司佥书解节为兴都留守司留守。九月，朝廷升山东都司军政佥事谭敬承为钦设参将驻扎郧阳。

万历十一年正月，朝廷恢复郧阳藩镇，升顺天府尹张国彦为右副都御史抚治郧阳，但不恢复湖广行都司，仍以参将府管理境内防务。张国彦，字熙载，北直隶邯郸人，嘉靖壬戌(嘉靖四十一年、1562年)科进士。四月，汉江发大水，汉中、金州(安康)、郧阳、襄阳均受大灾，巡抚张国彦紧急奏报，请求全部免除当年的钱粮，希望国家拨款赈灾。六月，张国彦奏报后获准修补郧阳、均州城墙，他在占卜之后将金州城向南迁三里，搬到了地势较高的土山上，改名为“兴安州”。七月，朝廷调司礼监太监田玉为太和山提督兼郧藩副使、湖广行都司分守。大学士申时行建言：太和山提督应该专奉香火为国家祈福，而郧阳巡抚应该专门整饬军务为国家安民，这是百世来的定规，不可相互掺杂。虽然没有得到皇帝的理会，但由此拉开了弹劾武当山总管太监的序幕。十一月，张国彦奏准恢复荆州府同知、汉中府通判、襄阳府知事、房县县丞、内乡县丞、上津县主簿等6员府、县佐官。又写奏章建议撤销参将府，恢复行都司，可惜此奏章还没有发出，他就接到任命他为顺天巡抚的敕命，由北京太仆寺卿毛纲为右副都御史继任郧阳巡抚。毛纲，北直隶蓟州籍，山西太平县人，嘉靖癸丑(嘉靖三十二年、1553年)科进士。

万历十二年六月，郧阳大旱，巡抚毛纲在迎恩观设坛祈雨，三次祈祷均应验。十二月，毛纲改任南京兵部右侍郎，由右副都御史、浙江巡抚方弘静改任郧阳巡抚。方弘静，字定之，南直隶歙县人，嘉靖庚戌(嘉靖二十九年、1550年)科进士。

万历十三年，巡抚方弘静在乡村广设义仓，下令富豪出粮充仓，每年春放秋敛，以备灾荒。又再次榜示禁止盛水、武阳二堰上游截水。

万历十四年六月，方弘静改任南京户部右侍郎、总督粮储，由云南按察使李材为右佥都御史继任郧阳巡抚。李材，字孟诚，江西丰城人，嘉靖壬戌(嘉靖四十一年、1562年)科进士，他喜欢书生而厌恶军人，而且好为人师，常聚徒讲学，被当时的郧阳文人称颂。

万历十五年十月，李材应郧阳两学生员胡东昭等人的请求，批准将郧阳府学宫迁到参将府，将郧县学宫迁到县府旧址。初二日，郧阳府学派人欲拆除参将府，遭到军士阻拦。此时，恰好郧阳参将方印任满去职，他就压住怒火挥袖而去。当时，新任参将米万春正在上任途中，听说此事后就驻足在均州与郧县交界的远河铺不进，只派人传达军令命令城内的军士打扫擦拭参将府，说自己即将入住。初四日，城内军士哗变，开牢放囚徒，打砸府学宫，烧毁临街民房，向巡抚衙门勒索赏银4200两。二十日，军士进一步提出要求，要把发放给他们的月粮按二八折支，并围攻郧阳按察副使丁惟宁，幸亏被郧襄守备王鹤鸣掩护救出。李材无奈，只能答应军士的全部要求，之后亲自到远河铺迎接米万春进城。十一月，李材主动请辞，被朝廷勒令还籍候勘，同时还罢免了丁惟宁等3人的职务，由北京太常寺卿裴应章为右副都御史继任郧阳巡抚。裴应章，字元晤，号淡泉，福建清流人，隆庆戊辰(隆庆二年、1568年)科进士。

万历十六年正月，裴应章奏请恢复郧阳行都司，并增设行都司掌印一名，专管中军，职务相当于巡抚的卫队长或副官长。其时“丁亥兵变”的影响依然没有消除，他一直受到米万春的控制，进出巡抚衙门的文书都要经过米万春的手才能收发。在朝野的巨大压力和米万春的胁迫下，裴应章抢在朝廷过问之前捕捉斩杀了带头闹事的军士长梅林及其胁从，军队也暂时被安抚了下来。二月，朝廷改拨归州、夷陵州、长阳县、远安县等处的夫马银360两帮助建设四川绵阳的平驿。三月，裴应章禁止官府压迫差役和擅自向里甲增加编派、征收火耗

(秤头损耗)银，禁止军卫擅自接收状纸和纵容军士诈骗乡民等，使他的官声以及郧阳军纪得到扭转。当时，军士逃亡、行骗的情况十分严重，他们中有人专门以替军士讨取军粮为名，向租种屯田的佃户行骗，甚至连同村同姓之人也不放过。他们中有人捏造战友逃亡，告到官府，官府不明就里就行文到“逃亡军士”的原籍捕拿，无辜株连了许多人，使他们的家属百口莫辩，只能拿出金钱化解突然而至的灾难。更有甚者，有的军人拿着伪造的卫所文书自己到战友的家乡假装捕拿逃兵而行骗钱财。裴应章在了解到这些情况后行文各地，要求各处如接到官府所列的逃兵名单后有义务严格核实，外省的要依兵部名单为准，本藩镇的必须由所在卫所详细审查，然后报巡抚衙门批准，由所在道衙发文缉拿。如果卫所擅自行文，各地不得执行。若遇有军人执卫所文书在军士原籍诈骗财物、生事害人者，允许被害之人具告。四月，朝廷追究米万春的鼓动军士叛乱罪，将其削籍降为士兵；又追究其同党董用威、陶必成，将他们发配边疆。六月，裴应章将安国禄等2089名新流民安置在了郧县各地，分别给予他们折半的本地人待遇。七月，朝廷制定《武生岁考办法》，规定由各分守道、分巡道在每年年终时考察境内武生策论和骑马弓射，分出赏、留、戒、黜四等，如果民间有武艺高强者一并录取。八月，裴应章上疏奏陈藩镇善后事宜，朝廷遂撤销参将府，恢复行都司，并就地将参将尹邦宪升为行都司都指挥使，并添加佥书和其他官僚，又新设巡抚直辖的绿营中军官，改300名精兵为标兵，归行都司直接管理。再选拔都指挥陈润生、柴时泰分别掌管操、屯，颁发给他们印信、旗牌。九月，裴应章拨饷银5000两给郧阳府各县，购得2万石米填充水灾后空虚的粮仓，以备赈灾之用。

万历十七年正月，裴应章给各级官府下令，要求他们在一月至五月内不得受理官司，不得拘禁轻犯，以免妨碍春耕务农，但杀人、偷盗者不受此令限制。二月，恢复郧阳界山驿100名邮差、60匹马的编制，用于加强向均州、谷城、南漳、光化等地的传递能力，使过往旅客也得到便利。夏，几月无雨，庄稼多枯死，裴应章奏请赈灾，但因皇帝不理朝事一直没有下文，他只得自制祭天告文，委派下荆南分守道参政詹贞吉在迎恩观设坛祈雨，果然时雨大降。可是许多州县还是饿死了许多人，唯独郧阳府有前1年储存的仓粮才得以幸免。灾后，裴应章下令所属各地允许轻犯出钱赎罪，派官员拿所得赎罪银到四川、陕西买粮填仓备赈。又让官府制作明白单，填写清楚每家农户应该缴纳的赋税后发放到各户。然而当时民众愚昧，不肯领取明白单，郧阳知府房守士向裴应章请示办法，裴应章说：“这是因为官府应该做而长久没有做所造成的民众愚昧，只要不存私心地坚持向民众说明，相信民众很快就会明白这是为他们好的一项举措。”遂严令各地努力执行，民众开始陆续领取。裴应章还下令所属九道，并亲自带领人员清查丈量各卫所的屯田，认为万历九年(1581年)的清丈执行得太过于严格，以致虚增了许多屯田而额外多征了赋税，使屯田军人苦不堪言，于是豁减了过去虚增田亩里所折的粮银。十月，他再次派官差到汉中府发放银两购粮赈灾，开凿褒城、沔县铁椿、板凳凹等渠堰，使其能够灌溉的军、民田地达12000余顷。当月，朝廷升湖广行都司佥书陈闰生为本司掌印，升郧襄守备王鸣鹤为湖广行都司佥书。十二月，天又旱，隆冬反热，瘟疫流行，裴应章于迎恩观祈雪，第二天应验。

万历十八年正月，裴应章聘请胡廷等人编纂《郧台志》，令詹贞吉校对。自当年起，官府统一给郧阳府、县两学的生员免费发放文具等用品。裴应章认为，万历九年(1581年)清丈余屯所加增的赋税太过，才导致房县千户所的军人多次乞告减免，虽在万历十二年(1584年)时巡抚毛纲已经全部豁免，但当时毛纲并没有向朝廷奏报，此时该所军士又以月粮不足请求再次减免，裴应章批复给郧阳知府马翰如说：“要是给他们减了屯粮，增加了月粮，就会引起各屯观望，那就没有了止境。如果重新丈量田亩，复核税数，也未必都是虚的。征收屯田税银的目的也是为了给军士发饷，不如就来个变通的做法。”于是他批准豁免房县千户所新增屯粮折扣的军饷银369两5钱，只征收一半，以弥补该所月粮不足。二月，郧阳天旱，裴应章令清理囚徒，把几百轻犯放归田地，牢狱几乎空置。三月，江汉一带发生大饥荒，粮价飞涨，郧阳、襄阳的粮食纷纷顺汉江而下，带动本地粮价飞涨。裴应章下令开仓，把税粮、去年买进的粮食和拿赎罪银购进的粮食一起拿出来以平抑粮价，并把一部分拨给各地发放赈贷。他还让各分守道到民间探访疾苦，评估灾情，酌情赈灾，使得藩镇内饿死的人极少。四月，裴应章下令给上、下荆南道，让他们动用藩镇的赎罪银买药，施舍给贫困而有疾病的民众。五月，天仍无雨，裴应章天天率领百官步行到迎恩观祈雨，自辛亥日至癸丑日(6月12—14日)大雨三天。当月，河南嵩县金矿发生盗窃案，看矿人诬陷称，盗金者是南召县人，株连到了南召县的生员、吏、农等人，裴应章亲自审理此案，发现这是一桩监守自盗案，遂释放了被诬陷的玉裳等人。在郧阳，“丁亥兵变”以后府学宫日益破败，人们都忌讳议论修建之事。裴应章发文给下荆南道衙门，要求他们动用官银修理郧阳府学宫的房屋。在经过查证官银不足、不够修缮费用时，裴应章就自捐了100两相助，一下子就扫清了几年来压抑在郧阳读书人心里的阴霾。八月，裴应章购买58部书籍，发放给郧阳府学宫收藏在书库中。当月，裴应章改任北京户部左侍郎，由右副都御史、云南巡抚萧彦继任郧阳巡抚。萧彦，字思学，南直隶泾县人，隆庆辛未(隆庆五年、1571年)科进士。

万历十九年三月，萧彦改任两广总督兼理粮储、盐法，由北京大理寺右少卿姜璧为右佥都御史继任郧阳巡抚。姜璧，字完卿，顺天文安人，隆庆辛未(隆庆五年、1571年)科进士。当月，朝廷命湖广行都司掌印陈闰生为参将镇守广西思恩等处。七月，皇帝准原郧阳巡抚萧彦的举荐，将湖广行都司的王鸣鹤、王梦吉、谢应征等人和原四川松藩参将王一柱记入将才簿，以备将来酌量推用。荆瞿守备郑志明则被革任，回卫听用。

万历二十年，兵部调郧阳标兵1000人赴陕西剿匪。七月，姜璧调南京“别衙门用”，由北京大理寺左少卿董裕为右副都御史继任郧阳巡抚。董裕，字惟益，江西乐安人，隆庆辛未(隆庆五年、1571年)科进士。

万历二十一年，沔阳卫脱离郧阳，改属湖广都司管辖。

万历二十二年十一月，董裕升任北京大理寺卿，由陕西右布政使马鸣銮升任右副都御史继任郧阳巡抚。马鸣銮，字若御，四川内江人，万历甲戌(万历二年、1574年)科进士。该月，叶县银矿矿工因为无法完成过重的定额，要求减少定量，同时增加待遇，遭到官府的拒绝，遂拿起工具杀死监工及工头，然后占领矿洞，但被随后赶来的官军所镇压。

万历二十三年二月，朝廷升郧阳府知府魏良臣为广西副使。三月，南阳大饥，裕、叶、舞、泌几州县的饥民在大盗王江川的煽动下大肆抢劫，当地一些下级军官遂大开杀戒，使许多无辜饥民倒卧于血泊之中。汝南分守道员刘卿及时调兵赶到，一面捕剿真正的打砸抢者，一面安抚无辜饥民，十天就平息了这场骚乱。然而巡按御史李时华却弹劾刘卿不作为，派御史钟化民查勘他的罪行。郧阳巡抚马鸣銮上疏，认为刘卿功大罪小，真正有罪的另有其人。

万历二十四年二月，兴安饥荒，朝廷赈济白河、平利、洵阳等三县及兴安州。

万历二十五年五月，郧阳巡抚马鸣鸾上疏乞赐停止采矿，不准。

万历二十六年六月，朝廷升郧阳知府苏养蒙为浙江副使。

万历二十七年五月，马鸣銮去职，由北京太常寺卿郑国佐为右副都御史继任郧阳巡抚。郑国佐，北直隶魏县卫籍人，隆庆戊辰(隆庆二年、1568年)科进士。

万历二十八年正月，郑国佐退休，由李汝华继任郧阳巡抚。李汝华，字茂夫，河南睢州人，万历庚辰(万历八年、1580年)科进士。六月，李汝华因病不能理事，瞒而不报。

万历二十九年五月，朝廷得知李汝华不能视事，改任其为北京兵部右侍郎，将湖广左布政使胡心得升任右副都御史继任郧阳巡抚。胡心得，字襟寰，浙江仁和人，附籍德清，嘉靖乙丑(嘉靖四十四年、1565年)科进士，抚郧时适逢楚王府宗人崇仁、敬义、崇义作乱，归附者近百万众，窃据汉阳。当时湖广巡抚、巡按们正在外地开会，崇仁突然拥众直入武汉肆掠，剽劫富商巨贾和长江、汉江上的过往商船，并打算溯汉江而上在承天建国。胡心得得报后星夜兼程移师汉阳，捣毁了叛宗的老巢。另外派遣军队尾随其后，使崇仁不敢北上，只得掉头回汉口，又被胡心得用计杀死。胡心得于楚、郧有功，受朝廷赏识。他抚郧时，体制内有税使在境内肆虐，体制外有流民不断扰乱，但他都应付自如，波澜不惊。

万历三十年正月，潜江、沔阳、石首、景陵、荆门、大冶、兴国等州县闹灾荒。十二月，郧阳巡抚胡心得以疾乞休，不允。

万历三十一年三月，朝廷以上湖南道副使魏养蒙为右参政，分守下荆南道。以广西右参政李焘为郧阳右参政兼佥事，整饬郧襄兵备。四月二十日午时，承天地震，自东南方起，至西北方相继而去，各房屋震裂有声，瓦片坠地。

万历三十二年二月，胡心得回南京都察院任职，朝廷却迟迟不往郧阳派巡抚，胡心得无法离郧。同样的情况还发生在山西、福建、河南，原因是万历皇帝多年不理政。有大学士沈一贯上疏："山西、郧阳、福建、河南四巡抚，此一方军民重寄，兵弓钱粮惟其料理，安危治乱皆忧责，安可视为泛常，任其久缺?"四月，楚王朱华奎向皇帝贡献的万两黄金在运送到汉阳府时被楚王府宗人朱蕴钤等人劫走，这些宗人很快被捉拿归案。湖广巡抚赵可怀在提讯朱蕴钤和朱蕴訇时却被围来的几千宗人围攻，当场被打死。这些叛宗又打开监狱释放了囚徒。胡心得得知后，不等朝廷的命令即移师襄阳防守。再上疏朝廷提醒严加提防，但不必过于慌张，预计叛宗的势力不可能有大的作为，只要围困就可以擒获。后来的局势果然如胡心得所料。在把叛宗镇压之后，朝廷命湖广及郧阳巡抚、兴都留守会同其他官员在承天府初审。正当大家准备庆功时，胡心得说：

“这是第一次有天子宗亲被囚，又有封疆重臣惨遭宗室毒手，按义我们应该同仇，按情我们应该哭泣，所以这个时刻只应当吊丧，不应当庆祝。”于是整个审讯期间罢宴饮，禁音乐。胡心得又说：“为天下除凶残，不得不讨；为朝廷笃宗谊，不当尽法。自蕴钤巨憝正法外，无求多焉。”又致书湖广巡抚和兴都留守，认为此事可以定名为乱，不可定名为反。在向皇帝上疏奏报时只应当叙事，不应当邀功。果然，他们依照胡心得的方法之后都处理得十分恰当，没有殃及自身，后来的诏令中只是把朱蕴钤与朱蕴訇解送承天府处死，又令朱华堆等三人自裁，朱华焦、朱蕴钫等人被幽禁之外，其余人没有被追究。在郧期间，胡心得著有《郧阳奏疏》若干卷。十二月，朝廷才任命右通政黄纪贤升右副都御史任郧阳巡抚。黄纪贤，字叔陈，四川荣县人，万历庚辰（万历八年、1580年）科进士，在郧阳期间注重教化，开办龙门书院，凡入院学习者均提供免费住宿、伙食、文具，每次讲学都场场爆满，使郧阳学风大振。后来的陕西解元罗士济、襄阳给事中汪始亨、南阳翰林马之奇及马之俊等均出自郧阳龙门书院。在当时的郧阳汉江之中，有一礁石曰“母猪石”，妨碍舟行，于是黄纪贤捐钱雇人凿去。

万历三十三年五月，朝廷升郧襄守备郭绳武为京营标兵坐营，升武举曹震学为郧襄守备。九月，朝廷升湖广行都司掌印张功胤为神机营参将。

万历三十四年正月，襄阳知府马若愚在赴郧阳路过武当山静乐宫时，按惯例参拜真武大帝。他看见道官赵本深酗酒后非礼良家女子，遂当场对其杖罚。提督太和山的太监黄勋便唆使道士袁进显等人击钟聚众鼓噪，并拿砖块砸伤了马若愚，还抢先上疏奏告，说马若愚等人行为不当。在此前，郧阳巡抚胡心得、湖广巡抚梁云龙等人都受过黄勋的刁难而忍气吞声，但黄纪贤认为道士倡乱不可姑息，遂向皇帝上疏陈明事情原委，指出赵本深是此事的祸首，又有袁进显等人鼓惑煽动。他还趁黄勋外出之机，命令均州千户所突然捉拿并立即正法了赵本深和袁进显，又上疏说：我仔细阅读了圣上颁发给我的敕书，上面说凡有地方盗寇奸宄窃发，皆便宜剿捕。袁进显等人枉法倡乱，与盗寇有什么区别？而且敕书规定文职五品以下、武职四品以下都允许我直接拿问。一个小小道官，不过六品而已，我岂能违背所奉的敕书？黄勋冒渎天听，其用心是要皇上疏远大臣，让他们的罪行得不到揭发。我不能纵容犯法，所以尊奉陛下颁给我的敕谕，申明纲纪，为皇上守法。事情也就这样不了了之，黄纪贤处置武当山道士的举动算是得到了皇帝和朝廷的默认。

万历三十五年三月，上谕“郧阳巡抚标下中军系行都司佥事兼理，不便，宜照各省裁去管屯都司，专设中军一员”。八月，朝廷升襄阳知府马若愚为下江防道副使，应该是对武当山事件的一个间接表态。十月，黄纪贤裁革竹溪及郧西二县的管粮主簿、房县广积仓大使和上津县江口镇巡检等不称职的冗员。

万历三十六年，朝廷采办大木营建宫室，而且想借机让大木和税收双增。当时，郧阳在被指定的采伐区域之内，黄纪贤深感伐木与增税不可兼得，于是上疏力陈只可采木，不可扩税的道理，指出“税不罢则商必不至，商不至则木必不可采，木不可采则大工之期愈急愈缓”，可惜没有得到朝廷的回应。

万历三十七年二月，朝廷改任郧阳游击将军郭绳武为贵州参将。四月，德安府安陆县发生农民暴动，他们劫狱释放囚徒，很快得以镇压。安陆知县、典史、千户、百户等官皆受罚。五月，郧阳藩镇境内大旱，黄纪贤赈灾。荆州卫把总陈嘉谟等人受降级处分。襄阳卫指挥薛宗尧奉命督造窑务已经四年，令停造一年，没收官银 130 多两，发配薛宗尧到四川会川卫左千户所立功。十月，朝廷命郧襄守备曹震学为湖广行都司佥书。

万历三十八年二月，朝廷升陕西都司佥书田中兰为湖广行都司掌印。四月，石砫宣抚司宣抚马千乘，率领手下的土兵到忠州丰都县境内劫夺，杀死多人。朝廷追回马千乘的印信，对其进行查处。夏，郧阳藩镇境内水灾，黄纪贤上疏获准截留荆、襄两地税银赈灾，另向其他灾区拨银 6800 余两。

万历三十九年四月，黄纪贤被太监报复遭弹劾后回原籍而后退休，由北京大理寺少卿刘怀恕为右副都御史继任郧阳巡抚。刘怀恕，字士行，号心田，山东东明人，万历丁丑(万历三年、1577 年)科举人。

万历四十年二月，刘怀恕病故于郧阳任上，由应天府丞卫一凤升任右佥都御史继任郧阳巡抚。卫一凤，字伯瑞，山西阳城人，万历庚辰(万历八年、1580 年)科进士。时有贼寇啸聚于秦岭一带，他广贴布告晓谕利害，使贼望风解散而去。由于他轻易不动兵，在离任前节省经费 7 千余两置放于镇库中。十月，朝廷升湖广行都司佥书曹震学为浙江都司都指挥使。

万历四十二年二月，卫一凤升任南京兵部右侍郎，由北京太仆寺卿陈禹谟为右佥都御史继任郧阳巡抚。陈禹谟，字锡元，江苏常熟人，举人，历任南京国子监学正、四川按察司佥事、贵州布政使、太仆寺卿、郧阳巡抚、刑部右侍郎等。

万历四十三年五月，朝廷调司礼监左监丞张时为内官监监丞、提督太和山兼郧藩副使、湖广行都司分守。

万历四十六年春，商州发生饥荒。闰四月，南吏部郎中谈自省为分守下荆南道参政。十月，有皇室宗人在东川、竹山一带强行打劫，连河南巡抚李养正从此地经过也未能幸免。在李养正的参奏下，参与抢劫的宗室人员俱被逮下狱。

万历四十七年六月，朝廷以湖广行都司佥书胡广生为参将镇守雷州、廉州等处，升郧阳卫指挥使吴世重为拓林守备，升襄阳卫指挥使谢万春为广东东山守备。

万历四十八年(泰昌元年、1620年)八月，陈禹谟调北京任刑部右侍郎，由右佥都御史杨述中继任郧阳巡抚。杨述中，四川富顺人，万历乙丑(万历十七年、1589年)科进士。

(七)天启之鉴

天启元年(1621年)，三月，湖广行都司佥书杨于阶被革职。六月，朝廷升中都司参将杨洪震为湖广行都司掌印。九月，四川永宁的彝族宣抚司宣抚使奢崇明，与其子奢寅在重庆发动了武装叛乱，宣布叛明独立。不久，贵州土司安邦彦起兵响应。朝廷令四川、陕西、郧阳三巡抚带兵围剿。于是杨述中进驻夷陵(宜昌)，派兵严密防守三峡、竹山、竹溪，封死了叛军退往郧阳属地的道路。后来杨述中参奏太仆寺少卿刘时俊及其儿子通敌，刘氏父子被逮。四川之乱于天启六年(1626年)才平。

天启二年，朝廷设四川总督，管辖四川、湖广、郧阳。二月，朝廷升南京神机营坐营蒋言嗣为湖广行都司佥书。十月，杨述中为兵部右侍郎任偏沅巡抚兼督贵州兵饷，由薛贞继任郧阳巡抚。薛贞，魏忠贤义子，字德纯，陕西韩城人，万历辛丑(万历二十九年、1601年)科进士。该月朝廷任命湖广行都司掌印杨洪震为琼崖参将。十一月，薛贞调北京任刑部尚书，由山西左布政使蔡复一为右副都御史继任郧阳巡抚。蔡复一，字敬夫，福建同安人，万历乙未(万历二十三年、1595年)科进士，在任内上疏奏请免除了加派给郧阳的各项赋税旧欠额十几万两。他同时核屯额，肃军实，饬吏怀民，政绩显著。当时郧阳大旱，他发文自陈自己的罪责，然后布衣素冠自投狱中。不几日大雨倾盆，庄稼返青，全城百姓到牢狱外迎接他回衙门。十二月，朝廷升郧襄守备饶启祥为云南都司佥书。

天启三年，朝廷允许湖广行都司在瞿塘卫募兵，募兵官戴文箕和领兵都司胡文选共同作弊，募得兵员2000人，上报7000人，而且胡文选还裹卷5000人的空饷款逃跑。蔡复一派人抓回胡文选，上疏要求严查。不久，胡文选等人被正法，戴文箕被革职。六月，朝廷升荆瞿守备路繇义为四川松藩游击。

天启四年二月，由于奢崇明、安邦彦叛军被赶入贵州，贵州巡抚王三善在战斗中阵亡，朝廷改任蔡复一为兵部右侍郎巡抚贵州，由顺天府丞毕懋康为右佥都御史继任郧阳巡抚。毕懋康，字孟侯，南直隶歙县人，万历戊戌(万历二十六年、1598年)科进士，上任后减不急之务，免无田之税，释民之忧，解民之困，深得人心。三月，朝廷准蔡复一之请，升郧阳游击蒋吉嗣为贵州都司佥书，补尚廷栋为郧阳游击。

天启五年六月，毕懋康丁忧去职，遂由不肯依附魏忠贤而受到参劾被削籍的原北京大理寺右少卿李若珪为右佥都御史继任郧阳巡抚。李若珪，字昭华，北直隶南和人，万历乙未(万历二十三年、1595年)科进士。十月，前郧阳巡抚蔡复一在贵州阵亡，却因清廉而囊无遗资，被皇帝追赠其为兵部尚书，谥“清宪”。

天启六年四月，朝廷升江西副使庄廷臣为下荆南道分守、右参政。五月，补原任江西副使张秉文为郧襄兵备副使。八月，朝廷以湖广行都司掌印谢登云为琼崖参将，升郧阳行都司佥书、巡抚坐营李镇邦为兴都留守司留守，升四川都司佥书蒋继祖为湖广行都司掌印。

天启七年(1627年)正月，朝廷升山东都司佥书沈承训为湖广行都司掌印。二月，李若珪调北京任刑部右侍郎，由山东左布政使梁应泽为右佥都御史继任郧阳巡抚。梁应泽，字悬黎，北直隶宛平人，万历乙未(万历二十三年、1595年)科进士。三月，瑞王朱常浩、惠王朱常润先后就藩汉中、荆州，所用船夫、车夫、挑夫众多，其他费用浩繁，王府占用土地之多令人咋舌。瑞王船队经过襄阳、郧阳时，均万人空巷，举城观看。当月，太和山玉虚宫火灾，朝廷命提督太监会同地方官估计物料，裁减香税。该月，原巡抚李若珪所奏的“郧境流寇多警，山深易于聚啸，地广易于纵逸，今当专责捕厅查府属民壮之多者，量行裁取给本厅为兵。臣已责各司、道督行操练，并以操练事宜申臣查考，按季考成，岁终举劾”，此时得到皇帝回复：“诚为要论”、“有裨地方”、“会部议覆”。四月，太和山提督太监冯玉疏颂魏忠贤功德，建祠于本处，赐名“昭德”。

八月，梁应泽建议在均州城内为魏忠贤建生祠，皇帝赐祠名“隆仁”。不几日天启帝驾崩，遂作罢。崇祯帝朱由检继位后清洗魏忠贤逆党，魏忠贤畏罪自缢。梁应泽又上疏请求为在天启四年(1624年)因参劾魏忠贤而遭迫害的汝南道参政陈奇瑜平反。不久，陈奇瑜升陕西按察使。

(八)崇祯之鉴

崇祯元年(1628年)，汉中人王大梁发动汉南农民暴动，自称“大梁王”，转战于汉中和甘肃东部的成县、两当等地。十月，王大梁率400余人自甘肃成阳、两当进入略阳，与当地3000余土匪汇合攻占略阳城，再逼近汉中。被官兵击退，追至宁羌、阶州。不久，此股农民军复攻略阳。官军迎战失败，关南道中军王道成被擒。后来官军追急，农民军弃王道成于途。

崇祯二年正月，郧阳巡抚梁应泽以汉南告急请兵。二月，梁应泽派商洛道刘应遇率毛葫芦兵进入汉中，会合四川吴国辅所带之兵败农民军于略阳。练兵守备黄元极在战斗中被杀。农民军败走汉阴，遇都司解文英截杀，再会同吴国辅、李标奇等人追至大石川，屡攻之，又夜劫其营，擒斩500余人，其中首领数十人，残余300余人入蜀。其余藏匿汉阴山中者后来均自杀，汉南平。十月，后金军攻入北京外的大安口，郧阳派援兵紧急驰援。十一月初一日，宣化、大宁、保定的兵力先后入援北京。初七日朝廷才要求天下总督、巡抚均带兵拱卫京师。郧阳梁应泽因棋先一着，被加授“右副都御史”。就在受宠若惊的梁应泽正准备增加援兵的数目时，却被崇祯帝阻止“其未到者不必催调”。

崇祯三年四月，梁应泽奏报，封藩在荆州府的惠王朱常润捐出皇帝赏赐给他的财物援助当地将士，得到崇祯帝的嘉奖。

崇祯四年，梁应泽因病告老还乡，由北京太仆寺少卿蒋允仪为右佥都御史继任郧阳巡抚。蒋允仪，字闻韶，号泽垒，南直隶宜兴人，万历丙辰(万历四十四年、1616年)科进士，上任后发现藩镇内各府标兵均不足200人，军饷也不过6000两，还不及别处一个大县多，但当时陕西农民军日渐逼近郧阳领地，朝廷所派之兵正陆续进入郧藩境内协防，他因防务繁忙而无暇顾及其他。

崇祯六年秋，全陕陷旱、蝗灾，百姓死亡过半，生者纷纷加入农民军。有一支自商州假扮香客绕郧阳城抵郧西，进入城内后控制了整个县城，随即被官军击败，沿汉江而上去兴安(今安康)。十一月，陕西农民军突破黄河后转战河南，窥视郧阳、湖广，兵部令郧阳巡抚蒋允仪带兵镇守襄阳，造成了郧阳兵力空虚，军士不足500人。十二月，农民军攻克伊阳、卢氏，由小道突进至内乡、南阳。

崇祯七年正月，朝廷设河南、山西、陕西、四川、郧阳五省(镇)总督，以兵部侍郎、延绥巡抚陈奇瑜担当，专门镇压农民军。该月，从郧西撤退的农民军攻陷洵阳，进逼兴安、西乡。游击唐通围追进剿，而农民军穿插到唐通背后破紫阳、平利、白河三县。汉中分守道王在台、兵部尚书兼总督豫山陕鄂川军务洪承畴固守兴安，陕西巡抚练国事移兵商洛，巡按御史范复粹驰赴汉中，农民军东进，于二十九日破房县、保康，如入无人之境，急若风雨之至。贵州总兵许成名在荆州、镇筸(在湘西)副将杨正芳在承天，均不肯援郧，郧事日急，蒋允仪束手无策，上书请死，好在这股农民军从保康进入了四川。

同时，另一股农民军攻入枣阳，湖广巡抚唐晖发辰州兵150名大战胡家河，一战十损八九。农民军围南漳，被四川总兵邓玘斩首三百四十九级。农民军转而陷当阳，杨正芳二十四日大战，杀农民军数千，收复当阳。农民军败退应山，再被佥书周元儒击退。

当月，老回回(马守应)、罗汝才(曹操)所率领的农民军由淅川进入围困郧阳。此时，太监陈大金和总兵官左良玉带着援军来到郧阳城下，因未事先通报，郧阳副使徐景麟站在城墙上远远看见这支队伍中带有许多妇女，误以为是农民军，遂命令开炮攻击，打死许多人马，左良玉撤兵而去。老回回、罗汝才也被惊走，由西河码头过江至金鱼河口，走界山，安置大营在均州老营。然后分兵：一支自石花街近谷城，再绕道邓州九重院至光化县境；一支从襄阳双沟至新野县境；一支从枣阳至襄阳蔡村渡逼宜城，使襄阳官兵难以四处支应。另有一支农民军再次自淅川入郧境，攻郧不克进犯南漳、宜城，围均州，再往荆门西北彝陵、兴山、巴东、丽阳等处而去。朝廷调5000镇筸兵救援襄阳，又调施南各土司兵救援郧阳。然此时农民军已经进犯宜都、松滋、归州，又于二十六日陷远安，二月初五日陷兴山，之后向四川境内推进。荆州推官刘振缨领施州土兵从香溪坝、平阳坝拦截，斩首颇多；杨正芳在旧县金沙铺连战大捷，杀敌百余；李卑也在莲花坪、白沟坪，邓玘在胡地冲，许成名在仙女山皆有捷报。此时，郧阳巡抚蒋允仪正带兵守在襄阳城内，但陈大金还是一纸诉状把他告到了朝廷。

二月，农民军攻克夔州，这是他们首次攻占大郡，引起朝野震动。接着他们又攻克大宁、巫山、通江等地，而后分兵一路还楚，一路自通江经百丈关、阳平关入甘肃东南部，但因在秦州受到了洪承畴的阻击，于是返回陕西，在攻克了凤县之后图取商洛。张献忠此时亦自应山西进入商洛，准备与其余农民军进入汉中。

四月，朝廷把徐景麟和蒋允仪逮捕下狱，不久遣边充军，由北直隶右参政兼副使卢象升为右佥都御史继任郧阳巡抚。卢象升，字建斗，号九台，南直隶宜兴人，天启壬戌(天启二年、1622 年)科进士。卢象升到任后即行牌各道、府，严令不要遵循旧制前来拜见。其时，农民军虽然大部入川，但滞留在房县、竹山、竹溪、保康、均州一带大山中的仍然不下几万，郧阳、襄阳、荆州三郡的形势依然严峻。尤其郧阳，各县均已陷落，只剩孤城一座，郧县黄龙滩、均州老营不时受到农民军的袭扰，卢象升只能在仓促间布局应战。五月，五省总督陈奇瑜统率大军自均州进入武当山，在大巴山里开展扫荡式进剿。

六月，陈奇瑜与卢象升会师于上津，攻击了张献忠部，使张献忠损失很大，迫使其转移到了汉南。陈奇瑜以湖广农民军既尽，遂率兵西进，围大部农民军于兴安车厢峡。而汉中府西乡、洋县、城固、南郑等地又频频告警，卢象升不顾郧城空虚，又借军费 2000 两，分兵驰援汉中。七月，农民军在车厢峡被困两月，高迎祥、李自成、张献忠皆在其中，在粮食短缺、大雨连旬、弓矢尽脱的情况下，李自成采纳了顾君恩的计谋，向陈奇瑜诈降。陈奇瑜信以为真，就把他们编入麾下遣还了回去。李自成在成功脱险后，杀掉了押领他们的安抚官，军队士气重新大振。其时，郧阳藩镇所属的兵力只有 1100 名，而且分散在郧阳、襄阳、荆州、南阳、汉中布防，进剿之事全靠朝廷派来的外地兵力。卢象升在命令各地开屯、修城、立寨、并村、储饷的同时募兵 500 人，并亲自训练他们，把所增加的军饷平均摊派到各府征收。九月，农民军齐聚陕西，朝廷令河南、郧阳、湖广、四川、山西之兵皆入陕合剿。十月，农民军在洛南击败湖广官军，副总兵杨正芳等人阵亡。十一月，陈奇瑜因剿农民军不力被朝廷逮捕下狱，由洪承畴取代其总督职务。十二月，农民军自商洛入河南，另一部由“扫地王”张一川等人带领攻取湖广英山。

崇祯八年正月，洪承畴东出潼关镇压河南境内的农民军。此时，农民军老回回、曹操、革里眼、左金王、改世王、射塌天、横天王、混十万、过天星、九条龙、顺天王，及高迎祥、张献忠等十五家共七十二营在荥阳开大会。会上，李自成提出“分兵定所向”的作战方针，被大家所接受。三月，张献忠克麻城后由郧阳入秦与李自成复合。五月，卢象升改任湖广巡抚，由宋祖舜为右佥都御史继任郧阳巡抚。宋祖舜，字鹿游，山东东平卫籍人，万历丙辰(万历四十四年、1616年)科进士。八月，朝廷擢升卢象升总督直隶、河南、山东、郧阳、湖广、四川军务，与洪承畴分工：洪承畴督关中兵，办西北；卢象升督关外兵，办东南。不久，朝廷又升卢象升为兵部侍郎，加总督山西、陕西，赐尚方宝剑。

崇祯九年正月，卢象升遣使要求湖广巡抚王梦尹、郧阳巡抚宋祖舜布兵于汉江沿岸，严密防守。三月，高迎祥、李自成农民军自光化县羊皮滩渡过汉江入郧襄，然后分道入陕。高迎祥赴兴安、汉中，李自成赴商州、洛阳、延绥、环县。三月，宋祖舜因追寇失利被弹劾削籍，由郧襄兵备副使苗胙土为右佥都御史继任郧阳巡抚。苗胙土，山西泽州人，天启壬戌(天启二年、1622年)科进士。六月，混十万等人进逼淅川，卢象升遣总兵陈永福连续大败农民军于苏家沟等地。七月，高迎祥被孙传庭所俘，碎剐于京师。卢象升因辽宁有事向北急援而去。张献忠约马守应等人乘机以20万之众自均州、新野、唐县分道攻襄阳，郧阳一带农民军大盛。十月，张献忠攻克襄阳，会合马守应等人沿汉江南下。李自成在关中被推为“闯王”。自此李自成、张献忠各自称雄。朝廷令正在湖广武陵原籍的杨嗣昌出任兵部尚书，专职负责剿寇。十一月，苗胙土因贼寇猖獗不能剿平被罢官，由陕西右布政使陈良训继任郧阳巡抚。陈良训，字士甫，山西进贤人，万历癸丑(万历四十一年、1613年)科进士。朝廷以兵部侍郎王家祯为河南巡抚兼总督直隶、四川、湖广、郧阳、山西、陕西军务。

崇祯十年正月，张献忠、罗汝才自襄阳攻皖西南之安庆。三月，杨嗣昌至京师，议大举镇压农民军的策略，提出“四正六隅十面网”的计划，并议增兵12万，增饷280万两。四月，农民军将领小红狼围汉中，明瑞王向朝廷告急，洪承畴施救。闰四月，张献忠由安徽入湖广。朝廷召熊文灿为兵部尚书，总督南直隶、河南、山西、陕西、四川、湖广、郧阳军务，替代兵部侍郎王家祯，以王家祯专抚河南。九月，洪承畴在汉中大败农民军，关中农民军势力渐衰，李自成取道入蜀，转而攻克宁羌州。十一月，陈良训因剿敌不力被免职，由戴东旻为右佥都御史继任郧阳巡抚。戴东旻，浙江建德匠籍，万历己未(万历四十七年、1619年)科进士。

崇祯十一年正月，闯塌天(刘国能)在随州向熊文灿投降。四月，张献忠在谷城向熊文灿诈降。十月，李自成被洪承畴大败于梓潼，只带领十八骑突围而逃，隐匿商洛山中。十一月，罗汝才、王光恩等向熊文灿诈降。熊文灿将罗汝才、小秦王、一丈青、一条龙四营安置于郧县，将惠登相、王国宁、常德安、杨友贤、王光恩等五营安置于均州。罗汝才、惠登相占据郧、均诸邑后，与占据谷城的张献忠部遥为声援，拒不接受官军改编。至此，只有李自成没有投降，在明廷看来局势一片大好。

崇祯十二年三月，戴东旻被弹劾解职，不久下狱，由监军道王鳌永为右佥都御史继任郧阳巡抚。王鳌永，字克巩，号蘅皋，又号涧溯，山东淄川军卫籍，天启乙丑(天启五年、1625年)科进士。五月，张献忠在谷城重新举旗反明，罗汝才在郧县、惠登相在均州响应，他们连克房县、郧西、保康，声势大振，只有王光恩决定效忠朝廷。六月，朝廷抽调各镇精兵弹压，再次加征练军饷银。七月，张献忠在房县大败左良玉，歼万余人，左良玉军符印信尽失。朝廷遣特使逮捕熊文灿下狱。朝廷任命徐起元为郧阳府同知、代理知府。八月，朝廷命杨嗣昌督师镇压农民军，赐尚方宝剑，统制诸方兵力。京营总兵官孙应元、黄得功等在淅川打败马光玉等农民军。九月，杨嗣昌至襄阳。十一月，王国宁(兴世王)再次降明。本年，刘国能被明廷授副总兵，守卫郧阳。

崇祯十三年闰正月，左良玉在枸坪关大败张献忠。二月，左良玉等人在四川太平县玛瑙山再次大败张献忠。四月，张献忠隐藏于兴山、房县的神农架大山之中，一面与山民一起卖盐种庄稼，一面收拢溃散部卒自保，不久又赴白羊山与罗汝才会师。黄得功、宋纪在商城大破农民军，贺一龙等5家农民军先投降后复叛。朝廷罢郧阳巡抚王鳌永，皇帝下诏将其放在猛如虎军前立功，由监军道袁继咸为右佥都御史继任郧阳巡抚。袁继咸，字季通，江西宜春人，天启乙丑(天启五年、1625年)科进士。六月，总兵孙应元、贺人龙等人在大巴山马家寨、留马垭、谭家坪、仙寺岭大败农民军，罗汝才势衰赴大宁。七月，总兵孙应元等人再次在兴山大败罗汝才。罗汝才率余部赴巫山，与张献忠会合。八月，杨嗣昌出师入蜀。九月，李自成被明军围困于四川巴西郡鱼腹山中。袁继咸亲自带兵转运军需，驻竹溪牛头寨阻击农民军，防止农民军入郧境。李自成突围后突破袁继咸防线，由郧县、均州入河南。张献忠等率领农民军攻克大昌，击毙蜀中名将张令，屯兵于开县，取道剑州，趋保宁，过昭化，赴巴西郡，击溃明军涪江师，又下绵州，谋取成都，活捉了四川巡抚邵捷春。十一月，杨嗣昌进军重庆。十二月，李自成在南阳利用大旱广布施舍，饥民跟从者数万人，军威重新大振，遂自南阳出发攻宜阳，克永宁。卢氏县举人牛金星、阴阳先生宋献策等人归顺李自成，建议广散财物救济饥民以收敛人心，并编童谣“迎闯王，不纳粮”让饥民传唱，这切中了饱受剿饷、练饷之苦的劳苦大众心意，响应暴动者日众。

崇祯十四年正月，张献忠攻克巴州，入开县，打败官军后出夔门，抵兴山，攻当阳、荆门。袁继咸移师襄阳。兵部尚书杨嗣昌至夷陵。李自成攻克洛阳，杀死明福王朱常洵，散发王府金钱赈济民众。二月，张献忠亲自率轻骑一昼夜急驰300里，于路途之中杀死了杨嗣昌派往襄阳送信之人并盗走军符，连夜叩开襄阳城门，遂占领襄阳，杀死襄王朱翊铭、贵阳王朱常法，缴获杨嗣昌所积的五省饷银以及弓刀火药数十万，又连克樊城、商城、信阳、光山、罗山、息县、固始。三月，杨嗣昌畏罪服毒自杀。张献忠军攻克随州。袁继咸因失襄阳被捕送京，次年充军贵州，由王永祚暂理郧阳巡抚事务。王永祚，号澄川，南直隶昆山太仓人，万历己未(万历四十七年、1619年)科进士。徐起元升任郧阳知府，紧急投入备战中。四月，朝廷以侍郎、三边总督丁启睿为兵部尚书，督师节制陕西、河南、四川、郧阳、湖广诸军。五月，朝廷释放前兵部尚书傅宗龙，命其以兵部侍郎身份总督陕西三边军务专讨李自成。张献忠攻克泌阳。六月，按察使高斗枢移守郧阳。郧阳代巡抚王永祚以襄阳告急而移师镇守。张献忠自陕西向东而来，高斗枢与郧阳知府徐起元派遣游击将军王光恩及其弟王光兴分别扼守关隘，数战数捷，让张献忠不敢再犯，郧城危而复安。七月，罗汝才与张献忠不和，赴内乡、淅川与李自成合兵，攻克邓州。张献忠自应山而来，攻郧阳不克，转取郧西。八月，张献忠信阳大败，身边仅剩数十骑，遂投奔李自成，而后又离去，与一斗谷、瓦罐子等农民军会合，势力复盛。九月，李自成于新蔡大败官军，擒杀陕西总督傅宗龙，之后再克叶县，杀死明军副总兵刘国能。朝廷擢升陕西巡抚汪乔年为兵部右侍郎，替代傅宗龙出关镇压农民军。十一月，李自成攻克南阳，击毙总兵猛如虎，杀死唐王朱聿镆，又分兵攻克所属州县，襄阳、郧阳危急。然而李自成却挥师北上开封。

崇祯十五年十月，孙传庭出潼关，在郏县被李自成打败，其副将孙枝秀等人被击毙，士卒损失数千，只好退回关内。李自成复下南阳。闰十一月，老回回马守应、革里眼贺一龙、左金王贺锦、乱世王蔺养成等皆已归顺李自成，李自成从此成为除张献忠外的农民军共主，声势浩大，先后击毙杨文岳，俘虏明崇王，又攻确山、信阳、泌阳。十二月，李自成大败左良玉后复克南阳，取下襄阳，又分兵攻打宜城、枣阳、光化、谷城、均州、郧阳、保康、荆门。再合兵奔向荆州，杀湘阴王朱俨(钅+伊)全家。不久，又烧毁明献陵，攻克了承天府。李自成攻樊城时，左良玉先弃城，随后郧阳代巡抚王永祚及知府以下官员统统逃命。只有乡官罗平、知州蔡思绳、福州通判宋大勋等人拼死抵抗后殉节。在郧阳，李自成军连攻四日，知府徐起元一边带兵周旋，一边先后平定了城内徐春茂的叛变和徐勇带兵鼓噪，同知刘璇战死，李自成撤兵而去。李自成再次进攻十余日不克，乃退屯于杨溪铺。朝廷罢王永祚职并入狱。李自成改襄阳为“襄京”，在那里封职授爵，部下各得其位。

崇祯十六年正月，朝廷派湖南巡抚李乾德改任郧阳巡抚。李乾德，字雨然，四川南充人，崇祯辛未(崇祯四年、1631年)科进士。因道路被农民军阻断，李乾德无法赴郧阳上任，朝廷遂改命郭景昌为右佥都御史继任郧阳巡抚。郭景昌，字旭瑞，奉天人。郭景昌依然无法赴郧，朝廷以为郧阳已经沦陷，遂不再派巡抚。该月，李自成攻克京山、云梦、黄陂、孝感，在承天府自称“奉天倡义大元帅”，封罗汝才为“代天抚民威德大将军”，溯汉江而上直指郧阳。三月，李自成在郧阳郊外杀罗汝才、革里眼，不久又杀蔺养成，再夺马守应的兵权。此时十三家七十二营农民军，除投明和死去者外，只剩李自成、张献忠各自独存。张献忠克黄州，又分兵攻取黄陂、麻城。麻城大姓人家的奴仆汤志等人，在杀死60名本地诸生后打开城门迎接张献忠入城。李自成部将黑皂鹰率众数万抵郧，在城外筑麦垛城十八座围困郧阳城。虽然城内兵力不足，城外又无援兵可以依靠，但郧城坚固，将士团结，军械弹药充足，军士训练有素，在日夜对峙之下围城的农民军日渐疲惫。五月，高斗枢一面召游击将军刘调元入城，布置营将王光恩、王光泰、苗时化、胡廷聘等人分途寻机出城，先后杀农民军3000余人；一面安排人员秘密潜入均州城内烧毁了农民军囤积的粮草。李自成攻城不克，又得知均州粮草被烧，遂撤退往襄阳而去。高斗枢令王光恩收复均州，并亲自率军拿下光化，收复谷城。在即将奔袭襄阳时，听到孙传庭兵败的传闻，遂班师，路过均州才得知均州已再次失守，就赶紧回郧加固城防。郧阳此时成为孤城一座，也是李自成必欲夺取的心腹重患。然而，当下的郧阳已经与朝廷失去联系很长时间了，只能孤身自保。此时，张献忠取下汉阳、武昌，把楚王朱华奎沉于长江，自称“大西王”，改武昌为“天授府”、江夏县为“上江县”，铸“西王之宝”印，设尚书、都督、巡抚等官，并开科取士，发“楚邸金”赈济饥民，于是，蕲、黄等二十一州县自动归属张献忠。朝廷命孙传庭兼督河南、四川军务，不久升为兵部尚书，改称督师，加督湖广、郧阳、贵州及长江南北军务，赐尚方宝剑。六月，朝廷免去残破州县的三饷及一切常赋两年。该月，高斗枢多次派人终于设法突出了封锁线上疏请兵，朝廷才知道郧阳还没有沦陷，众大臣议由高斗枢继任巡抚，但因内阁首辅陈演与高斗枢有过节，只晋升他为太仆寺少卿，而晋升郧阳知府徐起元为右佥都御史抚治郧阳。徐起元，字贞复，辽宁辽阳人，为崇祯年间十大举人之一。九月，李自成派遣路应彪、冯养珠率数倍于前次的兵力复围郧阳城，又在均州切断了郧阳的陆路和江上粮道以施久困之计。郧阳城外，农民军在汉江南北连营30多座，不断窥探城中动静。孙传庭追击李自成至襄城，因大雨缺粮兵溃，李自成回头追击南阳，孙传庭大败，奔孟津，由山西趋潼关。十月，李自成克潼关，击毙孙传庭。取西安，俘虏明秦王、永寿王，改西安为“长安”，称“西京”。郧阳城依然被围得铁桶一般，已人困粮乏危在旦夕，但军民坚守的信心还在，偶然能够偷出城外搞些许粮食救急。张献忠取常德，东下吉安，由峡江、分宜入袁州。十一月，李自成长驱北京的条件成熟。

崇祯十七年(1644年)正月，李自成在西安建“大顺国”，改元“永昌”。在郧阳，路应标、冯养珠等人乘势以3万兵力攻城。高斗枢遣人入均州城烧其粮草，路应标等人因缺乏后勤补给而停止攻城，屯军城外。二月，朝议设汉中巡抚兼督川北军务，擢升高斗枢为右副都御史前往任职。三月，高斗枢接到朝廷任命他为太仆寺少卿、汉中巡抚的任命，当即把军事交付给了徐起元，然而汉中已经沦陷多时，高斗枢根本无法去上任。十七日李自成军攻北京，十八日攻破内城。十九日崇祯帝自杀。四月的郧阳，成熟了的麦子尽被农民军收获，而城内却斗米八千。五月，明朝残余势力拥立福王朱由崧在南京登基，以明年为“弘光元年”。六月，张献忠自荆州经十三隘口至四川，取夔州。李自成撤回西安。七月，张献忠取涪州、重庆，杀明瑞王。八月，张献忠取成都，明蜀王朱至澍死。九月，清世祖入北京，立年号“顺治”。清廷命亲王阿济格为靖远大将军西出攻李自成。十一月，张献忠于成都建“大西国”，号“大顺”，定成都为“西京”。此年是前明崇祯十七年，在李自成的大顺国为大顺元年，在“大西国”也为大顺元年，在大清为顺治元年，在南明为弘光元年。中国同年出了五位皇帝，为数千年中华历史之唯一。十二月，郧阳城还在坚守中，但已经人心惶惶。徐起元百思不得退敌之策时，有郧阳书院一生员刘源泗献离间之计，并自告奋勇前去完成。在得到徐起元的许可后，刘源泗趁夜潜出城外，闯入冯养珠的大营，说有机密相告。他见到冯养珠后，假装以为是路应彪，就说：“你送的信徐起元已经接到，只等你在城外举火，城内就会响应。只要你杀死了冯养珠，我们就把整座城都交给你。”说毕献上了徐起元的亲笔信。冯养珠先疑后信，于是提刀直奔路应彪大营，手起刀落斩下路应彪首级。于是两营农民军之间相互残杀，而刘源泗则乘机逃回城内。两股农民军在相互提防中各自退去，郧阳之围不攻自解。

(九)顺治之鉴

清顺治二年(1645年)正月，清兵破潼关入西安。李自成从龙驹寨赴武冈，入襄阳。二月，李自成向承天转移。三月，清军逼近郧阳，郧阳此时才知明朝已亡，清朝已立。巡抚徐起元以为不可再守，为免城内生灵涂炭，他遂率士民归降，清仍命徐起元为郧阳巡抚。当时，有明将贺珍在陕西一带抗击清军。清廷任命兵部郎中胡全才为汉羌兵备道，驻汉中清剿贺珍。胡全才到汉中后，给各地下令，凡是以前贺珍委任的官员在自首后都可以重新被委任原职，不自首者均杀无赦，于是有明将赵光远部的曲齐升、王明德、李世勋等人来降。紧急之中，贺珍突然围攻汉中，胡全才与汉中知府杨可经固守30余日，曲齐升带兵日日出击，李世勋战死，至清军援兵到达贺珍才撤退而去。当时，汉羌总兵尤可望向顺治帝奏本，说胡全才擅自委任伪官，要求罢免其职务。胡全才上疏自陈原因，又揭露尤可望冒领军饷、苛罚军士、藏匿伪官的行为。朝廷部议后认为：胡全才功大于过，不予追究，调往江西饶南道，第二年升宁夏巡抚。五月，李自成在湖北九宫山被当地农民杀死，余部由刘体纯、郝摇旗、袁宗第率领继续抗清。七月，郧阳巡抚易人，清廷准吏部所奏，调徐起元为北京都察院左都御史，暂留郧阳督剿荆襄十三家，由刑部侍郎潘士良为兵部右侍郎、都察院右佥都御史继任郧阳巡抚。潘士良，山东济宁人，明万历癸丑(万历四十一年、1613年)科进士。潘士良上任时，郧阳总兵王光恩因为军务繁忙没有到码头迎接，这让潘士良很不高兴，以为是在怠慢他，于是一纸奏疏递给了皇帝，说王光恩本来就是十三家农民军中的一家，只是后来归顺朝廷，但他根本不把封疆大吏看在眼里。当时，清廷在荆州、襄阳、郧阳、兴安州各设总兵官，由郧阳巡抚各派手下旗鼓守备担任，由中军兼管，各兵员1500人，分为二营，营设游击一员、守备一员、千总一员、把总二员。九月，刘体纯、郝摇旗、袁宗第与南明隆武政权湖广总管何腾蛟接上了联系，接受了南明小朝廷的敕封，隆武帝还特赐郝摇旗名为“郝永忠”。同时，李自成妻高氏、妻弟高一功、侄李过带领的另一支大顺军余部30万人在松滋一带与隆武政权的湖北巡抚堵胤锡接上了联系，被改编为“忠贞营”。隆武帝授李锦为御前营前部左军，高一功为右军，均授“龙虎将军”印，封列侯，并赐李过名为“李赤心”，赐高一功名为“高必正”。至此，“荆襄十三家”形成。十一月，清和硕英亲王上疏：“原任郧阳巡抚右佥都御史徐起元，当闯逆犯郧，苦守三载，不肯从逆。及英王渡江投诚效力，力著劳绩。”皇帝御批“俟朝见后升一级用之”。徐起元遂进京朝见顺治帝。十二月二十九日，平南大将军多罗贝勒勒克德浑率师至石首，准备围攻荆州。

顺治三年正月，徐起元得知邓州城内的一口井中藏有农民军所窖的银两，遂派人取出后押运到襄阳作为军队赏银。其时，李过、高一功带领“忠贞营”大举进攻荆州，围城12日，城将破时却终因清军援兵赶到而功败垂成。“忠贞营之精锐耗矣，遂敛余兵走夷陵，与体淳、宗第合屯蜀东徼。”不久，高一功等先后战死，“余军推李来亨(李过养子)为帅，自黔走施州卫(恩施)，遂至巴东之西山屯焉”。二月，在南阳，二只虎郝如海纠集骑兵七千、步兵二万大肆抢掠，大为民患，定西大将军何洛率部进剿，于商州击败二只虎，斩首万余级，获骡马无算。在郧阳，投清后驻郧阳的原明将领王斌，率领3000余人响应荆襄十三家起事抗清。他们以房县为据点，在老寨顶上竖起“明帅”字样的黄旗，设立中军、旗鼓、千把等官，占据了远近各寨，然后遣子与李过联络，接受了南明政权的封赏。勒克德浑渡长江抵荆州，乘明军不觉冲破大营“斩获甚众”，又分两路追杀于远安、南漳喜峰山、关王岭、襄阳府等处。李自成弟李孜，以及南明所封磁侯田见秀、放义侯张耐、武阳伯李佑、太平伯吴汝义和将官39人、马步兵5000余名投降，缴获玉玺一枚，马骡牛共12000余头。只有一只虎脱逃。三月，清郧襄总兵官王光恩调集重兵攻破了王斌的大本营，擒杀王斌及360余名将士，其余协从者遣散。四月，一只虎所封的光山伯刘体纯诈降之后焚劫樊城，攻犯襄阳，被王光恩同原巡抚徐起元统兵击败。该月，刚班师回郧阳的王光恩突然被京师来人逮走，送入北京问罪，原来是潘士良的密奏起了作用。清廷还同时调南阳副总兵杨文富署理(代理)郧阳总兵，又任命漆尚友为郧阳右营副将，企图让他们接管王光恩的部队。王光恩的弟弟王光泰和王昌当时正在镇守襄阳，得知消息后公开打出了反清旗号，杀死了前来接管的杨文富和漆尚友以及驻襄阳官员，再率部开进郧阳，先后杀司、道、府和各县官员，并与南明政权取得联系，接受封号。七月，贺珍犯汉中，汉羌道胡全才、知府杨可经等人同心协力守城30余日，贺珍无果而退。九月，王光泰率千余骑兵进攻淅川，想阻断清军进入郧阳的道路，却被清河南总兵张应祥、开归总兵高第等人击败退回郧阳。十一月，清军副将任珍在兴安大败贺珍，副将王平追击，斩首三千余级，收降一千五百余人，获骡马器械甚众。贺珍退入川东，成为荆襄十三家之一。十二月，孙定辽进至郧阳安阳口，被早已等候在这里的王昌趁其立营未定发起攻击，孙定辽措手不及被斩于江边，全军覆没。满朝震惊之余，清廷再命吏部侍郎喀喀木等人带领满汉大军前往郧阳镇压。该月，张献忠在四川西充凤凰山中箭而死，余部集聚于郧阳与四川交界处。该年，明韩王朱本铉被郝摇旗挟持到房县，推立为帝，年号“定武”，活动于湖南、湖北、四川、陕西一带，与清兵长期相抗衡。

顺治四年二月，潘士良以不称职被解任后不久死亡，由赵兆麟为右佥都御史继任郧阳巡抚。赵兆麟，字圣居，陕西富平举人。该月，朝廷增设兴安镇，以任珍为兴安总兵。当月，袁宗第等人攻克兴山。春，喀喀木在南阳会合了河南、湖广的清军后向郧阳推进，王光泰兄弟自知兵力不敌，于是把郧阳府城上的大小城楼和城上29座驻兵窝铺焚毁一空，然后退出郧阳。王光泰率大部奔房县，其部下总兵李世英率小部奔往兴安(安康)。李世英原本是想与在该处活动的抗清武装米国轸、武大定等部会合，不料米国轸已被清军擒获，李世英遂陷入了清军的包围中。十一月二十二日，清兴安总兵任珍击败李世英部，李世英及副将李锦山、苏名榜等人均阵亡。喀喀木在王光泰兄弟撤离郧阳后，与副将王平率师追逐，在房县一战斩首级千余，在把王光泰赶入四川境内后，担任了署理郧阳等处总兵官驻守郧阳。此后，王光泰兄弟就一直活动于房竹地区，成为著名的“夔东十三家”之一，永历帝封王光泰为郧襄提督。

顺治五年正月，原明宗人朱容藩在夔州假称自己是楚王世子、天下兵马副元帅。当时，郧阳守将王光泰刚刚为清兵所败，不知他是个假货，就带领余众二万人归附。不久，荆襄十三家纷纷依附。朱容藩又自称监国，建立行宫，大封群臣。南明四川总督吕大器得此消息，兴兵讨伐。次年春，朱容藩兵败自杀，荆襄十三家自此一蹶不振。该月，农民军攻陷当阳。十一月，贺珍欲渡江截漕，被任珍率兵击走，并生擒贺珍部将李应全等人，斩获无算。

顺治六年，刘体纯进攻房县，李来亨进攻宜都。八月，任珍在兴安剿平王国贤等人。腊月，商洛道张国泰破叛首雷登高盘踞的龙驹寨，斩雷登高及其兵百余级，余众悉散。

顺治八年，李来亨攻陷施州卫。六月，陕西抚标中军游击陈明顺会同河南官兵在商州洛南县击败何柴山的农民军。何柴山只身逃走，余党尽歼。冬月，被南明所封侯的于大海在彝陵率部降清。年底，贺珍、刘体纯、袁宗第、塔天宝、李来亨、郝摇旗等人率领的荆襄十三家余部先后转移到川东夔、巫、郧阳房竹地区，与张献忠余部结合后，组成了著名的“西山十三家”，又称“夔东十三家”，成员主要有王光兴、郝摇旗、刘体纯、袁宗第、李来亨、王友进、塔天宝、马腾云、贺珍、李复荣、谭弘、谭诣、谭文、党守素等。他们推举刘体纯为首领，划分出各自的势力范围，成为相对稳定的根据地。贺珍驻大宁县，袁宗第驻大昌县，郝摇旗驻房县羊角寨，李来亨驻兴山县七连坪，党守素驻巴东县，刘体纯、马腾云驻巴东县陈家坡，塔天宝驻巴东县平阳坝，谭文、谭诣、谭弘驻万县天生城，王光泰驻施州卫。他们都接受了南明永历政权的封赐，其中李来亨封临国公、刘体纯封皖国公、郝摇旗封益国公、袁宗第封靖国公、马腾云封桐城侯、塔天宝封宜都侯、党守素封兴平侯、贺珍封岐侯、王光泰封南漳伯、谭文封涪侯、谭诣封仁寿侯，“十三家虽威福自擅，悉推体纯为首，听节制”。刘体纯将部队统一编为十六营，“众犹数十万”，在各自的根据地内都比较注重经济开发，以各种手段组织发展生产，把屯耕与练兵相结合，与当地居民和平共处，尽量减轻农民的赋税负担，彼此相安无事。所以当时鄂西北、三峡一带虽然连遭兵燹，战乱纷纷，但社会秩序却相对稳定，人民生活有一定的保障。如李来亨在兴山屯耕山田，每年收获麦粟草棉自供粮食衣履，亦派人买卖盐铁，与荆西居民往来市贩，从不夺掠，只在长江上截抄清朝官吏和远商运载的财物，或者四处出击，剿杀南漳、房县、竹山、竹溪及夔东的官府，使得清军郧、蜀之守将不能抵御。再如刘体纯在巴东之初，民众皆躲避入寨峒，他派人招他们出来各就其业，只要他们提供不多的租税，盈利之后的巴东人留十交一。还有贺珍在大宁也懂得安定人心借以自固，他在激战的同时颇知与民休养生息，鼓励集市贸易，减轻税负和租课，革盐法之弊。

顺治九年，刘体纯、郝摇旗攻陷房县、竹山、竹溪。自夔东十三家扎根郧川边境以来，连年用兵，干戈不息，以主动出击的方式扩大地盘筹集粮草，增强防御力量，搞得清廷人心惶惶，疲于应付。十一月，刘体纯、郝摇旗、塔天宝、袁宗第四营约20000人盘踞房县，先破竹山堡寨，随即荼毒竹溪，不数月而二竹地方响应，尽皆不归清有。

顺治十年正月，郧阳巡抚赵兆麟以病乞归，朝廷正不满他庸碌无为，又恰逢裁减登莱藩镇，于是改登莱巡抚朱国柱任郧阳巡抚。朱国柱，汉军沈阳卫人。十一月，洪承畴奏报："郧阳之房县、保康、竹山、竹溪四县，有郝摇旗、刘体纯、袁宗第等诸寇，窟穴于羊角等寨，每营万余，虎踞县界，杀掳肆行。郧县、郧西、上津三县，前此尚恃一水可隔，今贼竟掳舟渡江，两岸蹂躏，逼郧阳仅数十里，近又自均州槐树关渡河者万计。襄阳之宜城、南漳、均州、谷城四州县，有一只虎养子小李(李来亨)、马蹶子(马腾云)、党守素、李世威等诸贼，住于七连坪等处，将居民逼夫供粮。光化县倚山滨江，残废无人。荆州府属之归州及巴东、兴山、长阳三县，接连西蜀，虽升补官员，从来未入版图，无任可到，为姚黄、王二(王光泰)、王三(王昌)等诸逆老营。而夔州之界，又有贼首谭诣、谭韬诸头目数营，俱窟穴于巫山县等处，游抢于彝陵、丰都、远安、松滋、枝江五州县地方。郧阳治臣朱国柱屡报贼情紧急，亟图会剿。"

顺治十一年三月，洪承畴弹劾郧阳防剿不力，朝廷解郧襄总兵官张士元职。朱国柱以病为借口去职，由兵部右侍郎、总督胡全才为右副都御史继任郧阳巡抚。胡全才，字体舜，山西文水人，崇祯癸未(崇祯十六年、1643)科进士。其时郝摇旗、刘体纯等人屯聚在房、竹群山间。胡全才分兵扼守要冲，在驰察谷城、南漳等地形势后，命令诸将进讨，屡胜。

顺治十三年初，明桂王所设置的总兵李企晟潜入郧阳与郝摇旗等人会合，胡全才遣朱光祚等人密捕，活捉了李企晟，清廷升任胡全才为湖广总督。在商洛，明永寿王朱存梧带着一支部队活动在杨峪河、南城子、北城子、牛槽一带与清军鏖战，直到顺治十三年(1656年)初才被清军俘获。四月，官兵大破夔东十三家于彝陵蛇倒退山，招抚将官52员、兵民11300余名，俘获人畜器械无算。六月，清廷派宁南靖寇大将军阿尔津招抚夔东十三家，一些士兵和把总、千总、游击、总兵等零星出降，使得夔东十三家走入低谷。十一月，胡全才死于郧阳任上，朝廷追赠其为兵部尚书，谥"勤毅"，升都察院左佥都御史张尚为右副都御史继任郧阳巡抚。张尚，字云翔，浙江山阴人，在崇德三年(1638年)参加廷试被皇太极录取为状元，官授户部启心郎，编入汉军正黄旗。六月，宁南靖寇大将军阿尔津钦遵上谕"招抚郝、刘诸寇，则李、党二逆俱在招抚之中"，但却只有一些零星的士兵、把总、千总、游击、总兵等官员陆续出来投降。

顺治十四年十一月，宁南靖寇大将军固山额真宗室罗托到荆州宣布皇上德意，遣兵夺取心潭口，又往巴东断渡口。于是夔东十三家总兵田国钦、黄世奎、邓基昌等以及孙可望标下总兵赵世超、副将赵三才相继投降。十二月，湖南都司周良三在郧阳阵亡，清廷遣官祭之，赠游击衔，荫其弟周良策。

顺治十五年七月，夔东十三家向长江上游发展，南明大臣文安之率刘体仁、袁宗第、李来亨、谭弘、谭诣、谭文等由水道袭重庆，吴三桂部防守严密，未能攻克。十二月，夔东十三家再次出动7000人马、战船158只，从初二日起沿江而上，三面环攻朝天门、千厮门、临江门、南纪门、储奇门等处。十三日，仁寿侯谭诣率战船百余只赶来增援，但此时谭诣、谭弘早已秘密投降清军，在无意之中被谭文侦知，就报告了刘体纯和袁宗第。谭诣、谭弘见阴谋败露，遂气急败坏地杀了谭文。清军趁机出城反扑，两岸夹攻，谭诣等人反戈相向，十三家抵挡不住，顺流奔逃，撤回三峡。谭文、谭弘投降清朝后，被分别封为向化侯和慕义侯。

顺治十七年正月，清军攻克昆明，南明永历帝逃往缅甸。至此，全国的抗清武装除了东南沿海的郑成功外，内地便只有夔东十三家，清廷可以腾出手来专门对付夔东十三家。当月，吏部和都察院遵照顺治帝旨意，对三品以上京官和各地总督、巡抚的能力和业绩进行“甄别”。三月，郧阳得旨：“张尚，著降一级调外用。”七月，朝廷“降补郧阳抚治张尚为江南布政使司参议，管按察使司副使事，分巡淮海兵备道”，由白秉贞为右副都御史继任郧阳巡抚。白秉贞，字懿升，辽宁杏山人，恩贡出身。九月，朝廷升湖广郧阳总兵官穆生辉为都督同知銮仪使，协理卫事。

顺治十八年(1661年)，清廷决定加大对农民军的招抚力度。二月，陕西提督王一正率3000兵由兴安移镇汉中，兴安总兵于奋起率4000兵守兴安。三月，郧阳巡抚白秉贞上疏挽留郧阳总兵穆生辉，被批准。八月初九日，新登基的康熙帝特地下了一道情辞恳切的诏书：“朕洞鉴隐衷，深为悯恻，兹特开一面，赦其既往之辜，予以功名之径。刘二虎等果能悔罪投诚，真心向化，即赦其前罪，优加升赏。”但效果仍不显著。该年，南明兵部尚书张煌言从云南派吴锄到郧阳山中，打算联络夔东十三家出兵湖广骚扰清军，以达到牵制清军而缓解云南局势，挽救永历政权即将覆灭的目的。然而，此时的夔东十三家已经是强弩之末，势单力薄而未能出战。

(十)康熙之鉴

康熙元年(1662 年)正月，四川总督李国英遣重庆总兵驻云阳，分屯一旅于白帝城。二月，白秉贞升任山西总督，由王来任为右副都御史继任郧阳巡抚。王来任，字鸿宇，奉天人，汉军正黄旗，天聪八年(1634 年)举人。康熙帝决定改用武力征剿夔东十三家。七月十二日，四川总督李国英上了一道奏疏，建议由四川、郧阳、陕西三路进兵，对夔东十三家进行大规模的军事围剿。朝廷命令：湖广提督董学礼率兵 3 万“从湖广进剿”；陕西提督王一正率兵 3 万“从陕西进剿”；四川总督李国英“亲自进剿，其该省总兵官及官兵，该督酌量带往”，“三省督、提，务于十二月二十日约齐，直逼贼巢”。十二月，李国英接令于十二日率军从万县出发。该年，郧阳知府李灿然在府衙后山麓建烟雨亭。

康熙二年正月初三日，李国英攻克袁宗第据守的大昌城，并乘胜占领了巫山。袁宗第部下阵亡总兵以下官员 60 余名，损失兵丁数千人，余部转移巴东。初五日，董学礼会同郧阳总兵穆生辉、襄阳总兵于大海、辰常总兵高守贵，共统领官兵 3 万人，凿山开道抵达兴山县李家店，与李来亨、马腾云、党守素所部一万余人遭遇，李来亨等抵抗失败，损失部众一半以上，总兵宋段被俘。清军恢复了归州、巴东、巫山等处，又直达夔州，抚辑各处洞寨。二月，陕西提督王一正率兴安总兵于奋起、河北总兵鲍敬进剿郝摇旗，在房县横水与南明罗姓巡抚所带的万余人相遇，大败敌军，斩杀无数，生擒 173 人。在大宁，因贺珍病故，执掌军务的其侄贺道宁主动投降了清军，清兵于十八日占领大宁。三月，双方激战于兴山县南阳河，李来亨再次失利，根据地七连坪失守。与此同时，王一正在房县与郝摇旗大战于赤土坡。郝摇旗兵败，余部转移至巴东与刘体纯合营。面对清军咄咄逼人的攻势，夔东十三家决定反击，以改变被动挨打的局面。七月，刘体纯、郝摇旗、李来亨联手反攻湖广清军大捷。李国英上奏：“七月二十三日，有逆贼刘、郝、李诸逆，与我官兵交战，我兵不胜，被死贼攻败进寨城，复被逆贼追至南阳河、兴山县二次，我兵带伤死者甚多。”农民军乘势西进，集结刘体纯、郝摇旗、李来亨、袁宗第、党守素、塔天宝、马腾云七家 5 万余人大举进攻巫山。八月，皇帝命都统穆里玛为靖西将军、都统图海为定西将军，同都统辅国公宗室穆琛、护军统领孙达里、都统觉罗巴尔布、护军统领科尔昆，统率大兵前往征剿。十九日，刘二虎、李来亨、袁宗第、党守素、塔天宝、马腾云七家合兵齐出，分布在巴雾、大昌两处渡河。二十四日，农民军5万余人齐攻巫山，在城北沿山布置。二十五日三更时分，农民军四面攻城，以后每日昼夜攻打。虽然城内各门守御官兵的枪炮矢石昼夜齐击，使农民军日有死伤，而城外的进攻却越来越急。不久，清军增加的八旗劲旅赶到，在强大攻势下，驻守川东的袁宗第、郝摇旗部下大量投降，两人几乎成了光杆司令，仅率不到100人的余部逃往巴东投奔了刘体纯。九月，初五、初六大雨，攻打巫山的农民军乘夜掘挖地道，分头环攻，城内万分危急。巫山之役对农民军来说其实是一场胜负难卜的攻坚战，李国英在战前已考虑到"巫山地势卑狭，虽驰骤不便，可利固守"。开战以后，李国英又派出小股部队在大昌等地截断了农民军的粮道，因此战争局势对农民军来说实际上很不利。六日黎明，清军冒雨出城反扑，农民军无力招架，遂撤围而去。此役历时12昼夜，夔东十三家阵亡总兵、副将、参将、游击、都司等各级将领48名，牺牲军士6944人。

康熙三年正月二十二日，李国英率川军，以及穆里玛和图海所率的八旗劲旅，兵分四路围剿李来亨。二月初三日，四川提督郑蛟麟率军"乘雪夜，攀藤附葛，鼓勇直上"，占领了茅麓山西南要道通梁，扼住了李来亨部出入的咽喉地带。鉴于茅麓山"高险异常，周围一百五十余里"，清军感到"必须联络营垒，各分汛地，以专责成"，于是集中了20万大军，将兴山县茅麓山李来亨部团团围困。李来亨全部兵马只有3万人，为摆脱困境，他于六月十五夜子时、闰六月初九夜戌时，两次亲自率军奇袭清兵，虽然军士们个个奋不顾身，"俱抬云梯、挨牌，用钩镢、板斧砍桩拖堑，炮矢如雨，抵死攻打通梁"，但终因寡不敌众而未能成功。四月，朝廷裁革郧阳藩镇，王来任留郧处理善后事宜。八月，李来亨已是弹尽粮绝，不时有人下山投降，寨内已经一片混乱。初四日，李来亨将妻子杀死，然后放火焚烧房屋，在屋内自缢身亡。余众四散奔出，俱被各路防守官兵尽行擒斩。十月，南明荆国公王光泰在施州卫带领官员465人、兵7000余人、家属10000余人薙发(剃头)投诚，他本人被清廷授予左都督加太子太保。十一月，南明左都督杨来嘉向清军投诚，被任命为襄阳总兵官。十二月，李国英、付喀禅、杜敏分别亲统三路满汉官兵直逼刘二虎的营下，双方大战于陈家坡。刘体纯率众"倚恃山险，排列营阵，层层扼拒"，终因兵力不支，退守天池寨作最后的抵抗。清军"不避艰险，登山入箐，攀缘徒步而上，直夺老木崆隘口"，切断了农民军与外界的通道。此时，刘体纯部下纷纷投降，计出降总兵以下各级将领300余人，兵丁3528人，家属5238人，刘体纯遂自知势穷力竭，不可再战，“先将两个生女勒死，看三个妇人、六个侍妾吊死”，然后解弓弦自缢。二十四日，南明太监潘应龙在逃至后溪河后自缢身死。二十六日夜子时，官军追至黄草坪，郝摇旗、袁宗第率人从四个营盘里倾巢而出蜂拥反扑。梁加琦亲督满汉官兵奋勇直前，砍杀农民军大半，但郝、袁两人依然各执利刃率领亲丁抵死与之交锋。先是南明所封的益国公郝摇旗被游击王维当场活擒，接着靖国公袁宗第被千总郭存礼活擒，南明总督兵部侍郎洪育鳌被牛录章京巴达世活擒，郝摇旗亲子郝应锡被督标中营兵丁王守才、张成活擒，袁宗第亲子袁宗宝被提标随征把总熊法活擒，洪育鳌亲子洪元其被提标兵丁王三擒获，其余之众在奔窜中被尽杀无遗。此役共缴获南明国公镀金印2颗、将军银印3颗、部院铜关防1颗、敕书29道、诏书1道、三人的妻子家口共10名、南明新乐王之妻1名。同时还查得：各营缴获马骡370匹头，妇女、仆人1060名。后来，又获得南明太监潘应龙银印1颗、敕书1道和各营搜获的铜关防12颗、容美司(土司)印1颗。梁加琦决定：因为山路奇险难以携带，将所有缴获的铳炮、弓箭、刀枪等，能用的则留营充用，其余皮盔以及不堪用的弓、刀等件都当即焚毁。不久，定武帝朱本铉死，在位19年，其死因、葬处不明。至此，夔东十三家全部覆灭。

康熙四年四月，王来任改任广东巡抚，郧阳罢镇。王来任在康熙六年因香山县走私案被皇帝赐死。五月，官府安抚归州、巴东、长阳、兴山、房县、保康、竹溪、竹山等州县难民，给耕牛、种子任其开垦。三年后起科。九月，官府安抚均州、南漳等州县难民，逐渐开垦，照例三年后起科，十一月，调原任襄阳总兵于大海为广东高雷总兵。

康熙五年十一月，调原任陕西兴安总兵于奋起为浙江水师左路总兵。十二月，朝廷命南汝总兵马呈祥自邓州移驻南阳。

康熙八年五月，裁汰郧阳营标兵，令湖广巡抚分派安插到附近地方垦荒。十二月，调天津总兵徐治都为湖广彝陵总兵。

康熙九年正月，复设湖广分守武昌道、分巡上荆南道、分守郧阳道三缺。二月，调夔州总兵马化麒为福建海澄总兵官。四月，命吏部左侍郎蔡毓荣为四川、湖广总督，驻扎荆州府。五月，竹山县火灾，皇帝亲命赈济。

康熙十年二月，升参领王怀忠为陕西兴安总兵。

康熙十一年闰七月，免汉中府所属州县康熙四、五、六年未征完的存留银米。

康熙十二年正月，升夔州总兵官马化麒为四川提督。十一月，发郧阳等府县仓谷赈济江陵等十三州县饥民。该月，吴三桂叛清，杀云南巡抚朱国治后自称“周王”，欲与清廷分半壁江山。朝廷意识到郧阳已经罢镇，而此地却是全国的枢纽，汉江通道又关系到国家南北一统的大问题，必须要有强兵镇守才行。于是康熙帝谕旨兵部：“湖广郧阳地介三省，中多旷土，山谷扼塞，奸民易于聚啸，恐有窃伏其间与贼应和者，且逆贼或乘间侵犯，令副都统佟国瑶为提督总兵官驻防弹压。”又令副都统宜恩孝，让他统率京城禁旅同驻郧阳。此时，郧阳藩镇虽未恢复，但由提督实行军管。十二月，钦命前锋统领硕岱兼程前往保守荆州，以固军民之心；令彝陵总兵官徐治都、永州总兵官李芝兰，各率兵继进赴楚应援；命都统赫业为安西将军，率兵同将军瓦尔喀等由汉中入蜀，护军统领胡礼布为副将军，偕前锋统领穆占、副都统颜布同往。

康熙十三年正月，四川巡抚罗森、提督郑蛟麟、总兵官谭弘等人共同宣布四川反清。清廷急命彝陵总兵徐治都自常德回彝陵防守，命驻防西安的副都统扩尔坤紧急率师赶赴汉中，又令汉军副都统吴国桢领兵继之。在郧阳，前锋统领硕岱、护军统领伊尔度齐、护军统领额司泰、都统觉巴尔布都先后带兵抵达荆州。三月十五日，襄阳总兵杨来嘉在谷城宣布起兵响应吴三桂。清帝命副都统李林隆率汉军官兵赴襄阳，同都统范达礼协守，由范达礼总负责，如郧阳等处有警，范达礼即酌量应援。十九日，郧阳副将洪福在郧阳响应杨来嘉。洪福率兵千余在郧阳城内攻打提督衙门。提督佟国瑶率游击将军杜英、佟大年以300名精兵迎战。战斗进行到二十日，双方反反复复厮杀十余次才打退洪福。后洪福又卷土重来，佟国瑶与其苦战数日，斩敌200余人，但游击将军甘应龙战死于衙门之前。洪福兵败逃遁，所幸衙门、仓库等重要设施均没有受到大的损失。朝廷闻奏，加佟国瑶为左都督，并抚恤了甘应龙家属。当时，竹山游击将军谢泗、竹溪游击将军冯源同时叛变，和逃出郧阳城进入了房县的洪福，撤出谷城进入了保康的杨来嘉相互联结，形成了一条千里屏障，凭借着大山与清军周旋，等待吴三桂的东进。四月初八，吴三桂派将军陶继智以三百艘战船从宜都县进犯彝陵，清军都统鄂内等率兵进击，大败吴军，获船六十余只。二十八日，自汉中进军的清军参赞军务署前锋统领穆占等人抵达七盘关，大破吴军于关口，再败敌于种子铺山下。五月，清安西将军都统赫业于初五日进抵朝天关，率护军参领杭奇力攻三日，败吴军总兵石存礼等于扎阁铺山下，阵斩吴亲军守备一员，兵士七千余，生擒守备王道成。又追杀十余里，攻克朝天关，得皇帝嘉奖。八月，杨来嘉、洪福盘踞南漳县天门寨等处，清襄阳总兵刘成龙，分守下荆南道参政石琳率领官兵攻剿，斩杀甚众。十一月，吴军再屯踞七盘、朝天诸关，梗塞官军饷道，略阳粮船又被吴军所劫，致使在川东北的官军缺饷两月。清经略莫洛率兵收复七盘、朝天等处，会同将军席卜臣疏通了饷道后进取昭化，与大兵协力克复保宁。该月，杨来嘉攻竹溪。由于竹溪本无县城，文武官民据守在桐溪、中峰二寨，杨来嘉攻陷了中峰寨，桐溪寨告急，请附近官兵应援。经略莫洛、总督哈占、陕西巡抚杭爱、提督王辅臣等令官兵就近应援，郧阳提督佟国瑶也遣协剿官兵驰救，都统范达礼、副都统德业立等严加固守，相机堵剿。同时，莫洛拨副都统马一豹所统之兵守西乡、紫阳、白土关各紧要隘口，又增发西安满洲兵400名同守汉中。当月，清帝命暂停对杨来嘉、洪福的进剿，令副都统宜恩孝、柯彝所率之兵驻防郧阳、均州，襄阳总兵刘成龙镇守南漳，云南提督胡拜率绿旗官兵与都统范达礼、副都统德业立所率满兵同守襄阳，汉军镇守谷城，若有险要之地令范达礼等酌量调守，“贼出犯时，即相机剿御。俟大兵平定湖南，范达礼、蔡毓荣等仍进剿杨、洪二逆”。十二月，陕西提督王辅臣在汉中宁羌州叛清，起因是他与经略莫洛素来有仇，莫洛就在分配粮饷、马匹上对其明显不公，王辅臣一怒之下率部冲入八旗军营杀死了莫洛，吞并其部属，然后派使者去见吴三桂。他自己则引兵北返，自沔县、略阳进入陇南。吴三桂封王辅臣为平远大将军、陕西东路总管，并助饷银二十万两，还令王屏藩、吴之茂率部北进，援助王辅臣。清帝派副都统鄂克济哈、将军坤巴图鲁率领满军分别开赴西安、兴安，又从襄阳调派副都统德业立进驻兴安合兵围剿，直到康熙二十年(1681年)七月才剿平。

康熙十四年正月，兴安发生兵变，总兵王怀忠被杀。皇帝在得知是因王怀忠此人十分贪苛，众心不服以致激变后，就颁旨招抚了变兵。三月，杨来嘉进攻南漳，打败总兵刘成龙。四月，洪福挟诸叛将兵分5路攻打郧西，被佟国瑶击败。佟国瑶追至泥河口、板桥河一带，斩叛将林跃等7人和数百叛兵，其余逃进了沧浪山。五月，杨来嘉、洪福会师武当山，驻扎在老营，商量由杨来嘉进攻南漳，洪福攻打均州，却被佟国瑶突然包围，斩其营将和大部士兵，余部溃逃。七月，叛军攻南漳未果。该月，由旧明军官投清的兴安游击王可成再次叛清，清帝命总督鄂善进剿。十月，王可成率军渡过汉江进入商州，并攻占了旧县关，再夺大峪口，有向西安进攻的趋势，康熙帝调将军噶尔汉所留河南府之兵驰赴潼关。冬，河道总督杨懋勋率师援郧阳。

康熙十五年正月，郧阳副将四十六(人名)在竹山县黄宝山打败杨来嘉。三月，归顺清朝又反的谭弘进入郧阳，直逼汉江北岸，和扎营在汉江南岸的杨来嘉和洪福一起形成了对郧阳城的夹击之势。洪福派兵埋伏在汉江两岸，以30余舟顺江而下，泊船于琵琶滩。杨懋勋、佟国瑶分兵抵御。佟国瑶及将军噶尔汉于二十一日至四月初九日连战圩坪、黄畈、九里岗，把叛军赶至汉江南岸。杨懋勋等人则率水陆之师沿江大破叛军，焚烧敌船及其军械，又战于陡岭，洪福败逃，汉江运道复通。四月，佟国瑶渡江与杨懋勋合兵一处，于初十、十一两日战于江南岸，每战皆胜，斩获无数。后朝廷论功行赏，加佟国瑶为一等公爵。该月，王可成盘踞龙驹寨及资峪铺，阻塞了商州、商南各处道路，杀死商南县知县卢英。清帝命将军吴丹、席卜臣及总督哈占等会商剿贼，河南巡抚、总兵等官酌调官兵分守边隘。五月，皇帝准议政王等大臣的建议恢复了郧阳藩镇，由杨懋勋为郧阳巡抚。上谕："郧阳地方要紧，尔善安抚军民，如有方略即具疏陈奏。"杨懋勋，字燕石，满洲人，汉军镶红旗籍。九月初，洪福出现在均州骆驼岭，被副将四十六率满汉官军击退，又追至芝河。当月，谭弘占领郧西县城，副都统赛格率兵进剿，夺回郧西城。谭弘逃至郧阳，泊船琵琶滩，埋伏于汉江两岸，准备再次截断郧军粮道。杨懋勋得到情况后派人招抚未果，遂与佟国瑶、副都统李林隆统率满汉大军沿汉江两岸分水陆进剿，在江中和两岸的陡岭、琵琶滩激战，擒斩叛军无数。谭弘逃，粮道遂通。郧阳由此进入到了一个相对安宁的阶段。该月，商州参将拜思哈恢复山阳县城，不久又被王可成攻陷。十二月，镇守商州副都统穆舒浑等在峻岭川击败王可成，恢复山阳县城。

康熙十六年正月，官军三路进兵汉中、兴安。该年，朝廷嘉奖佟国瑶绥靖郧阳之功，其被加授为太子少保。他随即捐出自己的薪俸、赏赐用于奖励兵士和赈济难民。

康熙十七年三月，佟国瑶率军进剿杨来嘉和洪福的房县老巢，收复房县城，俘获52人，缴获吴三桂授予他们的将印12枚、劄牌24块，进而收复了保康县城。同时湖广总督蔡毓荣派襄阳总兵刘成龙招抚叛军5800余名。至此，郧阳一带的叛军基本被剿灭。冬，巡抚杨懋勋、提督佟国瑶捐资重修武阳、盛水二堰。

康熙十八年四月二日，杨懋勋接到出任四川总督的敕书，但由于当时的四川全省均被叛军所控制，朝廷允许他暂住郧阳理郧阳巡抚事，待收复四川之后再行赴任。该月，四川叛军谢泗、刘魁等人劫掠竹山、竹溪诸县，逼近郧城，与兴安一带的叛军互为声援。此时的佟国瑶与将军噶尔汉等人正在带兵攻打商州，而且由于久攻不下，还被朝廷削去了佟国瑶战陡岭之后所叙加的一等爵位。面对郧阳的局势，此时他们不得不分兵，由噶尔汉回郧阳击退了谢泗、刘魁。盛夏，清帝命噶尔汉、佟国瑶迅速进逼兴安。然而，噶尔汉在郧西，佟国瑶在商州均被天气耽搁。因这里山高路狭，草木丛塞，又发生淫雨，山水瀑下，数百里之内遍山满沟洪水如注，道路均被洪水堵塞，让他们不能前进，都期盼着等木落水涸之时再进师，却被康熙皇帝责怪为逗留不前，削去了他们的前功。无奈，噶尔汉只得冒雨趟水星夜兼程前往，路途之中非战斗减员不小，却依然无法前进，不得不退回郧阳。六月，朝廷授佟国瑶为福建将军，并不再设郧阳提督一职。八月，噶尔汉与四川总督杨懋勋等从郧阳出发进剿兴安，命大将军顺承郡王从荆州、岳州、澧州等地抽调兵力固守均、郧诸处。十月，噶尔汉、杨懋勋、佟国瑶率兵抵达白河县，侦知前路山径狭隘，马匹难行，便简选兵马改从上津路进发。当月，陕西提督王进宝由鸡头关收复汉中，叛将王屏藩从青石关逃往四川广元。王进宝遣兵追击，直抵青石关。该月，抚远大将军、都统、大学士图海率大兵至镇安县，探得王可成在梁河关，便分路进剿，行至火神崖，遇王遇隆领兵拒战，与满汉官兵厮杀，官军渡乾玉河，夺取梁河关，又乘胜追剿，十一月初二日收复兴安，再恢复平利、紫阳、石泉、汉阴、洵阳、白河诸县及郧阳竹山、竹溪、上津等县，王可成所部被彻底平息。十一月，朝廷命噶尔汉防守郧阳诸处，命杨懋勋自郧阳起程赶至夷陵，与夷陵提督徐治都溯长江而上参加平定四川的行动。康熙帝又颁诏让王进宝和赵良栋等人恢复四川。当时，大学士图海和张勇等人均感到时至寒冬，运饷困难，希望明年春天再进取四川。赵良栋则主张立刻发兵入川，愿独任一路。于是清军兵分四路入川，而战绩则属赵良栋、王进宝二路最为卓著。

康熙十九年初，赵良栋克成都，王进宝取保宁，与吴三桂的大将王屏藩等人均有恶战。二月，谭弘投降，四川平定。二十一日，杨懋勋离郧赴四川，佟国瑶离郧赴福建。康熙皇帝认为郧阳藩镇完成了它的历史使命，遂宣布裁革，并再也没有恢复。

参考书目

1. 明各朝《实录》。

2. 清各朝《实录》。

3. (清)张廷玉著《明史》。

4. 民国初年北洋政府设馆编修的《清史稿》。

5. 明万历裴应章、彭遵古原著，潘彦文、郭鹏校注，长江出版社 2013 年 4 月出版的《郧台志》。

6. (清)国子监祭酒吴伟业《绥寇纪略》。

7. (清)谷应泰《明史纪事本末》。

8. (明)卢象升《卢忠肃集》《卢象升疏牍》。

9. (清)高斗枢《守郧纪略》。

10. 明万历周绍稷原著，潘彦文、王一军校注，长江出版社 2007 年 7 月出版的《郧阳府志》。

11. 清同治吴葆义、王严恭原著，潘彦文、郭鹏校注，长江出版社 2012 年 7 月出版的《郧阳府志》。

12. 清康熙张杞、侯世忠编撰，1993 年编释本《郧县志》。

13. 潘彦文主编，长江出版社 2012 年 12 月出版的《郧阳旧志辑录》。

14. 清同治文昌宫藏版，1998 年 12 月“郧县老年书画学会”影印本《郧县志》。

15. 冷遇春、冷小平著，湖北人民出版社 2004 年 12 月出版的《郧阳府治两百年》。

16. 郧阳政协编撰的各辑《文史资料》。

17. 湖北省政协编纂的各辑《湖北文史资料》。

18. 湖北人民出版社 2001 年 6 月出版、郧县地方志编纂委员会新编的《郧县志》。

19. 中国科学院历史研究所第三所编写的《近代史资料》。

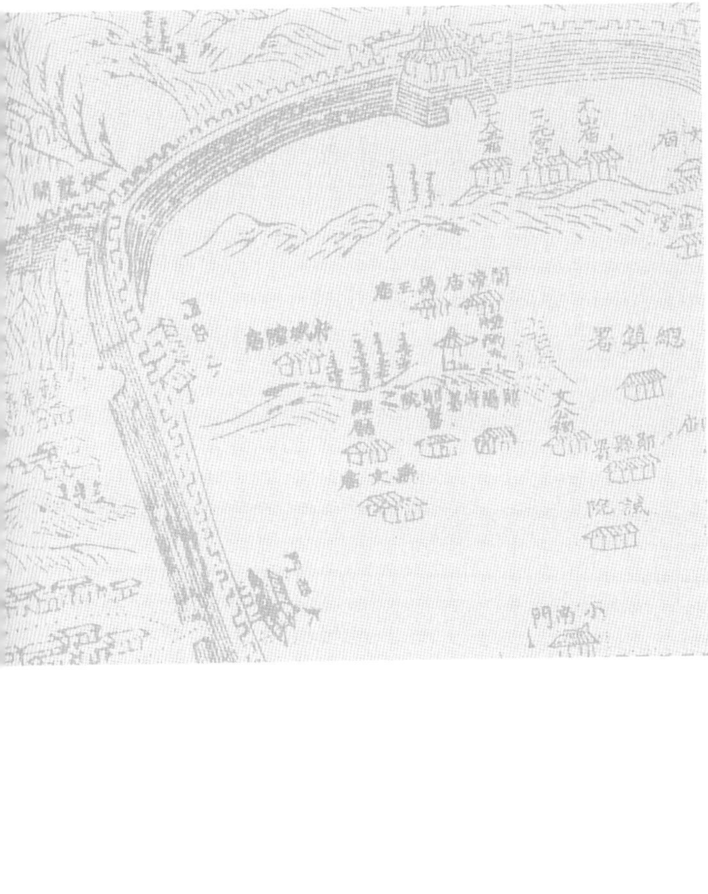

郧阳藩镇研究

第二部·郧藩史迹

黄忠富 著

WUHAN UNIVERSITY PRESS
武汉大学出版社

图书在版编目(CIP)数据

郧阳藩镇研究.第二部・郧藩史迹/黄忠富著.—武汉：武汉大学出版社,2019.11

ISBN 978-7-307-21204-6

Ⅰ.郧… Ⅱ.黄… Ⅲ.①郧阳府—地方史—研究 ②十堰—地方史—明清时代 Ⅳ.K296.33

中国版本图书馆 CIP 数据核字(2019)第 217826 号

责任编辑:聂勇军　　责任校对:汪欣怡　　整体设计:韩闻锦

出版发行：**武汉大学出版社**　(430072 武昌 珞珈山)

(电子邮箱：cbs22@whu.edu.cn 网址：www.wdp.whu.edu.cn)

印刷：武汉中远印务有限公司

开本:720×1000 1/16　印张:23.5　字数:396 千字　插页:3　插图:2

版次:2019 年 11 月第 1 版　2019 年 11 月第 1 次印刷

ISBN 978-7-307-21204-6　定价:180.00 元(全三册)

作者简介

黄忠富，湖北省十堰市郧阳区人，1975年参加教育工作，中学高级教师，中国地域文化研究会委员。长期致力于郧阳地域文化和汉水文化的考察和研究，在潜心于钻研古籍的同时，更注重田野调查，足迹遍及汉水中上游。

自2006年以来，先后参与编写《潮起郧阳》《辉煌三十年》《汉江儿女》《郧阳雄风起长岭》《郧阳文化论纲》《汉水大移民》《浴水重生》《跨世纪改革》《十堰民俗》等书，以及郧阳区政协编纂的《移民专辑》《郧阳民俗》《郧阳地名源流》《郧阳府纪事》《郧阳非物质文化遗产》《郧阳物质文化遗产》等文史资料。

2009年，先后出席“‘郧县人’头骨化石发现20周年国际学术研讨会”和“中国·郧阳文化高峰论坛”。2014年和2017年，两次出席中国屈原学会举办的“屈原与郧阳”学术研讨会。曾经担任《郧阳文库》编纂委员会委员，参与编纂工作。

序

黄忠富先生的鸿篇巨制《郧阳藩镇研究》是探究汉江文化与汉江文明的重要篇章。

汉江，在中国大河序列中有其重要的位次，古人将其与长江、黄河、淮河并提，称之为“江河淮汉”。

汉江大河位次确立的依据，不仅仅是自然的、地理的，还是社会的、文化的。黄先生的这部《郧阳藩镇研究》，就是从社会的和文化的范畴，展现了汉江的一个鲜为人知而且值得大书特书的历史时期。

公元1476年的明成化十二年，明朝在汉江中游的郧阳设立提督行台，实行抚治，历时204年，共有120位巡抚在这里施行抚治，为明朝也为整个中国，写下了辉煌的具有特殊史学意义的历史篇章。

设立郧阳提督行台，是被逼出来的创举，其中心旨意是处置荆襄山区的流民问题。

荆襄山区一般指的是大巴山和秦岭的东段山区。这里山高林密，地广人稀。荆襄山区的流民问题，既是当朝现实问题，也是历史问题。说是现实问题，是1449年的“土木堡之变”导致数十万流民进入荆襄山区，此后的1464年因王室、宗藩和门阀强占土地，成化年间土地兼并，接连造成大量流民，先后有两百万之众流民进入荆襄山区；说是历史问题，是因为自西晋“八王之乱”到唐朝“安史之乱”，再到宋元交战，持续不断地有数以十万计的流民进入荆襄山区。朝廷担心流民居山为匪，多次封禁和驱赶甚至剿灭，结果引起流民广泛起义。在万般无奈的情况下，划疆而理，分民而治，设立郧阳提督行台，专事处置流民问题。

这段历史，由于种种历史的、人为的原因，渐渐淡出人们的视野，甚至连郧阳的志书也无详尽记载。然而，设立郧阳提督行台是具有理域安邦的社会学意义的大事件，是不囿于国家制度的特事特办的特例，可谓中国史上设立的第

一个特区，郧阳藩镇可谓中国史上的第一个创建性行政体制。特别是120位巡抚，几乎都是进士出身，绝大多数是德才兼备叱咤风云的朝廷栋梁之材，第一个特区，第一群特首，在这里建功立业，谱写了可歌可泣与日月争辉的绚丽篇章。第一任巡抚原杰，至今深深地留在民间记忆中，陕西省城固县的原公祠，屡倒屡建，屡旧屡修，至今熠熠生辉。这段历史的重大意义不可在中国史上缺位。

这段被尘封历史能够重新展现在人们眼前，颇富偶然性。20世纪末，十堰市的退休教师冷遇春老先生在清理古籍资料时，偶尔发现了线索，遂编著《郧阳抚治两百年》一书；2003年十堰地方志办公室通过台湾友人收集到明万历十八年(1590年)《郧台志》刻板印行的影印本，主任潘彦文亲自担纲校注，完成《郧台志·校注本》。由此而论，黄先生的《郧阳藩镇研究》是再现郧阳藩镇历史三部曲的第三部了。这三部书，在十堰史志上，应留下浓墨重彩的一笔。

如果说《郧阳抚治两百年》和《郧台志·校注本》是志书体例的专著，那么黄先生的《郧阳藩镇研究》则是以更宏阔的视野更灵活的记述文体写郧阳抚治，写郧阳抚治辖境的整个汉江，写整个汉江流域在204年的郧阳抚治时期的社会形态，写两百多年的抚治时期的郧阳文化。在他心里，郧阳藩镇是郧阳史上的大篇章，于是，洋洋洒洒，鸿篇巨制《郧阳藩镇研究》赫然问世。

驾驭这部鸿篇巨制需要勇气和胆识，需要包括史学在内的多学科知识的积累，需要多维度写作的技巧和能力。时代的变迁、历史的尘封、文献的贫乏、记录的缺环，使黄先生的写作举步维艰。他费尽气力，收集到了明清两朝历代皇帝《实录》，明代的《卢忠肃集》《卢象升疏牍》，清代的《明史纪事本末》《明史》《守郧纪略》和《绥寇纪略》，北洋政府时期的《清史稿》等典籍，苦苦研读，细细揣摩。依据训诂学的理论和方法，力求语句和词义的准确性。这些古籍不全是正史，还有野史，这考验着他的鉴别能力。正史由于当朝的政治与好恶，对历史的记录、对事件和人物的记载，常作人为的取舍，扭曲了历史的本来面貌，当有的则无，当无的则有；当直的则曲，当曲的则直，还有些指鹿为马的东西，也有些非鹿非马的东西。野史通常是对正史的补遗和矫枉，但不乏民间化的道听途说，或娱乐及刺讽层面的杜撰。

正因为如此，还得有至关重要的一点，就是田野作业，包括考古发现、习俗采风和文物搜集。国家南水北调工程开始后，对库区遗址进行抢救性发掘，郧县最多时有28个考古队同时发掘，这为黄先生田野作业提供了很好的机会，

他几乎跑遍了全县境内所有的遗址发掘现场。对县城里尚存的大丰仓、府学宫等明代旧址，他反反复复地实地考察；他还去衙门遗址和庙堂等处寻找碑文，实地考察明代的武阳堰和盛水堰，以及山寨等地。而图上作业则是以整个汉江流域为主体的郧阳藩镇全部辖境，他以大视野、长焦距、大纵深的攫取方式，纵横捭阖，恣意涉猎，为大郧阳文化写作，砥砺大手笔。

这部鸿篇巨制各卷有各卷的写作主旨，各卷有各卷的行文方式，或是规范的体例，或是遴选的荟萃，编撰风格不一，内容异彩纷呈。本次首先推出前三部。

第一部以 204 年郧阳抚台体制，揭示郧阳抚台的内在机制。其时郧阳城内抚台、下荆南道、府、县四级官府同城，所属几十个衙门。本卷分别从抚台的政体、军防、户籍、赋税、刑狱、贡事，以及各地的王府、郧阳藩镇与周边的关系、郧阳藩镇几次裁革与复设的历史背景等诸多方面，揭示郧阳藩镇的运行机理。

第二部以史籍、疏文、碑记等文献资料记录郧阳抚治时期辖境内所发生的大事件，如自然方面的万历十一年(1583 年)特大洪水，社会方面的丁亥兵变、房县流民起义等，通过这些自然的和社会的大事件，探究郧阳藩镇风云变幻的内在动因。

第三部以郧阳古城的外在面貌和内在格局，揭示郧阳藩镇的文化内涵。本卷分别从古城概观、衙署、教育、祭祀、诗文等 5 个方面着笔，逐一展开。

本书的史志学价值是不言而喻的，然而与《郧阳抚治两百年》和《郧台志·校注本》相比，其特色更在于地域文化学方面，其可贵之处在于从文化学的多个维度，还原了那个时期的历史面貌。

关于“藩”，黄先生在本书中有专门章节的论述，从源与流上论述中国的宗藩制度，最后落脚于明代，定格于郧阳，论述了明代宗藩制度的利与弊，论述了郧阳藩镇内的十二宗藩，并以六个亲王府剖析明朝宗藩机制。这些资料对于地方的方志建设，具有非同寻常的意义。

藩的概念出现得很早，藩是分封制度的产物。西周的“以藩屏周”的王朝战略，表明藩的概念已经非常成熟了。藩作为王朝之下的诸侯国，有了仅次于王朝政体的国家政体，有了仅次于王朝制度的国家制度。所以藩通常与国的概念相通，有时直接将分封的国家称作藩国，其首领像王朝首领一样称作“王”。在现实中通常将藩泛用，将大的地方政权和行政机构也称作“藩”。在明朝，在口语的称谓中，常常将行省称作大藩。镇的概念出现得也比较早，原义指的是边

境上的戍守。这种驻边戍守的建制大者称为军，小者称为镇，后来军镇并用。所以，藩镇通常是以军事为主体的政权。然而当时的郧阳却不是，而是一个以安抚辖境内流民的政权实体。所以，称郧阳藩镇也正是提督行台政权性质的另一种表达。

黄先生是刚设立的十堰郧阳区前身的郧县人，家住县城西北角，房屋面积不算小，但是没有专门的书房，除厨房和卫生间外，到处堆垒着书籍和收集来的古玩或是具有文史价值的器物，整个屋子既像图书馆又像博物馆。他的夫人是个善良而谦和的人，一切顺从他的习惯、趣味和喜好。

做学问当是严谨的。是古人做学问过于严谨，学究一经，因而呆板吗？所以时常将学究作为贬称。现代许多人做学问不再讲求学究一经的精神了，似乎多了些许灵活性和变通法，貌似以噱头对冲学究的呆板，实则以戏说取悦受众，毁坏学术的严谨。此行虽为受众市场所推崇，然实在不可取。黄先生本书的写作似乎要在去学究、去戏说之间探索一条更适合普通大众阅读的道路。文章合为时而著，这种尝试值得肯定。

最后，想借机发一个口头倡议：关注汉江文化与汉江文明研究。从发生学意义上讲，汉江文化不亚于黄河文化与长江文化，汉江文明不亚于黄河文明与长江文明。在公元186年之前，汉江没有被阻断，汉江从陇南嶓冢山发源，携嘉陵江、堵河、丹江和唐白河等数条大河，一路到汉口与长江并流入东海。在夏商周时期，汉江流域文明是中华文明的主体构成部分，可以划分为陇南、汉中、郧阳、商洛、南阳、荆襄、随枣、云梦8个文明区系，可以建立起由汉江文化本体与黄河文化、长江文化、黄河—长江文化融合而成的汉江文化结构模型，进而对汉江文化进行全面、深入的研究，确立汉江文化与汉江文明在中华文化与中华文明中的主体地位，以独立、独特的身份，进入中华文化与中华文明谱系。

由此而言，黄忠富先生的这部巨制对于汉江文化与汉江文明的研究，是有重要贡献的，其付出是值得称道的，其成就是值得称颂的。

傅广典

2019年2月18日于武昌东湖

（作者系中国地域文化研究会主任、湖北省民间文艺家协会主席）

目　录

绪　论

从公元1476年到1680年的204年间，是郧阳历史上的藩镇时期，先后有121任巡抚坐镇郧阳，统领着整个汉江和长江中游的广大流域，领地范围北自洛南县与河南灵宝县界，南至建始县鹤峰的江口，宽达1400余华里；西自嘉陵江上游的川陕甘结合部宁强县与四川广元之界，东抵云梦、孝昌与黄麻相交，长达2500余华里。

200余年的时间，对于整个人类发展史来说也许很短，而对于个体人来说就显得漫长，如果换算成天数来计，就是74460天。这么长的一个时间阶段，这么大的地理范围，有这么多的人而且一代接一代地繁衍生息，每天会有多少大事发生？没有人会去统计，也无法统计。光121任巡抚在郧阳期间做过了多少事，这本身就是一笔无法完全统计的糊涂账。

人都有一种天性，喜欢探究往事，希求弄懂自身的来路与源头，想借鉴历史上的教训与经验而少走一些不必要的弯路。这正是人与其他生物之间最大的区别之一，也正是靠了这种天性，人类才有了传承，社会才产生了文明，人类生活才显得丰富多彩。

然而，不是所有的历史都能保留下来。自有人类以来，大量历史人物所做的大量事情都被淹没在了历史的长河之中。这是一种幸事，也是一种不幸。人类要学会部分遗忘，不然会被历史的包袱所压垮，所以说这是幸事。但人类更需要从祖先那里得到传承与借鉴，不然就会迷失自我，甚至出现倒退返祖现象，所以这又是不幸。

对于郧藩的历史，我们已经遗忘得太多了，是一种大不幸。我们现在离郧藩的起头之年不过500余载，离郧藩的结束更只有300余年，可作为郧阳人的我们，几乎已经把那段历史遗忘得干干净净，这太不应该了。好在有潘彦文先生两次校注出版万历年间裴应章主修的《郧台志》，才让这204年郧藩的轮廓重新展现在了我们面前。

更引人骄傲的是郧阳有一位冷遇春老先生，他在潘先生校注出版《郧台志》之前就已经在研究郧藩的历史了，并写作出版了《郧阳抚治两百年》一书，初步撩开了被尘封已久的郧藩面纱。

我有幸，能够享用到潘先生和冷老先生烹制出来的地方文化大餐，但由于自己的文化脾胃过于薄弱，对这顿丰富的大餐一时难以完全消化，于是我一边慢慢咀嚼，一边开始“吃药”，以求增强胃动力，提高消化度。也许是病急乱投医，我找来的“药”有很多，都是诸如《明史》《明实录》《明史纪事本末》《绥寇纪略》《万历野获编》《清史稿》《清实录》等等。

我的这种“吃药法”无意之间让我走上了一条正确的路。由于想消化地方文化，就不自觉地研究起国史来。由于对国史的研究，我又对地方文化与大中华文化的关系有了更多的认识，发现原来发生在郧阳的每一件大事都是当时的国事，都有着国家背景，朝廷根脉，民族根基。于是，我的文化消化力真的得到了大大的提高，学会了“看郧阳不能眼睛只盯着郧阳看，而是要站在郧阳观天下”的方法。

我知道，绝大多数的郧阳人还没有我的这种幸运，他们至今无法享用到潘、冷两先生提供的文化大餐，一是他们中的许多人还没有机会接触到，二是有些人有机会接触但却浅尝辄止不愿深品，三是有些人愿意品尝却又被不熟悉的文言句式和陌生的历史人物以及掌故所吓退。唉，于是感慨百年来的国学大抛荒。

感慨之余我萌生出了一个念头，也想学学潘、冷两先生，能为乡亲们烹调一点地方文化小吃。之所以不烹大餐而做小吃，一是考虑自己的文化功底和文学功力都很浅薄，难以施展大手笔；二是考虑到大多乡亲的文化口味和文化消化力还不是太强，还是以小吃相飨也许比较适合他们的口味；三是已有两位先生出版的宏著在前，我还是在他们的基础上白话白话，让乡亲们能看懂为宜。

因此，我的几本关于郧藩历史的书，尤其是这本《郧藩史迹》，也许在文化大家的眼里有点小儿科甚至不屑。但我这是为乡亲们烹调的一点小吃，味道怎样我只看乡亲们的脸色，不看文化大家的表情。

基于此，此书坚守忠于历史、完读历史、消化历史三个原则。

所谓忠于历史，就是把历史真相原原本本地还原在读者面前。为了让读者认清历史事件的真面目，本书尽量把皇帝谕旨、朝廷咨文和郧阳官员所上的奏疏等原文引用，尽可能让读者自己去思考历史，有可能的话同时享受一点古文的熏陶。

所谓完读历史，就是在呈现郧阳真实历史事件的同时，也把当时的全国形势摆到读者眼前，让他们理解这一事件不是孤立的，而是有着千丝万缕的联系，是与国家、民族的命运紧密相连在一起的，从而尽可能让他们自己分析出其中的得与失。

所谓消化历史，就是把所引用的谕旨、咨文、奏疏等尽量翻译出现代白话文大意，让所有读者都能明了古原文的含义，不至于出现文化消化的肠梗阻。作者希望那些对古文一知半解的读者，能够通过此书中的古文与白话文的对照来阅读，从而提高古文鉴赏能力，并在不久的将来不靠翻译就能读懂古文中的精髓。更希望那些古文根基深厚的读者，能够不吝赐教，指出书中白话文大意中的翻译谬误。

关于《郧藩史迹》这个书名，可能会被人诟病。或者有人会说：司马迁是何等的大人物，所作出的《史记》岂是哪个人可以用谐音随便套用的？或者有人还会说：此书并非郧藩历史的完整记录，用“史迹”是否合适？或者更会有人说：此书的体例与笔力都与司马迁的《史记》有着天壤之别，你用这个书名是不是有点沽名钓誉？

诸君大可不必气恼伤肝。一是没有必要太过认真，现代人的生活压力那么大，就只当一个茶余饭后的笑料未尝不可；二是《郧藩史迹》作为书名还是有点名实相符的，虽然不是郧藩完整历史的记录，但这里的文章通篇依然为郧藩历史的真实描述，面对当前历史事件演绎泛滥来说，用这个书名以正视听还是有必要的。

由于郧藩的历史事件太多，无法事无巨细，因此全书就只选择了36件大事来展现，把每一件大事作为一篇，内容涉及郧藩时期的政治、经济、军事、法律、文化、人民生活等等方面。读者如果能够耐着性子读完该书，就应该对明清时期的郧阳藩镇有一个较为全面的了解，从而窥斑见豹地对明清时期的中国也有一个初步的认识。

我是一个郧阳本地人，读书和走路都不太多，以花甲之龄而擎稚空之脑，笔下难免漏洞百出，但秉性不坏，自认能知错就改。

作 者

二〇一七年六月二十日于郧阳

流民造反中的郧阳机遇

一

明末清初人谷应泰曾经著有《明史纪事本末》一书，记载了自元至正十二年(1352年)朱元璋起兵，到明崇祯十七年(1644年)李自成攻克北京明朝灭亡为止292年之间他认为最重要的80个历史大事件的始末。全书共八十卷，每卷一个专题，其中第三十八卷为《平郧阳盗》，记述的就是成化初年发生在湖广荆襄的两场流民暴动，和朝廷派兵平息这两场流民暴动，以及原杰抚郧并在郧阳建藩的过程。

需要交代一句，当时很明确的“荆襄”这一概念，到了今天却引起了许多歧义。有人习惯于在中间加一顿点，表示指的是荆州和襄阳两地；也有人说是指荆山、襄阳一带的江汉平原；更可笑的是竟然还有人说“荆襄”就是郧阳，郧阳古时称“荆襄”。其实，荆襄只是一个行政区划上的地域概念，指当时的湖广省下荆南道，地盘包括后来的襄阳府、郧阳府和安陆府，就因为下荆南道衙门曾经设在襄阳，所以才有“荆襄”这一称呼。至于荆州，是上荆南道所属之地，在概念上与荆襄只是相邻关系。

正所谓“福兮祸所伏，祸兮福所倚”。对于国家来说，把人民逼上了造反之路无论如何都不是一件好事。然而对于当时的郧阳来说，却正是这两场流民暴动带来了机遇，成就了郧阳一统江汉200余年的恢宏局面。这不仅仅只是对郧阳的成全，而且对于此后历朝历代能够重视稳定中国心脏地域脉搏跳动频率使之正常化也起到了警示作用。

在详细介绍成化初年的两次流民暴动促成了大郧阳局面之前，我们还是应该对谷应泰和他的《明史纪事本末》有一个大致的了解。

谷应泰(1620—1690年)，字赓虞，别号霖苍，北直隶丰润(今河北唐山)人，自小聪敏好学，一生饱读经史，诗词文章无一不精。于明崇祯十三年(1640年)20岁时中举，清顺治四年(1647年)27岁时中丁亥科进士，先后任户部主事、员外郎、浙江提学佥事。

当时的浙江提学衙门设在杭州，杭州是唐宋以来经济文化的重心之地、江南繁华之地、骚人墨客流连忘返之地。谷应泰提学于此，自然产生了效法白居易、苏东坡纵情山水的想法，就在西湖山顶建了一所书院式的藏书楼，收藏了大量图书，并在大门之上亲题匾额："谷霖苍著书处"。

谷应泰在担任浙江提学期间，选拔了不少有才华的人输送给朝廷，大多后来都官居要职，因此，他在朝中有不小的势力。同时，他本人也在杭州潜心学术研究，获得了浙江一带文人学士的赞赏。他存世的著述主要有《筑益堂集》《明史纪事本末》和《博物要览》。

《明史纪事本末》是谷应泰在浙江从事学政工作之余，仿照袁枢《通鉴纪事本末》之例，"夙夜兢兢，广稽博采，勒成一编，以补前史"。该书分卷记载明代的典章事迹，最大的特点是每一卷为一篇，记载一个历史事件，并均在篇末以"谷应泰曰"发表对该事件的评论。后来，乾隆皇帝在亲自组织编纂的《四库全书总目提要》里，称《明史纪事本末》"其排比纂次，详略得中，首尾秩然，于一代事实极为淹贯，每篇后各附论断，皆仿《晋书》之体，以骈偶行文，而遣词抑扬，隶事亲切，尤为曲折详尽"。

《明史纪事本末》记述的都是明朝重要的历史事件，虽然并没有全面记录明代各项政治经济制度，甚至连郑和下西洋扩大我国与南洋地区经济文化交流等这样的重大事件都没有记载，但毕竟该书早于清代官修《明史》80多年，是作者凭借自己的社会关系、社会地位、经济财力和学识才能等条件，在综合多种明代资料，又广泛采集私家野史的基础上，还是难能可贵地详尽记述了明代的80个重大事件，基本上囊括了朱元璋起兵以后近300年历史的脉络，用他自己的话说还是能够"使读者审理乱之大趋，迹政治之御失"。如其中所记的成祖朱棣设立三卫、进军漠北、剿沿海倭患、议复河套等事，都远较《明史》为详。尤其是关于农民暴动的专题，全书有十五篇之多，约占内容的五分之一。对于宦官阉党的专横，书中也有详细的叙述。所有这些，为后人研究明代社会问题和对外关系等，都提供了不少可贵的资料。

《明史纪事本末》的成书经过有许多传说，对于是否为谷应泰所作也众说纷纭，但这些传说似乎都不太可信，只有他曾经延揽了一批文人协助编纂这一说法还有点靠谱。

有人对《明史纪事本末》里的政治立场提出责难，认为他是在力图为统治者总结并提供一些维护长治久安的经验，如不该大力表彰“忠烈”，而以“盗”、“贼”、“困兽”、“蚁附之妖”等语言辱骂农民军等等。然而，所有这些说法，应该都是一些读者的偏见。我们读史，不能把今人的观点强加给古人，更不能把自己的观点强加给历史。自古成者为王败者寇，统治者维护社会的长治久安应该不是什么错，由胜利者书写历史也不是谁人的错。难道非要让胜利者去美化曾经被自己击败了的失败者吗？再说，没有任何一个掌权者会去鼓励人民暴乱，过去如此，今后依然还会如此。何况暴乱对大多数百姓来说，不见得都是好事。

二

谷应泰《明史纪事本末・第三十八卷・平郧阳盗》的大意如下：

成化元年(1465年)夏四月，湖广省荆襄发生刘千斤造反。荆襄的上游是与陕西省交界处的郧阳。郧阳，在春秋时期为麇国，是楚国的附庸国，其地多山，元朝至正年间就有流民作乱于此，到元朝灭亡时，最终都没能平息。是明初派邓愈用兵才把流民完全剿除，腾空了这块地方，并禁止流民进入。然而，郧阳地处湖广、河南、陕西三省之间，多为空旷土地，又有山谷阻塞，森林茂密，其中的草木就可以让人民采掘裹食。

正统二年(1437年)所发生的大饥荒，使各省难民纷纷流入郧阳导致朝廷无法禁止，而且越聚越多，无法约束。流民中有势力的人就相互称霸，驱使奴役了一部分老实流民。对此，汉中知府曾经上疏说：“不立即诛杀他们，恐怕将来会有后患。”皇帝不忍，说：“这些小民都是为饥寒所迫才流窜到此的，为什么急着用兵诛杀他们？”于是就命御史金敬前往郧阳去抚辑。金敬抵达郧阳后，派遣了好几个人戍守在这里，让那些在山外明显处的流民都听从了招抚。然而那些大恶霸们依然都潜伏着不肯出来，在多次劫掠之下，他们的势力益发滋生蔓延开来。有一个叫杨英的锦衣卫千户奉敕出使河南，回京后上疏给皇帝说，这些流民日后必反，建议选派良吏赈恤他们，然后渐渐把他们遣散，其言辞很是恳切，但皇帝对他的建议却置之不理。就因为郧阳地界三省，所以各地的府、县官员都一次次相互推诿，说流民不在自己管辖的境内，全都还是按着老方法办事，使流民问题得不到治理，以致成化初年终于爆发了刘千斤的带头作乱。刘千斤，名通，河南西华县人，力气过人，在家乡时，县衙门前有一个千斤重的石狮，他伸手就能够举起来，因此人们都叫他“刘千斤”。正统年间，刘通来到襄阳府房县，与石和尚相邀造反。石和尚，名龙，号和尚，成化元年纠合冯子龙等数百人四散剽掠。刘通首先派儿子刘聪去约石龙、冯子龙一同举事。不久刘通就在大石(木)厂立下黄旗招聚众徒，占据着海溪寺称王，国号“汉”，年号“德胜”，并大封将军、元帅，以石龙为军师，以刘长子、苗龙、苗虎为羽翼，聚众好几万人，劫掠于襄阳、邓州之境。当时，朝廷刚刚派王恕以副都御史身份出抚荆襄，在各地对流民悬榜晓谕，但朝廷并没有授予他讨伐之权。刘通等人对悬榜晓谕这一套已经习以为常，所以不肯听从招抚而散去。王恕回朝廷复命时说：“流民是可以安抚的。但流民中的奸民、乱民，则非使用兵威不可。”

五月，朝廷任命抚宁伯朱永为总兵官，兵部尚书白圭提督军务，太监唐慎、林贵监军，会合湖广总兵李震、副都御史王恕共同讨伐刘通，三师并进，直捣刘通在房县的老巢。

成化二年(1466年)二月，朝廷擢升镇守荆襄的王信为都指挥同知。当时，刘千斤之乱让荆襄震惊，因王信知道房陵地势险要，就径自率领几十骑人马前往据守，又调集该县民兵不满千人前来协守。王信立足未稳，就突然遭到刘通率4000余人的围攻。在援兵断绝的情况下，王信不断张旗举火，而且日夜不息虚张声势40多天。后来，王信派死士出城，在五六里外鸣放火炮，让刘通以为是有官军援兵到来，这才大惊而溃。王信出营追击，大获全胜。

三月，提督荆襄军务的兵部尚书白圭上奏说：“贼首刘千斤在襄阳房县豆沙河等处的万山之中，分作七处屯兵。我等商议后认为最好分兵四路攻击：一路从南漳，一路从远安，一路从房县，一路从谷城，形成犄角并进之势，限期会剿。”皇帝嘱咐：“兵不可遥制，都如你的所议行事。”

五月，兵部尚书白圭和湖广总兵李震率师讨伐，铲平了荆襄之乱。经过为：白圭到达南阳与抚宁伯朱永会合后由南漳深入，遇敌，诱到城下击破。因为朱永当时有病，就留下来镇守南漳。其余发兵经过为：由白圭与唐慎、李震、湖广巡抚王俭共同进兵潭头坪，由林贵、鲍政从远安进兵马良坪，由喜信、王信从房县进兵浪口河，由王恕率领都指挥刘清等人从谷城进兵洞庭庙。见官军的气势逼人，刘通逃往寿阳后欲奔陕西，苗龙逃往大市后欲奔远安。官军已提前调兵往寿阳，截断了刘通的奔逃之路，他就退而到大市与苗龙会合。都指挥田广率兵推进至雁坪大败流民军，又追至古口山。第二天，田广与各路大军会合后联合进攻古口山，斩杀了刘通之子刘聪、伪都司苗虎等100余人。再乘胜进兵，逼刘通等人退入后岩上的巢穴。当时，山势愈峻，天又下雨，泥淖难行，白圭身先士卒追至山底，流民军凭借险要抗拒，从山上雨点般纷纷滚落木石，官军破头碎额者不计其数。白圭于是命令刘清率兵千余骑从小道绕至敌后，焚其营寨。流民军自以为是官军攻破了自己的大营，不由得魂飞魄散而纷纷逃窜。可怎奈得七高八低的山路十分崎岖，他们越性急就越容易踏空，坠崖堕涧而死者过半。加之白圭与李震、王俭攻其右，王信击其左，鲍政攻其中，可怜数万余流民兵逃避不及，统统作了刀下之鬼，只有刘通还在提着大刀左右飞舞，让数百官兵不能上前，反被他劈死了数十人。后来，官军强弩四射，数中刘通面部，他才大吼一声倒地。官军生擒刘通后献俘于京师，把他与苗龙等40人统统分尸于市，其余10岁以上男子都被斩杀。只有刘长子、石龙得以幸免，逃遁而去，潜入岩险。朱永病愈后，来与大军会师，再共同率兵搜剿余敌。

六月，石龙集众千余人焚劫四川大昌县(今重庆巫山县大昌镇)，杀死了驻防在这里的夔州通判王祯。皇帝大怒，命白圭分兵讨伐。

十月，提督湖广军务的白圭诱捕了石龙。当时，石龙、刘长子聚众于巫山，白圭遣参将喜信、鲍政、都指挥白玉三人带兵顺着石龙逃亡的方向追剿，然后围而不剿。合围月余后，石龙巢穴内粮食俱尽，白圭就派张英诱降了刘长子，又令他把石龙绑缚解送到喜信的大营，喜信将石龙打入了囚车。刘长子大概是饿急了，就向喜信乞讨一点食物吃。喜信佯装安慰，给予食物，再命他去诱捉刘通之妻连氏，以及伪官常通、王靖、张石英等600余人。当刘长子把所有人一一诱捕到，张英却马上翻脸，把刘长子一并绑缚。各大将都认为张英的做法太过分，又均嫉妒他的功劳，就纷纷在朱永面前诬陷他，说他多次获得过判军的贿赂。张英的官职较低，根本就无法为自己辩解，朱永就借机打死了张英，然后班师奏凯还朝。

十一月，石龙、刘长子被分尸于市。朝廷论平荆襄之功，晋升抚宁伯朱永为抚宁侯、李震为兴宁伯，加白圭太子少保衔。

成化四年三月，朝廷改派户部右侍郎杨璇为右副都御史抚治荆襄、南阳等处流民。

成化六年十月，荆襄又爆发李胡子聚众造反，原因是成化二年平刘通之乱后，三省周边各府都没有设控制流民的戍守。等到这一年天大旱，入山的流民有90万人之多。李胡子，原名李原，河南新郑人，为刘通的余党。刘通失败时，他与同伙王彪逃亡躲过一劫，又纠合余党小王洪、石歪脖往来于南漳、房县、内乡、渭南之间劫掠。这次发动流民之乱时，他自封“太平王”，下设总兵、先锋等职，又立“一条蛇”“坐山虎”等号，官军屡次剿捕而不获，使得荆襄、南阳为之一片哗然。

十一月，朝廷命都御史项忠总督河南、湖广荆襄军务，讨伐李原。

成化七年正月，项忠抵达襄阳，见驻襄阳的官军既少又弱，就向朝廷请求调永顺等处的土家军前来增援。朝廷答应，并督促诸将速进。项忠说：“流民逃聚在山谷，陷入盗伙中不能自拔。”就分派驻兵分布于各处险要，不断派人持皇榜招谕，说凡有能劝降自首的，都不杀。于是很多民众扶老携幼出来归顺。当王彪带领10人化装出山观察官军态势，并且阻拦人们出来归顺时，被项忠出其不意地擒获。兵部尚书白圭说：“贼党困于饥寒，出于迫胁。应该敕谕项忠相机应变，计虑一个长期抚绥的策略。不必调动永顺、保靖的土兵到郧阳，以滋生出新的骚动。”项忠得知后，马上奏本说：“贼寇据万山之险，又有流民服从他们，其祸患将深不可测。我奉诏旨来此劝告他们，给他们一条生路，所以才会有流民扶老携幼日夜不绝地出山，归顺人数已经达40余万之多。现在假若让土兵调动半途而废，恐怕民众听说以后会怀疑而产生恐惧。王彪虽然已被斩首，而贼魁李胡子还在窜伏之中。设若他再次聚众，那时重新调动就难了。”皇帝于是下旨：“土兵一到，要严格约束他们不得扰民。那些在山里眷恋生业，没有胡作非为的流民，要用心设法抚安他们。”

十一月，荆襄、南阳的流民被基本清除，朝廷升项忠为右都御史，敕谕他仍留在荆襄抚治流民。项忠的用兵之道，在于派人持榜旨进入荆、豫大山之中招喻，凡负险不服者，马上纵兵剿灭不赦。李原在渐渐势单力孤之后，就潜伏于山寨不出。项忠遣副使余洵、都指挥李振率兵追捕，在竹山县与李原遭遇。李原拼死抵抗，还是被官军擒获。李原被擒后，小王洪还带有500余众屯驻在均州龙潭，后来也被余洵、李振追至生擒。项忠抚治荆襄，遣送还乡的流民达40万人，俘斩叛乱者2000余人，编成到军中10000余人。在这些流民中，有的自洪武以来就在这里建家立业繁衍子孙而从来没有作过恶的，然而大兵一到寸草剃光，死者枕藉山谷。在流亡、遣送、谪戍途中被饿死、冻死、病死、打死之后弃尸于江的达10余万人之多(有资料说死亡流民达100余万)。人们纷纷议论，说项忠领导的此役，实在是滥杀无辜，同僚也都不断拿此事嘲讽他。

十二月，项忠进京献在荆襄俘获的李原等129人，由刑部尚书陆瑜等人会审上奏，判罪不等。

成化八年(1472年)四月，通政使司兵科给事中梁璟上疏弹劾项忠，说他偏听翰林院检讨张宽、御史刘洁、总兵李震之言而纵杀邀功。皇帝反驳："荆襄流民为患，中外皆以为虑。今及荡平，即议其后，非所以激劝天下也。"兵部尚书白圭也上疏称："项忠所上的荆襄、南阳功次文册，与李震所上的前后不同，请皇上认真勘验。"皇帝还是不听。

五月，项忠迫于舆论压力请求致仕(退休)，皇帝不准，宽慰挽留，召他回京还都察院。不久，有彗星出现在西天，人们纷纷传说这都是因为荆襄大杀戮所致。项忠再次上疏陈述，自证清白，请求皇上允许他告老还乡，能把骸骨留在家乡。皇帝这才很温和地答应了。

成化十二年(1476年)初，又有百万流民集聚于郧阳周边。二月，朝廷命都御史原杰治理郧阳，抚定流民。从成化初年以来，陕西至荆襄、唐邓之间的长山大谷之中，绵亘千里都成为流亡之民所藏聚的地方，刘千斤之乱就缘于此。到李胡子之乱时，流民大约已超百万。项忠奉命捕逐他们，死者不计其数，所以国子监祭酒周洪谟才著《流民图说》，认为："东晋时，(今安徽)庐江郡松滋县肥地之民流亡至荆州，朝廷就在荆江之南设置西松滋县；陕西雍州之民流聚至襄阳，朝廷就在襄水之侧设置南雍州。其后就把西松滋隶属于荆州，南雍州归并于襄阳，迄今千载，百姓相安。像前代这样处置荆襄流民应该甚得其道，假若现在让他们就近在各县附籍上户口，再在那些远离县城不便管理之处就近添设一些州县，置官吏，编里甲，宽徭役，以抚安这些流民，使他们能安心生活置业。这样，流民就都成为平民了。"都御史李宾很赞成周洪谟的说法，就在这次流民再次大量聚集时，李宾向皇帝上疏援引了周洪谟之说，皇帝同意，就命原杰前往荆襄莅其事。

七月，北城兵马吏目文会上疏称："荆襄自古为用武之地。宣德年间有流民邹百川、杨继保等人藏匿集聚在这里为非作歹。正统年间的流民胡忠等人在这里开垦荒田后，朝廷才开始把他们纳入版籍，编成里甲。成化年以来，有刘千斤、石和尚、李胡子相继作乱，而派去的大臣都处置不当，至今还没有安辑。今年河南歉收，饥民纷纷入山就食，势不可挡，怎能保证没有日后之患?"又备文向皇帝陈述了三件事："一为荆襄土地肥饶，皆可耕种，往年入籍的流民可以给他们一些田土，让所有附籍者都能领取田土着力耕种，并酌量存恤他们，如果有愿意回原籍的就听凭他们决定。二为在流民所潜藏而经常出没之处，请求选派优良官员去抚绥，并派军卫官员去守御那里，流民就会自安。三为荆襄上游为吴楚要害之地，而且道路多通，必须在各总隘之处加设府、卫、州、县，建立保甲，允许通商以足其衣食，建立学校以厚其风俗，这样人民就自然趋向于善良。"皇帝非常欣赏这三条建议，命原杰采纳用之。

九月，原杰上疏称："信阳、固始等州县，南抵蕲黄，西接荆襄，东连凤阳、霍丘，山势绵亘，河流四达，盗贼易于出没。而且凤阳、陈州近来受灾，流民载满了道途。强盗进入霍丘后劫持官帑所藏，捉拿县府官员，使当地一片骚动，实在应该思患预防。我现在请求在汝宁府所属的信阳等13个州县内，令河南、湖广两个都司的巡守官选派壮丁、预备器械和马匹，委任2个军官督促他们缉捕盗贼。另外，信阳为军民杂处之地，出没的奸盗特别多，请求调守备南阳的河南都指挥官，令他务必专御盗贼，禁治银矿。再有，商城县南接六安州，200余里四野旷漫，然而金刚台巡检司却设在县北，现请求迁置到县内马头山。"皇帝下诏，全部同意原杰的意见。

十一月，原杰开设湖广郧阳府，并在郧阳设湖广行都司、郧阳卫、郧阳千户所。当时，原杰亲自遍踏各府县的深山穷谷，每到一处就宣布朝廷德意，访问民间疾苦。各地父老都欣然愿意追随原杰，归附版籍成为良民。于是原杰招集湖广、河南、陕西三省的巡抚、按察使、布政使等大臣会商，对于11.3万余户流民，遣送回归故土1.6万余户，安置愿意留下者9.6万余户，承认留下者各自所占的空旷土地，派官员计量后，按人口、劳力多少限量划给，责令他们开垦出来，并成为他们永久的产业，应向官府提供赋役，并就近设置府、县统治他们。于是，他在湖广割竹山之地分置竹溪县，割郧县、上津之地分置郧西县；在河南割南阳、汝州、唐县之地分别分置桐柏、南召、伊阳三县；在陕西析商县之地置商南、山阳二县，而把商县改为商州。这样，就使得流寓与土著之民参错杂居。原杰在郧县城里所设置的郧阳府，统领郧、房、竹山、竹溪、郧西、上津、白河七县，所设立行都司防卫郧阳、襄阳、荆州、安陆(钟祥)、德安五府，以郧阳军卫保障控御郧阳府所属地方。原杰经营筹划完毕，就上疏皇帝，并推荐邓州知州吴远为郧阳知府，以及他所选定的各州、县主官。这些人都是一些邻境里最优秀的、熟悉业务的能干之吏。原杰还以郧阳地界三省不能无统纪为由，建议设置藩镇，推荐监察御史吴道宏为巡抚，说他的才能和声望都是有口皆碑的，请求允许他代替自己出任郧阳巡抚，让他居郧阳而兼制三省，抚治八郡(府)。皇上遂擢升吴道宏为大理寺少卿、郧阳按察使。玺书从北京驰往郧阳，御赐召原杰还朝，让他出任南京兵部尚书。原杰却因劳苦成疾，在南去途中竟然卒于南阳驿舍。荆襄之民听说之后无不痛哭流涕。

不久，朝廷又擢升吴道宏为右佥都御史郧阳巡抚，开府于郧阳，并颁给他敕谕、关防等，以求郧阳大治。

三

以上为《平郧阳盗》里叙事部分的大意。

这里的“开府”并不是开设郧阳府，而是“开府建衙”的意思。在古代，只有三公、大将军、将军才有资格建立府署并自选僚属，是重臣才配享有的特殊待遇，因而有“开府仪同三公”的说法，到隋唐以后，“开府”就成为了文臣的一种官阶，明清时只有巡抚、总督才有称“开府”的资格。

前面已经提到，谷应泰《明史纪事本末》里的每一篇文章都分“叙事”和“评论”两部分。相对于现代白话文而言，虽然两部分所使用的语言都为古代文言文，但却有着很大的不同。“叙事”里的语言是一般性的文言散句，而“评论”部分都是以“谷应泰曰”开头，之后转换为了四六句式的文言骈俪文赋体，讲究押韵。下面是谷应泰《平郧阳盗》里的评论原文：

谷应泰曰：

郧阳斗绝，西北错处陕、蜀，南下则光、信、南阳、豫州之域。汉北楚山，又皆蜿蜒亘属，下抵凤阳、庐、霍。地遍千里，壤接数省，河流四达，复岭万里，麇罗之故国，鬻熊之边陲也。终元之世，啸聚不散。高皇削平，竟虚其地，禁民勿入。夫亦周终徙洛，汉不复丰，恶其渊薮，遂作丘墟。然而郧处万山，林篁丛密。地既纡回，利堪樵给。流民生长，莫隶版图，家占土田，不知租税。此亦桃源之于武陵，五丁之于蜀道矣。

流聚既多，遂生雄长，天水泥丸之志，尉陀坐大之形。刘通以膂力号刘千斤，石龙以妖识号石和尚。宪宗之世，潜号改元，唐、邓、荆、襄，骚然不靖。白圭以大司马出督，五道俱进，败之南漳，悬军深入，焚其中营。千斤献俘阙下，而临阵斩获者万有余人，蹂乱走死者不可胜算。兵威惩创，于斯烈矣。既而刘长子又有余党复聚巫山，圭发师掩捕，连营入讨。食尽援穷，诱杀渠帅，获缚者复六百余人。而上犹命纵兵诛剿，必无噍类。示不臣之炯鉴，明天威之莫犯也。既而李胡子又以余党构乱荆襄，项忠主剿尤力。遍召土兵，进营竹、房，陈俘二千，编戍满万。乃史称其草菅良民，枕藉山谷，戍多道死，尸弃江干。项羽尽屠外黄，荆楚遂筑京观。不是过也。

然而流民入山就食，云集如前。大臣悔祸，始议更张。洪谟著《流民》之说，文会有三事之陈。原杰乃披榛履险，宣布慰问。于是山东之民扶杖听诏，河北之老流涕观军。入籍者十一万三千，愿留者九万六千余户。各占旷土，并输赋役。割地三省，设置六县，而郧阳巍然重镇矣。郑国成渠，秦溉万顷；受降河外，唐筑三城。国宝慢藏，利器诲盗，非惟弃险，实启戎心。故一介之吏，贤于十万之师，耰锄之民，胜于组练之甲。然后知饮至凯旋，称俘献庙。当时虔刘我赤子，抑又何多也。原杰崎岖布置，竟以劳卒。莱公雷竹，叔子岘碑，视死人如刈，以为己功者，吾又以杰为百世如生也。

其大意为：郧阳一带山势陡峭峻险，西北与陕西、四川错处，南下就是光化、信阳、南阳、豫州的地域。汉北的楚山都蜿蜒横亘在属地之上，向下延伸至凤阳、庐县、霍邱，地遍千里，壤接数省，河流四通八达，崇山峻岭绵延万里，为麇、罗之故国，楚国之边陲。整个元代，这里都有流民啸聚不散，被明高祖皇帝所削平，竟然空虚其地，禁止民众进入。看西周终结，东周迁徙到洛阳，到汉代洛阳就不再繁华了，这都是后人厌恶前人地方的原因，所以要把它变为丘墟。然而，郧阳处于万山之中，山高林密，地盘大而迂回，靠山林就能有很好的收益。流民在这里自生自长，不隶属于国家版图，家庭所占有的土田而不知道会有租税一说，处处就是武陵桃花源的景象，这里的人就像蜀道之上的五丁之神一样在开辟着新天地。

然而，后来因为流民越聚越多，就出现了一些有很强统治欲望而称雄的人，在他们的心中，产生出了一种拿天水和泥丸造人之志，模仿赵陀坐大于南越之形。刘通，以膂力得号“刘千斤”；石龙，以妖识得号“石和尚”。他们在成化之年潜在深山里封号改元，使唐邓、荆襄不安。白圭以大司马身份出督，五路并进，破敌于南漳，又孤军深入焚敌中营，献刘千斤于京城，而临阵斩获的有万余人，四散逃走而死的流民不计其数。兵威之警戒，为这一次最惨烈。不久，又有余党刘长子复聚于巫山，白圭发大军乘其不备捕捉，连营围伐。刘长子食尽援穷，诱杀了贼帅石和尚，擒获绑缚的不下600人。然而皇帝依然命白圭纵兵诛剿，必须确保没有一个活着的敌人，以示给造反之人明显的鉴戒，以彰明天子之威不能冒犯。后来，又有余党李胡子作乱于荆襄，朝廷以项忠主剿最为得力。项忠遍招各兵，进营于竹、房，献俘2000余人，编入军队的满万人，被史书称其"草菅良民，枕藉山谷，戍多道死，弃尸致江断流。项羽屠城于外黄县，楚庄王垒尸筑京观，也不过如此"。

然而，流民并没有因此而断绝，而是依然如前在云集入山，寻找谋生之地。于是大臣们纷纷请求撤去此前人为所加给这里的灾祸，开始议论改变流民政策，所以才有周洪谟著《流民图说》和文会的"三事之陈"，才有原杰披榛履险的宣谕慰问。于是，山东来的流民扶杖听诏，河北来的父老流涕观摩纪律严明的军队，登记流民户口11.3万户，愿意留在郧阳的就有9.6万余户，他们各占空旷之土，并愿意服从官府的赋役安排。原杰割三省之地设郧藩，割襄阳六县设郧阳府，从此郧阳就成了巍然重镇。是郑国修成了渠，才灌溉了秦国的万顷田地；唐朝在河外筑起了三座城，才有匈奴贵族来投降。国宝收藏不慎就会诱人偷窃，国家利器(军队)就是用来教化强盗，不能放弃对险要之地的防守，要时刻有防止敌人可能入侵的意识。所以，有时候，一个文吏会远远胜过十万之师；有时候，那些使用农具的农民远远胜过经过训练的军队。此前，多任大臣都痛饮在对付流民后的凯旋酒会中，献俘于太庙之上，然而他们所杀戮的赤子却是那么的多。而原杰，只是在崎岖的山道上安排布局，竟然因劳累而死。我以为，原杰才真正是一个虽死而百世如生的人。

原杰设藩抚流民

一

明廷在郧阳设藩立镇是在明成化十二年（1476 年），但起因却远远早于这个年代。

郧阳地处中原腹地，又有汉江及其支流连接南北与东西，为战略要地。明代是一个饱受北方各少数民族骚扰的朝代，其北方防御的战略物资主要依赖汉江自江南运入。因此，秦巴山地的安全就让大明王朝非常上心，也就有了明初对郧阳一带所施行的封禁政策，人口只出不进，严禁流民在此落脚。

大概让朱家王朝始料未及的是，正是由于他们自己政治设计上的缺陷，又让他们在建立政权百余年之后的成化年间，不得不将郧阳一带重新开放，并在这里设藩立镇安抚流民，以加强后期的统治巩固。

明朝的户籍制度是以户口所在地为牢笼的一种画地为牢政策，把人口以里、甲为单位编排进行统治，一切都不得超出这个范围。

明朝的赋税制度设计得也极不合理，赋税和徭役大多都摊派在人头之上，与土地的关系不大，导致穷人在失去土地之后，依然要背负沉重的赋役，而兼并了土地的人却不需要增加额外的赋役负担。

明朝的宗室制度也特别荒唐，在省、道、府、县地方政权管辖的地盘内，又出现了大量的朱家子孙所形成的独立王国。这些亲王、郡王和将军们都拥有大量的肥田沃地，不仅不用交纳赋税，不服徭役，而且他们每年还拿着朝廷供给的优厚俸禄，却把支撑王朝的沉重负担全部压在了数量广大却积贫积弱的农民身上。

尤其让农民不能承受的是，明朝默许土地兼并。在古代，人类抵抗自然灾害的能力非常有限，往往一场洪涝，一次大旱，一个地震就会使千家万户顷刻间倾家荡产。灾后出卖自己的土地，是许多农民的一种无奈选择。

分散在各地的皇室宗亲们，都是一些兼并土地的大户。这些王公们或者拿出皇帝恩赐给他们的丰厚俸禄从不得已才出卖土地的农民手中购买土地，或者巧取豪夺强占土地，使大片大片的土地成为了王府庄田。

朝廷命官们也是兼并土地的大户。他们把做官得来的不义之财寄回家乡去买田置地，希望致仕后能够过上花天酒地的好日子。

商人所兼并的土地数量也不可小觑。当时的商人虽然是贱民，但身份贱而身上的银票却不贱。“有钱能使鬼推磨”是历史上屡试不爽的，钱与权的相互交易似乎自古就颠扑不破。

当然，失去了土地的农民也是人，是人就有不断寻找生存机会的能力。在家乡已经走投无路的情况下，农民首先能够想到的就是逃亡。与其在家乡被冻饿而死，还不如冒险出逃，这也许还会有一条生路。

然而，农民的逃亡之路自古以来就是一条白骨累累的丢魂路。他们中有的会冻饿而死，有的会病疫而死，更多的是被抓回家乡处罚而死。但是，在白骨累出的逃亡路上，他们依然在前赴后继地逃亡着。

这就是始终困扰着大明王朝的流民问题之根源所在。

普天之下莫非王土，哪里才有一块使流民能够安身立命的乐土？渐渐地，全国的流民都看上了以郧阳为代表的这块秦巴山地。因为被封禁，这里地旷人稀，有大量土地被闲置，稍为开垦就能耕种；这里地处华中，土地肥沃，雨量适中，水源充沛，适宜各种农作物的生长；这里江河纵横，利于各种贸易的进行；这里为四省之界，存在着政权管控的真空；这里崇山峻岭，方便流民与官府、官军周旋；在这里不用纳税和服役，一切收入都归自己所有。

大批流亡农民拥入秦巴山区，引起了大明王朝的极大恐慌。本来，封禁郧阳是明朝所制定的一项基本国策，为的就是要保障汉江运道随时畅通无阻。而大批流民的涌入，使得这项基本国策发生了根本性倾斜，让汉江运道存在着高度的风险，有致使北方疆土发生风雨飘摇的可能。大量农民逃亡，也造成了大明王朝赋税上的巨大亏空，使财政赤字越来越大，在入不敷出的情况下，宗室俸禄、官员薪俸、部队军饷都发生了大面积的拖欠，国家的根基在动摇。

就是赶，也要把流民赶回各自的老家去，这成为了明早期的一项新国策。

当时，郧县还是湖广省下荆南道襄阳府均州属下的一个县，因此朝廷把逃亡到郧阳一带的流民统称为“荆襄流民”。实际上，流民落脚的地方主要在以郧阳为中心的广大地区，如郧阳以西的陕西汉中地区，郧阳以北的陕西商洛地区，郧阳以东的河南南阳地区，郧阳以南的四川夔州地区，郧阳东南的湖广荆山地区，都成为了流民们愿意驻足的乐土。然而，流民们有了乐土之后，又让朝廷很郁闷，于是自天顺八年(1464 年)开始，朝廷就不断派钦差大臣驻荆襄解决流民问题，先后有刘子钟、王恕、严淦、杨璿、项忠、原杰等人作为钦差大臣抚治荆襄流民。说是“抚治’，实际上就是捉逮押送流民们回原籍而已。

流民们千里迢迢冒死才找到的一块乐土，当然不愿意轻易放弃。他们利用大山与官军周旋，尽量减少官军发现他们的机会。然而，由于流民太多，即使官军再少也还是有羊落虎口的时候。那时的流民被抓后只有一个下场，那就是全家被绳索捆绑着押回原籍，路途之中被折磨而死的不计其数，能够回到家乡的却寥寥无几。即使回到了家乡的流民，也没有他们的生存之路，没有土地，吃饭本身就是一个大问题，何况还有等待着他们的日积月累的沉重的税债和差务，所以他们的出路就只有两条，要么死在家乡，要么再踏上征程回郧阳。绝大多数被遣送回籍的流民都选择了后者，因为即使死在路上也是在为追求前面的那道曙光而死，何必留在家乡必死还没有任何的曙光。再次出逃的流民身后，往往会跟随着一批新的追随者。明初的流民问题就像滚雪球，越滚越大。

流民与官府之间的矛盾，就在反复押送与逃亡的拉锯中越来越尖锐，流民造反就在所难免。造反后的流民无一例外被认为是匪，剿匪则是历朝历代的一项基本国策。因此，郧阳一带的流民在为争取自己生存权的道路上，逐步走上了武装斗争的道路。

成化元年(1465 年)四月，刘通在房县大木厂称“王”，以梅溪寺为宫殿，国号称“汉”，年号为“德胜”，把石龙(石和尚)封为谋士，以刘长子、苗龙等作为将军，在郧阳、襄阳、邓州、夔州一带与官军对抗，“流民从者四万人”，于成化二年六月被官军镇压而失败。

成化六年(1470 年)十月，李原在房县自称“太平王”，联络小王洪再次发动了聚众暴动，活动在湖广南漳、房县、竹山、河南内乡、陕西商洛的三省交界地区，“流民附贼者至百万”，是明朝中叶规模最大的一次流民暴动，于当年十二月被官军镇压而失败。

两次流民暴动虽然都失败了，但新的骚乱正在酝酿之中。无论是朝廷还是流民，都看不到未来的尽头会有一丝的安宁。

朱元璋建立的明朝，前后经历了16位皇帝，享国276年。成化皇帝朱见深是明朝的第8位皇帝，已是大明中期，困扰百年的流民问题不仅无解，而且有愈演愈烈之势，于是朝野上下正在酝酿着一股思变、思安的思潮，一个停止驱赶流民，对他们就地安抚的主张逐渐占据了上风。

二

成化十二年(1476年)初，朝廷派原杰抚治荆襄。他在认真考察，仔细推敲之后，向皇帝上疏请求在郧阳设藩立镇，让流民在汉江流域就地附籍。在中国几千年的封建史里，设立藩镇一直都是在边疆进行，在郧阳设立藩镇，是第一次把这种模式应用在了中华腹地。

原杰，字子英，山西阳城人，正统十年(1445年)乙丑科进士，初授南京御史，后历任广西巡按御史、顺天巡按御史、江西按察使、山东左布政使、山东巡抚、户部左侍郎、都察院左副都御史、郧阳巡抚，于成化十三年(1477年)六月初一日卒于赴南京任兵部尚书途中的南阳，终年61岁，被赠太子太保，谥“襄敏”。原杰死后，郧阳、襄阳等汉江流域的人民为纪念他的功劳，纷纷建立祠堂祭拜之。

原杰抚治荆襄时，荆襄流民达数十万，整个汉江流域的流民超百万，这对当时只有几千万人口的中国来说，是一个庞大的数字，朝廷自然非常忧虑，多次派钦差抚治这里不仅不见成效，甚至引起了连年战火。当时，国子监祭酒周洪谟著《流民图说》，认为不应当再驱赶流民回原籍，而应当在流民集聚地增置府县，把他们就地编入户口簿中，这样既可以充实当地户口而增加税收，又能确保此后数百年这里再无大患。左都御史李宾把周洪谟的《流民图说》拿给成化皇帝看，皇帝认为可行，才派原杰出抚荆襄试行。在荆襄，原杰遍历各地宣布朝廷德意，使各地流民有所信服，纷纷愿意就地附籍。他还分别与湖广、河南、陕西的巡抚和按察御史们商议，要求对流民的处置不要一刀切：对那些曾经犯有杀人越货罪的，依然追究法办；对那些在当地无产业以及平时顽劣不服管教的，继续驱逐押送还乡；对大多数在这里已经有了房产，有了土地的，则就地编户入籍，轻定他们的田赋。原杰的区别对待政策获得了成效，无论是流民还是土著，对这些措施都普遍拥护，史书谓之“民大悦”。当年安置的流民就达

11.3 万多户，43.8 万多人。

在安置流民的同时，原杰还研究了汉江流域的地形地势，认为襄阳府所辖的郧县，处在竹山、房县、上津、商洛诸县的拱卫之中，道路四通八达，离襄阳 500 余里，且山阻林深，无论是武将还是文吏都很少到这里来，一旦发生盗警，襄阳府难以遥控。他建议开拓郧阳城，置郧阳府，把郧县衙门附在城内，再把竹山、上津、房县都划归隶属于新设的郧阳府，推荐邓州知州吴远为第一任郧阳知府；又置湖广行都司，增兵设戍，统一布防守御郧阳、襄阳、安陆、德安、荆州、夔州、忠州；把竹山县一分为二新添竹溪县，把郧县一分为二新添郧西县，把陕西洵阳县一分为二新添白河县，使郧阳府所辖达到 7 县；设立藩镇统辖三省周边的郧阳、襄阳、安陆、德安、荆州、南阳、西安、汉中 8 府；把西安府商州一分为二新增山阳县，在南阳府新增南召、桐柏二县，在汝州新增伊阳县(今汝阳县)，都分别各隶属于原来的旧府。这些都得到了朝廷的批准，并委任他为郧阳首任巡抚。体制既定，原杰全部从邻县挑选良吏担任各县的官员。由于官贤善任，流民各得其所，四省之境随之安定了下来。他感觉自己大功告成，就请求还朝，推荐郧阳藩镇监察御史吴道宏替代自己的郧阳巡抚职务。皇帝诏谕吴道宏为大理寺少卿抚治郧阳。自此，郧阳巡抚一任接一任地传了 121 任 200 余年。

据史载：原杰长期外任，好不容易才进入朝廷都察院御史台任职，本不想再赴外任。接受荆襄之命，并不是他的本意。荆襄安定后，他急请还朝，但正好遇南京兵部缺尚书，于是皇帝诏命以原杰任之。原杰上疏力辞，皇帝不许，不得不赴任，遂卒于途中的南阳，时年 61 岁。皇帝诏赠其为太子太保，录其子原宗敏为国子监生。

三

下面是原杰在郧阳所奏的《处置流民疏》，从中可以看出他在郧阳安置流民过程中的一些作为。其全文如下：

处置流民疏

都御史原杰题：为处置流民事。

节奉敕谕："近闻湖广荆襄、河南南阳等处流民，自往年驱逐之后，中间多有去而复来，及近时各处灾伤，陆续逃移之数日渐众多，不可不预为处。命尔前往彼处遍历地方，除原有附籍外，其新聚流民须一一取勘见数，公同各该镇守、分守、巡抚、内外官员从长计议。查照宣德、正统年间以来官司行过事迹，或编户籍附入州县，或驱遣复业，严立禁防。二者之间孰得孰失，务在巡察人情，酌量事势。众以为是，虽已废之法，在所当行；众已为非，虽以行之事，亦所当改。用图经久之计，无循目前之谋。又如本处卫所或漫无统纪，当规之某司；附近州县或不相管摄，当属之某府，凡事悉听尔便宜处置，应奏请者，据实奏闻。彼处三司能干官员并听尔差委，分理其事务要停当。钦此。"

又准户部咨，该太子太保兼左都御史李宾题称："荆襄等处流民，须立州、县以统治之，设卫、所以控制之，则朝廷无南顾之忧，苍生免流离之患，抚安之计无过于斯。"等因。该节奉圣旨："是。着左都御史原杰去，务要处置停当。钦此。"为照。

陕西汉中等府，金州、商洛等州，俱与荆襄接境，系流民新聚处所。选委湖广、河南、陕西都、布、按三司官员王用等遍历山谷，取勘流民共十一万三千三百七十一户，男妇共四十三万八千六百四十四丁口，审系山东、山西、陕西、江西、四川并本省军民等籍。随同镇守等官议得，前项移民先因原籍粮差浩繁乃畏罪弃家偷生，置有田土，盖有房屋，贩有土产货物，亦不过养赡家口而已，别无非为事端。若依前例一概驱遣，尚恐去而复来。或各处顽民闻知土地空闲纠集趁往，不数年必有甚如今日之众，势难尽遣。合将近年逃来不曾置有产业，原籍田产尚存流民戴广等共一万六千六百六十三户，男妇共四万五千八百九十二丁口，并平昔凶恶断发原籍者，照例遣回。其本分营生流民张清等共九万六千六百五十四户，男妇共三十九万二千七百五十二丁口，仰遵圣谕，编附各该州县户籍应粮当差，仍严立禁条，用度将来流徙。此非一时之安，亦有久安之计。

奈何襄阳僻在一隅，相离本布政司，水路动经月余，所辖一州十县内，均州、竹山县、谷城县、南漳县、房县、郧县、上津等县，俱在万山之中。贼盗啸聚之处，相离襄阳远则十日，近不下五六日，一旦有事，若待奏报湖广三司议调官军，鲜克济事。必须就近添设司、府分管卫、县，位高望重且知利害所系，较之所、县百倍有益。

今踏勘得郧县地方广阔，迫近汉江，路通竹山、房县、上津、洵阳、淅川等县，正四通八达要地，递年贼盗出没之所，应合展筑城池，添设府、卫控制地方，抚安军民。及据竹山等县里老(乡里中德高望重的老人)杨郁等，并承委布政使司官王用等呈告："竹山县尹店、郧县南门堡、洵阳县白石河、商县丰阳镇、南阳南召保、唐县桐柏镇、房县马良坪、宜阳县穆册赵保村、汝阳县杨埠，俱系长山大谷，密傍江河，各离县远，非独藏贼巢穴，抑亦禁捕不前，俱合添设县治并巡检司等。"因恐有违碍，臣又同各该委官踏勘得，尹店、南门、白石河、丰阳、南召、桐柏等处相应立县，马良坪等止(只)可立堡，穆册赵保村、杨埠各应添设巡检司，俱各遵奉敕旨便宜处置。委官督造郧县展筑城池、添盖公署工程浩大，必须军民兼役方可图成。伏乞敕令湖广镇守、巡抚并分守官员趁时修筑庶得坚完，以抚流逋，以安地方，千万年幸甚。

四

原杰在《处置流民疏》里，首先复述了皇帝给自己的敕谕内容：近闻湖广荆襄、河南南阳等处流民，自往年驱逐之后，中间多有去而复来者。加上近来全国各地的灾情伤害，陆续逃移的流民人数日渐增多，不可不预先做好处置的方案。命你前往那里遍历地方，在安排好原住民的基础上，把新集聚的流民一一勘察统计，会同各地的镇守、分守、巡抚、内外官员们从长计议。你要查考和按照自宣德、正统年间以来官府所施行过的事例，或者把流民编入户籍，附在各州县里；或者驱赶遣返让他们回原籍复业，并严厉禁防他们再度流入。这二者之间的得失，你务在巡察当地人情后酌量实施。大家都认为是对的，虽然是已经作废了的方法，就继续施行；大家都认为不对的，虽然是正在执行的政策，也应当马上改正。要图谋一个能使用经久的计策，不要因循只能解决眼前事端的暂时办法。比如，本处的军卫、军所，如果因为互不相属而没有统一的指挥，就应当全部规入某都司统一指挥；如果附近州县因为隶属关系与各省、各府而不相管摄的，就适当归属于某府统一管摄。凡事都听凭你便宜处置，应奏请的，据实奏给朕听。当地三司的能干官员全部听从你的调遣，但分配和处理事务都要妥当。钦此。

接着他复述了户部的咨文和皇帝圣旨：太子太保兼左都御史李宾提议："荆襄等处流民，须立州、县以统治之，设卫、所以控制之。则朝廷无南顾之忧，苍生免流离之患，抚安之计无过于斯。"所节奉的圣旨为："是。着左都御史原杰去，务要处置停当。钦此。"

他再讲自己到达汉江流域后的所作所为：陕西汉中等府和金州(安康)、商洛等州，都与荆襄接境，是流民新的集聚处所。我选委湖广、河南、陕西的都、布、按三司官员王用等人遍历山谷，审理流民共113371户，男女人口共438644人，都是一些山东、山西、陕西、江西、四川或本省籍贯的军民。我随即与各地镇守等官们商议：这些流民，大多都是早年在原籍因为粮税和差办浩繁而畏罪弃家，偷生于此的，现在在这里都置有田土，盖有房屋，也贩卖一点土产货物，不过是养家糊口而已，并没有胡作非为生出过事端。若依照前例都应该把他们一概驱赶遣送回原籍，但恐怕他们会去而复来。各处也有个别不服从管理的顽民，是听说这里有大量空闲土地才纠集前来的，这就需要区别对待，否则不几年必然会形成人多势众的流民，再难把他们全部遣返。我们就将近年逃来还不曾置有产业的，或者在原籍田产尚存的流民如戴广等16663户共45892位男女，和那些平日凶恶犯有罪行的人一起，判定后遣回递给原籍处理，再把其余在这里已经做着本分营生的流民如张清等共96654户共392752人，全部遵照圣谕就地编附在了各州县的户籍里应粮当差，并严立禁条，作为将来处理流民的依据。这些都不是为了一时之安，更是久安之计。

他又讲荆襄地势，分析贼盗容易在这里啸聚的原因：奈何襄阳偏僻一隅，距离本布政司所在的武昌走水路要月余，所辖的一州十县内，均州、竹山县、谷城县、南漳县、房县、郧县、上津县等7个都处在万山之中，全部是贼盗啸聚之处。这些州县离襄阳远则10日，近则五六日，假若一旦有事，奏报给湖广三司等待议调官军，很少有能够济事的时候，所以必须就近添设军司、府来分管卫、县。只有军司、府才能位高望重，知道利害所系，较之只有所、县有益百倍。

他最后讲添设军司、府的具体方案：我们踏勘得知，郧县地方广阔，迫近汉江，有大路通往竹山、房县、上津、洵阳、淅川等县，是一个四通八达的要地，为贼盗每年出没之所，所以应该扩展修筑这个城池，添设府、卫来控制地方，抚安军民。又据竹山等县的里老杨郁等人，以及所承委的布政使司官员王用等人的呈告：竹山县的尹店、郧县的南门堡、洵阳县的白石河、商县的丰阳镇、南阳的南召保、唐县的桐柏镇、房县的马良坪、宜阳县的穆册赵保村、汝阳县的杨埠等处，都是长山大谷，密傍江河，离各自的县城非常远，如果不是出现大盗贼以这里为巢穴，或许连捕快都不会前往这里，所以应在这些地方添设县治或者巡检司。我恐怕以上建议不妥当，就会同各地的委官共同亲临踏勘，认为尹店、南门、白石河、丰阳、南召、桐柏等处应该立县，马良坪等处只可立堡，穆册赵保村、杨埠两地各应添设巡检司。我就遵照所奉的敕旨，都在各地作了相应处置。我还选委了督造官正在扩展修筑郧县的城池，但添盖公署的工程非常浩大，必须军民全部出力服役方可图成。请求皇帝敕令湖广镇守、巡抚并分守等官员，要及时修筑，必须坚固完善，以此作为安抚流民、安宁地方的大本营，这是千万年的幸事。

五

沉积了百余年的郧阳流民问题，并不是一朝一夕就能够彻底解决得了的。原杰处置流民只是初步稳定住了局势，而不是一劳永逸地解决了问题。实际上，郧阳的流民问题一直伴随大明王朝的终生。

如在郧阳设藩立镇近半个世纪后的嘉靖初年，郧阳巡抚徐蕃还曾经为流民问题上过《陈愚见裨庶政疏》，其全文如下：

陈愚见裨庶政疏

都御史徐蕃奏：为陈愚见裨庶政事。

奉敕："近该都御史金献民奏称：'各府地方流民数多，欲行照例查处。'及尔亦奏前因，具见思患预防之意。敕至，尔即查照先年节次原行旧规，及今户部议准事理从长计处。委选湖广、陕西、河南各该地方守巡、抚民、兵备、管屯等官，分投亲诣荆襄、汉中、商洛、南阳、汝宁等府、州、县、卫、所，督同掌印、巡捕、管屯等官先行出给告示，晓谕流民如期听审，拘集该州县排年(里甲里轮流当差的人)、里老(指里长)、火甲(指甲长)等人，到官从公体问。尔为风宪大臣，以提督抚治为责，今又受兹重托，务在计虑周详，处置停当，使军民遂安集之愿，地方无盗贼之虞。钦此。"

遂准户部咨：前事依奉委选参政刘志淑、参议熊浃等，各委官拘集里甲人等，将各该地方流民逐一清查，供报籍贯明白。单丁产簿者，照旧朋合；丁多产厚者，别立户籍；私相影射者，查明改正。各照依黄册式样造册到臣，磨笑相同。除原来青册咨部查考，仍通行各该州县仰体圣心，加意抚恤，听候给帖外，今将造完丁口、编过里甲数册，合行奏闻。

徐蕃很谦虚，把自己的奏疏定调为"陈述愚见，以补益政务"。在《陈愚见裨庶政疏》里，徐蕃首先复述了自己所奉的皇帝敕谕内容：近来都御史金献民奏称："各府地方流民数多，欲行照例查处。"以及你也上奏了相同的内容，足以见得你是有思患预防意识的。本敕谕到后，你马上查出并按照早年的旧规，以及户部现在议准的事理从长计处。从湖广、陕西、河南各地方委选守巡、抚民、兵备、管屯等官员，分别派往并令他们亲临荆襄、汉中、商洛、南阳、汝宁等府、州、县、卫、所，督同掌印、巡捕、管屯等官，先出榜给予告示，晓谕流民如期听候审问。还要召集所在州县的轮差、里长、甲长等人到官府，让他们分别参与到公务里探问情况。你作为风宪御史大臣，是以提督抚治为本职责任，现在又受此重托，务必要计虑周详，处置妥当，使军民顺遂安宁之愿，让地方再无盗贼之虞。钦此。

他再讲了自己所采取的措施：接上述敕谕后，我遂查验了户部之前的咨文，依奉委选了参政刘志淑、参议熊浃等为各地的委官，召集齐了里、甲人等，将各地方的流民逐一进行了清查，把流民的籍贯、现状掌握得明明白白。凡是单人独户的、产业不多的，就照旧让他们几户合为一个户口；凡是人多产业厚的，就单独给他们立个户籍；凡是私自附在别人户口名下的，全部查明改正。各地按照并依据户口黄册的式样都重新造册已报到了我这里，经核实与我所掌握的情况相同。除把各地原来的断事青册咨报给部里以备查考外，还通报发行给各州县，让所有官员都仰体圣心，加意抚恤，听候给帖。等将新的户口造册完毕，把所有人口都编到里甲之中后，再合行奏报给皇上您听。

六

嘉靖八年(1529年)四月至嘉靖十年七月期间，是潘旦任郧阳巡抚的时期。

他也曾经向皇帝上过《议处郧阳流逋疏》，皇帝在看了他的奏本后，御批让户部处理。户部在召开会议商议后，向皇帝禀报：

题奉圣旨，案呈到部看得：都御史潘旦题称，要行三省布政司管册官及守、巡道亲临地方，督同府、州、县各掌印、抚民官逐一清查朋户人丁一节，足见安抚流民、保障地方至意。况又查有前项律例，相应再行申明，合候命下。本部移咨湖广，督同各该府、州、县各掌印及抚民官逐一用心清查：应附籍者附籍，应发还者发还，逃亡者准令开除，报册者准补虚户。减免科差，给示晓谕；遵照律例，斟酌举行，务在事妥民安，毋使下人作弊贻患地方。仍行提督抚治都御史潘旦，一体查照施行。

在得到皇帝的认可后，户部向郧阳发出了咨文，其全文如下：

户部咨

为处流逋以定民志事

该都御史潘旦题："照得臣抚属之地，湖广郧阳府、荆州、襄阳，河南南阳，陕西汉中府、商州等处，乃万山之中，三省之界，实流逋渊薮。岁丰，则刀耕火种以避差；岁饥，则啸聚争夺而为盗。臣莅位二年，时加询访。中间，流民有先年附籍数姓朋户，今众至二三十丁者；有附籍后因科差繁重遂复逃移，版籍为虚者；有流来年久迷失乡贯，造屋、买田、娶妻生子不曾报官者；有近年因荒流移趁食未归者；有逃军、逃匠避罪不还者。凡此数等，相应区处。方今大造皇册在迩，乞敕户部行三省布政司管册官及守、巡道亲临地方，督同府、州、县各掌印抚民官逐一清查。如先年附籍复逃虚户，即与开除；数朋户人丁至十丁以上者，酌量分析：其有事产、妻室未报册者，姑免问罪，即与附籍，补填前项虚户格眼一应徭役，比老户减半科差，以示存恤；其余近年流民，或脱逃军匠来历不明之人，给示晓谕，限三月内责令里老、保甲、邻佑、窝主逐之还籍，毋许容住。如过限不去，及去而复来，里老、保甲人等拿送州、县正官，查照先年题准事例问发边卫充军，窝主同罪。如此，则有籍者安而不至于转徙，无籍者去而不至于啸聚。版籍定，盗贼息矣！等因。"

奉圣旨:"户部知道。钦此。"

查得英宗睿皇帝圣旨:"各处流民有因水旱衣食窘急,或官府科差逼迫不得已流移外境。朝廷屡有诏旨,赦宥其罪,听其从便报籍复业。有司恐其迁徙不常,将来遗下粮差负累本处人民不容报籍,有欲复业者,自念久离乡土,田产被人占据。官民人等榜文至日限半年之内,愿报籍者,听其报籍;愿复业者,令回原籍照例抚恤,公私债负悉与蠲除;有系逃军、逃匠、逃囚人等,许就所在官、司首告,与免本罪,各发着役。若逃民敢有仍袭前弊,不肯报籍,又不复业,辗转迁徙,或相团聚非为,抗拒官府不服招抚者,户长发缺军卫所充军,家口随往。逃军、逃匠、逃囚人等不首者,重罪不饶。钦此。"

及查得《大明律》内一款:"凡民户逃往邻境州县躲避差役者,杖一百,发还原籍当差。其亲管里长、提督、官吏故纵,及邻近人户隐蔽者,各与同罪。若里长知而不逐,及原管官、司不移文起取,而所在官、司占吝不发者,各杖六十。"又一款:"凡一户全不附籍,有赋役者,家长杖一百;无赋役者,杖八十,附籍当差。若将他人隐蔽在户不报,及相冒合户附籍,有赋役者杖亦一百,无赋役者亦杖八十。若隐漏自己成丁人口不附籍,及增减年状,妄将老幼、残废以免差役者,一口至三口家长杖六十,每三口加一等罪,止杖一百;不成丁,三口至五口笞四十,每五口加一等罪,止杖七十,入籍当差。若隐蔽他人丁口不附籍者,罪亦如之。所隐之人与同罪,发还本户附籍当差。钦此。"

又为赋役黄册事该本部议:拟各处流民在彼居住年久,置有田产家业,已行原籍查勘军、民、匠、灶等籍是实,各将户内丁产尽数报官编入正图,见种田地丈量起科,及户下注写原籍贯址缘由。中间或有住、种年久,及近年逃移丁产未经收籍、开垦荒地不曾起科者,许令今次造册告报。仰各该官、司查照流民事例,行文原籍查勘明白,各将已开种田土丈量见数,照依轻者,每亩起科秋米三升六合、草一斤,造入皇册,并嘉靖十二年实征项下作数征收。其曾查勘明白,许令入籍入户,原籍官、司再不许关取勾扰,违者治罪。等因。奏奉圣旨:"是。钦此。"

俱经通行钦遵,去后看得,都御史潘旦题称,要行三省管册官及守、巡亲临地方,将流民逐一清查一节,足见安抚流民、保障地方至意。况又查有律例相应申明,合候命下:本部移咨湖广、河南、陕西各巡抚,转行各布政司管册守、巡等官，趁今大造，亲诣各该地方，逐一清查。应附籍者附籍，应发还者发还，逃亡者准令开除，报册者补填虚户减免科差，给示晓谕，遵照律例，斟酌举行。仍行都御史潘旦一体遵行。奉圣旨："是。钦此。"合咨前去，查照施行。

这道《户部咨·为处流逋以定民志事》的意图非常清晰，就是为了处置流民，以安定民心。咨文是古代用于同级官署或同级官阶之间的一种行文格式，因朝廷各部与各省、镇之间平级，所以行文要用咨文。

这篇咨文首先复述了潘旦的奏疏内容和皇帝的批示。潘旦在奏疏里列举了5种流民类别，要求区别处理：查得我所抚属的地方，湖广郧阳府、荆州府、襄阳府，河南南阳府，陕西汉中府、商州等处都在万山之中，三省之界，实属流民集聚的最多之地。如遇丰收之年，他们就刀耕火种，逃避纳税应差；如遇灾荒饥饿之年，他们就啸聚在一起抢夺而成为盗贼。我上任两年以来，不时加以民间探访。在这些流民中间，有早年几个姓氏的流民附籍在一起的朋户，现在户口里的人数已经多达二三十口的；有附籍之后又因为嫌科差繁重而再次逃移的空白户，以致版图和户籍为空虚的；有流亡来此年代久远，完全迷失原来的乡贯，已经在这里造屋、买田、娶妻生子而不曾报官的；有近年因灾荒流移而来谋生，没有再回去的；也有是逃亡军人、逃亡匠人因为避罪在此的。对这些人，都应该区别处理。如今大造皇册在即，我请求皇上能敕谕给户部，让他们发文给这三省的布政司管册官以及守、巡道们，要他们亲临自己管辖的地方，督同府、州、县各个掌印、抚民官们逐一对流民进行一次清查。如果属早年附籍后又逃亡的虚户，就把他们的户籍清除；如果属几姓相合的朋户，而且人数已经超过10人以上的，就酌量拆分给他们重新立户，其中有事业家产又娶妻生子但没有报册的，就暂且免除他们的罪，让他们填补前项那些逃亡虚户的户数，以应徭役，在派差时可以比那些老户减半，以示朝廷的体恤救济；对于近年流亡而来，或者是脱逃的军人、匠人、来历不明之人都给予告示晓谕，责令里老、保甲、邻佑、窝主，限三个月之内驱逐他们还籍，不得允许再容留。如果过了期限他们还不还籍，或者去而复来，里老、保甲人等要把他们拿送到州、县，按照早年题准的事例去审问他们，把他们发配到边卫去充军，其窝主则与他们同罪。只有这样，才能使那些有户口的人得到安宁而不至于再迁徙，让无户口的人离去之后不至于再次啸聚。版图和户籍稳定，盗贼就会平息。皇帝御批：

"户部知道。钦此。"

接着，咨文又引用了早年明英宗朱祁镇为流民问题曾经颁布过的一道圣旨：各处流民有的是因为水旱而没有衣食，有的是因为官府派差逼迫，才不得已流移到了外地。朝廷曾经多次颁发诏旨，赦免宽恕他们的罪行，听凭他们随意在方便的地方报户口恢复家业。但有些地方的官府害怕他们迁徙无常，将来会留下税粮和差役拖累本处的人民，就不允许他们报户口。有的流民想要恢复家业，但知道自己已经久离乡土，田产都被人占据了，已经无法回到原籍。从此时起，无论官民人等在榜文期限最后之日起，限半年之内，愿意就地报户口的，要允许他们报籍；愿意回原籍恢复家业的，就令他们回原籍，照例给予抚恤，以前所欠的公私负债全部予以豁免；如果是逃军、逃匠、逃囚的，允许就在所在地的官府、军司首告，可以免除他们的前罪，发配他们各自服役；假若有逃亡流民仍然像以前一样不肯报户口，又不回原籍复业，而是反复辗转迁徙，或者相互团聚在一起为非作歹抗拒官府而不服招抚的，就把户长发配到军卫所充军，其家口随往。假若逃军、逃匠、逃囚等不肯自首的，就重罪不饶。钦此。

咨文又引用了《大明律》条款：凡属民户逃往邻境州县躲避差役的，杖一百，发还原籍当差。如果属于亲自管理他们的里长、提督、官吏故意放纵，或者让邻近人户隐蔽的，各与其同罪。假若里长知道但没有驱逐的，或者原管的官府、军司不发文拿取的，或者所在的官府、军司出于利益而想非法占有的，各杖六十。凡属全户人家没有一个人上户口且欠赋役的，家长杖一百，不欠赋役的，杖八十，责令其附籍并纳税当差。若将其他人隐蔽在自己的户籍内而不上报，以及相互假冒合户附籍的，欠赋役的杖一百，不欠赋役的杖八十。假若隐漏自己已成年人口不附籍，以及增加或者减少人口年龄状况的，无论是老幼、残废、免差役者，一口至三口的家长杖六十，每三口加一等罪，杖一百为止；隐瞒未成年人口的，三口至五口的家长笞打四十，每五口加一等罪，鞭七十为止，责令其入籍当差。假若隐蔽他人不附籍的，其罪与隐漏自家人相同。被隐漏的人与隐漏人同罪。

咨文又公布了户部商议的结论与皇帝的御批：本部议定，为赋役黄册之事，拟将各处在当地居住年久并置有田产家业的流民，或者已行文给原籍查实了他的军、民、匠、灶等籍属的，各地就将他们户内的人口和产业全部报官，编入正式图册，把他们现在所种的田地进行丈量，然后起征赋役，并在其户下注明原籍地址、流来缘由。流民中间或许有住、种年久的，以及近年逃移到此而人口产业未经编入户籍的，或者开垦荒地不曾起征赋役的，都允许在这一次造入册内上报。还希望各地官府、军司要严格审查，按照流民事例行文给他们的原籍单位，让他们查勘得明明白白，各自将已开垦的、所种的田土丈量清楚，按照最轻的标准，每亩起征秋米三升六合，草一斤，造入黄册，并入嘉靖十二年(1533年)实征的项目之下作数征收。其中那些曾经查勘明白了的，就允许他们入籍入户，原籍的官府、军司再也不许骚扰他们，违者治罪。奏奉圣旨："是。钦此。"

咨文最后宣布了最终决定：都御史潘旦题称，要我们行文给三省的管册官，以及分守、分巡官，要他们亲临地方将流民逐一清查，足见你安抚流民、保障地方的至纯至意。何况又查明有相应的律例能够申明，所以本部合候命下：移咨给湖广、河南、陕西各巡抚，并转行给各布政司管册、守、巡等官，趁现在皇册大造之机，都要亲临各地方逐一清查流民情况。应附籍的，让他们附籍；应发还回原籍的，就发还回原籍；已经逃亡的，准许在户籍中清除；愿报册的，就补填那些虚户，并适当减免他们的科差。要普遍张贴告示晓谕民众，遵照律例斟酌举行。仍行文给都御史潘旦让他一体遵行。奉圣旨："是。钦此。"现合咨前去，请查照施行。

任汉上疏纾民疾

藩镇时期，郧阳人民生存状况如何？今天的人们恐怕很难去想象。从那时到现在，汉江又流淌了数百年，几乎已把往事涤荡殆尽。然而，我们依然还是能够通过古籍的缝隙窥探出一些信息，纵然不够全面，却还是能够获得部分的真实。我们不妨通过正德年间的郧阳巡抚任汉所上的一道《乞免额外派办，以苏困苦疏》来窥测当时的苛捐杂税是多么繁重，郧阳人民所受的疾苦是多么深痛。

一

要理解《乞免额外派办，以苏困苦疏》，还得先了解一下正德皇帝的为人和当时的历史背景。

正德皇帝朱厚照是一个荒淫暴戾、怪诞无耻的人，他让以刘瑾为首的八个太监控制朝政，自己则沉迷于享乐之中，致使举国横征暴敛不断，人民深受其害。

任汉抚郧期间，正是刘瑾为害最甚的一段时间，人民由于不堪忍受而频频造反，又有边寇趁机犯边。然而，皇帝不仅不知收敛，反而更加在皇宫里大兴土木，各种摊派可谓敲骨吸髓。让我们只看正德九年(1514年)至十一年，也就是任汉抚郧期间，国内有那些大事发生，就能够理解《乞免额外派办，以苏困苦疏》的无奈。

此前，鞑靼(蒙古塔塔尔部)小王子不断入侵北方边境，已经搅得明廷不得安生，却丝毫也没有影响正德皇帝淫乐的兴趣。仅每年春节，他都要大肆玩乐，花费均以数万两白银来计。

正德九年(1514年)春节，宁王朱辰豪为了讨皇帝欢心，就别出心裁献了一种奇巧异常的宫灯。正德皇帝很高兴，就特令送灯者入宫悬挂。送灯者一高兴，就又别出心裁，把宫灯全部依附在宫廷柱壁之上以取新异。皇帝在观灯作乐之时，又令人在庭轩间依栏设置了毡房，把火药贮藏于其中。结果可想而知，宫灯烤燃了木柱，火舌舔燃了火药，火药又引燃了宫殿，乾清宫以内的建筑顷刻间皆化为了灰烬。当时，皇帝在豹房看着火光，不仅不慌，居然大笑说这就是放了一柱大烟花。春节过后，他要重建乾清宫，需银100万两，命令摊派于天下之民。工部的官员有点为难，他们知道天下不景气，就请求分5年征收，每年征收20万两，先从内府银(皇家内供银)里借50万应急好使工程马上开工。可皇帝不允，非得在一年之内把100万两征齐。自此，催征无休止，惹得天下怨愤。

正德帝的淫乐是出了名的，经常不理朝政，每日由身边的侍卫、太监导引着游宴，夜则通宵纵饮。从正德九年二月初六日开始，他每天都微服出行，夜至教坊司观乐。毡幄是一种匈奴人居住的毡制帐篷，由于正德皇帝特别喜爱，就传旨按规定的式样和尺寸令陕西镇守太监廖堂和巡抚陈寿照样制造一批纳贡。九月四日，廖堂进贡铺花毡幄162间。此后每次外出郊祀皇帝就不再住斋宫，皆陈设幄幕住毡房。每一次进贡毡幄，廖堂就可借机盘剥白银数万两，作为自己贿赂权奸之用。反观陈寿，则把自己受赏的那份充作了官银，以备灾荒，这让廖堂恨得牙根发痒，欲除之而后快。不久，朝廷调陈寿为南京兵部侍郎，廖堂才不得不作罢。

正德帝自己淫乐，还不忘对宗室同胞们施恩。正德九年(1514年)四月三日，他把河南彰德卫所属的230余顷屯田赐给了徽王。据史料记载，该年全国皇庄土地已经高达375905顷，就连他们自己中的一些人也看不过去了。八月三日，宁王上呈奏折请求痛惩宗室横暴，说："近来宗枝日繁，多以选用仪宾(皇室女婿的专用官衔)、点校、校尉为由巧索民财，肆其横暴。请降旨痛惩前弊。其有怙恶不悛者，许臣击治。"于是皇帝下了一道诏旨，通令各省巡抚一体禁约，但也只是做做表面文章而已。

对那些敢于上谏的大臣，正德帝就不那么客气了。九月十一日，皇帝因淫乐受伤致使一个多月不能视朝，翰林院编修王思上疏指斥皇帝荒志废业，被贬到了三河县任驿丞。正德帝宠信佛教，导致全国僧人日益增多而影响到民生。十月初五，刑部主事李中请求毁佛寺逐番僧，被贬为了广东任驿丞。十月二十九日，吏科给事中张原为官才几个月，就上疏论时事得失，请求淘汰冗食、慎兴土木、禁绝进贡、明信赏罚、广开言路、修德善治，结果被贬到了贵州新添的驿站当驿丞。

正德十年(1515年)三月二十六日，户部主事戴冠上疏劝谏说：京师一些权势子弟们的童仆多冒名报功，现在的锦衣卫多至万余人，那些入籍的勇士却被安置在监局里做匠役，而且已经多得不可胜数。这些冒功者都是国家的蛀虫，朝廷每年额定自江南运漕粮400万石，近来却因水旱相继，运来之数大不如从前，而每年的支出却是一年大于一年，光上述人员的费用就占去了三分之一，请求皇帝遣散这些无用之人。他还指出皇帝调动宣府的军队入京操练，屡经大臣奏请仍不遣还，是不为边塞的安危着想；没收刘瑾的百万家产，不归国库而变为皇帝私财，是不为江山社稷着想。皇帝于是大怒，贬戴冠为广东乌石驿丞。

闰四月二十六日，兵科都给事中安金上疏请求厉禁奢靡。他认为：京师乃四方之表率，近年却风气太奢，宴会极其丰盛，居室极为宏丽，请求严加厉禁。皇帝诏准礼部，将禁止奢俗载入《问刑条例》，通令天下遵行。但随后就有大臣宴请皇帝的宠臣钱宁，一席用银千两。百姓都说："风俗之坏，自上倡导，虽有令禁奢，徒为空文而已。"

七月七日，监察御史程启充上疏，请求严查买功、冒功军职的诸项弊端。当时，爵位赏赐极其泛滥，权贵之家可相互买卖，连远房的弟、侄，甚至家奴都能够享受。程启充说："这是前所未闻的丑恶，明《会典》载明我朝军职授官，悉以首级为准，现在却有买功、冒功、寄名、窜名、并功之弊。"他解释："权贵之家以厚金私赂军人买卖首级，甲获而乙取，谓之'买功'；杀平民以为贼，谓之'冒功'；身居家庭名录行伍，谓之'寄名'；贿赂吏胥洗补文册，谓之'窜名'；一个人能在一日之间同时在甘肃、辽东、宣府、大同、广东、广西、四川、贵州等相去数千里之地获功，不出门就能够报功计级，骤升为显贵，谓之'并功'。"面对程启充的奏折，皇帝却下诏让他不必大惊小怪，只照旧行事即可。

正德皇帝喜好大兴土木，当时工役之繁兴已经让人不可想象。在皇宫中，除兴有乾清宫大役外，还把御马监、钟鼓司、南城豹房、新房、火药库等全部翻新。所有掌握工程的内外大小官员皆因此而获利丰厚，一些权奸、阉人们纷纷借此建起了自己的庄园、祠墓以及香火寺观，一时间木妖土灾四起，百姓不堪忍受。太素殿本来是一座以顶盖茅草的大殿，以质朴而得名，正德帝却非要工部把其扒掉重修。七月十四日，太素殿重修竣工，极显奢华，总计用银20余万两，动用军匠3000余人，每年所支付的工米13000余石，食盐34000余斤，其他浮费以及续添工程还不在此数之内。

正德帝的奢靡达到了不计代价的程度。他听说西域的胡僧能知人三生之事，遂于十一月二十七日命司礼监太监刘允去乌思藏迎活佛入京。内阁大臣梁储等人专疏劝谏，他不听；礼部尚书毛纪等人上疏切谏他仍不听。刘允启程时，皇帝赐给他僧金印、袈裟，让他携带着珠串宝幡，黄金供具，及数千万计的茶叶和食盐献给活佛，令其以十年为往返期限。刘允至临淄，因其队伍庞大，使得运粮入京的漕船受到阻碍而不得前行。漕运总督丛兰前来求见，刘允不仅不见，反而向他索船500余艘，役夫万余人供自己使用。丛兰紧急派人驰马进京，疏谏其害，皇帝不予理睬。刘允一行入长江三峡后，因船大难进，就改用小船，相互连绵200余里。至成都，官府为其造新馆，10余日而成，每日支官粮100石、蔬菜银100两，一个锦官驿站不足供应，就取近旁数十驿加入供应。又置办番物番料，计银20万两，经地方官力争才减至13万两，并派大量人夫杂役日夜制造不休。刘允在成都住了一年多，才率四川指挥、千户10人，甲士100人往西，两个月后至乌思藏。然而，藏僧、佛子们不认识他们，担心他们是明廷派来诱害自己的人，就不肯与之相见。刘允的部下大怒，对藏僧发出威胁，遭到了藏僧们的夜袭，抢夺了宝货器械而去，当场打死军官2人、士卒数百人，伤者过半，刘允本人则乘马疾逃才得以免灾。刘允回到成都后，告诫部下不得声张此事，自己急驰奏本请求归京，而此时正德帝已死。

七月十日，江西巡抚俞谏等人督兵讨贼，擒斩徐九龄等481人，俘获140人。徐九龄，江西建昌县人，聚众起事已30余年，转战于江西、湖广、南直隶三省，先后攻打过蕲州、黄州、德安、鄱阳、湖口、九江以及安庆、池州、太平等地。

正德十一年(1516年)正月初一，群臣早早入朝向皇帝祝贺元旦，却没有想到会发生踩踏事故。当天，大臣在酉时(下午5时至7时)才等到皇帝进入奉天殿，贺礼结束，时已深夜，因为饥饿难耐，致使众大臣竞相奔趋着想早点回家吃饭，却发生了前踏后踩的互相践踏。右将军赵郎竟被踩死于禁门之内，其他大臣们或丢失簪笏，或撕毁冠裳，无不丑态百出，更多的人是在相互抚慰之下才得以逃生的。当时，午门前后一片混乱，有吏员找属官的、有儿子呼父亲的、有仆人救主人的，喧闹之声犹如繁市，声彻殿宇。初六日，浙江道御史程启充为此上言，请皇帝要以古代帝王为榜样，黎明即起，勤于视朝，屏绝游宴。大学士梁储等人也多次上疏，请皇帝率循旧规，早朝听政。皇帝均置之不理。

七月十日，河南巡抚李充嗣上疏，请求禁止太监以假进贡之名扰民，说：“近来各地镇守太监们进贡的物品，有古铜器、窑变盆、黄鹰、角鹰、锦鸡、猎犬、羔羊皮之类，都是假借名义科敛而来，实际是为他们自己行私取财。除此之外还有拜见银、须知银、图本银、税课司银，以及椿草、马价、甲夫、河夫等银，动辄以数十万计。就连他们的随从，也大肆卖马、卖布、卖纸钞等，还在押解进京的沿途抽索客货，请行禁止以苏民困。”难得一见的是，皇帝降下旨议：“进贡如旧不变，但不许下人假名科取。”光说河南一地，自从太监廖堂假以进贡巧立名目之后，无名之征花样百出。其后的继位者全部沿袭，而且习以为常，依然科敛剥削，始终不能禁止。皇帝的诏旨不过是做个样子而已。

二

其他地方苛捐繁重，郧阳当然也不例外。任汉所上的《乞免额外派办，以苏困苦疏》，就是要求皇帝减轻郧阳民众疾苦的一道奏折。其全文如下：

乞免额外派办，以苏困苦疏

都御史任汉奏：为乞免额外派办，以苏困苦事。

据汉中府申称：“本府兵革六年，百姓疲敝，如人大病之后气体羸弱，调摄培养尚恐未及，岂可妄加摧剉？除岁办正税正差不开外，卷查：一件分豁民情事，宁、南等五州县追征赈济银二千六百两。一件器皿事，派到柁木二百四十二根，每根价银三两五钱，共八百四十七两。一件修盖仓廒事，派到木柴三万八千五百四十七斤，每一百斤价银三钱，共一百一十五两六钱四分一厘。一件供应事，派到炸块二万斤，每一百斤价银三两，共银六百两。一件军器事，派到木炭五万斤，每一百斤价银三两，共银一千五百两。一件营建宫室事，派到银一万两，年征二千两。一件年例事，派到白硝麂皮四千张，每张银七钱，共银二千八百两。一件修盖象房事，派到柁木一百四十根，每根价银六两，共银八百四十两；松木一千根，每根价银八钱，共银八百两；挎木一十五根，每根价银七两，共银一百五两；散木一百根，每根价银一两五钱，共银一百五十两；杂油三百三十三斤，每斤价银三分，共银九两九钱九分。一件供应牲口事，派到绵羯羊四百只，每只价银一两八分，共银四百三十二两；大尾羊五只，每只价银六两，共银三十两。一件公务事，派到车一十七辆，每辆价银三十六两，共银六百一十二两。

看得前项事件，价值繁重，困惫之民实难措办，正谓财已竭而敛不休，民愈穷而赋愈急。合无以后分派等项量为除豁。等因。

到臣照得，额外派办不止汉中一府，郧阳等府莫不有之。缘郧、汉地山谷陡峻，林木深阻，多是新设小邑，少有坦平土田。上司不知体息，止照县分里数、不论新设一例分派。近年既遭兵荒，又罹水旱，掘取草树根、皮、栗、橡等物煮食度命。官府既乏抚字，又鲜赈恤，却乃事事剥削，物物搜求，柁木甫完而柴炭继至，炸块方了而车辆又来，挎木、散木之叠派，羯羊、尾羊之并征，财尽民穷岂胜科索？内如营建宫室银两、采伐杉楠大木，民知宫寝被灾，事不容已，虽至劳瘁亦无怨言。但其他柴炭、车辆等类，愚民不知急用，疑是官府科扰，道路籍籍，谤言沸腾。

盖郧阳、汉中一带，百姓气类凶狠，抚则恭顺，虐则仇逆。窃恐穷迫顽悍之民，不堪摧科逡扰之害起而为盗，致生他虞。羸豕踯躅，所当先虑。今臣待罪抚治，不敢默默。伏望皇上轸念边民憔悴之极，乞敕各该部院，查勘前项坐派皮张、柴炭、车辆等项，如事可缓，暂且停止，俟征营建宫室银两过后，百姓少休，另行派办。若系急用，业已施行不可停减，亦须从长议处。行令各该司、府，以后凡有分派，将郧、汉、荆、襄四府山谷之中偏州小邑及新设县分量为除豁，不得视同腹里大县一概征派。庶使边民悦服，不致嗟怨以生他患，实生民宗社之幸，臣不胜恳悃之至。

三

任汉，字宗海，四川温江人，成化三年(1467 年)丁亥科进士，于正德九年(1514 年)十一月以右副都御史任郧阳巡抚，在正德十一年(1516 年)十一月时改任南京大理寺卿。

在《乞免额外派办，以苏困苦疏》里，任汉先引用了所属汉中府因摊派繁重而不堪忍受所上的《申报》内容，以说明缓解郧藩民疾的急迫性。《申报》中称：汉中受“蓝鄢之乱”才过去了6年，百姓的疲乏就好像一个人在大病之后的身体羸弱，调摄营养还怕来不及，怎么可以妄加摧残？现在的事实却是除每年的正税正差丝毫不减少外，朝廷的额外摊派还多得让人喘不过气来。接着列举了10件摊派之事，件件让人触目惊心：

一件是有关分解民情为外地救灾捐款的事，光在宁羌、南郑等5个州、县就追征赈济银2600两。一方有难八方支援的精神虽然值得提倡，但硬性摊派，特别是向食不果腹的民众摊派，似乎有些残酷。

一件是有关器皿制作的事，就向汉中摊派柁木242根，每根价银3两5钱，共847两。柁木是做房梁的大木，显然这是为盖宫廷制作厂房而用的木料。

一件是有关修盖仓库的事，就向汉中摊派木柴38547斤，每100斤价银3钱，共115两6钱4分1厘，这显然也是为盖宫廷烧砖瓦之用的。

一件是有关供应的事，就向汉中摊派炸块20000斤，每100斤价银3两，共银600两。(今天的我们已不知道炸块为何物，想来大概或为填充火炮弹药所用的标准石子，或铁粒。)

一件是有关制造军器的事，就向汉中摊派木炭50000斤，每100斤价银3两，共银1500两。这显然是为制造火药所用。

一件是有关营建宫室之事，就向汉中摊派白银10000两，每年征2000两。

一件是有关年例之事，就向汉中摊派用白硝熟制好的麂皮4000张，每张银7钱，共银2800两。

一件是有关修盖象房的事，就向汉中摊派柁木140根，每根价银6两，共银840两；松木1000根，每根价银8钱，共银800两；挎木15根，每根价银7两，共银105两；散木100根，每根价1两5钱，共银150两；杂油333斤，每斤价银3分，共银9两9钱9分。当时，暹罗国(泰国)向明廷进贡的大象要想在北京过冬，就必须有温暖的象房，以上摊派的柁木、松木、挎木、散木、杂油等都是为盖象房所用。

一件是有关牲口供应的事，就向汉中摊派绵羯羊400只，每只价银1.08两，共银432两；大尾羊5只，每只价银6两，共银30两。绵羯羊、大尾羊都为汉中特产，摊派显然是为宫廷享用。

一件是有关公务事，就向汉中摊派车17辆，每辆价银36两，共银612两。这里的公务派车是指摊派收取银两，特为朝廷大员到汉中巡视时征车所用。

汉中府这是在诉苦，这些摊派任务繁重，实难措办，要求以后酌情豁免。

在引用汉中府的申诉后，任汉汇报了自己的见闻和感受：我查得，额外派办不只汉中一府，郧阳等府莫不是这样。因为郧阳、汉中都处于山谷陡峻、林木深阻之地，多半又是新设的小县，很少有平坦的田土。然而，朝廷各部不知道体恤这些新设小县，只是按照县的个数和里的多少，不论新设、旧设一样分派。近些年来，郧阳既遭兵荒又遇水旱，百姓都是掘取草根树皮和橡子等煮食度命，官府不仅缺乏安抚体恤，又很少给予赈济，反而又事事剥削，物物搜求：柁木摊派还没有完毕，而柴炭摊派接踵又至；炸块摊派刚刚了却，而车辆摊派又来骚扰。像这样挎木、散木叠派，羯羊、尾羊并征，已经财尽民穷的百姓还能承受这样的科索几次？像营建宫室的银两、采伐杉楠大木这样的摊派，民众们知道这是因为宫殿发生了火灾，事不由己，虽然受到特别的劳苦也不敢有所怨言。但像柴炭、车辆等这类的摊派，连愚钝的老百姓也知道这不是急用之物，所以怀疑是地方官府的额外骚扰，因此道途之上谤言沸腾。

最后，任汉提出自己的建言：郧阳、汉中一带的百姓历来为人凶狠。朝廷安抚，他们就恭顺；朝廷暴虐，他们就叛逆。我担心这样过分的逼迫，这里的顽悍之民会在不堪忍受往来摧派骚扰之害的情况下，奋起反抗而成为盗贼，以致生出不测事端。小心谨慎，防微杜渐，停止过分摊派，应该是当前朝廷的优先考虑，我在此抚治他们，所以不敢缄默，希望皇上顾念郧阳边民已憔悴至极，敕谕给朝廷各部、院，让他们查勘前面所摊派的皮张、柴炭、车辆等项，如果事情可缓的就暂且停止，等征过营建宫室的银两之后，百姓稍有喘息之时，再另行派办。如果真系急用，而且已经施行又不可停减的，也要从长计议。行令给各部、院，以后凡有分派，要将郧、汉、荆、襄四府山谷之中的偏州小县，以及新设之县给予酌情豁免，不得把它们与中原腹里的大县相提并论而一概征派。这样才能使边陲之民悦服，不致因为嗟怨而生出隐患，这样就是人民和国家之幸，我更不胜诚恳感恩之至。

张淳率郧阳将士转战川陕

一

正德七年(1512年)十二月至正德八年十一月，为张淳抚治郧阳时期。

张淳，字宗厚，庐州合肥人，佥事张敔之孙，太学生张镒之子，成化二十三年(1487年)丁未科进士，初授浏阳知县，后历任监察御史、贵州巡按、吉安知府、四川按察副使兼松潘兵备、南京太仆寺少卿、应天府尹、郧阳巡抚、保定巡抚兼紫荆关提督、通议大夫。在朝廷任职时被言官弹劾后请辞回乡，于正德十四年(1519年)十月卒于家中，终年66岁，被赐予厚葬。

张淳抚郧时，爆发于汉中的蓝鄢之乱已历时多年而没有平息，其余党廖麻子、喻老人(喻思俸)还在作乱。他上任伊始，即率郧阳将士西征进剿，并疏请朝廷驻兵于房、竹等处，以防贼寇远距离奔突郧阳。贼平后，皇帝赐予他玺书、金币以示嘉奖。其实，在张淳之前，已经有武当山提督太监、郧藩副使、行都司镇守韦兴带领着郧阳子弟兵在四川参与剿乱。

蓝鄢之乱爆发于汉中，蔓延到四川、郧阳、陕西、甘肃，历经6年才平定。这个平乱的经过大致如下：

正德三年(1508年)十月，几个四川保宁人在汉中搅动了数千里之外的朝廷。蓝廷瑞、鄢本恕首先在汉中发动暴乱，攻城拔寨气焰十分嚣张。他们的同乡，一个叫刘烈的人也趁机在汉中单独作乱，所到之处侵掠一空。蓝鄢之乱的发生与郧阳有直接关系：因为正德二年十一月，朝廷裁撤了郧阳藩镇，汉中一带的防务随之松懈，才导致了蓝、鄢等人有机可乘。蓝鄢之乱发生之后，朝廷紧急调派在莆田老家丁忧的林俊火速赶赴四川任巡抚，去督兵讨伐。林俊星夜兼程，但终因路途太远一时赴任不及，让贼势越来越大。

正德四年(1509年)腊月，蓝、鄢等人纷纷称王：蓝廷瑞自称“顺天王”，鄢本恕自称“刮地王”，廖惠自称“扫地王”，合众10万余人在汉江流域的秦巴山中流窜抢劫，反复与林俊周旋。而刘烈则见官军追逼甚紧，就返回四川，在家乡一带四出剽掠。林俊追击刘烈，把蓝、鄢之寇留给了湖广军兵。在林俊的紧逼之下，刘烈被手下所杀后献首，但余部在廖麻子、喻老人的带领下巧妙地避开了官军的追捕。

正德五年(1510年)正月，朝廷任命刑部尚书洪钟总督川、陕、湖广、河南四省军务，主要征剿蓝、鄢等流寇。四月，蓝廷瑞、廖惠攻破通江县城。林俊赶到，又一举收复通江，杀死、溺毙敌军6000余人，并生擒廖惠。蓝廷瑞逃脱，奔至大巴山，被林俊一路追杀，只得丢弃辎重而走。八月，朝廷恢复郧阳藩镇。十月，李士实就任郧阳巡抚，派总兵李瑾赴川参与平乱。

正德六年(1511年)正月初一，川东江津人曹甫造反，自称“顺天王”，攻下县城并杀死佥事吴景。林俊闻报后急驰救援，趁曹甫等人过年时醉酒不防备而饱食熟睡之机，于夜半之中衔枚噤声地围着房屋放火纵烧，曹甫军溃逃。林俊乘胜追击，又在山坪、伏子岸等地连战，杀死了曹甫等人。

五月，蓝、鄢等人纵掠蓬州、剑州，洪钟带领林俊和总兵杨宏相机剿捕。朝廷又派巡视都御史高崇熙、郧阳镇守太监韦兴等参与会剿。然而，洪钟与林俊屡屡意见不合，使军机受到牵制，军队不得速进。

六月，蓝廷瑞攻烧了营山县城，杀死佥事王源。洪钟这才命令：四川巡抚林俊督四川之兵，陕西巡抚蓝章督陕西之兵，再发文给郧阳、河南之兵分路进剿。郧阳兵最先赶到，追敌于陕西石泉县熨斗坝，蓝廷瑞见追杀甚急，就写信请求朝廷招抚。洪钟令他们到四川东乡县的金宝寺集结，听从官军招抚，并向周边百姓贴榜示谕，再写信给蓝廷瑞，约好日期让他出来投降。其实，蓝廷瑞只是诈降，他派人送信说：只要答应他在营山县城或者临江市驻扎部队，并且官军的旗牌官能过来作为人质，他就肯出来相见。洪钟求功心切，全部答应了他的要求。见到信使回营，蓝廷瑞让鄢本恕带一部分人守营，自己出来与洪钟见面，沿路大肆杀掠。他在劫掠松树垭后，想施计逃走，却被官兵分为七哨控制住了各个路口。蓝廷瑞无机可乘，在粮食非常困窘的情况下，只得溃散而去。

十五日，蓝廷瑞把一个所掠的女子诈称为自己的亲女儿，嫁给了永顺宣慰司土司彭世麟为妾，要与彭世麟结秦晋之好。彭世麟将计就计，在营帐里接受了他送来的女子，并邀蓝、鄢军首领都来赴宴。

十六日，蓝、鄢等人率领28个大小首领一同来赴宴，被彭世麟的伏兵尽擒。外面的军卒闻讯之后皆大惊失色，纷纷四出山谷奔逸而去。洪钟等人在外围督率诸路大兵分道追剿，擒获、斩杀、溺死、俘获蓝、鄢老弱兵、器杖、骡马无数，再发榜让侥幸逃脱的人前来投案自首，给予安抚。最后，只有敌首廖麻子的去向不明。

再说曹甫被杀后，其余党方四、任胡子、麻六儿等人拥残兵走綦江到了贵州。方四伪称自己是朝廷总兵，任胡子是朝廷御史，其余30多个大小头领都伪称自己是评事等官员。他们入思南、石阡等府如入无人之境，还在思南大败贵州官兵，在三跳等处大败播州土兵，先后擒斩3000余人，再由贵州复入四川。

八月，方四攻打南川、南颈、雀子冈等关，在官兵严密守御下又转攻东乡、永澄等处，再遭回族兵的顽强抵抗。但前后两战都让方四颇有斩获，百户柳芳等人阵亡，官军步步退却。方四声势浩大，遂声言要取下江津、重庆、泸州、叙州、成都。当时，林俊驻江津、高崇熙驻泸州、太监韦兴驻成都、湖广巡抚王纶驻重庆。洪钟让副使何珊、都指挥邹庆率兵由川南合江前进，让副使李钺、叙州知府曹恕率兵由江津前进，夹攻方四。

九月，方四攻打江津，林俊会同赶到的石砫土兵并力抵御，方四败走。林俊追至合小坪，破敌四个营寨。方四急红了眼，以8000人复攻江津，又遭林俊、李钺、曹恕所督率的酉阳、播州、石砫等兵三面迎击，方四大败，逃至高观山，被斩首500余级，俘获200余人。林俊乘胜追击，却遭方四埋伏，雷石乘高而下，官军进退不得。在方四拥众不时出击下，李钺差点被擒，依仗卫士何士昂等人之力战才得以逃脱。林俊见敌军势猛，就派遣降将周大富进入敌营招抚。方四诈令其党羽李廷茂出来投降，自己则躲在营帐里观察动静。高崇熙探知里面的敌首大部分都是仁寿人，就派人到仁寿县找来他们的家属入营招降，但全被方四等人杀死，还派人传出话来，只要他们自行散去，从此就不再与官府作对。第二天，李钺督率各兵分六哨由大垭、小垭、月垭等关并进，直冲高梁，让敌军无法抵抗。官军六面合围，破其中坚，斩杀敌首任胡子等人，余敌溃败。官军追杀30余里，斩首1800余级，生擒方四的妻妾及男女3400余人，余众纷纷坠崖填壑，尸横数里，官军又夺获马骡4500多骑。土兵们再乘胜追剿，又斩杀200余人。然而，当追兵渐少后，方四回头还击，杀死了千户田宣、冉廷质等人。方四的妻妾也趁机逃去，遂率残余2000余人进入贵州，遁入思南境内。

当时，太监遍布军中，他们都把自己的弟、侄等亲属托名在军中，以冒功升赏。只有林俊耿直，拒绝所有太监的一切要求，所以被权奸所痛恶之。他又与洪钟不合，因此上疏请求退休。朝中的太监们趁机建言，说盗贼已平，留则无用，皇帝就御批允许林俊离去，由高崇熙继任四川巡抚。林俊回乡时，蜀人竞相号哭追送。

不久，麻六儿、喻老人、骆松祥、范藻等人复兴，在内江、崇庆一带骚扰多年而不能平定。朝廷命高崇熙督兵，令他尽快平定方四、廖麻子、麻六儿三股乱贼。

正德七年(1512年)二月，方四等人劫掠南川等县，高崇熙连战连败，步步退却。实际上，自前一年正月方四逃亡贵州，八月聚集了散兵游勇以后，他们就一直处于强势，官军占尽下风。

闰五月，方四从南川攻打綦江，被佥事马昊大败。方四奔婺川，而兵卒四散。他隐姓埋名潜走，在开县被义官李清捉获后押送至官府。至此，战争局势才得以改变。

十一月，廖麻子、喻老人，内江人骆松祥，崇庆人范藻等分别劫州掠县，号众20万。洪钟分兵进剿，不想给他们喘息之机，却遭到御史王纶的弹劾，说他放纵贼寇，祸国殃民，遂被朝廷罢职。又命彭泽继任总制四省军务一职，会同总兵时源共同征剿。

正德八年(1513年)二月，四川巡抚高崇熙以“盗贼不尽灭”而遭弹劾，被逮下狱。以右佥都御史马昊任四川巡抚。

四月，彭泽率苗兵大破廖麻子，廖麻子遁窜进入山寨，多潜伏藏匿于荆棘之中。彭泽分兵扼制住各个出入路口，又夺取水道渡口，网开一面纵敌而入，夹击诛杀而尽，只有廖麻子逃脱，从此销声匿迹。传说廖麻子有异术，能隐形，事急时能跳身而遁，所以多次悬赏让兵士捉拿而始终不获。彭泽移兵内江去讨伐骆松祥，很快又平了这股乱军。

正德九年(1514年)正月，彭泽率兵铲平了范藻。至此，四川群盗全部被平定，皇帝加彭泽为太子太保，加时源为左都督。

二

下面是张淳在郧阳巡抚任上向皇帝所上的两道奏疏，分别为报捷擒杀廖麻子和喻老人两个首领的经过。通过这两道奏折，两场500年前的战争情景显现在了我们的眼前，让当时的郧阳将士在四川、陕西战斗的场景能够穿越时空，呈现于我们的眼前。

张淳所上的第一道奏疏是《报捷及议处地方疏》，内容是报捷杀死匪首廖麻子的过程，其全文如下：

报捷及议处地方疏

都御史张淳奏：为报捷音及议处地方事。臣会同分守太监刘祥、总兵李瑾，记功巡按御史何棐。

据郧阳府申称：正德八年三月初三日酉时，总兵统领官军在于石、镇江与贼对敌，斩获首级贰佰颗，生擒贰拾柒名，骡马柒百匹头。初四日，又在连山河斩获首级壹仟颗。初七日，在绵州木槽沟斩获首级壹仟伍佰颗，将贼首廖麻子杀死，捉获伊妻。初十日，生擒流贼壹仟余名。传报前来，合行申报实行。

据报：行间又据佥事恽巍禀称：四月初一日，据本道原差武昌卫千户冯京，赍文彭总制处回还传报：三月十六日在盐亭县总制衙门，亲见闫游击家人解到贼首廖麻子首级验实。十七日，彭总制同时总兵起马往保宁府，行五十里至富林驿，偶遇喻老人壹枝(支)约贼贰仟冲来，当被官军斩获首级柒佰。等因。

据此案查，节准钦差总制四川、湖广、陕西等处军务都御史彭泽咨："为军务等事，烦委谋勇将军督率精锐汉土官军、民快人等，作急前到四川追贼所在，会集听调。仍选布、按二司官各一员，督令各府佐贰官，分投于各该经过地方整备。"等因。准此，当行都指挥王伟统领郧襄官军及府属民兵共贰仟名，及行守备甄昂、分守下荆南道参议白金、督同同知赵忠等各将官军操练守把。又行永顺宣慰司操点土兵策应，去后俱分布防截调用。

今据各呈获功缘由，臣等无任欢忭(欣)上言："伏以兵出有名，师行无敌，逆贼廖麻子敢尔不恭，图为不轨，杀我军民，屠我州县，反计已成，恶贯满盈。荷蒙皇上既命宪臣以总制，又命三省镇抚诸臣协力，记功寄于科道，赞画司于部属，抚剿并行，恩威大振，胜算下临，群情惶怖。臣等欲尽万全之策，愧非所长，顾惟一得之愚，焉敢不尽是用？发兵分哨，隄备截杀，幸尔大军一至石镇江而略挫其锋，再至连山河而大破其众，三至绵州、潼川剿擒难以数计，地方宁谧，军民仰赖。此诚我皇圣德同天，万万年之业也。除功次查明另报外，各该官员应减者量减，应揫者量揫，既省粮费，亦宽力役。及将所属各州县旧无城池者，行令修筑以为保障；镇店无墙垣者，或立排栅，或筑土墙，或挑深沟以为防御；其人烟荒落可以通贼去处，设立巡司、哨堡以备他虞。救偏补敝，亦将有赖于此也。谨题请旨。”

在这篇《报捷及议处地方疏》里，张淳首先讲了自己上疏的主题，以及共同上疏的人。主题为：“报捷及议处地方事”；共同上疏人为：郧阳分守太监刘祥、总兵李瑾，记功巡按御史何棐。

接着讲了郧阳府所呈的申报内容：正德八年(1513年)三月初三酉时，总兵李瑾统领郧阳官军在四川于石、镇江与敌作战，斩获首级200颗，生擒俘敌27名，缴获骡马700匹。初四，又在连山河斩获敌人首级1000颗。初七，在绵州木槽沟斩获敌人首级1500颗，将贼首廖麻子杀死，捉获了他的妻妾。初十，生擒俘敌1000余名。

再讲了湖广行都司佥事恽巍的禀报：四月初一，据本道原派的武昌卫千户冯京，由彭总制(监时官职，大于总督)处赍文报告：三月十六日，他在四川盐亭县的总制衙门，亲眼见到闫游击所派的家人解押到了敌首廖麻子的首级，并被验实。十七日，彭总制同总兵时源骑马前往保宁府，行走50里到达富林驿时，偶遇喻老人一伙约2000人冲了过来，当场被官军斩获首级700颗。

又讲了三省总制彭泽之前的调兵令和郧阳部队的兵力部署情况：在接到以上两道申报之后，我伏案查得，此前钦差总制四川、湖广、陕西等处军务的都御史彭泽发来过咨文，内称：“为军务等事，烦委谋勇将军督率精锐汉、土官军，民快人等，急速前往四川追敌，会集听调。仍选布、按二司官各一员，督令各府佐贰官，分投于各该经过地方整备。”接令之后，郧阳当即派行都司指挥王伟统领郧襄官军及府属民兵共2000名前赴四川，又让郧阳守备甄昂、分守下荆南道参议白金，督同郧阳府同知赵忠等人各带领官军操练，把守各道关口。又行文湘西给相邻的永顺宣慰司，让他们操点土兵策应。要求各处都要分布防截，听候调用。

最后张淳盛赞皇恩浩荡，又提了合理使用人才和巩固各地城防的两条建议：

据现在各参战将领呈报的获功事因，我等无不欢欣鼓舞。皇上兵出有名，师行无敌，敌首廖麻子竟然胆敢不恭，图为不轨，杀我军民，屠我州县，造反之计已经形成，实属恶贯满盈。承蒙皇上先命都御史总制，又命三省镇、抚诸大臣通力协作，再把督察记功的御史放在了科道一级，还把辅助谋划的赞画官们安排给了各部属，实行抚、剿并行的政策，使朝廷恩威得以大振，胜算之下，敌军群情惶怖。我等想要为皇帝进一个万全之策，惭愧的是没有自己的特长，所以在有了一个愚钝的想法之后，怎么敢不献出来让朝廷使用？朝廷发兵分哨，一边防备一边截杀，幸亏大军一到石镇江后就略挫敌军之锋，再至连山河又大破敌众，三至绵州、潼川剿擒的敌人就难以数计，才使地方得以安宁，让军民有所仰赖。这都是仰仗我皇圣德同天，有万万年之基业啊。我们除了查明功次再另报外，还认为各处的官员应该酌量裁减的就裁减一些，应提拔使用的就酌量提拔一些。这样既能够节省粮食和经费，又可以人尽其才。还有，应该将属地里过去没有城池的各个州、县，行令让他们修筑城池作为保障；如果集镇和大的店子没有墙垣的，也让他们或者栽立排栅，或者筑成土墙，或者挖出深沟作为防御；在那些人烟荒芜，经常有敌人通过的地方，就设立巡检司或者哨堡以作防备。如果采取了这些救偏补敝的措施，地方安全就有依赖了。请旨。

三

张淳所上的第二道奏疏是《平获贼党疏》，内容为报捷擒获喻老人的经过，其全文如下：

平获贼党疏

都御史张淳奏：为平获贼党事。臣会同钦差、总制四川湖广陕西等处军务，太子少保、都察院右都御史彭泽。

据四川兵备副使张敏呈，为流贼告愿投降事：照得本职节奏都御史彭泽帖案："严督各路官军，务将残贼喻老人擒斩尽绝，回报。"等因。依奉，于正德八年五月二十八日，会同佥事郭东山督兵追至通、巴等县，节被各枝官军追赶擒杀。又，该钦差平贼将军右都督时源、钦差巡抚陕西都御史蓝章、钦差巡抚四川都御史马旻、钦差抚治郧阳等处都御史张淳，督各自官军合兵追剿。此贼装做乡夫奔至广元，又被守备庞寿截杀。本职欲便会兵前进，缘旧贼数少，新虏人众，未免滥及无辜，有伤朝廷好生之德。及查总制都御史彭泽原行“如果贼势穷蹙，畏我兵威，真心听抚，遵照敕谕许其解散，各安生理”。以是，伙贼陈广仁等男妇五百名口陆续投降，独喻老人尚未授首。随准总兵手本。

据分守关南道参议苏乾据原差老人杨巡在游仙里捉获喻贼原虏妇杨氏供称：喻老人即喻思俸，王老人即王长子，及吴伯明、王应高、腊生、和尚、六蛮、四老、杜保儿、小刘姐、二姐俱逃往陕西西乡老山藏匿。本年六月内，该兵部题为前事奉钦依：“喻老人即系蓝五等同起老贼，有能擒斩来献的，都准照沙长孙例升世袭正千户，赏银壹仟两。钦此。”遵将喻思俸年貌及夥贼名数，备示遍发，晓谕擒拿。去后，本年十二月初七日，杨巡督领乡兵张得海围住喻老人、王长子，各又拒敌。杨巡奋勇将喻老人，张得海将王长子各杀伤擒获。吴伯明、王应高等并解前来，押送都御史彭泽覆审是实，会同臣等参照。

喻老人、王长子、吴伯明、王应高等，本蓝鄢之遗孽，纠廖贼之渠凶。构乱七年，贻害三省；劳民伤财，而公私困竭；兴师动众，而远近驿骚。上勤宵旰之忧，下极生灵之苦。内喻思俸依山恃险，稔恶肆凶，劳士马已逾半年，费钱何啻万计？伙贼降散已尽，仍敢奔移为非，罪恶贯盈，神人共怒。今者仰承神算，殄灭无遗，地方辄宁，兵戈偃息，是皆荷蒙皇上大彰宸断，在必剿之无疑。屡播纶音，示再生之有路，庙谟明万里之见，天威赫咫尺之临，兵饷充盈，赏格甚重之所致也。

再照：四川等处地方，盗起累年。上老宸虑，命将致讨，历久方平。禁廷元老赞襄之周详，本兵大臣督励之严紧。固皆简帝心，不敢僭拟。臣等瘝旷之罪，不敢自文。但各该地方频年涂炭之小民，即太平供职之小民；今日平贼有功之臣下，即昔日失事有罪之臣下也。伏望圣慈，念人才难得，怜赤子无知，普施旷荡之恩，大慰云霓之望，庶臣工益励忠贞之节，而反侧再瞻熙皞之天。幸甚。

在《平获贼党疏》里，张淳首先讲自己上疏的主题以及共同上疏人。主题为：“铲平擒获贼党的事”；共同上疏人为：三省总制彭泽。

接着他讲四川兵备副使张敏所讲述的追剿喻老人的过程，以及请求招抚流寇允许他们投降的申报：查得我（张敏）所接到的都御史彭泽的手谕上说："严督各路官军，务将残贼喻老人擒斩尽绝，回报。"我依奉，在正德八年（1513年）五月二十八日会同佥事郭东山，督兵追击至通县、巴县，正值各路官军都在依次追赶擒杀。各位钦差有：平贼将军右都督时源、巡抚陕西都御史蓝章、巡抚四川都御史马昊、抚治郧阳等处都御史张淳，都在各自督率官军合兵追剿。当时，喻老人装扮成乡夫逃奔到了广元，又被守备庞寿所截杀。我想要前进与他们会兵，但考虑匪部里的老寇较少，而新近捉去充数的人多，担心未免会伤及无辜，有伤朝廷的好生之德。再查，总制彭泽原来还发过一道手谕："如果贼势穷蹙，畏我兵威，真心听抚，遵照敕谕许其解散，各安生理。"所以，在敌匪陈广仁等男女500人陆续出来投降时，我就准了总兵发来的手本，接受了他们的投降。最后，就唯独喻老人一人尚没有抓获。

再讲了擒获喻老人及其同伙的过程：分守关南道（汉中）参议苏乾曾经差派一个叫杨巡的老人在游仙里一带巡山，从而捉获了喻老人原来俘虏去的一个妇人杨氏。据杨氏供称：喻老人就是喻思俸，王老人就是王长子，以及同伙吴伯明、王应高、腊生、和尚、六蛮、四老、杜保儿、小刘姐、二姐全部逃躲藏匿在汉中府西乡县的老山里。在本年（正德八年）六月内，兵部曾经题奉钦依："喻老人，即系蓝五等同起老贼，有能擒斩来献的，都准照沙长孙例升世袭正千户，赏银壹仟两。钦此。"并将喻思俸的年龄、相貌以及同伙人数、姓名，遍发给各地晓谕擒拿。十二月初七日，杨巡督领众乡兵张得海等人围住了喻老人、王长子等，与他们展开激战，杨巡奋力将喻老人杀伤，张得海将王长子擒获，连同吴伯明、王应高等人一并解押前来，被都御史彭泽复审是实，就会同我等报捷。

又讲这是皇帝英明决策的结果：喻老人、王长子、吴伯明、王应高等人，本是蓝、鄢之遗孽，廖麻子之元凶。蓝、鄢一伙为乱七年，贻害三省；劳民伤财，使公私财物尽竭；兴师动众，让远近动荡不安。皇上勤于政务，日日夜夜担忧民众所受的生灵之苦。这期间，喻思俸依山恃险，酿恶肆凶，作乱已超过半年，所费钱财何止万计？就在他们的同伙降散已尽之后，仍然敢于在奔移之中为非作歹，实属恶贯满盈，神人共怒。现在仰承天意神算，把他们消灭无遗，让地方得到了安宁，使兵戈终于偃息，这都是承蒙皇上的英明决策，他们注定要被剿灭无疑。皇上屡次发布诏书，警示他们投降就会有再生之路。朝廷也多次显示万里之见，天威赫赫就在咫尺之临，所给的兵饷充盈，所犒赏的规格甚重，所以才有军人的英勇，能把敌人剿灭殆尽。

最后，张淳请求皇帝能论功行赏，同时赦免之前各官追剿不力之罪：查得四川等处地方，屡年盗起，让皇上老处在筹谋策划、命将军去讨伐之中，经过了这么长时间才把敌寇讨平。还幸亏有朝廷元老的赞助周详，各个领兵大臣的督励严紧。这一切都已经装在了皇上的心里，我本不敢超越本分提出建议。我等本是旷废官职的人，本不敢自作主张，但该地方连年被涂炭的人民，都是在太平时期纳税的小民；今日铲平敌寇有功的臣下，都是昔日失事被判处戴罪立功的大臣。皇帝圣慈，应该念及人才难得，可怜赤子无知，能普施旷荡之恩，大慰人们的盼望之切，奖励有功之臣的忠贞之节，让人们再瞻仰盛世之天。这是一种很大的幸运。

陈雍裁冗

陈雍(1451—1542)，字希冉，号简庵，浙江余姚人，成化二十年(1484年)甲辰科进士，授工部主事，后改刑部主事预修《问刑条例》，再迁员外郎出任湖广按察佥事，在弘治、正德两朝历任广东按察使、河南右布政使、贵州左布政使、右副都御史郧阳巡抚、工部右侍郎。嘉靖帝即位后理工部事，于嘉靖二年(1523年)提督易州山厂，负责采伐和贮存柴炭。不久，擢升南京工部尚书。嘉靖四年六月初六日致仕(退休)，于嘉靖二十一年十二月二日卒，终年91岁。

陈雍任郧阳巡抚于正德十一年(1516年)八月，在正德十三年五月离郧阳赴京任工部职。

陈雍在郧虽然不足两年，但他干了很多事。正德十二年(1517年)二月，荆州三卫把总、水陆操练指挥同知、荆州卫指挥使戴英托病请辞，陈雍一边挽留戴英，一边乘机上疏请求裁革冗员，让朝廷批准裁去了戴英的把总一职，同时还罢免了李霈荆州卫考选军政掌印佐贰指挥一职。四月，荆州、襄阳、监利、潜江等地发生洪涝灾害，致使连年饥荒。陈雍不仅先拨公帑，然后再借武当山香火钱赈灾，他还亲自深入灾区指导救灾，让所有官员都不敢懈怠，使灾区没有饿死一个人。当年，他查封襄阳的云封寺，改立为凤栖书院。云封寺在襄阳城东门外，为三国庞统故居，已经被僧尼占用多年，多任官员都无计可施，在被陈雍查封复立书院后，内立庞统和司马徽的神位让官员每年祭奠。此后至清末，襄阳人才多出自此书院。正德十二年正月，陈雍批准郧阳府重修盛水、武阳二堰，并立碑告示民众，禁止上游人等以局部利益堵塞堰渠。

下面是陈雍为裁冗员所上的奏本，全文如下：

革冗员以充实用疏

都御史陈雍奏：为革冗员以充实用，以一操守事。

节据湖广行都司以都指挥体统行事指挥同知戴英呈称："卑职因患先年征伤，筋骨疼痛，医治未痊，不时举发，痰气并作，难以任事。呈乞准令闲住，另举别官管理。"等因。

到臣卷查，先准《兵部咨·为立新阵以保地方事》，该江西按察司兵备副使周廷征奏称："荆襄地方，虽有抚民、守、巡等官，恐事权未重，而调遣未专。今既设兵备以守九江，尤当设重兵以备荆襄，一遇有警，随宜出兵，首杀其西合之势，又分其东下之威，先声可以作九江之士气，夹攻可以销既困之贼锋。"等因。奏奉圣旨："该部看了来说。钦此。"本部议得："荆襄地方，乃湖湘要害，陕蜀咽喉，古号重镇，奸雄多觊觎之心，宜宿重兵以防不测。查得荆州府设有三卫，襄阳府设有二卫所，虽设而无总领之官以督操练，似为缺典，合无准其所奏。本部移咨抚治郧阳等处右副都御史李士实、巡抚湖广地方右副都御史陈镐会同计议，将荆州三卫、襄阳二卫官军，除运粮及襄阳护卫人数不动外，其余不拘官军、舍余尽数查出，拣选精壮，委选均州谋勇廉干指挥一员把总操练，如用指挥，照例以都指挥体统行事，襄阳就令抚民副使带管。务要申严号令，时常操演，不许贻患地方。"等因。题奉圣旨："是，准议。钦此。"备咨前来，已经会同议得：荆州三卫虽有都指挥李欣，不堪任使。看得荆州卫指挥戴英律己廉谨，武略熟闲，相应委作三卫把总，以都指挥体统行事，仍令掌管本卫印信。

况查本官实无前疾，足堪任使。推其意，盖以荆州既有守备都指挥，又有守、巡等官，官列虚衔，事多掣肘，欲求革去而难于显言。托疾求代，岂其本心哉？及查荆州卫原考选军政掌印佐贰指挥李霈，庸碌欠为，戎务日废。合将戴英暂且革去把总名色，委令掌本卫印信；候有守备等项官员照例推用李霈，更替原考佐贰，使彼此各称其任可也。臣身历其地，目击其事，辗转思维而有是言，岂敢轻举妄议？乞敕该部查议，如果臣言不害事体，将把总荆州三卫都指挥照例裁革，就令戴英掌管本卫印信，责令修明军政。其襄阳就令抚民副使带管，各以时操练。庶几官无冗旷，而实用得充；军无虚占，而操守归一矣。为此谨题，请旨。

陈雍在《革冗员以充实用疏》里，把裁冗员看做充实用、纯操守的大事。

他首先讲了戴英托病请辞的事：湖广行都司以都指挥体统行事的指挥同知戴英，申报请求离职，说自己早年征战的旧伤复发，筋骨疼痛，医治不愈，不时发作，咳嗽不止，难以胜任公事。请求准许他闲住，另外推举别人来接替他的职务。

接着，他讲述自己所调阅的七年前任命戴英时的文档：卷查原先李士实任郧阳巡抚时朝廷所准的《兵部咨·为立新阵以保地方事》，上面说江西按察司兵备副使周廷征奏称："荆襄这个地方虽有抚民副使、分守、分巡等官，但都是些以担任省里的副职为重，恐怕不很重视兼任的事权，也没有被调遣去任专职。现在既然设了兵备道守卫九江，就尤其应当设重兵以防备荆襄。只有这样，一旦遇有警讯，才能够随时出兵，首先扼杀敌人的西合之势，再分散敌人的东下之威，既可以先声夺人振作九江的士气，又可以两相夹攻消除围困之贼的锋芒。"皇帝为此御批："该部看了来说。钦此。"兵部奉旨商议后认为："荆襄这个地方是湖湘要害，陕蜀咽喉，自古号称重镇，历代奸雄都有觊觎之心，应该驻有重兵以防不测。在荆州府境内设有荆州卫、荆州左卫、荆州右卫三个卫；在襄阳府境内，设有襄阳卫和均州千户所，但这些卫所均互不相属，无总领之官督导进行统一的作战操练，好像是仪制上缺了一环，何不就准了周廷征的所奏。兵部移咨给郧阳巡抚李士实、湖广巡抚陈镐，让他们共同商议，把荆州三卫、襄阳二卫所的官军，除运粮和襄阳护卫的人数不动外，其余无论是官军，还是舍余都要全部查出，从中拣选精壮，从均州委选一名有谋、有勇、廉洁、干练的人去任把总，主持操练，如同都指挥一般使用，权限照例以都指挥的体统行事。其留下的均州的防务，由襄阳方面责令抚民副使带管。务要他们申严号令，时常操演，不许贻害地方。"取得的圣旨为："是，准议。钦此。"备咨到郧阳后，商议得出的决定为：荆州三卫虽有都指挥李欣，但其人不堪胜任。看好荆州卫指挥使戴英，他能够律己廉谨，武略娴熟，只有他能够胜任三卫把总一职，就委任他以都指挥的体统行使权力，仍令他兼管荆州卫的印信。

最后，陈雍提出了自己的看法，建议裁革冗官：我查实，戴英并没有前伤复发，仍然足以堪当重任。推测他的意思，是因为荆州既有守备都指挥，又有守、巡等官，许多官员并列着虚衔，往往使事情掣肘难以解决，想要请求裁革掉一些人的职位而又不好明说，所以他才托疾请求让别人取代自己。然而，这绝不是他的本意。他任三卫把总后，把荆州卫的事务委托给了原考选军政的佐贰官李霈，让他代理自己的掌印卫指挥一职，但李霈是一个庸碌无作为的人，由他所管理的军务日渐荒废。我建议何不暂且革去戴英的把总职务，让他回去掌管本卫的印信；至于李霈，等有守备或什么官员愿意推举使用他之后，就更替他原来的考选佐贰的职务。这样，他们彼此就各担其任了。我是在身历其地，目击其事，辗转思维之后才有的这个建议，绝不是一时的轻举妄议。请求皇上能敕谕兵部查议，如果我所说的话不妨害事体，就将荆州三卫把总都指挥一职裁革掉，令戴英专职掌管荆州卫印信，责令他修复并严明军政。至于襄阳方面，仍然令抚民副使带管均州防务，让他们各自按时操练。这样，官员不仅不会冗旷，反而会实用得充；军职不被虚占，操守就归一了。请求圣旨批准。

王缜激言死谏阻正德帝南巡

一

王缜(1462—1523)，字文哲，广东东莞人，明弘治六年(1493 年)丙午科进士，初选为庶吉士，后授予兵科给事中，曾代表明朝出使安南(越南)。安南国王为其设毡摆拜具，他令其撤去；又送他许多金银珠宝，他皆不受，以此显示了大国使臣的风度。回朝不久，转任礼科右给事中，随后又升为工科都给事中。

正德年后，王缜曾任山西参政，后擢升为云南左参政，当时刘瑾擅权，恨他没有给自己送礼，就无故罚米 500 石，是王缜变卖了家业之后抵偿的。刘瑾被诛后，王缜出任福建左布政使，后升为应天巡抚，参与了讨平刘六、刘七之乱的作战。正德七年(1512 年)，因母亲去世回家丁忧，期满后先任郧阳巡抚、后任南京刑部右侍郎。嘉靖二年(1523 年)升南京户部尚书，当时南京一带因水灾而发生饥荒，他请准发库银五万两施赈，救活了大批饥民，却因忧患民疾而日夜辛劳，以致病死于任上，时年 61 岁。皇帝闻报，特派广东布政司左参议亲往谕祭。

王缜任郧阳巡抚于正德十三年(1518 年)五月，十四年六月离郧赴南京任刑部右侍郎。在郧一年期间，正遇襄王府侵夺民产，他上疏申辩后让襄王府退还以民。十四年二月，皇帝下诏要南巡，武当山太监乘机放出风声说可能驾临武当，于是郧藩境内各府各县都大肆准备接待，预备要动用的金钱数以万两计，甚至有的官府要求猎户去捕获活虎活豹作为贡品，使民众不堪承受，更不胜其扰。当时的武当山主管太监吕震兼任着郧藩副使、下荆南道分守，他以进奉为名，大肆索取奇珍异宝，甚至连他的手下太监李文也借机纵使下属随意欺压商人。王缜获悉后，迅速下令各府、州、县禁止向民众索取，要求各地以民生为重。他还限制武当山宦官到各地走动以从中敛财，并把李文绳之以法，压制住了吕震的气焰。当年夏，就在王缜即将离郧之际，宁王朱宸濠在南昌叛乱，震动荆州、襄阳和郧阳。王缜马上部署防御，在民心得以安稳后才安心离郧。

正德皇帝是一个昏君，不仅喜爱游玩，而且宠信宦官和奸臣，让以刘瑾为首的“八虎”扰乱朝政。正德十年(1515 年)后，正德帝又宠信边塞将领江彬等人，使朝廷大权旁落。在外有蒙古俺答汗侵边，内有宁王朱宸濠意图谋反的情况下，正德帝坚持要在宣府建立一个行宫，并西巡游历了太原、榆林等地，耗费了大量物资。正德十四年正月返回北京后，江彬又撺掇皇帝在三月下诏准备南巡，引起朝野内外一片哗然。

二

当时，为皇帝南巡还发生了朝廷之争，这是一起中国历史上的著名政治事件。皇帝和江彬等人为一方坚持要南巡，而朝廷百官为另一方则集体反对。

皇帝下南巡诏之后，大学士杨廷和首先上疏谏阻，称：“东南为国家财赋所出之地，近年却大水连灾，兼以徭繁赋重，民众已不堪忍受，假若皇帝带军旅经过，日所花费无数，他们将如何应付？况且近年运河道狭水浅，现在连运输营建宫殿的大木和漕粮之船尚不能正常通过，皇船一去必然会拥挤难行，大木必不能进，漕粮必不能行，误事事小，皇帝被耽搁在那里，意外之虞尤其不可测。请求陛下还是居宫养身体才是国家之幸。”之后，几乎所有大臣都连续上疏谏止南巡，皇帝均不采纳。二月，皇帝诏令南、北两直隶和山东，说要到泰山进香，命工部急修一批快船备用。众大臣们听说之后，又一次不依不饶纷纷上奏谏阻，有的甚至以死相谏，终于引发了皇帝的大怒，在午门杖笞了翰林院修撰舒芬等 107 人。棍棒之下，那些被打的大臣多数被杖死，不死的也一律调外或罚俸，但朝中谏阻的风潮不仅没有停止，而且愈演愈烈。当时，在朝廷里形成了一种悲壮的氛围，大臣们都以能被杖死为荣。四月，众大臣死者、伤者依然相继，皇帝才无奈地宣布罢巡。至此，已经有 100 余位官员受到刑罚或贬迁。

正德皇帝罢巡后，一直闷闷不乐。六月，宁王朱宸濠反叛于南昌，终于为皇帝找到了南巡的正当理由。他自封“镇国公”亲征去平乱，于八月开始南巡。

下面是几个廷争受罚的主要官员。

舒芬，状元出身，他率领翰林院编修崔桐，庶吉士江晖、王廷陈、马汝骥、曹嘉及汪应轸等人联名上疏反对，称：“历数古代明君出巡的例子，要么是为了协调声律度数，要么是为了统一度量衡，要么为了访求遗老，要么询问民生疾苦，要么罢黜庸吏、提拔贤才，要么考察各级官员的业绩使诸侯有所畏惧，要么为百姓生活安康。我把皇帝这次出巡比做秦始皇、汉武帝式的放纵，不过是为了私心寻欢作乐而已。秦始皇出巡时，在博浪沙曾经遭到过铁锥的袭击；汉武帝微服私访到柏谷时，曾经不被亭长接纳，此等事都应该引以为鉴。近来，皇帝两次巡幸西北，已经造成六师无人统御局面，各地百姓受困，悲号之声上抵苍天，人心为之震动。所以，百姓在听闻皇帝又要南巡时，都像鸟儿受到百兽惊吓一样而闻风四散逃亡；地方官吏闻讯后，又窃喜可以借迎奉圣驾之名征收钱财。现在的江淮一带已经一片骚乱，万一有凶顽不法之徒趁机作乱，灾祸定小不了。还有，陛下自封“镇国公”，如果您到了亲王的封境，有人依照大臣之礼出来接待，陛下是面向北相见还是向南？假如陛下为此事去深究这位亲王或者大臣的大不敬，那陛下宠信在左右的人恐怕都要死无葬身之地了。假若在宗室藩国中有一个像刘濞那样的，暗藏着挑起西汉宗室八王之乱祸心的人；假若大臣们又都怀着五代冯道那样的，不以事贰君为耻的意图，把俸禄和官位当做是家中旧物，把朝廷、官署当做是集市，将皇帝当做是可走的棋子，把永乐帝夺建文帝皇位，除去建文年号，仍称洪武年号当做是常规的话，都是因为陛下所宠信亲近的人心智短浅，不把这些发现告诉陛下罢了。假如陛下曾经听到过以上的话，即使偶尔到紫禁城门外，也会将卫护工作做到万无一失，怎么还敢轻易出去巡游呢？”

黄巩、陆震，一个是兵部职方司的武选郎中，另一个是兵部员外郎，他们联名上疏劝阻：“陛下临政多年以来，拿祖先的纲纪法度于不顾，先是被逆贼刘瑾败坏，又被一些佞幸之辈败坏，再被边疆将帅的战事不利败坏，大概已经荡然无存了。现在普天之下只知有权臣，而不知有天子，动乱的根本已经形成，祸变将要发生。所以当今最紧急的有六事：

一为尊正学。圣人主张静，君子谨慎动。陛下游玩无度，流连忘返，游动太过分了。陛下应该居宫凝聚精神，镇定思虑，排斥异端邪说，疏远奸佞小人，咨询忠诚良臣，就可以蕴含保养气质，熏陶道德品行。圣学维新，圣政就自然振兴，陛下就能够延年益寿了。

二为疏言道。进言之道是国家命脉，圣明的帝王都以纳谏吸引人才。而现在却全然不同，大臣们所论的时政，左右近臣都隐瞒不报；涉及弄权奸臣的奏折，陛下就扣留在宫中不发，还找茬加以中伤，造成忠臣不是因进言获罪，就是捏造假象因他事获罪。因此，大臣虽然有安定百姓的长久之计和谋划国家的良好策略，却都无法传达给圣上。即使人们发现能引起国家必乱的大事，发现有图谋不轨的奸臣，陛下也无从得知。只有广开言路，不要怪罪言官们越职言事，不要责怪他们沽名钓誉，忠言就会日渐进呈，乱臣贼子才会有所畏惧。

三为端名号。陛下无故把自己降为“大将军太师镇国公”，远近各地听闻后无不惊骇叹息。如此，谁是天子？如果人们都不以天子侍奉陛下，却以将军的身份侍奉陛下，那么天下不都成为将军的臣民了？体统不正，朝廷就没有尊严。我们为陛下的此举感到畏惧。

四为戒游幸。陛下原来游玩嬉戏还不出大厅，只在宫内南边驰马追逐，言官们就已经认为不可。随后您先是临幸宣府，又临幸大同，再临幸太原、榆林，耗费的当地资财已经惊动人神，使郡县不得安宁，民间夫妇不能相保。您作为百姓父母，竟忍心致百姓于如此地步！最近又诏令南巡，南方百姓听闻后争相携妻带子逃难，怨恨之声纷起。如今的江淮在发生大饥荒，已经父子兄弟在相互残食，天时人伦已经堕落到了这个地步，您怎么能进一步逼迫他们，不是要让他们流落为盗贼吗？奸雄往往窥视着等待时机起事，变乱都是从内部发生的，到那时，恐怕您想回京也无路可走，盼救星更恐不及，悔恨就来不及了。陛下身边那些身居高位的大臣、专权的宦官和亲近的群小，他们哪里还有一颗怜爱陛下的善心？他们希望陛下能远行，是盼望自己能擅权放纵，趁机营利。如果一旦有事，他们就会袖手旁观。陛下应该幡然悔悟，颁《罪己诏》取消南巡，打开国库赈济江淮百姓，让边防军回归编制，收聚已经失散的人心。如果这样，还能有所作为。

五为清小人。古往今来，没有一个小人执政的朝廷而不亡国丧命的。现在陛下身边就有一批玩弄权术、贪恋富贵的小人。像江彬就是，他拿战争当儿戏，使陛下耗费天下之力，竭尽四海资财，伤害百姓之心。他不过是军队中的平庸之辈，就凶残狠毒到了傲慢怪诞，没有人臣礼节的程度。我们只看到他有可杀的罪过，还没有听说他有任何可赏的功劳，现在却被陛下赐以国姓，封为伯爵，以心腹相交，并将京营的重任相托付，使得他在外有把持兵权之势，在内有蓄谋叛变之力，这必然是产生叛乱的根源。如今的天下人都在切齿怒骂，恨不得吃了江彬的肉。陛下为何竟怜悯一个江彬，而不拿他来谢罪天下呢？

六为立太子。陛下年岁渐高，还没有生出太子，这让祖宗的社稷基业无所寄托。陛下外出远行观赏游玩又曾经多次遭遇过不测，收养的义子布满左右，唯独不愿预先从亲族中的贤人里选一人立为太子以继承大业。我们认为陛下这是在本末倒置，诚望陛下能祭告于宗庙，请命于太后，询问于大臣，选择皇亲中贤良者养于宫中，以寄托国人期望。一旦以后诞生出皇子，就把他封为亲王另立藩国，这样做才是国家的福分。

夏良胜、万潮、陈九川，一个是吏部考功司员外郎，一个是礼部主事，还有一个是太常寺博士，他们联名上疏："东南的祸患不仅在江淮等地，西北的忧愁就近在京师。作为国家，宗庙祭祀的牌位不能长期虚空，对皇太后的孝敬赡养不能长期荒废，国家政务不能全盘推诿给他人，镇国公的封号会是产生祸乱的根源。边境将士让陛下留在了宫禁附近，皇上难道忘了自己身边的祸患？您若继续巡行游乐，我等大臣都将死无葬身之地了。"

张衍瑞，吏部郎中，联名 14 人上疏劝谏。

陆俸，刑部郎中，联名 53 人奏疏劝谏。

姜龙，礼部郎中，联名 16 人奏疏劝谏。

孙凤，兵部郎中，联名 16 人分两批奏疏劝谏。

徐鏊，太医院医士。他进谏："养生之道，如燃烧在屋中的蜡烛：有房屋的遮蔽，燃烧时就坚固；当大风吹过，就流泪不止。陛下轻视自己的万乘之躯，放纵于嬉戏游乐、骑马射箭、捉鱼猎兽。近来又多次冒着寒暑涉水远游，饮食不调和，菜肴无选择，实在不符合养生之道。南方潮湿，容易生病，请陛下以国家社稷为重，不要从事鞍马、醉酒之事。喜伤心，怒伤肝，欲伤肾，劳伤脾，请陛下享受密室安逸，躲避暴风祸患。"

张英，金吾卫都指挥佥事。他认为皇帝外出一定不吉利，是变乱的征兆，于是裸露上身，包裹黄土，将刀子放于胸前，手持进谏奏疏挡在皇帝车驾之前跪哭，随即刺破自己胸膛，血流满地。卫士夺过其刀，将他捆绑后送入诏狱。审问官问他裹土的原因，他称："恐怕玷污了朝廷，洒土掩血罢了。"被判杖八十，当即身亡。

在南巡之争中，皇帝让人把周叙、余廷瓒、林大辂、夏良胜等 6 人施以刑具，一连 5 个白天在阙下罚跪，晚上则押回狱中囚禁。其余百官虽然不加刑具，也是早晨罚跪，日暮收监，让路途之人无不落泪。

被施杖而身亡的官员有：刑部主事刘校、照磨刘珏、工部主事何遵、兵部员外郎陆震、大理寺评事林公黼、行人司司副余廷瓒、行人李绍贤等。

因杖后创伤不治而去世的官员有：礼部员外郎冯泾，验封郎中王銮，行人王瀚等。

被逮捕入狱有幸逃过一死的大臣有夏良胜、万潮、陈九川、黄巩、陆震、徐鏊等。

舒芬等 107 人在罚跪结束后，各施杖三十。舒芬、张衍瑞、陆俸、姜龙、孙凤等被降职外调，其余官员夺半年官俸。

夏良胜、万潮、陈九川、黄巩、陆震、徐鏊、周叙、余廷瓒、林大辂各施杖刑五十，黄巩、陆震、夏良胜、万潮、陈九川被除名。其余官员贬黜有差别，有 30 人施杖四十。徐鏊被罚戍边。

直到嘉靖帝继位，才废除了大量正德时期的政事弊病，南巡之争中的百官均得以平反昭雪。

三

南巡之争发生时，王缜并没有沉默，他在郧阳向皇帝上了《陈言激切疏》。全文如下：

陈言激切疏

都御史王缜奏：为陈言激切事。

臣闻自古人主纳谏则圣，拒谏则狂；纳谏则兴，拒谏则危；纳谏则治，拒谏则乱。历历明验，具载方册。然人臣之于君，犹子之于父也。子谏父不听，遂不复谏，是忘父也；臣谏君不纳，遂不复谏，是忘君也。臣自幼读书，素怀忠义，岂敢负陛下而忘厚恩，徒腼颜充位为哉？

臣近闻兵部等部郎中等官黄巩、夏良胜、张衍瑞等，巡按陕西御史张文明、翰林院修撰等官舒芬等，各尽所见，陈言谏劝陛下巡狩之事。其言朴直，多有忤触，致蒙震怒，将黄巩等或为民、降级，或监禁、痛责。臣寝食不宁，昼夜忧伤，不意圣朝亦有此事。外方传闻，人心惊骇，以为黄巩、张文明、舒芬等虽言有不当，其心不过忠爱陛下尔。且言者正直，乃所以彰陛下之圣明也。正宜褒容，以打开谏诤之路，以永保丰泰之治，岂可加以罪谪而取讥于后世乎？伏望陛下念上天眷命之至重，恩祖宗创业之至难，明目大聪，体舜之好察迩言，检心责己；法汤之改过不吝，诏布天下，于日俱新。将黄巩等敕行该部通查录用，将直隶、山东等处伺候人夫、马匹尽行放回耕种。仍将中外所切齿、罪恶显著者，拏问究治，以慰祖宗在天之灵，以答天下仰望之心。则臣万死无所憾矣。

今日之事，尤有大而急者，乞敕府部勋戚大臣及科道等官会同公议，推选相应宗室教养于宫。以俟前星光启，然后厚遣还国，或会查国事例行取亲王，以备司香之典，以固根本，以亲血属，宗社不胜幸甚。如臣言欺罔，乞加重罪以谢天下。臣叨大臣之末愿，为陛下一死，不忍宗社之将危也，是以披肝沥血上言。臣无任犬马，激切之至。

在《陈言激切疏》里，王缜语言激烈，直接抨击皇帝阻塞言路，要求为遭到迫害的大臣们平反。

首先，王缜阐述进谏是作为人臣的职责：我听说，自古以来纳谏的天子就圣明，拒谏的天子就狂惑；纳谏的朝代就兴盛，拒谏的朝代就危亡；纳谏后国家会大治，拒谏后国家会大乱。这些都经过了历朝历代的明验，全部载入在典籍。诚然，大臣对于皇帝来说，就好像儿子对于父亲的关系。儿子的谏言父亲不听，儿子就不再进谏，那就是抛弃父亲；大臣的谏言皇帝不采纳，大臣就不再进谏，那就是抛弃皇帝。我自幼读书，素来怀着忠义之心，怎么敢辜负陛下而忘记您的厚恩，能明明看着您出错而白白厚着脸皮不进谏呢？

接下来，王缜劝皇帝纳谏，请求为遭迫害的众大臣平反：我听说，近来有兵部等各部的郎中等官员，如黄巩、夏良胜、张衍瑞等人和陕西巡按御史张文明、翰林院修撰舒芬等官们，都各尽所见，纷纷陈言劝谏陛下巡狩的事。他们的语言朴直，大多都忤触了陛下，以致使您震怒，将黄巩等人或者削职为民，或者降级外用，或者判刑监禁，或者杖笞痛责。我听说之后寝食不宁，昼夜忧伤，想不到在堂堂圣朝竟会出现这样的事。外地的传闻尤其让人心惊骇然，都认为黄巩、张文明、舒芬等人的谏言虽然有所不当，但他们的目的是真心忠爱陛下。况且言官敢于一身正气的直言，是在彰显陛下您的圣明，正应该褒奖容纳才对，以打开国家的谏诤之路，以永保江山的丰泰之治，怎么可以施加罪谪而取笑于后世呢？我拜伏着乞望陛下，念在上天垂爱所赋予给您的责任至重，感恩于祖宗创业的艰难，能够擦亮眼睛，聪明头脑，能经常体察舜帝是怎样考察身边亲近之人的，然后检讨自己的内心，责问自己的行为；效法商汤是怎样改正自己过错而毫不吝惜，每天都将自己的过失诏布天下的。陛下应该马上将黄巩等人放出来，敕行吏部全部将他们量体录用；将在直隶、山东等处征用的伺候人夫和马匹全部放回，让他们安心在家耕种；将那些呆在您身边，撺掇您出巡，中外所切齿、罪恶最显著的那些人捉拿究治，以告慰祖宗的在天之灵，以答谢天下的仰望之心。这样，我即使万死也无所憾了。

最后，王缜劝皇帝在近亲族之中挑选太子，以稳固江山社稷：当今之日尤为大而且急的事，是陛下应该立即敕谕内务府、各部、各勋戚、各大臣，以及各科、道等官共同公议，从相应的宗室里推出人选来教养在宫中。在等到陛下生出亲生儿子后，就把他厚遣还国，或者按照亲儿子的惯例封他为亲王。只有这样，才能延续皇家香火之典，才能巩固国本，才能亲血属，宗庙和社稷就很有幸了。如果我所说的话是欺君罔上，就请求加以重罪以谢天下。我叨念众大臣们未能实现的愿望，情愿为陛下一死，再也不忍心看着国家面临岌岌可危的局面，所以才披肝沥胆上言。我就是您的犬马，所以才激切之至。

不知道这是有幸还是不幸，王缜的奏疏被留下，并被皇帝收藏，不回复，不处理，不下发。

徐蕃请裁武当山提督太监

公元1981年10月底，江苏泰州市东郊鲍坝菜园五队的一户农民，在建房挖地基时发现了一座古墓。经考古人员前往清理，证明墓主为明代嘉靖时期的工部右侍郎徐蕃夫妇之墓，建造年代为嘉靖十二年(1533年)。此墓葬不仅保存完好，还出土了大量丝织品等珍贵文物。更为难得的是，里面的两具古尸均保存完好，面部五官清晰，头发乌黑浓密，皮肤虽有些蜡化，但丝毫没有腐烂。徐蕃的胡须、睫毛完好，肉体饱满，皮肤表面富有弹性；其妻口微张，露出一排整齐洁白的牙齿，身体消瘦，透过皮肤就能清晰地看到里面的骨架。

也许许多人都想不到，这两具古尸会与数千里之外的郧阳扯上关系。

徐蕃，南直隶泰州人，弘治六年(1493年)癸丑科进士，初授南京礼科给事中，任内正遇上正德皇帝一登基就坚持要恢复父亲一朝所汰免的冗费，被徐蕃等人上疏力劝请求阻止。在这场争执中，正德帝虽然没有接纳徐蕃等人的建议，但他记住了徐蕃的名字，此后起用他为江西参议，让他跟从两广总督陈金去讨平了东乡民变，之后升他为顺天府尹。嘉靖元年(1522年)三月，徐蕃升右副都御史任郧阳巡抚，于嘉靖二年十一月改任南京户部右侍郎，后改工部右侍郎。

嘉靖二年(1523年)，徐蕃在郧阳有过几处大手笔。当年春，荆州、襄阳一带有人利用白莲教煽动民众，大有泛滥形成造反之势。徐蕃通过明察暗访掌握了他们的情况，一举将他们捉拿并惩处了首恶，把其余值得可怜或者仍有疑问的100多人全部作宽大处理放归务农，使荆襄局势得以稳定。七月，均州盐池发生了徐学作乱，徐蕃派都指挥孙昂平息了动乱。当月，徐蕃在郧阳城内创设武馆，聘请武林高手教授武官子弟习武。八月，湖广巡按御史上疏请求裁革襄阳、安沔二守备署获准，徐蕃分别把襄阳守备署归并到郧阳，改称“郧襄守备署”；把安沔守备署归并到荆州，改称“荆瞿守备署”。

下面是徐蕃在郧阳巡抚任上向皇帝所奏的一道《开读疏》。开读，就是宣读帝王的诏旨。这里是指查阅历代皇帝为武当山太监所颁发的御旨，目的是请求皇帝裁革武当山提督太监赵荣。《开读疏》全文如下：

开读疏

都御史徐蕃奏：为开读事。

查得太岳太和山建立宫观之初，止差太常寺寺丞一员提督修山。宣德三年易以内臣。成化十二年因设湖广行都司始设分守，自是太监韦贵等相承顶补，亦是提督前务不曾带管地方。正德三年方才添设太监龚辇，五年取回，复以太监吕宪辅补。协同分守之命，实始于此。皇上即位之初，首颁明诏，内开腹里地方并各边各关，但系正德年间新设分守、守备、内臣，诏书到此即便回京，中外臣民莫不称庆。未几，传奉钦依，将吕宪之缺移镇河南，复调太监赵荣提督分守，即今吕宪之缺已是太监潘真顶补，则赵荣者仍系添设之官矣。

及查先年提督分守内官，廪给口粮、下程，每日用银不过三钱；跟用皂隶十名，虽纳月钱也不为多。正德年间，太监齐玄乃始作俑，廪给口粮之类俱令折干，每日收银一两，一年该银三百六十两。跟用门皂比旧加增十名，每名征银一十二两，一年该银二百四十两。二项每年共银六百两。此外，两处各要供给奏带、马匹、草料、月送、朱墨、笔札并抬水夫役、听差、马骡等项，每年计亦用银三百余两。连前共银九百余两，俱在均州均徭内征解及今。见年，里甲直日、支用添设协守者，则派郧、襄两府供给，无日支杂费，而廪给口粮、门皂银两，亦与均州无异。况年年旧规，每员每日支给香钱银一两以供食用，亦既取之官矣。而今复科取于民，委实重费。

臣会同巡按湖广监察御史何议得：提督本山内臣虽兼分守，事亦不多，一人干理有余，协同分守之官诚为冗赘，伏望皇上轸念地方，乞敕该部查照节年事例，将提督分守内臣止留一员供事，新添太监赵荣取回别用。仍查廪给口粮、门皂等项，俱照成化初年事例量为节损，每岁定与折银若干，通与香钱内支给。其跟从人员，则于均州及守御千户所每年拨送军牢、皂隶共十二名听用，不许追纳月钱。其余无名之费尽行裁革。如此，不惟全陛下之大信，而小民困苦亦庶几其少甦矣。地方幸甚！臣等幸甚！

在这道《开读疏》里，徐蕃首先历数了历代皇帝颁发给武当山太监的敕谕里所规定给他们的权限：查得太岳太和山建立宫观之初，只派一员太常寺寺丞提督修山；宣德三年(1428 年)改为派宦官提督；成化十二年(1476 年)因设湖广行都司才开始设分守，从太监韦贵起互相承续顶补，也只是提督前面所规定的任务，还不曾让他们带管地方事务；正德三年(1508 年)才添设总管太监，在龚辇所领的敕书里才有协同分守之命；正德五年朝廷调回龚辇，再派太监吕宪辅补，兼行都司分守就是从这个时候开始的。皇上(嘉靖)即位之初所首次颁布的明诏，就是命令内地和各边各关，凡是正德年间新设的太监分守、守备、内臣，在接到诏书后立即回京，这让中外臣民莫不称庆。但是，不几天却又接到传奉的圣旨，将前武当山提督兼分守吕宪所留下的官缺移镇给河南，又调太监赵荣任武当山提督兼行都司分守。现在吕宪之缺已由太监潘真顶补，而赵荣就是多余添设的一名冗官了。

徐蕃再历数武当山提督太监乱用公帑的事实：查先年官府供给提督分守太监的口粮和接待费，不过每日三钱银两。规定他们所用的跟随皂隶只有 10 名，虽然纳官府月钱，但也不算太多。正德年间的太监齐玄，是浪费公帑的始作俑者，官府供给的口粮之类他不要实物，要全部折成银两给他，每日收银一两，仅此一项一年就需银 360 两。他的跟班门皂也比过去增加了 10 名，每名征银 12 两，一年需银 240 两。二项相加每年共需银 600 两。此外，他的两处官衙(武当山和郧阳城)各要供给奏带、马匹、草料、月送、朱墨、笔札，并抬水夫役、听差、马骡等项每年也要用银 300 余两。几项相加共银 900 余两，都要在均州的均徭内征收送解。现在，他在郧城的官衙里又添设了里甲值日协守，每年的费用支出则派往郧阳、襄阳两府供给，每天开支的杂费、供给的口粮、使用门皂的银两，也与均州无异。况且按照往年的旧规，每人每天支给他们 1 两香钱银让他们吃饭，都是取之于官府，这些都是对老百姓的重复科征，实在是重复浪费。

最后，徐蕃建议裁革武当山提督太监：我会同巡按湖广的何御史共同商量后认为：武当山提督太监虽然兼分守，但要做的事情并不太多，一个人都绰绰有余，协同分守官实在是冗赘。盼望皇上能爱护地方，敕谕兵部按照以前的惯例，将提督分守太监只留下一个人供事，把新添设的太监赵荣调回别用。留下的一名则按照以前的惯例供给口粮、门皂等项，标准都依照成化初年的定例酌量支给，定出每年折银的需要量，全部在香钱内支付。其他的跟从人员，则由均州及守御千户所每年从军牢、皂隶中拨送12名随其使用，不许追纳月钱，其余无名之费尽行裁革。这样，不光能成全陛下的信用，而且小民的困苦也会稍有缓解，是地方的幸运，是我等的幸运。

文中所提及的龚辇，字中道，江西南昌人，为弘治年间的内官监左丞，著有《冲虚集》留存于世。明代俞汝成曾经评价龚辇："左丞雅事文墨，兼尚儒学。《冲虚》一集，所谓空谷足音。"

正德二年（1507年）六月二十日，龚辇以内官监太监的身份提督武当山，皇帝给他的敕谕上说："今命尔提督太岳太和山宫观，虔奉祀事。尔与湖广布政司右参议华山率同玉虚宫提点、均州千户所千户，督令军余时常洒扫洁净。但遇宫观殿宇损坏及桥梁道路坍塌淤塞，即便修理完整。无事之日，操练正伍官军，守备城池，防御贼盗……尔仍不妨本务兼分守湖广行都司并荆州、襄阳、郧阳三处府、州、县、卫、所，及附近淅川、内乡、商州、洛南、山阳、白河各处山场哨堡，巡司督令，操练官军民壮，修理城堡器械，禁防流逋，缉捕盗贼，保障地方……"可见此时武当山提督太监的权力，不仅仅只是兼分守那么简单，而实际上已经身兼武当山提督、湖广行都司分守、荆襄郧南商五府统管三职，几乎与郧阳巡抚平起平坐。

潘旦改设巡检司

关于巡检司

巡检司，也叫巡司，是古代县衙的派出机构，通常设在人烟稀少的地方，任务为领兵驻守，巡逻检查，所以称为“巡检司”。

巡检司自五代以后都有设置，为州县所属边远捕盗官的营地。巡检的官阶为九品，是品秩最低的一种，一般无行政裁量权，其职权以军事为主，所带领的兵士称“弓兵”，以远距离射杀为主要作战手段。明朝以后，巡检司的功能有所变化，除例袭和沿用以前的功能外，还有了一定的行政辅佐权力。

古代的巡检司闻名以通途，颇为世人瞩目而著称。由于巡检司均设在远离州县城邑，处于荒郊林莽、幽远旷绝之境，因此早期的巡检司并无固定的衙所，一般都临时借住百姓寓舍作为治所，麾下的弓兵卒伍也散处于墟落间，“缓急呼调，辄后会期”，不仅巡检司在地方官府中因地位卑下而不受重视，而且给巡检司行使正常职能也带来一些不便。

巡检司有固定衙所和弓兵军营始于元代。史载：庆元路慈溪县鸣鹤巡检范文忠“捐私钱购民地立官署”；处州路松阳县惠洽乡巡检岳自修“买地作新廨，为屋以间数者若干，费钱若干，而其十七出于君之私囊，不足则吏士洎乡之大家合力以成之”。巡检司的职能主要是缉盗以维护地方治安，“拥裘函，持弓矛，逐捕奸诈盗贼，攘于山区海聚之出没”；其次为警逻查税，缉拿走私；再次调解百姓纠纷。当然，如有使者、官员、赴京贡物以及解送盗贼等途经属区，护送其过境也是巡检司的重要职责之一。不过，这些只是临时性的重大差遣，不为常态。

少数民族区域也设巡检司，其职能以安抚边民，行使政府号令和征税等为主，以捕盗为辅。

巡检虽然位卑禄薄，但在当地那些一辈子很难见到大官的乡野士人眼里，他们的形象并不低。元末郭珏在他的《代赠峡江王巡检》诗里这样描写："将军仗节镇巴邱，虎豹深藏山水幽。草露洲长朝试马，柳风细波晚回舟。岳飞曾作千夫长，李广终期万户侯。且访南邻读书客，论诗说剑自风流。"

巡检司与州县的关系是隶属关系。从职司上看，巡检司里的巡检和县衙里的县尉类似，都为协助县令的捕盗官，即所谓"县令之所不暇及，而巡检实主之"。按照朝廷定制，巡检司并不像县尉那样常驻在县城里，而是远离州县治所，一般不接受和审断民事或者刑事案件，即"不与管民官一同画字勾当"，说白了就是不参与过问里甲的政务，而是专一捕盗。但是，古代的里长、甲长们均不是政府官员，而只是民众之头，在这"遐荒之地，县长贰久缺"的地方，巡检才是政府驻在当地的唯一官员，所以不让他们管辖县事根本就做不到，如果百姓找上门来求公道，一概不予理会还真不行。因此，州县官就对所属巡检司能够行使的节制、号令、指挥、调解等权力有适当的放宽。巡检司在捕获盗贼和受理凶杀案件之后可以预审，预审完毕须即时牒申县衙，听候县官继续鞫问。至于县令究竟如何处理，巡检司就不得再予干涉。元成宗时，静江路古县富禄巡检司逮捕并预审了打死何福庆的军人王买驴、杨聚等人，在牒文到县衙后，被县令改为了何福庆是自己磕死的结论以庇护凶手。这一案例说明，在元初就已经允许巡检司预审刑事案件了。

当然，巡检的行为不仅受到县衙的约束，还要受廉访司官员的监察。在至元年间，河南行省所属的随州应山县一巡检司的巡检想冒功晋升，伪造了一个民户被劫的现场，拘捕了5个良民诬为盗贼，预审后交给了县令审讯并具狱结案。按照当时"获盗五人者得官"的法律，他们于是向上司邀功求赏，引起山南道廉访司佥事宋褧的怀疑。他在重新审理后发现，这是一起巡检自编自导的冤狱。于是，该巡检被治罪免官。

巡检司虽小，但所起的作用却不可估量。它设于人烟稀少但为关隘要害之处，是保护人民安居乐业，维护国家政权稳定的基石。巡检司设置的特点是，因地而异，因事命官，置于荒郊林莽之境，在古代捕盗官系列中，称得上是独树一帜的力量。

潘旦上疏改巡司

潘旦(1476—1549)，字希周，号石泉，南直隶婺源人，弘治十八年(1505年)乙丑科进士，任漳州邵武县知县，后三迁成为浙江左布政使。嘉靖八年(1529年)以后历任郧阳巡抚、南京大理寺卿、刑部右侍郎、兵部左侍郎兼两广提督、南京兵部尚书。嘉靖十六年十月初九日被罢官，于嘉靖二十八年卒于家中，终年73岁，赠工部尚书。

潘旦任郧阳巡抚是在嘉靖八年四月，于嘉靖十年七月离开郧阳赴南京任职。在郧的两年多时间里，他首次推广储蓄，以备赈灾之时借贷。他还提高练兵奖赏的级别和档次，大振了郧军的士气，使战斗力得到了普遍提高。他上任不久，就遇杨文政在上津、商南一带作乱，攻城略地使当地鸡犬不宁，他派都指挥王言进剿，平息之后就让军队留在当地长期驻守，当地人为其立庙纪念。

潘旦不是庸官，他一上任就查阅属地内的地理特征和各县巡检司的设置情况。他认为，巡检司的设置大有讲究，如果设置位置不合理，所起到的作用往往事倍功半；而如果设置合理，所起到的作用就会事半功倍。

其中，他就认为凤县的九股树巡检司设置不尽合理，他发牌让汉中府责成凤县仔细勘察，得到了当地军民的积极响应，纷纷建议撤销九股树巡检司，改在梁皇里的草凉、冻河两地分别建立新的巡检司。在当地军民、里甲、县衙、汉中府和关南道的一致要求下，潘旦向皇帝上了《改设巡司疏》，其全文如下：

改设巡司疏

都御史潘旦题：为改设巡司以安定地方事。

据陕西分巡关南道副使刘一正呈，蒙臣批。据汉中府备，凤县申。据本县梁皇里军民等籍赵应节等联名状告，前事蒙批。据申改设巡司以御盗贼，似亦有见。仰分巡道查勘无异，将改设工料、弓兵、差雇缘由呈议，施行缴备蒙行。

据汉中府凤县申称：知县王廷璋前去拘集告人赵应节、保长杨亨等，勘得清风阁地方东北板岔峪、小节沟等处林密路细，盗贼不时出没，系要害之地。又草凉、冻河二驿之中，相应建立巡司防御地方，应为民便。缘由到府，备呈到道，会勘相同。合无将略阳县原佥弓兵改编防夫，征银解草凉驿雇马接递。仍将凤县解驿防夫叁拾陆名，改为新设巡司弓兵巡逻，其印信候奏铸降，修建衙门，允日另行计处。等因。

到臣已经查议：合无依拟改设。乞敕该部会议，起名某巡司，铸给印信，铨官前来到任管事。合用司吏一名，就于该县候缺农民拨发。其九股树巡司原旧印信，行令销毁。庶要害有备，地方无虞。谨奏。

在《改设巡司疏》里，潘旦首先介绍了酝酿此事的流程：我已经批行了陕西副使、关南道分巡刘一正的呈报，已在汉中府备案，让凤县申领。梁皇里军民赵应节等人联名递状，诉说改设巡司的事，也得到层层审批，都认为改设巡司要以抵御盗贼为重，想法很有见地。所以我派分巡道刘一正前去查勘，所得结果与军民所说相吻合。刘一正还将改设巡检司所需要的工料、弓兵、差雇等细节商议后呈报了上来，以作为施行的依据。

潘旦又介绍了凤县的意见：知县王廷璋前去，召集了原提议人赵应节和保长杨亨等人，在共同勘察后得知，清风阁东北的板岔峪、小节沟等处地方林密路细，有盗贼经常出没，为要害之地。当地的草凉、冻河二驿能够分别控制这些地方，如果在这里分别建立巡检司防御，就能方便民众出行。

潘旦再介绍汉中府和关南道的意见：王知县把意见呈报到府，再由府备呈到道，两级共同勘察的结果与王知县的相同，都认为何不将略阳县的原佥弓兵改编为防夫，在草凉驿负责雇马接递解送征银；将凤县的 36 名驿站解银防夫，改为新设的巡检司弓兵，让他们在这里巡逻。新设巡检司的印信，等候奏疏御批之后再铸造颁降。关于修建巡检司衙门之事，请允许他们择日另行计处。

最后，潘旦陈述了自己的意见：呈文到我这里之后，我们查议认为，何不就依他们的所拟，批准改设？请求陛下敕给兵部商议，起一个某巡司的名字，铸造并颁给印信，选派官员前来到任管事。所需要的司吏一名，就在凤县候缺（役夫）的农民里拨支。原九股树巡检司的旧印，行令他们就地销毁。这样，要害之地有备，地方无虞。

胡东皋弹劾武当山少监

胡东皋，字汝登，号方冈，浙江余姚人，弘治十八年(1505年)乙丑科进士，初授南京刑部主事，后历任员外郎、郎中，南直隶宁国府知府、四川副使兼建昌道分巡、四川副使兼威茂道兵备、四川提刑按察使、右佥都御史宁夏巡抚、郧阳巡抚、南京都察院左都御史等职。他一生为官清廉，在当时与宋冕、胡铎并称“姚江三廉”。

胡东皋任郧阳巡抚于嘉靖十年(1531年)十一月，在任内只有短短的一年零三个多月时间里，就做了许多让郧阳百姓称道的事情。他得知武当山提督太监王敏恣意贪婪，遂弹劾罢免了他。当时有武将向他行贿以求得他的推荐，他就把这个人叫来，对他说：“贪者必纳汝贿，刻者必褫汝官，苟非污人，必至害己，汝安得为此？”意思是说：你今天如果遇到的是一个贪官，必然受了你的贿；如果遇到的是一个刻薄官，必然夺了你的官。姑且说你是在玷污别人，此后必然是在害你自己。你怎么能够安然地做出此等为人不齿之事？然后就把他打了一顿放回。胡东皋抚郧时，不仅法度严明，而且善于为民兴利。他认为，一个官员光自身正直还不行，还要有保护百姓、扶持百姓的能力。他把郧阳巡抚衙门内的“率正堂”改为了“保厘堂”，就是在表明自己“保护扶持百姓”之志。当时的内阁首辅张璁很看重胡东皋的才干，把他推荐给了皇帝。嘉靖十二年三月，胡东皋被召掌管南京都察院事而离开郧阳。

下面是胡东皋在郧阳期间向嘉靖皇帝所上的《乞复旧制疏》，内容是弹劾武当山少监王敏。少监是一种内官官职，唐代起便有设立，为监或正监的副手，掌管着百工技巧之政，负责供给天子御器和后宫嫔妃各种用品，以及郊庙供品、百官仪物，还负责监督金属冶炼、铸钱、互市等。这里的少监是指武当山提督，按照内臣的官衔为“少监”，是被皇帝派驻武当山兼管香火和宫观维修的内官头领。

《乞复旧制疏》全文如下：

乞复旧制疏

都御史胡东皋题：为乞复旧制，裁冗员，戒贪残，以安地方事。

切照：太岳太和山乃祖宗敕建崇奉香火，敬神祈灵，以福群生。永乐年间，节差内臣在本山玉虚宫住扎，职专修理宫观。宣德十年三月，差左监丞陈喜，始有敕谕，亦止焚修。成化十二年，该湖广镇守、巡守等官议奏：荆、襄二府山深地广，流民啸聚，难以遍抚，查得均州太和山营修少监韦贵空闲，合无行令本官暂且分守地方，题奉钦依加韦贵以分守地方职衔，于是，始移在均州干预民事。盖因彼时抚治都察院未建，本布政司分守及郧阳府、卫未设，故有此议。至成化十三年，添设抚治都御史并分守、都司、府、卫等衙门，夫一方人民上统于抚治，中监于参议，下分于府、卫、州、县，则太监可革名矣。又查成化二十三年九月诏书内一款："一兰州临清镇守、四川管银科、江西烧造饶器、广东添守珠池内官，悉令回京。提督太岳太和山潘记、浙江市舶提举司林槐，俱不许分守地方。钦此。"臣切念此官于地方无益有损，固已当革急且。诏书布告，明命赫然又在，所不敢不革矣。

已查得太和山少监王敏赋性贪残，专事跋扈，占田夺地，残虐小民，侵克香钱，朘削道众，一方咸被其害，州官莫敢谁何，尤当亟夺其权，而重治其罪者也。恭候皇上普离照于四方，奋乾刚于独断。凡各处镇守、守备太监等官，俱蒙取回。天下臣民莫不举手加额，以为此举真旷世之典。今独遗于此，尚贻一方之害，所谓"春林万卉，一株独枯"者是矣。乞敕该部查议，照先年旧规，止差内官一员住扎玉虚宫，专事焚修，兼理进贡，革去分守名色，勿令仍与民事；或取回别用，或行提问罪，以示惩戒。庶军民重困日可少苏，地方幸甚。

在这道《乞复旧制疏》里，胡东皋开篇明义，指出此次上疏是"为乞复旧制，裁冗员，戒贪残，以安地方事"。

首先他请求恢复旧制，裁革武当山太监所任的地方分守职务：查得太岳太和山是祖宗敕建，为了崇奉香火，敬神祈灵，以福群生的。永乐年间，只派内臣太监在山下玉虚宫驻扎，职责是专管修理宫观。到宣德十年(1435 年)三月又派左监丞陈喜督山，才开始颁发给敕谕，也只是让他焚香和维修。成化十二年

(1476年)，湖广的镇守、巡、守等官们商议，奏说荆、襄二府山深地广，流民啸聚，难以普遍安抚，查得均州太和山营修少监韦贵空闲，何不令他暂且分守地方，请求皇帝敕谕添加给韦贵分守地方的职衔。自此开始，少监才把衙门移到均州去干预民事。这都是因为当时还没有设立郧阳巡抚、布政司、分守道、郧阳府、郧阳卫等官衙的原因，所以才有要韦贵去兼分守的原因。到成化十三年，添设郧阳巡抚、分守道、行都司、郧阳府、郧阳卫等衙门后，这一地方上的事务就应该上归巡抚的统治，中被参议所监察，下被府、卫、州、县所分治，那么太监就应该被裁革除名了。又查得：在成化二十三年(1487年)九月，皇帝在一道诏书内有一款说："兰州临清镇守、四川管银课、江西烧造饶器、广东添守珠池内官，悉令回京。提督太岳太和山潘记、浙江市舶提举司林槐，俱不许分守地方。钦此。"我知道，这些宦官们都对地方无一益而有百损，所以不仅应当裁革，而且要马上裁革。先帝的诏书已经布告于天下，明明白白的诏命赫然都在，所以也不敢不裁革。

接下来他弹劾武当山少监王敏：已查得太和山少监王敏，天赋于他的本性就很贪婪残暴，专横跋扈，占田夺地，残虐小民，侵克香钱，剥削道众，一方百姓都被他所害，州官也不敢拿他去责问，尤其应当尽快夺了他的权，重治他的罪。我们恭候着皇上能够把恩惠的阳光普照于四方，振奋起乾刚马上独断。凡是各处镇守、守备等太监所做的地方官，已经在过去全部取回了，天下臣民也无不拍手相庆，认为此举真是旷世之典。为什么现在独独留下这一处还在贻害一方？这就是人们所说的"春林万卉，一株独枯"。请求皇上敕谕吏部查议，按照先年的旧规，只派一员内官太监驻扎在玉虚宫专事焚修，兼理进贡，革去他的分守名分，不要再让他参与民事。至于王敏，或者把他调回别用，或者就地捉拿问罪，以示惩戒。这样，军民重困就可指日缓解，这是地方的幸运。

王学夔调整官员布局

王学夔，字唐卿，号两洲，江西安福县人，正德九年(1514 年)甲戌科进士，初任刑部陕西司主事，因政绩突出改任吏部考功司主事，当时正值正德帝要南巡，他极力上疏谏阻，引起皇帝大怒，被廷杖后罚跪五日几乎致死。在嘉靖初年，他又上疏请求裁抑皇亲国戚的俸禄，再申诉援救被迫害的言官，得赏识后升为南京太仆寺少卿。此后他历任福建参议、参政、南京光禄寺卿、郧阳巡抚、操江提督、南京大理寺卿、吏部左侍郎、南京礼部尚书、北京吏部尚书、南京兵部尚书。于嘉靖二十九年(1550 年)三月二十日致仕，万历四年(1576 年)正月二十三日卒于家中，终年 94 岁，被赠“太子少保”，谥“庄简”。

王学夔任郧阳巡抚于嘉靖十四年(1535 年)四月，在第二年九月因丧亲丁忧去任。在郧阳的一年多时间里，他致力于肃靖地方，积极调整地方官员的配置使其趋于合理。

在明清两代，省之下、府之上有道，这是沿袭了元代“路”之下设“道”的体制。道是省里的派出机构，由省衙官员分赴各道去任正职。由于明清两代的省级政权体制特殊，由承宣布政使司、提刑按察使司和都指挥使司三个平行的互不隶属的衙门分权管理，所以三个衙门都要在省内各处分别建道，派人去管理。承宣布政使司所建立的道称“分守道”，由布政司参政或者参议去任分守，负责钱粮出纳和税收等民政事务；提刑按察使司所建立的道，称“分巡道”，由按察司副使去任分巡，负责城防、刑狱等司法事务；都指挥使司所建立的道，称“守备道”，由都指挥佥事去任守备，负责管理军事防务。与省里的各衙门一样，这三个道级机构并不合署办公，而是各有衙署。

有意思的是，在同一个省内，这三种道的管辖范围有的地方重合，有的地方则不重合。如郧阳藩镇所割辖的湖广地盘，布政司和按察司所设的，有上荆南道管理荆州府，还有下荆南道管理郧阳、襄阳、安陆三府。而行都司所设的，有郧襄守备道管理驻扎在郧阳、襄阳两处军卫以及属地防务，还有荆瞿守备道管理驻扎在荆州、瞿塘两处的军队卫、所以及属地防务。再如下荆南分巡道驻襄阳，而下荆南分守道则驻郧阳，郧襄守备道也驻在郧阳，襄阳与郧阳相互隔着几百里。

《处置地方官员疏》是王学夔卸任郧阳巡抚候代期间向皇帝所上的一道请求调整官员布局的奏疏，其建议要调整的就是道级官员的布局。候代是官员在接到调离命令，等待接任官员到来交接的留守官员。《处置地方官员疏》全文如下：

处置地方官员疏

都御史王学夔题：为处置地方官员以图久安事。

臣惟设官分职，贵于适宜；制险守要，尤在得术。臣之所辖，多山谷窈邃，林木荫翳，流逋易于潜藏，盗贼易为出没。先年置立军卫府县，俱亦颇详。但山土日辟，流集日重又非昔比。臣待罪一年，尝悉心访求，有得其概者，或初未尽识，或今所当更。势不容因循，几宜于防渐。盖闻征发之便，不如防警之详；俘馘(guó，割敌左耳以计数献功)之多，不如控制之善。其要归于绥定而已。

照得：陕西汉中府实形胜之地，秦蜀之交，为关南一道，所属州县比西安府虽少，而地方之广远实倍之。自凤县以至白河，南北凡一千七百余里，东西一千二百余里，各州县相距多或二三百里。其宁羌、沔县、紫阳、西乡等州县抵四川界，多五六百余里险绝相连，里闾旷越，人踪稀少。虽尝设地方总小甲相互保防，缘地远告报不及，盗贼亦恃此玩视官司，未免费力区处。先年，该道原设抚民兼分巡副使一员住扎汉中府、分守一员住扎金州，该府设抚民、捕盗通判各一员，只为地方广远须得多官分制。其商州原专设抚治参议，随后裁革，将抚治商洛参议兼分守汉中地方，汉中分巡副使兼抚治商洛。但商洛参议已难遥制于汉中，关南副使亦难时巡于商洛。通判二员皆住府城，其各卫所、州县原设军伍、民壮，及臣近日随宜查有乡兵亦令有警听调，然亦须各官时加操练熟便方可易使。臣查得汉中府宁羌州、凤、沔等县迤西迤北，而与近府诸县相迩西乡；金州在南，而石泉与西乡接壤。臣愚以为：分巡住扎汉中固无容论，分守宜照旧独设一员领敕住于金州，皆兼抚民，专管关南一道，不必再兼商洛。该府通判二员，宜令皆兼抚捕，一员住于略阳，往来专理宁羌、凤县；一员住于石泉，专理西乡、金州。各县设置既定，抚捕易周，而流逋之徒亦自畏威革心矣。但抚治商洛官诚不可缺，仍前专设又恐嫌冗。臣看得关内道止西安一府，在陕西布政司附郭，抚安聚处州县虽多，而地方不甚相远，宜令分守关内道官领敕一道住扎商州，抚治兼理分守关内各州县；分巡官以时巡历商州，则其权即专且便。而商州离西安亦不过二百六十里，亦非遥制。

湖广郧阳府所属县在北近府者，尤未甚远，其在南则相距或四百余里，或六百余里。其竹溪，山势连接四川地方，径可七八百里而还有过之，中间悬崖小径，方寨深洞，人迹罕至，奸人妖术尤易久藏。盖昔刘千斤等贼之所据，而鄢、蓝各贼之所以为往来者也。先年尝设守备一员于竹溪防守，续因冗员裁革。近日该县地方合辞请复，其情亦恳。缘该道守巡所属三府，自竹溪以至沔阳，地亦不下一千七百余里。而承天府实陵寝重地，尤须时常护看；潜、沔等处湖泊旷荡，盗贼尤甚。分巡副使住扎襄阳责任既重，分守参议住于均州提督太岳太和山又有专责，其于竹溪实皆有遥制之难。愚以为：复设守备难尽得人，而县属地方亦无所谓，合无比照别处，原有守巡仍置兵备事例，添设佥事一员，请敕一道，给与关防，整饬郧、竹等处兵备，于竹溪县住扎。盖其官既可以镇服一方，而又得以时常探访深山流逋踪迹，往来郧阳各县巡历操练军伍民壮，及近日各县选有堪用乡兵亦因以鼓率听用。则各有司咸知巡警，不敢怠于无补，而妖人奸盗亦畏防察之周不敢萌衅矣。但添设一员不免费处俸给，臣又看得郧阳府事务颇简，钱粮亦少，且无远运，知府、通判、推官三员理之有余，又原系成化年间开设，其在别处军伍亦少，同知尤闲，而其品级正与佥事相等，合无将同知裁革别任，清军令通判带管，原设同知俸给柴薪为佥事支给之备，不必又于该布政司支取。夫既与财用不费，又于地方有裨，则似添设之不为过也。

河南南阳府北枕嵩庐大山，南召、内乡、淅川与之连界。内乡深山矿洞，虽日夜连行，凡经五六日方可尽界，又与商洛接境；南召则与鲁山、伏牛山相连，而河南强贼及伏牛山游僧尤多，皆由此以入裕、叶劫掠；其舞阳、桐柏、泌阳交界之处山势险峻，各去县远，盗贼亦多。先年尝于内、淅二县设有荆子、黄锁、顺阳三堡，后因地方稍宁，止存荆子一堡，其余裁革。又尝以该府巡捕通判一员，住居府城出巡州县，动经数百余里警报不及，镇压无人。议奏该府巡捕通判于内乡县旧治，地名西峡口住扎，专督内乡、淅川、南召三县，选集各民快、义勇操习，及合有随马匹、各保原有乡兵毛葫芦，编立排甲远近哨守。该府同知兼管裕、叶等州县，巡捕因循日久，又复革废。臣愚以为：该府通判巡捕一员委难偏管，又南召、内乡实系要害地方，军堡暂不必设，宜令巡捕通判于南召县住扎，兼督内乡、淅川、镇平三县及邓州巡捕。则既可以制河北、伏牛山往来取道行劫之贼，又可以制内乡要害不测之患。该府同知清军事亦颇闲，则令兼理裕、叶、桐柏、泌阳、舞阳、唐县等州县巡捕，地迩势近，巡察尤专。臣又查得：见今南召县城垣屡被水冲，渐为圮坏，急当整理；南召、内乡、淅川三县近日选练乡兵比各县尤多，分巡副使住扎信阳势虽专责，分守参政在南阳尤近，合无专令本官督率巡捕通判先将南召县城垣修整，仍会同分巡将旧日原选义勇、马匹事体斟酌举行，及各该民壮、乡兵责成操习。庶几，要险可以镇压，缓急不至无备，而南阳之地方无虞矣。

以上臣之所见，盖昔日之所尝有，不过思图修复。其移置增损，博访细探以为皆宜。虽若一得之愚，实关斯民之虑。臣遵制候代，自惟旷废罪责莫赎是以不顾，凡无冒昧。陈请乞敕该部查议，如果臣言不谬，奏请施行，则庶官各得奉职，地方亦有恃赖矣。

在《处置地方官员疏》里，王学夔首先分析了调整官员布局的必要性：为图久安，我认为设官分职贵在适宜，制险守要贵在得术。我所辖之地多深山远谷，林木荫翳，易于逃亡之人潜藏，易于盗贼的出没。早年所置立的军卫、府县，虽然已经很周详，但随着土地一天一天被开垦，流民一日一日在集聚，现在已不是过去可比拟的。我上任一来年，曾经悉心访求，对情况有了一个大概的了解，或许了解还不够深，但已经知道现在必须要做出某些更改，而且势在必行，不能因循守旧，要提早防微杜渐。我知道，军队征发再便利，也不如细致地提防和预警；歼灭的敌人再多，也不如很好地控制局面不让战争发生。任何时候，最重要的是对百姓进行安抚，让局势归于安定。

接着他分析关南道汉中、关内道商州的形势，建议如此调整官员布局：我查得，陕西汉中府，实在是一个地理形势优越的形胜之地，秦蜀之交只有这关南一道，所属的州县虽然比西安府少，而地方之广远却是西安府数倍，自凤县以下至白河以上，南北长 1700 余里，东西宽 1200 余里，各州县相距大多也有二三百里。其中宁羌、沔县、紫阳、西乡等州县与四川的交界线长达五六百余里，均为险绝相连，里闾旷越，人烟稀少之地。虽然曾经设过地方武装让乡民相互保防，却因为地处偏远报告不及，盗贼就依恃这一弱点轻视官府，不免让官府费力又很难处置。早年，关南道原设的抚民副使分巡道驻扎在汉中，而分守道驻扎在金州。汉中府也设有抚民、捕盗通判各一员，就因为地方太广远才必须多官分制才行。商州原来专设有抚民参议，但不久被裁革，将在商洛的抚民参议兼了汉中分守，将在汉中的分巡副使兼了商洛抚民。结果是，商洛参议难以遥制汉中，关南副使亦难以巡查商洛。汉中府的2位通判都住在府城里，虽然各卫、所、州、县原设的军伍和民壮，以及我近日查有的地方乡兵，他们都有闻警听从调动的义务，但也须要各官不时对他们加强操练，熟练之后才能够使用。我查得：汉中府宁羌州、凤县、沔县等地方呈向西向北的走势，与近府的西乡县相邻；金州(安康)在南，中间有石泉县与西乡接壤。我认为，分巡可以驻扎在汉中，分守也适宜按照旧例独设，领敕住在金州，让这两位道员都兼抚民，专管关南一道，不必再兼商洛事务。汉中府的2位通判，宜令他们都兼抚民和巡捕：一员住到略阳，专门往来管理宁羌、凤县；一员住到石泉，专理西乡和金州。各县设置既定，无论抚民与巡捕就都容易周详，让那些流亡之徒心生官府威严，因畏惧而洗心革面。商洛的抚民官诚不可缺，但仍然照前专设又恐怕太过冗繁。我认为，关内道只有西安一府，道衙设在西安城内，所要抚安的州县虽多，但地方都相互不远，应该令关内道分守官领敕驻扎商州，让他抚治兼理，分守关内道的各州县，再让分巡官按时巡历商州。这样，权力既专且便。商州离西安亦不过260里，并不遥远。

他再分析下荆南道郧阳、襄阳、承天三府的形势，建议如此调整官员布局：湖广郧阳府所属各县，在北的都离府不远，但在南的就较远，有的相距400余里，有的相距600余里。尤其竹溪，山势连接四川，可达七八百里，中间尽是悬崖小径，方寨深洞，人迹罕至，容易持久地藏匿奸人妖术，所以这里过去为刘千斤等人所占据，为鄢、蓝各造反之人方便往来。早年，这里曾经在竹溪设有守备一员，后来因为清理冗员而裁革。近日，竹溪县许多人联名请求恢复，其情非常诚恳。因为下荆南道所属的郧阳、襄阳、承天三府，上自竹溪下至沔阳，地域不下1700余里，其中承天府实为皇陵重地，尤其需要时常护看，尤其潜江、沔阳等处湖泊旷荡，盗贼非常猖獗。分巡副使驻扎在襄阳的责任就非常重，分守参议驻扎在均州提督太岳太和山又有专责，对于竹溪来说实在都有遥控治理的难处。我以为，恢复设守备道一时难以寻找一个合适的人选，而且这只是一个县属的地方，总会让人觉得无所谓，那何不就比照别处的例子，将原有的守巡官仍然添加兵备的权力，再添设一员佥事，请陛下颁发给敕书一道，并颁给关防，让他们在竹溪县驻扎，整饬郧阳、二竹等处兵备。这样设官，既可以镇服一方，又能够时常探访到深山流民的踪迹，还能让其往来于郧阳府各县里巡历操练军伍、民壮以及近日各县所选堪用的乡兵，都为其鼓率听用。这样，各官衙一遇警报，均不敢再懈怠，让那些妖人奸盗也畏惧官府的防察之周详而不敢生生事之心。然而，添设一员佥事不免又要费一份俸给。我看得：郧阳府的事务颇简，钱粮收支不多，而且没有远运之虞，设知府、通判、推官三员按理有多余，又都是在成化年间所设，派往在外地防守的军伍也少。尤其郧阳府同知更闲，他的品级正好与佥事相等，何不将郧阳府同知裁革别任，把他所管理的清军事务由通判代管，把省出来的俸给柴薪就拨给新设的佥事，这样就不必又从布政司库里支取。岂不是既不破财，又于地方有益，似乎添设不为过？

他又分析汝南道南阳府的形势，建议如此调整官员布局：河南南阳府所北枕的嵩庐大山，与南召、内乡、淅川连界。内乡深山多矿洞，小路需要日夜连行五六日才能够走出界境进入商洛；南召与鲁山、伏牛山相连，河南强贼及伏牛山游僧尤多，多由此进入裕州、叶县劫掠；舞阳、桐柏、泌阳三县交界之处山势险峻，各离县城较远，盗贼也非常多。早年，曾经在内乡、淅川二县设有荆子、黄锁、顺阳三堡，后因地方稍宁，如今只存荆子一堡，其余都被裁革。又曾经以南阳府巡捕通判一员住于府城，出巡州县时，动辄数百余里的路程让人们往往警报不及，镇压无人。曾经议奏过让南阳府巡捕通判移驻到内乡县旧治一个叫西峡口的地方，专门督导内乡、淅川、南召三县各自选集的民快、义勇操习，以及集中所有随军马匹和各保原有的毛葫芦乡兵，把他们编立成排、甲前去守卫各自的哨所。南阳府的同知兼管裕州、叶县等处巡捕由来已久，但也已经被废革。我以为，该府通判只设一员，巡捕实在难以偏管，何况南召、内乡均是要害地方，军堡可以暂不必设，关键要令巡捕通判在南召县驻扎，兼督内乡、淅川、镇平、邓州的巡捕事务。这样，既可以控制汉江以北至伏牛山一带往来取道行劫之贼，又可以控制内乡等要害之地以免发生不测之患。该府同知的清军事务也很清闲，就令他兼理裕州、叶县、桐柏、泌阳、舞阳、唐县等州县的巡捕事务。这样，地近势近，就利于巡察之专。我又查得：南召县的城垣屡次遭水冲，现在几近废弛，急当整理；南召、内乡、淅川三县近日选练的乡兵，比其他各县都多，分巡道副使驻扎在信阳，虽然势有专责，但分守道参政驻在南阳则离这里近，何不专令分守官督率巡捕通判先将南召县城垣修整起来，同时会同分巡官将原来挑选的义勇、马匹，以及责成各县民壮、乡兵操习等事体一并让他斟酌管理。这样，险要之地能够镇压，缓急情况不至无备，则南阳地方就无虞了。

最后，王学夔表明心迹，说明调整各地官员布局所要达到的目的：我以上的建议，都是过去曾经施行过的，不过是想把他们恢复而已。其中的移动、添置、增加、裁撤，都经过了我的博访细探，认为都宜于施行。虽然只是一得之愚见，却实在是为关乎当地百姓的利益而考虑。我遵制虽然只是候代，自知如果治理旷废就罪责莫赎，所以不能置大局而不顾，不敢有冒昧之心。我诚恳请求陛下将我的奏疏能敕给吏部查议，如果我所说不谬，就奏请施行。这样，各官各得奉职，地方也就有了保护和依赖。

叶照设立望夫山堡

一

堡，是古代军队所设的关卡，也是军事防守的基层单位，还指军堡的建筑物。由于设堡后这个地方的物资供需量就会加大，驱使人们往这里集中，会形成一个区域贸易中心，所以也就会成为地名。

望夫山堡，位于保康县望夫山。保康县设于明弘治年间，在明、清、民国属郧阳府管辖。而望夫山堡在明代则是郧阳行都司所属的忠州千户所的防区。

自古至今，人们为望夫山所起的别名很多，现在还留存的就有望佛山、景山、雁山、睢山、中武当等。它在今保康县歇马镇欧店境内，最高海拔 1946 米，面积约 30 平方公里，为荆山山脉第二主峰，在崇山峻岭的烘托之下，远远望去高悬于云端。据《郧阳府志》载："望夫山堡，(保康)县西北百二十里。其脉自茅山来。"《郧志类编》称望夫山堡："明嘉靖间知府徐桂置，二十八年添设戍守。"《房志稿》记："明设千户，领兵防守。"

望夫山的称谓来源于一个美丽的传说：清同治《保康县志新纂》记载，过去有一对年轻夫妇住在望夫山南麓，过着男耕女织、感情甚笃的生活。忽一日，丈夫被抓去当兵之后杳无音讯，妻子每天迈着沉重的步子登顶遥望，一天天，一日日，只见云朵飘过天空，而不见丈夫的身影。这样年复一年，日复一日地企盼，任凭风霜打在脸上，悲泣之泪随风飘荡，久而久之，她的泪水干了，继而流出的是血水；血水干了，导致眼睛失明。最后，她死在了山头。她对丈夫的忠贞终于感动了苍天，将她化作了一座石像，永远立于山巅、流芳于千秋万代。人们为了纪念她的忠贞，从此就把此山称为"望夫山"。

唐代诗人刘禹锡写有《望夫山》一诗："终日望夫夫不归，化为孤石苦相思。

望来已是几千载，只似当时初望时。”

明正德年间所刻的《湖广图经志》里，也载有诗人岑远的一首《望夫山》：“夫从征戍远家山，几度登高望不还。云鬓低垂无意整，寒衣未到有心关。苦思人马连鞍困，羞见鸳鸯戏水间。瞑目岂知能化石，要传贞节与人看。”

此山为双主峰，似一对孪生姐妹相对而立。两峰间的山垭状若怒吼的狮口，双主峰则好像两狮耳，远远望去，整座山峰犹如一头雄狮在昂首长啸。双主峰周围，群峰环抱，苍翠竞举。东北不远处是海拔 1926 米的老架山和 1821 米的阴岩山，东面是 1816 米的邓家岩和翠屏山，西南则是南北朝时就盛传为“三百人学道成仙”的茅山和突兀隆起的峰山。这 6 座峰尖均向望夫山倾斜，形成群山朝拜之姿，颇具得天独厚之势。峰山之巅有一座迎仙观，远看犹如龙体之眼，仙人之睛。整个望夫山融幽谷、洞岩、森林、悬崖于一体，峰峦岩壑均有章法，此呼彼应都有妙理，远瞻近观均举目成景，寒暑易色皆步步成趣，气势磅礴唯此处壮观，无不符合古人春见山容，夏见山气，秋见山情，冬见山骨的审美情趣。望夫山曾经是楚国的圣山，被称为“荆山之首”，山巅双峰之间现存的一座古火神庙里，还供奉有祝融塑像，为楚人所信仰的火神遗存。

望夫山为华中要地，东控远安而制荆州，西通房县而连郧阳，南扼兴山而束四川，北靠武当而护襄阳。《山海经》载：“荆山之首曰景山”，“高峰霞举，峻竦层云。金玉是出，亦曰沮水之发源”。

二

叶照，字景旸，宁波府慈溪人，嘉靖二年（1523 年）癸未科进士，因在郧阳巡抚任上提前退休而没有被《明史》立传，以致履历不详尽，只知曾任过石埭知县、新建知县、山东左布政使、郧阳巡抚等。留有《中州奏议》《郧台奏议》《江北奏稿》《东方政议》《羹墙录》《周拙集》《沟盈集》等著述。

叶照于嘉靖二十五年（1546 年）四月任郧阳巡抚。他在郧阳一年期间政绩颇丰，为郧人所称道。他的主要政绩有：加高郧阳城垣三尺，在整个藩镇内均徭役，整顿各地摊派，充实各州县仓粮以备荒，申饬各卫所加强防守力量，大力调整军事部署等，还主持编纂了嘉靖版《郧台志》。

在军事上，叶照的动作最大，他令各府、州、县的掌印官每月查点戍卒，并按时申报。

在郧阳府所属：上津县庙川堡、保康县马良坪堡、花兜坡板桥巡检司三处都有能够绕过关堡的捷径出入口，还有保康县望夫山有通往四川的小路，竹溪县镇坪之南40里的邓家坝堡有一条丰溪路通往大宁盐井，离竹山县城90里的宝丰洪坪堡是通陕西、四川的交汇之地，叶照命令各县，要求地方协同守营官军严加防守。

在襄阳府所属：南漳县是荆州右卫官军的防区，其中长坪铺相距南漳、保康二县城各90里，叶照于是把七里头巡检司移至长坪；襄阳县北太山庙离襄阳府90里，叶照就移油枋滩巡检司于此。

在荆州府所属：叶照调整远安县南的襄城堡、枝江县的招来堡以及整个石首县都由荆州卫拨军防守，江陵县孙黄渡由荆州卫直接防守。

在南阳府所属：淅川县荆子堡吴村离县城100多里，但地理位置十分重要，是郧阳、卢氏、商南三地的交汇之处，叶照为了加强这里的防守力量，就调整为由本地人协同官军防守；泌阳县象河关、新野县青衣岭、邓州党贼口均离内乡、淅川、均州、光化城100多里，流民往来频繁，均调整为由各州县分别负责防守。

在汉中府所属：西乡县夏关山半川堡系秦蜀交境的要害之地，褒城县难头关巡检司系进入栈道的险要，叶照就仍然令汉中、宁羌二卫的官军严加防守；西乡县盐场关巡检司离县城甚远，过去屡次被作为贼巢，依旧还是拨官军严加防守；平利县镇平巡检司离县城200里，有通往竹溪再至大宁盐井的大路，凤县柴关留坝巡检司离县城150里，林深山险，均调整为由各县协同守营官军严加防守。

在商州所属：武关巡检司离州城180里，秦岭巡检司离州城160里，洛阳县王家庵就因为有矿匪王九宰为害而新设了营堡，叶照调整这些关隘是希望守营官军严加防守。

三

正是由于叶照的动作太大，伤及了个别人的利益，才遭到了言官的弹劾。嘉靖二十六年(1547年)三月，叶照不得不以病致仕(退休)。本文所要说的设立望夫山堡一事，就是叶照在郧阳任职期间所做的调整兵力部署动作之一。下面是他向皇帝所上的《立望夫山堡疏》，全文如下：

立望夫山堡疏

都御史叶照题：为立堡分戍以戢盗安民事。

据湖广行都司委官呈称：保康县地名望夫山，林木稠密，人烟稀少。东抵马良坪，通荆州远安地方；西抵木寿阳，通房县地方；南抵兴山，通四川地方；北抵武当，通均州、谷城地方。正系四通八达截山小路，盗贼出没要害之处。如遇窃发，委离县堡寫远，急难扑捕。及审乡民人等，众称愿立堡分戍，民得安生。看得本山适中地，名“一碗泉”民地一块相应设堡，周围应筑土墙，起盖门楼一所，厅房前后六间，东西厢房四间，守把军人住歇营房大小二十间。所用木植出于本山采砍，砖瓦亦于本地烧造，止用雇觅人夫匠作，工食钱粮劳费不多。仍委官估计量勘，该县库贮“无碍银两”修理，其守把官军就于附近在彼住扎防守，年终更换。等因。

画图申呈到司，转呈到臣。案查先据湖广行都司忠州守御千户所冠带舍人、兵部咨送报效李敷具呈，乞要建立关堡于望夫山，摘拨马良坪堡半戍，另委军职缉捕以巡逻。该前任提督抚治右副都御史任维贤批行。

行都司会同湖广按察司分巡下荆南道副使杨应奇查议得：保康县原系房县属地，弘治年间分割立县。其望夫山委果去县荒远，为盗贼渊薮。今照前议，立堡似为相应，但马良坪堡之戍又难轻彻。合无待立堡之日另委军职，轮拨军壹佰名于本堡安戍，庶无顾此失彼之患。等因。呈详到臣，已经批仰行都司。

又，该臣行据郧阳府称：估计修筑军堡，合用物料、匠作、工食等项，共该银陆拾贰两陆钱叁分，应于府库收贮“无碍银”内动支。等因。

各呈前来，臣切惟防患贵于未然，设险所以制胜。前项望夫山高耸，道路险阻，林木茂密，地方旷远，又系四通八达截山径路，所以盗贼不时出没截割人财，行旅居民甚遭其害。今既经该司并该道副使杨应奇会议设堡防守，又经委官相踏明白，该府估计所费工料银陆拾贰两陆钱叁分似亦不多。及查：马良坪堡系先年平定强贼刘千斤、石和尚巢穴，未可以一时无事弛备防守，官军止一百名，难以分拨。如蒙乞敕该部再加详议，如果相应行臣依拟举行，伐木开道于望夫山一碗泉处所筑堡，行郧阳府查支在库官银委官盖造，完日，另拨军职一员领军，并保康县民壮共一百名协调住扎防守，遇有盗贼窃发，相机扑捕。每一年终更替，上班者依期至堡，下班者方许回还，如有违悮，听臣参究提问。如此则木拔而道通，备严而盗息，地方以安。谨题请旨。

文中的“无碍银”，是一种官府所留存的，用于应付突发情况所调用的机动银两；“守御千户所”，为明朝卫所制度中的一种集团千户所，不隶属于卫，直属归都指挥使司指挥的军事单位，官员设置与一般千户所同。

四

在《立望夫山堡疏》里，叶照首先介绍了湖广行都司委任官员的呈报：保康县一个叫望夫山的地方，林木稠密，人烟稀少，东抵马良坪可以通往荆州远安，西抵木寿阳能够通往房县，南抵兴山能够通往四川，北抵武当能够通往均州、谷城，到处都是四通八达的截山小路，是盗贼出没的要害之地。每当盗贼发生，这里离县堡实在太远，很难尽快去扑捕。征求附近乡民的意见，他们都愿意在这里设立一个军堡单独戍守，这样人们才能够得以安生。现在，我们已经看中了本山适中的一块叫“一碗泉”的民地，准备在那里设堡，建筑规模为：门楼一所、前后厅房共六间、东西厢房共四间、守军营房大小二十间。所用木料全部在本山采砍，建筑砖瓦也在本地烧造，只需要雇请人夫匠作就行，所需工食钱粮不会很多。已经在委托官员估计量勘，看是否需要动用保康县所库存的无碍银两来修堡？是否让附近军堡的守把官军在这里驻扎防守，每到年终更换？

接着，叶照报告自己查得的前任批文：上述呈报递到行都司后，又转呈给我。我查得：原先就有过湖广行都司直属的忠州守御千户所千户李敷的具呈。李敷是一个被朝廷封为冠带舍人、兵部咨送前来报效的千户，名声颇大。他建议在望夫山建立关堡，把马良坪堡的戍守军士分拨一半，另外委派一个军官驻在那里负责缉捕巡逻。该提议曾经得到过前任巡抚任维贤的批行。

又介绍行都司与分巡道商议后的意见：湖广行都司与湖广按察司副使、下荆南道分巡杨应奇商议后认为：保康县原系房县属地，在弘治年间分割立县，离两个县城都确实很远，而且荒僻，历来是盗贼聚集的地方。现在应该按照以前所议，立一个军堡似乎更合适，但是马良坪堡的防守任务也不能轻视，分出一半兵力来此似乎不妥。何不待立堡之日时，另外委派一个军官，再调动 100 名轮拨军在望夫山堡安心守戍，这样才不会有顾此失彼之患。他们把意见详呈给我，我已经批给了行都司。

再介绍郧阳府的意见：我又接到郧阳府对此问题的禀报，他们估计修筑军堡所用的物料、匠作、工食等项，共需要银两 62 两 6 钱 3 分，应该从府库所收贮的“无碍银”内动支。

最后他禀报自己的决定，请皇帝御批：各方的呈报递来后，我考虑到防患贵于未然，设险所以制胜。前面提到的望夫山，高耸，道路又险阻，林木很茂密，地方旷远，又有四通八达的截山小路，所以盗贼才会经常在此出没，不时截割人财，使很多行商、居民遭受其害。现在既然经过了行都司和副使分巡道杨应奇的共同商定要设堡防守，又经过行都司委任的官员勘踏明白，还经过郧阳府估计花费工料银为 62 两 6 钱 3 分的数量似乎并不太多。查以往的经验与教训，马良坪堡是官军早年所平定的强贼刘千斤、石和尚的基地，不可以一时无事就放松防守，那里的官军只有 100 名，难以往外分拨。如果能蒙陛下敕给兵部再加详议，如果能够依我的所拟施行，就让我伐木开道在望夫山一碗泉处修筑堡垒，并允许在郧阳府库内查支官银并委官盖造。等完工之日，就再另拨一员军职在这里领军，在保康县协调 100 名民壮驻扎在这里防守，一遇盗贼在暗中发生就相机扑捕。守堡军士要在每年的年终轮换，要等前来上班者依期至堡后，下班者方许回还，如有违误，听凭我追究拿问。只有这样，木拔才能道通，备严才会盗息，地方才能得以安宁。恭请圣旨御批。

徐桂火烧红山寺

明代人徐桂在他所著的《丹台集》里，记载了一桩他在嘉靖年间任郧阳知府时，曾经亲自举火烧毁了一座大型寺院，惩处了长期在寺院里作恶淫僧的事。这一记载，为郧县青曲镇民间所广为流传的一个“火烧红山寺”的故事找到了出处。

青曲镇境内有一条山脉，始发于秦岭主峰，终止于汉江北岸，几百公里之遥延伸过来不曾有过断裂。据说在唐朝之时，这条龙脊曾是郧阳一带的人们去长安的一条重要官道。

唐代是一个崇尚佛教的国度，几乎人人都对佛顶礼膜拜，寺院遍及城乡。传说就在这条几百公里长山脊的一个个突起之巅，自汉江至秦岭主峰，一路共建有100座大型寺院供路人拜佛。当然，这只是青曲镇那个民间传说里的一部分，其真实性还有待考证。但仅就这条山脊在青曲镇境内的十余千米长就残存着5座大型寺院遗址来看，这说法似乎还是有那么一点依据的。

红山寺，就是上面所说5座大型寺院中的一座，位于自汉江往北数的第五座，建于初唐，毁于明代。被毁已经400多年了，但原址上的那些砖头瓦块仍在，仿佛在默默地述说着那段不堪回首的经历。据说红山寺很大，光僧人就有一千多，而且个个都会武功，附近居民一早一晚都能听见寺内寺外练武之人的喊“嗨”声，震耳欲聋。

徐桂是何许人也？

徐桂，字子芳，号秋亭，安徽潜山人，嘉靖十四年(1535年)乙未科进士，初官山东东昌府推事，后擢升为刑部主事、员外郎。史料上说他处理案件时都以事实为据，凡遇疑案必追查出根由，使不少冤民得获平反，因政绩显著升为郧阳知府。徐桂任郧阳知府于嘉靖二十五年(1546年)，二十九年离任。他久负文名，当时的郧阳巡抚叶照很欣赏他，责成他征召学使寇韦，诸生张立、明惇等人编纂《郧台志》。嘉靖版《郧台志》共九卷，叶照在郧阳期间只完成了前2卷的建置、舆地、公廨、官职等篇。于湛在继任郧阳巡抚后，又增拨了一笔经费，要求徐桂督促继续完成《郧台志》后 7 卷札奏、政赋、兵防、著述的编纂工作。

那么这个文质彬彬的徐桂为什么要火烧红山寺？他在《丹台集》里已经给了我们答案。

徐桂就因为在郧阳火烧红山寺而遭到了谗言被罢官，回家乡之后他归隐在白云崖筑室著书，写成了《丹台集》20 卷。书里说，当时郧阳有一个红山寺，寺里的僧人心术不正，在寺中暗设机关，绑架漂亮女子供自己淫乐，让很多良家妇女失身受害，导致家破人亡。几十年间，那些被害家属不断到官府去告状，但因僧人素与官府有交往，竟长期告而不发。徐桂上任在得知此情后，经过一番调查，就亲自赴寺绑缚了主持僧人进行勘问，在查明实情后处死了作恶僧人，焚毁了该寺院，使其患得以根除，但却因此遭到谗言被罢官。

一个知府，如果不是愤慨至极，定然不会亲焚一座寺院。徐桂为什么会愤慨到如此程度？

原来，当时的红山寺从主持到一般僧人都非常淫荡。那时，红山寺的香火十分旺盛，善男信女络绎不绝，其中不少为漂亮的姑娘和媳妇，这让寺里的主持渐渐萌动了淫心。从嘉靖初年开始，主持就纠集众僧人在寺院建筑的地底下构筑淫窟，修了许多间地下室，并在寺中各处佛像之前叩头的位置设置了能够控制的翻倒机关。也就是从那时开始，进入红山寺里烧香的女人就不断失踪。原因是只要发现容貌姣好的女性，僧人们就千方百计不让她逃脱。

起初，人们发现这些失踪的女人都是在清早或者傍晚香客稀少而落单时不见的，于是就怀疑是僧人在作祟。但凡遇到此事，寺里的主持倒是很冷静，大大方方地让你搜遍全寺也找不到失踪之人的任何踪迹，家属就不得不狐疑起来，相信了僧人的有妖孽作怪的说法。后来，淫僧们的胆子越来越大，竟敢在香客云集时也让漂亮的女人突然失踪，所采取的方法为运用多种手段诱导她们到偏僻的佛殿里去烧香，然后在那里对她们下手。更不幸的是，失踪的女人越多，红山寺里的香火反而越旺，因为人们越发相信这是那些失踪之人的心地不善所致，要想保护家人就更应该敬佛，让佛大发慈悲赶走那些害人的妖孽。

后来，失踪的人越来越多，而且只失踪女人，那些失踪者的家属们就不再相信僧人们的鬼话，渐渐对僧人由怀疑到深信不疑，到官府去状告红山寺的人越来越多。然而奇怪的是，在 20 多年时间里，郧阳城里的县、府、道、镇四级衙门竟然都对此事无动于衷。

官府当然无动于衷，因为红山寺旺盛的香火使得寺里积攒下了大量的钱财，除供僧人自己挥霍外，还拿出一些做善事，用于修桥补路或者施舍给穷人和灾民，更拿出不少贿赂官员和官员身边的人。

徐桂一到郧阳，就有告红山寺僧人的状纸摊在了他的公案之上。一个偌大的寺院，竟然不断失踪女香客，这让他感到奇怪。他欲派人去请红山寺的主持到府衙里来了解情况，却被手下之人提醒阻止，说这是一桩扯不清的连续性疑案，几十年了，没有一任知府能断得了这个官司，劝他还是谨慎一点为好，免得陷进去后出不来。徐桂听说后，就调来往年有关红山寺的案卷，竟然有高高的一大摞，却没有一件有最终结果。他好生疑惑，也好生不满，更好生恼怒，这可是许多条人命啊，那么多的朝廷命官竟然都无动于衷？

徐桂根本不相信是什么妖孽作怪，他坚信一定是僧人所使的坏，考虑再三他认为不宜公开进行对红山寺的侦查，要采取迂回战术搞清楚那些女人们失踪的原因才行。

红山寺位于两郧边境，隔着曲远河有一座山顶近似方形的山峰与寺相望。当时，山上有一股占山为王的土匪，首领就叫方山，因此人们称其为“方山寨”。其实，这些人也不是什么土匪，而是一些不服朝廷管辖的失地流民，长期占据着这一片山区开荒种地而不愿向官府纳粮。官府也曾经多次派兵围剿，但都因山势凌厉陡峭，山上人强马壮，山中粮丰水多而失败。由于这些人并不轻易下山做坏事，后来官府就对他们睁一只眼闭一只眼，不再干涉他们的生活。

徐桂到红山寺烧香以打探这里的虚实，他站在红山寺外遥望方山寨，经打听得知了方山寨的大略情况后，心中就有了对付红山寺的策略。

原来，徐桂决定要以自己的仁心诚招方山寨，把其改造成为一支官府能够利用的奇兵。

徐桂派人与方山寨接触，答应可以不让他们向官府纳粮，但他们必须得为朝廷出力，平时可能不会烦劳他们，只是凡遇大事就要随时听候官府的调遣，不可以推脱。也许是为了山寨长久安宁的原因吧，方山答应为官府出力。

接下来，徐桂要求方山想方设法弄清楚红山寺里不断有女人失踪的原因。方山派武林高手秘密到寺里摸情况。他还使用了美人计，让派去假意上香的女人故意落入淫僧之手，趁机搞清了情况，然后凭借武功逃脱。

通过方山，徐桂搞清楚了女香客不断失踪的原因。原来，只要是被淫僧盯上了的女香客，他们就在她跪坐磕头祭拜时按下机关，使蒲团下的地板翻转，让女香客落入地下，由下面的僧人接着之后拖入地下室，先供主持僧淫乐，然后再被其他僧人长期奸淫。凡是落入淫僧之手的女人，其命运都很悲惨：不从者乱棍打死，得病后不医让其拖死，花损珠黄者使其饿死。在地下窟穴里，有一条通往寺外崖壁的洞，凡是在窟穴里死去的女人都被抛在崖壁让野兽啃食，只是那些茂密的森林遮盖住了地上杂处着的累累白骨而已。

一天深夜，当僧人们正在销魂之时，徐桂精心安排的官兵和方山寨的寨兵从一东一西两个方向合围红山寺。当他们冲进寺里时，与武僧发生了遭遇，一场大战从寺里打到寺外，从夜半打到天明，叫喊声、兵器相撞声、凄厉惨叫声此起彼伏，动地震天。附近的居民在听到声音、弄清原委后，也纷纷手持农具赶来助战。在大多僧人战死的情况下，主持带领最后的一批僧人用绳索滑下崖壁逃到了他们原来抛尸的那个崖下的山沟里，企图从那里脱逃。方山一见，立即带领寨兵下崖堵截，又是一场厮杀。

当徐桂带领官军赶来时，主持的身边只剩下几个贴身随从，而且已经被团团围困在了谷底。徐桂喝令他们放弃抵抗后，官军一拥而上绑缚了这几个恶僧。当人们回过头来打扫战场时才顾得上留意地上，发现到处都是尸体。

在地下室里，人们救出了近千名女子，有本地人，也有外地人，一个个皮肤惨白，骨削人瘦，其状惨不忍睹。徐桂一气之下，让手下人递来火把，把红山寺烧了个精光，据说大火烧了三天三夜才熄灭。

人们在红山寺下的一个大黄土坪里挖下了一个大坑，把所有战死的人和以前被抛尸又无人认领之人的遗骨合葬在了一起。

直到今日，那条先被抛尸，后有大战的山谷依然还叫“死人谷”，那个埋葬了许多人的大黄土坪依然还叫“万人坑”，那个被烧毁而废弃了寺院的山头，依然还叫“红山寺”。至于那个主持和尚，也在当年被秋斩。只是朝廷对待徐桂似乎不公，他为此遭受谗言被罢官。虽然令人遗憾，但他火烧红山寺的故事却能流传千秋，对他来说多少也是一种补偿。

吴桂芳离郧言五事

吴桂芳，字子实，江西新建人，嘉靖二十三年(1544 年)甲辰科进士，历任扬州知府、浙江左布政使、福建巡抚、郧阳巡抚、两广总督等。他任郧阳巡抚于嘉靖四十一年(1562 年)十月，次年四月转任河道。虽然在郧只有短短 6 个月，但他关心民众的疾苦，大力整顿吏治，使郧阳风气得以改善，赢得了郧阳人民的爱戴。离开郧阳前，他向皇帝上《条陈民瘼疏》，讲述了自己对郧阳的感情与不舍，建言治理郧阳五事，希望能解除民众的疾苦，繁荣郧阳。

其《条陈民瘼疏》全文如下：

条陈民瘼疏

郧阳此地，屡经名臣抚治，而别境流寓者日多，本境外亡者亦日多。将谓地不宜民，则何以有流寓？将谓居者安乐，则何以有外亡？所当条计其宜，以成永安之治。

臣奉命抚治郧阳等处地方，所辖湖广之郧阳、襄阳、荆州，河南之南阳，陕西之汉中五府，及西安府属之商州五州县，皆万山深阻，生理稀疏，土著之民十仅三四，而五方流寓居其六七。成化初年，巨盗刘千斤等啸聚据盘，流毒数省。大兵剿平之后，始议增设郡县招抚流亡，特立抚治都御史官提督三省九道，控制安辑规模详密，地方安宁将及百年于兹矣。缘时移时迁，威惠渐愒，加以天时之灾沴不常，有司之抚循无状，政烦赋重，转徙相仍，顾兹易动，难安之民，深切不戢，可虞之虑。臣自抵镇以来，目见民穷财尽，吏猛官邪，已尝蚤夜讲求，痛行惩创。数月之内，颇觉吏治改观，民心知向。顾整饬方有端绪，而恩命倏见下临，不惟镇民怅然于臣之去，而臣亦诚若有不能恝然于衷者。兹将所有地方民瘼事，于体裁重大应合奏请者，谨厘为五事，开列条件上请施行。计开：

一、收集流寓，以实逃亡里甲。照得臣抚属地方，因国初兵燹之后人民稀少，各省逃亡求趁(活命机遇)之人往往依凭山谷潜住营生，岁丰则人，其否则兽。成化间，左都御史原杰奉敕处置招抚，凡客户附籍者四十三万八千有奇。定立里甲，属之编氓，自是户口渐充，反侧始定。弘治间，复因新置流移众多，恐成将来之患，特遣刑部左侍郎何鉴，会同都御史孙需重新安插一番。嘉靖初年，都御史徐蕃、潘旦先后奏请，又经清查附籍一番，讵今又三十余年矣。夫何迩年以来，百姓输将之困既倍于前时，而长吏抚治之风尤拙于往日，遂至土著之老户变为逃亡，附籍之流徒潜归乡井？昔时版籍之实民，今多纸上之虚数，人户产业名有实无。近值大造之年，节据各属申称人户逃亡不成里分，乞要查核归并。如河南南阳县旧二十一保，今实不及十保；陕西商南县旧管一十二里，今止见在三里。臣骤闻惊骇，殊为寒心。及访得各省商贩并流来迁民，往往潜居各属举放私债，典课田地，得利至盈千百，粮差不及分毫。间有狡猾之辈，惧怕告发清查，则或假帮有籍之外家以卸差，或窜入旧附之客户以射籍。甚有宗分数代，人至百十，而册籍通无一名者。夫均是民也，在原籍则称逃户，而久废公家之供；在各属则称客商，而不认民间之役，两相形射，仕意经营，岂非昔人所谓敝民者哉？夫因俗为治者，变通之善经也。裒多益寡者，损益之大用也。乞敕该部俯从酌议，或照先年特遣大臣，或止照近年事例，仍乞专敕一道，责成新任抚治都御史会同三省抚民、守、巡各道，亲诣各属设法稽查。除旧已附籍，及暂时来往贸易，或工匠杂艺、赁店居住者不得妄行骚扰外，其余娶有室家，置有房屋，典种田地，营运年多，势在重迁者，务要挨门逐户从实开报到官，令其附籍本住里下，填补逃亡甲首格眼遗下逃亡田亩，即拨领种认粮。如本里空格填满，则另拨别里；通县空里补满，则另立新里。俱趁今大造未完，及时攒造入册。一应徭役，仍视老旧各户减半，以示优恤。迨其十年已满，方行一体征输。若应合附籍而抗违，及或似前影射而欺闪，查照题准事例问发边卫充军，容隐窝藏各与同罪。如此，则一转移通变之间，即地方富庶之渐，不惟见在者可保其不致于播迁，而已逃且将思复其故业矣。

一、严禁投献，以免小民偏累。照得臣所属五府地方，惟郧阳、汉中未有藩封，而荆、襄、南阳皆系分藩之地。有等奸猾棍民，或因争竞不明，或以粮差负累，往往将户下田地投献各郡王将军位下，希求厚值，倚借声威，苟图一人目前之利。而各该宗室得田到手，但知收租、不肯纳粮。有司莫敢谁何，里递只得赔贱(bì，辗转增加给他人)，实贻通县无穷之害。伏乞敕下该部申明律例，严行禁谕：今后各王府宗室务要恪遵祖训，听各亲王钤束，不得信凭下人拨置，妄受小民投献；或乞照依江西等处宗室置买民田事例，即将本位下每岁禄米查扣在官，两相抵兑。若受田多而禄米少者，扣抵之外仍照未尽税粮本则一体依数征输，不得似前坐享租利抗违国税。其各庄佃在乡生事害人，拒抗官府，乞敕各该亲王查访禁治。夫不追夺其既往，所以示朝廷优体之情；禁缉之于将来，所以彰国家成全之义。皇上亲亲仁民之恩，将无一物不得其所者矣。

一、禁塞径路，以苏小邑困敝。照得臣所属陕西商南县，原系商州迤南一隅之地。成化间，该都御史原杰奏割前地设立县治，将土著流寓新旧相兼，凑成一十二里。虽极蕞小，然向皆僻处偏安，百姓仅供本等差使。其壤虽小，其民不劳。奈自近年以来，凡陕西彼此宦游，及他省过往使客，或自陕而适南，或自南而适陕者，往往不由潼关旧行驿马大路，却从陕西省城取道蓝田、商州、商南转入河南内乡等处，名曰取捷。此数州县，其入南、汝、襄阳诸路，较之潼关大道，委果径捷数程。但数无轩盖经行，未曾设有驿站，每遇使客入境，一切夫马供应皆额外取之里甲。内如商州、内乡壤地差广，犹可勉强接递。惟商南一县，本属新造小邑，编户仅十二里，况自商南至河南内乡县计途三百一十，崇冈叠嶂，鸟道羊肠，人马送迎，往返数日，饥疲靠损，其苦不可胜言。伏乞敕陕西镇、巡各官，今后彼此游宦，及别省经过官员，俱要遵照先年定例，或南或北悉从潼关分道而行，不许取捷蓝田、商州、商南、内乡等处。仍刊刻板榜于京兆驿及前数州县，明示晓谕，永为遵守。

一、申明矿禁，以免无辜牵累。照得臣所属五府一州地方间，多产有银矿。每遇矿脉生发，利之所在，附近贫民群起趋逐。召衅启争渐不可长，故朝廷之明例具严，而有司之防捕甚力，盖非惟以息其斗攘之端，而亦所以谨其啸聚之防也。臣职专抚治，责在地方，刑乱民而用重典，夫复何辞！伏览得《问刑条例》一款："一、盗掘银矿、铜、锡、水银等项矿砂，但系山洞捉获曾经持杖拒捕者，不论人之多寡，矿之轻重，及聚至三十人以上，分矿至三十斤以上者，俱不分初犯再犯，问发边卫充军；若不及数，又不拒捕，初犯枷号三个月发落；再犯免其枷号，亦发边卫充军；其私家收藏，道路背负者，止理现获，照常发落……违者参究治罪。”看得前项例文，首严持杖拒捕，次别人矿多寡，分别剂量，本属详尽。至于曰山洞捉获，曰止理见获，则于恁诘奸究之中，寓计安反侧之术。若有司能师其意，岂愚民尽罹其辜？但例意虽极精详，而例文可从牵合。如山洞捉获持杖拒捕，不拘人矿多少，问发边卫充军，词意甚明，引用自当，固无容低昂于其间矣。至谓聚至三十人以上，分矿至三十斤以上，盖必指二项俱全，而后照前戍遣。若人虽及数，而获矿不多；矿虽及数，而不系纠众，则亦应照常发落。况夫既谓分矿，当据已入之赃。如一人分矿三十斤，三十人以上则共得矿千斤矣，如此而后可拟戍也。缘例内并举人矿之数而下，即系之以俱不分初犯再犯之文，俗吏不识变通，往往首从并坐，且不究分矿之文，而但获砂数十斤即引前例，沿袭既久，以为当然。夫充军下死刑一等，充发一人则令佥解二人，其役亦至破家。若一招而矿徒百人，是一纸而破三百户也。伏乞敕下法司，申明前例，通行禁饬，仍乞将盗矿例文俯从酌议，量加分别。或曰：矿徒，贼类也。禁盗止暴，惟惧不严。而今反议宽之者，其若长乱纵奸何？臣窃以为不然。夫矿利，孔也，不聚众则群起而攘之。故矿徒之纠聚，为专利计，非为乱也。今臣所为第二等者，彼见矿而窃，见捕兵至而逃。然首从皆不免戍死，脱有大不逞者，奋臂其间曰：“吾辈已共犯重科，若聚则万一可生，散则悉就缚而死。”一乡聚则众乡聚矣，一路聚则诸路聚矣，是动天下之兵也。彼其时，申胁从之诏，宽当与之罪，不已晚乎？臣非敢为矿徒计也，为地方计也。

一、免调官军，以固地方保障。照得臣抚属地方，本三省边隅之地，山川险岩，号令不一。故先年叛乱肆起，屡兴问罪之师。而各贼荡平，未几复多窃发之众。自设置抚治衙门以来，风教始同，威令顿一，遂致反侧靡常之地顿成安静无事之区。此盖仰仗朝廷威德，丕冒要荒，要以国家假借事权申严职守，俾臣等得以展布其愚，而各属无以窥伺其隙，有以致之也。奈何法令玩于事久，官吏怠于权分，其在于今诚有大非畴昔者。夫抚治之职，专一抚安人民，整治兵备，遇有盗贼生发即督官剿捕，其载在臣等敕书者可考也。荆、襄、郧、商、南、汉地方，悉割隶抚治衙门专辖，各处巡抚一毫不得干预，其见于节年兵部议复都御史吴道宏、戴珊、沈晖等疏奏者可考也。玺书之责成既重，而该部之申饬最明，其彰彰甚著如此。夫国之大事，莫重于戎；而地方之务，亦莫重于动调官军。以臣割隶专制之区，实身安危理乱之责。今官军之初调，督抚不以闻；官军之发行也，该道不以报。万一山薮贼徒，乘此地方空虚突出啸聚，彼时各官恐又不免谓是为臣割隶地方，而诿罪责成于臣矣，虽然此自臣一人体统言耳。至于汉中一郡，接连郧阳各县，万山之中，逋逃之薮也。时和年丰，官司备御严密，而山贼、回贼、茶徒、矿徒尚且百十成群，杀人放火以为常事。若将卫所官军掣调别处戍守，诚恐岁事不登，此辈乘间窃山，窥伺仓库，睥睨城池。城守既空，缓急奚赖？况汉中、宁羌二卫已有旧额防秋官军，今所调者乃其存留城守之余。其金州千户所五百余名，盖通老疾，差占仅止此数，而今尽括取之。顷有士人自金州来者云："晓发该州，见城门启闭，通无一卒。询之则云，尽调防秋去矣。"此甚非所以令细民见也。夫州县民壮，多者不过百余，少者仅数十名，公占既多，老弱过半。若卫所余丁，则既鲜在官之数，又无粮饷之供，岂足尽恃以为城守之计乎？伏乞敕下该部从长计议，俯念臣属辖汉中、宁羌二卫，沔县、金州二千户所，本系边隅之地，与西安、平凉诸处不同。其今议调防守宜禄驿等处官军，汉中卫六百一十名、宁羌卫五百二十六名、金州千户所五百五十三名、沔县千户所一百六十名，乞容照旧防守城操，免其别调。庶臣地方不致空虚，而缓急有所藉赖矣。

《条陈民瘼疏》是一道明代名疏，为吴桂芳离开郧阳之时向皇帝陈述郧阳人民疾苦的奏折。文中，他开篇明义，连用了两个设问句，直截了当地抛出自己的意图：郧阳屡经名臣抚治，然而从外地流寓到此的民众依然一日多过一日，同时本境往外流亡的民众反而也一日多于一日。如果说这个地方不好，为什么还有那么多的民众流寓到此？如果说这个地方好，为什么会有那么多居民不安居乐业还要逃亡？我所建议的就是要把郧阳建设成为永久的民众宜居之地，安居乐业之邦。

接着他分析了郧阳藩镇的状况，总结了五条影响民众生活，给人民带来痛苦的事，称：我奉命抚治的郧阳藩镇，辖湖广之郧阳、襄阳、荆州，河南之南阳，陕西之汉中共五府，以及西安府所属的商州 5 个州县，都是万山深阻，人烟稀少，土著居民仅占十之三四，外地附籍流民占十之六七。在成化初年，有巨盗刘千斤等人在郧阳盘踞啸聚，影响面波及周边数省，是在朝廷派大兵剿平之后，才在这里增设府县，特别设立藩镇，派巡抚提督三个省周边的九个道，制定出详密的控制方案，大规模招抚流民，才让这个地方安宁了将近百年。但因为时移境迁的原因，朝廷的威惠在这里渐被荒废，加上不时发生的天灾，和官府的抚恤无状，又政出多门所造成的赋税繁重，才导致百姓转徙不断，频繁移动，让难安之民又饱受着无止境的迁徙之苦，实在让人担忧。我自到达郧阳以来，所见到的都是民穷财尽，吏猛官邪，所以就采取日夜救济、痛惩吏治的措施。经过几个月的惩治，吏治得以改观，民心有所知向。可是我的整饬才刚刚有点眉目，就接到了要我离去的皇恩敕命，这不单让郧阳民众对我的即将离去而怅然，就是我自己也有诚心不忍离去的苦衷。我不能为郧阳再做什么了，就只能将地方上所有事关重大的、应该奏请的民众疾苦总结为五条，上请皇帝予以施行。

一言安抚流民而充实外逃严重的里甲。郧阳藩镇设立近90年了，流民问题依然没有彻底解决，而且出现了新的动向。由于一些优惠政策逐渐被取消，苛捐杂税日益加剧，在依然有民众流入郧阳的情况下，同时也出现了大批农民抛弃土地流出郧阳的现象。

吴桂芳认为：我查得自己所抚属的地方，在明初因为兵燹之后人烟稀少，各省逃亡到郧阳求生的人，往往依凭山谷潜住为生，遇丰年还有个人样，遇灾年就形同野兽。成化年间，左都御史原杰奉敕于郧阳处置招抚，附籍的外地流民达438000余人，把他们编入里甲，归属于土地之上，从此户口渐渐多了起来，暴力反抗才得以平息。弘治年间，又因为新安置的流民户过多，朝廷怕成为将来的隐患，就特派刑部左侍郎何鉴会同当时的郧阳巡抚孙需，重新把户口编制了一遍。嘉靖初年，巡抚徐蕃、潘旦先后上疏奏请，再次把新流民清查附籍了一番，至今又过去30多年了。为什么近年以来，百姓的赋税之困是以前的几倍，反而官府抚慰之风更少于往日，连土著老户也变为了逃亡之户，原本已附籍多年的流民要潜回故乡？为什么昔时户口簿上实有之民，现在多为纸上的虚数，人户和他们的产业大多已有名无实？现在正值大造黄册(为征派赋役而编造的户口册，因封面黄色而得名)的时候，为朝廷重新普查人口编制赋役之年，但据我所属的各府报告，各地的人户逃亡太多，已形不成里(县属行政单位，相当于现在的乡镇)分，请求查核归并。如南阳县的21个保，现在实有人口不及10保；商南县所管的12个里，现在的人数不足3个里。我刚听到时很惊骇，也特别寒心。我通过探访得知，各省在郧阳做生意的商贩和流亡而来的迁民往往潜居在各个府县里，他们或私放高利债，或典课别人的田地，所得之利赚至千百，而派给他们的粮差却不及分毫。偶尔还有狡猾的人，惧怕被告发后清查，有的假借是在帮助有户口而外逃之家抵差，有的窜入过去的流民户家里依附户籍。更有甚者，有的家庭已经祖孙好几代，人口过百，而在册籍簿上查不到一个人的名字。同是一个人，在原籍称他们为逃户，长久不给公家交赋税；而在郧阳各地则称他们为客商，不需要负担任何民间之役，两相比较当然这样才适宜他们的经营，但这样不就是过去所说的衰败民众的做法吗？官府的治理要根据当地的风俗习惯适当变通，这样才会获得好的效果。要善于减有余以补不足，这样损与益才会平衡。我请求陛下敕户部认真酌议，或者按照往年之例特遣大臣到郧阳，或者只按照近年的事例仍颁专敕一道，责成接替我的巡抚会同所属三省各道的抚民、分守、分巡各官，亲临各属之地设法稽查。除那些过去已附籍的、暂时来往贸易的、到此临时做工匠或耍杂艺的、租店居住的不得轻易骚扰外，其余在此地娶有家室的、置有房屋的、典种田地的、营运多年的，都务要挨门逐户从实报告到官，责令他们附籍在当地的里长名下，用于填补在那些逃亡严重的甲长名册格子里，让他们领种逃亡户遗下的田亩，顶替他们交粮。如果甲长册本里的空格填满，就另拨给别的里；全县的空格都补满，就另成立一个新里。全部要趁现在黄册大造还没有结束时及时攒造入册，所有徭役仍视他们为老旧之户给予减半以示优恤，等满 10 年之后再让他们完全交征。如果应该附籍而抗违者，或像以前那样躲闪者，一经查实清楚就发配边卫充军。窝藏他们的人与他们同罪。这样的转移变通，就能够使地方逐渐富庶起来，不光可保留当地之人不致逃亡外迁，而且能使已逃亡者回归故里复业。

二言严禁投献，以免偏累小民。明中叶以后，土地投献之风盛行。所谓“投献”，是指奸猾之民将自家的田地无偿地奉献给皇族、戚畹、功臣和官豪势家，本身沦为庄佃、佃户或奴仆，以逃避繁重的赋税。

吴桂芳认为：查得我所属的五府地方，只有郧阳、汉中未有藩王封国，而荆州、襄阳、南阳皆系分藩之地。有些奸猾棍民或因田地归属权争竞不明，或因粮差负累，往往将户下田地投献给各郡王、将军名下，希求获得丰厚的产值，倚借皇亲的声威苟图目前之利。各宗室得到这些田地之后只知收租不肯纳粮，官府不敢追问，亏空的钱粮只得由里内百姓垫赔，从而贻害全县无穷。请求陛下敕户部申明律例，严行禁谕，要求各王府宗室今后务要恪遵祖训，听从各自亲王的管束，不得听凭下人拨置而妄受小民的投献。或依照江西等处宗室置买民田的事例，将亲王以下每年的禄米先查扣在官府，年终两相抵兑。如果受田多而禄米少，扣抵之外仍要按照未完成税粮一律依数征收输送，不得像以前那样坐享租利而抗违国税。如果他们名下的庄佃在乡间生事害人或者抗拒官府，就请求敕谕他们的亲王查访禁治。现在不宜去追夺他们的既往，以示朝廷优体之情。但要禁缉将来，以彰显国家的成全之义。这样，皇上亲骨肉、仁小民的恩惠，将普惠所有的人。

三言禁塞径路，以苏小县之困敝。在嘉靖年间，形成了江南与西北各省官员相互游历的风气。他们往往取道于郧阳藩镇所属的府县，给当地接待形成了不小压力。

吴桂芳认为：查得我所属的商南县，原系商州之南一个偏远之地。成化年间，巡抚原杰在这里设立县治，将土著和流民新旧搭配凑成 12 个里。虽极小，但一向都偏僻处安，百姓仅供本地的差使，没有不堪劳累的感觉。奈何近年以来，只要陕西与江南官员彼此宦游，以及他省的使客过往，不管是自陕而南，还是自南而陕，往往不走潼关旧行的驿马大路，却从西安取道蓝田、商州、商南转入河南内乡等处，美其名曰取捷径。从以上州县进入南阳、汝阳、襄阳诸路，较之潼关大道确实可节约几天路程，但这里向来没有可供轩盖通过的大道，也不曾设有驿站，每当使客入境，一切夫马供应都额外取之于里甲。像商州、内乡这样的大州县，还能够勉强接待，而商南本来就是新设的小县，编户仅 12 个里，何况商南至河南内乡县的路途 310 里，均为崇冈叠嶂，鸟道羊肠，人马送迎往返需要数日，饥疲劳损苦不堪言。请求陛下敕谕陕西镇、巡各官，凡今后官员彼此游宦及别省官员经过，都要遵照先年的定例，无论往南往北均从潼关大道而行，不许经过蓝田、商州、商南、内乡等处。还要把此刊刻于京兆驿及上述几个州县地方明示晓谕，让人们永为遵守。

四言申明矿禁，以免牵累无辜。郧阳藩属各地矿藏丰富，乡民盗掘严重，矿难、争抢、群起为盗反抗官府之事经常发生，而往往一牵连就是数百人。

吴桂芳认为：我查得所属的五府一州地方多产银矿。每当发现矿脉，因为利益的原因，附近贫困之民就会群起趋之若鹜。这种召衅寻事之风渐不可长，所以朝廷明例甚严，官府防捕甚力，但并没有平息矿民们的争斗，仍然在时刻谨防他们的啸聚。我的职务是专于抚治，责任在地方治理，依照刑法处理乱民而用重典，这没有什么可以推辞的。但我伏案阅读《问刑条例》中的一款：“凡盗掘银矿和铜、锡、水银等项矿砂，只要是在山洞捉获的或曾经持棍棒拒捕的，不论人数多少、盗取轻重，以及团伙 30 人以上，或者分矿 30 斤以上的，不分初犯再犯，全部问罪发配边卫充军；若人数不及30人又不拒捕的，初犯者处以枷号3个月的发落，重犯免其枷号直接发配边卫充军；私家收藏矿石、矿砂或者道路运输的，只对现行截获者照常发落，不允许巡捕人员逼令他们承认前面所犯，违者参究治罪。”我理解，这项律文是要首严持杖拒捕者，次严为区分盗取人数和矿石数量的多少，这样分别斟酌量刑，原本是很详尽了。至于说山洞捉获和只处理现获等条款，都是要求在惩治审问过程中区别对待那些违法作乱的人，用意在于实施安定招抚之术。如果官员能够理解其中的含义，老百姓就不会被冤枉。但是条例的意义虽然极精详，但条例的词文难免会有歧义。如“山洞捉获，持杖拒捕，不拘人矿多少，问发边卫充军”，词意就很明白，引用时自当不会产生误会。而“聚至三十人以上，分矿至三十斤以上”，好像是指两项同时俱全，后项照前项充军。如果人数虽然达到30人，而获矿不多；或者盗矿之数足够，而没有纠众，就也应该照常发落。何况所说的分矿，应当是据为己有之赃。如果一人分矿30斤，30人以上则共得矿石千斤，如此才可以判成边之刑？缘引律文内所并举的人数、矿数之后，又说“俱不分初犯再犯”之文，那些俗吏们经常不识变通，往往将首犯、从犯同罪，并且不深究分矿一句的意思，只要获砂几十斤就沿引前例判决，这种沿袭久了，自以为当然。再说充军是比死刑稍轻一等的重罪，充军发配一个人就得派2个差人押解，这样的差役也会把差人拖累得家破人亡。如果一个大案就招供出上百矿徒，那就是一纸判书而破300个家庭。请求陛下敕谕法司，申明通行禁饬前例，请求将盗矿的法律例文认真加以酌议后给予区别。或许有人会说：“矿徒，贼类也。禁盗止暴就怕不严，现在反而有要请求从宽的人，不是在助长暴乱放纵奸邪吗？”我以为不然。矿利是一个无底洞，即使不聚众，人们也会群起而侵夺。矿徒们之所以要纠聚，是专为利考虑，并不是为暴乱。现在我所称的第二等人，是那些见矿就盗窃，见捕兵就逃跑的人。然而首从不分，他们都不免要被戍死，假若有一个不逞之徒在他们中间奋臂一呼：“我们已经共犯重罪，团结还万有一生，分散就缚手而死。”就会一乡聚而众乡聚，一路聚而诸路聚，就是动了天下之兵。到那时，再发布免除胁从之罪的诏谕，宽大处理他们，不已经很晚了吗？我不是为矿徒们考虑，而是为地方上考虑啊！

五言免调官军，以固地方保障。郧阳藩镇所辖之地为割周边各省的属地，各省巡抚干预藩镇事务从来就没有间断过，这让历任的郧阳巡抚很尴尬。尤其不能容忍的是，随意抽调郧阳的官兵远赴外地防守。在当时，一到秋天庄稼成熟之时，西北各游牧部落往往趁此秋高马肥时就南侵抢收粮食。此时北方各省巡抚都特别紧张，一边让边军加强警戒，一边大量调兵“防秋”。陕西巡抚往往会偷调汉中之兵驻守宜禄驿。宜禄驿位于今陕西省长武县中部昭仁镇，是西安出入甘肃的必经重镇和盐马交换关市之一。明初时设宜禄驿承署递运所之后，一直派有重兵把守。

吴桂芳认为：查得我所抚属地方，是三省边隅之地，山川险峻，号令不一。所以先年叛乱肆起时，朝廷屡次兴问罪之师。然而前脚荡平，后脚又一再复发。自设置藩镇衙门以来，才风教始同，威令一统，使这块反侧无常之地顿时成为安静无事之区。这全都仰仗朝廷的威德广布到了边远蛮荒，以国家的名义假借事权得以申严职守，也使我等臣子得以施展自己的管理才能，让各处属地上的不安分之人没有窥伺的缝隙，有的只能是服从。无奈，法令颁布久了难免被亵玩，官吏们也会懈怠自己的职责，问题是现在就很有一些极力否定往日法令的人。郧阳巡抚的职责，就在专一抚安郧阳藩镇内的人民，整治郧阳兵备，遇有盗贼生发就立即督官剿捕，这些都写在皇帝给我等的敕书上，是有据可考的。荆州、襄阳、郧阳、商州、南阳、汉中几个地方，都割隶于郧阳抚治衙门专辖，各处巡抚一毫也不得干预，这些都记载于历年兵部议复给郧阳巡抚吴道宏、戴珊、沈晖等人奏疏上，同样有据可考。玺书的责成很重，兵部的申饬最明，都彰显得很显著。国之大事莫重于国防，而地方之务莫重于调动官军。以我镇所割隶专制之区，实在身负安危理乱之责。现在的情况是：在郧阳督抚往往还不知道的情况下，官军就被调动；官军已经出发了，所在的道也没有上报给我。如果此时万一山里面所集聚的贼徒乘地方空虚突然窜出啸聚，到时各省巡抚恐怕又不免相互推诿罪责，说这是已经割隶给了郧阳的地方而祸归于郧阳巡抚，说这是郧阳巡抚一人的体统。特别是汉中一郡，接连着郧阳各县，是万山之中逃亡之徒最喜欢集聚的地方。现在正值风调雨顺的丰年，又有官府严密的防御，尚且还有山贼、回贼、茶徒、矿徒百十成群地存在，拿杀人放火为常事。若将那里的卫所官军调动到别处戍守，只怕不出一年这些山贼就会乘机窥探仓库，窥探城池。守城军队都抽空了，情况缓急之时还有什么能够依赖？况且汉中、宁羌二卫已有过去所派去的防秋官军，今日所调动的都是些留下守城的，其中金州（安康）千户所的500余名官军，全部是把老弱病残凑齐后才有这个数，现在尽数被调走了。刚才有一个士人自金州来，他说：“清晨从金州出发时，只见城门开关，而无一兵一卒值守。询问之后我才知道，都被调走防秋去了。”这是我们所不愿意见到的状况。何况每个州县里的民壮，多者不过百余，少者仅数十名，而且各官府占用了很多，其余老弱过半。假若使用卫所的余丁(朝廷规定军户一男为兵，其余为余丁在家屯田)，他们既不在官府的名册之数，又无粮饷供给他们，能够依恃他们作为守城之计吗？请求陛下敕兵部从长计议，念及我所辖属的汉中、宁羌 2 卫和沔县、金州 2 个千户所原本就是边隅之地，与西安、平凉各处不同。现在议调防守宜禄驿等处的官军，有汉中卫 610 名、宁羌卫 526 名、金州千户所 553 名、沔县千户所 160 名，乞求陛下允许他们照旧回来防守各自的城池，不要调往别处。这样我所抚属的地方就不致空虚，遇缓急情况就有所依赖了。

陈省弹劾武当山提督太监

一

武当山，也叫太岳、大岳、太和山，离郧阳藩镇治所郧阳城100华里左右，属当时的襄阳府均州之地，为我国道教仙境福地之一。自秦汉以来就不断有人在此求仙学道，栖隐修身。

明永乐年间，朱棣同时北营宫城，南修武当。永乐十年(1412年)九月十八日，武当山的大规模建设正式开工，每一所宫观、每一座桥梁、每一条道路的设计图纸都是从京都发出，10万名工匠除来自宫廷匠作外，其余全部是从全国调集而来的高手。这些人在武当山一干就是13年，在八百里武当的72峰、36岩、24涧里打造出了9宫、9观、36庵堂、72岩庙、39桥梁、12亭台等33处道教建筑群落，面积达160万平方米。明嘉靖三十一年(1552年)，朝廷又对武当山进行了一次扩建，最终形成了现在还能看到的“五里一庵十里宫，丹墙翠瓦望玲珑。楼台隐映金银气，林岫回环画镜中”的“仙山琼阁”意境。

在武当山营建过程中，朝廷一开始就从皇宫里派出了大量太监在此监工。工程竣工后，武当山成为了明代皇室家庙，依然派太监们在这里帮助皇帝管理宫观，但大权由湖广布政司派一名参议督同均州千户所官军提督共同掌握，负责管理山场，修理宫观，收取香钱。在宣德时期，朝廷始差一员内宫左监丞到武当山任提督，把地方官府排除在了山场管理之外。正统以后，朝廷遣回提督太监，只派礼部郎中兼湖广布政司参议提督武当。景泰元年(1450年)起至成化初年，朝廷再次派太监管理武当，但只是提督本山，不插手地方事务。成化十二年(1476年)在郧阳设藩镇和湖广行都司后，兵部派太监韦贵提督武当，同时兼了郧藩副使、行都司分守、下荆南道分守，把地方军政大权都握在了手中，具有巡抚一人之下、万人之上的显赫地位。

明代是一个宦官强权的朝代，让武当山提督太监只管武当山事务，不插手地方事务，他们总是心有不甘。当然，明代的大多皇帝们都有一个爱好，总喜欢利用太监监视所有官员。所以任命武当山提督太监兼任郧藩副使、行都司和下荆南道分守，是皇帝和太监一拍即合的产物，所以才会有武当山太监韦贵把他的衙门从武当山脚下的均州城迁到郧阳城内的事情发生。从此以后，武当山太监就大肆干涉地方事务，同时一边加大横征暴敛为自己揽财的力度，一边不断扩大自己手中的权力欺压百姓。到嘉靖年间，当吕祥任武当山提督之时，更是变本加厉地时刻监视着郧阳巡抚、各道、各府官员的一举一动。

所谓多行不义必自毙，凡作恶过多之人，必定会遭到报应。在嘉靖年间，就有一个叫陈省的御史大夫站了出来，屡次向皇帝上疏弹劾武当山大太监——太和山提督兼郧藩副使、郧阳行都司分守、郧阳参议、下荆南道分守吕祥。一次参不倒，两次；两次不行，三次。最终让皇帝免去了吕祥的职务，召回北京，并承诺不再让武当山提督兼地方分守。

陈省(1529—1612 年)，字孔震，早年号“约斋”，后改号“幼溪”，福州长乐人，明嘉靖三十八年(1559 年) 己未科进士，初授浙江金华府推官，任内平反冤狱，安抚饥民，收服矿盗，颇有政绩。嘉靖四十一年(1562 年)升任山西道监察御史，后任山海关巡按御史。嘉靖四十四年(1565 年)任湖广巡按御史时，嘉靖帝欲耗资亿万南巡，陈省上疏切谏，被皇帝采纳。隆庆帝嗣位后，陈省先后弹劾武当山提督吕祥、兵部尚书霍冀等人，让他们都得到了不同程度的处罚。又有太监张方强占民田献给皇庄，经他劾奏，将庄田收为了国有，制止了宗亲横敛的 13 万两黄金。隆庆元年(1567 年)，他再次劾奏辽王朱宪(火+节)、楚世子朱常冷的横行不法，使 2 人被囚禁。后来他又出任广西巡按御史，不久以疾归乡，次年被召进京任京畿学政，再改任大理寺少卿，又升任南京都察院佥都御史操江提督。隆庆六年(1572 年)，陈省奉召入京，任右佥都御史协理院事。后改右副都御史先后出任陕西巡抚和湖广巡抚。在任湖广巡抚期间，他先后上疏 28 道，裁撤了大批文武冗员，以功升为北京兵部右侍郎兼都察院右佥都御史。万历十一年(1583 年)，陈省因受到张居正案的牵连而遭罢官，回乡后在武夷山接笋峰下筑室隐居，名曰“云窝”，又建亭台楼阁 16 处。其著述多佚失，仅存《幼溪集》传世。

再说陈省在任湖广巡按御史期间，多次上疏弹劾吕祥。当时的嘉靖皇帝已是垂暮之年，身边的太监自然不会把陈省的奏本拿给皇帝看。当然，即使给皇帝看了，皇帝也一定不会处理。

然而，机会还是来了。嘉靖四十五年(1566年)嘉靖帝驾崩，隆庆帝继位。隆庆元年(1567年)，隆庆帝为了缓和各种矛盾而采取了一系列积极的措施，先是起用了嘉靖朝因谏言而获罪的大批官员，再暂停采办各种物料，又清理内府不称职的冒滥职官等。单看二月十八日一天，被内官监太监李芳奏准而裁革的就有：太仆寺少卿2人、苑马寺卿2人、布政使司参议2人、郎中1人、员外郎3人；同时升鸿庐寺丞、光禄署正等衔的有百余人。其中裁革的各省布政使司参议中，就有吕祥。

二

尽管400多年过去了，时间已经让历史蒙上了尘埃，但我们依然可以从当时的几道兵部咨文里，了解到陈省弹劾吕祥的真相。

隆庆元年(1567年)七月二十日，兵部往郧阳发了一道咨文，全文如下：

兵部咨

为楚民困敝已极，恳乞圣明轸恤，并处太和事宜，以苏凋瘵(衰败)事。

该本部题：职方清吏司案呈奉本部，送准户部，咨湖广清吏司案呈奉本部，送户部抄出。

巡按湖广监察御史陈省题称："臣惟安民之道无它，惟去其病民者而已。湖广地方水涝，岁罹饥馑，荐臻瘼此，下民其憔悴困苦之状，已不胜其弊矣！而境内承天、太和二守备，复多方伤残而耗斁(损耗败坏)之益，有以滋其困而甚其病，此楚民之所愈不聊生也。承天事宜，荷蒙我皇上轸念，取回守备张方，复行臣、按、抚官查处，彼民欢呼鼓舞，诚不啻若解倒悬矣。若夫太和守备吕祥者，所守之地视兴都为轻，而其贻害地方，则联属三省，视承天乃更钜焉。臣待罪巡按，谨为斯民恳斥之去。愿我皇上溥此洪恩，并赐罢革议处，以苏荆楚困瘁，可乎？臣先举吕祥扰害地方之实，而困及其应革应处之事，皇上试垂听焉：

臣闻刀锯之余，终鲜忠良，罔知民瘼，委以事权未有不生事扰民者。吕祥提督太和，祀事乃专职尔。而奉敕顾得分守湖广行都司并荆州、郧、襄三府及河、陕等处地方，复膺此重权焉。然臣曷尝见其能为斯民御侮、捍患以无负简书哉！徒假此以张其凌轹有司、残害百姓之虐焰而已。臣闻祥往往凭借威灵，滥受词讼，扰良善而乱政体。凡郧、襄、荆州及河、陕民词，曾经司、府断明，不遂己欲者，辄输重贿赴彼投告，异代报复。祥受而听之，径行捆打，以泄豪右之忿。凡遭逮系，无论倾家荡产，即立毙杖下者不可枚举。遂使富强踰法骄纵，而贫亦饮忿无伸，此其为害一也。

均州编户仅二十里(行政单位)，田多硗瘠，人杂五方，盖极敝邑也。尽括丁粮以应赋役，犹恐庶几足以支撑今守备供需。及各宫斋粮占去五里，名为佃户，皆择其膏腴殷实者隶属焉。在州应差，仅数里疲民尔。其稍有资籍者，又诡寄投托于佃户之中，以避差徭。间有作奸犯科者，亦每每买充佃户以脱罪罟(法网)，有司莫敢诘也。盖州里几于无民，官府几于无法，皆吕祥为之庇护，为之渊薮尔！适今不为之处，彼仅存二三遗黎，几何不逃窜死亡澌尽也！其为害二也。

本山物产，素鲜其有，所贡笋尖、榔梅之类，率远采于房、竹诸山者，特神其说，谓取诸太和尔。至于采取之时，劳扰万状。此彼往属该所余丁，犹可言也。祥纳委官之赂，既听其受直卖闲矣，乃分派乡民，责以办致。民惮采纳艰难，惟事输钱求免。彼受甲钱，则派诸乙；受乙钱，复派诸丙。一岁兴役，万户绎骚。矧笋尖出自隆冬深雪中，冻馁之民多有困拮撷而僵仆者，岂忍言哉！昔我成祖文皇帝时梅结异实，数十年间仅许本山道士一进，然未有许及他物者，盖不忍以口腹而启无穷之扰尔。祥乃劳疲民以致无益之贡，既已非义，讵意其乃复假公济私，倚法恣虐，至于如此哉！此其为害三也。

方今承、襄、光、郑、河、洛、真、保一带，州县驿递盖残困甚矣，祥每岁假进笋、梅、符箓诸物，以行其私营转橐(托)之谋，扛运在道动至百十抬，旗牌参随动至数十骑。作威福，肆诓索，稍有不满其所欲辄以违误上供，挟制凌辱官吏，鞭笞卒徒，索勒打发折干，必饱其饕餮而后已。每一经过，无疑寇盗，襄洛迤逦，即鸡犬不得宁焉！此其为害四也。

本山绵亘八百里，环山以居之民，孰不资薪革以供爨(灶)燎乎？吕祥每季受一班官军，常例委之巡山，此辈遂头会箕敛，以取偿而求赢。稍不如意，辄诬以盗采掌送。祥处酷刑重罚，非卖产业、鬻儿女不得免焉！百姓号此辈为“巡山虎”。盖每年无一冬季不被索骗，每日无一时得舒喘息者，皆祥张其爪牙，长其暴恶尔。此其为害五也。

有司岁编各宫洒扫夫二百余名，守备门皂三十余名，修理襄阳行府大户二十七名，吕祥俱折银入己，岁编三千余两。至于洒扫，复起地方；门皂，复累里甲；修理、看守，复行所属光、宜等县另派以应，民不胜其苦。此其为害六也。

本山香钱，访得近年比前顿少，岁约银仅万二两有奇。设若无所克匿，固足以代百姓剜肉之输。否则，亦足备各宫修理及各色供应诸费，可省别项民力也。奈何吕祥每岁委提点、千户各一员属之经收，共索之贿千五百金。只责其入四千两，余皆听彼同家人、参随辈侵分焉。其所责入之数，虽借口支应香烛、斋粮诸费，大率皆不支给。至于旧岁修理各宫，乃官取给。官帑不见其秋毫之济，不知其岁所收四千两者，作何支销下落？以典守之人，为干没之事，此其为害七也。

夫我国家崇祀太和，特命内臣以董祀事，凡所以庇佑斯民尔。祥乃方命虐民、营私，隳(毁坏)职至于如此。以斯人而荐馨香，神不吐之乎？若吕祥者，诚亟当革回，不宜复容贻害于地方者也。窃计吕祥必捏展辩之词，臣预有以折之。如谓：香钱须彼管理，而不可革回也。然臣闻泰山香钱岁至十余万，未曾有守备监收，顾无分文罅(缝隙)漏，皆足以佐民供之急。今太和所入，设使尽报，不过泰山十分之一尔，又何必特设守备，使得干没其间乎？如谓：要地须彼分守，而不可革回也。然郧阳既有抚治，均、襄又有守巡，则所以安辑闾阎(泛指百姓)，保障疆宇者，已不乏人矣，又何事增此赘疣，重为地方乎？如谓：山场祭典须彼提调，当与承天守备一体存留而不可革回也。然提督已有分守参议，焚修自有提点、道众，然本山虽属清严之区，然非有陵邸之重，又何必设内臣以滋多事也？况吕祥以老病伛偻余息年来享祭，率偃蹇(傲慢)寝处岳顶，遗秽作践其上。且近复遣家人充参随，与委官同寓顶上收分香钱，克匿之资狼藉，箱橐即堆拥圣像肘腋间，督工施副使亲见为臣言之，此不敬之大者！玄岳有灵，可容其亵慢至是乎？祥之应去，即百口不能解，所当亟行罢革，而不可使一日苟容者也。伏望皇上大奋乾断，洞照浮言，将吕祥取回闲住。将守备永行裁革，付提督于参议，责焚修于羽流。再乞敕下该部，或行臣按抚官将太和事宜逐一议处。其香钱，行分守参议专管，每半年委郧、襄府佐官一员驻扎太和宫监收，毫忽皆报，循环专备修理宫观、供办香烛并道士斋粮、布匹及均州所官军折色俸钞。与夫本山一应费用有余，仍代百姓别项正供，每年听臣巡按御史盘查。原占五里佃户复还本州，与见在各里一体供应。有司赋役其笋尖、榔梅、符篆等项，悉行停止进贡。巡山官军及洒扫等夫役，悉行禁革。庶夫贪暴既祛，而凋瘵之民有息肩之日；神惠无耗，而膏脂之供获一分之宽，赋役得劳逸之平。驿递无赍送之忧，荆楚庶获苏息，新政休有烈光矣！等因。

奉圣旨："该部知道。钦此。"钦遵。抄出送司，案呈刑部。看得："太和山守备太监吕祥，原系兵部请敕差遣，今该巡按御史陈省具题，要将本官取回，及将守备衙门裁革，应该兵部题覆。"等因。

到部送司，查得：本官守备事宜，原非本部职掌，随行准兵部职方清吏司手本开称："案查隆庆元年四月十一日，该太岳太和山内宫太监吕祥题《为缴换敕谕事》内称，恭遇万岁登极，乞要更换敕书，并将原领敕谕一道差舍人吕璜赍奉进缴。该本部复议行移翰林院，查照换给施行。等因。"本年四月十九日，覆奉圣旨："是。钦此。已经移文翰林院，请换敕书赍付本官。"钦遵去后。等因，回报到司。

案呈到部，看得："太和山守备吕祥，既查系兵部请敕差遣，今该巡按御史陈省具题，要将本官取回，及将守备衙门裁革，应该兵部题覆，拟合备由移咨，烦为查复实行。咨部送司卷查：永乐年间营建武当山宫观之后，止是湖广布政司参议一员督同均州千户所官军提督山场，修理宫观。宣德以后，差左监丞一员提督本山。正统年间止差礼部郎中、布政司参议提督。景泰元年至成化初年，内臣止是提督本山。成化十二年设湖广行都司，太监韦贵遂兼分守。"今该前因，案呈到部看得：巡按湖广监察御史陈省题参太和山分守太监吕祥为害之端有七：一则凌砾有司，滥受词讼；一则占富民以充佃户，受诡寄以避差徭；一则采笋尖而巧于纳赂，派乡民而忍于戕生；一则假进贡以骚扰驿递；一则假薪草以横敛居民；一则岁折修造夫役银三千两而重行科征；一则岁克香烛斋粮银四千两而毫无支给。乞要将吕祥取回闲住，守备永行裁革，提督付与分守参议，焚修责于提点、道众，仍轮委郧、襄府佐监收香钱，分守参议总管专备本山，一应诸费余代百姓别供，原占五里佃户复还本州，巡山、洒扫、修理等役悉行停革，笋尖、榔梅、符篆等项悉免进贡。各一节为照。太监吕祥当此衰病之年，滥叨分守之寄，善状一事无闻，蠹民七害有据。

及照，太和山均州境内，见有分守参议驻扎，且远郧阳抚治不及百里，东有守巡，西有行都司，各衙门联络分治前项，分守内臣委系冗员。及查得：泰山香火比之太和山尤多，向无内臣提督，其所入香钱，亦止山东参议一员总理，抚、按会委佐贰官轮流监收。今太和山事体实与相同，既经巡按御史陈省具题前来，相应依拟，恭候命下，将太和山分守太监吕祥取回，以后永行裁革。本部备咨湖广巡抚都御史杨、郧阳抚治都御史刘秉仁会同彼处巡按御史，将太和山提督事宜悉行分守参议，管理焚修香火责之提点、道众，监收香钱每半年轮委郧、襄二府廉能佐贰官一员，置循环文簿逐一登记，专备本山修理宫观、备办香烛及道士斋粮、布匹、均州千户所官军折色俸钞支用。如有赢余，仍代百姓别项正供。每年终，悉听巡按御史查盘。原占五里佃户，复还本州焉，与见各里一体当差。巡山官军及洒扫、修理等项夫役，悉行停革。笋尖、榔梅、符篆等项，悉免进贡。此外，另有应兴应革事宜，亦要会议停妥，径自具奏，以凭覆请定夺。

再照：内臣提督太和山，始于成化初年。而分守之责，则续增行于成化十二年，原非初设本意。惟复止照成化初年事例，将太监吕祥取回，另选端瑾内臣一员前去代任。止许提督道众、收掌香钱、供奉香火、修理宫观，其续增敕内分守地方一切责任，悉行裁革。另撰敕书，不必开载。则事权既抑，而地方之困少苏；官守仅存，而祀神之典有托。惟复仍照前议，径将太和山太监永行裁革，缘系领敕内臣，去留径自上裁。等因。

隆庆元年七月十七日，本部尚书郭等具题。

本月十九日奉圣旨："是。吕祥着取回京，司礼监另推举一员去。钦此。"钦遵。

三

咨文里的"等因"，是旧时的一种公文用语。常用在引用上级官署来文的结束时。但有时为了表示尊敬对方，往往也用在引用级别较高而不相隶属的机关、平行机关，甚至下属机关的来文结束时。

上述《兵部咨》的主题是“为楚民困敝已极，恳乞圣明轸恤，并处太和事宜，以苏凋瘵事”。接着交代本咨文的流程：兵部所属的职方清吏司根据陈省的奏疏整理出意见，案呈给本部，由尚书、侍郎们商议，再发咨文征求户部的意见，在得到答复后又让户部湖广清吏司拿出方案呈奉给本部，在得到皇帝的御批后，送户部抄出。

咨文先引用了陈省的奏疏：

陈省先说明自己弹劾吕祥的原因：我弹劾吕祥的初衷，是要寻求安民之道，没有别的意思，只是想除去害民的人而已。湖广发生了水涝，人民连年遭受饥馑，苦坏了老百姓，他们憔悴困苦的状况，已经再也承受不起半次人为破坏了。然而境内的承天、太和二守备，依然在对百姓多方伤残，损耗败坏百姓仅存的一口气，更以各种无中生有的办法来加重人民的痛苦，这就是楚地之所以越来越民不聊生的原因。承天的事宜，能够承蒙皇上的想念，已经遣回了守备张方，让我们这些按、抚官去查处，让当地的人民无不欢呼鼓舞，这实在不亚于解民众于倒悬。再看太和山守备吕祥，他所守之地虽然没有承天兴都那么重要，但他贻害的地方却连属着三个省，其破坏力就比承天更大了。我奉皇命在此巡查，郑重地代表当地民众恳求陛下调吕祥离去。愿皇上能广布大恩，赐诏议处，罢革吕祥，以缓解荆楚的困顿，行吗？我先举一些吕祥扰害地方的实事，以及他困害地方应该被革除的理由，让皇上您试着垂听一下：

接着，他陈述了吕祥的“七害”：我听说阉割过的人，很少有忠良之辈，因为他们都不知道人民的疾苦，所以委任给他们事权之后就没有不生出事端而扰害民众的。吕祥提督太和，祭祀才应该是他的专职，而他却奉敕兼分守揽着湖广行都司并荆州、郧阳、襄阳三府以及河南、陕西等处地方的重大权力。然而，我从来没有看见过他为当地百姓抵御过侮辱，消除过祸患以不辜负皇上对他的任命，而只看见过他假借皇上给他的敕书来发挥欺压官府、残害百姓的嚣张气焰。我听说，吕祥往往凭借着皇帝威灵而滥受百姓词讼，在骚扰良善的同时还扰乱政体。凡是郧阳、襄阳、荆州以及河南、陕西民间有人打官司，无论是否曾经经过了司、府的明断，只要有人不遂自己的意图，动辄就行以重贿到吕祥那里投告，让他替自己报复。吕祥则是见状皆受，而且亲自审断，对被告之人任意捆打，以发泄那些行贿豪门的怨气。只要是遭到了他的逮捕，无论是否已经被敲诈得倾家荡产，他均不放手，死在他棍杖之下的人已经不胜枚举。他的作为使得那些豪强们不断越法骄纵，而贫贱之民只能饮恨而无处申冤。此其为一害。

编入均州户籍的人口只有20个里(保甲之上的地方组织)，而且大多田地瘠薄，人员混杂来自五方，是一个极其贫困的小州，即使用尽全部摊派的丁粮以应付赋役，恐怕还不足以支撑守备吕祥的供需。现在的情况是，拨给各宫观的斋粮地占去了五个里，这些拨给宫观的佃户，所选择的都是肥沃之地、殷实之家。那些给州府应差的，仅仅只有十数里疲困之民而已。就是在这些疲困之民中间，稍有一点靠山依仗的人，又将自己的田地伪报在宫观的名下假扮佃户，借以逃避差徭；更有犯了罪的人，也往往掏钱买通吕祥充为宫观佃户以逃脱法网，让官府不敢再盘问。现在，均州城乡几乎无平民，官府几乎不能执法，这都是吕祥庇护的结果，他就是那些奸诈之人的保护伞。如今，均州官府能够征到差徭的地方，仅仅只有二三成劫后残留的百姓，其余或逃窜，或死亡殆尽了。此其为二害。

武当山上的物产，素来就少有，每年向朝廷所贡的笋尖、榔梅之类，都远采于房县、竹山的大山之中，然后编一个特别的神话说是取之于本山。至于采取之时的万般劳苦烦扰，只有前去采摘的余丁才能说得清楚。吕祥纳了所派官员的贿赂，就听凭他们买空卖空，不直接派人采摘，而是分派给乡民无偿责办。乡民们畏惧采摘的艰难，只得遇事掏钱以求免灾。官员受了甲的钱，就把差事再派给乙；又受了乙的钱，再派给丙。一年兴役，万户骚扰。况且笋尖出自隆冬深雪之中，不知道有多少受冻挨饿之民在被逼采摘的过程中因寒冷而倒下，其状惨不忍睹。在成祖文皇帝(永乐)时，当地榔梅结出了异样果实，在此后几十年时间里仅允许本山道士进贡，而且没有其他进贡物品，这是因为永乐帝不忍心以满足自己的口腹而开启无穷无尽的骚扰。是吕祥开启了疲扰劳苦人民，呈进无益之贡的先例，已经为不义。他为什么要这样？难道不是一再地假公济私，凭借权力肆虐才这样的吗？此其为三害。

现今承天、襄阳、光化、郑州、河南(府)、洛阳、真州、保定一带的州、县驿递，均残破得很严重，而吕祥每年假借进贡笋、梅、符篆等物品，以行自己走私转运之谋，扛运在道的物资动辄达百十抬，护送的旗牌、参随动辄至数十骑。他们一路作威作福，肆意勒索，稍有不能满足自己欲望的时候，动辄就以违误上供来挟制凌辱地方官吏，用鞭子抽打卒徒，勒索他们送钱，必须满足自己的贪婪才会放过。他们每一次经过都与寇盗无疑，使自襄阳到洛阳曲折连绵的路途之上均鸡犬不得安宁。此其为四害。

武当山绵亘八百里，环山所居之民，哪一家不献柴草以供宫观的灶火？吕祥每季都派一班官军按照常例巡山，这些鼠辈们挨家挨户按人头征柴草税，用箕筐装粮，以取得补偿而加倍索要。稍不如自己的意，动辄诬赖百姓盗采贡品，扇他们耳光，再送官府问罪。吕祥往往处他们以酷刑，施行重罚，不卖光产业、卖掉儿女就不得免罪，百姓称这些人为"巡山虎"。每年，百姓无一个季节不被索骗；每日，百姓无一个时辰能得以舒喘。这都是吕祥为他们张爪牙、助暴恶的结果。此其为五害。

官府每年编给吕祥名下使用的夫役有：各宫观洒扫夫200余名，守备衙门皂隶30余名，修理、看护襄阳提督行衙的27名，然而吕祥都不要现役，全部要折成银两交来归入自己腰包，每年有3000余两。至于洒扫各宫观，他再让地方派给；衙门皂隶，再累及里甲指定；行衙修理和看守，再让光华、宜城等县另派。民不胜其苦，此其为六害。

武当山香钱，听说近年比以前少收了很多，每年的银两大约仅12000余两。假若不被克匿，还是足以替代那些剜百姓肉的赋税。即使不用来免百姓的赋税，也足够各宫观修理以及各种供应的费用，可以省去别项民力。奈何吕祥每年都委托提点、千户各一员悉数征收，共索贿1500两黄金，只责令属下入账4000两白银，其余全部听从官员、仆人、参随之辈侵吞分赃。即使那些入账之数，虽然是借口支应了香烛、斋粮等费用，但大多都没有实际支给。至于修理各宫观，仍然从官库里取银。这样，国库不仅不见有丝毫的补济，还不知道每年所收的4000两白银开销到了何处？他以主管的身份，干侵吞财务之事，此其为七害。

在历数"七害"后，陈省模拟吕祥可能狡辩的理由，再一一予以驳斥，建议皇帝革除并遣回吕祥：国家崇祀太和山，才特命太监掌管祭祀之事。吕祥本应该庇佑当地众民才对，而他却违命虐民、营私，渎职到如此地步。用这样的人来进献馨香，难道不令神灵呕吐吗？像吕祥这样的人，应当立即革职遣回，不宜再容他贻害于地方。我知道吕祥必然会捏造一些诡辩之词蒙蔽皇上，所以我预先就准备了驳斥他的理由。比如他会说：山上的香钱必须由他管理，所以不能把他革职遣回。然而我听说，泰山的香钱每年有10余万两，也未曾有守备太监在那里监收，也没有分文的疏漏，而且全部用于帮助缓解当地民众的供给之急。而武当山现在的收入，即使全部入账，也不过泰山的十分之一罢了，又何必特设一个守备太监，让他侵吞于其间呢？比如他还会说：武当山是要地，必须由他分守，所以不能把他革职遣回。然而郧阳既有巡抚，均襄又有守、巡，已经足够安抚百姓保障疆域了，不缺他这个人，又何必添此一个肉瘤而重复累赘地方呢？再比如他还会说：山场祭典必须由他提调，应当与承天守备一样存留，所以不能把他革职遣回。然而，提督地方已经有布政司分守参议，宫观焚修自有提点、道众管理，虽然本山属清严之区，但重要程度还达不到承天的陵邸之重，又何必非设太监以滋事呢？况且吕祥以老病伛偻、余息尚存之躯来祭祀，任由他傲慢地睡寝在金顶，留下的污秽岂不是作践神灵？近来，吕祥反复派遣仆人充作自己的参随，与委官一同住在金顶之上收取瓜分香钱，把香钱克匿得一片狼藉，装钱的箱子和口袋已经堆拥到了真武大帝圣像的肘腋间，这些都是在武当山督工的施副使亲眼所见后对我说的。这些对神灵大不敬之人，玄岳有灵能够容忍他们亵渎到如此程度吗？吕祥应该被革去的理由，即使他百口狡辩也无用，所以应当马上罢革了他，而一日都不可再苟容他了，拜伏乞望皇上果断裁决，洞察他的浮言，将吕祥遣回闲住。同时，将太监任守备一事永行裁革，把提督的权力交付给参议官，焚修之事责成给道士。再乞望皇上能敕下兵部，或者让我们这些按抚官将武当山的事宜逐一议处。其香钱，交给分守参议官专管，每半年轮流委托郧阳府、襄阳府的佐贰官一员驻扎在太和宫监收，一毫一忽都要上报，循环专备用于修理宫观，供办香烛并道士斋粮、布匹，以及均州千户所官军的折色俸钞和本山的所有费用。如果有盈余，就替代百姓交纳别项正供，每年服从我们这些巡按御史的盘查。宫观原占五里范围的佃户归还给均州，让他们与现在各里甲的农户一样供应差役。官府所承担的笋尖、榔梅、符篆等项赋役，全部停止进贡。巡山的官军以及洒扫等夫役，全部禁止而裁革。只有这样，贪暴才会消除，困乏衰败的人们就有了休养生息的日子，神的惠顾就没有空耗，赋役所累就能够得到缓解。驿递没有了运送贡品之忧，荆楚大地就获得了复苏喘息之机，朝廷所施行的新政就会发出完美之光。

《咨文》在引用陈省奏疏的内容后，又交代了皇帝对陈省奏疏的御批内容和兵部办理的流程：奉圣旨："该部知道。钦此。"钦遵抄出后送我部，由武选清吏司案呈到刑部。刑部答复："太和山守备太监吕祥，原系兵部请敕所派出，现在被湖广巡按御史陈省参劾，要将他遣回，以及将守备衙门裁革，这应该由兵部回复。"

返回兵部后再送到本部武选清吏司后查得：吕祥的守备事宜，原本不该是本部的权力范畴。本部职方清吏司所上的手本称，是在几个月前的四月十一日，太岳太和山内宫太监吕祥上疏请求缴回敕书再换一道新的敕谕。他称“恭遇万岁登极，请求更换一道敕书，并将原来领取的一道敕谕派舍人吕璜进京缴还”。本部复议后移交给了翰林院，请他们按照惯例写敕谕换给吕祥。于本年四月十九日得到圣旨：“是。钦此。已经移文翰林院，请换敕书赍付本官。”钦遵去后，回报到职方清吏司的。

职方清吏司把案子呈到本部，尚书、侍郎们商议后决定：既然查得太和山守备吕祥是由兵部请敕差遣的，现在湖广巡按御史陈省上疏要将他遣回，以及将他的守备衙门裁革，就应该由本部回复，决定与其他部合备移咨，麻烦查清楚再回复实行。

又交给职方清吏司卷查得知：永乐年间营建武当山宫观之后，只是派一员湖广布政司参议督同均州千户所官军提督山场，修理宫观。到宣德以后，才差左监丞一员提督本山。正统年间只差礼部郎中兼布政司参议在武当山提督。景泰元年至成化初年，太监只是提督本山，不管地方事物。是成化十二年设湖广行都司之后，太监韦贵才兼了地方分守。陈省参劾太和山分守太监吕祥的为害共七个：一为欺凌官府，滥受词讼；二为占富民以克佃户，受伪田以避差徭；三为采笋尖而巧纳赂，派给乡民而伤害生命；四为假进贡以骚扰驿递；五为借柴禾以横敛居民；六为每年造3000两折修夫役银，被中饱私囊后再另行科征；七为克扣每年的香烛斋粮银4000两，而分毫不支给宫观。请求将吕祥遣回闲住，永远裁革太监任守备一职；把提督权交给布政司分守参议；把宫观焚修之责给提点、道众；恢复轮流委派郧阳、襄阳的府佐贰官监收香钱，由分守参议专职总管武当山；所有费用开支有余就代百姓交赋税；把宫观原占的五里佃户归还给均州；巡山、洒扫、修理等项杂役全部停革；笋尖、榔梅、符篆等项都免予进贡。太监吕祥正当衰病之年，滥施分守之权，没听说他做过一件善事，七大害民倒是有据。

之后兵部宣布两个决定：

决定一：太和山在均州境内，现有分守参议在那里驻扎，况且离郧阳抚治城不到百里，东有下荆南道守、巡，西有湖广行都司，各衙门联络方便，能够分治吕祥的职责，他做分守内臣实在是个冗员。查得泰山香火比武当山多得多，向来就没有派过内臣提督，山上所收入的香钱也只有一员山东参议在那里总理，由抚、按委托两名官佐轮流监收。现在的武当山之事实在与泰山相同，既然经巡按御史陈省上奏，就依他所拟，恭候皇上御批将太和山分守太监吕祥遣回，以后永行裁革。本部备咨湖广杨巡抚和郧阳巡抚刘秉仁，让他们会同那里的巡按御史落实：太和山提督分管的事宜，全部交给分守参议；把管理焚修香火的事宜，责给提点、道众；把监收香钱的事宜，每半年一轮换，委托给郧、襄二府各一员廉洁的佐贰官处理，设置一本循环文簿逐一登记，专备本山修理宫观、备办香烛及道士斋粮、布匹和均州千户所官军折色军饷的开支，如果有盈余，就代百姓交赋税，每年年底听从巡按御史的查盘；宫观原占的五里佃户归还均州，让他们与现在各里的农户一样当差；巡山官军以及洒扫、修理等项人员杂役全部停革；笋尖、榔梅、符篆等项不再进贡。如果另有应该兴、应该革的事宜，在协商稳妥之后全部奏报，听凭朝廷的回复执行。

决定二：内臣太监提督武当山始于成化初年，而赋予他分守之责则在成化十二年(1476 年)以后，原本就不是初设武当山提督的本意。现在应该恢复为只照成化初年的事例，将太监吕祥遣回，另选一员端庄品正的内臣前去代任，只许他提督道观众士、收掌香钱、供奉香火、修理宫观。其他后来的敕谕所增加的分守地方的一切责任，全部裁革。另行撰写一份敕书颁发给新任太监，内容就不在这里一一赘述了。这样，事权既然仰仗官府，地方之困就会有所缓解；提督太监只督宫观，祭祀神灵之典就有了依托。

我们的回复是：仍照前议，直接将太和山太监永远裁革，但因为他们都是取得了皇上敕谕的内臣，是去是留还要经过皇上圣裁。

下面是咨文的落款：隆庆元年七月十七日，本部尚书郭等具题。

最后是取得的御批：本月十九日奉圣旨："是。吕祥着取回京，司礼监另推举一员去。钦此。"钦遵。

四

遣回吕祥的事情尘埃落定了，但在再派谁去担任武当山提督太监，如何派去的问题上文武大臣和太监、皇帝三方展开了激烈的较量。

在遣回吕祥的文书上写得清清楚楚，皇帝也是同意了的，但在再派去的太监还兼不兼地方分守的问题上皇帝没有明说。按照大臣们的理解，在呈送给皇帝的奏疏上写得清清楚楚不再分管地方，皇帝又在上面御批同意，当然新任太监就只管武当山宫观，不再兼任地方职务。可是司礼监大太监滕祥却利用常在皇帝身边走动的机会，说服了皇帝在派刘进去武当山任职的敕谕里，加进了“太岳太和山提督兼分守湖广行都司等处地方”的文字，这不是前脚赶走了狼，后脚迎进了虎吗？于是兵部再次上疏请求皇帝解释，到底该依哪一道圣旨为准。同时，兵科都给事中欧阳一进也上疏弹劾刘进的不法之事，说他不适合去武当山任职，还请求皇帝不要再让太监任地方分守了。在得到的圣旨里说，刘进不合适就让司礼监再选一个派去，不让他管分守的事务好了。然而，滕祥再次来传圣旨，说把御马监的典簿柳朝，调到内官监升任为左监丞，去太岳太和山任提督，兼分守湖广行都司等处地方。皇帝的反复无常使问题又回到了原点。兵部再次抗争上疏，请求皇帝解释，而且语言十分犀利。最终，皇帝同意柳朝不再兼任分守职务。

下面是隆庆元年(1567年)八月十一日，兵部为此次派遣之事向郧阳发出的一道咨文。其全文如下：

兵部咨

为一伦音，以便请敕事

该本部题：职方清吏司案呈。照得：近该巡按湖广监察御史陈省具题，为楚民困敝已极，恳乞圣明轸恤，并处太和事宜，以苏凋瘵事。内参提督太和山分守太监吕祥取回，守备永行裁革。该本部议，拟覆。题奉圣旨：“是。吕祥着取回京，司礼监另推举一员去。钦此。”

又，该司礼监太监滕祥等传奉圣旨：“太岳太和山提督兼分守湖广行都司等处地方，着御马监右监丞刘进去，写敕给他。该衙门知道。钦此。”随该本部查，与御史陈省所题本部复议原奉钦依似为互异，理合请题，以便钦遵、请敕等因。题奉圣旨：“遵旨行，不必更。钦此。”

又，该兵科都给事中欧阳一进等题：“《为建言民瘼事》内，参御马监右监丞刘进不法等情，乞要另差一员，并革去分守地方责任。”等因。奉圣旨：“你每既这等说，着司礼监另推一员前去提督，仍照前旨，不管分守事务。兵部知道。钦此。”

续又，该司礼监太监滕祥等传奉圣旨：“御马监典簿柳朝调升内官监左监丞，着太岳太和山提督兼分守湖广行都司等处地方，写敕给他。该衙门知道。钦此。”查与前奉敕书革去分守事务事理不同，呈乞题请，以便请敕等因。案呈到部，臣等切惟人君之尊，犹天也；其令，犹四时之信也。《传》曰：“令重则君尊。”夫人君，犹天尊之极矣！而所以成其尊者，由于令之重。何也？君，代天之言也。故人君有刑赏之令必曰“天讨”，必曰“天命”，以见非人君所得私，亦非人君所得而专也，故曰“惟辟奉天”。切照：太岳太和山提督内臣吕祥，湖广巡按御史陈省历指其过而参论之，不惟议革其分守地方，并欲将其人而永革之，夫革之诚是也。臣等犹议稍损其权，姑存其人者，一以为地方惜，一以为内臣调停计尔。厥初，奉谕旨未几，而刘进之命下，分守地方之责犹夫故焉。又经该科参论刘进不法事情，乞并革分守事务。臣等仰窥皇上之至明，而不惑于群议，至决而犹信如四时也。讵谓再奉圣旨，未几而柳朝之命下，分守地方之责犹夫故焉！昔唐柳宗元《桐叶封弟辩》而终极论之曰：“王者之得失，在行之何若，设未得其当，虽十易之不为病，要于其当，不可使易也。”今此一太和山内臣尔，部议曰“分守可革”，皇上亦曰“可革”。科臣曰“分守可革”，皇上亦曰“可革”。而旨从内降者，往往则异。于是，臣等恐传播中外，未免骇人之所闻！而天命至公，抑亦自当先后如一也。臣等惟知：以天事陛下，伏愿皇上亦以天自处，坚天道四时之信，毋两可摇于中，毋三思以滋其惑。至如柳朝分守之旨，恳乞不吝收回，仍照前旨不管分守事务。庶臣等不碍于请敕而画一，有可守之规。皇上从善，如转圜而数易，获至当之理矣。臣愚幸甚！治道幸甚！等因。

隆庆元年八月初八日，本部尚书郭等具题。本月初十日，奉圣旨：“你说得是。柳朝着遵前旨，不管分守事务。钦此。”钦遵。

这一道咨文，是兵部与司礼监反复斗争，与皇帝反复谏言取得胜利后，向郧阳发出的。“伦音”的意思是：皇帝的诏令。

咨文先复述了遣回吕祥时各方文书中的关键内容：我部题，职方清吏司案呈之后决定：由于巡按湖广监察御史陈省奏疏，为楚地民众困敝至极，恳求皇帝能够圣明轸恤，并处理武当山提督事宜，以缓解当地的衰败困乏之事，参劾了提督太和山分守太监吕祥，请求把他遣回，并永行裁革太监任地方守备一职。我部商议后拟了回复文书，取得圣旨：“是。吕祥着取回京，司礼监另推举一员去。钦此。”

接着，咨文转述了司礼监所宣读的派刘进去武当山任职的圣旨和兵部的反应：司礼监太监滕祥等人传圣旨：“太岳太和山提督兼分守湖广行都司等处地方，着御马监右监丞刘进去，写敕给他。该衙门知道。钦此。”随后，本部查得：皇帝的这道圣旨与御史陈省所题的，以及与本部所复议的，还有与原奉圣旨上的内容都有很大的出入，需要向皇帝问清楚，以便钦遵，所以请求皇上再发一道敕书。得到的圣旨是：“遵旨行，不必更。钦此。”

再转述了兵部兵科都给事中欧阳一进为此事所上的奏疏和得到的御批：奏疏内容为反映民众的疾苦，参劾御马监右监丞刘进的不法行为，请求另差一名太监去武当山，并且革去太监分守地方的责任。得圣旨：“你每既这等说，着司礼监另推一员前去提督，仍照前旨，不管分守事务。兵部知道。钦此。”

又转述了司礼监太监滕祥等人再次传奉的圣旨，以及兵部的再次抗争：圣旨为“御马监典簿柳朝调升内官监左监丞，着太岳太和山提督兼分守湖广行都司等处地方，写敕给他。该衙门知道。钦此。”兵部见事情又回到了原点，再次上疏说：查得这道圣旨依然与以前所奉的敕书中“革去分守事务”的事理不同，请求皇上解释，以便请颁敕谕。

咨文再概述了兵部的奏疏，语言非常犀利：我们恳切直谏，为人之君，尊贵如天，所说的话，应该犹如四季按时到来那样守信。《左传》上说：“令重则君尊。”作为人君，地位天尊之极，而之所以成其尊者，是由于他的令之重。为什么呢？是因为君是代天之言的人，所以人君每有刑赏之令，必说“天讨”，必说“天命”，足以见得这是人君一个人私有的专利，不是人君者就不能为其一个人专得，所以才有“国君奉天”的说法。太岳太和山提督内臣吕祥被湖广巡按御史陈省历数其过而参劾，不光请求议革他分守地方，还要求将武当山提督也永远停革，所请求裁革之心非常诚恳。我们在商议时还是稍微作了些让步，暂且保留了太监任武当山提督的权力，一方面是为地方怜惜，另一方面是考虑到了内臣在中间的调停作用。可是最初，才奉谕旨不几天，刘进的任命就下来，分守地方之责依然如故。又经兵科参论刘进的不法事情，请求一并革除分守事务。我们都仰望皇上的至明，而不受群议的鼓惑，相信皇上说话就像四时到来那样准时，就再请求圣旨。不几天柳朝的任命下来了，分守地方的责任还是依然如故。唐代柳宗元在《桐叶封弟辩》中为皇帝不能随便更改主张作了个终极论述：“王者之得失在行之如何，不得其当，虽十易之不为错，要是得当，就不能更改也。”现在为了一个太和山内臣，部议说“分守可革”，皇上也说“可革”；科臣说“分守可革”，皇上也说“可革”。而圣旨从内宫降下时，往往又没有“革”。于是我们生怕这事传播到了中外之后，未免有点骇人听闻。而天命最公正，或许应当保持先后如一。我们只知道，上天授权于陛下，就是盼望皇上能以天自处，坚守天道四时之信，不要模棱两可，不要三心二意滋生困惑。比如把柳朝任分守的圣旨不吝收回，仍照前旨不让他管分守地方事务。这样，我等就不碍于所请的敕谕是统一的，就有了可守之规。皇上多做善事，就能够无数次轮回，收获就有了非常正当之理。这是我等的荣幸，也是治国之道的荣幸。

落款为：隆庆元年八月初八，本部尚书郭等具题。

最后交代皇帝最终的御批：本月初十日奉圣旨：“你说得对。柳朝遵前旨，不再管分守事务。钦此。”钦遵。

一诗连着三巡抚，郧阳美名传千古

一

明隆庆五年(1571 年)五月丁卯日，皇帝朱载垕向吏部发出了一道谕旨：“升顺天府府尹徐栻，为都察院右副都御史，巡抚江西，兼理军务；河南布政使司右布政使凌云翼，为右佥都御史，提督抚治郧阳。”

很快，这道谕旨就发往了河南。按惯例，凌云翼赶往了北京去面圣述职，接受皇帝颁给他的新敕书，并且聆听皇帝对他的训谕。然后，他又要赶忙出京，赴郧阳上任。

当时，凌云翼的同乡，也是他的好朋友王世贞在北京任太仆寺卿，他听说凌云翼就要出京赴郧阳就任，就相约游密云的东山，借此为他饯行。临分手时，两人依依不舍，王世贞还托凌云翼给正在郧阳候代的巡抚汪道昆带去一封问候信。候代，是古代官员离任之前的一个程序，在接到调令而继任者还没有到来之前，就称其为候代官员。

汪道昆也是王世贞的好朋友，而且是同年进士，又是文学上的知音，他曾经任过襄阳知府，又于隆庆四年(1570 年)任郧阳巡抚，现在接到的新任命是湖广巡抚。论其他们两人之间的关系，看《明史 · 文苑三 · 汪道昆传》就一目了然：

> 汪道昆，字伯玉，世贞同年进士，大学士张居正亦其同年生也，父七十寿，道昆文当其意，居正亟称之。世贞笔之《艺苑卮言》曰：“文繁而有法者于鳞，文简而有法者伯玉。”道昆由是名大起。晚年官兵部左侍郎，世贞亦尝贰兵部，天下称“两司马”。世贞颇不乐，尝自悔奖道昆为违心之论云。

大意是说：汪道昆、王世贞和万历初年的内阁首辅张居正，三人是同一年的进士。在张居正的父亲过七十大寿时，汪道昆当场作了一篇祝寿文，赢得满堂喝彩，更赢得张居正的盛赞。王世贞也曾在他的《艺苑卮言》里称赞道："文辞繁复而有章法者当数李攀龙（后七子之首），文辞简略而有章法者当数汪道昆。"由此汪道昆的名声大起。汪道昆晚年任兵部左侍郎，而王世贞也曾经任过兵部侍郎，因此天下人就把他们俩并称为"两司马"。后来，王世贞对人们把汪道昆的文采提到与自己相提并论的高度颇不乐意，就开始后悔原来褒奖过汪道昆的话，对人们称："那时所说的话，是违心之论。"

再说王世贞与凌云翼道别的情景，当王世贞把写给汪道昆的信交到了凌云翼的手上后，两人仍然恋恋不舍，不知道何日才能再相逢。惜别中，王世贞作了一首《七律》，既是送给凌云翼的，也是让凌云翼捎给汪道昆的，诗中对他们两人既有赞赏，又有鼓励。其诗曰：

奉送凌汝成中丞抚郧阳，因柬汪中丞伯玉

才闻抗疏乞林丘，又见除书出帝州。北极烟云时自变，东山花月未堪留。地分秦楚连中夏，城带郧襄控上游。羊杜只今高宴会，千秋岘首失风流。

此诗的标题，已经把诗的内容交代得清清楚楚，一是送凌汝成中丞去抚治郧阳，二是托凌汝成带给汪伯玉中丞一封信。凌汝成，即凌云翼，名"云翼"，字汝成。中丞，是古代官名，为朝廷中的重臣，到了明清时则专称总督为中堂，巡抚为中丞。柬，即书信，指王世贞托凌云翼带给汪道昆的问候信。汪伯玉，即汪道昆，名道昆，字伯玉。

古人与今人不同，既有名又有字。名是生下来不久长辈给起的，而字则据《礼记·曲礼》记载："男子二十，冠而字之。女子许嫁，笄而字之。"一般来说，是在举行成人冠礼时，由主宾给取字。古人对名和字所使用的场合有着严格的规定，使用错了场合就为不合礼仪，轻则被人瞧不起，重则被看成非礼，得罪人至深。《秦记》云："君之于臣，先生之于门人，名之可也。至于同官之于僚党，同姓之于昆弟，同门之于朋友，可以称其字而不可斥其名。故《公羊传》曰：'名不如字者，非谓其人之名不如其字尊，乃谓为人所字则近乎见尊，为人所名则近乎见卑也。’”也就是说，如果被人直呼其名，那就是表示对方把自己看得卑贱；而被人称字，则表示对方尊重自己。所以古时直斥其名是一种对人不敬的表示。名的使用范围，只能被长辈、帝王、国君、自己所称呼，其他人均不可以乱叫。在自己称呼自己时，如果面对的是尊者，自己只能称名，以表示自己的谦恭和对对方的尊敬；而如果面对的是比自己地位或身份低的人时，则一般可以称字。

二

王世贞《奉送凌汝成中丞抚郧阳，因柬汪中丞伯玉》诗里，蕴含着当时中国的重大历史背景。

“才闻抗疏乞林丘，又见除书出帝州”一句，是说给汪道昆的。“抗疏”，指抗辩的奏疏，这里是指作为郧阳巡抚的汪道昆，曾经向皇帝上疏，抗议把承天府下放给湖广省管辖。承天府即原来的安陆直隶州（钟祥），自成化十二年（1476年）郧阳藩镇成立之日起就归郧阳管辖。正德十六年（1521年）三月正德皇帝朱厚照驾崩，因无子嗣继承皇位，就由大臣选中了安陆兴王府里的兴王朱厚熜入继大统，他就是嘉靖帝。嘉靖十年（1531年）正月，嘉靖帝把安陆直隶州升格为承天府。嘉靖十八年，又把承天府从郧阳藩镇脱离出来，直接归朝廷管辖，号“兴都”，成为除北京首都、南京留都、凤阳中都之外的第四都。万历初年，朝廷有意把承天府的管辖权放归给湖广省。汪道昆听说后，马上上疏抗议，认为承天府是从郧阳藩镇脱离出去的，回归也应该回归给郧阳藩镇，而不是湖广省。林丘，即陵寝所在的山，这里指在安陆的明显陵，也就是嘉靖皇帝父亲的陵园，以此代指整个承天府。除书，即任命书，这里指皇帝任命汪道昆为湖广巡抚的敕书。帝州，指安陆州，是嘉靖皇帝的出生地，所以称帝州，因汪道昆从郧阳到武昌就任湖广巡抚时，必须经过安陆，所以说“出帝州”。本句是说：不久前才听说你上疏抗议把承天府交给湖广省管辖，而现在皇帝又任命你去湖广当巡抚。诗意之中颇有调侃的意味。

“北极烟云时自变，东山花月未堪留”一句，是说给凌云翼的。北极烟云，在这里代指郧阳，郧阳藩镇最西北的边界为略阳、凤县，直接与甘肃接壤，是抗击蒙元残余势力的前线，所以才有“时自变”的复杂局势。东山，是指北京密云境内的东山。花月，即鲜花盛开的时节，这里指美好的风光。本句是说：因为郧阳的局势复杂多变，以致北京美好的风光也留不住你。

“地分秦楚连中夏，城带郧襄控上游”一句，是泛指郧阳藩镇地理位置的重要性，这里一语道破了郧阳处于中原、关中平原、成都平原、江汉平原之间，所起到的战略枢纽作用。中夏，是指中原和西夏(这里指今甘肃)。本句是说：郧阳处在秦楚之间，东连着中原，西接着西夏，以郧阳、襄阳等城市控制着江汉上游。

“羊杜只今高宴会，千秋岘首失风流”一句，既是对汪道昆任郧阳巡抚所取得政绩的肯定，又是对凌云翼即将任郧阳巡抚所寄予的期望。羊杜，指西晋名将羊祜和杜预。只今，是至今、现在的意思。高宴会，是指羊祜镇守襄阳时，每至岘首山必置酒吟咏，终日不倦。为纪念羊祜，杜预镇守襄阳时曾经刻下两块石碑，一块沉于岘山之下，一块沉于万山之下，人称“杜沉碑”。自那以后的一千多年来，凡镇守襄阳的名士都爱到岘首山之上饮酒作诗。岘首，即岘首山，在襄阳城东南 5 里。本句是说：羊祜和杜预所开启的在岘首山上昏醉吟咏的风气，经唐代名将来瑱，南宋名将赵淳、李曾伯等人的传承，至今还在继续。然而与汪道昆相比，他们这些人已经失去了风流。

羊祜是西晋著名的战略家、军事家、政治家和文学家，曾经坐镇襄阳，都督荆州诸军事，十年里在荆襄屯田兴学，以德怀柔，缮甲训卒，深得军民之心，奠定了西晋伐吴的坚实基础，然而却于咸宁四年(278 年)抱病回洛阳，走时百姓十里哭送。不久羊祜病故，临终前举荐杜预代替自己的职务。襄阳人在得知羊祜的死讯后，捐款在岘首山上为其立碑，每年祭祀，人们望其碑莫不流涕，故名为“堕泪碑”。唐代诗人齐己有《读岘山碑》一首：“三载羊公政，千年岘首碑。何人更堕泪，此道亦殊时。兵火烧文缺，江云触藓滋。那堪望黎庶，匝地是疮痍。”

杜预，同样是一个著名的政治家、军事家和学者，为西晋灭吴统一战争的主要统帅之一。

三

恐怕连王世贞自己当时也没有想到，他的这首《奉送凌汝成中丞抚郧阳，因柬汪中丞伯玉》诗，内容会涉及三位郧阳巡抚。当万历二年(1523年)他自己也成为郧阳巡抚时，也许会每想起此事就觉得好笑。

此诗的意义不仅于此，其隐藏在诗后的郧阳振兴故事才更应该值得我们关注。在汪道昆抚治郧阳之前，郧阳还不是太景气，他的前任武金，就是因为不称职而被免职，朝廷又把在福建巡抚任上的汪道昆调到郧阳任巡抚的。自此开始，就大开了整顿郧阳秩序，清理吏治，奖励人才，发展经济之风，开创了一个郧阳盛治。汪道昆之后，再经凌云翼、孙应鳌两个后任巡抚的继续努力，到王世贞任郧阳巡抚时，郧阳盛世达到了顶峰，官库里的银两都堆成了山。于是王世贞一边减免藩镇境内的赋税，一边拿出银两让朝廷支援边陲军队，在当时被称之为“郧阳支边银”。

汪道昆，字伯玉，号南溟或南明，南直隶歙县人，出身于盐商之家，嘉靖二十六年(1547年)中丁未科进士，历任义乌知县、北京户部江西司主事、兵部职方司主事、武库司员外郎、武选司员外郎等职。于嘉靖三十六年(1557年)任郧藩襄阳府知府。嘉靖四十年(1561年)升福建按察司副使，曾经与戚继光共同抗倭。两年后任福建按察御使，一年后再升福建巡抚。嘉靖四十五年(1566年)，因右春坊右中允陈谨在家丁忧时，被当地军士殴伤致死，汪道昆被南京给事中岑用宾弹劾罢归听调。隆庆四年(1570年)他又奉钦命以原职任郧阳巡抚，一年后任湖广巡抚，再一年升兵部右侍郎，再奉钦命阅视蓟辽保定边务。万历元年(1573年)升兵部左侍郎，于万历三年(1575年)致仕。其任郧阳巡抚只有一年多时间，但多有建树，其中鼓励军民开垦抛荒地，光是军屯一项就增加屯田961顷58亩6分8厘3毫，加增缴纳麦米粮768石3斗8升1合7勺2抄4撮，按一石麦折银3钱5分、一石米折银4钱5分计算，共折银307两3钱5分2厘6毫8丝，全部转为郧阳藩镇的军饷。由于其政绩突出，皇帝诏令：“以下川、东北兵备等道，暂听郧阳抚臣汪道昆节制，并旧属关南道悉以委之。”即把四川的下川东、东川北二道，包括下川东道夔州府所属的奉节、巫山、大昌、大宁、云阳、万、开、梁山、新宁、建始、达州、东乡、太平等州县，以及东川北道所辖的保宁府的阆中、南部、苍溪、广元、昭化、剑州、梓潼、巴州、通江、南江二州八县，和顺庆府的南充、西充、仪陇、蓬州、营山、广安州、岳池、渠县、邻水、大竹二州八县，共33个州县划归郧阳藩镇管理，直到万历九年(1581年)才回归四川。

凌云翼，字延年，又字汝成，号洋山，南直隶江苏太仓人，嘉靖二十二年

(1543 年)中举，嘉靖二十六年(1547 年)丁未科进士，初授工部主事。于隆庆六年(1572 年)任郧阳巡抚，万历元年(1573 年)转任江西巡抚，后以兵部左侍郎提督两广军务，再以兵部尚书协理京营戎政。其任郧阳巡抚期间，继续大力推进汪道昆的治理策略，鼓励军民领耕荒地，清查屯田，修建营房，大兴科举，重修迎恩观，又向皇帝上《论卫所军消耗之弊端和清理的意见》的奏疏，提出清理丁差、清理屯田、清理军运、清理班军、清理科派、清理月粮的“六清”方针，均被皇帝采纳。

王世贞为明代后期的文坛盟主、史学巨匠、文学“后七子”之首，地位显赫，名扬四海，当时的士大夫、山人、骚人、墨客、和尚、道士纷纷出入其门下，凡受过他只言片语赞誉的人名声就会立即提高。王世贞任郧阳巡抚期间，严加缉捕盗贼，很快使境内治安一片清明。他严明地方官员职守，体统、举荐、政绩、提升等问题一概理顺并举。又上疏皇帝奏请屯田、戍守、兵食、荐举等事项，件件切中郧阳要害，均被兵部和皇帝采纳，使郧阳风气大振。当时，一股清新的政风、军纪自郧阳迅速延及汉中、商洛、南阳、荆州等地，文武各官均被严格考核，励精图治、勤奋工作成为一种风尚，郧阳藩镇内的经济发展达到了前所未有的高度。

万历二年(1574 年)，王世贞为郧阳府减免应该上交藩镇的军饷 2104 两白银，而且每年从郧、房、郧西、上津、竹山 5 县各抽调 60 名民兵到郧阳城内操练，费用全部由官库支出。万历三年，王世贞又向朝廷提议，将应该上交藩镇的军饷：襄阳府 1000 两，南阳府 2000 两，汉中府 3000 两，共每年 6000 两全部上缴给朝廷，作为“郧阳济边银”以支援边陲防务。同时，他还令将荆州府应该解送藩镇的 1950 两 2 钱、商州应该解送藩镇的 1886 两 4 钱免解，作为补充该两道(省与府之间的一级官府)标下操练精兵的费用。正是因为他们前后几任巡抚的不断努力，才把郧阳经济提高到了一个极为繁华的程度。

可惜的是，万历九年(1581 年)时张居正决定裁撤郧阳藩镇，把从三省割来的地盘都归还给了各省。到张居正死后的万历十一年恢复郧阳藩镇时，郧阳的政治清明和经济繁华均不复存在，这是导致万历十五年发生郧阳兵变的原因之所在。

孙应鳌为分巡道请求“兵备”衔

巡抚是朝廷都察院的属官，有着都御史的头衔，在省里的衙门叫“都察分院”。朝廷都察院下属的省级单位是提刑按察使司，简称“察院”。因此，当巡抚成为省级最高军政长官以后，察院的地位就得到了抬升，随之由察院副使在各地设立的分巡道的地位也水涨船高，往往插手应该是布政司所派的分守道负责的稽查钱粮、督捕盗贼、编审差徭等事务。分守道和分巡道都为文职，不握有兵权，凡遇动兵之事就要请求都司下属的守备道来帮忙，很不方便，于是就有分巡道产生兼兵备衔领兵的意图。

万历元年(1573年)，孙应鳌二度出任郧阳巡抚后，想提请朝廷赋予自己更大的军权，成为总督级的巡抚。但因为此前全国并无这个先例，他怕过于唐突会引火烧身，就采取了试探性的迂回战术，先请求为属下的分巡道添加“兵备”衔。如果成功，属下有了军权，自己再请求更大军权就有了正当的理由。即使不成功，自己也有一个并不是为己谋私利的退路，能够左右逢源。

于是，孙应鳌向皇帝上了《议加兵备职衔疏》，其全文如下：

议加兵备职衔疏

都御史孙应鳌题：为议请加添兵备职衔以便责成事。

臣惟我国家于按察司官建立兵备，或以天下之要枢当防则设之，或以方隅之广长当驭则设之，或地值上游宜控扼其势则设之，或境切重关宜捍蔽其中则设之，或有司军卫之不相统则设之，或郊圻犬牙之不相制则设之，盖以纠察之权作弹压之地，藉法纪之任为振厉之图，实要秩也。臣提督抚治，在湖广之郧襄曰下荆南道，在陕西汉中曰关南道。在国初，兵事不属文臣，故二道惟以按察司副使专分巡之职。其后因流贼平定，开府编氓，故二道惟以分巡专职加抚民之任，经略处置亦可谓善矣。但政必审微以擘画，而后不戾于弛张；必因时以变通，而后可贻于久远。臣谨稽诸往事，察诸今时，研心陶虑，以求至当。则此二道抚民分巡官员俱宜加兵备职衔，使之整饬戎务，然后足以保障地方免于他虞。

自襄阳、汉中之惟以分巡驻其地也，官于是者第曰：“我职分巡尔。”一切武事悉废而不讲，于是河南、秦楚之交流离转徙，丛集既多。刘千斤、石和尚作乱，是以有成化乙酉之变。刘千斤伏诛，控制戍守未设，防禁复疏，李胡子、小王洪复乱，是以有成化辛卯之变。此皆未设抚治以前事也。自襄阳、汉中之抚民兼分巡也，官于是者第曰：“我职抚民尔。”一切武事仍悉废而不讲，于是唐、邓盗起，流毒汉南，是以有成化乙巳之变；竹山寇野王刚作乱于洪平，是以有弘治庚戌之变；何淮作乱于宜城，是以有弘治庚申之变；蓝、鄢盗起，襄汉之贼皆云集相应，是以有正德庚午之变；廖时贵、喻思俸作乱于褒斜，是以有正德癸酉之变；徐学作乱于均州武当山后，是以有嘉靖癸未之变；杨文正等作乱于商南、南郑，是以有嘉靖己丑之变；郭仲才作乱于竹溪、平利，杀死主簿张文英，是以有嘉靖己亥之变；田世爵、张万友等作乱于凤县，是以有嘉靖甲子之变；河南矿贼桂佳等越境犯襄阳、枣阳、随州，匡悟车、刘孟湖等作乱于西乡、洋县、石泉、汉阴，刘本川等作乱于紫阳杀死典史高洪，是以有嘉靖丙寅之变；常自良行劫双沟、樊城杀死巡检穆文深，汤济民突入保康杀死知县张士勋，是以有隆庆丁卯之变。此皆既设抚治以后事也。虽经调动官军全力驱捕，地方幸获安全，然劳费兵粮，上廑宸虑已不可胜言。盖缘建议之始谓流民招安无复余患，遂将臣本衙门官衔为抚治，各分巡官为抚民使。当日设有兵备专责官员，有常声实所加，奸宄必不敢逞，即逞必不能大肆猖狂。顾乃恬熙之久，上下相安，惮振作而乐因循，恶励精而习苟且，致使一兵不教，一卒不练。难未发，鲜彻桑御侮之谋；难既发，为见兔顾犬之策；难既去，寡干蛊承考之志，冀求侥幸于万一。变至乃图，其若国事民运何？

臣至襄阳，委都司官查阅操务，凡行伍之隶尺籍，有其名无其实十人而入也。臣又牌行汉中分巡查取实在操备军士数目，今已七阅月犹未报也。平居不过期会，文案相综核且然，若此临事而重困，不啻前辙之难又可知矣。往年，都御史王学夔欲于下荆南守巡之外添一郧襄兵备驻扎竹溪，于关南守巡之外添一汉羌兵备驻扎宁羌，议皆寝阁，未之施行，彼诚有见于地方治兵之不可已也。然守巡之外议设兵备，未免官多而权不一，民扰而下难胜。臣今之议则欲以二道按察之官，以兵备为专职，以抚民、分巡为兼职也。夫以兵备为专职，必各以诘戎为专务，自时厥后，使犹袭敌，智不克经理戎行，明其政，刑消弭贼盗，则臣既不能无执辞各官，亦难以逭重谴矣。

下荆南所统二府一州十三县、关南所统一府二州十四县，崇山峻岭，回溪复壑，随在皆然，计其封守，各不下三四千里。疆土绵邈，则蛇豕难防；陵谷深险，则枭獍易聚。自臣所钤辖若二道者，当设立兵备，固不俟论。即考究天下形势，二道所属地方尤为舆轴重地，尤不可以易视。是以唐宋名臣所论著咸谓：自武昌至江陵为东南一大都会，人皆知其为江湖之险，然后知有荆湖之势。不知为襄阳之计，则非知荆湖之险者；自涪陵抵成都为西南一大都会，人皆知其巴蜀之险，然徒知有巴蜀之势，不知为汉中之备，则非知巴蜀之险者。盖襄阳为荆湖之唇齿，汉中为巴蜀之门户。荆湖重镇以襄阳为唇齿，则荆湖之险可得而固；巴蜀要害以汉中为门户，则巴蜀之险可得而备。陶侃使桓宣镇襄阳，故赵人不能越汉沔以取荆、蜀；以魏延镇汉中，故魏人不能踰南郑以谋蜀。观昔贤参讨之详若是，则襄阳、汉中厥系之大，非特臣之部御，实荆湖、巴蜀、河洛所共倚为重轻。则襄阳、汉中兵备之设，亦非特资于臣之职办，实荆湖、巴蜀、河洛之守臣所共倚为轩轾。

质诸国家建立兵备之地，或握枢要，或控上游，或兼驭于统制，或联属乎幅圆(员)。若斯二道加添兵备职衔，罄无不宜，夫无增官之烦，有治兵之任，至便也。以一官兼民、兵之责，缮介胄必无焚僭怵威之慝，理绳墨必无哃喝跖戾之行，文贴武妥，如水火相济，至顺也。至于下荆南合郧襄郡县卫所之校卒，立法团练之；在关南，合汉、羌、金、沔郡县卫所之校卒，立法团练之，神气周贯，声势交重，至威也。无事而抚绥，则惠允孚；有事而擒剿，则兵中律。凡草窃作奸之徒，知外防不索于内，内取不求诸外，列疆而守绝，其钞掠易于束缚，各思敛藏，虽有纤芥适至之疾，而无仓皇诪张之患，至安也。伏望皇上敕下该部看详臣议。如果臣议不涉谬妄，关于安攘之策，乞将驻扎襄阳湖广按察司副使一员，专命整饬郧襄兵备兼抚民及分巡下荆南道事务；其驻扎汉中陕西按察司副使一员，专于整饬汉羌兵备兼抚民及分巡关南道事务。各添给敕书一道，责成往来该管地方操练兵马，修理城池，禁缉盗贼，稽查奸弊，抚安人民。事权既归，循名可以责实；掌治既定，按职可以奏功。地方幸甚，臣愚幸甚。

昔莒之渠丘公恃陋不备，左丘明讥之曰：“恃陋而不备，罪之大者矣；备豫不虞，善之大者矣。”臣不敢求善之大，求以免罪之大者尔。惟陛下裁择。

在这道《议加兵备职衔疏》中，孙应鳌首先列举了早年给境内分巡道添加“抚民”职衔后所产生的效果，再提出为他们加“兵备”职衔的要求。

首先，他介绍以前为分巡道添加“抚民”职衔的过程，以此来说明现在再给他们添加“兵备”职衔的正当性：国家在都察院系统特别为按察司官都御史衔授总督职配备军权，有的是以天下之要枢，为增强防御而设；有的是以地域太辽阔，为增强驾驭力而设；有的是地处上游，适宜控扼局势而设；有的是以境内控制着几个重要的关隘，为国家遮挡屏障而设；有的是以都司、军卫之间不相统属，为了统一指挥而设；有的是边界犬牙相错互不隶属，为统一管理而设。之所以要以都御史的纠察权再带兵来弹压这些地方，为的是要借法纪的力量来图谋振励，所以这实在是一个很重要的职位。我提督抚治的地方，有湖广之郧襄，曰下荆南道；有陕西汉中，曰关南道。在明朝初期时，兵权不归文臣，所以这两个道只以省级属下的按察司副使担任分巡道职务。后来因为流民被平定，朝廷就在这里开府(指派巡抚建藩镇)收编流民，所以这二道又在专职分巡的基础上增加了“抚民”的责任，这样的安排处置非常正确。但是，政治就必须防微杜渐，只有随时谋略筹划才不至于出现暴戾的弛张，还必须因时因地而变通，才不至于贻害久远。我慎重考究了这些往事，是为了要明察今时；我潜心探究过往史实，以求把这里治理得最恰当。因此这二道的抚民分巡官员，都应该再为他们加上“兵备”职衔，使他们能够整饬戎务，足以保障地方免于被骚扰。

之后，他认为只为分巡道添加“抚民”职衔，地方治安并没有太大改观，并把郧阳藩镇建立前后的十余次战乱说成是因为没有给分巡道添加“兵备”职衔的原因，以此说明现在给他们添加“兵备”职衔的必要性：在襄阳、汉中，只以分巡道管理地方时，道官们往往这样说：“我的职分是巡察。”在当时，一切武事都被荒废，才使得豫、秦、楚之交的流民转徙丛集，越来越多，才有刘千斤、石和尚发动的成化乙酉之变。刘千斤伏诛之后，朝廷未设戍守控制，只是一味地对流民防禁，才有李胡子、小王洪发动的成化辛卯之变。这些都是朝廷在郧阳设藩镇派巡抚之前的事。自襄阳、汉中的分巡道兼“抚民”后，分巡兼抚民官们往往又这样说："我的职分是抚民。"此后的一切武事照旧被荒废，于是才有在唐县、邓县发动，并影响到汉南的成化乙巳之变；才有竹山贼寇野王刚在洪平作乱的弘治庚戌之变；才有何淮在宜城作乱的弘治庚申之变；才有蓝廷瑞、鄢本恕所发动，襄汉之贼云集响应的正德庚午之变；才有廖时贵、喻思俸在褒斜作乱的正德癸酉之变；才有徐学在均州武当山作乱的嘉靖癸未之变；才有杨文正在商南、南郑等地作乱的嘉靖己丑之变；才有郭仲才在竹溪、平利作乱，杀死县主簿张文英的嘉靖己亥之变；才有田世爵、张万友在凤县作乱的嘉靖甲子之变；才有河南矿贼桂佳越境犯襄阳、枣阳、随州之乱，匡悟车、刘孟湖作乱于西乡、洋县、石泉、汉阴，刘本川作乱于紫阳杀死县典史高洪的嘉靖丙寅之变；才有常自良在双沟、樊城行劫杀死巡检穆文深和汤济民突入保康杀死知县张士勋的隆庆丁卯之变。这些都是在郧阳设藩镇派巡抚以后的事，虽经屡次调动官军全力驱捕，使地方幸获安全，然而劳兵费粮，还有陛下频频地思虑谋划已不可胜言，其原因都是在建置之始，都说流民被招安之后就不会再有余患，才将郧阳巡抚的官衔定为了抚治，将各分巡官衔定为了抚民使。如果当初就设有兵备专责官员，常常以势力加以声威，即使再狡诈奸恶之人也必不能够得逞，即使得逞也必不敢太猖狂。现在安乐的时间久了，在上下相安的处境里就自然会产生萎靡不振的情绪，大家都乐于因循守旧，害怕励精图治，习于苟且偷安，才致使不教一兵，不练一卒。在灾难未发生之时如果缺乏彻底的御侮的准备性谋略，当灾难发生之时就难免会有见兔就以为是犬的状况发生，甚至灾难过去之后依然树立不起干练的才能和志气，只会寄希望于侥幸万一。如果等灾变来临之后再来图谋，如何能够振兴国事和民运？

孙应鳌接着阐述了为分巡道添加兵备道职衔的必要性，分析了单独增加兵备道职衔的优劣：我到襄阳，委任都司官查阅操务，凡军队所属的军功簿里，有其名而无其实也不过10个人而已。我又发牌到汉中分巡，查询那里操备军士人数到底是多少，已经7个多月了还没有听到他们的回复。我这只不过是在行施平常的政令，光文案核实就错成了这样，假若一旦遇到突然发生的大事，还不知道会错到什么程度？恐怕不仅仅只是前辙之难那么简单。往年，巡抚王学夔要在下荆南守巡道之外添加一名郧襄兵备驻扎到竹溪，在关南守巡道之外添加一名汉羌兵备驻扎到宁羌，都被朝廷搁置而没有能够施行。王学夔是一个很有地方治兵见地的人，他的提议很好，但是在守巡之外添设兵备，就未免官多而权责不统一了，民扰之下也很难取胜。我的建议是：让这两个道的按察分巡官都以兵备为专职，以抚民、分巡为兼职。以兵备为专职后，就自然会以治兵为专务，从此以后一旦遇敌袭扰，智谋上就有了章法，军事、行政、刑法上既明了又统一，贼盗就能被消除。这样，我就能统一指挥各官，同时也难以逃避因失误而遭到陛下的重谴了。

他又阐述了为分巡道增加兵备道职衔的重要性：下荆南道所统的 2 府 1 州 13 县和关南道所统的 1 府 2 州 14 县，均为崇山峻岭，回溪复壑随处可见，论及封守范围各不下三四千里。因疆土绵长而遥远，像野猪、大蛇那样的残暴之徒很难以防止；在陵谷深峻且险阻之地，像枭鹰、猿猴那样的奸猾之人就容易相聚。在我所辖制的这两个道，是不是的确应当设立“兵备”暂且不论，就对天下形势的探究来说，这二道所属地方是尤其重要的轴心重地，尤其不可以轻视。所以唐、宋的名臣们都说，从武昌至江陵为东南一大都会，人人都知道那里为江湖之险，然后知道有荆湖之势。但是，只知道荆湖之势却不知何为襄阳之计的人，就是一个没有真正弄懂荆湖之险的玄妙所在之人。自涪陵到成都为西南一大都会，人人都知道有巴蜀之险。然而，只知道巴蜀之险而不知何为汉中之备的人，就是一个没有真正弄懂巴蜀之险的奥妙所在之人。襄阳是荆湖的唇齿，汉中是巴蜀的门户。荆湖重镇以襄阳为唇齿，则荆湖之险可得稳固；巴蜀要害以汉中为门户，则巴蜀之险可得以防备。晋代陶侃在任荆州刺史时曾经派桓宣镇守襄阳，所以后赵才不能越过汉沔以取荆、蜀；三国时，刘备以魏延镇守汉中，所以曹魏才不能越过南郑以谋蜀。纵观先贤们的总结，我认为：襄阳、汉中关系重大，不派遣特臣就不能守御，因为荆湖、巴蜀、河洛实在是所共同倚为重要之枢纽之地。所以在襄阳、汉中设兵备道，同样是不派特资之臣就不能职办，因为荆湖、巴蜀、河洛的守臣实在是有着共同重要的位置。

他再设想增加兵备道职衔之后可能会呈现的效果，请求皇帝能够批准自己的意见：本来国家建立各个兵备的地方，或者掌握枢要，或者控制上游，或者兼驭各方统制，或者联属几地。假若能给这二道加添“兵备”职衔，不仅没有什么不宜，也没有增加官员职数之烦，有的只是治兵之任，是很大的便利；以一个官员兼民、兵两责，整顿军队时就不必把威风隐藏起来，严肃法度时就不必惧怕别人说他是恫吓跖戾的言行，这样的文贴武妥，犹如水火相济，有很大的顺当；至于在下荆南道，所有郧、襄等郡、县、卫、所的校卒能在一起依法团练，以及在关南道汉、羌、金、沔等郡、县、卫、所的校卒一起依法团练，就都会神气周贯，声势交重，起很大的声威。这样，分巡道们没有战事时就抚绥民众，使朝廷恩惠公平得当；发生战事时就擒剿敌人，让用兵符合法规，凡有掠夺盗窃、作奸犯科之徒，军队就懂得外防而不向内索取，内需时也不向外索求，所有疆土都严防死守，抢掠之人就易于束缚，人们各思敛藏，纵使有一些小的祸事到来，也不至于发生仓皇失措的忧虑，这该是多么大的安慰啊。我拜伏着盼望皇上能够敕谕兵部详看我的建议，如果所议不涉谬妄，有助于安攘之策，就请将驻扎在襄阳的湖广按察司副使一员，专命他整饬郧襄兵备，兼抚民及分巡下荆南道事务；将驻扎在汉中的陕西按察司副使一员，让他专于整饬汉羌兵备，兼抚民及分巡关南道事务。还要各添给他们敕书一道，责成他们往来该管的地方操练兵马，修理城池，禁缉盗贼，稽查奸弊，抚安人民。事权既归于他一身，就能够按照各自的职衔名称所授予他们的各种责任而行事；掌治既定于一人，就可以按他们付出的职责为他们奏功。这是地方之幸，也是臣愚之幸。

最后孙应鳌引用典故，表示自己是出于善意：古代莒国的渠丘公依恃自己国小而不修城郭，左丘明讥讽他说：“恃陋而不备，罪之大者矣；备豫不虞，善之大者矣。”我不敢求自己有大善，只求能免除我贸然上疏的大罪就行了。我等候陛下的裁择。

让孙应鳌没有想到的是，他的迂回策略竟然不费吹灰之力就取得了成功，皇帝答应了给下荆南分巡道和关南分巡道均为“兵备兼抚民及分巡道”，让分巡成为集军政监三大权于一身的省以下的小“总督”。这为他次年请求给郧阳巡抚添加“军务”职衔，成为郧阳督抚奠定了理论和舆论基础。

郧阳巡抚从“提督抚治”到“提督军务抚治”

一

在明清204年的郧阳藩镇史里，郧阳先后经历过121任巡抚，前期的只称“巡抚”，后期的又称“督抚”。所谓“郧阳巡抚”，即皇帝在颁发给他的任命敕书上写明为“提督抚治郧阳”；所谓“郧阳督抚”，即皇帝在颁发给他的任命敕书上写的是“提督军务抚治郧阳”。别看只是多两个字的差别，加不加“军务”区别可大了去了，不加就是一般的巡抚，而加了就为总督级别的巡抚，称“督抚”。

明清两代，地方大员有巡抚和总督之分。

明初，朱元璋废除各省的行中枢省机构，改设承宣布政使司、提刑按察使司、都指挥使司三个平行衙门分权管理省务，并没有巡抚和总督之职。后来因“三司”相互扯皮，办事效率低下，朝廷就大批量派大臣到各省去巡视安抚，是临时性的钦差大臣。后来省务几乎瘫痪，钦差性质的巡抚就成为常态，朝廷就干脆让他们驻在省里处理省务纠纷，由此逐渐成为了一省之最高军政长官。巡抚有时也称“抚治”，在那些明初就设立的正式省份里，全部都经历过从无巡抚到临时巡抚再到常驻巡抚的过程，因此称“巡抚”是一种沿袭。而在后来设立的一些藩镇里，自设立之日起就是由常驻巡抚在驻地治理，朝廷就依据所要处理的事态不同而有时称“抚治”，有时称“巡抚”，有时“抚治”“巡抚”混叫。混叫的例子不仅仅只出现在当时人们的口中，而且也常常呈现在当时朝廷的公文之中。巡抚的权限一般都不出省或藩镇，有维持地方治安的兵权，但无权指挥进入境内的域外军队。

总督出现更晚，是在经历过多次全国性或者牵扯数省的战事之后，发现在没有统一调度的情况下于战局十分不利之后，朝廷才设立总督统一指挥数省的。

巡抚和总督同为地方大员，同为一方诸侯，同握有生杀大权，区别在于巡抚为一省之长，以“抚”为主要手段管理民生为主，是行政长官；总督则为数省之长，以“督”为主要手段管理军事、守卫国土，是军事长官。值得注意的是，古代的地方行政权与军事权只有一个大概的区隔，具体界限非常模糊，因此巡抚手握重兵的事例和总督插手省务的案例经常发生。

在郧阳藩镇的204年里，自明成化十二年(1476年)设藩镇起到万历元年(1573年)的97年间，为郧阳巡抚阶段，在郧阳任职的75任二品或三品大员均为一般意义上的巡抚。而自万历二年(1574年)至清康熙十九年(1680年)的106年间，为郧阳督抚阶段，在郧阳任职的46名大员则身为巡抚之职，却享有总督之权，为带有总督性质的督抚。这种状况在明清两代并不多见，可见朝廷对郧阳的重视程度。

二

把郧阳巡抚变为督抚的“始作俑者”是孙应鳌。

孙应鳌(1527—1586)，字山甫，号淮海，谥文恭，贵州清平卫人，嘉靖二十五(1546年)中举，三十二年中癸丑科(1553年)进士，历任翰林院庶吉士、户科给事中、江西按察司佥事、陕西提学副使、四川右参政、湖广右布政使、郧阳巡抚、大理寺卿、户部右侍郎、礼部右侍郎充经筵讲官掌国子监祭酒事、刑部右侍郎、南京工部尚书等。

孙应鳌曾经两度出任郧阳巡抚。

第一次是在隆庆初。孙应鳌在嘉靖末任四川右参政时因御寇有功升湖广右布政使。隆庆初又因上疏建言十事，于隆庆元年(1567年)十月晋为郧阳巡抚。当时郧阳正值保康之乱，他严督官兵追剿，于年内平息。次年又有何冕在西乡造反，他又派都指挥包文学、千户张相统兵进剿，会同陕西参将钱炳共同讨伐，而战事久拖不下。当年汉江流域有灾，他奏准免除了宜城、光化、应城等县及荆州卫、荆州右卫等处的屯田粮和税粮不等。隆庆三年他告病还乡。

第二次是在万历初。万历元年(1573年)十月，孙应鳌再度出任郧阳巡抚。此时，他深感自己名为“提督抚治”，实无节制军队之权，每遇匪盗造反之警，必得先奏请朝廷才能出兵，往往延误军机。于是他先向皇帝上奏，请求给襄阳、汉中等处的分巡道添加"守备"职衔；又于次年三月上疏，奏准了为郧阳巡抚添加"提督军务抚治"职衔。然而孙应鳌自己并没有得到皇帝的"提督军务抚治"敕谕，而是于当年八月改任为了北京大理寺卿，是由北京太仆寺卿王世贞接任了他留下的职位，担任右副都御史"提督军务抚治郧阳"，朝廷并为王世贞颁发令牌、令旗等享有总督军权标志的物件。

孙应鳌在请求"提督军务抚治"时还颇费了一番心思。他想要总督职权又不好明说，就采用迂回策略，先请求给手下的道员添加兵权，在分巡兼抚民的基础之上再兼兵备，成为集军权、民权于一身的道台。这一招别说瞒不过皇帝和众大臣，就是一般读书人也明白他的意思，因为手下的道台都握有军权了，作为一方诸侯的自己岂能无军权，不然怎么能够掌控全局？其实，孙应鳌也没有打算把自己的想法隐瞒，他的目的就是要把自己单纯的巡抚职衔变成为督抚。

关于朝廷为郧阳巡抚添加"提督军务抚治"职衔的过程，有孙应鳌和朱衡等人的奏疏为证。这里就省去孙应鳌的奏折内容，让我们直接看当时的工部尚书朱衡为郧阳巡抚添加"军务"所上的奏疏，从中能够了解事件的概况。之所以事牵工部，是因为需要为郧阳督抚发放令旗和令牌，而这些均由工部制作。朱衡的奏疏原文如下：

兵部复题改添提督军务疏

太子少保、工部尚书朱衡一本，议请改添提督军务职衔，以便整理兵戎弹压地方事。虞衡司案呈奉本部，送准兵部咨，兵科抄出提督抚治郧阳等处地方。

都察院右佥都御史孙应鳌题称："郧阳一镇所辖，在湖广则郧、襄、荆州三府，在河南则南阳府，在陕西则汉中一府、商州一州，各以隔离省城辽远，各省巡抚控制不及，故成化间流民变乱之后，专设都御史一员，其衔曰'提督抚治'。其节年敕谕惟曰：'各处流民应附籍编入版图者用心抚禁，使编籍居民各安生业。'朝廷建置初意大略如此。但成化距今已百有年余，盖地方应计虑有出入于流民之外，其处置当有加于抚治流民之外者，正以兵戎一节，似宜亟图者也。良由地理悬阻，则化条难周；冈岭回护，则奸宄易聚。其贪矿利、尚妖术，俗之所渐民久矣。犷悍剽轻之性，狡诈顽梗之风易建难戢，欲一一感化之，不布宏德，以立武事其何能济？必须改添提督军务，然后划一，可免后艰。乞敕兵部详核臣议，果有裨益，将来乞赐实行。"等因。

该本部看得：郧阳等处地方，当四省交会之地，为奸盗逋逃之薮，自非兵戎克诘，无以弹压一心。乃今提督抚治向以事权不专，遂致掣肘难行。既该本官具题前因，无非欲假便宜整饬军务，安辑地方之意，依拟题请恭候命下，将提督郧阳等处地方都御史改拟提督军务兼抚治郧阳等处地方都御史。本部备查：原拟请换敕书，及照例给与令旗、令牌钦遵行事。等因。奉圣旨"是。钦此。"钦遵合咨前去，烦为钦遵查照。等因。

备咨到部，送司查得：提督军务都御史例该旗、牌八面、副。案呈到部，臣等看得：本部咨开题复抚治都御史孙应鳌改添提督军务职衔，议给旗牌一节，为照提督军务例该给与旗牌，既经兵部伏奉钦依前来，相应准给，恭候命下，本部于收有旗、牌内动支八面、副，咨送兵部差人转送都御史孙应鳌收候，督军应用，务要慎重。本官仍将收到旗、牌字号，径自奏缴报查考。

万历二年四月初十日奉圣旨："是。"

按明代规矩，孙应鳌请求为自己添加"提督军务抚治"职衔的奏折交到皇帝手中后，按程序皇帝在阅视后一般有两种处理方法：如果不感兴趣，就会搁置起来自此石沉大海，这叫"留中不发"；如果认为可行，就会敕发到相关的部门让大臣们去议处解决办法，这叫"敕部议处"。当部门大臣商议出解决办法之后，就要由该部尚书写成奏折呈给皇帝御批，然后再由该部以咨文的形式转发给地方去实行。

很显然，皇帝对孙应鳌的奏疏有兴趣。因为孙应鳌请求的是兵权之事，他的奏疏自然就被敕下让兵部议处。还由于里面牵扯到要发放令旗、令牌等，所以兵部还要把孙应鳌的奏疏转递给制作令旗、令牌的工部商议。无论是兵部还是工部，最后都要把自己的处理意见写成奏折呈给皇帝御批。

《兵部复题改添提督军务疏》就是工部尚书朱衡，针对兵部转来的孙应鳌奏疏和兵部商议的处理意见，代表工部所作的答复。里面提到的"太子少保"是一个荣誉职衔，来源于服务东宫太子的一个职位。在古代，皇帝身边有"三公"辅政，分别为太师、太傅、太保，均为正一品官衔，是朝廷中最尊显的三个官职；而太子身边也有"三公"教太子习政，分别为太子太师、太子太傅、太子太保，为从一品官衔。此外太子身边还有“三少”，分别为太子少师、太子少傅、太子少保，人称“三孤”，为二品官衔，少师负责教太子文化，少傅负责教太子武艺，少保负责保护太子安全。后来，“三少”的性质有所演变，每当大臣有特别大的功劳，皇帝无以用其他方法对其奖励时，就拿“三少”中的“一少”封他，由此就成为了一种虚衔，用今天的话说就是荣誉职称而已。朱衡的荣誉职称就是“太子少保”，实际职务是“工部尚书”，因此他在奏本时要在开头把自己的虚衔和实衔都写上，这是古代奏本的规矩。

“议请改添提督军务职衔，以便整理兵戎弹压地方事”一句，是他概括上奏的主要内容，这能让皇帝对自己所要说的事情一目了然。“虞衡司”是工部属下的一个专管地方官员的部门，所谓“掌山泽之官，主山泽之民”。因此像孙应鳌这样的奏折，皇帝在敕发给兵部商议后，兵部就转呈给工部虞衡司商议，虞衡司商议后要呈给本部让尚书、侍郎们议处，最后在得到皇帝御批后再发咨文送交兵部，再由兵部兵科以咨文的形式抄出，送往郧阳等处。

按当时的文书惯例，朱衡在《兵部复题改添提督军务疏》中，首先摘抄了孙应鳌奏本中的主要内容：“郧阳藩镇所辖，有湖广省郧阳、襄阳、荆州三府，有河南省南阳府，有陕西省汉中府和商州，都隔离各自的省城辽远，各省的巡抚控制不及，所以才在成化年间流民变乱之后专设都御史巡抚一员，其职衔为‘提督抚治’，在皇帝每次颁发给他们的敕谕中只说：‘各处流民应附籍编入版图者用心抚禁，使编籍居民各安生业’，朝廷在郧阳藩镇建置初期之意大略如此。但成化年距今已百年有余，现在不应只考虑流民出入，在处置官员时郧阳巡抚除了要有抚治流民的头衔之外，还应该握有能够节制的兵权，这样才能适宜局势变化和掌控形势使之往良性方向发展。如果任由地理所造成的人为悬阻，那么治理谋划起来就很难得以周全；如果任由重冈峻岭的回护，那些作乱的寇贼就容易在这里聚集。这里的人民已经被贪矿利、尚妖术的风气毒化很久了，人民剽悍的性格、狡诈顽梗的习气极难以敛藏，要想把他们一一感化，不广布宏德，强化武事怎么能够达到目的？必须为郧阳巡抚改添‘提督军务’职衔，让军政、民政指挥权归一，才可免除此后的风险。请求皇帝敕下兵部，详细核议我处的建议，如果有所裨益，请赐来让我们实行。”

接着，朱衡摘录了兵部商议结果的主要内容：“本部看得郧阳等处地方，是四省交会之地，为奸盗逃亡的主要目的地，向来不用兵戎就不能治理，不发兵弹压就不会一心，而朝廷一向给郧阳巡抚的事权不专，才导致事事掣肘难行。

既然孙巡抚上疏，无非是想借职衔的便利来整饬军务、安辑地方之意。我部同意他的想法，也拟题恭候陛下的敕命，将‘提督郧阳等处地方都御史’改拟为‘提督军务兼抚治郧阳等处地方都御史’。本部备查原拟，请更换敕书，以及照例给予令旗、令牌之事，已经钦遵行事。取得圣旨‘是。钦此。’我部钦遵，于是合咨前去，烦为钦遵查照。”

最后，朱衡转述了工部的意见：备咨到本部，又送本部虞衡司。工部的回复为：查得提督军务都御史，依例应该颁发给旗八面、牌八副。案呈到本部，由我等尚书、侍郎们商议后，题复的咨文内容为：都御史巡抚孙应鳌改添“提督军务”职衔，决议颁发给旗牌一节，为照“提督军务”之例，应该给予旗、牌。既然已经经过兵部伏奉皇帝钦依前来，就相应准给。在恭候陛下的敕命后，本部就将库房收存的旗、牌按要求咨送给兵部，由差人转送给都御史巡抚孙应鳌收候，要他督军应用时务要慎重。孙应鳌仍要将收到的旗、牌字号径自奏报，以待查考。

万历二年四月初十日圣旨御批：“是。”

三

只可惜，孙应鳌并没能等到把自己的头衔从“巡抚”改为“督抚’。万历二年(1574年)八月，他被改任为北京大理寺卿，由北京太仆寺卿王世贞接替他在郧阳留下的位子，王世贞成为首任“提督军务抚治郧阳”的督抚。

古代官员赴任时，必须持皇帝颁发的敕书才行。只有见到敕书，沿途的驿站和地方官府才会给予接待；也只有出示敕书，所到任的地方才会承认，之后才能行使职权。敕书的内容一般很简单，里面规定了这个官员职权行使的范围、职衔、权限、责任、注意事项等。万历皇帝颁发给王世贞的敕书也不脱这个俗套，其全文如下：

敕都御史王世贞：

湖广行都司：郧阳府并荆州、襄阳、河南南阳、陕西汉中及西安府属五州县，与郧阳接境去处土地广阔，流民潜聚，易于构乱。今特命尔提督军务并抚治郧阳等处地方，操练官兵、民快，修理城堡，巡察奸贪，抚安人民，整饬兵备，区画边饷，作兴学校，清理狱讼，禁防流逋，使先年编籍之民各安生业。仍时常省谕军民人等，不许收藏应禁之书及捏造妖言，冒干刑宪，罪及身家。凡遇草寇窃发，即便量调所部官兵相机剿捕，毋令滋漫。临阵之际，如有逗遛退缩者，许尔以军法从事。若各官有事干涉，不行报关者，听尔指实参奏。有应与各镇、巡等官会议者，须从公计议而行。凡所属司、府、军卫、有司官员人等，有应拿问者，究问如律；应奏请者，奏闻区处。尔受兹重托，尤须持廉秉公，正己率下。务俾军民所得，地方安宁，斯称委任。

在万历《郧台志》中，有为《敕都御史王世贞》所加的一条注释：“万历二年，前院孙题请旗牌，并议本院官衔改提督军务。固此后，各院钦奉敕内始注有提督军务字样。”这是说郧阳巡抚的“提督军务”是常设之职，自此以后的各巡抚敕内都注有“提督军务”字样。

王世贞到郧阳后，需要湖广行都司检验他所持敕书的真伪。虽然湖广行都司也要接受郧阳巡抚的领导，但在郧阳，只有湖广行都司是负责境内安全的单位，负有甄别敕书真伪、官员身份真假的责任，所以敕书的上款为“湖广行都司”。

“郧阳府并荆州、襄阳、河南南阳、陕西汉中及西安府属五州县，与郧阳接境去处土地广阔，流民潜聚，易于构乱”一句，既交代了王世贞的管理范围为这5府1州，也说明了之所以派他前往任职的原因是为防“流民潜聚而构乱”。

“今特命尔提督军务并抚治郧阳等处地方”，是任命给王世贞的职衔。与此前的郧阳巡抚相比，别看只多了“军务”两字，其意义在于他已经不同于以前的任何郧阳巡抚，而是一个握有总督职权的郧阳巡抚了。

“操练官兵、民快，修理城堡，巡察奸贪，抚安人民，整饬兵备，区画边饷，作兴学校，清理狱讼，禁防流逋，使先年编籍之民各安生业”是规定王世贞所能行使的权限，为练兵、修城、查贪、抚民、整军、筹饷、兴学、理狱、禁民流亡和善待早年安置的流民10项。

接下来是交代王世贞所应该注意的事项：

一、仍然要时常晓谕境内的军民人等，不许收藏禁书，不许捏造妖言，不许触犯刑法而罪及身家。

二、凡遇草寇生乱，要立即适量调动所属的官兵寻找机会剿捕，不得行动迟延。

三、如有临阵不前或者退缩者，允许你军法从事。

四、假若有事遭周边省份巡抚的干涉，或者他们不通告就擅自越过边关行事，听从你对他的据实参奏。

五、有应该与周边各省份的镇、巡等官商议的事情，必须公正计议后才可以行施。

六、凡所属的司、府、军卫等衙门里的官员人等，如有犯罪应该拿问的，就必须按照法律究问；应该奏请后再处理的，就等候奏请处理。

七、你受此重托，自己尤其必须持廉秉公，正己表率，务使军民各有所得，让地方安宁，这样才配得上朕对你的委任。

四

巡抚，说穿了就是钦差，自秦代以后一直就有，但在明代以前都不是地方上的正式官员，而是被皇帝委派到地方处理事务的临时性监察官员，属京官，手中的权力有多大还要看临行前皇帝所颁给的敕书里规定了多大的范围，皇帝给多少他就只能用多少。到明代以后，巡抚成为一省之最高军政长官，也依然没有摆脱这个体制。

郧阳巡抚的权力范围大致经历了三个阶段：

第一阶段是在成化年间郧阳藩镇刚设立时，皇帝敕谕中规定郧阳巡抚为“提督抚治”，所给的权力有限，仅为“巡察奸贪，抚安人民，整饬兵备，区画粮储”。下面是一道明成化十八年(1482年)王浚上任郧阳巡抚时皇帝颁发给他的敕谕，对他权力的规定就非常清晰。

敕都御史王浚：

新设湖广行都司：郧阳府并荆州、襄阳、河南南阳、陕西汉中、西安七府所属州、县与郧阳接境者四十余处，虽有三省巡抚等官平时会议，往逆动经月余，今特命尔前去提督抚治，往来巡察奸贪，抚安人民，整饬兵备，区画粮储。

又奉敕：今岁因北直隶、山西、陕西、河南等处天时亢旱，二麦无收，民食不充，盗贼必生。又虑荆、襄二府，流民去彼啸聚为非，已令兵部移文尔等并各镇守、巡抚等官一律抚安禁捕，发粮赈济。但今月久，各处累报灾伤，人民流移甚于往昔，若不申严堤备，恐尔等视常怠忽，一旦有警，贻患非细。敕至，尔等即查勘各处逃去军民，设法安抚振恤。倘流逋啸聚，严督守备、巡捕等官及时扑捕，勿致延蔓。其调军捕盗、积粮赈济并更才育民、停止征需等项，凡可以安静地方之事，应便宜者便宜处置，应奏请者奏来定夺。尔等具受朝廷重寄，务要尽心筹画，防患未然，不许因循误事。

这是一道两敕合一的敕谕，第一敕说明了派遣王浚任郧阳巡抚的原因、官衔和权限。原因是“虽有三省巡抚等官平时会议，(但)往逆动经月余，今特命尔前去”，职衔为“提督抚治”，权限在“往来巡察奸贪，抚安人民，整饬兵备，区画粮储”的范围内。第二敕是告诫王浚和他的下属官吏以及邻近省份的镇守、巡抚，对待流民要“抚安禁捕，发粮赈济”，只有“流逋啸聚”时，才能“严督守备、巡捕等官及时扑捕，勿致延蔓”。

第二阶段是在弘治年以后，虽然皇帝敕谕里依然规定郧阳巡抚的职衔为“提督抚治”，但权力有所扩大，在“巡察奸贪，抚安人民，整饬兵备，区画粮储”的基础上，还有权“令各该司、府抚民官修理城池，禁防盗贼，作兴学校，清理狱讼”。如弘治三年(1490 年)戴珊上任郧阳巡抚时，皇帝给他的敕谕虽然非常短，但所规定的权限却非常清楚。

敕都御史戴珊：

湖广行都司：郧阳府并荆州、襄阳、河南南阳、陕西汉中、西安七府所属州县与郧阳接境者四十余处。今特命尔前去提督抚治，专一往来巡察奸贪，抚安人民，整饬兵备，区画粮储，督令各该司、府抚民官修理城池，禁防盗贼，作兴学校，清理狱讼。倘遇草寇生发，量调所部官军、民快扑灭。其有应与各镇守、巡抚等官会议者，须从公议行。

在这道敕书里，规定了“巡察奸贪，抚安人民，整饬兵备，区画粮储”四项依然为郧阳巡抚的正业，但同时还附加了他有权命令地方官员“修理城池，禁防盗贼，作兴学校，清理狱讼，扑灭草寇”五项任务。不过这五项任务只能靠地方上的司、府来完成，巡抚只是“督令”而已。

第三阶段是自万历二年(1574年)王世贞任郧阳巡抚始，皇帝敕谕中规定了郧阳巡抚的职衔为“提督军务并抚治郧阳等处”，权力扩大为“操练官兵、民快，修理城堡，巡察奸贪，抚安人民，整饬兵备，区画边饷，作兴学校，清理狱讼，禁防流逋，使先年编籍之民各安生业”，真正成为了军政大权在握的一方诸侯。

毫无疑问，各省、各藩镇的巡抚只能由皇帝任命，在他们上任前，皇帝要对他们耳提面命，而巡抚则要“陛辞接温言，以布巽于下域”。即巡抚在向皇帝辞别时要接受皇帝的谆谆教导，以便日后把皇上温和的旨意向属民们传播。巡抚上任时，要持圣旨、敕谕、关防、符验、旗牌、仪节、公移等。

杨俊民抚郧二三事

杨俊民(1531—1599年)，字伯章，号本菴，嘉靖四十一年(1562年)壬戌科进士，历任户部主事、礼部郎中、河南提学副使、太仆寺少卿、大理寺左少卿、郧阳巡抚、山东巡抚、兵部左侍郎署理部务、户部尚书总督仓场、户部尚书加衔太子少保。后卒于任上，谥赠太子太保。后因奖励其东征时转运粮饷的功绩，追赠为少傅兼太子太傅。

杨俊民任郧阳巡抚于万历六年(1578年)八月。万历九年二月，郧阳藩镇被朝廷裁革，杨俊民于三月改任山东巡抚。在郧阳的两年多时间里，他任贤举能，体恤下属，精简冗员，提高了郧阳官府的工作效率，为郧阳人所称颂。下面以他向皇帝所上的奏疏为依据，介绍几件他在郧阳期间的作为。

1. 为韩国祯任汉中守备请专敕

万历六年(1578年)五月，徐学谟在卸任郧阳巡抚之前，接到汉中府军民的反映，说汉中守备夏年为非作歹，不守法令，目无上司，专横跋扈。徐学谟就派员前往查处，夏年见状，知道自己在劫难逃，就擅自称病回到了原籍，抛下汉中防务而不顾。

汉中乃战略重地，岂可一日无三军统帅？在得知夏年擅离职守弃官回籍后，徐学谟一面对他进行弹劾，一面紧急指定汉中卫指挥使韩国祯暂时代理汉中守备职务。不久，朝廷革去了夏年的官职，也正式任命了韩国祯为汉中守备。于是徐学谟签署了韩国祯任汉中守备的命令。

八月，杨俊民抚郧后，发现朝廷虽然承认了韩国祯汉中守备的职务，但皇帝并没有给他颁发任职敕书，致使夏年在汉中守备衙门里的一些死党并不买韩国祯的账，处处与他作对。按明代官场陈规，地方上的中低级官员的任职，皇帝一般不会直接颁发给其敕书，而是由朝廷发咨文到省(镇)里，再由巡抚批示就可以上任了。守备道就是这样的一个中级军职，只要巡抚在接到朝廷咨文后，批文交给新任守备也就算程序到位了。如属特别需要，皇帝也还是可以颁给一道专敕的。

这一次，杨俊民就是为了尽快平复由夏年所造成的恶劣影响，所以毅然决然上疏为韩国祯任汉中守备请专敕。他认为，韩国祯一旦有了皇帝颁发的专敕，那些不买他账的人就会有所收敛，汉中才会安宁，才不致让盗贼和外寇有可乘之机。

杨俊民的奏折全文如下：

议请专敕以便责成疏

都察院右佥都御史臣杨俊民题：为请专敕以便责成事。

据陕西等处提刑按察司整饬汉羌兵备兼抚民分巡关南道副使张孙绳呈奉，臣宪牌仰查，汉中守备系何年添设？议加专敕向来曾否请给？如尚未行该道酌议，通详以凭。会题奉此遵依查得：汉中守备嘉靖四十五年间因凤县回夷猖獗题请添设，至万历六年五月内，奉前任抚治郧阳都御史徐学谟批。据本道呈，原任汉中守备夏年患病回籍缘由奉批。访得本官在任为卫官，不受约束，上下无统，不得已托疾求去尔。汉处万山中，素号反侧之地，如此玩愒，地方何赖仰行夏年策励供职？应否查照各处守备事体，特为请敕该道。会详速报，奉此。

随该本道议照：汉中添设守备统辖汉、宁二卫，金、沔二所官军，原无专敕，以故法令不行，令心易玩。合无议加敕书，卫所官军不遵约束者听究处等因。已经通呈详允，间因守备夏年被论革任，未蒙会题。今奉行查，呈乞请给。等因。

该臣会同总督陕西三边军务都察院右副都御史兼兵部左侍郎郜光先，巡抚陕西地方都察院右佥都御史李尧德，巡按陕西监察御史张宪翔、罗应鹤看得，汉中地方当秦头蜀尾之区，山川环错，番汉杂居，向年议设守备官一员，无非藉其统辖各卫所官兵，以成身臂相使之势。缘未经给有专敕，事权不重，罔济缓急。今据该道议呈前来，委于军务有裨，相应会题：如蒙敕下兵部再加复议，果臣等所言有据，将汉中见任守备韩国祯比照各处守备事体，添给敕书一道，令其在该管地方无事按兵弹压，遇警提兵剿捕，汉、宁二卫，金、沔二所各官兵悉听其约束。庶几总理既专，责成故易。为此具本谨题。请旨。

在这道《议请专敕以便责成疏》里，杨俊民首先阐明了为韩国祯请专敕的理由：在陕西提刑按察司副使、关南道兵备兼抚民分巡张孙绳的要求下，我发宪牌查询：汉中守备是哪一年添设的？是否以前给过专敕？如果此前还没有为该守备道颁发过敕书，就请求朝廷酌议发给，让他以此作为凭证。他查得：汉中守备是于嘉靖四十五年(1566年)期间因为凤县有回民造反而题请添设的，至在我上任之前的万历六年(1578年)五月内，前任巡抚徐学谟还奉咨为韩国祯发过批文。据张孙绳呈报，因原任汉中守备夏年患病回籍，所以才有徐学谟的奉批。他还知道：夏年在任卫官时就不受约束，上下无统，这次是万不得已才托疾求去的。而汉中处在万山之中，素来号称反侧之地，夏年如此贪图玩乐，汉中岂能交到他手中，所以请求能否按照各处守备道的惯例，特别为韩国祯请一道任守备的敕书。

接着，杨俊民借张孙绳的申报，说明为韩国祯请专敕的必要性：随后张孙绳又查报，为汉中添设守备原本就是为了统辖汉中、宁羌二卫和金州、沔县二千户所的官军，就因为这里的守备无专敕，所以才使得法令不行，令人心生贪玩。何不在商议之后再加一道敕书，让不遵约束的卫所官军都听任韩国祯究处。原本我们曾经呈报过，也得到过朝廷的详允，但或许是因为夏年被论革职的事而耽搁了。所以现在再次请求颁给汉中守备一道专敕。

最后，杨俊民阐明自己的意见：我会同陕西三边总督郜光先、陕西巡抚李尧德、陕西巡按张宪翔、罗应鹤，与他们达成了共识：汉中为秦头蜀尾之区，山川环错，少数民族和汉人杂居，往年添设守备官一员，无非是要借他来统辖各卫所的官兵，以形成身躯与臂膀相互配合之势。但就因为没有专敕，守备的事权不重，不能应付特殊情况。现在既有分巡张孙绳的议呈前来，请求说既然委于韩国祯军务，就应该给他增添相应的敕书。所以我俱题：如果能蒙陛下敕兵部再加复议，认为我的所言果真有据，就将汉中现任守备韩国祯比照各处的守备体例添给他一道敕书，令他在管辖的地方无事按兵弹压局势，遇警提兵剿捕贼寇，让汉、宁二卫，金、沔二所的所有官兵都听从他的约束。这样事权既专，命令下达就会有效得多。请求陛下的旨意。

2. 为下荆南分守道请关防

杨俊民上任后，还发现一个奇怪的现象：下荆南分守道所上报的各种文书，均没有钤盖过公章。分守道为省布政司的派出机构，虽然不能使用朱红印泥的圆形公章，但应该拥有一个使用紫红色印泥的长方形的关防，在使用文书时盖上一枚紫花大印才是正规做法。于是他发文给下荆南分守道进行责问，得到的答复是：在下荆南道被割让给郧阳藩镇时，关防就被在武昌的湖广省布政司衙门收回，此后分守道就再也没有得到过朝廷颁发的关防，所以文书往来只能空印。

这怎么能行？道员是副省级，也算朝廷大员，有着向皇帝上奏折的权力，而文书往来不钤盖关防，谁能保证途中不被篡改？如何让收件人辨别真伪？

杨俊民觉得事关重大，就上疏请求朝廷为下荆南分守道颁发关防。其奏疏全文为：

请给关防以重责任疏

都察院右佥都御史臣杨俊民题：为请给关防以重责任事。

据湖广按察司分巡下荆南道副使叶朝阳呈奉：臣纸牌为照，旧制，分守官驻扎省城，钱谷出纳皆由总司会计，戎务刑名悉属分巡官专理，已故政务稀简，未给关防。今照：分守下荆南道见驻均州稽查钱粮，问理刑名，督捕盗贼，编审差徭与分巡道画地分辖，责任相同。但一体呈递公文，俱系空白，扼弊防奸，凭何为据？及查：抚属陕西分守关南道、分守商洛道、湖广分守上荆南道各有关防。该道关防，似当一体请给。备行本道会同分守道从长计议，要见该道职务较昔是否繁重？合用关防应否比例请给？明白呈详，以凭具题。等因，依奉行准。

分守下荆南道右参政陈惟直手本移称：本道设立之初，职任最简，印记可无。自弘治七年内奉敕兼管抚民，分守郧襄地方，事务增剧，各属钱粮查催、支放，及编审差徭、缉捕盗贼、人命重狱、并属审谳，文移呈上、发下向无印记钤盖。本职驻扎地方去郧阳百余里，去省城千余里，邮递奸伪宁无可虞？方欲比例呈详，蒙行查议深为便宜。等因。准此。又：该本道看得分守下荆南道初设之时，政务尚简。于后兼管抚民，钱谷、刑名皆属职掌，白头文移易生奸弊。合无比照陕西分守关南道、分守商洛道、湖广分守上荆南道事例请给关防。等因。

呈详到臣，据此案照，先为前事已经牌行该道会同查议。去后，今据前因该臣看得：湖广分守下荆南道与分巡道各驻一方，不但刑名、钱谷、盗贼、差徭、综理查复当用官方钤记，即今该州八宫，官道数逾万人，每岁香客从四方络绎来者岂止数万。深山穷谷之间，弹压凶顽、保护良善，较之分巡官责任似尤繁重，若使文檄往返无印钤盖，委于政体未便。所据前项关防，既经分巡副使叶朝阳、分守参政陈惟直会议明白，又该臣参详无异。相应题请，如蒙敕下该部再加查议，果臣言不谬，将分守下荆南道比照陕西分守关南道事例，铸给关防一颗令其收掌。庶事体既隆，展布更易，防闲有据，奸蠹可厘。为此具本谨题。请旨。

在这道《请给关防以重责任疏》里，杨俊民首先引用了郧阳按察司副使、下荆南分巡道叶朝阳对分守道无关防所发表的态度：以前分守官驻扎在省城，钱粮出纳都由布政司统计，防务和刑狱都属分巡道专理，所以分守道的政务既少又简单，就没有再发给关防。而现在，下荆南分守道驻扎在均州，像稽查钱粮、刑狱管理、督捕盗贼、编审差徭等事务，都与驻扎在襄阳的分巡道划地分辖，其责任相同。但分守道在呈递公文时在应该盖关防之处都是空白，想要扼制发生弊端，防止被奸人利用，凭什么作为依据？查得同属郧阳藩镇管辖的陕西关南分守道、商洛分守道、湖广上荆南分守道都各有自己的关防。下荆南道似乎也应当一样请给一颗关防。我们分巡道和分守道两人商议很长时间了，认为该不该给关防要看分守道的职务是不是比以前更繁重了？如果是，就应该颁给关防让他使用。

杨俊民接着引述郧阳布政司右参政、下荆南道分守道陈惟直的手本内容：本道设立之初，职任很简单，可以没有印记。但自弘治七年（1494 年）内奉敕兼管抚民分守郧襄后，事务就剧增，每年在属地各州县里查催、支放钱粮，以及编审差徭、缉捕盗贼、审判重狱，但无论是文件呈上还是发下，从来就没有印记可以钤盖。我驻扎的地方离镇城郧阳百余里，离省城武昌千余里，在文书邮递过程中难道就没有担心出现奸伪的忧虑？因此我才请求颁发给关防。再说，下荆南分守道设立之初，政务尚简才没有关防，但在兼管抚民后，钱谷、刑名都要我来掌管，长期让白头文件移来送往最容易产生奸弊。何不就比照关南分守道、商洛分守道、上荆南分守道的事例请颁给我一颗关防。

最后，杨俊民表达了自己的意见：以上文书呈献到我的案上之后，我就发牌给该道，让他们会同查议。之后，我查考前因得知，湖广下荆南分守道与分巡道各驻一方，不但刑名、钱谷、盗贼、差徭、综理查复均应当使用官方钤记。只说现在武当山的八所宫观，官管的道人数量就已经逾万人，每年从四面八方络绎而来的香客人数又岂止数万，在这个深山穷谷之间，弹压凶顽、保护良善的责任甚至比驻扎在襄阳的分巡官似乎还要繁重，假若文檄往返之间没有钤盖印章，就对于政体很不方便。所以前项所说的关防，既然经分巡副使叶朝阳、分守参政陈惟直商议之后意见一致，又经我核查无异，所以我才题请陛下颁给。如能蒙陛下敕下吏部再加查议我所说不谬，就请将下荆南分守道比照陕西关南分守道的事例，铸给关防一颗令他收掌。这样事体既隆重，让他开展起工作来更容易，无论对地方防守还是抚安就都有了依靠，更能把奸蠹之人控制住。请求圣旨御批。

3. 裁减四府佐贰官员

佐贰官，即辅佐主官的副官。凡是知府、知州、知县属下的通判、同知、丞、主簿等官，统称佐贰，其品级比主官略低，虽不是主理统筹一方的主角，但为专职某一方面的主事者，依例可以各自建置单独衙门。《新唐书·食货志四》说："主以郎官，其佐贰皆御史。"

明清两代，地方知府、知州、知县所在的衙门各是该级官府的主衙门，但不是唯一的衙门。一般而言，当时的地方官员分正印官、首领官、佐贰官、杂职官等。正印官有知府、知州、知县以及学校教谕、训导等；首领官有掌管缉捕和监狱的典史等；佐贰官有通判、同知、丞、主簿等；杂职官有巡检、盐大使、驿丞、医学训科、阴阳学训术、僧会司僧会、道会司道会和其他因需而设、因时而移的杂职等。其地方行政体制，是正印官独裁之下的官员分区负责制。此外，各官之下还有干杂活的吏，如衙役和书吏。与现在各个地方上的各部门局、所都建有办公大楼一样，当时衙门设置的原则也是因官设衙，各部门的首领官、学校里教谕和训导等教官、佐贰官和有些杂职官都可以按例分别单独建置衙门。当然，有些杂职官是不允许置衙门的，如医学训科、阴阳学训术、僧会司僧会、道会司道会等。

在万历朝最初的10年里，国事掌握在张居正一人的手里。作为内阁首辅大臣的他，当时推行了一系列新政，使大明帝国从贫弱中走出，开始富强壮大起来，而精兵简政、裁革冗员就是他当时推行的新政之一。万历八年(1580年)，杨俊民在郧阳开展的裁革佐贰冗官，就是在这个历史背景下进行的。

裁员，历来就是一个得罪人而不讨好的头痛差事。那些既然已经担任了职务的佐贰官员，肯定都在支应着一份差事，到底哪个是多余的冗员很不好说。但既然朝廷要裁一部分，又不能不去做。

万历八年(1580年)的下半年，杨俊民在郧阳先后向朝廷上了两道奏折，汇报郧阳裁革佐贰官员的情况。他第一次上疏时，由于汉中府离郧阳较远，其裁员的呈报还没有送到，所以他先上了一本《议裁佐贰官员疏》，禀报郧阳、襄阳、荆州、南阳四府的裁冗成果。全文如下：

议裁佐贰官员疏

都察院右佥都御史杨俊民题：为查议裁革佐贰官员事。

万历八年九月十三日准吏部咨："该本部题内开：各省、直巡抚都御史将所属府、州、县佐贰，并仓、巡、驿递等官细加查访，果系冗员应该裁革者，作速议裁。"等因。

题奉钦依，备咨前来，已经通行督抚所属各该司、道官查议。去后，随据湖广、河南布、按二司分巡，上、下荆南，汝南等各呈所属应裁佐贰等官，逐一开报到臣。随据各布政使司查议相同。除陕西汉中府、商州候该省司、道官详议，至日另疏题请外，该臣看得：荆、郧、襄、南四府所属应裁官员，及原管事务合当归并者，已经二省司、道官查理明白，均系冗员，委宜裁革，理合具题。如蒙敕下吏部复议上请，合无将各官通行裁革？见任者，行令起送赴部改选；见缺者，即停铨补；各印记，遵例齐缴；遗下薪俸支应等项银两，系照革减数目通免派征。庶几縻冗既省，财用可节。

计裁：湖广荆州府知事一员、荆州卫知事一员、荆州右卫知事一员，原管事务归并各经历兼管；荆州府常积仓副使一员，收支事务归并大使管理；石首县柳子驿、施州卫古夷铺驿、松滋县潘家溪驿、宜都县白洋驿，以上四驿驿丞四员俱裁革内；江陵县柘林湖河泊所河泊一员、公安县洋港湖河泊所河泊一员，柘林湖鱼粮归并崔家套河泊，洋港湖鱼粮归并本县主簿各兼征。

郧阳大丰仓副使一员，收支事务归并大使管理；房县县丞一员，清军事务归并主簿兼管；上津县主簿一员，征粮事务归并典史兼管。

襄阳府知事一员，原管事务归并经历兼管；南漳县县丞一员，清军事务归并主簿兼管。

河南南阳府邓州判官一员，征粮事务归并同知兼管；内乡县县丞一员、舞阳县县丞一员，清军事务归并各主簿兼管。

在这道《议裁佐贰官员疏》里，杨俊民首先引用了之前吏部所发的咨文：万历八年(1580 年)九月十三日所准的吏部咨文里说，各省、直隶的巡抚都要将所属府、州、县的佐贰，以及粮仓、巡检、驿递等官员细加查访，如果真是冗员而应该裁革的，就要作速议裁。

接下来他汇报了郧阳所采取的措施：我在接到吏部题奉钦依前来的咨文后，已经发文让所有郧阳督抚所属的各司、道官员们查议。之后就收到了布政、按察二司分管湖广、河南的所属的上荆南、下荆南，汝南等分巡道们各呈的应该裁减的佐贰等官员名单，随后各布政使司的呈报也递了上来，查议结果与各分巡们的相同。目前，除还在等候陕西汉中府和商州的司、道官们详议呈报，到时再另疏题请给陛下外，我认为：荆州、郧阳、襄阳、南阳四府所属的应裁官员，以及他们原来所管事务的归并工作已经落实清楚，查理得也明明白白，这些人确实都是冗员，确实需要裁革，因此我才上疏请求批准。如蒙陛下能敕给吏部复议，我请求何不将这些冗官全部裁革？在任的，就行令将他们起送到吏部改选为别的职务；现在缺职的官位，就马上停止选补；各官们所持的印记、关防，一律遵例上缴；遗留下来的薪俸支应等项银两，都照所裁革的数目通通免于再向百姓派征。采取这样的措施，既可以减少冗员，又能够节省财务支用。

最后，杨俊民开列了郧阳、襄阳、荆州、南阳四府所要裁革的官员名单：

府级的有府知事、卫知事，并规定将他们的原管事务归并给本衙门的经历兼管；还有常积仓副使，他原管的收支事务归并给本仓大使管理。

县级的有县丞、主簿、驿站驿丞、河泊所河泊、仓副使等。有的是撤销单位，其原管事务归并到另一个同类单位或者县里的僚官身上；有的只是裁革一个职位，其原管事务归并到本衙门其他人员的身上。

4. 裁减汉中府佐贰官员

在杨俊民上疏并裁减了郧阳、襄阳、荆州、南阳四府的佐贰冗员后不久，汉中府及商州裁减佐贰官员的方案又呈报于他的案头。他认真审核了这份方案，看到汉中府撤销驿站2个，府县总共裁员3名，而商州并无所裁，而且各自阐述了道理。他认为大体可行，就向皇帝上了第二道《议裁佐贰官员疏》，其全文如下：

议裁佐贰官员疏

都察院右佥都御史杨俊民题：为查议裁革佐贰官员事。

万历八年九月十三日吏部咨："该本部题内开：各省、直巡抚都御史将所属府、州、县佐贰，并仓、巡、驿递等官细加查访，果系冗员应该裁革者，作速议裁。"等因。

题奉钦依，备咨前来，已经通行督抚所属衙门查议。去后随据陕西布政司分守关南、商洛参议呈称，所有应裁佐贰等逐一开报到臣，及布政使司参议相同。该臣看得：汉中府属应裁官员及归并事务，既经司、道官参议明白，该臣参详无异，理合具题。如蒙敕下吏部复议上请，合无将各官通行裁革？见任者，行令起送赴部改选；见缺者，即停铨补；各条记，遵例齐缴；遗下薪俸支应各项银两，系照革减数目分别编征。庶几政体极称简当，财用不致虚糜。

计裁：陕西汉中府巡捕通判一员，遗下捕务归并该府清军同知兼理；宁羌州阳平驿一员、略阳县白水驿一员俱裁革，合将略阳县置口巡检司移于白水驿馆，九股树巡检司移于阳平驿馆，各统弓兵防守，以示弹压。置口巡检司，按季支领。

在这第二道《议裁佐贰官员疏》里，杨俊民按照惯例引用了吏部咨文后，接着汇报了自己所采取的措施：在接到吏部题奉钦依前来的咨文后，我已经发文给所有郧阳督抚所属的各衙门让他们查议。之后收到布政司分守陕西关南、商洛二道的参议所呈报的所属州县应裁的佐贰等官名单，与随后呈报上来的各分守参议们所查议的结果相同。我认为：汉中府所属应裁官员及事务归并既然经过司、道参议官们呈报明白，也与我所核实的情况相同，所以就给陛下具题上疏。如果能蒙陛下敕给吏部复议，何不就将所议各官全部裁革？在任的，就行令将他们起送到吏部改选为别的职务；现在所缺的官位，就马上停止选补；各官所持的印记，一律遵例上缴；遗留下来的薪俸支应等项银两，全部照裁革的数目免于再向百姓派征。这样政体就变得精当，财用不致虚靡。

最后，杨俊民开列了汉中府所要裁革的官员名单：汉中府巡捕通判一员，留下的捕务归并给府清军同知兼理。撤销宁羌州阳平驿和略阳县白水驿，各有一名驿丞全部裁革。将略阳县置口巡检司移驻到白水驿馆，将九股树巡检司移驻到阳平驿馆，让他们分别统领弓兵防守地方，以示弹压。置口巡检司所需的经费按季支领。

以上两道奏疏里所提及的“印记”和“条记”，均是未入流官员（九品以下的无品级官员）所使用的一种长方印，也称“钤记”；所提及的几个佐贰官员职务的职责分别为：

通判：为“知事通判”的简称，是为了加强对地方的监察和控制，防止地方官职权过重、专擅作大而设的一个职务，由皇帝直接委派到府或者州去辅佐地方主官的，虽为地方主官的下属，但有直接向皇帝报告的权力。地方主官在向下属发布命令时，必须要与通判一起署名之后方能生效。后来，通判的差选由朝廷选京官任职改为了由转运使、制置使及提举司等监司的荐举征召。通判除监察地方外，凡兵民、钱谷、户口、赋役、狱讼听断之事均可裁决，但必须与主官一起签署之后才能施行。通判的权力很大，但品级较低。

判官：为府、州衙门里辅助知府、知州处理事务的僚佐，由朝廷选派的京官充任，为从七品。

知事：不能等同于知府、知县等正官，只是古代的一种下等官职，一般在各级官府里都设有，为正八品、从八品、正九品不等，与经历一起分掌出纳与文移。

经历：为辅佐府级以上衙门主官的僚属，品秩由正六品至正八品不等，主要掌理出纳、典簿校注、题奏文书的收发。

县丞：为辅佐知县的僚官，相当于现在的副县长，一般分管清军、粮草、马匹、巡捕等，为正八品官员。其中的“清军”，万不可以为是清朝的军队，而是对军队人数、粮草、马匹等数量进行清查。

主簿：各级都设，为主官属下掌管文书的佐贰官，相当于现在的秘书长。

典史：知县的属官，负责掌管缉捕、监狱和收发县衙公文，不入品阶，即“未入流”之末官。当一个县小到没有设县丞、主簿时，典史就兼领这些人的职责。

仓大使：为主管仓库的正官，仓副使是他的僚属，均属无品级未入流的末官。

万历十一年的汉江特大洪灾

一

万历十一年(1583年)二月，朝廷恢复于万历九年所裁革的郧阳藩镇，派顺天府尹张国彦为右副都御史赴任郧阳巡抚。张国彦，字熙载，北直隶邯郸人，嘉靖四十一年(1562年)壬戌科进士，历任知县、兵科给事中、山西右参政、顺天府尹、郧阳巡抚、顺天巡抚、户部侍郎兼兵部尚书、刑部尚书。万历二十六年(1598年)十月初八日卒，赠太子太保。

张国彦任郧阳巡抚只有9个月，于当年十一月就改任了顺天巡抚。这9个月的时间虽然很短，但对他来说却是刻骨铭心的，因为他亲历了一场惊心动魄的大灾难。

在新年过后不久，张国彦在接到赴郧阳任职的诏书后，就匆忙交割顺天府的工作，赶紧进宫去接受敕谕，垂听皇帝廷训，再收拾行囊上路。由北京到郧阳不便水路，他只能与随从一起骑在马上颠簸。刚出北京时的气候还寒气逼人，但越往南走就越见暖和，他自然免不了沿途观风赏景，赋写风骚。

张国彦此时的心情很好。郧阳藩镇裁革了两年，朝廷终于意识到了当初的决定有点草率甚至荒唐。汉江流域的局势在张居正死后又风起云涌，朝廷急忙恢复郧阳藩镇，并派自己前去抚治，正是自己大展宏图的机会。

他完全没有意识到风险正在等着自己。

四月底，张国彦进入河南。一天，他在驿站馆舍里吟诗作赋到了深夜，刚入睡不久，就被一阵急促的敲门声惊醒。打开门，原来是来自郧阳府的加急申报，打开一看让他惊出了一身冷汗。申报上称：二十日至二十五日，淫雨连续5天，大注不绝，顷刻之间江水泛涨一二丈，沿江一带庐舍、货物尽行漂没。

二十日夜二更时分，守卫各门的人役急报水势非常汹涌，即将入门。但还没有等人们反应过来，洪水就自东门而入，由县卫大街直冲府衙，眨眼间城内外东、西、南三门均水深约三丈，把抚衙、道衙及府、卫、县等衙门尽行冲毁，所有册卷档案和府仓积粮漂没无存，城墙也倒塌大半，城内外的居民房屋与积蓄一洗而罄。所幸各衙门官员都携带着官印逃了出来，但民众溺死者无数。只有城西北一角高阜之地的人们得以幸免，也不过是全城人数的十分之一。百姓家中的旧粮全部付诸东流，地里的庄稼又没了指望。整个郧县六死四生，枕尸累累，十室九空，哀叫彻天，这是一场千年未有的大灾难。

张国彦顿时蒙了，怎么自己还没有到任，老天爷就先给自己来了一个下马威？从申报上看，不仅自己的抚衙连同郧阳城内大大小小的官衙都尽被冲毁，一应文书漂荡殆尽，而且官仓也全部倒塌，库粮付诸东流，前去拿什么赈灾？用什么救济？况且人去之十九，动员抗灾都难以找到足够的人力。

就在张国彦还没有回过神来的时候，更大的打击接踵而来。襄阳府的加急申报被递了进来，犹如一个晴天霹雳击在了他的头上：四月二十三日下午，均州突然天雨倾注，一直下到了二十五日，江水泛涨，声响如雷，将城墙冲开数处，街市荡为沟壑，满城号泣。州衙并千户所的一切文卷俱被漂走，城外沿河一带的民居漂流无存，城中百姓的房屋也只存十分之一，淹死男女老幼无数，仓粮漂去多半。襄阳、宜城、光华、谷城等县的形势与均州相差无几。

第二次打击反倒让张国彦清醒了一些，他要求笔墨伺候，一口气奋笔写下了三道文书。一道加急送往北京，紧急向皇帝奏报汉江上所发生的灾情；一道让郧阳信差带回郧阳，要求郧阳知府尽全力带领府及以下所有官员奋力抗灾；一道让襄阳信差带回襄阳，要求下荆南道道台和襄阳知府带领道及以下所有官员分赴各县全力抗灾。

打发走信差，张国彦吩咐手下打点行囊，星夜兼程赶往郧阳。

路上，他又分别接到下荆南道右参政冯时雨和监察副使分巡道侯尧封各自的申报，内容与郧阳、襄阳二府的内容基本相同。

二

刚到郧阳，张国彦来不及进入僚属为他紧急找的一个安身之所，就跳下马开始巡察民情。眼见一座雄踞四边的镇城只剩下了西北一隅，人数还不及华北平原上的一乡村多，而且个个嗷嗷待哺等待赈济，他的心不由得阵阵发紧。他来到北门山顶瞭望全城，淤泥之下的残垣断壁依稀可见，一股凄凉氛围徒涌心头，空气中仿佛还有阵阵腐臭之气不时飘来。

张国彦在听完了知府叶逢春的汇报后，对他所实施的赈灾工作比较满意，特别是听说他已经派人挖出了被埋在淤泥下的库银后，不禁对他大加赞赏，要求他尽快派人拿着银两去买粮，绝不能让幸存下来的人再饿死，又叮嘱郧县知县要他沿江统计灾情，不能让受灾百姓再衣食无着。

安排好郧阳的事务后，第二天张国彦就乘舟而下，一路巡察了均州、谷城、光华、襄阳、宜城，边走边了解灾情，指导赈济。途中，他接到了来自金州(安康)的申报，知道了汉中以下州县皆受灾，金州尤其严重。

在襄阳，张国彦向皇帝陈奏了《二郡水灾，乞赐赈恤疏》，其全文如下：

二郡水灾，乞赐赈恤疏

都察院右副都御史臣张国彦题：为二郡突遭异常水灾，民不堪命，恳乞天恩俯赐，破格赈恤，以保遗黎，以安地方事。

据郧阳府申：据郧县申称，万历十一年四月二十日起，淫雨大注不绝至二十五日。据城外居民报称：江水泛涨，顷刻约深一二丈，沿江一带庐舍、货物尽行漂没。本夜二更时分，据各门人役急报，水将入门，势甚汹涌。禀未及终，洪水遂自东门而入，由县卫大街直冲府治，倏忽府城内外东、西、南三门平地水深约计三丈，院、道及府、卫、县等衙门尽被淹颓，一应册卷及府仓积稻漂没无存，城墙倾仆大半，各官携印趋高仅以身免。城内外居民庐舍与其积蓄一洗而罄，溺死者无算。惟西北一角稍为高阜，亦不过十分之一。旧麦所收接赴东流，新禾又没，无望西作，六死四生，枕尸累累，十室九空，待哺嗷嗷，但闻哭声震地，哀叫彻天，此数千年未有之变。等因。到府看得：本府之民多系流户，丰年乐岁犹可拊摩，冀其无事，今值兹灾变非常，则口食无计，恐不免群起而为盗。若不亟为宽恤，弄兵之惨即在目前，其祸深有足虑者，伏乞俯念贫荒，特为申奏大加优赈，蠲免常税。更祈查各郡仓库有余积者多方挪借，救此垂毙苍生，实为恩便。

又据襄阳府申：据均州申称，四月二十三日未时，天雨骤作，势如倾注。至二十五日，江水泛涨，声响如雷，将城冲开数处，水进荡为一壑，满城号泣，情实可哀。本州并千户所一切公署文卷俱被淹颓，城外沿河一带居民漂流无存，城中百姓房屋止存十分之一，淹死老幼男女无数，仓粮漂去多半。又据襄阳县申称，襄民节受水患，不幸今年四月二十五日夜三更，洪水异常泛涨，冲开堤岸奔流数里，淹尽麦、粟、豆，民多失望。沿河两岸冲流如洗，四野群黎哭声载道，皆谓此襄城罕有之变，若城外各乡村去处，淹没漂移尤为无数。又据宜城县申称，四月二十七日夜，水势凶猛，冲断石堤，近河居民庐舍人口漂溺不可胜算。自潼口小河起至丰乐河止一带，河道熟麦漂没殆尽，人止以活命为幸，余不暇顾。迄今水退，有父母妻子离散号哭田野者，有人口幸存而家无半粒米之储者，姑待秋季豆粟何如？另行议报。又据光化县申报，四月二十五日忽遭滔天异常洪水昼夜泛涨，将沿河六十余里居民家财、食粮与地内成熟二麦尽行漂流无存，淹颓人口、头畜不计其数，家口绝食，粮差从何办纳？又据谷城县申称，本月二十五日昼夜，猛雨如倾，本县前后两河及郧均江汉交流联接县东，夜忽三江骤涨。本县地方周围平漫，西山抵东，阔如湖海百里有余，急雍城门幸未灌入。门外水高数尺，登高观望，四野水齐树梢，成熟二麦尽行漂没，倾倒房屋、溺死人畜无数。往年虽有水尚在白日，人得预防。此水黑夜陡止，民难逃生。及称：各将被灾人民每名量给仓粮斗升，以救一时饥饿。等因。到府，转申到臣。

又据湖广布、按二司守巡下荆南道右参政冯时雨、副使侯尧封各揭报相同。

比时，臣尚在中途，闻之不胜骇愕，即兼程入境，将前申报仰二道参政冯时雨等督同府、州、县官多方赈恤，大力拯救：凡可以活民命、奠民居，纾燃眉之急，为善后之图者，毋拘常格，径自举行，完日册报。臣看得：大灾之后人心汹汹，虽行令赈给，恐有数之粮难以济无穷之众，万一遗黎失所深为未便。又经案行二道会议，先尽本处仓粮赈济，不敷者于邻近州县借支，及查库贮堪动银两，籴卖救恤，务令灾民得所，期保无虞。仍一面示谕小民，各将淹没水退田地趁时布种谷麦等项，仰望秋成。

又闻水自陕西汉中而来，金州等处受祸尤残。除查明会同陕西巡按御史另本具题外，臣惟郧阳地方夙多流寓，素怀反侧。且因臣抚治衙门裁革，法纪渐颓，加以去年西北凶荒，平庆等处饥民强半携男负女来此就食，蜂屯蚁聚隐祸堪忧。臣奉命以来，日夜惶惶，以不克康靖为恐，乃今适臣方任，先有此异常水灾，揆厥所因皆臣不德所致，夫复何言？

臣会同巡按湖广监察御史涂杰议照：郧阳乃流民啸聚之薮，襄阳当天下吭背之冲，赋重差繁，久称疲累。今又痛遭此从来未有之灾，城市荡为川原，桑田变为沟壑，公积、蓄积须臾尽付洪涛，禾黍方兴奄忽，俱成赤壤，居民之溺死者不可数计，纷然作就下之泥。幸生者靡有孑遗茕然，若丧家之狗栖身无所，炊爨何依？嗷嗷怨泣冲天，处处尸骸横野。臣躬莅其地触目摧心，思所以拯救生全，诚计无所出者。如蒙皇上轸念重地，敕下该部再加查议，合无少破恒格，容臣等严督该道并有司官员，将前项被灾地方一切粮差少宽月日，暂缓征输，仍查借邻近州县仓粮及二府各处库贮堪动银两，酌量解发，多方赈恤，以为存身糊口之资。俟秋后查勘稼穑有无、成熟分数应否该蠲税粮，同赈过灾民等第名口、用过银粮数目，造册一并奏缴，请旨定夺。庶遗黎有所依藉，而地方可保无虞矣。

三

张国彦在《二郡水灾，乞赐赈恤疏》里，首先禀报了沿江的灾情：

郧阳：各级官衙俱塌，城去大半，十室九空，人剩一成，仓廪尽漂，庄稼尽毁，人们嗷嗷待哺。该府之民多系过去的流户，值此灾变而无果腹之物，我不免担心他们会群起而为盗，如果不及时宽恤，弄兵之惨就在目前，其祸之深，足让人忧虑，请求陛下特别大加优赈，豁免常税，更祈盼能允许我清查各地府库所有余积好多方挪借，借以拯救这些垂毙的苍生。

均州：江水将城墙冲开数处，街市荡为了沟壑，州衙和千户所一切公署的文卷俱被淹流，城外沿河一带的居民无一幸存，城中的百姓也淹死无数，房屋只存十分之一，仓粮漂去多半。

襄阳：四月二十五日夜三更，异常洪水冲开堤岸奔流数里，四野哭声载道，城外各乡村百姓淹没漂移无数，人们都说这是襄城罕有之变。

宜城：四月二十七日夜的水势冲断石堤，居民庐舍和人口漂溺不可胜算。自潼口小河起至丰乐河止，成熟的小麦被漂没殆尽，人们以活命为幸，其余都来不及顾及。水退后，有父母妻子因离散号哭于田野的，有人口幸存而家无半粒米的，大家只能等待看秋季豆粟的收成如何。

光化：四月二十五日，滔天洪水将沿河六十余里居民的家财、食粮与地里成熟二麦尽行漂流，淹死的人口、牲畜无数。幸存者均举家绝粮，粮差无从纳办。

谷城：二十五日如倾的猛雨使三江骤涨，急雍城门幸未灌入，而门外水高数尺。该县地势平坦，阔如湖海百里余，登城头观望，四野水齐树梢，二麦尽行漂没，房屋倾倒溺死人畜无数。县府给每位受灾人民一点粮食以救一时饥饿。

接着他又汇报自己已经采取的措施：听到灾情时我尚在途中，闻之不胜骇愕，即兼程入境，仰仗下荆南道参政冯时雨等人及时督同府、州、县官多方赈恤，大力拯救。我要求他们：凡可以活民命，立民居，一切能够解决燃眉之急的方法都可以采用，一切都要为灾伤善后让路，要不拘常格地径自举行，不要等待指望别人，只要在做完之日造册上报就行。我到郧阳后看到的是，大灾之后人心汹汹，虽发布了命令要各级官府赈济，但恐怕有数之粮难以救济无穷之众，万一让受尽劫难的黎民失去依靠就深为不便了。我一面行文给下荆南道并与他们会商，要求各县先尽本处仓粮赈济，不够再向邻近州县借支，更要清查库贮中能够动用的银两及时买粮救恤，务令灾民得以保全性命无虞；一面示谕百姓，要求他们各自将水退之后淹没的田地及时恢复耕种，仰望秋天能有一个好的收成。

进而他提出自己的担心：我听说洪水自汉中而来，金州等处受祸最残。我认为：郧阳素来是流民集聚之地，素来心怀异志，况且近年因巡抚衙门的裁革所造成的法纪荒废，加上去年西北凶荒，有平庆一带的饥民一多半携男负女来此就食，蜂屯蚁聚般所带来的隐患也令人担忧。我奉命以来，日夜惶惶，担心不能胜任安定地方的责任。这不，刚上任就先有这场异常水灾，自己揣测可能都是我有什么不德所导致的。

最后他向皇帝请求：我会同湖广巡按御史涂杰商议之后，向朝廷请求：郧阳乃流民啸聚之地，襄阳为天下战略要冲，都长久被繁重的赋役和差使疲累，现在又痛遭这场从来未有之灾，城市荡为了川原，桑田变为了沟壑，公积、蓄积眨眼之间就尽付洪涛，庄稼刚成熟就倏忽成为一片赤壤，溺死的居民不可数计，在纷然间就成为了泥下之魂。幸存者更是形影相吊，孤孤单单，如丧家之犬无栖身之所，不知道该在哪里烧火煮饭，怨声哭泣冲天，处处尸骸横野。我亲临其地，处处都是触目摧心，无时不在思考拯救活命的办法，但实在计无所出。如蒙皇上轸念这里是重地，请让户部再加查议，何不稍微破格容我等严督道、府、县官员，将受灾地方的一切粮差宽限时日，暂缓征收和运输，仍然允许查借邻近州县的仓粮和郧阳、襄阳二府各处库贮的可以动用的银两酌量送来发放，多方赈恤，才能满足百姓存身糊口之资。等到秋后，再查勘庄稼收成的多寡决定是否应该豁免税粮，到时与赈济过的灾民名册、用过的银粮数目造册后一并奏缴，请旨定夺。这样，幸存者就有所依凭，而地方就可保无虞了。

四

在襄阳期间，张国彦于六月底才接到汉中府的申报，才得知金州的灾情甚至比郧阳和襄阳来得更重，这又一次让他坐卧不安。他不敢耽搁，骑上快马就沿汉江而上赶往金州，甚至路过郧阳也没有停留。

在金州巡察后，张国彦向皇帝奏交了《异常洪水乞赐蠲赈疏》：

异常洪水乞赐蠲赈疏

右副都御史臣张国彦题：

万历十一年六月二十五日，据陕西汉中府申：据金州申称：本年四月二十三日，偶然暴雨如注，昼夜不息，千山万壑之水滚滚，滔天而来，加以江汉、黄洋、越河交流一处，至二十四日，水势汹涌，始由门入，继越城而过平地，水齐树梢，不可以丈尺计，遂将本州城垣，官民庐舍、蓄积尽行漂没，荡然一空。军民溺死者十分之七八。间有壮者，勉(强)攀树梢、屋脊逃万死于一生。见今无衣无食，无房栖止，皆露袒坐立山坡、草野、寺观间，相向悲泣，闻之无不痛心酸鼻，此诚非常之变。等因。申府。

随该本府署印推官韩鹏亲诣该州勘察，据生员姚启明等、州民赵忠等、守御千户所军龚普才等联名告称：洪水齐至，有全家尽灭者，有十口之中死伤五七口者、有三四口者、有一二口者。除举家溺没，并流寓只身漂流无人，只见及头畜、资财无数不计外，查知分守关南道刘参议淹死家眷五口，门皂、快手各一名；城市尸躯男妇共四千五百四十九名口；乡官致仕同知刘溢、生员罗一本等五名；六房吏张谦等连家眷共一十三名口；州监重囚三名漂去见问未经转详；犯人九名未审存亡。止救活见存，今寄住各山坡、坟茔、寺庙军民共八百八十四家，男妇共四千一百五十一名口，俱拥道泣诉，急缺衣食，不能度命，乞要赈贷等情。又查得：守道并州、所等衙门印信，各官随身悬带幸存，惟各衙门一应册卷尽行漂流。间有捞获者，泥水粘连浥烂不全。本州预备仓粮五千九百五十八石三斗、本所仓粮六十余石俱被水漂流。州库官银系石砌地窖，上有千斤石为盖；所库官银不多，库役随带，以此俱无损失。其前项被淹救活之民，虽需起死回生之恩，若无粒食安身之所，啼饥露宿极可哀怜。已经分守道刘参议目击嗷嗷，急议于临江县分移借仓粮给发赈济以疗残喘。等因。

又据陕西布政司分守关南道右参议刘致中呈报相同，及称本道原领坐名敕书一道，因仓忙抱负怀中，虽未损失，水浸有迹，将来恐难奏缴，见今夙夜兢兢，待罪扶病，暂栖民居。惟严禁抢夺，一面劝借官民麦谷暂安救活之民，但人多粮少，恐难遍济。查得汉中府属汉阴、平利去金州颇近，石泉、紫阳、洵阳、城固、洋县、西乡、南郑各县俱舟楫相通，候详允，克日行令九县，各将见贮仓粮以十为率，每处量动二分，差官径运金州交割，听本道委官唱名给赈，事完造册缴查。等因。

又据本道呈：据金州乡官刘卿等、举监生员江腾鲲等、乡民马增等各连名呈告，本州旧城今已荡平，不堪居住，生民陷溺，诚可寒心，乞将州治迁近南山高阜处所，以图永久等情。该本道会同分巡关南道副使张登云看得：金州旧城北枕大江，西通越河，东、南通黄洋河，数水交流此处，固自成化八年水灌州城冲漂官民房舍，极称大灾。嗣阴雨连绵河水泛涨，或推江边两岸，或损东关一带。深识远虑之士恒谓金州异日必遭大水。今蹇数厄运会际一时，生民鱼鳖果不免矣。固死者不可复生，而仅存士民露处寺庙、庵观及高阜山坡之间，非惟无力挖寻遗木重起房舍以苟安身家，即遥望遗址寒心堕泪，不复敢入，又谁肯更居旧城以自取陷溺之祸耶？阖郡士民见得城南二里许山坡平地一区，坐南朝北，周围约四里，咸谓可迁州治。该本道率领州、所官员及乡耆人等与素谙地里者遍历阅视，果为地势高阜，足避水患，而又负山带江，众山拱护，诸水环绕，四顾有情，移建此地可以垂亿万载不拔之基。且士民佥言州以金名，金能生水，宜多水患。今改迁旧地以从民愿，仍乞更易新名，以释民疑。但改迁州治，与创建不殊，经营财用难以枚举，亦难逆计。呈乞题请酌处。等因。到臣。

臣于入境之初，即闻金州并湖广郧、襄二府水灾异常。因该州申报未至，先将郧、襄水灾缘由具题，又经行查去后，今据前因，臣披阅来文，不觉潸然泪下。窃谓金州地势卑浚，虽时有水灾，然千百年来未闻如此之惨。推原其故，皆由臣等地方官奉职无状，致贻害上民。若此，臣当即痛自修省，及批行该道，如议速借邻谷赈救，凡可以消弭衅端、保全民命者，悉听从便宜区处，仍查将该府仓库收贮堪动银谷陆续再发赈救人。牌仰该道，莫负朝廷德意，晓谕穷黎各安心自保，听日下题请，破格蠲赈。

另外，臣会同巡按陕西监察御史陈荐为照：金州设在万山中，滨临汉水，旧城地势汙下，故冲决之患从来有之。今突遭此异常洪水，将城市变为沟壑，公私庐舍一一漂荡，委实不堪重建，合当改迁。但城工已极浩大，兼之分守等衙门一时并修，用费尤为不赀，今虽未可逆计，大都非万金不可能也。臣衙门原无会计钱粮，该府库藏又见空乏，州民溺死过半，存者仅十分之三，方野处颠连，彷徨无定，嗷嗷待哺，日不聊生，所据应用物料、夫役等项，未可分毫派扰。臣此次殚精竭虑，茫然不知所裁。伏乞圣慈轸念地方，敕下该部再加查议，合无容臣等督同该道议借邻近仓粮，并查勘动银两多方赈救，期保全活。仍乞将陕西抚、按官本年解部赃罚银内量留五六千两，准发该州创立城垣等项支用，不敷之数行布政司凑处接济。一切工料、夫匠并委官等项事务，责成分守参议刘致中从长估议，择日兴工，次第营造。该道仍不时督察，勿容侵冒滋弊，完日将动过银谷、赈过灾民及修过工程、用过银两各数目送臣等覆加核实，造册奏缴，将册送部查考。州名应否更易以释士民之疑，临时请乞宸断。其州、所今岁额办税粮、屯课，乞为破格优恤，尽数蠲免。如此庶垂死之民均霑再造流离之地，自此即安矣。

五

张国彦在这篇《异常洪水乞赐蠲赈疏》里，首先摘录了汉中府申报的内容：据万历十一年(1583 年)六月二十五日汉中府申报：据金州申称，四月二十三日突然暴雨如注，昼夜不息，滔天洪水自千山万壑滚滚而来，江汉、黄洋、越河等几条河流交汇之后于二十四日涌入城门，越城而过，然后趟入平地，水深齐树梢，不能够以丈尺计，将城垣和官民庐舍、蓄积漂流得荡然一空。溺死军民十之七八。偶尔有壮者勉强攀爬上树梢、屋脊才于万死中逃过一命。现在他们无衣无食，无房栖止，都袒露着身体或坐或立于山坡、草野、寺观间相向悲泣，让听到之人无不痛心酸鼻。这是一次非常之变。

接着，他汇报了看到和查得的灾情：我随汉中府署印推官韩鹏亲临金州勘察时，有姚启明等生员、赵忠等州民、龚普才等守御千户所军士们所递的联名呈告，说洪水中有全家尽灭的，有十口之中死伤五七口而剩三四口、一二口的。除全家溺毙和流浪至此的单身者无人知道的，以及他们的牲口、财产无法统计外，现在的统计为：

淹死：分守关南道参议刘致中的家眷 5 口和门皂、快手各 1 人，无名尸躯 4549 具，退休在家的同知刘溢和生员罗一本等 5 人，六房吏(州县衙门大门两侧所设的吏、户、礼、兵、刑、工六房吏员)张谦等连家眷共 13 人，州监里的 3 名重囚眼见得漂去而详查未果，还有 9 名犯人未知存亡。

幸存：寄住在各山坡、坟茔、寺庙的军民共有 884 家 4151 人，都拥挤在道路两旁，泣诉着自己没有衣食而不能活命，请求官府给予赈贷。

查得：道、州、所等衙门的印信，都因为有各官随身悬带而幸存；各衙门的所有册卷则尽行漂流，偶尔有人捞获也因泥水粘连已经浥烂不全；州预备仓里的 5958 石 3 斗、千户所仓里的 60 余石仓粮全部被水漂流；州银库为石砌地窖，上面又有千斤石为盖幸而完好无损；千户所库里的官银不多，由库役随身携带，所以俱无损失；幸存的百姓需要起死回生之恩，但俱无颗粒之食和安身之所，啼饥露宿极可哀怜。分守道参议刘致中看到百姓嗷嗷待哺的情状，已经急议调度部署借取临江县份的仓粮给予发放赈济，以疗百姓残喘。

接下来，他禀报关南道所汇报的赈灾情况：据关南道右参议刘致中称，该道原来所领的皇帝《坐名敕书》一道，因发水时仓忙抱在怀中，虽然未受损失，但已经浸有水迹，担心将来恐怕难以奏缴而终日战战兢兢，虽然待罪扶病暂栖在民居中，但仍在指挥救灾：一面严禁百姓抢夺，一面劝有积蓄的官民借出麦谷暂时安定幸存之民，但人多粮少，恐难遍济。认为汉中府所属的汉阴、平利两县离金州最近，石泉、紫阳、洵阳、城固、洋县、西乡、南郑各县也都有舟楫与金州相通，请求皇帝允许马上行令于这九个县，各将所贮仓粮的十分之二径自差官运往金州，听从委派的官员一边公布名单一边发放赈济，事完之后再造册缴查。

他请求另建金州新城：刘致中禀报说，有刘卿等金州籍官员，江腾鲲等举人、监生，马增等乡民们连名呈告，认为金州旧城已被荡平而不堪居住，有大量生民陷溺其中，十分寒心。请求将州城迁到南山的高阜之处，以图永久。刘致中已经会同关南道副使张登云前去勘看，认为金州旧城址北枕大江，西通越河，东南通黄洋河，数水交流一处，在成化八年(1472 年)曾经发生连续的阴雨致使水灌州城，冲漂官民房舍，河水泛涨推动江边两岸，导致损毁东关一带的大灾。当时就有深谋远虑之士很肯定地说金州异日必然还要遭遇大水。现在，困苦的厄运果然再次来了，许多生灵果然没能幸免。虽然死者不可复生，但仅存的士民现在还露处在寺庙、庵观及高阜山坡之间，不仅无力挖寻掩埋的遗木重盖家园以苟安身家，还因为他们遥望遗址都寒心堕泪而不敢再进入城中，还有谁肯再回到旧城去居住以自取陷溺之祸？全城士民看中了城南二里多外山坡之上的一处坐南朝北周围约四里的平地，都说可以在那里新建州城。我率领州、所官员和民间耆老与精通地理者踏遍了那里，这里果然是一个地势高阜足以避免水患之处，地势靠山带江，众山拱护，诸水环绕，四顾有情，如果移城到此地，可以垂亿万载不拔之基。还有士民建言：金州之名不吉利，金能生水，宜多发水患，改迁之后的城池应该顺从民愿，改个新名以释民疑。然而改迁州城就等于新建，经费建材多得难以一一列举，恐怕一时更难以筹措，呈请酌处。

他再禀报自己所采取的救灾措施：我在入郧阳境之初，就听说了金州、郧阳、襄阳的水灾异常。当时金州的申报未到，我就先将郧、襄的灾情先行奏报，再去行查。在路途中，我接到了金州的申报，披阅来文时不觉潸然泪下，心想金州地势低，虽然时有水灾，但千百年来未闻如此之惨。推其原因，都是我们这些地方官没有尽到职责才导致上天贻害百姓。对此，我当时就痛自修省，马上批行该道，同意他们所议的速借邻近县份的粮食赈救，凡可以减轻灾情、保全百姓性命的措施，都可以自行决定，并继续清查官府仓库所收贮的粮食，将可以动用的银两陆续再发以赈救百姓。我发牌给该道，让他们不要辜负朝廷的德意，要晓谕百姓先各自安心自保，听候不久之后朝廷的破格免赋和赈济。

最后，他提出请求：我会同陕西巡按御史陈荐考察后认为，金州处在万山之中，又临汉水，旧城地势低洼，所以冲决之患从来就有。今年突然遭此异常洪水，将城市变为了沟壑，公私房舍全部被毁，实在不能就地重建，而应当立即改迁。但迁城工程极其浩大，加上分守、州等衙门同时修建，费用尤其不可估量，现在虽然不可预计，但大致没有万金不行。我的抚衙欲新迁恢复原本就没有钱粮预算，汉中府的库藏也已经空虚，这里的州民淹死过半，幸存者仅十分之三，都在荒郊之处彷徨无定，嗷嗷待哺，民不聊生，所有应用、物料、夫役等项不能有分毫的摊派搅扰。我虽然殚精竭虑，仍茫然不知该怎么办，伏乞陛下轸念地方，敕谕户部再加查议，何不容我等督同关南道议借邻近县份的仓粮，并查勘可动之银两多方赈济，务必保全所有幸存者。再请求从陕西抚按官本年解送户部的赃罚银内留下五六千两，准许发给该州迁建城垣等项的支用，不够的再由陕西布政司凑齐接济。一切工料、夫匠、委官督造等项事务，就责成给分守参议刘致中负责，让他择日兴工，分阶段营造。关南道要不时督察，不能容忍任何人侵贪生弊，完工之日要将动用的银两、粮食、赈济过的灾民名册以及修过的各工程银两数目，送我等覆加核实然后造册，奏缴送部查考。关于州名是否更改，以释百姓之疑，请陛下决定。该州、所今年要完成的税粮和屯课，请求破格优恤尽数免除，这样当地垂死之民就都能够得到迁城的好处，从此就能够安定无忧了。

七月癸卯日，皇帝谕旨："以陕西金州被水患，移州治于城南二里。"

八月壬子日，皇帝谕旨："改陕西金州为兴安州。"

六

不久，张国彦就收到了户部的咨文，他的请求全部得到了皇帝的批准。然而，他没有一丝一毫的窃喜，因为修建金州、郧阳、襄阳府城及其他几个县城的事情已经让他伤透了脑筋。

张国彦拿起蘸满了墨的笔，再次写下了《修城垣以固保障疏》，对郧阳、均州两城的重建进程作了禀报，并提出自己的建议请皇帝圣裁：

修城垣以固保障疏

都察院右副都御史臣张国彦题：为议修城垣以固保障事。

据湖广布、按二司守、巡下荆南道右参议冯时雨、副使侯尧封看得：

郧阳府城于万历十一年四月二十五日等江水泛涨将城垣、楼铺淹冲倒塌，自东门起至西门止约长共九百丈；又南角八十丈，通共九百八十丈，以旧砖填心铺面，其内外包砌，俱从新修筑。又，城楼、窝铺共大小十一座，并兵马铳楼、镇远楼中门倒塌，倾圮不一，有应从新起盖，有填补修葺，并增修维护堤石岸等项，复估该银八千四十四两九钱六分九厘五毫。又，该各官重复估议再于应减省者，去银二千七十九两八钱九分，实该买料并夫匠、工食等项，共银五千九百六十五两七分九厘五毫，已经遵照批详动支军饷银三千两，买柴烧造砖、灰一面修筑外，其余银两查得库贮并无别项堪动官银。合无轸念地方灾伤，姑照原议仍于军饷银内动支，照数给发，专委本府通判沈兼分发小委官修理。完毕，查明造册缴报。等因。

又据二道会呈：据襄阳府申，据均州申称，该本州知州宋祉会同千户所掌印指挥姜绍，估得本州城垣东、西、南、北周围冲塌倾损城墙二十六处，共计五百四十六丈。验其所塌之源，盖由原砌根脚无石，内填沙土，以致不坚。今议横以一丈，高二丈四尺为率，根用顽石，二尺入土，一尺砌脚，并合用添烧砖料价，夫匠、工食及补修窝铺六座物料等项银，通共二千六百七十九两七分五厘。及查库藏空虚，并无堪动借支银两，无处计议，请乞议发官银修理。等因。申府。

随该本府查得：均州城垣原议估修工料共该银二千六百七十九两七分五厘，今蒙分守道发助银八百两一面在得拨给外，尚少一千八百七十九两七分五厘，府、州库藏并无可动之银，惟查得太和山香钱原委修理宫观、桥梁等项支用。净乐为八宫根本，城坏宫且不保，修城即所以修宫也。应否于内动支。等因。覆详到道。

随该分守道查得：净乐宫库原有存积香钱近以谭太监物，故行委郧阳府推官李复初、均州知州宋祉会同亲诣该库查盘过实，在库银共有五千三十七两三钱，又新钱八百四十串存库，此银向来存留专备本山修理等项支用。今照：净乐宫原在均州城中，且本宫建有库藏，而太和山节年收存香钱、颜料等物，并钦降金、玉圣像，器物俱在库收藏。若均城不修，则官库无所障蔽。今修州城，正所以护净乐宫，即系太和山之事，相应改动香钱委属便宜，合候详允，备行该府，转行该州，将库贮香钱内如数动支一千八百七十九两七分五厘，给专委襄阳府推官孔闻易，督州、所委官分工修筑，严限完报。等因。各造册通详到臣簿查。

先据二道呈详修理郧城缘由前来，批阅再议间。该臣查得所议军饷银两，先年题奉钦依专备本镇团练、兵马、衣甲、器械、日粮、犒赏等公用，从来并不别项支销。且见今地方灾伤，群情汹汹，盗贼易起，所恃以收拾人心、震慑奸宄者，惟此军饷是赖尔。据议辄动一万二千一百六十余两似属过多，万一地方有事，经费不资，将何取给？

及照：本镇虽设在郧阳，原为控驭三省。兹值镇城冲决，据利害虽止一郡，论保障实系三藩相应通融，查议助修。等因。已经案行三省各道，备查荆、襄、南、汉四府，如有堪动官银，酌量议处，解发助工。止据河南布政司分守汝南道右参政李廷仪呈报，其余未见回报。臣恐耽延日久，督摧参政冯时雨等作速堪议。去后，今据前因除批示允行外，臣会同巡抚湖广等处地方兼提督军务都察院右副都御史李江、巡按湖广监察御史涂杰议照：郧阳府、均州二城被水冲坏，俱应速为修整。均州城工除分守官帑又不扰灾民，似属便宜。其二处应用工料等项，既经府、卫、州、所、县官各再查议计明白，又经二道驳查无弊，臣等复核相同，理合具题，乞敕下该部议复。合无容臣等督行巡、守该道：郧阳府镇城楼铺等项，专委该府通判沈兼；均州城工，专委襄阳府推官孔闻易。各总管修理，支发前项银两，摧率小委官分投买办砖瓦、灰石、竹木等料，上紧兴工，趁时修理，务在筑砌坚实，为一劳永逸之计，毋得潦草塞责。该道官们仍不时往来督察，如其余各道再有报到助工银两一应接济。应用事完备，将用过银两、修过工程造册送臣等核查，效劳人员分别奖赏；如有虚冒、侵克等弊，查出依律究问。如此，庶城工易完，灾民无扰，而地方保障有赖矣。

七

张国彦在此篇《修城垣以固保障疏》里，首先汇报了郧阳府城恢复重建的进程：据下荆南分守道右参议冯时雨、下荆南分巡道监察副使侯尧封报告，郧阳府城被江水冲塌的城垣、楼铺，自东门起到西门止长约 900 丈，连南角楼的 80 丈共 980 丈，都正在用旧砖填心，再用新砖在墙面内外包砌重新修筑。还有城楼、窝铺大小 11 座和兵马铳楼以及镇远楼中门，倒塌倾斜的程度不一，有的要重新起盖，有的要填补修葺，另外还要增修维护石堤岸，几次评估的结果，都是总共需要银两8044两9钱6分9厘5毫。我再次让各位官员估议，尽量减省了2079两8钱9分的买料并夫匠、工食等的费用，依然还需银5965两7分9厘5毫。已经遵照御旨详批，动支了军饷银3000两用于买柴烧砖、烧灰并开始修筑，但由于库贮已经空虚，别处再也没有能够动用的官银，剩余需要的银两一时无处筹措。陛下何不轸念地方灾伤，就照原议仍然在军饷银内动支，照数发给专门委派修城的郧阳府通判沈兼，再由他分发给那些小的委官，让他们及时修理完毕，查明之后再造册缴报。

接着他汇报均州城恢复重建的情况：知州宋祉会同千户所掌印指挥姜绍评估，城垣四周冲塌倾损城墙26处，共计546丈。查验垮塌的原因，是因为原来的城墙为平地修筑，根脚无石，又在墙内填以沙土，以致不够坚固。商议后认为：重修的城墙要宽1丈，高2丈4尺，根基用顽石，入土2尺，地上1尺，总共需要增加烧砖料价、夫匠、工食及补修窝铺6座的物料等项，通共需银2679两7分5厘。但查得库藏空虚，没有能够动用借支的银两，请求议发官银修理。各官的意见是：

襄阳府认为，下荆南分守道已经拨银800两，尚少1879两7分5厘，而府、州库藏并无可动之银，只查得武当山香钱本来就是用来委托修理武当山宫观、桥梁等项用途的。净乐宫就在均州城内，为八宫之根本，如果没有城墙，净乐宫就得不到保护，所以修城就等于修宫，请示是否可以动支武当山香钱?

武当山总管太监兼下荆南分守道认为：在净乐宫库存积香钱是谭太监时定下的规矩，不久之前曾经行文委托郧阳府推官李复初、均州知州宋祉共同亲临该库查盘过，共有库银5037两3钱，后来又存入840串铜钱，该银两向来都是专备修理本山宫观等项的专款。净乐宫原本就在均州城内，而且宫内建有库藏，武当山每年收存的香钱、颜料等物和钦降的金、玉圣像，器物等都收藏在该库中。如果不修均州城，那么宫库就失去了屏蔽，现在修城墙就是保护净乐宫，就是武当山的事，相应动用香钱修城实在应该，请陛下详允，行文给襄阳府转均州，就在库贮香钱内如数动支1879两7分5厘，给专门委派修城的襄阳府推官孔闻易，让他督促州、所的委官分工修筑，严格限令他们完工之后详报，各自造册报我审查。

奏疏里再对郧阳镇城的重建经费提出异议：下荆南分守、分巡二道均呈详，要求为修理郧城的不足银两再次动用军饷，我要他们再议。我查得：这些军饷银，是早年先皇批准专备本镇团练、兵马、衣甲、器械、日粮、犒赏等公用的，从来就不许用在别项支销上。况且现在由于地方灾伤所致群情汹汹，盗贼易起，所能依靠收拾人心、震慑奸宄的，就只有这点军饷了。按照他们所议，辄动就要12160余两实在太多，万一地方有事，没有军费怎么办？

最后，他提出建议让皇帝圣裁：本镇虽然设在郧阳，但原本为控驭三省而设。所以镇城被冲，看起来利害只在郧阳一府，而论保障实在关系到三省，应该相应通融，查议助修。我已经发文给三省各道，以及荆州、襄阳、南阳、汉中四府，如有能够动用的官银，就尽量酌议解发给我们。现在，只收到了汝南道右参政李廷仪的呈报，其余均未见回音。我担心时间延误太久会影响工期，又屡次督催下荆南道参政冯时雨等人快速商议。随后我会同湖广巡抚李江、湖广巡按涂杰商议之后决定：郧阳、均州二城被水冲坏，都应速为修整。修均州城的工程款都是武当山的官帑所以不扰灾民，应该很便利。这二处所应用的工料等项，既然分别经过了府、卫、州、所、县几级官府的再三查议，计算得清楚明白，又经过下荆南道驳查认定无弊，也与我的复核相同，符合一切法理，请求陛下敕下户部议复。何不容我等督促催行下荆南道巡、守：将郧阳镇城楼铺等项工程，专门委派给郧阳府通判沈兼；将均州城工程，专门委派给襄阳府推官孔闻易。让他们各自总管修理，支发给他们前项银两，让他们摧率更小的委官分别去买砖瓦、灰石、竹木等料并赶紧兴工，及时修理，务要筑砌坚实，为一劳永逸之大计，不得潦草塞责，道官们仍需不时往来督察。工程完毕后，要将用过的银两、修过的工程造册送我等核查：有功人员分别奖赏；如有虚冒、侵克等作弊的依律究问。只有这样，城工才能完成，灾民才会无忧，地方才会得到保障。

丁亥郧阳兵变

在古代，能够进入学堂读书的人非常少，文字完全掌握在极少数人的手中，因此整个社会，包括官府和朝廷都极其敬重读书人，尊儒重学更是中国几千年以来的社会风尚。然而，什么事情都该有个度，如果过度，有时也会带来负面效应。发生在明代万历丁亥年的一场郧阳兵变，就是这种性质的一次惨重教训，值得我们永远深思和参考。

一

明万历十五年(1587 年)十月，郧阳发生了一起震惊全国的兵变。因为此年为农历丁亥年，所以史称“丁亥兵变”。也因为这场兵变发生在郧阳，所以也称“郧阳兵变”或者“郧阳丁亥兵变”。

郧阳兵变的直接原因说起来令人啼笑皆非，竟是官府尊学重教所致。这一在今天看来不应该成为原因的原因，却恰恰反映了明代社会发展的畸形。靠造反起家的朱元璋在建立大明王朝之后，为了巩固政权，防止军人造反，就一直推行重文轻武的政策，各级的武将都不能直接掌控军队，军队全部听命于文官的指挥，造成了全国武将敢怒不敢言的局面。

郧阳兵变时，李材任郧阳巡抚。李材，字孟诚，江西丰城人，嘉靖壬戌(1562 年)科进士，历任刑部主事、云南按察使、郧阳巡抚。李材一身文采，爱好在所到之处聚众讲学。

李材任郧阳巡抚是在万历十四年(1586 年)六月，他由云南按察使升任右佥都御史提督军务抚治郧阳。在郧期间“好讲学，遣部卒为生徒役，卒多怨。又徇诸生请，改参将公署为学宫”。意思是说：李材喜欢讲学，还经常派遣军人给郧阳府学和郧县学的学生打杂服务，惹起军士的怨愤。他又听从学生的请求，批准把参将公署改为学宫。

正是李材把府学迁往参将公署的决定，直接导致了郧阳兵变。万历十五年十月初二，郧阳府学宫生员(学生)胡东昭带了一帮同学来到参将公署门前，欲将参将公署拆掉改建，引起了军士哗然，令拆建工作无法进行。

这一天，恰好原郧阳参将方印卸任，将由新任参将米万春接任。《郧台志》中这样记载：

> 丁亥十五年冬十月，先是都御史李材允郧阳府、县两学迁府、县学于参将府及旧县废址。参将米万春新至，明日当受代，舍远河不进，佯移牌遣军牢拂拭府署，将居之。初四日，卫军梅林等激众鼓噪，打毁士民居室，胁阻议迁学者，遂不果迁。二十日，诸军要请复月粮二八折支旧额，副使丁惟宁难之，遂鼓噪围拥，将甘心焉。赖守备王鸣鹤躬翼卫之，乃免。都御史见变，黾勉从之，随自劾去。

大意是说：丁亥十五年十月，郧阳巡抚李材答应将郧阳府学迁往参将府、县学迁往旧县衙废址。当时，新参将米万春即将上任，第二天就要与离任参将方印交接，可是米万春却佯装不知道参将府已经拨给学校的事情，就住在离郧阳城百里的远河不再前进，只遣一名军士拿着自己的令牌进城，命令城内军士拂扫擦拭参将府署，说自己即将入住。初四日，有卫军梅林等人带领众军士鼓噪上街，殴打士绅民众，捣毁百姓居室，威胁阻止那些议论迁学的人，于是迁学行动被阻止。二十日，各军士大闹巡抚衙门，要求把他们的军饷月粮按二八折支领取，即二成领粮，八成领银，这让管军饷的监察副使丁惟宁很为难，于是他们围拥着丁惟宁鼓噪，要将他的心剜出来。依赖郧襄守备王鸣鹤躬着身体用双臂护着，丁惟宁才免除了一场灾难。李材见已酿成了兵变，就勉强顺从了他们，随之自劾而去。

按理，郧阳藩镇旗下的军事单位应该是行都司，但万历九年(1581年)裁革郧阳藩镇时，也一并裁撤了郧阳行都司，以低一级的参将署替代。在万历十一年(1583年)恢复郧阳藩镇时，朝廷却没有同时恢复郧阳行都司，这也是李材轻视参将府的原因之一。

对李材把参将府让给府学，即将离任的参将方印也很不满，但他考虑自己即将卸任，就没有把火发泄出来，而是采取了拂袖而去的做法。明代规定：官员离任、上任必须交接，离任官员在接到离任文书之后要候任，等待继任者到来之后交接完毕才能离开。一般情况下，朝廷会根据距离远近在敕书上写明交接日期。在紧急情况下，让离任者去赴一个新的要职，可以不必等待交接，但敕书上必须要有“不必候代”四字，还要指定暂代职务的人。然而方印的做法似乎也无不妥，因为交接之日新任参将米万春并没有按时出现。

然而，方印的离去也是发生郧阳兵变的一个重要因素。据资料记载：把参将府让给府学的决定是二日发出的；三日新老参将应该交接而未能交接，由于方印离去，造成了城内军人群龙无首，无疑为心中本来强压着愤怒火苗的军人打开了发泄之口；四日，学生去拆参将府，兵变爆发。

米万春本来应该入城，却停留在郧县与均县交界的远河铺，并派人传达命令要城内军士打扫擦拭参将公署，说自己不日将入住，目的无非是以此阻止府学迁建，同时为城内军士抵制迁学提供借口，等同于在军士心中怒火上泼了一桶油。就是在米万春的间接鼓动下，初四日军队才敢开始骚乱，“激军士梅林、王礼、熊百万、何继持传牌、令旗与杜鹤等鼓噪而入”，他们先冲入牢房开释了全部囚徒，再闯入府学宫捣毁了那些曾经参加提议迁学和前去拆参将公署生员的宿舍，砸毁文庙里的学牌，出来之后上街又拆毁部分市民建筑，从而成功阻止了府学的搬迁。二十日，诸军士“抢掠围逼军门(巡抚)，凡诸不便事宜文卷，逼取军门外烧毁。又勒饷银四千二百两充赏”。意思是说：他们抢掠巡抚衙门，围逼巡抚，只要有对他们不利内容的公文卷册，都逼着巡抚拿出来烧毁，还勒索饷银4200两作为给自己的奖赏。

对赏银一项，掌管饷银的监察副使丁惟宁显出了为难的表情，表示自己难以从命，遂遭到围攻，有军士甚至要剜出他的心来看是红是黑，幸亏有守备王鸣鹤的全力保护才没有受伤。

二十一日，米万春这才率领军士到达城外10里的神定铺，然而依然不肯进城。李材为了平息军愤，三次到神定铺犒军，接请他入城。二十二日，“米入城，鼓吹铳炮，过军门履任，释戎服晋见，仍勒(李材)上疏归罪”，过足了一把排场瘾，在显示了一番自己的威风之后，才来拜见李材。一见面，米万春就威逼李材上疏朝廷，内容是把士兵哗变的责任全部归罪于监察副使丁惟宁、郧阳知府沈铁等人。李材为了阻止事态继续发展，不得不违心地答应了米万春的要求。接着，米万春要求支付4000两黄金让他阅操行赏，史料记载“李隐忍从之”。米万春走后，哨官杨士华提醒李材：“乘此冒赏，近于劫库。”李材只是苦笑不语。不久，军士又围堵巡抚衙门，要求为他们增加月饷，李材也满足了他们。

二

李材在米万春的威胁之下写给皇帝的奏折为《营军噪呼 乞恩宽处 以宁地方疏》。从这一题目上可以看出李材与米万春博弈之后所要达到的三个目的：

一是把此次兵变的性质定性为营军噪呼。这一定性，明显与明代对军人的高压政策不相符合，在当时，只要军队中有一点风吹草动都会被看成是天大的事。那么，郧阳军士在释囚徒、毁文庙、砸学牌、拆民房、围攻封疆大吏衙门、威胁朝廷命官之后，岂是一个“噪呼”而已？

二是乞恩皇帝宽处。李材和米万春都明白，军士哗变，两人都有不可推脱的责任，与其说是乞求宽处哗变的军人，不如说是在乞求皇帝宽处自己。但事已至此，总得有人出来承担责任。然而不找出真正的肇事者以顶罪，而是要求宽处肇事者，依然让人觉得不可思议。

三是借口“以宁地方”来息事宁人。他俩都明白，按照当时的法律，那些哗变军人犯下的都是死罪，就连自己也可能轻者革职，重者下狱，所以就要把兵变性质定为噪呼性质，要以宁地方为借口，乞求皇帝开恩。

很显然，虽然是李材受到了米万春的胁迫之后所写，但并非完全违心。

为了分析这场郧阳兵变的真相，我们有必要阅读《营军噪呼　乞恩宽处　以宁地方疏》的原文：

营军噪呼　乞恩宽处　以宁地方疏

都察院右佥都御史臣李材题：顷因郧阳府、县两学生员惑于风水，欲将分守参将驻扎旧设行都司公署议改学宫。一时，军众思系本管衙门，忿激噪呼，将首议数生、住屋一并毁打，以相酬对，致乖法体。该臣已将原议误事官员并该卫掌印、管操、指挥、守备、倡议生员通行查参具题。去后，该臣又看得各兵之忿激虽事出有因，而法纪之森严，岂容毫发陵越？打毁者若属诸生之家，而酬抗者寔乖上下之分。兹非明正其罪，重示之创，不但国体无由而正，即各兵之情亦何由而安乎?

惟念：留都浙省兵之鼓噪与今同，而事之根因、罪之轻重，与今异何者？留都浙省衅皆起于扣粮，故人有剥肤之危，共怀救死之忿。声告不行，又从而呵挞之，故众相聚歃，而首谋者出焉。今则衅激一时，恣行移咎，不但莫为之首，亦无所暇及其谋也，其不同者一也。留营之变，戕及部卿，浙省之兵，亦干督抚，至于伤命掠财，罪又不记焉。兹既未敢上犯官府，而又未尝下戕民命，特以有司毁拆其本管衙门，故亦毁众生之房屋，以相酬对也，是事同鼓噪，而情则寔近于斗争也，其不同者二也。臣即牌行参将米万春督率守备王鸣鹤、掌印指挥冯高、管操指挥杜应鸣、巡捕指挥徐节，暨千百户等官谕于各军，虽有干纪之情，幸无辱官戕命之罪。比之他处兵变事理不同，仰将就中凶强旗军解赴军门，量情正法。即众谴可弥，军纪可肃。随该各官率领军众共六百余人叩赴军门请罪，将于中最为凶强者王礼、董承恩、张锁儿梆解，遵听正法。该臣备宣朝廷宪章，中布圣主洪恩，数各官以不能钤束之咎，谓已经查参，候旨发落。责各兵以不能守法之罪，谓幸未恶极，姑可从轻，各就辕门之外，众军之前，以军法，捆打一百棍，发府监候，而众将于甲等，俱量责治发落。一时军情震慑，纲纪凛然。

三日外，复该臣亲赴武场阅视，律之以坐，作进退之节，申之以亲，上死长之情。于是，人怀乐生，而市肆安堵矣。念惟无知之辈事缘有激，不得不体之以情，然陵替(纲纪废弛，上下失序)之防分既有逾，不得不严之以法，量情罪之轻重，而酌法纪为惩创，要以振国威而肃兵纪，具以宁地方也。伏乞敕下兵部再加查议，轸其已经节创，许其涤虑自新，则不但各军仰如天之覆，而疆镇亦荷宁谧之休矣。

首先，李材采取对文、武官各打五十大板的手段，先是把责任推给两学的生员，说他们惑于风水，认为参将公署是旧行都司衙门，是一块风水宝地，所以才要把府学移到此处，才会引起军众“噪呼”。再推责任于军营的掌印、管操、指挥、守备等官员，责怪他们不仅没有管好部下，而且直接参与“噪呼”。

接着，他向皇帝表白自己已经采取了严厉的措施，“已将原议误事官员并该卫掌印、管操、指挥、守备、倡议生员通行查参具题”，并指出“噪呼”已经造成了有伤国体的危害。

接着，李材为了大事化小，就拿此前南京兵变与这次郧阳军士“噪呼”进行比对，认为同是本朝发生的事件，郧阳事件的性质就要轻得多，第一是南京兵变起于军粮被克扣，于是军人之间聚众歃盟相誓，有首谋者领导哗变，而郧阳此次则为衅激一时，不但没有首领，就连在一起谋商也没有过；第二是南京兵变杀害了尚书、侍郎，而且浙江省兵冲犯总督、巡抚，至于伤命掠财之罪都不用记述了，而郧阳此次军人上未敢犯官府，下未尝戕害民命，只是在官府欲毁拆其参将衙门时，才出来毁坏众生的房屋，以此相应对，因此此事形同鼓噪，而情节实在近于两相斗殴。即使这样，我还是采取了严厉措施，牌行参将米万春督率守备王鸣鹤、掌印指挥冯高、管操指挥杜应鸣、巡捕指挥徐节以及千、百户等军官，让他们晓谕各军，听从指挥，再将“噪呼”过程之中凶强的旗军押赴我的衙门，量情正法。随即，各官率领共600余军人敲开我的衙门请罪，将其中最为凶强的王礼、董承恩、张锁儿三人押解，遵听正法。我向他们宣布了朝廷宪章和圣主洪恩，历数各官不能钤制约束之罪，告诉他们已经对他们上疏查参，候旨发落；又责备各兵不能守法之罪，告诉幸亏没有犯下恶极之罪，暂且可以从轻，就在辕门之外、众军之前，对他们各施以军法，捆打一百棍，发府监候。一时军情震慑，纲纪凛然。

接下来，李材开始乞恩宽处：三天之后，我亲赴武场阅视军队，看到的是纪律严明，进退有节，我申明陛下对他们的问候，大军纷纷表示以死报答之情。于是，人们心怀乐意，生存有望，集市肆坊安然。请陛下念在那些无知之辈事出有因而产生激愤，尽量原谅他们。然而，毕竟造成了纲纪废弛、上下失序而逾越法律之事，不得不严之以法，量罪之轻重，而对他们酌以法纪惩处，要以振国威而肃兵纪，借此以宁地方。因此伏乞陛下敕谕兵部再加查议，深切顾念和怜悯他们已经有所改正，允许他们悔过自新，这样不但各军得到特别大的福气，而且郧阳疆镇也能够得到安定，人民可以休养生息了。

在派人送走了奏疏之后，米万春觉得松了口气，而李材却越发觉得不安起来。副使丁惟宁不满米万春的作为，当面讥讽道：“各官兵将拥汝为主帅。”这是一句很狠的话，在省、镇里，三军主帅只能是总督或者巡抚，话里含着米万春这是在造反的意思，因而惹得米万春大怒，欲杀丁惟宁，又是守备王鹤鸣仗剑阻挡而制止。

李材见局面难以控制，遂秘密出城，登船顺汉江而下避走到了襄阳。

三

郧阳兵变震惊朝野。当年十一月，皇帝下旨革李材职，让其回乡闲居，丁惟宁等人降职三级，并“上命夺材俸半年，丁惟宁、王鸣鹤各一年，沈铁、冯高、杜应明、胡东昭等巡按提问。鼓众首事军人王礼等三人免死充军，余免究”(万历帝《实录》)。由裴应章继任郧阳巡抚。

裴应章，字元暗，号淡泉，福建汀州府清流县人，隆庆二年(1568年)进士，历任兵部都给事中、太仆寺少卿、郧阳巡抚、户部左侍郎、南京吏部尚书等职。在任太仆寺少卿时，裴应章曾经出使辽国，回京之后呈《防辽表》，提出屯甲厉兵、修明政治、爱护百姓、防备辽人入侵的主张，获得万历帝的欣赏和采纳。任郧阳巡抚时，他采取委曲求全、恩威并重的手段，平兵变于无形之中，还报喜不报忧，深受朝廷赏识。在任吏部尚书时，他力持正义，敢陈政见，不惧权势，直至年届古稀，才功成身退，得万历帝为他设御宴饯行。明万历三十七年(1609年)元月初四日，裴应章在故里病逝，享年73岁，万历帝追赠他为“太子少保”，谥“恭靖”，还派遣官员为他营葬、祭奠。御史乔承诏为其立“冢宰坊”、“奕世尚书坊”。地方官为其设祠，春秋二季祭祀。

据《神宗实录》记载，郧阳兵变时，朝廷“集群臣议，咸谓非应章莫能定”。于是，升裴应章为都察院右副都御史提督抚治郧阳，驰赴郧阳平乱。在郧期间，裴应章完成了两件大事，一是平息了兵变，二是主修了《郧台志》，并在离郧一年后为《郧台志》作序。

郧阳兵变发生以后，朝廷苦于得不到第一手的消息，导致在第一时间内定性为武装叛乱。在任命裴应章为郧阳巡抚的同时，还调都察院陕西道监察御史柯挺为郧阳巡按御史，带兵与裴应章同行，前去平定郧阳兵变。

为了稳定大局，裴应章入郧藩之境后，一方面以大军逼境而不攻，只是不断发檄文督促米万春及其哗变军士缴械自首，一方面又秘密派人入城了解实情。在得到兵变的起因和全过程之后，裴应章分析出这次事变的根本原因，是官府长期克扣军饷和役使军士所致，情有可原之处，不应该定性为叛乱，就依然定性为“偶激呼噪”。随后向朝廷上疏，让朝廷明白了事件的部分真相。在奏疏里，他刻意隐瞒了米万春对兵变的操纵、纵容、推波助澜和包庇的责任，以及梅林等人的首恶责任。现在，我们已经无法知晓裴应章当时这样做的真实动机。他这样做虽然迅速平定了局面，但却给郧阳留下了长期不安定的隐患，同时也给自己留下了欺君之罪这样一颗定时炸弹。

在发给米万春的檄文中，裴应章指责他们的行为已经影响国家安危，不能逞一念之差而殃及族人，“国必自伐而后人伐之，人必自侮而后人侮之”，“祸福无门，惟人自召”，要求他们主动投案自首，既义正词严又十分恳切，一下就攻破了米万春的心理防线，于是放弃对峙，主动认罪。万历十六年(1588年)正月二十五日，米万春自缚于数百里外的新野，迎接裴应章的到来。于是，裴应章只将王礼、董承恩、张锁儿三人作为首恶押解到襄阳并正法，其余“胁从者”均不加追究，使人“怀德而畏威”。裴应章的做法得到了万历皇帝的肯定，“王所仍奏明，布恩信”，是说几次要求裴应章再奏明细节，告诫他要实行宽柔政策广布恩信。

四

正是由于巡抚裴应章对此事的处理不公，在相当长的一段时间里，郧阳及其周边的人们一直议论纷纷，各种添油加醋的小道消息在各地频传，一时真假莫辨，引起地方不宁和军中骚动不稳，有人甚至上疏朝廷弹劾。裴应章为了扑火，一方面采取丢卒保车的手法抢前一步拘捕了实际上的首恶梅林，一方面利用皇帝对自己的信任向朝廷呈递了《禁讹言以定人心疏》，欲采取高压手段压制舆论。

禁讹言以定人心疏

都察院右副都御史臣裴应章题：为地方以安，讹言未息，乞赐严行禁缉，以定人心事。

照得：去岁郧阳军士偶激呼噪，旋奉明旨，将三犯正法，余不追究。一时军心始则感恩而涕零，既则畏威而股栗。自臣到任以来，复时时申布朝廷威德，加意抚戢，肆今城市肃然，安堵如故，盖两月于兹矣。

近因奉旨提问梅林，遂有奸险之徒捏造讹言，乘机煽惑，传播远迩

(近)，藉藉纷纷。乃城中愚民轻信其说，私窃搬徙，以致众军汹汹，转益惊疑。臣初自承天谒显陵回至均州，离镇城止百里而近，乃无根妄语沸腾益甚，比入镇，则所见与所闻绝无影响。臣始知讹言之惑人若此，随即出榜晓谕，禁缉人心，乃始就安。

昨据承差雷栋回自省城禀称，近日一路讹言更复繁兴，谓又拿郧阳军士四十多人，远方流播，甚骇听闻。等因。臣闻之不胜惊异。夫朝廷明旨，昭如日星，信如四时。前事业已处分，昨所提问者，因科臣有所论列，不过梅林一人尔，安有复为株连波及之理？盖缘郧阳避居山谷，不当冲突，在外则讹言易兴，在内则人心易惑。兼之一二奸人从旁附和，以故变乱是非，莫或底止。除牌行各道出示通衢，严加禁缉外，若不请旨申禁，诚恐讹以传讹，日甚一日，酿成衅乱，或致滋蔓其所，关系地方殊非细故也。

伏乞敕下兵部复议，上请行禁缉，仍赐天语，宣谕"此中军民毋得轻信讹言"。则地方幸甚，臣愚幸甚。

裴应章在文中着重强调了三点：

第一是前事业已处分，秩序非常安定：去年郧阳军士偶激呼噪之后就马上尊奉明旨将三位主犯正法，其余都不追究。一时军心稳定，军士开始时感恩涕零，后来因畏惧朝廷声威而心惊胆战。自我到任以来，时时刻刻都在申布朝廷的威德，加意抚戢人民，使得肆坊、城市肃然、安详，但这种情况却只保持了两个月。

第二是近来谣言四起：因为我奉旨提问梅林，于是有奸险之徒捏造讹言，乘机煽惑民众，而郧阳城中的愚民也轻信其说，私下议论要搬家迁徙避祸，以致众军人开始不服，继而转为惊惧怀疑。我从承天谒拜显陵回转至均州时，离镇城只有百里之近，听到的无根妄语简直沸腾无比。等到进入镇城，则所见所闻并没有产生多大的影响。我这才知道讹言的鼓惑是如此之大，随即我就出榜晓谕民众，安抚人心，局势这才开始安定。不想昨天据派往武昌的承差雷栋回来说，近日一路上听到的讹言更是花样多多，说郧阳又逮捕了40多名军士，而且流播远方，听来甚骇人听闻。我不胜惊异：朝廷已有明旨，就好比天上的日月星辰，守信如四时的到来。昨天所提问的人，是因为有科臣的参奏，也不过只有梅林一个人而已，哪里有复为株连波及的道理？想来是因为郧阳避居于山谷之中，没有发达的交通，导致在外讹言容易兴起，在内人心容易迷惑，加上一两个奸人从旁附和，所以是非容易变乱，人们不知道根底。我除了发下令牌让各道在通衢之处出示布告，严加禁缉讹言流播外，若不请陛下圣旨申禁，恐怕以讹传讹会日甚一日，最后酿成叛乱，或者传播开去，对地方而言就不是小事了。

第三是请求皇帝颁发圣旨禁缉流言传播者，“仍赐天语，宣谕‘此中军民毋得轻信讹言’”。

万历帝在收到裴应章的《禁讹言以定人心疏》后，发到兵部让他们处理，兵部在商议后拟文给皇帝，皇帝认为可行，就发咨文给郧阳：

兵部咨

为地方已安，讹言未息，乞赐严行禁戢以定人心事。

职方清吏司案呈，奉本部送兵科抄出：提督军务兼抚治郧阳等处地方都察院右副都御史裴应章题前事等因。奉圣旨：“梅林着枭示。该镇军情原因，三四首恶构衅逞凶，近各以正法。其余的，有旨都不查究了，如何又有讹言？着抚治官严行禁戢，再有造言惑众的，从重究治，兵部知道。钦此。”钦遵，抄出送司，案呈到部，拟合就行。为此合咨前去，烦为遵奉明旨内事理，钦遵施行。

大意是说：兵部职方清吏司把皇帝发下的《禁讹言以定人心疏》案呈给本部尚书，尚书、侍郎们在商议后再奉命送本部兵科抄出报皇帝御批，内容为裴应章所题前事。奉皇帝圣旨：“梅林着枭示。该镇军情原因，三四首恶构衅逞凶，近各以正法。其余的，有旨都不查究了，如何又有讹言？着抚治官严行禁戢，再有造言惑众的，从重究治，兵部知道。钦此。”钦遵皇帝谕命，抄出送职方清吏司，再案呈到尚书，拟文下发执行。为此事合咨发往郧阳，烦郧阳谨为遵奉明旨里的事理，钦遵施行。

五

毕竟舆论反响太大，又事关重大，万历皇帝还是决定派湖广巡按御史到郧阳查访此案。裴应章意识到了问题的严重性，弄不好自己是要掉脑袋的，就制造了梅林在牢房之中莫名其妙死亡的事件，再向万历皇帝呈递《因事陈言疏》，再次强调自己一直是在奉旨办事，一切疏漏在于前任巡抚李材，并进一步为自己和米万春开脱。下面是《因事陈言疏》的全文，为的是让朝中之人分析出事情的真相。

因事陈言疏

都察院右副都御史臣裴应章题：为因事陈言，恳乞圣明采纳，以裨君德，祈天命，奠民生，正风纪，以光圣治事。

万历十六年三月三十日，准兵部咨，该本部议复吏科给事中舒弘绪题前事条开《一惩骄军之遗恶，以正纪律》，查得原郧阳抚臣李材、兵部都给事中顾九思等各题称，郧阳营军因该学宫，偶激噪呼缘由。本部会议覆，节奉圣旨："是。鼓众首事军人，依拟着抚治衙门便宜究处，其余随从的姑免追究。钦此。"

又该郧阳抚臣李材题称，军众王礼等鼓挟兵道添饷缘由，本部复奉圣旨："王礼等三名既系要挟加粮，殴伤兵备。众军缚献首恶，着湖广抚按官会同总兵即便处决枭示，以正军法，不必再行查究。钦此。"俱经通行钦遵。

去后，今科臣追论首恶，王礼等之外尚有梅林脱网，直指一人之名，为安众军之心。合无备行彼处抚、按衙门将梅林提问，果否鼓众生事？酌量情法究处。至论参将米万春，闻变逗留，阴有纵军情弊。查得本官未任之先，已有军营之变，今方责成约束，冀收缉定之功。有无逡巡（迟疑徘徊）养祸，应听抚臣裴应章查实具奏定夺。一以明抚臣便宜之权，一以息诸军危疑之虑。等因。题奉圣旨："是。钦此。"钦遵备咨到臣，准此。先该臣于去岁出京之日，已闻人言籍籍，谓梅林与王礼等三人首倡谋乱，挟殴兵备。比臣到此，再加查访，所闻皆真。近因湖广巡按官奉旨提挐（拿），林乃具状于臣衙门投诉。臣随吊审，将本内事情反复讯鞫，一一皆实，林亦输服无词。臣切痛恨，当将林重责，仍发府监禁，听彼中提问。间随于四月初五日，该郧阳府知府房守士申称："梅林因为得病，于本日五鼓身故。"等因。除听湖广抚、按官另行具奏定夺外，臣遵奉明旨，将参将米万春被论事情细加体访。

查得去年十月初四日，众军因生员拆卸参将衙门，一时相激呼噪。本日夜半，参将米万春在远河接得前任李材宪牌，即陆路星夜，于初五日午时入城到任。盖本官先因带领家眷由水路溯流而上，舟行不免迟滞，行迹有似逗留。至于跟伴人役接到前途，吩咐收拾看守衙门之语，当亦有之。然实不虞其变生仓卒，一旦滋蔓至此也。其旗牌，原系旧参将方印留在衙门，万春未曾收领。缘所争者，为万春到任之衙门；所争而呼噪者，又系万春所统之兵卒，迹有可疑，谤因易起。虽无阴纵之情，难免风闻之议，科臣论列亦自有因。但本官操纵张弛，颇有机权，军噪之后，时势劻勷，各官俱缺，万春周旋其间，调停安戢，颇效勤劳，且约束众军，业已相信，若据从议处，恐主帅一动，军心不免又疑。伏乞敕下兵部再加查酌，复议上请。合无将参将米万春重加罚治，仍令照旧管事，以安军心，以责后效。固鼓舞之微权，亦便宜之至计也。为此具本谨题，请旨。

其大意是：

万历十六年(1588年)三月三十日，皇帝准兵部咨，内容为本部议复吏科给事中舒弘绪所题的《一惩骄军之遗恶，以正纪律》奏疏，大意是查得原郧阳抚臣李材、兵部都给事中顾九思等原来各题称的郧阳营军因该学宫偶激噪呼的事。经过本部商议，给出答复，得到圣旨：“是。鼓众首事军人，依拟着抚治衙门便宜究处，其余随从的姑免追究。钦此。”

又据原郧阳巡抚李材上疏称，军士王礼等人鼓动士兵挟持兵备道增加军饷的事情，本部回复，所奉圣旨：“王礼等三人，既系要挟加粮、殴伤兵备的首犯，后来被众军士绑缚作为首恶献出，就着湖广抚按官会同总兵把他们即便处决，枭示于众，以正军法，其余之事就不必再行查究了。钦此。”这些俱经通行钦遵。

现在，又有科臣追论首恶，说王礼等人之外尚有梅林漏网，直指梅林的名字，为的是安众军之心。那何不发文郧阳抚、按衙门，将梅林捉拿提审，如果他真的鼓众生事，就该酌量情法究处。至于参将米万春闻变逗留，暗中纵容军士兵变的情弊，查得米万春在未上任之先，已经发生了军营之变，是他上任之后才责成约束，收到的是缉定之功。他有没有迟疑徘徊以致养成祸端，应该听从抚臣裴应章在查实之后具奏定夺，一来以明确巡抚的便宜之权，二来平息各军士危疑的顾虑，所得到的圣旨：“是。钦此。”钦遵发文到我的衙门。我于去年出京之日，就已经听到各种议论，说梅林与王礼等三人为首倡谋乱，挟持殴伤兵备大臣。等我到郧阳后再加查访，所听到的都是真事。近来，因为湖广巡按官奉旨提拿梅林，梅林这才具状到我的衙门投诉。我随即对他提审，将“呼噪”之事反复讯问，件件都是实情，梅林也服输而无言以对。我深切痛恨，当即将梅林重责，仍发往府监禁闭，听府衙提问。于四月初五日，郧阳府知府房守士上报：“梅林因为得病，于本日五鼓身故。”目前，除了听从湖广抚按御史另行具奏定夺外，我也遵奉明旨，将参将米万春被参论之事细加体访。

查得：去年十月初四日，参将府军士因为学生前来拆参将衙门，一时愤起在相互刺激下大声呼噪。当天半夜，参将米万春在远河铺接到前任巡抚李材的宪牌，当即由陆路星夜兼程，于初五日午时入城到任。由于米参将先前是带着家眷由汉江溯流而上，不免行动迟缓，所以看似行动是有所逗留，实则不然。至于他的随从先行入城欲收拾参将衙门，应当确有其事。然而事变突然，以致蔓延到了如此程度并不是他所能预料到的。至于呼噪现场军士所持的旗牌，是卸任参将方印留在衙门里的，当时米万春并没有接收，但毕竟出自米万春到任的衙门，所以现在成为了争执的焦点。另一个争执的焦点是，参与呼噪的军士，其中有米万春所统之兵，行迹有所可疑，所以谤言因此而起。由此说来，米万春虽无操纵之情节，也难免坊间出现风闻之议，因此被科臣参奏也自有原因。但是，米万春后来的处理还是操纵有度，颇有应变的机智权谋。军噪之后，郧阳时势紧张不安，许多军职空缺，是米万春从中周旋调停安抚，使得局势才逐渐安定下来的。在此期间，他颇能勤劳效力，约束军士颇有一套，已经取得众军的信任，如果此时对他议处，恐怕主帅一动，军心又将不稳。我跪伏乞求陛下能敕给兵部再加审查斟酌，复议上请，何不将米万春重加罚治，然后仍然令他管理参将府事务来安定郧阳军心，以观后效。这样，才能巩固郧阳好不容易才鼓舞起来的士气，这也是一个便宜之计而已。我特为此事具本上奏，请旨定夺。

六

很显然，裴应章在万历皇帝的心目中还是很有分量的，因为我们看不到皇帝对他有任何申斥与责罚。但是，裴应章还是有点错估形势。他认为“郧阳避居山谷”，人民是可以压制的想法未免也太天真了一点。在古代，江河是交通主动脉。古代中国的东西方向血脉畅通，而南北方向却“血栓”重重。汉江是我国中东部唯一一条拉近长江与黄河的天然血管，尤其在明代大运河淤塞严重的情况下，其作用显得尤为重要。郧阳是汉江中游的最重要的一个码头，控制着汉江、丹江、堵河和甲河等黄金水道，处于中原、关中平原、成都平原、江汉平原之间，具有战略枢纽作用，连接着鄂豫川陕，是祖国的心脏地带，每天面对的是千舸争流的风景，郧阳人什么没有见过，民意岂是靠压制就能够封得住嘴的？所以《禁讹言以定人心疏》和《因事陈言疏》不仅没有消除“讹言”，反而让“讹言”越传越甚，甚至连周边省份的高官也加入到了弹劾他的队伍中，让裴应章有点心虚。

万历十六年(1588年)，陕西神木发生兵变。闰六月初八日，裴应章接到邸报，是陕西道监察御史李化龙的奏本，万历帝已经在上面朱批：“该部知道，钦此。”里面谈道：

> 正悍卒以杜陵(在西安，为汉宣帝刘询的陵墓)替之渐，说浙兵之变，处置未尽法，郧阳效之。郧阳之变，处置亦如浙故，神木袭外。浙变已成陈迹，神木旋即正法，无容喙矣。独郧阳之事犹有可议者，参将开门鼓吹与军门抗衡，军门凡上奏章，必阅而后发。虽王礼等业以正法，而军士之骄悍则无异于未正法之前。又谓督抚尊官也，郧兵虽数不满千，微卒也。以督抚举动，辄掣肘于数百之军卒，万一国家有不测之变，将焉赖之！

大意是说：神木兵变是强悍之兵卒因杜陵防换演变而发生的。人们都说：浙江兵变处置没有完全按照法律，被处置郧阳兵变者效法。郧阳兵变处置如同浙江兵变，又被处置神木兵变者沿袭。然而浙江兵变已经成为陈迹，神木兵变的祸首应当正法毋庸置疑。唯独郧阳兵变的事还有可议之处，比如参将开门鼓吹，还有与巡抚抗衡，巡抚凡向皇帝上奏章，必须由参将先阅之后再发送。虽然王礼等已经正法，但军士之骄悍更无异于未正法之前。又说督抚是什么地位？尊官也；郧兵什么地位？微卒也。督抚的举动却被数百军卒动辄掣肘，万一国家有什么不测之变，将依赖谁去平定？

李化龙的这道奏疏，让裴应章坐卧不安。他不得不再次向皇帝上《军情关系重大疏》，想以稳定军心为由破解眼前的困局。

在《军情关系重大疏》里，裴应章仍然称："流言闻听失真，恳乞圣明亟行查勘，并赐罢黜，以息人言，以安地方事。"又说李化龙忠厚，没有点出我的名字，我本来不应该多嘴，"但思此系人心观望之际，地方安危之机，倘或传闻失实，酿成大患，臣罪将安所逃？此臣不容默默已也"。接下来他边陈述自己处理兵变的经过，边为自己开脱：

> 臣乃起程诣(到)承天恭谒显陵，行次均州，忽接邸报，见有科臣追论参将米万春及梅林之本，当时讹言藉藉，谓朝廷拏向四十余人。臣虑众心不免又复惊疑，密檄米万春相机安戢之。乃星夜谒陵，事竣归还。比入城，各属官相见，尚有言梅林桀骜恐难猝拏者。臣曰："毋虑，当自就缚尔。"及奉圣旨到日，臣未尝出一牌，遣一卒，第吩咐卫官将梅林收入府监，而林即俛首就狱。后臣吊审情真，当堂杖一百，气奄奄殆尽矣。仍复发府监禁，藉令军士骄悍之故，则梅林固称乱之首，奸人之雄也，能以其智力鼓噪众军于去年，而独肯俛然甘心就缚于今日乎？又何仗之。至日，军门之外，三军寂然，并无一人敢睥睨于其侧者。之乎，故当是时，众军惕若，骇朝廷之威灵，人人自危，惟惧其余波之及己，赴臣诉己无罪则有之。若谓其尚且骄横，而臣动辄掣肘，此讹传者之过也。

大意为：我起程到承天府恭谒显陵，行到均州，忽然接到邸报，说有科臣在追论参将米万春和梅林之奏本，当时讹言四起，说朝廷拿了40余人。我考虑众人心中不免又复起惊疑，就秘密发文让米万春相机安戢。于是星夜谒陵，完毕返回。等进入郧城，各属官前来相见，还有人说梅林的性格桀骜不驯，恐怕难以捉拿。我说："不要过于忧虑，我能让他自己就缚。"等圣旨到来之日，我未尝出动一张令牌，调动一个军士，只是吩咐郧阳卫的官员将梅林收入府监，而梅林俯首就擒。之后我审问梅林，一切罪名都是真的，于是当堂打他一百军棍，已经气息奄奄性命殆尽了。就再发往府监监禁，借杀他的威风弹压所有军士的骄悍，因为梅林是祸乱之首，奸人之雄，他能以自己智力在去年鼓噪众军，怎么能够肯甘心就缚呢？他的背后一定有所依仗。杖刑那日，巡抚衙门之外，三军寂然无声，并无一人敢于睥睨其侧(眼睛斜看)。当时，众军如临危境，被朝廷之威灵所震慑而人人自危，唯恐余波殃及自己，事后还有人到我的衙门里陈述自己无罪。那些说众军现在依然骄横，动辄还在掣肘我的传言，不过以讹传讹而已。

接下来，裴应章再陈述并没有发生过流言中所说的“军门凡上奏章，（参将）必阅而后发”的事，之后以最后一搏的心态请求皇帝：

> 将臣先行罢黜，别选贤能以弘济艰难，仍敕湖广巡按御史出巡郧阳，将前项事情一一查勘，要见臣到任之后，军士有无如前骄悍？参将果否鼓吹开门？章奏果否阅而后发？勘实明白，奏请定夺。庶乎人言可息，而地方永宁矣。

大意是说：可以先罢了我的官，再选一个贤能的人来郧阳弘济艰难，另让湖广巡按御史到郧阳来将前项事情一一查勘明白，看我到任以后是否军士如之前那么骄悍？参将是否敲鼓吹乐开门？呈递给陛下的奏章是否参将阅后才能发函？请一一勘实明白，奏请定夺。然而，裴应章又怕皇帝真的会这样做，就又将话锋一转：

> 再照：今日郧阳安人心之第一议，惟在于息讹言。欲息讹言，不在本镇而在通衢与京师。欲息通衢、京师之讹言，不在于造言者，而在于听言者。听者不信，则其言自息；若听者信之，则奸人喜其计之得行……此大非郧中之福也。

很明显，他这是在告诉皇帝，如果真的撤了他的职，另派巡抚到郧阳，您就是一个听信奸佞小人的昏君。所以他接着表明自己的观点：

> 夫使果骄悍如故，彼亦何说之辞？今人人悔悟，日唯恐其罪之株连也。而犹曰骄悍如故，则何以服其心而使之不惊且疑乎？此关系安危，殊非细故，大同之事可鉴己。此臣所以不厌琐琐渎陈，伏惟圣明留意焉。地方幸甚，愚臣幸甚。

大意为如果是我造成军人骄悍如故，那还有什么可说的？如今人人都在悔悟，每天都在唯恐被株连获罪之中度过。现在还在说他们骄悍如故，怎么能够让他们服心？怎么能够使他们不惊疑呢？此事关系到安危，不是一件小事，只有当人心和顺之时才可能检查自己的过错。这就是我之所以不厌其烦啰嗦上疏的原因，望陛下明鉴。

七

当时的万历帝还没有完全昏庸，他既没有严厉地处罚裴应章，也没有像裴应章所希望的那样强行压制舆论。实际上，当时的社会舆论和官员奏本并不是直接对准裴应章的，而是对乱将米万春没有得到应有的处罚而不满。

万历十六年(1588 年)五月，河南道监察御史杨绍程曾经上奏："参将米万春实为乱本……宜穷究正法。"然而，米万春却得到了当时权倾一时的内阁首辅、太子太师、中极殿大学士申时行的庇护，所以一直被置之不问。后来，申时行见郧阳的舆论确实难以平息，就把米万春调到了通州继续任参将。

同年九月，湖广巡抚邵陛再次提出弹劾案："以郧阳兵变事追论参将米万春，应逮正刑。"这才引起了万历皇帝的再次高度重视，下旨革去米万春职务，在天津听候差遣，要求郧阳方面彻查据报他的罪行。

裴应章再次感到了巨大压力，这才不得不丢出米万春以保全自己。他一边清理"漏网"元凶，将相互串通出卖巡抚一举一动信息的巡抚衙门"秘书"陶必成，参将衙门"秘书"董用威逮治，一边又慌忙向皇帝呈递了《究处奸将疏》。至此，郧阳兵变的真相才大白于天下，原来裴应章过去所否认的一切竟然全部都是事实。在这道奏疏里，他在陈述兵变的详细经过之后，仍然不忘为米万春减轻罪责，还恳请皇帝不要再深究下去了。为了尊重当时的客观事实，我们还是来看看《究处奸将疏》的原文：

究处奸将疏

都察院右副都御史臣裴应章题：为奸将离任，恶迹大彰，恳乞圣明亟赐究处，以正国法，并乞申明天朝大信，以安人心事。

先该吏科给事中舒弘绪追论参将米万春闻变逗留，阴纵养祸。随该兵部复奉钦依，行臣查实，具奏定夺。臣遵奉细加查访时，因万春在任，威能挟众，智足文奸，将前项事情百计弥缝，且又适挐梅林，人心惶惶，惧有株连波及之罪。臣虑主将一动，众军不免惊疑，是以止据所闻奏请罚治，姑留以安军心。盖一时权宜之计也。不谓去任之后，众议沸腾，真情败露，臣若隐忍不言，是欺皇上也。臣不敢也。谨以万春恶谋始末，为皇上陈之。

先是郧阳军士愤懑不平，欲发之乎诸生，所从来久远矣。第无所激则不发，无所因则不成，而其根，固不系于改学之一事也。盖改学之议始于去年四五月间，非骤然起也。先任抚臣李材批行该府文移往返，及府卫县官踏勘无虑数次，经度且半年矣。当时军士寂然，并无一人有异议者，何至十月初四日动土之后，忽而呼噪，如疾风迅雷之不及掩耳也。缘万春将到郧阳，梅林、王礼等接至前途，禀报前情，万春即含怒云：“尔等何无一人有忠义者?”林等跪禀云：“未得号令尔。”万春曰：“是不难。”即于初三日，遣白牌一面，仰本卫经历司点精壮军兵百余名看守旗牌、衙门，候本府到任等情。于是梅林等遂挟此牌，而一军皆哗矣，变之生也。夫非白牌为之祟乎？当是时，使万春有同袍御侮之心，则闻变之际，当如拯溺救焚，疾趋而进之不暇，人或庶几谅其心之无他也。顾乃迁延之神定铺，必候抚臣三请而后入城，放炮呐喊，鼓吹喧腾，此地方何等时也，乃骄纵从容若此！万春即置百喙曰：“变非由己也。”谁其信之？既到任矣，即宜安戢军士，待罪听参可也。犹嗾(教唆)林等日夜把守军门，勒令参本内去己之名。凡章奏一出，必军士阅过而后发，仍令林易名亲赍。此其桀骜之状，弁髦法纪，甚矣。初众军之要挟也，第垂涎四千金之赏尔，原无加饷之意。因军中有密言：受赏无名，恐遗后患者。万春遂令众曰：“吾望有此四千金之赏以酬尔劳，今有言其非计者，汝等不如因丁巡道、沈知府安抚讨加月粮，胜如得银。”于是脱巾之衅起，而副使丁惟宁挞辱于市矣。向非守备王鸣鹤仗剑泣救，则其祸可胜言哉?

是变也，始之者万春，终之者万春，乃威胁军士巧为掩饰。若非去任之后行迹彰露，宁不为吞舟之漏网乎？今抚臣去矣，副使、知府、指挥等官相继降矣，生员黜矣，梅林等先后典刑矣。而酿乱者独安然无恙，此人心所以恚恚，而流言所以藉藉也，是岂可以不追论而究处乎？参照原任分守郧襄等处地方，今调通州参将米万春，幻似妖狐，恶如伏虎，恋署而白牌遣护，明有据防要鲁之谋；入城而金鼓喧腾，殊无被发缨冠之义；导军士脱巾以求饷，致副使碎冠而裂裳，行迹大彰，神人共愤。此一臣者所当追论究处，是尽其辜者也。伏乞敕下该部复议上请，将米万春究问如律，庶国法彰而人心快矣。

再照：郧军之变，原因有激而然。况鼓煽倡率者止梅林、王所二人为首恶，而王礼等三名次之。今四凶俱各奉旨枭首，惟王所一人尚属漏网。臣近因其屡次健讼，已便宜擒拿杖毙。复有臣衙门写本役陶必成，去年透露消息于梅林者；参将书手董用威，拨置本官争恋衙门者，俱已拿责发遣。所据群凶尽殄，国法已彰，一时人心咸帖，然畏威怀德之恐后矣。自今以往，伏望皇上申明大信，广布洪恩，宥其既往之愆，开其自新之路。容臣一意抚绥镇戢。俾各军晓然，知倡乱正法者止此数人，而朝廷诏命坚如金石，决无轻听浮言过为挖求之理。则三军之士有不感激恩奋、为国家报效者，臣未之信也。伏惟圣明留意焉，地方幸甚，臣愚幸甚。

其大意为：先前兵部吏科给事中舒弘绪追论参将米万春闻变逗留，暗中操纵养祸之事。随后兵部取得皇上圣旨，让我查实具奏定夺。我遵旨细加查访之时，因米万春还在任，威风能够挟众，又狡诈多端，将前项的事情千方百计弥缝，而且当时又奉旨捉拿梅林，一时人心惶惶，大军都惧怕被株连波及。我考虑如果主将一动，众军不免惊疑，所以只根据所听到的情况奏请陛下罚治，目的是为了安定军心，也是一时的权宜之计。不料想米万春去任之后，郧阳众议沸腾，事迹败露，我如果再隐忍不言，就是欺骗皇上了，我不敢啊。这里谨就米万春恶谋的始末向皇上陈述：

先前郧阳军士情绪愤懑不平，欲往学生身上发作，起因已经很久远了。如果没有人激发就不会爆发，没有爆发的因子也不会成功。而其根源，当然不只是改学这一件事了。改学之议始于去年四五月间，并非骤然而起，因为府、卫、县官无数次反复踏勘现场已经半年了，当时军士寂然无声，并没有一个人提出异议，为什么到十月初四日动土之时就忽而呼噪，如疾风迅雷之不及掩耳也。原因是米万春即将到郧阳，有梅林、王礼等人前去接应，向米万春禀报了前情，米万春当即就含怒说："尔等何无一人有忠义者？"梅林等急忙跪下禀称："未得号令尔。"米万春说："这不难。"于是他初三日遣白牌一面，命令郧阳卫经历司点100余名精壮军兵去看守参将府旗牌、衙门，等候他到任。于是梅林等人挟米万春的令牌而哗变。这难道不是白牌在作祟吗？当时，假若米万春还有半点御侮之心，就会在闻变之际如拯溺救焚那样疾趋而进前来扑救，这样人们或许能体谅他的心中无鬼。然而他却迁延在神定铺，必候巡抚三次接请之后才入城，而且放炮呐喊，鼓吹喧腾。这是封疆大吏所据的镇城，什么时候出现过军人如此骄纵？或许米万春会百喙置辩："兵变不是我造成的。"谁信啊？既然到任了，就应该马上安戢军士，自己待罪听参就可以了。然而他却唆使怂恿梅林等人日夜把守巡抚衙门，勒令巡抚在向陛下所上的奏本之内去掉自己的名字。只要奏章一出来，必须经过军士阅读过之后才能发走，而且得让梅林亲自拿笔改名。这种桀骜之状，已经把法纪当作无物，气焰十分嚣张了。开始，众军所要挟而垂涎的，不过四千金之赏，原本没有为自己加饷之意。只因军中流传有密言，说受赏无名，恐怕会遗下后患。米万春随即对众军士说："我是希望有这四千金之赏给你们发放酬劳，现在既然有人说这并非良计，你们就不如找丁巡道、沈知府去讨加月粮，这比得一点银子要实惠得多。"于是大军脱巾寻衅而起，挞辱副使丁惟宁于市。若不是守备王鸣鹤仗剑泣救，那惹的祸就不可预料了。

这次兵变，始之者米万春，终之者米万春，事后他还威胁军士巧为掩饰。若不是他去任之后行迹败露，那不是漏网了一条大鱼吗？现在，巡抚李材去任了，副使、知府、指挥等官相继降职了，参与拆参将府的生员被学校开除免了秀才资格，梅林等人也先后明正典刑了，然而酿乱的祸首却独自安然无恙，这乃军士人心之所以愤怒、流言之所以四起的原因。对米万春，怎么可以不追论而穷究他的罪过呢？参照他原任分守郧襄等处地方的职务，现在调他到通州任参将，米万春几乎幻似妖狐，恶如伏虎，恋官署而用白牌遣护，明明是利用对方的弱点强迫对方答应自己的要求。他入城之时金鼓喧腾，完全没有紧急情况下那种披发缨冠之义，还诱导军士脱巾以求饷，其恶行大彰，神人共愤。这就是我作为臣理所应当对他所追论究处的原因，伏乞陛下能够敕下兵部复议上请，将米万春究问如律，以彰国法而大快人心。

郧军之变，原因是由激而发生，况且鼓动煽乱的首领只有梅林、王所二人，王礼等三人为次犯。现在四凶都已经各奉圣旨枭首，唯独王所一人尚属漏网。我近来因此事屡次审问，已把他擒拿杖毙。再有：巡抚衙门的写本役陶必成，去年经常透漏消息给梅林；参将府书手吏董用威，挑拨参将争恋本衙门，我都把他们已经捉拿发遣。现在，郧阳群凶尽绝，国法已彰，一时人心安定，畏威怀德。自今以后，我伏望皇上申明大信，广布洪恩，宽恕既往之罪，开其自新之路，容我一意抚绥郧阳镇，使各军晓然明白，知道倡乱正法者只有这几个人而已，朝廷的诏命坚如金石，决不会轻听浮言。这样，三军之士就没有不感激振奋、为国家报效的。伏惟圣明留意，地方幸甚，我的幸甚。

不久，米万春被削籍，降为士兵，陶必成、董用威被发配到边疆充军，郧阳兵变总算尘埃落定，流言和弹奏不再发生。裴应章又向朝廷上了《条议善后事宜以图久安疏》，详细汇报了具体的善后事宜和郧阳今后的发展方向。当时，朝廷正在议论裁撤郧阳藩镇，裴应章力荐保留，也算为郧阳的繁荣和中国心脏的安宁作出了一点贡献。

郧阳兵变带给人们一些启示为：文武之道，不可偏废，一抑一扬都可能会出问题。处理事情要尽量公正，偏颇就会引起舆论的哗然，靠压制舆论有可能得逞一时，而无法得逞一世。

从全国来看，郧阳兵变在当时并不是孤立的偶然的事件，自嘉靖以后，曾经在云中、辽左、南京、浙江屡屡发生兵变，仅万历十五年(1587 年)一年就有蓟镇、粤西、郧阳三起，这暴露出晚明社会普遍存在着的危机。朝廷对郧阳兵变的谨慎处理过程，也反映了当时统治者的一种担忧和惧怕心理。

郧阳行都司的恢复

在郧阳藩镇200余年的时间里，藩镇被裁革又恢复的情况有好几次，而藩镇与行都司同时被裁革仅一次。在万历九年(1581年)裁革郧阳藩镇时，同时把设在郧阳的湖广行都司也撤销，以级别较低又带有流动性质的参将府取代之。万历十一年恢复郧阳藩镇时，巡抚张国彦在京面君时，曾经要求同时恢复行都司，但没有得到皇帝的批准，这在驻郧官军们的心中埋下了不满情绪。

由于藩镇刚恢复不久整个汉江流域就遭遇到了千年不遇的特大洪灾，在军民共同的抗灾保命中，军人心中的极度不满被暂时压抑，从而实现了万历十一年张国彦，十二年毛钢，十三、十四年方弘静三任巡抚的平安局面，但还是在万历十五年李材任巡抚时被触碰而爆发，在军官们的纵容和挑动下，军士们发动了郧阳兵变。

兵变之后，李材被处分调走，由裴应章继任郧阳巡抚收拾残局。待局面稍平定后，恢复行都司被提上了议事日程。

当时，在武昌有一个湖广都指挥使司，简称“湖广都司”，负责湖广省的防务；在郧阳有“湖广行都指挥使司”，简称“湖广行都司”，负责郧阳、襄阳、荆州、安陆(承天)、夔州、忠州的防务。两都司是哥俩，而不是父子，相互没有隶属关系。因为湖广行都司在郧阳，在当时人们的口中也习惯称其为“郧阳行都司”。

一

万历十六年(1588年)，裴应章终于从表面上安抚住了因兵变所造成的郧阳人心惶惶局面，但来自军中要求恢复行都司的压力不仅没减，反而剧增，不断有人通过书面或口头向他呈请。他意识到，要想郧阳长治久安，就得尽快恢复行都司以稳定军心。这不仅仅只是收买郧阳军心的需要，更是郧阳藩镇防务的需要，于是他向皇帝奏交了《条议善后事宜以图久安疏》：

条议善后事宜以图久安疏

都察院右副都御史臣裴应章题：为条议善后事宜，以图久安事。

照得：郧阳近因营军之变，节奉明旨处分，一时人心咸感恩畏法，迄今地方业已帖然安堵矣，所据一二善后事宜。自臣到任以来，广询博访，俱于事体、人情便利妥当，足为郧中久安长治之计。谨冒昧开列具题，伏乞敕下该部再加复议，上请俯赐施行。臣不胜惓惓，祈恳之至。计开：

一、议复行都司，以联军心。据湖广布政司呈奉臣批：据守巡下荆南道呈，奉臣信牌，仰道会同分守米参将查议：行都司先年建置便利若何？今裁革不便若何？此时应否复设？仍查布政司原收该司印信共三颗今尚在否？会议明确，具由详报。如果事体人情窒碍难行，亦不妨明白申寝等因。

又奉批：据郧阳卫应袭石国柱等，及该卫旗军刘召英等、乡约萧廷章等各呈，为恳恩题复行都司缘由。俱奉批："仰守巡下荆南道会同米参将议报，奉此行准参将米万春手回本。"

据郧阳卫掌印指挥千百户张光祖等各官，及拘集旗军、乡约蔺禄等到官公同申据，各役俱称裁革阃司(即行都司)改设参将，地方事体分阻隔，本卫一应钱粮、袭替文移等项多属不便。若议复设行都司统摄，则地方官军永赖保障。等因。准此。

又据郧阳府知府房守士回称：复集同知顾起淹等查看得，行都司之设始自成化年间，彼因兵乱初平，人心涣散，建立衙门，其设官也，则有掌印并佥书三员，经历、断事二员。其分辖也，则郧、襄、荆、瞿等五卫，均、房、夷、忠等八所，上承军门号令，下统官军袭替，由来久矣。自万历九年裁革之后，旋亦议复，但当时以为各省都司职有专属，事权恐至于支分偏方，简僻增置，多官供应，徒滋乎烦费，固皆不为无见。然以事体揆之，抚驭苟便于官军，则犬牙相制，何嫌于区析之烦？体统有关于机务，则臂指相维，何惜于廪饩之细？此万历十一年前任抚治张都御史惓惓于题请，而未蒙覆允者也。今照：军门镇治地方，境连四省，即参将之添设固亦足以弹压三军，而流官之体统终不足以联属众志，似应照旧将行都司衙门议覆，委为长便。等因。到道。

据此，又经移行该参详查相同，并行准布政司咨称：行都司堂印一颗，经历司、断事司印各一颗，俱见贮司库。等因。

该二道会同本参议照：郧阳地方，适当四省交会之区，素为亡命逋逃之薮，前此所以易于啸聚，难于扑灭者，则以控制阔疏，军威不振，酿成地方之患，有繇然矣。自前院原都御史题设督府兼制各省，并设行都司统辖各卫所，指臂相使，脉络贯通，百年有余军民安堵。继因承平日久，遂议裁革都司而以参将代之。然事难兼摄，情不相通，官员之袭替、旗役之并枪、钱粮之派征、文移之申呈，俱由省城都司，以致往返二千余里，受累不可胜言。且各军民视都司为专官，以参将为客寓。向使先不议裁，则顷改学之议亦无由兴，而鼓噪之事亦何自出？此纷更之所以害事也。夫利百乃可以变法，而询谋必贵于佥同。今裁革之后，经费不减于曩时，事体掣肘于今日，乃犹守拘挛，拂舆议，而不为地方久安长治之计，亦惑矣！至于都司三员尤必全设，该都司自掌印之外，一管操捕，一管屯粮，职业原有专修，然每年例有一员赍万寿表文升迁去任，未必俱全。若止设二员，则遇有员缺，又必借署于省城都司。如近日兴都留守司之事可睹也，往返接送糜费反多，交代不常，奸弊易起，而事务停阁废弛且无论焉，则又不若全设之为便矣。伏乞题覆，以副军民惓惓之望。等因。奉批，仰布政司会同按、都二司查议速报，奉此。

该本司左布政使刘世赏、右布政使孙鋐会同按察司按察使李愿、都司署都指挥佥事陈洪范会议得：郧阳地方连疆四省，延袤万山，风俗以剽悍为能，亡命之啸聚甚易。国初流民鼓衅，以致动众兴师，议设军门建制及建行都司统辖，盖为地方长顾，却虑之谋至深远矣。迩来承平日久，概议裁革，止设参将一员弹压，而官军袭替、文移往复率多不便，诚有如该道之所议者。万历十一年题复本镇军门，随该抚臣张都御史行司议复，竟又中寝。今据各卫所咸谓行都司之建置，愈于参将之弹压，而该道、府会议亦无异词，则又何弹于纷更之难，而不为地方保障之计哉？及查该司原设佥书三员、经历、断事各一员，该道议以职有专责，势不可裁，与夫吏、承、知、印等役，俸粮、公费等项，俱应照旧编设，抑或止照留守司事体稍寓节省之计。其该司印信三颗，见贮司库未缴，候题允选官至日移送掌管。其原颁敕书一道，符验二道，铜牌十面，旗、牌各五面、副，先自裁革之后随即赍缴，仍乞并题颁给。

再照：都司既已议设，参将即属冗员，一复一裁，事体允当，但关兴革大典，虑如图终，法宜详慎。况系题请，有非诸司所敢轻议者，伏乞再加裁酌，题请施行等因。详呈到臣簿查：先据守巡下荆南道参政等官詹贞吉等会呈，前事已经批行该司会议。

去后，今据前因，该臣看得：郧阳即古麋、庸地，当诸省交牙之会，居万山盘错之中，编民杂籍强半，流移奸宄乘机易于啸聚。故先年因流寇荡平之后，议设行都司以统辖郧、襄、荆、瞿等一十三卫所，凡一应征调、袭替、钱粮、文移等项，悉听该司总理。盖于控驭之中寓联属之意，其为郧中苞桑户牖之谋，至深远也。近因本镇奉裁，亦将行都司并议革而改设参将一员代之，其各卫所官合袭替比并、岁进表签与一应文册，俱属湖广都司管理，道路险远，往返艰难，而各项公费、钱粮又不免重复征派，于是人情苦累莫胜，大称不便矣。且参将之事权虽云隆重，而流官之脉络终欠贯通，去年呼噪之变可为明鉴矣。故臣谓今日复行都司其便有五，体统相维，臂指相使，而无牴牾阂隔之弊；则便官所之袭替、旗军之比并，免困累沉滞之苦；则便岁进表签、赍解文册，省往返跋涉之劳；则便衙舍见成、修故葺新，无烦改创；则便俸薪、公费添彼酌此，大略相当；则便乘此时势复之，益而不损，安而不劳，事体人情两相妥顺。顾奈何执拘挛之见，而不为郧中久远之谋也哉？至于全设之议尤为远见，若只设二员，则每年除赍进表文外止掌印一员，中间升迁、事故，往往缺人。若临期借置于省会，则迎送之烦费，奸弊之丛生，诚有如该道之所虑者。固与其慕一时节省之名，而滋后日劳费之累，固不若全设之为愈也。既经三司会呈前来相应具题，伏乞敕下吏、兵二部再加酌议上请，合无将行都司照旧全设：掌印一员；佥书二员，一管操捕、一管屯粮。其管操者即注定带管标下中军事务、统领五县民兵、常川操练首领；经历、断事各一员；吏、承、知、印查照原额佥设；听用、军伴等役于郧阳卫拨送；俸薪、公费等项于原编衙门派征；原奉敕书一道，符验二道，旗、牌各五面、副，铜牌十面俱照数颁给；布政司收贮原印三颗，候议复之日听本司径自移送收掌；改设参将一员径行裁革。

及照：郧阳军士偶激呼噪，仰仗朝廷恩威并用处置得当，今幸地方初安，人心甫定，抚绥善后不可缺人。若将新补都司到任，势必旷日稽迟，合无即将新任参将尹邦宪暂管行都司印务，姑俟升转之日另推掌印都司前来交代管事，庶乎人情允孚，而地方有赖矣。伏乞圣裁。

一、议中军官以肃军令。照得：郧阳北枕于商於，西连汉沔，东接宛洛，南控荆襄，盖四通八达之区也，山岩险阻，易以凭陵，流土错居，乘间窃发。先年建置抚臣，虽职专抚治，然防微制变，戒切衣襦，则诘戎耀武之计，可置之而弗讲乎？先任抚臣孙应鳌虽题奉钦依，业加提督军务职衔，顾提督徒有虚名，而军务尚未料理。即如中军官所藉以传宣号令，整肃步伍，上听军门之指麾，下为三军之领袖，体统之所维系，血脉之所贯通，皆于此官攸赖者也。先年，本镇亦有中军官一员，向以所属卫分闲住守备等官充之。然枌榆瓜葛，威令不行，且非奉钦依，事权掣肘，见以为无益，旋设而旋废矣。查得南赣地方控制诸省，事权体统与本镇相同，已有钦依中军官，而本镇独无，甚非所以壮军威而戒不虞也？今欲另议增添，不免又滋俸薪供应之费，合无即将臣请复行都司管操佥书一员带管标下中军事务？斯官不增设，而调度有人，军威可振矣。然设中军官而不设标兵，则官徒设也。今之不敢议设标兵者，一则以招募之众，恐难制训；一则以军饷之供，无从措办。臣查得：郧阳府所属郧、房、上津、竹山、郧西五县，每县原有民壮六十名，五县共三百名，皆拣选强壮又武艺者，谓之精兵，每年春秋二季齐赴郧镇操练。每名每年除本等工食七两二钱外，上班之日仍每日给行粮，外县一分五厘，郧县一分，又给衣甲银二钱五分，此皆见行旧规也。今合无即将此三百民兵分为二班，每班一百五十名，半年一更，俱属中军官统驭，无事则时常操练，有警则调发征进。其日粮衣甲，即以三百名半年之数，分而为一百五十名全年支给。斯则不招募而兵见成，不征派而饷自足，一转移之间而威武奋扬，缓急有赖，久安长治无有便于此者矣。伏乞圣裁。

二

裴应章在《条议善后事宜以图久安疏》里，首先说明了上疏的原因：郧阳近因营军之变，奉陛下的明旨处理后，一时人心都感恩戴德而且敬畏法律，现在地方已经非常安定了，今日我只奏两件善后事宜。自我到任以来，广泛征询当地的事体人情，以求诸事便利妥当，目的是为谋求郧阳的长治久安之计。因此我冒昧上疏，请求陛下敕兵部再加复议，之后俯赐施行，我不胜祈望。

接着他请求恢复行都司以振军心：

根据郧阳布政司湖广分司和下荆南守巡道的要求，我曾经发信牌，命令下荆南道会同郧阳参将米万春共同查议四个问题：早年建置行都司之后是否便利？裁革之后是否不便？现在是否应该复设？收缴在布政司的三颗行都司印信是否还在？要他们弄明白之后详报，如果因事体人情阻碍特别大，也要说明具体的原因。

我还曾经根据郧阳卫指挥官石国柱、该卫旗军刘召英，以及乡约萧廷章等人各自的请求恢复行都司的呈报，批示让下荆南守、巡道会同米参将共同商议后，由米万春汇报商议的结果。

郧阳卫掌印指挥张光祖等千、百户官员，以及所召集的旗军、乡约蔺禄等人，也曾经到我的官衙申诉，都说行都司改设为参将府后，地方上的事情被各种势力分别阻隔，军卫所有征收钱粮、人员晋升、文书上下转达等项都非常不便。如果恢复行都司的统一管摄，那么地方上的官军就有了永久的保障。

郧阳府知府房守士也汇报：他和同知顾起淹等人查得：行都司始设于成化年间，是当年为了稳定因刚刚平定的兵乱所造成的人心涣散而建立的。所设的官职有掌印 1 员、佥书 3 员，经历 1 员、断事 1 员；所管辖的范围为郧阳、襄阳、荆州、瞿塘 5 个卫和均州、房陵、夷陵、忠州等 8 个千户所，上承军门郧阳巡抚的号令，下统官军升迁之事由来已久。在万历九年(1581 年)被裁革之时，不久就议论过恢复，但当时朝廷以各省都有都司管辖，事权不能过于分散，增设衙门就会增加供应费用为由，没有同意。然而以目前的具体情形来看，巡抚要想便于驾驭官军于犬牙交错的地势中，就不能太嫌细致之烦；国家体统按有利于机务而设，就得像臂膀与手指相连的关系那样，不能怜惜一点薪俸之资。在万历十一年时，前任巡抚张国彦曾经请求恢复行都司而没被陛下批准。今日再次请求：郧阳为军门镇治的地方，境连四省，有参将在此虽然足以弹压三军，但流官的体制还是不足以联合众人之志，应该照旧将行都司衙门恢复才是长久之计。

而且房知府的说法与参将府详查的内容基本相同。我又接到布政司的报告，他们查得行都司堂印一颗和经历司、断事司印各一颗，都还完好地保存在布政司库中。

下荆南分守道参政詹贞吉认为：郧阳处于四省交会之区，素来为亡命之徒逃亡潜藏之地。以前为什么亡命之徒易于啸聚而且难于扑灭，都是因为控制松懈，军威不振，才酿成地方之患，让他们有逍遥法外之机。自前巡抚原杰设督府兼制各省，并设行都司统辖各卫所之后，手指和臂膀才在郧阳成为一体，脉络贯通，让军民安定了百余年之久。可能就是因为太平日子过太久了，才会有人议论裁革行都司，而以参将府替代。但是参将府毕竟级别低而事难兼摄、情不相通，官员之晋升、旗役之操练、钱粮之派征、文书之申呈，都要经过省城都司，以致往返二千余里，受累不胜言状。在郧阳，所有军民都把行都司视为地方专衙，而把参将府视为客寓之所。假设原先不裁革行都司，就没有后来改军衙为学堂的由头，就更不会出现兵变之事，这就是郧阳兵变的源头。古人认为，如果利益能达百倍就可以变法，集中众人的智谋贵在万众一心。然而裁革行都司之后，经费不比之前减少，事体掣肘到今日更加受拘束而惹众怒。至于行都司三大员尤其必须全设，除掌印之外，一个管操捕，一个管屯粮。如果只设两员，遇有缺员又必然要到省城都司去借人。比如最近兴都留守司之事可为明鉴，往返接送所浪费的钱财会更多，不仅交代不清，而且容易引起贪腐奸弊，甚至还会耽搁废弛不少事务，还不如全设更为便利。

左布政使刘世赏、右布政使孙琮，会同按察使李愿、都指挥佥事陈洪范共同商议之后认为：郧阳地方连疆四省，延袤万山，风俗剽悍，亡命之徒甚易啸聚。明初，流民不断造反，以致朝廷兴师动众好多年，设立巡抚军门和行都司统辖，是地方得以长久安宁的一个深谋远略之举。近年，却因太平日久而被裁革，只设参将1员弹压，让官军晋升、文书往来都不便，才出现下荆南道所说的以上问题。万历十一年(1583年)恢复本镇军门时，巡抚张国彦曾经提议恢复行都司，竟然又中止。现在各卫、所都认为行都司的建置，优于参将的弹压，而且道、府都异口同声无异词，为什么还要担心更改有困难，而不为地方保障大计着想呢？核查行都司原设佥书3员，经历、断事各1员，按道所议，职有专责，势不可裁，以及吏、承、知、印等役，俸粮、公费等项费用，都应该照旧编设，或者只照兴都留守司事体设置，应该稍有节省。行都司的印信3颗，现在贮存于布政司库里，还没有上缴朝廷，等候陛下允准选官之日，再移送给他们掌管。陛下颁给行都司的敕书一道，符验二道，铜牌十面，旗、牌等，在行都司裁革之时已经上缴朝廷，请求陛下重新颁给。另外，行都司既已议设，参将就是冗员，一个恢复一个裁撤事体必然，但关乎兴革大典，应该考虑周全，所采取的方法宜统筹安排。

我认为：郧阳是古麇国、庸国之地，与几省交会，居于万山盘错之中，所编之民原、流杂居，易于那些流动违法作乱之人乘机啸聚。所以当年在荡平流寇之后，设置了行都司来统辖郧、襄、荆、瞿等13个卫、所，所有军队征调、升迁、钱粮、文书等都听行都司管理，用意在便于控驭联属，为郧阳境内农桑之户提供安全保障，其意义深远。近年却因奉裁藩镇也将行都司一并裁革，改设参将1员代替，各卫所军官的升迁、考核、年报表签等一应文册，都归湖广都司管理，道路险远，往返艰难，而且各项公费、钱粮又不免重复征派，苦累不堪，也很不方便。参将的事权虽说隆重，但流官的脉络始终欠贯通，去年兵变就是明鉴。所以我认为恢复行都司有五大便利，能够使军事体统与藩镇相维系，形成臂膀与手指的关系，这样相互抵触隔阂的弊端就会消除：一为方便军官的升迁和旗军的考核，免除困累沉滞之苦；二为方便年报表签、奖赏文册的批阅，节省往返跋涉之劳；三为有衙舍军署现成方便，稍加修理即为之一新，没有兴建之烦；四为方便俸薪、公费的统一调配，大略相当，不致相互攀比；五为借兵变之后平定的时势恢复行都司，有百益而无一损，有安定而无烦劳，事体和人情两相顺妥。那为什么还要执拘束之见，而不为郧阳的长治久安考虑呢？尤其官员全设的想法非常有远见，假若只设2员，那么每年除去进京报送表文的人员之后就只剩掌印一人，这中间如遇有升迁、事故等就往往缺人。假若临时到省会去借人，则有迎送之烦费，也容易引发贪腐的奸弊丛生。所以，与其慕一时节省之名，而滋生以后的劳费之苦，还不如全设更好。既然经过了三司会呈，就请陛下敕吏、兵二部认真酌议，将行都司照旧全设：掌印1员；佥书2员，一个管操捕、一个管屯粮；管操者代管标下中军事务、统领五县民兵、经常操练首领；经历、断事各1员；吏、承、知、印按照原额全设；听用、军伴等使役人员由郧阳卫拨送；俸薪、公费等项在原编衙门派征；原奉敕书1道，符验2道，旗、牌等，都照数颁给；布政司收贮的原印3颗，候决定之日由行都司自己移送接收掌握；以前改设的参将1员予以裁革。

另外，郧阳兵变全仰仗朝廷恩威并重而处置得当，地方才有幸初安。但人心并不稳定，需要抚绥善后，现在不可缺人。假若等新补的都司官到任，势必需要很长时间，不如就由新任参将尹邦宪暂管行都司的事务，等他升迁之日另推掌印都司前来管事，这样顺乎人情，也让地方有赖，敬请圣裁。

最后裴应章请求设中军官以肃军令：

郧阳北枕商於，西连汉沔，东接宛洛，南控荆襄，为四通八达之区，山岩险阻之地，流民与土著混居，容易让奸邪之人凭借山陵在暗中乘机骚乱。以前的巡抚专职于抚治，时时防微杜渐，戒备着潜伏的危急，什么时候敢松懈过武力？前任巡抚孙应鳌上疏得到皇帝批准，给加了“提督军务”职衔，然而现在是“提督”徒有虚名，“军务”尚未料理。比如要靠中军官传宣号令，整肃步伍，上听巡抚的指挥，下为三军的领袖，体统的维系、血脉的贯通都攸赖于此官。早年郧镇是有一员中军官，是在所属卫里挑选免任但保留官员身份的守备来充当，但因为人缘太熟、利益相关，而威令难行，而且不是陛下所委任，事权就受到掣肘，被认为无益，在设置后不久就废除掉了。我查得：南赣藩镇同样控制诸省，事权体统与郧镇相同，早就设有皇帝委任的中军官，而郧镇独无，这怎么能够壮军威而戒备周全呢？我知道，今日另议增添，不免又担心增加薪俸供应等费用，那何不就将我所请求的恢复行都司管操佥书一员去兼管标下中军事务？这样，官没有增设，而调度有人，军威就能够大振了。然而，设了中军官而不设由巡抚统领的标兵，中军官就等于白设。现在我不敢妄议再设标兵，一是以现有招募之众，恐怕难以马上训练出战斗力来，二是军饷无从措办。我查得：郧阳府所属的郧、房、上津、竹山、郧西五县，每县原有民壮 60 名，五县共 300 名，都是经过严格挑选出来的强壮又有武艺者，能够称得上是精兵，他们在每年春秋二季齐赴郧镇操练，每人每年除额定工食银 7 两 2 钱外，每操练一日就再给行粮银，外县为 1 分 5 厘，郧县是 1 分，还给衣甲银 1 钱 5 分，这都是遵照旧规。现在何不就将这 300 名民兵分为 2 班，每班 150 名，半年一轮换，归属中军官统驭，无事就时常操练，有警就调发征进。其日粮、衣甲就以 300 名的半年之数，分开为 150 名全年的开支。这样不就不招募而兵现成，不征派而饷自足，一转眼间就威武奋扬，缓急有赖，郧阳的长治久安就没有比这更便利的了。恭请陛下圣裁。

三

裴应章的《条议善后事宜以图久安疏》显然得到了皇帝的重视，因为不久后郧阳就先后收到了兵部的两道同题咨文，全是答复郧阳行都司的恢复与中军官设置的问题。

兵部的第一道咨文为尚书王一鄂于万历十六年(1588年)九月二十三日所拟，在二十五日得到皇帝御批后即发往郧阳。全文如下：

兵部咨

为条议郧阳善后事宜以图久安事

该本部题，武选清吏司案呈奉本部，送兵科抄出。

提督军务兼抚治郧阳等处地方都察院右副都御史裴应章题前事。等因。奉圣旨："该部知道。钦此。"钦遵，抄出到部，送司案呈到部看得：抚治郧阳都御史裴应章题，要复行都司及设中军各一节。为照：郧阳一郡，总诸省之咽喉，树三楚之屏翰。先年设抚治，设行阃，原为察地利、察人情，血脉贯通，闾伍咸辑。后有纷更，俱称不便。顷当军士鼓噪之后，宜为地方长久之图，该抚臣建议复行都司，使军心有所联属；设中军官，使军令有所传宣，皆惩前虑后，意图长便。相应开列前件议拟，覆请定夺：

一、议复行都司以联军心。臣等看得：湖广行都司肇设于成化十二年，议裁于万历九年。始缘流民多梗，郧为逋薮，特设行都司以郧、襄、荆、瞿等五卫，均、房、夷、忠等八所隶焉，皆因附近郧阳，而远于本省者也。专官守土，地方既赖以保厘、袭替、征输，人情并乐于就近。后因承平日久，遂议裁革，止设参将一员代之。以流官临卫所，则势睽而情意不贯；以文移归本省，则道远而跋涉多艰。况设之百余载而萑苇(芦苇)不惊，裁之不数年而肘腋生变？于是，议者啧啧称复设行都司便矣！今抚臣广集群议，题请复设，又虑赍俸、升迁、缺官，欲求全设，诚为郧中经久之计。合无依议，将湖广行都司照旧设掌印一员；佥书二员一管操捕、一管屯粮，其管操者，即注定带管标下中军事务；其原缴敕书一道，符验二道，旗、牌各五面、副，铜牌十面，俱照数颁给；其经历一员、断事一员，移文吏部选授；其印信三颗，原注布政司者，行令移送收掌；其原隶五卫八所一应袭替、钱粮等项文移，俱照旧管理；其薪俸、公费、吏承、知印、军伴等役，俱行抚臣查照旧额派拨；其参将一员相应裁革。又据题，将现任参将尹邦宪暂管行都司印务，候升迁之日另推掌印都司，事不烦而情相安，尤为妥便。统应如议，伏乞圣裁。

一、议设中军官以肃军令。臣等看得：郧阳一镇，僻在万山之中，向来流土错居，奸宄易于窃发。抚治革而复设，正资弹压之威。然无中军，其孰为之臂指？无标兵，其孰为之爪牙？据题，议立中军都司传宣号令，议设标营民壮奋扬威武，官不另益，兵不加增，诚为久安长久之计。合无备行该镇抚治衙门，即将复设管操都司佥书一员带管标下中军事务，仍于郧、房等五县民壮三百名，分为两班，半年一更，俱属中军官统驭，无事时常操练，有事调发随征。至于上班之日支给行粮并衣甲、银两事理，悉照所议施行。伏乞圣裁。等因。

万历十六年九月二十三日，本部尚书王一鄂等具题。二十五日奉圣旨："依议行。钦此。"钦遵。拟合就行，为此合咨前去，烦照本部题奉钦依内事理，钦遵查照。仍差的当官一员，前来本部赍领敕书、符验、旗牌等项移送本都司，遵守施行。

这道兵部的咨文题目为《为条议郧阳善后事宜以图久安事》，是由兵部下属的武选清吏司拟文后，呈案到部批准，再送兵科抄出的。

咨文首先概括了裴应章奏疏原文的重点，这是古代咨文的一种格式，用意是为了说明对原奏疏的理解不误，以及答复时的针对性和准确性：郧阳巡抚裴应章所题前事，已奉圣旨："该部知道。钦此。"钦遵圣旨，抄出到兵部送武选清吏司之后，我们看得：是恢复郧阳行都司及设中军两件事，认为郧阳为控扼诸省之咽喉，树三楚之屏翰，早年设藩镇、设行都司都是为了察地利、察人情，让国家血脉贯通，流民附籍。以致裁革之后大军都称不便，尤其当发生兵变之后，为着地方长久之计，就建议恢复行都司使军心有所安定，再设中军官让军令有所畅通，这都是汲取前面的教训，考虑以后的长远而提出的好建议，特经过复议，拟题请陛下定夺。

关于对恢复行都司以振军心的答复：湖广行都司始设于成化十二年(1476年)，议裁于万历九年(1581年)。始设的缘由是因为流民多乱，郧阳为他们逃亡的主要目的地，特设行都司以郧、襄、荆、瞿等5卫，均、房、夷、忠等8所隶属之，是因为这些地方离郧阳近而离本省城远的缘故。有专官守土于郧阳，地方治理、百姓保护、官员晋替、钱粮征输就都有了依赖，人们乐于方便就近管理。后来因为太平日子过得太久的原因行都司被裁革，只设参将替代，以不固定的流官管辖固定的卫所，不仅情势不顺，而且情意也不通；把文书都归各自本省，不仅道途偏远，而且跋涉多艰。为什么行都司设了百余年郧阳再没有出现过动乱，而裁革不几年就会发生兵变？于是人们议论纷纷，要求恢复设行都司以图便利。现在，裴巡抚广集群议，题请复设，又周详考虑到了赉俸、升迁、缺官等情况而要求职位全设，这都是诚心为了郧阳的长久之计。何不就依他所议，将湖广行都司照旧设掌印1员；佥书2员，一管操捕、一管屯粮，管操者兼管标下中军事务；原来收缴的敕书1道，符验2道，旗、牌等都照数再颁给郧阳；经历1员、断事1员移文给吏部选授；印信3颗还放在郧阳布政司库里，行令给他们移送收掌；原来隶属的5卫8所所有升迁、钱粮等项文移都照旧管理；行都司的薪俸、公费、吏承、知印、军伴等役，都责令郧阳巡抚查照旧额派拨；参将府相应裁革，暂由现任参将尹邦宪管理行都司事务，待他升迁之日再另委派掌印都司。这样，事不烦而情相安，尤为妥便。一切都依裴应章所议，请旨圣裁。

关于对设中军官以肃军令的答复：郧阳一镇，处于万山之中，向来是流民与土著杂居之地，为违法作乱易发之区。藩镇革而复设，正是要施弹压之威。然而藩镇无中军，谁能成为臂膀？无标兵，谁能成为爪牙？裴应章所认为的立中军都司，号令才会畅通；设标营，民壮才会奋扬威武；官不另派，兵不增加，是一个长治久安之计。何不就准许他将复设的1员管操都司佥书兼管标下中军事务，仍让郧、房等五县300名民壮分为两班，半年一轮换，归属中军官统驭，无事时常操练，有事随时征发，在操练之日另外支给行粮并衣甲、银两等事务，全部照裴巡抚所议施行，请旨圣裁。

四

兵部的第二道咨文是一份交接清单，上面详细罗列了所颁发给郧阳行都司的印信、令旗、令牌、铜牌的数量、所刻内容及号码，以及交接地点等。咨文全文如下：

兵部咨

为条议郧阳善后事宜以图久安事

武选清吏司案呈，奉本部送准工部咨：该本部题，虞衡清吏司案呈，奉本部送准兵部咨，称该本部题武选清吏司案呈，奉本部送兵科抄出。

提督军务兼抚治郧阳等处地方都察院右副都御史裴应章题，复湖广行都司。该本部看得：湖广行都司于万历九年裁革，止设参将一员代之。以流官临卫所，则势睽而情意不贯；以文移归本省，则道远而跋涉多艰。合无依拟，照旧复设。其原缴旗、牌各五面、副照数颁给。又据题，将见任参将尹邦宪暂管行都司印务，候升迁之日另推掌印都司。等因。题奉圣旨："依拟行。钦此。"钦遵，合咨前去，烦照本部题奉钦依内事理照例给发施行。等因。

到部送司查得：万历九年裁革湖广行都司，原缴旗、牌五面、副，今既复设，例应准给。案呈到部看得：兵部咨开湖广复设行都司，请给旗牌一节，既经题奉钦依，又经该司查有原缴旗牌，相应给发，恭候命下。本部于收有旗、牌内动支五面、副咨送兵部，转发暂管行都司印务参将尹邦宪收领，督军应用。候推都司径自交代，本官仍将收到旗牌字号、数目自行奏报查考。等因。题奉圣旨："是。钦此。"

钦遵，咨部送司又查得：行都司原缴到铜牌十面见贮本司。俱据承差雷栋告称，前项旗牌、铜牌，情愿赍领等情。本司即将工部送到旗、牌五面、副及本司见贮库铜牌十面，给付本役收领，随取领状附卷外，案呈到部，拟合就行。

为此，合咨前去，烦照来文内事理，即将本役赍到旗、牌五面、副，铜牌十面照数查验明实，转发暂管行都司印务尹邦宪收领，督军应用，候推都司径自交代。仍将收过旗、牌、铜牌字号、各数目自行奏报，以凭查考。计开：

令旗：一杆，令字一千九百二十七号；一杆，令字一千九百二十八号；一杆，令字一千九百二十九号；一杆，令字一千九百三十号；一杆，令字一千九百三十一号。

令牌：一面，令字一千九百二十七号；一面，令字一千九百二十八号；一面，令字一千九百二十九号；一面，令字一千九百三十号；一面，令字一千九百三十一号。

铜牌：一面，弘字四百九十一号；一面，弘字四百九十二号；一面，弘字四百九十三号；一面，弘字四百九十四号；一面，弘字四百九十五号；一面，弘字四百九十六号；一面，弘字四百九十七号；一面，弘字四百九十八号；一面，弘字四百九十九号；一面，弘字五百号。

这道咨文先介绍了文件的流程：由兵部武选清吏司拟文后，案呈本部审阅，再奉本部之命送给工部备案。工部虞衡清吏司具文后，案呈本部审阅，又奉本部之命送给兵部备案。兵部武选清吏司案呈本部再审阅后，奉本部之命送到兵科抄出发送。这同样是古代咨文的一种格式，用意是为了说明文件流程的合法性。

武选清吏司是兵部下设的一个机构，掌管武官的品级、选授、升调、功赏之事；考查各地之险要以建置营堡；管理少数民族聚居地土司武官的承袭、封赠等事。分别设有郎中、员外郎、主事、经承各若干人。

虞衡清吏司是工部下设的一个机构，设有郎中、员外郎、主事、笔帖式、经承各若干人。司下又分设都吏、军器、窑冶、柜杂等科和军器案房、军器算房、窑冶案房、窑冶算房、火房等处，分别主管各种官用器物的制造、收发以及度量衡器制作、钱币铸炼、山泽采捕和采办铜、铅、硝磺等事。该司所属的库房众多，山泽库负责收发毡、革、驼、椿、橛等；军需库负责收发旗纛、刀枪、账房等；硝磺库负责收发硝磺等；铅子库负责收发枪炮、铅子等；炮子库负责收储废铁炮子等；官车处负责管理官车以备工程运送料物等；措薪厂负责收发苇席、竿、绳等。

这道咨文照例摘录了裴应章奏疏原文和皇帝的御批，兵部和皇帝都全部答应了裴应章所有请求。

接下来兵部陈述清查到的情况和皇帝御批：送本部武选清吏司后查得，万历九年(1581年)裁革湖广行都司时原缴的旗、牌等，现在既然复设，例应准许颁给。案呈到工部看得：兵部咨文所开列恢复湖广行都司请给旗牌一节，既经皇帝御批，又经本部虞衡清吏司清查，确有原缴的旗牌，应该发给。我们恭候命令下达之后，就将旗、牌及咨文一起送达兵部，让兵部转发给暂管行都司印务的参将尹邦宪收领，以便他在督军时使用。等到朝廷另推都司之后，让他们自行交接，只要将收到的旗牌字号与数目自行奏报查考即可。圣旨御批："是。钦此。"

咨文到兵部送武选清吏司后查得：行都司原缴的铜牌10面现存在本司，由郧阳派来办差的雷栋前来领取这些赏赐的旗牌、铜牌。武选清吏司马上就将工部送来的旗、牌各5副以及存在本司库的铜牌10面都交付给了雷栋收领，并让他签注了收领状，将其附在卷外呈案到部，盖章后就放行。

为此，两部联合咨文前去，麻烦郧阳巡抚裴应章按照咨文里的事务即将雷栋领到的旗、牌等照数查验核实，再转发给暂管行都司印务的尹邦宪收领，让他督军使用，等到另委的都司到来时由他们自行交接，将收到的旗牌、铜牌字号各数目自行奏报，以凭查考。

发放的旗牌、铜牌具体字号和数目为：

令旗：令字一千九百二十七号一杆、令字一千九百二十八号一杆、令字一千九百二十九号一杆、令字一千九百三十号一杆、令字一千九百三十一号一杆。

令牌：令字一千九百二十七号一面、令字一千九百二十八号一面、令字一千九百二十九号一面、令字一千九百三十号一面、令字一千九百三十一号一面。

铜牌：弘字四百九十一号一面、弘字四百九十二号一面、弘字四百九十三号一面、弘字四百九十四号一面、弘字四百九十五号一面、弘字四百九十六号一面、弘字四百九十七号一面、弘字四百九十八号一面、弘字四百九十九号一面、弘字五百号一面。

巡抚衙门里的功德碑林

在郧阳巡抚衙门大院内，有一处碑林，纵横竖立着一大片石碑，碑上所刻内容无一例外都是为一些郧阳巡抚歌功颂德的，被人们称之为“功德碑林”。

我们应该怎样看待这些功德碑？

一方面，除原杰以外，当时那些立有功德碑的巡抚，肯定都有一个想为自己树碑立传，为民做了一点好事就想流芳百世的心理，但是他们所做的好事还不是太突出，无法达到活着时能为自己立生祠的地步，而且在自己死后能被皇帝认可进入名宦祠的可能性也不大，所以他们就打了一个擦边球，干脆在离任之时就请人写一篇歌颂自己的文章，刻石立在衙门院内，也不失为一种实际而有效的“人过留名、雁过留声”的做法。

另一方面，不是每一位巡抚都可以立功德碑的。那些在任时只想得过且过、贪图安逸而无所事事的巡抚，那些贪墨成性，甚至草菅人命的巡抚，那些畏惧恶势力，甚至助纣为虐的巡抚，自然连想都不敢想为自己立一个功德碑，因为无论是民众还是朝廷都不会答应。从这个角度来看，那些被立了功德碑的巡抚，肯定或多或少都为民众做了一些好事，得到了民众的认可，因此立一块功德碑不仅无伤大雅，还为我们研究明代郧阳历史提供了一些很好的材料。

几百年过去了，郧阳巡抚衙门内的功德碑林里到底有多少块功德碑已经无法考证，但在典籍之中，我们能够找到7块功德碑的内容，分别是《原公政绩诗碑》《都御史徐蕃去思碑记》《抚治王公缜德政碑记》《抚治袁公宗儒德政碑记》《抚治路公迎去思碑记》《郧阳抚治迟公去思碑》《裴公考绩序》。这7位巡抚，都是万历十八年(1590年)之前在任的。此后的巡抚有没有立过功德碑，我们目前还无法知晓。

下面，来看看这些功德碑上都告诉了我们哪些内容。

1. 原公政绩诗碑

“原公政绩诗碑”是郧阳巡抚衙门内的第一块功德碑，为首任郧阳巡抚原杰而立，其碑文署名“学士吴节”。

原杰于成化十二年(1476年)来郧阳抚治流民，走遍了鄂豫陕三省周边各府县，广泛与流民交谈，然后提出增设府县就地安置流民的建议，得到朝廷和皇帝的批准。于是增设郧阳府，又割让三省之地在郧阳设藩镇，奠定了一统汉江200余年的格局。

成化十三年四月，朝廷调原杰为南京兵部尚书，不想原杰却卒于赴任途中的南阳，让皇帝惋惜不已，郧藩各地更是无不哀号，纷纷为其建祠祭拜。当时，国子监祭酒吴节撰写了《郧阳原公祠记并诗》刻碑立于原公祠前，同时又写了《原公政绩诗》，将其碑立在了刚刚开建的巡抚衙门院内。

吴节，字与佥，号竹坡，江西安成人，宣德五年(1430年)庚戌科进士，初任翰林院庶吉士，授编修。景泰初任南京国子监祭酒，后来专修英宗、宣宗《实录》，官终太常寺卿兼侍读学士，有《吴竹坡文集》五卷和《吴竹坡诗集》二十八卷留世。

侍读学士是设置在朝廷内的官职之一，为从四品文职，主要配置于内阁或翰林院，任务为文史修撰、编修与检讨，其上为掌院学士。

吴节的《原公政绩诗》全文如下：

惟天降命，惟皇建极。惟臣靖共，斯奠疆域。
大山长阜，绵亘嵰嵲，流逋四趋，于焉假息。
邈彼汝汉，雍梁房均。西连关陕，南接衡荆。
皇曰噫嘻，朕式九围。胡介中隅，而容趑趄。
乃命元臣，驾彼轮毂。按行千里，周爰咨度。
逋曰天启，寸喙可伸。愿托图籍，永为良民。
生被华风，当安止分。惟赋惟徭，敢不祇敬。
公曰尔民，衣食所资。由狭徙宽，优典盍施。
乃籍姓名，乃立堡伍。俾事耕耘，各安尔所。

相视古郧，水碧山苍。可筑郡城，更号郧阳。
守握麟符，列邑承之。以安兆庶，以隆化机。
昔者斯民，恃险为朋。今安仁里，王道平平。
凡此经营，悉由都宪。施报天子，曰惟民便。
在昔羊祜，以仁以绩。制事虽殊，安民则一。
峨峨大岳，浮浮汉江。永言不替，万古郧邦。

其大意为：只有天子才能发布政令，只有皇帝才能建立中正之道，只有大臣恭谨地奉守，这才能奠定万年的疆域。江汉的大山长岭绵亘高峻，流民在里面四处奔逃，在里面苟延残喘，足迹遍及广阔的汝河、汉水流域，主要在雍州、梁州的房州、均州，西连陕西关中，南接衡州、荆州。皇帝感叹：“哎呀，朕统御九州，怎么能容忍在国家的中心地带出现混乱？”于是任命重臣原杰驾驶着车辆巡行千里，遍及各地咨询、商酌。流民感叹：“这真是上天所赐的福分，小民的意愿终于可以申诉了，我们愿意附在当地的户籍中，永远成为良民，生活在风和日丽的大好时光里，应当安守本分，承担该承担的赋税徭役，敢不恭敬地完纳吗？”原杰感叹：“这些流民，是朝廷衣食的来源，使国家赋税由不足变得宽裕，那为什么不对他们施行优惠的政策法典？”于是他登记流民姓名编入户籍，又立堡设伍保护他们，使他们安心耕耘，各安其所。他又看古郧阳水碧山苍，可以建筑府城，就更改名称为“郧阳”。再设重镇，派大臣手握朝廷颁发的麟形符节统辖各府州县，以安抚万民。从此，这些昔日恃险生事的流民，如今都安定地生活在有仁厚风俗的土地上，享受着治理有序、安详娴熟的王道社会之中。以上对郧阳的经营，都是都御史原杰的功劳，施报给天子，天子说只要民众安宁就好。过去羊祜在这里以仁以绩治理得非常成功，二者处理军政大事的方法虽然有所区别，但能使民众安定这一结果却是一样的。有巍峨的大岳武当山和滔滔的汉江作证，原杰的功勋永远无法替代，是他奠定了万古郧邦。

2. 都御史徐蕃去思碑记

“都御史徐蕃去思碑”是为郧阳巡抚徐蕃所立，为徐蕃歌功颂德的。

徐蕃，是郧阳名宦祠里所供奉的名宦之一，字宣之，为内阁首辅徐阶的儿子，南直隶泰州人，弘治六年(1493年)癸丑科进士。弘治十三年(1500年)任南京礼科给事中，因为论刘瑾专权被逮，几乎杖击致死，侥幸被放出为民。刘瑾被诛后又复起，于正德六年(1511年)任江西布政司左参议，正德七年升为浙江按察司副使，正德十年升为山东布政司右参政，正德十四年升为浙江右布政使，正德十五年升为山西左布政使，正德十六年转任顺天府府尹，嘉靖元年(1522年)二月升为都察院右副都御史任郧阳巡抚，嘉靖二年冬月任南京户部右侍郎，嘉靖四年改任工部右侍郎督理易州山厂。嘉靖六年再疏引疾，皇帝准其回籍调理，于嘉靖九年卒于家。

《都御史徐蕃去思碑记》署名为“进士王从善”。王从善，字承吉，号凤林，襄阳人，嘉靖二年(1523年)癸未科进士，于嘉靖三年授溧水县知县，后升任吏部考功司主事，为正六品衔。

徐蕃于嘉靖二年冬月离开郧阳赴任南京户部右侍郎，正是王从善刚刚考取进士在北京等候安排职务的阶段。于是郧阳行都司都指挥使马骢和郧阳知府李津决定派人到北京请王从善写一篇《都御史徐蕃去思碑记》为徐蕃歌功颂德。

按理说，歌功颂德的文章应该请那些德高望重的朝廷重臣写才对，因为作者的声望和地位越高，被吹捧的对象就越会引起人们的重视。然而当时的王从善才刚刚考取进士，而且还是三甲第176名，只是没有名落孙山而已，所以一生都注定不会当什么大官，为什么还要请他来写吹捧文章呢？

原因可能有三：一是有可能那些朝廷重臣都不愿吹捧徐蕃，因为这毕竟不是朝廷或者皇帝授意的，万一皇帝怪罪下来就不好办了；二是襄阳是郧阳藩镇的属地，王从善也就是大郧阳之人，请他写《都御史徐蕃去思碑记》应该比较容易的，而且他是新科进士也不算太掉价；三是王从善的祖父王忠和父亲王信都是赫赫有名的武将，与郧阳方面有着较深的往来。

王从善的《都御史徐蕃去思碑记》全文如下：

正德间，天子英武，厉兵秣马，出有事于方岳。于时，扈从诸臣不能奉宣德意，而二三权奸依凭城社，隳紊纲纪，浊乱海内，生民嗷嗷，逋逃相继梗化矣。今上龙飞襄汉，嗣登大位，悯黎庶之涂炭，愤首恶之贪黩，皆次第诛之。既改元，又蠲天下田租之半以厚民，尤念化理更新，省隅任重，下所司遴选巡抚以往。而襄汉，正为圣人聪明所濡染者，肃公卿会议，阙廷佥曰：“顺天尹徐某往宜。”盖天子意在丰沛，而徐公尹京邑，戚里近倖，交承枝蔓，断一震百，利剑群锋余于盘错矣。

公拜命，单车就道。至之日，赃吏有望风遁去者。公虽威望峻厉，而又以礼义，兴学校，去淫昏，禁征敛，节财用，练兵讲武，洗冤泽物。尝曰："民之流离，苦于诛求也。诛求之急，官吏为之蠹也。"乃会藩臬重臣，择郡县可任使裨新政者，规划条制，宽而不苛；情俗去留，通而不滞。令下，民争效诚，相率以来。不逾时，得户二十二万，丁口五十七万有奇。上嘉其绩，擢为南京户部。

行都阃马骢、郧府守李津遣使来京师，告从善记之。惟天生民，牧之以君。不能自治，任之以臣。大臣察而恕，小臣勤而廉，斯臣职举而民计安。若因时低昂，怀身希宠，所以自待者荡然矣。曩公念亲老，伏林下数年，在给舍直言，甘遭逆瑾之酷。平生自立如此，故其忍性动心，见于作为，非寻常者可企。

从善最愚，处贫贱久，公首以礼下之崇卑，分绝流俗，咨嗟濡濡，有转移功。硕夫巨人，世岂能识破哉！今公复入佐庙廊，推一隅之福以福天下。固公之所存，抑亦天下延颈以望于公者。是为《记》。

其大意为：正德年间，天子英俊勇武，喜好厉兵秣马，经常外出到有事地方督查地方大臣。当时，随从的诸臣都不能奉宣皇帝德意，而让刘瑾、江彬等二三权奸依凭皇帝作为靠山，败坏紊乱纲纪，搅乱了整个国家，使得百姓一片哀嚎，相继流亡，成为顽固而不服从教化的难民。嘉靖帝从襄汉兴起，嗣登大位之后，怜悯百姓之生灵涂炭，愤恶官员之流的贪污渎职，就陆续把贪官诛杀掉。改元之后，立即免除了天下田租之半，以让民众休养生息。尤其念及教化民众观念的更新和鄂豫陕三省边远之地的任务重，就命令朝廷遴选巡抚前往郧阳。而襄汉之间，正是皇室圣人聪慧所濡染的地方，于是王公大卿慎重举行会议，大臣们都说："顺天府尹徐蕃去最合适。"这正好与天子之意相合，因为徐蕃为京邑府尹，这里的帝王外戚和受到帝王宠爱之人交承枝蔓，而他却能断一震百，利剑群锋游刃于盘错之间，治理很是得力。

徐蕃拜命，单车上道。到郧阳之日，赃吏们有的望风而逃。徐蕃虽然威望峻厉，然而他提倡礼义，兴举学校，去除淫昏官员，禁止横征暴敛，节约财政费用，开展练兵讲武，洗刷冤案，润泽万物。他曾经说过："民众之所以流离失所，是因为苦于官府强制征收。强制征收得越急迫，官吏就越可能成为蠹虫。"

于是他会同布政使和按察使等重臣，选择府县之中可以信任的、能够开拓裨益新政的官员们，规划新的条例制度，凡事宽而不苛，讲究人情风俗，通达而不滞留。政令下达之后，民众争相前来。不久，就获得22万户，57万人口有余。皇帝嘉奖他的功绩，提升他为南京户部侍郎。

郧阳行都司都指挥使马骢和郧阳知府李津派遣使者来到京师，让我写一篇《记》文。苍天生下黎民，就让天子治理。天子治理不过来，就任命大臣分理。大臣巡察施以仁爱，小臣勤勉而且廉洁，臣子尽职，民众就能够安居乐业。假若臣子随局势波动而情绪不定，甚至一味追求上级的宠爱，把自己看得很重，就会把民众看得荡然无存。徐蕃是一个念及乡亲父老的人，他曾经隐退数年，在任南京礼科给事中时就敢于直言，甘愿遭受刘瑾酷刑，平生自立如此，所以他的性格坚定，内心警觉。他的所作所为，是非寻常者可以企及的。

我王从善最愚笨，处于贫贱很久，徐蕃是第一个以礼向下，不计较身份高低崇卑，区别于平庸粗俗的人。他处事融洽，有改变局势之功，如若不是一个巨人，岂能识破事理的奥妙？如今徐蕃再次进入朝廷辅佐皇帝，把治理一隅之福分而推广，以福祉天下。这固然是徐蕃的心志所在，也是天下人对徐蕃所殷切期盼寄予厚望的。以此为《记》。

3. 抚治王公缜德政碑记

“抚治王公缜德政碑”是为歌颂郧阳巡抚王缜的功德所立，碑文署名“郡人韩漠”。郡人，即本府人，也就是郧阳人。

王缜，字文哲，东莞人，弘治六年(1493年)癸丑科进士，初选庶吉士，后授兵科给事中，正德初年(1506年)升云南左参政，之后历任福建左布政使、应天巡抚、郧阳巡抚、南京刑部右侍郎、南京户部尚书。因虑患忧民，日夜劳瘁而病死于任上，时年61岁。皇帝闻报，特派广东布政司左参议亲往谕祭。

韩漠，郧县人，弘治年间举人，于弘治十四年(1501年)任北直隶某县县令，初上任即辞职，从此不再出仕。

韩漠写《抚治王公缜德政碑记》可能是发自内心，因为王缜在郧阳的政绩有目共睹，让人民不爱戴都不行，也因此王缜的文章极尽言实，没有华丽的虚浮辞藻。

天佑皇明，笃生贤辅，敭历中外，惠我生民。所在著绩，民感而思。若昔召公循南国而有甘棠之咏，毕公厘东郊而有无穷之闻。是非出于秉彝之良乎！

正德戊寅冬，公祇承简命，单车赴镇，弘敷德政，拳拳以安民为心。时上西狩，传言将幸武当，诸郡争以科敛供亿为能，钱谷、菽豆、马匹、器用动以千计。有求活虎豹献者，小民不胜惊慌。公首禁之，曰："朝廷所幸，必先诏谕，岂有私行蹴至者哉？万一有误，请以身当。"既究讹言惑众与夫害民者置之法。武当分守中官，以进贡发钱竹、房诸县，收索蜜、葛，公禁之。又以采笋，滥起丁夫，公减其半，竟不敢肆。襄府护卫有夺民产者，奏行，公即以还民，豪强伏罪。荆州抽分李太监纵下虐商，公绳以法，李自是敛已，荆民咸悦。

乙卯夏六月，宸濠兵陷九江，围安庆，以荆襄为要冲，有先窥之意，人心惊慑。公下令征兵马，修器械，广储蓄，为备御计。民有恃而无恐，此其大节也。至于教士类以诚，兴社学以礼，开堰以通水利，奖孝以淑民风，除赃以饬官吏，其惠政类如此。未及期，有南京少司寇之擢，而民之思公颂公者，曷容已哉！

公初第进士，入翰林，为庶吉士，文名日著；好直言，及为兵科给事中，议论侃侃无所顾；出参南滇，历闽布政，所在有声。正德庚午升都御史，巡抚应天、苏、松等处。未几，逆贼刘七等倡乱江南，公同总制幸菴彭公协谋剿灭。凯闻，上加奖赐。无何，丁内艰去，吴思之。服阙，有抚治郧阳之命，寻亦升去，由此而登台省，秉机要，措天下于泰山，攻照汗青，岂止一方之嘉绩可称哉？

其大意为：上天保佑，皇帝圣明，生来就拥有得天独厚的资源，获得贤良大臣的辅佐。贤官的治绩显扬朝廷内外，惠及我广大的民众，所在的地方功绩越卓越，就越让当地民众感动而思念。就如西周时的召公循南国，从而有了《甘棠》之咏；毕公保厘东郊，从而有了无穷之闻。是与非，关乎秉持正常之道的正与邪。

正德十三年(1518 年)冬，王缜恭敬地接受选派和任命，单车赶赴郧阳藩镇，一到任就大力弘扬德政，以自己的拳拳之心来安抚民心。当时皇上西狩，传言将会临幸武当山，郧阳所辖各府官员争相向人民摊派科敛，以向皇帝进贡为能事，所摊派的钱谷、莲子、马匹、器用数以千计。更有摊派活虎活豹贡献的，让百姓不胜惊慌。王缜得知后，首先下令禁止，他说："皇帝所要临幸的地方，朝廷必然会提前发布诏谕，怎么会有悄悄地突然就来到的道理？万一皇帝不来，我就拿你们治罪。"随后他就追究发布讹言惑众的人和摊派害民的官员，把他们都依法处置。当时的武当山总管太监兼下荆南道分守吕震，以进贡为名，发钱派人到竹山、竹溪、房县等地去勒索蜂蜜、葛粉，王缜再次禁止。吕震又以采冬笋向皇帝进贡为名，滥用人丁民夫，王缜得知，把人丁民夫减去一半，吕震从此不敢放肆。襄王府的护卫中有人强夺民产，王缜就向皇帝上奏，当即把被夺民产还给了当事人，并让豪强伏法认罪。荆州抽分局的总管李太监纵容属下残暴勒索商民，王缜把他们绳之以法，李太监从此收敛，荆州民众无不喜悦。

正德十四年(1519年)六月，宁王朱宸濠造反，陷九江，围安庆，想占据荆襄作为要冲，有先窥测之意，江汉上下人心不安。王缜下令征兵买马，修理器械，广积储蓄，为战争作准备，人民因有依仗而不再害怕。这是关系到国家存亡安危的大事，至于他在郧阳教导读书人以诚待人，兴举社学教人们以礼待人，开挖渠堰以通水利，奖励孝行以善民风，清除赃物以整饬官吏，所实行的仁政、德政大体如此。他任巡抚还未到任期，就被特别提拔成为南京刑部侍郎。然而郧阳民众思念、颂扬他的人，均为他的离去而不舍，而动容。

王缜最初由进士及第入翰林院成为庶吉士，文采名声日益显著；他喜好直言，成为兵科给事中之后，仍议论侃侃而无所顾忌；出为云南参政，再任福建布政使，所到之处落地有声。正德五年(1510年)升都御史巡抚应天、苏、松等处不久，刘七等人倡乱江南省，王缜同总制官幸菴人彭泽共同谋划，剿灭刘七，凯歌奏闻，皇帝加以奖赐。之后，因母丧丁忧而去，让吴人无不思念。服阙之后，被任命为郧阳巡抚，不久又得到升迁，由此而登上朝廷台省，掌握机要，筹划办理天下大事，攻勋秉照汗青，那岂止是某一方的佳绩可以称道的啊！

4. 抚治袁公宗儒德政碑记

《抚治袁公宗儒德政碑记》是颂扬郧阳巡抚袁宗儒的，碑文署名"知府郭五常"。

袁宗儒，字醇夫，号静庵，保定雄县人，弘治十一年(1498 年)中举，正德三年(1508 年)中戊辰科进士，授御史，后升大理寺丞，嘉靖三年(1524 年)“大礼仪之争”时被廷杖。再后任贵州巡抚，被吏部尚书桂萼弹劾，遂解职归田。嘉靖十年七月起用为郧阳巡抚，十一月改任山东巡抚，不久因属下之吏赈灾无术，朝廷怪罪他不能觉察，被罢免。后来又被荐复起为都察院左副都御史，在任户部左侍郎时随侍皇帝出行承天(钟祥)，还京不久卒。

郭五常，吉林四平人，正德六年(1511 年)辛未科进士，于嘉靖九年(1530 年)任郧阳知府，十一年离任高就，在郧阳期间重葺府城隍庙。当时郧阳瘟疫流行，他向民众发放汤药，并刻板印刷《圣散子方》发放给各府县，使瘟疫得到控制。清代《读书敏求记·卷三》里有关于《圣散子方》的记述：“此方不过二十二味，诸病具可治，东坡得之于眉山人巢谷，谪居黄州，时疫盛行，合此药散之，所活不可胜数，因制序，以传不朽。惜其方罕见之，郭五常得之于都宪袁公，即为梓行于郧阳，附录《华佗病危十方》及《经验三方》，继得者复刊为《续录》。坡序称：‘济生之具，卫家之宝，真此书之谓也。’”

《抚治袁公宗儒德政碑记》是郭五常在征得袁宗儒同意之后所写。袁宗儒任郧阳巡抚仅仅四个月，就干了许多有利于人民的好事，让人民永远记住他是应该的。

《抚治袁公宗儒德政碑记》全文如下：

> 圣天子御极之十年，我都宪袁公奉简命抚治兹土，孳孳惟敬，罔敢怠，乃立条章，约百役简不，率德以施惠，刑以正邪。其于文庙，创椟龛帐案以妥神，表节义孝顺以励俗，复古文以作士，毁淫祠以反经，择社师以崇正，置义冢以泽及枯骨。设阴医，立集场，修桥梁通路，使疴者、居者、涉者、途者弗为病。
>
> 先是，公议建郧山书院，延师授徒，鬻田给费。又议立武馆，育武弁之英者。画且定，而改山东命下矣。属吏五常等请曰：“公莅郧甫期月，而祗厥民事以上承休德者，不可殚举，曷贞诸石，俾永有辞。”公不可。复请曰：“公则何事于斯？虽然，继公之志，成公之美，匪是其何所稽？”于是，俯从之。五常等识之，命工镌之，不日成之。
>
> 公名宗儒，字醇夫，保定雄县人，立朝有大节而正直，终始一诚，此又公为人之大致云。

其大意为：嘉靖皇帝登基十年之时，都御史袁宗儒奉皇帝简命前来抚治郧阳，他勤勉敬业，丝毫不敢怠慢：对属下官员，立条约、定章程；对境内百姓，约定应服的徭役，简到不能再简；遵循前人之德，施以恩惠；明正典刑，以正压邪；在学校文庙里创椟、龛、帐、案，使神妥安；表彰节操、义行、孝顺，以鼓励民俗；提倡恢复古文，以振作士风；拆毁不合礼义而滥建的邪祠淫庙，以反归正当祀典；慎重选择社学教师，以崇尚正直；设置义冢，把恩惠泽及无名枯骨；设立阴阳医官、立集贸市场、修桥梁道路，使重病之人、居家之人、过河之人、旅途之人减少一些麻烦。

最先，袁公提议建郧山书院，聘请老师教授学生道义和知识，又出卖部分田地作为书院的费用，还提议立一个武馆，培训武官之中优秀者。一切规划刚刚搞定，却接到改任他为山东巡抚的诏命。作为属吏，我向他请示说："您莅郧才几个月，而所办理的民事，继承了的美德不可一一罗列，何不刻在石碑之上，让人们永远记住？"袁公不同意。我再次请求说："您为什么这样啊？虽然我们想继承您的志向，成就您的美意，那我们有何凭证和依据？"袁公这才勉强同意。我于是写下了这篇文章，再命工人镌刻，不几日就完成。

袁公，名宗儒，字醇夫，保定雄县人，在朝廷任职时有大节而且正直，并自始至终保持一致。这就是他为人的一个大致。

5. 抚治路公迎去思碑记

"抚治路公迎去思碑"是为颂扬郧阳巡抚路迎功德所立的石碑，碑文署名"御史刘良卿"。从碑文看，此碑应为路迎去世后所立。

路迎，字宾旸，号北村，山东汶上人，正德三年(1508年)戊辰科进士，初授南京兵部主事，不久升郎中，后历任襄阳知府、松江知府、淮安知府、河南布政使司左参政、浙江按察使，以佥都御史任郧阳巡抚，又以右副都御史任山西巡抚、陕西巡抚、兵部右侍郎、侍郎兼右都御史总督宣大。在尚书兼提督团营军务职务上，于嘉靖二十五年(1546年)六月自乞罢休，被革职闲住。路迎任郧阳巡抚于嘉靖十五年(1536)闰腊月，十七年七月改任山西巡抚。

刘良卿，新野人，嘉靖五年(1526年)丙戌科进士，后任郧阳按察御史。其所撰《抚治路公迎去思碑记》全文如下：

惟皇建国，设官分职，以为民既；乃立中丞，使内帅其属以治纠察，外帅其属以安黎庶。是故群僚之贤否，百姓之休戚系焉。

郧介万山中，北为苑邓，西为商汉，东南为荆襄，地异人殊，纷然杂处，往往出没其间，以谋不轨。用弗宁故，又增郧阳府，而以中丞重臣镇焉，其责且大。嘉靖丁酉，北村路公以佥都御史至。至之日，即询访民瘼，申明规款二十八条，亹亹(勤勉不倦的样子)数千言。良卿窃而读之，其宣德意，真若天监在兹；恤民隐，真若痌瘝(病痛、疾苦)之在身；厘吏习，真若风惩之警；安内防外，真若纲之在网，有条而不紊。乃作而叹曰："真中丞也!"于是监司守令罔不钦承。

未几，黎民乐业，地方宁谧，公也优游若无所事。其效之速如此。嘉靖戊戌进副都御史，巡抚山西地方。行之日，军民父老扶携呼号，若赤子之失慈母。郧守许君词述其意，走使于良卿，征言勒石，以昭去思。良卿曰："是足以思矣！夫人心无常，有感即思。《诗》曰：'有斐君子，终不可喧。'子思之谓也。"

公先守襄阳，既去而人思之，勒诸石。再守淮安，既去而人思之，又勒诸石。则德政之感人，固非浅浅者。至于副宪秦楚，参政河南，廉宪两浙，总治宣大，恩威并行，文武兼济，芳声籍籍中外。则所感所思，又有不待言而显，不假石而存者矣。良卿以疾在告辱，抚治之下与闻德政且稔，继自今铭哲彝，昭信史，有斐君子，歌咏无穷。区区一方之碑何足云!

其大意为：皇帝建立国家，设置官员，分配职务，让他们作为民众的准则；其中包括设立巡抚，让他内率属下的督察御史以纠察百官的言行，外率属下的府县百官以安抚黎民百姓。所以巡抚身边的群僚是否贤良，与百姓的欢乐与忧愁、幸福与祸患息息相关。

郧阳处于万山之中，其领地北为苑邓，西为商汉，东南为荆襄，地区差异很大，风俗民情悬殊，良莠纷然，好坏杂处，不法分子往往出没其间以谋不轨。就因为经常不安宁的缘故，朝廷就在此增设郧阳府，再派巡抚重臣镇守其地，其责任颇为重大。嘉靖十六年(1537年)，路迎以佥都御史身份来郧阳任巡抚。一到郧阳，他就立即访民情、探民苦，公布二十八条规矩，娓娓数千之言。我认真读来，其中宣扬皇帝德意的意思，就好像皇帝真的就在自己身边；体恤民众的痛苦，就好像痛苦真的发生在自己身上；整顿官吏习气，就好像真的出现了风惩腐败之警；安内防外，就好像真的一根钢绳贯穿在网上，一切都有条而不紊。我不由得赞叹道："他真不愧是大中丞啊！"于是按察使、布政使、知府、知县没有不恭敬地继承和承受的。

不久，百姓乐业，地方安宁，路迎也就优哉游哉，其效果就是如此迅速。嘉靖十七年(1538 年)，路迎晋升为右副都御史巡抚山西，临行之日，郧阳军民父老扶携，呼号相送，就好像赤子在突然之间失去了慈母一般。郧阳知府派人找到我，向我征文刻碑，以晓喻郧阳人对路迎的思念。我说："路公的作为是足以让人们去思念的。人心无常，有情感就应该去念及。"

路迎先前任襄阳知府，离任时襄阳人也很思念他，曾经刻石留碑。再任淮安知府时，离任时淮安人同样很思念他，也刻石留碑。可见其德政有感人之处，而且已经不是浅薄层次的了。至于他无论在郧阳、山西、陕西任巡抚，还是之前在河南任参政、在两浙任按察使，以及后来在宣大任总督，都是恩威并行，文武兼济，美好的名声远扬朝廷内外。可见人们的所感所思，又有不用言语解释就很彰显的，不借石碑就会永远存在的。我虽然有病在床，但是路迎的属下，对他的德政已经非常熟悉，现今就把他的事迹铭刻在石碑之上吧，能够留下信史，让有文采的君子们去无穷地歌咏。从这个意义来说，这区区一方石碑，又何以能够道尽他的美德？

6. 郧阳抚治迟公去思碑

"郧阳抚治迟公去思碑"是为颂扬郧阳巡抚迟凤翔功德所立的石碑，碑文署名"参政柴儒"。

迟凤翔，字德征，号朐冈，山东临朐人，嘉靖二十三年(1544 年)甲辰科进士，初授户部主事，后任兵部职方武选司郎中、陕西布政司右参政，以都察院右佥都御史任宣府巡抚、郧阳巡抚、户部右侍郎兼河南巡抚、刑部右侍郎、兵部左侍郎等。一生为官清正，不阿权贵，以廉能著称。

据嘉靖帝《实录》所载，迟凤翔任郧阳巡抚于嘉靖四十一年(1562 年)三月，九月离郧，这是圣旨发出的时间，前后仅有 6 个月而已。然而碑文则说他在郧阳的时间为秋至冬月，这应该是实际在任的时间，不会超过 5 个月。

柴儒，字伯真，陕西白河县人，正德十六年(1521 年)进士，授户部主事，后历官浙江、河南、四川、贵州，为官有政声。迟凤翔任郧阳巡抚时，他在郧阳布政司任参政，所撰《郧阳抚治迟公去思碑》中充斥着夸大的溢美之辞。其全文如下：

大中丞朐冈迟公，壬戌秋代节抚治郧阳。冬十一月，即召补大理寺卿。既行，郡邑师生以公惠逮民，训迪士类，有莫大恩，不忍释然于其去。相率诣儒，谋《去思碑记》，将寿诸石，示不泯。

儒意公驻节浃旬，奚致遽令诸士子恋德图久若是耶？佥曰："郧，楚瘠壤，迩来数年，民力疲，风化不振。公至，悯俗之艰，慨然以造士恤民为首务。"乃先下令预禁官属不得越境参谒，及横敛非理供应。自奉俭约，惟赤心置人之腹。一毫不少假借，百费俱省。逾月，讼简刑清，吏奉法，豪滑不敢侵辱善良，风纪大著。疮痍者甫苏，逋逃者复归业，境内外翕然称快。政暇，即令诸生侍坐，同饮食，执经问难，竟日语圣贤旨趣，的然有根据，且梓所著《学庸说》、《系辞说》，与夫《窗考卷仕余稿》，凡若干编，人给一帙，为进取构范，确议宏词，诚足绳曲谬、厘蓁芜、淘汰士习。师生辈幸面承心领，脍炙口泽。将终身佩服，有不能忘者。矧为人正大高明，宽厚缜密，德崇而量洪，位极而礼至，浑然略无势分意芥蒂于其衷，而泾渭自晰。盖公天性朴实，涵养纯正，有不自知其然耳。莅镇无何，政教大行，德行远加。兹复以大理峻秩往视事，寔天弗庇吾郧，俾公莫来；遄往夺我严师慈父母，奈何忍于去而遽忘耶？

儒闻之喟然叹曰："於戏！懿举也，敢以弗斐辞。尝观大人君子之在天地间，其生也不偶，其出也有为。粤稽周、召、伊、傅以命世之德，际中天之运，著不朽之绩，迄今称曰圣臣。"公奋归邹鲁，生同其乡。然宏养邃识，备其德矣。遭时遇主，际其运矣。而其刚大之气，精粹之学，经济之才，率多根诸身心，发诸文章，见诸事业，表表为时俱瞻。先抚上谷，恩溢戍卒，威震疆圉，社稷倚重。今在郧阳，惠鲜无告誉髦斯士，令人缔思无斁。则其不朽之绩，方之周召伊傅诸君子，殆先后同一揆焉。于乎，公东土士也，其德行，其文章，其功业，天下之望攸归尔。郧人既亲炙观感，惜其去而思之；思之无已，且勒石记公德，以克永世矣。

然未识于公所言、所行、所学者，抑亦发诸文章，见诸事业，体验于身心之间，真能不畔志否耶？使郧人惟公德行文章是思，将来一出名世，裨于邦家，益于生民，光于简册，使天下后世之人指而称之曰：“某为正人君子，某为贤士大夫，皆迟公门下弟子也。”则于公造就爱养之恩，庶几为无忝矣！允若兹尔，郧人之思公者，不必文诸石而在肝膈中。公之丰碣磷磷不磨，是又不徒郧为然，而在天下后世矣。《诗》云：“乐只君子，万寿无期。”公以之。又云：“蔽芾甘棠，勿剪勿伐，召伯所茇。”思公之者尚敬念之。

公讳凤翔，号朐冈，山东青州临朐人，治易。中嘉靖甲辰进士，由户部主事历职方郎、宪副大参，擢宣府总镇。兹以郧阳抚治晋位大理寺卿，乃入相之基也。儒谨识此付镌人，俾豪杰之士闻风兴起于千百载之下者，其亦庶乎尚论之有征。

其大意为：大中丞迟凤翔，于嘉靖四十一年(1562年)秋持符节前来抚治郧阳，冬月就又被召补为大理寺卿。临行前，府学、县学的师生，以他在郧阳所作的惠及黎民百姓之举，教诲开导读书人，认为他对郧阳人有莫大之恩，所以不忍放他离去，于是结伙相约来到我的住处，要我写一篇《去思碑记》，将其功德刻在石碑之上，让他的功德昭示于人，永远不灭。

我问大家：“迟公驻节郧阳才几个月，为何这么快就得到了你们的爱戴，而且还要为他立功德碑?”大家都说：“郧阳，是楚地的一块贫瘠地方，近数年来，民力疲极，风化不振。迟公到来之后，怜悯郧阳之民艰，毅然决然以培养读书人、消除人民疾苦为首务。于是先下令禁止官属不得越境参谒，不得横征暴敛非法取得收入。他自己则奉公守法，勤俭节约，以赤诚之心推人之腹，一毫也不弄虚作假、假公济私，所有费用尽量减省。一个月之后，即讼狱大减，刑法清明，官吏奉公守法，豪强滑吏不敢再侵辱善良，风纪大振，疮痍刚刚得到复苏，那些流亡者马上就复归家业，得到境内外一致称颂。在政暇之余，迟公即令府、县的学生们在旁边陪坐，共同饮食，手捧经书质疑问难，整天宣讲圣贤宗旨及意图，意思明显而有根据，并且雕刻印刷自己所著的《学庸说》《系辞说》《窗考卷仕余稿》等，每人发给一本，作为大家进取的范本，内容博学而宏词，足以作为准绳以正曲解谬误，厘清混乱，陶冶士大夫的风气。我们与他是师生辈的交情，有幸面承他的心领神会，语言脍炙人口，我们将终身佩服，永远不能忘的。况且他的为人正大光明，学识广博，道德高尚，宽厚缜密，德行崇高而气量洪大，位高权重，然而又礼仪备至，与有些官员相比可谓泾渭分明。这都是因为迟公天性朴实，涵养纯正，是发自内心的自然行为。他担任郧阳巡抚不久，政令规章大行其道，道德品行传播很远。现在又以大理寺卿的高位前往就职治事，实在是天不庇佑我们郧阳，使迟公不能在郧阳常驻，这么快就夺去了我们的严师慈父，怎么能够忍心因为他的离去而遽然就忘记他的功德呢？”

我听后喟然长叹，说：“哎呀！美德啊，敢不用最美好的语言去颂扬他吗？”我曾经观察那些才德兼备之人生活在天地之间，往往生不逢时，命途多舛，一旦冲出困境便有大的作为。查考周公旦、召公奭、伊公尹、傅公说，他们以治国之才，适逢其时，成就了自己的不朽功绩，迄今被人们称之为‘圣臣’。迟凤翔生于邹鲁之地，生在文化昌盛之乡，因此他的素养精深，学识博大，具备美好的德行；又生逢好的时势，遇到了开明君主，恰逢其好的命运。因而他所具备的刚大之气，精粹之学，经济之才，大多根植在他的身心，发表在他的文章之中，显示在他的事业之上，卓异突出，为众人所景仰。他先巡抚上谷(即宣府)，恩惠涉及每一个戍卒，威名震动边疆，被国家所倚重。如今在郧阳，他的恩惠涉及所有被选拔的英杰之士，令人思念而不厌烦。他的不朽之绩，与周公、召公、伊公、傅公诸君子相比，仅仅只是时间有先后，而道理和准则是相同的。呜呼，迟公是东土之士，其德行，其文章，其功业，让天下之人所期望和敬仰。郧阳人既然有幸亲自观感，舍不得他离去而思念他就是必然的；思无止境，就刻石立碑记载他的德行，以能够流传永世。

然而，不知道迟公所言、所行、所学的人，或许也能发诸文章，见诸事业，体验于身心之间，但又真的能一生都不背叛自己的志向吗？假使郧阳人只唯迟公的德行文章而思，将来一出名就会显于世，裨益于国家，有益于人民，光耀于史籍，使天下后世之人指着名字说：“某某是正人君子，某某是贤士大夫，他们都是迟公的门下弟子。”这对于迟公的培养造就来说，任何时候都不为玷辱或羞愧。郧阳人对迟公的思念，又不必刻文于石碑，而已经刻在了肺腑之中。迟公的丰碑清澈明净，永远都不会磨灭，这又不独在郧阳是这样，而是会流传于今后的天下后世。《诗经》云：“乐只君子，万寿无期。”迟公二者兼而有之。又说：“蔽芾甘棠，勿剪勿伐，召伯所茇。”思念迟公的人对他非常尊崇、敬念。

迟公，讳凤翔，号朐冈，山东青州临朐人，对《易》学造诣颇深。中嘉靖甲辰科进士，由户部主事升为职方郎中、监察副使、布政司参政，再晋升为宣府巡抚。此次以郧阳巡抚之职晋位于大理寺卿，是他进入宰相的阶梯。我柴儒郑重记叙，然后交付给刻碑之人，使所有豪杰之士都能闻风兴起，效仿于千百年之久。

7. 裴公考绩序

《裴公考绩序》是歌颂郧阳巡抚裴应章在郧阳所立“功绩”的一篇碑文。考绩，是按照朝廷标准考核官吏成绩的一种通称。明朝规定，官员在任三年小考，六年中考，九年大考。裴应章任郧阳巡抚的第二年，加上他之前任太常寺卿一职刚好满三年，正逢小考。

碑文署名“礼部侍郎何洛文”，他把题目定为《裴公考绩序》，猛一看好像这是一篇“考绩”文本的序言，其实不然。首先，考核官吏之事，不归礼部副职管；其次，碑文开头交代“范宪使问言于不佞”，明显是郧阳地方官员来向他求的文字；最后，凡碑文中提及裴应章，均用“公”之尊称，明显不合公文规范。

裴应章任郧阳巡抚于万历十五年(1587 年)冬月。派裴应章来郧阳任巡抚，原本就是让他来妥善处理“郧阳兵变”的。然而，裴应章来郧阳后依然避重就轻，长期不把兵变真相报告朝廷。直到万历十六年(1588 年)下半年，郧阳兵变的真相才彻底大白于天下，《裴公考绩序》就是在这样的背景下出炉的，目的很明显，是想借此压制舆论，以抬高裴应章声望的。

何洛文，字启图，号震川，河南信阳人，嘉靖四十四年(1565 年)乙丑科进士，授庶吉士。万历元年(1573 年)受到重用，任经筵日讲官，成为皇帝的老师。后来又历任中允谕德侍读学士掌翰林院事、詹事府少詹事、礼部左侍郎。

裴应章请他撰写《裴公考绩序》碑文，正是看中了他帝师的特殊身份。换句话说，裴应章有何洛文罩着，在郧阳这里就不会翻船。

何洛文《裴公考绩序》全文如下：

都御史清流裴公元暗，巡抚郧阳之明年，通前太常卿满三载，考上，天官上其绩，天子嘉之，予封诰如制。三省藩臬阃帅以下，辐辏毕贺，而属范宪使问言于不佞。

按郧故未有镇，宪皇初，寇刘、石、王、李鼓流民相继煽乱。维时白恭敏公圭、王端毅公恕、项襄毅公忠，奉命先后讨平之，或暂留填抚，或事竣即还。暨成化丙申，原公杰来，经略抚定，始议建台郧阳。更府治，增州邑，设行都司，四封割梁、秦、楚三陲以为境，而屹然称巨镇矣。自原公而下且七十人，人各以其才为辨治。至孙公应鳌请易玺书，得督军务，比节钺帅而镇益重矣。方其无事矣，居则雍容文翰，出或游咏山水而有余。

顷岁，抚驭一不当，而群嚣竞谇(责骂)，若伏莽之戎，猬兴麇集，交衢沸扰，远迩汹汹，是设官以弥乱而反招之也。简任之谓何?

裴公以戊子正月抚郧，适至郧当不戒之余，军恫疑而民惴栗。诸司凛凛持严，心睢盱观望，筴未有决。公甫被命，单车就道。比至，盛威仪，入坐保厘，朝见文武将吏。已，延问父老，拊循卒乘，颁布条教，申严军令，周行山川险阻，指顾保障扼塞方略所宜，若不知有前日之为者。吏士始觇之尊严若神，徐观其训敕劳来，师保之瞻具矣。已熟察焉，爱养覆露盎犹父母也。于是梗化(顽固不化)者，猜者释，相戒帖帖以安。

顾逖听未洽，讹言沸腾，反侧首鼠之徒未免语窃偶而声卒欢。公念此非露章上其事，荡然不中外，何能家置一喙，俾千里外不言象指，而纾当宁侧席枕乎?乃上书言:"臣闻毕弋张而鸟乱于林，置网密而兽骇于野。郧中一二不逞，非素有雄桀负固，积虑深谋而思发难也。当事者计偶失而激之为非耳。今渠魁业已正法矣，余孰不翻然思完家、保首领、屏息待命者。乃道路传闻失实，犹谓此属有越志。又若国家震电冯怒未息，将有跟连株坐，草薙而禽狝之为者。迄今上下相伏，疑信莫泮，甚非化诲怀服，矜愚迷而开自新之道也。且郧地深阻，封疆一彼一此，其人犷悍成习，不亟启其生路而泄泄示以疑端，将恐各鸟兽骇走，称乱保聚，滋蔓难图。郧事且不可知，而沉命课累之弊，亡已时矣。昔龚遂治渤海之乱，首诸于朝，谓选用良贤。非欲胜之，固安之也。臣请旷然下明诏，惠于更始，胁从悉贷勿问。臣因得宣布恩信，坚明约束，俾吏民按堵，军容壮固，国威不至堕损，而重镇稳然如故，且有挞伐四方之势，转危为安计之善者也。"书奏，上欣然嘉纳，报曰:"中丞议是，其即颁示谕告，使知朕意。"

诏下，介胄士拜舞加额，欢若更生。四民熙熙乐业，无动容变色之警。公则益振纪纲，厚风俗，兴文事，饬武备，釐官弊，恤民隐，明刑平赋，燠休(抚慰病痛)劝课。不再期而农桑蓄积，狱讼衰息，民去水火就衽席，见礼让不见陆梁。盖拯岩郡于再造，举三方而一新之。佥谓今之郧，非顷者杌陧之郧，即先朝白、王、项、原诸公底定以后之人心景象几是乎!斯固圣天子神灵威武所变化，而非公其畴克敉宁若是耶!是宜殊绩上，而异数响臻，固令甲报劳臣之典也。

公秀毓八闽，沉雅端亮，昭旷远，挈韦布，即富经济，起家进士，官大行。輶轺所届，辄采诹谣俗，咨度吁猷。比选授谏垣，通达国体，直言极论，岁无虑数十上，有批鳞蹈镬风。最后守兵科都给事中，借箸而筹，边计虏情，画兼威销萌之略，宛若指掌上。在月中，每一提衡发纵，不越禁闼，而机宜洞中千万里外矣。以彼其时虑郧、襄诸郡要害，不啻弹丸黑子耳。固宜其在事视乱若治，不动声色，凝然卧而护之也。稍迁冏卿，则塞渊无邪，公固身有之。毋亦曰："善牧马者，去其害马者而已，即推以牧元元岂异哉?"

往岁抚郧，寔繇奉常以往，是直用俎豆折冲，揖让坛墠(祭祀场所，官员身份的象征)之上而却之耳。盖闭户造车，出门合辙，精诚之极，金石为开。自非诚才两合，即欲居中履外，议论经营，预待而饶习兼举，而辄效也难矣！载考恭敏诸公其后，往往位跻保傅，握机枢，参坐论，荦荦称一代名臣，盖其所挟持者固然。公兹抚郧之功咸见，以为赫赫一时，不知自公出之特绪余耳。语曰："不厚其栋，不能重任，重莫若国，栋莫若德。"然则，公之名位勋烈，与所安社稷利国家者，亡论究竟，视诸公若何? 而其负荷者宏远矣。

其大意为：都御史裴应章是福建清流人，字元暗。他抚治郧阳的第二年，通连之前任太常寺卿已经满三年，被朝廷考核，吏部尚书上其考核成绩，得到了皇帝的嘉奖，为此，鄂豫陕三省的布政使、按察使、都指挥使以下的官员，川流不息地向他祝贺。他的属下一范姓巡按御史，则千里迢迢前来向我求文。

郧阳过去并未有藩镇，在宪皇成化年初，寇盗刘通、石龙、小王洪、李胡子等人鼓动流民相继作乱。当时，白圭、王恕、项忠奉命先后讨平，他们有的暂时留在那里填抚，有的则事竣即返还了京城。到了成化十二年(1476 年)，原杰来此，才建议在郧阳建立藩镇，变更府治，增加州县，设行都司，四封之地都是割自梁、秦、楚三地边陲之境，而屹然成为一个巨镇。自原公以下的 70 个巡抚，人人各以其才在这里施展自己的治理才能。到了孙应鳌任郧阳巡抚时，请求皇帝更改了玺书，郧阳巡抚才得到“提督军务”的职衔，比那些代天巡狩、行使皇帝诏敕的总督权力还重。在无事的时候，他们居则仪态温文大方，文采飞扬，出则游玩歌咏于山山水水。

近年，因为安抚控制不当，就发生了众多不安分守己之人的竞相谩骂。他们有的埋伏在草莽之间兴兵弄武，像刺猬一样聚集，交错占据要冲之处，惹得一片沸沸扰扰，远近骚乱不宁，人怀危惧。于是朝廷又设官以平息叛乱，甚至反而招安他们。那么，朝廷所遴选而任用的那些官员当初都干了些什么？

裴应章在万历十六年(1588 年)正月抚郧，正值郧阳发生兵变不久，军人处于疑惧状态，民众则因恐惧而战栗。布政、按察、行都三司个个严肃戒严，对一切都心怀警惕，静观事态发展，没有人去谋划决定处理大事。裴应章刚一接受任命，就单车就道，一到郧阳就立朝廷大员的威仪，入坐巡抚衙门里的保厘堂，每天清晨接见文武将吏。后来，他又请教询问当地父老，抚慰军队和士兵，颁布条令，申严军令，巡行所有的山川险阻，一指一瞥之间出台各种保障扼控要塞的适当方略，就好像不知道有前面所发生的事情一样。官员和士兵这才开始正视他，尊他的威严就像尊神。再后来慢慢看他对属下的告谕，以及对民众的恩德，其教养可以作为人们的楷模。大家彼此熟悉之后，人们就把他的爱护和养育比作父母，那些顽固不化的人，猜疑观望的人，都相继服服帖帖，不敢再行造次。

然而，环视周边，远处的人们所听到的消息不够准确，于是讹言沸腾，发出一些不和谐、不融洽的声音，那些反复无常的小人，未免在暗地里私下迎合着这些嘈杂的声音而大声喧哗。裴应章于是向皇帝上书说："我听说张开兽网和鸟箭之后，鸟就会在林中乱飞；布置的网过密，野兽就会受到惊吓在野地里乱跑。郧阳现在是有几个为非作歹之人，虽然不是才智出众的人，也没有依恃险阻负隅顽抗，而是在积谋深虑地暗中发动叛乱。当事的人已经谋划了一次偶然激愤呼噪的非法行为，如今首领业已正法，其余之人岂能不翻然悔悟，想保存完整的家、保自己的头颅而抑制呼吸等待对他们的处理。迄今，郧阳上下猜疑，真假莫辨，一点也没有出现受到感化教诲而内心臣服的迹象，而是一味自大愚昧、执迷不悟，不知道打开自新之门。况且郧阳地处深山险阻，所封疆域不断变化，境内之人粗野凶悍，成为习性，不急切开启自己的生路，而是精神懈怠，频频示以疑心，将恐怕会像鸟兽一样各自骇走乱飞，聚众称乱，难以平息。我请陛下能够公开下一道明诏，惠及郧阳人民，让他们重新开始，其胁从者一律宽恕，不向他们问罪，我也就能因此向百姓宣布皇帝的恩信，使官吏和百姓都能安居乐业，军容就会雄伟坚固，国威也不至于堕损。这样，郧阳重镇就稳然如故，且形成挞伐四方之势。这是一个很好的转危为安之计。"奏书入朝，皇帝欣然采纳，说："裴中丞之议很对，立即颁示谕告，使他们知道朕的意图。"

圣旨下达郧阳，军士们无不跪拜，加额称庆，欢欣鼓舞如若获得新生。四乡之民也熙熙乐业，解除了动容变色之警。裴公就借此更加振作纪纲、厚重风俗、兴办文事、整饬武备、整顿官弊、抚恤民隐、晓喻刑法、平抑赋税、抚慰民疾、劝课农桑。不到一年，郧阳就农桑蓄积，狱讼止息，民众脱离了水火，过上了太平安居的日子，只见到处是礼让行为而不见嚣张跋扈之气，简直是拯救郧阳于再造，推动三方风气而一新。人们都说：今日之郧阳，决不再是过去那个不安定的郧阳，这固然是我皇神灵威武所起的作用，然而要不是裴公在这里坐镇，还有谁能够抚定治理出这样的成绩呢？是应该把他的殊绩呈报给皇帝，尤其是那些原本不安分的人能够应声归附，我们应该按照法令一一上报，为他举行功臣之典。

裴公优秀于八闽，性格沉雅端亮，心胸敞亮辽阔，帮助百姓，富有经世济国之才，起家于进士，初任接待诸侯及上卿的行人。任使臣，舟车所到之处就采集民间歌谣风俗，咨询民意，商酌宏图远谋；选授为谏官，通晓国家体制，敢于直言极论，每年都有几十篇奏章呈上，有敢于直言犯上、赴汤蹈火的风骨；最后他掌管兵科都给事中，从旁边为尚书出主意，边疆大计、外虏之情都能策划得恩威并济，把危情消萌于无形，宏图大略好像就在他的指掌之上，每个月，每一次调度指挥与敌人的抗衡，人虽不越出宫廷，而处理的方针、办法能洞悉于千万里之外。

过去的郧阳巡抚，都是在常态之下奉命前往，他们大多闭户造车，治理的手段一致，以诚心感动天地，使金石为之开裂，这自然不是诚意与才能的两相合拍，想马上取得成效也难。史籍所记载白圭、王恕、项忠、原杰之后的郧阳巡抚，他们往往地位跻身于太子太保或者太子太傅之列，手握朝廷机枢，参坐而发出宏论，称之为一代名臣，自然个个都是胸怀极大的抱负，志向非常高远。裴公此次抚郧之功显而易见，自然是显赫一时。外人所不知道的是，裴公出任之时，朝廷是特别遴选，如抽丝剥茧一样才选上他的。《国语》曰："不厚其栋，不能重任；重莫若国，栋莫若德。"因此，裴公之名位列勋臣，这与他所做出的安社稷、利国家的功劳是相对等的。暂且不说结果如何，就与白圭、王恕、项忠、原杰们相比如何？而他作为一个继承者所担负的责任就更加宏远了。

汉中闹出的乌龙军饷事件

万历十六年(1588 年)下半年，驻郧阳的湖广行都司终于被恢复，郧阳巡抚要求所属各府把征收到的军饷解送往郧阳，然而这理所当然之举却在汉中遇到了障碍。汉中府申报：早在万历十四年十月，陕西巡抚李汶曾经上疏朝廷，说汉中灾情连年，请求自十五年起全部免除军饷编派，已经取得皇帝御旨批准，因此暂时无法向郧阳解送军饷，只能请求朝廷重新允许编派军饷，然后才能征收。汉中府的呈报是先递给了关南分巡兼分守道佥事郭元桂，郭元桂再呈报给了驻郧阳藩镇专管汉中、商洛事务的陕西布政使，然后转呈给了巡抚裴应章签批。

汉中府虽然是陕西之地，但已租出为郧阳藩镇辖地百余年，陕西巡抚为什么还要横插一杠子?

裴应章一查：原来郧阳藩镇虽然于万历十一年恢复，汉中府的行政管理权重新归属了郧阳，但由于行都司没有被同时恢复，所以汉中没有向郧阳藩镇提供军饷的义务。再一查，户部果然在万历十四年豁免了汉中府的济边银，当时郧阳正值方弘静和李材两任巡抚交接之机，就疏于理会，并将该上交郧阳藩镇的饷银也一概减免。

问题的严重性还在于，当时的郧阳布政司也参照汉中府的例子，认为整个汉江都连年受到了大灾，就顺便把所属 8 府的所有应征军饷全部免除。虽然现在只有汉中府因为是奉圣旨豁免而不敢擅自征收，但汉中府如果不交，难免其他府就会观望。

实际上，郧阳向各府征收的军饷已经少得可怜。万历初年，王世贞任巡抚时，曾经将郧阳经济治理得库满仓盈，于是他在万历三年向朝廷提议将襄阳府 1000 两，南阳府 2000 两，汉中府 3000 两，共 6000 两军饷作为支援边陲防务的费用，这就是“郧阳济边银”的由来。当时，王世贞还将荆州府 1950 两 2 钱、商州 1886 两 4 钱军饷，作为补充两道标下精兵训练之用。

然而如今的郧阳已经今非昔比，大不如前，如果没有军饷如何养兵，怎么防御？再说，自万历十一年以后年年受灾的不止汉中一府，整个汉江流域都是这样，汉中不征军饷，岂能说服其他地方交军饷？

二

军饷不是小事，关系藩镇的安危，裴应章感到了问题的严重性，而且不征军饷实在于情于理都不符。于是他向皇帝题奏了《议处汉中岁饷疏》，请求恢复并实行平均摊派征收解送军饷的政策。其奏本全文如下：

议处汉中岁饷疏

都察院右副都御史裴应章题：为议处岁额饷银以足军储事。

据陕西布政使司呈奉臣批：据分巡带管分守关南道佥事郭元桂呈，据汉中府申报，卷查万历十四年十月十四日，奉分守关南道札付，为恳乞天恩，破格蠲赈重灾地方，以裨治安事，准本司咨，奉巡抚陕西地方都察院右佥都御史李汶案验；准户部咨，该陕西道监察御史柯挺条陈蠲赈等六事，内开查得：各处解部济边、民壮、快手、机兵、弓兵、防夫历日银两，自万历十五年起悉与蠲免，免派于民。其十四年以前年分，前项银两已征在官者，俱要尽数查出起解，毋使收头人等乘机侵隐。未完者果系小民拖欠，即行停征。等因。依奉钦遵，讫该本府看得：“应解郧镇军饷，减扣民壮、弓兵、机兵额银，实该一千五百六十八两四钱，原系与南、宁、略、褒、沔、凤、汉等州县分解郧阳府收，候本院团练、兵马、粮料及地方缓急之用，比之解部济边者不同，盖军马之需日不可缺，势难停罢。及阅发下《湖广并河南南阳府条鞭书》载：拨运郧镇军饷、民壮、弓兵、机兵银两皆仍征解，独陕汉可停乎？委应照旧征解。”

再照：“解部济边银两既裁，而郧镇军饷若于原派州县扣解，则其余州县全无，岂此应复征而彼独可免耶？相应请处，合无俯将应解郧镇前项应解银两自十六年起：民壮银一千三百九十九两二钱，查照十六州县各实编民壮多寡均扣派征，以后如奉户部明文取解济边银至日，各照原议州县征解情委妥当；其机兵银一百八两、弓兵银六十一两数不甚多，于原议州县均瑶银内照旧征解不等。兴安州机兵银二十一两六钱，南郑县机兵银二十一两六钱、弓兵银一十八两，宁羌州机兵银二十一两六钱，略阳县机兵银一十四两四钱、弓兵银三十二两四钱，褒城县机兵银一十四两四钱、弓兵银一十八两八钱，沔县机兵银一十四两四钱，其万历十六、七年分规则内已奉裁革，无从征解，合无转请明示，待下次增入规则，以便遵守。等因。”

到道，该本道看得：“汉中府属兴、南等一十六州县原额民壮、机兵、弓兵，每岁征解郧镇军饷银一千五百六十八两有奇，接济户部济边银三千两，额有定数，解有成规。今解部济边者虽奉勘合免征，然郧镇系湖广、河南、陕西三省重地，军需势不可缺。而前项民壮等银免征一分则缺饷一分，且钱粮匮乏之时无从处补，况湖广及南阳既有事例，本府事难异同。所据该府议称：将民壮等银仍旧征解，相应依拟，呈请合候详示：将前应解民壮银一千三百九十九两二钱，于兴、南等一十六州县实编民壮酌量多寡，均扣派征。其该机兵、弓兵银一百六十九两二钱，数亦不多，应照原议于兴安、南郑、宁羌、略阳、褒城、沔县六州县均瑶内征解。自万历十六年起，岁共征银一千五百六十八两四钱仍解郧阳府收，候本院团练、军马、粮料及地方缓急之用。以后，如奉户部明文取解济边银三千两至日，各照原议州县征解。”

再照：“机、弓兵银两，自十六、七年均瑶规则内已经裁革，布政司待下次编审之期增入规则，以便征解，庶众擎易举，而军饷有赖矣。相应请乞本院仍批布政司再加覆议，呈详允示，行令本道遵照施行。等因。呈详奉批。”

仰布政司覆议详报：“奉此案查：先奉本院批，据汉中府申，同前事奉批，仰布政司查议停妥报夺，奉此已行该道查议间。今奉前因为照：汉中府属兴安等一十六州县每年于民壮、机、弓兵银内征解郧镇军饷银一千五百六十八两四钱、接济户部济边银三千两，原系岁贡额数，委不可缺。前奉户部勘合，内开民壮、弓兵、机兵等银自万历十五年起悉与除豁，免派于民。本司依奉通行，西安等八府将前项银两遵照题准事例除豁免派。迄今郧镇军饷缺乏，无从处补。该道与该府酌议照旧如数征派，但前项银两原奉明旨除豁，似宜具题俞允征解，庶于事体稳妥。等因。呈详。”

据此为照：郧镇设在三省边隅，凡团练、军兵、衣甲、器械、日粮、犒赏等项，别无会计。钱粮止藉各处扣解民壮及弓兵、机兵银两以为支费耳，先年额数共约一万六千有奇。自万历四年，该前任都御史王世贞题：将荆州府及商州所属各州县原属民壮共改编实力防守，郧阳府所属郧、房等五县民壮各调六十名赴镇团练。前项扣解银两通行免派，及将襄阳府属银一千两、南阳府属银二千两、汉中府属银三千两，共银六千两改解户部济边之用。以上除减免、解部外，止存留郧阳府属四百八十四两八钱、襄阳府属六百三十八两八钱、南阳府属一千四百六十两、汉中府属一千五百六十八两四钱，共止四千一百五十两有奇，盖实计一年支费之数以为扣留，原非有羡余者也。况连年灾伤，或蒙恩蠲免，或逋负数多，而余屯子粒又徒有虚名，而前岁因军变又加增各军月粮一千，总计额外多费一千有奇，皆在此项银数支销。即使各府完解，犹且支用不敷，无从区处。今复减汉中府一千五百余两，则支用宜困，脱(假若)有水旱灾伤，将来胡以仰给哉？此臣所以日夜皇皇，莫知所措也。臣查阅十四年部覆原文，所除豁者乃解部济边之银，非本镇之军饷也。若免本镇之军饷，则当有一项钱粮解补。及查湖广、河南刊行会册，止除豁解部之银，本镇军饷俱照旧扣解。三省事同一体，汉中独免，则湖广、河南宁无不均之叹乎？不惟军饷无从处补，而亦非均平画一之体。所据前项银两，既经该司查议明白，相应具题，伏乞敕下户部再加查议，将汉中府属应该民壮银一千三百九十九两二钱，于兴、南等一十六州县实编民壮内酌量多寡均扣派征。其弓兵、机兵银共一百六十九两二钱，仍照原议于兴安、南郑、宁羌、略阳、褒城、沔县六州县均瑶内征解。悉依该司所议，除十六年已过，难以补派外，合无俱自万历十七年起，每岁共扣银一千五百六十八两四钱征解郧阳府库交收，专备本镇团练、军兵、衣甲、器械、月粮、草料、犒赏等项支用。庶军饷不致缺乏，地方缓急有赖矣。

二

裴应章上《议处汉中岁饷疏》，是要求皇帝给郧阳一个公断，让汉中府重新征收军饷并解送到郧阳来，即奏疏中所要求的“议处岁额饷银以足军储事”。

裴应章首先在《议处汉中岁饷疏》中摘录了汉中府的申报：在万历十四年十月十四日，关南道分守曾经恳求皇帝破格免除编派，并赈济地方重灾，经陕西巡抚李汶勘验灾情属实，连同朝廷都察院陕西道监察御史柯挺共同提出的免征、赈济六事，报户部得到了批准。其中就有“各处解部济边、民壮、快手、机兵、弓兵、防夫历日银两，自万历十五年起悉与蠲免，免派于民”这样一句。如果万历十四年以前所派的前项银两已经征得并储藏在官府库中，还是要全部查出起解，不能让征收之人乘机侵隐；未收缴的，如果确实为百姓所拖欠，就不要再征收了。汉中府认为：应该解送郧镇的军饷，是为减扣的民壮、弓兵、机兵额银，共1568两4钱，原定在南郑、宁羌、略阳、褒城、沔县、凤县、汉阴7州县分别征收，各自解送往郧阳府库收，作为藩镇拨付团练、兵马、粮料及地方缓急之用，与以前停征的解部济边银不同，是军马之需，为每日不可或缺的费用，所以势难停征。查阅朝廷颁发给湖广和河南的一条鞭书中写明：拨运到郧镇的军饷、民壮、弓兵、机兵银两都仍要征解，唯独陕西汉中能不征缴吗？确实应该照旧征解。再说，解送户部的济边银两既然停征，如果郧镇的军饷还在原派的州县内征解，而其余的州县全不征收，岂不是要在这里重复征收，而独独又在那里免除吗？这样就不公平，请求公平处理。汉中府有16个州县，不能将军饷全部摊派给上述7个州县。何不自万历十六年起，将应该解送郧镇的军饷银中的民壮银1399两2钱，按照16个州县各自实编民壮的多少平均扣派征收，如果以后户部有明文再让收取济边银时，再按原来的方案在各州县分别征解才为妥当。而机兵银108两、弓兵银61两数不太多，就还在原议州县的均瑶银内照旧征解。至于兴安州(安康)机兵银21两6钱，南郑县机兵银21两6钱、弓兵银18两，宁羌州机兵银21两6钱，略阳县机兵银14两4钱、弓兵银32两4钱，褒城县机兵银14两4钱、弓兵银18两8钱，沔县机兵银14两4钱，已经奉旨停征，因此无从征解。

接着，他陈述关南道的意见：汉中府所属兴安、南郑等16州县原来额定的民壮、机兵、弓兵军饷银每年征解郧镇为1568两有余，和给户部的济边银为3000两，各有定数，解有成规。现在，解送户部的济边银虽然奉旨已经免征，但是郧镇系湖广、河南、陕西三省重地，军需势不可缺，所以前项民壮等银免征一分就缺饷一分，而且钱粮匮乏之后就没有别的地方可以补充。何况，湖广之荆州、襄阳及河南南阳既有事例摆着，本来汉中府就不应该与别处不一样。

应该答应汉中府的请求，将民壮等银仍旧征解，将民壮银1399两2钱，按16个州县实编民壮的多少均扣派征；机兵、弓兵银169两2钱为数不多，还照原议在兴安、南郑、宁羌、略阳、褒城、沔县6州县均瑶内征解；自万历十六年起，每年共征银1568两4钱仍旧解送给郧阳府库收，作为藩镇团练、军马、粮料及地方缓急之用。等以后户部有了明文规定要解取济边银3000两之日，再照原议在各州县里征解。万历十六、十七年的机、弓兵银两已经从均瑶规则内裁革，待布政司下次编审时增入规则之后才能征解。只有众人拾柴火焰高，军饷才有依赖。

他再陈述郧阳布政司的意见：汉中府所属兴安等16州县，每年在民壮、机兵、弓兵银内征解郧镇军饷银1568两4钱、户部济边银3000两，原为每年所贡的定额之数，实在不可缺。之前奉户部咨文把民壮、弓兵、机兵等银自万历十五年起全部免除，不再向百姓摊派。本司依奉，在藩镇内通行，已经将西安(商洛)等8府的前项银两遵照题准事例全部豁免，如今郧镇军饷缺乏却无有补充之处。因此，关南道在与汉中府酌议后请求照旧如数征派，但前项银两原是奉了明旨才豁免的，现在要征收，似乎也要得到皇帝的允许才为稳妥。

最后裴应章提出了自己的看法：郧镇设在三省边陲，所有团练、军兵、衣甲、器械、日粮、犒赏等项与其他省份相同，所有钱粮全部指望从各处征收民壮、弓兵、机兵银两作为开支费用。早年额数为16000多两，但自万历四年起，前任巡抚王世贞将荆州府及商州所属的各州县原属民壮改编为常规军防守，将郧阳府所属郧、房等五县民壮各调60名赴镇团练，前两项原应扣解的军饷银被免解留在了当地，并且还将襄阳府属原应扣解银1000两、南阳府属原应扣解银2000两、汉中府属原应扣解银3000两，共银6000两改为解送户部作为济边之用。藩镇只留下郧阳府属484两8钱、襄阳府属638两8钱、南阳府属1460两、汉中府属1568两4钱，共4150多两作为一年军费开支之数，原本就不是很多。况且近来连年灾伤，或蒙皇恩豁免，或拖欠数多，以致所屯留的银粮极其有限，而且前年因兵变之后给每位军士增加军粮每月需要1000两，都在此项银数内支销，即使各府完全解送，还怕支用不敷而无法筹划安排。假若现在再减少汉中府的1500余两，支用就更加困难了。如果再发生水旱灾伤，拿什么来抵御？为此我日夜担心，不知所措。我详细查阅万历十四年户部的原文，上面提及所要豁免的只是解部济边之银，而不是本镇的军饷。即使豁免本镇军饷，也应当安排另外一项钱粮之处补充吧？我再查刊行于湖广、河南的会册，里面也是只免除了解部之银，本镇军饷银他们都还在照旧征收。三省事同一体，单独免除汉中，湖广、河南不就要发出不均之叹了吗？这样就不光是军饷无处补充的问题，而且藩镇内也难以形成一体。前项银两既然经过该布政司查议明白，就请求陛下敕谕户部再加查议，将汉中府所属应该解郧的民壮银1399两2钱，同意在16个州县内按实编民壮的多少酌情均扣派征。其余弓兵、机兵银共169两2钱，仍照原议在兴安、南郑、宁羌、略阳、褒城、沔县6个州县均瑶银内征解。都依郧阳布政司所议，除万历十六年已过而难以补派外，何不就从万历十七年(1589年)起，每年共扣银1568两4钱征解到郧阳府库交收，专供本镇团练、军兵、衣甲、器械、月粮、草料、犒赏等项支用。这样，军饷就不致缺乏，地方出现缓急就有了依赖。

三

万历十七年(1589年)三月，户部发咨文回复郧阳。此咨文为户部尚书宋纁亲拟，得到了皇帝的朱批允行，全部同意了裴应章的请求，要求汉中府自万历十七年起将征收的军饷解送到郧阳。咨文全文如下：

户部咨
为议处岁额饷银以足军储事

该本部题，陕西清吏司案呈，奉本部送户部抄出，提督军务兼抚治郧阳等处地方都察院右副都御史裴应章题前事等因。奉圣旨："户部知道。钦此。"钦遵，抄出到部、送司案查：万历十四年七月内，该陕西道监察御史柯挺条陈，本部议得各处扣减解部济边、民壮、快手、机兵、弓兵历日等银，自十五年起悉与除豁，免派于民。等因。题奉钦依，通行钦遵。

迄今，该前因案呈到部，看得：郧阳巡抚都御史裴应章题称，汉中府属岁该郧镇军饷银一千五百六十八两四钱，例于减扣民壮、机兵、弓兵银内征解。近因免派前银，将本镇额饷一概停征，以致军饷无措。且原题系解部济边之数，非本镇军饷。乞要比照湖广、河南二省事例，自十七年为始仍旧征解一节。

为照：郧阳抚治界联三省，军饷钱粮分派郧、襄、南阳、汉中四府，额有定数。迩因本部议革额外之征，将解部济边、民壮、机兵、弓兵等银悉与除豁。郧镇额饷不在解部之数，似难一概停免。既经抚臣查有河南、湖广照旧事例，具题前来，相应依拟覆请，恭候命下。本部移咨陕西巡抚都御史转行该布政司，查照郧阳抚臣所议，自十七年为始，应解民壮银一千三百九十九两二钱，于汉中兴(安)、南(郑)等一十六州、县实编民壮内酌量派征；弓兵、机兵银一百六十九两二钱，于兴安、南郑、宁羌、略阳、堡城、沔县六处均徭银内派征。每岁照旧解郧阳府交收，专备该镇团练、军兵、衣甲、器械、粮草、犒赏等项支用。本部仍咨郧阳巡抚知会，伏乞圣裁。等因。

万历十七年三月十三日，本部尚书宋纁等具题。十五日奉圣旨："是。钦此。"钦遵，拟合就行，为此合咨前去，烦照本部题奉钦依内事例钦遵施行。

咨文指出：照惯例先交兵部的陕西清吏司案呈，再奉兵部指示送户部抄出，内容为郧阳巡抚裴应章所题前事，得到圣旨："户部知道。钦此。"钦遵圣旨抄出到户部，送司案查：万历十四年(1586年)七月内，由都察院陕西道监察御史柯挺请求，本部议得郧阳各处扣减解部济边、民壮、快手、机兵、弓兵历日等银，自十五年起全部豁除，免派于民。当时已经通行钦遵。

接着复述了裴应章奏疏里的重点内容：案呈到部看得：郧阳巡抚都御史裴应章要求的是，将汉中府每年应该解送郧镇的军饷银1568两4钱，例行在民壮、机兵、弓兵银内扣减征解，然而因前年朝廷免派济边银，却将本镇额定军饷也一概停征，以致军饷无处筹措。但是，原题所免除的只是解部济边银，而不是本镇军饷，请求比照湖广荆、襄、郧、河南南阳的事例，从十七年起，汉中府应该仍旧征收解送。

再宣布户部的决定：郧阳藩镇界联三省，军饷钱粮分派于郧、襄、南阳、汉中四府，额有定数。近却因本部议裁额外之征，将解部济边、民壮、机兵、弓兵等银全部豁除。然而，郧镇额定军饷不在解送户部之数内，不应该一概停免。既经郧阳巡抚查得有河南、湖广照旧的事例，并且前来上疏请求依例征收，我部行文陕西巡抚转陕西布政司，批准郧阳巡抚所议，自十七年开始将应解送郧阳的民壮银1399两2钱，就在汉中府所属的兴安、南郑等16个州县内按实编民壮的多少酌量派征；弓兵、机兵银169两2钱，就在兴安、南郑、宁羌、略阳、堡城、沔县6处均徭银内派征。每年照旧解送郧阳府库交收，专供该镇团练、军兵、衣甲、器械、粮草、犒赏等项支用。我部仍咨文郧阳巡抚知会，请陛下圣裁。

最后为落款和皇帝御批：万历十七年三月十三日，户部尚书宋纁等具题。十五日奉圣旨："是。钦此。"钦遵拟合就行。为此两部合咨前去，烦请按照我部所题及所奉皇帝御旨遵照施行。

董裕议处武当山香税

一

郧阳藩镇所属，除荆州、襄阳勉强可称富饶外，其余均为崇山峻岭的贫瘠之区，虽方圆几千里，但处于同一条汉江流域之内，往往一灾俱灾，这给调剂赈济物资带来不利。好在藩镇境内有一个一本万利之源，财富犹如汉江之水日日奔流不息，在万不得已之时倒也偶尔能派上大的用场。这个去处就是武当山，这股财源就是山上山下各宫观所收的香钱。

武当山为均州城的背山，矗立于汉江南岸，金顶海拔高度 1612 米，古称“太岳”“大岳”“太和山”，自汉唐以来逐渐成为中华道教的仙山圣境之一，是真武大帝的道场。

明朝把武当山提升到了皇室家庙的地位，让四海民众朝觐膜拜，终年香客络绎不绝，不仅对政权巩固有利，而且源源不断的香钱也对明朝经济起到了一定的提振作用。

武当山的香钱虽然多，但不是地方官员所能使用的。武当山虽然地处均州，但宫观是皇家的。自永乐以后，皇帝就大批量派遣太监进驻每一座庙宇，管理道教的所有事务，包括香钱。对武当山香钱，太监们每天晚上都要清理、登记、入库，每月留足维持庙宇日常开销和道士们生活费用后，再按比例少量预计建筑毁损的维修费用，其余全部解送北京作为皇帝挥霍的开销。武当山的提督太监为省部级二品官，直接受皇帝辖制，不仅地方无权干涉他的领域，而且他还经常反过来干预地方事务。因此，地方上要想使用武当山的香钱何其困难。

自永乐到隆庆，也就是从明初到明中期，地方上还真没有使用过一厘一毫武当山的香钱。这是因为那时的地方经济还没有不堪到如此程度，而且当时的律例威严，地方官员不敢冒天下之大不韪。

隆庆元年(1567年)，地方官员弹劾武当山提督太监成功，至此太监不再兼任地方职务，武当山太监的地位开始滑落。到明晚期，地方经济几乎崩溃，一遇大灾大难官员们就手足无措，不知到哪弄钱，而且当时的腐败已经深入国体骨髓，皇帝又多年不理朝政，规矩也就不那么严格。

地方第一次动用武当山香钱是在万历十一年(1583年)，那年汉江流域遭遇到了千年不遇的特大洪水，沿岸城市全部冲毁。因为无钱重修均州城，均州知州就想到了动用维修武当山宫观的费用。当时的郧阳巡抚张国彦在被逼无奈的情况下，冒着风险不仅同意动用这笔钱修城，而且还想出了一个合理的动用理由：这笔钱就贮藏在均州城内的净乐宫库，如果均州无城，净乐宫就不保，因此修城就是修净乐宫。他向皇帝奏交了《修城垣以固保障疏》，请求动支武当山香钱。

武当山是皇室家庙所在地，岂可无均州城作为屏障？用香钱修均州皇帝虽不大高兴，但也只能同意，就开了香钱为地方所用的先例。

二

凡事就怕开先例，先例一开，后来者就会循着先例而来。这不，万历二十一年(1593年)初，郧阳巡抚董裕再次上《议处香税疏》，请求皇帝批准动用武当山香钱救灾。

董裕，字惟益，号扩庵，江西乐安人，隆庆五年(1571年)辛未科进士，历任东莞县令，陕西巡按御史，滇南巡按御史，河南道台，大理寺少卿，郧阳巡抚，大理寺卿，南京工部侍郎，刑部右侍郎，后加通议大夫、正议大夫、资治尹、资善大夫，升刑部尚书等。在郧期间遇楚地饥荒，百姓饿殍遍野，他奏请拨国库银40万两，粮食20万石予以赈济，郧民大感其恩。史载“郧人德之，走千里而送，立‘去碑’于大道之旁，立祠以祀”。

《议处香税疏》全文如下：

议处香税疏

都察院右佥都御史董裕题：为荆楚公私告匮，禄饷缺支，恳乞赐议香税，以溥皇恩，以安地方事。

臣闻国依于民，民聚于财，财阜民殷，军国饶益。武夫于城，于是乎威；宗子维城，于是乎固；万世灵长之业，于是乎基。湖广夙称乐土，民宜谋生，国家树兵以卫之，众建诸王以填之，课地之出，度岁之入，以供禄饷，宽然有余。其在今日，则有大可虞者，坐视而不为之计，恐贻燕雀处堂之忧；起而亟为之图，又病无神输鬼运之术。用是稽众，深念苟有裨于国，计又何避于怨嫌？臣谨会同巡抚湖广右佥都御史郭惟贤，巡按湖广监察御史李栻，披沥为皇上陈之。窃照：湖广自万历十五年以前岁遭水患，十六年以后至二十年无岁不旱，疾疫尤多，辗转流亡，民罔系命。荷蒙皇上轸念元元，矜其困穷，尤念汉江为龙兴根本重地，蠲逋发赈，每从陈乞，特赐矜谕，嗷嗷之众不幸，不弗上天，犹幸为皇上收恤。顾递年所蠲贷者，多系存留，乃禄俸、廪粮、工食之需，为宗藩、官吏、军民必不可缺之数，以其为必不可缺也。故年年蠲免，年年处补，挪移出纳，搜刮已穷，剜肉医疮，捉襟肘见。今则帑藏如洗，舍其解京、边之外，无可议处者矣。挪借有禁，况无可借，此不可为寒心哉？

臣始至于境，见禾黍之场翳为草莽，邑里之内生理萧条，士女仳离，殣骼载道，桴鼓之惊，时或相闻，图圄系囚，类多盗窃。故自莅事以来，问民疾苦，所在十室九空，而荆州一带被灾尤甚，民命更促。臣不惮贬损，以宽民力，尤督行所司，实心抚字(抚养)，多方赈恤，务俾孑遗，无致损瘠。然闾阎鲜担石之储，公庾乏终岁之计，施惠劝分，两无可施。目前仅堪糊口，脱复有灾伤重大如前数年，将若人命何？至诘军饷，臣不暇为全楚计，姑言：本镇设居万山，民多流逋，是腹里之边方也。兵骄易动，覆辙匪遥。往岁抚臣为军饷不敷，奏留抚属州县扣解济边饷银，库贮稍有余积。自万历九年奏例清丈，丈出卫所余屯，议解本镇充饷，而扣留前银，准存各兵道为巡辑精兵之用，适值频年旱潦，中间多属灾伤，贫军任情拖欠。如荆州一府，岁该银一千六百余两，查自清丈至今毫无完解，其他可知。兼以水灾、修城葺衙、屡年赈饥、解部动费饷银，二万有奇。而郧阳卫军又有月粮之增，出多于入，年减一年，揭查库籍，堪为扼腕。脱有曩岁之灾，加以征调之费，犷悍之兵难责之枵腹用命矣，将若军情何？至查：禄米尤觉难处。如荆王奏欠一万九千零，乞比韩王事例，要以税契、缺官、柴马等项补之。楚中亲王六位、郡王十数，将军以下位数更多，岁该禄粮三十余万，所缺不止荆王一府，税契等银为数几何？顷者潞王奏讨景府故业，已蒙皇上准给，乃其租课减轻，系在清丈均粮之时百姓蒙苏息之惠久矣。兹念照旧监盈抚、按，奉旨督行勘丈，悉心计处，但小民既不可加旧租，更无可补。皇上亲爱至重，地方关系匪轻，又将若之何？

臣反复思维，再四咨度，独有太和山香税一节，即似犹有当议处者。本山盘礴八百里，有八宫三十六岩。自成祖修建，为国家祝圣祈年之所，其形最胜，其神最灵，四方望风徼福者肩摩踵接于道，其香税所入每岁当以万计，而施舍之钱、庄田之租不与焉。往时，提督之责属之抚民分守道，自该道移住郧阳，专以内监督理其事，岁委千、百户及提点各一员监收前税。此辈蝇营鼠窃，百计侵渔，焦釜漏卮，干没无算，大都刻于私者百十，登于公者一二。该监驻扎均州，亦难尽悉其弊。臣等以为，与其委之以润贪吻，孰若藉之以济禄饷，以周困穷乎？

查泰山事例，该省官俸等项悉仰给本山，省派于民甚钜。太和之利不让泰山，乃上不纾公家之急，下不佐官民之乏，徒委之以润贪吻，非计之得也。虽该监廪给各宫油、烛及该所官军折钞岁用不下数千，然总计所入岂止此数？特未得廉正官稽核其中耳。伏乞皇仁轸念此时公私俱竭，下部酌议：或仍命该道提督岁时焚献，三至五年差监官一来督修，事竣即返，率以为常；或仍命该道与官照旧兼提，每岁委清正府佐官一员临山稽收，除量留若干备焚献、廪给油烛等费外，余悉解布政司贮库。必恃库藏百分匮竭，地方十分灾伤，方许呈详两院动支凑用，大示张悬，以昭皇上特恩。禄饷不充，可恃缓急之用；大灾流行，可备赈贷之施；军国诎乏，亦可少济。

夫民就穷而赋愈急，财已匮而敛不休，东南之民力竭矣，惟湖省为甚。兹收宫观之羡余，豫保障之大计，利不攘于市，赋不加于民，收之弗苛，散之有济。即有灾沴频仍之变，而无仓皇诪张之虞，至便也。损溪壑之利，缓闾里之征；以之笃亲，则维盘石之宗；以之饷兵，则消脱巾之衅；以之赈民，则续如线之命，至仁也！敕带提督之衔，不与太和之事，在此为溺职，在彼为侵官。以分守同内监兼提，畀此简书，官不易方，至顺也。神明之宅要清严，向为利薮，何异集膻？监以方廉，谨其管籍。神贶不渎，而清规益严；国法以彰，而贪墨敛戢，至威也！

总之，为地方之计，倘蒙皇上俞允，于两议之间准行其一，实为楚民无疆之福。而神人悦豫，皇上亿万载灵长之庆。其端在是议，激时艰，不知忌讳，伏乞圣明裁纳。地方幸甚，臣愚幸甚。

三

董裕的《议处香税疏》开头就气势咄咄逼人，声称是："为荆楚公私告匮，禄饷缺支，恳乞赐议香税，以溥皇恩，以安地方事。"

他先阐述国与民、国财与民财的关系，以说明郧阳形势危急：我听说，国家依附于民，民因财而聚，财富广，民众就殷实，军国也就因为民众富裕而得益；武夫，是城市之威；有皇室子弟作为屏障，国家就牢固；有了万世灵长之业，国家就有了根基。湖广，一向被称为乐土，民众宜在这里谋生，所以国家才派兵保卫这里，皇帝才分封诸多藩王充实这里，让他们课出藩国土地每年收粮，所供禄饷自然宽绰有余。然而现在不同了，让人非常忧虑了，如果坐视危机而不理，恐怕会有"燕雀处堂不知祸之将及"之忧。我想奋起而努力改变这种困境，自己却没有神输鬼运之术。我深深知道，用香钱救民众非常有益于国，所以才敢不避灾祸而担当怨嫌，会同湖广巡抚郭惟贤，湖广巡按御史李栻，竭尽忠心向皇上请求：湖广自万历十五年(1587 年)以前每年遭遇水患，而十六年至二十年则无年不旱，所以疾疫尤多，民众四处流亡，没有一个不是命悬一线的。承蒙皇上想念着百姓，可怜他们的困穷，尤其念及汉江为龙兴根本重地，给予免除赋税并赈济他们。我再次陈述，请求皇上特别赐予超过以前更大的同情，让嗷嗷待哺的不为上天所眷顾的民众，有幸被皇上所收恤。我看历年所免除解贷的钱粮，多为存留在地方的禄俸、廪粮、工食之需，是宗藩、官吏、军民必不可缺之数，所以年年豁免，年年在补漏洞，现在东挪西借已搜刮穷尽，剜肉医疮之后已经捉襟见肘。如今官库一贫如洗，除了解京、解边银之外，就没有能够可以商议处理的了。按朝廷规定，挪借也是明文禁止的，何况根本就无处可借，这不让人难受吗?

接下来，他描述了自己所看到的状况，分别介绍了境内民众、军士、宗室的遭遇：我初入郧境时，所见到的是田地全部荒芜，满是杂草，所有乡村一片萧条，人民妻离子散而饿殍载道，匪盗之惊不时相闻，监狱犯人多在外为盗。

自我上任以后，就一直在问民疾苦，所到之处均十室九空，尤其荆州一带受灾最严重，百姓之命更加短促。我严格督行所属官府诚心诚意保护百姓，多方给予赈恤，务必让灾难后的幸存之众不致再陨命。然而，我心有余而力不足，因为民间已无担粮之储，官仓亦乏长远谋划，发放钱粮或者劝导人们互济之两策都不可再施行，目前仅能勉强糊口，如果再有前几年那样的重大灾害，将如何保全人命？至于军饷，我更是无暇顾及。为了保全郧阳，我姑且妄言：本镇处在万山之中，居民多为当年的流民，是国家腹地里的边陲之地，如果兵心不稳，那么离重蹈战乱的日子就不会远了。前任巡抚为军饷不敷，曾经请求皇帝留下所属州县的济边饷银，才使得库贮稍有余积。万历九年(1581 年)遵照圣旨清丈田地，丈量出各卫所的多余屯田，决定全部解送本镇充作军饷，而把之前所扣下的济边饷银，准许存在各兵备道处作为巡练精兵之用。没想到，此后就连年遇上旱涝灾害，就只能任由贫困的军士拖欠屯粮不交。如荆州一府每年拖欠1600 余两，自清丈至今就没有完全解送过，其他地方更是可想而知。自万历十一年水灾以后，各地不断修城、葺衙、历年赈饥，所动解部济边饷银 20000 余两。而自郧阳兵变之后，郧阳卫军又有月粮之增，所以出一直大过于入，能用之费一年比一年减少，查看库簿之后不免令人扼腕。假若再有往年那样的灾害，又有征调之类的话，我就难以责令那些犷悍之兵空着肚子去拼命了。这状况，怎么能够去应付紧急军情？皇室宗亲的禄米供应尤其难以处理。如荆王就奏本说欠他 19000 多石，要求比照韩王的事例处理，拿所收的税契、缺官的薪俸、柴马银等项补给他。郧藩境内有亲王 6 位、郡王 10 多位，将军以下人数更多，每年需要供给的禄粮达 30 余万石，所缺不止荆王一府，税契等银能有多少？近来，陛下恩准了在卫辉府的潞王奏讨在德安府的景王所留下的故业，以减轻卫辉府的租课，值清丈均粮之时这让那里的百姓得到长久休养生息的实惠。何不也允许我们按照这个方法办理，奉旨去督行勘丈田地，细心计算地积，这样不给百姓加旧租，就无法补交以前所欠。百姓都是皇上子民，于地方关系至重，所以不能听之任之。

他提出解脱困境的办法，认为有必要动用武当山香钱：我反复思考，再三度量，只有武当山香税是我们唯一还能考虑的一处财源。本山盘亘八百里，有八宫三十六岩，是成祖永乐帝所修建，用来为国家祝圣祈福的场所，风景最胜，神仙最灵，四面八方的祈福者摩肩接踵，香税收入每年都以万计，这还不算香客所施舍之钱与庙田之租。往年，武当山提督兼抚民分守道，曾经把衙门移住了郧阳，专门让内监督理香税之事，每年委托千户、百户、提点各 1 人监收。面对这些都是贪得无厌的蝇营鼠窃之辈，他们想尽百计侵吞香税，不榨干就不肯罢手，中饱私囊的百十，而登录在公簿上的只有一二。现在提督太监回驻均州，也难完全知道其中的弊端。我们以为，与其让他们贪去，还不如借此解决藩镇内的俸禄和军饷，以缓解困穷。

他再引用泰山事例，来印证利用香钱济困的合理性：查泰山事例，山东一省的官俸等项，都仰仗该山，省去了许多民间摊派。武当山之利不少于泰山，但却上没有缓解公家之急，下没有帮助官民解困，而是白白肥润了那些贪得无厌之徒，这不是朝廷当初所预料的结果。虽然提督太监每年提供给各宫观的油烛钱和均州千户所官军的饷银不下数千，但总计所收入的岂止这个数？只是没有廉正官的稽核考察罢了。乞求陛下施仁慈，念及现在地方上公私皆贫竭，让户部酌议：要么命提督太监每年只管焚香敬神，朝廷每三至五年差一次监官来督修宫观等工程，待竣工即返回，形成这样的常例；要么命提督太监照旧兼任分守道，不让他管理香钱，每年委任一名清正廉洁的府官到山上去稽收，除酌量留下若干银两以备焚香敬神、供给油烛等费用外，其余全部解往郧阳布政司贮库。贮库之香钱，必须在库藏万分匮竭、地方受灾严重时，才允许详呈湖广、郧阳两巡抚商议之后动支使用，并且要张榜悬贴，以昭皇上特恩。使用条件应该有三：皇室俸禄和军饷不足，可借此作缓急之用；大灾流行，可备此作赈贷之施；国家发生匮乏，也可稍为补济。历史经验说明：民越穷而赋税就愈急，财力越匮乏而敛收就愈不休，每当东南的民力衰竭时，都是湖广最为严重。所以收贮宫观之剩余，是为了保障大计，采取这样的方法，利不取于交易，赋不加派于民，征收不苛刻，使用有法度，如果再遇灾害频发之变，就没有了惊慌惆怅之忧，这不是很方便吗？这样，损一点小利，就能够减缓所有人的赋税之急。以亲论，维护了宗室之间的基石之固；以兵论，消除了反叛的威胁；以民论，延续了他们的生命，这些都是至仁之举。陛下敕给武当山太监以提督之衔，他却不经营仙山之事，在此为渎职，在彼为侵犯地方官事。如果赐给他分守兼提督的简书，地方官的治理就更不顺了。因此，宫观这样的神明之宅一定要清严，一味纵容他们追逐利益，何异于汇集腥膻？要想太监清廉，就得让他们专心管神籍；要想太监不贪渎神的赏赐，清规就得更严；只有国法彰显，贪墨才会受敛，这是至威之举。

董裕最后恳请：为地方之计，要求蒙皇上允准，在两条提议之间准行一条，这是为了楚地民众的无疆之福，不仅能够让神人共悦，而且能使皇上得到亿万年灵长之庆。我的这个提议，在于要渡过难关，所以就不知忌讳，万望圣明裁纳。地方庆幸，愚臣庆幸。

董裕借军饷救灾“借”出的烦恼

一

万历二十一年(1593年)，河南发生了大规模水灾，饿殍载道，人心惶惶，而官府因仓庾乏积而无力赈济，导致饥民不时啸聚，情势危急。南阳府是这次的重灾区之一，而且所属的叶县已发生2000多人的矿工暴动。南阳府虽为河南地，但已“出租”借给郧阳藩镇管辖百余年了，自然要向郧阳求救。

时任郧阳巡抚董裕，在得知南阳灾情后，一边增兵南阳弹压暴动矿民，一边想尽办法赈济灾民。但当时郧阳也很穷，根本就拿不出公帑拨去南阳救灾。无奈之下，董裕只得冒无法回收之后有可能动摇军心的危险，动用了军饷赈灾。在南阳方面答应待有收成之后就立即归还的许诺后，董裕紧急拨饷银6000两发往南阳，限定只借给仓库无粮和饥民最多的州县，以买粮发放。

河南巡抚在听说南阳府从郧阳方面得到了银两后，就紧急上疏朝廷，以南阳为河南地盘为由，要求南阳将这借来的6000两白银送到开封，编入全省的罚没赃银之中，由河南布政司统一赈灾。当时，不知道是户部的大臣们都糊涂了，还是其中另有猫腻，他们竟然批准了河南的这一荒唐的请求，而且得到了昏庸皇帝的依允。邸报到郧，让董裕哭笑不得，也让郧阳人一时义愤填膺。

不仅如此，河南巡抚还提出了一个更无理的请求，要朝廷发文向郧阳再借6000两白银给河南赈灾，户部竟然也照依。这就不是让董裕哭笑不得的问题，而是要陷董裕于不义了。董裕决定绝地反击，向朝廷、向皇帝说明真相，不仅无钱再借，就是已经借出去的6000两也绝不能让它进入开封。

二

董裕是如何反击的，让我们来看看他当时写给皇帝的《酌议解贮饷银以惠军民疏》，其全文如下：

酌议解贮饷银以惠军民疏

都察院右佥都御史臣董裕题：为借饷赈饥，恳乞圣明酌议解贮，以恤民艰，以重军计事。

臣查今岁镇属率罹水荒，惟南阳所属为甚。八九月间，饥民啸聚，盗矿动称数千。仰仗皇威，计擒首恶，徒党业已驱散。然饿殍载道，仓庾乏积，人心汹汹，莫知所定，道、府各官日以请发内帑为词。臣为此俱议，动本镇饷银五六千两解贮南阳，查所属仓库最乏与饥民最多州县，分发借赈，案候补还。此先抚臣裴应章曾行之郧阳者，窃谓苟利于民，无损于饷，抑何惮不为？且近在督属，解发责偿，固甚便也，已经题请。去后，昨接邸报，见户部覆奉钦依内称：咨臣将本镇饷银动支六千两解贮河南布政司收贮，待冬春青黄不接之时，并先后奏留赃罚等银，通融分散被灾州县施赈。仍将饷银明登簿籍，待后补还或尽准豁候，临时另请。等因。

臣仰窥皇上子惠元元，盛心至公且溥，方将与大河之南赤子歌舞，圣德不暇，夫复何言？徐伏思之，奏留赃罚等银分发施赈，是主上大赉之恩也，所谓施而不有者也。若借赈饷银，是官军需以为命，秦楚相与委输者也；原议借于南阳，将责偿于南阳者也；所谓剜肉医疮，姑与之而复取之者也。今解赴该司与赃罚等银通融散赈，虽以朝廷之财惟朝廷之用，蔡人吾人何此何彼，讵不称大公哉？但以借赈之银推入留赈数内，异时补偿，将责之南阳乎？抑责之该司乎？责之该司，非原题所指责也。南阳银已解之该司，虽明登簿籍，待后补还，部议固然，倘一旦推误，虽也成案，难为左券，前项饷银，宁有还期？此臣之所为大恐也。

以臣计之，该省抚、按条议，部覆允留赃罚等银四万八千两有奇，见议行查改折麦银六万余两及听工部议覆班匠银两，似亦在勘留之数。以此分赈被灾州县，南阳五府灾民胥沐兼济之泽矣。又允科臣王德完平价之议，濒河一带饥民尤举，欣欣然觉有生气。唯是南阳距河逴远，舟楫不通，虽有平价惠政，势远不能相及。藉今有银，尚苦无处籴买，况复无银，空然一命者哉？前项饷银，似应仍发南阳借赈，则在开、归等府均沾平籴大惠，在南阳州县亦蒙借赈余恩。平籴者入其银而价则轻，借赈者责之偿而期稍远，其事相类，而其利亦相仿。故臣谓饷银之借，宜止南阳，不必解该司者，非私南阳也，亦称物之道宜尔也。况郧镇去该司千四百里，道经南阳地方独七百余里，前银解发不就便收贮，乃今日由南阳而解司，他日又由该司解南阳，往返道途能无骚绎，且苦防范？故谓前银之解，即贮南阳似为计之便者也。

再查：报中该部题覆科臣疏内称，往年抚治郧阳时，库贮军饷一二十万，纵因前岁兵变支费，计今存积尚有充裕，再准借支六千两，听抚按通融给散。臣见之不觉惊悸，重嘶借赈之说。臣自启之，将遂为郧镇军饷之蠹也。臣安敢隐默不为本镇虑之？臣查郧镇饷银为团练、哨守、军兵、月粮、衣器、操赏及一应调遣之用，原无别项会计钱粮，只扣解民壮、工食以为支费。自隆庆五年，抚臣凌云翼奏准计一万六千一百四十两，不三四年屡次裁减，止存四千二百六十七两。近年于内又减去一百一十九两。万历五年，议将清丈卫所余屯折解补饷，初议四千余两，递因灾伤，十不一完，告豁者纷起，续议通减，止存二千八百有奇，而欠者如故。计岁所出每六千两上下，此郧镇军饷每岁出入之大较也。至稽节年盈缩之数，远不暇举。查本镇裁革在万历九年，正该部抚治之时，该部备查存贮军饷造册存照，实在八万六千四百余两，当即据以报部。续因水灾修城、赈济及兵变之后增卫军月粮，复设标兵三百名，一切重费取办于此。至十九年，抚臣萧彦报部，实在六万四千余两，随取三千两解部，止存六万一千两。该臣抵郧即查前饷，据郧阳府册报，实在六万一千五百余两。此节年盈缩之大较也，有收，有放，有积，卷籍具存，大都不遇旱涝，一岁之入仅支一岁之出。乃入者有减无增，出者有增无减。其尚存六万一千之积者，盖先年议数之宽，曩岁丰收之留也。今月减而岁绌矣，于何充裕之有？该部谓为“尚有充裕者”，似犹指议数宽时言之，而不知今日之销蚀至此矣。

夫郧镇设在万山，控连四省，崇冈复壑，为流逋薮宅。又多银峒，矿徒不时窃发。其俗沿楚剽轻，袭秦劲悍，其军易动而难戢。历观往事，可为寒心，即有一二十万之积亦不为多。今仅仅止有此数，倘有连岁大饥，越城巨浸，如十一、十五六等年，又或有负险、阻兵数月不解，如往时蓝鄢、何冕等事，前项饷银所支几何？郧镇一城独大，去各布政司俱千里而遥，其间民无百金之产，家鲜担石之储，物力萧条，江南百夫之聚不约于此矣。目今斗米百四十钱，中土流莩挈壶瓢而丐，余幸者错趾于途，民之遮诉号饥者无日无之，其势危急不在河南之下。府县仓库如洗，军民相视系命者，此库贮之军饷耳。一旦罄虚，人心随骇，且泛施于远，而靳发于近，臣仰何以自解于百姓之言？曰者矿徒啸聚，乱兆已征，而民贫盗起，机在叵测，臣为是多方设处济饥，日选将、练军、修兵甲、置火器，冀消将萌之衅。恐恐焉，如朽索之驭奔马，大惧弗胜。前项饷银，正宜稍存盈余，用备缓急。若六千之外再借六千，所仅存者四万有奇而已，罄虚至此，卒有警急将何所恃？虽明立文案，借必有还，然文移往返动经月余，千里搬解不能遽达，抑何裨于缓急之用？臣职在封圉，智限挈瓶，再借之说匪所敢承。事干军计，盈缩之间安危攸系，此臣所为不避烦渎而披沥以请者也。伏乞敕下该部再加酌议。上请。

如果臣言不谬，将臣议动饷银六千两准解南阳府分发借赈，仍令该府明立簿籍，待后补还。其再借银数，乞俯念孤镇存贮无多，姑赐停止。则不惟可省转借之劳，而军饷不致罄亏，地方缓急亦有攸赖矣。

三

董裕上《酌议解贮饷银以惠军民疏》的目的很清楚，是为自己借饷赈饥的事恳乞皇上酌议，一要求恤民艰，二要求重军事。

在奏本里，董裕首先回报了事情的起因：今年郧阳藩镇所属地方普遍水灾，唯南阳最重。八九月间时，饥民啸聚，盗矿之人动辄数千。虽然仰仗皇威擒拿了首恶，已把余党驱散，然而面对饿殍载道，官仓却无粮赈济，面对汹汹不测的人心时，汝南道和南阳府两级官员就不断呈文请求我拨钱救急。我为此召集僚属们商议，只能在本镇军饷银内拨五六千两借给南阳赈济灾民，让他们查所属州县里，哪些仓库最缺粮和饥民最多，就把银两用在哪里，待丰年以后补还。

我的前任裴应章在郧阳时曾经说过，只要对民众有利的事情，就不怕亏损一点军饷去做，况且南阳是我的督属地，借银之后让他们偿还也很方便。但想不到的是，我昨天接到了户部邸报，上面并有陛下的朱批，让我将本镇饷银动支6000两送往开封的河南布政司收贮，并入他们的赃罚银之中通融发放，并且是在等待今冬明春青黄不接之时才分散给受灾的州县施赈，还说将饷银详细登记，等待以后补还或者豁免的指示。

董裕接着分析户部决定的荒唐性：我仰望陛下，是爱护百姓如子女，慈心公正而施舍四方的仁慈君主，对河南的关照已经很多了。我伏案慢慢思考，陛下允许他们留下赃罚等银，等待以后再分发施赈，已经是对河南莫大的赏赐之恩了。古人说“施而不有”，是说施舍要施舍在最需要的地方。郧阳借赈给南阳的银两，是郧阳官军赖以为命的饷银，其中有秦地与楚地的委输，原来说好是借给南阳的，并且将来要责令南阳偿还的。我们这是在剜肉医疮，先给南阳而后要再取回来的。然而，现在却要我们送给河南布政司，还要与他们的赃罚等银一起通融散赈，虽然说都是朝廷之财，属朝廷之用，管他是蔡国人还是吾国人不分什么彼此，好像显得大公无私。但是，把借赈出去的银两混入到留赈的赃罚银之中，以后是责令南阳偿还，还是责令河南布政司偿还？河南布政司可不是我们原来借银的对象，也不是以后所要责令偿还的对象。如果把银两从南阳押送到河南布政司，虽然说可以明登簿籍，以后补还，但户部在决议时还是有一个明显的推误，即成案之后郧阳也难拿到借出的凭证，那么这饷银还有归还之期吗？为此，我感到深深的恐惧。我的意见是：户部允许留给河南省的赃罚等银48000余两，和正在议行的改折麦银60000余两，以及工部答应所给的班匠银两，都是应该留给河南的，让他们拿此款去分赈受灾的州县，包括南阳在内的灾民都会沐浴在皇帝的恩泽之中。我还看到，陛下又允准了科臣王德完的平价之议，这让濒临黄河一带的饥民尤其能得到恩惠，那里已经顿觉欣欣然而有生气了。而唯有南阳距离黄河辽远，又无舟楫相通，虽有粮食平价的惠政，但因路远而不能享受此惠政，即使有银，尚苦于无处籴买，况且无银，岂不是徒然一命哀哉？因此，前项饷银，还是应该仍发给南阳借赈为好，能让南阳人民均沾开封、归州等府平籴粮食的大惠，也蒙陛下此次借赈的余恩。陛下给了开封、归州人银两，使他们能够平价籴粮而且不用还钱，而南阳人在借赈之后是要责令他们偿还的，只是还期稍远而已，两事相类，然而其利并不相仿。所以我说，郧阳饷银只能借给南阳，不必押解到河南布政司。这并不是我有私心，只是事情的道理在这里明摆着罢了。何况郧镇离开封 1400 里，途经南阳之地就有 700 里，为什么不就便收贮，而非要今日由南阳押解到开封，他日再由开封押解到南阳，所以，前面借出之银只应解贮在南阳。

董裕再介绍郧阳的困难状况，驳斥另借 6000 两的更大荒谬：邸报中说，往年郧阳藩镇库贮军饷一二十万，即使前些年因为兵变支费，到今天存积应该还是十分充裕，因此再准借支 6000 两给河南抚、按通融发放。我见了以上文字后不觉一阵惊悸，非常后悔自己借出军饷赈灾南阳的做法。我知道，自己将成为郧镇军饷的蠹虫。我怎么敢默默隐忍而不为本镇考虑？郧镇饷银是为团练、哨守、军兵、月粮、衣器、操赏及一应调遣之用的，原无别项用途的多余钱粮，而且大多是扣解镇内民壮、工食开支而来。自隆庆五年(1571 年)以来，前任巡抚凌云翼奏准的每年军饷也不过 16140 两，不到三四年就屡次裁减到 4267 两。近年，又从中减去 119 两。万历五年(1577 年)，徐学谟任巡抚时，合议将清理丈量出的卫所多余屯田收入补充为军饷，初议 4000 两有余，却因连年的灾伤，军士们纷纷求告豁免的原因，收上来的还不到十分之一，并且不得不一再合议通减，目前只收 2800 多两，而且还有许多仍然拖欠，至今未收上来。所以，每年所能开支的不过 6000 两上下，这就是郧镇军饷的一个大概。至于历年节约之数，能有多少？万历九年裁革本镇，户部已对郧阳存贮的军饷进行了清查、造册、存照，那时是有 86400 余两。后因万历十一年水灾之后修城、赈济，以及万历十五年兵变之后增加军士们的月粮，又添设标兵 300 名，一切都是从这里面开销。到万历十九年，巡抚萧彦向部里报告称还有 64000 余两，随取 3000 两解送部里，只存 61000 余两。我抵郧后，即查以前军饷有 61500 余两。这就是历年盈缩总数的大概，有收，有放，有积，均登记在卷籍中，也就是不遇旱涝，一年之入仅够支一年之出而已。而且收入是递年有减无增，支出则有增无减。今日尚存的 61000 两积蓄，都是先年合议数的宽松和往年的丰收所留。如今已是月减而岁尽，哪里还有充裕？户部说我们尚有充裕，好像是针对前些年合议数宽松时说的，却不知道今日已销蚀到了如此地步。

董裕又分析了郧阳地理位置的特殊性，军饷对于防守所起的作用：郧镇处于万山，控连四省，千山万壑，历来为流民集聚之所。境内又多银洞，矿徒之乱不时发生。其民俗，沿袭了楚人之剽悍，秦人之劲悍，军队经常出动而难以停止。历观往事，可为寒心，就是有一二十万之积蓄亦不为多。何况现在仅仅只有这个数，倘若发生连年大饥，如万历十一年或十五、十六年那样的毁城大水，或者如往时蓝鄢、何冕那样的民众暴动而数年几月不能平定，这些饷银能支撑几天？郧镇是一城独大，到武昌、开封、西安、成都各省城都是千里之遥，境内之民无百金之产，家少担石之储，物力萧条倒不如一个江南百户之村。眼见得现在已是斗米百四十钱了，而中原流落之民还在不断涌入，手拿着瓶、壶、瓢满城乡地讨要，满眼饿殍遍野，幸余者依然错趾于途，遮脸号饥者无一日不有，其形势危急不在河南之下，我们已经把府、县仓库一洗而空全部用于救济。目前，郧阳军民相视所能系命的，就只有这些库贮的军饷了，一旦马上空虚，就会人心不稳。况且泛施于外地之民而吝惜于本地人民，我如何向本地百姓交代？如今矿徒啸聚，乱象的征兆已经出现。民贫就会盗起，玄机叵测，为此我多方设处济饥，每天都在选将、练军、修兵甲、置火器，希望把危机消除在萌芽之中，然而心中的惶恐依然难以消除，时刻感觉如在腐朽的绳索之上驾驭奔马，惊惧自己不能胜任。我们的饷银，正应该稍存盈余以备缓急，若6000两之外再借6000两，仅存40000而已，马上空虚至此，当有警情发生时，将何依靠？虽然部议说明会立下文案借必有还，然而一旦有警，文件移送往返动辄月余，千里搬解运送银两更是不能立刻到达，有何缓急之用？我的职责是防守边陲，再借之说不是我所敢承诺的。事干军事大计，盈缩之间攸系着安危，这就是我之所以要不避冒犯而披沥以请的原因。伏地乞请陛下，能敕下户部再加酌议。

最后，董裕明确提出了自己的观点：如果我说得不错，就将我先前所议动的6000两饷银准许只解送给南阳府分发借赈，仍令该府要明立簿籍待以后补还。至于再借之说，请念及孤镇存贮无多，请赐准停止。这样不仅可省去转借之劳，而且军饷也不致骤亏，地方缓急也有所依靠。

四

也许，当时户部和皇帝的荒唐之举是出于无奈，我们从第二年初万历皇帝所颁发的一道《严督官员安民灭盗》的诏书中，或许能够窥测出一点端倪。

万历二十二年(1594年)正月二十日，皇帝下诏说：去年各省灾伤，山东、河南以及徐、淮等处尤为严重。朕屡次下令救济，不知有司(官府)曾否奉行？百姓是否得到实惠？值此公私交困之时，不知各地除了动用国家钱粮之外，是否有急救便宜措施？各地闹事的矿徒是否已经安置归农？万历帝还在诏书中痛斥：

> 全不讲求荒政，牧养小民，惟以搏击风力为名声，交际趋承为职业。费用侈于公廷，追呼偏于闾里；嚣论者不能禁止，流亡者不能招徕。遇有盗贼，则互相隐匿，或故意徇私，以求免地方失事之咎。而各抚、按官亦止知请振请蠲，不能汰一苛吏，革一弊法。如此上下相蒙，酿成盗贼之患，朕甚忧之。自今当以安民弭盗为有司之黜陟，如有仍前欺隐及玩视诏令者，当重治不宥。

大意是说：今日四方吏治为全不讲求救荒之政，牧养民众，只是以讨好上司、搏击局势为名声，以交际奉承为职业。公帑大多奢侈在公堂，征索追呼又遍及乡村，众口诋毁朝廷的议论不能禁止，大量流亡民众不能招徕回籍。遇有盗贼发生，官府互相隐瞒，或者故意徇私不闻不问，以求免除地方失事之咎。而各抚、按官亦只知道请求朝廷振济，请求免税，不能淘汰一个苛吏，革掉一个弊法。如此上下相蒙，以致酿成盗贼之患，朕甚忧之。自今以后，应当以安民弭盗为官吏升降的依据，如有仍敢如前那样欺隐朝廷，以及玩视诏令的，就重治而不饶恕。

万历矿监之祸与郧阳抗争

马鸣銮，字君卿，号凤麓，四川内江人，明万历甲戌科(1574年)进士，初授工部主事。万历二十二年(1594年)十二月，马鸣銮由陕西右布政使升任郧阳巡抚，在二十七年五月因反对“万历矿乱”被罢官。矿祸结束后，朝廷为马鸣銮平反，后历官宣大总督、右都御史兵部右侍郎，在镇守宁夏期间征哱拜时多有战绩，于万历三十八年八月二十四日卒于任上，终年63岁，被追认为兵部尚书。有《凤麓稿》等著作遗世。

马鸣銮任郧阳巡抚期间，正值全国性矿监之祸由发展走向高潮之际。所谓矿监之祸，即皇帝下令在全国范围内开矿冶炼金银，用于修建宫殿和弥补国库亏空。当时，朝廷把征收金银的数额摊派到全国各地，又往各地派出大量矿监和税使去收缴，命令他们将收来的金银解往北京。其间，被逼死和饿死的人数多到无法统计，而收上去的金银却远不如预期。

当时，郧阳藩镇境内的人民陷入了水深火热之中，马鸣銮心急如焚，他顾不得有可能会惹祸烧身，一次次上疏向皇帝请求禁矿冶、罢矿店，屡屡把郧阳人民的处境向皇帝作真实的反映。通过马鸣銮的一道道奏疏，让我们了解到了420年前的那场中国大劫难。

1. 矿祸始末

万历朝最初的10年国家是比较富裕的，虽然万历皇帝从父亲手里接过的是一个烂摊子，但在张居正实行了一系列改革，特别是施行了“一条鞭法”后，国库日渐充盈起来。

但是，在万历十年张居正死后，特别是在对张居正清算过后，明王朝的境况就江河日下了。尤其是在经历了万历二十年(1592年)的“援朝鲜”和二十一年的“平哼拜”后，国库就捉襟见肘，边军年年缺饷，户部时时告穷，已达“官民两竭”的程度。在此种情况下，开辟财源就被提上了议事日程。

万历二十年十月二十二日，万历皇帝给御马监左监丞张烨颁发关防，命他往通州张家湾征收租税，规定每年征银四千两，按四季分别解进皇宫。不久，又命太监王朝督征于天津。随后就不断派太监作为税使到各地去征税，以专供内廷挥霍之用。明代中后期的矿监之祸和榨取民脂民膏的税法之祸就由此开始。

派人从各地额外征来的余税，依然不够皇帝挥霍，有人就自然想到了开矿。其实，开矿增收是一个老话题，之前就不断有人提出过，他们中有的是希望通过开矿来解决国家经费困境的官员，有的是希望通过开矿赚取利益的商人。在张居正掌权时，曾经把这些主张都以祖宗时有过教训而驳回。的确，此前各地所开的官矿均为费用高而收益低的贫矿，而且经常发生矿工聚众造反的事件，对国家来说是一个得不偿失的做法。如万历二十一年，南阳叶县就发生了2000余名矿工暴动。此时的万历帝，没有了张居正的合法致富手段，而又等着银两淫乐，心里就开始发痒，试着说：“开矿，则贼亦可化为兵。且在外可救饥，在内可备用。”但鉴于当时的时势，他还是不敢正式下诏普遍开矿。

矿祸始于万历二十四年。当年三月初八，乾清、坤宁二宫的一场大火改变了中国此后十余年，乃至大明王朝的命运。火灾不久，万历皇帝就提出要重修二宫，下旨：即日催征各地旧欠钱粮；铸钱；清查库料；赴四川、贵州、郧阳采伐楠杉大木；采石、烧砖；征车户、夫匠；明确督造官的职责；停止别项工程等，但却苦于浩繁的“大工”经费一时无处筹措。正在皇帝着急之时，一个小官的建议正中万历皇帝的下怀。六月二十四日，京卫府军前卫副千户仲春上疏，奏请开采矿山“以助大工”。万历帝一听正合朕意，于是马上降旨，命户部和锦衣卫各派一人同仲春离京去开矿。当时，户科给事中程绍、工科给事中杨应文各自上疏谏阻，皇帝根本不听，并开始派出矿监前往各地监督采矿，殃及全国十余年的矿监之祸由此拉开了序幕。

七月初二日，锦衣卫百户陆松、鸿胪寺随堂官许龙、顺天府教授冯时行、经历赵凤华等人纷纷自告奋勇要去开矿。詹事府录事曾长庆也请赴山西夏县开矿。皇帝不仅通通给予允准，而且于同日正式命户部派人赴畿内的真定、保定、蓟州、易州、永平开矿。二十日，承运库太监王虎带领户部郎中戴绍科和锦衣卫佥书张懋忠等，到达畿内上述各府州，四处开矿。

其后，矿监四出，全国无处不开矿，有鲁坤赴河南，陈增赴山东，王忠赴永平，田进赴昌黎，张忠赴山西，曹舍赴浙江，赵鉴赴陕西，全国无不有太监在督领矿山。朝廷均对他们委以大权，又让人带着原奏官仲春等人巡回各地督促。当时，由于矿监们害怕出不了金银无法向皇帝交代，就采用各种手段在民间搜刮钱财，其害蔓延的程度就可想而知了。他们开矿无所得，就勒民赔偿，或者干脆借开采之名横索民财；地方官如果稍有逆意，也有可能家破人亡；那些地方上的富家巨室，往往被矿监诬为盗矿贼，全部财产被没收；许多良田美宅，则被凭空指其下面埋有矿藏，而家人遭到卒役围捕，家中妇女无不辱及。各地骚动，使得民众困苦不堪，于是群臣前后有百余次的上疏谏阻，而皇帝均不听不理。矿监之祸，愈演愈烈。

为了尽快筹措银两让二宫的重修尽早开工，朝廷在派出矿监赴各地开矿后不久，又一次次增派宦官充当税使直接向民间收税。在这个过程中，由于受到一些热衷于阿谀奉承者想借此机会爬升的示范，全国兴起了一股向皇帝进献黄金白银的“进献助工”浪潮，上自宗室亲王、内阁学士，下至低级军官、监生生员，都纷纷向皇帝进献金银和年俸、祖宗遗产，让这场采矿运动变为了一次彻头彻尾的闹剧。“进献”浪潮又反过来助长了税使们的胆，不断把“进献”逐步推向深入，变为了明目张胆的肆意摊派，形成了以采矿收税为名，实为掠夺民间财富的一场大灾难，在全国上演着一幕幕人间悲剧。

2. 马鸣銮首次上疏

矿监之祸波及全国，郧阳岂能独免，郧阳巡抚马鸣銮急如热锅之蚁，却苦无对策。一方面，他知道一窝蜂地采矿如同儿戏，就连正式的大矿也不一定会盈利，何况盲目地乱挖？他知道早在嘉靖十九年(1540 年)，南京礼科给事中曾钧就曾经上疏：“各路采矿，得不赏费，请尽停罢。”当时还得到了皇帝的认可，他不明白为什么现在皇帝又派矿监四处乱采。另一方面，他知道人被逼急了是会造反的，远如成化年间的商州矿工造反，近如万历二十一年(1593 年)的郧属叶县矿工暴动，都是发生在郧阳藩镇境内。当初，郧阳藩镇是因平乱而设的，如今全民受害，马鸣銮岂能不担心？

马鸣銮最担心的是那些远离郧阳城的边远地区。因为郧阳、襄阳就在自己的眼皮底下，自己会干预，不让矿监、税使太过出格，而像荆州、南阳、汉中均远在数百、千里之外，自己就有些力不从心了。如果矿监、税使惹出了大祸，还不得自己前去灭火？

果然，他得到了南阳府的申报称：矿监强逼着百姓四处挖矿，许多人被矿洞垮塌压死。矿监强行把矿洞包给矿头，而矿洞出不了金银，矿头只得典房、卖产、鬻子女凑钱交费，更有缢死者无数。还有，强迫“进献”之后的军饷无着落，军士们已经饿肚子很久了，不知道什么时候会出事。

马鸣銮意识到了问题的严重性。他知道，自己处在一个太监当道的时代，真要在南阳发生矿工造反或者军士哗变，要承担责任的只能是自己，而不是那些惹祸的矿监、税使。然而，开矿是皇帝安排的，强行搜刮是皇帝纵容的，自己如何能够制止？上疏请求禁矿也是有风险的，弄不好皇帝一怒自己就会掉脑袋。但在权衡利弊之后，马鸣銮已经顾不得许多，他决定把自己的生死置之度外，于是，一道《停止开矿疏》星夜加急送往了北京。

信使在路上，可奏疏上的文字依然让马鸣銮历历在目：

停止开矿疏

都察院右佥都御史马鸣銮题：为采矿利薄，民困难堪，恳恩停止，以光圣治事。

臣窃惟开采之事以利言也。上固欲其利国，而下亦欲兼以利民，此陛下意也。即仲春原奏，亦谓可岁供数百万金于内帑，可急救贫民于涂炭，岂不悦耳足听哉？

今南阳所属州县，但称有矿去处，掘挖无遗。矿夫深入洞中，为土石所压，破脑折骨而毙者若干人矣。煎砂必须搭配，矿头窘于无资，多有典房、卖产、鬻子女以充费者矣。煎销既亏工本，不得已而卖砂，又不能即售，则令矿头包纳，而无名之取且百出，于是乎民愈不堪命矣。更有凿之累月，杳无砂影，空自赔钱，缢死者相属。

夫此民也，非往岁大荒皇上发帑银三十万以赈济之孑遗乎？今若此，是反陷之于涂炭，而安在其能救之也？藉今果有厚利如原奏之言，尚当轸念劳民议罢，今采取八阅月矣，毋论监、卫二臣蚤夜拮据，尽地利以图自效。即仲春等，皇上假之以督理巡视之权，彼皆得发舒其能？恐动郡邑快心，雄行千载一时矣。岂其卖狗悬羊，躬自蹈之？仲春等妄奏云：矿事尽属有司把握。卖狗悬羊，空有开采之名，而无助工之实。然自初至今，解进之数未满五千，则其利亦甚薄矣，百万之云不令人掩口乎？皇上富有四海，何屑此数千金之入？而小民赔费不下数万，其哀号之状则甚可悯矣。

防守兵粮，既不得照原议取之于矿，近据南阳府申详：该给银八千余两分毫无所出办，各兵枵腹日久，将不免脱巾之呼，宁独矿徒堪虑哉？臣每访诸缙绅，询之父老，有识者皆曰："是役也，实无利于官，敛怨于民，只是仲春辈二三黠者所得不赀耳！"皇上开矿为佐大工、充内藏，而顾使原奏官巧牟其利乎？去岁，叶县、舞阳蝗蝻为灾，民有菜色。今裕州、内乡、镇平诸处异常冰雹，二麦如扫，朝不保夕之民彷徨思乱，而采办之苦、剥削之害又从而驱迫之，不逞之徒啸聚日众。窃恐中原腹心之地，将变为戈矛战斗之场，祸患非渺小也。臣叨有地方之责，明知事势可虞，若苟避严谴，不为君父直陈之，即臣生平自矢之谓何？伏望皇上焕然发德音，召回采矿之使，以慰答民心，以解消乱萌。则欢声洋溢于域中，而圣主无烦宵旰之忧，国家永享泰宁之福矣。

这道《停止开矿疏》表达了三层意思：

首先，以南阳为例说明开矿的结果已经与皇帝的初衷相悖，称：皇帝开矿的本意是要上欲利其国，下兼利其民，也就是仲春原奏的"可岁供数百万金于内帑，可急救贫民于涂炭"。然而，发生在南阳所属州县的却是另一番景象：有矿之处已掘挖无遗，矿夫为土石所砸脑折骨而毙命者若干；矿头窘于无资，多有典房、卖产、鬻子女以充费者；冶炼亏工本，不得已卖矿砂，卖不出去则令矿头包纳，无名之取花样百般，民众不堪承受；凿之累月，杳无砂影，因赔钱而缢死者一个接一个。

其次，控诉了仲春和矿监们的恶行，称：南阳之民，是过去大饥荒时皇上发放三十万两帑银赈济之后的孑遗，现在反遭涂炭，岂能不救？假若真如仲春所说开矿有厚利，也应该慈悲，念其劳民而停止开采。如今八个月了，且不说监、卫二臣的日夜操劳，就是仲春等人在皇上给了他们督理巡视之权后，他们就能够发挥出采矿的才能？恐怕只能是动摇地方官府的治理而已。这是一个千载与一时的关系，这不等同于在挂羊头卖狗肉时，还要躬身自蹈的闹剧吗？仲春等人妄奏说，矿事尽属地方官府把握，而现在的实际情况是，空有开采之名，而无助工之实。到现在，全国解进朝廷的银两还不足五千两，其利也太薄了点吧，此前百万两的说法如今不令人耻笑吗？皇上富有四海，哪里看得上这区区千金之数？但小民为了这千金，却赔进去的不下数万，他们的哀号之状甚是可怜。可怜的人不仅有农民，还有防守士兵，他们的饷粮依然不能按照原议从矿上支取。据南阳府称，该给的8000余两饷银却分毫拿不出来。如果军士饿肚子久了，说不定会发生哗变。我访问了许多缙绅和父老，他们都说开矿是一种赋役，既无利于官，更敛怨于民，只是仲春之辈们捞取资本的借口而已。皇上开矿是为了佐大工、充国库，而矿监、税使却是为了从中牟取利益。

最后，陈述了南阳的自然灾害情况，分析了南阳地位的重要性，恳求皇帝停止开矿，称：去年叶县、舞阳发生蝗灾，老百姓普遍面有菜色。今年裕州、内乡、镇平等处发生异常冰雹，大、小麦田如经过扫荡一般。如今苟安度日的老百姓还在彷徨之中思乱，现在他们又为开矿采办所苦，被剥削之害而驱迫，越来越多心怀不满的人正在啸聚山林。中原是国家腹心之地，我担心将会变成战场，那样的话祸患可就大了。我担有地方之责，明知道形势使人忧虑，假若苟且偷安而回避陛下严厉的谴责，因害怕而不敢直言的话，那么我生平立志不移的自誓何在？伏望陛下能发出德音，召回矿监、税使，以安慰民心，解消暴乱的萌芽。这样，欢声笑语就会在国内洋溢，皇上也就无日夜烦恼之忧了，国家就会永享泰宁之福。

3. 梁永祸陕西乱汉江

马鸣銮的奏疏不仅迟迟得不到皇帝的回音，而且在万历二十七年(1599年)正月十六日，万历皇帝听从了锦衣卫千户郑一麟、羽林左卫中千户所百户马承恩之奏，先派御马监左监承高寀前往京口(今江苏镇江)、暨禄前往仪真(今江苏仪征)征皇帝专供之税，同时命他们兼领矿务。又命在浙江榷税的太监刘成和在广州采珠的太监李凤，分别兼领浙江、广东市舶司税课。再命太监杨荣前往云南开矿、陈奉征荆州店税、陈增征山东店税、孙隆征苏杭等处税课、鲁坤征税河南、孙朝征税山西、邱乘云征税四川兼矿务、梁永征税陕西、潘相督理江西瓷厂。一时间，税使、矿监纷纷合于一身，四出扰民，祸及天下。

这时，郧阳藩镇内的局势更加动荡。在南阳，鲁坤加强了逼税手段，使局势愈演愈烈；在荆州，突然增加的店税不断惹起民愤，遭锦衣卫千户韦梦麒四处镇压；在商洛和汉中，梁永以马税勒民，让人们敢怒而不敢言。

梁永的残酷在全国最具典型性。他是御马监监丞，于万历二十七年二月被派去陕西征收名马、货物。按理，税监本没有掌管军事的权力，而梁永却私养战马500匹，招徕逃亡之人为自己效力，又用千户乐纲出入于边塞为自己做贸易。王正志是当时的富平知县，他揭露梁永的邪恶，同时还揭发了矿监赵钦。然而，皇帝不仅没有惩治梁永，反而逮捕了王正志，让他屈死在了狱中。渭南知县徐斗牛，是一个清廉的官吏，他为了梁永索取财物时用鞭子打死县内官吏和士兵的事，因愤恨又弹劾无门，就自己上吊自尽。当时的陕西巡抚是贾待问，他上疏向皇帝奏报了此事，反被梁永诬陷西安同知宋贤和贾待问之间有营私之事，事情就这样不了了之。

越发得意的梁永，请求皇帝让自己兼任镇守，再请求让自己带领军队去巡按花马池和庆阳各盐池，征收那里的赋税。他在还没有得到朝廷回复的情况下，就私自置办好了旌旗、车盖和鼓吹手，率领亡命之徒去巡视全陕西，在额定征税的数目之外又额外增加损耗银，数目竟然是原税的好几倍，光在蓝田一县每年就征得10万税金。梁永让奸徒胡奉去咸阳，勒索当地所产的冰片50斤、羊毛10000斤、麝香20斤，被知县宋时际拼死拒交，宋时际因此被梁永诬告抢劫税银而遭逮捕下狱。梁永为了多取得钱财，还命令手下开掘前朝历代皇帝的陵墓搜寻金玉，即使如此依然贪心不足，还四出进行抢掠，所到之处，官吏纷纷逃走。像县丞郑思颜、指挥刘应聘、生员李洪远等来不及逃者均被打死。在梁永的放纵下，乐纲等人大肆奸淫掳掠，私自对清白人家的子弟施以宫刑者达几十人。有一个咸宁县的人路遇强盗，被抢之后悄悄跟踪，原来此强盗竟然是朝廷税使的仆役，就告知县衙，知县满朝荐将该仆役捕获。随即，梁永诬告满朝荐抢劫税银，被朝廷削职一级。陕西新任巡抚顾其志向皇帝奏疏说：“秦地百姓要共同图谋杀死梁永。”朝廷内也有大学士沈鲤、朱赓等请求用脚镣手铐押回梁永，以安定百姓的心。但皇帝均置之不理，只是释放了宋时际，恢复了满朝荐的官职而已。

善恶到头终有报。万历三十四年(1606年)，监察御史余懋衡巡行陕西，梁永害怕自己的罪行被证实，就派乐纲用毒酒谋害余懋衡，却没有成功。余懋衡告上朝廷，梁永手下的亡命之徒听说之后纷纷散去。只有头领王九功、石君章等人还在押着掠夺来的贵重财宝转移，车辆多得都堵塞了道路。梁永一边欺骗路人说这是向皇帝贡送的玩赏物品，一边手持兵器编成军队的阵式硬往前冲。

梁永等人还嫌行进速度太慢，害怕被捉，就先乘驿站的马匹前行，让王九功押着货物随后。王九功一见梁永抛下自己就发了慌，赶忙策马飞奔，想追赶上同他们一起出潼关。在关下，满朝荐命令巡逻兵同王九功等人搏斗，并一直追至渭南，夺取了他们的全部装备、货物，监察御史余懋衡报功于朝廷。然而，梁永则听从乐纲的计谋，派人在头发里面藏了一封奏疏，进京向皇帝密告，说在余懋衡指使下，王九功等人抢劫了进献的名马、金珠等各种珍宝和财物，还遭到咸宁知县满朝荐的抢劫并杀死石君章等人。万历皇帝非常愤怒："御史饮毒酒平安无事，而满朝荐代他报复，而且抢劫进贡的财物。"在下旨逮捕满朝荐的同时，又特派抚、按护送梁永回京都。至此，闹腾了8年之久的陕西梁永之祸才告结束。

4. 马鸣銮二次上疏

各地矿监、税使的折腾，更加让马鸣銮坐卧不安。他提起笔，再次写下了《请罢矿店官差疏》：

请罢矿店官差疏

都察院右佥都御史马鸣銮题：为矿店繁兴，人心惶骇，恳乞圣断亟停差遣，以保治安事。

臣惟天下无可乘之衅，则奸豪回虑，而祸乱自消。人主慎未然之防，则治道益光，而民生永赖。顷岁宵人言利者，藉口大工日新月异。如湖广荆州抽分，原设工部主事一员，征商之额定矣，今锦衣卫千户韦梦麒突有店税之请。陛下即差内官陈奉领其事。已而，乐纲、王宫各言马税，则又置梁永于陕西，委鲁坤于邓州。夫荆襄、南阳与之陕之商洛、汉中皆臣抚治地也，一时三遣使总为利来，旬日间远近欢哗，群情汹汹，自军民、商贾以至肩挑小贩皆相见嗟吁，人无固志此无他，则条鞭之害怵之也。

夫中州包矿之累，抚臣业陈之矣，臣可略而勿言。若商於、汉、沔一带自开采至今，臣不闻某洞出砂、煎销金银若干，但闻某州县摊派条鞭金银若干，勒限追解，急于星火耳。陛下前有旨，不忍加派小民，而今之条鞭乃更烈于加赋，彼啖草根度命之遗黎何以堪焉？

兹为店税之说者，岂必有马可市，有货可居？而中珰奉命，大自气焰弹冠，而从之者如蚁赴羶，又岂肯念国家二百余年仁覆之赤子？臣度其必将竭泽而渔，横攘闾阎闤阓之所，有纷然骚动，即鸡犬不得宁焉，是以条鞭之续耳，此小民之所以魂惊魄散而震恐失措也。

夫财者，民之心也。既括其财，必伤其心。况输内藏者十一，而润群小之私橐者十九，未尝佐国用之急，而民间已尽其脂膏，计惟有转乎沟壑而已。然楚故剽轻，秦犹犷悍，宛、邓间自昔多任侠奸人，或未肯遽甘于死，迫之不已，必奋锄梃而与官军为敌，有其呼之，百万之众不难集也。夫敛兆民之深怨，损睿圣之鸿名，启奸豪煽乱之阶，成天下土崩之势，其究至于使忠臣义士竭智戮力，而无以纾宵旰之忧。当斯时也，陛下虽尽取原奏诸人投诸鼎镬亦何及乎？

臣草疏至此，声泪俱下，伏望圣明垂神省览，建万世太平之策，将前项矿店亟赐报罢，则并美尧舜，增光祖宗，社稷之福，苍生之幸矣。臣愚不能将顺上意，徒进忧危之苦辞。彼言利者，必以为全盛之朝，焉用杞人之虑？然区区狗马，心不忍不言，又不愿其言之有验也。臣干冒天威，无任悚惧，俟命之至。

在《请罢矿店官差疏》里，马鸣銮首先陈述了郧阳藩镇的近况：我听说，天下如果没有可以利用的裂痕，那么奸豪就没有可乘之机，而祸乱就会自然消失；如果皇帝时刻谨慎预防，那么治理就会很顺畅，而百姓生活就会有所依赖。但是，近几年不断有小人借口大工日新月异而谋私利。如在荆州，原设有工部主事一员，所征商人之税已有额定，怎么又派个锦衣卫千户韦梦麒来这里突然增加店税？陛下既然已差内官陈奉管陕西税收，怎么又派乐纲、王宫来征收马税，还把梁永派到陕西，把鲁坤派到邓州？荆襄、南阳、商洛、汉中都是我的抚治辖区，而一时三遣税使，全部都是为利而来，10天之间已经远近皆知，群情汹汹，军民、商贾，甚至肩挑小贩都相见嗟吁，人心已不在了。

接着，他控诉了矿监之害：商洛、汉、沔一带自开采至今，还没有听说有一个矿洞出过金银，而听说的只是某州县被摊派了多少金银，而且勒限追解急如星火。陛下曾经有旨说不忍心加派于小民，而现在却是加赋更烈，这让那些靠吃草根活命的百姓何以能够承受？

还有，那些主张征店税的人，怎么就能够下结论地方一定会有马匹可以交易，会有货物可以屯居？太监们奉命之后，一个个都气焰弹冠，而追附于他们的人一个个都如蚁而至，他们怎么会顾及国家200余年仁政覆盖之下的人民？我想，这样下去必将竭泽而渔，荡尽百姓的家园，如果有一点风吹草动就会让天下鸡犬不宁，魂惊魄散而惊慌失措。

接下来，他分析了矿祸的危害：财为民之心，搜刮民财必伤民心。何况搜刮来的钱财运进皇宫内库不过十分之一，被那些群小饱私囊的达十分之九。现在不仅没有帮助到国用之急，而民间脂膏已经被搜刮殆尽，转移进了贪墨者私囊之中。自古楚人好强，秦人犷悍，宛邓之人多侠奸，没有谁肯甘愿等死，在迫不得已时他们必然会拿起武器与官军为敌，只要有人一呼，百万之众不难纠集。敛，就预兆着民之怨深，有损皇帝圣明之誉，给奸豪们搭起了煽乱之阶，会造成天下土崩之势，虽然有忠臣义士的竭智努力，也无法解除皇帝的忧虑。到那时，陛下就是把那些请求开矿的人都投入到鼎镬中烹了也无济于事。

最后，他请求停止矿税：我声泪俱下，望陛下建万世太平之策，将矿店亟赐报罢，这样就能与尧舜并美，增祖宗之光，是社稷之福，是苍生之幸。我不能一味顺应陛下之意而不进这些忧危之苦辞。那些言利的人，以为现在是全盛之朝，全然不考虑杞人之虑。我只是陛下的犬马，心里有话就不忍不说，又不愿说了会有应验，只能冒犯天威，把生死置之度外。我等候圣旨的到来。

然而，马鸣銮没有等来罢矿的消息，等来的却是一纸被罢官的圣旨，不得不于万历二十七年(1599年)五月离开了郧阳。

5. 陈奉祸荆襄

陈奉，御马监奉御太监，于万历二十七年(1599年)被委派为湖广税使，负责征收店税，却无中生有，大肆搜刮，成为万历年间最骄横的税监之一，每到一地，即招募地痞无赖充作爪牙，在收受他们的贿金后，把他们编为员役，或者带在身边管理奏记、谋议、出入等事，或者派他们四处搜求，而且大开告密之风，揭发谁家有多少财产，隐匿何处，然后对其突击搜刮，人们无不骚动。

在湖广，陈奉在各个府县都布列“税吏”，连很小的市镇码头也派五六个人住在那里逼税。这些“税吏”为了完成“任务”，就把当地富户的名单开列报给陈奉，然后以种种借口向富户要挟勒索。对有的富户，他们说其家墓地、房宅、田产之下有金矿，要掘地开采，但只要交了重金就可以免开；对有的富户，他们说其家之前挖到了古董而匿不报官，然后抄家把家中财物掠抢一空；对有的富户，他们说其家藏有违禁御用物品，然后挖地三尺把其家财穷搜殆尽。有的“税官”根本无所顾忌，凡是此前与自己有仇的人家，就公然带人去抄没家产，然后献给陈奉。当时，富户之家根本无处申诉，有的只得忍痛割爱倾其家财向陈奉行贿，只要求家人幸免就行。

该年二月，陈奉来到荆州，皇帝给他的任务是收取荆州江税，兼采兴国州矿洞丹砂，并管理钱厂鼓铸之事。然而陈奉却私自加倍征收市税，迟疑争辩者均遭到痛打，以致店商逃匿，行商不敢上路。

陈奉就连路边小贩或农民进城卖鸡、肉、蔬菜都不放过，货物均被抢掠一空。当时，“税吏”到所有酒食店吃喝，没有一家敢收他们钱的，以致荆州这样的通都大邑顿时呈现一片荒凉景象，街面无商家开门，农家不敢进城，别说无法完税，就连吃盐都成问题，城乡处处民不聊生。

陈奉每次出巡，没有一次不鞭斥地方官吏，抢劫过往商旅的，自然引起了商民的普遍愤恨。一次，有数千人聚集在陈奉经过的路上，见他到来即拾取路边瓦石向他抛掷，陈奉狼狈逃脱。但一个月之后圣旨来到，他令逮捕为首的百姓，其中还牵连到了两个孝廉，于是陈奉的气焰更加嚣张，搞得荆州内外一片人心惶恐。

一次，陈奉的仆人骑着马一直冲进了荆州府衙，府推官华钰忍无可忍，命令把其拿下，然后一顿笞打。华钰还将陈奉的所作所为向湖广监察御史作了报告，要求缉拿陈奉手下的非法税使，陈奉因此深恨华钰。

陈奉派出的“税吏”并非处处一帆风顺：在沙市、在黄州，税吏均被当地百姓驱逐出境；在谷城开矿无所得，便要挟知县打开金库，欲取走库金，被谷城县的百姓一哄而上赶跑了；在枣阳，知县王之翰以该地山脉连接显陵龙脉，从而成功阻止了他们开矿要求。

当然，陈奉必然睚眦必报，上疏皇帝一并弹劾了枣阳知县王之翰、襄阳知府李商耕、黄州知府赵文炜、荆州推官华钰、荆门知州高则巽、黄州经历车任重等，称他们煽乱百姓，阻挠征税。不久，万历帝下旨逮捕了几十人，其中就有华钰、车任重，而李商耕等人被谪官。

开矿自然徒有虚名，搜刮民财也有穷尽的时候，于是陈奉不断在京山、钟祥、沙市等地增税的同时，把最后的宝押在了掘墓上，几乎把湖广境内所知的坟墓都挖掘了一遍。知名的就有南宋名将吕文德之妻墓。

6. 十年百官纷抗争

马鸣銮的奏疏，没有引发万历皇帝的慈悲之心也是意料之中的事。在当时，不仅外任的官员纷纷上疏请求罢矿，就是许多内廷大臣也不断奏疏请求停止矿税，马鸣銮不是第一个也不是最后一个，但结果却一样，全部被皇帝当做了耳旁风。下面列举的是历年来官员反对矿祸上奏的几次典型事件。

万历二十四年(1596年)七月初八日，即皇帝下旨在畿内诸府、州开矿后的第四天，户部尚书杨俊民(曾任郧阳巡抚)上疏反对。他认为："开矿恐妨天寿山龙脉，请令封闭，并治锦衣卫百户陆松等人争言矿利之罪。"皇帝却认为："真定等五府距离祖陵远，而且嘉靖时曾开采，仍依前旨，差官开采，陆续解进，各地方官不得借言阻抗。"二十日，太监王虎等人即在真定诸府、州正式动工。

万历二十五年二月初八日，南京刑部右侍郎谢杰上疏，直谏皇帝"十不如初"，其中："六为爱民不如初：以前每遇水旱灾荒，不时发钱粮赈济四方；今则信用奸徒，矿监、税使四出，开矿抽税，天下骚然。七为节用不如初：以前宫中用度有节，外府积贮充盈；今则江西之瓷、江南之纻、两蜀之扇、关中之羊绒，往往溢额征调。八为纳言不如初：以前谏疏多采；今则章奏留中不发，一言逆旨即斥逐。……十为用贤不如初：以前缺官随推补；今则大僚推而不用，庶官缺而不补。"皇帝都置之不理。

四月初一日，刑部左侍郎吕坤上疏："陕西羊绒，本为小民贩卖以糊口，自朝廷下令传造以来，百姓苦于催逼，弃桑农而捻线，数百万人提花染色，日夜无休。至于山西之绸，苏松之纱、罗、缎、绢，每年所派亦不断增加。与其积于无用，不如定以有常，用一年派造一年。如此，则宫中可免去收藏之累，天下无多取之忧，陕西、江南之民心即可得。以采木而言，要求丈八之围的大木，所需数量又多，每伐一木，从入山寻找、采伐到途中运输、扛抬，往往伤死百人。若能减其尺寸，少其数目，则四川、贵州、郧阳民心可收。又今矿税无利，征民间纳银，民穷不能支，则括库银代解，朝廷得一金，地方郡县费千金。请下令严禁借解，以收各省人心。请撤皇店，以收畿内人心。”皇帝置之不理。

六月十九日，皇极殿、中极殿、建极殿等处发生大火。三十日，翰林院庶吉士刘纲上疏：“去年坤宁、乾清二宫发生火灾，陛下下诏罪己，缺乏诚意，与民不沾实惠，臣已知天怨未止。乃大兴土木、伐木、抽税、采石、运瓦，远者万里，近者数百里，小民竭膏血不足供费，绝筋骨不足任劳，卖妻、子不能偿贷。加以旱涝交加，野无青草，人情怒怨，所在如仇，以致再发生三殿火灾。……陛下多年以来，不祀天，不享庙，罢朝讲，弃股肱，不纳谏，到处开矿，不畏天命，君臣相隔如万里，今日之灾，是为报应。臣闻有积必有灾，臣请冒死而言积之所在：皇长子冠婚册立，久不举行，是积典；大小臣僚，奏请公事，多半不理，是积牍；地方司府，有官无人，是积缺；被斥诸臣，概不起用，是积才；外有倭患，内有盗贼，是积寇；守边治河诸臣，虚词罔上，恬不为怪，是积玩。诸种所积，陛下不能明断，内阁首辅赵志皋不敢执争，势必引起天怒民怨。”被皇帝留置而不交办。

万历二十六年，太常寺少卿傅好礼上疏，极论税使之害：“自朝鲜用兵以来，民富者变贫，贫者饿死，思乱之久，为何又派税使四出虐征，盘剥百姓？国家纵贫，亦不当括细民续命之脂膏。况奸徒所得千万，朝廷所得十分之一，陛下何利为之。”奏入，四日无消息，他再次疏请，皇帝大怒，降其三级，调为大同府广昌县典史。

五月，刑部右侍郎吕坤上《天下安危疏》：“自古以来，作乱之民有四种：一种是无聊之民，身家俱困，因此有逞乱之心；一种是无行之民，玩法轻生，淫掠是图；一种是邪说之民，利用宗教结社，鼓动民众；一种是不轨之民，乘机滋事，唯恐天下不乱。陛下约己爱民，则四种之民皆为赤子，否则将悉为仇敌。今天下百姓贫困已极，臣久为外吏，见民冻死无衣，饥死无食，君门万里，谁能控诉？今国家财用耗竭：造寿宫，费银八百万两；织造，费银几百万两；黄河决口、大工采木，费银又八百万两。又，国家防御松弛，三大营马半死亡，人半老弱；九边之兵勇怯于作战，外卫之兵皮骨仅存，岂能冲锋陷阵？假使有千骑横行，必选民兵，以怨民斗怨民，谁与合战？人心，为国家之命脉。今日之人心，唯望陛下收之而已。陛下素以患贫为事，不知天下只有此数，君欲富则天下贫，天下贫而君岂能富！唯有陛下切实纳臣之言而行之，则人心可收，天心可回。”被皇帝留置而不交办。

万历二十八年五月十七日，凤阳巡抚李三才上《论矿税扰民之害疏》，称：

“自矿税繁兴，便万民失业，朝野嚣然。皇上为万民之主，不但不给民衣食，反而尽夺民之衣食。征税之使急于星火，搜括之令多如牛毛，天天言利，迫害地方官民，上下相争，唯利是闻。凤阳境内，有陈增抽税于徐州，暨禄征税于仪真，鲁保理盐务于扬州，邢隆课田于沿江。千里之区，税使四出，无赖亡命，附翼虎狼。中书官程守训肆无忌惮，假传圣旨，诈取钱财动以万计。湖广税使到处掘墓，得财方止，不知皇上心里安不安？皇上爱珠玉，民亦爱温饱；皇上爱子孙，民亦恋妻小。为什么皇上要黄金高于北斗，而不让百姓有斗升的糠秕之积？皇上要为子孙千万年，而不让百姓有一朝一夕之安？历观往古，还没有朝廷政令和天下形势如此之乱过。”

在没有得到皇帝搭理的情况下，一个多月后，他又再次上疏，为民请命：“近日奏疏，凡及矿税，悉置不听，此宗社存亡所关，一旦众叛土崩，民皆为敌国，乱众四起，皇上纵有黄金盈箱，明珠满屋，谁人为守？”皇帝依然不理。

八月二十一日，工科都给事中王德完上《节省费用疏》，称：“国家每年所入，仅银四百万两；而所出，动至四百五十万两以上，原已出大于入。”被皇帝留置而不交办。

万历二十九年二月二十日，湖广分巡佥事冯应京、武昌同知卞孔时被捕下狱。同时被捕的还有郧阳藩镇属下的襄阳府通判邸宅、枣阳县知县王之翰。其原因为：税使陈奉的暴行引发了年前的武昌暴动，这些人为民请命，疏劾陈奉的罪行，反被陈奉诬陷。

五月初十日，吏部尚书李戴上《陈旱灾和矿税之害疏》，称：“今北直隶各府旱灾严重，民不聊生，草木既尽，即食树皮，尸横满道，村空无烟。据巡抚汪应蛟奏称：‘坐而待救济者有十八万人。夏麦已枯死，秋种未得播，使百姓坐而待死，更何忍言？使百姓不肯坐而待死，又何忍言？自连年用兵以来，不断加赋。赋税比二十年以前成倍增加。而再兴矿税，派宦官四出开矿、征税。不论地有与无，有包矿、包税之苦；不论民愿与否，有派矿、派税之苦，指其屋而挟之：曰有矿，则家立破；少纳税，则橐立倾。以无可稽查之数，用无所顾畏之人，行无天理王法之事。’就开矿、征税所得而言，如以十分为率，解入内库者一，被税使克扣者二，为随行人员瓜分者三，为当地恶棍骗去者四。而地方之供应，岁时之馈遗，驿递之骚扰，以及不法官吏的营私舞弊，更是不计其数，小民岂能不困？陛下只知利源易开，且以宦官为可信，岂知此辈剥害小民至于如此？岂知今日苦矿、苦税之民，即是前日被灾和遭受战火之民？重累叠困，愁怨叹息，至于如此。湖广一省，民变已四五次，而独近日武昌为甚，陛下试思小民何苦而变，谁非性命，谁无身家，只因剥削之极，无可控告，变亦死，不变亦死。等死而与见害之人比肩接踵而死，死且不恨。今村里空，山泽空，郡县空，部银空，国库空，民之穷困如病人血气已尽。”皇帝不予理会。

万历三十年，皇帝难得地颁下了停矿停税的谕旨，但不久即又恢复如旧。二月十六日，皇帝突然患病，急召诸大臣至仁德门，命内阁首辅沈一贯单独进入启祥宫。皇帝对他说：“朕病沉重。前兴矿税是出于修建三殿、二宫之需，非长久之策。自今开始，矿税、江南织造、江西烧造俱止勿行，所遣内监俱令回京。”并在当晚宣读了诏书：“如有奸恶截阻，以及驿递应付迟慢者，指名参处。”然而，当第二天皇帝的病情转危为安之后就又马上反悔，下令立即收回诏书。沈一贯无法制止，身边的司礼太监王义力争，说天子说过的话岂能反悔？皇帝大怒，要亲手杀死王义。王义不惧，但他的反对依然无济于事。此后诸大臣、言官请罢矿税的奏疏更如雪片般飞来，皇帝一概不理，税使肆虐如故。

七月二十七日，左都御史温纯上《请捕治税使疏》，称：“税使窃弄陛下威福以十计，参随凭借税使声势以百计，地方奸民窜身为参随爪牙以万计。国内百姓，困于水旱，困于开矿，已毫无乐生之心，岂能再承受那些税使的虎狼行径？请即日罢矿税，逮治税使李凤、杨荣、陈增、高淮等人。”又说：“李凤淫纵，奸污妇女多至六十六人，积私货三百担。”皇帝不听。

万历三十一年三月初七日，大学士沈一贯上《守成遣使权宜三事疏》，称：“一事为矿税。名为收自然之利，实则强搜小民，横剽额外，皇上但见小利，不知大害。为征取矿税，税使严刑毒打百姓。百姓为纳矿银，卖妻卖子，拆屋破家。昔汉文帝说：‘取百金，即为中民十家之产；妄取天下万金，是伤天下十万家；妄取天下百万金，是伤天下万万家。’凭怒逞怒，何所不用其整？二事为遣使。本朝立法，详细得如理虫巢：入有据，出有考，以防吏书侵没和解运途中作弊；乡有籍，户有符，从无朝夕二三之令；限有时，科有则，所以百姓出钱，力所能及，官府征钱，人无怨言；进取、起解、存留俱有记账，数十年之后仍可核知。府吏胥徒只要供使令之役，除额定俸薪之外，贪污一钱即视为赃私。而现在，钱财始终没有经过官府，因而无可稽考；税使来回横索，收百而交上去的不及一，利归群小，怨归朝廷。臣等以为：让太监操利权，是古往今来之大忌，何况还让他们军典兵权，其祸更不可不早防。三事为权宜。皇上每次下话，俱言开矿、派税使为权宜之计。今并非如此，而是日复一日开矿不停，税使不撤，岂能以‘权宜’二字以箝天下之口？”皇帝依然不理。

万历三十三年正月二十一日，宣大巡按御史汤兆京上《宣大矿税之害疏》，称：“臣按属宣府、大同，名为两镇，实系弹丸之地，东西仅七百余里，南北有不及二百里者。设立州县十四，额派税粮通计十万石。比之腹里地方不当一大州县，而且地皆砂土，素号战场，拱护陵京，今称重镇。数年以来，税监有张烨，矿监有王虎、王忠。王虎之贪酷横行尤令人发指，已激成广昌之变。及今一切罢免，诚为大幸。不然，包派已有定数，地方官员自能了此，或宣接令两镇起解，或归并税使于一人，实为省便。”皇帝不听。

十二月，内阁大臣再次群论矿税害民，终于逼皇帝下诏，罢了全国各地矿税。当时，众大臣们言：“开矿，破坏天下名山大川，尽伤灵气，恐对皇上身体大为不利。只有急停开矿，灵气才能恢复。”初二日，皇帝下诏罢天下矿，并“停矿分税”，规定：税务征收归官府，以每年所输入的一半归于内府（皇帝私库），另一半归户、工两部。

自万历二十四年设矿监、税使以来，廷臣上疏谏阻者不下百余次，皇帝就是不听。10年间，各矿监所进国库的矿银不足三百万两，而珠玉、宝玩、貂皮、名马不计其数，则俱为皇帝所独有。大肆虐民所造成的民穷财竭，以致各地骚动，导致了明王朝衰亡速度的加快。

值得一提的是，此后各地的矿监、税使并没有完全撤回来，其害一直延续到了万历四十八年皇帝病死。如陕西税监梁永，不仅坚持不撤咸阳、潼关两地的税役，而且继续纠集无赖纵横苛征，鱼肉人民，滥捕无辜百姓数十人横加拷掠，勒索民财致使人心惶惶。陕西巡抚顾其志为平民愤，将首要分子王遇义等人依法治罪。梁永为此大恨，伺机报复，利用党羽咸阳县人胡奉与知县陈时济素有私怨的机会，遂指示胡奉向咸阳县索取绒毡1500件，价值计银4000两，陈时济怒而不给，梁永遂诬告陈时济抗旨劫税，使其遭逮捕入狱。

万历三十四年三月二十三日，刑科给事中周日庠上《皇帝言而无信八事疏》，称：“诏用大僚，而九卿官员空缺如故；诏广庶官，而科道考察罢黜如故；诏纳谏，而章奏留中不发如故；诏饬边备，而枢抚虚位如故；诏罢矿税，而征税如故；诏令京城铺商得实惠，而内官横征暴敛如故；诏举人才，而人才沉沦如故；诏释狱囚，而监牢囚犯不减如故。今日皇上如此，如何使天下匹夫执行诏令。”皇帝不理。

十二月初三日，工科给事中王元翰上《极言时政可痛哭者八事疏》，称：

"阁臣本为皇上心腹，应经常一起共商大事。可是朱赓入阁已三年，居然未见皇上一次面；九卿大臣强半虚位，至有整个衙门全无一人；监司、郡守亦多年无官，或一人而身兼数职，致政务苟且不举；两京台省寥寥几人，官吏迁转无期，威令不行，上下贪玩；被废诸臣沦落山谷，长期不起用；九边每年缺饷多达八十余万两，居民冻馁，士卒怨恨；边境之患难以避免，而京师积兵至十余万人，每年费饷二百余万两，大都为市井负贩游手好闲之徒，一旦有事，能使谁赴疆场与敌人作战；皇上深居九重，徒有空存议论，章奏束之高阁，不纳臣工忠言；税使满天下，致百姓怨声震天，众心离叛，而皇上犹不知有变；皇上郊庙不亲往，朝讲不御，危机四伏，自古至今未有如此而天下无事的。"皇帝无动于衷。

万历三十五年八月十八日，兵科都给事中宋一韩上《彗星出疏》，称："彗星，扫除之象，刑人之职，小人用之以扫除为职，君子用之以除旧布新。今税监梁永播虐于陕西，李凤苛征于广东，潘相作恶于江西，高淮贪残于辽东，马堂横行于河道，张烨、胡滨、杜茂、鲁保、沈永寿、丘乘云之辈亦多害民如故。陛下宜因星变，尽撤税监，除旧布新，勤政讲学，亲贤远奸，复三朝之制，补九卿缺官，平民怨，信诏令，开言路，发章奏，慎用人，惩贪将，动用内府之积，杜绝借支太仆寺银，省大官俸禄，减少织造，释放囚犯，苏都城民困。"被皇帝留置而不交办。

7. 天灾与奢侈加剧矿祸

俗话说福无双至，祸不单行，频繁的自然灾害也加剧了万历年间矿监之祸的蔓延。

万历二十四年(1596年)秋，山东单县黄堌口处黄河再次决口，淹没禾稼、人畜不计其数，加剧了自万历年后徐州、泗州、淮安、扬州一带的连年水患。

万历二十七年，陕西狄道(临洮)城的东山，在鸣响十余夜之后陷为深池，而山南则平地涌出五座山丘，当时的损失无人统计。

万历二十八年四月十五日，山东莱州府潍县骤降暴雨，冰雹大如鸡卵，平地水深尺余，大、小麦和其他禾苗尽行无存，冰雹砸死王立儿等10人和牲畜不计其数。

二十三日未时，兖州府郓城县突起大风，风自西北起，在东西长五十里、南北宽八里的范围内拔树飞瓦，大雨如注，冰雹如拳，扫荡2个时辰，砸死牧童赵差儿等12人，牲畜59头，倒毁民居500余间，二麦花禾皆毁。

二十四日，济南府淄川县冰雹如卵如碗，怪风肆虐，毁民房3475间，压死刘溙等12人，伤王可智等60名，摧倒石场6座和庙宇、司铺、公署14处，毁伤麦田296顷89亩。

七月十八日至二十二日，福建兴化府连续五昼夜怪风大雨，致使公私廨舍、城垣、桥梁、堤岸、阡陌多有倾倒。连江县等处同样大雨三昼夜，官舍民庐塌溃十之七八。

八月二十三日，广东南澳县及福建诏安县地震，城垣、衙署、民房倒塌殆尽，压死百姓无数。

酉时，广东又震：惠耒县声如雷，墙垣皆裂；诏安县城毁，屋倒伤人，地裂、山崩、塞溪形成堰塞湖；揭阳县墙屋倾倒；饶平、大埔县城已毁；平和县响声似雷，东城墙垣倒塌十五丈；潮阳县有声如雷。

戌时，福建再震：漳州府漳浦一夜五震，水磨、经口两地巨石崩坠；建宁府建安、建阳、瓯宁屋舍摇动；汀州府上杭、海澄和泉州府同安，以及江西省南安府崇义等地皆大震。

翌日又震，波及广东省南海、番禺、顺德、增城、东莞、归善、博罗、长乐、兴宁，福建省汀州府长汀、归化、连城、武平及漳州府安溪、延平府将乐、建宁府松溪，江西省南安府大庾、南康，吉安府庐陵、永宁，饶州府鄱阳，赣州府兴国、瑞金、宁都、泰和的三省数十府州县。

万历二十九年，畿辅大旱。五月，礼部奏："自二月至五月初六日，畿辅内外半年不雨，土脉焦枯，河井干涸，二麦尽槁。"畿辅巡按何尔健奏："阜平县丈水洞矿夫张世诚饥饿，将六岁小儿杀死煮食。"

万历三十一年，大江南北大水成灾。六月二十八日，山东泰安州大水淹死男女800余人，毁坏民舍数千区。七月二十三日京师大雨，保定府祁州、安肃县同时连降暴雨，顷刻水深尺余，拔树折木，苗稼尽伤。其中，祁州因为大水，田舍俱没，城垣倒塌。八月初四，福建泉州府发生洪水，溺死万余人，毁坏民居不计其数。同月，该府同安县飓风大作，暴雨随至，海溢潮涌，冲坏民居，死人无数。

然而，与处于水深火热之中的百姓相比，王公贵族的享乐并没有因此减少，因他们的奢靡所造成的影响，不亚于矿监之祸和天灾之患。

以万历三十一年为例。五月初七日，万历皇帝一次封王7个，分别为：蜀王府的朱奉爵为隆昌王，唐王府的朱器增为宝庆王，益王府的朱常渫为安义王、朱由核嗣罗川王，周王府的朱肃濛嗣柘城王、朱肃溱嗣瑞金王、朱在羟嗣鄢陵王，都将要分别开府，定下岁禄。看当年十一月初六日，诏定福王朱常洵的岁禄为“每年禄米一万石，今在京每年先支给三千石、钞一万贯。待正式到藩府之后，全数供给”，就能够知道将要给人民增加多少负担。还有，十二月福王立妃郭氏，于次年正月十八日合婚，婚费计银三十万两，也能够作为参考的依据。

皇室奢靡，而守御疆土的军官也贪腐成风。当时九边共86万军队，几乎所有将官都以空名冒支军饷，却依然不放过对军士的多方扣减，致使边军多次发生哗变。万历帝担忧局势难以收拾，不得不于万历三十一年正月下诏给户、兵二部，要求他们核实九边军队人数，以制止将领冒名支饷，安定民心。然而，诏虽下，弊端依然如故。

与皇室奢靡和军官贪腐形成鲜明对比的是：由于内府费用日增，导致户部困不能支；各地缺官甚多，却因无薪俸开支，吏部屡屡请奏补充，却迟迟得不到回应。万历三十一年三月初二日，吏部奏：“全国知府缺者十分之五，南北六卿正、副职亦多缺，请令本部推补。”皇帝不理。大学士沈一贯奏：“各衙门本章，例应三日即下。今日有奏而不发票，有票上而不发行，人心由此怠弛，政务从而壅滞，且岁月滋久，有人易藉手作奸。如此，何以昭示万世？请将各衙门章疏可行者即速赐允行，不可行者亦得明示改正。必期无一疏不报，无一事不决。”皇帝只当耳旁风。

由于国库拮据，工科都给事中王德完于万历二十八年八月二十一日上《节省费用疏》，称：“近来因事加增，如宁夏，用兵数月，约费饷一百八十七万八千余两；朝鲜，用兵七年，约费饷五百八十三万二千余两；平播州杨应龙，用兵多年，费银一百二十一万六千余两，连川中凑办，共计二百余万两；皇长子婚礼，珠宝等项约九百三十四万三千余两，传造袍服四万一千余匹，传买缎一万二千七百余匹，约银十万多两；磁器口传二十三万五千件，约费二十余万两；修浚三山口赵家圈等处，费二十四万多两。而各省、直因为灾伤，欠缎价料银一百二十四万五千两，又欠厨料银九万六千余两，积之亦既二千六百余万两。当库银空亏之时，讲济虚之策，惟有节省最为重要。臣请减织造以拯民命，停止营建宫殿以助边储，停买珠玉以贻燕翼，审采办以济国用，促大工以省烦费，发内府库银以救燃眉之急。”又被皇帝留置而不交办。

8. 矿税激起的全国民变

矿监之祸起于万历二十四年，激起的第一次民变于万历二十七年发生在山东。这说明，民众不是被逼而走投无路，是不愿意采取这种极端手段的。

万历二十七年三月，天津税监马堂在兼领山东临清税课之后，纵容随行人员在青天白日里用武力强夺民产。他科敛无度，连百姓家里的零星米豆也要抽税，以致许多百姓家破人亡。四月，临清人民在忍无可忍的情况下举行罢市，在情绪失控后，有万余愤怒的群众放火焚烧了税监衙门，杀死马堂随员 37 人，马堂本人被救逃脱。该事件让朝廷震惊，下令逮捕暴动首领，然而民众不肯告诉首领为何人。有一个叫王朝佐的人素来慷慨好义，他见官府到处抓人残害无辜，就挺身而出承认自己是首领，以免连累无辜，于是被捕，于七月初九日被押赴刑场杀害。临刑时，他神色不变，巍然挺立从容就死，被临清人称为大英雄，为其立祠堂祭祀。

十二月，发生武昌、汉阳民变，民众反抗御马监太监陈奉在湖广的胡作非为。陈奉在入湖广后恣行威虐、惨毒备至，又令挖掘境内所有古墓，让士民工商无不恨之入骨。湖广巡按御史王立贤曾经上疏为民请命，要求停止开掘各处古墓，但得不到皇帝的理会。于是陈奉更加仗势逞威，吓唬官民，随意无故责令人们赔偿银两。其党徒更是随时随地不以任何理由随便进入民家奸淫妇女，或抓少女入税监衙门百般侮辱。当月初二日，再次发生诸生(官学里的学生)之妻被逼遭辱的事件后，终于引爆了公愤的发泄口，武昌、汉阳有万余人冲入陈奉官署，用瓦片、石块将其击伤。陈奉则令卫士打死众多居民，并举火焚烧民居。湖广巡抚支可大吓得不敢出声，只有分巡佥事冯应京不畏强权，挺身而出，捕治了陈奉的爪牙，并疏劾陈奉九大罪状。陈奉也上疏诬陷冯应京阻挠朝命、凌辱命官。结果是：皇帝夺冯应京官职。

万历二十八年二月，贵州皮林苗人吴国佐率众暴动。之前，其叔父吴大荣已因不满矿税而造反，不久被官军所杀，吴国佐为救婶娘，又遭到官府的追捕，逼迫吴国佐集众起事，自称“天皇上将”，封石纂太为“太保”，他们在杀死百户黄钟普等人之后，又攻上黄堡。朝廷命参将黄冲霄、守备张世忠出兵讨伐，被吴国佐诈降设伏而大败，再追至永从县又杀死张世忠等千余人，抢占了屯、堡

70余处，焚烧了五开卫的南城，又攻陷了永从县，并出兵围困中湖千户所。副总兵陈良玭统兵进剿，失利之后退驻靖州。因当时大批官军正在征讨播州的杨应龙，因而无暇对付吴国佐，于是其势益张。同年六月，官军讨平杨应龙。十月，吴国佐兵败被俘，官军斩其部众580余人，吴国佐于十二月伏诛。

万历二十九年三月，武昌再次民变。原因是武昌民众在得知朝廷派吏役抵武昌逮捕冯应京时，相率痛哭，愤愤不平，纷纷为冯应京呼冤号屈。陈奉则派人到大街小巷公布冯应京的罪状，再次引起了士民的公愤，于二十六日集合数万人包围了陈奉的税监衙门，决心“誓必杀奉”。陈奉逃匿到楚王府里躲避，被愤怒的群众将其党羽16人投入长江溺死。民众找不到陈奉，又痛恨湖广巡抚支可大的为虎作伥，遂冲进巡抚衙门焚毁了大部房屋，把支可大吓得不敢出门，而群众也一直不肯散去。官府无奈，就让冯应京坐着囚车出来劝解，群众这才慢慢离开。陈奉躲在楚王府一个多月始终不敢露面。

六月，苏州发生织工暴动，反抗司礼监太监孙隆的横征暴敛，因增加苛捐杂税而造成的大部分机户关厂停产，织工失业。初六日，苏州织工葛成率领织工，将孙隆的随员黄建节共六七人投入河中，然后放火焚烧了税棍汤莘等人的住宅，又包围税监衙门，要求停止征税。事后，皇帝下令逮捕参加暴动者，葛成挺身而出，投案自首，至万历四十一年才获释出狱。

万历三十年二月，发生景德镇瓷工暴动，起因是江西税监潘相及其随行人员的横行不法引起公愤，万余名瓷工在二十一日集聚后毁器厂，烧税署，打死了潘相的爪牙陆太守，断绝了潘相的饮食，逼潘相逃走。之后，潘相诬奏饶州府通判陈奇可，陈奇可遂被逮下狱。

三月，云南腾越发生农民暴动，以反抗税监杨荣的横征暴敛，残害官民。二十二日，腾越人群聚而起，杀死了税监所委任的官员张安民，焚毁了税厂。事后，皇帝命逮捕首恶，经廷臣一再请求以安定民心为重，并开列杨荣罪状，腾越人才免遭株连。

万历三十一年，江北等地爆发农民暴动。当年，江北地方及邻近各省灾伤重大，因得不到朝廷赈济而不断有人起事。九月十一日，凤阳巡抚李三才上疏：“近来江北各处大风拔木，洪水滔天，饥民蜂起。徐州有赵古元造反，亳州有李大荣造反，河南睢州又有杨思敬造反。陛下每有征求，心说内府匮乏。其实不然，陛下所谓匮乏者，黄金未遍地，珠玉未满天而已。小民无食，重以征求，而且鞭挞无时，官惟丐罢，民惟请死。陛下毋谓臣祸乱之言为未必然，若已然，将置陛下于何地!”皇帝没有理会。

万历三十二年，武昌发生“楚宗之乱”，有数百宗室成员在汉阳地界抢夺了楚王朱华奎为皇帝敬献的助建宫殿之银。不久，这些宗室成员又聚众三千余人到武昌，冲入巡抚衙门，杀死了巡抚赵可怀，并大肆抢劫。事发后，大学士沈鲤、户部尚书赵世卿等纷纷上疏，极言矿税之害，却没有得到皇帝的回应。

万历三十四年，云南民众杀死了税监杨荣。杨荣在云南期间，长期恣行威福，在大开宝井的同时，又胁迫各地土司献地开矿，致使边境不安，外夷乘机用兵犯边。御史宋兴祖曾经上疏弹劾，始终得不到皇帝的理会。因而，杨荣越是横暴，云南各族人对他无不恨之入骨。三十年时，腾越人曾经奋起暴动，烧税厂，杀税官，而杨荣非但没有悬崖勒马，反而更加怙恶不悛，继续毒虐，残酷杀害居民达数千人。三月，杨荣又进一步以取马 40 匹不足数为由，擅自逮捕管堡指挥使贺瑞凤，而且令指挥于可继大肆宣称“要尽捕六卫官”，弄得军队人人自危。十一日，云南指挥使贺世勋忍无可忍，带领万余冤民冲入杨荣的官署放火焚烧，杀死了杨荣及其党羽 200 余人。万历皇帝闻知杨荣被杀，数日不进米食，并欲逮问云南守土官。经阁臣沈鲤、太监陈矩再三劝解，晓以利害，他才怒气稍消，命令只杀贺世勋一人。

九月，刘天绪在凤阳起事。刘天绪，河南永城人，流寓在凤阳临淮，以传播“无为教”为生，他纠集教民千余人谋划起事，自称“李王”，向外宣告：“冬至日‘李王’出世”，又大造弓刀器械、勇巾红服，大封手下官爵，约定在十二月二十三的长至日乘官员祭陵之机起事，却因陈继学等人惧怕事发之后会祸及全家而先期告密。官府于十八日捕获 49 人，刘天绪被磔，有 1 人被斩，其余均发配充军。

万历矿监之祸，是因皇帝贪婪与奢靡所引起，又因不遵法治，横征暴敛而把祸乱推向了巅峰，在自然灾害的推助下，导致了民众对统治者普遍失去了信任，引发各地人民此起彼伏的反抗，加快了大明王朝一日千里的衰败进程。虽然后来矿祸渐弱，但所失掉的民心已不可挽回，所造成的影响已不可逆转。大明王朝自此已不能自我控制地、一步一步地在进入自己给自己挖掘的坟墓里。

胡心得抚郧二三事

万历二十九年(1601 年)五月，明廷在得知郧阳巡抚李汝华因疾不能理事后，把他召回北京改任兵部右侍郎，继任郧阳巡抚的人是湖广左布政使胡心得。

胡心得，字襟寰，浙江仁和人，附籍德清，嘉靖四十四年(1565 年)乙丑科进士，历任刑部主事、南直隶安庆知府、云南副使、广东右参政、福建左参政、广西按察使、广东右布政使、湖广左布政使、郧阳巡抚等。于万历三十二年二月以疾向皇帝乞休，皇帝下旨："在任候代(等待新巡抚接任)，先奉旨改南(南京朝廷)，即与补用。"后供职于南京都察院，因审理楚王府宗人抢劫黄金案遭人弹劾，被勒令回原籍，于万历四十四年四月戊午日卒于家，被皇帝赐予祭一坛，给半葬。在郧期间，著有《郧阳奏疏》若干卷传于世。

在胡心得抚郧的 3 年间，是万历矿监之乱危害最严重的时期，在体制内有税使在境内肆虐，在体制外有不法流民不断扰乱，但他都能应付自如，使郧阳水波不惊，并为动荡的湖广干了几件非常漂亮的大事，让海内瞩目。

1. 平定楚王府宗人叛乱

万历二十九年五月，胡心得由湖广左布政使升为郧阳巡抚。上任途中，适逢楚王府所属的宗人(已经没有了官职的远房同宗)朱崇仁、朱敬义、朱崇义等人，因天灾无食，又不堪承受当时矿政、税监的压榨，在没有活路的情况下率众造反，归附者达近百万之众，在湖广攻城略地，并且已经占据了汉阳作为巢穴。

当时，湖广巡抚、巡按们正在外地与别省抚、按会商纠纷，叛宗们乘机突然拥众直入武昌、汉口大肆抢掠，而且剽劫城内的富商巨贾和长江、汉江上的过往商船，并溯汉江而上，据称打算在承天府建国。

承天府，为原安陆州(钟祥)，因这里出了个嘉靖皇帝而升为兴都，叛宗们打算在这里建国就是因为看中了这里的皇脉之气，以显示自己为皇室正宗。承天，原为郧阳藩镇的属地，立兴都后脱离了郧阳管辖，但因有皇陵所在，郧阳巡抚有义务保卫。

因此，胡心得在得到叛宗欲建国于承天的报告后紧急回头，星夜兼程移师汉阳，直接捣毁了叛宗们的老巢。又另外派遣部队尾随其后，使得叛宗不敢北上承天，只得掉头回驻汉口，又被胡心得设计杀死主要头领。史载：胡心得“于楚、郧有功，得朝廷赏识”。

此事不见于官史，而被记载于胡心得本人的《郧阳奏疏》中，和卓异茂所著的《本传》里。《本传》称：

神庙时，荆、襄、商、汉、汝、南间，饥民流入为盗，亡命者咸集焉。时，宰荐举“心得有干能”，遂出任郧阳巡抚。适强宗崇仁、敬义、崇义萌异志，山贼蚁附者近百万众，窃据汉阳。时抚、按正会议间，崇仁突拥众直入武昌肆掠，遂剽劫商舡，欲溯流建号兴都。心得宵夜移师汉阳，覆其巢。别遣偏师蹑其后。崇仁不敢西上，遂反兵内向，计诛之，功尤伟。

大意是说：万历时，在荆州、襄阳、商州、汉中、汝阳、南阳之间，有流亡的饥民四处为盗，亡命者云集。朝廷内阁荐举胡心得，说他有干能，遂派他出任郧阳巡抚。胡心得上任时，适逢楚王府所属的朱崇仁、朱敬义、朱崇义等强势宗人萌生异志，有近百万之众的山贼蚁附于他们，并窃据着汉阳。当时，湖广巡抚、巡按正在外地开会，叛宗们就突然拥众直入省会，肆掠商人和船只，还想溯汉江而上在兴都建国。胡心得连夜移师汉阳，捣灭了他们的老巢，并另外派军队悄悄尾随叛宗之后，使他们不敢西上承天府，只得返回汉口，又被胡心得设计斩杀，其功至伟。

康熙版《德清县志》里这样评价胡心得：

骎骎向用，大展有期。会中蜚语，有调补留都之命。公于楚、郧丰功伟绩，视金腾尤较著。方其辖楚也，税使肆虐于域中，播酋跳梁于域外，卒赖公酬给。因之楚水不波，蜀氛立扫，不若镇郧时安定也。

大意是说：胡心得雷厉风行，一向被朝廷所重用，宏图大展，鹏程有期。然而却生不逢时，遭到流言蜚语，被调补留都南京。其实他对湖广和郧阳所立下的丰功伟绩，比他任云南按察司副使镇守金腾(腾冲)时不知道要大多少倍。在他任湖广布政使期间，内有税使肆虐，外有少数民族叛乱，全部依赖他的有效治理，因而使得湖广水波不惊，四川叛乱得以扫平，但还是没有他抚治郧阳时来得安定。

2. 为平定“楚宗劫杠案”出谋划策

《本传》还记载了在胡心得抚郧期间，为平定楚宗劫杠案所表现出的指挥若定，谋策千里之风范：

> 当朱蕴钤变起，杀抚臣赵可怀。当时，疏报拟之濞乱(汉景帝时刘濞之乱)，奉命征讨，调各省重兵，如征宁濠。心得不待奉命，即移师守镇襄阳，移书：“当局第严防，无过张皇，度敌势不能有为，坐困可擒。”及底定，各文武会勘承天，心得曰：“天子宗亲首囚，封疆重臣惨毒，义切同仇，情深罪泣。此会当如吊，不当如庆。”遂罢宴饮，禁音乐。又曰：“为天下除凶残，不得不讨；为朝廷笃宗谊，不当尽法。自蕴钤巨憝正法外，无求多焉。”又致书两台：“此事可名为乱，不可名反；奏当叙事，不当叙功。凡叙疏先请即死，方为得体。处分确当，保全无既。识者韪之。”当巨勋烈烈，未获补爵而代官者至矣，心得欣然就道。

以上所说，是指发生于万历三十二年(1604年)的妖书案之中的劫杠案。

妖书案是一场由于皇室因立储问题所引起的朝野党争事件之一。万历皇帝的皇后无子，其皇长子朱常洛为王姓恭妃所生，次子朱常洵为郑贵妃所生。因万历帝宠爱郑贵妃，遂有意立朱常洵为太子。为此，朝臣们纷纷上疏请求立长子，君臣为此僵持十余年。妖书案，即是一桩在君臣对峙的过程中所发生的一连串大案的统称，其整个过程可再细分为伪楚王案、妖书案、劫杠案。

万历二十六年(1598年)，刑部侍郎吕坤著了一部《闺范图说》，其序为一篇《忧危竑议》的文章，里面喻指郑贵妃欲为自己的儿子篡夺储位。此书由司礼监秉笔太监陈矩送入宫内后，皇帝又把书赐给了郑贵妃。郑贵妃看后大怒，怀疑《忧危竑议》是出自吏科给事中戴士衡和全椒知县戴玉衡之手，因此挑唆万历帝把此二人谪戍边陲，从而把此事暂且按下。

万历三十一年(1603年)三月，发生了楚王府辅国中尉朱华趑联合29名宗人一起向朝廷告发楚王朱华奎和他的弟弟宣化王朱华壁，称他们都不是楚恭王朱英㷲的儿子，被史称“伪楚王案”。他们指认：朱华奎是楚恭王的亲戚王如言的侍妾尤金梅所生，而朱华壁则是王如言的家人王玉的儿子。

朱华趑等人的奏疏先递进通政使司，而通政使沈子木是当时的内阁首辅沈一贯的心腹，他立即将奏疏内容报告给了沈一贯。沈一贯一向与朱华奎友好，于是一边授意沈子木暂且将奏疏压下，一边通报在武昌的朱华奎。朱华奎一听，惊出一身冷汗，这也令楚王阖家哗然。朱华趑迟迟得不到回音，就亲自到北京去告御状，又引发了朝廷内的轩然大波，于是皇帝召集群臣廷议。以礼部右侍郎郭正域为首的大臣多主张进行调查，而沈一贯反对。最后，皇帝定夺由湖广巡抚和巡按御史会同勘问，定性为伪楚王案。湖广方面对王府里的有关人员严刑拷打，但一直察无实证，只有王如言的女儿一口咬定朱华奎就是个“伪王”。当时，沈一贯为浙党领袖，素与东林党人郭正域有仇，他见反击的时机到了，便指示给事中钱梦皋劾奏郭正域“陷害宗藩”。郭正域因此愤而辞官，朱华趑则被废为庶人，禁锢于凤阳。

十一月，社会上又出现了一本题为《续忧危竑议》的书，内容论及万历帝立东宫之事。礼部尚书兼东阁大学士朱赓获得了一本此书，立即进宫面奏皇帝。万历帝看过之后大怒，称其为言词诡妄的“妖书”，即命东厂“大索奸人”。沈一贯一见又有机可乘，便借此案诬陷东林党人，因此大狱兴起，株连甚众，史载：“数日间，锒铛旁午，都城人人自危!”

不久，东厂又逮捕了一名形迹可疑的男子，审问得知叫皦(jiǎo)生彩。皦生彩又供出自己的哥哥皦生光与“妖书案”有关，皦生光遂被捕。原来，生员(秀才)皦生光是一名京师无赖，素行狡诈，往往以威胁手段索人钱财。有一个叫做包继志的富商，曾经聘请皦生光代自己编纂一部《诗集》，其中有一句“郑主乘黄屋”的句子，被认定为是隐射郑贵妃。后来，是太子出面保全了郭正域，而把罪责全部归咎于生员皦生光。万历三十二年四月，皦生光被押赴刑场，凌迟于市。至此，伪楚王案和妖书案都不了了之。

楚王朱华奎对皇帝压下“伪楚王案”心存感激，遂准备贡献万金作为酬谢，美其名曰助大工。而楚府宗人不服，于是才有劫杠案的发生。事情发在万历三十二年四月，朱华奎派人押运两万两白银进京，在运送到汉阳县时被楚王府宗人朱蕴钤等人劫走。案件发生后，汉阳府通判立即带兵搜捕，将朱蕴钤和朱蕴訇等人擒获，并截获了大部分银两。

湖广巡抚赵可怀在得知参与劫皇杠的楚宗全部归案后，指示把他们押入巡抚大牢审问。当年闰九月初五日，就在赵可怀提讯朱蕴钤和朱蕴訇之时，却被他们挣断刑枷，在里应外合中把赵可怀当场打死。然而，坊间另有一说，因赵可怀与朱华奎结有冤仇，是朱华奎指使手下将赵可怀杀死。此事件史称为“劫杠案”。

郧阳巡抚胡心得在第一时间得知劫杠案消息后，不等朝廷的命令，即迅速带兵移师襄阳，防止叛宗西窜。然后他上疏朝廷，提醒：“严加提防，但不必过于张皇，预计叛党的势力不可能有大的作为，只要围困就可以擒获。”后来，局势果然如胡心得所料。

杀巡抚案发生后，皇帝谕旨让湖广新任巡抚梁云龙、郧阳候代巡抚胡心得、湖广巡按御史吴楷等人在承天府共同会审，分别轻重等第初定劫杠案有关人员的罪，再由三法司会同府、部、九卿、科道各官酌议，具奏定夺。

当各文武大臣齐聚承天后，胡心得又提醒大家：“有明以来，这是第一次有天子宗亲被囚，又有封疆重臣惨遭宗室的毒手。按义，我们应该同仇敌忾；按情，我们应该哭泣。所以，此时我们应当丧吊，而不应当庆祝。”于是大军罢宴饮，禁音乐。胡心得又说：“为天下除凶残，我们不得不讨伐凶手；而为朝廷笃宗谊，我们又不应当完全按照法律来惩治凶手。所以除把朱蕴钤这样的元凶正法外，其余就不要杀多了。”他又致书于湖广巡抚和兴都留守司留守，认为：“此事可以定名为‘乱’，不可定名为‘反’，在上疏奏报时只应当叙事，而不应当邀功。凡上疏，都要先请即死，方为得体。”果然，大家依照胡心得之法行事之后，都处分得恰到好处，没有殃及自己。在后来的皇帝诏令中，只是把朱蕴钤与朱蕴訇在承天府处死，再令朱华奎等三人自裁，其余人等幽禁。各执行于万历三十三年四月。

3. 弹劾武当山提督太监黄勋

万历三十四年(1606 年)正月辛未日，郧阳藩镇属下的襄阳知府冯若愚，偕同府推官程启南到郧阳城办事，道经均州城时，按惯例进入城内的净乐宫中谒庙。冯若愚，字明甫，又字明父，浙江慈溪人，万历二十三年(1595年)乙未科进士，历任襄阳府知府、下江道副使。泰昌元年(1620年)八月，升任南京光禄寺少卿。天启二年(1622年)四月，由南京光禄寺少卿转任南京太仆寺少卿。

当时，均州是襄阳府辖地，境内的武当山又是皇室家庙，净乐宫为武当山八宫之首，按明律，官员过往时均要循例入谒，守庙太监不仅不得无礼，而且要予以应有的接待。不曾想，这次冯若愚一进净乐宫，迎头就遇见庙里的道官赵本深、袁进显等人因醉酒正在发酒疯，而且对冯若愚忤逆无礼。冯若愚见此，令手下将他们捉拿之后当场施以杖刑。本来，这也是情理之中的事，本不会有麻烦产生，因为这些都是品级极低的道官，而且是在自己所管理的地域内。

然而，提督武当山的太监黄勋当时就住在净乐宫，官比知府大，腰也比知府粗，在以前本应为郧阳藩镇的副手，如今落得不许过问地方事务，正憋着一肚子气没处撒呢，于是他就暗中令赵本深等人去击钟，聚来几乎全宫的所有道士，开始呼噪咆哮，继而以砖块、飞甓抛砸。冯若愚等人见状，疾跨上马飞驰才得以幸免，但还是被飞甓砸中额头而出了血。

史书记载："勋，贪横无纪，贿收无赖羽流万计。若愚，为政清严，素与勋忤。勋至是乘机修报，乃先上其事，诡称若愚乘舆进宫，欺蔑龙牌，怒本深等力阻，痛决几毙。疏奏，上以：'惩责道士，亦守土官所得行之法，乃戒勋，宜钤束道众，安静山场，不得忿争多事。'"

大意为：黄勋平日贪横无纪，收受贿赂，容留无赖道人以万计。冯若愚为政清严，素来就与黄勋有矛盾。至此，黄勋乘机报复，就先向皇帝禀报其事，诡称是冯若愚乘轿进宫，欺蔑净乐宫里的龙牌，又怒赵本深等人的极力阻拦，就把他们痛打到几乎毙命。奏疏递给皇帝后，万历帝谕旨："惩责道士，是守土官员所应该执行的法律。申戒黄勋，要约束好道众，安静山场，不得因忿争而多事。"

从以上内容看，万历帝还没有糊涂到偏听偏信的地步，他是想用各打五十大板的办法，想息事宁人。然而，此事无论在宫廷，还是在郧阳都持续发酵，舆论哗然。人们普遍认为，如果没有一个公正的交代，将来太监、道士还不得骑在地方官员的头上拉屎拉尿？

于是，万历三十四年正月乙亥日，有礼科都给事中邵庶、刑科给事中梁有年、郧阳巡抚胡心得，各自上疏弹劾太监黄勋，称"宜令罢任"。然而，被搁置不报。

万历三十四年三月，朝廷为避免冯若愚等人与黄勋的矛盾，决定把他们调离别任。四月初一日，胡心得上疏挽留冯若愚和程启南，并再次弹劾黄勋，以及请求逮捕惩治道官赵本深等人，又是石沉大海，久不得命。为此，冯若愚等人心中愤愤不平，极力请求罢职而去，郧阳士民听说后，群拥巡抚衙门悲号哭泣，吁请胡心得挽留他们。胡心得再次上疏请留，以安民心，并治道官赵本深等人的不法之罪。可是，依然石沉大海。

不久，朝廷所任命的原右通政黄纪贤来郧阳接任巡抚，胡心得不得不带着遗憾到南京都察院任职。胡心得在与黄纪贤交接时，特意提到了这个案子，希望黄纪贤能继续追究下去，黄纪贤答应了他。不久，他就采取了先斩后奏的方法处理了净乐宫事件。

万历帝《实录》记载：

> 万历三十五年正月壬申，郧阳巡抚黄纪贤以襄阳之乱，赵本深特为祸始，而袁进显等实鼓众为之。税监黄勋既典，有司为难，各交章，定夺不下，而进显等匿不可得，前、后巡抚胡心得、梁云龙无谁何之者。至是，纪贤瞷黄勋他出，猝提取二人，付司道正法，事在献岁。腊月，黄勋遂劾纪贤。纪贤乃上疏曰："臣阅敕书，凡地方寇盗奸宄窃发，皆得便宜剿捕。袁进显等罔法唱乱，与寇盗何殊？且文职五品以下，武职四品以下，敕皆许臣径自拿问。提点即道官，不过六品职耳！臣等不能遵奉敕书，而乃今日一疏，明日一疏冒渎天听，宜皇上之厌薄臣等，而不蒙允发也。迩臣已会同湖广抚按，行均州所官擒治袁进显等，下荆南道问拟究遣，其余胁从概从宽贷。臣固不能容纵法中，亦未尝苛求法外，总以申明纪纲，遵奉敕谕，为皇上守法而已。"疏上，上亦心是之，不问也。

其大意为：郧阳巡抚黄纪贤探得之前的襄阳之乱，赵本深就是祸首，而袁进显等人是带头鼓众呼噪的人。他们得到了税监黄勋的庇护，官府为难，各自向皇帝交奏章，然而定夺不下，而且黄勋又把袁进显等人藏匿起来捕而不可得，让前、后巡抚胡心得、梁云龙等人都无可奈何？至此，黄纪贤乘黄勋外出之时，突然命令均州千户所捉拿了赵本深和袁进显二人，交付郧阳按察司和下荆南道审问后立即正法，事发在新一年的岁首，给了黄勋一个猝不及防。腊月，黄勋以此为由弹劾黄纪贤。于是黄纪贤向皇帝上疏称："我阅读陛下给我的敕书，上面写着'凡地方寇盗奸宄窃发，皆得便宜剿捕'，袁进显等人罔法倡乱，与寇盗有什么区别？而且凡文职五品以下、武职四品以下的官员，敕书中写明'皆许臣径自拿问'。提点即道官，不过六品的职衔而已！如果臣等不能遵奉敕书，反而是今日一疏，明日一疏地冒渎天听，让皇上讨厌轻薄我等，而又不蒙允发落。不久前，我已会同湖广抚、按行文给均州千户所的官员，让他们擒拿捕治了袁进显等人，由下荆南道审问执行，而其余胁从均一概从宽处理。我当然不能容忍有人纵法于中，也不曾苛求于法外施恩，总是以申明纪纲、遵奉敕谕为己任，为皇上守法而已。"奏疏呈上之后，皇帝心里默认黄纪贤的观点，就不再过问。

武阳、盛水二堰考，以及藩镇时期的屡次修整

作为一种水利设施，堰的历史十分悠久。古代的堰大多为灌溉之用，少数兼具通航功能。各个历史时期，堰的修筑特点都有所不同，先秦堰的特点是具有鱼嘴分水、飞沙防淤的特征，这在著名的都江堰上表现得非常明显。汉代以后，堰的这种特征似乎戛然而止。在郧阳城东西两侧，各有一座古堰，城东的叫盛水堰，城西的叫武阳堰，均分别浇灌着大片良田。千百年来，人们一直传说这两座古堰为战国时伍子胥所修，却苦于没有任何文字资料可以证实。而考察武阳、盛水二堰的修筑特点，其先秦堰的鱼嘴分水、飞沙防淤的特征十分明显。

在郧藩时期，武阳、盛水二堰被屡次修整。

一

郧阳古城坐落在汉江中游北岸的一块淤积台地之上。这个淤积台地很大，古城只是占用了很少的一部分。郧阳古城的东、西城门外面，自古以来就各有供市民吃菜的大片菜地，被人们称之为“东菜园”和“西菜园”。在东西蔬菜基地之外，依然是一眼望不见尽头的庄稼地，各有几千、上万亩，平平展展地向外延伸，这，就是郧阳古城的两块保障粮基地。

这两块保障粮基地的长度和宽度各有 5 千米和 2.5 千米，平整而且肥沃，但处在汉江台岸的阶梯之上，眼前能够见到的江水却不能利用来灌溉，要想旱涝保收就得从别处引水来浇灌才行。

古人十分有智慧，早已看出了这两块万亩大坪地的战略用途，或者说当初把郧阳古城选择在这里就是看中了这两块万亩大坪地，并且很好地解决了它的

灌溉用水的问题。这就是修建了武阳、盛水二堰，把堰水引到了郧阳古城的东、西城门之外。

郧阳古城西侧的古堰，叫武阳堰，又因为先于盛水堰修建而叫做“大堰”。郧阳古城东侧的古堰，叫盛水堰，因为晚于武阳堰又叫做“二堰”。

在郧阳，民间普遍传说武阳堰和盛水堰为战国伍子胥所修，所以人们又称它为“伍子胥堰”。武阳堰在西，也被叫做“西伍子胥堰”；盛水堰在东，也被叫做“东伍子胥堰”。伍子胥堰的叫法是由民间百姓自古口口相传而来，一直得不到确切史料的佐证，遂遭到了当地个别爱好地方史研究者的质疑。郧阳的地方史料不多，由好几个原因造成：一是可能古代的记载本来就不是太丰富。二是历史上遭到过几次大的散失，比如万历十一年(1583 年)的特大洪水就曾经把镇、道、府、县所有衙门全部荡平，片纸无存；最近一次散失资料，是 1947 年底解放军占领郧阳时，国民党县政府在撤退时装载档案的船只在汉江中颠覆沉没。三是郧阳如今并没有花大力气去搜集整理古代史料。因此，围绕这两个古堰上的断代谜团就一直扑朔迷离。有一点为人们普遍认同，就是这两个古堰应该为同一时期所修。就是这个原因，又因为两座古堰就如同守卫在郧阳古城东西两侧的哼哈二将，所以郧阳人习惯将它们并称，要么叫“武阳、盛水二堰”，要么叫“东、西伍子胥堰”。

二

目前，我们能够见到把“武阳、盛水二堰”连叫的最早史料为明万历年间编纂的《郧台志》，书中提到“武阳、盛水二堰”的记载至少有七处。

在《郧台志·著述·上》里有一篇《重修武阳·盛水二堰记》。

在《郧台志·宦迹·政事》里，六次记载武阳、盛水二堰的重修，分别是：

“壬戌(1502 年)，(弘治)十五年秋八月，都御史王鉴之增饬文庙宫垣。置乐祭二坛，重修武阳、盛水二堰，城保康(县)。”

“戊寅(1518 年)，(正德)十三年春正月，重修武阳、盛水二堰，禁上流之曲防者。”

“癸卯(1543 年)，(嘉靖)二十二年秋八月，都御史王守立保甲法，令合属实仓谷，以赈岁饥，重修盛水、武阳二堰。”

“丁未(1547年)，(嘉靖)二十六年春正月，(巡抚叶照)委通判叶钦修筑、疏导盛水、武阳二堰，罪壅塞泉于上流者，永为定规。”

“丁巳(1557年)，(嘉靖)三十六年春正月，(巡抚章焕)亲视盛水、武阳二堰，发公帑百金疏导，仍禁止绝上流者。”

“乙酉(1585年)，(万历)十三年，都御史方弘静设义仓于乡村，令富民出粟实之。春放秋敛，以备凶荒。又禁止盛水、武阳二堰上流专利者。”

郧阳巡抚王鉴之所撰写的《重修武阳、盛水二堰记》全文如下：

重修武阳、盛水二堰记

天一生水，居五行之先，首得生气，其功用，与火相资而成。而其在天地间，犹元气在人身，得其平则利用济物，失其平则怀襄可虞，必得良工如良医起而治之，则患可弥而利自溥。考之往古，尝为患于尧之世，及禹治之，地平天成，万世永赖矣。春秋战国以迄于汉，若孙叔敖、李冰、召信臣，或疏凿以除害，或潴灌以兴利，治水之功卓卓可纪。

郧阳辖治六邑，悉处万山之中，以故水行其间，湍悍激射，无渊渟蓄泄之，致涝则喷礴，旱则涸竭，民甚病之。前代营水利者，于郡治之东，灵泉之西，凿石为泉，堑河为堰，引以灌田者二，曰武阳，曰盛水，其利可谓溥矣。岁久乃湮圮，民每计田派修，亦不过伐木畚土，聊为补苴，苟安目前耳。及大雨骤至，山溪皆盈，水势奔突，向之所伐，所畚者荡然无存矣。偶逢涸竭，涓滴如金，争讼麕至，望泽如望岁，民之患，吏之忧也。

弘治庚申，西蜀胡君伦，以名进士由部郎来守是郡，明敏练达，方刚惠和，其于民事，盖搜罗抉剔，无利不兴，无弊不革矣。会以复修二堰事来告，察其设措，具有规模，予心许其能，遂申明戒事。适有分守提督太岳太和内官太监李麟、参议华山，皆以民为心，因撤可缓之财，以资其费；都指挥使黄焘、(卫)指挥甄昂又以力役助之；指挥徐琬、推官周训，复为之董治工作，伐石于山，取材于陆，刬沮洳，去栫翳，甃以巨石，翼以良干，栉比而鳞次，虽高深广袤，不加于旧，而规模宏远，相度精密，蓄泄有法，斡旋有机，修理得要，而功效倍加。于是民忘其劳，用酧其当，既不忧旱，亦不忧涝。第见处者庆于室，行者歌于途，以为自今伊始，吾侪小民可享乐利而咏屡丰亦。

君子谓：是役也，功在民。宜有言予思尧舜之智，急先务也，孟子言之矣。当今之务，孰有急于水利者乎？孔子以“惠而不费”为政之美。今则所费者简而廉，而所惠者公而溥，政又孰有美于此者乎？故乐为之《记》。

其大意为：《尚书·大传·五行传》里说：“天一生水，地二生火，天三生木，地四生金，天五生土，地六成水，天七成火，地八成木，天九成金，天十成土。”因此水居五行之先，天地首先因水得到生气而有生气，其功用又与火相辅相成。水在天地之间，就好比元气在人之体内，得到平衡时就被利用而产生万物，如果失去平衡就会汹涌奔腾溢上山陵而使人忧虑了。因此，必须有良工治理才行，就好比良医给人治病一样，水患才能得到平息，而且被人们利用而产生利益。考证往古，水患曾经发生于唐尧之世，到大禹时才得到治理，从此地平天成，万世永赖。春秋战国至汉代，又有孙叔敖、李冰、召信臣等人治水，或疏凿以除害，或潴灌(修堰塘)以兴利，治水之功卓越，都被历史所记载。

郧阳所辖治的六县，都处于万山之中，因此水行其间奔腾凶猛，没有湖塘调节蓄泄，以致遇涝就喷涌而下，遇旱就枯竭干涸，人民深受其害。所以前代有兴修水利的人，在府城之东，灵泉之西，凿石为泉，挖河为堰，引水灌田的渠堰有两条，一称武阳堰，一称盛水堰，其利可谓博大。然而，因为年岁长久，两渠均逐渐毁损，虽然每年都会按照田亩派人修理，也亦不过是砍树挑土聊为弥补缺陷之处，苟安眼前而已。一旦大雨骤至，山洪暴发，之前所伐之木、所填之土皆荡然无存；而如果偶逢干旱，则涓滴如金，为水争讼就群集而来，百姓望水就是盼望丰收。因此，水为民之患，更为官之忧。

弘治十三年(1500年、庚申)，四川人胡伦，以著名进士成为朝廷部郎，再由部郎来郧阳任知府。其人明敏练达，方刚惠和，凡于民有利之事，无不访求搜集，无利不兴，无弊不革。当时，他以复修二堰之事向我报告，我察看他所列的设置举措，颇有规模，心里不免一番赞许，也知道了他的能力，于是向他申明了一些应该注意的事项。正好，有分守提督武当山内官太监李麟、布政司参议华山都以民心为重，决定裁撤一部分可暂缓的开支，以资助修二堰之费；又有行都司都指挥使黄焘、郧阳卫指挥使甄昂愿意以兵力相助此役，还有郧阳卫指挥徐琬、府推官周训，愿意担任督理工程的责任。他们带领众人伐石取材，填低洼，平高处，砌以巨石，附加以旁侧，鳞次栉比，高深广袤，不拘泥于旧的模式，考虑的是规模宏远，做工精密，因而工程蓄泄有章法，斡旋有玄机，修理得要领，发挥的功效倍加。于是，百姓忘其劳疲，用水斟酌得当，自此既不再忧旱，也不再忧涝。看见之人纷纷拍手相庆，行走之人个个载歌于途，都说自今开始，我们郧阳小民就可享乐收获，从而每年都会歌咏丰收了。

有识之士说：此次之役，功在万民。也有人对我说，这是“思尧舜之智，急先急之务”的工程，其实是引用了一句孟子的话。当今之务，哪里还有比急于水利更有利于百姓的事呢？孔子以“惠而不费”为美政。现在我们所破费的金钱并不多，而让百姓所得到的实惠却公平而且博大，哪里还有比这更美的惠政能造福于百姓呢？故而我乐为之《记》。

三

《郧台志》里的记载虽然证明不了武阳、盛水二堰的修建年代，但所传达出的信息还是十分丰富的。

弘治十五年(1502 年)，在王鉴之担任郧阳巡抚的任上，郧阳郡守胡伦提议重修武阳、盛水二堰，得到了王鉴之的批准。此时离洪武帝朱元璋在公元 1368 年建立大明王朝已过去了 134 年，离崇祯帝朱由检于 1644 年丧失江山还有 142 年，为明朝中期国力最盛的时候。当时，郧阳藩镇已经经历了 26 个春秋，局势基本稳定，是该腾出手来解决民生问题的时候了。

由胡伦来提出重修武阳、盛水二堰，恐怕不是没有原因的。胡伦，西蜀人，是在都江堰的文化氛围中长大的，自然对水利建设比别人更上心，他又是当时的郡守，本来就有造福地方的职责，所有由他提出重修武阳、盛水二堰是他分内的职责。当然，胡伦的来头也不小，为排名靠前的进士出身，任郧阳郡守之前在朝廷工作，为户部郎中。在郧阳，他与巡抚王鉴之配合默契，得到了王鉴之的赏识，称他“明敏练达，方刚惠和”，又因为由他主持重修了武阳、盛水二堰，所以又把他与孙叔敖、李冰等人相提并论，称他为“当代有良司，必被后世称为良工”。从王鉴之把胡伦与孙叔敖、李冰相提并论来看，似乎有暗指武阳、盛水二堰为先秦堰的意思。

孙叔敖，春秋时的楚国贵族，遭陷害与母亲避难到今河南的淮滨县，改名孙叔敖。淮河洪灾频发，孙叔敖毛遂自荐主持治水，倾尽家资，历时三载终于修筑了我国历史上的第一座水利工程——芍陂，是利用淮河古道泄洪，筑陂塘灌溉农桑，以造福淮河黎民的。后来，他又主持修建了安丰塘等大量水利工程，大部分历经2600余年仍在发挥着作用。后来，孙叔敖受到楚庄王赏识，开始辅佐楚庄王治理国家，使得楚国成为了春秋五霸之一，自己却因积劳成疾病逝他乡，终年38岁。毛泽东曾经视察淮河多次，每次均提到孙叔敖，说他是一个了不起的治水专家。

李冰，号陆海，战国时秦国的著名水利工程专家，被秦昭王任命为蜀郡太守，其间，他在岷江流域兴办了许多水利工程，其中以都江堰水利工程最为著名。几千年来，该工程是成都平原能成为天府之国的重要基础。

明代重修武阳、盛水二堰，说明当时二堰已经损毁严重，不堪再用。《郧台志》里没有交代二堰最早的修建年代，是因为当时已经无可考证。这就间接地证明了二堰不可能为明代所修，因为这样的民生工程如果是朱家王朝所修，一定会把它载入史册而大歌特歌的。为宋、元修建的可能性也不会太大，因为要修建这样两个规模宏大的工程，得征用多少个劳力参加？得使用多少斤糯米熬汁？又会给多少个郧阳家庭烙下不可磨灭的印象？而且深远的影响也不会在短短几百年间就被人们彻底遗忘。明代就已经对武阳、盛水二堰的身世茫然，只能说明它出生的年代已经十分久远。

因为缺乏史料，武阳、盛水二堰的确切修建年代目前还没有办法澄清，唯一的线索就是战国伍子胥说，但却有着很大的争议。科学地讲，为战国伍子胥所修的说法目前还不能作为最后的结论，因为毕竟没有地上或者地下任何资料的佐证，单凭传说还不能令人信服。而反对战国伍子胥所修的人所提出的理由并不严谨，而且漏洞百出，也不能彻底令人信服。

在民间的传说中，认定是伍子胥屯兵郧阳时修建了武阳、盛水二堰的。而反对者则通过对伍子胥年谱的研究认为，伍子胥率领吴国军队灭楚时根本就没有到过郧阳，因此伍子胥不可能在郧阳屯兵，就更不可能修建武阳、盛水二堰了。

但是，反对者的这个观点存在着大量的漏洞：就算伍子胥灭楚时真的没有到过郧阳，可也不能推导出伍子胥不可能修武阳、盛水二堰的结论。比如在伍子胥逃亡到吴国之前，就已经是楚国大夫，握有兵权，而郧阳是秦楚交兵的前线，长期处于拉锯状态，伍子胥有没有在那时带兵在郧阳驻防过，依然需要考证。

关于伍子胥的家乡，目前有两种说法，一说在江苏吴中，一说在湖北老河口。光绪年间的《光化县志》记载：“富村乡，安古地方，距城三十，民多大族，为周伍子胥故里。”老河口一带民间流传：伍子胥被吴王夫差杀死后，故里的官宦、士绅、乡亲前去迎接并将他的尸骨偷运回老河口安葬。为防盗墓，一共为他筑了100座坟，其中99座假坟在河西(汉水西边，现属谷城县，古时属光化)，真坟埋在河东，并修有一庙。明正德年间编纂的《光化县志》记载：“伍员墓在富村乡，今存石器。”伍员，即伍子胥。其墓至今还在，位于今老河口市付家寨镇陈家港村铁匠沟(陈家港原隶属富村乡)，坐南向北，长13米，宽10米，高3.5米，墓上仍有石器。陈家港村靠近今丹江口市，1986年4月丹江口市砖瓦厂在陈家港村上港取土时，曾挖出过一座战国墓，出土有铜器、陶器等文物共70多件，说明那一片古墓葬为战国墓无疑。伍子胥故乡为老河口虽然只是一说，但毕竟有鼻子有眼，如果属实，伍子胥就完全有可能在出仕前就到过郧阳，因为富村乡离郧阳的距离不算太远，说不定当时的郧阳还属于伍家的采食之地呢。

再说，老百姓心目中的伍子胥堰，并不一定非得要伍子胥本人到过现场才算认可，因为无论他是采取拨款、批准、指派人修建或者监督，老百姓都认为是他所修的。

目前，人们所发现的把武阳、盛水二堰与伍子胥相关联的最早碑刻文字，是一块清代康熙年间重修武阳堰的石碑。尽管石碑上的文字大多已经模糊不清，但“武阳堰创自春秋先贤伍公员”的字迹清晰可辨。这说明，伍子胥堰的说法不是今人杜撰，是在300多年之前就已经有了文字描述。

四

武阳堰坝位于郧阳古城西北的堰河上，一个叫半折崖之处下游300米处，为一下宽上窄的梯形水利工程，坝长45米，高2.7米，顶宽19.2米，以块石拿糯米浆拌生石灰形成的黏合剂砌成。

武阳堰渠全长9千米余，渠埂均以青砖通过糯米浆拌生石灰的黏合剂所砌，沿堰河东岸，经堰河街、东湾、牛坡到达汉江河谷阶地之后，再经大寺店子、武阳、白龙庙、榆树林到郧阳古伏龙关下，共建有山洪渡槽13处，跨山过水渡槽5处，9个漏眼，10道供沿线灌溉和计量用水量的闸口。这条近20华里的2

米宽、1.8米深的大渠宛如一条长龙盘旋在崇山峻岭之间，夺取了天公对郧阳古城以西几千亩良田的话语权，由丰歉天定改为了旱涝保收。

武阳堰渠的5处过水渡槽，每一处都是一个跨河弓形桥的大工程，都要经过淘河底、砌石、拉石弓、砌渠的过程。尤其让人惊叹的是，这样的工程全为糯米汁黏合石块而起，得需要使用多少糯米？在人尚歉食的古代，这该是怎样的一种奢华？

除主渠外，武阳堰还有一条分流干渠，是在东湾和牛坡之间的堰河峡谷紧要处，于河床上砌有3根10多米高的方形石柱，石柱上架以木渡槽，把部分武阳堰水凌空引过堰河西坡，去浇灌小河西、马场关一带的千亩田地。

武阳堰的渠道设计科学，渠体均依照山形的走向修筑，尽量不去大面积地破坏山体，在渠道遇有山坡褶皱沟时，为避免暴雨所产生的洪水冲毁渠体，就都要在渠面之上修一个山洪渡槽引开洪水，以避免洪水对渠体造成危害。

武阳堰大坝设计巧妙，除主坝体外，在主坝之上的西侧还顺着河水流向修有一道12米长、1.7米宽的分水坝垂直于主坝，作用是把一部分河水分流并引向西渠，除利用西渠灌溉堰河以西的田地外，还能够分流夏季暴发的洪水，保护主坝体和大渠的安全。在主坝东端与分坝顶端之间，还有一道矮拦水坝斜横在河床之上，与主坝和分坝共同组成了一个三角形。矮坝很矮，只有几十厘米高，枯水时则阻拦过多洪水进入渠道，并把分坝分流后的河水全部拦进主大渠，洪水时则阻拦过多洪水进入渠道，并把所含沙石激起翻出矮坝外。武阳堰，一座地地道道的鱼嘴分水、飞沙防淤古堰。

武阳堰渠首先经过堰河街，从街中心流过。堰河街上的人们吃水、淘菜、洗衣、洗凉水澡都依赖着渠水。尤其是夏天，每日里街两边的妇女在渠边抡着棒槌论家长里短，又道出了多少的人间情事？渠水里，免不了那些戏水的孩子，他们的一个猛子，又逮到了多少依偎在沙窝里的鱼鳖大虾？

武阳堰渠经过第一个过水渡槽之后到达东湾，再经过第二个过水渡槽之后到达牛坡，均是流淌在东湾和牛坡人家的坎下，他们用水时就没有堰河街那里方便，不仅吃水要下到渠边去挑，就是洗衣也不能在家门口进行。但是，这里的人们可以居高临下俯视大渠，待在家门口就可以看到渠水是怎样浇灌自家田地的，心里所产生出的那种满足感，是别人所无法体验的。

武阳堰经过大寺店子过水渡槽以后，就进入了汉江河谷的淤积平原，一路奔流在大寺店子、武阳、白龙庙、榆树林的土地上。这几处虽为郊区农村，但均是几百上千户的大村庄，而且几个村庄仅有小溪相隔，基本连为一个整体。在居住方式上，虽然没有郧阳城内那样的规划齐整，但大体是依通往郧阳城的中央大道为轴心左右对居，基本为街道的形式，渠水与街道若即若离，成为这里人们的一条生命线。

武阳堰，自古就是郧阳城内文人贤士的一处旅游观景线。清康熙版《郧县志》记有郧阳十景，为天马崖高、摘星坡峻、南门晴望、十堰春耕、萧寺留题、仙宫遗像、武阳神洞、盛水灵泉、龙滚滩声、瀛洲雨意。其中“武阳神洞”指的就是武阳堰大坝旁的一处石窟。

关于“武阳神洞”的妙处，有清同治《郧县志》里所记载的曾任云南巡抚的贾洪诏一首五言诗为证：“谁为钖穴开，神工记武阳。不劳疏凿力，竟普济世方。比户占盈缶，丰年祝用康。生灵蒙泽久，福惠与天长。”

五

盛水堰，同样为郧阳十景之一，称为“盛水灵泉”，依然是城内达官贵人的另一处休闲观景地。贾洪诏同样有诗曰：“定有神龙护，龙灵水亦灵。源泉通地脉，惠泽遍郊垌。曲引分秧活，环流依树听。郧乡资灌溉，不断碧泠泠。”

清康熙版《郧县志》记述：“盛水堰，相传为春秋时伍子胥屯兵于此修，明季又重修，亦称‘伍子胥堰’。”这是目前能够见到的最早的关于盛水堰可能为伍子胥所修的官方志书记载。

盛水堰坝位于郧阳古城东北 4 千米处的棒槌河上，其拦水坝长 47.1 米，高 4 米，宽 11.3 米，同样是以块石拿糯米浆拌生石灰形成的黏合剂砌成。

与武阳堰相比，盛水堰的渠道要短得多，只在山涧流淌几百米之后就进入了汉江河谷的淤积平原，只有一两个山洪渡槽，没有跨山的过水渡槽，在气势上略输于武阳堰。

盛水堰的气势和精彩不在渠上，而在拦水坝上。4 米高的坝体垂直于河床上，经受住了河水千年的冲砸，至今仍岿然不动，这本身就是一个奇迹。

在离盛水堰坝体下游不到 1 公里处，有一条过去为木头搭建、现在为水泥修起的渡槽，把部分渠水分到了西坡，可以浇灌棒槌河西岸的百余亩土地和部分供应郧阳古城的生活用水。

明万历《郧阳府志》记载："盛水堰，县北5里，成化间知县戴琰穿，计四百余丈。弘治中，都御史王鉴之檄府重修，有碑立迎恩观。万历五年冬，堰长张大纹、李梁告乞修理堰渠，本府知府宋豸诣所亲勘，请于都御史徐学谟委官督修，甫三月毕工。"这段话的意思是，盛水堰是成化年间的知县戴琰所开凿，弘治时期的郧阳巡抚王鉴之命令郧阳府重修，万历五年时郧阳巡抚徐学谟批准堰长张大纹、李梁的请求，命令知府宋豸再修。穿，开凿的意思。

这里记载盛水堰的开凿时间不可靠，我们拿同样是明万历《郧阳府志》的记载来说明："武阳堰，县西北二十里。弘治中，都御史王鉴之穿；正德中，都御史刘琬檄府重修。"这处记载武阳堰为弘治时期的郧阳巡抚王鉴之所开凿，显然也与历史不符。因为同样是万历年间所编纂的《郧台志》和历代的《郧县志》，都清清楚楚记载弘治时期的郧阳巡抚王鉴之是重修武阳、盛水二堰的人，并有石碑为证。这就足以证明上述所记盛水堰的开凿时间的不可靠性。可靠的结论应该是：成化年间，知县戴琰重修过盛水堰。

武阳堰和盛水堰都为鱼嘴分水排沙堰，不仅带动着各自的东、西两坡的两套渠道系统，而且还具有飞沙功能，能够防止渠道淤塞，这与四川的都江堰工程有着异曲同工之妙。

总体上看，二堰的地理条件尤其是地形有着很大的不同：武阳堰坝体处在一段笔直的河床上，而盛水堰坝体则处在一个90°的河湾处。然而，它们的坝体结构却惊人地相似：武阳堰坝高2.7米，顶宽却有19.2米，属矮体超宽坝；盛水堰坝高4米，宽11.3米，同样是矮体超宽坝。古人之所以要建这么宽的水坝，是因为他们要在坝体之上设计鱼嘴，用于分水和排沙。

在武阳堰坝体之上的西侧，在离岸边3.5米的河道中，有一道垂直于坝体而修的12米长、1.7米宽的分水坝，平时能把很少一部分河水分向西岸的小渠道，而暴雨时就可以让大部分洪水从这里排走。在分水坝的顶端，还有一条20多米长的分水斜坝伸向了东岸主坝的下沿。这一条分水斜坝，要比垂直分水坝矮了许多，只露出河床20多厘米，平时几乎把所有垂直分水坝分流剩余的河水都引向了东岸的主渠道中，而一旦遇到洪水时，它不仅能够把激起的沙石翻倒在斜坝外，使其从主坝上排向下游的河床，而且能够把多余的洪水带向下游。这一坝上坝的设计，为一撇一捺的"人"字形，又像一条抢争上游的巨鱼，把河水分向了鱼的身体两边。

盛水堰坝体之上同样修有鱼嘴分坝。棒槌河由北向南流淌，在鱼嘴处把部分河水分向了东岸，剩余到达盛水堰坝体处的河水又遇到了陡峭的山崖，就会打一个旋，作 90°的转折流向了西，主坝体就建在河水转折之后的 20 米处。由鱼嘴分水坝头同样分延出一道“人”字形矮石墙，起到分沙分洪水的作用。

如今，武阳堰的坝上坝已经荡然无存，但 60 岁以上的当地老人应该还记忆犹新。盛水堰还基本保存完整，尤其难得的是坝上坝的“人”字结构完好，那一撇为一条 135 米长的反“C”形，贯穿了整个河湾。而那一捺比一撇低矮许多，为一道 47 米长的圆折肩的“7”形，“7”的弯折处正对着悬崖。洪水时，水中的泥沙在崖壁的撞击下向上翻腾，就能够随多余的洪水飞跃到“7”字墙外，再从主坝上下泄，起到了飞沙的作用，余下的水再经过一个 4 米见方的沉沙池之后进入东坡的渠道，流向杨溪一带去浇灌万亩良田。

无论是武阳堰还是盛水堰，主渠都在东，这是因为它们的堰体以东，均有大片的田地需要浇灌，而堰体以西的田地比较少，所以分水比均大约为9：1，平时九成的水注入了东渠，只有一成的水流进了西渠。鱼嘴分水坝同样为糯米浆拌生石灰形成的黏合剂所砌，把水拦截得十分彻底，在那“人”字的两腿之间，就是那主河道上的大坝主体。

六

通过明代以前的资料，目前我们能找到的有关武阳、盛水二堰的记载只有一条，那就是蒙古军队在灭南宋时，起兵于上津，经郧阳武阳坝大战，南宋军队退入房县。蒙古军在屠洗郧阳城后，再与从汉江下游增援郧阳的南宋军队展开安阳口大战，几乎全歼此支宋军。

再在史籍中搜寻，可以见到明代以后有关武阳、盛水二堰修整的历史脉络：明代成化十四年(1478 年)知县戴琰复修武阳堰(据康熙《郧县志》)；明弘治十五年(1502 年)，巡抚王鉴之批准知府胡伦重修武阳、盛水二堰(据万历《郧台志》)；明正德十三年(1518 年)，巡抚陈雍重修武阳、盛水二堰(据万历《郧台志》)；明嘉靖二十二年(1543 年)，巡抚王守重修武阳、盛水二堰(据万历《郧台志》)；嘉靖二十六年(1547 年)，巡抚叶照委派郧阳府通判叶钦修筑、疏导武阳、盛水二堰，定堵截上流之水人的罪，成为定规(据万历《郧台志》)；嘉靖三十六年(1557 年)，巡抚章焕发公帑百金疏导盛水、武阳二堰(据万历《郧台志》)；明万历五年(1577 年)，巡抚徐学谟批准堰长张大纹、李梁的请求，命令知府宋豸再修武阳、盛水二堰(据万历《郧阳府志》)；明万历十三年(1585 年)，巡抚方弘静禁止盛水、武阳二堰上流堵截者(据万历《郧台志》);康熙三十八年(1699年),知府朱宷重修武阳、盛水二堰(据同治《郧县志》),后任知府黄焜为了纪念此事,同时在两堰分别建五谷庙,庙里均立有伍子胥神像和朱宷生像,以示流芳百世,由于年久失修,虽然庙和神像如今已荡然无存,但建堰所立石牌尚存;民国三十二年(1943年),郧阳府整修盛水堰(据《郧县历史大事记》)。

经过几百乃至上千年的运行之后,武阳、盛水二堰随着丹江口水库的蓄水和南水北调中线工程的启动而结束了它的历史使命。其演变过程如下:

20世纪50年代,郧县在修通往大柳乡的公路时,经过武阳堰坝体,把坝顶直接作为了公路的一部分。

20世纪60年代,丹江口水库第一次蓄水时,就淹掉了武阳、盛水二堰所浇灌的80%的土地,大大削弱了二堰的功能。不过,整个堰渠的系统还保存完整,依然服务于当地人民。

丹江口水库第一次蓄水之后,人们为了抵御上升的丹江库水,就用水泥混凝土加高加宽了武阳堰坝顶,使坝体的原貌发生了改变。

21世纪初,人们把武阳堰之上的公路抬高了几十米,在武阳堰坝的上面凌空架起了一座拱桥,用现代雄伟镇锁了历史沧桑,而且把开辟出来的石渣倾倒在了堰渠最上游的500米渠道上,使武阳堰彻底失去了通水的功能。如今,满目疮痍的坝体依稀可见,沿线的渠道还基本完好,但没有了水的武阳堰就像刚刚出土的一条长龙骨骼,没有了丝毫龙的灵性。

相比之下,盛水堰就要幸运得多,目前还在碧水长流。尽管南水北调之后坝下已经被填平,但坝体依然存在,鱼嘴分水堰还历历在目,河水依然驯服地进入渠道,流向下游去灌溉不多的田地。

有关武阳、盛水二堰的石碑可以用弥足珍贵来形容,目前所发现的六块都集中立在了谭家湾水库的大坝上,其中有四块是明代的,字迹已经模糊不清。还有两块是清康熙五十六年(1717年)郧阳知府黄焜所撰《重修武阳堰记》碑和清光绪二十三年(1897年)郧阳知府许有麟所撰《重修武阳堰章程碑记》碑,碑文字迹均较清楚,内容较完整。

能够见到文字记载的武阳、盛水二堰,应该自元初开始算起,已经有700多年了。700多年来,二堰无疑促进了郧阳经济的发展,为历史上的郧阳成为汉江中游及鄂豫川陕重镇起到了非常大的作用。

三亲王就藩扰动郧阳

一

明万历二十九年(1601 年)，正是全国各地矿政横征暴敛，人民因无法生存而纷纷起兵造反之时，尤其以武昌士民因公愤而发生的反抗最为猛烈，震惊朝野。然而，就在这种政权摇摇欲坠、国库入不敷出的情况下，皇室及其宗室铺张奢靡之风不仅不减，反而愈演愈烈。

四月初九日，皇帝下诏令户部速办皇长子的婚事。于是皇宫内务府的司礼、司役二监，奉旨到户部催办皇长子婚事钱粮。户部拿不出钱，就向皇帝上奏道："两年来，共为皇长子婚事向内务府进珠宝 6 次，计银 180 万两。近日，监库催讨，又进 3 次，计银为 41 万两。前后通计所进银两 221 万，已经是皇上大婚时所用 17 万两的 10 倍还多，如今还说不够，臣实在不敢问这是为什么。现在，太仓银库仅有 1900 两，远未达到内务府奏讨的银数 1035 万两，臣又不敢言。"万历帝在见到户部的奏报之后御批道："大典所用无数，实非得已"，应当"设处办送各衙门，应用不得支调缺误"。

十月十五日，万历帝册立皇长子朱常洛为皇太子，同时受册封的还有三子朱常洵为福王、五子朱常浩为瑞王、六子朱常润为惠王、七子朱常瀛为桂王，当天即诏布天下。万历帝朱翊钧共有 8 个儿子，因次子朱常溆生下就是死胎，四子朱常治早夭，所以这一天他是为自己所有的儿子都封了爵。

二十八日，朝廷为皇太子举行加冠大典，之后又为福、瑞、惠、桂四王举行加冠仪式，终于结束了万历朝历时 16 年之久的皇储之位的"国本"之争。当时就有人评论："从万历十四年阁臣申时行等请立皇太子，至万历二十九年皇太子之位始定，自古以来父子之间，未有受命如此之难也。"

万历三十年(1602年)二月十三日，皇太子成婚，妃郭氏，共费银200万两。之后，司役监就策划同时在河南府、汉中府、荆州府和衡州府四地为四王营建王府。朝廷责令河南、陕西、湖广、郧阳四省(镇)巡抚为四座王府的营建选派工匠，采集工料。其中，福王朱常洵在河南府的府邸，由河南省负责建造；瑞王朱常浩在汉中府的府邸，由陕西省负责建造；惠王朱常润在荆州府的府邸，由郧阳藩镇负责建造；桂王朱常瀛在衡州府的府邸，由湖广省负责建造。

万历四十二年(1614年)，福王朱常洵就藩河南省河南府府治所在地洛阳。

万历四十八年(1620年)七月二十一日万历驾崩，继位的朱常洛在位时间不长，一年后，天启兴。天启六年(1626年)冬，天启帝朱由校命钦天监选择吉日，让其余三亲王同时赴国就藩，定于第二年的三四月之间先后起程。因为三亲王均要从郧阳藩镇境内经过，甚至瑞王朱常浩要路过郧阳城，所以朝廷通知郧阳做好迎送的准备。

二

三王就藩的吉日已定，朝廷六部都开始忙活起来。礼部：忙着绘制、审定各王、妃的册、印、冠、袍、服、饰、旗、帜等上面的图样，派人教习各亲王、王妃、家眷以及随官、太监、护卫、奴仆等人应有的礼仪、禁忌和注意事项；户部：忙着准备川资(路费)、禄米、食盐等物资的拨供；兵部：忙着选派并训练护卫、校尉；工部：忙着制作已经审核通过的册印、冠袍、服饰、旗帜、车舆、器械以及选派给各王府的工匠；吏部：忙着选审各王府的官员，并在皇帝御批后提前通知他们；刑部：忙着向各位即将就藩的各王府、沿途官府，以及王府就藩所在地官府晓谕律条，提醒他们所要准备的物资、礼仪和不得违反的法律。

随着朝廷的一声令下，大半个中国都紧张了起来，华北、中原、华中都在为三王就藩做着准备。各王府所在地开始排练仪仗，演练亲王就藩时的典礼仪式，为庞大王府队伍的物资提供做着预先安排，同时按朝廷规定的亲王规制每王3万顷(1顷=100亩)标准划定王府赡田，办理这些田地所有权的转移手续；沿途各地开始演习迎送礼仪，同时做着庞大王府队伍到来时食、住、行方面的物资准备。

各亲王随行队伍之庞大，简直让今人难以想象。先看人员构成：亲王之下，内有妃嫔、太监、宫女；外有长史、指挥使、府僚、侍卫、工匠、杂役等。按照万历之前题准的惯例，亲王的随从侍卫是600名，每4人配备一辆车，共车450辆。按照《大明会典》规定：王爷、王妃各有自己的固定车舆，走水路时，亲王允许征船500艘，每艘水手2人，共1000人，溯江河而上所需要的纤夫另计；陆路时，亲王允许征车1481辆，夫役2832名。另外，各王府还拥有不少马匹。因此，一支上路亲王的队伍，往往达万人，再小也不会少于5000人。

以上只是一位亲王就藩所需的数字，当时三位亲王几乎同时赴藩，那就是这个数字的3倍，开支之浩大可想而知。这样庞大的支出由何而来，当然是官银，不过得由中央和地方分工负担：属王府固定待遇的就由国库支付；凡临时征用的，则由地方府库支出。除律条规定的待遇之外，额外开支尤其惊人：皇帝如果喜欢谁，金口一开就另有别赐，户部不敢不给；一路上，各地官员为了攀附王爷，往往多有敬献，自然也是民脂民膏。

此次三亲王同时就藩，郧阳最受骚扰，因为都需要通过郧镇之境，所经路线最长，扰动的水路驿站最多，车马夫役供应最繁，工食费用最重。所经之地，有修整沿途道路和村寨张灯结彩之举；所经之城，有提前搭棚建殿之劳，有临前洒扫布置之累，有届时跪拜迎送惶恐之苦。

最苦不堪言的还是经费短缺。天启七年(1627年)正月，郧阳巡抚李若珪向皇帝上疏："王舟经过，郧阳物力难支。南阳、西安各宜协济供应五千两。"户部复议："三王至国，道经郧襄，原自迂回措施，今议：于郧阳之南阳、陕西之西安两处各协济五千两，协力应办，似为便计。"皇帝批"可"。但陕西方面却以要为瑞王提供赡田为由搪塞，不肯出钱。

其实，各家都有各家的难处。自万历二十九年(1601年)起，河南、陕西、湖广、郧阳开始为四亲王营建王府，已经26年了，拖疲之累可想而知。陕西巡抚张维枢曾经上疏称："兴建瑞王府邸，经费催办无计，恳请朝廷准留所派料价一项银24600两，匠价等五项银共68299两。"皇帝谕旨："料价不准扣留，余俱依议。"陕西方面算是向朝廷争取到了不足7万两的政策。不止于此，陕甘宁三边总督王之采也上疏："瑞府赡田，请三万顷，今尚未得十分之二，而土膏罄尽，搜刮无力。"请求不足部分改由别的省份拨给。皇帝愠怒道："西安府与各州县何独无废地、绝产可为补凑?"无奈之下，户部还是改拟："改供二万顷，分作三份，秦任其二，其余一份四川、山西、河南共任之。"

叫苦的不止陕西，湖广巡抚李栖凤也上疏请求：“可挪借两广钱粮，即以题，留楚饷解补？”“至若赡田各请三万顷，也只通得一万顷分给二藩(荆州惠王府、衡阳桂王府)。”皇帝命户部再议：“或严行再括，或别议协济，抑或由有司(官吏)征纳。”

三

天启七年(1627 年)三月，瑞王朱常浩、惠王朱常润二亲王的队伍，按原定的黄道吉日先后从北京出发，各自就藩。出发前，二亲王辞拜皇帝于奉先殿，天启帝朱由校对他们说了一些勉励的话，要求他们修德、崇法、节用、爱民，所经之地的官员俱应免见，还叮嘱朱常润，路过承天府时一定要祭祀献帝皇显陵。然后，各赠骏马百匹。

在北京顺天府里，已经分别为二亲王各征车 1481 两、役夫 2832 人。朝廷内务府也把仪卫、群牧等官以及校尉、军士的俸禄以及道途诸费准备妥当。

瑞王、惠王的船队先后离京，一前一后顺大运河切过海河、黄河、淮河，在镇江进入长江，再沿长江而上，抵达武汉。瑞王的船队从汉口朔汉江而上，郧阳巡抚梁应泽已经在景陵县(今天门)等候迎接。然后，瑞王继续西进，梁应泽则赶往沔阳(今洪湖市)迎接、接待惠王，并亲自护送惠王朱常润的船队再溯江而上，经监利、石首、江陵、公安四县，一路上船队严整，迤逦浩荡，前后连绵百里，旌旗招展，钟鼓细乐袅绕两岸，于八月九日抵达荆州。

四月，桂王朱常瀛出京就藩，顺天府依然以 1481 两车、2832 役夫为他们运载，其余仪卫、群牧等官以及校尉、军士的俸禄及道途各种费用也都依照之前的二亲王安排齐当。船队过沔阳时，梁应泽依然在这里迎接，然后辞别桂王朱常瀛，目送他的船队向洞庭湖进发前去衡州，自己则骑马返回郧阳，等待瑞王船队的到来。

瑞王朱常浩溯汉江而上，经承天、宜城、襄阳、谷城、光化、均州终于抵达郧阳。

王府船队抵达郧阳的当天，郧城万人空巷，码头不让去，人们纷纷登上沧浪山争睹皇室仪容。天高云淡，鸟盘长空，碧水激浪，绿树摇曳，当王爷的船队在瀛洲滩露头时，岸上顿时锣鼓震天，鞭炮齐鸣，人们挥舞着手中的各色旗帜，情绪昂奋。江中，船队一字跟进，个个雕蟒、画凤、花灯、彩旗，把每艘船都打扮得富丽堂皇。只见船上武士分列两舷，长矛拄在右前，威严之肃气弥漫在整个江面。岸边，上万纤夫匍匐在砂砾之上，用赤脚蹬蹭着寸步而移，形成了一条由半裸匍匐之人组成的百里巨龙，蜿蜒前行。码头上，梁应泽率领布政、按察、都指挥三司官员在前，下荆南道官员紧随其后，郧阳知府率领僚属紧挨，郧县官员最后，依次跪拜在地，口呼"王爷千千岁!"，然后迎瑞王、王妃及其随从上岸下榻，免不了山珍海味伺候，阳春白雪供乐。

瑞王朱常浩船队的目的地是汉中，还要再溯汉江而上几乎到达源头，这就苦了那些汉江纤夫们，但也饱了沿岸人民的眼福。九月七日，瑞王到达汉中，路途历时半年，一路骚扰让民众不堪其苦。

三亲王相隔不久轮番至国就藩，所过郡县官员无不战战兢兢，就连那些王府太监和护卫都不敢轻易得罪，深恐怠慢之后会乌纱不保，但依然还是有个别官员一不小心失误而被参。如三月十一日，护送惠王的太监赵秉彝疏劾称"交河(在河北)知县田首凤等失误迎送"，田首凤因此被查参。再如护送桂王朱常瀛的大内侍卫们，在回程途经安徽铜陵时，因不满当地的接待，回去之后就到兵部尚书邵辅忠那里告状。于是，邵辅忠参劾铜陵县令刘涵清、县丞金世章"迎朝不虞，膳支不备"，应"削职为民"。好在天启帝朱由校新死，崇祯帝朱由检已经继位，邵辅忠被作为阉党魏忠贤的羽翼，不久就被铲除，这才让铜陵县的官员们有惊无险。

不过，这三位亲王的好景都不太长，刚一就藩就连续爆发了高迎祥、张献忠等人领导的农民暴动。他们先是惊恐不安，再是四处躲藏，最后都没有逃脱惨死的命运。

崇祯十五年(1642 年)十一月，李自成攻破荆州，惠王朱常润逃亡湘潭，在途中的陵阳矶遇风，随行宫人多淹没，他仅以身免，只身到长沙吉王府避难。第二年八月，张献忠攻陷长沙，朱常润又逃往衡州投靠了桂王朱常瀛。当月，衡州又被张献忠攻陷，朱常润与吉王、桂王一起逃到永州后，被巡按御史刘熙祚派人护送到了广西梧州，而刘熙祚自己"以身挡贼阵亡"。十一月初四日，桂王朱常瀛病死于梧州，由第四子朱由榔继承桂王。顺治三年(1646 年) 八月南明"隆武"政权灭亡，在南方抗清力量群龙无首的情况下，两广总督丁魁楚、广西巡抚瞿式耜等人到梧州迎立朱由榔。十月十四日，朱由榔在广东肇庆称"监国"。十一月十八日，朱由榔称帝，年号"永历"。清军占领南方后，朱由榔逃亡到了缅甸，被缅甸官方送回之后被吴三桂绞杀。

惠王朱常润的结局为：崇祯十七年(1644年)三月崇祯皇帝在煤山自缢后，福王朱由崧在南京称帝，建立南明“弘光”政权，朱常润由广西前去投靠，不想清顺治二年(1645年)五月清军就攻克南京俘获了弘光帝。秋，朱常润在绍兴降清，被携入北京“奉恩给养”。顺治三年(1646年)春，在北京的明朝皇族们秘密联络南方抗清力量复辟大明，清廷在搜查前明各降王的府邸时，搜出了金银印信等物证。随即朱常润等人被抓，于五月在菜市口被集体处决，共有弘光帝朱由崧、潞王朱常淓、衡王朱由棷、楚王朱绍㷆、崇王朱慈爚等11人。朱常润当年52岁，下葬处不明。

崇祯七年(1634年)，王斌在汉中发动农民暴动，瑞王朱常浩避难四川，在总兵侯良柱的援助下逃到了重庆。次年六月，张献忠攻克重庆，把瑞王朱常浩及四川巡抚陈士奇、重庆知府王行俭等人一并处死。

卢象升指挥的郧阳保卫战

一

卢象升(1600—1639年)，常州宜兴人，字建斗，号九后，明天启二年(1622年)壬戌科进士，初授户部主事，后擢员外郎，再迁大名知府。在崇祯二年(1629年)募兵入卫京师，以功晋升为右参政兼副使，整饬大名、广平、顺德三府兵备，号“天雄军”。崇祯六年(1633年)以镇压由山西入河北的农民军有功，于崇祯七年(1634年)升右佥都御史任郧阳巡抚，次年又因军功擢升为右副都御史任湖广巡抚，不久兼任江北、湖广、豫、鲁、川总理，后再升兵部侍郎兼总督山、陕军务。在崇祯九年(1636年)大败农民军于滁州后，迁左侍郎兼宣大、山西总督。崇祯十一年(1638年)晋为兵部尚书，在河北一带抗击清军入侵，后来率部5000人在贾庄被数万清骑兵包围，因孤军无援，力战而阵亡，终年39岁。著作有《卢忠肃集》《卢象升疏牍》留世。

卢象升抚郧于崇祯七年(1634年)四月。当时，李自成连续攻克了郧阳府除郧县之外其余的各县，郧阳巡抚蒋允仪因督战不力而被朝廷逮入京城下狱，于是任命大名府知府兼北直隶右参政、按察使的卢象升为右佥都御史抚治郧阳。一上任，卢象升就和总督陈奇瑜分道夹击驻扎在黄龙滩的李自成部，追至竹溪进入平利，自乌林关、乜家沟、石泉坝、康宁坪、狮子山、太平河、竹木砭、箐口等地方一路连战连捷，总共斩杀5600余人，几乎扫尽了汉江南岸的农民军。郧阳初定后，卢象升一面请求朝廷增加郧阳的守兵，一面减免赋税，修缮城郭，从周围的郡县借贷粮食，募集商人开发矿业，使郧阳再次繁荣起来，为此后郧阳城屡得保全奠定了基础。

崇祯八年五月，卢象升离开郧阳就任湖广巡抚，在郧阳做官仅有一年时间。

一年里，他除了打仗、施政外，还写了大量的奏议和公牍。所谓奏议，即古代臣子上奏给帝王的文书统称，包括奏、议、疏、表等。所谓公牍，即公文。

卢象升在郧阳的笔墨，大都保留在《卢象升疏牍》里，全书12卷，其中与郧阳有关的内容有4卷，分别为：

《卷一·抚郧奏疏》12篇：《到任谢恩疏》《兵食寇情疏》《为客兵乞饷疏》《入山会剿疏》《请设主兵疏》《郧楚贼氛渐嘉疏》《停征修城积谷疏》《筹饷疏》《投阁部揭》《请令川兵北援疏》《保留推官江禹绪疏》《保任道臣请补要地守令疏》。

《卷二·抚郧奏议》7篇：《募军开屯疏》《题覆增兵措饷疏》《借本屯田鼓铸修城疏》《应援汉商疏》《援商奏捷疏》《续报商洛剿贼疏》《立寨并村清野设伏增兵筹饷疏》。

《卷三·抚郧公牍》25篇：《郧寇初平十议》《靖寇绥民八则》《兵船巡江十二则》《募军屯田十议》《立寨并村七款》《运粮五则》《侦寇》《禁参谒》《添设塘兵》《查饬守御》《申饬侦探粮料》《取官评》《接济兵粮》《行查流寇焚掠地方》《查取堪任官员》《发标兵剿贼》《禁止词讼示》《亲剿流寇》《清伏戎除土寇》《严饬将领示》《申明军律》《禁约》《鼓练乡勇》《扼要设防》《恤录死事官员》。

《卷四·抚楚奏议》10篇：《到任谢恩疏》《封疆大利大害疏》《致阁部及楚中诸老启》《辞总理五省军务疏》《恭报防御协剿疏》《统兵入豫疏》《陈会剿大端并量请马匹疏》《请差风力科臣监军疏》《狡贼乞降疏》《请敕各路援兵疏》。

下面择其《入山会剿疏》和《郧楚贼氛渐嘉疏》两篇，让我们稍微了解发生在当时郧阳的一些状况。

二

卢象升的《入山会剿疏》奏于崇祯七年(1634年)五月，即他刚上任郧阳巡抚才一个月之时。从中可以看出，临危受命的他，一到任就马上投入到了战斗之中。其全文如下：

入山会剿疏

臣受事且逾月矣。入境之日，农民军正猖獗于竹、房、保、均一带，惟以速剿为期。而抚臣康晖移文商榷，亦谆谆虑贼南奔，驻防荆门控扼。

臣是以抵郧，即介马而驰赴竹山等处，会各该监、镇分路击贼。贼虽依山恃众，突奔靡常，而未窥襄属一步，则援兵堵截之力，道府防御之周也。适督臣陈奇瑜亲统大兵自均州入山，道臣苗胙土从襄阳驰至。臣随而请督臣方略，谓徒事驱逐，非扫荡良图，相期合力歼剿。于是，邓玘之川兵，许成名、杨正芳之筸兵，俱集竹山、保丰、易水等处，发拨四探。贼有遁竹溪之白土关、长安坝者，有遁白河、兴安、平利山中者，秦楚之界实繁有徒。督臣调拨标下官兵及邓玘、许成名二镇分路以进，兵威既振，歼剿无难，惟是士马万余，骈集深山贫谷，六城残破之后，千里迄无人烟。从郧至竹，步步巉岩绝蹬，兵皆缘岩攀木而行，陆路裹粮既不可得。所藉作饷道，惟一支流小河逆挽而上，又滩险水急，乱石嶙峋，粮艘当之立损，转运计穷。臣与督臣面议，偕道臣苗胙土疾趋郧城，躬督该府县多方设法，遍觅小舟，每载粮二三十石者，即募数十人牵挽之。夜以继日，兼程催攒。旬日间，陆续发运四千余石，供各兵深山进剿之资。虽费金钱不遑恤，但协济饷银有限，多兵仰给不敷，而蕞尔残郧，物力民财俱尽，臣日夜忧之。

至陕中商州、商南及龙驹寨等处，亦各有警报。此贼系别股，密迩郧、均，可以长驱直达。臣标下苦无多兵，顷准督臣移会，令臣驻防房、竹间。臣今往来堵御，止有标兵数百以供分遣。若客兵未敢轻分其力以言守，恐致劳师而匮财，此则臣区区之愚衷耳。

在《入山会剿疏》里，卢象升首先向皇帝禀报了郧阳的大体局势：我入境之日，农民军正活动在竹山、竹溪、房县、保康、均州一带，心中只想着皇帝限期速剿的命令。正好，湖广巡抚康晖移文来与我商榷，文中谆谆顾虑，怕农民军向南奔袭，他要移兵驻防荆门，以控扼有可能向南发展的趋势。

接着，他禀报了一月来自己在郧阳的作为，以及郧阳的困难和自己的担心：我抵郧当天，就快马驰赴竹山等处，与各位监军、总兵会商分路击敌的事宜。敌军虽然在这一带依山恃众，不时发动突然奔袭，而且没有一定的规律，但是他们从来没有窥探过襄阳属地一次，这是因为援兵堵截得力，道、府防御周详所起到的作用。此时，正好总督陈奇瑜亲自统领大军从均州入山，又有郧藩副使兼郧襄兵备道苗胙土也从襄阳驰至郧阳。我随即向陈总督请教方略，他认为驱逐其出境是徒劳的，只有在境内把他们扫荡殆尽才是良策。于是，我们相互约期合力歼剿。当时，邓玘所率领的川兵，许成名、杨正芳所率领的土箪兵，都集中在竹山、保丰、易水等处，而且他们不断发兵四处侦探，发现敌军有的藏匿在竹溪的白土关、长安坝，有的藏匿在白河、兴安(安康)、平利的大山中，都是在秦楚交界之地，而且人数众多。陈总督就调拨自己标下的官兵，以及邓玘、许成名二总兵分兵进击。现在，我军兵威大振，歼剿不是难题，真正的困难在于，这万余兵马都聚集在这深山幽谷之中，而且郧阳所属六县均被农民军占领，残破之后形成了千里俱无人烟的局面，让官军补给困难。从郧阳出发至竹山、竹溪，步步为险峻山岩，难以攀登，即使士兵能缘岩攀木而行，但在这种路况之下如何运输军粮？沿路取得更不可能。目前，我们所能够依靠作为粮饷之道的，就只有一条支流小河(堵河)，可以凭借它拉纤逆流而上，但滩险水急，怪石嶙峋，说不定什么时候粮食和船就会立即受损，看来这样转运也不是办法。我在与陈总督面议之后，让苗胙土星夜兼程回到了郧城，要他亲自督促郧阳府及郧县多方设法遍觅小舟，每只小舟载粮20石至30石，招募数十人拉纤牵船，夜以继日兼程催办。10余日间，他们已经陆续发运军粮4000余石，以作为供应给各兵深山进剿之资。虽然我们不怕费金钱，也不怕劳累，但是协济的饷银还是有限，依然不能充分满足多处军兵的供给。郧阳是一个残破的小镇，物力和民财等已经用尽，这才是我所日夜忧虑的。

最后，他禀报汉江北岸的敌情，以及自己的担心：至于商州、商南以及龙驹寨等处，也各有警报。此处的敌人为另外一股，这些地方都离郧阳、均州很近，可以一日夜长驱直达。我苦于标下没有多少兵力，前不久又奉陈总督的手谕令我驻防在房县与二竹之间。现在，我在这里往来堵截和防御，而手下却只有几百个标兵能够分遣。倘若外来的客兵不敢轻易分出兵力去防守的话，恐怕会导致既劳师又匮财的局面。这是我一个小小的忠告而已。

三

《郧楚贼氛渐嘉疏》大约上奏于崇祯七年(1634年)七月中旬，为卢象升抚郧3个月，他已经把郧阳境内的农民军势力扼制住。此时，卢象升在郧阳已经历过大大小小的无数战斗，是在把大股农民军击败之后，他向皇帝报喜，同时也有为自己和同僚请功的意味。其全文如下：

郧楚贼氛渐嘉疏

日者流寇自蜀奔郧，蚁聚蜂屯于房、竹一带，皇上特廑南顾，以合剿望之疆臣。

臣抵郧境不旬日，而督臣陈奇瑜躬率劲旅从均州入山，相与涉险缘岩直抵二竹；抚臣唐晖自荆门移镇襄属，如南漳、光、均要害之处，无不身历焉；襄阳道臣苗胙土日在行间，厉兵催饷。于是，监臣谢文举同镇臣邓玘统川营之兵，镇臣许成名及副将杨正芳统镇筸营之兵，禀承督臣方略，从竹山、竹溪、白河等处分路并进。而督臣标下副参等官杨化麟、贺人龙、张天礼、哈俊、刘迁等，无不奉令争先，以杀贼自誓者。前后所据各该镇、道塘报：除六月十二日至二十七日，如乌林关、乜家沟、石泉坝、康家坪、狮子山等处，又六月三十至七月初三等日，如太平河、竹木砭、箐口等处，通其斩级五千六百有奇。又副将张天礼、贺人龙等，从长安坝追贼于瓦窑沟、任河一带，贼众奔逃，拥挤坠水而死者，尸蔽汉江，难以计数。守关南道王在台鼓励乡兵赴各山搜剿，擒获甚多。据日前光景，大伙业已剪除，但竹、平、兴、紫皆在万山中，秦楚交界，窟穴颇多，恐仍有窜匿其间，俟兵去而窃发者。

除饬道、府穷搜预探外，此时汉江而南幸有宁宇。傥非督臣体皇上之威灵，展师中之胜略，提兵直捣贼窟，歼渠馘丑，快筑京观，恐流氛未易即殄，而奏此捷功也。

至上津、山阳交界处所，尚有商卢余孽往来出没其间，准督臣咨议南北兼防。臣督发中军官李玉华、游击周仕凤等剿之。六月二十九日，又斩获二百余级，旋以邓镇兵哗之故，暂回郧阳抚戢，已另疏奏闻矣。

七月六七等日，据汉中西乡、洋、固、南郑等县各报有贼警，且闻势甚披猖。亲藩重地，非他郡可比。督臣随于十五日西行，急图汉贼。邓镇所统左右两营，副将杨世恩、金世任等率领川兵，同督臣标下将官杨化麟、贺人龙等先赴西乡应援。臣复将川兵饷银搜括，借解赍发彼中接济矣。以我胜兵临彼，狂寇自当计日扫除。

臣拟随督臣驰赴汉中，适因哗兵初定，人心未安，且当残破之余，遗孽伏戎可虑，深维事势，郧境未敢远离。至邓镇曾奉行防郧之旨，督臣议令暂留郧阳，统率中、前、后三营，视楚、豫、蜀、秦缓急以为策应。今其兵赴上津山中搜剿，傥汉中贼势众多，惟听督臣调度，不敢急郧而缓汉也。总兵许成名、副将杨正芳分领筸兵，或防郧、竹，或扼荆、承，亦目前要着。抚臣虑周全楚，素称帷筹，臣惟与之酌量分布，用固苞桑，以舒圣明南顾尔。

在《郧楚贼氛渐嘉疏》里，卢象升首先告诉皇帝，我无时无刻都牢记着您对郧阳局势的牵挂：日前流寇自蜀奔郧，像蚂蚁和群蜂一样屯聚于房县和二竹一带，以致皇上的精力频频南顾，特别期望我等封疆大臣能够尽快合剿成功。

接着，卢象升禀报了三个月以来的战况，向皇帝报捷：我抵郧境不到10日，总督陈奇瑜就亲自率领劲旅从均州入山，与其他大臣协同涉险攀岩之后直抵竹山、竹溪；湖广巡抚唐晖也从荆门移镇到襄阳所属的南漳、光化、均州等州县的要害之处，大小之事无不亲自处理；驻守襄阳的兵备道苗胙土，更是每日都穿行在前线与后方之间，厉兵秣马，督粮催饷。于是，监军太监谢文举和总兵邓玘所统领的四川营兵，总兵许成名以及副将杨正芳所统领的土筸营兵，都秉承总督陈奇瑜的方略，从竹山、竹溪、白河等处分路并进。还有总督标下的杨化麟、贺人龙、张天礼、哈俊、刘迁等副将、参将们，无不奉令争先，发誓要杀尽敌寇。这些总兵、道臣先后发来塘报称：六月十二日至二十七日在乌林关、乜家沟、石泉坝、康家坪、狮子山等处，六月三十日至七月初三日在太平河、竹木砭、箐口等处，总共歼敌5600多人。接着，副将张天礼、贺人龙等，从长安坝追敌到瓦窑沟、任河一带，使敌人在奔逃之中拥挤坠水而死者难以计数，尸体都飘满了汉江。之后，关南道分守王在台鼓励各地乡兵在大山里搜剿散匪，擒获也甚多。目前来看，大伙流寇业已剪除，但竹山、竹溪、平利、兴安、紫阳都处在万山之中，为秦楚交界之地，山中窟穴颇多，恐怕仍有小股贼寇窜匿于其间，只怕他们在等待大兵撤去后，会再在暗中发动暴乱。

接下来，卢象升又认为大局已定，敌寇很难再死灰复燃：除命令各道、各府仍要穷搜预探外，目前汉江以南的国土所幸已经安宁了。要不是总督陈奇瑜能够体察皇上的威灵，展放心中雄师之胜略，提兵直捣了敌窟，歼敌首领，恐怕敌人的猖狂气氛就没有这么快被弹压下去了，我也就没有机会向皇上奏报此次的功捷了。

卢象升又禀报汉江以北的局势仍不稳定，以及邓玘所统四川军人的哗变事件：至于上津与山阳交界的处所，依然有商州卢氏的敌寇余孽在其间往来出没，所以总督陈奇瑜发出咨文，决定各部要南北兼防。我又派手下的中军官李玉华、游击周仕凤等人带兵进剿，在六月二十九日斩获敌人首级200余颗。但是，因为总兵邓玘所领的川兵发生了哗变的缘故，李玉华、周仕凤不得不马上把正在剿匪的士兵暂时撤回了郧阳，参与到了安抚平定哗变的行动之中。这些我已另行疏奏给了陛下。

卢象升再禀报汉中的敌情：七月六、七日，汉中府所属的西乡、洋县、城固、南郑等县，均各报发生了敌情，而且敌势十分猖獗。汉中是亲王的藩国重地，不能与其他郡县可比，所以总督陈奇瑜已经于十五日拔营西行，急于剿平汉中之敌。总兵邓玘所统的左右两营和副将杨世恩、金世任等人率领的川兵，以及总督标下的将官杨化麟、贺人龙等人也先后拔营，各赴西乡县以应援。我再次收集饷银补充给了川兵，是靠商借而来，再解送到各军中犒赏、接济士兵的。相信以我军的胜兵之势压境到了那里，再猖狂的敌寇不日就能被扫除。

最后，卢象升解释自己之所以没有亲赴汉中的原因：我开始是要随总督一起驰赴汉中的，但又考虑到军兵哗变才刚刚平定，人心还未安，而且郧阳已是残破之城，担心敌寇遗孽会潜伏攻击，在深入思考郧境形势之后，还是未敢轻易远离。至于总兵邓玘，曾奉行皇上的防郧之旨，我与总督商议后，令他暂留郧阳统率中、前、后三营，看楚、豫、蜀、秦情势缓急以作策应，后来又令他带兵赴上津的山中搜剿。倘若汉中贼势众多，我们一切都会听从总督的调度，不敢急郧阳而缓汉中。总兵许成名、副将杨正芳所分领的筸兵，一方面在防守郧阳、二竹，一方面在扼控荆州、承天，都是当前的要害之地。湖广巡抚唐晖，在周详计虑着全楚之地，他以运筹帷幄著称，我与他斟酌商量分别布防，以巩固江山的根基，以舒张皇上南顾的圣明。

高斗枢守郧

高斗枢，字象先，浙江鄞县人，崇祯元年(1628 年)戊辰科进士，初授刑部主事，因为参与审议巡抚耿如杞不向魏忠贤低头一案，在魏忠贤倒台后受到牵连，与四个同事一起被关进了皇家监狱。不久复官，后历任员外郎、荆州知府、湖广副使兼长沙兵备道、郧阳按察使，后加太仆寺少卿。有《蚕瓮集》《官宦漫记》《三楚旧劳记》《守郧纪略》《存汉录》等著作留世。

高斗枢守郧于崇祯十四年(1641 年)六月。《守郧纪略》是他在清顺治年间回到家乡之后所写，文中详细记载了自己守郧 3 年里所经历的一场旷日持久的战争过程，让人读起来荡气回肠。《守郧纪略》的意义，不仅在于揭示出了明末那一段连郧阳人自己都遗忘的往事，更重要的是从里面所折射出来的一种郧阳精神。这是一种泰山压顶而不摧，百折不挠的精神，应该为世世代代的郧阳人所受用。

下面是根据高斗枢本人的文言体《守郧纪略》所翻译成的白话文本，里面有延伸添加的个别词句是从其他史料中抄来后融入的，目的是为了让读者能更好地了解当时的历史背景。

一

崇祯九年(丙子，公元 1636 年)，高斗枢以湖广副使兼任长沙兵备道。

崇祯十三年(1640 年)，朝廷晋升高斗枢为湖广布政司右参政，仍驻长沙。该年，朝廷阁老、兵部尚书杨嗣昌曾经打败张献忠，并俘获其妻妾以及军师潘独鳌，却没有立即把他们杀掉，而是关在了襄阳狱中。张献忠进入四川后，与李自成、罗汝才以及老回回、革里眼等人遥相呼应，让四川巡抚邵捷春无力招架，以致被朝廷逮捕。杨嗣昌则统领诸部之兵追入川中，与农民军相互战守至第二年，反而使农民军愈战愈烈。

崇祯十四年(1641年)六月，朝廷晋升高斗枢为郧阳按察使，命他迅速进驻郧阳。此时，郧阳巡抚袁继咸刚因襄阳告急，已移兵镇守襄阳，高斗枢就成为了郧阳城内的最高长官，在郧阳知府徐起元的协助下力守郧阳。郧阳这个地方为水路要冲，李自成、张献忠等农民军已经在这里出没十年了。

早在该年正月，张献忠再次自四川奔楚而来，杨嗣昌督兵迎战于楚蜀之交，却兵败而大溃。二月初，张献忠乘机从巴山小道一天急驰300里往襄阳救妻妾，在路途之中遇见并杀死了杨嗣昌派往襄阳的信使，搜走了他身上的军符，连夜叩开了襄阳城门。当时，襄阳城内只有数百防守兵士，他们被先期抵达的农民军用盗取的军符骗开了城门，又在利诱下叛变。夜半中，城中突然四面火起，除叛变军士外，所有官民人等都不知道是何缘由，以致大乱。当夜，下荆南道分巡张克俭以及襄阳府各官都被杀死在自己的卧室内，襄王朱翊铭也同时被杀，均是防守官兵叛变后所为。次早天明，张献忠进城时，防守官兵们列队迎入，让张献忠直接从狱中接取了妻妾以及潘独鳌后扬长而去。天子闻报大怒，下诏逮捕了郧阳巡抚袁继咸。先前，袁继咸已奉杨嗣昌的檄文驻守在竹山，离襄阳有千里之遥，按理这不应该是他的罪过。但朝廷不这样认为，郧阳藩镇内发生了杀死亲王的大事，郧阳巡抚岂能摆脱干系？为此，朝廷还罢免了驻郧的下荆南道分守万言策，同时晋升右参政王永祚为郧阳巡抚，又把高斗枢从长沙迁郧任按察使兼下荆南道分守道，调郧阳布政司参议冒起宗为下荆南道分巡驻守襄阳。

高斗枢于七月初从长沙乘船出发，至荆州后卧病数日，月底抵达襄阳，只见城中一片焦土，向来繁华的商肆集中之处，只存颓垣败壁。城中的居民也只剩二三成，全部葺草以居，官署也仅看到几个新修葺的。他在徘徊之中由襄入郧，已是八月初六日，只见六里长宽的郧城已一半为荒地，居民不满四千，又听说所属的6个县城都已为农民军所破。再看郧阳城外：民居俱毁，无一居民，所有田畴都长满蓬蒿，只有靠近城墙之田，才有胆大之人出城耕种以糊口。那年，正遇蝗灾，蝗虫遮天蔽日，野地寸草无生。就在七月间，张献忠再次由郧入秦，有朝廷督师丁启睿与镇守将军左良玉率大兵尾随而至郧阳。左良玉之兵二三万人一涌入城，城中没有一家没有驻兵的，其奸淫秽亵之状不堪入目。数日后，他们起程之时，又罄洗所住之家财物而去。左良玉走后10余日，高斗枢莅郧，全城俱无米菜可觅。乡民与其相见，无不痛哭流涕，都说不恨贼寇而恨官兵，真是悲惨至极。

高斗枢这一路，自荆州至襄阳，所经过的荆门、宜城等城邑大多无恙，而村落已空，只有十余个仅存。自襄阳至郧阳，则所有城邑已破烂不堪，出城不见一人，村落也只存废址，想要找到一椽一瓦都不可得。像郧阳府所属的房县、竹山、竹溪、上津、郧西、保康六县，所有城郭均被夷为了平地，城址上一片蓬蒿，仅存的居民全部找高山之上的平岗结茅而居。大县达到30余寨，小县不过10余寨；大寨可居200人，小寨不满100人，都在各自开垦寨下之田以自给。上任的县令也居寨上，征税和运输久已停止，民众贫弱但很少发生诉讼，官府里的小官和差役全部逃亡，县令与居民一起并肩耕作而食，不再到府城来参谒了。

二

高斗枢八月初八日正式履任。十三日，他忽然接到猛如虎将军发来的檄报，说张献忠再次东来，马上就到郧阳。当时，郧阳兵力全部发往了各路，都是因为考虑到张献忠既然西进入秦，倘若陕西之兵严守，必定折返往北，不料却从西返东而来。不一会儿，猛如虎进城，所带之兵仅100余人，显然是败退而来。第二天一早，张献忠就到了郧阳城下。高斗枢早已率守城的士兵在城上固守。好在张献忠不知道城内无兵，又顾虑有督师丁启睿率兵追赶在后，就绕城向东而去。即使这样，城中军民还是受惊不小。更让人们惶恐的是，都在传说左良玉的兵会再次经过郧阳。高斗枢立即派遣使者前往迎接丁启睿，并且恳求其兵不要入城。丁启睿回书答应，已下令不许军士入城，只拜托高斗枢能在城外找几间小房暂住，以便他向皇帝发一道疏文。高斗枢把丁启睿的书信传示给军民，人心才得以安定。第二天，丁启睿抵郧阳城郊，驻在城外一处低洼狭小的关帝庙中，10天之后东去。只有左良玉，还在为不让自己入城而十分不悦，但高斗枢坚决不留情面，反复阻止他进入城内。前面所提及的猛如虎是一位胡人降将，十分骁勇善斗，可惜在当年冬天战死在南阳城上。

郧阳是一座巡抚驻守的镇城，当时的巡抚王永祚已经移镇襄阳，城中职位最高的就是高斗枢，与他共同守城的有知府徐起元、同知陈万家、推官朱翊辩等人。营将有房竹营游击李茂春，拥兵1500人；均郧营游击胡廷聘，拥兵1500

人，其中500守均州，留郧1000人；巡抚标兵左营百户杨明起、余启凡各领300兵；游击王光恩领300余降兵。

高斗枢环城一周考察地形，发现城东与城北都是山麓，城西与城南靠近汉江。他考虑农民军善骑而不习舟楫，料定战地必在东与北，就开始排兵布阵：汉江离西城墙仅一丈许，向南流经半里后有一小山名曰“西坛”，再折而向西，绕过西坛复折而南，沿至东南城下，离城墙也只有丈许。于是，他就在西北、东南两个关隘处，各修补起一座早已废烂了的城楼，一面倚城，一面临汉水，各砌以砖，楼上设置了很多铳炮，楼下开一门，以便人们出入。他派李茂春带兵扎营在东南楼之内，沿南城外布兵。西坛之山高出城墙丈许，离城近且居高临下，而且山顶颇平，可容数百兵力，就令杨明起在这里据守。西坛之下为一片江滩，地平如掌，为城西南之门户，就让王光恩在这里据守。城东之下有两个小土丘，一个叫“四铺嘴”，一个叫“青龙寺”，离城很近，就令徐起元据守四铺嘴，又从均郧营兵中分出200名据守青龙寺。其余均郧营兵则居于城中，以防备城上以及往他处调发之用。因为均郧营之兵都是郧阳城人，与郧阳城内的民众都沾亲带故，比别的守城各营另有一套独特守法，所以被留在了城中。郧阳城北为山，素来无城壕。城东虽有城壕但很浅，地势也陡峻而不能蓄水，他就下令在东北离城丈许之处再筑一道土墙，高八尺，每个墙垛上留一铳眼。历时三个月，四城防守工事完备，而且一切筑墙造楼、葺盖兵房，全部使用的都是各营之兵，没有劳烦一个百姓。也幸亏从崇祯十四年(1641年)冬到崇祯十五年春郧城无敌情，所以才能够从容修筑出如此严密的防御工事。

三

崇祯十五年(1642年)夏，高斗枢忽然接到从兴安府(安康)发来的檄报，称川贼姚天动(摇天动)早先与群贼入川所形成的“摇黄十三家”，均向东而来，唯独摇天动一家独留川北，但现在也将从兴安趋奔竹山以及郧襄，大约有万余人。高斗枢得报后，立即令房竹营千总漆尚友，均郧营千总高万锦、杨明起3人合兵抵御。摇天动在闻听竹山有备之后，就迟延着不敢入境，不久即返归川北。

九月间，王光恩对高斗枢说，他的弟弟王光兴在摇天动营内为一小官，领兵数百人，来信说情愿投顺。高斗枢害怕有诈，就没有答应，但王光恩反复请求，态度非常诚恳，高斗枢这才应允。他令王光恩派人招他前来投诚，王光兴果然前来，将所带之兵淘汰老弱后，得精壮150人，隶属于王光恩营。自此，王光兴改名王光泰，在之后的李自成犯郧战斗中，表现得非常英勇。

按照张献忠、李自成原先的战法，每攻陷一城，必大肆抢掠而去。但自崇祯十五年(1642年)夏秋始，李自成、罗汝才每得一城就分兵防守，并且严禁抢掠，以笼络民心。当时，他们已取得河南数府，即将攻取襄、郧。而大将军左良玉自从在开封溃败之后，久住樊城，全无斗志，并要放弃樊城而去。郧阳巡抚王永祚全力挽留左良玉，要他在樊城固守，以拱卫襄阳，说只要有你的大兵在，农民军必不敢犯襄阳，左良玉假意答应。但是，当李自成、罗汝才从汝宁趋奔襄阳时，左良玉竟然闻风而逃到了荆州。难得他还能想起自己所奉敕谕之上的防区是以江为界，自感已经无路可逃，只得又改往了武昌。而此时，李自成已经长驱直入樊城，徘徊数日后，以大炮轰击襄阳北城以探虚实，这才发现只是一座空城。李自成取樊城之后，襄阳城内一片惊惶，一时间文武官员们纷纷把家属送往船上逃离。李自成则沿江西上70里，在白马滩渡过了汉江。王永祚闻报后，竟然不做任何抵抗，护送着福清王东下而去。腊月初三日，李自成进入襄阳。

初八日，李自成分兵攻打均州，当时均州由降将惠登相守卫。惠登相隶属于大将军左良玉，其人平素就狂悍难驯，不愿受郧阳巡抚的节制。当他听说李自成发兵来攻时，竟然也放弃了均州城，收敛兵力之后登上了武当山，想要依险自保。均州城失守后，城内守将高万锦觉得无颜再见江东父老，自溺于汉江而死。

十二日，李自成兵抵郧城之下，高斗枢率各营军士苦战于城外。王光恩、王光泰、杨明起、余启凡等将领都英勇奋力。农民军昼夜不休地攻打四铺嘴、青龙寺，余启凡等人则不断向敌军投掷火罐，但敌军在不断被焚死的情况下，始终进攻不止，可就是不能登上城墙半步。农民军见强攻难下，就分股直抵城北。高斗枢在城北土墙上已等候他们多时，见农民军前来就让伏守着的鸟枪手们射击，几乎百发百中，农民军不能靠近。到十五日，农民军才知难而退。在这个腊月里，荆州、承天都相继沦陷。

自从李自成在白马滩渡汉江之后，郧襄之间的道路就被彻底阻断，所以郧阳城内在此后很长一段时间里竟然不知道襄阳已经被农民军占领。直到李自成攻郧而退，城内出兵追击，俘获敌军30余人之后，才从他们的口中得知了襄阳的情形。房竹营游击将军李茂春平素就是个懦弱胆怯的人，他在听到襄阳失陷的消息后开始害怕起来，说巡抚既然已经东去，郧兵的月饷谁来发给？刚好，惠登相在武当山上写信，劝他还是远避郧阳为好，否则贼寇再来，必然不能应付。于是李茂春于十七日夜拔营西去。高斗枢闻讯亲往挽留，李茂春不为所动。第二天，李茂春在过金漆潦时，会见了镇守在这里的参将徐勇。徐勇先前奉巡抚王永祚的台谕在这里守滩，他不让李茂春带兵通过。李茂春营虽然有船，但船少兵多，大多是自郧阳城中步行出来，特别是那些家眷妇孺们无不对他嗟叹怨恨。李茂春受阻之后，发现这里竟然四乡无一处居民，军兵也没有地方能够取得食物。大窘之下，他不得不统兵再回归郧阳城内。

高斗枢决定杀一儆百，杜绝此类事件再次发生，就下令给各营："李茂春罪在不赦，必须擒获议罪，而其副将和所有各兵则不妨招之入各营。"于是王光恩、杨明起、余启凡等人各招房竹营军兵不等。擒获了李茂春后，高斗枢把他绑缚送到参将徐勇的兵营，令他羁压在营内，等候请旨定夺。此后不久，徐勇放弃金漆潦移兵兴安，押着李茂春而去。不数月，李茂春病死于军中。

王光恩、杨明起、余启凡三人，在分得李茂春的房竹营之兵后，又各自招募，使三营之兵都超过了千人。高万锦死后，所带的均州军兵也多逃回郧阳，仍归入均郧营，于是郧阳城内的兵力达 4000 余人。

四

崇祯十六年(1643 年)春，李自成与罗汝才同驻襄阳，把襄阳、荆州、承天、汝宁、南阳及河南开封等府全部占领。此时，李自成之志在觊觎皇位，想先吞并各部农民军之后再取北京。当时张献忠在安庐、黄州一带，李自成每次与他书檄往来，都用上司对属下的体例行文，使得张献忠恼羞成怒，但他还是畏惧李自成的势力超过自己，虽不敢与他正面较量，却也再不敢与他合营。至于老回回马守应、革里眼贺一龙等各股势力，李自成就用计除掉其魁帅，收归其众。现在就剩下罗汝才，而且势力与李自成相当，李自成就想出了潜入其营地悄悄把他除掉的方法。三月初六夜，李自成自统百余精兵于黄昏骑马出襄阳城，天亮时出现在罗汝才设在郧阳郊外的大营外，撞门而入，斩罗汝才于卧榻之上。罗汝才的部下开始多有不服，但经李自成的百般笼络，历时半月终于搞定。此后，中原就只有李自成一人与朝廷为敌了。

惠登相在武当山本属官军系统，李自成屡次招他入伙。本来，惠登相看到李自成的势力越来越大，是有叛明投李的意图，可是他发现李自成开始诛锄所有同辈，产生恐惧而不愿前往。李自成大怒，令一个姓刘的将领统 3 万兵力攻打武当山，计划在擒获惠登相之后，转攻郧阳。惠登相闻风逃往了兴安，李自成追之不及，遂在白河一带劫持往来货船，想顺汉江而下侵犯郧阳。高斗枢考虑，郧阳城外之西南各处，虽然被各营所占据，但均为独自凭倚汉江之险，还是难以抵挡李自成顺流而来之势，担心各营不能自固。他又计虑，李自成是自兴安至白河再转郧阳，船数不会很多，只要控制住了郧江上的民船，就能削弱他们的势力。因此，他急令水哨头领马之服带领兵船十余艘溯流而上，强行驱赶沿岸民船。将近白河时，马之服得知李自成已获得五条小船，但是船户已先行逃走，农民军上船不能自驾，于是马之服毅然驾船冲了过去，缴获了一条船和船上的 12 个人。其余的四条船在惊慌之中随流漂走，两只倾覆，两只登岸人走，马之服就带着缴获的五条空船而归。不久，李自成只得从陆路从均州渡过汉江北岸，前来攻打郧城。

当时，郧兵只有绿营(汉人野战军)兵 4000 余人和郧阳卫军 300 人。高斗枢又组织民间壮丁 2000 人，让有能力的秀才带领，全部出城与农民军搏战。城上只留老弱者守垛，以及均郧营兵操控 200 门铳炮。开始，农民军势头甚猛，先用从均州城内静乐宫拆下的百余扇门板排列在城东北之外，以绳索捆缚，形成木墙，扎为军营。高斗枢见状，派兵抵近他们的军营，连续用火罐抛击，大火腾起。农民军仓皇败走，于是官军撤除全部木城，拔掉了敌营。第二天，农民军复抵城下，用 60 余条木梯强行登城。高斗枢指挥各营奋力出击，杀敌数百，尽夺其梯，农民军这才退而扎营于离城十里的杨溪铺。高斗枢召集各部将领，与他们约定："贼众五倍于我，且有骑兵 2000 余骑，我军出战时，不可远追。否则敌人用骑兵绕到我军后方，则城与兵不能同时兼顾。今后凡出城作战，以一里地为止；凡我军与贼兵相持，假若贼不能马上被击退，城上就击三声大锣为号，我军应立即向两边躲避，以打开铳路，让城上 300 管大小铳炮一齐鸣发，贼兵就没有不受伤的。如果敌人还不退，而且逼近土墙，墙内就鸟枪齐发，佐以城上之炮，必然能击退敌人。"

自三月底至四月初，官军采取这样的战术击死击伤农民军甚多。忽然有一夜，城上哨兵发现 20 余丈之外，有农民军在暗中往来，而且彻夜不休，不知道他们在干什么。到天亮时一看，才发现农民军已经筑起了 10 余座高台。这些高台是用土铺一层，再割取田地里的麦子平铺一层，层层累起，与城墙等高，长 2 丈，宽丈余，并在上面用砖石砌垛，架设了火铳向城内轰击。连续 3 夜，他们筑成的高台达 36 座，横亘于城之东北二面。又过了 10 余日，高斗枢料定台上的农民军久而必倦，就约定各营及民兵，同时倾城而出，全力攻麦垛台。居民中的老弱者，都携带着锄头、钉耙跟随在其后，每攻破一台，就用锄、钯挖平一座，并把还没有来得及使用的麦子携带回城内。自早晨到中午，共锄平 22 个高台。考虑到军士已经十分饥倦，高斗枢即令大家回城。第二天休息，第三天再出兵，锄尽了所有高台。农民军无奈，再退至杨溪铺，但依然没有放弃取郧的意向。

郧阳巡抚标下的游击将军刘调元，在襄阳沦陷之后率众进入大山之中，一直都想回到郧阳，只是担心郧阳无粮而不能长守。此时，高斗枢派人相邀，要刘调元率所统的 600 人回归郧阳。农民军闻听之后，就分兵渡过汉江去迎击刘调元。高斗枢马上发兵千人驰援，大败农民军。五月初一，刘调元终于带兵回到了郧阳。高斗枢考虑他们是远道而来，就让他们休息了一天，等初三日黎明再尽发城内外官、民、各兵扑往杨溪铺灭贼。初二中午，城上军士遥望农民军的营中起火，好像是有逃跑的迹象，但忽然落下的大雨又浇灭了那些大火，使得敌营又安静了下来。等初三日发兵到达杨溪铺后，才发现农民军已经不知去向。

李自成、张献忠攻郧，先后有过 4 次（这之前），而这一次最为猛烈，也是唯一让城内官、民、兵全部自愿捐躯报效的一次。

五

在四月初时，高斗枢曾经派人前往陕西，向总督孙传庭请援，说自己 10 天以来在郧阳杀贼 3000 人。孙传庭笑着问来人："你们郧阳杀贼已经过万，为什么只报 3000 人？"来人无法回答。孙传庭说："昨天有贼人来投降，自己说他们攻郧不破，已死了 1 万兵。"来人这才明白了孙传庭的意图，回应道："我们与敌人作战时，看见一个敌人倒地，就记一功，所以才报杀敌 3000 人。至于敌人在阵地上负了伤，回营之后才死的，郧阳城中就无法知道，所以贼人才会说'满万’。”孙传庭同意他的这个说法，遂调发中军官高杰统兵援郧，但还没有到达就听说攻郧阳的农民军已经撤退。

经此一战，郧阳将士坚定了一个信念：敌可御，城可守。因此人人自奋，再无离开之心。此时，郧阳巡抚标下的降将苗时化从南漳率众来归，更加鼓舞了郧阳的士气。苗时化是一名善斗的骁将，他的归来使郧兵的势力大增。

五月底，李自成闻听明军总督孙传庭将要带兵自西安出潼关南进，就马上布防于邓州。他又怨恨郧阳此前的坚守使他不能全力北上，于是再次发兵攻郧。高斗枢闻听之后严阵以待。不几日，农民军抵达离郧阳城80里外的龙门塘，却驻足不再前进，让郧阳城内军民都不明白原因。高斗枢分析说：“必定是前面被打怕了，畏惧而不敢前来，又迫于李自成之命，也不敢回去。现在我们应当在每天黎明时发兵500人，扎营在杨溪的山上，日落回城，次日再去。”他又告诫这500名军士：“倘若敌军倾巢而来，你们要马上回城，不可轻战。”如是者三日后，农民军逃遁。之后，龙门塘的居民们说：“贼兵非常畏怕郧阳，不敢前往，看见杨溪山上有兵防守，就想着要远逃而去。那一天五更之时，汉江突发大水，水石相击之声传得很远，有一个贼兵在梦中大呼：‘郧兵至矣！’遂军营大乱，他们在相互残杀中或奔或伏。天亮后，贼将说：‘还没有见到郧兵，就已经作如此之状，还怎么去攻郧？’遂离去。”

均州离郧阳仅120里，被农民军所占据。从郧阳派出的哨探，一直不能逾过均州再向东。六月间，高斗枢令王光恩、苗时化、刘调元攻打均州。农民军闻讯而逃，官军收复了均州。

总督孙传庭从西安出关讨贼的消息已经沸沸扬扬，李自成则在邓州以逸待劳。高斗枢派人请教于孙传庭，孙传庭授计说：“我的大兵出关，李自成必然全力迎战，请你以郧阳之兵直趋光化、谷城，以捣襄阳。”高斗枢请求密示兵期，约定在八月上旬攻下襄阳。七月底，惠登相、徐勇奉孙传庭的檄书，带兵从兴安趋均州，到达郧阳时与郧兵会师，准备一同去攻光化、谷城。高斗枢说：“督师之兵还未出关，而李自成在邓州，离郧阳只有300里，郧兵还不宜远出，暂且在郧阳等待时机为好。”惠登相不听，与徐勇一起直扑谷城。高斗枢不得已，先令刘调元、苗时化跟进，他自己则要等李自成离开了邓州，再发大兵。

八月初，惠登相、徐勇、刘调元、苗时化兵抵谷城之下，农民军没有料到官兵会猝然而至，一时仓皇无措。然而，惠登相没有携带攻城之具，农民军想逃走又被官兵团团围住而不敢出，出现了城上寂无一人相守，而官兵束手不能登城的尴尬局面。第二天，惠登相等人才弄来了木梯、锄钯等工具，但城上的垛夫却手持铳炮、矢石排列已定。相持数日后，襄阳城里的农民军赶来救援，被惠登相与苗时化迎头痛击，斩首数百，生擒140余人，其余转头奔回。但是，谷城仍然坚守不下。刘调元在谷城受到惠登相的侵欺和侮辱，就独自渡过了汉水向北抵达了光化城下。刘调元投书告谕守光化县城的农民军将领傅某，傅某遂以城献降。

九月初十，高斗枢闻听孙传庭已经出关，李自成也离开了邓州北上，就亲自统帅王光泰、杨明起和部分均郧营之兵前往谷城，而谷城之上依然坚守如故。高斗枢考虑，必得内应方可破城。又过了10余日，李自成委任的谷城知县陈知从城内捎出密信，请求投降，约好次日清早，官兵从西南角登城，遂破谷城，农民军或死或逃，而城内的居民因早先曾被张献忠所屠，还不满200人。惠登相入城后，再次纵兵大肆掳掠，经高斗枢全力禁止才停止。

第二天，传来孙传庭兵败的消息。

六

孙传庭出关后，李自成率兵在河南襄城、郏县之间等待。孙传庭由陕至郏，所经过的府县都是被李自成已占领的城池，但均没有遇到任何抵抗，大军一至立即入城，进军速度之快超出了想象。但等他到了襄、郏之间，才警觉离潼关已经很远了，粮运出现了困难。相比之下，李自成则坚守不战，还分兵万余人绕到了孙传庭之后，断绝了粮饷通道。孙传庭此时才大惊失色。在弹尽粮绝之后，有总兵白广恩首先向李自成投降，其余官兵遂一溃而散。

孙传庭兵败的塘报到达谷城后，诸将都很失望，惠登相、徐勇更是沮丧。高斗枢不清楚李自成的行止，所以不敢贸然攻打襄阳，又考虑谷城远离郧阳，担心郧阳有失，决定收兵先回均州，以打探清楚李自成的消息之后再决定下一步的行动。一个月后，高斗枢才得知李自成已经入关进入了西安，又派人到襄阳保护他的妻妾北去。高斗枢这才放下心来，开始统率各营攻打襄阳，然而惠登相与徐勇竟然不愿同行。当时，襄阳城里的农民军将领有李之纲、路应标、杨捷等，他们见官军兵至，遂开门出战，被苗时化、王光恩奋击而大败，斩杀200余人，其余奔入城内。襄阳城墙很高，而且北临汉江，东、西、南三面皆为壕沟，深广而难渡。农民军又恐郧兵会顺流而下，就在城西北的汉江上，用大船填巨石沉在了江底，自南而北横截了江流。高斗枢令各营，在三更之时扛着许多小舟，想在城东南一带渡濠登城。襄阳城之外，还有时连时断的一些短墙，有守兵藏在短墙之内，见有小舟渡壕就齐出墙外，铳箭齐发，使小舟不能靠近。高斗枢又想诱农民军出战，可他们始终不出。他再想围而坐困襄阳，却接到了郧阳知府徐起元、郧阳府参军朱翊辩各自的书信，称李自成已破西安，又不断攻城略地，汉中、商洛一带都已经为其据有，已经逼近郧阳，而郧兵远出，请详加思考对策。高斗枢见信后大惊，于腊月十五日收兵回郧。此时，徐勇与惠登相已经各率所部取道于襄阳之北界，疾驰而东奔往武昌投靠左良玉去了。左良玉镇守在武昌，拥有重兵，发以重饷，逍遥多年，假若他在孙传庭出关时能出兵襄阳，使李自成腹背受敌，就必不会让李自成轻松打败孙传庭。

崇祯十七年(1644年)春，李自成已占据全秦，将北犯京师，又恨郧阳曾经派兵攻打襄阳，于是发兵3万由路应标、冯养珠等人统领以攻郧。郧阳城内，当时有胡廷聘、刘调元、王光恩、苗时化、杨明起、余启凡六营，兵力与以前相比并未减少。但是，自崇祯六年(1633年)十三家农民军渡黄河之南以来，没有一年不骚扰郧襄，已经被奉旨停征任何赋税多年，军饷无处可以筹措，公帑仓藏一贫如洗。在去年四五月份农民军围城时，城外的大、小麦都没有收割，水稻也无法栽秧，一年都没有任何收成。入冬后至今年春，徐起元派兵遣将保护大船从郧阳城出发，溯汉江、堵河至房竹一带买杂粮以自给。而居民中的贫者，就只能采食草根、树叶充饥。即使在这种境况之下，但凡一遇农民军攻城，城内兵民则齐心奋勇抵御。农民军在城下占不到任何便宜，就退而结营于杨溪铺，每隔三四日到城下攻打一次，但势头不如之前猛烈。高斗枢探得，农民军粮运同样颇为艰难，从各处征集到杂粮后运至均州，再从均州运往郧阳，时常出现不继之时，就与各营官们商议："敌寇倚靠均州为窟穴，而均州城内之敌都认为我军自守无法补充供给，必然不防备我军能前往奔袭。如果我们自偏僻的小道奔袭均州，杀敌魁帅，烧敌积聚，则是退敌的一个好策略。"于是发兵千余，由杨明起带领。他们日落时出发，渡过汉江，从南岸直驱均州，黎明到达，均州果然没有防备。各兵士奋勇入城，逢人便砍，直奔粮仓，烧其粮仓之后立即返还，直到此时农民军还不知道兵从何来。粮仓被烧的消息报至郧阳城外的杨溪农民军大营，各营均后退30里，分明是胆怯想与均州稍近。不数日，他们以口粮不继而退去。这一仗，自正月二十至三月才结束。

自崇祯十五年(1642年)冬襄阳沦陷后，朝廷命李乾德为郧阳巡抚，但通往郧阳的道路都被李自成占领而无法前来上任。后来又派郭景昌出任郧抚，同样以路绝不能入郧。于是朝廷里有讹言相传，说郧阳已经沦陷很久了，朝廷遂不再推举、选派、设置郧阳巡抚。至崇祯十六年六月，高斗枢派出的具疏请兵之人终于通过了敌军的层层封锁抵达京城，朝廷这才知道郧阳尚存，于是复议郧阳巡抚的人选。在廷议时，大臣们大多推荐高斗枢，但当时的内阁首辅与高斗枢有过节，坚决反对这个提议。可悲！此时的郧阳城仍处于万死一生的地步，但在那些阁僚们的眼里，却依然视巡抚为一份美差。朝廷最终的决定是：以郧阳知府徐起元为巡抚，以郧阳府推官兼参军(亦称司理，推事的别称)朱翊辩为郧阳按察司佥事，只加高斗枢为太仆寺少卿衔。由于路阻不通，这道谕旨直到崇祯十七年四月，才被一个曾经参加过郧城保卫战的旧时弁帅，昼伏夜行地送到了郧阳。此时，北京城已经沦陷多日，崇祯皇帝已死，明朝已经灭亡，而郧阳城里对此却全然不知，依然在毕恭毕敬地迎接圣旨之后，按照程序进行官员之间的权力交接。徐起元莅任郧阳巡抚后入驻巡抚衙门，朱翊辩上任按察司佥事兼摄道台，高斗枢只得托病迁往别署。

就在三月间，高斗枢还曾经派差役前往武昌请求援兵，朱翊辩也同时差役前往襄阳、荆州请兵，都因为沿途已被农民军所占据，所有这些差役都是破衣乞讨前行。七月，朱翊辩所派出的人先归，拿出湖广巡抚何腾蛟的手书，才知道京师已于三月沦陷，先帝已经归天，福王朱由崧已经登基南都。于是郧阳城中的文武诸臣，都为先帝发丧，哭临如礼，无不尽哀。不数日，高斗枢所遣之人也归来，始知当李自成攻破西安城以后，朝廷就在商议怎样固守汉中、兴安(安康)，遂设汉中巡抚以巩固蜀之门户，在二月间就已经委任高斗枢为汉中巡抚。可悲的是，当时朝廷竟全然不知汉中、兴安已沦陷日久。自然，高斗枢是无法再去上任的。第二日，郧阳又得知路应标自襄阳复来攻郧。

路应标在七月十五日进抵郧城下，攻防之间的情况大致如前。高斗枢虽然已经卸任郧阳麾帅，但仍然每日登城与大家协力御敌。当时，农民军分出千余骑兵，每天巡哨在汉江之南，防止郧兵再袭均州。郧阳军民虽然疲惫至极，而农民军更是粮运艰难，军心涣散，多欲散去，只是路应标不许而已。敌我双方僵持不下，战事拖至好几个月。不久，农民军内部出现内讧，势力大减遂星散离去。

顺治二年(1645年)三月，清兵抵达襄阳，郧阳巡抚徐起元令王光恩到襄，商议投顺清军。高斗枢悲愤难忍，却因故乡路绝，遂搬出郧阳城在沄洲(城东南五里江中岛)耕种自给了两年。

顺治四年(1647年)春，家乡的前大夫葛世振遣仆人来郧，高斗枢才知道清兵已平定了浙东。当他得知自己的家难后，马上买船东归。

高斗枢的《守郧纪略》及葛世振《序》

一

当回到家乡的高斗枢写出《守郧纪略》后，在清初的江南产生了很大影响，人们纷纷传抄。还有许多人写评论文章，其中葛世振为《守郧纪略》所作的序，被公认是评论最到位的一篇。

葛世振，字仞上，号同果，浙江鄞县人，崇祯十三年（1640 年）庚辰科进士第二名，初授翰林院编修，是皇帝的日讲官，曾作《四郊礼成，颂辟雍重临赋》进上，以文词巨丽在京都盛传。又曾奏兵饷之事，有“增兵不如练兵，加饷不如清饷”之语，极称帝心，曾将他的名字书写在了御屏之上。不久，葛世振请假省亲告归，在家乡得知崇祯帝吊死于煤山后，曾作《十哭诗》。遂闭门与世隔绝，每日“督课农桑”，仅守先世所遗的薄田以种秫、酿酒度日糊口。

二

葛世振《守郧纪略序》全文如下：

守郧纪略序

读史而尝叹古人勋业，其彪炜不朽者，非独人之有异才，特遇以其时耳。世咸推韩、范，以文臣而谙武略，胸罗甲兵，手捧天日，为能屹奠岩疆，铭功彝鼎。然在韩、范之时，亦易易也。若乃国步多艰，势成板荡，岂乏毅斡不二心之臣，枕戈饮血，力图定倾，而绌于事权，肘左右掣而不得舒，徒以身瘁？此其人之不幸，而实宗社之不幸也。亦孰非天为之哉？

中丞玄若高公，经纬学贯，杰然宪邦之才，而严气正性，尤世所莫及。筮仕由刑曹出恤楚狱，多平反；寻剖虎符，守荆州，褰帷风清，兴利除害，庶政厘举，戢宗藩之暴横，厚民拊翼，人咸爱戴之。时流寇从晋、豫渡河，屡逼荆城，公聚析简稽，整修防御，使贼不敢近，已谂公壮犹克诘矣。嗣以副宪莅湖南，备兵长沙。楚郡在江北者，尽罹寇残蹦，而临蓝衡湘间，群盗蜂起，公拮据戎务，于十二属邑之城堡，预加缮治。虑额兵单弱，捐俸招募，练习乡勇。沿江一带，上自都石，下至磊石，增造水舰，演熟哨法。贼果由衡山突攻湘潭，以有备，水陆齐发，俘斩无算，大创而去，遂得提兵同沅台合剿临蓝。大小十余战，蹋伏捣虚，皆以全胜居上功，此守长成效也。

晋臬长(提刑按察司使的别称)，移治下荆南，驻郧阳，则闯、献二贼逆焰益炽矣。郧属六邑，俱没蓬蒿，青磷遍野，独郧城弹丸六里，隍垒仅存。甫莅任，献贼忽自东来，公坚壁固守。贼知戒严，因引而西，郧幸无恙。未逾年，李贼据有荆、襄、承、德诸郡，从陷均州后，悉力来攻，先后破郧城者五。公身冒矢石，鼓率将士，倚辕而令。常以少击众，出奇制胜，贼始畏郧兵，相戒无犯。尝列营杨溪，贼有闻汉江水石相击声，夜大呼为郧兵至，相杀奔窜者，而郧乃获存。公因乘胜移师恢均州，是守麋功绩，较守长有加倍者。

夫流氛之肆毒全楚也，以洞庭、湘江之险，曾不闻扼要而御！版图辽阔，鞭长不及。凡议进剿，镇必会商于抚，抚必请命于督，为可卸罪地。而兵东则贼西，兵西则贼东，以致军机坐失，动遭败衄。若画地分界而守，得尽如公，以一道臣而殚心戮力，先事绸缪，兵不逾数千，敌贼百万，在长则长全，在郧则郧全，江汉咸倚公为固，贼虽狡劲，亦何难扑灭？且当日总阁部建大牙者，每皆书生白面，不谙兵略之人。一有偾辕辄加逮系，屡易以新人无恃志。如公莅楚凡十五年，其于湖南、北七道，山川要害，形胜所区，无不洞晓，而且挟纩投醪，威信素著，将士慑服。使之开府江夏，相机扫荡，合全楚之力，以扼贼吭背，贼必不能西袭全秦，长驱入北，天下事尽可为也。

忆辛巳，贼以八骑假督师符，诱破襄阳，亲藩遇害，举朝震动。余侍从经筵先帝于进讲毕，言及楚事，悯念赤子涂炭，泫然挥涕。因拊髀而叹，谕大臣亟简在事历练知兵者，克期迅剿，乃有颇牧如公，而不能用，良可悼也！公志扶社稷，于狂氛遍斥中，独保危城，嚼纸煮铠，绝乏救援，上疏痛陈时变，并乞师。隔岁而始得达，在揆路尚有阻挠之者！数千里外，孤臣泪洒，有衷莫诉，言之令人呜咽！

比甲申二月，迁公中丞，抚秦汉、兴军，而秦地久陷，已无及矣。哭读啮血遗诏，公誓不与贼俱生。虽已谢郧麾，而值贼攻郧，挺身登陴，志不少懈。欲为南都一图恢造，而势竟莫挽。不得已，退耕沄洲，自甘埋遁。比年归里，同余栖迟林壑间，每谈及楚昔情状，辄抚膺太息，以有愿未展为憾。公功足媲韩、范，而勿殚厥成，惟天实为之！读公《守郧纪略》，凭吊往事，亦大堪悲已！

光溪逸史确庵葛世振拜题

其大意为：

读史时常常感叹古人建立勋业。那些彪炳史册、光耀不朽者，不光要有特殊异才，还得有特别的机遇。世人都推崇韩琦、范仲淹以文臣而谙熟武略，胸中罗列百万甲兵，能够手捧天日，屹立于人生之巅，奠定国家疆宇而铭功于彝鼎之上。然而在韩琦、范仲淹所处的那个时代，建功立业还是很容易的。若是在国家命运处于危难之中，政局已成混乱、社会全然动荡之时，虽然不缺果敢的、忠贞不贰之心的大臣愿意站出来枕戈饮血，力图定倾，但却往往被制服于事权，掣肘于左右而才华不得施展，徒劳以身鞠躬尽瘁。这是这个人的不幸，更是国家的不幸。谁能说这不是老天的刻意安排呢？

御史中丞之中，官运之变化莫测者莫过于高斗枢了。他学贯经纬，当为定宪安邦之杰出人才，一生正气，尤其为世人所不及。他初出做官在刑部，因直言而入狱，又得平反，被授予虎符驻守荆州。他接近百姓，廉政风清，兴利除害，各种政务整顿兴举，制止皇室宗藩之暴横，人民无不欢欣鼓舞，人人都爱戴之。当时闯王从山西、河南渡黄河，屡次逼近荆州城，他带领官员考察防务，整修防御设施，使闯王不敢靠近，荆州人都思念他，说他特别能治理。之后，他以副使的身份莅临湖南，成为长沙兵备道。当时，湖广在长江以北的土地，已经全部沦陷而遭到贼寇蹂躏，而在江南的临武、蓝山、衡阳、湘潭之间则群盗蜂起。他操劳军务，把 12 个属县的城堡加以缮治。又考虑到原有的兵力弱，他就捐出自己的俸禄招募乡勇进行训练，在沿江一带上自都石，下至垒石，增造了不少水舰，让乡勇演熟哨法。不久，敌军果然由衡山突攻湘潭，因为官军有了防备，在水陆齐发之下俘斩的敌人不计其数，敌军被大创而去。他又提兵会同偏沅巡抚合剿临武、蓝山，历经大小十余战，采取蹋伐、伏击、捣虚等战术，都以大获全胜而居上功。这是他守长沙的成效。

高斗枢被晋升为郧阳按察使，正值李自成、张献忠气势非常嚣张之时。郧阳府所属的六邑，全部没入在蓬蒿之中，动物腐烂后所产生的鬼火飘荡在四野，独有郧阳这个六里的弹丸小城凄惶仅存。他刚刚莅任就遇张献忠忽然自东而来，在紧急之中他坚壁固守，使敌人知道郧阳城里戒备森严，就绕道向西，郧阳城有幸无恙。第二年，李自成占据了荆襄、承天、德安等府，又在攻陷均州后，遣全力来攻郧阳，先后逼近郧城五次。他亲临城上，身冒矢石，鼓率将士，常常以少击众，出奇制胜，让敌人知道了他的厉害，开始畏惧郧兵退而守之，相互戒备着不敢再犯。敌军扎营于杨溪铺时，有军士睡梦中闻听汉江里的水石相击声而惊呼“郧兵至!”，相互残杀奔窜而去，使郧阳再获一次存留的机会。他乘胜率兵追击，恢复了均州。他守麇(郧阳为古麇国之地)的功绩，较之守长沙更是加倍。

当时，农民军已经占据全湖广、郧阳。湖广有洞庭、湘江之险，但从来没有听说官军有过扼郧阳要地而守御的时候，却因版图辽阔而鞭长不及。每次商议进剿，郧阳巡抚必定要与湖广巡抚会商，巡抚必须要请命于总督，这一切，都是为了以后能够卸罪。当好不容易发兵进剿之后，而兵东则贼西，兵西则贼东，以致大量军机坐失，每动必遭挫败。假若当时能够各自划地分界而守，就像高斗枢这样，以一员道臣而殚精竭虑，事先未雨绸缪，兵不过数千，而面对百万农民军，在长沙则长沙保全，在郧阳则郧阳保全，江汉各地都能以高斗枢这样固守，再狡猾的敌人，有什么难以扑灭的？但是当年朝廷里的内阁、各部，凡是在大衙门里坐着的人，都是些白面书生，不谙兵略。一有战事失败，他们动辄就加以问罪，屡屡临阵换将，以致新人无所恃志。假如能让高斗枢这个扎根湖广15年，对湖南、湖北七道的山川要害无不洞晓，而且对人民千方百计抚慰，让他们感到温暖，能与军民同甘苦，建立起持久威信，使将士慑服之人开府于江夏(当湖广巡抚)，相机展开对贼寇的扫荡，合全楚之力，以扼贼之咽喉，敌兵必然不能西袭全秦，然后长驱而入北京。那么，天下之事就不会是今天的这个样子。

回忆辛巳那年(1641年、崇祯十四年)，张献忠以八骑之兵假冒督师信差盗取了虎符，从而诱破襄阳城，使亲王、郡王相继遇害，举国震动。当时我在朝中任侍从，为御前讲席，先帝(崇祯)每次在我讲述完毕，都言及楚事，无不悯念那里赤子涂炭，均流泪挥涕，然后拍着大腿叹息，并告谕大臣们要奋发图强，历练懂得兵法之人，克期迅剿。然而，有高斗枢这样类似廉颇、李牧的人，朝廷竟不能用，是非常可悲的。高斗枢志在匡扶社稷，在敌人的猖狂气焰蔓及全国时，能够独保一座危城，在弹尽粮绝、嚼纸煮铠、孤立无援的情况下，这才上疏痛陈郧阳时局之变，请求朝廷出师救援。但是，他的奏疏是隔了一年才到达京城的，这是因为郧阳通往京城的路还在敌军的阻挠之中。数千里之外的孤臣独自洒泪，有衷肠而不能诉，让人想起不禁悲戚。

到甲申(1644年，崇祯十六年)二月，朝廷迁升高斗枢为御史中丞，任汉中巡抚，兴军御寇。然而，当诏书到达郧阳时，皇帝已经自尽于煤山了，虽然高斗枢还不知道，但他知道汉中之地已经沦陷很久了，是不可能再去了。他哭读着这道泣血的遗诏，发誓要与敌军不共戴天。此时的高斗枢虽然已经卸任郧阳的职务，但当时正值敌军攻郧甚猛，他依然挺身登上城墙，斗志没有一点懈怠。

此后，高斗枢想一图南明政权的恢宏，而局势竟然不可挽回。不得已，他退耕于沄洲(郧阳城东南5里江中)，隐姓埋名遁入山林。近年，他回归故里，同我一起滞留于林壑之间，每次谈及楚地昔日的情状，动辄抚胸叹息，以有宏图大志未得施展而遗憾。他的功劳，足以与韩琦、范仲淹比肩，只是在殚精竭虑之后无法成功而已，这实在是上天所注定的。读他的《守郧纪略》凭吊往事，能感觉其中的悲剧命运。

鄞县光溪镇逸史确庵葛世振拜题。

三

高斗枢《守郧纪略》全文如下：

守郧纪略

崇祯丙子(九年)，予以湖广副臬备兵长沙。庚辰(十三年)，晋右参政。辛巳(十四年)六月，闻报晋臬长(按察使)，移守下荆南，驻郧阳，故流贼出没，已十年矣。先是庚辰(十三年)，阁部杨公(杨嗣昌)既败张献忠，获其妻妾及军师潘独鳌。不即杀，而置之襄阳狱中。献贼入蜀，李自成、罗汝才及老回回、革里眼诸贼继之，蜀抚邵公捷春力不能拒，致被逮。阁部统诸部兵追至蜀中，战守逾年，贼势愈炽。至辛巳正月，贼复奔楚，阁部迎战于楚蜀之交，兵大溃。献贼遂从巴、归间道驰至襄，襄有防守兵数百，贼啖以利，反为贼用。二月初三日半夜，城中四面火起。官民俱不知所由，已而道臣张君克俭及郡邑各官俱被杀，襄王亦遇害，皆防守官兵所为也。至次早天明，献贼至，各兵迎之以入，遂取其妻妾及潘独鳌以去。报闻，天子大怒，为逮抚臣袁公继咸。然袁公先奉阁部檄驻竹山，去襄千里，实非其咎。郧道万君言策亦被黜。于是右参政王公永祚晋郧抚，予迁郧道，而襄道则调参议冒君起宗云。

予以七月初于长沙解缆至荆，而卧疾数日，月尽达襄阳。城中一片焦土，向来廛市止存颓垣败壁。居民十无二三，皆葺草以居，官署仅有新葺者。徘徊入郧，则八月初六。郧城四围仅六里，又半为瓯脱(荒地)，居民不满四千，外六属俱为贼破，每年蹂躏四五次，惟郡城独全。然城外关厢俱毁，无一居民，田畴俱为蓬蒿者，数百里如一。惟近城之田，则城中人耕种以糊口。是年蝗飞蔽天，野无寸草。七月间，献贼复由郧入秦，督师丁公(丁启睿)与左镇(左良玉)尾之而至。左兵二三万，一拥入城，城中无一家无兵者。淫污之状不可言！数日启行，复罄洗其家以去。去十许日，而予至，米菜俱无可觅。士民相见，无不痛哭流涕，不恨贼而恨兵，真惨极矣！

大约自荆至襄，所经荆门、宜城，城邑无恙，而村落已空，然犹有十一二仅存者。自襄至郧，则城邑已不堪言，而出城竟不见一人。村落止存废址，欲觅一椽一瓦，俱不可得矣！若郧之六属，房县、竹山、竹溪、上津、郧西、保康，并城郭俱已平夷，城址俱一片蓬蒿，居民仅存者，俱觅山之高而上有平岗者，结寨以居。大县可三十寨，小县不过十余寨。寨之大者可二百人，小者不满百人，各垦寨下之田以自给。县令至者，亦居寨上。征输久停，民贫无讼，胥役尽逃，令与民大率并耕而食，不复能至郡参谒矣。

予以初八日履任，至十三日，忽接猛将军如虎檄，报献贼复东来，立可至郧。是时，郧兵俱发往各路，盖因贼既西入秦，倘秦兵严守，必折而从北也，不意仍从西来。须臾猛将军至，兵仅百许。次早献贼至，予率垛夫登陴(城垛)固守，贼亦不知城内无兵，而又虑督师在后，竟引而东。而城中士民复大恐，谓左兵当复经此也。予即遣役往迎督师，且恳其兵无入城。督师答书，已许不入城，而托予于城外觅数间小房，欲暂住以发疏。予先以督师书传示士民，人心始定。明日督师至，驻一关帝庙，湫隘殊甚。又十日始东，左镇意殊不怿(非常不高兴)，以沮(阻止)其入城也。猛将军系外国降将，骁勇善斗，是冬战死于南阳城上。

郧城旧为治院(巡抚)所驻，是时澄川王公(郧阳巡抚王永祚)移镇襄阳，而郧中共事者，守(知府)徐君起元，倅(同知)陈君万家、李(即司李，官名，推官的别称)则朱君翊辨也。营将则房竹营游击李茂春，兵一千五百；均阳营游击胡廷聘，兵五百守均，其留郧者一千；而治标左营百总杨明起、余启凡各兵三百许人；又游击王光恩兵可三百许，则降丁也。

余因周视郧地，东与北俱山麓，而西与南俱汉江。贼善骑而不习舟楫，余谓战地必在东与北。离城仅丈许，行半里，遇一小山名西坛，遂折而西，绕西坛之外，复折而南，沿至东南城下，离城亦止丈许。予乃于西北及东南两隘各缮一楼，一面倚城，一面倚汉水，各甃以砖。楼上多设铳炮，楼下开一门，以通出入。李茂春之兵即营于东南楼之内，沿南城外而居。西坛高出于城丈许，不可无兵，而山顶颇平，量可容兵数百名，则令杨明起居焉。西坛之下，地平如掌，当城之西南，则王光恩居焉。城东亦有二培塿(小土丘)，一曰四铺嘴，一曰青龙寺，离城甚逼。予令余启凡居四铺嘴，分均阳营兵二百名居青龙寺。其均阳余兵，则居城中，备城上及他调发之用。均阳兵皆郧城人，与郧民俱亲族，在各营中独守法，故留之城中。其城北素无壕，城东虽有壕而浅，地势陡峻，不能蓄水，余令东北离城丈许各筑土墙，高八尺，每堵留一铳眼。凡阅三月，而四城防守之事俱备。其一切筑墙造楼，及葺盖兵房，皆用各营兵，而不烦一民云。

辛巳之冬、壬午(十五年)之春，郧城幸无贼警。夏间忽接陕西兴安道檄称，川北有贼名摇天动，先时同群贼入蜀。厥后各贼东来，而此贼独留川北，今将从兴安趋竹山以及郧襄，约有万余。予令房竹营千总漆尚友，均阳营千总高万锦，并杨明起合兵御之。贼闻竹山有备，迁延不敢入境，仍归川北。至九月间，王光恩来云，有弟光兴在摇天动内，有众数百，情甘投顺，余未之许，而光恩请愈恳。余令光恩招之至，汰其老弱，得精壮百五十人，即隶光恩营；光兴改名光泰。后李贼犯郧，光泰战甚力。

先是张、李各贼，每陷一城，辄大掠以去。至壬午夏秋，李自成、罗汝才每得一城辄分贼防守，且严禁抢掠，以笼络民心。时已得中州数郡，将取襄郧，而左大将军自开封溃后，久住樊城，全无赴贼之志。治台王公澄川，亦留左于樊以卫襄，谓大兵在，贼必不至也。及自成、汝才由汝宁趋襄，左闻风先遁，至荆州；又念荆以江为界，无路可逸，又改往武昌，而贼遂长驱抵樊，徘徊数日，以大炮击襄之北城，襄人大恐。一时，文武先取其家属登舟矣。贼复西去七十里，至白马滩渡江。王公澄川竟护福清王东下，贼遂入襄，时十二月初三日也。

初八，贼分股攻均州，时降丁惠登相在焉。登相隶左大将军，而分居于均，素狂悍难驯，不属郧镇节制。至是敛兵登武当，依险自完，贼遂入均，守将高万锦自溺汉江以死。十二日，贼抵郧城，予率各营战于城外。时王光恩、光泰、杨明起、余启凡战甚力，贼攻四铺嘴、青龙寺，昼夜不休，启凡等以火罐掷之，焚死者相踵，而攻不止，然终不能登。贼又分股直抵北城，予于土墙内，先伏鸟枪手击之，百发百中，贼不能近。至十五日，贼始退。是月，荆州、承天相继俱陷。

方贼由白马滩渡江，郧襄路断，故郧中久不知襄已陷也。至攻郧而退，兵追之，获贼三十余人，始言襄阳情形。李茂春素恇怯，始有惧色，且谓治院已东去，郧兵月饷将安出？而惠登相在武当，贻书劝其远避，否则贼再来，必不能支。茂春遂于十七日夜，拔营西去，予亲往留之，竟不能得。次日，茂春将往金漆潦会参将徐勇，先奉治台檄守滩，茂春不能过。而营内船少，各兵多步行，兵妇无不嗟怨。又四乡无一居民，兵无所得食，于是茂春大窘，复统其兵来归。予下令各营，谓："茂春罪在不赦，而裨将及各兵，则不妨招之入营，茂春必须擒获议罪。"于是王光恩、杨明起、余启凡各招房竹营兵，兵尽降，而茂春就擒。余缚送徐参将勇，令其羁于营内，以候请旨。后勇亦去金漆潦至兴安，茂春随之以去，又数月，茂春病死。光恩等三人，既分招房竹营兵，又各有招募，三营之兵各盈千；而高万锦死后，其兵亦归郧，仍入均阳营，于是郧兵有四千余云。

癸未（十六年）春，李自成与罗汝才（即曹操）同驻襄阳，时已据襄、荆、承德并汝宁、南阳、河南及开封诸郡矣。自成志图僭立，欲先吞并各贼。时献贼在安庐、黄州一带，自成每与书檄，皆用上司临属吏体，献贼大怒。然畏自成之强，不敢与较，亦不敢复与自成合营矣。老回回、革里眼各股，自成以计除其魁帅，并将其众。惟汝才势力相敌，自成潜欲除之。忽于三月初六夜自统精贼百余，直至其营，排闼而入，斩汝才于卧榻之上。汝才部下，初多不服，自成百计笼络，半月始定。于是中原为难，一凭自成所为矣。

惠登相在武当，自成屡招之。登相见其诛锄同辈，惧而不往。自成大怒，令贼刘某统兵三万往擒登相，随攻郧城。登相闻之，逃往兴安。贼追之不及，遂于白河一带劫往来之船，欲从汉江顺流犯郧。予念郧城外西南为各营所居，独倚汉江为险，若贼得顺流而来，各营何以自固？又计自兴安至郧，船数不多，因急令水哨马之服领兵船十余，溯流而上，驱捍民船。将至白河，贼已得船五只，然船户已先逃，贼在船中不能自驾。之服擒船一，贼十二人；其四船皆走，覆水者二，登岸而逃者二。之服并获其四空船以归。贼仍从陆路于均州渡汉而北，竟薄郧城。

时，郧兵止四千有余，又益以卫军三百，及民间丁壮二千以青衿(读书人)能事者领之，尽出城搏战。城上仅留老弱守垛，及均阳营兵二百主炮而已。贼势甚勇，先用均州静乐宫内门扇约百余片列于东北城，以绳捆缚如木城。我兵直抵其营，连用火罐击之，火起，贼走，各兵尽撤其木城以入。次日，贼用木梯六十余条复抵城下，各营齐出奋击，杀贼数百，尽夺其梯，贼始退而营于杨溪铺，离城十里。予因与各将约曰："贼众五倍于我，且有马贼二千余，我兵出战，不可远追。倘贼用马绕我兵后，则城与兵不能相顾矣。今后兵出城，以一里为止；又，兵与贼相持，倘贼不能遽退，则城上击大锣三声为号，兵即两边疾驱，以开铳路。城上大小铳三百一齐俱发，则贼未有不伤者。如又不退，而近土墙，则墙内鸟枪齐发，又佐以城上之炮，必无能为也。"

自三月杪至四月初，贼伤死甚众。忽一夜，城上哨者见二十余丈外，贼暗中往来，彻夜不休，不审其所为。至晓视之，则已筑台十许座矣。其台用土一层，即用麦一层平铺之，层累而上，高与城等。每台长二丈，阔丈余，仍用砖石砌垛其上，架铳击城。凡三夜，成台三十六座，亘于城之东、北二面矣。又十余日，予料台上之贼久而必倦，约各营及民兵尽出攻台，民之老弱者，尽携锄、钯，攻破一台，辄锄平之，并携其麦以归。自晨至午，已锄廿二台。预料各兵饥倦，即令归营。次日休息，又次日复出兵，尽锄其台。贼大窘，复退至杨溪铺，然尚无去志也。

先是，治台标下游击刘调元，当襄阳陷时统众入山，素欲归郧，而苦郧无粮。至是，予遣人邀调元，统其所部六百人来郧。贼闻之，辄分贼渡汉，邀击调元。予亦发兵千许往援，贼大败，调元始得至郧，时五月初一也。予以调元远来，应休息一日，初三黎明当尽发城内外官民各兵往杨溪扑贼。至初二午，遥见贼营火起，如欲遁状，而大雨适至，复不果去。初三日，予起发兵，则贼已遁矣。贼之攻郧，先后凡四次，而最勇者惟此，官民各兵无不捐躯自效者。

当四月初，予遣一健兵往陕西，请援于督师孙公(孙传庭)，且言旬日以来，杀贼三千。孙公笑曰："尔郧杀贼已盈万，而止报三千，何也?"去兵不能应。孙公复曰："昨有贼来降，自言攻郧不破，已死一万兵。"应曰："方兵兴贼战时，见一贼倒地，即纪一功，故云三千。至贼伤于阵上，回营而死者，郧中亦不能知，故贼云'满万'也。"孙公首肯之。随发中军高杰统兵援郧，杰未至，而贼已退。郧之将士，自此知贼可御，城可守，人人自奋，无离心矣。而治标降丁苗时化亦在南漳，因统众来归。时化骁勇善斗，郧兵势稍振矣。

五月杪，自成闻督师治兵西安，将出关而南，遂至邓州，忿郧之坚守，复发兵来攻。予戒严以待。数日，贼抵龙门，离郧八十里，顿而不进，众不解其故。予曰："此必畏而不来，又迫于自成之命，不敢归也。今当每日黎明发兵五百，营于杨溪山上，日入而归，次日复然。"又戒之曰："倘贼悉众而来，尔即归郧，不可轻战。"如是三日，而遁贼。后问彼地居民，曰："贼甚畏郧，不敢前，见杨溪山上有兵，即欲远去。会五更时，汉江水发，有水石相击声，贼于梦中大呼曰：'郧兵至矣!'遂大乱相杀，或奔或伏。至天明，贼将曰：'未见郧兵，已作此状，奈何欲攻郧乎?'遂引去。"

均州去郧仅一百二十里，为贼所据，郧兵哨探不能逾均而东。六月间，予令王光恩、苗时化、刘调元往攻之。贼闻兵至，辄遁，遂复均州。

督师孙公驻西安，将出关讨贼，自成驻邓州以待之。予请于孙公，谓："大兵出关，自成必悉众迎战，请以郧兵直趋光化、谷城，以捣襄阳。"乞密示兵期，孙公约以八月上旬。至七月杪，惠登相、徐勇由兴安直趋均州，奉孙公檄，会郧兵同攻光、谷。予谓："督师兵未出关，而自成在邓，离郧止三百里，郧兵不宜远出，且姑待之。”登相不听，与徐勇径趋谷城。予不得已，先令刘调元、苗时化往，俟自成离邓再发兵。八月初，惠、徐、刘、苗竞抵谷城之下，贼不料官兵猝至，仓皇无措。然登相不携攻城之具，贼欲走而兵已围城，贼不敢出，城上寂无一人，而兵亦束手不能登。至次日，登相等始得木梯锄钯等具，而城上垛夫及铳炮矢石，排列亦定矣。又数日，襄阳发贼来援，登相与时化迎击之，斩首数百，生擒一百四十余人，余贼奔回，然谷城竟坚守不下。调元为登相所侵侮，遂渡汉水而北，独抵光化，书谕守贼傅某，遂以城降。至九月初十，闻督师已出关，自成亦离邓，予乃发王光泰、杨明起，又分均阳营兵亲统往谷。谷坚守如故，予谓必得内应乃可。又旬日，而伪知县陈知密请降，约以次早，兵从西南角登城，城遂破。各贼或斩或奔，城内居民，先为献贼所屠，不满二百人。登相复肆掳掠，余力禁乃止。又次日，而督师败报至。

督师出关，自成率贼于襄城、郏县之间待之，由陕至郏，凡郡邑城俱不置守具。督师至一城，辄入。迨至襄、郏间，去关已远，粮运颇艰。而自成坚守不战，分贼万余，绕出督师之后，饷道遂绝，督师大惊。总兵白广恩先降于贼，余兵遂溃云。

督师败报至，谷城诸将皆色沮，而登相、徐勇更甚。予亦未审自成行止，未便攻襄，而谷离郧远，遂旋师入均，以探自成消息。又一月，知自成入关，且至西安，又遣贼来襄，尽护其妻妾以北。予始统各营攻襄，登相与勇竟不行。襄贼为李之纲、路应标、杨捷等，闻兵至，开门出战。苗时化、王光恩奋击，大破之，斩贼二百余，贼奔入城。城既高，而北面临汉江，东西南三面皆壕，深广难渡，贼又恐郧兵顺流而下，乃于汉江当城之西北处，以大船填巨石沉于江底，自南至北，横截江流。予令各营，于三更时多负小舟，至东南一带渡壕攻城。而城外亦有短墙，墙时连时断。贼初藏于墙内，见有小舟间渡，齐出墙外，铳箭齐发，舟不能近。予诱贼出战，而贼终不出。予预欲坐困之，而郧守徐，郧理朱各以牍来称：“自成已破西安，徇地至汉中，并商洛一带俱为贼有。贼已近郧，而兵乃远出，乞加详审。”予然其言，遂于腊月望日收兵归郧。而勇与登相，遂各率所部取道襄阳之北界疾驰而东，奔至武昌投左镇矣。左驻武昌，拥重兵，糜重饷，而逍遥竟岁。使孙公出关讨贼时，左亦从郢入襄，使自成腹背受敌，则必不能猖獗若此也。

甲申(崇祯十七年)春，自成已据全秦，将北犯京师，而恨郧之攻襄也，复发贼三万，令路应标、冯养珠等统之以攻郧。郧时有胡廷聘、刘调元、王光恩、苗时化、杨明起、余启凡六营，兵力未减于前。但自崇祯六年流寇渡黄河而南，无岁不扰郧襄，遂奉旨停征，饷无可措，帑藏如洗。癸未(崇祯十六年)四五月，贼围城，城外二麦俱无收，稻亦不及栽秧。入冬至春，郧城大舰、营中兵将，各从汉江溯舟至房竹，贸杂粮以自给。其贫者采食草树根叶，遇贼攻城，兵民齐奋，大概如癸未四五月。然贼结营杨溪铺，每三四日一至城下，不至如前次之势猛矣。予探贼粮运颇艰，各处征集杂粮运至均州，复自均饷攻郧之贼，亦有不继之时。予与各营议曰："贼倚均为窟穴，均城之贼谓郧自守不给，必不备我兵之往袭。吾间道袭均，杀其魁帅，烧其积聚，亦退贼之一策也。"遂发兵千余，杨明起领之，日入时渡汉江，从南岸往均，黎明而至，均贼果不为备。各兵奋勇入城，逢人便斫，复烧其聚粮之所而还，贼不知兵何从至，报至郧城下，城下之贼，遂退三十里，欲与均稍近也。复数日，以粮不继而去。自正月二十至三月尽云。

自壬午冬襄阳陷后，朝廷用李公乾德为郧抚，复用郭公景昌，俱以路绝不能入郧。有讹传郧城久陷者，遂置郧抚不推矣。至癸未六月，予具疏请兵，于是京师知郧尚在，复议郧抚，廷议皆谬及于予，会揆路有憎予者持之。此时，郧城万死一生，尚视为美转也！于是以郧守徐君为郧抚，而加予太仆少卿，司李朱君加佥事，路阻不通，至甲申四月有郧城旧弁帅千城自京师伏行归郧，具言其状。于是徐君莅郧抚任，予以疾迁居别署，朱佥事摄道事云。

是年三月间，予差役往武昌乞援，朱司理亦差役往襄、郢，皆贼所据，去役俱破衣行乞以前。至七月，司理所遣役先归，得楚抚何公(何腾蛟)手书，知三月京师已陷，前先帝宾天，并闻南都之事。于是城中文武诸臣俱为前先帝发丧，哭临如礼，无不尽哀。又数日，予所遣役归，始知二月间，予已迁秦抚。盖自成破西安，廷议欲守汉中、兴安，以固蜀之门户，而不知汉兴俱久陷矣。次日，襄城路应标复来攻郧。

贼以七月望后至郧，攻守之状大率如前。予虽谢郧麾，每日登陴，与诸君协力，贼分马贼千余，每日巡哨于汉江之南，盖恐郧兵复袭均也。郧兵固疲极，而贼亦艰于粮运，俱欲散去，惟应标不许。至十二月初七，众贼杀应标而星散矣。

乙酉三月，清兵抵襄，郧抚徐令王光恩诣襄投顺。

乙酉丙戌二岁，予往沄洲，耕种自给，故乡路绝。丁亥春，先大夫遣仆来郧，始知清兵已定浙东，且具闻家难，遂买舟东归。

徐起元降清

一

在200余年的郧藩历史中，徐起元是一位传奇人物。他生活在明清之交最动乱的时期，是当时唯一一个就地连升五级，由七品知县到二品巡抚的人。他带领着郧阳军民坚守城池，与李自成、张献忠所带领的农民军坚持战斗了14年，宁肯全城拆屋毁院，墙破再垒，始终没有让农民军踏入郧阳城池半步。他是明朝的巡抚，竟然不知道北京已破，明廷已亡，依然独自带领着军民坚守郧阳。而当清军一到，他又献城投降，做起了清朝委任的巡抚。

徐起元(又名启元)，字贞复，祖籍合肥，辽宁辽阳人，崇祯年间的十大举人之一。从表面看，徐起元的仕途一路畅通，10年间就从一个七品知县历经府丞、知府、道台到二品巡抚，而且均不出郧阳之地。崇祯五年(1632年)，他还刚刚出任郧阳府保康县的知县，十二年升为郧阳府同知，十四年就任下荆南道分守兼郧阳知府，十六年任郧阳巡抚。他每次升迁都是受命于危难之时，刀光剑影几乎伴随了他的整个官运。

清廷所组织编纂的《明史》这样评价他：

徐启元，字贞复，合肥籍辽东人，崇祯年举人之一，五年令保康，尝书云："治小邑如大都，经细务如大敌，事未有不治者。"十六年以勤劳累升抚治，先是，王永祚被逮，连命李乾德、郭景昌代之，路绝不能至，中朝谓郧已陷，不设抚。十六年，按察使高斗枢疏请兵，始知郧存，众议任斗枢，而陈演与有隙，擢启元右佥都御史任之，斗枢即以军事付启元，协谋守。十七年正月，闯贼遣将路应标、冯养珠等攻郧，斗枢遣人入均州烧贼蓄积。启元用秘计使贼自相杀而遁。时湖南北皆陷，独郧存，启元之力也。顺治二年投诚，仍抚郧，以功名终。

大意为：徐起元，崇祯五年(1632年)为保康县令，曾经写文章说："治理小县和治理大都的道理一样，对于所有经手的事务都要细致入微，就像面临大敌一般，这样就没有治理不好的。"崇祯十六年(1643年)，他以勤劳而累功升为巡抚。先前，郧阳巡抚王永祚被皇帝下旨逮捕入狱，朝廷接连任命李乾德、郭景昌继任郧阳巡抚，都因为道路被李自成堵绝而来不了郧阳，于是朝中都说郧阳已经沦陷，就决定不再设郧阳巡抚。崇祯十六年，郧阳按察使高斗枢上疏请兵的奏折在历经波折后送到了北京，朝廷这才知道郧阳尚存。众大臣议论要高斗枢任郧阳巡抚，而内阁首辅陈演因与高斗枢有旧怨，就擢升徐起元为右佥都御史任了郧阳巡抚。御旨到郧阳后，高斗枢立即把军事指挥权交付给了徐起元，他自己则协助谋守。崇祯十七年正月，李闯王遣大将路应标、冯养珠等人攻郧阳，高斗枢则派人进入均州烧掉了敌军粮草蓄积。徐起元又用秘计使敌人在城外自相残杀，然后逃遁。当时，湖南、湖北皆沦陷，唯独郧阳尚存，这是徐起元之功。顺治二年(1645年)，徐起元率众投诚清军，清廷仍然任命他为郧阳巡抚。后来，他以功名终老。

顺治十三年(1656年)，张尚任郧阳巡抚时，曾经在郧阳名宦祠内添加徐起元的塑像，并撰《名宦记》，对徐起元的评价蛮高。其原文为：

国家之崇德报功也，俎而豆之，庙而貌之，百世而钟簴之。若夫杖节守土之际，智素力屈，一身谢国者——君子，未尝不壮其志，而短其气？夫气犹泉，然泉之初萌，如蚊蠕之微动，视之不得，何能究其涯际反汇为江海，萦涧逆折时出不穷？而泉则犹守，夫初萌之性曷往，观夫蚊蠕之微动矣。

明之末年，闯逆诸寇屠名城，坠大都，所在披靡无难，朝发骑而夕陷阵，皇皇以内外交困之郧，御千万大寇，三年中曾经百战，众计郧必亡，远近计郧必亡，庙堂为郧计必亡，即郧自为计亦必亡。然郧何幸而有今日也？曰大中丞徐公也。公何道而有今日也？公之气为郧之气，藏于不可见，而动于不可御。

方公筮仕郧之保令，及佐郧丞，恂恂乎，及任大责重，公所规划，向出人意表。盖宽以居之，时日变量日周静以守之，势愈蹙识愈生。当时设险置防，制胜出奇如悬灯，设折之有法也，神枪火器之有宜也，清奸凥勤刺击之有略也，固已迫于智素力屈中，铅弹不足而代以铁子，硫磺不继而代以酒灰，则公之量识，如剥笋，如抽丝，气所涯际又何可究欤？因粮于敌，借资于寇，不持内而内备，行间以殄渠帅，被城以平麦台，不恃外而外接，郧人士亿万年歌功颂德，咏王林叶芭桑畴非公气所磅礴也哉？

新主鼎兴，仍以公节制西楚。越年领袖相台，勋图麟阁，从舆，请特膺名宦于宠篚也，俎而豆之，庙而貌之，百世而钟簴之，其谁曰不宜？

大意是：国家推崇德行、报答功臣，就用俎、豆这样的礼器供奉他们，在庙里为他们塑像，让百世敲响膜拜他们的钟声。假若谁以皇帝所赐的杖节，在守卫疆土时使尽了智慧、用尽了力气，然后以身谢国的人，那就是君子。然而，君子难免也有英雄气短的时候。人之气犹如泉水，初萌之时就如幼蚊蠕动那样轻微，让人视之不得。怎么能够知道它的边际，将来会不会汇为江海？就只能经常守在泉边，看它的初萌之性如何发展，蠕动趋势是否衰竭，能不能萦绕在山涧经百逆千折出而不穷。

明朝末年，李闯王等屠名城，坠大都，所向披靡，早上发兵，黄昏就攻陷阵地。郧阳在急切中，内外交困，三年中曾经百战，独自抵御着千万大寇。当地人预计，郧阳必亡；远近的人都预计，郧阳必亡；朝廷也预计，郧阳必亡；就连郧阳人自己预计，也是必亡。然而，郧阳何幸能有今日？都是依赖大中丞徐起元的功劳。徐起元靠什么实现了今日之局面？是他的气概，成为了郧阳的气概。这种气概藏之于不可见，而一旦发动起来就不可抵御。

徐起元初出做官时，为郧阳府的保康县令，等他升为辅佐知府的府丞，就非常恭谨温顺，很有儒者风度。等他担当更重大的责任后，所做出的规划向来出乎人们的意料，能以宽厚的态度处事，能根据形势的变化以静制动。守护城池时，形势愈是紧迫，就愈是能够寻求到生路。当时，他在郧阳设险置防，全靠出奇制胜，看似如一盏悬灯，而实际为变化有法。他调动神枪火器有度，清奸贼、勤出击有略，虽然被迫处于智穷力屈的环境之中，但铅弹不足就以铁沙替代，硫黄不继就以酒灰替代。他的胆量和学识就如剥笋、抽丝，怎么能够探究到他气概涯际的源头呢？他从敌人那里求得补给，向贼寇借取资金，不操持内备而内资齐备，动辄就取敌人首领的头颅，被围在城内却能出城铲平敌军的麦台，在没有外援可以依靠的情况下还能与外面相连接，被郧阳人士亿万年所歌功颂德，以种植于王者大林上的桑田叶苞来歌咏他，可见他气概之磅礴。

清朝新主鼎兴，仍以他为巡抚节制西楚。第二年，皇帝召见，任他领导御史台，在麒麟阁为他绘像，跟从在皇帝车舆之旁。皇帝特别授予他“名宦”荣誉，入祠享受人们的香火，让后人用俎、豆祭祀他，膜拜他端坐在庙里的塑像，百世对他敲钟供奉。谁敢说这样的做法不宜？

二

徐起元在郧阳所面对的敌人始终是农民军，而并非清军。自崇祯元年（1628年）国内爆发农民暴动后，在崇祯二年时郧藩所属的汉中就曾经被农民军占领，郧陕两地联合出兵收复。崇祯六年（1633 年）秋，农民军进入郧藩境内的内乡、南阳、汝宁，逼近郧城，自攻克郧西、上津开始，郧阳官军与农民军之间就反反复复拉锯作战，直到清康熙三年（1664 年）时农民军的残余势力彻底瓦解为止，农民军在郧藩境内的活动时间长达 31 年。而徐起元是崇祯五年（1632 年）到郧阳任保康知县，十二年为郧阳府同知，十四年任知府，十六年任郧阳巡抚，于顺治三年（1646 年）调离郧阳。他在郧阳的 14 年时间里，几乎每一天都是在与农民军对抗的环境中度过的。

如果说徐起元在保康时，还没有受到农民军的直接威胁，只是做一些预防工作的话，那么崇祯十二年（1639 年）五月，张献忠在谷城重新举旗反明，罗汝才（曹操）、惠登相（过天星）等分别在郧阳、均州响应，他们连克房县、郧西、保康之时，徐起元就开始了与农民军之间的短兵相接。当年七月，张献忠在房县歼官军万余人，震惊朝野，朝廷把在郧阳指挥作战的兵部尚书熊文灿和郧阳知府万菁华等人逮捕下狱，任命徐起元为郧阳府同知、代理知府。八月，皇帝赐杨嗣昌尚方宝剑，命他督师进入郧阳，统制诸方兵力镇压农民军。

崇祯十三年（1640 年），郧阳的局势持续恶化，张献忠隐藏于兴山、房县的神农架大山中，一面混迹在山民中与百姓一起卖盐种庄稼，一面收拢溃散的部卒。不久，他赴白羊山与罗汝才会师。之前，有贺一龙（革里眼）等五大部农民军也是先向官军投降而后又复叛。为此，上年因刚上任而躲过了朝廷处罚的郧阳巡抚王鳌永，这次却没有能够逃脱惩罚，于四月被朝廷免职后流放到猛如虎的军前戴罪立功，由袁继咸继任了郧阳巡抚。

此后，郧阳的局势向有利于官军的方向倾斜。当年六月，总兵孙应元、贺人龙等人在大巴山的马家寨、留马垭、谭家坪、仙寺岭一带大败农民军，逼罗汝才逃往了大宁。七月，孙应元等人在兴山大败罗汝才，逼罗汝才逃往了巫山与张献忠会合。九月，李自成被明军围困在鱼腹山中。然而，袁继咸在亲自带兵转运军需，驻扎于竹溪牛头寨阻击农民军，防止其进入郧境时，还是被李自成由郧县突围后进入了均州，再走河南。

崇祯十四年(1641 年)的局势很紧张。正月，张献忠攻克巴州，入开县，在打败官军之后出夔门，抵兴山，攻当阳、荆门。兵部尚书杨嗣昌追至夷陵(宜昌)，袁继咸也紧急移师于襄阳，由徐起元独守郧阳。二月，张献忠亲自率轻骑一昼夜急驰了 300 里，于路途之中杀死了杨嗣昌派往襄阳的信使，盗走军符，连夜叩开了襄阳城门，遂攻克襄阳，杀死明襄王朱翊铭、贵阳王朱常法，缴获杨嗣昌所积的五省饷银以及弓刀火药数十万。又连克樊城、商城、信阳、光山、罗山、息县、固始。三月，张献忠军攻克随州，杨嗣昌因战争失利而服毒自杀。郧阳巡抚袁继咸因襄阳失守被捕送京，遂任命王永祚暂理郧阳巡抚事务。同时正式任命徐起元为郧阳知府。

当年四月，朝廷启用丁启睿为兵部尚书，总督陕西、河南、四川、郧阳、湖广诸军。五月，朝廷从狱中释放前兵部尚书傅宗龙，命他以兵部侍郎(副部长)的身份总督山陕甘三边军务专讨李自成。六月，朝廷任命高斗枢为郧阳按察使，由长沙移守郧阳，而郧阳代巡抚王永祚却以襄阳告急而移师襄阳。至此，郧阳进入以高斗枢为三军统帅，徐起元辅佐的局面。

作为郧阳知府，徐起元主要操持军需和军饷。这对原本就不富裕，又经历连年战争的郧阳来说实在是一件苦差。

崇祯十五年(1642 年)以后，郧阳周边乃至整个湖广、河南、四川全部沦入农民军之手，郧阳成为了一座孤城，却依然牢牢掌握在高斗枢和徐起元的手中。十二月，朝廷逮捕郧阳代巡抚王永祚，先后改命李乾德、郭景昌继任郧阳巡抚，但因路途被农民军卡断而无法前来上任。在当时，李自成在襄阳称帝，大肆封职封爵，部下各得其位，而明廷却在一直得不到郧阳消息的情况下误以为郧阳已经沦陷，就决定不再往郧阳派巡抚。

崇祯十六年(1643 年)六月，朝廷接到辗转而来的高斗枢请兵奏折，才知道郧阳还没有沦陷，就晋升郧阳知府徐起元为右佥都御史抚治郧阳。自此，郧阳进入由徐起元主导的时代。

三

由于同处一城，徐起元与高斗枢的权力移交不到一天就完成了。高斗枢虽然没能成为郧阳巡抚，但他依然还是郧阳按察使，又被朝廷加了太子少保衔，只不过由郧阳主帅变为了次帅而已。好在高斗枢能以大局为重，依然带兵固守着城池。

崇祯十六年(1643年)九月，李自成派遣路应彪、冯养珠率数倍于前的兵力复围了郧阳城，还在均州切断了郧阳的水陆粮道以施久困之计。在郧阳城外，农民军在汉江南北连营30多座，不断窥探城中动静，更是把郧阳城围得铁桶一般。当时，郧阳城内已人困粮乏，危在旦夕，好在军民坚守的信心还在，徐起元依然在不断派人夜出城外搞些粮食以解缓急。

崇祯十七年(1644年)二月，朝议决定把汉中从郧藩割出单列，任命高斗枢为汉中巡抚兼督川北军务。三月，任命高斗枢的敕谕好不容易送达郧阳，却让人们哭笑不得。因为汉中已经沦陷很久了，朝廷竟然不知道。高斗枢不仅无法去汉中上任，而且连郧阳按察使的身份也没有了，只能把军事指挥权也交付给了徐起元，但他依然每日登城巡视城防。

此时，李自成已经攻陷了北京，崇祯皇帝被迫自杀，明朝灭亡，吴三桂也在山海关降清，正带领着清军欲往北京开进，而郧阳对这些全然不知，依然独守着孤城。

四月，当吴三桂联合清军大败李自成于山海关，李自成不得不撤离北京时，郧阳城上的官军在无奈地望着成熟了的麦子尽被农民军收获，而城内已无粒米。

十月，清世祖定鼎北京，改元顺治，派亲王阿济格为靖远大将军西出攻打李自成，豫亲王多铎为定国大将军南下江南，郧阳依然对此一无所知。

十二月，郧阳城内已经弹尽粮绝，人心惶惶。正当徐起元百思不得退敌之策时，有一个叫刘源泗的郧阳书院生员献了一条离间之计，并自告奋勇去完成。在得到徐起元的许可后，刘源泗乘夜潜出城外，闯入冯养珠的大营，说有机密相告。他见到冯养珠后，假装以为自己面对之人是路应彪，就说：“你送的信徐起元已经接到，只等你在城外举火，城内就会响应。只要你杀死了冯养珠，我们就把整座城交给你。”说毕献上了徐起元的亲笔信。冯养珠先疑后信，于是提刀直奔路应彪大营，手起刀落斩下了路应彪的首级。当夜，两营农民军相互残杀，而刘源泗则乘机逃回了城内。清晨，两股农民军在相互提防之中各自退去，郧阳之围不攻自解。

当徐起元等郧阳人认为时光进入崇祯十八年之时，中国的历史却已经转折在了清顺治二年(1645年)。正月，清兵破潼关入西安，逼李自成自商南龙驹寨入襄阳，再向承天转移。

三月，清军逼近郧阳。由于郧阳经过与农民军的13年消耗战，城内居民已不满3000人，商铺全无，学校关闭多年，所有官衙已全部拆掉，木料、砖料当做了武器，城墙更无一处完整，墙上的堡楼、垛口无一保存。当徐起元召集军民商量退清军之策时，大家都以为不可再守。为了免除城内生灵涂炭，徐起元遂决定率众归降清军。之后，清廷仍命徐起元为郧阳巡抚，郧阳城得以保全。

十一月，清和硕英亲王上疏：“原任郧阳巡抚右佥都御史徐起元，当闯逆犯郧，苦守三载，不肯从逆。及英王渡江，投诚效力，力著劳绩。”顺治帝御批：“俟朝见后，升一级用之。”徐起元遂进京朝见了顺治帝，被加右副都御史衔，正式被任命为清廷的郧阳巡抚。

顺治三年(1646年)正月，徐起元在得知邓州城内的一口井内藏有农民军所窖的银两后，遂取出银两，又派人押运到了襄阳犒劳清军。三月，徐起元联合总兵王光恩在襄阳击退农民军刘体纯部。七月，清廷准吏部所奏，调徐起元回北京入都察院任左都御史，由刑部侍郎潘士良为兵部右侍郎、都察院右佥都御史继任郧阳巡抚。

李国英大战巫山

一

李国英，祖籍辽东，明末加入明将左良玉的部队，到明朝灭亡时，已经是左良玉部的一名总兵。后降清，历任四川巡抚、巡抚加兵部尚书、川陕总督、四川总督、总督加太子太保，一生战功显赫，是清初著名的战将。

自明崇祯十七年，即大清顺治元年(1644 年)清朝定都北京后，清军就与明朝残余军队和农民军的各种残余势力继续作战了近 20 年，到康熙初年才彻底平定。

清顺治二年(1645 年)左良玉病死后，其子左梦庚率部投降清朝。李国英被编入汉军正红旗，成为汉军八旗的成员。之后，他转属肃亲王豪格的麾下。该年，清军在豪格的率领下进入四川，与明军余部与农民军余部展开了拉锯战，在战斗中，李国英的英勇被豪格所赏识，升他为成都总兵。

到顺治五年(1648 年)，明军和农民军的残余势力被逐渐削弱。闰四月，清廷下诏恢复四川省，任命李国英为巡抚，但因成都已被战争夷为了平地，李国英遂决定将省城移驻保宁(阆中)。当时，张献忠虽然已战死，但他的余部尚有数十万人：孙可望、刘文秀等大将纷纷降南明，接受南明皇帝的委任，占据着川南；同时谭弘、谭文、谭诣、杨展、刘惟明等人则占据着川东，与李自成旧部郝摇旗、李来亨、袁宗第、刘体纯(二虎)、邢十万、马超等遥为声援，共同与清军形成对峙格局。李国英上任后，谭弘就马上率部进攻保宁，但被李国英击败退走。李国英乘胜追击攻占了顺庆府，擒获了农民军将领李先德、朱朝国等人，巩固了清军对川东的统治。邢十万、马超的巢穴靠近保宁，成为李国英的心腹大患，他就带领总兵惠应讨伐，擒获胡敬，收复了潼川。再追至绵州，擒获了南明所任命的官吏吕济民等人，又成功招抚刘惟明、杨展前来投降，遂占领绵州。

顺治六年(1649年)，李国英又率军攻占了安县、彰明二城，攻破曲山关，直奔郧属石泉县。有一个叫谢光祖的人据寨抵抗，被李国英遣兵破斩之。

顺治七年(1650年)，李国英派遣副将曹纯忠、刘汉臣等人攻占了川北各郡县，设伏斩杀了农民军将领老铁匠、黄鹞子。

顺治九年(1652年)，农民军孙可望、刘文秀部大举进攻保宁，队伍横列十五里，气势甚焰。李国英指挥清军奋力抵抗，另遣兵出偏僻的小道击其后，打退了孙可望的进攻。之后，清皇帝授李国英为世职二等阿达哈哈番(相当于汉人的二等轻车都尉)。

顺治十一年(1654年)，清廷因军功加李国英为兵部尚书。这时孙可望已率军攻占了成都，而重庆、夔州、嘉定等地也都在农民军或农民军的控制之下，四川的形势对李国英非常不利。此时，吴三桂和李国翰驻在汉中，于是李国英上书朝廷，请求让他们出兵救援四川。

顺治十三年(1656年)，朝廷加李国英为太子太保。

顺治十四年(1657年)，清廷任命李国英为川陕总督。清将吴三桂遂由汉中出兵攻占了重庆，直驱贵州。而农民军方面有谭文、谭弘、谭诣、刘二虎等退守至忠州和万县一带，再联兵进攻重庆。清总兵程廷俊、严自明等人坚守城池，农民军久攻不下而败走。不久，谭文又举夔东十三家的兵力直逼重庆，李国英急忙率兵从保宁急行军救援重庆，在合江大败农民军主力。谭诣在兵败之后杀死谭文，以首级向清军献降。李国英入城安抚，谭弘及部将郝承裔、陈达等人先后出降。至此，农民军就只有谭文的部属还占据着涪、忠二州，李国英遣总兵王明德各个击破，清军遂基本控制了四川全境。

顺治十七年(1660年)，驻守在雅州的原明降将郝成裔再次叛清，李国英亲自率军攻打，至嘉定分三路进剿，破竹箐关而入。郝成裔大败，逃往黎州，被追生擒。

顺治十八年(1661年)，清朝首次实现对四川的全面统治，朝廷于是撤销川陕总督而各设，命李国英为四川总督。

康熙元年(1662年)，农民军余部与明军残余势力再次联合，据守夔东地区。此时，南明石泉王朱奉铨攻打叙州，被李国英讨平。又有郝摇旗、李来亨、刘二虎、袁宗第等占据茅麓山而出掠于四川(郧行都司防地)、湖广(郧属)、陕